装点此关山,今朝更好看。

摘自毛泽东诗词《菩萨蛮·大柏地》

中国建筑装饰协会 / 编

大国装饰

中国建筑装饰协会成立40周年献礼

化学工业出版社

·北京·

内容简介

本书主要划分为三篇。第一篇介绍了中国建筑装饰协会历届会长肩负的时代使命和责任、他们引领协会和行业发展所取得的重大成就，以及全国主要地方装饰协会的光辉历程；全面总结回顾了中国建筑装饰行业40年的辉煌业绩，以及装饰行业各细分领域的发展历程。中国建筑装饰行业发展的宏观图景仿若一幅画卷徐徐展开。第二篇则聚焦于40年来行业涌现出的杰出人物，讲述他们的奋斗故事，深入挖掘他们的精神内涵。第三篇着重从标杆企业、标志工程、技术革新三个维度讲述了一批批代表性企业如何攻坚克难，不断创造中国奇迹；一项项标志工程如何创新突破，彰显中国建造的实力；一项项技术革新如何解决工程痛点、难点，不断满足人民群众日益增长的美好生活需要。

本书由中国建筑装饰协会精心组织编写，其既是对中国建筑装饰行业40年发展历程的全面回顾，也是推动行业朝着高质量发展方向奋勇迈进的精神宝藏。本书适合建筑装饰行业的企事业单位使用，也适合建筑设计师及相关行业从业者阅读。

图书在版编目（CIP）数据

大国装饰：中国建筑装饰协会成立40周年献礼 / 中国建筑装饰协会编. -- 北京：化学工业出版社，2025.1. -- ISBN 978-7-122-46851-2

Ⅰ.F426.91-53

中国国家版本馆CIP数据核字第2024EQ4921号

责任编辑：王　斌　吕梦瑶
责任校对：李露洁
装帧设计：对白设计

出版发行：化学工业出版社
　　　　　（北京市东城区青年湖南街13号　邮政编码100011）
印　　装：天津裕同印刷有限公司
889mm×1194mm　1/16　印张45¾　字数978千字
2025年1月北京第1版第1次印刷

购书咨询：010-64518888　　　　售后服务：010-64518899
网　　址：http://www.cip.com.cn
凡购买本书，如有缺损质量问题，本社销售中心负责调换。

定　价：398.00元　　　　　　　　版权所有　违者必究

《大国装饰》编委会

主　　任　王中奇

副 主 任　艾鹤鸣

特约顾问　张首映（《人民日报》原副总编辑）
　　　　　李守进（中央广播电视总台原戏曲音乐频道综合部主任）

主　　编　（按姓氏音序排列）
　　　　　陈　丽　高　凯　胡忠明　黄德茂　贾华琴　江海豪　李　佳　陆小斌
　　　　　沙　峰　邵国富　王　宏　王利雄　吴富贵　吴建挺　吴巧平　辛军山
　　　　　徐凯宏　叶国源　张炳来　张新宏　赵忠秋　周　斌

副 主 编　（按姓氏音序排列）
　　　　　杜智慧　高　俊　林学财　屈桂林　陶余桐　童林明　翟方化　朱时均

编　　委　（按姓氏音序排列）
　　　　　陈迪捷　陈　刚　陈　欣　丁敬勇　丁艳艳　高　杰　龚　浩　古少波
　　　　　洪　亮　胡作家　贾焕亮　柯颖锋　李　强　罗　胜　齐金杨　孙柏林
　　　　　王立艳　王　巍　熊子龙　杨　忠　仰光金　苑　征　张　波　张　童
　　　　　章海霞　郑家鹏　周　涛　朱晓岚

总 策 划　中国建筑装饰协会

主编单位　（排名不分先后）
　　　　　上海市装饰装修行业协会
　　　　　浙江省建筑装饰行业协会
　　　　　苏州金螳螂建筑装饰股份有限公司
　　　　　上海市建筑装饰工程集团有限公司
　　　　　深圳市建筑装饰（集团）有限公司
　　　　　深圳远鹏装饰集团有限公司
　　　　　西安四腾环境科技有限公司
　　　　　沈阳远大铝业工程有限公司
　　　　　深圳市博大建设集团有限公司
　　　　　深圳市冠泰装饰集团有限公司
　　　　　武汉凌云建筑装饰工程有限公司

副主编单位（排名不分先后）

浙江中南建设集团有限公司

安徽安兴装饰工程有限责任公司

中建八局第二建设有限公司

沃尔德建筑装饰集团股份有限公司

方圆化集团有限公司

参编单位（排名不分先后）

深圳市宝鹰建设集团股份有限公司

武汉联想建筑装饰工程有限公司

天津华惠安信装饰工程有限公司

广东省装饰有限公司

北京江河幕墙系统工程有限公司

苏州恒龙建设集团有限公司

深圳市中深装建设集团有限公司

中建三局装饰有限公司

武汉建工华达建筑装饰设计工程有限公司

深圳捷易建设集团有限公司

北京承达创建装饰工程有限公司

京开建设集团有限公司

安徽森柏建设集团有限公司

德华兔宝宝装饰新材股份有限公司

惠州雷士光电科技有限公司

撰稿人员（按姓氏音序排列）

陈国平　陈润　程婷　范红蕙　冯明文　高升　葛超众　胡亚南
黄敏　黄映何　雷玉洁　李兵　李大伟　李珅　李卫青　李雯
连珍　林颂杰　林学财　刘立根　刘齐辉　陆荣刚　麦琪　牟永来
牛晓琳　彭冲　蒲斌　瞿磊　任涛　孙晓勇　田田　汪延璐
王二龙　王冠尧　王贵亮　王思念　吴恩振　吴渊　杨立超　杨璐
易成勇　虞嘉盛　查文科　张圣磊　张婷　张垚萌　赵纪峰　郑馨
钟梦珍　周圣然　周世群　朱红梅　朱良　朱芷瑶

向我们共同的四十年致敬

四十载岁月，华章日新，更迭不息。

四十载征途，岁月不惑，春秋正隆。

四十载奋斗，千帆竞发，百舸争流。

四十载惊涛拍岸，九万里风鹏正举。从1984年到2024年，中国建筑装饰协会走过了四十个春秋，也见证了装饰行业的一路繁花。从手工绘图到电脑绘图，从"拿来主义"到"量身定制"，从一穷二白到全面开创，从零起步到世界一流，当代中国装饰行业实现了从"站起来"到"强起来"的伟大飞跃。

回首过往，理应坚定信念、重整行装；

审视当下，亟须迎难而上、担当作为；

直面未来，更要保持定力、行稳致远。

一、回望过往：那是一段激情燃烧的岁月

四十年，我们走过了怎样的道路，是蜿蜒曲折还是直线前行？四十年，我们经历了怎样的风雨，是暴风骤雨还是和风细雨？四十

年,我们创造了怎样的辉煌,是星辰大海还是璀璨星空?

四十年,如同一部厚重的史书,每一页都镌刻着装饰人的汗水与智慧。1984年,那个微风拂面的九月,中国建筑装饰协会在北京悄然诞生,如同一颗希望的种子,在改革开放的春风中破土而出,茁壮成长。它不仅是建筑装饰行业的领航者,更是无数装饰人心中的灯塔,照亮了前行的道路。

回望我们的历史,就是一段"永远跟党走、永远走在前"的征程——与民同心,与国同行,与党同频。四十年来,在党的关怀和重视下,在住房和城乡建设部的业务指导下,在历届理事会的带领下,我们做了诸多卓有成效的工作。

建设大国工程,铸造国之重器。这四十年,是设计水平和施工质量不断提高的40年。从鸟巢的雄伟到水立方的灵动,从上海世博会的中国馆到雄安新区的崛起,每一处地标性建筑都凝聚着装饰人的心血与梦想。我们见证了装饰行业建设端、设计端、施工端、采购端及运维端全产业链的协同融合,并逐渐向工业化、数字化、绿色化、装配化转型升级。在推动中国式现代化事业的征途中,我们不仅是见证者,更是参与者、贡献者。

这四十年,是装饰业市场规模持续扩大的四十年。尤其是党的十八大以来,我国装饰工程加速推进,千帆竞发浪潮涌。2022年,建筑装饰业工程总产值6.03万亿元,占同期建筑业产值约19.5%,是十年前的2.3倍;企业数量约30万家,较十年前增长114%;从业人数1900万,较十年前增加350万;劳动生产率增长到31.73万元/人,较十年前提高了87.09%;技术专利增加38383项,十年累计增长率521%;发明专利增加11162项,十年累计增长率518%。这是一幅波澜壮阔、气势恢宏的历史画卷,这是一曲感天动地、气壮山河的奋斗赞歌。

这四十年,是装饰行业国际影响力显著提升的四十年。从上海中心大厦到广州"小蛮腰",从东方明珠广播电视塔到博鳌亚洲论坛国际会议中心,从深圳平安金融中心到北京大兴国际机场,一项项"中国速度"刷新世界纪录，一个个"中国奇迹"惊艳了世界，彰显了中国精神，证明了中国力量。同时，装饰企业积极参与"一带一路"建设，提高对外承包能力，开拓国际市场，形成建筑装饰业国内国际双循环发展新格局。"志之所趋，无远弗届。穷山距海，不能限也。"

这四十年，是行业标准逐步完善的四十年。我们自2014年开始CBDA标准编制工作，截至2023年10月，已批准31批共111项标准立项，批准发布76项标准，在编标准35项。在工业化方面，组织编制了《建筑室内装配式装修施工质量验收标准》等5项标准；在数字化方面，组织编制了《建筑装饰装修工程BIM设计标准》等6项标准；在绿色化方面，组织编制了《绿色建筑室内装饰装修评价标准》等12项标准……同时，我们主动参与国际标准编制和管理工作，提高中国建筑装饰业各项标准在国际市场的话语权。标准出，规范固，品质升。从最初的摸索探行到如今的体系化建设，如松立千仞，根深叶茂。

这四十年，是培育产业工人、弘扬工匠精神的四十年。我们健全了产业工人培育机制，加快产业工人队伍建设，保障产业工人权益，建立技能人才多元评价机制。我们大力弘扬工匠精神，营造"寻找工匠、选树工匠、争当工匠"良好氛围，推进开展建筑装饰业劳动竞赛、技能比武，提升建筑工人技能水平，让每一位装饰人都能够成为行业的骄傲与荣耀。

这四十年，是行业自律和诚信建设的四十年。我们新一届领导班子以"刀刃向内"的决心，确立了"政治建会、规范办会、廉洁办会"的工作方针，加强行业自律和诚信建设，建立健全行业信用体系和市场监管机制，加大对违法违规行为的惩处力度，利剑高悬荡浊气，清风徐来净商营。

大江流日夜，慷慨歌未央。目前，我们拥有会员近4000家，下设19个分支机构。

这些扎实的工作成果，赢得了各级政府的充分肯定与高度评价，我们成了政府靠得住的桥梁纽带；获得了社会各界的广泛认同与赞誉，我们成了老百姓信得过的行业力量；取得了会员单位的信任与依赖，我们成了装饰企业离不开的"娘家人"，是行业内外公认的典范与标杆。

二、审视当下：这是一个破浪前行的时代

对历史的最好纪念，就是创造新的历史。面对高质量发展的首要任务，如何发挥"政府助手、企业帮手、行业推手"的作用？靠什么把企业凝聚到一起？我们的答案是，撸起袖子加油干，扎实做好"四个服务"。

1. 服务国家"迈得开步"

因为离企业最近，所以知企业最深。我们常念初心，勤想职责，多挑重担，承担起大量"企业干不了、行业无人干、政府顾不上"的事务。

一方面，我们努力发挥桥梁和纽带作用，当好"政府助手"，做好"企业帮手"，眼睛向前，脚步向下，将企业的声音和需求传达给政府，并提供具有前瞻性和实操性的应对方案。在住建部门出台资质改革的政策法规时，我们积极建言献策，有效协助政府精准施策。"积力之所举，则无不胜也；众智之所为，则无不成也。"

另一方面，我们不断优化完善各项品牌的管理工作，积极动员广大会员企业派出"高水平运动员"参赛，邀请"高水平裁判员"评审，通过多轮专家评审、方案优化、对比遴选，筛选出高水平的设计和施工项目，同时为党和政府、社会各界提供智力支持和决策参考，降低决策风险和成本，提高决策质量。

2. 服务社会"弯得下腰"

胸怀国之大者，心系民之所望。建筑装饰业为吸纳农村剩余劳动力、缓解社会就业压力作出了重要贡献。据不完全统计，2012年建筑装饰业从业人数约1550万，2022年上升至1900万。近年来，我们积极响应政府号召，号召会员企业举办高校毕业生就业政策宣讲会、专场招聘会等，为高校毕业生提供就业见习岗位，助力稳岗就业。

3. 服务群众"耐得住烦"

"志不求易者成，事不避难者进。"装饰行业消费纠纷高发，应对和解决纠纷，是我们面前的一道必答题。我们要通过制定行规行约、加强行业自律、建立人民调解委员会等方式，规范行业市场秩序，积极化解装修公司与百姓间的矛盾纠纷，维护老百姓的权益，让老百姓有更多、更直接、更实在的获得感、幸福感、安全感。

4. 服务行业"沉得下心"

一方面，我们当好行业"引路人"，配合主管部门，参与制定行业标准、国家标准和团体标准，积极制定和宣贯，提升行业的整体水平和国际竞争力。我们开展了行业培训、组织行业交流，举办各类论坛、展览、赛事等活动，提升企业的核心竞争力和行业影响力。我们加强了行业文化建设和品牌塑造工作，树立行业良好形象和社会责任感意识。筑金桥以通内外，连心桥而促交流。

另一方面，我们当好企业"娘家人"，始终秉持着服务企业的宗旨，为企业提供信息咨询、法律咨询、市场拓展等多方面的支持与服务，在行业调研、行业统计、行业表彰、信用评价、前景研判等方面，为企业解难纾困提供强有力的支撑，从而赢得了会员企业的深厚信任与依赖。这种信任不仅体现在企业对于协会工作的积极配合与参与上，更在于他们在面临挑战与困难时，总能第一时间想到并依赖协会的力量，来寻求帮助与解决方案。有了"娘家人"的撑腰，企业的心暖腰更直，做事更有底气。

"看准了，就要发扬钉钉子精神抓落实。"我们将自己牢牢"钉"在政府和人民最需要的位置上，争当政府的"智囊团"，做好企业的"娘家人"，成为市场的"晴雨表"，当好行业的"引路人"。

三、展望未来：那是一个实现装饰产业现代化的新篇章

四十不惑，建筑装饰行业已从高速发展转向高质量发展阶段，如何让"大象"优雅转身，迈出轻盈的"舞步"，成了历史的选择，也是时代的要求。实现装饰产业现代化，由装饰大国发展为装饰产业现

代化强国,是每一位从业者内心坚定的梦想与不懈追求,更是时代赋予我们的重大责任与崇高使命。

推动装饰产业现代化,我们要发展新质生产力,除了传统装饰产业链与新技术深度融合,还要进行发展战略、组织结构、管理体制的革命,实现技术创新与管理创新的双轮驱动,进而焕发出装饰业迈向高质量发展的新活力、新动能。

推动装饰产业现代化,我们要告别旧有技术体系、摆脱传统增长路径,开辟新赛道、开发新模式,培育新业态、新模式、新动能,完善新一代人工智能、新能源、新材料的应用,以中国式现代装饰设计,服务中国式现代化建设。

推动装饰产业现代化,我们要从传统建造方式向"工业化、数字化、绿色化、装配化"转型升级,推广绿色建材、节能技术、低碳施工等环保措施,支持企业用数智技术、绿色技术改造提升传统模式,助力实现"双碳"目标,留住"绿水青山",守护蓝天白云,塑造具有中国式现代装饰特色的新风貌,让中国人民生于斯、长于斯的家园更加美丽宜人。

推动装饰产业现代化,我们要在设计创新、施工管理、材料应用等各个环节,坚持高标准、严要求,拿出抓铁有痕、踏石留印的韧劲,打造出经得起时间考验的大国工程。以人民的高品质生活场景,带动中国式现代装饰设计;以高品质的装饰设计项目,推动美丽中国的高质量发展。

时代是出卷人,我们是答卷人,人民是阅卷人。值此中国建筑装饰协会成立四十周年之际,我们精心编纂了这本《大国装饰——中国建筑装饰协会成立40周年献礼》,旨在通过三大篇章,系统地梳理过去四十年中国建筑装饰行业的发展历程、辉煌成就与宝贵经验,深刻剖析二十大以来新质生产力与中国式现代化对装饰行业带来的深刻影响,并展望中国建筑装饰行业高质量发展的光明前景。我们邀请上百位优秀从业者,一起来书写建筑装饰行业的历史,记录个人亲身经历的真实故事。这是一本有血有肉、有温度的、有生命力的"装饰史记",是气壮山河的凯歌,也是永载史册的丰碑。

"为者常成,行者常至。"只有握紧时代的方向盘,一叶轻舟才能从容驶过万重山。作为"资源永续、基业长青"的朝阳产业,装饰行业已走过千山万水,但仍需跋山涉水。我们将永远在路上,一棒接着一棒跑下去,力争下一个40年跑出更加辉煌的好成绩!

中国建筑装饰协会会长

2024年9月11日

01 协会纵横

002	题词贺信
018	领导专访
047	专题报告
128	地方协会

02 杰出人物

190	协会精英
210	前辈寄语
220	风云人物

03 行业丰碑

334	标杆企业
441	标志工程
592	技术革新

04 05

附录 — 后记

630　大事记

01

协会纵横

题词贺信
领导专访
专题报告
地方协会

题词贺信

践行绿色装饰，保护环境资源

易军

全国政协常委、人口资源环境委员会副主任
住房和城乡建设部原党组成员、副部长
中国土木工程学会理事长

秉持初心　砥砺前行

书写行业高质量发展新篇章

贺中国建筑装饰协会成立四十周年

张恩利

资源永续
基业常青

中国建筑装饰协会四十年

马挺贵

科技提升品质

创新驱动发展

李秉仁

坚持改革开放
努力服务企业

刘晓
2024.9.25.

用高质量的服务，引领行业高质量发展。

王中奇 二〇二四年十月

全国性行业协会商会第一联合党委

贺 信

中国建筑装饰协会：

当前，全党全国正深入学习贯彻党的二十届三中全会精神，中国建筑装饰协会迎来40华诞。对此，全国性行业协会商会第一联合党委向你会表示热烈祝贺，向奋斗在建筑装饰行业一线的广大党员干部和从业人员致以诚挚的问候！

四十年砥砺前行，四十年春华秋实。中国建筑装饰协会始终坚持以习近平新时代中国特色社会主义思想为指导，坚持党的全面领导，切实履行"提供服务、反映诉求、规范行为"职能，充分发挥桥梁纽带作用，认真践行"服务国家、服务社会、服务群众、服务行业"要求，在服务国家经济社会发展，带动社会就业，促进经济发展，提高人民群众工作居住空间品质，为推动建筑装饰行业高质量发展提供了保障，作出了贡献。

乘风破浪启新程，同心筑梦谱华章。新征程上，希望你会在新一届理事会的带领下，认真学习贯彻党的二十大和二十届三中全会精神，提高政治站位、强化理论武装、勇于担当责任，加强党的建设，发挥引领作用，增强党组织的政治功能和组织功能。坚持"政治建会、规范办会、廉洁办会"，进一步深化改革，转型发展，不断创新服务形式、拓展服务领域、提升服务能力，为以中国式现代化全面推进强国建设、民族复兴伟大事业贡献力量！

全国性行业协会商会第一联合党委
2024年9月11日

中国社会组织促进会

贺 信

中国建筑装饰协会：

值此贵会成立40周年之际，我会谨向贵会表示热烈的祝贺，向建筑装饰行业全体从业人员致以崇高的敬意！

四十年风雨兼程，贵会在历届理事会带领下，切实履行"提供服务、反映诉求、规范行为、促进和谐"职能，认真践行"服务国家、服务社会、服务群众、服务行业"，充分发挥桥梁纽带、参谋助手作用，围绕中心工作，群策群力、开拓创新、真抓实干，做了大量富有成效的工作，为推动经济社会发展、带动社会就业、提高人们居住品质、促进建筑装饰行业高质量发展等作出重要贡献，赢得了广大行业企业和人民群众的信任与支持。

云程发轫赴山海，奋楫笃行向未来。期待未来与贵会进一步加强交流与合作，共同为以中国式现代化全面推进强国建设、民族复兴伟业贡献力量。衷心祝愿贵会在新的历史起点上，继往开来，续写新荣光！

中国社会组织促进会
2024年8月28日

中国建筑业协会

贺 信

中国建筑装饰协会：

  值此贵会成立40周年之际，我会谨向贵会表示热烈祝贺，向贵会全体工作人员致以诚挚的问候！

  40年来，贵会全面贯彻落实国家关于建筑装饰的方针政策，切实履行"提供服务、反映诉求、规范行为"职能，充分发挥政府和企业之间的桥梁纽带作用，积极为政府部门决策提供咨询服务，加强行业自律，维护会员企业合法权益，促进行业人员素质提升，赢得了广大会员企业的支持和信赖，为我国建筑装饰行业的改革发展和提高人民生活质量发挥了积极有效的推动作用。

  衷心希望贵我两会今后进一步加强沟通合作，共同为我国建筑业高质量发展作出新的更大的贡献！

中国建筑业协会
2024年7月12日

中国房地产业协会
CHINA REAL ESTATE ASSOCIATION

贺 信

中国建筑装饰协会：

  值此你会成立40周年之际，中国房地产业协会向贵会致以诚挚热烈祝贺！

  40年光阴荏苒，我们共同赶上中国改革开放的好时代，见证建筑装饰行业发展壮大的辉煌历程，并与房地产行业发展相辅相成，共同为社会经济进步，作出巨大贡献！

  40年来，你会围绕党和国家工作大局，勇于创新、努力实践，在服务国家、服务社会、服务群众、服务行业上成绩卓然。

  建筑装饰行业发展取得令人瞩目的成就，离不开你会及会员企业和全行业从业人员的辛勤努力。

  借此机会，谨向你们致以衷心的敬意！

  期待贵会百尺竿头更进一步，在城镇化进程趋缓、房地产市场供需发生重大变化后，坚持高品质引领，激发更多潜在需求，为行业进步再立新功！

中国房地产业协会
2024年7月8日

北京市建筑装饰协会

贺 信

中国建筑装饰协会：

　　改革开放40余年来，中国建筑装饰行业保持快速发展，行业规模不断扩大，实力不断增强，建成了一批世界水准项目，从建筑业大国不断走向建筑业强国，呈现多主体发展格局，中国建筑装饰协会从中发挥了重要作用并作出了杰出贡献。

　　栉风沐雨四十载，不忘初心砥砺行。2024年，中国建筑装饰协会迎来成立四十周年的喜庆日子，同时也是"十四五规划"关键年。站在大历史的转角处，中国建筑装饰行业正处于"进一步全面深化改革，推进中国式现代化"的重要历史时期，北京市建筑装饰协会及北京市建筑装饰行业全体从业同仁衷心祝愿中国建筑装饰协会在中国建筑装饰行业重构行业发展新格局，加快高质量发展的新长征路上引领发展，争取更大的胜利！

　　谨此对贵会成立四十周年致以最诚挚和最热烈的祝贺！

北京市建筑装饰协会
二〇二四年九月二日

天津市环境装饰协会

贺 信

尊敬的中国建筑装饰协会：

　　在这充满希望与活力的季节里，我们满怀喜悦地迎来了中装协成立40周年的光辉时刻。在此，天津市环境装饰协会向中装协致以最热烈、最诚挚的祝贺！

　　回首过去的40年，中装协犹如一位坚定的领航者，引领着中国建筑装饰行业在时代的浪潮中破浪前行。从最初的探索起步，到如今的蓬勃发展，中装协始终坚守着推动行业进步、提升行业品质的使命。

　　40年来，中装协积极制定行业标准，规范市场秩序，为行业的健康发展奠定了坚实的基础。通过举办各类专业活动，促进了行业内的交流与合作，激发了创新的火花。众多优秀的企业在中装协的引领下脱颖而出，为社会奉献了无数精美的建筑装饰作品。同时，中装协还注重人才培养，为行业不断输送新鲜血液，举办众多专业交流活动，让从业者们能够不断提升自己的技能和素养，为行业的持续发展提供了强大的动力。

　　多年来，贵我两会携手并进，共同见证了行业的发展与变革。未来，我们将继续紧跟贵会的步伐，深化双方的交流与合作，推动两会关系的不断发展。我们坚信，中国建筑装饰协会将继续发挥引领作用，推动行业迈向更加辉煌的明天。

　　最后，再次衷心祝愿中装协40周年生日快乐！愿中装协在未来的征程中，不断创新，勇攀高峰，为中国建筑装饰行业的繁荣发展作出更大的贡献！

河北省建筑装饰业协会

贺 信

中国建筑装饰协会：

　　欣悉贵会即将迎来成立四十周年华诞，在此，河北省建筑装饰业协会特向贵会表示最热烈的祝贺！向贵会全体会员致以最诚挚的问候和最美好的祝愿！

　　中国建筑装饰行业波澜壮阔四十载，筑梦扬帆新时代！四十年来，中国建筑装饰协会以党建为红色引擎，立足行业发展，深耕会员建设，推进行业科技发展与进步，不忘初心，砥砺奋进，不断完善服务内容，提高服务能力，特别是在平台建设、创新发展方面走出了"中国特色"，为中国建筑装饰行业的繁荣发展作出了重要贡献。

　　多年来，我们得益于贵会的指导和正确引领，在此深表感谢！让我们面对新形势、新机遇和新任务，共同努力、加强合作，携手奋进，为建筑装饰行业的持续健康发展贡献力量。期待与贵会进一步加强交流合作，携手推进中国建筑装饰行业更快更好发展！

　　最后，预祝中国建筑装饰协会40周年庆典活动圆满成功！祝愿贵会发展得越来越好！

河北省建筑装饰业协会
2024年9月11日

河北省石家庄市鹿泉区槐安西路395号　电话0311-89179551

山西省建筑装饰协会

贺 信

中国建筑装饰协会：

　　欣悉贵会成立40周年，山西省建筑装饰协会特向贵会致以最热烈的祝贺。

　　贵会成立以来，在历届理事会带领下，紧紧围绕党和国家工作大局，担当创新、砥砺前行，在服务国家、服务社会、服务群众、服务行业上成绩斐然；伴随改革潮涌，建筑装饰行业发展取得令人瞩目的成就。

　　我们坚信贵会将继续推动经济社会发展、带动社会就业、提高人民生活品质等方面作出突出贡献。

　　愿全国行业协会在中装协的引领下，在新时代共创行业发展新局面，为以中国式现代化全面推进强国建设、民族复兴伟业作出新贡献。

　　预祝贵会40周年庆典取得圆满成功。

山西省建筑装饰协会
2024年7月17日

吉林省建筑业协会文件

贺 信

中国建筑装饰协会：

值此贵会隆重庆祝成立四十周年之际，吉林省建筑业协会建筑装饰分会向贵会表示最热烈的祝贺！并向贵会全体会员致以最诚挚的问候和最美好的祝愿！

春秋代序、岁月峥嵘。40年来，贵会在历届理事会带领下，紧紧围绕党和国家战略部署，担当创新、砥砺前行；40年来，贵会以服务为本，在服务国家、服务社会、服务群众、服务行业上成绩斐然；40年来，贵会不断创新工作，紧紧围绕行业改革和发展大局，坚持求真务实、与时俱进、开拓创新，在行业建设、行业管理、行业服务等方面取得了显著成效。

贵会取得的卓越成就，也为全国各省、市协会的工作提供了宝贵的经验和方向引领。贵会高瞻远瞩，带动、引领全国各省、市协会共同为建筑装饰行业高质量发展作出了应有贡献！

40周年，是中国建筑装饰协会发展史上的里程碑，是贵会发展和建设的又一个辉煌起点。祝愿贵会继续传承和弘扬优良的传统精神，继往开来，与时俱进，在新的历史机遇，乘势而上，宏图大展，缔造更加辉煌与灿烂的明天！

吉林省建筑业协会装饰装修分会
2023年7月46日

辽宁省装饰协会

贺 信

尊敬的中国建筑装饰协会：

值此贵会成立四十周年之际，辽宁省装饰协会致以最诚挚热烈的祝贺与崇高敬意！

四十年来，在历届会长和理事会的引领下，贵协会围绕党和国家政策方针，不忘初心，奋楫笃行。积极响应国家战略部署，订立行业标准、规范秩序，组织活动，推动行业规范发展，提升整体水平与竞争力，为国家建设行业增光添彩，赢得广泛赞誉。

在改革开放浪潮中，建筑装饰业不断革新，成绩斐然，这离不开协会全体的努力。我们期望未来协会能持续引领行业高质量发展，推动新质生产力突破创新，倡导绿色家居，加快转型升级，强化人才培育，拓展国际视野。

衷心祝愿贵协会在新一届领导集体带领下，勇担重担，开拓创新，带领全国建筑装饰行业学习贯彻党的二十届三中全会中国式现代化建设精神，高举改革开放旗帜，以中国式现代化全面推进强国建设、为中华民族伟大复兴做出新贡献！

2024年7月17日

上海市装饰装修行业协会文件

贺 信

中国建筑装饰协会：

值此贵会成立四十周年之际，上海市装饰装修行业协会及上海装饰行业同仁，向贵会表示热烈的祝贺，同时祝愿全国建筑装饰行业蒸蒸日上，蓬勃发展！

四十年风雨兼程，四十年春华秋实，贵会始终秉承新发展理念，把高质量发展作为首要任务，在积极探索推动全国建筑装饰行业健康发展上作出了巨大贡献，在服务国家、服务社会、服务群众、服务行业上赢得了广泛的赞誉。

迈向全面建设社会主义现代化国家新征程，装饰行业所有同仁坚信全国建筑装饰行业将迎来更加广阔的发展前景，期待贵会为建筑装饰行业的可持续发展注入新的活力。今后上海装饰行业也将继续在贵会的指导和支持下，为全国装饰行业的美好未来作出更多的贡献。

最后，再次对贵会成立四十周年表示热烈的祝贺！祝愿贵会越办越好，再创佳绩！

上海市装饰装修行业协会
二〇二四年七月

浙江省建筑装饰行业协会

贺 信

中国建筑装饰协会：

　　四十年栉风沐雨、四十年不懈追求！值此中国建筑装饰协会成立四十周年之际，浙江省建筑装饰行业协会谨致以最热烈的祝贺和最崇高的敬意！

　　四十年来，中国建筑装饰协会在各级党委政府的领导下，紧紧围绕中心工作，发挥桥梁纽带作用，带领省市各地方协会为行业发展，参与基层治理发挥了积极作用，在行业技术创新推广、企业品牌建设等方面起到了示范引领作用，促进了中国建筑装饰业的可持续健康发展。

　　展望未来，任重而道远。让我们携起手来，坚持开展"服务国家、服务社会、服务行业、服务群众、服务会员"高质量发展工作，为经济社会发展贡献力量。祝愿中国建筑装饰协会和建筑装饰业越来越好！

浙江省建筑装饰行业协会
2024年7月18日

江苏省装饰装修行业协会

贺 信

中国建筑装饰协会：

　　值此中国建筑装饰协会成立四十周年之际，江苏省装饰装修行业协会谨向中装协表示诚挚的祝贺！向四十年来从事协会工作的同仁们表示亲切的问候！并对中装协长期以来给予我会的大力支持表示衷心感谢！

　　回首四十年，中装协以发展中国建筑装饰业为己任，以促进建筑装饰企业健康发展和企业家健康成长为基本任务，主动顺应市场经济发展大势，积极主动作为，切实履行职责，推动改革创新，提高服务能力，在凝聚共识、激发力量，助力广大建筑装饰企业提升质量水平，引领中国建筑装饰行业高质量发展等方面做了大量富有影响、卓有成效的工作，在行业内形成了较强的影响力和凝聚力，有较高的话语权和代表性、权威性，为推进社会经济又好又快发展发挥了重要作用，已经成为政府放心、会员满意、行业认可、社会尊重的协会。

　　四十载风华正茂。中装协是全国建筑装饰行业共同的"家"，是各省市装协的榜样标杆。我会将一如既往地与中装协紧密团结，携手并进，共同提升协会建设和服务行业的水平，共同谱写建筑装饰行业高质量发展的新篇章。

　　预祝贵会四十周年庆典活动圆满成功！

江苏省装饰装修行业协会
2024年7月18日

福建省建筑装饰行业协会

贺 信

中国建筑装饰协会：

　　值此贵会成立40周年之际，我会专此贺信，谨向贵会致以最热烈的祝贺和最崇高的敬意！

　　贵会沐浴着改革开放的春风应运而生，引领着我国建筑装饰行业进入了一个崭新的历史发展阶段。迈向新世纪，求真务实，传承创新；走向新时代，不忘初心、砥砺奋进。

　　四十不惑，四十载更是芳华正茂、奋勇争先。贵会坚决贯彻落实党中央、国务院决策部署和住建部的工作要求，认真践行服务国家、服务社会、服务群众、服务行业，以"政治建会、规范办会、廉洁办会"为总方针，完整、准确、全面贯彻新发展理念，紧盯群众关注、行业发展关切、会员关心的实际问题，着力推动建筑装饰行业高质量发展，创辉煌业绩，获卓越成就。

　　我会愿同贵会一道，以习近平新时代中国特色社会主义思想为指导，深入学习贯彻党的二十届三中全会精神，深刻把握行业发展大方向，更加注重质量效益提升，为进一步全面深化改革、推进中国式现代化持续注入强劲动力，为实现中华民族伟大复兴作出更大贡献。

福建省建筑装饰行业协会
2024年7月19日

安徽省建筑装饰协会

贺 信

中国建筑装饰协会：

　　欣闻中国建筑装饰协会成立40周年，安徽省建筑装饰协会向贵会致以最热烈的祝贺和最诚挚的祝福！

　　40年风雨兼程、砥砺奋进，40年初心如磐、深耕不辍。中国建筑装饰协会自成立以来，心系行业发展，助力企业成长，致力于为企业提供全方位的会员服务，切实维护企业的利益，发挥行业协会作为政府与企业之间沟通交流的桥梁纽带作用，积极规范装饰行业市场行为和企业行为，培育、建立和完善装饰市场的运行机制和行业自律机制，为装饰企业搭建了一个健康良好的合作、沟通、交流平台，与各省市装饰协会之间建立了深厚的友情，积极带领装饰行业走上高质量发展、可持续发展和创新发展之路。

　　凝心聚力谱新篇，携手同心共奋进，衷心祝愿中国建筑装饰协会扬帆起航，再创辉煌！预祝贵会40周年成立庆祝活动圆满成功！

二〇二四年七月十日

江西省建筑业协会

贺 信

中国建筑装饰协会：

　　欣悉今年是贵会成立40周年，值此喜庆时刻，我会向贵会表示最诚挚、最热烈的祝贺！

　　四秩风雨兼程，四秩风华正茂。贵会在历届理事会带领下，紧紧围绕党和国家工作大局，从改革开放初期到新时代新征程，担当创新、砥砺前行，在服务国家、服务社会、服务群众、服务行业上成绩斐然，引领我国建筑装饰行业紧跟时代发展的脉搏从小到大、从弱到强，引领我国装饰人激流勇进、踔厉奋发，不断满足人民日益增长的美好生活需要。

　　我们坚信，贵会将以40周年华诞为新的起点，充分发挥"桥梁纽带、企业帮手、行业引领"三大作用，不断开拓进取，不断书写行业高质量发展锦绣篇章。

　　我会将与贵会携手共进，进一步加强交流和协作，为推动我国建筑装饰行业的高质量发展和进步作出更大的贡献。

江西省建筑业协会
2024年7月18日

山东省建筑业协会

贺信

尊敬的中国建筑装饰协会：

　　欣逢贵会成立40周年华诞，我们有幸与全国建筑装饰业界同仁共贺这一重要的历史时刻，不胜欢欣鼓舞！山东省建筑业协会携建筑装饰分会代表齐鲁大地全体建筑装饰企业和同行，谨向贵会表示最热烈的祝贺和最诚挚的祝福！

　　四十易春秋，风华正茂，四十载耕耘，硕果累累。贵会成立以来，作为中国建筑装饰行业的领航者，矢志不渝地团结带领全国建筑装饰行业，紧紧围绕党和国家工作大局，担当创新、砥砺前行，在服务国家、服务社会、服务群众、服务行业上成绩斐然；伴随改革潮涌，贵会以卓越的领导力引领全国建筑装饰行业发展取得了令人瞩目的成就，为全国建筑装饰事业的大发展、大繁荣作出了不可磨灭的卓越贡献。

　　风雨多经人不老，关山初度路犹长。波澜壮阔40年征程的洗刷与磨砺，益显贵会蓬勃常青、与时俱进之强大生命力。衷心祝愿贵会以40周年华诞为新征程的起点，继续团结带领全国建筑装饰行业，凝心聚力奋进新征程、筑梦扬帆建功新时代，进一步全面深化行业改革，共谋行业高质量发展，为以中国式现代化全面推进强国建设、民族复兴伟业作出新贡献。

山东省建筑业协会
2024年7月24日

河南省建筑装饰装修协会

贺 信

中国建筑装饰协会：

值此贵会成立四十周年之际，谨向贵会表示最热烈的祝贺！对贵会四十年的突出业绩表达由衷的敬意！

四十年贵会始终把自己当作服务社会、行业、企业的勤务员。为业之幸福，您一往无前以赴之，凤兴夜寐以求之，不遗余力以成之；为强业之基，您"快人一步"；为塑业之品，您"高人一筹"；为谋业之新，您"胜人一招"。

四十载栉风沐雨、春华秋实，一步步脚印见证中国建筑装饰行业梦想远航。

四十年凝心聚力、砥砺前行，一个个奋进故事装饰美丽中国锦绣华章。

祝愿中国建筑装饰协会在未来的征途中，初心始终、融匠心、携重任、共前行，为实现人民群众对美好生活的向往、中华民族伟大复兴梦接力奋斗。

2024 年 7 月 18 日

地址：郑州市金水路103号附2号　电话/传真：0371-66229939

湖北省建筑装饰协会

贺 信

中国建筑装饰协会：

在中国建筑装饰协会荣耀四秩庆典的光辉时刻，湖北省建筑装饰协会特此致以最崇高的敬意与最深切的祝福。

四十载春华秋实，贵会犹如领航之舵，以非凡的远见与卓越的贡献，引领中国建筑装饰行业破浪前行，铸就无数建筑之瑰宝，令华夏大地熠熠生辉。同时我们也倍感荣幸，能与贵会同频共振，共鉴时代之美。

值此庆典之时，愿贵会如龙腾四海，翱翔天际，继续以非凡的创造力与领导力，引领中国建筑装饰行业迈向新的高峰，以更加深邃的洞察力引领中国建筑装饰行业迈向更加辉煌的明天。湖北省建筑装饰协会愿与贵会携手高攀艺术之巅，以更高远的视野、更精湛的工艺，共绘建筑装饰的宏伟蓝图，让中华大地绽放更加绚烂的建筑艺术之花。

2024 年 7 月 31 日

湖南省建筑业协会

贺 信

中国建筑装饰协会：

值此贵会成立40周年之际，我会表示最热烈的祝贺！向贵会全体工作人员致以最诚挚的问候！

贵会自成立以来，认真履行"提供服务、反映诉求、规范行为"的职能，扎实开展工作，充分发挥政府和企业间的桥梁纽带作用，为中国建筑装饰行业高质量发展发挥了重要的作用，在行业内和社会上树立了良好的形象。

40年来，贵会紧紧围绕党和国家工作大局，担当创新、砥砺前行，在服务国家、服务社会、服务群众、服务行业上成绩斐然；伴随改革潮涌，建筑装饰行业发展的成就令人瞩目。我们相信，在新的起点上，贵会定能带领地方协会和广大行业企业继续努力奋斗、开拓创新，在新时代共创行业发展新局面，为以中国式现代化全面推进强国建设、民族复兴伟业作出新贡献。

最后，衷心祝愿贵会成立四十周年相关活动圆满成功！

湖南省建筑业协会
2024 年 7 月 22 日

广东省建筑业协会

贺 信

中国建筑装饰协会：

值此贵协会成立40周年之际，我谨代表广东省建筑业协会及我省广大建筑装饰企业向贵协会及全体同仁致以热烈的祝贺和崇高的敬意！

四十载风雨兼程。贵协会在党的领导下，始终秉持"提供服务、反映诉求、规范行为"的宗旨，推动我国建筑行业的蓬勃发展，取得了令人瞩目的成就。

四十年砥砺前行。贵协会充分发挥桥梁和纽带作用，坚持不懈，辛勤付出，充分发挥引领和示范的作用，全力推动行业技术创新人才培养标准制定和国际交流等方面工作取得了显著成果，为行业繁荣发展作出了巨大贡献。

四十年同心携手。深刻感恩贵协会长期以来对广东建筑装饰行业发展的深切关怀与鼎力支持，深情感谢贵协会对我协会关心厚爱和帮扶指导。

四十而立向朝阳，乘风破浪再领航。衷心祝愿贵协会会务欣欣向荣，再创更加美好的明天！

广东省建筑业协会
2024 年 7 月 17 日

重庆市建筑装饰协会

贺 信

尊敬的中国建筑装饰协会：

欣闻贵会将迎来成立40周年的光辉时刻，在此，重庆市建筑装饰协会谨向贵会致以最诚挚、最热烈的祝贺！

中国建筑装饰协会成立四十周年以来，历经风雨，仍不忘初心，协会一贯坚持以服务会员为宗旨，深入了解会员企业的诉求，积极面对行业面临的新形势、新机遇和新挑战，密切联系广大会员企业。通过举办各类专业活动，促进行业内的交流与合作，为企业排忧解难做了大量的工作，赢得了企业的拥护和社会的好评，为推动全国装饰行业的发展起到了重要作用。

协会在重视自身建设与发展的同时，多年来一直积极支持我会的各项工作，充分发挥了行业组织的旗帜引领作用，广泛加强与各方面的合作交流。得到了政府相关部门、会员企业和社会各界的广泛、高度赞誉！贵会的社会影响力和凝聚力将不断提高。愿我们两会能携手共进，加强相互交流与合作，继续深化和拓宽友好合作领域与层次，为开拓两会工作新领域而共同努力。

最后，再次衷心祝愿中装协40周年生日快乐！

重庆市建筑装饰协会
2024年7月16日

贵州省建筑装饰协会文件

热烈祝贺中国建筑装饰协会成立40周年

尊敬的王中奇会长及中装协全体同仁：

值中国建筑装饰协会成立40周年之际，贵州省建筑装饰协会谨致以最衷心的祝贺！向中国建筑装饰协会领导集体及全体同仁谨致以最诚挚的敬意！

中国建筑装饰协会成立于改革开放之初，40年来指导和推动了各省区协会的发展。

四十年来，一代又一代的中装协领导集体及同仁们呕心沥血、为推动建筑装饰行业全面高质量发展，作出了重要贡献！

值此40周年欢庆之际，衷心希愿中国建筑装饰协会率领省区协会高举二十届三中全会精神，全力推动建筑装饰行业全面高质量发展作出新的贡献！

贵州省建筑装饰协会
2024年7月18日

云南省建筑装饰行业协会

贺 信

中国建筑装饰协会：

欣闻贵会成立四十周年，云南省建筑装饰行业协会谨向贵会致以最热烈的祝贺！并向协会全体同仁表示亲切的问候！

四十年峥嵘岁月，中国建筑装饰协会在党和政府的领导下，深入贯彻落实科学发展观，不断与时俱进，加强自身建设，在规范建筑装饰市场、提升装饰工程质量、履行服务职能等方面充分发挥了积极的作用，引领全国广大会员单位在装饰行业跨越发展的时代舞台上取得了卓越的成就和丰硕的成果，为我国装饰行业可持续发展作出了巨大贡献！

扬帆奋进启新程，继往开来谱新篇。衷心祝愿贵会在今后的征途中不忘初心、砥砺前行，带领全国广大会员企业携手共进、奋发图强，为推动建筑装饰行业发展谱写出光辉的历史篇章！

最后，预祝贵会四十周年庆典取得圆满成功！

云南省建筑装饰行业协会
二〇二四年七月十五日

陕西省建筑装饰协会

贺 信

中国建筑装饰协会：

在新中国成立75周年之际，喜迎中国建筑装饰协会成立40周年。对此我会表示热烈的祝贺！

40年来，伴随改革潮涌，中装协在历届理事会带领下，紧紧围绕党和国家工作大局，担当创新、砥砺前行，为推动中国建筑装饰行业的发展作出了重要贡献；在服务国家、服务社会、服务群众、服务行业上成绩斐然，为建筑装饰行业推动经济社会发展、带动和促进社会就业、提高人民生活品质等方面作出了突出贡献，全国建筑装饰行业发展取得令人瞩目的成就。

"波澜壮阔四十载，筑梦扬帆新时代"。希望借助40年庆祝之东风，激励全国建筑装饰人继续发扬伟大奋斗精神，在新时代共同开创建筑装饰行业高质量发展新局面。

陕西省建筑装饰协会
2024年8月15日

甘肃省建筑装饰协会

祝贺中国建筑装饰协会成立40周年

中国建筑装饰协会：

"波澜壮阔四十载，筑梦扬帆新时代"，在新中国成立75周年之际，我们也迎来了建筑装饰行业的带头人——中国建筑装饰协会成立40周年，值此可喜可贺的日子，甘肃省建筑装饰协会向中国建筑装饰协会表示热烈的祝贺！

40年的担当作为，40年的砥砺前行，伴随着我国经济民生、国风国貌翻天覆地的巨大变化，建筑装饰行业也取得了令人瞩目的成就。中国建筑装饰协会在历届理事会领导下，紧紧围绕党和国家工作大局，秉承服务国家、服务社会、服务群众、服务行业的宗旨，着力加强行业思想政治引领、促进行业高质量发展、推动行业技术进步，调动全行业从业者的积极性、主动性、创造性等方面成绩斐然，为建筑装饰行业快速、稳定的发展做出了重要贡献。

我们深信中国建筑装饰协会必将以成立40周年庆典为新起点，革故鼎新、励精图治，为建筑装饰行业更快、更好发展再创佳绩、再立新功！

特此贺词

2024年7月10日

青海省建筑业协会

贺 信

中国建筑装饰协会：

正当全国上下开展学习贯彻党的二十届三中全会之际，欣悉中国建筑装饰协会即将迎来成立40周年的重大纪念日，谨此代表青海省建筑业协会表示衷心的祝贺！向协会的各位领导及同仁表示亲切的问候！

中国建筑装饰协会自成立以来，在协会历届理事会的带领下，逐步发展成为国内领先的专业行业协会，打造了无数精品工程，树立了良好的社会形象，为我国的装饰工程事业高质量发展作出了突出贡献。

愿贵协会在新一届理事会的带领下奋进新征程、建功新时代，为我国建筑装饰业的高质量发展，做出新的更大的贡献，谱写中国式现代化中国建筑装饰协会新篇章。

预祝纪念活动取得圆满成功！

2024年8月4日

宁夏建筑业联合会

贺 信

中国建筑装饰协会：

四十年砥砺前行，四十年风华正茂，值此贵会成立40周年之际，宁夏建筑业联合会谨向贵会表示热烈而诚挚的祝贺！

贵会自1984年成立以来，遵守宪法、法律、法规和国家有关建筑装饰行业的大政方针，践行社会主义核心价值观，弘扬爱国主义精神，一直秉承着维护行业、企业的合法权益，建立健全建筑装饰市场运行机制和行业自律机制，坚持"提供服务、反映诉求、规范行为、促进发展"的办会宗旨，充分发挥联系政府与企业间的桥梁纽带作用，为推动规范建筑装饰市场秩序，推动建筑装饰工程质量、安全生产管理水平的提升，推动我国建筑装饰行业持续、健康高质量发展，对我国建筑装饰行业发展壮大起到了带头引领作用。

忆往昔，峥嵘岁月稠。我们坚信，乘着二十届三中全会的东风，贵会必将奋进新时代，贯彻新发展理念，服务新发展格局，锐意进取，为实现中华民族伟大复兴的中国梦，奋力谱写中国式现代化篇章做出更大的贡献。

2024年7月19日

新疆维吾尔自治区建筑业协会

贺 信

中国建筑装饰协会：

欣闻中国建筑装饰协会成立40周年庆典大会即将召开，新疆维吾尔自治区建筑业协会携全体会员单位向你们表示热烈的祝贺！并向中国建筑装饰协会全体干部职工致以诚挚的问候！

近年来，中国建筑装饰协会坚持以习近平新时代中国特色社会主义思想为指导，积极贯彻落实党的二十大精神，充分发挥"提供服务，反映诉求，规范行为"职能和政府与企业之间的桥梁纽带作用，为振兴中国经济作出积极贡献，赢得了政府和企业的支持和信赖。至此，我们向中国建筑装饰协会取得的可喜成绩表示衷心的祝贺！

长期以来，中国建筑装饰协会和新疆维吾尔自治区建筑业协会都保持着兄弟同仁的良好合作关系，在日常工作中，相互支持，相互学习，建立了深厚感情。借此机会，祝愿我们能继续保持良好的合作态势，加强交流，共同为建筑行业发展作出新的探索和贡献。

预祝中国建筑装饰协会成立40周年庆典大会圆满成功！

2024年8月16日

深 圳 市 装 饰 行 业 协 会

贺 信

值此中国建筑装饰协会成立40周年之际，我会谨代表深圳装饰行业全体会员、企业家、从业人员致以最热烈的祝贺！

四十载风雨兼程，四十载砥砺前行。自成立以来，中国建筑装饰协会始终秉承"服务、创新、发展"的宗旨，致力于推动我国建筑装饰行业的健康发展。在协会的带领下，我国建筑装饰产业规模不断扩大，技术水平显著提高，为国民经济和社会发展作出了重要贡献。

四十年间，协会充分发挥桥梁和纽带作用，积极为会员企业提供政策指导、信息咨询、技术交流、人才培养等服务，在规范市场秩序、提高行业整体素质、推动产业转型升级等方面发挥了积极作用。通过举办各类培训、研讨会和展会，助力企业提升了设计水平和施工质量，特别是在推动绿色建筑、节能环保、新材料应用等方面取得了丰硕的成果。在此，我们为协会取得的辉煌成就感到由衷的自豪！

展望未来，信心百倍，我们将继续携手同行，深化交流合作，为实现我国建筑装饰行业的高质量和可持续发展积极探索，贡献力量。

祝愿中装协在新的征程中再创辉煌，为我国建筑装饰事业的发展作出更大贡献！

深圳市装饰行业协会
2024年7月17日

賀信

中國建築裝飾協會：

值此貴會成立四十周年之際，香港室內設計協會謹致以最熱烈的祝賀！並對貴會全體工作人員致以最誠摯的問候。

貴會數十年來碩果累累，在服務國家、社會、人民各方面發揮了重要作用。長期以來，貴會秉承以人為本的宗旨，不斷追求卓越，獲得社會、業界及市民的高度認可，形成了創新驅動、管理規範、優質高效、前景廣闊的生動格局，實現了高品質、高水準發展。希望未來貴會與我會進一步建立密切關係，深化雙方交流、合作，一起成長，共同進步。

值此四十周年慶典之際，真誠祝願貴會百尺竿頭更進一步，創造更大輝煌。青山常在、綠水長流，互利雙贏，共繪錦繡，願貴會與我會在未來開展更廣泛的合作，獲得共同發展，譜寫新的華章！

香港室內設計協會
2024年10月8日

IFI
APSDA

澳門建築業協會
Macau Construction Industry Association

致：
中國建築裝飾協會

編號：MCIA-CBDA-2024-0002
日期：2024年7月11日
主題：中國建築裝飾協會成立四十週年

尊敬的中國建築裝飾協會：

欣聞 貴會舉辦40週年慶祝活動，我謹代表澳門建築業協會在此榮幸地向貴會致以最熱烈的祝賀！

中國建築裝飾協會作為國內建築裝飾產業的領導組織，一直致力於推動產業的發展與創新。40年來，貴會緊緊圍繞國家發展大局，擁抱創新及砥礪前行，並在推動行業發展、技術創新、標準提升等方面取得了顯著成就，為我國建築裝飾行業的進步作出了巨大貢獻。在過去的幾十年裡，貴會舉辦了眾多的活動，為業界內外的人士提供了寶貴的學習機會。這些活動不僅促進了行業的宣傳與應用，引領著產業朝著更永續的方向發展。同時，貴會也致力於提升建築裝飾行業的整體水平，透過制定行業標準和規範，推動行業向高品質、高標準的方向發展。

作為業界的一員，本會期待與 貴會加強交流，共同探索建築裝飾行業的新技術、新模式，共謀行業高品質發展，並在澳門特區乃至粵港澳大灣區的建設中發揮更大的作用，為全面推進國家建設、民族復興偉業作出新貢獻。

再次恭祝慶祝大會圓滿成功！並願本行業進一步發展壯大，協會工作順利！

此致
敬禮！

澳門建築業協會會長

澳門建築業協會
Macau Construction Industry Association

社團法人中華全球建築學人交流協會
INTERNATIONAL CHINESE ARCHITECTURE ASSOCIATION
11FL-1,NO 54 MIN SHENG E RD.SEC 4, Taipei, Taiwan, Tel 886-2-23963353, Fax 886-2-23963351

賀 信

中國建築裝飾協會：

值此 貴會成立40週年之際，謹向 貴會表達誠摯祝賀之意，並向 貴會全體工作人員致上最高敬意！

貴會40年來，貫徹落實國家關於建築裝飾的政策方針，確實履行專業服務職能，發揮政府和企業溝通橋樑，推動政府部門決策的紐帶作用，並以行業自律、提供政府諮訊服務，以維護社員合法權益、素質提升為職志，為建築裝飾行業的發展及人民生活質量的提高發揮了積極的推動效用。

表心祝賀 貴會40週年，貴我兩會友誼永固，共同為建築裝飾行業高質量發展做出更大、更新的貢獻。

社團法人中華全球建築學人交流協會 2024年10月8日

领导专访

张恩树：
大行业协会的缔造者和建设者

题记

张恩树是中国建筑装饰协会的创始人和建设者；是一位有远见卓识，德高望重的老领导。2024年，正值张恩树老会长百岁寿辰，又逢中国建筑装饰协会成立40周年，我们走访了老会长。

作为中国建筑装饰行业的历史见证人，百岁高龄的老会长依然关心着装饰行业的健康发展，依然对行业的发展前景充满了信心和期望。祝老会长福寿双全、健康无忧。

记者： 请您谈谈中国建筑装饰协会是在什么样的背景下成立的？

张恩树： 1979年，我在国家建筑工程总局负责海外工程承包工作，带队考察科威特，发现他们的房子装修得很漂亮，那时才开始对室内装修有所了解。当时咱们国家是计划经济时代，哪有装饰，房子装修就是墙刷白，铺水泥地。

我去科威特的重要目的是洽谈工程，当时我们还这样和对方说，你们需要建多少房子，你们提个计划，纳入我们的计划——那时候我们是计划经济。可是，人家说，我们不同意跟政府部门打交道，我们是商业型运作。因此，我一回来就向中央报告，应该成立企业运营海外的工程，后来在香港成立了中国海外建筑工程公司，负责海外承包业务。

十一届三中全会之后，随着经济的快速发展，人民生活水平的提高，人们对居住条件和工作环境都有了更高的要求。而沿海城市的开放，大批外宾来旅游和洽谈合作项目，宾馆等旅游设施需要大量建设，建筑装饰的任务逐渐重了起来。

1982年，当时的国家建委、国家城建总局、建工总局、国家测绘局和环保领导小组办公室合并，组建了原城乡建设环境保护部。国家建工总局撤销，其部分行政职能转到原城乡建设环境保护部；新成立中国建筑工程总公司，剩余部分职能转至其中，作为一个独立经营、自负盈亏的经济实体，我担任总经理。

中国建筑工程总公司成立后不久，我就去了深圳，考察了中建总公司在深圳成立的深圳海外装饰公司。我看了一些香港装饰公司在深圳所做的一些装饰工程之后，感觉到装饰行业在国内将大有前途。后来，国家旅游局也找到我们，说要开放，要开展旅游，需要一些高档的装修，希望我们能推动这个行业的发展。而当时，我国的建筑装饰产业才刚刚萌芽，满足不了这样快速增长的需求。我觉得，仅仅依靠一个部门，也不能快速带动这个行业的全面发展——因为装饰涵盖设计、材料等领域，还涉及冶金、纺织等相关产业。所以，我就琢磨，想办法成立一个行业组织，以便于协调各方面的力量，共同支持这个新兴产业的发展。

记者： 请您谈谈中国建筑装饰协会成立的初衷。

张恩树：简单地说，成立中装协的初衷就是推动建筑装饰行业的快速发展，为国家的经济建设服务。

1984年9月，经原建设部批准，中国建筑装饰协会正式成立，我被推选为理事长。在成立大会上，我明确提出了中国建筑装饰协会的宗旨，那就是：坚持四项基本原则，遵循党的十一届三中全会精神和各项经济政策，联合和动员建筑行业有关的科研、设计、教育、生产和管理单位，提高产品质量，增强配套能力，开展技术交流，改善经营管理，为迅速提高我国建筑装饰水平，改善室内使用功能，推动建筑装饰行业向现代化发展而努力。

记者：在您担任会长期间，中装协为推动行业发展做了哪些重要工作？

张恩树：现在回想起来，我觉得解决了几件大事。

第一件事，就是解决了定额问题。定额问题是企业经营收入计价的基础，必须解决这个问题。当时大家感到定额很不合理，那时候国家定的是一个木工一天只有十块钱。我们就出面同原建设部定额司联合，研究定额问题，编制发布了《全国统一建筑装饰工程预算定额》。

第二件事，就是和原建设部研究资质问题，制定发布了《建筑装饰工程施工企业资质等级标准》《建筑幕墙工程施工企业等级标准》和《建筑装饰设计单位资质分级标准》。当时的资质问题也有争论。原建设部定的资质，有一条叫人员构成，而装饰公司同土建公司不一样，装饰公司是搞方案的，大部分是画图的，没有相应的资质，因此资质问题也是当时亟待解决的问题。

第三件事，是提倡联合，充分发挥协会的职能，促进企业之间合作，共同完成了很多大型项目的装饰任务。

第四件事，就是起草管理规范，这也是中装协和原建设部共同来做的，制定了很多装饰行业的制度和规范，比如《建筑装饰工程施工及验收规范》《玻璃幕墙工程技术规范》等。

记者：请您谈谈对建筑装饰行业未来的看法。

张恩树：我知道，由于种种原因，建筑装饰行业在经历了30多年的高速发展之后，现在遇到了不少的困难。但我仍然看好这个行业的未来。我们这个行业的任务就是通过富有创意的设计和精湛的施工，创造出更加安全、舒适、便捷的生活环境和生活方式，满足人民群众对美好生活的向往。这是一个肩负光荣的使命，任重道远的行业；这也是一个具有坚实的市场需求，可持续发展的行业。我相信，建筑装饰行业一定能够战胜困难，实现转型升级，走上高质量发展的道路。

记者：在中国建筑装饰协会成立四十周年之际，您对协会工作人员有什么期许？

张恩树：希望中装协在中奇会长的带领下，坚持"政治建会，规范办会，廉洁办会"的方针，加强自身建设，提升服务水平，推动行业高质量发展，更好地为群众服务、为社会服务、为国家服务。

希望建筑装饰行业坚定信心，砥砺奋进，创造更加辉煌的未来。

马挺贵:
中国建筑装饰行业是一个
基业长青、资源永续的行业

题记

从1984年到2024年,中国建筑装饰协会走过了四十年的峥嵘岁月。

过去的四十年,是中国建筑装饰行业砥砺前行、跨越式发展的四十年,是行业为国民经济、社会发展作出重大贡献的四十年。

四十年来,中国建筑装饰行业从学习到创新、从传统到现代,从建筑行业的附庸,发展成为一个独立的行业,并在资本市场占有一席之地,也使中国成为全球装饰大国、幕墙大国。

中国建筑装饰行业四十年取得的成绩,是中国经济发展,人民生活水平提高，城乡建设迅猛发展，带动房地产、建材等产业链上下游发展的结果；是国家在资源、政策等方面大力支持，扶持的结果；是全行业——协会、企业，全体从业人员共同努力的结果，是社会各界、各地方，政府部门，各相关行业协会支持合作的结果。

值此中国建筑装饰协会成立四十周年之际，谨向历年来所有的协会工作人员表示感谢，感谢你们的辛勤工作，成就行业四十年的辉煌。中国建筑装饰行业是一个基业长青、资源永续的行业，也祝愿在中国建筑装饰协会新一届领导班子的带领下，聚力全行业，再创新辉煌。

——马挺贵

2001年6月，以马挺贵为会长的中国建筑装饰协会第五届领导班子走马上任。

新世纪初，正值复杂的经济转轨时期，没有政府职能的协会如何参与行业管理，如何能获得业内企业的认同，如何能在拓展协会生存发展空间的同时促进行业的发展，是摆在马挺贵面前的棘手问题。

"刚来的时候，有些人建议找原建设部申请把这个权利、那个权利交给协会，我就不同意。"马挺贵说，"我说不要去找，先看看自己，看看全国各地方协会的状况，能否胜任。要了权，你能不能承担？就像打篮球，把球给了你，你老投不进去……那说对不起，算了，你把这个权利还给我。必然是这样一个结果。"

一、协会首先要为企业服务

"1962年大学一毕业，分到大庆——当时条件非常艰苦的地方，待了10年；然后三线建设，又在湖北待了3年；然后回到北京搞燕山石化工厂；到了1977年，调到国家建委外事司援助科威特办事处；1978年就到建委直属局；1979年成立国家建工总局，我就到国家建工总局工程部当副经理；1980年到1982年是在驻伊拉克经理部当副经理；1982年3月份回国，7月份又到阿尔及利亚，担任阿尔及利亚经理部的经理，一直到1986年1月份；其中的1984年8月，我被提为中建总公司副总经理，但是我没有回国，还在阿尔及利亚；到1986年1月回国，3月担任中建总公司总经理、党组书记。"说到自己的工作经历，马挺贵非常简洁地概括了他近40年的建筑生涯。"我离开中建的时候写工作总结，就写了两三页，写得非常短，因为没法概括——15年的总经理，你说怎么概括？不好概括，我写得反而很粗。"

马挺贵担任中建总公司总经理的这15年，正是中国从计划经济向市场经济转变的改革过程。在外，从海外经援到海外承包；在内，从国家分配任务到市场竞争，马挺贵见证和推动了整个过程。"过去是计划经济，企业是跟国家重点工程走的，现场一个局整个投入某一个工程上；改革开放以后，变成依托市场、依托城市，不再是现场局模式。"马挺贵说，"另外，在人才结构和组织结构上也发生了很大变化，因为要适应市场，所以中建公司作为一个企业，更多的是引进和接纳人才。管理人员从1万变成7万，其中有6万多名技术人员，7700名高级工程人员，但是队伍从24万减到14万。不是自己去施工了，人才结构变化了，组织架构也变化了，我们是总承包，下面更多的是分包队伍、劳务队伍，这也是一个巨大的变化。"

25年的施工现场经验，15年的中国最大建筑公司一把手，马挺贵既有施工经验，也有领导经验，而企业家出身，又使他对做企业的酸甜苦辣有着深刻的了解，成为中装协会长之后，马挺贵把为企业服务的理念放在了首位。

"咱们老说在业主面前，我们是不平等的，很多苛刻的、不合理的条件、条款，都压在我们建筑装饰企业身上。装饰行业辛苦了半天，赚点苦力钱，动不动让你垫资，还压你的价格。工程完了，决算不做，审计拖延，工程款拖延少则三个月，多则两三年。我们在企业这么多年，深刻理解这个。"马挺贵说，"也正是因为这个，我们到了协会以后，就非常体贴企业，老想他们在经营过程中有什么困难，我们怎么样支持他们，怎么样为他们服务。这可能就是作为一个企业家到协会来，体会最深的。"

来到中装协后，马挺贵和以他为首的协会第五届领导班子经过自己的探索，提出了"二次创业"的发展新思路，将协会的基准点定位为"在推动行业发展的方向性问题上，提升对会员企业及其他业内企业的服务层次，拓展协会生存发展的空间"。

二、以发展行业为己任

"我说很简单，就是以发展行业为己任，把它当成事业来做。"谈及"二次创业"，马挺贵这样说道，"所以针对行业、企业的客观需求，我们提出带有方向性、前瞻性，又可操作的一些工作。"

2001年,查阅官方各种关于建筑装饰行业的资料,得到的多是"建筑装饰行业发展很快,在国民经济中占有重要位置"等空洞的描述。整个行业的状况到底如何,它在国民经济中的地位该怎么评价?大家觉得有必要摸清家底。于是协会决定启动《建筑装饰行业在我国国民经济和社会进步中的地位和作用》的调研课题。

2001年,协会完成了一件大事,第一届全国建筑工程装饰奖评选活动举办,"这是张恩树老会长及前五届协会领导班子奠定的坚实的基础,我来了正好批下来了。"

"全国建筑工程装饰奖"是经中华人民共和国原建设部建办〔2001〕38号文件批准设立的全国建筑装饰行业唯一的最高奖项,评审工作采取由各省、市、自治区装饰协会初评推荐,中国建筑装饰协会组织专家复查,由行业资深专家进行评比的方法进行,获奖工程的技术含量、社会效果都是最高的,代表了中国建筑装饰行业的最高成就。

2001年底,第一届全国建筑工程装饰奖在人民大会堂颁发。

2001年12月24日,《建筑装饰业:充满生机和活力——建筑装饰行业在国民经济和社会发展中的地位和作用》一文在《经济日报》五版刊登,文章为那个历史时期的建筑装饰行业下了定义,并界定了内涵和外延。

文中表示:"我国建筑装饰业20年的发展历程充分证明,建筑装饰业是在社会分工专业化发展中崛起的一个焕发活力和生机的古老行业,它不仅为国家、社会创造了大量的物质财富,同时带动了众多行业的发展,拉动了社会需求,推动了社会消费,还解决了上千万人的就业问题,在国民经济和社会发展中占有日益重要的地位。"

同时,文章还发布了第一批关于中国建筑装饰行业发展状况的分析数据:企业总数达25万家左右,直接从业人员850万;2000年度总产值5500亿元、年增加值1730亿元,我国行业年增长速度在20%以上……2000年,我国国民生产总值为89404亿元,建筑装饰行业产值占比6%左右。数据显示,中国建筑装饰行业在国民经济各行业中处于中上水平,并远远高于GDP的增长速度,为国民经济增长做出了显著贡献。

这批数据填补了国内建筑装饰行业统计资料方面的空白,奠定了中国建筑装饰行业作为国民经济重要增长点的不可动摇的地位,为国家建设主管部门和其他宏观经济部门了解行业发展情况,制定政策提供了参考依据;也使中国建筑装饰协会成为能够独立发布本行业权威数据的行业协会之一。

最后,文章还发布了对行业未来发展的思考,提出加快行业改组改制,全面提高企业核心竞争力,加强行业培训,加强行业交流,营造行业发展的良好环境、解决行业发展中的实际问题等工作目标,并提出了为会员企业提供高层次服务的举措:为迎接国际国内不断变幻的经济形势的挑战,实施"扶大、扶优、扶强"战略,推进建筑装饰国有企业改制,推动行业生产力的进步。

《建筑装饰业:充满生机和活力——建筑装饰行业在国民经济和社会发展中的地位和作用》一文在《经济日报》五版刊登

三、扶大、扶优、扶强

2000年,中国建筑装饰行业拥有企业25万家左右,其中专业主营建筑装饰施工、有资质的企业2万多家;兼营有装饰施工资质的企业近5万家;有营业执照、但未有资质,主要从事家庭装饰小型工程的企业近18万家。规模分散,行业集中度低;法制、规范不健全，市场及企业运作不规范，无序竞争；企业规模普遍偏小，2000年行业年总产值5500亿元，头部企业年产值3亿元左右，占比约万分之五；行业诚信度低，自律水平有待提高。当时，在社会舆论中，与建筑装饰企业关联度较高的是"民工队""包工头""偷工减料""污染扰民"等负面词汇。行业企业不大、不优、不强，难以应对中国加入"WTO"后面对的机遇与挑战。

为解决这些问题，2001年11月，中装协主办的国有建筑装饰企业改制的座谈会召开，为一大批国有建筑装饰企业找到了进一步解放生产力的方向；2002年，入世后建筑装饰行业发展战略研讨会召开，系统地分析了未来这个行业在国际和国内市场的竞争态势；2003年，全国建筑装饰行业科技大会召开，使全社会对装饰行业的科技含量有了新的认识；同年，第一届中国建筑装饰百强企业揭晓，使协会的扶优扶强战略得到最有效实施。

"中国建筑装饰行业百强企业评价推介活动，得到了建筑装饰行业和工程业主的广泛认可和高度信任，提升了优势企业的品牌知名度，推动了优势企业的经营规模、市场份额的快速扩大。"马挺贵说。

排名首届中国建筑装饰百强企业第一的是苏州金螳螂建筑装饰有限公司，是一家民营企业，对于具有一定规模的民营企业来说，品牌、业绩、声誉、融资能力，都是生存与发展必需的要素。

资本是市场经济的灵魂，21世纪初，随着中国市场经济的进一步发展，资本市场融资和资源配置功能逐步发挥，促进了企业和资产价值的重新发现，引领了企业制度变革，推动了企业的发展壮大和行业整合，上市公司日益成为中国经济体系的重要组成部分。然而，当时，中国建筑装饰行业并没有在证券市场上获得与其产业规模相应的地位。

一方面，这是由于中国装饰企业绝大多数是民营企业，习惯采取渐进式的发展模式，依靠企业资本的渐进积累推动企业的发展，缺少利用资本市场这个经济杠杆的想法，更缺乏与资本合作的经验；而较为充沛的现金流，也使得装饰企业缺少引入投资的动力。另一方面，由于我国的建筑装饰产业是在特殊的历史环境中萌芽并迅速发展壮大的一个独特的产业，国内对这个产业形态的特征和本质缺乏系统的理论研究，而国外的任何经济体都没有同样的产业形态供参考，从而造成了资本市场对建筑装饰产业的认知困难。

金螳螂率先踏上了谋求上市的征程，并获得了成功。2006年11月20日，苏州金螳螂建筑装饰股份有限公司A股股票，在深圳证券交易所挂牌交易。其后，排名中国建筑装饰百强企业前列的深圳洪涛、浙江亚厦、深圳广田等相继登陆深交所，并有良好的业绩和亮丽的表现，A股市场形成了建筑装饰板块。

在扶持头部企业的同时，协会也实施多重举措规范市场行为。2007年，全国整顿和规范市场经济秩序领导小组办公室（简称全国整规办）和国务院国有资产监督管理委员会行业协会联系办公室（简称国务院国资委协会办）批准（整规办发〔2007〕3号）并在其指导下，中国建筑装饰协会有序开展了全国建筑装饰行业信用评价活动。

产值和利润让位于信用度，实行行业自律，是一个行业成熟与否的重要标志。中国建筑装饰协会开展行业信用评价，通过评价来促建设、促规范、促发展，对会员企业的信用状况做出科学公正的评价，引导企业加强信用管理。并以协会的公信力为企业信誉背书，开展行业信用服务，帮助诚信企业发展壮大，从而增强会员企业的诚信意识和风险防范能力，提高行业自律水平，规范业内竞争秩序，促进行业又好又快发展。

全国建筑装饰行业信用评价活动现已经成为中国建筑装饰协会的三大行业品牌之一，活动根据"方法简单有效，尽量减少企业负担"的原则，初步建立并完善"年检与复查、自报与抽查、单独与共同、申诉与投诉"相结合的行业信用评价动态服务管理制度，向业内外提供更有价值的信用信息服务。

这些活动和举措只是协会为企业服务的典型代表。事实上，协会所做的所有工作，都是围绕着这个基准点，也因此得到了企业的信任。

协会的有力工作，极大地推动了整个行业的发展。会长马挺贵说："装饰行业从2001年度的年产值5000亿余元，发展到2010年度超过两万亿元，短短10年翻了两番，这和政府和社会各方的支持、大规模的经济建设和房地产业的改革等方方面面都有关系，但协会也为之付出了心血和汗水。"

四、面对百年未有之大变局，要有四个自信

2011年5月，马挺贵卸任中国建筑装饰协会会长职务，退休十多年来，依然一直关心着中国建筑装饰协会的发展，关注着中国建筑装饰行业的跌宕起伏。

近年来，受国际国内政治、经济形势的影响，建筑装饰行业遇到了发展的低潮。

"我们面临的是百年未有的世界大变局，房地产业的低迷、大规模公建的减少，势必造成建筑业、材料业生产、销售的大规模减

少,建筑装饰行业再现过去的增长速度是不可能的,行业面临的是重新洗牌。"马挺贵说。

"一部分是退出市场,我估计是三分之一到二分之一;余下企业要转型升级,进行结构调整:一是专业化,做专做精;二是打造产业链联盟,做大做强,实现信息化、工业化。"

"尽管如此,我认为我们要有四个自信。第一,我们中国依然是世界上最大规模的单一装饰市场;第二,相信我们国家的各项政策和导向;第三,建筑装饰行业依然是国民经济和社会发展中,与人民生活息息相关的重要行业,我们有坚实的市场基础,不说增量市场,存量市场,每五到十年,都要做更新改造,这是一个庞大的市场;最后是对我们自己的企业要有信心,在这一轮经济周期中存活下来的企业,一定具有别人没有的核心竞争力,我们要继续保持和发挥。"

"我们这个行业是资源永续、基业长青的行业。"马挺贵最后强调,"我们要坚持四个自信,再创新辉煌。"

李秉仁：
科技提升装饰，创新驱动发展

2011年5月，中国建筑装饰协会第七次会员代表大会召开，原住房和城乡建设部总经济师李秉仁同志担任中装协第七届理事会会长。

此前，李秉仁同志在住建部工作了30年，先后在规划司、科学技术司、政策法规司、人事教育司、办公厅等部门任职，对国家建设口的政策法规了如指掌，对建筑行业的发展态势了然于心。来到中国建筑装饰协会担任会长，他最为关注的是提升行业的生产力。

"建筑装饰行业是改革开放后随着国家经济的发展和人民生活水平的提高，从建筑业中细分出来的中国独有的新兴行业。经过30多年的高速发展之后，2010年中国建筑装饰行业总产值2.1万亿元，在同期国民生产总值中占比超过5%。建筑装饰行业的快速发展，固然得益于国家经济快速发展的宏观环境，同时，得益于科学进步与技术创新的巨大推动力。"李秉仁会长首先回顾了建筑装饰行业的辉煌历程，然后指出，"我到中装协的时候，正是我国经济由低附加值的劳动密集型向高附加值的知识密集型、技术密集型转型的关键时期，装饰行业面临着前所未有的挑战。在这样的背景下，把握世界科技创新发展趋势，紧紧抓住新一轮科技革命和产业变革的机遇，以科技创新推动建筑装饰行业持续健康发展，就是时代赋予中装协的使命和责任。"

一、科技创新，时不我待

"贯穿于我国社会主义初级阶段的基本矛盾是人民日益增长的物质文化需求与相对落后的生产方式之间的矛盾。具体到建筑装饰行业，就是人民不断增长的装修装饰需求与相对落后的建筑装饰设计理念与施工方式的矛盾。要解决这一基本矛盾，就要优先发展装修装饰生产力，普遍提高我国的建筑装饰设计、施工水平。在提高建筑装饰行业生产力过程中，科学技术的发展具有决定性作用，是产生内在动力的主要源泉。"李秉仁说。

早在2003年，中国建筑装饰协会成功举办了全行业第一次科技大会。2013年11月，在系统总结行业第一次科技大会之后的科技进步发展历程和经验之后，中装协在北京召开了行业第二次科技大会。会上，中国建筑装饰协会首次发布了建筑装饰行业十大科技成果、十大科技论文汇编，组织了"全国建筑装饰行业科技创新成果展"；提出了科技创新的目标和任务，制定了推动行业科技进步的具体措施，引导企业积极开展科技创新。

中国建筑装饰协会第七届理事会，以"中国建筑工程装饰奖""行业科技示范工程""科技创新成果"评定等工作为抓手，不断完善评价标准，适时调整科技创新成果在各项评价活动中的权重，引导企业将科技成果尽快转化为现实生产力。

在谈到科技创新对建筑装饰行业的意义时，李秉仁进一步强调，"我们应该充分地认识到，随着移动互联网、云计算、物联网等技术的迅猛发展，新一轮信息化革命，必将丰富建筑装饰产业的服务内容，拓展建筑装饰产业的服务范围，提升建筑装饰产业的服务质量；必将冲击现有建筑装饰企业的业务模式，促进建筑装饰产业形态的变化。作为传统的建筑装饰企业，如果不关注科技进步，不能及时把科学技术成果应用于设计、施工和管理，为消费者创造新的需求、引导新的消费方式、开拓新的市场，那么，我们的客户就有可能被IT公司、机电公司、建筑材料及部品生产销售商夺走，我们的企业就有可能被边缘化，甚至被市场淘汰。因此，科技创新与企业的命运休戚相关。我们应该对科技创新具有时不我待的紧迫感。"

二、明确创新主体，激发企业创新活力

"科技创新从本质上讲，是一种不断追求卓越、不断追求发展的理念，是一种通过科学进步和技术变革实现经济增长方式转变、培育新的经济增长点的可行之路。在市场经济条件下，科技创新是一种能够及时把握商机，正确作出创新决策并成功进入市场的能力。因此，理所当然，企业是科技创新的主体。"李秉仁说。

2013年初，国务院办公厅发出了《关于强化企业技术创新主体地位全面提升企业创新能力的意见》，引导企业做强创新载体、夯实创新基础。

2013年11月，中共中央发布了《关于全面深化改革若干重大问题的决定》，明确指出："建立健全鼓励原始创新、集成创新、引进消化吸收再创新的体制机制，健全技术创新市场导向机制，发挥市场对技术研发方向、路线选择、要素价格、各类创新要素配置的导向作用。建立产学研协同创新机制，强化企业在技术创新中的主体地位，发挥大型企业创新骨干作用，激发中小企业创新活力，推进应用型技术研发机构市场化、企业化改革，建设国家创新体系。"

中国建筑装饰协会响应国家号召，顺应时代潮流，制定推行了一系列措施，鼓励和引导企业加大研发投入，凝聚创新人才，提高持续创新能力和核心竞争力；指导和协助企业主导的科研实体，承接科技部、住建部等国家有关部门的科研课题；指导和协助企业根据产业发展趋势和企业经营需要，组织相关研究课题，获取国家政策、资金支持。

中装协对科技创新的重视和倡导，激发了行业企业技术创新活力。建筑装饰企业作为科技创新的主体，在研发投入、市场需求导向、技术集成与应用、风险承担与成果转化、人才培养与激励以及国际合作与交流等方面发挥了重要作用。据不完全统计，全国建筑装饰企业取得的专利超过10万项，其中近百家头部企业累计取得各项专利超过百项。

三、编制推行技术标准，夯实科技创新基础

"标准化是科技创新成果转化与应用的基础。很多科技创新成果仅一次性应用于某项工程，企业内部都无法复制。其根源在于没有将这些创新成果标准化。中国建筑装饰协会鼓励和引导企业将科技创新成果纳入技术标准，并组织动员全行业的力量，在企业标准基础上，加快推进行业标准的编制进程。"李秉仁说。

2014年6月12日，在住建部标准定额司的指导下，中国建筑装饰协会在苏州组织召开"建筑装饰行业技术标准编制工作会议"，住建部标准定额司和中国建筑装饰协会等领导以及多家标准编制单位代表出席会议，此次会议，标志着中国建筑装饰协会CBDA标准编制工作正式启动。

"技术标准的制定过程往往涉及行业内的前沿技术和创新成果。通过参与标准的制定，企业能够及时了解并掌握这些先进技术，从而促进企业之间的技术交流和合作，加速新技术的普及和应用，提升整个行业的技术水平，推动建筑装饰行业向更高层次发展。"李秉仁强调。

10年来，在相关政府主管部门的指导下，在行业领军骨干企业的大力支持下，在行业各领域专家的积极参与下，CBDA标准得到了迅速发展，并在行业得到了良好的应用和示范。截至2024年7月，中国建筑装饰协会共发布三十三批CBDA标准立项批复，共批准标准有效立项111项，批准发布标准86项，目前在编标准25项。

四、倡导绿色装饰理念，促进行业可持续发展

《国民经济和社会发展第十二个五年规划纲要》明确提出："建筑业要推广绿色建筑、绿色施工，着力用先进建造、材料、信息技术优化结构和服务模式。加大淘汰落后产能力度，压缩和疏导过剩产能。"

"绿色建筑是绿色经济的重要组成部分。发展绿色建筑，最大限度地节约资源、保护环境和减少污染，为人们提供健康、适用和高效的使用空间，是我们的历史责任。绿色建筑离不开绿色建筑装饰。发展节约、低碳、环保的绿色建筑装饰，是建筑装饰行业的发展趋势和方向，是建设资源节约型、环境友好型社会，转变经济发展方式，推进行业科学发展的必然选择。发展绿色建筑装饰，主要是倡导绿色理念、坚持绿色设计、推进绿色施工、使用绿色材料。"李秉仁说，"建筑装饰行业必须突破传统经营模式，实现由粗放经营向集约经营转型、劳动密集型向技术密集型转型、高污染高能耗向低污染低能耗转型。我们要紧紧围绕绿色、环保进行科技创新，不断推动节能减排，推动绿色建筑装饰的发展。"

中装协在绿色设计、绿色建材、绿色施工、绿色装饰标准等方面做了大量的研究和推广工作。尤其是绿色施工这个关键环节，中装协提倡以建筑装饰工业化发展为目标进行技术革新，通过优化施工方案，研发、引进现代先进智能化技术，研制具有自主知识产权的施工现场专用技术与设备，为发展绿色建筑、发展循环经济、实现清洁生产创造条件。为此，行业优势企业在推进工厂化施工，现场装配的建设模式上做了很多卓有成效的实践，据统计，近年，建筑装饰工程万元产值产生的垃圾数量，以每年5~10的百分比下降，施工现场的废弃物、污染物总量有了明显下降。

谈及建筑装饰行业的未来，李秉仁表示，"科技引领下的建筑装饰行业，正在逐步向数字化、工业化、绿色化迈进。创新驱动的力量，让我们不断突破传统工艺的束缚，勇于探索新的可能。在这个过程中，我们见证了无数令人瞩目的成果，也可以预见行业未来的辉煌。"

在这个日新月异的时代，科技的力量如同浩渺夜空的璀璨星光，照亮了我们前行的道路，也赋予了建筑装饰行业新的生机与活力。

刘晓一：
把握发展方向，助力企业成长

  2007年8月，刘晓一从中国建筑装饰工程公司调任中国建筑装饰协会，任秘书长；随后15年，历任副会长兼秘书长、会长；2022年9月退休，任中国装饰协会名誉会长。

  刘晓一在任15年，中国建筑装饰行业走过了乘风破浪、高歌猛进的坦途，也遭遇了坎坷崎岖、荆棘密布的险境。在跌宕起伏的市场环境中，作为行业的"指南针"和"船锚"，中国建筑装饰协会沉着应对，把握方向，引导企业抓住机遇，克服困难，推动了建筑装饰行业的持续健康发展。

  一、加强自身建设，提高服务能力

  "协会赖以生存的基础是企业，工作支撑点是各省市协会，而联络、协调、沟通的重要对象是政府。所以我们一要为企业服务；

二要为地方协会提供平台，加强联系，加强互动；三要经常跟政府有关部门请示汇报，征得他们支持。这三条做好了，我们协会才会平稳发展。"2007年，从大型国有装饰企业负责人岗位上来到中国建筑装饰协会担任秘书长，刘晓一凭借对企业经营的丰富经验，对行业特性的深刻认知，很快理解了协会工作的要义。

刘晓一上任不久，就着手优化秘书处的内部管理，制定了工作人员退休制度，按照新劳动合同法全员签订了劳动合同，规范了岗位聘任制，加强了会议制度和学习制度，提高了秘书处工作人员的思想素质和业务能力；根据行业发展和市场需求，逐步调整专业委员会的设置，加强分支机构的监督管理，有效地提高了协会的服务水平。

2008年，中装协购置了甘家口大厦1000多平方米的房产。"当时，协会的办公用房是租用的，虽然和甲方有以租代买的约定，但由于房价上涨太快，我担心甲方反悔。于是在马会长的支持下，秘书处筹措资金，买断了办公用房的产权。"刘晓一说，"有产者有恒心，购置房产，不仅让协会资产保值增值，更重要的是稳定的工作环境，增强了员工的归属感和对协会工作的信心。"

为了增强协会的信息资讯服务能力，2009年，中装协出资收购了《中华建筑报》的产权；2012年，又引进专业团队，重新组建了协会官网——中装新网。中装协依托这两个专业化运作的媒体，采编、发布行业信息，积累行业数据，为企业提供全面、准确的信息资讯、政策解读和市场动态，帮助企业把握行业发展趋势，及时调整经营策略；宣传推广优秀企业、优质工程、优质产品，塑造传播良好的企业形象和行业形象。

2011年5月，中国建筑装饰协会第七次会员代表大会召开，原住房和城乡建设部总经济师李秉仁担任中装协第七届理事会会长，刘晓一担任副会长兼秘书长。

第七届领导班子组成之后，进一步优化了协会的决策体系。"协会坚持了会长工作会、理事会的工作机制，使协会的重大决策，都能经过民主的讨论、协商程序，从大的发展方向上切实做到集体决策。"刘晓一说。

二、壮大会员队伍，增强协会的代表性和影响力

"会员是协会生存与发展的基础，特别是在一业多会、协会间竞争日渐激烈的社会大背景下，会员单位的数量和质量直接决定了协会生存与可持续发展的能力。"在中装协秘书长岗位工作一段时间之后，刘晓一深刻地认识到壮大会员队伍对一个行业组织的重

要性。

在第七次会员代表大会召开之前,中装协进行了会员重新登记工作,明确会员单位资格,重申会员义务和责任,摸清了协会家底。在此基础上,有针对性地进行了政策上的调整和组织上的任务分配,把大力扩大会员队伍作为协会的一项重要工作,充分调动秘书处各职能部门、专业委员会发展会员的积极性。此后,通过明确入会条件、简化入会流程,加强宣传与推广,提供优质服务与支持,推动行业发展与创新以及加强与地方协会合作等多种措施,大力发展会员,不断壮大会员队伍。同时,还充分发挥协会以施工企业为主体,掌握市场终端的优势,通过专业性、前瞻性活动,吸引了更多的建材及部品生产厂商、设计机构、科研机构、高等院校等产业链相关单位加入中装协,扩大了会员的覆盖面。

"会员数量的增加和覆盖面的扩大,不仅增强了协会的代表性,使得中装协在参与行业政策制定、标准制定等方面具有更强的话语权和影响力,能够更好地代表行业利益,维护行业权益。"刘晓一说,"同时,还意味着更丰富的资源和渠道,协会可以组织更多形式的活动,促进会员之间的资源共享和优势互补,激发创新活力,推动建筑装饰行业的技术进步和产业升级。"

三、创新服务内容,拓展服务范围

为了引导建筑装饰企业加强信用管理,从而提高会员企业的诚信意识和风险防范能力,中国建筑装饰协会积极主动地联系全国整顿和规范市场经济秩序领导小组办公室(简称全国整规办)和国务院国有资产监督管理委员会行业协会联系办公室(简称国务院国资委协会办),并获得支持。在全国整规办和国务院国资委协会办的指导下,从2007年开始,中国建筑装饰协会组织开展了全国建筑装饰行业信用评价活动。

加快社会信用体系建设是完善社会主义市场经济体制、加强和创新社会治理的重要手段,对增强社会成员诚信意识,营造优良信用环境,提升国家整体竞争力,促进社会发展与文明进步具有重要意义。但是,当时建筑装饰行业对信用评价的作用与意义普遍缺乏足够的认识。刘晓一带领秘书处工作人员,密集开展企业调研和座谈会,认真宣贯行业诚信体系建设的国家政策;同时,协会用信用评价约束企业行为,在做好年审复评工作的基础上,持续做好企业的申报组织、专家评审和评价结果发布工作。很快,行业信用评价工作成为协会服务企业的抓手。

2010年,经中华人民共和国住房和城乡建设部批准,中装协主办了亚太设计师年会，亚太地区14个国家和地区的1500多人参会，其中包括安藤忠雄、保罗·安德鲁、汤姆·约翰逊、费兰克·皮特等数十位国际设计大师参会。作为此次年会的重要内容，中装协举办了第一届中国国际空间设计大赛，此后每年一届，延续至今，已成功举办了十四届。一大批青年设计师和设计机构，通过中国国际空间设计大赛这个平台，得到了锤炼，提高了专业水平。中国国际空间设计大赛对于促进建筑装饰设计的国际交流，提升空间设计的艺术水准和技术水平，推动建筑装饰行业的高质量发展发挥了积极作用，已经成为全行业踊跃参与、工程业主高度认可、政府大力支持的设计赛事，产生了广泛的社会影响。

2013年，中装协主办首届"中装杯"全国大学生环境设计大赛，迄今已连续成功举办了十届。"中装杯"紧贴行业人才需求设置赛题和评价标准，旨在促进校企合作、产教融合，推动高校的人才培育与产业的人才需求的有效对接，为建筑装饰产业的转型升级提供人才支持。十年来，累计有千余所高校，近八万名学生参赛；300余位学养深厚、实操经验丰富的一线设计师、国内高校相关专业骨干教师共同组成大赛导师团，指导参赛学生；200多家知名建筑装饰企业、设计院所，为参赛学生提供实习实训和就业岗位。2023年3月，中国高等教育学会编撰的《2023全国普通高校大学生竞赛分析报告》将该项赛事收录于竞赛观察目录。

2019年1月，经国家科学技术奖励工作办公室批准登记，中装协设立了"建筑装饰行业科学技术奖"，奖项包括：科技创新工程奖、科技创新成果奖、设计创新奖和科技人才奖。建筑装饰行业科学技术奖，对促进建筑装饰行业科技创新和科技成果转化挥积极作用。

四、重视调查研究，把握发展趋势

"面对复杂多变的产业环境和日益激烈市场竞争，协会深刻认识到，只有通过深入细致的调查研究，才能准确把握行业发展趋势，引领建筑装饰行业持续健康发展。"刘晓一说，"协会高度重视调查研究工作，将其视为推动行业进步的核心动力。通过实地考察、座谈会、研讨会、问卷调查、大数据等多种方式收集行业信息；依靠秘书处的职能部门和专业委员会、分会，组织行业精英和专家学者，对政策法规、产业环境、市场动态、技术前沿、竞争格局等进行深度剖析。这些研究成果不仅有助于企业了解行业现状，把握市场机遇，还能为政府相关部门制定产业政策提供参考依据。"

2010年，在各地方协会和广大会员企业的大力支持下，中装协编制《建筑装饰行业"十一五"发展规划纲要》，并于2011年5月正式发布。

2014年，中装协秘书处受住建部委托，开展了装饰资质类别调整的调研和对建筑装饰装修专项工程资质标准修订的相关业务工作。协会秘书处以改革、发展的思路，根据行业、企业的实际情况和诉求，全力配合住建部业务部门完成了这项任务。

2016～2018年，中国建筑装饰协会联合中国社会科学院、社会科学文献出版社等权威机构，连续三年公开出版发行《中国建筑装饰行业蓝皮书》。该蓝皮书通过问题导向与政策分析相结合、现实拓展与战略纵横相接踵、企业转型与产业升级相比肩的诠释，揭示出建筑装饰行业产业的发展规律，为广大企业、投资者和业界人士提供全行业动态发展图景。

2019年，中国建筑装饰协会编辑出版了《2018年度中国建筑装饰设计产业发展报告》，在广泛、深入调研的基础上，阐述了产业运行环境和发展态势，评估市场规模，分析市场前景，研判市场机遇与市场风险，剖析制约产业发展的关键性问题，提出促进产业发展的政策建议，为市场主体的决策与经营提供了准确、及时的信息参考和理论指导。

2021年，中国建筑装饰协会联合中国演出行业协会，编辑出版了《中国建筑声学工程市场研究报告》。该报告从学术视角，定义了"建筑声学工程"，界定了建筑装饰这一细分领域，分析中国建筑声学工程的市场结构，及其本身固有的性质和特征；从宏观视角，阐述中国建筑声学工程开发的必要性、迫切性；从微观视角，深入剖析与建筑声学工程密切相关的运作主体，并探讨了企业深耕建筑声学工程市场所应具备的能力及技术；从行业产业未来发展的视角，预测了中国建筑声学工程市场的规模。

中国建筑装饰协会在深入系统的调查研究的基础上，适时发布研究报告，制定行业发展规划与指导意见，推动行业标准化建设，加强企业间合作与交流，推动行业创新以及强化人才培养，为行业的高质量发展提供了有力支撑。

"协会作为一个没有任何行政权力的民间团体，正是由于实现了对会员企业的高层次服务，能够在关键时候帮助会员企业找到自己的发展思路和发展出路，使会员企业感觉到离不开协会，从而积极地参加协会活动，支持协会工作，协会在会员企业中凝聚力、号召力也都形成了。"回顾在中国建筑装饰协会任职15年的工作经历，刘晓一深有感触地说，"如果把一个行业比作一片森林，那么企业就是森林中的一棵棵树木，没有树木的茁壮成长，就没有森林的茂盛繁荣。行业是企业生存和发展的环境,企业是推动行业发展的核心力量。正是基于这样的认识,中装协通过不断提高服务能力,创新服务内容,拓展服务范围,助力企业成长,从而带动了建筑装饰行业的持续健康发展。"

刘晓一虽然离开了中装协的领导岗位,但依然关注着建筑装饰行业的发展,对行业的未来充满信心与期待,"面对复杂艰难的环境,我们更需要保持定力,希望企业家处变不惊,理性研判外部环境,客观评估内部条件,精准确立战略定位,坚定把握发展方向,苦练内功,积蓄力量,在变局中寻找破局的机会,开创产业发展的新格局。"

王中奇：
继往开来，引领建筑装饰行业高质量发展

  2022年9月16日，中国建筑装饰协会召开了第九届会员代表大会暨九届一次理事会、常务理事会，王中奇当选中国建筑装饰协会会长。

  上任伊始，正值疫情高峰，进出京管控特别严格。出行不易，王中奇会长就抓紧时间，紧锣密鼓地与协会各部门、下属机构工作人员交流、恳谈，了解行业和协会状况；同时，搜集和阅读与建筑装饰行业发展相关的书籍和资讯，分析和思考行业面临的种种问题。

2023年春天，疫情防控放开，王中奇会长就密集地开展全国调研。深圳、福州、重庆、南京、西安、郑州、武汉、南宁、济南、太原……短短一年多时间，他足迹遍及全国，走访数十家地方协会，考察了数百家企业。经过深入的调研，王中奇会长对建筑装饰行业有了全面的了解和深刻的认识，对如何做好协会工作，如何引导企业转型升级，如何带领行业实现高质量发展，思路日渐清晰，信心日益坚定。

一、建筑装饰行业肩负着时代赋予的重任

"建筑装饰是在改革开放的大潮中形成并迅速壮大的新兴行业，不仅创造了大量的物质财富和精神财富，同时也带动了众多行业的发展，拉动了社会需求，推动了社会消费，解决了千万人的就业问题，为我国经济社会发展做出了重要贡献。"王中奇会长说。

据中国建筑装饰协会不完全统计，2022年全行业完成工程总产值达到6.03万亿元，占2022年建筑业总产值31万亿元的19.5%。全行业从业人数约1900万人。截至2022年底，全行业企业总数约30万家，其中建筑装修装饰工程专业承包一级企业26669家，建筑幕墙工程专业承包一级企业6866家，建筑装饰工程设计专项甲级企业2119家，建筑幕墙工程设计专项甲级企业1028家，并有A股上市企业21家。根据企业信用网的数据，全国处于正常经营状态的家装企业约1.2万家。

习近平总书记指出："城市建设必须把让人民宜居安居放在首位，把最好的资源留给人民"。住建部倪虹部长多次强调"以满足刚性和改善性住房需求为重点，努力让人民群众住上好房子"。建筑装饰作为建筑物构筑的最终阶段，在打造绿色环保、健康舒适、功能合理、安全可靠的建筑室内外环境，提升建筑品质，让人民群众住上更好房子，不断增强人民群众的获得感、幸福感、安全感等方面发挥着重要的作用。在住房建设领域，装饰行业是和人民群众接触最紧密的行业，是创造幸福生活的民生产业、责任产业，装饰装修的好坏是人民群众对好房子最直观的评判标准。

"建筑装饰不仅具有很高的技术含量，也具有丰富的文化艺术含量，是工程技术与文化艺术完美融合的行业。建筑不仅是钢筋水泥的堆砌，更是文化与艺术的载体。每一栋建筑都是城市的一部分，都是人们的生活空间。建筑装饰不仅是对建筑的美化，更是在创造生活，创造未来。"王中奇会长说，"作为建筑装饰的从业者，我们应该感到无比的自豪，应该具有强烈的使命感，用我们精湛的技艺和精彩的创意，去改良生存环境，创造更加安全、舒适、便捷

的生活空间和生活方式，不断满足人民群众对美好生活的向往。"

二、建筑装饰行业依然具有广阔的发展空间

"在走访调研中，企业普遍反映经营发展压力较大，业务增长缓慢，利润率越来越低，资金非常紧张。我对装饰企业普遍面临的挑战与困难感同身受，对企业家们不畏艰难、砥砺奋进的勇气与精神甚为感佩。我们相信，行业现在所面临的挑战与困难，都是前进中的问题、发展中的烦恼。建筑装饰行业依然具有广阔的发展空间，应该充满信心，增强信心，坚定信心。"

"信心不仅是我们面对挑战的勇气来源，更是我们持续进步的动力。只有对未来发展抱有坚定的信念，才能在复杂多变的市场环境中，始终保持敏锐的洞察力、清醒的判断力和果断的决策力；才能紧跟时代步伐，创新发展模式，开拓更加美好的未来。"

"信心，源自韧性强、潜力大、活力足的中国经济基本盘；信心，源自中国建筑装饰行业巨大、坚实的市场需求；信心，源自党和国家发展壮大民营经济的方针政策和组织保障。"王中奇会长说。

14亿多人口的庞大市场、4亿多人的中等收入群体、1.81亿户登记在册的经营主体，是中国经济大盘的底座，是中国经济最大的信心和底气所在。习近平总书记多次指出"中国经济韧性强、潜力大、活力足，长期向好的基本面依然不变。"尽管当下的确面临着有效需求不足、社会预期较弱以及外部环境复杂等困难，但是政策红利持续释放的趋势没有变，高质量发展的良好势头没有变，中国仍将在相当长一段时间内保持量的合理增长和质的有效提升。2023年，中国GDP同比增长5.2%，这一增速在全球主要经济体中处于领先地位。

习近平总书记提出人民对美好生活的向往是我们奋斗的目标。建筑装饰的本质，是改良人类的生存环境，创造更加安全、便捷、舒适的生活空间和生活方式。建筑装饰行业与人民居住品质和美好生活环境息息相关。中国经济的持续发展和城市化进程的不断推进，将为建筑装饰行业创造巨大的增量市场；持续实施城市更新行动、城中村改造和乡村全面振兴行动，打造宜居、韧性、智慧城市，推动完整社区建设，实施一刻钟便民生活圈行动，建设宜居宜业和美乡村等政策的实施，为建筑装饰行业创造巨大的存量市场。根据中研普华产业研究院发布的《2024—2029年建筑装饰产业现状及未来发展趋势分析报告》显示，预计2023—2027年，建筑装饰市场规模将以年复合增长率5.67%稳步增长，到2027年市场规模将达到8.16万亿元。

建筑装饰行业是民营经济非常活跃的领域，90%以上的建筑装

饰企业是民营企业。2023年7月，中共中央、国务院发布了《关于促进民营经济发展壮大的意见》，明确提出：民营经济是推进中国式现代化的生力军；促进民营经济做大做优做强，在全面建设社会主义现代化国家新征程中作出积极贡献，在中华民族伟大复兴历史进程中肩负起更大使命、承担起更重责任、发挥出更大作用——这意味着在国家政策层面上，民营经济的重要性得到了充分肯定和进一步提升。国家发展改革委、住建部、财政部，国家税务总局，中国人民银行、商务部、市场监管总局等相关部委也先后出台了配套的政策，近期从党中央、国务院到多个部委、相关部门，再到全国多个省市密集出台了促进民营经济发展壮大的政策和举措。并且，在国家发改委内部设立民营经济发展局，作为促进民营经济发展壮大的专门工作机构，加强相关领域政策统筹协调，推动各项重大举措早落地、早见效。2024年10月，司法部、国家发展改革委在门户网站公布《中华人民共和国民营经济促进法（草案征求意见稿）》，向社会公开征求意见。这是党中央、国务院促进民营经济发展壮大决策部署的有力举措，充分体现了以习近平同志为核心的党中央对民营经济的高度重视和深切关怀，为促进民营经济的发展提供了有力的政策支持、组织保障和法律保障。

三、建筑装饰行业转型升级势在必行

随着人口增长放缓，城市化进程也逐渐放缓，大规模的房地产开发和基础设施建设增量也趋缓，从而导致建筑装饰的市场结构发生了明显变化：增量市场放缓，存量市场增加；城市市场放缓，乡村市场增加。建筑装饰市场结构的变化，进而导致业务结构的变化：项目造价轻量化，地域分布分散化。几千万甚至上亿的装饰项目，会越来越少；几百万甚至几十万的项目，会越来越多，并且零散分布，但总量是可观的。这些变化，不可避免地导致企业管理难度和运行成本的增加，建筑装饰行业面临着巨大的市场压力。

此外，日新月异的科技进步和日益提高的环保意识也对建筑装饰行业提出了更高的要求，传统的建筑装饰模式已经难以满足现代消费者对智能、绿色环保等方面的需求。

"建筑装饰企业必须洞察市场变化，研究市场变化，适应市场变化，及时转变观念，转变发展模式，转变建造方式，推动行业转型升级。"

"转变观念和转变发展模式是装饰行业转型升级的关键。装饰企业必须摒弃传统的、固化的思维方式，积极拥抱创新，不断提升企业的核心竞争力；装饰企业必须摒弃过度追求短期利益的观念，

注重长远发展和可持续发展，打造持久的竞争力；装饰企业必须摒弃过度追求规模扩张的发展模式，坚定地走高质量发展道路。"

"工业化、数字化、绿色化是建筑装饰行业转型升级的可靠路径。住建部倪虹部长一直强调，要推动建筑业工业化、数字化、绿色化转型，要强化科技赋能，推广绿色建造、智能建造等新型的建造方式，要像造好汽车一样造出'好房子'。装饰行业转型升级就是要坚持工业化、数字化、绿色化，稳步推进装配化。"王中奇会长说。

以习近平同志为核心的党中央高度重视数字经济发展，多次对加快数字经济发展作出重要指示和决策部署。国家"十四五"规划明确提出，迎接数字时代，加快建设数字经济、数字社会、数字政府，以数字化转型整体驱动生产方式、生活方式和治理方式变革。党的二十届三中全会强调，以国家标准提升引领传统产业优化升级，支持企业用数智技术、绿色技术改造提升传统产业。

建筑装饰数字化，尤其是数字化与工业化的融合发展，既是应用技术的系统性创新，也是生产方式的革命性变化，是破解建筑装饰行业生存环境恶化、管理粗放、效益低下等困局的有效手段，是培育新质生产力的重要着力点，是助推产业转型升级的核心引擎。

四、以高质量的服务引领建筑装饰行业高质量发展

"'服务国家、服务社会、服务群众、服务行业'，这是党和国家对社会组织职责的新要求。中国建筑装饰协会作为全国建筑装饰行业的服务组织，将按照'政治建会，规范办会，廉洁办会'的方针，不断加强思想建设、组织建设、制度建设和能力建设，强化上联下通的桥梁纽带作用，反映企业诉求，解决行业痛点，以高质量的服务，引导行业高质量发展。"王中奇会长说。

中国建筑装饰协会新一届领导班子坚持党建引领，构建规范的党建工作机制，充分发挥党组织的战斗堡垒和党员的先锋模范作用，不断加强对党员和领导干部的思想教育和理论武装，在方向上把好关，在发展中领好航。

中国建筑装饰协会新一届领导班子加强制度建设、优化组织结构，规范运作能力明显提升。新制订和修订了40多项制度，做到各项工作开展有章可循，依规办事。根据行业发展的需要，大力整合撤并分支机构，大幅减少了分支机构的业务交叉和职能重叠，有效提升了服务能力。

中国建筑装饰协会新一届领导班子积极践行"四个服务"，充分发挥协会的桥梁纽带作用，不断提升服务水平。

2023年，中装协在深入调研的基础上，就行业普遍反映的工程

总承包制、拖欠工程款、资质改革、农民工工资账户等问题，以及人民群众关切的家装消费乱象，向住建部党组提交了《关于推进建筑装饰行业高质量发展的调研报告》《关于推进住宅装饰装修行业高质量发展的报告》，得到了主管部门的肯定。

2023年年底，中装协动员组织30多家骨干企业，集全行业集体智慧，编辑出版了《新时代中国建筑装饰业高质量发展指导意见》，分析总结了新时代建筑装饰行业的发展状况，阐述了行业面临的机遇与挑战，提出了行业高质量发展的指导思想、重要目标和主要任务。中装协将进一步完善评价标准和工作机制，继续开展中国建筑工程装饰奖和建筑装饰行业科学技术奖的评选工作。同时，中装协还将稳步推进建筑装饰产业链博览会的策划组织工作，引导激励企业积极开发运用新技术、新工艺、新材料，推动行业的技术创新和科技进步，为行业发展注入新的活力。

中装协将在继续开展全国建筑装饰行业信用评价活动的同时，积极探索实施建设方、总包方、分包方、劳务队伍的信用公开机制和黑名单机制，遏制失信行为，维护市场秩序，促进企业诚信经营，提升行业整体形象。

中装协将逐步完善职业教育和技能培训工作体系，进一步推动校企合作、产教融合，促进高校学科教育与建筑装饰行业的人才需求的有效对接，为建筑行业转型升级提供人才支持。建筑装饰行业既是劳动密集型的传统行业，是建筑业的一个专业分支；同时，它也是具有很高技术含量和文化艺术含量的创意行业，具有现代服务业的属性。建筑装饰企业大多是设计施工一体化的经营形态，它们不仅需要大量的设计专业人才、工程技术专业人才、企业管理专业人才，更需要既精通设计、又熟悉技术，还懂管理的复合型人才。

"前不久，我参加中央社会工作部组织的全国性行业协会商会学习贯彻党的二十届三中全会精神组织书记示范培训班，深受启发，深受鼓舞，深切地感受到作为中字头、国字号协会工作人员的自豪感和责任感。"王中奇会长说，"新时代、新征程，赋予了中国建筑装饰协会和建筑装饰行业新的使命。我们将以更加坚定的信念、更加昂扬的斗志，主动担当作为，踔厉奋发，把中装协建设成'政府靠得住、行业离不开、企业信得过、国际有影响'的社会有生力量，引领装饰行业高质量发展，为中国式现代化全面推进强国建设、民族复兴伟业作出新的更大贡献。"

专题报告

波澜壮阔四十年

——中国建筑装饰行业发展概述

我们从秦砖汉瓦的历史烟雨中走来
我们从莫高窟壁画的飞天神韵中走来
我们从大国崛起的惊涛骇浪中走来
我们雕琢金碧辉煌的雄伟殿堂
我们点燃繁花似锦的人间烟火
我们描绘人民对美好生活的向往
我们是360行里，建筑装饰一行

建筑装饰是一个具有悠久历史的古老行当，在人类文明的发展过程中，一直扮演着重要的角色，不仅体现了人们对美的追求，也反映了不同历史时期的社会经济状况。不论是埃及的金字塔、希腊的神庙、罗马的斗兽场，还是秦宫汉阙，其建筑装饰都体现了高超的技术水平和艺术造诣，不仅美化了建筑，还承载着丰富的文化内涵和历史信息。

当代建筑装饰是一个在改革开放的大潮中形成并迅速壮大的新兴行业。新兴的建筑装饰行业，肩负着时代赋予的重任，那就是改良人类的生存环境，营造安全、舒适、便捷的生存空间和生活方式，以此满足人们对建筑的功能使用需求和审美需求。快速发展的建筑装饰行业，不仅创造了大量的物质财富和精神财富，同时也带动了众多行业的发展，拉动了社会需求，推动了社会消费，解决了千万人的就业问题，在国民经济和社会中占有日益重要的地位。

一、应运而生——当代中国建筑装饰行业的形成和早期发展（1979~1992年）

1979年的春天，比往年来得更早一些。浩荡的东风，吹绿了原野，吹红了鲜花，也吹开了人们的笑脸。这是大自然的春天，也是中国人精神上的春天。春意盎然，春心荡漾，人们对未来充满了憧憬和期待。

春节一过，时任中国建筑工程总局副局长的张恩树就投入到紧张的工作中，着手筹划、组织出国考察，了解先进国家的建设情况。

"到了科威特，我印象最深的就是室内装修。发现他们很有钱，房子装修得很好，才开始知道室内装修这个行当。"张恩树说，"那时咱们是计划经济时代，哪有装饰？我们居住的房子大都是公房，水泥地面，石灰墙。"

是的，当时中国绝大多数人都住在这样质量粗糙的房子里，筒子楼、公共厕所、公用厨房、街道浴池是人们生活的常态，一个家庭连完整独立的空间都没有，更谈不上对家居的装饰装修了。

1978年12月，中国共产党第十一届三中全会在北京召开，作出了把党和国家工作重心转移到经济建设上来的历史性决策，开启了改革开放的伟大征程。

十一届三中全会之后，经济体制改革和对外开放政策极大地促进了国民经济的发展和人民生活水平的提升。人们不再满足于建筑简单的使用功能，而开始追求更加美观、舒适、个性化的居住环境。这种需求的转变，为建筑装饰这个古老的行当，提供前所未有的发展机遇。

1. 旅游饭店——当代建筑装饰市场从这里起步

"我国的建筑装饰行业起步于80年代。旅游业的迅猛发展，直接推动了建筑装饰行业的形成与发展。"提到当代装饰行业发展的开端，张恩树这样说道。

1979年初，国务院决定将旅游饭店列为首批对外开放、利用外资的行业之一，成立了由时任国务院副总理谷牧、陈慕华和时任国务院侨务办公室主任、全国人民代表大会常务委员会原副委员长廖承志等组成的利用侨资外资筹建旅游饭店领导小组，下设筹建旅游饭店领导小组办公室，地址设在国家旅游总局。

这年春天，廖承志邀请了一批著名香港商人到北京访问，其中包括利铭泽、霍英东、李嘉诚、冯景禧、胡应湘和彭国珍。廖承志希望这些香港大亨慷慨解囊，在北京、上海、广州和南京等大城市投资建设若干家大的中外合资酒店。霍英东看好内地经济腾飞的前景，决定"试水"广州，建设五星级宾馆，成为首个响应改革开放的香港企业家。

1979年4月5日，白天鹅项目得到来自国家最高决策层的批复，这份《国务院利用侨资外资筹建旅游饭店领导小组办公室关于霍英东在穗建造旅游饭店的请示报告》兑现了人们迫切的期待。4月10日，霍英东和原广州市旅游局签署正式合作协议。协议约定：双方共同投资2亿港元，在广州沙面建设一幢高达34层的宾馆。7月，霍英东开始在沙面填江造地。11月，白天鹅宾馆开始全面施工。

也是在这一年，廖承志邀请了美籍华人建筑师陈宣远来中国建设酒店。4月21日，国家旅游总局与陈宣远集团签订了建国饭店合资协议书：合资建设一家中等规模、中等档次的饭店。

同年10月26日，国家旅游总局和美国伊顿发展有限公司正式签订合同，决定共同投资在北京建造一座具有国际一流水平的高档旅游饭店，即北京长城饭店，并很快获原国家计委批准立项。

1980年6月27日，北京建国饭店破土动工兴建；
1981年3月10日，长城饭店正式开工建设；
1982年3月9日，北京建国饭店试营业；
1982年10月16日，白天鹅宾馆试营业；
1983年12月10日，长城饭店试营业。

与这几个饭店同时或稍后建设的北京的香山饭店，上海的华亭宾馆、虹桥宾馆，广州的中国大酒店、花园酒店，南京的金陵饭店等都陆续建成。到1982年底，14个沿海开放城市，已建成酒店面积183万平方米，3万多间客房。

正是在这些旅游饭店的建设过程中，中国建筑装饰行业的各个领域都取得了突破。"港澳地区和国外的建筑商蜂拥而入，他们在我国建筑装饰工程和装饰材料制品市场占据了很重要的位置。虽然我国付出的代价是相当昂贵的，但是，由此引进了现代装饰技术，促进了装饰材料制品的发展，培养了现代建筑装饰队伍。"张恩树说。

2. 深圳特区——当代建筑装饰企业在这里兴起

1980年8月26日，深圳经济特区正式成立。深圳特区位于广东省的东南部沿海地区，东起大鹏湾边的梅沙，西至深圳湾畔的蛇口工业区，总面积初始为327.5平方公里，后随着城市的发展有所扩展。深圳经济特区的设立，旨在吸收外资、引进先进科学技术和管理经验，进行现代化建设，发展社会主义生产力，探索中国特色社会主义道路新模式。

深圳，这块改革开放的试验田和前沿阵地，吸引了大量投资和建设项目，成为当代装饰业真正的兴起之地。一群在装饰行业领先的企业家在这里淘金、创业，一批知名的装饰企业在这里诞生，并把装饰业的火种播向了全国。

1981年7月2日，中国海外建筑工程公司与深圳市规划设计管理局合资成立了深圳装饰公司（后改名为深圳海外装饰工程有限公司），这是我国第一家专业化的建筑装饰企业。当月，他们承接到了第一个工程，即第一座大型商场——深圳友谊商场装饰工程。

初创时期的深圳经济特区，在体制上倡导"一业为主，多种经营"。深圳最初成立的装饰企业遍地开花，工业系统有，建筑系统有，文化系统有，外贸系统也有，甚至连牛奶公司及一些街道办事处也办起了装饰企业。

1983年，深圳市福田区政府下属南沿街道办和香港祥利装饰公司合资成立了深圳南利装饰工程公司。20世纪90年代，南利装饰立足深圳，布局全国，承接了多项著名的装饰工程，走出了多位行业精英，在装饰史上浓墨重彩地书写了一段传奇篇章。

1983年，深圳市文联创办了三产深圳市文华实业开发公司，1985年2月，他们和香港骏业工程公司合作，成立了深圳市文业装饰设计工程公司。多年以后，文业装饰的很多项目经理成为深圳乃至全国装饰界中坚力量。

1983年，深圳市政府直属企业——深圳市装饰工程工业公司，从家乐家私公司分离出来，1985年4月，公司更名为深圳市装饰工程工业总公司（后改名为深圳市深装总装饰工程工业有限公司）。

1983年，西安美术学院的张维君教授到深圳创业，成立了一个从事平面、商标设计的小经营部——深圳市美术包装装潢设计中心。4年后，该中心发展为深圳市美术装饰工程公司。

1983年，中国航空技术进出口深圳公司成立了深圳粤航装饰工程公司。

1984年，深圳市美芝装饰设计工程公司成立。

1984年，深圳市三防指挥部（后称深圳市水利局）发展多种经营时，成立了洪涛水利综合发展公司。1985年1月，公司内专营装饰工程的部门注册成立公司，名为深圳市洪涛装饰工程公司。

1985年5月，深圳市商业总公司更名为深圳工业品贸易集团，成立了深圳市晶宫设计装饰工程公司。

……

到20世纪90年代初期，深圳装饰公司发展到100多家。1990年12月25日，建设部审批的第一批26家装饰施工壹级企业中，深圳装饰公司占据7席。

3. 朝气蓬勃——建筑装饰行业初具规模

改革开放的春风拂过沉睡的大地，中国经济的脉搏开始强劲跳动。城市面貌日新月异，高楼大厦如雨后春笋般涌现，建筑装饰企业在全国各地顺时而生。在深圳特区燃起的星星之火，逐渐形成燎原之势。

1984年，浙江中南建设集团有限公司成立；

1984年，上海大华装饰工程有限公司成立；

1984年，青岛市装饰总公司成立；

1984年，中国室内成套用品总公司成立；

1985年，常州常泰建筑装潢工程有限公司成立；

1985年，四川华西建筑装饰工程有限公司成立；

1986年，上海华鼎建筑装饰工程有限公司成立；

1986年，浙江杭州武林建筑工程有限公司成立；

1986年，江苏吴县建筑装潢园林工程公司

（金螳螂前身）成立；

1986年，中建八局装饰有限责任公司成立；

1987年，上海蓝天房屋装饰工程有限公司成立；

1987年，上海市建筑装饰工程有限公司成立；

1988年，黑龙江国光建筑装饰工程有限公司成立；

1989年，沈阳白云穗港装饰有限公司成立；

1989年，浙江环影装饰工程有限公司成立；

1989年，浙江上虞县章镇工艺装潢厂（亚厦前身）成立；

1990年，北京建筑装饰工程公司成立；

……

在企业数量快速增加的同时，建筑装饰产业的市场规模也在迅速壮大，建筑装饰已成为新的消费热点。

1985年6月10日，《人民日报》刊登了一条新华社的简讯：《新兴宾馆室内装饰业正在崛起》。这是《人民日报》第一次提及装饰业。两天后，该报更是刊登了《富有活力的室内装饰业》一文，将室内装饰业定义为：各种建筑的室内设计、施工、室内用品组套生产、组套供应的系统工程；是与建筑结构处于平行的、同等地位的体系。该文同时指出：室内装饰业在我国已经开始成为一个富有活力并且拥有广阔市场的新兴行业。

1988年开始，因国家采取治理整顿方针，压缩基建，紧缩银根；1989年中国的改革开放事业遇到了诸多干扰，经济发展变缓。

在这样艰难的大环境中，中国建筑装饰行业展现出顽强的生命力，依然保持着快速的增长。

同时，建筑装饰的设计水平、施工管理也有较大的进步。北京饭店贵宾楼、亮马河大厦、广州白云宾馆、上海城市酒家等精品工程的完工，表明中国装饰企业已初步具备参与国际招标的竞争能力。

随着产业链逐渐完善，材料配套能力快速提升，国内中高档宾馆的装饰材料和用品国内配套率由20世纪80年代中期的20%～30%上升到90年代初的70%～80%。此外，家庭室内装饰热在城乡持续升温，仅北京市这几年新开张的装饰材料商店就约有几千家；地处西北的兰州市也有几百家出售装饰材料的商店摊铺，年销售额超过2亿元。

4. 勇担重任——中国建筑装饰协会为行业发展护航

1982年，时任中国建筑工程总公司总经理的张恩树来到深圳，考察了中建总公司在深圳成立的深圳海外装饰公司。他敏锐地觉察到装饰行业在国内将大有前途。而我国当时的建筑装饰业刚刚萌芽，发展水平相对滞后，满足不了当时经济发展的需求。从全国范围来看，建筑装饰业迫切需要一个统一协调的部门对这个新的行业进行通盘规划，协调开发。

"那时我们就在想用什么办法，能够带动各方面——因为装饰包括设计、施工、材料，还涉及冶金、纺织等相关产业，所以就琢磨成立一个装饰协会。"

张恩树向政府主管部门提出了建议。当时的城乡建设环境保护部副部长肖桐连续召开了两次会议，对协会的成立问题进行专题研究。

经过一年多时间的酝酿筹备，1984年9月11日，经原城乡建设环境保护部批准，中国建筑装饰协会在北京正式宣告成立。时任城乡建设环境保护部副部长肖桐、戴念慈，中国建筑工程总公司总经理张恩树，城乡建设环境保护部科技局局长许溶烈等有关方面负责人共计60余人参加了成立大会。大会选举产生第一届理事会，肖桐任名誉理事长、张恩树任理事长，同时大会还通过了协会章程。

"中国建筑装饰协会于11日成立。这个协会将协助有关部门研究建筑装饰行业技术经济政策，制定技术标准和产品发展规划；沟通生产、供销、科研、设计、施工渠道；还将在政府部门授权下对产品进行鉴定、评比。"（《经济日报》

1984.09.13第一版）

成立之初，中国建筑装饰协会就有了清晰准确的定位：协会要为中国建筑装饰业的发展护航。同时，明确了协会的主要任务：一是通过协会加强与科研、设计和企事业单位的联系；二是努力打通产、供、销渠道，协调产需之间的联系和合作；三是有计划、有步骤地组合、安排新产品的研制，组织开展技术引进、技术推广和技术咨询工作；四是加强产品性能和质量管理，以使产品低劣、分散生产、互不协调的现状得到改善。

时任协会领导还提出了四项重要工作：一是尽快完善协会的组织建设。协会组织应该从小到大，逐步发展，协会的各专业分支机构也应逐步建立与完善起来。二是结合设计和生产单位的需要，着手组织汇编建筑装饰产品目录、样本和有关技术标准和技术资料，积极开展技术交流工作。三是根据建设部的要求，与设备配件出口国公司密切配合，组织编制发展规划和新产品的试制计划，从我国实际情况出发，有计划、有步骤地进行新技术、新产品的开发。当时的工作重点是积极引进世界先进技术，立足于组织生产和推广，争取3～5年内使中国建筑装饰技术有一个较大发展。四是发挥我国在国外承包工程中先进技术引进的优势，依靠各方面的力量，建立产、供、销配套技术网。通过纵横协调，推动联合，保护竞争，促进行业发展。

中装协在成立当年的12月10日，就编制了《建筑装饰产品发展"七五"设想》，并下发全国建筑装饰企业征求意见。嗣后，中装协积极配合政府主管部门加强行业的法治建设，参与了建设部所有关于建筑装饰立法方面的调查研究、文件起草、宣传贯彻等各项工作。经过多年的努力，建立并逐渐完善了中国建筑装饰行业的法律框架。中装协主要参与制定了以下法律和行业法规：

《中华人民共和国建筑法》《建设工程质量管理条例》《中华人民共和国环境噪声污染防治法》和《中华人民共和国消防法》四部法律；

《建筑装饰装修管理规定》和《家庭居室装饰装修管理暂行办法》等两个管理办法；

《建筑装饰工程施工企业资质等级标准》《建筑幕墙工程施工企业资质等级标准》和《建筑装饰设计单位资质分级标准》三项资质标准；

《建筑装饰工程施工及验收规范》（JG 73—91）、《建筑内部装修设计防火规范》（GB 50222—95）和《玻璃幕墙工程技术规范》（JGJ 102—96）三项技术规范；

《全国统一建筑装饰工程预算定额》和《关于发布工程勘察和工程设计取费标准的通知》两项收费标准。

《建筑装饰工程施工合同示范文本》和《建筑工程设计合同》两份合同范本。

从1985年开始，中国建筑装饰协会便积极举办各种行业活动，讨论问题、研究对策、交流经验，对行业发展起到了积极的推动作用。

1985年6月8日，中装协与中国建筑物资公司联合召开的第一次新产品试制工作会议——建筑装饰新产品试制工作会议，安排了22项新产品试制任务，对于新产品的试制、开发和推广有重大意义。

1990年，中国建筑装饰协会与广州、深圳建筑装饰协会联合举办的首届中华建筑装饰博览会，参观者3000余人次，成交额1100万元，121家厂商展示了新型国产饰材及制品，推动了新材料的开发与推广。此外还有一些各具特色的订货会，如协会与中国建筑学会科技咨询中心、北京市利康集团公司联合主办的1992全国建材及装饰装潢材料北京订货会、1993全国建筑装饰装修材料及室内配套用品北京订货会。尤其是1994年3月4日，由协会单独主办的首届全国建筑装饰行业订货会创下4项全国纪录：参会厂商420家，产品2100种，与会者近5万人，成交额5亿余元。订货会期间，新组建的建设部建筑业司在时任司长姚兵带领下，全司人员到会考察，在建设部历史上尚属首次，对全行业是个很大鼓舞。

5. 迎接大考——亚运会的机遇与挑战

1990年，第11届亚运会在北京举办。这不仅是中国体育史上的一个重要里程碑，也是中国展示国家形象、提升国际影响力，推动国际交流与合作的重要平台。

为了成功举办这次亚运会，中央政府和北京市投入相当大的人力和财力，修建国家奥林匹克体育中心。

国家奥林匹克体育中心是我国第一个承办大型综合性国际体育赛事的体育场馆建筑群，工程总面积为39.32万平方米。这些场馆在设计理念、科技含量和使用功能上都达到了很高的水平。此外，该中心还注重环保与节能，采用了多种先进技术和材料，展现了当时中国体育建筑的最高水平。

对中国建筑装饰业来说，亚运会是一个机遇，也是一道考题。

在亚运工程的建筑装饰施工上，深圳的装饰公司拔得了头筹。其中，亚运会的指挥中心汇宾大厦、人民大会堂的万人厅、五洲大酒店、亚运村、运动员村等重要的亚运工程被深圳南利装饰收入囊中；深圳长城家具装饰工程有限公司承建了北京亚运村国际会议中心大厦装饰工程和亚运村村长楼装饰项目；深圳市建筑装饰总公司承建了北京亚运村康乐宫装修项目。

在装饰材料上，亚运会组委会要求全部采用国产材料，为此动员了全国的力量，生产供应各种材料，带动了国内建材行业的全面发展。

1986年12月，北京市新型建筑材料供应公司接受委托，承办了第十一届亚运会工程装修装饰材料展览选用会。展会将新型建筑材料分为吊顶、墙壁、地面、门窗、照明、卫生间、楼梯、采暖、给排水、外墙、艺术装饰材料等十大类，共有231个来自纺织、轻工、化工、有色金属、机械、工艺美术等各行业的厂家参加，他们带来了20多个体系、3000多个品种的产品，供亚运会工程选用。

在亚运会工程上，轻钢龙骨和铝合金龙骨作为吊顶材料大量被选用，石膏板、矿棉吸音板、玻璃棉吊顶板是顶板材料的主流。中高档壁纸在亚运村及比赛场馆的贵宾室、招待室、运动员休息室、记者招待室采用，其他大面积的装饰确定使用油漆和内墙涂料。比赛场馆地面以拼花木地板为主。瓷砖、陶瓷马赛克等地砖、水磨石也在不同部位采用。除了少量纯毛地毯和物美价廉、质地优良的纯毛无纺地毯，混纺和化纤地毯中的长毛多元醇酯地毯、防污的聚丙烯地毯被更多地选用。浴盆以铸铁搪瓷浴盆为主，在亚运村的高层建筑中选用部分轻质的玻璃钢浴盆，特殊功能的高级浴盆也被少量选用。洁具和配件以节水型为主要选用对象。暖气片确定采用壁式挂板，铸铁管件和塑料管件并用。

从亚运会装饰材料的选用可以看出，我国的装饰材料生产业已全面化、系列化、配套化。据不完全统计，20世纪80年代，全国各部门、各地区通过各种不同方式引进国外建筑装饰材料、生产技术和装备达2000多项，花色品种已达4000多种，基本形成了高、中、低档产品比较配套，品种门类比较齐全的工业体系。

装饰业的发展有赖于装饰材料市场的发育成熟，装饰材料市场也只能由装饰业的发展来带动，二者相辅相成、互相依托。装饰行业发展带动了轻工产品的发展，为周边经济，特别是装饰材料加工、生产行业以及销售行业提供大量机遇，促进了周边经济的繁荣。

二、茁壮成长——民营装饰企业的崛起和建筑装饰市场的扩张（1992~2001年）

1992年1月18日~2月21日，时年87岁的邓小平视察了武昌、深圳、珠海、上海等地，并发表重要谈话，这就是著名的"南方谈话"。

"判断各方面工作的是非标准，应该主要看是否有利于发展社会主义的生产力，是否有利于增强社会主义国家的综合国力，是否有利于提高人民的生活水平。"

"计划多一点还是市场多一点，不是社会主义与资本主义的本质区别。""改革开放要胆子大一些，抓住时机，发展自己，关键是发展经济。发展才是硬道理。"

邓小平"南方谈话"科学总结了党的十一届三中全会以来党的基本实践和基本经验，明确回答了多年来困扰和束缚人们思想的许多重大认识问题。他强调了改革开放的重要性，提出要坚持改革开放，不改革就没有出路。他明确指出，计划和市场都是经济手段，社会主义也可以搞市场经济。"南方谈话"极大地解放了人们的思想，排除了干扰，明确了方向，为市场经济的发展扫清了障碍，将改革开放推向了高潮。

1992年10月，中国共产党第十四次全国代表大会在北京举行。大会确立我国经济体制改革的目标就是建立社会主义市场经济体制。

1993年11月，中共十四届三中全会通过了《关于建立社会主义市场经济体制若干问题的决定》。

此后，国务院迅速修改和废止了400多份约束经商的文件，原来从事工商业的企业家们获得了更加广阔的舞台；大批官员和知识分子"下海"，市场经济多了很多新生力量；"个体户"再次创业，加速创办私营企业的步伐，中国的工商业呈现蓬勃发展的势头。

1. 星光初现——民营企业和合资企业崭露头角

邓小平"南方谈话"清晰地解决了姓资姓社的问题，为民营经济的发展提供了精神上的鼓舞和政策上的支持。南方谈话之后，各地政府开始积极鼓励和支持民营企业的发展，极大地释放了社会的创新活力，为民营经济提供了广阔的发展空间。中国建筑装饰协会原会长马挺贵曾这样评价"南方谈话"对中国建筑装饰行业的影响："邓小平'南方谈话'推动了民营企业发展。很多优秀的装饰企业都是在那以后才发展起来的。"

1992年，在深圳市装饰工程工业总公司担任展销部经理的李介平，在政策的鼓励下，拿出自己的积蓄与一家香港公司合资注册了深圳瑞和装饰工程有限公司；1996年，为了获得经营上更大的自主权，根据政府的有关政策和公司的相关规定，李介平用40万元买断了瑞和装饰的经营权，从而转型为民营企业。

1992年，广东星艺装饰有限公司成立，借其强大的设计实力和施工能力，在行业内树立了良好的口碑。

1992年，北京城建四公司与香港中成建材国际有限公司联合出资，成立了北京港源建筑装饰工程有限公司。

1993年，即将步入不惑之年的康宝华带着不到30名员工和300多万元资金创建了沈阳远大铝业工程有限公司。

1993年，承包经营深圳市福田区劳动服务公司工程队的庄伟明，组建了深圳市科源建筑装饰工程公司，并担任董事长、总经理。当年公司即申请到装饰工程的施工一级、设计甲级资质，工程产值突破了千万元大关。

1993年，江苏吴县建筑装潢园林工程公司与韩国联合贸易商社签署了合资合同，合资成立苏州金螳螂建筑装饰有限公司，朱兴良出任总经理。螳螂筑巢技艺高超，是动物世界的建筑专家；装饰企业以营造美好空间为本职，是人类社会的螳螂。螳螂勇往直前、从不退缩的特性，正是成功企业共有的品质。以"螳螂"为名，不仅表达了企业的行业属性，也标榜了企业的精神追求；前缀"金"字，以示金玉之质恒久不渝，表明做大、做强、做长，成为百年老店的壮志雄心。

1993年，丁欣欣把自己创办的乡村小厂更名为上虞市装饰实业公司，并承接了公司历史上第一个里程碑式的工程——三星级的嵊州宾馆。1995年下半年，丁欣欣又着手组建了浙江亚厦装饰集团有限公司。

1993年，海外留学归国的陈丽以香港新丽装饰工程有限公司董事长的身份,与上海市第四建筑有限公司合作创办了上海新丽装饰工程有限公司,并出任副董事长兼总经理。

1993年,从事石材进出口贸易的何宁,引进外资,注册成立了中外合资企业北京万顺利建筑装饰工程有限公司(后改为北京弘高建筑装饰设计工程有限公司)。

1994年6月,北京建材研究院与日本丽贝亚株式会社合资成立北京丽贝亚防水装饰工程有限公司。从日本研修回国,在北京市金鼎装饰工程公司任职的高建林,出任合资公司总经理。

1995年,在北京建筑市场打拼多年的广东人庄其铮,组建了北京建峰建设装饰工程集团。

1996年,东易日盛建筑装饰有限公司在北京成立,并迅速崛起,成为家居装饰行业的领军企业。

1996年,在原建设部中国建筑学会设计所工作,后辞职下海去南方淘金的曹海,回到北京,组建了北京北方天宇建筑装饰有限责任公司,深耕医疗建筑装饰细分市场,成为这一领域的佼佼者。

1997年,北京业之峰装饰有限公司成立,凭借其专业的设计团队和精湛的施工技艺,迅速赢得了广大客户的信赖和好评。

……

这些新兴的民营企业,其组织结构相对简单,决策链条短,激励机制灵活,这使得他们能够快速响应市场变化,根据客户需求和市场趋势灵活调整经营策略,提升运营效率。这些优势不仅有助于企业在竞争激烈的市场中立足,还推动了整个行业的创新与发展。数年之后,已有不少民营企业和合资企业进入建筑装饰行业的第一阵营,有些企业的创始人成了业内外知名的企业家。

2. "黄埔军校"——全国装饰看深圳

深圳是第一批建筑装饰企业的诞生地,经过10多年的发展,深圳装饰企业无论是工程设计、项目管理,还是行业规模、企业规模,均处于全国领先地位。1992年,深圳市装饰行业完成营业额8.07亿元;1993年为13.8亿元;1994年为24亿元;1995年为27.1亿元。1996年,全国一级资质等级的建筑装饰企业近100家,深圳就占了20家,已有多家企业年经营收入超过1亿元人民币。

乘着"南方谈话"的东风,深圳建筑装饰企业北上西进,走上了向全国扩张的道路,甚至迈出国门,拓展国际市场,完成了诸多精品工程,创造了多项历史纪录,为中国建筑装饰行业的发展树立了标杆。

深圳装饰行业之所以一枝独秀,引领着行业发展,自有其原因。

其一,深圳特区在成立初期,城市建设如火如荼,需要大量专业的建筑装饰企业来参与各类基础设施和房地产项目的建设,这为建筑装饰行业的兴起创造了巨大的市场需求。

其二,深圳作为中国改革开放的试验田和经济特区,具有特殊的政策环境,为建筑装饰行业的成长提供了肥沃的土壤。在建筑装饰行业管理机制上,深圳更是新招迭出:在国内率先推出装饰监理制度;在全国成立了首家行业设计研究院;建立建材产品质量检验站;发布了装饰设计收费标准、室内设计师从业资格评审、家装规范服务标准等。这些举措提高了"深圳装饰"的品牌形象,受到各地客户的认同。

其三,深圳毗邻香港,与香港仅一河之隔,能够近距离地学习和借鉴香港先进的建筑装饰设计理念和施工技术,促进了深圳建筑装饰行业的快速发展和专业化水平的提升。深圳装饰企业舍得投入,许多企业很早就斥巨资购买电脑、绘图工具等先进设备和软件,走上了"信息化道路"。同时,不拘一格引进国内外设计师,吸收新技术和新理念,行业设计水平突飞猛进,在激烈的市场竞争中赢得更多订单。

其四,深圳作为改革开放的前沿阵地,经济运行机制的市场化程度最高。企业拥有很大的自主权,充满活力。在市场的熏陶和锤炼中,一大批具有敏锐的市场洞察力，强烈的责任感和担当精神，坚韧不拔、勇于冒险的优秀的企业家脱颖而出。他们勇于尝试未知领域，勇于面对风险和挑战，通过引入新产品、新策略、新市场、新模式，不断推动企业乃至整个行业的变革与进步。汪家玉、张朝煊、刘年新、刘海云、庄重、古少明、叶大岳、叶远西、李书华、李介平、郑李民、衣宏伟、张汉青、王建中等企业家，带领着深装集团、长城家具、洪涛、建艺、中装建设、宝鹰、远鹏、广田、美芝、瑞和、深装总、深圳美术、维业、卓艺等深圳企业纵横全国各地，甚至把业务做到了香港、澳门及美国、阿联酋、新加坡、马来西亚、加纳、哈萨克斯坦、冰岛、加纳、苏丹等地区和国家，刮起了一阵阵"深圳旋风"，一大批深圳装饰企业成为国内响当当的知名品牌。

中国建筑装饰协会原会长马挺贵高度赞誉："深圳，是我国建筑装饰行业的发祥地，是现代建筑装饰行业成长发育的摇篮，是全国建筑装饰行业发展的战略储备地。深圳装饰企业是全国装饰行业的'黄埔军校'。"

3. 住房改革——家装大发展的契机

1998年国务院颁布的《国务院关于进一步深化住房制度改革加快住房建设的通知》，提出从1998年下半年开始，停止住房实物分配，逐步实行住房分配货币化。这一房改措施对拉动中国的内需消费起到了极大的推动作用，也使房地产业和家装行业成为快速发展的行业。

时至20世纪90年代后期，改革开放使中国经济发展迅速，人们的生活宽裕了，对衣食住行有了更加丰富的要求。1998年的城镇住房改革以前，中国城镇居民的住房几乎都是以低租金租赁或免费享有的国有房，货币化分房后，对于自己拥有完全产权的商品房，人们装修新居的热情被完全点燃。

当时的家装市场十分不规范，没有成熟的家装品牌，而家装市场巨大，进入门槛低，一个稍有装修经验的木工、瓦工，在路边摆个牌子，便可以接到活儿。这些无资质、无营业执照、无固定营业场所的马路游击队良莠不齐，鱼龙混杂，往往造成很多混乱局面，如重复装修，质量低劣的装修充斥市场，拆掉承重墙、破坏防水层导致楼房倒塌、地面漏水，装修噪音和垃圾扰民等等，使人民的生命财产受到威胁，正常的生活秩序受到干扰。而在相当长的一段时间，家装行业缺乏正常的市场管理和监督机制，受到损害的用户往往无法挽回损失。从1997年开始长达十多年时间内，家装投诉一直是中国消费者协会统计的十大投诉之一，这种情况一直到近几年方得到缓解。

当时，中国城镇里便有了难以统计的家装队伍。规模化经营、规范化操作的家装企业几乎没有。这样的市场虽然很大，但经营难度大，利润微薄。更严重的是，客户与商家缺乏信任，市场发育扭曲。其结果是，业主利益受损，商家签不上单。时任中装协会长张恩树凭借着他的政治敏感度和政治责任感，觉得有必要采取措施，规范家装产业，推动家装的良性发展。因此，中装协与原建设部一起研究相关问题，努力将家装纳入监管。

1997年4月15日，建设部公布了《家庭居室装饰装修管理试行办法》，提出积极引导建筑企业，特别是三、四级资质的装饰施工企业进入家庭装修市场。《试行办法》规定：凡承接家庭居室装修工程的单位，必须持有建设主管部门颁发的"建筑企业资质证书"。这是国家主管部门第一次行文监管家装行业。

1997年9月25日～27日，由建设部建筑业司和中国建筑装饰协会共同组织的"全国家庭居室装饰管理试点工作会议"在北京举行。

1997年11月3日建设部建筑业司与中国建筑装饰协会共同做出《关于在部分城市开展家庭居室装饰装修管理试点工作的意见》。

1997年4月30日，在建设部、北京市建委、北京市工商局支持下，由中国建筑装饰协会主办的全国首家"北京市百姓家庭装饰市场"成立开业。这个市场汇聚的是承接家庭装修工程的装饰设计公司，被当时的报纸称为"正规军"。这种自由市场式的家庭装饰市场，是中国家装行业早期的普遍做法。北京的百姓家装市场很具有代表性，它实行一条龙服务，即从咨询、设计、预算、选材到施工质检、受理投诉、调解纠纷等全方位为消费者服务。尤其是它实行的合同备案和质量保证金制度，使需要装修的老百姓们少了后顾之忧。当时进驻的装饰企业中，有一部分如今已成为全国连锁的家装名牌。

中装协对中国家庭装饰行业发展的推动作用是具有原创性的，是一项创新之举。

建材家居市场的兴起也在这一阶段。1998年，瑞典宜家家居率先进入北京的家具市场。1999年，号称世界第三大建材超市的英国百安居在国内的第一家连锁店上海沪太店开业。之后，法国的乐华梅兰、德国的欧倍德纷纷进入中国市场。在与中国本土建材商竞争的同时，世界建材巨头之间亦在中国展开了一场争夺市场的战斗。中国本土建材企业逐渐学会了与"狼"共舞。海外企业以集中管理模式和先进经营理念为特色，而本土建材企业以消费者为中心，强调个性化服务，并积极学习先进的管理和营销理念，从而涌现出居然之家、红星美凯龙等一批建材市场领军企业。

2000年12月30日，国家统计局宣布，家庭装饰和旅游、教育已逐步形成2000年新的三大消费热点。

2001年，中国建筑装饰协会对我国家庭装饰业主的访问调查结果表明，中国家庭装修每年工程量达到3000亿元，家庭装修已经成为城市居民第一位的投资倾向。2000年，家庭装修消费情况为：北京3万~5万元/户占61%，5万元以上占13%；上海3万~5万元/户占63%，5万元以上占18%；广州3万~5万元/户占65%，5万元以上占20%；银川户均装修1.2万元。同时，家装的兴盛还带动了装修装饰材料的发展，同时引发更多家居用品、日用消费品、家用电器等产品的消费需求，极大地带动了商业市场的繁荣。

4. 精品工程——装饰企业的品牌与信用

在日益激烈的市场竞争中，只有不断地追求卓越，才能赢得客户的信赖。

"建筑是凝固的音乐。"在人类文明的长河中，建筑不仅是居住和使用的空间，更是文化和艺术的载体，是时代精神的象征。打造精品工程，是建筑装饰企业的最高追求，它不仅能够展示其独特的设计理念、精湛的施工技艺和严格的质量管理体系，还能够向客户传递出企业对品质的不懈追求和对客户需求的深刻理解。每一个精品工程都是企业的一张名片，它代表着企业的实力、荣誉和信用。

深圳市建筑装饰总公司（现名深圳市建筑装饰集团有限公司），1993年承建海南金海岸罗顿大酒店。这是第一家由国内企业独立设计、独立施工的五星级酒店，无论是在建筑设计风格上，还是在管理服务方面，均在中国业界受到很高的赞赏；1999年，其负责装饰设计与施工总承包的中华世纪坛，是联合国指定的纪念21世纪的标志性建筑，该工程荣获中国建设工程鲁班奖和中国建筑工程装饰奖。

深圳洪涛建筑装饰工程有限公司，1993年，承建阿尔及利亚首都国际机场宾馆装饰工程，获得国内外专家一致好评，为国家争光；1995年，洪涛装饰承接了长春名门饭店装修工程。该饭店位于长春市人民大街中段，是东北地区第一家由国内企业设计和装修的五星级酒店，建筑面积3.5万平方米。酒店大堂约2000平方米（含商务中心、西餐厅、大堂办公用房），是一个高度12米的共享空间，大堂的档次在国内五星级酒店中属一流。洪涛装饰赢得业内"大堂专业户"的美誉。2001年承建的北京中银大厦大堂装饰项目，是国内首个在室内设计中运用模数概念的工程，获得了美国石材协会2001年"TURKER奖"，得到世界著名建筑大师贝聿铭的称赞。

深圳美术装饰工程有限公司，1995年设计施工的南昌五湖大酒店装饰项目，合同造价5000多万元，是当时南昌最好的五星级酒店；1998年，承建的重庆大都会广场装饰工程，造价8000多万元，是当时重庆的标志性建筑。

上海新丽装饰工程有限公司，1998年，将到手的标的3000多万元的上海金茂大厦回廊装饰工程换成了标的1000多万元的办公楼塔楼底层大堂和电梯厅装饰工程。占据国内第一高楼称号多年的上海金茂大厦完工后，一举拿下了三个奖项：中国建设工程鲁班奖、全国建筑工程装饰奖和上海市建设工程最高奖——白玉兰奖。为了做好这个项目，新丽上下全力投入、精心打造，在设计、材料、施工等各个环节都做到一丝不苟、严谨考究。这是新丽完成的第一个大堂，工程竣工交付后好评如潮，成为新丽迈向装饰领先企业的第一步。

北京建峰建设集团股份有限公司，1998年承接了原铁道部建厂局属下北京火车站大修改造工程，这是新中国成立50周年献礼工程，是公司发展过程中的一次重要的历练。这个地标级建筑的成功大修，给建峰公司带来了巨大的声誉。

北方天宇建筑装饰有限公司，1999年承接了美国MDS（中国）临床药物中心委托的建筑装饰工程，具体内容是将北京天坛医院老洗衣房改建成办公楼。曹海带领他的团队仅用了49天的时间完成了整个工程。工程质量和工期得到业主及院方的高度评价。这项工程开启了北方天宇专注医疗建筑装饰领域的契机。

黑龙江国光建筑装饰有限公司，1992年，承建了苏联克拉斯诺亚尔斯克的叶尼塞宾馆和喜剧院的国际装饰工程项目，工程造价1.6亿元人民币。该项工程锻炼了国光公司克服困难、解决问题的能力，培养造就了一批工程技术骨干和人才。

每一栋建筑都是城市的一部分，都是人们的生活空间。建筑装饰，不仅是在装饰建筑，更是在创造生活，创造未来。每一个精品工程，都是一座丰碑，镌刻着装饰企业奋斗的足迹和荣耀；每一个精品工程，都是社会进步的见证，记录着城市的发展、文化的繁荣和人民生活的改善。

三、激情岁月——中国建筑装饰行业的高速发展（2001~2013年）

2001年12月11日，中国正式加入世界贸易组织（WTO），这是中国经济融入全球化的重要里程碑，对中国社会经济的发展，产生了广泛而深远的影响。加入世界贸易组织后，中国经济持续快速增长，成为全球经济增长的重要引擎。

随着经济的增长和就业机会的增加，中国人民的生活水平显著提高。消费结构升级和消费升级趋势明显，人民对美好生活的需求得到更好的满足，住宅类房地产需求也随之增加。同时，中国经济与世界经济联系更加紧密，经济活动频繁，外商来华投资和经商办企业的客商长期居住人数增加，对各类房地产，特别是非住宅类房地产如办公楼、写字楼、宾馆、商场、影院剧院等的需求显著增长。这些因素的叠加，推动了城市建设、房地产开发的突飞猛进，为建筑装饰行业的高速发展创造了广阔的市场空间。

1. 二次创业——中装协第五届领导班子的发展新思路

2001年6月6日~7日，中国建筑装饰协会第五届会员代表大会在北京中苑宾馆隆重举行。大会的主题是：精诚团结，努力奋斗，促进我国建筑装饰行业在新世纪大发展大提高。大会选举产生了中国建筑装饰协会第五届理事会理事287人，常务理事会常务理事85人，形成了新一届理事会领导集体。马挺贵（中国建筑工程总公司原总经理）出任会长，徐朋（中国建筑工程总公司原副总经理）当选为副会长兼秘书长。

中国的行业协会的最初发展，与相关的主管部门有着千丝万缕的联系，甚至就是政府机构的一个部门，曾有着"二政府"称谓。为了适应世贸组织规则，行业协会必须与政府脱钩，走向市场。没有政府行政职能的协会，应该如何参与行业管理，如何能获得业内企业的认同，是行业协会普遍面临的棘手问题。

中装协第五届领导班子提出了"二次创业"的发展新思路，将协会的基准点定位为"在推动行业发展的方向性问题上，提升对会员企业及其他业内企业的服务层次，拓展协会生存发展的空间"。在此基础上，确立了协会职责：推动行业发展，为企业服务。

第五届协会领导非常重视行业发展的理论研究。2001年，启动了《建筑装饰行业在我国国民经济和社会进步中的地位和作用》的调研课题。经过半年浩大、烦琐的调查，2001年12月24日，在《经济日报》发表研究报告，首次公布了关于中国建筑装饰行业发展状况的数据。

截至2000年，全国建筑装饰企业总数共计25万家左右，直接从业人员高达850万。其中，专业主营建筑装饰施工、有资质的企业2万多家；兼营有装饰施工资质的企业近5万家；有营业执照，但未有资质，主要从事家庭装饰小型工程的企业近18万家。

2000年，全行业工程产值估计在5500亿元左右，其中公共装修2500亿元，包括新建公共建筑装饰产值1500亿元、旧建筑物装修产值1000亿元；家庭装修3000亿元，包括新建住宅装修2000亿元、旧住宅装修1000亿元。

2000年，全行业年增加值为1730亿元。行业年增加值是行业为社会新创造的价值总和，是反映行业创利能力的一个重要指标。我国建筑装饰业年工资性支出为972亿元、每年应提取的固定资产折旧费为120亿元、年营业税额为187亿元、毛利润额为448亿元，汇总为1730亿元左右，占全社会建筑业增加值5918亿元的30%。

这就是说，我国建筑装饰业已经是一个从业人数共计850万左右、年总产值5500亿元、年增加值1730亿元的规模巨大的行业。以2000年我国GDP总额89404亿元计算，建筑装饰行业产值占国内生产总值6%左右；行业年增长速度在20%以上，在国民经济各行业中处于中上水平，并远远高于GDP的增长速度，为国民经济增长作出了显著贡献。

研究报告初步摸清建筑装饰行业的家底，填补我国建筑装饰行业统计资料方面的空白，以翔实的数据证明了建筑装饰行业对经济社会发展的重要作用，为政府部门了解行业情况，制定政策提供了参考依据。

世纪之初的中国建筑装饰企业，数量虽然多，但规模普遍偏小，年工程产值达到亿元以上的企业寥寥无几。行业的从业者构成极为复杂、组织化程度很低、市场环境不规范、工程管理水平及工程质量参差不齐，投诉、纠纷列于社会各行业前列。如何改变行业的发展现状，特别是中国入世以后，如何推动企业做大、做强，如何优化市场资源配置，规范市场环境，提高工程质量，已经成为在全面建设小康社会的历史进程中，加快建筑装饰行业发展的一项重要而迫切的任务。同时，国家对建筑装饰行业已经制定并颁布实施了一系列法规、标准，形成了对工程质量进行评价和验收的重要依据。

2001年，建设部批准设立全国建筑工程装饰奖，由中国建筑装饰协会组织实施。该奖项的设立，提高了工程质量和企业的管理水平，造就了一支高水平的项目经理队伍，提高了优秀企业的知名度和市场占有率，优化了行业资源配置和推动了企业结构调整。

从2003年开始，在中国建筑装饰协会指导下，由中华建筑报社组织实施中国建筑装饰百强企业评价活动。百强企业评价遵循"公开、公平、公正"的原则和严密的工作程序，最大限度地保证了申报资料的真实性和准确性。这项活动极大地提升了上榜企业的品牌知名度，推动了优势企业的经营规模、市场份额的快速扩大。百强企业的年平均工程产值从2002年度的企业平均产值

2.03亿元，发展到2012年度的15.45亿元，增长了近7倍，大大高于行业整体增长幅度。

实践证实，由行业协会和新闻媒体联合，采用市场评价的方式，向政府主管部门、工程业主及全社会推介本行业百强企业，不但符合国际惯例，也是市场经济发展和行业发展的需要。

建筑装饰百强评价得到了工程业主和政府部门的认可。2009年6月，铁道部发布了"铁路客站装修装饰工程施工企业名录"，其中一类14家铁路客站装修装饰工程施工企业名录中，共计有11家企业是建筑装饰百强企业，其余3家是铁路系统的专业性公司；2010年1月，深圳市政府投资工程预选承包商资格审查委员会发布的《关于受理加入2010~2011年度深圳市政府投资工程预选承包商名录申请的通知》规定："成为2008年度全国百强的深圳市建筑装饰企业，可免审进入建筑装修装饰工程专业承包Ⅰ组承包商名录。"

2007年，全国整顿和规范市场经济秩序领导小组办公室（简称全国整规办）和国务院国有资产监督管理委员会行业协会联系办公室（简称国务院国资委协会办）批准（整规办发〔2007〕3号）并在其指导下，中国建筑装饰协会有序开展了全国建筑装饰行业信用评价活动，引导企业加强信用管理，从而提高会员企业的诚信意识和风险防范能力，提高行业自律水平，规范业内竞争秩序，促进行业又好又快发展。

2. 国企改制——释放企业活力

长期以来，国有企业承担着解决就业和社会事业的沉重负担，冗员多、负担重、效率低、政企不分、产权界定不清等问题日益突出，导致企业在激烈的市场竞争中缺乏活力。国企改制通过优化企业体制、推动资源整合、强化市场机制、完善治理结构等措施，有效释放企业潜力。

1999年，深圳市政府出台了国企改革的"1+11"个文件，全方位启动深圳市的国企改制工作。深圳建筑装饰（集团）有限公司即在深圳国企改制的第一批试点单位之中。

深圳市建筑装饰（集团）有限公司成立于1998年11月，由深圳市建设投资控股公司下属的深圳市建筑装饰总公司、深圳市洪涛装饰工程公司、深圳市装饰工程工业总公司、深圳市黎源建筑设计装饰有限公司四家装饰公司联合组成，汪家玉出任董事长。这四家公司都是老牌国有装饰企业，其中深圳市装饰工程工业总公司是一个规模很大却连年亏损的企业，公司仅靠卖办公楼及贷款生存，集团组建当时，是深圳市28家拟改制破产的国企之一。

1999年的春节，时任深圳洪涛装饰副总经理的刘海云被调职到深圳市装饰工程工业总公司任总经理，他的任务是看好这个公司，以待改制或破产。

2001年，深圳市装饰工程工业总公司改制完成，并更名为深圳市深装总装饰工程工业有限公司。公司保留一部分国有股，其他由员工持股。2002年，公司进行二次改制，国有股退出，公司最优秀的项目经理郑李民取得控股权，出任董事长。2002年6月，深圳市深装总装饰工程工业有限公司在国家工商总局商标局注册"深装总"商标。"深装总"在郑李民的领导下，焕发出生机和活力，在2004年度的中国建筑装饰百强企业评价推介活动中，深装总位列第五。

刘海云离开深圳市装饰工程工业总公司后，担任了深圳市建设局下属的一个名不见经传的小国企——深圳建艺装饰有限公司的总经理，并将企业逐渐做大。2006年，建艺装饰完成了改制，发展迅猛，数年后在深交所上市。

在深圳市建筑装饰（集团）有限公司下属的四个公司中，洪涛装饰工程有限公司是效益最好的。公司改制时，由于总经理刘年新为企业发展立下功劳，及其实际领导地位，当仁不让地成为控股者，出任董事长。后来，洪涛成为我国第二家上市的建筑装饰企业。

汪家玉在2003年4月发表《深化国有企业改

制加快企业市场化进程》一文，详尽分析了国企的现状及市场化的路径。汪家玉说："在人们眼中，一提到国企改制，就会联想到要被改制的企业经营状况不佳，亏损大，国有资产流失相当严重，企业在难以生存的情况下，不得不进行改制。其实不然，改制并不是矛盾的转移，而是找出国有体制在企业发展中存在的不足，促进企业在市场经济的机制中实现产权转型，让企业得到长远的发展。"

3. 专业化——打造细分市场的核心竞争力

中国装饰行业经过多年的高速发展之后，不仅见证了中国城市化的进程，装饰企业的规模和实力也有了质的飞跃，形成了一批设计水平高、工程质量优、资本运作好的优秀企业。然而，由于企业之间在设计、设备、技术、服务等方面的差异很小，同质化程度较高，市场竞争日趋激烈。装饰企业若想要在激烈的市场竞争中生存发展下来，就必须在细分市场的基础上进行合理的市场定位，并集中企业资源专注核心业务，将产品和服务做到极致，通过专注于核心业务带动公司的发展。

中国建筑装饰协会在《建筑装饰行业"十二五"发展规划》中明确提出，要引导企业制定科学、合理的发展战略，鼓励企业根据自身条件，选择最适合、最具优势的业务环节，做精做专，依靠专业设计的细化、专业施工机具的研发和专业工程施工组织管理，实现企业工程业绩积累和人力资本积累，从而在专业细分市场形成特色和品牌。

我国建筑装饰企业中，已不乏专业化经营的先行者和领跑者。

深圳长城一直致力于以五星级酒店为代表的高端装饰工程的设计和施工，先后完成了包括目前全国最大、最豪华的白金五星级酒店之一的深圳华侨城洲际大酒店在内的近百家五星级酒店装饰工程，不断刷新行业纪录，彰显了其在国际高端酒店工程市场的独特优势和竞争力，已形成了专业品牌效应。

深装总在机场装饰装修领域具有传统的专业优势。自1994年承接太原机场候机大厅的装修工程后，公司还先后参与了广州、拉萨、成都、沈阳和重庆等二十多个大城市的机场装修。2006年深装总在承接该领域的装饰工程方面进入了新的加速期。同年4月，北京首都机场3号航站楼及交通中心精装修工程招标，消息一出，国内数百家建筑装饰企业参与了竞争。最后，48家精英企业进入决赛。深装总一路过关斩将，拿到了总合同额达1.5亿元的精装修工程。接下来，一个月不到，深装总又在新郑国际机场航站楼装修工程竞标中成功问鼎。6月份，咸阳国际机场老航站楼改造室内装修工程面向全国招标，深装总再次中标。在不足三个月的时间内连中三标，深装总显现了在该领域所具有的非凡实力。2008年11月，经过严格的审核，深装总被深圳市第7届企业新纪录认定为"承建机场装饰工程最多的建筑装饰公司"。深装总也是因机场装饰工程而获得鲁班奖等各种奖项最多的装饰企业。

北方天宇专注于医疗装饰及洁净工程项目的设计施工，把"创导医疗建筑新概念"作为奋斗目标和行为准则，积极引入先进的国外医院设计、施工理念，综合考虑国情、业主及环境艺术等因素，近年来在国内20余省市承接了50多项大中型医院门诊楼、急诊楼、住院楼的装饰设计及洁净工程。

上海蓝天房屋装饰工程有限公司，是著名的"机场专业户"，承建了上海虹桥国际机场、浦东国际机场、西安咸阳国际机场、成都双流国际机场、济南遥墙国际机场等数十个机场的装饰工程。

洪涛素以承建大型高档装饰工程的大堂见长，早在90年代末就被业界誉为"大堂专业户""大堂王"。随着企业实力的扩大与对专业的精深修炼，洪涛装饰在剧院装饰领域也声名鹊起，优势明显。

深圳市卓艺装饰设计工程有限公司（广胜达

装饰设计工程有限公司）专注于大型百货商场的空间设计和装饰施工，受到了八佰伴、平和堂、伊势丹、新世界百货等国际零售商业明星企业青睐，承建了数十个大型百货商场的空间设计施工项目。

嘉信装饰瞄准商铺装修专业这块市场"蛋糕"，与深国投、新加坡嘉德置地等商业地产巨头结成了战略合作伙伴，成为沃尔玛的指定装修公司。随着沃尔玛在中国的加速扩张，深圳嘉信也进入了快速发展阶段，其成功要诀显然归于找到了商业地产装饰的专业化之路。

专业化分工是经济增长的基础性支撑，由于专业化分工的持续发展，造就了经济增长和社会进步。从社会与发展趋势来看，专业划分越来越细和专业标准越来越高的趋势也越来越明显，如果没有专业化分工，人们只能处在原始的粗放型时代。

装饰行业的诞生，本来就是建筑行业专业分工的结果；而装饰行业的发展，必将导致进一步的专业化分工和市场细分。

4. 工厂化（工业化）——发展路径的探索与反思

中国建筑装饰施工虽然具有悠久的历史，但是直到本世纪初，传统的人工操作与手工组装方式仍主导着整个装饰施工过程。装饰施工技术与时代发展严重脱节，劳动生产率低下，施工工期长，产品质量难以控制、精度不足，污染环境且严重扰民等弊端日渐突出，限制了整个行业的发展。

2004年5月，中国建筑装饰协会在浙江召开了有关建筑装饰行业工厂化发展的专题研讨会，倡导建筑装饰工厂化（"建筑装饰工厂化"是当时的提法，其实更准确的概念应该是"建筑装饰工业化"）。

建筑装饰工厂化是指将装饰工程所需各种构配件的加工制作与安装，按照体系加以分离，构配件完全在工厂里加工和整合，形成一个或若干部件单元，施工现场只是对这些部件单元进行选择集成、组合安装。欧美等国家的经验表明，建筑过程中约有80%的部品部件可以实行工厂化生产和装配化施工，如木制品、石材、幕墙等。

21世纪初，江苏金螳螂、浙江亚厦、深圳瑞和、北京港源、上海建工装饰等装饰行业的领军企业，开始进行建筑装饰工厂化的探索，并且很快就在业界引起强烈反响，装饰企业纷纷响应。

当时，金螳螂在苏州工业园96亩的生产基地中建立了幕墙厂和家具一厂、二厂、三厂，其中三个家具厂就相当于一个生产流程的三个步骤：一厂将密度板贴面做成装饰板材，二厂主要是按订单切割下料和部件组装，三厂则进行打磨、喷漆等诸多工艺，并包括了沙发、靠椅制作。同时，公司在新加坡工业园区建立了占地100多亩，建筑面积50000多平方米的家具制作车间、木制品成品半成品加工中心，同时兴建位于苏州太湖之滨的120亩幕墙生产加工中心。

亚厦的工厂化探索可以追溯到20世纪90年代，公司引进了国外先进技术和设备，实施"工厂化生产、机械化加工、成品化装配"的施工技术革新。随着企业规模的不断扩大和行业竞争的日益加剧，亚厦更加坚定走装饰产业化的发展道路。上市后，公司投资建设了包括装饰部品部件（木制品）和建筑幕墙及节能门窗全面工厂化的基地建设投资项目，一期投资4亿元。该项目是公司装饰产业化投资建设的重点。公司紧紧围绕建筑装饰行业发展趋势，以大力提高工厂化生产能力和产业化生产水准为发展方向，成立了亚厦产业园发展有限公司，承担上市募集资金投资项目的建设。为把握市场机遇，公司在上虞经济开发区征地200亩，一期建筑面积14万平方米。

工厂化在装饰行业的兴起，既是这个行业内领军企业的社会责任感的体现，也是社会配套资源进步、环保节能压力和企业自我革新的选择。

建筑装饰工厂化克服了人工制作的随意性和某些技术上的不可操作性，施工质量和精度都大幅提高；构配件的生产全部在工厂里进行，采用机械化操作，其加工制作速度和质量是手工操作无法比拟的，部件的集成整合与安装分开，又大大提高了专业化程度，劳动功效大幅提高；工厂化装饰以机械化、专业化、批量化为基础，各环节的工作又可同步进行，可大大缩短施工时间；采用工厂化生产，材料的边角料可以得到充分利用，材料利用率提高，通过批量化、流水化生产，可以达到降低成本的规模效应；机械化操作优势又可使基层与面层、部件与部件的连接方法更为简便经济；加上劳动生产率的提高等因素的影响，成本可大幅降低。

然而，经过21世纪前10年的发展，装饰工厂化虽然取得了一些成绩，但并没有实现规模效益，也没有形成可以复制的经营模式。有些企业因为建工厂投资较大，导致资金链紧张，严重影响企业的正常运营。

这种现象，必须引起警觉和反思，因为现象背后存在其必然性。

其一，工厂化必定是规模化。而大多数装饰企业兴办的工厂，由于受资金等因素的限制，其生产规模普遍较小，与其说是工厂，不如说是作坊。建筑装饰企业所办工厂，年收益超过1000万元人民币的屈指可数。

第二，工厂化必定是标准化。建筑装饰工厂化必然要求部品部件的配套性、通用性强，要求部件小型化。这样，部品部件的加工制作运输、安装均可轻便灵活，而且标准单元的组合灵活机动，可大可小，创造思维的空间被充分扩大，应对市场变化的能力也就增强。这就要求厂家采用"模数化协调"原则和方法，去制定各种部品部件的规格尺寸，以满足各类设计需求，使其能准确无误地安装到指定的部位。且不同企业生产的部品部件可互换，使形成的产品是标准化的，装饰是多样化的。而目前装饰企业所办工厂基本上是为本企业施工服务的，生产的装饰部品通用性很差，与标准化相去甚远。

第三，工厂化必须社会化。没有社会化的支持，就无法通过资源整合、市场构建、技术创新、社会动员，去实现标准化和规模化，工厂化就难以推行。追究装饰企业办工厂的原始动机，固然有积极进取的因素，但同样也有肥水不流外人田的小农意识的影子。这种不重视社会分工，自给自足，万事不求人的观念，与"工厂化"这种现代社会的组织形式格格不入，必然因视野的狭窄而导致行动的盲目，其结果难免事与愿违。

在互联网的发展过程中，开放源代码运动导致社交网站大放异彩，引发了最新一次的互联网革命。或许，在装饰工厂化过程中，也需要进行一次类似的运动。

目前，在木装饰、石材饰面、幕墙、整体厨卫、金属饰面、玻璃饰面乃至面砖饰面等方面推行工厂化装饰在技术上已取得一些突破性进展，许多新材料、新技术都可以直接或间接应用于工厂化装饰之中。加上各种高性能的弹性黏结剂的问世，彻底改变了传统的钉销连接方式。全面推行建筑装饰工厂化已不再是可望而不可即的事情。

实现装饰工厂化有三种途径：一是建筑装饰企业办工厂，业务领域从建造业向制造业延伸；二是建材及部品的生产企业办装饰公司，业务领域从制造业向建造业拓展；三是通过企业间的重组和协作，充分整合上下游资源，延伸产业链和价值链，在分工协作的基础上实现建筑装饰的工厂化。

任何一家企业，不管是装饰施工企业还是建筑材料厂商，都不可能以自给自足的方式实现建筑装饰工厂化，甚至仅仅靠建筑装饰行业的力量也无法实现建筑装饰的工厂化。整合上下游资源，延伸产业链和价值链，才是实现建筑装饰行业建筑装饰工厂化的关键。

在资源整合上，装饰企业有着天然的优势，装饰企业可以利用和业主的良好合作关系和沟通机会，研究标准、编制标准、掌握标准，指导甚至去支配生产企业为装饰业提供工厂化服务。

建筑装饰工厂化必将为建筑装饰企业开辟更为广阔的发展空间，担任整合者角色的装饰公司，应该是一个能够承担起总承包任务的设计者、组织者、总调度，是工厂化装饰的总装车间，需要负责做好组织协调管理工作，而把各单元部件交由各专业公司或厂家进行加工整合。这种资源整合能力是对装饰企业在资源立体化掌控能力、技术标准化总结能力、管理制度化推广能力上的一次挑战，这是一种管理能力的综合考试。

5. 拥抱资本——建筑装饰行业插上腾飞的翅膀

2006年11月20日，苏州金螳螂建筑装饰股份有限公司A股股票在深圳证券交易所挂牌交易。金螳螂企业集团总裁朱兴良与原苏州市委副书记、苏州工业园区管委会工委书记王金华一起，敲响了开市的铜锣。"金螳螂"成为中国建筑装饰行业第一股。

资本是市场经济的灵魂。在市场经济的语境下，任何产业要想得到进一步发展，都必须充分重视资本市场的作用。20世纪70年代末期以来的经济改革大潮，推动了资本市场在中国境内的萌生和发展。资本市场融资和资源配置功能逐步发挥，促进了企业和资产价值的重新发现，引领了企业制度变革，推动了企业的发展壮大和行业整合。截至2010年底，上交所、深交所共有上市公司2063家，总市值达26.3万亿元。上市公司日益成为中国经济体系的重要组成部分。

我国建筑装饰行业经过20年高速发展，2010年行业总产值达1.85万亿元。建筑装饰行业不仅创造了5%的国民生产总值和1400多万个就业岗位，还营造了更好的居住与工作的空间环境，提高了人们的生活质量，满足了人们的物质与精神需要。然而，中国建筑装饰行业并没有在证券市场上获得与其产业规模相应的地位。在金螳螂上市之前，甚至连一席之地也没有。一方面，这是由于中国装饰企业绝大多数是民营企业，习惯采取渐进式的发展模式，依靠企业资本的渐进积累推动企业的发展，缺少利用资本市场这个经济杠杆的想法，更缺乏与资本合作的经验；而较为充沛的现金流，也使得装饰企业缺少引入投资的动力。另一方面，由于我国当代建筑装饰产业是在特殊的历史环境中萌芽并迅速发展壮大的一个独特的产业，国内对这个产业形态的特征和本质缺乏系统的理论研究，而国外的任何经济体都没有同样的产业形态可供参考，从而造成了资本市场对建筑装饰产业的认知困难。

长期以来，在社会公众的心目中，装饰企业就是包工头或马路游击队，与上市公司是两个完全不搭界的事物，可谓风马牛不相及。作为一家民营建筑装饰企业，金螳螂的成功上市，不仅校正了人们对建筑装饰企业的偏见，提升了装饰行业的整体形象，更为建筑装饰企业走向资本市场提供了宝贵经验。

2009年12月22日，深圳市洪涛装饰股份有限公司A股股票在深交所挂牌交易，发行数量为3000万股，发行价为27.00元/股，募集资金总额8.10亿元人民币。

2010年3月23日，浙江亚厦装饰股份有限公司A股股票在深交所挂牌交易，发行数量为5300万股，发行价为31.86元/股，募集资金总额16.88亿元人民币，首次公开发行后总股本为2亿1100万股。

2010年9月29日，深圳广田装饰集团股份有限公司A股股票在深交所挂牌交易，发行数量为4000万股，发行价为51.98元/股，募集资金总额20.79亿元人民币，首次公开发行后总股本为1亿6000万股。

建筑装饰企业通过发行股票进行直接融资，打破了融资瓶颈束缚，获得长期稳定的资本性资金，改善企业的资本结构，为企业的迅速扩张注入澎湃的动力。

2006年，苏州金螳螂营业总收入为17.74亿元,利润总额为1.07亿元,总资产为20亿元;2010年,营业总收入为66.39亿元,利润总额为5.49亿元,总资产为40.61亿元。

2008年,浙江亚厦营业总收入为16.18亿元,利润总额为1.13亿元,总资产为11.06亿元;2010年,营业总收入为44.88亿元,利润总额为3.11亿元,总资产为44.62亿元。

2008年,深圳洪涛营业总收入为10.51亿元,利润总额为0.61亿元,总资产为4.27亿元;2010年,营业总收入为15.08亿元,利润总额为1.24亿元,总资产为17.13亿元。

由于历史的原因,中国建筑装饰企业有一个普遍存在的现象——企业的老板(创始人或者经营者)就是企业的品牌核心、生产力核心。企业在基础结构建设上缺乏民主意识,缺乏稳定的管理团队,缺乏有效的、可以复制的管理模式。当企业规模扩大到超出老板个人控制能力时,效率降低、质量下降、客户流失等问题就随之出现。建筑装饰企业改制上市的过程,就是企业明确发展方向、完善公司治理、夯实基础管理、实现规范发展的过程。企业改制上市前,要分析内外部环境,评价企业优势劣势,找准定位,使企业发展战略清晰化。改制过程中,保荐人、律师事务所和会计师事务所等众多专业机构为企业出谋划策,通过清产核资等一系列过程,帮助企业明晰产权关系,规范纳税行为,完善公司治理、建立现代企业制度。企业上市后,要围绕资本市场发行上市标准努力"达标"和"持续达标",同时,上市后的退市风险和被并购的风险,能促使高管人员更加诚实信用、勤勉尽责。金螳螂等建筑装饰企业通过上市,建立健全法人治理结构,大幅度地提高了管理水平。金螳螂、洪涛、亚厦、广田等企业的成功上市,以及他们在证券市场的优异表现,不仅提升了企业自身的知名度,还塑造和传播了良好的装饰行业形象。中国建筑装饰行业的发展前景越来越受到资本市场的关注。特别是广田装饰高达发行60余倍的市盈率,更是资本市场高度看好装饰产业的前景和龙头企业的成长预期的有力佐证。

四、砥砺前行——建筑装饰行业的转型升级(2014年至今)

中国经济在经历了近20年10%以上的高速增长之后,从2012年开始,转而进入增速换挡期。根据国家统计局的数据显示,2012年我国的经济增长率为7.8%;2013年我国的经济增长率为7.7%;2014年我国的经济增长率为7.4%。

2013年12月10日,习近平总书记在中央经济工作会议上的讲话中提出:"我们注重处理好经济社会发展各类问题,既防范增长速度滑出底线,又理性对待高速增长转向中高速增长的新常态。"

此后,习近平总书记在多次讲话中阐述了"新常态"的内涵。

2016年1月18日,习近平总书记在省部级主要领导干部学习贯彻党的十八届五中全会精神专题研讨班上的讲话中强调:"新常态下,我国经济发展的主要特点是:增长速度要从高速转向中高速,发展方式要从规模速度型转向质量效率型,经济结构调整要从增量扩能为主转向调整存量、做优增量并举,发展动力要从主要依靠资源和低成本劳动力等要素投入转向创新驱动。这些变化,是我国经济向形态更高级、分工更优化、结构更合理的阶段演进的必经过程。实现这样广泛而深刻的变化并不容易,对我们是一个新的巨大挑战。"

任何一个行业的发展都不可避免地要受到宏观经济环境的制约,要受到经济政策乃至社会政策的影响。对建筑装饰行业而言,新常态既是挑战,也是机遇。怎样认识新常态、适应新常态,争取新常态下的新作为、新发展,实现转型升级,成为建筑装饰行业必须直面的问题。

1. 荆棘塞途——建筑装饰行业面临发展瓶颈

中国建筑装饰行业经历了30余年的高速增长之后,从2014年开始,增长速度逐渐放缓,遇到发展瓶颈。企业普遍面临困难：业务增长乏力，甚至萎缩；盈利能力降低，甚至亏损；应收账款剧增，资金链高度紧张。许多曾经非常优秀的企业在盈亏的边缘上挣扎，甚至濒临破产。

看一看行业中的标杆企业——上市公司近10年的主要财务数据，或许可以窥一斑而知全豹。

2014～2021年A股上市公司主营业务收入及与上年同比增长率

公司名称	2014年		2016年		2019年		2021年	
	营业收入/亿元	营收增长率/%	营业收入/亿元	营收增长率/%	营业收入/亿元	营收增长率/%	营业收入/亿元	营收增长率/%
金螳螂	206.89	12.35	196.01	5.07	308.35	22.90	253.74	-18.79
亚厦股份	129.17	6.38	89.37	-0.35	107.86	17.24	120.76	11.95
广田集团	97.88	12.62	101.13	26.25	130.46	-9.39	80.36	-34.38
洪涛股份	33.93	-4.32	28.77	-4.30	40.31	2.67	25.91	-27.40
瑞和股份	15.22	1.11	24.37	33.89	38.18	5.65	35.17	-6.55
宝鹰股份	53.82	44.43	68.16	-0.56	66.77	-2.61	46.69	-21.59
弘高创意	—	—	37.56	14.19	8.29	-42.56	1.73	-61.64
奇信股份	32.06	24.26	32.9	-1.51	40.14	-19.70	14.53	-29.88
中装建设	24.42	8.90	26.92	3.58	48.59	17.21	62.78	12.48
建艺集团	18.1	5.91	21.27	14.75	30.15	1.73	19.48	-14.17
美芝股份	8.28	-18.65	9.5	-10.61	9.11	-4.81	5.88	-52.91
维业股份	18.02	1.09	15.97	19.34	24.86	3.82	100.21	115.19
柯利达	18.44	979.88	16.37	0.57	22.87	-4.12	25.78	-2.98
全筑股份	18.12	8.12	33.36	52.68	69.36	6.37	40.42	-25.49
郑中设计	7.64	6.26	16.64	-7.85	25.11	9.17	19.05	0.62
东易日盛	18.8	18.09	29.99	32.85	37.99	-9.62	42.92	24.52
名雕股份	7.05	6.41	6.91	2.60	8.98	17.57	8.84	1.99
杰恩设计	—	—	1.83	23.30	3.9	14.02	3.82	22.45

2021年营业收入：金螳螂为253.74亿元，低于2019年的308.35亿；亚厦为120.76亿元，低于2014年的129.17亿元；广田为80.36亿元，低于2014年的97.88亿元；洪涛为25.91亿元，低于2014年的33.93亿元；瑞和为35.17亿元，低于2019年的38.18亿元。

2014~2021年A股上市公司净利润与净利润率

公司名称	2014年		2016年		2019年		2021年	
	净利润/亿元	净利润率/%	净利润/亿元	净利润率/%	净利润/亿元	净利润率/%	净利润/亿元	净利润率/%
金螳螂	18.98	9.18	16.96	8.65	22.61	7.33	-49.5	-19.51
亚厦股份	10.69	8.28	3.38	3.78	4.42	4.10	-8.88	-7.35
广田集团	5.5	5.62	4	3.96	1.33	1.02	-55.88	-69.53
洪涛股份	2.94	8.67	1.19	4.13	0.8	1.98	-2.2	-8.49
瑞和股份	0.55	3.60	0.92	3.79	1.85	4.84	-18.43	-52.40
宝鹰股份	2.73	5.07	4.21	6.17	2.09	2.99	-16.52	-35.39
弘高创意	—	—	2.4	6.38	-3.41	-41.18	-3.71	-214.69
奇信股份	1.49	4.65	1.09	3.31	0.75	1.88	-17.48	-120.26
中装建设	1.27	5.21	1.56	5.79	2.43	5.00	1.06	1.69
建艺集团	0.86	4.75	0.81	3.80	0.2	0.67	-9.82	-50.40
美芝股份	0.41	4.91	0.52	5.49	-0.18	-1.96	-1.61	-27.41
维业股份	0.46	2.57	0.55	3.45	0.86	3.47	0.37	0.37
柯利达	0.95	5.16	0.52	3.19	0.41	1.80	-3.72	-14.45
全筑股份	0.75	4.14	0.91	2.74	2.76	3.98	-12.93	-31.99
郑中设计	1.12	6.26	0.81	4.86	1.32	5.27	0.18	0.93
东易日盛	1.16	6.19	2.03	6.77	-1.96	-5.16	0.78	1.81
名雕股份	0.5	7.12	0.51	7.32	0.27	3.03	0.29	3.29
杰恩设计	—	—	0.41	22.30	0.84	21.57	0.17	4.49

2021年净利润：金螳螂为-49.5亿元，远低于2014年18.98亿元；亚厦为-8.88亿元，远低于2014年10.69亿元；广田为-55.88亿元，远低于2014年5.5亿元；洪涛为-2.2亿元，远低于2014年2.94亿元；瑞和为-18.43亿元，远低于2014年0.55亿元。

上市公司几乎全线亏损，巨亏。不少企业一年亏损额就多于过去10年的全部利润。

2015～2019年A股上市公司应收账款占营收比

公司名称	2015年			2016年			2017年			2018年			2019年		
	应收账款/亿元	营业收入/亿元	应收账款占营收比/%	应收账款/亿元	营业收入/亿元	应收账款占营收比/%	应收账款/亿元	营业收入/亿元	应收账款占营收比/%	应收账款/亿元	营业收入/亿元	应收账款占营收比/%	应收账款/亿元	营业收入/亿元	应收账款占营收比/%
金螳螂	166.42	186.54	89.21	178.49	196.01	91.06	180.24	209.96	85.85	186.09	250.89	74.17	220.03	308.35	71.36
亚厦股份	113.38	89.69	126.42	114.81	89.37	128.47	121.99	90.69	134.51	121.16	91.99	131.71	116.84	107.86	108.33
广田集团	69.06	80.1	86.22	96.8	101.13	95.72	79.99	125.35	63.82	100.1	143.98	69.52	122.72	130.46	94.07
洪涛股份	37.47	30.06	124.64	44.33	28.77	154.09	50.21	33.31	150.75	56.17	39.26	143.07	58.99	40.31	146.34
瑞和股份	9.4	18.2	51.68	13.49	24.37	55.36	18.87	30.06	62.76	22.69	36.14	62.78	26.41	38.18	69.18
宝鹰股份	42.58	68.54	62.13	54.96	68.16	80.64	51.28	71.64	71.58	60.83	68.56	88.73	67.96	66.77	101.79
弘高创意	31.46	32.89	95.65	47	37.56	125.15	39.85	17.71	224.97	37.18	14.44	257.55	31.46	8.29	379.43
奇信股份	19.4	33.4	58.08	24.34	32.9	74.00	27.62	39.16	70.54	33.99	49.99	68.00	33.78	40.14	84.14
中装建设	14.23	25.99	54.75	17.53	26.92	65.13	23.38	31.73	73.69	27.89	41.46	67.28	35.55	48.59	73.16
建艺集团	10.38	18.53	55.99	12.29	21.27	57.78	15.75	24.45	64.41	16.17	29.64	54.57	22.01	30.15	73.00
美芝股份	5.51	10.63	51.84	5.54	9.5	58.33	6.46	9.44	68.45	8.31	9.57	86.84	8.79	9.11	96.57
维业股份	12.97	13.38	96.93	10.71	15.97	67.05	11.61	19.58	59.31	13.65	23.95	57.01	17.21	24.86	69.20
柯利达	15.74	16.28	96.67	17.14	16.37	104.71	18.35	20.35	90.19	21.05	23.85	88.25	22.08	22.87	96.52
全筑股份	11.76	21.85	53.85	18.56	33.36	55.63	25.38	46.25	54.88	43.86	65.21	67.25	51.75	69.36	74.61
邦中设计	10.96	18.06	60.71	14.1	16.64	84.72	15.51	18.25	85.00	15.82	23.01	68.76	17.31	25.11	68.91
东易日盛	1.5	22.57	6.65	2.16	29.99	7.19	2.82	36.12	7.81	3.9	42.03	9.27	4.14	37.99	10.89
名雕股份	0.03	6.73	0.49	0.03	6.91	0.42	0.05	7.44	0.62	0.04	7.64	0.47	0.05	8.98	0.51
杰恩设计	—	—	—	0.68	1.83	36.98	1.15	2.5	46.14	1.93	3.42	56.55	2.48	3.9	63.68

从上表中可以看出，不少企业的应收账款，远高于当年营业收入。一个企业的经营活动难以产生现金流，资金链有多么紧张，压力有多大，风险有多高，可想而知。

2019年装饰企业上市公司资产与负债

公司名称	总资产/亿元	净资产/亿元	总资产收益率/%	净资产收益率/%	资产负债率/%
金螳螂	394.73	151.56	6.21	14.92	60.99
亚厦股份	216.3	80.18	2.08	5.52	61.77
广田集团	244.44	69.36	0.58	1.91	71.13
洪涛股份	116.9	31.19	0.68	2.56	68.43
瑞和股份	58.65	23.17	3.32	7.98	55.67
宝鹰股份	102.09	40.89	2.05	4.88	59.48
弘高创意	39.35	6.3	-8.00	-54.24	83.79
奇信股份	47.74	19.89	1.55	3.79	57.62
中装建设	60.65	28.93	4.50	8.40	52.38
建艺集团	45.68	11.88	0.47	1.71	74.13
美芝股份	15.43	6.44	-1.19	-2.77	58.25
维业股份	27.2	9.53	3.34	9.05	63.70
柯利达	39.93	11.44	1.03	3.60	70.62
全筑股份	96.75	21.38	3.10	12.91	74.37
郑中设计	34.23	16.24	4.28	8.14	52.22
东易日盛	28.94	7.19	-6.32	-27.23	70.76
名雕股份	13.05	6.41	2.17	4.25	49.70
杰恩设计	5.79	4.95	15.90	17.00	14.57

任何一个行业资产负债率超过80%都是要举红牌的，70%是有高风险的。装饰企业的债务是刚性的，主要就是银行借的钱；但是资产是软性的，因为资产有很大一部分是应收款，呆账坏账率很高，装饰企业如果资产负债超过60%，就真的要画一条红线了。

建筑装饰行业困境的外部因素，主要有以下几个。

其一，宏观环境的不利影响。2014年，中国经济经过持续十余年的高速增长之后，进入新常态，经济增长率逐年下降；2018年开始，中美贸易冲突不期而至；2020年初，新冠疫情突发，持续三年的疫情，严重影响了经济活动；2022年2月，俄乌战争骤起，国际环境日趋复杂，全球经济低迷。多重因素叠加，导致我国经济增长持续放缓。

其二，房地产业的快速下滑对建筑装饰市场增量造成了巨大影响。2023年房地产投资同比下滑9.6%，商品房销售同比下滑6.5%；2024年一季度房地产投资同比下滑9.5%，商品房销售同比下滑27.6%。虽然各地政府已经出台各类刺激政策，但效果未显现。从房地产新开工面积来看，2023年同比下滑20.6%，2024年一季度同比下滑27.8%，房地产对建筑装饰行业的市场贡献度进一步弱化。

其三，工程总承包制全面推行，对装饰行业产生了多方面的冲击。工程总承包制要求企业具备更高的资质标准，包括净资产、人员配置、工程业绩，这导致部分装饰企业因不达标而面临市场准入的难题；总承包企业倾向于自行组建新的队伍来吸收专业企业的人才，导致原有装饰企业的人才和技术优势流失；在工程总承包模式下，专业装饰企业从总承包方获取项目，其利润空间被大幅度压缩；总承包制导致装饰行业的"单难接、人难找、活难干、钱难要"的窘境进一步加剧。

其四，拖欠工程款导致了建筑装饰企业的资金危机。房地产企业的"爆雷"，拖欠巨额工程款和材料款，建筑装饰的头部企业普遍深受拖累，深陷困境，甚至导致一些企业进入债务重组或破产清算阶段。在债务压力影响下，工程业主通过停工、延长审计流程或延期支付等形式，拉长对建筑装饰企业的付款账期现象也日益突出，对建筑装饰企业也造成了巨大的影响。

建筑装饰行业的困境固然有环境因素、外部原因，但我们也必须审视、检讨行业自身的问题，那就是：过去三十多年的高速发展时期，我们过于重视发展速度而忽视了发展质量，企业在规模快速扩张的同时，核心能力并没有得到相应的提升。普遍来讲，行业科技研发投入不足，科技创新能力不强，企业管理特别是项目管理水平不高，表现在对经营环境和风险的研判能力、感知能力、应对能力不强。还有一些企业崩塌的原因，就是过度的扩张、盲目的多元化投资与经营。

多元化作为重要的经营战略，曾被西方的大企业广泛采用，有很多成功的案例。但是，多元化是一把双刃剑。盲目的多元化，将大大增加企业管理的复杂性和风险性，造成企业管理机构的臃肿和官僚化，增加各项管理成本，企业内耗负担加重。任何企业在任何时候，没有一个感觉自己的资金是宽裕的，多产业领域的延伸势必使本不宽裕的资金更加分散，每一个领域都供血不足，而很多企业的消亡往往是由供血不足造成的。近年来，一些装饰行业的头部企业之所以陷入困境，一个重要的原因，就是这些企业漠视或刻意忽略了多元化战略所带来的诸多潜在风险。

2. 海阔天空——建筑装饰行业依然具有巨大的发展潜力

需求决定供给。一个行业能不能生存下去，能有多大的规模，主要取决于有没有社会需求，有多大的社会需求。

建筑装饰的本质，是改良人类的生存环境，创造更加安全、舒适、便捷的生活空间，与人民群众的居住品质和美好生活环境息息相关。只要有人类存在，对环境的改良就是一种持续不断的需求。

建筑装饰行业的市场需求来源于两部分，一是增量市场需求，即新开发建筑的初始装饰需求。随着经济的增长和人们生活水平的提高，新的建筑装饰需求也在不断增加。这包括新建住宅、商业设施、公共设施等。二是存量市场需求，即建筑改建、扩建、改变建筑使用性质或初始装饰自然老旧而形成的更新需求。随着存量商业营运用房、住宅数量的增长和二手房交易市场的成熟，既有建筑整体及局部的更新改造服务需求不断扩大。这些存量建筑的装修改造，不仅涉及外观的更新，也包括内部空间的优化和功能的提升，以适应新的功能需求和审美标准。更为重要的是，随着科技的不断进步和人们对环保、节能、智能等方面的需求增加，绿色建筑、智能家居等理念的普及，为建筑装饰行业带来了新的增长点。

建筑装饰行业在增量市场和存量市场的共同驱动下，依然具有巨大的发展潜力。据中国建筑装饰协会不完全统计，在新冠疫情冲击下的2022年，全行业工程总产值依然达到6.03万亿元。根据中研普华产业研究院发布的《2024~2029年建筑装饰产业现状及未来发展趋势分析报告》显示，预计2023~2027年，建筑装饰市场规模将以年复合增长率5.67%稳步增长，到2027年市场规模将达到8.16万亿元。

以星级酒店装饰存量市场为例，根据中国旅游饭店协会的统计，2019年五星级酒店存量市场有845家，四星级酒店有2500家，三星级酒店有3000多家，2019年，酒店改造更新市场规模就高达2200多亿元。这组数据不包括按星级酒店标准装修，但未挂牌的酒店。比如仅中国融通集团，公司旗下就有300多家酒店，其中160多家的装修标准达到五星级。

以住宅装饰存量市场需求为例，根据国家统计数据，2023年中国住房市值432.5万亿元。（任泽平：《中国住房市值报告：2024年》）按每年1.5%的更新率来推算，每年住房建筑更新的市场规模将有望达到7000亿元左右。

3. 必由之路——建筑装饰行业的发展趋势

建筑装饰行业，承载着无数工匠的智慧与汗水，历经40余年的起伏激荡，铸就了辉煌的篇章。然而，时代在进步，社会在发展，任何行业都不能固步自封，沉浸于过去的荣光之中。随着经济的发展和消费者需求的变化，建筑装饰行业面临着巨大的市场压力，传统的思维方式与运作模式已经难以满足现代消费者对个性化、环保、智能化等方面的需求。建筑装饰企业必须洞察市场变化，研究市场变化，适应市场变化，及时转变观念，转变发展模式，转变建造方式，推动行业转型升级。

（1）建筑装饰市场迈入存量时代

根据国家统计局数据：2021年人口出生率为0.718%，人口自然增长率为0.034%；2022年我国城镇化率达65.22%，较2021年增加0.5%。2023年，房地产投资同比下滑9.6%，房地产新开工面积同比下滑20.6%，商品房销售同比下滑6.5%；2024年一季度，房地产投资同比下滑9.5%，房地产新开工面积同比下滑20.6%，商品房销售同比下滑27.6%。

随着人口增长放缓，城市化进程逐渐放缓，大规模的房地产开发和基础设施建设也随之放缓，从而导致建筑装饰的市场结构发生了明显变化：增量市场逐渐放缓，存量市场逐渐增加，建筑装饰市场已迈入存量时代。中研普华产业研究院预测，2024年新房装修市场占比约为40%，存量房装修市场规模在60%左右。

城市更新为建筑装饰行业提供了巨大的市场需求。老旧小区改造、历史街区复兴等项目，都需要建筑装饰企业提供专业的设计、施工和服务。城市更新正在成为建筑装饰行业的主战场。

（2）乡村建筑装饰市场将成为新的增长点

美丽乡村建设旨在提升乡村的人居环境、经济实力和文化魅力，通过加强基础设施建设、推动产业发展、保护生态环境等措施，实现乡村的全面振兴。这一过程中，涵盖了建筑装饰、园林景观、环保工程等多个专业领域。随着国家对乡村振兴战略的持续投入和推进，以及社会各界对乡村建设的积极参与，将为建筑装饰行业带来更多的市场机遇和发展空间。

（3）建筑工业化即装配式装修进程正在提速

建筑工业化，即按照大工业生产方式改造建筑业，使之逐步从手工业生产转向社会化大生产的过程，"像造汽车一样造房子"。这个概念是20世纪20年代初，法国建筑大师勒·柯布西耶在其著作《走向新建筑》中首次提出。

建筑工业化既是一个技术体系，也一种生产方式，推动了建筑装饰设计标准化，部品生产工厂化，工程施工装配化。此外，工业化还促进了行业内的专业分工与协作，使得装饰工程更加精细化、专业化。建筑装饰工业化不仅提高了生产效率，还大幅降低了成本，同时使得工程质量更加可控。这一变革对于提升行业整体竞争力具有重要意义。

我国装配式装修起步较晚，但近年来因政策扶持和市场需求，装配式装修发展迅速。政府部门和企业也加大了对该领域的支持和投入。

2016年9月，国务院发布《关于大力发展装配式建筑的指导意见》，装配式装修与装配式建筑同时受到关注。该指导意见明确提出：推进建筑全装修；实行装配式建筑装饰装修与主体结构、机电设备协同施工；积极推广标准化、集成化、模块化的装修模式，促进整体厨卫、轻质隔墙等材料、产品和设备管线集成化技术的应用，提高装配化装修水平。倡导菜单式全装修，满足消费者个性化需求。2017年实施的《装配式混凝土建筑技术标准》（GB/T 51231—2016）和《装配式钢结构建筑技术标准》（GB/T 51232—2016）对"装配式装修"给出了明确的定义；2018年《装配式建筑评价标准》（GB/T 51129—2017）开始实施。

（4）建筑装饰数字化不可逆转

建筑装饰数字化（数字建筑），即利用BIM（Building Information Modeling）和云计算、大数据、物联网、移动互联网、人工智能等信息技术引领产业转型升级，实现建筑装饰工程的全过程、全要素、全参与方的数字化、在线化、智能化，从而构建项目、企业和产业的平台生态新体系。

数字化技术的推广运用，为建筑装饰行业带来了革命性的变化，实现了项目信息的数字化管理，提高了设计、施工的协同效率。同时，智能家居、物联网等技术的融入，使得建筑装饰不仅美观实用，还更加智能化、便捷化。数字化还体现在客户服务的创新上，如通过虚拟现实（VR）技术，客户可以在施工前就能预览装饰效果，大大提高了客户满意度和工程成功率。

数字化与工业化的融合发展，正推动着建筑装饰行业向更高层次的技术创新和服务创新迈进。

（5）建筑装饰绿色化是顺应时代潮流的必然选择

在全球环保意识日益增强，碳排放限制逐渐升级，环保整治和能耗双控力度不断增强的背景下，绿色化是建筑装饰行业肩负的社会责任。通过采用绿色设计理念、节能技术，以及低碳、零排放的建筑材料，不仅降低了工程对环境的负担，还提升了建筑的能效和舒适度。

（6）建筑装饰行业集中度将不断提高

建筑装饰行业市场竞争激烈，市场饱和度提高，企业之间频繁进行价格战，导致利润空间被不断挤压。为了争夺市场份额，企业需要寻求创新策略以降低成本、提高效率和提升服务质量。虽然行业集中度逐年提升，一批业内知名建筑装饰企业脱颖而出，逐渐发展壮大。然而，整个市场的企业数量依然庞大，市场集中度依然很低，"大行业、小企业"的特征依然突出，装饰企业依然存在很大的成长空间，行业集中度仍将持续提升。

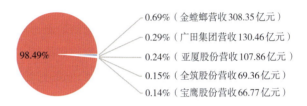

全国建筑装饰行业完成工程总产值44800亿元

2019年，行业排名前五名的企业总产值占行业总产值的1.5%。这已经有很大的进步了。22年前的2002年，行业前5名总产值占比0.47%，现在已经增加了3倍了，与过去比较，已经很高了，但相较于其他行业，却低得出奇。

2019年电器行业，前5名的企业总产值占行业总产值的52.6%。也许有人会说建造业与制造业没有可比性，那么，我们可以看一看建筑行业。建筑业前5名的企业，分别为中国中建、中国中铁、中国铁建、太平洋建设、中国交通建设，它们的企业总产值占行业总产值的15%多一点。当然，还可以说装饰行业门槛低，没有什么技术门槛，也没有什么资金门槛，很难形成集中度。那么，让我们看另外一个行业——包装饮用水行业，既没有技术难度，也没有资金难度，但是，2019年，包装饮用水行业前5名的企业总产值占行业总产值的56.17%。

五、继往开来——中国建筑装饰协会引领行业高质量发展

2022年9月16日，中国建筑装饰协会召开了

第九届会员代表大会暨九届一次理事会、常务理事会，王中奇当选中国建筑装饰协会会长。

"'服务国家、服务社会、服务群众、服务行业'，这是党和国家对社会组织职责的新要求。中国建筑装饰协会作为全国建筑装饰行业的服务组织，将按照'政治建会，规范办会，廉洁办会'的方针，不断加强思想建设、组织建设、制度建设和能力建设，强化上联下通的桥梁纽带作用，反映企业诉求，解决行业痛点，以高质量的服务，引导行业高质量发展。"王中奇会长说。

王中奇会长表示，中国建筑装饰协会新一届领导班子坚持党建引领，充分发挥党组织的战斗堡垒和党员的先锋模范作用，在方向上把好关，在发展中领好航；进一步加强制度建设，优化组织结构，提升服务能力；继续推动技术创新，激励企业创新活力，积极开发运用新技术、新工艺、新材料；继续倡导绿色装饰理念，响应全球环保趋势；进一步健全完善信用评价体系，引导企业诚信经营、规范发展，维护市场秩序和公平竞争环境；逐步完善职业教育和技能培训工作体系，推动校企合作、产教融合，促进高校学科教育与建筑装饰行业的人才需求有效对接，为建筑行业转型升级提供人才支持；全力推动、协助装饰企业参与国际交流与合作，积极开拓国际市场。

在历史的长河中，每个时代都有其独特的印记，而中国建筑装饰行业便是这印记中不可或缺的一部分。它承载着中华文明的深厚底蕴，也展现着现代社会的繁荣与活力。新时代、新征程，赋予了中国建筑装饰行业新的使命。站在新的历史起点上，在建筑装饰行业转型升级的关键时期，中国建筑装饰协会不忘初心，不辱使命，以高质量的服务，引领行业高质量发展。

中国建筑工程装饰奖的回顾总结和展望

中国建筑工程装饰奖作为中国建筑装饰行业的标志性荣誉，其权威性和影响力已广泛获得行业及社会各界的认可。该奖项自设立之初便肩负着推动行业发展、提升设计与施工技艺水平的重任，其发展历程不仅是中国建筑装饰行业追求卓越、持续进步的生动写照，更是激励行业从业者不断创新、追求卓越的重要动力。

一、设立背景与依据

1. 设立背景

新中国成立后，在相当长的一段时期内，除了国家标志性的工程，如人民大会堂、国宾馆等有一定的装饰外，其余公共建筑的装饰普遍较为简约，而居住空间的装饰装修更是鲜见。

直至20世纪80年代初，以北京建国饭店、广州白天鹅饭店等为代表的首批中外合资涉外饭店的崛起，标志着中国现代建筑装饰业开始萌芽，并催生了专业建筑装饰企业的诞生。1981年4月23日，深圳海外装饰工程公司在广东省深圳市成立，成为中国大陆首家专业建筑装饰企业。随后，深圳、广东、北京、天津、上海、浙江、江苏等地的装饰企业犹如雨后春笋般涌现，并迅速向全国范围扩展，当代中国建筑装饰行业从此逐步进入高速发展阶段。

然而，在行业发展初期，由于缺乏成熟的设计标准、施工工艺、市场准入及计价原则，行业内存在诸多不规范现象，如设计水平良莠不齐、施工质量难以保障、从业人员管理混乱、装饰材料价格不透明等，这些均成为制约装饰行业健康发展的关键因素。因此，设立一个权威、公正的全国性奖项，通过表彰优秀的设计和施工成果，引领行业的健康发展成为行业内的共同呼声。中国建筑工程装饰奖的设立正是基于对行业发展的迫切需求。

2. 设立依据

中国建筑工程装饰奖（原名全国建筑工程装饰奖）依据原建设部《建设部关于严格控制评比、达标、表彰活动的管理办法》建办[2001]38号文设立。2010年1月8日，国务院纠正行业不正之风办公室颁布的《关于评比达标表彰保留项目的通知》也对该奖项予以保留。这些文件都明确了奖项的设立目的、评选范围、评选标准等重要内容，为评奖的合规合法开展提供了坚实的政策基础。

二、发展历程

1. 初期阶段（2001~2011年）

在2001~2011年的十年间，中国建筑工程装饰奖的发展初期处于探索阶段。鉴于全行业对该奖的认知尚浅，协会会长亲自率领秘书处团队深入各地进行广泛宣传，强调奖项对企业发展的重要性。通过短期的探索，负责该项工作的协会质量技术部针对装饰奖评选过程中表现出的突出问题组织专家编写了装饰奖复查实施细则，明确了复查流程，每年对复查专家进行专业培训。同时在2010年，组织研发评审软件，通过该软件实施评审，显著提升了评审效率与规范性。经过严格的评选，一批优秀的工程得以脱颖而出。

2001年12月，第一届装饰奖颁奖典礼在人民大会堂盛大举行，共有109个项目获得殊荣。获奖企业凭借卓越的工程质量在首都接受表彰，不仅彰显了荣誉感和自豪感，更在建筑装饰行业中树立了标杆，奠定了其行业地位。至2011年，装饰奖累计获奖项目已达2913项。其中包括首个海外项目：广州珠江装修工程公司申报的阿尔及尔新机场的机场候机楼、2008至2009年申报的31项奥运工程项目和2010年申报的68项上海世博会工程项目。这些获奖作品不仅在设计上独具匠心、富有创意，同时在施工上追求精益求精、质量卓越，充分展现了中国建筑装饰行业的卓越实力与高水平，在行业树立了典范，推动了整个行业的持续进步。

2. 发展阶段（2012~2022年）

在2012~2022年的十年间，随着中国建筑工程装饰奖的蓬勃发展，其评选机制与范畴亦经历了显著的完善与拓展。在此期间，《中国建筑工程装饰奖评选办法》持续根据行业实际进行年度调整与优化，以确保评选的公正性与专业性。2014年，通过引入《必要文件复查记录》《过程资料检查记录》与《现场观感检查记录》，实现了专家评分标准的统一化。2015年对《复查专家专用表》进行了深度完善，新增了《业主征询意见及资料复查记录》与《现场质量观感复查记录》。同时，质量技术部更名为装饰奖办公室并成立装饰奖领导小组，以加强奖项的管理与评审的规范性。为响应住房和城乡建设部《工程质量治理两年行动方案》的号召，2015年装饰奖复查工作特别强调了工程安全的重要性，对合同额超过1亿元的装饰工程项目实施了提前备案与专家预检指导制度。2016年，奖项正式更名为"中国建筑工程装饰奖"，并增设了《设计类复查计分表》和《设计类复查指导意见》，为设计项目提供了明确的复查依据。同时，复查组联络员被正式命名为领队，凸显了其在复查过程中重要作用，并明确了复查组成员的职责。自2016年起，住房和城乡建设部相继发布了《深化工程建设标准化工作改革的意见》等文件，提出了社会团体制定自愿采用性标准的愿景。在此背景下，协会结合行业实际，制定并推广了一系列具有国际领先水平的CBDA团体标准，如《建筑装饰装修室内吊顶支撑系统技术规程》（T/CBDA 18—2018）、《建筑装饰装修机电末端综合布置技术规程》（T/CBDA 27—2019）、《建筑室内安全玻璃工程技术规程》（T/CBDA 28—2019）、《建筑室内装饰装修制图标准》（T/CBDA 47—2021）等。这些标准的制定与完善，不仅为评优申报提供了明确的指导，也为装饰企业全面落实"适用、经济、绿色、美观、安全"的建设工程要求提供了有力支持。通过信息化和BIM技术的推广，促进了精品工程的创建，优化了全要素生产率，为评奖评优工作提供了坚实的理论基础，确保了评奖工作的规范化、标准化与制度化，极大地提升了评奖工作的有序性和专业性。自2017年起，增设了《小组整改情况整改汇总表》，旨在使奖项的评选不仅聚焦于表彰卓越的设计和施工成果，特别引入现场点评环节，以强化专家与企业的沟通，通过面对面的互动帮助企业识别问题并提供解决方案。这一时期的装饰奖不仅限于评选，更成为专家与企业间技术交流与学习的平台，有力推动了中国建筑装饰行业的全面发展。随着装饰奖影响力的扩大，其评选标准和评选程序日趋科学、规范、合理。协会在评奖政策上积极扶持小微企业和倾向偏远落后地区企业的举措，吸引了全国各省市众多装饰企业积极参与评选。近年来，每年参评项目已逾千项，其中金螳螂等领军企业每年均有数十个项目获奖，极大地推动了行业的繁荣。装饰奖获奖项目代表着建筑装饰行业工程质量的最高水平，如北京APEC峰会主会场、鸟巢、G20杭州峰会主会场、上海会客厅、上合组织青岛峰会主会场等标志性项目，均以其卓越的质量水准在国际舞台上展现了大国实力，向世界展示了中国的风采。

3. 优化阶段（2023年至今）

近年来，中国建筑工程装饰奖已经步入成熟发展阶段。建筑装饰行业作为关键的民生产业，在推动就业增加、改善民众生活质量以及促进消费市场繁荣等方面，均展现出了显著且重要的影响力。在2022年，全行业工程总产值显著增长至6.03万亿元。尽管建筑业增量市场呈现放缓趋势，但建筑装饰行业依然维持了较快的增长步伐。每年新开工的工程项目数量接近千万，这些项目普遍具有数量众多、体量相对较小以及周期较短的显著特点。

当前，我国建筑装饰行业企业总数已接近30万家，其中民营企业超过90%，从业人员总数约1900万，对于吸纳农村剩余劳动力、缓解社会就业压力具有显著贡献。此外，住宅装饰装修行业所带动的材料、部品、家具、家纺、家电等相关产业链已共同构成了一个庞大的家居产业，市场规模已突破万亿，成为我国居民的第二大消费支出领域。在当前的行业发展阶段，装饰奖在原有的公共建筑装饰工程、建筑幕墙工程和住宅装饰装修工程基础上，进一步细化了新建、改建、扩建的各类公共建筑装饰工程以及住宅、古建、展陈、城市更新、景观等细分领域的实施细则和评选办法。这一举措有效地推动了建筑装饰行业向工业化、数字化、绿色化、装配化方向转型，显著提升了行业的工程质量水平。

为了深化奖项的权威性和公正性，中国建筑工程装饰奖已构建了一套严谨的评审机制与监督机制。通过特邀业内资深专家、学者担任评委，显著增强了评选结果的公正性和权威性。具体举措涵盖以下几个方面。

①强化廉洁教育，在复查前对中装协人员及专家进行廉洁教育，并签署《纪律承诺书》和《保密承诺书》，筑牢思想防线。

②构建中装协、地方协会、专家组成员间的相互监督机制，通过地方协会填写的《中国建筑工程装饰奖复查工作纪律监督意见表》和专家填写的《监督意见表》，对复查组成员监督和评分，问题一旦经核实发现则予以严肃处理。

③建立企业申诉和说明机制，针对专家组复查时提出的项目问题或复查工作中的疏忽与错误，企业可通过适当渠道进行情况说明及申诉。中装协针对申诉情况组织核查组进行核查，并将核查结果及时告知企业。同时，加强对获奖工程的质量追踪与监管，确保获奖作品能够切实发挥行业标杆作用。

三、成果与贡献

经过二十余年的精心培育与发展，中国建筑工程装饰奖已经取得了显著的成果与重大的贡献，成为中装协践行"服务国家、服务社会、服务群众、服务行业"四个宗旨的关键举措。

1. 引领行业绿色发展的重要力量

装饰奖作为推动建筑装饰行业摆脱高能耗、高污染、高风险"三高"困境，实现绿色发展的重要力量，积极响应了习近平总书记在党的十八届五中全会上提出的创新、协调、绿色、开放、共享的新发展理念。特别是在中国承诺"二氧化碳排放力争于2030年前达到峰值，努力争取2060年前实现碳中和"的背景下，装饰奖的设置与评审严格遵循新发展理念，符合国家节能减排相关标准，将绿色、低碳、智能、安全、科技创新等列为重要评优指标，积极推动行业节能减排、绿色发展，为实现"双碳"目标、落实质量强国战略贡献了积极力量。

2. 满足人民美好生活向往的助推器

装饰奖不仅是行业发展的助推器，更是满足人民对美好生活向往的重要推手。习近平总书记强调，"人民对美好生活的向往，就是我们的奋斗目标"。装饰装修直接关系到千家万户的居住环境，与人民群众获得感、幸福感、安全感息息相关。中装协始终坚持以人民为中心的发展思想，聚焦人民群众在住房品质上的需求与期待，旨在推动行业规范发展提升装饰装修品质，为人民创造宜居宜业的空间。通过装饰奖评选及时总结复查中发现的工程质量问题，并据此提出下一年度的复查要求和重点，每次重点解决1~2项工程质量通病，已累计改进石膏板吊顶开裂、墙面玻化砖空鼓、木饰面和软硬包墙面插座失火隐患、石材幕墙采用蝴蝶挂件或T型挂件、隐框玻璃幕墙无水平玻璃托件等质量通病30余项。装饰奖已成为"把人民对美好生活的向往变为现实"的重要力量，让人民群众的获得感、幸福感、安全感更加充实、更有保障、更可持续。

3. 强化建筑装饰业转型发展的核心驱动力

装饰奖在贯彻全国住建工作会议精神中发挥着关键作用。全国住建工作会议明确提出了"推动建筑业工业化、数字化、绿色化转型升级"的战略目标，并强调"好房子"建设的重要性。中装协积极响应并深入贯彻会议精神，坚定不移地推进住建部提出的新思路、新举措和新办法。协会进一步完善了装饰奖的复查细则，并特别关注住宅领域，细化了评选标准，有效地促进了建筑装饰行业向工业化、数字化、绿色化和装配化方向的转型，这一转型显著提升了工程质量水平。

针对获奖优秀工程，中装协每年举办精品工程观摩与技术交流会，旨在行业内广泛推广装饰奖工程中可复制的成功经验、先进的建造方式，以及新技术、新材料和新工艺等。这些举措不仅推动了整个行业的持续进步，还积极推广了住宅装饰装修的惠民技术，致力于为人民创造更多优质的居住空间。

4. 民营经济健康发展的催化剂

装饰奖是促进民营经济健康发展的有力助手。建筑装饰行业是民营经济非常活跃的领域，在接近30万家装饰企业中，民营企业占比超过90%，行业领军企业大多是民营企业。装饰奖作为行业内备受瞩目的权威奖项，其影响力在业界具有举足轻重的地位。众多地区均将企业荣获装饰奖视为重要的加分项因素。企业通过参与装饰奖的评选，不仅显著提升了自身的市场竞争力，同时也有效增强了其社会影响力。

总结回顾22年的装饰奖评选活动，我们不难发现，这一持续性的努力不仅表彰了众多优秀的设计和施工成果，树立了行业的典范，更在推动行业健康发展、提升行业整体质量水平方面发挥了积极作用。同时，通过精心挑选和表彰技术创新与管理创新的项目，我们为行业树立了引领标杆，并通过组织观摩学习、加强业内交流合作，有效促进了技术人才的培养，为行业的可持续发展注入了强大动力。

社会广泛认可"中国建筑工程装饰奖"工程，其根本原因在于该奖项工程作为标杆示范，在引领全行业及广大企业从依赖投资规模扩张的粗放式发展向依赖科技进步、劳动者素质提高和管理创新的质量效益型转变中发挥了关键作用，这恰恰体现了当初创立"中国建筑工程装饰奖"的初衷。

展望未来，中国建筑装饰协会以中国建筑工程装饰奖为抓手，围绕"政治建会、规范办会、廉洁办会"的方针，结合当前全面贯彻落实《中共中央 国务院关于开展质量提升行动的指导意见》，进一步引导广大企业和建设者将质量责任意识内化于心，外化于行，以钉钉子精神，一锤一锤地推进质量提升工作，筑牢建筑业持续健康发展的基石，推动建筑装饰行业转变发展方式，助力企业实现转型升级，为行业的整体发展贡献更多力量。

努力营造良好信用环境，助力行业高质量发展

——建筑装饰行业信用体系建设工作

社会信用体系是社会主义市场经济体制和社会治理体制的重要组成部分。它以法律、法规、标准和契约为依据，以健全覆盖社会成员的信用记录和信用基础设施网络为基础，以信用信息合规应用和信用服务体系为支撑，以树立诚信文化理念、弘扬诚信传统美德为内在要求，以守信激励和失信约束为奖惩机制，目的是提高全社会的诚信意识和信用水平。

加快社会信用体系建设是完善社会主义市场经济体制、加强和创新社会治理的重要手段，对增强社会成员诚信意识，营造优良信用环境，提升国家整体竞争力，促进社会发展与文明进步具有重要意义。

习近平总书记在《之江新语》中指出，"'人而无信，不知其可'；企业无信，则难求发展；社会无信，则人人自危；政府无信，则权威不立"，提出"建立包括信用信息、信用评价、信用激励和失范惩罚机制在内的社会信用体系"。党的十八大以来，习近平总书记更是多次要求加强社会信用体系建设：统一社会信用代码制度、信用红黑名单制度、信用贷款支撑中小微企业融资服务……近年来，我国社会信用体系建设不断发展与完善，"守信获益，失信受罚；一处失信、处处受限"的守信联合激励和失信联合惩戒机制逐步健全。

行业信用体系建设是社会信用体系建设的重要基础和重要组成部分。行业协会商会在社会信用体系建设中发挥着关键作用。行业组织自身既是信用建设的主体，也是行业信用建设的组织者、引领者和推动者。

2017年3月15日，国家发展改革委副主任连维良主持召开行业协会信用体系建设工作座谈会，指出"要加快构建以建立行业信用信息目录、建立行业信用信息平台、建立行业市场主体信用档案、建立行业信用网站'四个建立'为基础支撑，以着力签署行业信用承诺、着力完善行业信用评价、着力发布行业信用红黑名单和重点关注名单、着力实施行业信用激励与惩戒措施'四个着力'为主要环节，以治理违法违规经营、治理违约拖欠逃债、治理各种商业欺诈、治理制售假冒伪劣'四个治理'为阶段性重点工作的行业信用体系框架。"

一、中装协开展行业信用体系建设工作情况

1. 启动阶段（2006~2011年）

2005年11月全国整顿和规范市场秩序领导小组办公室（原商务部所属）、国务院国有资产监督管理委员会行业协会联系办公室联合下发了

《商会协会行业信用建设工作指导意见》（整规办发[2005]29号），2006年4月又下发了《行业信用评价试点工作实施办法》。两个文件，对加强行业诚信建设，开展信用评价试点工作提出了要求。按照国家有关部门文件精神，中装协高度重视、积极响应，认真贯彻落实，于2006年成立了中国建筑装饰协会行业信用评价工作领导小组，并委托信息咨询委员会在行业内开展调研，制定工作方案。

2006年9月，中装协向国家整规办提交《关于开展"建筑装饰行业信用评价"试点工作的请示报告》，11月12日，全国整规办和国务院国资委组织专家对申请试点的52家单位进行了评审和论证。根据国家整规办和国资委的要求，2006年12月，我协会结合行业和企业特点制定的《建筑装饰行业信用评价试点方案》《建筑装饰行业信用评价标准》《建筑装饰行业信用评价工作守则》，在中国建筑装饰协会六届二次理事会获得通过，履行完成了相关程序。

2007年1月15日，全国整顿和规范市场秩序领导小组办公室、国务院国有资产监督管理委员会行业协会联系办公室下发《关于加强行业信用评价试点管理工作的通知》（整规办发[2007]3号），指出：行业信用评价是行业信用体系建设的一项重要工作，对树立商会协会自身形象，推动行业自律，保障行业健康发展，促进社会信用体系建设有重要作用。该通知明确了行业开展信用评价工作的有关要求，规范评价体系的名称、评价的标准、证书的样式、评价的有效期、评价收费的财务管理，公布首批行业信用试点单位的名单。中国建筑装饰协会榜上有名。至此，中装协严格按照上级主管部门的有关要求，认真开展行业信用评价工作。先后发布了《加强行业信用评价工作，推进行业诚信建设指导意见》《中国建筑装饰行业信用体系建设实施意见》等指导性文件，制定并颁布了《中国建筑装饰行业企业诚信公约》。在行业内加强诚信意识宣传，对推动行业自律，树立行业良好形象发挥了积极作用。

2. 调整发展阶段（2012~2014年）

2012年协会机构调整后，信用评价工作由协会秘书处直接管理，成立了信用评价办公室。

2013年，根据信用评价工作运行情况和企业实际情况，中装协重新修订了"建筑装饰行业工程类企业信用评价标准"，编制了"建筑装饰材料供应商信用评价标准"和"建筑装饰行业信用评价实施办法"。并按照商信用函[2013]1号《关于推荐第三方信用机构参与行业信用评价工作的通知》文件要求，引入第三方信用评价机构作为技术支持单位参与行业的信用评价工作。根据《实施办法》规定，中装协每年5月底和9月底分别受理上下半年的企业申报并明确地方协会和中装协各分会作为企业申报的初评和统一报送单位，使原有的信用评价工作更加科学、规范、有序，涵盖范围也更全面。

2014年，协会召开第一次信用评价标准宣贯会和专家培训会，受到企业的广泛关注和积极参与。当年年底，全行业共有511家装饰、设计、建材企业参加了行业信用评价工作，其中AAA等级企业占到95%。这项工作对引导企业树立诚信经营意识，提高企业信用风险防范能力，营造企业良好市场形象起到了重要的推动作用。2014年协会还编制《2014—2020中国建筑装饰行业信用体系建设发展纲要》，同时研究探讨与金融、保险、保理、招投标等机构合作的可行性方案。

3. 完善提高阶段（2015年至今）

在前期良好发展的基础上，自2015年起，中装协把信用体系建设作为协会秘书处的重点工作之一。撰写了《行业信用发展报告》，2016年先后参加商务部、发改委组织召开的信用建设座谈会。2017年12月27日，中国建筑装饰协会八届二次理事会会议表决通过《中国建筑装饰行业诚信公约》，要求凡申请成为中装协会员的企业均签署诚信承诺书，对规范企业经营行为，维护市场秩序，遵守行业规则提出了要求。我协会开展的信用评价工作扎实、有效，受到了有关主管部门的肯定。2017年，住建部办公厅专门在协会组织了召开关于信用建设的企业调研会。2017年，协会在济南召开行业信用体系建设大会，发起了诚信共建联盟活动，同时颁布了《中国建筑装饰行业企业主体信用评价标准》。历时一年，三易其稿的第一个非工程类行业标准正式实施。

2019年发布了《建筑装饰行业家装企业信用评价体系（试行）》的通知，开展对家装企业的信用评价工作。同年，我们按信用建设的部署完成了中国建筑装饰协会信用信息平台的建设工作，受理企业网上申报和数据传送，发布政府有关部门和协会在信用建设方面的政策和文件，邀请专家解答企业有关信用建设和法律方面的疑惑，发布年度信用评价结果等。

2020年12月22日，中国建筑装饰协会八届五次理事会会议表决通过了《建筑装饰行业从业人员职业道德准则》。

近年来，中装协行业信用和品牌建设办公室还积极参与了住建部办公厅《住房和城乡建设领域失信联合惩戒名单管理暂行办法》和《住房和城乡建设领域守信联合激励名单管理暂行办法》的调研，参与完成了住建部《信用信息修复课题》。为了更有效地为企业提供有价值的服务，我们还和"信用中国""中国物流与采购联合会"共同探讨建筑装饰材料集采平台等合作事宜，探讨利用协会现有资源，通过装饰奖材料统计开展材料企业的信用评价，优秀材料宣传发布和集采的可行性工作。

2007年，参与中装协信用评价的企业共有105家。之后参与中装协信用评价的企业逐年递增。截止到2023年底，包括公装、家装、材料等领域全年共完成信用评价1625家。全年满三年重新申报及新申报共695家，复评930家。其中家装43家。1625家企业参加协会的行业信用评价，其中获得AAA信用等级的1559家，AA 58家，A 8家。

回顾我会开展行业信用评价工作十七年以来的历史，行业信用和品牌建设办公室认真开展诚实守信方面的教育和培训，本着服务企业，服务政府，维护行业公平竞争秩序的原则，认真、扎实工作，在业内受到广大参评企业的认可和肯定。由于管理规范、评价客观公正，至今未有任何投诉。

二、信用评价的应用情况

通过几年来信用建设方面的培训和宣传，业内企业提升了防风险意识以及有效规避合同陷阱和履约风险的能力，同时加强了守信经营的自我要求。

通过评级机构给予受评企业的信用报告，客观地帮助企业看到经营中存在的资金和财务管理方面的问题，从而促进企业强化管理，调整布局，制定合理决策。

大部分省市的企业在投标、评奖过程中可获得加分或者作为准入条件。

部分企业在融资或申请上市过程中，信用等级作为良好记录得到认可和采纳。

三、存在的问题

①信用体系建设中的惩戒作用没有得到实质性的发挥，激励作用没有得到有效释放。

如建设工程甲方或者总包方的恶意欠薪的手段、欠薪的年限、数额和失信企业名单；劳务队伍中出现的恶意讨薪、敲诈行为的案例及名单；行业内个别企业违规、违法恶劣的行为和案例名单。上述这些失信行为和名单应在协会的信用平台上披露，以免更多的企业受骗上当，从而有效做好自身防范和保护，也是对失信企业的有效抵制和惩戒。

在守信激励方面，需要得到行政主管部门的支持，积极争取在资质、准入、融资、降费减税、评优等方面给予激励和倾斜。促进优秀企业真正得到守信的红利。

②信用数据的应用还没有形成闭环，各部门

的数据也没有共享，同时收集的数据没有得到充分应用。

③对诚实守信的企业宣传推广的力度有待加强。

行业信用建设办公室同时也是协会的品牌建设办公室，应利用协会自身的媒体和信用平台，进一步加强优秀企业的扶持、宣传、推荐力度，特别是向社会、向政府、向大型建设项目和优质的甲方推荐行业内的优秀企业，为其开拓市场做好服务。

四、信用建设工作未来展望

2022年，中共中央办公厅国务院办公厅印发《关于推进社会信用体系建设高质量发展促进形成新发展格局的意见》(中办发[2022]25号)。文件要求"立足经济社会发展全局，整体布局、突出重点，有序推进各地区各行业各领域信用建设。积极探索创新，运用信用理念和方式解决制约经济社会运行的难点、堵点、痛点问题。推动社会信用体系建设全面纳入法治轨道，规范完善各领域各环节信用措施，切实保护各类主体合法权益。充分调动各类主体积极性创造性，发挥征信市场积极作用，更好发挥政府组织协调、示范引领、监督管理作用，形成推进社会信用体系建设高质量发展合力。"这标志着信用建设进入合力推进新阶段。

在未来，信用建设的重要作用日益凸显。一是信用建设定位越来越明确。党的二十大报告和2023年两会政府工作报告对新时代推进诚信建设作出全面部署，这充分表明信用体系建设已经成为社会主义市场经济的基础性制度，成为市场经济健康、规范、高效、有序运行的重要支撑。二是信用认识和信用应用越来越充分。随着信用建设的有力推进，企业对信用工作的参与程度和重视程度越来越高，市场认可度大大提高，能够在项目投标、资格申报、资质审批、融资服务、地方排名、许可事项审批、专项资金申报、科研立项、评优评奖、职称评定中获得优势。三是信用建设的质量标准越来越高。

住建部印发2022年信用体系建设工作要点，从加快推进信用体系制度建设、加快信用信息管理基础设施建设、完善信用体系建设优化营商环境、建立健全基于信用的新型监管机制、加强组织实施5个方面对2022年住房和城乡建设领域信用体系建设工作提出了要求。

住房和城乡建设领域信用体系建设工作的总体思路是：以习近平新时代中国特色社会主义思想为指导，深入贯彻落实党的二十大精神，扎实推进中国式现代化，坚持稳中求进工作总基调，完整、准确、全面贯彻新发展理念，加快构建新发展格局，按照全国住房和城乡建设工作会议精神，加快推进信用体系建设，进一步发挥信用对提高资源配置效率、降低制度性交易成本、防范化解风险的重要作用，为推动新征程住房和城乡建设事业高质量发展提供支撑。

中装协将以习近平新时代中国特色社会主义思想为指导，按住建部信用体系建设工作部署，不断提高行业信用建设工作的认识水平，不断改进工作作风和工作方法，完善信用建设工作的机制，抓住机遇、主动作为，以新的思想高度、饱满的工作状态推进行业信用体系建设，以改革创新精神落实好信用体系建设的各项任务。

五、信用评价的基本含义

中国建筑装饰行业企业信用等级评价首先是对受评主体其资格、资质等进行符合性认证，以确认其合法存续且具有独立承担民事责任的能力、具有从事本行业所必需的设备和专业技术的能力以及具有履行合同和社会责任的能力。在此前提条件下，再对其长期的信用状况和经营的稳定性进行评估，即对受评主体的信用违约风险以及受评主体在外部环境变化时其主体自身的适应能力进行评价，并对其信用风险临界表现给予说明。

六、近十年中央、国务院信用主要政策

2014年10月31日，民政部、中央编办、发展改革委等8个部门发布了《关于推进行业协会商会诚信自律建设工作的意见》（民发[2014]225号），文件指出行业协会商会诚信自律建设，对于加强和改进行业协会商会管理，提高行业协会商会公信力，推进行业自律体系和社会信用体系建设，促进社会主义市场经济健康发展具有重要意义。支持行业协会商会参与行业信用建设，依法开展行业信用评价工作，确立行业协会商会作为行业信用建设工作的重要主体之一。

2016年12月19日，国家发展改革委、民政部、中央组织部等10个部门印发《行业协会商会综合监管办法》，鼓励协会商会建立自律公约和内部激励惩戒机制，发挥其在社会信用体系建设中的积极作用。鼓励协会商会与具备资质的第三方信用服务机构合作，对会员的信用状况进行第三方评估，完善会员信用评价机制。建立协会商会与政府间的信用信息互联共享机制，推进行业自律和监管执法的良性互动。

2017年3月15日，国家发展改革委召开行业协会信用体系建设工作座谈会，贯彻落实党中央、国务院决策部署，加快推进社会信用体系建设，提出要充分发挥协会商会等行业组织积极性，一方面加强行业协会商会自身诚信建设，要诚信履职、诚信服务，另一方面要推动本行业信用体系建设，成为行业信用建设的加油站和催化剂。

2017年5月5日，国家发展改革委和民政部联合召开重点行业协会商会信用体系建设示范工作启动会，深入贯彻落实《行业协会商会综合监管办法》和全国性行业协会商会综合监管暨信息共享工作会议精神，研究部署重点行业协会商会信用体系建设示范工作。

2014年，国务院发布关于我国社会信用体系建设规划纲要（2014—2020年）

2016年5月30日，国务院印发了《关于建立完善守信联合激励和失信联合惩戒制度加快推进社会诚信建设的指导意见》（国发[2016]33号）。

2019年7月9日 发布了《国务院办公厅关于加快推进社会信用体系建设构建以信用为基础的新型监管机制的指导意见》（国办发[2019]35号）。

2020年12月7日，《国务院办公厅关于进一步完善失信约束制度构建诚信建设长效机制的指导意见》（国办发[2020]49号）。

2022年4月10日《中共中央 国务院关于加快建设全国统一大市场的意见》发布。

2022年6月，（中办发[2022]25号文）中共中央办公厅、国务院办公厅印发了《关于推进社会信用体系建设高质量发展促进形成新发展格局的意见》。

汇聚行业智慧，
夯实技术基础，助力高质量发展

——中国建筑装饰协会标准工作发展回顾和展望

习近平总书记在致第39届国际标准化组织大会（2016年9月9日～14日）的贺信中指出：标准是人类文明进步的成果。从中国古代的"车同轨、书同文"，到现代工业规模化生产，都是标准化的生动实践。伴随着经济全球化深入发展，标准化在便利经贸往来、支撑产业发展、促进科技进步、规范社会治理中的作用日益凸显。标准已成为世界"通用语言"。世界需要标准协同发展，标准促进世界互联互通。

标准是经济和社会活动的技术依据，是经济社会可持续发展的重要技术基础。《中华人民共和国标准化法》明确，标准化工作的任务是"制定标准、组织实施标准以及对标准的制定、实施进行监督。"《标准化工作指南 第1部分：标准化和相关活动的通用术语》GB/T20000.1中对标准化（standardization）的定义是："为了在既定范围内获得最佳秩序，促进共同效益，对现实问题或潜在问题确立共同使用和重复使用的条款以及编制、发布和应用文件的活动。"

一、建筑装饰行业标准体系发展概述

我国建筑装饰行业的技术标准工作，始于1966年建筑工程部（后为城乡建设环境保护部、建设部、住房和城乡建设部）颁发的国家标准《装饰工程施工及验收规范》（GBJ 15—66）。1996年7月30日，建设部印发"关于发布行业标准《玻璃幕墙工程技术规范》（JGJ 102—96）的通知"（建标[1996]447号），这是我国幕墙行业第一部行业标准。同日建设部还公布了《建筑幕墙》（JG 3035—1996）。2001年12月9日，建设部印发"关于发布国家标准《住宅装饰装修工程施工规范》的通知"（建标[2001]266号），批准由中国建筑装饰协会主编的《住宅装饰装修工程施工规范》（GB 50327—2001）自2002年5月1日起施行。以此三项标准为基础，建筑装饰行业标准编制工作得到快速发展，并逐步形成了国家标准（GB、GB/T）、行业标准（JGJ、JGJ/T、JG、JG/T）、地方标准（DBJ或DB）、团体标准（CBDA）和企业标准（QB）五个层次的标准体系。

2017年6月30日，国家质量监督检验检疫总局、中国国家标准化管理委员会以国家标准公告2017年第17号共同发布了《国民经济行业分类》（GB/T 4754—2017）。新版《国民经济行业分类》中建筑装饰业仍为建筑业的四大行业之一，并分解新增为E5011公共建筑装饰和装修、E5012住宅装饰和装修、E5013建筑幕墙装饰和装修三个细分行业。这意味着公装、家装、幕墙作为我国建筑装饰行业的三大细分行业的社会地位得到了政府

政府主导制定的建筑装饰三大行业技术标准体系基本框架

行业	初始时间	国家标准	体系组成
公装	1966年	《装饰工程施工及验收规范》（GBJ15—66）→《建筑装饰装修工程质量验收标准》（GB50210—2018）	由验收规范、室内环境、消防安全、制图标准、标准设计图、技术规程、全装修、产品标准、协会标准、企业标准等十部分组成
家装	1997年	《住宅装饰装修工程施工规范》（GB50327—2001）	由验收规范、设计规范、技术规程、产品标准、协会和企业标准等六部分组成
幕墙	1985年	《玻璃幕墙工程技术规范》（JGJ102—96）→《建筑幕墙》（GB/T 21086—2007）	由技术规范、验收标准、产品标准、技术规程、安全节能、协会标准、企业标准等七部分组成

认可，纳入了国家统计序列，为明确实施相应的行业政策和管理奠定了坚实的基础，为建筑装饰行业行稳致远提供了国家标准的保障，意义重大深远。中国建筑装饰协会作为该标准修订的参与者，提出的意见建议得到了政府主管部门的采纳。2016年7月5日，住建部易军副部长在中国建筑装饰协会第八届会员代表大会上指出，中国建筑装饰协会在标准建设等方面取得了显著成绩。

二、中国建筑装饰协会标准工作发展

1. CBDA团体标准工作开展的政策依据

2015年3月11日，国务院印发的《国务院关于印发深化标准化改革方案的通知》（国发[2015]13号）指出："培育发展团体标准，鼓励具备相应能力的学会、协会、商会、联合会等社会组织和产业技术联盟协调相关市场主体共同制定满足市场和创新需要的标准"。2015年8月30日，国务院办公厅印发的《贯彻落实〈深化标准化工作改革方案〉行动计划（2015-2016年）》（国办发[2015]67号）要求开展团体标准试点。在市场化程度高、技术创新活跃、产业类标准较多的领域，鼓励有条件的协会等先行先试。在总结试点经验的基础上，加快制定团体标准发展指导意见和标准化良好行为规范，进一步明确团体标准制定程序和评价准则。2016年11月15日，住建部办公厅《关于培育和发展工程建设团体标准的意见》（建办标[2016]57号）明确要求，对团体标准制定主体资格，不得设置行政许可，鼓励具有社团法

人资格、具备相应专业技术和标准化能力的协会、学会等社会团体制定团体标准，供社会自愿采用。2017年11月4日，全国人大常委会表决通过了新修订的《中华人民共和国标准化法》，并于2018年1月1日正式开始施行，新《标准化法》将政府单一供给的原标准体系，转变为由政府主导制定的标准和市场自主制定的标准共同构成的新型标准体系，并正式赋予了团体标准法律地位。

原标准体系与新型标准体系

2. CBDA团体标准基本情况

2014年6月12日，在住建部标准定额司的指导下，中国建筑装饰协会在苏州组织召开"建筑装饰行业技术标准编制工作会议"，住建部标准定额司和中国建筑装饰协会等领导以及多家标准编制单位代表出席会议，此次会议，标志着中国建筑装饰协会CBDA标准编制工作正式启动。十年来，在相关政府主管部门的指导下，在行业领军骨干企业的大力支持下，在行业各领域专家的积极参与下，CBDA标准得到了迅速发展，并在行业得到了良好的应用和示范。截止到2024年7月，中国建筑装饰协会共发布33批CBDA标准立项批

复，共批准标准有效立项111项，批准发布标准86项，目前在编标准25项。

（1）管理制度和管理体系日益完善

中国建筑装饰协会CBDA标准工作自开展以来，即参照住建部《工程建设标准管理规定》《工程建设标准编写规定》《标准编写规则》（GB/T 20001），以及国家标准化管理委员会、民政部印发的《团体标准管理规定》进行组织和编制工作。在探索总结标准管理和编制工作经验的基础上，协会于2017年8月15日印发了《中国建筑装饰协会标准（CBDA标准）编制工作管理办法（试行）》[中装协（2017）66号]，并分别于2019年[中装协（2019）108号]、2024年[中装协（2024）9号]进行了两次修订，以不断加强和完善对标准编制工作的管理。

为进一步做好中国建筑装饰协会标准编制的宏观规划，有效反映建筑装饰行业领域的科学技术成果，引领和推动行业高质量发展，协会组织行业权威专家和相关CBDA标准主编单位，经过两年多的研究编制，2024年1月9日，中国建筑装饰协会和浙江亚厦装饰股份有限公司共同发布了《中国建筑装饰协会标准体系》（T/CBDA 1006）。该标准的编制，将在未来一个阶段为CBDA标准立项和编制的科学性、系统性提供指导依据和完整架构逻辑。

（2）阶段性建设成果显著

协会始终聚焦住建部中心工作，聚焦对推动行业转型升级高质量发展具有重要推动作用的专业技术领域，聚焦提升人民群众获得感、幸福感、安全感方面开展标准编制工作。例如，在绿色化方面，协会组织编制了《建筑装饰装修碳排放计算标准》（T/CBDA 69）、《绿色建筑室内装饰装修评价标准》（T/CBDA 2）、《建筑装饰装修工程绿色施工管理标准》（T/CBDA 61）等12项标准；在数字化建设方面，协会组织编制了《建筑装饰装修工程BIM设计标准》（T/CBDA 58）、《建筑装饰装修BIM测量技术规程》（T/CBDA 65）等6项标准；在装配式装修方面，协会组织编制了《住宅装配式装修技术规程》（T/CBDA 74）、《建筑室内装配式装修设计标准》（T/CBDA 79）等5项标准；在适老方面，协会组织编制了《老年人照料设施建筑装饰装修设计规程》（T/CBDA 50）、《民用建筑环境适老性能等级评价标准》（T/CBDA 45）等3项标准。此外，协会还根据市场和企业发展需要，分别组织开展了轨道交通（7项）、教育设施（4项）、住宅（4项）、机场航站楼（3项）、既有建筑（3项）和展览展示（2项）等领域的标准编制，以推动行业专精特新发展。

（3）市场采信应用成果良好

CBDA标准工作开展以来，在行业和社会得到了良好的采用和认可。2018年3月1日，香港特别行政区政府在公布的《2018-2019年度财政预算案》中提出《提升税务优惠推动可再生能源及建筑能源效益》优惠实施项目（以下简称《税务优惠项目》），将《绿色建筑室内装饰装修评价标准》（T/CBDA 2—2016）采用为税务减免评价标准，同期被采用的标准有国标《绿色建筑评价标准》、LEED标准和香港BEAM Plus标准。2019~2021年，共有《住宅全装修工程技术规程》《建筑装饰装修工程施工安全管理标准》《建筑幕墙工程设计文件编制标准》《建筑装饰装修施工测量放线技术规程》《建筑装饰装修机电末端综合布置技术规程》《幼儿园室内装饰装修技术规程》6项CBDA标准获得"建筑装饰行业科学技术奖"。《机场航站楼室内装饰装修工程技术规程》（T/CBDA 11）在项目招投标中得到了机场建设方的认可，《建筑装饰装修工程施工组织设计标准》（T/CBDA 35）、《建筑装饰装修施工测量放线技术规程》（T/CBDA 14）、《建筑装饰装修工程施工安全管理标准》（T/CBDA 54）等标准作为工程建设依据被写入建设工程合同，推动了主参编单位的市场开拓和工程质量提升。2019年由中国建筑工业出版社出版的《建筑装饰装修概论》和2021

年出版的住房和城乡建设领域施工现场专业人员继续教育培训教材《施工员岗位知识》和《质量员岗位知识》，对协会CBDA标准均进行了系统介绍并引用了部分技术内容。

（4）积极参加国标、行标编制，承接政府委托项目

2001年12月9日，协会主编的GB 50327—2001《住宅装饰装修工程施工规范》，由住建部建标[2001]266号批准发布；2017年9月5日，协会与深圳广田集团共同主编的建筑工程行业标准《轻质砂浆》（JG/T 521—2017），由住建部公告第1659号公布；2018年2月14日，协会与深装集团共同主编的《建筑装饰装修工程成品保护技术标准》（JGJ/T 427—2018），由住建部公告第1843号公布。2024年1月17日，协会主编的国家职业标准《幕墙设计师国家职业标准》（职业编码：4-08-08-22）由人力资源社会保障部批准发布；另外，还有三项人社部国家职业标准《装潢美术设计师》《建筑幕墙安装工》《装饰装修工》正在编制中。

2018年，协会根据住建部办公厅印发的《可转化为团体标准的现行工程建设推荐性标准目录（2018版）》的通知要求，分别组织《房屋建筑室内装饰装修制图标准》（JGJ/T 244）、《住宅室内装饰装修工程质量验收规范》（JGJ/T 304）、《玻璃幕墙工程质量检验标准》（JGJ/T 139）等三项行标的原主编单位，进行了行业标准转化为团体标准的承接转化工作。

（5）标准全文公开成果显著

2022年，根据住房和城乡建设部标准定额所工作安排，协会将28项CBDA标准报送审核，其中有17项通过审核后在住建部工程建设标准化信息网公布。为了鼓励标准应用，我会在征求主编单位和编委会同意后，共有40多项CBDA标准在全国团体标准信息平台和协会官网上全文公开，供行业免费下载采用。

（6）培养了一批建筑装饰行业标准化人才队伍

截至2024年7月，中国建筑装饰协会组织的111项有效立项标准，由来自12个省直辖市的104家单位主编，其中建筑装饰企业61家，大学、科研事业单位17家，材料企业12家，咨询服务企业7家，互联网企业3家、协会商会1家、认证机构2家、养老机构1家。编委会成员来自全国24个省直辖市、1000余家参编单位、1800余位编委，其中，高级工程师820余位、总工程师460余位。通过10年的标准工作，协会培养了一批专业能力突出，同时具有丰富标准编审经验的专家队伍，为行业转型升级高质量发展奠定了坚实的专业人才基础。

三、中国建筑装饰协会标准工作发展规划

《国家标准化发展纲要》明确提出把"三个转变"作为今后一个时期标准化工作的根本导向，以战略思维指导标准化的实践探索和工作示范。2020年，国家标准化管理委员会等17部委联合发布的《关于促进团体标准规范优质发展的意见》要求，释放市场主体标准化活力，优化标准供给结构，提高产品和服务竞争力，助推高质量发展。协会今后一段时间标准发展重点工作为以下方面。

2023年协会组织编制的《新时代中国建筑装饰业高质量发展指导意见》提出，未来中国建筑装饰协会标准化工作应围绕提升标准制定效率、优化标准供给结构、建立完善相关专业技术标准体系、推进建筑装饰标准国际化、强化标准实施应用，以标准引领行业转型等方面开展。

1. 充分发挥标准引领作用

"十四五"时期是我国全面建成小康社会、实现第一个百年奋斗目标之后，乘势而上开启全面建设社会主义现代化国家新征程、向第二个百年奋斗目标进军的第一个五年计划。根据"十四五"的任务目标，中国建筑装饰协会CBDA标准要充分发挥协会宏观规划作用和市场资源配置作用，

着力在"工业化、数字化、绿色化、装配化"方面，重点研制一批相关具有创新性、引领性、实用性的高质量标准，助力行业转型升级高质量发展。

2. 进一步提升标准编制质量

根据《国家标准化发展纲要》的精神和国家标准化管理委员会文件《团体标准组织综合绩效评价指标体系》的要求，协会要从标准立项、编制、审查、发布的各个环节加强管理，进一步提升标准工作的规范性，保证标准技术指标的科学性和先进性，不断提高标准编制质量。不断完善标准复审工作，对已公布实施满5年的标准做到复审全覆盖。

3. 加强标准宣贯和实施应用

协会要鼓励行业相关组织和标准主编参编单位宣传标准理念，普及标准化知识，开展标准的宣贯与培训，助力企业在研发、生产、管理、培训等环节对标达标。积极推动标准采信，促进标准在招投标、采购、认证认可、检验检测、合同签订等方面的使用。

4. 加强产品应用标准编制

相较于建筑工程，建筑装饰装修材料具有品类多、更新快的特点，特别是近年来随着装配式装修的发展，各种复合型的装配式装修部品部件，在装饰装修工程中应用越来越广泛，但与此同时，相关产品标准，特别是产品应用标准仍处于起步阶段，和行业、市场的需求有着极大的差距。据相关机构不完全统计，目前各类装饰装修材料约有2900多种。这些材料的创新研发和应用，在建筑装饰工程质量、绿色环保性能等方面发挥着重要作用。协会要着力推动相关产品标准，特别是产品应用标准的编制，以此推动新材料、新设备、新技术、新工艺在行业的推广和应用，推动行业的技术进步和转型升级。

5. 积极推动CBDA标准走出去

中国是国际标准的重要参与者与贡献者。随着全球科技竞争日益激烈，标准化战略已成为国家利益在生产制造、建筑等领域的重要代表。根据《国家标准化体系建设发展规划（2016~2020年）》关于加强国际标准化工作的要求，积极主动参与国际标准化工作，通过与其他标准化组织合作联合开展编制工作。积极关注国际标准化组织的最新发展动态，参与国际标准的转化和落地工作。加快我国建筑装饰标准外文翻译，鼓励重要标准制修订同步翻译。加强与"一带一路"沿线国家及地区的多边或双边的标准化建设的交流与合作，推动我国标准转为国际或区域标准。加强我国标准在海外工程的推广与应用，助力国家"一带一路"建设。

中国公共建筑装饰40年发展回顾与展望

一、历史的变迁与启航

1982年9月至1984年,宋而千同志设立"中国建筑装饰工程协会",后并入中国建筑业联合会,并更名为中国建筑业联合会建筑装饰工程协会,与1984年设立的中国建筑装饰协会并行开展行业的工作。

1992年,经建设部批准,将中国建筑装饰工程协会并入中国建筑装饰协会,设立中国建筑装饰协会工程委员会,宋而千任中国建筑装饰协会工程委员会理事长。

1993年4月25日,宋而千同志因病在京逝世,终年68岁。5月3日,原协会一、二、三届常务理事,工程委员会会长兼秘书长宋而千同志追悼会在八宝山举行,侯捷部长、张恩树理事长等有关方面领导及各界人士、生前友好出席,对宋而千对建筑装饰行业、对协会工作作出的杰出贡献给予高度评价。

1993年5月28日,经中国建筑装饰协会批准,工程委员会原副理事长付鹏同志负责主持工程委员会的日常工作。

1993年8月28日~30日,中国建筑装饰协会工程委员会召开三届一次会员代表会议,付鹏同志当选为中国建筑装饰协会工程委员会理事长,顾国华同志当选为兼职秘书长。

1997年12月,中国建筑装饰协会工程委员会召开四届一次会员代表会议,付鹏同志继续当选为中国建筑装饰协会工程委员会理事长,顾国华同志任常务副理事长兼秘书长。

2001年,付鹏同志不担任工程委员会理事长,由常务副理事长兼秘书长顾国华主持工程委员会日常工作。

2003年12月24日,中国建筑装饰协会工程委员会经民政部登记,更名为中国建筑装饰协会施工委员会。活动地域:全国。负责人:顾国华。登记证书号:社证字第3269-2号。

2006年6月20日,中国建筑装饰协会施工委员会在青岛召开六届一次委员会会议,完成了中国建筑装饰协会施工委员会由原来的理事制向委员制的转型,选举谢建伟同志任中国建筑装饰协会施工委员会主任委员,顾国华同志当选为常务副主任委员兼秘书长,熊翔同志当选为副秘书长。

2011年4月16日,中国建筑装饰协会施工委员会在上海召开施工委七届一次主任工作会议,选举陈丽同志任中国建筑装饰协会施工委员会主任委员,陈新同志当选为秘书长,关鹏刚、杨天军同志当选为副秘书长。

2014年,10月15日,根据中装协[2014]77号文件,筹备方案经中国建筑装饰协会七届四次常务理事会审议通过,在北京召开中国建筑装饰协会涂料与防水材料分会成立大会,选举产生了第一届领导机构成员。根据中装协[2014]88号文件，罗胜同志担任涂料与防水材料分会秘书长。

2015年，中国建筑装饰协会涂料与防水材料分会与中装新网共同组建的第一个专项供应链平台（涂料商城）上线实现交易。

2016年，涂料与防水材料分会举办了全国精品建筑涂装工程展播活动。此活动属于我国首次针对全国建筑涂装工程产业专业性活动，有效地对我国建筑涂装产业进行了总结和推广。

2016年12月23日，关鹏钢同志被聘任为施工委员会秘书长。

2017年，中国建筑装饰协会涂料与防水材料分会发布了全国首份《中国建筑涂装产业发展报告》。

2017年8月1日，中国建筑装饰协会涂料与防水材料分会更名为中国建筑装饰协会全装修产业分会，罗胜继续担任秘书长。

2017年11月6日，中国建筑装饰协会施工委员会更名为中国建筑装饰协会绿色施工分会。

2020年8月6日，关鹏刚同志不再担任绿色施工分会秘书长，聘张仕彬同志任绿色施工分会秘书长。

2023年6月7日，撤销绿色施工分会、全装修分会，筹备成立公共建筑装饰工程分会，罗胜同志任筹备组组长。

2023年8月23日，根据《中国建筑装饰协会章程》相关规定，经中国建筑装饰协会九届三次常务理事会审议通过，撤销绿色施工分会、全装修产业分会；成立公共建筑装饰工程分会。罗胜同志任公共建筑装饰工程分会秘书长。

2023年11月3日，中国建筑装饰协会公共建筑装饰工程分会在京举行成立仪式，标志着新的启航。

二、重点工作回顾

1. 全国建筑装饰工程优秀项目经理（2004~2015年）

为树立建筑装饰工程管理者的先进标兵，推动我国建筑装饰行业整体水平的不断提高，中国建筑装饰协会决定自2004年开始设立建筑装饰行业"全国建筑装饰工程优秀项目经理"荣誉称号，每年评选一次。从2004年设立到2015年截止，此项活动为行业选拔了数以万计的优秀人才。

2. 科技示范工程和科技创新成果（2006~2020年）

开展科技示范工程和科技创新成果活动是中装协2003年召开的全行业科技大会提出来的。大会还第一次提出了"我国建筑装饰行业科技进步的若干意见"，从此结束了我们这个行业缺少技术进步目标、科技进步发展战略和措施的历史。

工程科技含量的提高，相当多的内容是依靠新材料的科技含量。广泛地应用科技含量高的材料成为建造科技含量高的工程的重要途径。

建筑装饰行业的创新要符合国家宏观经济政策和企业发展战略。一定要围绕环保、节能、循环经济和可持续发展作为主要内容开展科技创新，这是我国国情特点所决定的。我国建筑装饰行业在实际工作中体现了一个特殊的特点，这就是它已经成为协调建筑物最后综合使用功能，包括电、水、气、暖、通信、消防，甚至智能化，安防等功能的最后一道工序；在建设环境友好型和资源节约型的工程中肩负重任。

坚持以设计为先导，全方位提升设计的科技含量，在满足装饰工程产品物质使用功能的同时，又要提高其精神功能，即审美功能的要求。从设计思想、技巧等方面，减少粗制滥造的作品，提高设计水平。

围绕提高工程质量、降低工程成本、缩短工期、搞科技创新，让企业在创新中得到发展的好处。

把技术创新和管理创新结合起来，不能让技术创新湮没在管理浪费中，坚持走包括管理创新的广义创新的道路。

从技术规范和制度建设上为科技创新提供保障，使科技创新持之以恒地发展。加大对创新企业、个人及成果的宣传，在得到社会、市场承认中，使创新活动有更好的发展环境，做到社会舆论支持创新、市场选择创新。

在全球经济一体化中研究技术创新。创新的参照系应定位于既是中国市场又是国际市场。

科技示范工程和科技创新成果活动为广大建筑装饰企业提供了相互学习、交流的平台，使企业的科技创新成果通过交流变成全行业的共同财富。

3. 五届建筑装饰行业科技大会

（1）全国首届建筑装饰行业科技大会（2003年）

经国家建设部批准，由中国建筑装饰协会主办的全国首届建筑装饰行业科技大会，于2003年9月21～23日在北京友谊宾馆召开，建设部部长汪光焘出席了开幕式并发表了重要讲话。全国人大环境与资源委员会副主任、原建设部常务副部长叶如棠出席了大会。科技部党组成员、秘书长石定寰受科技部部长徐冠华委托，代表科技部对大会表示热烈祝贺。来自全国各地的建筑装饰企业600余人参加了此次会议。

实践证明这次大会在推动全行业技术进步、技术创新上是一次历史性会议。

（2）第二届全国建筑装饰行业科技大会（2013年）

2013年11月26日，以"科技驱动发展、绿色引领未来"为主题的第二届全国建筑装饰行业科技大会在北京国家会议中心隆重举行，这是十八届三中全会之后，中国建筑装饰行业的科技盛会，也是全国建筑装饰行业科技大会时隔十年的再次举办。

国家科学技术部办公厅副主任、调研室主任胥和平出席会议并做主旨演讲。会上中国建筑装饰协会发布了建筑装饰行业十大科技成果、十大科技论文汇编。对获奖企业和个人予以每项一万元的现金奖励，引起了行业广泛反响。

（3）第三届全国建筑装饰行业科技大会（2017年）

2017年12月28日，第三届全国建筑装饰行业科技创新大会在海南博鳌亚洲论坛大酒店主会场盛大召开，来自全国各地的装饰精英齐聚一堂，共谋行业科技创新发展。12位来自行业领军企业、专业化领军企业的主讲人，带着宝贵的创新成果走进会场，与大家一起分享科技创新经验、分享科技创新路径，共谋企业转型升级，共商行业发展。

（4）第四届全国建筑装饰行业科技创新大会（2019年）

第四届全国建筑装饰行业科技创新大会暨大国装饰70年辉煌成就展在青岛国际会议中心隆重召开。会议由中国建筑装饰协会指导、中华建筑报社主办，是建筑装饰行业最具影响力的科技盛会。大会齐聚装饰精英交流科技创新经验，全面回顾和展示大国装饰70年光辉历程。会上再次发布了十大科技创新成果，并予以获奖人员两万元每项的现金奖励。

（5）第五届全国建筑装饰行业科技创新大会（2021年）

2021年4月27日上午，第五届全国建筑装饰行业科技创新大会暨第六届精品工程项目经验交流会在青岛海天中心隆重召开。

4. 中国建筑装饰行业三十年纪念大会（2014年）

2014年12月12日，由中国建筑装饰协会（以下简称"中装协"）主办、中国建筑装饰协会施工委员会、中华建筑报社承办的以"纵横装饰三十年·创新转型谋发展"为主题的中国建筑装饰行业三十年纪念大会在北京国家会议中心隆重召开。时任住房和城乡建设部副部长王宁、十一届全国政协常委、建设部原副部长刘志峰等领导出席了纪念大会。

大会同期颁发了中国建筑装饰三十年终身成就奖，张恩树、马挺贵、毛家泉、汪家玉四位行业泰斗获此殊荣。

5. 推动公共建筑装饰产业向精装时代高质量发展

（1）五届精装修产业大会（2018～2023年）

①2018年8月6~7日，主题为"智慧精装，链接未来"2018中国房地产精装修产业发展大会在北京召开。同时，举办精装修项目路演及产业链供需对接会，由TOP100房地产企业负责人带着实际精装修项目来对接供应商。由几十家龙头企业共同发起的中国建筑装饰行业全装修产业诚信公约倡议在大会上正式发布，《全装修供应商推介目录》首批入围企业和中国房地产精装修工程优质供应商（2018年）名单揭晓，首届中国住宅全装修示范工程及部品展同期举办。住建部原副部长、中国房地产业协会会长刘志峰，住建部原总经济师李秉仁，国资委研究中心副主任彭建国等领导嘉宾出席了本次大会。

②2019年11月19日，第二届中国精装修产业发展大会在北京举行。大会以"突围与洞见"为主题，深入剖析精装修产业的现状。活动期间，举行了中国建筑装饰行业品牌价值评估计划宣讲及启动仪式，开启了行业品牌价值评估的先例。

③2020年9月25日，第三届中国精装修产业发展大会暨建筑装饰行业集中采购峰会在上海隆重举行。本次峰会以"绿色健康，集采赋能"为主题，全国精装修产业链大咖们汇聚于沪，共同探讨产业发展现状及未来趋势，共同构建精装修产业链健康生态圈。

④2021年5月20日，主题为"构建新发展格局，推动高质量发展"的第四届精装修产业发展大会在重庆隆重召开。对于当下及未来的发展，精装修产业又将如何应对？全国各地装饰企业负责人、地产企业负责人代表、材料部品企业代表以及教育界和新闻界代表近500人出席本次大会。同时，为积极响应科教兴国、人才兴国战略，协会与上海城建学院联合成立中国建筑装饰行业产业学院，共同培养具有服务意识、创新能力和可持续发展能力的高素质技能人才，为建筑装饰产业升级赋能。

⑤2023年5月25日，"促进高质量发展 助行业零碳未来"为主题的第五届精装修产业高质量发展大会暨首届建筑装饰双碳峰会在上海圆满举办。

（2）总结经验，探讨项目管理创新和变革

①2018年6月28日，首届装饰行业项目管理太湖论道在苏州举行。来自全国各地的装饰项目管理精英齐聚一堂，聆听高端装饰项目的最新管理创新成果，探讨项目管理的创新和变革。

②2019年5月30日，第二届装饰行业项目管理太湖论道在无锡举办。会议规模达到1200多人。为总结分享北京第一高楼中国尊、深圳前海金融中心等一批国家重点工程最新管理成果，行业的前三名企业——金螳螂、亚厦、广田和央企装饰第一名——中建深圳装饰，均选派了企业顶尖的项目管理专家在本次论坛上分享经验。

③2024年9月4~6日，为总结推广建筑装饰工程技术与项目管理经验，搭建全产业链合作交流平台，加快发展建筑装饰行业新质生产力，中国建筑装饰协会公共建筑装饰工程分会联合多家企业，在青岛市香格里拉酒店召开建筑装饰工程技术和项目管理经验交流会。同期召开中国建筑装饰协会公共建筑装饰工程分会2024年会长工作扩大会议。

6. 推动装配式装修产业发展，赋能企业转型

近几年来，中国建筑装饰协会公共建筑装饰工程分会一直围绕着推动装配式装修不懈努力，为中小微企业的转型发展提供咨询服务。此项工作从如下几个方面总结。

（1）整合产业链资源

通过积累，目前分会拥有近100家装配式装修产业链关联度较高的设计、施工、生产、技术、服务、院校等有关单位和机构，基本上从装配式装修的技术体系建设、产品资源整合、人才梯队及运营能力等都具备了较强的资源储备，有利于协会进一步推动装配式装修产业的发展，具备能为会员企业提供装配式装修转型发展的咨询服务能力。

（2）装配化装修专家队伍建设

根据中装协2022（84）号文件要求，分会组织征集CBDA装配化装修专家的工作，通过自愿申报，专家评审和协会批准，完成了第一批CBDA装配化装修专家队伍的建设。这批专家积极发挥了技术指导、行业咨询及包括新职业申请等有关工作的参与作用，有力地推动了装配式装修的发展。

（3）装配化装修工程案例推广

经协会批准，分会在全国范围内组织开展CBDA全装修装配化项目应用推广活动。活动采取切实有效的方法，在全国范围内遴选出装配化装修优秀工程案例、产品部品案例和软件应用案例，并通过协会公示和多媒体平台向全社会展示推广，同时积极参与有关装配式装修的线下展会、会议、沙龙等，对此项成果进行了有效的线下推广。

（4）组织有关标准、报告编制

组织参与多个标准建设工作，如《住宅装配式装修技术规程》（T/CBDA 74—2023）、《住宅全装修工程技术规程》（T/CBDA 32—2019）、《建筑工业化内装工程技术规程》（T/CECS 558—2018）、《装配式内装工程质量验收规范》（DB33/T 1168—2019）、《装配式内装修工程管理标准》（T/CECS 1310—2023）、《绿色建筑湿法装饰装修标准》（T/CBDA 72—2023）等。同时，积极推动以上海市为示范点，撰写上海市装配化装修行业发展报告的工作。

（5）成功申报国家新职业——装配式装修安装工

经过多年的不懈努力，分会持续对装配式装修领域进行了深入的调研，并通过线上线下相结合的方式，多次组织了关于装配式装修人才建设的研讨活动。为了申报新的职业类别，在2023年9月下旬，分会积极协调了20余家装配式装修相关单位和众多专家，就新职业申报事宜进行了深入的讨论与交流，并征集了20余份关于新职业的宝贵建议。与此同时，我们迅速组织专家团队，短时间内编制了《国家职业标准－装配式装修安装工》的建议讨论稿。在2023年，我们成功向人社部职业技能中心提交了申报，并顺利完成了答辩，正式进入了审批流程。2024年7月31日，人力资源社会保障部办公厅、市场监管总局办公厅、国家统计局办公室联合发布了《关于发布生物工程技术人员等职业信息的通知》，根据职业分类的调整结果，由中国建筑装饰协会申报的"装配式装修安装工"正式被认定为国家新职业中的新增工种。

三、未来展望

《新时代中国建筑装饰业高质量发展指导意见》明确指出：作为国家统计序列《国民经济行业分类》（GB/T 4754—2017）中建筑装饰业的三大细分类别之一，公共建筑装饰业的未来市场和发展潜力是巨大的。在新发展理念的引领下，行业向工业化、数字化、绿色化、装配化的发展趋势日益明显。该指导意见已经为我国公共建筑装饰产业指明了发展方向。因此，分会将进一步推动以下工作。

1. 推动行业"四化"转型

根据协会指导意见的整体方针，中国建筑装饰协会公共建筑装饰工程分会将贯彻推动行业"四化"转型工作，将在原有工作基础上，加大对工业化、数字化、绿色化、装配化转型升级的推动工作。

2. 扶持建筑装饰企业向"专精特新"的装饰EPC模式发展

国家层面在培育一批"专精特新"中小企业，目的是提升中小企业专业化、精细化、特色化及创新水平。建筑装饰企业在"专精特新"上具有广阔的空间。

3. 推动装饰企业合规建设工作

党的二十届三中全会明确提出了支持和引导民营企业优化治理结构与管理制度，强化合规建设及廉洁风险的防控。分会将积极帮助行业企业培育和推广合规文化，提高风险防控能力，减少违规行为可能带来的风险和损失。

4. 担当起服务行业重任，为推动公共建筑装饰产业高质量发展助力

我们将深入贯彻落实党的方针政策，积极引导会员企业遵循市场规律，加强行业自律，推动行业规范有序发展。同时，我们将加强与政府相关部门的沟通协调，为会员企业提供政策解读、市场信息、技术指导等多方面的支持和服务。

在推动公共建筑装饰产业高质量发展的过程中，我们将注重创新驱动，鼓励企业加强技术研发和创新设计，提升产业核心竞争力。通过组织各类培训、研讨和交流活动，不断提高从业人员的专业素质和技能水平，为行业培养更多优秀人才。

守正创新，稳中求进，共建美好居住新时代

——中国家装行业四十年发展历程回顾

家装主要指的是对住宅内部进行美化和布局的过程，包括设计、施工和装饰等多个环节。家装的重点在于创造一个既美观又实用的居住环境。

家装行业属于房地产伴生行业，中国家装行业的发展大体分为以下几个阶段：散兵游勇的装饰游击队（1995年之前）、装饰企业的出现与萌芽（1995~2005年）、装饰行业规模化规范化发展时代（2006~2019年）、独立产业化阶段（2020年以后），已经成为我国"规模大、消费带动强、产业覆盖广，而且产业链供应链链条比较齐备的非常重要的民生行业"，是大宗消费的"四大金刚"之一，也是实体产业的重要支柱。

一、中国家装行业发展历程及阶段性特征

1. 散兵游勇的装饰游击队阶段（1995年之前）

早期的家庭装饰装修以拥有相关技能的施工个体和施工队的形式提供简单的房屋装修服务，这些队伍通常被称为"游击队"。他们以灵活、低成本的特点存在，但同时也存在质量参差不齐、服务缺乏保障等问题。同时，也缺乏专业的设计和施工能力。在这个阶段，家装行业处于起步阶段，市场缺乏规范和标准。这种集散式劳力一度遍布中国大街小巷，从业人员混杂，服务涵盖范围没有明确限定，导致很长一段时间里，社会甚至无法明确对于"装修业"的具体定义。

2. 装饰企业的出现与萌芽阶段（1995~2005年）

20世纪90年代中后期，商品房逐渐在大城市起步，家庭装饰装修需求被激发，具有合法资质的装饰装修企业开始进入市场。到了1998年以后，随着房地产行业的快速发展、GDP的迅速增长、人民生活水平的不断提升，家装需求日益增长，一些有远见的企业家开始成立专业的装饰公司，提供更为专业和系统的家装服务，家装模式也从施工队阶段的清包逐步迭代到半包模式，家装企业也开始引入现代企业管理理念，逐步建立起设计、施工、服务等一体化的服务体系。这一时期，家装行业的市场规模逐渐扩大，消费者对家装品质的要求也越来越高，促进了装饰企业的发展和行业的初步规范化。

3. 装饰行业规模化规范化发展时代（2006~2019年）

进入21世纪，随着房地产市场的蓬勃发展、互联网行业规模兴起，家装行业迎来了规模化、规范化、线上化的发展阶段。这一时期，家装企业开始注重品牌建设，提供更加个性化和定制化的服务，家装模式迅速迭代，在全包"一站式购

齐"模式的基础上，又出现了以套餐形式为主要服务内容、以平米/单套计价为报价体系、以家装公司为合同主体的整装模式，并逐渐成为行业趋势。企业之间的竞争也促使技术创新和服务升级，家装行业多方参与者分头布局，个性化高效的家装需求进一步凸显。

4. 独立产业化阶段（2020年以后）

随着科技的进步和消费者需求的多样化，以及房地产步入存量时代，家装行业也进入了一个全新的发展阶段。2020年以后，整装模式快速发展并逐步成熟，全案模式开始兴起，越来越多的企业开始探索整装新零售与家装后市场服务。与此同时，家装行业数字化、智能化应用也越来越广泛。这个阶段，中国建筑装饰协会住宅装饰装修和部品产业分会携同行业多家企业联合编制了家装行业适用的标准：《住宅装饰装修工程施工技术规程》（T/CBDA 51—2021）及《住宅室内装饰装修工程质量验收标准》（T/CBDA 55—2021），填补了行业空白。在这一时期，家装、家居受到了国家的重点关注和大力扶持，国务院、发改委、商务部、住建部先后发布围绕家装消费、旧房装修、局部装修、适老改造、智能升级等政策文件，成为家装行业在存量时代的发展导向，家装行业也将从过去30年房地产业的下游环节逐渐成为一个独立产业。

二、中装协住宅装饰装修和部品产业分会成立以来的主要工作及成绩

随着全装修进入快车道、整装公司的快速发展使住宅装饰装修和硬装部品融合成为大势所趋。为了顺应行业的整体发展，中国建筑装饰协会经研究决定，将原来的"住宅装饰装修分会"和"住宅部品产业分会"合并为"中国建筑装饰协会住宅装饰装修和部品产业分会"（简称中装协住宅产业分会），并在2018年11月19日于北京，面向全行业公开举行了成立仪式。分会会员主要由国内家装行业和材料部品产业的优质企业构成。

1. 优化营商环境

①构建"建筑装饰行业家装企业信用评价体系"和家装行业的信用管理平台。自2020年以来，已评定家装信用评价星级企业39家，并在此基础上，与面向消费群体的、有影响力的线上平台持续合作，商务平台采信信用评价结果，将企业信用体系与社会评价、大众口碑有机结合，给消费者提供"正向选择"，打造了诚信守诺星级家装梯队。

②针对家装企业发展良莠不齐、过度营销现象层出不穷、消费者满意度较低等常见行业性问题，中国建筑装饰协会2020年发布了《中国家装行业自律公约》，从家装营销、家装设计、家装报价等8个方面做出准则，并通过舆情监测体系对签约企业进行监察，有效促进了企业的自律守诺和行业的良性竞争。三年来，已有150余家家装企业签署公约、自愿履约。

③2022年12月，中装协住宅产业分会围绕当前家装行业合同条款落后、终端争议较多等问题，本着保护消费者权益和企业利益原则，组织行业头部企业对当前市场家装合同《家庭居室装饰装修服务合同》进行综合整理与修订，并通过线上研讨会议，听取一线工程部门、运营交付人员，以及法务、审计等专业意见，形成了规范的《家庭装饰装修工程施工服务合同》。明确项目内容，避免恶意增项，助力企业高质量发展，为终端消费者营造放心、安心、省心的家装消费环境，共同打造诚信、规范的家装营商环境。目前已修订完成，并递交住建部和国家市场监管总局审核。

2. 搭建行业交流平台

①CBDA住宅产业（红鼎）创新大赛：大赛由中国建筑装饰协会主办，中国建筑装饰协会住宅装饰装修和部品产业分会承办。自2016年正式启动，大赛全面覆盖全住宅人居空间装饰装修领域，以"发现好家装，寻找好设计"为宗旨；将住宅室内空间设计、住宅部品工业设计、住宅施工工程质量及工艺工法同时纳入大赛范围；旨在

通过创新大赛进一步促进产、学、研及设计成果转化，推广新设计、新工艺、新技术、新材料，推进智能制造，提高行业科技创新支撑能力、深化国际科技合作，给行业发展注入新动能、推动产业升级和行业发展。

②全国住宅装饰装修行业T20峰会和家装产业供需链大会：由中国建筑装饰协会指导，中装协住宅产业分会主办的，通过协会发声、头部企业经验分享、研讨交流，为家装企业和材料部品企业搭建的高效交流沟通平台。2017年，首届住宅装饰装修行业T20峰会在北京举办，2019年，在原有T20峰会的基础上，创新开启了家装产业供需链大会，从此开启了两会并行、共创行业盛典、家装与部品不断融合的新局面。

③住宅产业年会始于2018年。通过总结过去一年里产业发展情况，从宏观角度为全产业解析家装相关新规新政，并就家装未来趋势进行研判分析，助力会员企业更及时调整和把控发展路径，促进企业与时俱进创新经营模式。住宅产业年会汇集了产业内的头部家装企业和部品材料企业共同参与，打造行业高端议事平台，打通供需合作壁垒，有效提升服务品质，构建多方共赢生态圈。每年住宅产业年会上，还会以年度增速强劲的企业竖为标杆，与参会代表分享先进经验，向全社会展现住宅装饰装修和部品产业的新气象、新势能、新业态。

3. 强技术提质量优服务

①2021年，中国建筑装饰协会正式发布《住宅装饰装修工程施工技术规程》（T/CBDA 51—2021）及《住宅室内装饰装修工程质量验收标准》（T/CBDA 55—2021），标准的制定和实施、宣贯由住宅产业分会具体负责，两个标准是由国标和行标的转化修订，填补了国内家装行业施工、验收方面标准的缺失，从供给侧，明确施工技术要求、规范施工作业、保证交付质量；从需求侧，为消费者提供验收依据和检测标尺，保障消费权益，提升品质生活。也为家装施工人员的培训提供技术基础。

②2021年12月，中国建筑装饰协会住宅装饰装修和部品产业分会作为国家市场监管总局等八部门开展的企业标准领跑者制度住宅装饰装修行业唯一第三方评价机构，根据家装行业特点，结合实际消费需求，开展国内外相关标准比对分析，合理确定领跑者标准的核心指标，制定完成评估方案，建立领跑者评估机制，编制起草住宅装饰装修工程施工服务"领跑者"标准评价要求，并向全社会发布。同时，中装协住宅产业分会根据评估方案开展评估，对企业声明公开的装修施工服务标准中的核心指标进行评估，发布企业标准"领跑者"单位名单。截至目前，已有25家家装企业入围企标"领跑者"名单。

③从2020年11月起，中国建筑装饰协会开始组织《住宅室内装饰设计师职业能力水平标准》（T/CBDA 68—2023）的编制工作，工作历时两年有余，深入调查研究、吸收国内外相关标准和先进技术经验，广泛征求意见和逐条审查，已成稿并报送有关单位。该标准的制定将为住宅室内装饰设计师职业能力水平评价，以及住宅装饰装修企业进行室内设计师培训、考核、招聘有力依据，并为加强住宅室内装饰装修设计师队伍建设，提高住宅室内装饰装修设计水平提供参考。

④编制《居家适老装饰装修设计规程》。《关于促进家居消费的若干措施的通知》要求提高家居适老化水平，包括"制定家居产品适老化设计通用标准，支持装修等领域经营主体拓展居家适老化改造业务。"住建部组织编制了《城市居家适老化改造指导手册》，在此基础上，我会组织行业力量编制《居家适老装饰装修设计规程》，对居家适老装饰装修所涉及的光、声、温湿度、生活用水、陈设等专业设计给出标准要求；对空间设计划分（门厅、起居、餐厅、走道、卧室、储藏收纳、阳台、厨房、卫生间、楼梯台阶、家用电梯、庭院等）、无障碍设计、适老家具给出场景规划；在常规设计方案流程前增加了老年人综合评估的

设计交付内容，(小区、居家环境评估、老人综合能力评估等)，融入了针对某些疾病的设计要求，如老人记忆力差，则要求对入户部分的设计变化不能太大，避免老人找不到家等内容。

4. 持续推进行业研究

①《中国家装消费行为研究报告》。随着房产存量时代到来，家装行业的发展也告别粗放回归理性，在这一阶段，行业数据是政府决策的重要依据，也是企业判定市场趋势的有力支撑，数据缺失、数据链不完整是一直以来家装行业的薄弱环节，中装协住宅产业分会连续多年开展消费研究，形成了近三十组家装消费连续数据链，积累了房地产和家装行业每年的市场数据体系，填补了行业数据的缺失，给行业发展、企业决策提供了精准的、可持续的依据。我会已连续七年进行家装消费行为调查研究，分析消费行为，洞察消费需求，解读消费趋势，有着对消费人群的精准分析和消费行为的精细数据。报告每年结合行业热点、市场趋势选取一个主题，迄今为止，已研究全装修、旧改、经济剧变下的消费观、整装、后疫情时代的变与不变等。

②《2023住宅产业数智化应用发展报告》。鉴于数字化、智能化对住宅产业的重要意义，为推动住宅产业高质量发展，挖掘解决家装行业数字化转型中的痛点问题，寻找智能家居应用的场景、技术通路。2023年，我会组织编制《2023住宅产业数智化应用发展报告》，分析当前家装服务过程中如何应用数字化手段提升体验和效率，归纳当前家装数字化市场现状，深挖企业数字化转型过程中遇到的难点、痛点问题，共同寻求解决方案，探讨新技术可行性和落地价值，研判家装数字化发展趋势。同时，展示家装交付后家居智能给生活带来的便捷效应，包括品质家居时代的智能生活方式，展陈全屋智能、智能家居产品以及数字家庭的基础设施、产品的应用模式，剖析智能家居消费需求和消费行为，推广人性化、功能化、实用化的智能家居产品。该报告是住宅产业首次对数字化和智能化技术在家装领域终端应用发展的系统研究。

通过以上工作，住宅产业分会逐步推进家装供给侧成体系、成梯次的品质建设。随着中国经济进入新常态，装饰行业发展转入拐点，中装协住宅产业分会将引领行业转变发展方式、转型升级，推动装饰行业进入创新驱动的发展轨道。以维护住宅部品企业权益，提供综合服务协助会员解决行业和企业发展问题为宗旨。中装协住宅产业分会将继续依托中国建筑装饰协会的影响力，以及自身在住宅装饰装修和部品领域的积累，不断拓展研究中国住宅产业发展的新途径和新模式，努力促进住宅空间装饰装修施工技术进步和相关部品创新升级。通过标准衔接、技术互动、趋势研究、信息交流和商务合作等一系列工作的开展，推动行业健康良性发展。

三、中国家装行业发展四十年来的历史性成就

如今，国民住房正从"有其屋"进入到"优其屋"的阶段。家装承担着改善家居环境、优化生活场景、重构生活方式的社会使命，是老百姓在家居生活中更有"幸福获得感"的撬动要素。

1. 经过近四十年的发展，家装行业已经成为居住消费的重要支柱和国民美好生活重要参数

从产业贡献来看，家装行业保持高速增长，不仅联动了装饰材料部品、家具家纺、智能家居、家电、卖场等多个板块，产业链端头作用突出，逐步向集成服务商发展。

从消费贡献来看，居住消费一直是我国居民的第二大消费支出，是最主要的家庭大宗消费之一。2022年，全国居民人均居住消费支出占人均消费支出的比重为24.0%，增长4.2%。据测算，家装以及其所联动的装饰材料部品等，已突破5万亿的市场规模。

从就业贡献来看，家装行业劳动密集，扩大就业的能力较强、对农村劳动生产力转化也极为重

要。装修工程、家装设计、营销，材料部品生产、加工、销售，约可为社会提供千万级就业岗位。

2. 家装行业正在围绕自身新阶段的发展模型，以新的产品力、服务力布局行业的新质生产力

新质生产力是创新起主导作用，摆脱传统经济增长方式、生产力发展路径，具有高科技、高效能、高质量特征，符合新发展理念的先进生产力质态。就是要解决人与动态的社会的不断有效调适，且始终处于动态平衡，使人与社会形成一个动态平衡的进步系统。具体到家装、家居的消费维度，也迎来了新质的变革，也就是适应社会动态从高速发展转向高质量发展，从增量走向存量，从产品驱动到客户价值驱动的路径。

从劳动者要素看，未来家装企业将通过数字化转型进行工人、工序、工艺、工期的协同高效管理，实现人资高效利用，形成高能效、高人效的现代企业体系。为此，住宅产业分会集产业力量编写了业内首部《住宅产业数智化应用发展研究报告》，对家装企业依靠数字化，转型升级、降本增效具体要怎么做？企业如何借助原有供应链体系，通过数字化技术对原有业务进行升级迭代，报告中都有应用和落地的案例和模式。

从劳动材料来看，家装企业需要掌握新技术、新材料运用，掌握不断深化的交互场景，住宅产业分会基于每届红鼎创新大赛参赛作品所呈现的特点和趋势连续两年编制了家装设计类参考指南《家装设计洞察》，发现家装设计的新风格，新趋势，发现广泛应用的新材料，观测到新质需求，发现新质材料，让部品材料在家装的服务过程中发挥其设计价值，为企业增加获客力。

从劳动对象要素来看，家装企业必须了解自己的客户在想什么，了解本区域的家装消费需求，需要拥有数量级的家装消费的客群画像、基础数据库，从而提炼出核心要素、关键词来指导企业产品研发。住宅产业分会延续七年调研的《中国家装消费研究报告》对消费人群、消费心理、消费行为、消费趋势进行全面解读和分析研判，形成了数十个五年以上连续数据模型。

在新质生产力指导下的家装行业的生产关系图谱就是，围绕消费者省心、便利、适老、智能、空间、健康等等新需求，不断提升企业认知，运用数字化等新工具，整合新材料，研发新工艺，推出（整装、全案，未来还会有家居新零售、家装后市场服务、局改等）新模式，落地新方案——家装行业的新质生产力就是不断适应这样的动态社会与之达成一个平衡体系，打造新的居住体系。

四、中国家装行业未来发展趋势及展望

高质量发展时期，住宅装饰行业将通过科技引领、数字赋能、产业化协同创新等方式加快转型，实现行业由量转质的发展。

1. 科技力量引领下的数字化趋势

随着时代的发展与变革，数字化正在成为高速发展的强引擎。住宅装饰通过数字化赋能传统建造过程、增强行业信息透明等方式实现高品质住宅，并推动行业的高质量发展。

①数字化赋能传统家装流程。通过数字化技术链接家装业务中的一切要素，解决业务全流程的协同联作问题，采集在业务及业务协同中产生和积累的数据，通过对数据的分析和挖掘，形成洞察和知识，进一步驱动业务发展。

②从行业端推动住宅装饰尽快实现数字化转型。集行业力量研究、分析当前家装服务过程中如何应用数字化手段提升体验和效率，包括数字技术在家装获客、设计、施工、监管等方面的应用模式，归纳当前家装数字化市场现状，深挖企业数字化转型过程中遇到的难点、痛点问题，共同寻求解决方案，探讨新技术可行性和落地价值，研判家装数字化发展趋势。全面增强产品信息透明，从供给侧结构性改革提供更多满足市场需要的高品质产品。

2. 人本思想引领下的绿色低碳趋势

通过绿色低碳的设计理念打造空间功能布局，

降低建筑能耗；同时使用绿色低碳材料，提高人们居住舒适度，推动绿色低碳住宅的普及率。

①绿色低碳设计理念的空间功能布局。依据当地气候条件，合理确定住宅朝向、窗墙比和体形系数，降低住宅能耗。合理布局居住生活空间，鼓励大开间、小进深，充分利用日照和自然通风。推行灵活可变的居住空间设计，减少改造或拆除造成的资源浪费。推动新建住宅全装修交付使用，减少资源消耗和环境污染。积极推广装配化装修，模块化部品应用技术，加大通用尺寸预制构件和部品生产应用，实现部品部件可拆改、可循环使用。

②绿色低碳材料应用。推广节能门窗、陶瓷砖、卫生陶瓷、高效保温材料、结构保温一体化墙板等绿色装修材料应用。大力发展性能优良的预制构件和部品，提高智能化、标准化水平。抓好政府采购支持绿色装修材料促进装饰品质，推动政府投资项目优先采用绿色装修材料产品，开展绿色建筑装饰应用示范工程。

3. 消费需求驱动下的服务创新趋势

在当前家装行业多元化竞争的市场状态中，企业将逐步、围绕用户需求推出新的模式和服务，实现模式更迭和服务创新。

①借用数字化技术多维度掌握用户数据，依托大数据建立专业家装用户画像数据库，直观了解用户的偏好和用户的需求，打造围绕用户需求的全新家装蓝图，根据需求及时提供个性化和高品质的服务，满足人们不同的需求和喜好，从而提升人们居住品质。

②提升场景体验，抓住细分市场，打造智能家装、适老家装、个性家装。在消费人群分层，消费需求、生活方式不断分化的新消费时代，个性化、多元化、特色化的产品和服务带动了不同的细分赛道，家装市场兴起各种针对性产品，如适老化装修、宠物家庭装修、家庭工作室装修等，细分决定了家装产品发展、套餐设计、整体服务的方向。未来将是一个消费需求换代与模式革新相辅相成，互为推动，而创造出的消费需求细分化时代。

③撬动城市家装存量，服务老旧小区，打通旧房装修改造的相关配套服务。在国务院及商务部等部门的推动下，大规模设备更新和消费品以旧换新行动正在全国范围内展开。这一政策的实施不仅为企业提供了发展机遇，也为消费者带来了更多的选择和便利。特别是在房地产存量市场背景下，旧房装修改造和局部改造正逐渐成为家装市场的主要方向。

④拓宽家装后市场，实现产品、服务、体验的深度链接。未来，家装企业将会形成以整体设计和施工的优势为基础，向居住集成服务商角色转换，同时整合装饰材料部品、家具家纺、智能家居、家电就形成了包含精装后市场的需求的家居新零售体系；也会形成围绕居住服务需求的增加，满足消费者在居住使用过程中的所有需求，推出日常维修、软装更新、家政服务、局部改造等等服务项目，"交付才是服务的开始"，把装修售后当成长期项目。形成装修服务周期之后的生活使用周期、品质维护周期的服务体系。

未来，面对新的增量市场和城市更新的存量市场，面对不断变化的消费需求，我国家装行业也将走向集零售、施工、服务为一体的新阶段。中国建筑装饰行业协会也将最大限度发挥行业组织优势，推动行业顶层设计，建立健全家装企业的资质评定和从业人员的职业技能认证、考核、培训体系，从而带动会员企业，形成协同效应，完成行业底层能力建设；也将在标准化、品质化、数字化等多个端口协同发力，营建规范、有序的消费市场，培养沉浸式、体验式的消费场景，打通消费信息壁垒和意见反馈通道，推动整个家装行业的良性、高质发展。

艰苦探索，锐意进取，创新发展，实干兴业

——中国建筑幕墙行业四十年的发展历程回顾

幕墙是现代化建筑的象征，其最早始于20世纪20年代，至今已有百年历史。中国建筑幕墙行业从1982年北京喜来登长城饭店幕墙工程开始起步，历经引进、消化、吸收、创新等40年的发展，从无到有、从小到大、由弱渐强，发端于国有企业、繁荣于民营企业，经历了起步初创期（1982~1992年）、快速成长期（1993~2003年）、技术成熟期（2004~2014年）、创新发展期（2014年以后）等几个阶段，现已成为世界上最大的幕墙生产国和使用国。

一、中国建筑幕墙发展历程及阶段性特征

1. 中国建筑幕墙40年，是幕墙人筚路蓝缕、艰苦探索的40年

尤其是在起步初创期（1982~1992年），中国幕墙以沈阳黎明航空发动机公司、西安飞机工业公司、凌云空军十八厂等一批航空军工企业借助航空系统的管理模式、雄厚的技术实力、加工制造能力和机械行业技术人才优势，通过学习国外组装式幕墙技术，引进、消化并研发国内第一款60系列断桥窗方案、150型幕墙系统、180系列明框和隐框玻璃幕墙产品，编制了门窗幕墙工艺规程和企业技术标准，从无到有，艰苦探索，开创了铝合金门窗和幕墙在国内应用的历史先河。承建了上海联谊大厦、抚顺千金影剧院、深圳上海宾馆、深圳格兰云天大厦、深圳深房广场、重庆沙坪坝大酒店、南京展览馆、沈阳商业城、沈阳桃仙机场、辽宁电视塔等具有独立知识产权的门窗幕墙产品和项目。

2. 中国建筑幕墙40年，是幕墙人锐意进取、勇于创新的40年

尤其是在快速成长期（1993~2003年），中山盛兴、深圳三鑫、沈阳远大等中国幕墙企业通过"请进来""走出去"，不断提升建筑幕墙技术。从国外企业建好和在建的幕墙工程项目，了解幕墙应有的性能、简单的节点设计，到自己对节点构造和幕墙的各项性能与受力情况进行等比例的实体试验，各企业之间相互学习、共同研讨，认认真真地吸收、总结、应用在实际工程中。1996年，编制了国内幕墙行业首个技术标准和规范——《玻璃幕墙工程技术规范》（JGJ102），研发了165系列隐框玻璃幕墙和190系列单元构件式隐框幕墙。通过团结拼搏、锐意进取、勇于创新，从小到大，真正走出了一条具有中国特色的建筑幕墙发展之路。承建了上海正大广场、上海金桥大厦、上海交银金融大厦、广州中诚广场（现中石化大厦）、深圳赛格广场、深圳机场T1航站楼、杭州大剧院、南京文化艺术中心、南京国际会展中心、成都双流国际机场、华为杭州基地、郑州金博大、贵阳人民广场玻璃金字塔、山东会展中心、深圳市民中心、哈尔滨国际会展中心等一些地标性项目。

3. 中国建筑幕墙40年，是幕墙人善于总结、把握规律的40年

尤其是在技术成熟期（2004~2014年），沈阳远大、上海美特、北京江河、浙江中南、珠海晶艺、深圳金粤、深圳方大、山东雄狮等幕墙企业在北京奥运会、广州亚运会、深圳大运会、海外项目等大量的幕墙施工实践中积累了丰富的数据，通过总结幕墙设计施工经验，把握幕墙行业发展规律，编制发布了一系列国家和行业的幕墙设计和施工规范、标准，最具代表性的《建筑幕墙》（JB/T 21086—2017）于2007年正式发布。中国幕墙由弱渐强，参与制订了《国家游泳中心膜结构技术及施工质量验收标准》，该标准成为世界上第一个膜结构的实施标准，填补了膜结构标准的历史空白，获得国家科技进步一等奖。艾勒泰、佛斯特、华纳、旭密林、希绎希、深圳新山、北京中新方等中外幕墙咨询企业发挥顾问作用，实现设计与施工完美融合。承建了国家大剧院、国家体育场（鸟巢）、国家游泳中心（水立方）、北京天文新馆、上海铁路南站、上海未来资产大厦、广州西塔、深圳京基100、深圳华润大厦、深圳机场T3航站楼等一大批标志性工程。

4. 中国建筑幕墙40年，是幕墙人守正创新、继往开来的40年。

尤其是在创新发展期（2014年以后），苏州金螳螂、浙江亚厦、中建深圳装饰等中国装饰企业随着建筑全产业链发展和建筑设计多元化以及"幕墙装饰化"精致建造的市场需求，装饰企业的多专业综合素质和精致建造基因得以充分展现。他们创新性地全过程应用数字化、参数化、BIM技术精确模拟计算、三维演示，将现场测量数据与理论数据相比对，通过实际测量数据与理论模型进行大数据合模后，可使玻璃幕墙成品误差控制在1毫米以内。自主完成了一批技术难度大的高精尖工程，有力支撑了西安全运会、成都大运会、杭州亚运会和北京冬奥会等场馆工程，以及北京中国尊、上海中心、深圳平安大厦、天津周大福大厦、武汉绿地中心、中国共产党历史展览馆等重点工程的顺利交付使用。"上海中心大厦工程关键技术"项目荣获2024年国家科技进步二等奖。

二、中装协幕墙工程分会成立以来的主要工作及成绩

中国建筑装饰协会幕墙工程分会于1984年成立于天津铝合金厂，原名为中国建筑业联合会装饰铝制品协会。1992年建设部根据国民经济行业分类标准，将中国建筑业联合会装饰铝制品协会调整为中国建筑装饰协会铝制品委员会。2005年，经民政部批复，正式更名为中国建筑装饰协会幕墙工程委员会。2017年5月25日，中国建筑装饰协会以[2017]36号文将中国建筑装饰协会幕墙工程委员会变更为中国建筑装饰协会幕墙工程分会（以下简称"幕墙分会"）。

在中国建筑装饰协会的正确领导和悉心关怀下，幕墙分会自成立40年以来，不断壮大会员队伍，健全组织机构，完善管理制度，制定发展规划，编制行业标准，开展相关活动，架起沟通桥梁，努力服务政府、服务会员企业，推动建筑幕墙行业发展行稳致远，取得了较好的成绩。

1. 谋划建筑幕墙行业未来发展

幕墙分会注重基层调研，集中大家智慧，组织制定《建筑幕墙行业"十四五"发展规划和2035年远景目标纲要》，参与制定《新时代中国建筑装饰业高质量发展指导意见（幕墙分论）》。明确了幕墙强国发展愿景、行业发展目标、转型升级方向和路径、高质量发展策略等。综合利用各类统计数据，组织编制行业年度发展报告，预测幕墙行业未来发展趋势。以此统一幕墙行业发展思想，不断凝聚全行业奋进力量，引领幕墙行业绿色、健康、高质量发展。

幕墙分会注重引导幕墙行业企业坚持走"专精特新"发展之路。目前在建筑幕墙行业基本形成共识的、在幕墙细分领域具有一定差异化竞争能力的企业，主要包括江河和远大的超高层幕墙

设计加工安装、远大的海外幕墙市场发展、武汉凌云的电视塔和异形幕墙制作安装、深圳三鑫的机场幕墙建设、中铁装饰的高铁站房幕墙工程、苏州金螳螂的佛教基地建设、中建深装的会展场馆幕墙、中建八局二的幕墙改造工程、江苏鸿升的异形单元体幕墙，以及中建幕墙、无锡王兴、常州华艺等为海外工程承担各类幕墙板块设计和加工等，体现了较强的核心竞争优势，在建筑幕墙细分领域各领风骚，共同构成了建筑幕墙行业的整体专业力量，为建筑幕墙行业发展提供了重要价值。

2. 开展建筑幕墙行业特色活动

幕墙分会把握会员企业需求，结合行业发展实际，每年开展相关主题活动，基本形成了建筑幕墙的专业特色。已经沉淀的主要活动包括幕墙行业统计、幕墙国优工程评选、会员代表大会暨年会、企业家峰会、高质量工程观摩、领航企业家培训（总裁班）、项目经理和设计师大会、幕墙设计大赛和项目经理技能大赛等，各具特点又相互补充、融为一体。行业活动焕发着勃勃生机和活力，对引领幕墙行业发展、提升幕墙行业发展质量、加强幕墙人才队伍建设、促进幕墙行业发展交流、推动幕墙行业整体进步具有十分重要的意义。

3. 制定建筑幕墙行业规范标准

幕墙分会始终关注标准建设，先后组织编制（修订）建筑幕墙行业国家标准、行业标准和社团标准近30项，基本形成建筑幕墙标准框架体系。组织标准培训，让幕墙从业人员知悉标准、敬畏标准、运用标准，不断规范幕墙设计、工厂加工和现场施工，提高工艺标准，确保工程质量。推广标准应用，将使用中国标准承建的海外项目优先纳入中国建筑工程装饰奖（建筑幕墙类）评选，逐步提升中国标准国际影响力，扩大中国建筑工程装饰奖（建筑幕墙类）覆盖范围，进一步提升中国建筑幕墙国际竞争话语权。

4. 承担建筑幕墙行业相关服务

幕墙分会不断提升服务意识和服务能力，响应政府号召，配合住建部完成全国既有幕墙安全状况抽样调查报告、《既有建筑幕墙安全维护管理办法》（建质[2006]291号）制定、《关于进一步加强玻璃幕墙安全防护工作的通知》（建标[2015]38号）发布、《关于部分相关拟淘汰技术的意见》征求；配合人力资源和社会保障部完成《建筑幕墙设计师国家职业技能标准》修订，有效表达了既有幕墙安全维护管理、建筑幕墙行业干挂石材工艺的正确取舍等相关意见，及时反映了建筑幕墙设计行业的基本特点和修订意见，为政府最终决策提供重要参考。

原中装协铝制品委员会（幕墙分会前身）为推动中国国产硅酮结构胶健康发展，于1997年6月积极配合国家经贸委、建材局、技术监督局、建设部、工商局、商检局六部门联合发布了《关于加强硅酮结构密封胶管理的通知》。1997年12月，国家经贸委办公厅下发《关于成立国家经贸委硅酮结构密封胶工作领导小组及其办公室的通知》，同时成立了国家经贸委硅酮结构密封胶工作领导小组办公室专家组，时任秘书长彭政国任专家组组长。推动国产硅酮结构胶从无到有、从混乱到有序、从盲目乱用到规范化使用，促进了我国民族工业的快速发展和建筑幕墙行业的健康成长。

关注会员需求，幕墙分会牵头制定《关于加强建筑幕墙材料价格风险管控的指导意见》，适时组织《疫情下建设工程合同履约风控指引》线上法律公益讲座，助力中小幕墙企业纾困解难，依法维护合法权益，促进企业降本增效。组织复查国优工程，规范复查标准和复查流程，确保复查质量。

5. 提升建筑幕墙行业治理能力

幕墙分会按照民政部和中装协的规定和要求，不断改进和加强行业治理工作。分会秘书处创办中装协建筑幕墙公众号，改版《建筑幕墙》，与《中国建筑装饰装修》杂志社联合出版幕墙专刊，提升杂志办刊质量；健全会议制度，实行民主办会、科学办会，提升办会能力；引导会员企业重点提升企业和项目两个层面治理效能，建立职责清晰、权责对等、运转协调、有效制衡的决策执行监督机制和规范科学的公司治理模式；狠抓基层基础管理能力建设，建立以一个中心、六大目标为主要内容的项目基础管理体系，不断引领项目管理升级，提升行业企业治理能力。以幕墙为主营业务的企业约10多家在主板上市，20多家企业成功参与国企混改，行业治理不断开创新局面。

6. 加强幕墙行业人才队伍建设

幕墙分会始终关注幕墙行业专家、设计师和项目经理等重点人才队伍建设，每年定期举办幕墙专家培训班、建筑幕墙设计师和项目经理大会，适时对幕墙专家、设计师和项目经理进行继续教育，更新他们的专业知识，开阔专业视野，跟上发展潮流。积极推动建筑幕墙设计师2021年正式纳入国家职业发展大典。培养青年优秀人才，鼓励"传帮带"，确保中国建筑工程装饰奖（幕墙门窗和设计类）复查质量。2023年开始举办建筑幕墙行业企业家领航培训，建立健全年轻一代装饰幕墙企业家成长辅导制度，推动建筑幕墙事业新老交接和有序传承，确保建筑幕墙行业基业常青和可持续发展。

7. 推进建筑幕墙行业品牌推广

幕墙分会整合形成"双刊一号"（《建筑幕墙》《中国建筑装饰装修（幕墙专刊）》《中装协建筑幕墙》微信公众号）的建筑幕墙行业对外宣传新格局；心怀"国之大者"，把握"时度效"要求，利用全国公开发行渠道，有效宣传行业协会、会员单位的品牌优势，提升建筑幕墙行业整体品牌影响力。

落实幕墙强国品牌推广行动计划，加强幕墙企业、门窗企业、材料企业和设计咨询企业的品牌推广。利用幕墙工程分会年会、展览会、企业家峰会、"双刊一号"等平台优势，加大企业品牌宣传力度，充分展示企业的核心竞争优势和社会责任感。塑造企业个性化形象，建立用户信任关系，推动行业企业不断提升客户满意度、忠诚度，以及市场占有率，行业宣传不断取得新的突破。

8. 加强建筑幕墙行业广泛交流

幕墙分会注重对外交流，与中国建筑金属结构协会铝门窗幕墙分会共同参与广州门窗博览会、上海国际幕墙门窗展览会，进行幕墙门窗行业交流；与中国有色金属工业协会、中国建筑材料流通协会共同参加中国建博会，互相取长补短，相互借鉴学习；参加中国工程建设标准化协会、国家幕墙门窗标准化协会技术委员会组织的换届会议，分会相关专家成功当选国家幕墙门窗标准化协会技术委员会观察员、委员和副主任委员；参加中国建筑防水协会建筑密封材料分会、中国有色金属加工协会年会等，共谋行业发展，不断提升分会良好形象。

每年定期举办全国建筑装饰协会幕墙分会秘书长会议，组织各省市协会会长（秘书长）参加分会组织的各项论坛和活动，参加相关省市建筑装饰协会幕墙分会成立大会和换届大会，调研相关省市建筑装饰装修协会（幕墙分会）及其会员单位，有效进行横向沟通和深入探讨，加强信息共享和行业交流，共同推动协会共建共享和高质量发展。

三、中国建筑幕墙发展四十年来的历史性成就

正是因为全体幕墙人的共同奋斗、锐意进取、开拓创新，中国建筑幕墙发展40年来，取得了一系列骄人的业绩，已经成为世界幕墙发展的重要力量。

1. 中国已经成为世界上最大的幕墙生产国和使用国

从市场规模看，中国幕墙年市场规模约6000亿元左右，约占全球幕墙市场的70%~80%；从超高层建筑数量看，我国已经迅速超过美国、欧洲，成为世界上超高层建筑最多的国家；从幕墙企业数量看，截至2022年底，我国建筑幕墙工程专业

承包一级企业6866家、建筑幕墙工程设计专项甲级企业1028家、建筑幕墙门窗企业预计超过三万家；从行业从业人员数量看，我国幕墙设计、加工、施工、安装、咨询等各类人员应在300万人以上。成为世界上幕墙门窗企业和从业人员数量最多的国家。

2. 中国已经成为世界上幕墙产业体系比较完整的国家

幕墙产业链条从设计研发到材料生产、装备制造、生产加工、物流运输、施工安装、检测运维等，我国已形成相对完整的幕墙产业体系。尤其是幕墙材料，品种繁多，工艺先进，性价比高，像兴发生产的铝型材、开尔生产的搪瓷钢板、北玻生产的特种幕墙玻璃、隆基生产的太阳能光伏板等已成为世界一流产品。新型建筑材料UHPC、FRP、搪瓷钢板等也被不断地应用在幕墙上，真正使建筑与艺术融为一体。对构建以国内大循环为主体、国内国际双循环相互促进的新发展格局具有较强的专业支撑作用，将推动我国加速迈进幕墙强国新征程。

3. 中国已经成为世界上幕墙标准供给比较丰富的国家

截至2023年11月底，我国已编制发布与建筑门窗幕墙行业相关的国家标准53项、国家推荐性标准181项、建筑门窗幕墙行业标准198项、建筑幕墙社团标准37项（尚未包括地方标准），覆盖了门窗幕墙术语、幕墙门窗设计、加工组装工艺、幕墙门窗施工、材料配件、质量控制、检测检查、维护改造等各环节，基本形成幕墙门窗综合标准、基础标准、通用标准、专用标准等标准体系，目前正申请成立ISO/TC162WG3幕墙工作组。中国建筑科学研究院和各省市建研院发挥标准主力军作用，有效引领建筑幕墙门窗行业实现持续、健康、绿色、高质量发展。

4. 中国已经成为世界上幕墙施工技术比较领先的国家

从幕墙产品丰富度看，我国既有点支、索式幕墙，也有框架、单元式、双层呼吸式幕墙，还有像扎哈等国际知名建筑师事务所设计的各种曲面、造型复杂多样的幕墙工程，俨然已成为幕墙产品万象国。我国建筑幕墙人凭借先进的数字化设计、精准的机器人放线、高效的智能化加工、安全的智慧化施工、集成的BIM技术应用，完成了诸如上海中心（中国第一高楼）、深圳平安大厦（中国第二高楼）、北京央视大楼、大兴国际机场、广州广播电视塔（小蛮腰）、深圳OPPO大厦、成都科幻馆、杭州望潮中心、河南科技新馆、中国建筑博物馆等许多世界级标志性工程，施工技术已迈入世界一流行列。

5. 中国已经成为世界上承建国际工程相对较多的国家

随着国家"一带一路"战略的推进，我国众多幕墙企业主动参与国际市场竞争，目前已在全球100多个国家和地区承建了上千项国际工程，沈阳远大、中国建筑兴业集团（原远东环球）、北京江河、武汉凌云、无锡王兴、山东雄狮等优秀企业率先进驻北美、欧洲、中东、澳洲、东（南）亚、非洲和港澳等诸多国家和地区，承建了一批像高度达828米的迪拜哈利法塔（世界第一高楼）、造价达8亿元人民币的欧洲第一高楼——俄罗斯联邦大厦（世界公认一流水平）、美国纽约州75PARK和洛杉矶大都汇、英国伦敦PORTAL WEST和纽因顿公寓、日本COCOON大厦、德国法兰克福航空铁路中心、法国卡佩蒂姆大厦、意大利哈迪大厦、冰岛歌剧院、澳洲墨尔本EQ大厦、新加坡狮城皇剑大厦和金沙娱乐城、沙特王国塔、科威特国际机场新2号航站楼、迪拜商业湾、朝鲜柳京大厦、香港数码港、粉岭高尔夫酒店公寓、香港启德商业中心、澳门会展中心、澳门威尼斯人酒店、澳门观光塔等高质量的标志性工程，向全球源源不断地输出各类精品幕墙产品。2023年，百强幕墙企业海外产值占比已达8.8%，有力彰显了一定的国际竞争力。

四、中国建筑幕墙行业未来发展趋势及展望

综合近些年来建筑幕墙行业的发展，我们预判建筑幕墙行业未来发展将呈现以下五大趋势。

1. 市场趋势

随着国家宏观调控政策和城市发展进程影响，我国建筑幕墙行业增量市场将逐步趋缓，既有建筑幕墙改造和节能门窗更新将释放巨大市场空间，增量趋缓、旧改更新趋增的市场结构将发生明显变化。在区域市场中，幕墙和门窗工程新增市场中西部增长率相对东部较高，幕墙改造和家居门窗存量市场东部增长率相对中西部较高。家居门窗市场和海外幕墙市场潜力相对较大。

2. 产品趋势

我国是世界上幕墙产品形式最丰富的国家之一，但随着幕墙的发展和时代的进步，更多业主会倾向于选择装配式建筑、单元式幕墙和环保节能绿色产品。建筑节能和绿色环保将成为未来建筑幕墙市场突破的重要方向。幕墙和工程门窗产品标准化程度相对较高，家居门窗个性化产品相对多元。系统门窗和品牌门窗、品牌幕墙所占比例将越来越高，铝塑门窗和光伏幕墙所占比例有所回升，UHPC、板岩、精致钢等建筑表皮新材料应用进一步推广。

3. 科技趋势

在设计研发上，品牌企业将进一步加大投入，培养高端研发设计人才，研发更多高端幕墙门窗产品和工艺，应用AI技术，提升数字化设计能力；在智能制造上，改造提升传统加工设备，配置现代化智能制造装备，进一步提升智能制造能力，快速实现定制门窗和异形幕墙智能加工生产；在安装维护上，培育高素质技能人才，扩大智能机器人安装比例，严格幕墙门窗安装流程和工艺管理，确保幕墙门窗全过程安装安全和幕墙门窗产品全生命周期安全。

4. 质量趋势

住建部明确提出要为百姓建造好房子，具体到幕墙门窗行业，就是要建造"好幕墙、好窗户"——安全有保障、"五性"效果好、节能且环保、清洁好保养。广大业主和社会各界对幕墙门窗工程的品质需求越来越高，幕墙门窗行业未来将全面进入以质取胜的时代，价低质劣产品和项目终将被时代所淘汰，追求高品质、高性价比将成为幕墙门窗企业的发展主题。

5. 行业趋势

幕墙门窗行业在经历过长期充分的市场竞争后，进入集中化程度加速提高阶段，没有专业价值的小企业将逐渐被淘汰，市场份额逐渐向研发能力强、核心竞争优势突出的中高端企业聚集。未来，龙头品牌企业的市场占有率仍将逐步提升，行业集中度将不断加快推进。

面对新的增量市场和城市更新的存量市场，我国建筑幕墙行业未来仍然具有较大的发展潜力。只要我们坚守战略定力，主动融入国家战略，提升建筑幕墙价值，培育专精特新能力，加快推动科技创新，切实提升工程品质，抓紧培育人才队伍，有效拓展国际市场，积极培育新质生产力，推动建筑幕墙行业转型升级和高质量发展，建设社会主义现代化幕墙强国的愿景就一定会实现，为以中国式现代化全面推进强国建设、民族复兴伟业作出建筑幕墙行业新的贡献。

中国建筑装饰设计发展历程

建筑装饰设计是在建筑主体上,对已有的建筑空间功能、效果进行进一步设计,也是对建筑空间不足之处的改进和弥补,使建筑空间满足使用要求、更具个性的一种手段。其目的在于保护建筑的主体结构、完善建筑物的使用功能和美化建筑物,提高建筑物的空间质量,满足人们的视觉和触觉享受。中国建筑装饰设计是一部不断发展与创新的篇章,它融合了传统与现代、东方与西方的元素,传递不同的审美意向。

一、萌芽与早期发展

古代时期:早在几千年前,中国人就开始无意识或有意识地修饰、美化自己的居室。然而,在漫长的时间里,中国的室内设计进步相对缓慢,但建筑艺术却取得了显著的发展。传统的木构架结构体系赋予了建筑独特的美学原则,并影响了室内设计的风格。

新中国成立初期:随着经济的发展和人民生活水平的提高,室内装潢逐渐成为一种需求。但此时的中国室内设计尚未形成气候,设计风格单一,朴实无华之风盛行。受来华帮助建设的苏联专家的影响,当时的中国室内设计出现了复古主义的倾向。

二、停滞与恢复

停滞阶段:从1953年至1977年,中国现代室内设计长期处于停滞状态。这一时期,国民整体生活水平不高,市场需求不够旺盛,同时与现代室内设计紧密相连的建筑行业发展得也不够充分。

恢复阶段:1978年,中国开始实行改革开放,现代室内设计随之步入发展正轨。随着旅游建筑、商业建筑、居住建筑等领域的蓬勃发展,室内设计任务增多,专业的室内设计人才开始出现。同时,装饰装修公司在各地如雨后春笋般涌现。

三、快速发展与多元化

追赶阶段:改革开放后至1999年,中国室内设计经历了第一轮发展高峰期。这一时期,欧美发达国家先进的设计理念和专业水平开始传入中国,国外设计师纷纷来到中国留下了不少震撼人心的作品。受此影响,中国室内设计出现了多种流派的设计风格,开始经历向西方看齐的追赶阶段。

全面发展:进入21世纪后,随着我国城市土地使用制度改革与住宅商品化步伐的加快,装饰行业面临了新的发展机遇,室内设计也迎来了发展的"黄金期"。如今的室内设计已不再仅仅满足于实现某种功能的需要,而是更加注重追求高雅、时尚、个性、环保或民族特色等。

四、未来发展趋势

随着时代的发展,中国建筑装饰设计将不断融入新的理念和技术,呈现出更加多元化、个性化、绿色化和智能化的特点。装饰节能设计是实现建筑业低排放、高质量发展的重要一环，从现状来看，目前技术水平已达到国际先进水平，但中国市场比较大，绿色建筑还没有达到足够的规模和数量。近年来，随着国家低碳政策的激励和监督，绿色健康的概念逐渐深入人心，尤其是越来越多的城市居民开始关注绿色宜居。2022年，住房和城乡建设部印发《"十四五"建筑节能与绿色建筑发展规划》明确，到2025年，城镇新建建筑全面建成绿色建筑，建筑能源利用效率稳步提升，建筑用能结构逐步优化，建筑能耗和碳排放增长趋势得到有效控制，基本形成绿色、低碳、循环的建设发展方式，为城乡建设领域2030年前碳达峰奠定坚实基础。

五、实施路径

从高耗能到减排放，积极推行绿色环保和技术迭代发展与融合，这是新时代中国建筑装饰业绿色发展的新方向。紧跟国家战略和行业发展趋势，提高绿色化建造水平，不断完善产业链、服务链、价值链，积极拓展和参与绿色建筑、绿色设计、绿色设备、绿色建材、绿色技术、绿色运维、绿色更新技术应用，是装饰绿色化设计的重要目标。

创新装饰装配式设计方法。推行装配式装饰隔墙系统设计、基层饰面一体化系统设计、综合机电模块化系统设计、结构饰面一体化系统设计、特殊空间结构装饰一体化设计等新工艺。重视建筑产品的耐久性、功能性、环保性设计，通过创新设计方法提升绿色化建造水平。

推行绿色可循环设计。划分并设计出一系列功能模块，通过模块的选择和组合构成不同产品，以满足不同的需求。充分考虑部品部件及材料的回收可能性、回收价值的大小及回收处理方法，以达到材料资源和能源的充分有效利用，减少环境污染。

提高建造领域各专业协同设计能力。推广通用化、模数化、标准化的绿色设计方式，积极应用建造信息模型技术。鼓励设计单位与科研院所、高校等联合开发装配式装修设计技术和设计通用软件。

提高绿色建材在建筑装饰产品中的应用比例。最大限度地使用可再生材料，确保用材无毒害、无污染、无放射性、无噪声。减少和替换主要碳排放材料。推行装饰部品部件采取低能耗制造工艺设计。重视建筑材质与建筑生命周期的协同性。

设计分会发展历程

2020年12月23日经八届五次理事会审议通过，设计委员会与文化和科技委员会合并为设计分会。

中国建筑装饰协会设计委员会是中国建筑装饰协会重要的分支机构，注册登记于中华人民共和国民政部（民社登[2005]第466号），并接受其监督管理。

中国建筑装饰协会文化和科技委员会是协会根据行业发展需要，为促进行业文化艺术与科学技术深度融合目标而设立。前身为中国建筑装饰协会信息咨询委员会。

设计分会按照协会统一规划布局和要求，并结合设计委员会、文化和科技委员会自成立以来的各项工作，提升服务内容和明确工作方向，开展了多项活动。

一、历年活动开展

中国建筑装饰协会设计委员同清华工美和国

际部紧密合作共同参与组织并完成了"2005（北京）国际建筑装饰设计高峰论坛"；

举办"2010年亚太空间设计师协会（APSDA）北京年会"及亚太室内建筑师/设计师（2010北京）国际高峰论坛活动；

开展中国青年设计师发展计划暨中国设计青年说活动；

CBDA建筑装饰设计艺术作品展暨作品设计大赛；

举办年度设计"面对面"东西方设计与交流论坛活动；

开展建筑装饰行业设计师登记工作；

征聘中国建筑装饰协会专家库专家（设计类）活动；

举办CBDA设计年度大会及相关论坛活动；

联合住房和城乡建设部人力资源开发中心开展建筑装饰行业专业人才能力提升工作。

二、国家标准、行业标准编写工作

受原建设部和中国建筑标准设计研究院的委托，组织业内企业的有关专家共同编写《民用建筑工程室内施工图设计编制深度图样》（06SJ803），并正式发布。该标准图集的编制填补了建筑装饰装修设计行业没有标准可依的空白；

2014年中国建筑装饰协会主编发布《2014版建筑装饰设计收费标准》；

2021年发布实施《建筑室内装饰装修制图标准》；

组织修订《建筑门窗幕墙安装工》《装潢美术设计师》《装饰装修工》标准和《建筑幕墙设计师》国家新职业的设立标准编写工作。其中《建筑幕墙设计师》国家新职业的标准已通过人社部审核，并正式发布。

团体标准《室内设计师职业能力标准》编写工作已完成，近期向社会发布。

三、搭建信息交流平台

有计划地组织开展专业领域、经验层面的交流论坛活动，使会员单位及时了解国内外和行业的整体情况，沟通和探讨企业间的经验和做法，方便会员单位、设计师了解行业动态、互通有无。

开通微信公众号、视频号、专业网站，打通设计师互通交流。建立建筑装饰行业设计师信息查询库，便于设计单位和设计师查询登记的相关信息。

建筑装饰设计作为现代建筑设计的重要组成部分，要确保建筑装饰设计的质量与稳定发展，应该符合科学发展要求，坚持以人为本，凸显民族文化特征，注重差异性设计对于不同场所、不同人员的重要性，积极拥抱新技术、新模式的同时，装饰材料的选择必须要坚持符合绿色、经济、创新等原则，以实用经济为根本，创新发展为方向。如此，建筑装饰设计不仅可以拥有稳定发展的前景，还能为我国人民提供舒适优越的生活、工作环境，增加全民生活幸福感。

我国绿色建造现状及发展趋势

伴随着我国建筑业向绿色化、智能化领域的不断发展，中国建筑领域已步入高质量创新发展阶段，针对绿色建造开展专项研究，始于"十二五"国家科技支撑计划，2012年设立了"建筑工程绿色建造关键技术研究与示范"项目。项目构建以绿色化为目标的绿色建造技术体系与管理体系，开发绿色建造专项技术以及信息化施工技术。2013年1月，住房城乡建设部工程质量安全监管司设立了"绿色建造发展报告（白皮书）研究"项目。项目界定了绿色建造的范畴，给出了绿色建造的定义和内涵，提出了绿色建造的发展方向、发展策略以及实施措施等。此后，绿色建造的内涵和外延在实践中不断地发展和完善，包含在绿色建造范畴内的绿色设计、绿色施工等得到了充分的发展与实践，取得了丰硕的成果，绿色立项也得到了广泛的认同。

2021年10月，中共中央办公厅、国务院办公厅印发了《关于推动城乡建设绿色发展的意见》，为转变城乡建设发展方式，提出了"实现工程建设全过程绿色建造"的具体要求。

自2013年住房城乡建设部立项开展"绿色建造发展报告（白皮书）"研究以来，我国在绿色建造领域实现了快速进步，率先在湖南省、广东省深圳市、江苏省常州市进行绿色建造试点工作；颁布实施《绿色建造技术导则（试行）》等技术指导文件。"十四五"期间，绿色建造仍是建筑业实现转型发展的重要途径，也是建筑领域践行绿色发展理念和实现"双碳"目标的有力抓手。

国内的绿色建造成熟发展和建筑业绿色转型不是一蹴而就的事情，这需要5～10年，甚至更长的一个过程。

绿色建造是生态文明建设和可持续发展思想在工程建设领域的体现，强调在工程建造过程中，着眼于工程的全寿命期，贯彻以人为本的思想，要求节约资源，保护环境，减少排放。按照我国目前的工程组织方式，绿色建造主要包含三个阶段，即工程绿色立项、绿色设计和绿色施工。绿色建造要求统筹考虑这三个阶段的工作协同，建立工程建设各相关方的协同工作体系和交流平台，引入有效的组织模式，包括全过程工程咨询和工程总承包。后一阶段的专业人员要提前介入到前一阶段的工作，统筹考虑工程建造全过程，避免工程后期的变更，形成更有效的工作方式，达成工程建造的绿色化。

绿色建造可以表述为：着眼于建筑全寿命期，在保证质量和安全前提下，践行可持续发展理念，通过科学管理和技术进步，以人为本，最大限度地节约资源和保护环境，实现绿色施工要求，生产绿色建筑产品的工程活动。其内涵包括七个方面的内容：①绿色建造的目标旨在推进社会经济可持续发展和生态文明建设。绿色建造是在人类日益重视可持续发展的基础上提出的，绿色建造的根本目的是实现立项策划、设计、施工过程和建筑产品的绿色，从而实现社会经济可持续发展，推进国家生态文明建设。②绿色建造的本质是以人为本、节约资源和保护环境为前提的工程活动。绿色建造中的以人为本，就是保障工程建造过程中工作人员、工程使用者以及相关公众的健康安全；节约资源是强调在环境保护前提下的资源高效利用，与传统的单纯强调降低成本、追求经济效益有本质区别。③绿色建造必须坚持以实现"30·60"目标为基础，从建材生产、工程施工与建筑运营等多维度和全过程上把高效低碳建造与运营工作做实、做细。④绿色建造的实现要依托系统化的科学管理和技术进步。绿色立项策划解决的是工程绿色建造的定位，绿色设计重点解决绿色建筑实现问题，绿色施工能够保障施工过程的绿色。三个阶段均需要系统化的科学管理和技术进步，是实现绿色建造的重要途径。⑤绿色建造的实现需要政府、业主、设计、施工等相关方协同推进。上述各方应对绿色建造分别发挥引导、主导、实施等作用。⑥绿色建造的前提条件是保证工程质量和安全。绿色建造的实施首先要满足质量合格和安全保证等基本条件，没有质量和安全的保证，绿色建造就无从谈起。⑦绿色建造能实现过程绿色和产品绿色。绿色建造是绿色建筑的生成过程，绿色建造的最终产品是绿色建筑。

推进绿色建造，是工程建设领域践行我国绿色发展理念的具体体现，具有重要的意义。具体表现在以下方面。

①绿色建造是工程建设领域实现绿色减排的有效方式。提升城乡建设绿色低碳发展质量，就要求实施工程建设全过程绿色建造。2021年10月24日，国务院印发了《2030年前碳达峰行动方案》，提出了"碳达峰十大行动"，在城乡建设碳达峰方面，推广绿色低碳建材和绿色建造方式，加快推进新型建筑工业化，大力发展装配式建筑，推广钢结构住宅，推动建材循环利用，强化绿色设计和绿色施工管理。绿色建造是国家绿色减排的一个重要策略。

②绿色建造是推动建筑业转型升级的抓手。建筑业是国民经济的支柱产业，为我国经济持续健康发展提供了有力支撑。但建筑业生产方式仍然比较粗放，与高质量发展要求相比还有很大差距。绿色建造以节约资源、保护环境为核心，实行建筑业的绿色化，其重点任务之一就是积极推进绿色建造，实行工程建设项目全寿命期内绿色建造。

③绿色建造是谋求在建筑领域人民幸福感提高的途径之一。幸福感最直接的来源是个体需要得到满足，这也是人类永恒追求的心理目标。幸福感不可能凭空产生，它源自对自身满足感、舒适感和安全感的主观认知和情感升华。绿色建造遵循以人为本的原则，其目的是谋求在建筑领域人民幸福感的提升。绿色建造的以人为本，一是保障工程建造人员的工作环境健康安全，通过技术进一步降低劳动强度；二是建造的工程使用空间的健康、舒适，为使用者创造一个健康舒适的工作、生活环境；三是工程建造尽量减少对环境的影响，降低工程建造对周边人员的干扰影响，使人民在建筑领域获得安全、满足、舒适的情感，提升自身的幸福感。

④绿色建造是契合工程总承包组织模式的建造方式。绿色建造以工程建设全过程为立足点，打通工程立项、设计、施工各阶段之间的屏障，统筹协同各种资源，实现工程建造过程和产品的绿色。绿色建造需要能够统筹协调的组织方式，全过程工程咨询和工程总承包方式，有利于绿色建造的实施，而绿色建造又对全过程工程咨询和工程总承包的推进，提供了有效的方式，相互之间完美契合。

⑤绿色建造是融入国际工程承包的必然途径。当前，欧美发达国家已经把绿色环保纳入市场准入考核。美国建造者和承包商协会推出的绿色承包商认证，其评审内容不仅包括承包商承

建 LEED（Leadership in Energy and Environmental Design，能源与环境设计先锋）项目情况，还涵盖承包商绿色建造与企业绿色管理情况。这些绿色壁垒给我国建筑企业的国际化提出了更大的压力和挑战。因此，推行绿色建造有利于提升建筑企业绿色建造能力和国际化水平，使我国建筑业与国际接轨，赢得国际市场竞争。

绿色建造强调从立项、设计至施工的统筹协调，一体化建造，关注建筑全寿命期的环境友好，资源高效利用，人员健康安全，生产高品质绿色建筑产品。各个阶段的目标是一致的，重点各有差异，策划阶段应尽早介入，成立绿色建造专业工作团队，以现代信息技术、数字技术通信技术和工程经验为手段，为业主提供项目管理服务，在整个项目实施全过程提供战略性、宏观性、前瞻性、定量分析和定性分析相结合的目标规划和控制工程建造的一体化管理。

我国发展绿色建造的机遇与挑战并存，对于如何走出一条适合我国国情的绿色建造之路，还面临着诸多问题和障碍。

①人们对绿色建造存有的误解难以消除。现在建筑界普遍认为先进的技术和没有形成规模化的管理制度会增加施工成本，从而认为绿色建造技术在施工阶段会耗费比一般的建筑施工更多的资金预算。这种认识误区的产生本身就有逻辑性的错误，绿色建造技术是以低耗能低耗材的"四节一环保"作为支持理念，从另一个角度来说，节约施工费用就是在推行绿色建造技术。

②绿色建造引领作用的推进力度需要加强。不论是政府部门还是企业，都需要一定的效益，无论是政府需要的社会效益、环境效益，还是企业较为看重的经济效益，其实通过绿色建造都可以实现。因此，政府部门就更应在绿色建造工作中全面承担其应尽的责任来发挥其主导作用，但因当前多数地方性政府尚未出台相应政策以及制定规范性的标准和制度来支持绿色建造项目，政府的阶段性规划目标也没有为绿色建造设计长远的计划，使得绿色建造的实施变成了"纸上谈兵"。

③缺乏对绿色建造推广实施的鼓励政策。绿色建造技术的推广不仅需要政府和相关部门的支持，更需要制定长效的鼓励政策来弥补绿色建造机制的空缺。影响绿色建造推广的因素较多，政府及有关部门应实施调查并对影响因素中比重较大的几个因素进行政策的调节和改善，做到激励和鼓舞建筑企业在投标项目时，首先想到对项目进行绿色建造。

④目前的工程管理模式不利于推广绿色建造技术。我国工程建造的过程属于多主体共同参加，且多种主体之间相互存在约束，使之构成一个多元责任网络主体制度。现有的传统施工模式中，不论是政府参与下的PPP、BOT模式，还是受发包人委托的EPC模式，都没有形成基于绿色建造技术的绿色立项、绿色设计结合绿色施工共同推进的系统化、规范化绿色建造模式。建筑全寿命期中的策划、设计和施工没有较好地融入绿色建造的理念，因此无法保障绿色建造实现综合效益的最大化。

绿色建造是在全社会倡导"可持续发展""循环经济"和"低碳经济"等大背景下提出的一种新型建造理念，在当今绿色发展的要求下不断被重视，其核心是"环境友好、资源节约、过程安全、品质保证"。实现这一理念，推进绿色建造，需要各方面的努力和政策、技术、管理等方面的支撑。上述问题的解决，将会有效推进绿色建造的发展，任重道远，道阻且长，行则将至。

中装协绿色智慧建造分会自2017年成立以来，在中国建筑装饰协会的正确领导下，切实践行"服务国家、服务社会、服务群众、服务行业"，以举办建筑装饰行业高质量活动为基本原则，以绿色建筑为方向，以新型建筑工业化为核心，以智能建造手段为有效支撑，推动行业工业化、智能化、绿色化的三化融合发展。

近年来，分会通过示范项目的深度交流，在

工业化、数字化、绿色化、装配化"四化"方面也进行了积极探索，不断提升企业绿色建造、智能建造整体水平；通过联合上海建工装饰集团，联合编制建筑装饰行业首部《智能建造项目评价标准》，为打造行业的智能建造项目提供参考依据；通过连续举办十届"绿装大会"，组织引导全国装饰行业积极倡导绿色理念、完成绿色设计、实施绿色施工、采购绿色建材、管理绿色运营、追求行业可持续绿色高质量发展。分会举办的"绿色智慧建造中国行"活动，将北京大兴机场、西安三大中心、天府国际会议中心等标志性建筑整体的绿色智慧建造工艺向行业进行推广普及，大大提升了建筑装饰行业的绿色建造水平，获得了行业的一致认可。

建筑装饰行业智能建造发展概述

一、建筑装饰行业智能建造发展背景

中国作为著名的建造大国，建筑业不仅是改革开放以来经济腾飞的坚实后盾，也是推动城镇化进程与民生福祉改善的关键力量。然而，随着中国经济从高速增长轨道平稳过渡到高质量发展阶段，建筑业亦步入存量竞争的新常态，面临着一系列严峻挑战。建筑装饰行业具有劳动密集型行业的特性，存在传统建造模式效率低、施工周期紧、现场工作环境艰苦、劳动强度大等共性问题，这一现状直接影响了建筑装饰工人的队伍构成，年轻劳动力对加入该行业的意愿普遍不高，造成了装饰专业产业工人队伍后继乏人的困境。再者，尽管近年来装饰行业在信息化与智能化建造方面有所探索，但整体信息化水平仍显不足，智能建造推进成效尚待提升。这些挑战具体表现为缺乏原创性装饰建造技术突破，高效实用的深化设计人工智能辅助工具与装饰施工现场机器人应用有限。同时，缺乏能够有效驱动装饰工程项目智能化转型的数字化管理平台，难以显著促进建筑装饰行业的转型升级与高质量发展。为实现行业高质量发展，我们需准确把握新一轮科技革命和产业变革趋势，加快装饰建造方式转变，大力提升装饰行业工业化、数字化、智能化水平。

二、建筑装饰行业智能建造发展政策导向

我国持续强化信息技术与各行业深度融合的战略布局，在全球信息产业蓬勃发展的背景下，将数字经济的发展置于国家发展战略的核心位置。建筑业作为关键领域之一，正积极拥抱数字化、网络化、智能化的融合浪潮，借助信息化与智能化的力量，激发新兴增长动力，推动行业转型升级，旨在实现从"建筑业大国"到"建筑业强国"的历史性跨越。2020年7月，住房和城乡建设部等13个部门联合印发的《关于推动智能建造与建筑工业化协同发展的指导意见》，提出要以大力发展建筑工业化为载体，以数字化、智能化升级为动力，创新突破相关核心技术，加大智能建造在工程建设各环节应用，形成涵盖科研、设计、生产加工、施工装配、运营等全产业链融合一体的智能建造产业体系。同年8月，住房和城乡建设部等多部门联合印发的《关于加快新型建筑工业化发展的若干意见》进一步提出推进发展智能建造技术，开展生产装备、施工设备的智能化升级行动，鼓励应用建筑机器人、工业机器人、智能移动终端等智能设备。推广智能家居、智能办公、楼宇自动化系统，提升建筑的便捷性和舒适度。2021年12月，中国建筑装饰协会发布的《建筑装饰行业"十四五"发展规划》中提出，以推进建筑装饰行业供给侧结构性改革为主线，以新型建筑装饰工业化为动力，以装配式、数字化、智能建造为技术支撑，推进技术创新和管理创新，提高建筑装饰工程品质，完善多层次多类型人才培养体系，促进建筑装饰行业转型升级和高质量发展。2022年1月发布的《"十四五"建筑业发展规划》也将加快智能建造与新型建筑工业化协同发展列为"十四五"时期建筑业发展的主要任务之首。直至2024年1月,工业和信息化部等7个部门印发的《关于推动未来产业创新发展的实施意见》进一步指出要把握新一轮科技革命和产业变革机遇,围绕制造业主战场加快发展未来产业,支撑推进新型工业化。

三、建筑装饰行业智能建造发展历程

智能建造体系依托"三化"(数字化、网络化和智能化)、"三算"(算据、算力、算法)为核心的新一代信息技术,重点发展面向智能设计的装饰工程数字化软件、面向智能工地的装饰工程物联网以及面向人机协作的装饰工程智能化机械装备等关键技术,旨在促进工程建造全过程、全要素、全参与方的协同与产业转型。作为连接底层通用技术与上层业务的枢纽,这些领域技术的发展对智能建造的推进具有关键作用。

1. 面向智能设计的装饰工程数字化软件

在人类历史的长河中,手工绘图曾是装饰行业表达创意、记录知识和传承文化的主导方式。随着工业革命的兴起,建筑设计图纸的标准化需求日益增长。这一时期的设计师们开始在巨大的"车间"里,利用图板、丁字尺、槽尺、平行尺和绘图笔等工具进行设计创作。然而,随着科技的进步,尤其是电脑和互联网的兴起,手工绘图逐渐被更为高效、精确的电脑设计所取代。

20世纪50年代,人类开始通过简单的数字图形界面来控制计算机和机床,标志着数字化技术的初步探索。到了60年代,随着具有图形界面的计算机系统的出现,尽管计算机软硬件仍处于起步阶段,但这一变革已预示了设计领域的未来转型。经过数十年的发展,计算机体积不断缩小,性能日益提升,编程语言也更加精简,这为计算机辅助设计系统(CAD)的诞生奠定了基础。CAD系统的出现,尤其是其在交互性二维绘图及三维线框绘图方面的应用,不仅标志着人与机器交互关系的重大技术进步,也开启了数字化装饰设计的新纪元。

进入20世纪70~80年代,数字化技术进一步推动了设计领域的变革。CAD系统的广泛应用为装饰行业带来了前所未有的效率提升,极大地促进了设计流程的优化。随后,产品生命周期管理(PLM)的出现,为装饰行业带来了更为深入和广泛的设计变革。PLM在装饰工程中的应用,不仅涵盖了设计阶段的全面管理,还延伸至材料采购、生产施工、后期运维等全生命周期的各个环节,实现了设计信息与业务流程的高度集成。这一变革不仅提升了装饰项目的管理效率,还增强了各参与方之间的协同合作,确保了设计信息的准确性和一致性。这些持续的发展不断塑造着装饰行业未来设计的趋势和方向,引领着行业向更加智能化、高效化的方向迈进。

同时,在传统的装饰设计阶段,由于设计信息主要基于二维图纸,抽象且不直观,导致信息在转换和传递过程中错误率增加。同时,装饰项目涉及的预制构件众多,手工出图信息量大,管理复杂,一旦需要调整设计方案,各专业间的修改既费时又费力。此外,不同专业设计之间的独立性也导致了沟通困难,容易发生冲突,增加了后期的风险。为了解决这些问题,建筑信息模型(BIM)应运而生。BIM技术在装饰工程的策划、设计、实施与运维过程中实现了数据共享、优化、协调和控制。它利用三维数字化信息技术,集成了建设项目的工程数据,以数字化的方式展示了施工主体结构和功能特征。通过构建装饰项目的三维模型,BIM使各专业数据产生链接,并利用其碰撞检查和自动纠错功能,帮助设计师找到设计冲突,使设计更加清晰、直观。这不仅有利于信息的有效传递,减少了设计变更,提高了设计效率,还避免了设计原因造成的资源浪费和成本增加。因此在装饰行业中,Revit、Tekla等主流的BIM设计软件展现出了广泛的应用价值。

随着技术的发展,"参数化设计"这一基于

拓扑学思想的设计方法逐渐在装饰行业中得到应用。近年来，随着Grasshopper、AUTODESK 3DS MAX、AUTODESK Maya、AUTODESK DYNAMO STUDIO等设计软件的出现，参数化设计在装饰领域得到广泛运用，设计场景呈现出前所未有的形状、形式和方法。这些软件使装饰设计师能自动完成版本的更新设计，而无需手动调整每个组件。参数化设计解决了传统方法的复杂性和多变性难题，提高了设计效率，增强了设计的可塑性和创新性，为装饰行业带来了显著优势和价值。

而到了2023年，随着AI技术的全面爆发、5G技术的趋于成熟以及大数据的全面渗透，许多行业都开启了新一轮的技术革新。在这一背景下，智能设计的兴起标志着装饰行业设计的又一重大飞跃。智能设计应用现代信息技术，模拟人类的思维活动，显著提升了计算机的智能化设计水平，使其能够承担设计过程中更多元、更复杂的任务，成为设计人员不可或缺的辅助工具。

2. 面向智能工地的装饰工程物联网

在建筑装饰行业的发展初期，工地现场管控多采用粗放式管理模式，依赖企业领导者和员工的个人能力推动工作。由于企业规模较小，项目复杂度低，这种管理方式尚能满足基本需求，但存在信息共享不畅、管理粗放等问题，为后续发展埋下隐患。

为了解决信息共享不畅导致的管理问题，我国自2012年起开始将物联网技术引入建筑行业，实现建筑物与部品构件、人与物、物与物之间的信息交互。物联网技术的应用大幅提高了企业的经济效益，通过对材料进行编码，实现了对预制构件的智能化管理，并结合网络实现了精准定位。同时，基于物联网搭建的施工管理系统能够及时发现工程进度问题，并快速采取措施避免经济损失。然而，随着科技的飞速发展，传统的施工现场管理模式面临前所未有的挑战，如何提高施工效率、保障安全、降低成本成为建筑行业亟待解决的问题。

在这样的形势下，行业急需突破传统的管理模式，创新管理思路，全面提升工地现场的管理水平，智慧工地建设由此应运而生。智慧工地运用信息化手段，实现工程施工可视化智能管理，旨在提高工程管理信息化水平，逐步实现绿色建造和生态建造。作为装饰行业应对施工现场安全、质量、文明施工等管理挑战的创新解决方案，智慧工地聚焦施工一线，深度融合信息化技术与生产过程，确保数据实时共享，提升协同能力，并通过数据分析预测增强管理决策力。

智慧工地的特征在于其实时性、协同性、预测性和适应性，集成软硬件技术满足多变需求。利用BIM、RFID、计算机视觉及5G、北斗、人工智能等先进技术，智慧工地在建筑工人管理、施工安全、设备管理、生产管理、环境管理及项目协同等多个维度实现智能化应用，不仅提升了装饰工程的效率与质量，还扩展至供应链监管等上下游环节，形成全面智能化管理体系。未来，随着5G时代的加速，智慧工地将进一步推动装饰行业向数字化、智能化转型，促进绿色建造和生态建造目标的实现。

3. 面向人机协作的装饰工程智能化机械装备

自20世纪90年代以来，我国装饰行业依托改革开放的春风与庞大的人口红利，经历了劳动密集型产业的迅猛增长。然而，随着劳动力市场的紧缩和社会生活成本的攀升，传统依赖高密度人力、低附加值的生产模式逐渐暴露出其局限性。

为应对这一挑战，机械化作业开始在装饰行业中崭露头角。机械化技术的广泛应用有效替代了繁重的手工劳动，不仅减轻了工人的体力负担，还显著提升了生产效率，降低了成本，同时确保了工程质量的稳定，标志着装饰行业生产力的一次重要飞跃。

进入21世纪，面对全球建筑业普遍面临的劳动力短缺、老龄化等严峻问题，智能化装备的研发与应用成为装饰行业转型升级的关键突破口。智能化施工技术，特别是自动化与装备化的快速推进，预示着行业将迎来一场深刻的变革。自动化阶段实现了施工过程的无人操控,而装备化则进一步实现了对人工作业的等效替代,两者相辅相成,共同推动了自动化施工目标的实现。智能装备在传统工程机械基础上,深度融合了多信息感知、故障诊断、高精度定位导航等先进技术,具备自感应、自适应、自学习和自决策能力,实现了性能的最优化。它们不仅解决了传统施工模式下效率低下、能源消耗大、安全隐患多等问题,还为装饰行业带来了显著优势。智能装备的应用比传统密集人工劳动力作业更安全,显著降低了工伤风险。同时,它们提高了施工效率和工程质量,有效避免了人为施工引起的误差过大等问题,机器人的施工精度更高,施工成型质量比传统人工方式更高。此外,智能装备还能提高材料利用率,避免了传统施工方式中建材使用不能精确控制而导致的施工材料浪费问题,实现了更绿色低碳的建设过程。更重要的是,这些新技术显著改善了劳动环境,吸引了年轻劳动力回流建筑业,为行业注入了新的活力。

四、建筑装饰行业智能建造发展困境分析

经过长期积累与沉淀,我国在智能建造领域取得了长足进步,一系列成果应运而生。然而,面对国内装饰行业转型升级的迫切需求,以及全球智能装饰技术快速发展的态势,我国智能装饰的发展仍面临多重挑战。

1. 在市场环境方面

装饰企业长期依赖国外智能装饰产品,产生了数据依存,相关产品替换难度较大;由于国产智能装饰产品用户基数相对较小,缺乏充足的市场反馈数据,难以快速迭代优化,进一步拉大了与国际竞品在功能丰富度、性能稳定性等方面的差距。

2. 在企业部署方面

国内智能装饰企业战略部署规划不清晰,未形成与上下游的深度沟通,不利于产品布局的纵深发展;国内厂商起步较晚,生态基础薄弱,资源分散严重,不少国产产品在细分市场仍处于整体价值链的中低端位置;国内厂商的自主创新能力与意识仍然较弱,国际领先的创新成果相对较少。

3. 在核心资源方面

智能建造标准体系有待健全,相关研发缺少基础数据标准,市场适应性和服务能力有待提高;核心技术薄弱,较多依赖在国外企业技术基础上的二次开发;缺乏完善的智能建造应用生态,无法形成面向项目全生命周期的智能化集成应用;高端复合型人才匮乏,特别是在智能装饰领域的跨界人才更是凤毛麟角,加之人才引进、培养与储备机制的不完善,制约了行业的快速发展。

五、建筑装饰行业智能建造发展前景展望

智能建造是建筑装饰行业实现高质量发展的必由之路,为了大力提升该行业的智能建造水平,未来必须采取多维度的策略。首先,需要坚持市场主导、政府引导。充分发挥市场在资源配置中的决定性作用,强化企业市场主体地位,积极探索智能建造与建筑工业化协同发展路径和模式,鼓励企业开展数字化、装配式、智能建造等关键技术和工艺工法的研发创新及应用。继续完善智能建造政策体系,更好地发挥政府在顶层设计、规划布局、政策制定等方面的引导作用。其次,通过实施智能建造试点示范创建行动,总结推广可复制经验做法。再其次,坚持标准引领,加快构建先进适用的建筑装饰行业智能建造标准体系。同时,加快数字化应用和先进技术的推广,推进建筑数字化设计、制造和建造技术全面发展,加快智能设计软件、智能建造机器人、智能工程机械设备的研发、制造,加大DFMA、无人机、虚拟建造、激光扫描、数字化可视平台等先进技术的推广,加快智能管控平台的研发,促进智能生产和智能施工。最后,加快人才队伍建设,尤其是高端人才的培养,大力提升产业工人的技能水平。综上所述,通过多维度的策略实施与协同推进,建筑装饰行业的智能建造水平将得到全面提升,为实现高质量发展奠定坚实基础。

更高效、更环保、更智能

——建筑装饰行业信息化发展四十年发展回顾

随着信息技术的飞速进步,数字化浪潮已深刻地改变了各行各业,中国建筑装饰行业也不例外。作为国民经济的一个重要分支,装饰行业从依赖传统手工操作逐步转型为利用现代信息技术进行高效管理。过去的四十年中,从初步的电子计算、简单的电邮沟通,到今日云技术、大数据分析和人工智能的广泛应用,信息化的发展使得建筑装饰设计和施工过程更加高效,项目管理更透明化和智能化。信息化不仅帮助企业优化资源配置、提高决策质量,应对市场变化,同时还带动了整个行业文化和工作方式的变革,传统的纸质文件传递方式被实时、数字化的沟通方式所替代,极大地缩短了项目周期,降低了错误和返工的风险。未来,随着技术的持续革新和行业需求的不断升级,中国建筑装饰行业将继续向数字化、智能化方向发展,新兴技术如建筑信息模型(BIM)、虚拟现实(VR)、人工智能(AI)、物联网、智能建筑等将进一步融入行业实践,推动行业向着更高效、更环保、更智能的方向演进。

一、中国建筑装饰信息化发展历程

自改革开放以来,中国建筑装饰行业从无到有,伴随着行业企业的快速发展,经历了翻天覆地的变化,信息技术的不断升级和推广应用是推动行业变革的重要力量。以下为建筑装饰行业信息化发展的阶段历程:

1. 初见曙光,满怀希望——试探前行阶段(20世纪80~90年代初)

在改革开放的初期阶段,中国经济对外开放迅速扩张,建筑装饰行业也开始逐步引入计算机技术,主要集中在大型企业和科研机构,尝试解决设计和施工中的基本问题。当时,尽管计算机设备昂贵且操作界面并不友好,但行业内对于计算机的应用水平还相对较低,应用仅局限于基本的文字处理和数据计算。建筑装饰行业开始尝试使用计算机辅助设计(CAD)技术用于建筑图纸的制作,成为行业内的一大创新。此举虽初期成本较高,但相较于传统的手工绘图,设计速度提高了近30%,工作效率得到显著提升。这些初期的信息化尝试代表了行业对信息化技术进步的初步拥抱,为后续更深层次的技术应用奠定了基础。

2. 开启新篇,引领未来——变革发展阶段(20世纪90年代)

随着个人电脑的普及和计算机技术的迅速发展,CAD软件在建筑装饰行业得到广泛应用。1991年,国家开始重视CAD技术的应用推广,提出"甩掉绘图板"(后被简称为"甩图板")的号召,CAD技术得到了政府层面的应用推广,并促成了一场在各领域轰轰烈烈的企业革新。1992年,国家启动"CAD应用工程"并将它列为"九五"计划的重中之重。随后,众多国产CAD企业如雨后春笋般建立起来。此阶段的设计师们开始摒弃传统的手绘方式，转向使用电脑进行二维图纸的设计工作，引领了一场建筑装饰行业的信息化革命。上海金茂大厦的建设成为这场变革的标志性项目，其设计团队全面采用了CAD软件进行二维图纸的设计，这一转变不仅缩短了设计周期，还提高了设计精度，减少了建设中的错误和物料浪费。这标志着行业的一大进步，也象征着整个建筑装饰行业向高效、精确的现代化方向迈进。随着CAD技术在行业内快速且广泛应用，促使行业内的设计标准和工作流程也开始逐步统一和规范化，提升整个行业的工作效率和服务质量，从手工绘图到电脑辅助设计的转变，标志着建筑装饰行业进入了一个全新的数字化时代，为未来的高速发展奠定了坚实的基础。

3. 融会贯通，激发潜力——整合提升阶段（21世纪初至2010年）

互联网技术的飞速发展使得信息交流变得更加便捷，也彻底改变了建筑装饰行业的管理和运作方式。企业逐步采用项目管理软件执行预算编制、招投标管理和项目进度控制，同时，ERP系统被广泛引入以促进内部资源的协调和优化。例如，在北京国家大剧院建设项目中，项目管理软件的使用大幅提升了成本与进度的实时监控能力，确保了项目按计划推进，有效预防了超支和延期问题。在此阶段，建筑装饰行业的信息化不仅增强了管理能力和项目执行力，也为企业带来了更高效的资源配置和更明智的战略决策，信息化管理逐渐成为行业标准，推动整个行业的技术进步和发展。

4. 效能显现，助力发展——集成赋能阶段（2010年至今）

自2010年以来，建筑装饰行业的信息化发展取得了显著成果。在设计阶段，计算机辅助设计（CAD）软件和三维建模技术的应用使得设计方案更加精确、高效，同时提高了客户满意度。虚拟现实（VR）和增强现实（AR）技术的应用也为设计阶段带来了新的体验。在施工阶段，建筑信息模型（BIM）技术实现了建筑设计、施工、运营等全生命周期的信息集成，提高了工程质量和效率。无人机、激光扫描等技术的应用也为施工阶段的测量、监测提供了便利，提高了施工精度和安全性。在管理阶段，项目管理软件实现了项目管理的数字化，使得项目经理能够实时掌握项目进度、成本、质量等信息。云计算、大数据等技术的应用也为建筑装饰行业的数据分析、决策支持提供了强大支持。在产业链协同方面，信息化技术使得企业之间的信息共享变得更加便捷，提高了整个产业链的效率。电子商务平台的发展也为建筑装饰行业的采购、销售提供了新的渠道，降低了企业的运营成本。在绿色环保方面，智能照明系统和智能家居系统等信息化技术实现了节能减排，提高了建筑装饰行业的环保水平。这一阶段，建筑装饰行业的信息化发展取得了显著成果。未来，随着物联网（IoT）、智能建造、人工智能（AI）技术的发展及应用，建筑装饰行业的信息化发展将继续保持高速发展态势，实现更加高效、环保、可持续的发展模式，为企业创造更多的价值，推动行业高质量发展。

二、中国建筑装饰协会工业和信息化分会发展历程

1. 中国建筑装饰协会信息化工作的必要性及背景

随着信息技术的不断应用，中装协信息咨询委员会适时开展信息技术的应用和推广。1998年，搭建了建筑装饰行业的第一个行业门户网站：中国建筑装饰网，主要为中国建筑行业、装饰行业、建筑装饰设计行业、建材行业以及广大的行业从业者了解行业市场动态，获取行业资讯，了解行业标准、法规建设等信息的重要媒介。

为了落实科学发展观，贯彻十届全国人大四次会议《国民经济和社会发展"十一五"规划纲要》提出的"坚持以信息化带动工业化，以工业化促进信息化，提高经济社会信息化水平"和

《中国建筑装饰行业"十一五"发展规划纲要》的要求,以及建设部关于信息化纳入企业资质管理中的新要求,中国建筑装饰协会在2006年颁布了《全国建筑装饰行业信息化创新成果评价推介办法》(中装协[2006]061号);使业内企业和个人的信息化创新成果有效率地转化为行业的先进生产力,积极引导、激励和提升我国建筑装饰行业信息化水平。

2010年1月19日,工业和信息化部信息化推进司召开"两化(信息化与工业化)融合座谈会",中国建筑装饰协会等18个工信部委托两化融合评估工作的行业协会与会。中国建筑装饰协会两化融合的工作得到了信息化推进司领导的称赞和与会协会的重视。

2011年3月31日,工业和信息化部、科学技术部、财政部、商务部、国务院国有资产监督管理委员会共同发出《关于加快推进信息化与工业化深度融合的若干意见》(工信部联信[2011]160号)。4月22日,"建筑装饰行业两化融合发展水平评估指标体系研究(送审稿)论证会"在神州长城装饰工程有限公司举行,会议进行了高效高质量的讨论,经认真细致的再次修改,形成报批稿。2011年4月25日,中国建筑装饰协会向工信部信息化推进司报送了《建筑装饰行业两化融合发展水平评估指标体系研究报告》。同年5月10日,住建部公布《2011～2015年建筑业信息化发展纲要》(建质[2011]167号)。

2011年5月20日,工业和信息化部信息化推进司致中国建筑装饰协会《关于委托开展建筑装饰行业两化融合发展水平评估工作的函》,要求在前期建筑装饰行业两化融合发展水平评估指标体系研究的基础上,依据一定的评估方法,开展行业的评估工作,认真组织力量,定期和及时通报进展情况,反映遇到的问题,扎实推进。中国建筑装饰协会接到通知后,积极响应,发出《关于2011年全国建筑装饰行业两化融合工作安排的通知》(中装协[2011]18号)。通知强调,建筑装饰行业要积极贯彻国家关于"信息化和工业化深度融合"的要求,认真落实工业和信息化部信息化推进司2010年10月8日委托协会的"开展建筑装饰行业两化融合发展水平评估指标体系研究并进行评估工作",以两化深度融合为抓手加快转变企业和行业的发展方式。5月30日,中国建筑装饰协会发出《关于开展建筑装饰行业两化融合发展水平评估工作的通知》(中装协[2011]28号)。同年8月,中国建筑装饰协会在深圳市晶宫设计装饰工程有限公司召开了"2011年首批建筑装饰行业信息化创新成果评价会暨行业两化融合工作座谈会"。会议评价了15家企业报送的18项行业信息化创新成果,通报了两化融合当前的工作,会议受到与会的60多家企业,包括两化融合示范申报企业、行业授信企业、准备上市公司信息化情报主管代表的一致好评。9月15日,中国建筑装饰协会发出《2011年(第一批)全国建筑装饰行业信息化创新成果公告》(中装协[2011]51号),信息化创新成果评价工作表明,中国建筑装饰协会"以信息化创新成果评价推动行业信息化建设"的探索,符合行业信息化建设的发展规律,加快了发展方式的转变,得到了业内的普遍认可。

2011年8月,中国建筑装饰协会发出《关于召开"第三次全国建筑装饰行业信息化建设工作会议"的通知》,通知指出:自2004年4月和2006年11月中国建筑装饰协会在北京召开了第一次和第二次全国建筑装饰行业信息化建设工作会议后,此会已成为中国建筑装饰协会重要的双年活动。为了贯彻落实党的十七大、十一届全国人大一次会议《政府工作报告》《国务院2008年工作要点》中关于"五化"(工业化、信息化、城镇化、市场化、国际化)并举、"两化"(信息化与工业化)融合的要求,深刻把握我国建筑装饰行业发展面临的新课题,更加自觉地走科学发展道路,总结2004年以来我国建筑装饰行业信息化建设成果,加快转变行业发展方式,经2008年中国建筑装饰协会会长工作会议、全国建筑装饰协会秘书长工作会议和六届三次常务理事会审议，计划于10月召开"第三次全国建筑装饰行业信息化建设工作会议"。会议主要内容有四：一是讨论通过《关于加强建筑装饰行业信息化建设的指导意见》；二是介绍《建筑装饰行业信息化服务规划》；三是信息化手段提升企业核心竞争力成功案例讲座；四是表彰行业信息化建设先进单位、先进个人和信息化成果，并颁发证书。

2. 工业和信息化分会发展阶段

2012年3月，中装协为进一步提高行业信息化水平，在总会层面成立信息化工作办公室，联合中装协施工委、中华建筑报社共同推动企业信息技术应用。2014年5月，在厦门举办了"首届全国建筑装饰行业信息化建设高峰论坛"，并在第二届建筑装饰科技大会、G20主会场观摩活动、中国建筑装饰协会三十周年纪念系列活动中，积极推广宣传了行业信息化建设的成果和先进的信息技术。

2018年，将在中国建筑装饰协会信息化工作办公室的基础上成立了中国建筑装协会信息化分会，作为中装协的重要分支机构，积极推动行业信息化建设。

2019年3月，为实现建筑装饰行业"数字化管理、工业化生产、装配化施工和智能化交付"，并全面吸收和借鉴国内外先进信息技术和工业化装修的经验，加快推进建筑装饰行业数字化转型和工业化升级，中国建筑装饰协会信息化分会更名为中国建筑装饰协会工业和信息化分会。

三、中装协工业和信息化分会主要工作

工业和信息化分会工作旨在为行业"数字化转型，工业化发展"提供全方位服务。立足建筑装饰行业，以"装配式装修体系研究及应用推广、BIM大赛、项目管理大赛、交流观摩会议、数字化管理人才培训、数字装饰中国行、一对一调研咨询服务、展览展示等"为载体，推广先进的数字技术和装配式装修经验，帮助装企实现"企业管理精细化、企业经营网络化、BIM应用全过程化、材料采购低碳化、现场施工装配化、现场管理智慧化、项目交付数据化、后期运维智能化、工程全生命周期低碳化"的目标，从而加速装企的数字化转型和供应商低碳化发展，推动行业"四化"转型，实现行业高质量发展。做装企最贴心的陪跑者，做产业链信息共享的推广者。

1. 技术引领及行业交流

（1）信息化发展大会

2014年3月协会发布关于《召开"首届全国建筑装饰行业信息化建设高峰论坛"的通知》（中装协[2014]34号），在厦门举办"首届全国建筑装饰行业信息化建设高峰论坛"。论坛主题为"管理创新促进信息化建设"。金螳螂装饰、新丽装饰、港源装饰、建谊装饰、常宏装饰等行业领航企业在首届信息化论坛上深入分析企业管理与信息化建设的关系，研讨管理对驱动信息化建设的重要作用，通过对企业信息化实践经验分享和下一步信息化建设的思路，开拓行业信息化的发展思路，推进行业企业持续健康发展。

2018年6月协会发布《关于召开"第二届全国建筑装饰行业信息化发展大会"的通知》（中装协[2018]51号），在厦门市举办"第二届全国建筑装饰行业信息化发展大会"。这是继2014年第一届信息化大会以来的又一次以"信息化"为主题的大会，是四年来行业企业利用信息技术"转变战略决策方式、重构商业模式、升级管理模式和改变生产方式"的一次大阅兵，更是改革开放40年来行业企业管理和技术创新的成果集中展示。大会秉承中装协"立足行业、服务企业"的理念，本着"看得懂、学得会、拿得走、用得起"的原则，让与会人员不仅可以一站式聆听到行业企业信息化建设最先进的经验分享，还能现场体验工具软件、自助式小程序、可扩容大平台等行业最前沿的信息化技术。

（2）"数字装饰中国行"系列活动

2019年召开"数字装饰中国行——走进苏州"暨装饰行业全过程数字化造价管理闭门会。

2019年召开"数字装饰中国行——走进新中大暨数字化财税风险管控闭门会"。

2019年召开"数字装饰中国行——走进河南"暨建筑装饰企业"双控体系（控安全控财税）"建设研讨会。

2021年召开"2021数字装饰中国行——走进深圳"暨5G智慧工地现场观摩会。

2023年召开"数字装饰中国行——走进深圳"暨2023建筑装饰项目经理大会。

"数字装饰中国行"系列活动，从多角度、多岗位、多地区、多专题出发，围绕"数字装饰"主题，走进多城市、多企业，通过行业学者、学者、企业家、教育家等专家的经验分享，展现数字化发展趋势、整合可持续发展理念的决心。多维度的系列活动促进装饰行业内部的数字化转型，提高行业的信息化、数字化水平。同时，通过强化教育与技能培训，增强了业界交流与合作，并推动了行业市场拓展与提升。

（3）年度BIM大会

2019年6月，召开"数字装饰中国行——走进山东暨建筑装饰BIM应用大会"。

2020年8月，召开"2020中国建筑装饰数字化和内装工业化大会暨建筑装饰行业数字化和工业化成果展"。

2021年6月，召开"2021数字装饰中国行——走进江苏暨装饰企业数字化转型和BIM应用交流会"。

2022年10月，召开"2022建筑装饰BIM大会"。

2023年5月，召开"2023建筑装饰BIM大会暨第二届建筑装饰数字化转型和工业化发展高峰论坛"。

2024年4月，召开"2024建筑装饰BIM大会"。

从2019年开始至今，建筑装饰BIM大会以每年一届的频率举行，已成为协会最具影响力的年度盛会之一。大会发布BIM大赛的评选结果，始终致力于推动BIM技术在建筑装饰工程设计、施工和运维中的广泛应用，提高工程项目的效率和质量，通过邀请国内外的建筑设计师、工程师和技术专家等参与，大会为行业内的交流与合作提供了重要平台。通过发布行业分析报告、专题研讨、主题论坛等形式，为行业发展提供了指导和参考。大会的举办有效促进了BIM技术在建筑装饰行业的普及和应用，提高了行业的整体技术水平和管理水平，从而推进行业的转型升级。

2. 大赛评优及培养提升，首届中国建筑装饰BIM大赛

2019年4月，协会发布《关于举办首届中国建筑装饰BIM大赛的通知》（中装协[2019]34号）。通知强调信息化是建筑现代化的重要特征，BIM技术作为建筑信息化的重要抓手来推动技术和管理的提升，必将潜移默化地给建筑的各个行业带来全方位的变革。让BIM技术应用作为信息化技术发展的重要依托，从装饰投标到过程施工到交付使用，BIM技术贯穿装饰全过程，真正实现时时把控项目的进度、成本、质量、安全等，使人、机、料、法、环等要素在生产中协调统一，进而将这一技术管理变革覆盖到与之有关的主管部门、建设单位、咨询、设计、施工、监理等全参与方。

大赛旨在推动建筑信息模型（BIM）技术在建筑装饰行业的广泛应用，提升行业整体技术水平和创新能力。大赛鼓励设计师、工程师、项目各岗位人员、科技研发人员以及学生群体积极参与，大赛内容涵盖了BIM设计、施工、预决算、软件、装配式等多个方面，通过竞赛形式展示BIM技术在实际工程中的应用成果，促进行业内的交流与合作。

2019～2024年，工信分会每年举办建筑装饰BIM大赛，已成功开展至第六届。每年大赛申报项目数量300～500项，参与人数数千人以上。参赛者不仅包括国内知名的设计院、装饰公司，还有科技公司、材料厂家、软件公司等。大赛通过初评、复评和终审答辩三轮评审，产生大赛结果经公示后发布。随着BIM技术的普及，大赛一等奖入围率从开始的10%升级到5%，大赛逐步从推广BIM在项目中应用升级为发挥BIM技术作用，提升项目建造品质，推动企业数字化转型。建筑装饰BIM大赛的举办显著提升了建筑装饰行业对BIM技术的认识和应用水平。通过大赛，许多优秀的BIM应用案例得以展示和传播，促进了技术创新和经验交流。同时，大赛也为行业培养了大量BIM技术人才，为企业提供一个评优、提升、展示的空间，在推动建筑装饰行业数字化转型和低碳发展方面，起到了至关重要的作用，为装饰行业迈向工业化提供了数据支撑，为行业的可持续发展奠定了基础。

四、中国建筑装饰信息化发展四十年来的历史性成就

自改革开放以来，中国建筑装饰行业经历了从传统手工作业到数字化、网络化、智能化的现代化转型。在这一进程中，行业内不断涌现出具有前瞻性的企业家和创新企业，他们通过激烈的市场竞争和不断的技术创新，推动了整个行业的快速发展。

1. 产业数字化革新

数字化技术的广泛应用是四十年来的重要成就之一。特别是数字化与工业化的融合发展不仅代表了技术应用的系统性创新，也体现了生产方式的革命性变化。

（1）技术应用的系统性创新

在建筑装饰行业，数字化技术的广泛应用涉及设计、施工、管理等多个方面。例如，计算机辅助设计（CAD）技术的应用极大地提高了设计效率和精度。虚拟现实（VR）技术的引入更是让客户能够身临其境地体验未来空间的效果。建筑信息模型（BIM）技术使得建筑设计更加精确和可视化，通过三维模型即可模拟建筑的各个方面，包括结构、机电、管道等。人工智能（AI）辅助设计师根据需求完成多种方案，提高效率的同时拓展思维。这些技术创新应用不仅提高了设计的效率和质量，还减少了设计阶段的错误和修改成本。

（2）生产方式的革命性变化

随着信息技术的融合，建筑装饰行业的生产方式也发生了根本性的变化。传统的建筑施工依赖于现场作业和大量的手工劳动，而现代的建筑工业化则通过预制、装配式和模块化建造等方式，将大量的生产活动转移到工厂中完成。这种方式不仅提高了建筑的质量和施工的速度，还大大减少了对环境的影响。

（3）数字化与工业化的融合发展

数字化和工业化的结合，即"工业4.0"或"智能制造"，在建筑装饰行业中创建了智能工厂和自动化生产线。通过传感器、大数据、人工智能和机器学习等技术，工厂能够实现自动化生产和智能化管理。例如，生产线可以自动调整设备的工作状态，优化生产流程，减少浪费，并提高产品的一致性和质量。

（4）集成化管理系统

企业资源规划、客户关系管理和供应链管理系统等集成化的管理工具，使得建筑装饰企业可以更有效地管理项目、控制成本、优化资源配置和提升客户满意度。这些系统通过实时数据分析和网络协同，增强了企业的决策能力和市场响应速度。

（5）智慧施工

利用BIM、物联网、云计算和移动互联网等技术，使施工现场的管理变得更加智能化。智慧工地集成时间、成本、资源等多维度信息，实现项目管理的精细化和动态化。通过安装各种传感器和监控设备，工地的安全状况、工人的位置、材料的使用情况等都可以实时监控，确保施工安全并提高效率。网络集采平台，为设计、施工的材料选择提供最适合的绿色性能参数，推进行业的可持续发展。

（6）智能设备

智能设备和机器人在建筑装饰行业的应用越来越广泛，这些技术应用可提高施工效率与精度，降低成本，减轻人工负担。自动化施工机器人能够承担搬运、焊接、喷涂等任务，在复杂环境中稳定工作；智能测量和检测技术可借助无人机和机器人快速精确地收集现场数据，助力决策并确保建筑质量；室内装修机器人则可执行切割、安装等精细作业，提升装修效率与品质。智能设备和机器人的使用，不仅提升了建筑装饰行业的自动化和智能化水平，还为行业带来了更高效、更安全、更环保的工作方式。

（7）绿色可持续发展

信息化技术还帮助建筑装饰行业实现了绿色可持续发展。通过精确计算和模拟，可以减少材料浪费，优化能源使用，降低建筑的碳足迹，促进环保和可持续性。

2. 政策推动发展

2016年，住房和城乡建设部发布的《2016—2020年建筑业信息化发展纲要》标志着政府对建筑装饰信息化的重视，并设定了明确的发展目标。协会推动BIM技术的广泛应用、以实现设计的可视化、模拟化以及项目全生命周期管理。促进互联网、大数据、云计算和物联网等现代信息技术与建筑业的深度融合。鼓励开发和应用智能化建筑装饰施工设备，提高施工自动化和智能化水平。强化智慧管理平台建设，简化审批流程，提高工作效率和透明度。响应政府数字化时代发展趋势，促进行业的转型升级。

3. 绿色建造探索

积极推进绿色建筑技术的探索和推广，特别是通过整合信息技术与绿色建筑实践。推动了建筑信息模型（BIM）的应用，以实现节能高效的设计解决方案，减少材料浪费，并优化施工计划，有效减少了建筑对环境的负面影响。大力推广装配式装修的发展，采用工厂化生产装饰产品构件并在现场快速组装，提高了施工速度和质量，同时减少了施工现场的噪音和粉尘污染。这一过程中，信息化管理平台扮演了关键角色，确保了预制构件的精准制造和高效配送。此外，倡导应用智能化运维管理系统，如智能照明和温控系统，这些系统能实时监控和调节能源使用，进一步降低建筑的运营成本和能源消耗，推动环保和可持续发展。通过不断探索和深化信息化在绿色建造领域的应用，推进行业向更高效、环保和可持续的方向发展。

五、中国建筑装饰信息化发展趋势和未来展望

中国建筑装饰信息化发展呈现出广阔的发展前景和多维度的发展方向。随着技术的快速进步和市场需求的多样化，建筑装饰行业在信息化方面将继续保持快速发展的趋势。以下是对中国建筑装饰信息化未来发展的分析。

1. 数字化和智能化升级

中国建筑装饰行业将进一步深化数字化和智能化应用，利用建筑信息模型（BIM）、人工智能（AI）、云计算、物联网（IoT）等技术提高装饰工程设计和施工的精确度及效率。这些技术不仅能够提升项目质量，还能实现对成本和时间的有效控制。

2. 绿色建筑和可持续发展

在全球气候变化和资源节约的大背景下，建筑装饰行业将更加重视绿色建筑和可持续材料的应用。信息化技术如智能分析和预测工具将被广泛用于优化能源消耗和减少建筑过程中的环境影响。

3. 产业链整合与区域协调发展

通过信息化技术，建筑装饰行业的产业链将得到更好地整合，促进上下游企业的协同工作，提高行业整体效率。同时，区域间的协调发展也将因信息技术的应用而得到加强，缩小地区发展差异。

4. 技术创新与政策支持

政府对建筑信息化的推动以及相关政策的支

持是推动行业发展的重要动力。未来，技术创新如AR/VR在设计可视化、AI在项目管理中的应用将成为常态，并受益于政府在技术研发和行业应用方面的政策支持。

5. 人才培养与知识更新

随着信息化技术的发展，行业对高技能的人才需求日益增加。未来，建筑装饰行业将更加注重人才的培养和知识更新，通过高等教育和职业培训，培养更多能够运用现代信息技术进行工作的专业人才。

6. 市场国际化与全球合作

面对全球化的市场环境，中国建筑装饰企业将不断拓展国际市场，参与国际竞争与合作，引进国外先进技术和管理经验，以提升整体竞争力和服务水平。

中国建筑装饰行业的信息化发展将呈现加速态势，主要发展方向包括技术革新、绿色可持续、国际合作、产业链协同、政策环境优化及人才培养等方面。这些发展趋势将为行业带来前所未有的新机遇，也将为行业从业者提供更宽广的发展空间和平台，共同推动建筑装饰行业向更加高效、环保、人性化的方向迈进，创造更加美好的生活空间。

未来信息化发展还将继续推动整个行业向更高效率、更高品质、更可持续的方向迈进。随着5G技术的普及，施工现场的实时数据传输将更加高效，远程监控和管理将变得更加便捷。物联网（IoT）技术将使建筑装饰行业更加智能化，设备和材料的互联互通将为项目管理带来革命性的变化。此外，区块链技术有望在供应链管理中发挥重要作用，提高材料来源的透明度和可追溯性，确保建筑装饰行业的健康发展。

聚焦照明设计，推动建筑电气行业高质量发展

随着数字化、智能化时代的到来，建筑电气行业正面临着前所未有的发展机遇和挑战。作为中国建筑装饰协会的专业分支机构之一，中国建筑装饰协会建筑电气分会贯彻中国建筑装饰协会"扶优、扶大、扶强"的发展战略，高层次地服务于全国建筑电气生产及流通领域企业，为施工单位推荐优质、节能的电气产品。同时开展与建筑电气行业相关的信息、技术、管理等方面的交流与服务，促进建筑电气行业可持续发展。未来，中国建筑装饰协会建筑电气分会继续秉承开放、创新、合作的精神，积极应对新时代的要求，推动行业的高质量发展。

一、推动行业标准与规范制定

一直以来，中国建筑装饰协会建筑电气分会积极参与国家及行业标准的制定和修订工作，完善建筑电气领域的标准体系，为行业的规范发展提供有力支撑。同时加大对标准的宣传力度，提高行业内企业和人员对标准的认识和理解，推动标准的贯彻实施。

1. 编纂照明设计应用标准

近年来，随着中国社会、经济的飞速发展，中国国际影响力进一步提升，中国的标准亟须走出去，提升中国标准的国际影响力。为快速提升全国装饰行业的照明设计应用水平，由中国建筑装饰协会建筑电气分会主编，联合国内装饰装修企业设计院、独立设计机构、优秀照明企业等有关单位共同编制的《建筑装饰装修室内空间照明设计应用标准》（T/CBDA 48—2021）自2021年5月1日起正式实施。

《建筑装饰装修室内空间照明设计应用标准》是我国建筑装饰行业工程建设的团体标准，该标准根据建筑室内空间环境的特点，系统性总结编委专家们多年来在室内空间的照明设计应用的经验成果，并针对18类建筑室内空间，首次提出室内空间照明设计的技术要求，为全行业百万室内设计师提供体系化的设计指导。

此外，为了加深室内设计师对照明设计参照标准的理解和应用，编委会同期编写了《建筑装饰装修室内空间照明设计应用手册》，进一步提升室内设计师的专业素养，让照明设计更加规范和系统，从而提高设计的精准度和成品品质。

2. 提升设计师职业能力

为了加强室内照明设计师人员队伍建设，规范职业行为，提升职业能力和道德水平，由中国建筑装饰协会和中国中建设计集团有限公司主编，并会同有关单位共同编制的《室内照明设计师职业能力水平标准》（T/CBDA 64—2022）自2022年12月1日起施行。本标准适用于建筑装饰装修行业主管部门、行业组织相关企业、培训机构进行室内照明设计师聘用、培训、职业能力水平评价。

二、不断提升照明设计专业化水平

由中国建筑装饰协会主办、中国建筑装饰协会建筑电气分会承办的CBDA照明应用设计大赛自2009年创立，目前已成为中国照明设计界最具影响力的大赛平台之一，也是中国照明设计界规模最大的年度赛事。

1. 坚持普及推广照明设计

16年来，CBDA照明应用设计大赛作为装饰设计行业内专业的技术交流活动，通过分站赛和总决赛形式，在全国的建筑和室内装饰设计师队伍中对照明设计和节能理念进行了推广和普及，得到广大设计师对照明设计的重视和认可，取得了良好的效果。

2. 打造设计跨界交流平台

16年来，CBDA照明应用设计大赛承载中国光文化的梦想和使命，汇聚室内设计师、建筑设计师、照明设计师、优秀照明品牌等照明生态圈，打造设计跨界交流平台，发掘优秀设计人才和作品，传播光文化的理念与知识，架设照明与装饰设计跨界沟通的桥梁。

3. 检验照明设计实践成果

16年来，CBDA照明应用设计大赛汇聚4万多位参赛设计师，征集近6万幅设计作品，足迹踏遍全国25个城市，共举办200多场灯光设计讲堂。大赛不仅是中国照明设计历史的见证者，更是创造者，为推动中国照明设计的发展与进步发挥了重要作用。

为进一步促进设计师对照明设计知识的了解和掌握，CBDA照明应用设计大赛在赛制设置、与会规模、评选规则等方面全新升级，检验建筑和室内设计师在照明设计领域的实践成果。

三、出版建筑装饰行业首本蓝皮书

随着大数据应用时代开启，为引导产业升级，中国建筑装饰协会综合开展行业数据收集分析工作，带领行业全面迎接大数据时代。2016～2018年，中国建筑装饰协会联合中国社会科学院、文献出版社等权威机构，连续三年公开出版发行中国建筑装饰行业首本权威研究报告——《中国建筑装饰蓝皮书》。

《中国建筑装饰蓝皮书》的发布，是中国建筑装饰协会进行行业服务升级的标志，也是引领行业寻找产业转型升级的良好开端。该蓝皮书通过问题导向与政策分析相结合、现实拓展与战略纵横相接踵、企业转型与产业升级相比肩的诠释，揭示出建筑装饰行业产业的发展规律，为广大企业、投资者和业界人士提供全行业动态发展图景，还从智能家居、绿色装饰、"互联网＋"等多个细分角度对行业发展进行了分析，为探索中国建筑装饰行业在"十三五"期间以及未来的转型升级路径提供更多参考，成为企业战略规划、决策和经营等重大活动不可或缺的利器。

四、编写调研报告为产业赋能

中国建筑装饰协会建筑电气分会自2022年起在全国范围内的设计机构进行专项调研，陆续推出了《设计师照明品牌印象调查报告》《照明工程市场趋势报告》《智能家居与照明应用市场调查报告》，探究照明品牌在国内设计师渠道中的认知情况，并为照明企业更好地开拓设计师渠道提供数据支持，进一步为照明产业赋能。

1. 打造照明品牌参考指南

作为终端用户与照明产品之间的重要决策者，设计师对照明产品的需求和品质要求越来越高，且设计师认为照明是影响空间氛围和用户体验的关键因素。设计师渠道不仅为照明企业带来了新的用户和市场机会，也为企业与经销商、终端用户之间的合作提供了更多的可能性。基于照明行业的发展态势，中国建筑装饰协会建筑电气分会连续两年编写《设计师照明品牌印象调查报告》，通过对设计师及终端用户群体的深度采访与数据分析，帮助照明品牌充分把握变化带来的契机，在品牌企业转型进程中提供符合市场实际情况的新思路，找到符合照明产品特点的新赛道。

2. 寻找潜力市场风向标

中国照明工程市场经过几十年的发展，已经进入相对比较成熟的阶段，行业逐步进入存量竞争，亟待开拓新增细分市场。为了帮助照明行业从业者更好地理解新用户需求，洞悉市场品类潜力，中国建筑装饰协会建筑电气分会面向全国室内设计师、照明设计师、建筑设计师、照明工程公司等机构进行调查监测，通过数据统计，编写《照明工程市场趋势报告》，分析照明工程市场未来动态变化及发展趋势，已成为行业最受关注的照明市场风向标。

3. 洞察智能家居未来商机

智能家居行业近年来快速发展，机遇与挑战并存。为了更准确地了解智能家居领域的现状，在中国建筑装饰协会建筑电气分会的主导下，《智能家居与照明应用市场调查报告》正式出炉。该报告从认知度、关注度、使用度、知名度和现存问题等维度对设计师群体进行了数据采集和问卷采访。从设计师群体的角度呈现智能家居领域的最新趋势和市场需求，为打算转型进入智能家居领域的品牌提供符合市场实际情况的新思路，帮助其找到与产品特点相符的新赛道。报告指出，随着技术的不断进步和成本的降低，智能家居设备将更加普及，市场规模将进一步扩大。同时，智能家居设备与其他领域的融合也将带来更多的创新和商机。

五、促进技术交流与合作

多年来，中国建筑装饰协会建筑电气分会不定期地组织学术交流会议、研讨会和论坛，邀请国内外专家、学者和企业代表分享最新研究成果和技术经验，促进了建筑电气领域的技术交流与合作。建筑电气分会与国内外相关组织、高校、科研院所和企业建立广泛的合作关系，搭建产学研用合作平台，推动技术创新和成果转化。

1. 聚焦健康光环境新定义

健康是人们追求高品质生活的基本特征，也是对各类人居空间设计的刚性需求。光作为人居空间中影响健康的关键要素之一，引起了专家学者对健康人工光发展的高度关注。目前，不同专家学者、不同生产制造厂商之间，对健康光环境的定义和技术表现存在差异，为统一健康光环境的概念，中国建筑装饰协会建筑电气分会于2024年6月6日在广州举办"人居空间健康光环境研讨会"。本次研讨会以界定健康光环境概念为主题，邀请国内健康光环境研究领域的知名专家学者，实践应用领域的设计师及照明生产厂家，共同进行深入的交流和探讨。

2. 引导采购管理良性发展

随着我国经济发展速度放缓，中国装饰行业新增市场机会在逐渐减少。为获得有限的市场机会，装饰企业之间的价格竞争在加剧，企业的利润空间在不断被压缩，给企业的经营带来巨大压力。为引导装饰企业挖掘内部潜力，拓宽利润空间，中国建筑装饰协会建筑电气分会自2015年起连续六年举办"建筑装饰行业采购趋势论坛"，推动传统采购供应链管理向精细化和数字化转型。

"建筑装饰行业采购趋势论坛"旨在剖析中国装饰行业现行采购模式的利弊及未来采购模式变革趋势，让更多装饰企业了解采购管理在企业中的战略地位，使采购成为装饰企业利润的核心来源之一。论坛通过邀请知名采购供应链管理专家，介绍国内外成熟的采购管理经验，协助企业建立更优质、更科学的供应链管理平台。

3. 开创装饰智能产业链交流平台

为促进全国建筑装饰企业了解、掌握智能技术的最新动态、最新技术、最新应用，中国建筑装饰协会建筑电气分会于2021年4月15日在深圳召开"建筑装饰行业智能大会"，近500位智能平台、智能产品、装饰设计、装饰施工等领域代表，共襄跨界交流盛会，全面探讨智能技术与应用的新生态，助力装饰行业寻找转型升级的清晰脉络。

本次"建筑装饰行业智能大会"开创了中国装饰智能产业链的交流平台，邀请百度、华为、小米、涂鸦等平台代表进行主题分享，全面把脉智能装饰发展路径与前景，引领全国建筑装饰企业掌握智能技术的最新应用，促进优秀装饰企业与有实力的智能平台、智能产品企业实现强强联合，推动建筑装饰行业向智能化、数字化方向转型升级。

六、结语

当下中国建筑装饰行业正处于转型升级的重要关口，随着行业的不断发展，中国建筑装饰协会建筑电气分会在未来的发展中将继续发挥重要作用，推动建筑电气行业的创新和发展。通过加强技术研发、推动行业标准化、加强国际合作等措施，不断提高行业的整体水平和竞争力，为人民群众创造更加美好的健康光环境。

地方协会

立足服务、加强引领，全面推动山西建筑装饰行业行稳致远

山西省建筑装饰协会成立于2000年，成立以来，协会始终坚持党的领导，在中装协指导下，在省住建厅、民政厅领导下，不断加强协会组织建设，以全面推动全省建筑装饰行业健康持续发展为己任，带领广大会员单位改革创新，勇闯市场，不断提升行业竞争力，为山西省建筑业发展做出了应有的贡献。

协会现有会员850名，理事279人，常务理事94人，协会负责人22名。下设分支机构"一委九会两中心一代表处"，即：专家委员会、公共建筑装饰分会、幕墙工程与门窗分会、住宅装饰分会、地坪分会、设计分会、建材家居分会、传统建筑分会、劳务分会、智慧建筑分会、检测中心、众创中心、晋中代表处。各分支机构组织机构和人员配备完善，按照协会总体要求结合分会业务特点创造性开展工作。

协会自成立以来，特别是2024年第五届理事会换届以来，坚持以习近平新时代中国特色社会主义思想为指导，深入学习贯彻落实习近平总书记视察山西重要讲话和重要指示精神，按照省委省政府决策部署，在省住建厅、行业党委、民政厅等部门的领导下，顺应行业发展大势，紧扣时代脉搏，勇于进取，逆势而为，为全省建筑装饰行业高质量发展谋篇布局，引领和带动我省建筑装饰行业良性循环发展。四届理事会围绕协会第四次会员大会提出的工作目标任务，积极作为，协会大力推动改革，立足"四个服务"，构建了主题鲜明的工作框架，建章立制，规范行为，强化规矩意识；构建协会之家"同心文化"；调整充实扩增分支机构，理顺优化各类会议决策机制；创新推动实施"三项评价"工作；加强调研，组织国企民企对接，支持民营企业发展壮大；启动培训工作，提升会员企业竞争力；主导承办了中国建筑装饰行业创新发展大会暨潇河新城观摩会。期间，协会带领广大会员克服了2003年"非典"、2008年汶川地震、2020～2022年"新冠疫情"等一系列重大困难和经济下行对行业企业的生产经营冲击，较好地实现了经营目标任务。

近年来，协会上下同心，开拓创新，服务能力和工作质量不断提升，展现出新气象，新作为，新面貌。协会带领广大会员企业在转变经营模式，扩大经营规模，提升经营效果方面取得了明显的进步。在发挥企业与政府、市场、客户之间的桥梁纽带作用，助推全省建筑装饰实现健康持续发展方面做出了应有的贡献。

一、统筹疫情防控，引领企业迎难而上，推动复工复产

面对新冠疫情的突然袭击，协会认真贯彻上级要求，积极履行行业主体责任，切实做好疫情防控相关工作，宣传普及应对疫情有关防控知识，下发关于加强疫情防控工作的倡议通知，号召各分支机构及各会员单位做好疫情防控工作。疫情期间，各会员单位体现出高度的社会责任感，快速反应，积极参与抗击新冠疫情，踊跃捐款捐物奉献爱心。共计捐款410万元，获得中装协表彰。在落实好防控措施的前提下，实行预约到协会办理业务服务。以电话、微信及视频会议等方式组织协会及各分支机构开展工作。在新冠疫情常态化防控期间，协会上下同舟共济，推进复工复产工作，确保了我省建筑装饰行业领域生产经营没有受到大的影响。

二、顺利地召开了历次理事会和常务理事会，有效推进协会工作的改革创新

近年来，协会提出并实施"集体领导，依章决策，小会酝酿，大会决定"的决策机制，进一步增强了决策的规范性和科学性，同时提高了大会闭会期间协会的运行效率。

另外，协会配齐了机构人员，有序开展工作。进一步丰富了协会服务会员的功能和内容。

三、加强基础建设，优化服务功能

1. 制度建设方面

按照协会章程修改完善了《山西省建筑装饰协会分支机构管理试行办法》，先后出台了《支持民营建筑装饰企业高质量发展指导意见》《山西省建筑装饰协会设计竞赛管理办法》《山西省建筑装饰协会个人会员管理办法》《山西省建筑装饰协会专家库管理办法》《山西省建筑装饰协会工匠工作室星级评审方案》等有关制度。

理顺了协会与分会、分会与分会、分会与会员之间的关系，厘清了分会职责、权利、义务。让"工作规则"成为分支机构有效开展工作的重要依据和保障。

2. 标准化建设方面

协会高度重视各分会标准化建设，将标准化作为各分会推动工作的重要抓手。按照四届三次理事会报告提出"摸清底数，制定规划，分步实施"的基本思路，各分会认真加以落实，目前各分会已经陆续申报年度标准编制计划。2023年12月，协会召开标准化建设工作推进会，传统分会、幕墙分会标准编制工作走在前列，其他分会也在积极响应。

在秘书处全体人员的不懈努力下，在广大会员企业的大力支持下，在上级部门的关心引领下，协会各项工作出现了有章可循、井然有序的可喜局面，在一年一度的社团组织评级中，我会被省民政厅评为4A级协会。目前协会正按照"理顺、规范、入轨、发展"的思路积极运行，凝聚力、战斗力空前高涨，服务意识和能力显著提高。

3. 会员队伍建设方面

会员是协会的基础，协会是会员的"娘家"。协会的工作是激发会员活力，增强会员发展动力。在做好服务会员工作的同时，协会不断加强会员队伍建设。会员在享受应有权利的同时，应积极履行义务，反对"僵尸会员"，变"死火山"为"活火山"。协会推动"参协议协"，加大吸纳新会员力度，适应新形势需求，扩大服务行业覆盖面。近年来，经过协会和各分支机构的共同努力，新增会员单位100余名，达到600余名单位会员。为吸引行业专家和优秀人才，同时满足他们加入协会平台的需要，协会经深入研讨，出台了《山西省建筑装饰协会个人会员管理办法》，2023年吸纳个人会员161人，实现了个人会员零的突破。

四、协会大力推动，分支机构积极作为，助力行业发展工作成效显著

各分会积极传达落实协会工作部署和要求，

参与协会主导的重要工作，举办业务提升和交流活动，外出开会学习，在服务会员工作上不断创新作为。

五、走出去，请进来，入基层，为企业发展搭平台解难题

几年来，协会多次组织我省装饰企业赴外参观学习。先后参观考察了金螳螂总部、大兴国际机场、青岛海天大厦、上海赫峰集团、莫干山板材、德意电器等江苏、浙江的优秀企业和项目；组织会员企业参加了在河北高碑店举行的第23届国际被动房暨门窗博览会、上海国际设计周启动仪式暨新闻发布会、上海第六届中国建材家居产业发展大会、中国住宅产业年会、第四届全国建筑装饰行业科技创新大会，参加了中装协举办的"第七届中国建筑装饰行业绿色发展大会"、中装协"绿色智慧建造中国行"暨参观西安三大中心活动等。

通过外出参加会议，协会领导不断开阔视野，提升了适应行业发展前沿趋势的领导能力。

在走出去的同时，我们还多次召开讲座论坛，协助中装协在山西太原举办《顺势而上，加"数"前行——推进中国装饰行业数字化进程聚材道太原论坛》。协会邀请中装协"太湖论道"原班授课专家在太原举办了"太湖论道山西站"大讲堂，有600多名企业代表参加，一时轰动全行业，超过了预期效果，广大企业反应热烈。

2021年，中装协张京跃秘书长莅临协会，调研了山西建投装饰集团和亮龙涂料公司，对协会的工作给予肯定并做出指导。

为助力民企发展，2022年3月，协会成功组织召开了"山西省建筑装饰协会国企民企座谈会"，为促进双方合作搭台牵线，受到各方广泛高度评价。同时，协会加强调研，出台了《支持民营建筑装饰企业高质量发展指导意见》并上报省工商联和相关行政机构，将服务会员与服务政府有效结合。

六、开发"核心业务"，引领行业升级发展

在大力开展评价工作的同时，协会重点加强专家团队建设，在"三项评价"、科技创新、技术培训和建设"工匠工作室"等方面发挥作用，助力会员企业升级发展。协会将培训纳入重要的职能工作，排除各种思想阻力，提高大家认识，在2023年终于得以启动实施。2023年11月组织了全省建筑装饰工程技术质量专题培训，省内200余名专家、技术人员参加，实现了良好开局。

七、创新开展活动，激发会员活力，提升会员业务能力

为了提高我省空间设计的原创水平，选拔优秀的空间设计专业人才，由省住建厅、省广播电视台主办，由我会和山西广播电视台经济与科技频道联合承办了第十二届中国国际空间设计大赛暨山西首届装饰设计大赛。省住建厅党组成员、副厅长张学锋同志出席并讲话。

协会组织参加了由中国建筑装饰协会指导，中国建筑装饰协会全装修产业分会主办的"诠释绿色装修，打造未来人居"2021双碳背景下未来人居产业发展（太原）论坛。

开展工艺竞赛，提高劳动技能，弘扬工匠精神。为加快装饰行业高技能人才队伍建设，技能竞赛由省总工会、省人社厅、省住建厅联合主办，山西省建筑业工会联合会、山西省建筑装饰协会承办。这项活动为建筑装饰发掘工匠、发掘技术人才，奠定了重要基础。2023年6月，省总工会与省协会对2022年第一名获奖选手——大同的尉志宏、山西八建集团冯小松颁发"五一劳动奖章"。协会2022年、2023年分别获得全省职业技能大赛优秀组织奖。

在2022年3·15国际消费者权益日，协会联合省消协、山西经济与科技频道推出3·15大"真"探直播活动，在微信、微博、抖音、快手、今日头条五大平台直播教授消费者如何避开家

装的陷阱。该活动在线观看超过6.5万人，历史观看人数超过30万人。2023年3.15国际消费权益日，省协会积极响应落实"提振消费信心"主题活动，参加省市场监管局等组织的活动并现场直播。

主导承办中国建筑装饰行业创新发展大会暨山西潇河新城观摩会。2023年9月25日~26日，由中国建筑装饰协会主办、山西省建筑装饰协会主导承办，山西园区建发、山西建投装饰等单位共同承办的中国建筑装饰行业创新发展大会暨山西潇河新城观摩会在山西潇河新城隆重举行。山西省人大原副主任李俊明、中装协副会长兼秘书长张京跃、山西省住建厅副厅长张学锋等领导以及山西焦煤集团、山西建投集团董事长，省住建厅、民政厅、机关事务管理局等有关处室领导出席大会。来自全国数十个建筑装饰行业协会、中装协有关分会及省内外建筑装饰企业代表共700余人参加大会。大会设主论坛和四个分论坛，国内知名专家赵元超、黄靖、代亮等受邀做专题演讲。潇河新城承建单位的工程技术专家也就潇河工程项目建设装饰装修部分的亮点和难点进行了分享。京津冀+泛黄河流域省份+关联协会合作论坛、市长·市场论坛、地坪新发展论坛、建筑幕墙行业新趋势论坛四个分论坛研讨热烈，异彩纷呈，成效显著。潇河新城建设项目让大家深感震撼，好评如潮。此次大会是协会成立以来首次举办的全国性行业大会，规模宏大，盛况空前，取得了圆满成功！

八、加强协会党建工作，党支部工作丰富多样

协会党支部始终把坚持党的领导，加强党的建设摆在首位，把思想建设、廉政建设、作风建设紧紧抓在手上，保证了协会工作的稳步推进。组织开展了"不忘初心、牢记使命""党史教育"、"学习习近平新时代中国特色社会主义思想"主题教育以及党的二十大精神学习，领悟关于行业发展的理念和要求，推进和深化协会改革发展。

未来协会将在中装协的支持和指导下，继续坚持"政治引领，规范办会，精准服务，壮大会员"的方针，推动在建筑装饰行业高质量实现"工业化、数字化、绿色化、装配化"转型发展。继续抓好"三晋杯"三项评价、中国建筑装饰奖推荐报审工作，大力支持中国建筑装饰行业科技奖评选，打造好山西建筑装饰科技奖，引领一批省内技术和品牌实力领先的建筑装饰企业竭力发展。植根于小微民营企业，帮助他们苦练内功，强化专长，与国企央企联合互补产业链，锻造一批专精特新企业，使其成为掌握独门绝技的"单打冠军"或"配套专家"。立足国企等中大型企业，引领"四化"转型，推动企业在科技创新、标准规范编制、品牌创建等方面发挥优势，形成"头部企业"效应，培育一批拥有设计理念先进、施工水平精湛、成本管理优秀、客户体验优质的优秀建筑装饰企业。深度践行"四个服务"，在争取政策支持、融资贷款、市场资源、科技提升、人才培训等方面构建平台，让会员企业实实在在受益。

共济三十载，初心仍常在

——回望辽宁省装饰协会辉煌历程

一、艰苦创业，开辟新时期社团发展新径（第一届：1992年12月～2001年1月）

春雨秋阳，一路行来，协会的工作领域愈发开阔。回溯至1992年12月8日，协会仅凭借不足两万元的启动资金、半间借用的办公室、半部借用的电话以及两位秘书处同仁的顽强意志，在创业之路上坚定地迈出了第一步。此后，逐步实现了人员自主聘用、工作自主开展、经费自筹的新时期社会团体发展模式。

20世纪90年代初，装饰装修业迅猛发展，而政府对该行业管理的相关法规相对滞后。加之多头管理导致的混乱，装饰装修业一度处于无序状态。协会主动与省建设工程质量监督总站、省建设工程招投标管理办公室取得联系，提供外省市装饰工程质量监督和招投标管理的相关文本、资料，并建议将装饰与土木建筑工程一同纳入质量监督和招投标管理范畴。1995年颁布实施的《辽宁省装饰工程质量监督管理规定》《辽宁省装饰工程招标投标实施办法》这两个较早的装饰工程管理法规性文件，从起草到论证出台的全过程，都有协会的协助与参与。协会先后向建设厅相关部门提交了《关于加强我省装饰行业管理的意见纲要》《组织玻璃幕墙工程安全、质量教育和工程全面检查的意见》《由协会组织装饰专业技术培训和承担省属装饰施工企业资质初审试点的建议》《关于贯彻建设部"家庭居室装修管理试行办法"我省家居装修有序化管理的建议方案》《辽宁省装饰协会配合政府主管部门做好家庭居室装饰装修管理工作的意见（纲目）》《我省家庭装饰装修市场现状、存在问题及对策》以及《关于协会参与装饰施工企业资质管理的浅见》等一系列建议、提案。协会在协助政府完善对装饰装修业的管理、推动行业健康有序、合理发展方面，发挥了至关重要的作用。

1995年，由我会具体承办的全国建筑装饰材料沈阳展览会，成为中国建筑装饰行业的定点例会，自1995年首届举办以来，至今已成功举办了十余届。

1997年起，在全省建设工程质量大检查中，铝合金玻璃幕墙被列为专项检查内容，我会所属铝门窗幕墙委员会每年派遣专家参与检查组工作，弥补了检查组专业技术知识的不足，解决了对幕墙工程工艺规范不熟悉的问题。同时，也为企业解决了诸多技术难点和疑点，促使全省幕墙企业技术水平飞速提升，涌现出如远大、强风、沈飞、黎东、泰丰等一批具有强大竞争实力的企业。

1998年以来，我会派出3名专家参与我省建筑幕墙、建筑装饰施工项目经理评审委员会的评议工作。协会参与此项工作，既能为政府把好关，又能为企业撑腰发声，更为自身如何做好"双向"服务找到了切入点。

二、开拓进取、竭诚服务，助力辽宁装饰装修业走向强盛（第二届：2001年1月~2008年5月）

伴随着改革开放的进程，建筑装饰行业不断发展壮大，已成为对国民经济发展和社会进步具有重要作用并得到全社会高度重视的行业，成为全面建设小康社会的重要生力军。据统计，2007年我省建筑装饰行业总产值达到1021亿元，同比增长62.6%，2006年总产值为627.8亿元，2005年总产值为386亿元，2004年总产值为308亿元，2001年总产值为154亿元。装饰装修产值年均增幅从20%提升至60%以上，2007年增加值在393亿元以上，占国民经济GDP的9%以上，占全省建筑业总产值的50%以上。有资质的装饰企业达1500家，家装企业5000多家，大型建材市场3万平米以上的有50家，相关企业2万家，从业人员80万人。我省企业在国外市场承揽大型工程23项，施工工程遍布国内20个省市直辖市和地区，奥运会大型场馆的大部分工程都有我省企业参与施工。

2003年3月，我会颁布实施了《辽宁省建筑装修装饰企业自律监督管理办法》。

2006年5月，我会颁布实施了《辽宁省家庭装饰装修工程投诉解决办法》。

三、务实、开拓、创新、发展（第三届：2008年5月~2014年7月）

协会工作的重点是"靠前服务，自律监管"，秘书处制定了"务实、开拓、创新、发展"的工作总方针，主要工作重心是加强协会自身建设、提升整体服务质量、拓宽服务相关领域、创新服务方式。

2008年12月，我会组织有关单位编制的《石材幕墙工程技术规程》，经审定后批准为辽宁省地方标准，编号为DB21/T1705—2008，自2009年1月16日起施行。

2009年11月，我会组织有关单位编制的《辽宁省建筑装饰装修、建筑幕墙、建筑景观环境工程设计文件编制深度规定》经审定后，自2009年11月15日起实行。

2010年，我会协助辽宁省住房和城乡建设厅出台《辽宁省建筑装饰装修管理办法》《辽宁省住宅装饰装修企业资质管理办法》等行业标准。

四、以转型求生存，以服务促发展，为完成新时代赋予协会的光荣使命而奋力前行（第四届：2014年7月~2021年7月）

2018年1月，我会召开四届二次理事会，调整了协会领导班子，选举会员企业家担任协会会长，完成了协会与政府全面脱钩的改革程序。新的领导班子开展工作后，调整工作思路，强化服务意识，牢固树立全心全意为会员服务的宗旨，明确"企业的难点就是协会工作的重点"。建立周例会制度，明确任务，责任到人。修改起草新的《协会章程》，制定了《辽宁省装饰协会专业委员会管理办法》和《辽宁省装饰协会工作委员会管理办法》。积极筹划设立各地工作委员会和各专业委员会。2018年7月，鞍山市工作委员会正式挂牌成立，锦州市、铁岭市、葫芦岛市等城市工作委员会也在积极筹备之中。设计师专业委员会、施工专业委员会、整装家装专业委员会即将适时启动运作。建立健全这些分支机构，将极大完善协会组织，增强省协会对十四个市的服务功能。

2018年7月，协会组织林凤装饰等企事业单位共同制定了国家轻工联合会关于《全装修产品与服务技术规范》和第二阶段标准会审工作。协会专家委员会先后有30余位行业专家参与该项论证。

多措并举，搭建平台，提供会员服务"超市"。一是搭建学习平台。开展行业教育培训，提升行业整体素质。2017年至2019年三年间，共培训各类人员2875人次，包括八大员新办和继续教育人员、技术工人、装饰装修质量人员，以及举办财税政策公益讲座、建筑行业法律风险防范讲座、辽宁省建设工程新平台宣贯和电子招投标实务操作专题业务培训讲座等。二是搭建交流平台，多次邀请省内各大院校、设计机构、材料企业的领导围绕校企对口合作召开建筑装饰行业产学研相结合座谈会。开创协会公众号，及时向会员企业发布最新政策消息，推介会员企业。

兼济社会，履行职责，释放协会正能量。协会勇于担当社会责任，积极向社会传递正能量。2019年春节期间，组织会员开展"寒冬送暖"扶贫帮困活动，此次活动惠及70余个贫困家庭，受到当地政府和群众的欢迎。2019年5月，辽宁省装饰协会工作委员会组织行业爱心人士一行20多人，来到岫岩县朝阳镇开展"关爱低保家庭·助力脱贫攻坚"慰问活动。2019年7月，辽宁开原地区遭受龙卷风袭击，协会随即召开"辽宁省装饰协会会员企业赈灾动员大会"，我会会员向受灾地区捐助爱心款项达13万元。

2019年，为庆祝中华人民共和国成立七十周年，我会与中国建设银行辽宁省分行和沈阳陶瓷家居大世界联合开展了"辉煌七十年建行杯辽宁省装饰行业优秀设计和杰出人物评选活动"，在全省装饰行业引起了极大反响。

2020年7月，协会会员企业向协会反映：沈阳某建筑装饰工程招标文件存在歧视和排斥本地投标企业的条款，协会立即组织专家和律师对该招标条款进行研究审理，认为情况属实。基于调研结果，协会向该招标公司提出质询，并向政府建筑管理部门反映情况，及时纠正了该不法行为，为会员企业公平公正参与招投标工作铺平了道路。

五、"不忘初心，牢记使命"，以党建引领协会高质量发展（第五届：2021年7月至今）

自第五届会员代表大会举办以来，新一届理事会的工作亮点在于深入推进党建工作。基于辽宁省民政厅社会组织委员会的指示以及协会人员结构的自然更新，协会重新组建了以王雷鸣为书记的辽宁省装饰协会支部委员会。为确保协会决策的正确性与权威性，明确规定重大事项须经党支部审核通过，确立了党支部在协会中的核心政治领导地位。坚持深入学习习近平新时代中国特色社会主义思想，为协会的发展指明政治方向。支部定期举办党政学习交流活动，并多次策划主题党日活动，通过微信公众号平台和官方网站为会员企业提供持续的党建学习资源，助力企业深化对党的理解和认识。

回首抗疫战场，我协会会员表现不凡。新冠疫情暴发后，协会积极响应省政府、省民政部门关于疫情防控的措施和要求，迅速反应，及时行动。刘兴贵会长组织秘书处全体成员立即召开专题会议，研究部署疫情防控工作，积极引导会员单位以高度的政治责任感和社会责任感参与疫情防控。远大集团、鲁迅美术学院艺术工程总公司、沈阳飞翔建设集团有限公司、辽宁博方装饰工程有限公司、方林集团、辽宁泰丰科技建设有限公司、鸿宇建筑与工程设计顾问有限公司等60余家会员企业挺身而出，冲锋在前，为疫情防控做出了积极贡献。他们的作为彰显了新时代辽宁建筑装饰人的中坚力量和勇敢担当。

深入企业调研，积极发声解决行业难题。自2021年起，以刘兴贵会长、王雷鸣书记、赵志君监事长为领导的调研团队不辞辛劳，深入走访了二百余家会员企业，针对会员企业在发展中遇到的关键挑战与热点议题，进行了全面细致的梳理与分析，最终形成了一份涵盖30余条核心建议的专题报告，并递交给相关政府部门，此举迅速引起了政府部门的高度关注与重视。

自2023年协会设立法务征信专业委员会以来，在付辉主任的领导下，该委员会充分发挥人民调解的独特优势，竭诚协助会员企业化解经营过程中的各类矛盾与纠纷，为企业的经济发展提供了坚实的法律保障和有力支持。委员会为会员单位企业及个人提供征信类服务96件次、法律类服务128件次，以及在其他方面（如工程信息咨询招投标、市场准入、资格审查等问题咨询）的服务共计108次。

由中国建筑装饰协会指导，中国国际空间设计大赛组委会主办，辽宁省装饰协会、沈阳飞翔建设集团有限公司出资承办的中国国际空间设计大赛（中国建筑装饰设计奖）东北地区评审活动已成功举办了13届。该奖项的前身为筑巢奖，2015年我会会长单位沈阳飞翔建设集团董事长刘兴贵向大赛组委会申请，承办该奖项的东北地区评审活动。该奖项已成为中国建筑装饰行业设计界最具权威和影响力的赛事，对辽宁、吉林、黑龙江、内蒙古自治区乃至中国建筑装饰设计原创水平的提高发挥了积极作用。

2023年10月，依照协会专家委员会管理办法的规定，协会组织入库专家成员进行了行业标准的集中学习，经过严格的资格考核，完成了专家的重新登记与入库工作，确保每位专家都能持证上岗，具备高度的专业性与责任感。

我会专家委员会多次组织专家深入企业，提供精湛的技术指导和专业的咨询服务，使我省建筑装饰企业的技术水平实现了质的飞跃。"辽宁省装饰装修行业先进企业""辽宁省装饰装修行业优秀企业家""辽宁省建筑工程装饰奖""辽宁省装饰装修行业优秀项目经理""辽宁省装饰装修行业优秀设计师"等获奖数量逐年增加。

自2021年以来，我会幕墙分会积极响应时代需求，充分利用线上与线下双重平台，举办了近二十场免费公开课。这些公开课不仅涵盖了幕墙行业的最新技术动态，还深入探讨了行业发展的未来趋势。线上课程通过各大直播平台进行，参与者可以随时随地加入，享受与业内专家互动的机会；线下课程则为参与者提供了一个更加直观、深入的学习体验。无论是线上还是线下，这些公开课都吸引了大量业内人士的热情参与，他们通过交流、分享，共同推动了幕墙行业的持续发展和进步。

2023年12月，辽宁省装饰协会成立30周年庆典暨行业表彰大会隆重举行。会上，清华大学胡永生教授从多角度为与会嘉宾解读建筑行业的创新趋势，并分享成功案例和经验。清华大学柳冠中教授为与会嘉宾阐述了产业设计在中国建筑装饰行业和产业中的重要性。大会对与行业风雨同舟三十年的优秀企业、优秀个人及辽宁省装饰协会第一届到第四届秘书处进行了表彰。

面对人工智能技术的崛起，协会认识到AI设计在装饰行业中的巨大潜力以及新质生产力对行业变革的深远影响。2024年3月，在铁岭市成功举办了首站"人工智能AI设计暨新质生产力巡回讲座活动"。活动中，刘兴贵会长详细阐述了新质生产力的概念、特点及其在装饰行业的应用，并通过生动的案例和深入的分析，让与会者深刻认识到新质生产力的重要性。人工智能AI设计委副秘书长张昆从技术角度介绍了人工智能在装饰设计领域的应用，并就如何在实际工作中应用AI设计技术进行了深入探讨，为与会者提供了宝贵的经验和启示。截至目前，该活动已在我省各地级市共举办了12场，预计还将举办2场，总计达到14场，覆盖全省十四个地级市，为装饰行业注入了新的活力。

在过去的三十年里，辽宁省装饰协会以卓越的领导力和坚韧不拔的奋斗精神，书写了辉煌的篇章。然而，我们深知，这些成就只是万里征程的起点，未来的道路依然漫长且充满挑战。在全球经济形势错综复杂、国内经济承压前行的当下，辽宁建筑装饰行业展现出了强大的韧性与信心，坚信未来必将更加美好。这一信念源自我们拥有如远大铝业这样的民族品牌典范，它坚定地走出国门，在国际市场上赢得了"中国制造"的美誉。世界幕墙看远大，远大铝业植根中国，布局全球，率先实现国内国际双循环，国际业务占比超过50%。从2000年在新加坡承接第一个幕墙工程开始，远大铝业走过了20多载国际化征程，累计出口创汇600多亿元。这一信念也源自方林集团这样的综合性企业巨头，它围绕装饰装修打造了涵盖家居全产业链的集团化大家居平台，拥有15大板块、三大产业集群，并在全国开设了30余家直营分公司，中国家装行业内首创100%自有工人体系，凭借施工管理和品质交付领跑业界，展现出强大的市场影响力和品牌实力。

回首往昔，习近平总书记曾亲临沈阳远大企业集团，对其敢于"走出去"、勇于开拓海外市场的胆识与魄力给予高度评价。如今，远大企业集团不忘初心，持续深耕技术革新，幕墙产品已成功打入140多个国家和地区，成为国际市场上备受瞩目的"中国制造"名片。而总书记特别关注的新能源领域创新产品，也在远大人的不懈努力下取得了丰硕成果。

展望未来，辽宁省装饰协会将继续携手更多优秀企业，共同面对挑战、把握机遇，为实现更加美好的明天而不懈努力。

奋力谱写吉林建筑装饰业高质量发展新篇章

吉林省建筑装饰业协会成立于1996年，自成立以来，始终秉持着以服务为核心的理念，服务社会、服务政府、服务行业，为行业发展贡献了重要力量。2018年，顺应行业发展需要，为更好地服务会员企业，吉林省建筑装饰业协会并入吉林省建筑业协会，成为吉林省建筑业协会的13个分会之一，更名为吉林省建筑业协会装饰装修分会（以下简称协会）。并入吉林省建筑业协会后，根据协会多专业、多分会的资源优势，更好地为会员企业做好各方面的服务。

一、高举旗帜，汇聚力量，不断强化自身建设，为建筑装饰行业高质量发展强根铸魂

高质量党建引领高质量发展，高质量发展呼唤高质量党建。多年来，协会充分发挥党建引领作用，把党建优势转化为行业企业高质量发展的动能，实现党建工作与协会发展"互促双赢"。

以党建淬炼精神意志，助力协会做大做强。近年来，协会坚持学习习近平总书记系列重要讲话精神，始终把加强党的建设放在协会建设的首要位置，特别是结合学习习近平总书记五年三次视察吉林重要讲话重要指示精神，针对吉林省建筑业发展实际，全面加快协会建设，协会不断发展壮大。协会积极配合省住建厅工作，经过这些年助力发展，吉林省现有建筑装饰装修企业1330户，建筑幕墙企业257户，为全省建筑装饰业高质量发展提供了强有力的支撑与保障。

以党建汇聚工匠力量，推动吉林省建筑装饰业跑出"加速度"。多年来，协会充分发挥党建引领作用，积极帮助会员企业提升凝聚力、形成战斗力、强化生产力。通过党建工作，会员企业不断做大做强，企业的实干担当精神和奋进新时代的昂扬斗志不断激发，"红色引擎"推动吉林省建筑业又好又快发展，成为拉动经济增长、保障和改善民生的强劲引擎。

以党建凝聚发展合力，绘就联盟协同发展"同心圆"。协会创新组建会员企业发展联盟，坚持以强化核心层，发展紧密层，带动松散层为发展思路；以《会员企业发展联盟公约》，规范联盟行为，实现制度化、常态化和有效运行。联盟自组建以来，多次召开会议，每次会议大家都以高度负责的精神，出谋划策、集思广益，在充分民主协商基础上，形成共识。接下来，协会将根据发展需要，适度扩大核心层，同时发展紧密层，带动影响松散层，形成三个层次紧密联系、相互融通、和谐共进的健康发展局面。

以党建弘扬大爱担当，筑就建筑领域抗疫"红色堡垒"。多年来，协会坚持以习近平新时代中国特色社会主义思想为指导，引领会员企业围绕中心、服务大局、抓住根本、立足长远，不断增强工作的政治性、全局性和时代性，积极践行社会责任，赢得社会各界普遍认可。

二、发挥优势，破解难题，做好精准务实服务，为建筑装饰业高质量发展保驾护航

协会坚持把服务会员作为立会之本，以调查研究为抓手，以为会员企业提供优质贴心服务为宗旨，强化组织推动，全心全意为会员企业发展排忧解难，致力当好会员企业的"引路人""娘家人""主心骨"。

协会充分利用协会多专业、多分会的资源优势，多次组织法律法规、造价、BIM、消防等专题培训，提升会员企业专业能力，为企业发展赋能增效。

在疫情的严重冲击下，全省建筑装饰业一度处于负增长的低迷态势。为了帮助建筑业企业摆脱困境，尽快复工复产，协会配合省建协开展专项调研，提出12条支持企业发展的意见和建议。省住建厅对协会提出的建议非常重视，及时向省政府反馈，促进出台了《吉林省人民政府办公厅关于支持建筑业企业发展若干措施的通知》，这是省政府历史上关于支持建筑业企业发展力度最大的措施。

这项措施的出台，对促进吉林省建筑业加快扭转不利局面，最大限度地把疫情造成的损失降到最低，推动建筑业持续发展，努力保持全省经济大盘的基本稳定，发挥了极为重要的作用。

三、夯牢诚信，评先创优，助推企业创新发展和转型提升，为建筑业高质量发展注入动力

建筑市场诚信体系建设关乎企业生存和长远发展，成熟的诚信体系管理对行业自律、行业技术进步、行业质量和安全管理水平的提升都能起到积极作用。

目前，在吉林省住建厅的指导下，由吉林省建协牵头，协会配合工作，通过收集整理国家和有关省市相关政策规定，以及学习借鉴其他省市先进经验做法，在广泛征求会员企业意见建议后，形成了《吉林省建筑市场信用管理实施办法》征求意见草拟稿，并将促进主管部门尽快出台相关办法。

创先评优是协会推进企业创新发展和转型提升的又一有效做法。近两年来，协会先后开展了吉林省优质工程装饰奖、吉林省优秀施工企业、吉林省建设工程优秀项目经理等系列评优活动。这些奖项评选严格按照规程和标准，全面做到公平、公开、公正，每一项评选结果都可追溯，经得起历史检验。协会以评先创优为主要抓手，激励会员企业重视技术创新和科技进步，推动工程质量整体水平不断提升。

急企业所急，应企业所需。在开展奖项评选的同时，我们还组织了多种形式的公益培训和精品工程观摩活动。

新时代，新征程，新责任。未来，协会将继续在省建协的带领下以习近平新时代中国特色社会主义思想和党的二十大精神为指导，创新思路履行职能，充分发挥桥梁纽带作用，广泛开展调查研究，突出问题导向和目标导向，不断解决新问题、探索新规律，以更加优异的成绩，交出吉林省建筑装饰业高质量发展的精彩答卷。

新形势下行业协会的发展思考与实践

——上海市装饰装修行业协会

当前,行业协会正处于全方位、多角度、立体型的新型地位,怎样把握好这个时机,充分发挥新形势下行业协会的作用,是我们需要考虑的问题。抓住政府职能转变过程中为行业协会创造的机遇,开拓、创新、挖掘习近平新时代中国特色社会主义市场经济下行业协会的社会职能,同时兼顾行业利益和社会效益。在行业管理与服务企业的关系上,结合协会的工作实践,将从管理服务到服务管理的转变,作为一切工作的主导理念。

一、行业管理与服务企业的关系

行业协会的宗旨就是"服务"两字,协会与政府不一样,政府是管理中有服务,行业协会是服务中有管理。协会经民主选举产生,就承担了行业自律公共管理的职能,要有自己的一套管理逻辑。现在我们讲自律是自我管理更是自我约束。经过实践,只要我们能公正地处理问题,建立的制度就能够得到比较好的执行。这是一种民主办会的体现,行业协会不是为服务而服务,而是服务中有管理,该管的也要管起来。

1. 由服务达到自律

牢固树立全身心的服务理念,要清楚自身所处的位置和承担的职责,明确"服务"是协会工作的灵魂,要通过服务促进行业规范。要时时谨记服务的职能,不靠权力、指令完成工作,而是靠真诚服务,包括集中自身的品格、能力、知识、情感来服务企业。

不为服务而服务,要提高驾驭熟悉企业和行业的能力,熟悉经济和社会的能力,要以市场和企业的需要为核心,拓展服务领域、扩大服务辐射面、完善服务网络、建立服务新模式、树立服务新品牌。永远立足"服务"理念,协会才会有无穷的生命力。

受市建筑建材市场管理总站委托,协会根据《上海市住房和城乡建设管理委员会关于进一步深化建材备案"放管服"改革工作的通知》(沪建建材〔2021〕318号)要求,作为上海市建设工程材料备案咨询窗口,做好备案目录所规定建筑幕墙材料企业有关备案咨询服务工作。协会还开展幕墙材料行业自律管理工作,组织上海市建筑幕墙材料产品信息登记工作,通过协会备案服务促进行业自律规范。

2. 由服务达到管理

"服务"的过程,也是促使协会不断适应新形势,主动出击,变幕后为前台,变配角为主角的过程。只有通过"服务",才会发现新问题,发现企业诉求,不断开拓服务企业的新途径。

2003年率先在行业组织开展规范服务达标活动。为提高企业对"规范服务达标"的认识,协会通过组织创建企业参观示范施工现场,进行交流学习互鉴等一系列活动,让企业认识到规范服务就能提升效率、提高效益，更是企业的生存之本。通过引导，企业的观念从"要我达标"转变为了"我要达标"。这项活动充分体现了由"服务"向"管理"的转化过程。

3. 由自律达到自治

行业协会通过自律，真正地维护整个市场的秩序和行业信誉，加强行业的健康发展。通过自律，使企业降低经营成本，提高经营效益，防范和化解风险。行业协会是实现自律管理的重要载体。在充分竞争的市场上，企业都认识到混乱的市场秩序只会增加经营成本，因此维护市场秩序的内在动力，对行业协会的工作拓展就有了要求。同时行业协会的自律管理又具有一定的市场优势，比如行业倡导的诚信准则和行业利益原则可以对某些管理"盲区"进行一定约束。行业协会作为自律、协调、服务组织，可以有效促进会员单位的自我约束、自我规范，可以为会员之间以及对外交流搭建"平台"，开辟信息渠道可以实现会员间的专业化协作，为有序竞争，优化配置行业资源发挥作用。

我会正在探索"前置"住宅装饰行业自律管理服务，让会员单位和市民都参与到自律服务体系里，这可以有效地解决装饰行业现存的装修环节多、工人管理难、消费者装修知识淡薄等问题。

其一，协会集合行业会员单位和专家的力量，每周五组织公益住宅装饰消费咨询开放日，为消费者提供专业的行业指导。同时搭建3+1+N的投诉处理队伍模式：3位常设投诉联系专家、1位投诉处理平台消单员和N位轮值专家的投诉处理架构，协调处理"12345市民服务热线"住宅装饰类工单查询端口投诉工单。每年的"3·15消费者权益日"协会运用自律管理体系，在全市将参与自律管理的会员单位设置为公益咨询点，为来访消费者提供专业的装修咨询服务和公益调解。

其二，协会和中国质量认证中心现代服务业评测中心共同发起"绿色装饰装修服务领跑者行动计划"，建立统一的绿色行业标准、认证、标识等体系。2023年，协会联合中国质量认证中心搭建上海住宅装饰企业服务质量体系，完成了36名行业专家考核入库工作，提升由协会主导的装修全过程监理和交付验收试点的综合测评能力。

其三，协会每年根据纠纷调解中总结的新问题，定时更新完善《上海市住宅装饰装修施工合同示范文本》和《人工费数据发布》。编制了《住宅装饰装修工程质量验收标准》《住宅装饰装修施工人员分类分级》《住宅整装服务规范》《老旧住房套内空间装饰装修功能性改造技术规范》《老旧住房公共空间装饰装修功能性改造技术规范》等多项行业空缺的标准规范。会员单位共同参与相关文件和标准的编制推广工作，更好地促进企业落实诚信规范服务消费者的行为。

其四，协会积极配合监管部门发起"拒绝破坏承重结构，维护社会公共安全"行动，为会员单位开展动态培训，许多在自律服务体系内的会员单位都积极主动签订了"守护承重墙承诺书"，为装修安全多一分认知和保障。

二、政府职能和协会职能的关系

在政府职能转变、产业调整的转变过程中，给行业协会留下了很多拓展机遇，政府对行业的管理对企业来讲是他律，行业协会的管理是自律，自律往往能够管得比较深、比较细、比较透，两者是相互配合的。做好行业协会工作，不能"等、靠、要"，要自主落实。

1. 协会要做政府的助手、行业的沟通桥梁

当前行业协会的工作既是整体行业发展的需求体现，又是政府职能不断转变的延伸。在市场经济条件下，行业协会在法律和政策的框架下，起到沟通政府与企业的桥梁作用，是推动行业经济发展的纽带。行业协会通过与政府部门的沟通，有效地维护会员单位的合法权益，并通过维权行为影响政府决策，为政府制定产业政策提供贴近企业实际情况的依据。

如参与制定和实施行业或协会自身的发展规

划、与行业利益相关产业政策，把维护行业利益与维护社会整体利益有机结合起来，找准行业协会在构建和谐社会中的定位。用正确的业绩观推进行业协会的工作，努力创新工作机制、扎扎实实提供服务，加强基层党组织建设，规范行业协会工作。此外，协会承担起行业调查、行业统计、行业自律、行业技术标准制订、技能培训考核、制定行业发展规划、价格参数数据统计等行业职能。

玻璃幕墙相对传统墙体自重更轻，广泛应用于中大型城市的商业、办公、公共建筑，但它的安全性受到社会的关注，常有脱落、自爆伤人的消息见诸报端。2011年起，我会配合市区两级建设主管部门开展既有玻璃幕墙建筑专项整治工作。在市住建委的统一领导下，协会至今已基本完成市中心区域1万余栋的既有玻璃幕墙普查工作。近年来还受委托对部分区域的既有玻璃幕墙建筑开展安全性检查。对于检查中发现的有安全隐患的建筑，协会进行了记录和汇总，并开具整改单，告知业主或物业及时整改。通过整理、分析、汇总，协会完成了各区玻璃幕墙建筑数据统计并将检查表扫描存档。此外，协会还整理相关法律、文件、专业知识，编辑了《上海市玻璃幕墙资料汇编》，累计已向业主和物业发放了2万余册。

在掌握全市幕墙基本情况后，为建立既有建筑幕墙长效管理机制，在市住建委的领导下，协会还培训认定多支建筑幕墙专业维修队伍，开展了既有建筑幕墙现场检查组认定管理工作。

2021年，大宗商品特别是建筑原材料持续涨价，导致企业履约困难、合同纠纷现象时有发生，严重影响了行业良性发展。为维护行业利益，我会高度重视并开展调研，于9月召开"建议加强建设工程材料价格风险管控"会议，将会议收集到的有关单位诉求意见整理成文上报业务主管部门。同年10月协会受市住建委委托，与委建筑市场监管处、委标准定额管理处、市建筑建材市场管理总站以及部分单位代表，共同召开工程建设材料价格座谈会。在充分征求有关单位意见后，上海市建筑建材市场管理总站于11月初颁布《关于进一步加强建设工程人才机市场价格波动风险防控的指导意见》（沪建市管[2021]36号）。

2. 协会要有开拓、创新、挖掘的潜在职能

要遵循"以发展为主线，以发展促调整，坚持按市场化原则规范发展行业协会"的方针，要面对行业协会所面临的挑战与机遇并存的发展阶段，同时也应增强协会生存与发展的紧迫性和责任感。行业协会充分发挥行业代表、行业协调、行业自律、行业服务的作用。协会要以"能代表新质生产力发展要求，代表最广企业的根本利益"为目标。

2015年起，我会秘书处使用办公自动化软件OA系统，汇报审批均可通过电脑和手机实现，各项工作都在系统上申报、流转、审批，办公已经不受空间、时间限制。此举提高了秘书处办公效率，也使管理流程更清晰透明，做到事事处置有迹可循。

此外，协会为强化服务手段，还对外开展信息平台建设，着手建立以"上海装饰"官方微信为入口，涉及家装、设计、材料、幕墙、建装等不同业务领域的线上一站式推介展示平台，同时与协会官网联动，横向贯穿各领域服务内容，深度融合各项功能，初步形成协会工作一站式查询的建设体系。

三、协会发展与自身建设的关系

"组织、制度、人才"是构成协会发展与自身建设的基本要素。

从现阶段着眼，行业协会目前的主要矛盾不是"可不可以发挥作用""有些工作行业协会可不可以做"的问题，而主要是"行业协会自身是否规范""有没有能力把事情做好"的问题。这是一个长期和系统的事情，不是别人赋予的，需要自身的组织建设来解决。对于自身建设，我们主要从制度、组织、人才培养等方向着手。

1. 从制度的角度

行业协会有监督的问题。从内部监督上说，要按章办事，通过理事会、常务理事会、会长会议，在不同的层次上解决不同问题，将其定位好；从外部监督上说，包括党纪国法的约束，社会舆论的监督，会员的监督。还有一点就是民主办会和工作责任制，民主办会是集体负责的，但很多事就是要当场决定，体现的是工作责任制，这就需要既体现大家的意见又要提高工作效率，我们要尽可能使协会的工作做到规范。

2. 从组织的角度

首先，按章程办事。章程是协会的根本大法，处理好秘书处和理事会的关系，企业入会是对协会的认可，也是对自己规范经营的期许，理事会就是决策机构，秘书处是运营机构，协会要完善自身的治理结构。其次，我们要做好党支部建设工作，通过党的建设，通过资源组织，高质量开展工作，增加凝聚力，然后再一次共同开发组织资源，提高协会的组织化程度。第三，我们还要处理好大企业和中小企业的平衡问题。在行业里，对于行规行约的影响，说到底还是大企业具有更多的话语权。那么行业协会如何平衡？在组织资源分配上是接下来很长一段时间我们需要面临的问题。

3. 从人才培养的角度

随着协会发展，要考虑老中青的比例问题。年轻化是趋势，我们必须把管理和技术相结合，从人才培养的角度来讲，这也是行业协会自身建设的一个方面。协会最大的财富就是人才，有了这个基础，才可以承担更多的工作。总之，协会发展面临难得的机遇，现在不是可不可以做的问题，而是自己有没有能力做好的问题。

除此之外，协会也要更好地发挥行业人才为行业所用，更为协会的许多服务工作保驾护航。我会发布征集上海市装饰装修行业专家的通知，经过严谨审核，将近200位专家纳入行业专家库，涵盖行业内各大专业领域。协会还组建行业设计师人才库，为入库设计师提供技术培训、设计沙龙等专业活动，助力行业的整体设计能力的提升。

四、社会责任与行业利益的关系

从我们行业协会或很多行业协会的集中表现看，社会责任与行业利益的关系主要是行业利益保护和消费者利益保护的关系，这种关系需要维系双方平衡，如果过分强调了消费者的利益，价格越低越好，那么企业最终没有利润，企业没有利润产品质量就可能不过关，最终还是不利于消费者。如果过分强调行业利益，那么侵犯消费者利益也是必然的。要维持均衡，虽然行业协会从宗旨上讲是维护企业利益的，但是我们还要兼顾维护消费者利益，所以我们在投诉处理过程中的尺度甚至可能是倾向于消费者的。如果说行业协会真正能协调好这些关系，对行业高质量发展将会非常有意义。

1. 维护行业利益与社会责任的平衡

通过协调行业内部、行业之间的社会经济活动，以追求整个行业总体利益。因此，行业协会在新形势下，作为社会组织，在政府与社会主体之间、市场主体相互之间搭起一道沟通的桥梁，行业协会充当着组织协调的角色。行业的社会责任实际上是企业与社会之间的角色定位，也就是常说的企业的社会责任。社会责任和行业利润最大化本身并不矛盾，在承担社会责任的同时，又能获得自身的利润，促进企业发展，回馈社会。企业就像一颗种子，社会就是一块土地，种子化入泥土才能茁壮成长。企业只有承担更多的社会责任，更多地考虑社会效益，整个行业才会赢得更多的发展机遇，实现自身做大做强的目标。

2. 维护行业利益与消费者利益至上的平衡

企业要做强，必须善待自己的消费者，尊重消费者的一系列权利，切实增强消费者对企业的商品或服务的信心和信任，乃至于对整个商品或市场的信心和信任。企业要在激烈竞争中获胜的唯一法宝就是按照科学消费的基本要求，尊重消费者的权益，及时对消费者关注的热点问题、价值和目标作出反映，及时按照消费者需求调整自己的经营思路和市场营销战略，在降低生产和交易成本的同时，尽可能地向消费者提供更多诚信、质量和服务。可见，企业对消费者承担社会责任，既是确保消费者的合法权益的基础，也是实现企业占领市场，谋取最大利润经营目标的必经之路。企业应当把维护消费者利益视为自己的经营目标和行为指南之一。当消费者利益与企业利益发生冲突时，企业应当尽力兼顾二者利益，如果二者实在无法兼顾，则应当优先考虑消费者利益。

五、协会的非营利性与服务性收费的关系

协会是一个非营利性组织，对于"非营利"我们这样理解：第一，不搞利益最大化。不从效益角度考虑工作，一次活动能收多少钱就收多少钱，明明是对企业没多大帮助的事，结果搞利益最大化，企业叫苦不迭，这和非营利性是背道而驰的。当然，不搞利益最大化不等于说工作活动不考虑收支，这是两个概念。第二，协会所有的收入是会员单位的共同财产。按章程规定，不得截留、分红，有账我们要和企业交代清楚，这个账是透明的。协会要做工作，财力方面要有一定的支撑，否则协会也做不起来。协会要进一步完善自立能力，提高行业协会的"经营"水平。协会通过宣传，与企业在开展服务性收费活动方面达成思想上的共识。有了经费，活动就有生机，对稳定行业协会工作人员队伍，吸收优秀人才，提高服务质量，促进行业协会的发展起到一定的支撑作用。从目前情况看，行业协会的非营利性收入主要有三个渠道：一是有计划地发展会员，加强会员会费的收缴工作；二是开展咨询、培训、办活动等有偿服务活动；三是依照章程规定，接受企业的部分捐赠。

我会积极开发各类定制培训，根据企业需求，为企业举办各类专场培训班。为企业举办了住宅装饰项目经理、住宅装饰监理员、住宅装饰管道工以及企业内训等专场培训班。协会还送考进学校，分别和科技学校、房地产学校、西南工程学校等学校合作，开发适合在校学生的考核题库，并为在校生提供考证服务，帮助学生在进入社会工作之前先取得相应的行业证书。

我会还举办各类培训讲座，如为贯彻《住房和城乡建设部、人力资源社会保障部关于印发建筑工人实名制管理办法（试行）的通知》（建市〔2019〕18号）文件精神，帮助企业主动落实相关要求，依法保护自身权益，协会举办了《建筑工人实名制管理办法》宣贯培训。另外还开展关于法律、财税、消防、社保等相关知识讲座，都得到会员单位的好评。

六、管理部门与社会组织的关系

1. 协会工作面临"边界模糊"的问题

协会是市场经济环节中的一环，随着市场经济的不断完善和深化，一方面为行业协会充分发挥作用提供了广阔的舞台，另一方面，舞台的变大，手脚的放开，必定要面临各种各样之前从来都没有遇到过的问题。仅就协会的"协调"职能方面，就包括了协调本行业与其他行业的关系，协调大企业和小企业的关系，做企业和政府的桥梁和纽带。如组织开展同业交流，跨行业协作和市场开拓活动，建立科学、民主的决策程序和行之有效的自我管理、共同发展模式。在这些发展理念下，需要协会在具体的工作中有所突破有所创新。

上海装饰行业在全国范围内有着良好的口碑，协会发挥自身优势，加大各省市之间交流和联系，既有"横向互动"，更有"纵向引领"，进一步推动上海装饰行业"走出上海，迈向全国"。2016年协会承办华东六省建筑装饰协会工作交流会，结合各地实际情况，研讨交流装饰业发展，并将各地工作的成功经验整理成集，编印了《华东地区建筑装饰行业协会工作交流会文集汇编》，还组织与会人员赴"迪士尼"优秀装饰项目学习考察，

展"海上"精品,推"上海"技术。

2. 协会工作具有"首创性"的特点

行业协会的工作是开创性的工作,行业协会的地位不是别人给予的,而是来自于其自身的创造性。行业协会的生机和活力,来自于它能够承担政府、企业做不了而市场和社会又需要做的事情,行业协会工作的独特价值就体现在这里。

既然做的是一份"首创性"的事业,这就意味着没有现成的模式和完整的参照系,意味着协会工作带有一定的探索性。在每一个方案、每一项活动的实行过程中,都会相应地连带出更多的需要面对和解决的新问题、新事物,对此协会要不断提升工作水平和素质能力。

如我会在2006年就尝试"企业家办会",陈丽会长当选首任轮值会长。行业协会与行政机关脱钩,不再是行政机关的附属,真正成为行业内企业自愿参加、自筹资金、自治管理、自行运作的民间组织,企业家自主办会是大势所趋。

此外,我会于2016年12月首次举办了"中国上海建筑装饰精品工程观摩交流活动"。活动既有精品工程的观摩学习,又有优秀工程案例的技术分享,还有紧跟时代发展的企业家主题对话,业内诸多企业代表及行业专家参与交流活动,共同为构建公开透明的行业诚信体系,夯实行业发展基础,铸就企业核心竞争力建言献策。

2020年协会还进行标准化工作的系统梳理和造册建档,通过市质监局验收组检查,成为首批通过上海市团体标准验收的社会组织之一,开启由团体标准填补行业标准技术空白的新阶段。

3. 协会工作需要依托社会各方面的支持

就我会开展行业规范服务达标活动来说,市住建委、市文明办、直属单位党委多次前来指导工作,使我们能明确方向,找出解决难题的有效方法。另外,新闻媒体、广大会员和市民群众也积极参与相应活动。

目前在行业内规范服务达标企业的基础上,开展规范服务达标示范工地创建及施工工地备案。联合专业测评机构中国质量认证中心开展系统化测评工作,并结合测评结果、市民消费满意度反馈,用星级动态体现企业服务能力水平的差异化。每年还将本年度的诚信测评结果在《新民晚报》《新闻晨报》等主流纸媒和线上平台进行社会公示与监督。

我们始终深信,只要是有利于社会经济发展,有利于广大企业和消费者的事情,就一定会得到全方位的支持。当下,在面临诸多挑战与机遇的同时,我们将结合自身实际情况,争取在探索行业协会高质量发展的道路上,再探新思路,再谋新发展,再出新成绩。

乘风破浪著华章，潮涌江海再启航

——江苏省装饰装修行业协会

1989年1月28日，是江苏建筑装饰行业发展史上值得铭记的一天。这一天，由江苏省建设委员会、江苏省建筑工程局、江苏省建筑业联合会等主管单位倡导，7家建筑装饰企业发起，江苏省建筑装饰企业协会正式成立（1997年9月更名为"江苏省建筑装饰协会"，2004年5月更名为"江苏省装饰装修行业协会"，2010年加入省工商联成为直属商会），标志着江苏现代建筑装饰行业扬帆起航，开启波澜壮阔的行业发展征程。

回顾35年光荣历程，总结35年宝贵经验，探索行业转型升级路径，致敬推动行业前行的拓荒者、奋斗者们，激励全行业继续以改革创新、奋发图强的锐气，开创江苏建筑装饰行业高质量发展新局面。以行业发展的新成绩，为新中国七十五周年华诞添彩，为推进中国式现代化走在前、做示范和谱写"强富美高"新江苏现代化建设新篇章做出更大贡献。

一、35年，江苏建筑装饰装修紧跟改革开放的历史进程，乘风破浪，铸造辉煌

35年，江苏建筑装饰装修紧随经济社会发展脉动，与改革开放的时代同步，不断推进由小到大、由弱到强、由传统到现代、由高速发展到高质量发展的历史性跨越，成为名副其实的装饰大省，领先全国，对经济社会发展的贡献日益彰显。

35年，江苏建筑装饰装修勇攀高峰，铸就辉煌，在中国建筑装饰行业发展史上创造了多个第一，谱写了精彩华章。

金螳螂连续21年蝉联全国装饰企业百强或综合排名第一；

核定资质企业23982家，一级企业2483家，装饰企业数量全国第一；

获得国家级各类优质工程奖项数量全国第一；

年产值8000多亿元，带动300多万人就业，全国第一；

全省市、县（市）装饰协会组织体系覆盖面全国第一；

南通市是全国唯一以地级市被中装协命名的"装饰之乡"。

回顾波澜壮阔的35年，江苏装饰经历了初步发展、蓬勃发展、高质量发展三个发展阶段。

从1989年到20世纪90年代末，是江苏装饰的初步发展期。企业数量由初创时的十几家发展到数百家，这一时期，多种所有制并存，民营企业逐步成为行业主体，江苏装饰成为江苏建筑业和全国装饰行业的重要板块和生力军。

从21世纪初到2013年，是江苏装饰的蓬勃发展期。以金螳螂为代表的一大批优秀装饰企业不断发展壮大，培育出大批管理、设计、施工等优秀人才，行业各项指标名列全国同行业前茅，奠定了江苏装饰大省的地位。

进入新时代，江苏装饰迎来新的快速发展期，

并转向高质量发展新阶段。在经济下行等困难条件下，企业数量成倍增长、产值总量连年递增、工程质量稳步提高、市场覆盖率不断扩大，现代化进程持续加快，装饰大省的地位进一步巩固并进一步加快向装饰强省迈进。

35年，江苏装饰业发展长期平稳向好，呈现六大特点。

①企业数量成倍增长。2014年，全省核定资质装饰企业共4407家，其中装饰、幕墙一级企业708家。2019年，发展到9296家，净增4889家；装饰、幕墙一级企业增长到920家，净增212家。2021年江苏省拥有装饰、幕墙及智能化资质的企业达23982家，其中，建筑装饰装修企业16888家（一级资质企业1494家、二级资质企业15394家），建筑幕墙企业3281家（一级资质企业515家、二级资质企业2766家），电子与智能化企业3813家（一级资质企业474家、二级资质企业3339家）。占全国装饰企业数量的10%以上。

②发展势头平稳强劲。行业产值持续高速增长，前几年在经济下行压力加大的背景下，仍超过全省GDP增幅，受到省政府和住建厅领导的表扬。多数骨干企业产值增幅15%以上，金螳螂突破400亿元，相当于全国装饰百强企业前5名中其他4名的总和。2019年以来，江苏省建筑装饰行业在宏观经济和市场形势复杂多变的情况下，克服疫情带来的巨大冲击，行业产值和市场开拓逆势增长，每年建筑装饰装修行业完成产值约3400亿元，同比增长6.1%左右，超过全省GDP涨幅，占全省建筑业总产值9.3%左右，占全国装饰行业完成产值比重的10%左右。2023年，全省装饰协会和装饰行业不断夯实企业在困难条件下生存和发展的根基，许多企业生存和发展状况良好，有的实现逆势增长，一些受房地产"爆雷"影响较重的企业初步走出了困境，大多数企业发展比较平稳。

③行业结构逐步优化。既有大型龙头企业作为行业"航母"，又有众多骨干企业组成"航母战斗集群"，还有数千家成长性较好的中小企业形成继发优势。企业的地域分布更趋均衡。在苏南、苏中设区市装饰企业集聚发展的同时，苏北设区市和苏南、苏中县（市）一级企业数量增加，达到191家，占一级企业总数的21%，多元经营和专精特强的发展模式成为许多企业的战略选择。

④现代化进程持续加快。造就了一批适应新形势、胜任现代企业管理和现代建造方式的领军企业家、优秀设计师、优秀项目经理和优秀工匠；行业现代化水平有新的提升，管理、生产和服务的信息化、数字化、自动化进程明显加快，管理信息化的ERP系统和工程设计制造的BIM系统，在骨干企业中得到进一步普及，建造装备的现代化水平有新的提升。数百项科技创新成果分别被中装协、省装协推介。金螳螂、柯利达等领军企业探索装配式建造方式取得成效，有的入选省、市示范基地。调整产品结构、调整市场布局、调整生产力要素取得新的进展，高端产能不足，普通产能过剩，同质化竞争激烈的矛盾有所缓解。

⑤工程质量不断提高。2023年度，中国建筑工程装饰奖第一批工程中我省有316个项目入选，获奖数量连续多年稳居全国各省市同行第一。获参建项目鲁班奖及国优奖数量逐年增加，获省优"扬子杯"奖项目品质过硬。我省进入全国装饰类前100名的企业有29家，进入幕墙类前100名的企业有17家，进入设计类前50名的企业有5家，继续领先全国同行业。进入江苏省建筑业"百强企业"的13家装饰企业实力更加雄厚。住宅装饰和智能化骨干企业发展稳中有进。

⑥市场覆盖面强劲拓展。紧跟国家发展战略布局，国内市场全覆盖，市场份额不断加大。国际市场逐步扩展，已有十多家企业成功走出国门拓展业务。参与省和国家大型标志性建筑市场的份额持续扩大，有的领军企业被誉为"地标收割机"。产业集中度逐步提高，年产值8亿元以上的大企业已达数十家。资本经营的意识和能力增强，有27家企业成功上市，资本市场的江苏装饰板块

不断扩大。

江苏装饰35年，是全行业筚路蓝缕，艰苦创业的35年；是改革创新，与时俱进的35年；是乘风破浪，谱写华章的35年；是不断发展壮大，为经济社会发展做出重要贡献的35年。

二、35年，江苏装协着眼经济社会发展全局，践行使命，引领发展

35年，江苏省装协在政府主管部门的领导下，牢记宗旨和使命，与行业发展同呼吸、共命运，着眼点高，落脚点实，在做好日常服务的同时，创新服务理念，提高服务格局，丰富服务内涵，着力做好事关行业成败的关键性、开创性工作，着眼经济社会发展全局，践行使命，引领发展。省装协多次被中装协评为"优秀协会"，被誉为全国各省市装协中办得最好的协会。近年来，协会两次被评定为"5A级中国社会组织"，三次被认定为江苏省和全国"四好"商会，被表彰为"全省住房和城乡建设行业新冠肺炎疫情防控工作先进党组织"和"全国建筑装饰行业抗击新冠疫情特别贡献单位"。荣获江苏省人社厅和江苏省工商联联合表彰的"全省工商联系统商会组织先进集体"称号。协会党支部连续三次被厅行业党委表彰为"全省住房和城乡建设行业先进基层党组织"。

1. 引领行业发展方向

始终把宣贯落实党和政府的决策部署，当好党和政府与企业间的桥梁纽带，作为重要使命。把行业发展放到经济社会发展的大局中去衡量和展开，保持坚定正确的政治方向。在经济社会发展的各个时期和行业发展的各个阶段，都深入学习贯彻党和政府的主张，帮助企业研判形势、把握趋势、研究问题、创新思路，提供正确方向和思路的引领，使行业发展紧扣时代脉搏，紧跟时代步伐。

2. 推动行业现代化进程

始终把促进企业向现代化转型升级作为关键环节，不断注入产业现代化改造的强大动力和科技发展的时代内涵，引领行业管理创新、科技进步、素质提升。一方面把人的素质提升作为生产力提升的核心要素，着重抓好企业家、设计师、项目经理和一线工匠等关键层次的素质提升。另一方面，通过采取每年表彰科技创新成果、每两年召开一次信息化建设大会并表彰先进、每年召开精品工程观摩会突出展示科技创新和新技术装备应用的成果等方式，不断提高企业管理和设计施工的现代化水平。

省装协（商会）2022年精品工程观摩交流暨中国建筑工程装饰奖复查迎检会议

3. 打造行业质量品牌

始终将提高工程质量作为行业服务的经常性重点工作，持之以恒促进企业提质创优树品牌。增强责任意识、典型示范、落实标准规范、提高技能，通过各类人员培训、观摩学习、组织竞赛等方式，提升责任能力。近几年抓质量的力度持续加大，提出"铸造中国装饰质量的江苏品牌"的目标，设立工程质量问题曝光台催企业警醒，编发质量通病防治指南和项目经理、深化设计优秀案例集等书籍供企业参照，每年列出一批质量通病重点突破，成效明显。

4. 加强协会自身建设

一是加强政治建设。秘书处党支部努力发挥政治核心作用，加强政治宣传、政治引领、政治保障和政治监督，受到上级党组织表扬，多次接受省内和兄弟省市协会（商会）考察交流，受到充分肯定。二是提高服务水平。忠实代表行业利益，加强行业自律，反映行业诉求，促进行业发

展,用心服务,帮助会员排忧解难。三是打造学习交流平台。组织内部和外部学习观摩交流,开办各类论坛和沙龙活动,组织专题研讨并编发行业学习交流系列读本,努力办好会刊和网站,加强正确舆论引导和专业宣传,会刊被省住建厅和中装协评为优秀期刊。

三、35年,江苏装饰构筑了坚实的前进基础,经验宝贵,活力强劲

35年,江苏装饰在发展大格局中找准了方位,擦亮了名片,形成了中国建筑装饰行业高质量发展的江苏方案,为行业提供了砥砺奋进、行稳致远的历史经验和实践智慧。

1. 始终坚持围绕大局,保持强大的战略定力

35年历史经验告诉我们,既要埋头拉车,又要抬头看路,只有把行业和企业自身的发展融入经济社会发展的大局之中,积极响应和落实国家战略,才能在发展方向上先人一步,胜人一筹。

2. 始终坚持改革创新,保持勇立潮头的活力

兴于改革开放的建筑装饰行业,创新是发展的灵魂。过去30年的经验表明,只有建构起有效的创新投入机制,培育主导性的创新文化,才能同时驱动体制机制创新和科技创新双轮,保持发展活力,从而立于竞争的不败之地。

3. 始终坚持人才战略,夯实人才智力保障

人才是生产力核心要素,人才储备是增强行业内生创造力的基础。35年来,省装协和行业企业注重培养人、吸引人、用好人,着力加强关键层次的人才培养,企业人才结构不断改善,人员素质不断提升,已经成为中国建筑装饰行业最重要的人才高地之一。

4. 始终坚持质量为本,提升市场核心竞争力

省装协始终把促工程质量提升,作为一以贯之的工作重点,紧抓不放。着眼于提升责任意识,着眼于先进典型示范,着眼于落实标准规范,着眼于解决质量通病,在行业响亮地提出"打造中国装饰质量的江苏品牌"的目标,推动质量建设迈上新台阶。

5. 始终坚持引领服务,保持正确发展方向

行业协会的服务质量和引领水平对行业发展质量水平举足轻重。只有从高处着眼,实处着手,在做好日常服务的同时,把定好发展方向、做好重点工作、解决重点问题的引领服务,作为突出重点,才能使行业发展纲举目张。

四、新时代,江苏装饰必须顺应高质量发展新要求,激发新动力,开创新境界

党的二十大报告指出:"高质量发展是全面建设社会主义现代化国家的首要任务。"习近平总书记创造性地提出"发展新质生产力是推动高质量发展的内在要求和重要着力点"的重大判断,指出"新质生产力是创新起主导作用,摆脱传统经济增长方式、生产力发展路径,具有高科技、高效能、高质量特征,符合新发展理念的先进生产力质态"。江苏装协和全省装饰行业将以35年发展为基础,认真贯彻党和政府关于发展新质生产力的要求,加快产业创新步伐,强化改革调整动力,持续实现提质增效目标,为江苏经济社会高质量发展做出新贡献。

1. 注重科技创新成果应用,转化为新质生产力,以科技创新促进产业创新

拥抱现代科技,力求以现代科技的成果来武装我们的设计施工的过程,大力推进生产力水平的现代化提升和建造方式的现代化转变,进而促进企业管理创新、科技进步、素质提升。

2. 注重走专精特新强发展道路,培育"单项冠军"和"小巨人",以产品结构和专业结构调整带动产业创新

企业要为自己的发展定好位、把好向,术业有专攻,极力打造自己的"一招鲜",进一步打破同质化竞争的行业瓶颈。以产品结构的改变引导产业结构和市场布局的更新,使各类企业都有适

2024年全省装饰行业产业创新促进会暨工程创优工作会议

宜的发展空间。

3. 注重人的素质的现代化提升，构建新的人才体系，以人的创新能力提升引领产业创新

要继续以提升项目经理、设计师、技术工人的能力水平为重点，培育和吸引创新人才，尽快构建既能提高传统施工能力，又能适应现代工具、现代建造方式和现代管理方式的人结构。

4. 注重工程项目的提质增效，以工程建造中的问题为导向推动产业创新

工程建设的质量效益和安全是我们立业立企之本。以新质生产力主导的产业创新，在工程建设和管理上，会大大缩短工期、简化工艺流程、优化质量精度，大量节省人工，改善人才结构，提高管理效率，降本、提质、增效，在当前困难情况下更好地赢得市场。

装点关山无穷期，纵横仍需凌云笔。过去35年，江苏装饰乘风破浪著华章，以35年成就为新起点，潮涌江海再启航，江苏装饰的明天会更美好！

绿色先行，创造价值

——推进浙江省建筑装饰业现代化高质量发展

建筑装饰是营造优美环境、创造美好生活、提升人民群众获得感、幸福感、安全感的重要载体。2024年是中国建筑装饰协会成立40周年，值此之际，全行业回顾装饰发展历程，展望装饰美好未来。伴随着改革开放的步伐，艺术与技术高度融合的建筑装饰行业应运而生。1992年7月，浙江省建筑装饰协会在美丽的西子湖畔——杭州成立，浙江省建筑装饰行业协会为5A级社会组织，先后荣获民政部、省民政厅"全国先进社会组织""浙江省品牌社会组织"等荣誉称号。省直机关工委、省社会组织综合党委，先后授予协会党支部"先进基层党组织""五星级基层党组织"等荣誉称号。

2021年12月协会获评"全国先进社会组织"

"浙里装饰耕耘实践呈现新气象，浙里装饰创新实践赢得新发展"，我省涌现出了一批全国知名的装饰企业和有影响力的企业家，培育出了一批新时代能工巧匠和设计人才。企业足迹遍布大江南北、"一带一路"，出色完成了北京雁栖湖APEC峰会、G20杭州峰会、亚运场馆等重点装饰项目，打响了浙江装饰品牌，走在了全国前列，用勤劳和智慧谱写了行业最美音符。

1. 坚持党建引领，创建"浙里装饰，和美清风"园地

社会组织是我国社会主义现代化建设的重要力量。改革开放以来，我国社会组织不断发展，在促进经济发展、繁荣社会事业、创新社会治理、扩大对外交往等方面发挥了积极作用。党的十八大以来，以习近平同志为核心的党中央高度重视社会组织工作。党的二十大报告提出"加强新经济组织、新社会组织、新就业群体党的建设"等重要要求，为新时代新征程社会组织发展提供了科学指引。浙江省建筑装饰行业协会在各级党委、政府的坚强领导下，秉承"真诚服务，开拓创新"的办会理念，开展了一系列服务高质量发展工作。

坚持党建引领，建强支部堡垒。以"强党建、抓规范、促廉洁"为主线，将清廉社会组织建设写入章程，发布清廉社会组织倡议书，创建"浙里装饰，和美清风"清廉社会组织园地，会员单位积极参与清廉社会组织征文活动，打造新时代社会组织党建高地。党员同志开展"我心向党""守好红色根脉班·前十分钟活动"宣讲10余

2023年9月28日，浙江省建筑装饰行业协会党支部组织全体党员前往浙江展览馆，参观大道之行——"八八战略"实施20周年大型主题展览

次，参与党员人数达800多人次，将相关精神贯彻到各成员单位。"浙里装饰，和美清风"党建品牌紧密围绕装饰行业的核心价值和党建工作的基本要求，将"和美"理念融入装饰工作之中，以"清风"正气引领行业发展。这体现了装饰行业追求和谐美好的愿景，彰显了党建工作在行业中的引领和保障作用。

2. 新时代新征程新装饰，服务高质量发展

行业发展需要领路人，坚持"走出去"战略，引导行业走自主创新道路，浙江装饰产业品牌效应逐步形成。协会坚持党建引领发展，协会服务会员反映诉求，持续优化营商环境，积极建言献策。积极探索"协会+会员单位"共建共创活动，凝聚起逐梦前行的磅礴力量。

协会响应新发展理念，在行业建设与民生服务、推进和美装饰与美好生活品牌建设等方面取得了较好的成绩。协会理事会协同全体会员，坚持党建引领装饰之美，秉承"绿色先行、精益求精、创新发展"的理念，装饰业改革创新发展取得了明显成效。为推动建筑装饰业高质量发展，展示行业风采，发挥示范引领作用，传递行业正能量，助力共富示范建设，开创"装饰之美"系列活动。装饰之美——放心装饰在浙江、技术引领行业进步、科技进步促发展、产教融合育人才、助力共富示范、扶贫公益显大爱、行业礼赞立标杆、文体活动展风貌。

全行业围绕中心工作，以"服务三个一号工程、优化营商环境、推进公共服务七优享"为主要工作方向，推动行业发展与改革创新。开展了"保障民生""亚运攻坚"等工作，坚持学思用贯通、知信行统一，理论联系实际，组织编制了《浙江省建筑装饰行业发展"十四五"规划》，践

行"用科技改变装修,让技术服务生活"的社会组织力量,参编了《第19届亚运会场馆建筑室内空气污染控制技术导则》《浙江省装配式内装工程施工质量验收规范研究》等5项课题,获得浙江省建设科学技术奖。协会带领成员单位、劳模工匠赴新疆阿克苏地区开展扶贫捐助暨"浙阿两地情,民族团结一家亲"活动;援建青川"青少年活动中心",中共青川县委、县政府授予协会"促捐献真情,泽流惠青川"锦旗;连续五年参与"我有一棵树,长在阿克苏"援疆助农爱心公益活动,结合援疆产业扶农助农,抗击沙尘侵扰,改变生存环境,发展地方经济。参与山区26县仙居县、武义县开展"劳模工匠助企行"活动,宣讲劳模精神、劳动精神、工匠精神,现场解决当地技术瓶颈,取得了良好成效。

2019年"浙阿两地情,民族团结一家亲"活动,贾华琴会长为维族小朋友赠送礼物

3. 绿色先行创造价值,推进浙江省建筑装饰业新型工业化高质量发展

随着人们生活质量的不断提高,建筑装饰行业在国民经济中的地位和重要性不断提升改革开放以来,浙江省建筑装饰业得到了长足发展,在当前的新形势下,建筑装饰业应既承担满足社会需求的责任,同时亟须创造"新时代新装饰新价值"。为此,根据当前建筑装饰行业新形势,综合行业特点,经深入调研,我们提出"绿色先行,创造价值——推进浙江省建筑装饰业新型工业化高质量发展"的指导意见。

全行业坚持以习近平新时代中国特色社会主义思想为指导,全面贯彻党和国家的路线、方针、政策,紧扣新发展阶段、新发展理念、新发展格局,在进步中厚植爱国情怀,在改革中力担时代重任,充分发挥建筑装饰业应有的担当与作用。全行业在社会各界的关心与帮助下,在各成员单位的共同努力下,开展了一系列服务国家、服务社会、服务行业、服务群众的工作。

4. 以"全系统、全过程、全要素"三全维度,推进浙江省建筑装饰业工业化高质量发展

2023年,浙江省建筑业产值约为2.46万亿元,同比增长3%,其中,建筑工程产值21855.39亿元,同比增长3%;竣工产值14090.15亿元,同比增长8%;在省外完成产值5526.86亿元,同比下降9%。分企业类型看,国有及国有控股建筑企业总产值达到2829.46亿元,同比增长11%,其中,建筑工程产值2408.58亿元,同比增长9%;竣工产值1484.34亿元,同比增长32%;在省外完成产值624.21亿元,同比下降3%。

2023年,浙江省建筑装饰业产值约为0.73万亿元,装饰材料产值约0.44万亿元,建筑装饰行业在公共建筑、建筑幕墙、住宅居室等领域的发展均稳中有进。如何跑出建筑装饰"加速度",我们任重而道远;如何保持走在全国的前列,掌握行业发展的历史机遇,实现资源节约型和环境友好型的行业发展模式,是当前我们要探索和实践的重大课题。全行业应牢固树立"创新、协调、绿色、开放、共享"的新发展理念,共同推进创新深化、改革攻坚、开放提升,打造一批具有影响力的品牌企业。以"全系统、全过程、全要素"三全维度,推进浙江省建筑装饰业工业化高质量发展。助推建筑装饰行业高质量发展,以实际行动为建设"重要窗口"、争创社会主义现代化先行省和高质量发展建设共同富裕示范区贡献建筑装饰行业的力量。

2007年,浙江省建筑装饰行业协会提出了建筑装饰工业化,以"装修工厂化现场装配化是装饰行业的重大变革"为指导意见，说明我们的方向是正确的，工厂生产是提高建筑装饰工程质量品质、缩短工期的有力抓手。我们提倡行业之间、企业之间强强联合，要根据企业自身的特点和优势来规划生产基地的规模、总体方案。随着我国经济持续发展，社会需求不断向高标准提升，建筑装修装饰行业在新历史时期的发展还会有新的变化，但产业化发展的大趋势不会产生根本性变化。随着市场的专业细化，建筑装修装饰行业将产业化、精细化、多样化、科技化。因此我们要培育新型工业化专业人才梯队，为建设现代智慧型装饰行业打下扎实的基础。建筑工业化装配式装修已成为推进绿色建筑和建筑工业化的重要举措，持续推进建筑工业化装配化已带来了较好的经济价值和良好的社会效益。新型建筑工业化是建筑产业现代化建设的核心内容，2023年要求围绕新型建筑工业化全系统、全过程、全要素，推进建筑工业化、数字化、智能化升级，对建筑装饰工业化发展提出了一系列举措，持续出台相关政策推进建筑业改革，大力推广装配式建筑，使装配式建筑得到了进一步的支持，装配化装修在装配式建筑产业链中已成为新的亮点，将迎来快速发展新阶段。这对促进浙江省的经济转型升级和可持续发展具有重要意义。

5. 共谋行业发展，共话装饰未来

全行业践行以"人民为中心"的发展理念。紧扣经济发展需求，对标国内外建筑装饰业一流标准，打造新时代建筑装饰业，树好建筑装饰业美好榜样，讲好装饰建设者的美好故事，建好装饰美好精品工程，营造行业美好氛围。科技是第一生产力、人才是第一资源、创新是第一动力。建筑装饰行业既是施工设计行业，也是生产制造、服务行业。随着社会的发展和进步，行业服务已愈来愈凸显其重要作用。我们要持续提升全行业的服务质量与水准。全行业按照高质量发展要求，以浙江省推进建筑装饰行业"绿色先行、改革创新、创造价值"为主线，以新型建筑装饰工业化建造体系为技术支撑，以数字化推进技术创新、管理创新、行业服务创新，完善多维度人才培养体系，我们将持续服务新质生产力，推进三支队伍建设，创建新时代新社会组织新高地。

凝聚装饰奋进力量，增强先行示范使命。全行业坚持以党的二十大精神为指引，深入学习贯彻党的二十届三中全会精神，锐意进取、改革创新，让我们携起手来用坚强意志团结一致去实现建筑装饰业现代化高质量发展，为经济社会发展贡献力量，共同迎接现代化建筑装饰业更加灿烂的明天。

不忘初心、砥砺前行，共创福建省建筑装饰行业新美好

福建省建筑装饰行业协会以习近平新时代中国特色社会主义思想为指导，聚焦新福建建设宏伟蓝图和"四个更大"重要要求，坚持稳中求进工作总基调，完整、准确、全面贯彻新发展理念，着力推动装配式装修、开展企业信用综合评价、高质量发展评价和龙头企业认定、装饰装修工程省优评定及国优初审推荐、专业工程业绩补录、设计技能竞赛、技术交流合作、法律政策宣贯等工作，用心用情用力提供服务，切实为会员企业增强底气、市场拓展、风险防范、提质增效、品牌创建、创先争优等创造有利条件，为我省建筑装饰行业高质量发展交出满意答卷。

福建省建筑装饰行业协会成立暨第一次会员代表大会

第二届第四次会员代表大会、四次理事会、六次常务理事会暨加快推动装配式装修发展经验交流大会

一、加强协会党建和自身建设

1. 强化政治引领，推进党建和业务深度融合

按照协会章程和省住建厅《全省性建设类社会组织管理规定》要求，抓住发展机遇，主动担当作为，在发展中不断壮大。建立健全协会内部管理制度，提升协会服务水平，为协会争创"福建省5A级社会组织"做好基础性工作，努力把协会打造成会员之家、企业之家、行业之家。

协会兼合式党支部成立于2016年，是省级建设类协会首家在福建省住房和城乡建设厅（下称"省住建厅"）指导下成立的行业协会兼合式党支部。自成立以来，紧紧围绕省住建厅社会组织行业党建工作的总体要求，抓学习教育和自身建设。开展主题党日活动20多次，参加主题教育学习60多场。如走进龙岩市古田会址深刻领会"古田会议"精神；走进宁德市下党乡下党村潜心学习"弱鸟先飞、滴水穿石"精神；参加省住建厅行业党委组织开展的"发挥党员先锋模范，推动优质工程建设"主题党日活动等。

党支部坚持将学习教育、调查研究、推动发展等贯穿始终，以"一支部一品牌"项目建设为契机，依托协会专家库高级技术人才，组建专家技术团队，深入企业项目部一线提供工程技术指导，重点围绕行业质量通病、"四新技术应用"、重大工程施工难点等方面，为现场管理人员、技

术人员提供现场教学、技术指导，提升装饰企业创建优质工程的施工能力和专业化水平，为加快实现我省装饰行业高质量发展贡献力量。

"培育装饰行业新质生产力，赋能装饰企业高质量发展"党建活动留念

2. 注重吸收和发展会员，提升行业影响力和会员单位先进性

协会成立以来，侧重吸收成长型、外向型单位会员和专家型个人会员，新发展会员单位有施工、设计行业的后起之秀和绿色环保材料的生产商，共计460多家企业。

二、开展行业调查研究，维护行业发展利益

在政府政策出台前多收集会员单位和企业家的意见及建议，重点围绕优化装饰装修专业工程招投标市场规则、完善适应装配式装修项目的招投标模式及类似业绩要求、大力支持装配式装修创新创优和业绩认定、工程质量品质提升、专业承包企业资质标准"接地气"、企业风险防控等行业急难愁盼问题，开展会员走访和行业调研，反映行业合理诉求，维护会员单位和行业合法权益。同时，做好政策解读、增进理解、改善预期、化解矛盾工作，为行业高质量发展凝心聚力、锦上添花。

①2019年，我会分别在福州、厦门、泉州召开《福建省建筑装修管理暂行办法》的修改调研座谈会，协助省住建厅针对该法实施情况以及市场存在的突出问题深入开展调研。我会认真整理汇总，及时梳理调研成果，形成有价值、有分量的调研报告，报送至省住建厅建筑业处，并得到省住建厅有关领导的肯定。

②2021年，应省住建厅建筑业处要求，参与《关于推动施工专业承包市场高质量发展的若干措施（征求意见稿）》起草、意见收集汇总等工作，广泛征求骨干会员单位的意见和建议。

③协助省住建厅做好对《福建省住房和城乡建设系统行政处罚裁量权基准（2021年版）》（2021年6月印发）中《住宅室内装饰装修管理办法》《福建省建筑装修管理暂行办法》有关条款的违法情节、危害后果和行政处罚裁量基准进行细化、优化工作。

④为贯彻落实省住建厅《关于支持建筑业中小企业发展的通知》精神，2022年我会制定了《福建省建筑装饰行业龙头企业实施方案（试行）》，旨在引导专业承包做专做精、做强做大，加快推动我省建筑装饰行业高质量发展。

⑤有力推进专业承包企业业绩补录，助力营造更好的营商环境。根据省住建厅《关于稳住住建行业经济运行若干措施》精神，支持建筑业拓展业务领域，对"走出去"所需的装饰装修专业承包业绩信息因总包单位、监理单位注销等原因无法采集的，装饰装修企业可向我会申请核对。经核对无误后的装饰装修专业承包业绩信息，按规定推送至省部相关信息平台。为此，结合行业实际，我会2022年发布了《关于福建省建筑装饰装修专业工程业绩信息核对工作的方案（试行）》。

对《关于做好福建省建筑装饰装修专业工程业绩信息核对工作的通知》实施过程中发现的问题，着力解决企业诉求，进一步完善、优化和规范业绩信息核对相关事宜，及时发放业绩补录补充通知。我会已经审核通过30个项目，并推送省部相关信息平台。

⑥为贯彻落实住建部《关于进一步加强城市房屋室内装饰装修安全管理的通知》要求，切实加强城市房屋室内装饰装修安全管理，坚决遏制室内装饰装修违法违规行为，保障人民群众生命财产安全，维护社会和谐稳定，2023年7月，我会配合省住建厅工程处就规范城市房屋室内装饰

装修安全管理提出协会层面的建议意见。

⑦积极为会员企业提供法律政策宣贯，指导帮助企业提高风险防范化解能力和法律运用能力，用足用好国家和有关部门出台的扶持、支持政策。

三、坚持新发展理念，围绕新发展格局，加强引导和激励会员单位转型升级

为贯彻落实国务院办公厅、住建部、省住建厅有关发展装配式装修的指导意见，我会于2016年、2017年就如何推进建筑全装修及协同施工等向行业征求意见建议，多次召开调研座谈会，并于2018年印发《关于对"加快推行我省建筑行业住宅全装修"征集意见和建议的函》，助力推进省住建厅出台加快装配式装修发展的配套文件和地方标准规范。

近年来，为充分发挥典型示范作用，大力宣传装配式装修，提升社会公众的认知和认可程度，我会通过公布典型案例、组织现场考察、观摩会等多种方式，营造良好发展环境。

①先后公布3批装配式装修项目典型案例，"福州滨海新城综合医院（一期）内装工程"等13个项目入选。通过协会微信公众号推送，推荐至省住建厅官微发布。加大对入选的装配式装修项目典型案例宣传力度，引导行业和会员更好推动装配式装修发展，充分激发企业的主创精神和品牌价值，充分发挥典型工程示范作用。

②先后组织多次现场考察、观摩会，如福州兴业银行大厦装修工程现场观摩；北京市朝阳区中建壹品学府项目和通州副中心0701保障房项目住宅的新品展示样板间观摩；天津滨海开发区智能制造中心观摩；全省装配式装修项目现场观摩；全省住宅全装修质量管控项目观摩等。

③组织企业积极参与福建省工程建设地方标准《装配式住宅全装修技术标准》《福建省装配式装修评价标准》等编制。

④2023年，厦门市、福州市、泉州市装协相继成立装配式专业委员会，省、市协会联动形成合力，共同推动全省装配式装修发展步入快车道。

⑤全面落实省住建厅于2023年3月印发的《福建省装配式装修试点方案》。加快推进产业链上下游资源共享、系统集成和联动发展。将承接工程项目施工采用装配式装修技术情况，作为我会开展的信用综合评价、龙头企业选定、企业高质量发展评价认定等活动的重要指标或加分项。

⑥支持装配式装修项目评奖评优，优先评定专业工程"闽江杯"省优质工程，优先推荐参评中国建筑工程装饰奖（国优工程）。对推进装配式装修表现突出的会员予以评先评优方面倾斜。

四、落实省住建厅关于支持建筑业中小企业发展、高质量发展、民营经济发展等方面措施

认真规范组织创先争优活动，进一步提高我省建筑装饰行业整体水平，激励工程创优、技术创新，鼓励设计创意、人才创作，促进工程品质提升取得新成效；增强企业品牌优势，激发企业发展活力，提高企业核心竞争力，充分发挥产业龙头骨干支撑和引领带动作用。

①扎实开展建筑装饰装修优质工程创建评定认定活动。做好省"闽江杯"优质工程装饰装修专业初审和现场核验，以及中装协"中国建筑工程装饰奖"等初审推荐和迎检等工作。办好福建省建筑室内设计大奖赛。九年来，省"闽江杯"优质专业工程（装饰装修工程）入选工程312项，"中国建筑工程装饰奖"入选工程271项。

②根据省住建厅关于"推动行业转型发展，确定一批专业承包龙头企业并予以重点支持"的要求，做好年度省建筑业装饰装修专业"龙头企业"认定工作。目前，省内有31家龙头企业（公共建筑装修装饰类16家、住宅装修类8家、设计类7家）。

五、加强行业诚信自律建设，规范会员行为，强化信用管理

①有效发挥行业协会自律功能，规范会员行

为，切实加强城市房屋室内装饰装修安全管理，坚决遏制室内装饰装修违法违规行为，保障人民群众生命财产安全，维护社会和谐稳定，继续推广使用省住建厅印发的《福建省住宅装修施工合同（示范文本）》，持续创建家装放心消费环境。

②根据国家信用体系建设要求和《福建省建筑装修管理暂行办法》，落实省住建厅关于"省建筑装饰行业协会开展装饰装修专业承包企业信用评价""鼓励应用省装协信用评价结果"等措施。协会从2017年起开展信用等级评定，通过"AAA"等级评定的会员企业数量逐年上升，从2017年的31家上升到2023年的82家。同时，我会信用评价结果被应用在多个政府招投标项目中作为资格项或加分项。

六、新质生产力加快培育，释放行业发展新动能

促进"三个替代"（系统代脑、机器代工、工厂代现场），增强企业发展后劲。提高人才队伍素质，发挥行业专家和高级技工的作用，强化行业自律管理，服务行业高质量发展。

①为加快我省建筑装饰行业地方体系标准研究，自2019年以来，我会先后发布了《福建省建筑装饰装修工程电气施工技术规程》《福建省建筑装饰装修工程给水排水施工技术规程》《福建省建筑装饰装修工程饰面砖粘贴施工技术规程》《福建省建筑装饰装修工程质量评价标准》4部团体标准。

②为促进项目管理创新与变革，提高装饰企业项目管理能力，提升行业项目管理整体水平，从高速发展迈向高质量发展，我会连续多年开展"创精品示范工程"经验交流会和"工程创优进项目"专题分享会等。

引导推广应用绿色装修及工业化项目、建筑业10项新技术和BIM技术、互联网+技术。组织评优专家先后为创省优备案项目和省重点项目，如兴业银行大厦装修工程等项目，开展咨询服务和技术指导。

七、树立新文风，运用新思维，展现新气象

持续办好协会官方微信、网站。协会微信公众号从2015年12月正式上线，第一时间发布住建部、省住建厅、建设类协会文件和行业重大事件，内容涵盖协会工作、会员资讯、政策资讯、设计案例、行业分析、项目管理、企业资质、营改增、工业化、法律法规、信息化等专题，成为国内行业协会最活跃的微信公众号之一。至今累计推送10000多条信息，关注量突破11200个用户量。我会将持续利用好新兴媒体，传播行业好声音和传递身边正能量，并继续主导宣传推介行业龙头和骨干会员企业。

大道之行，壮阔无垠；大道如砥，行者无疆。我会进一步加快推动建筑装饰行业高质量发展工作，做强、做大、做优专业细分特色，培优扶强龙头企业、骨干企业；继续发挥协会服务和自律功能，履职尽责，紧扣主线，守住底线，积极作为，靠前服务，推动营商环境不断优化；引导会员单位坚守实业，做精主业，深耕专业；大力支持会员企业发展壮大，促进行业转型发展；传承弘扬"晋江经验"，助力民营经济健康发展、高质量发展。

我会持续、精准、有效服务会员企业在合法合规中把握发展方向，稳健运营企业，集中优势资源，切实提高项目承接和施工能力，严格项目承接底线标准，注重管理体系建设、科技创新应用，提高人民生活品质，发扬工匠精神，多创精品工程，推进人才队伍建设，着力规范市场行为，提升自身竞争力和品牌影响力。

让我们锚定奋斗目标，自信自强，开拓奋进，真抓实干，行稳致远。因地制宜发展新质生产力，拓宽装配式装修产业创新之路，注入新动能，重塑新优势。新时代新征程上，完整、准确、全面贯彻新发展理念，加快实现我省建筑装饰行业高质量发展，广泛汇聚，奋力谱写，进一步全面深化改革、推进中国式现代化福建篇章的磅礴住建人力量。

坚持服务宗旨，当好桥梁纽带，全力推动山东建筑装饰行业高质量发展

巍巍泰山起舞，欢庆齐鲁大地焕然新貌；滔滔黄河放歌，颂扬山东半岛建设宏图。2014年，为整合资源，更好统筹推进工作，根据山东省住房城乡建设主管部门的统一安排，山东省装饰协会整体并入山东省建筑业协会，更名为山东省建筑业协会建筑装饰分会，时至今日已走过了十个年头。这十年，也是我国建筑装饰行业发展最快的十年。十年来，在中国建筑装饰协会和山东省主管部门的领导下，在行业专家、会员企业的大力支持下，协会牢记总书记对山东"走在前挑大梁"的嘱托，认真履行"提供服务、反映诉求、规范行为"的基本职能，立足新发展阶段，完整、全面、准确贯彻新发展理念，为山东建筑装饰行业的发展做了大量的工作，取得了一定的成绩。山东省建筑业协会2022年、2023年连续被中共山东省社会组织总会委员会评为"党建工作先进单位"，被中共山东省社会组织综合委员会评为"五星级社会组织党支部""社会组织党建工作示范点"；2024年被山东省民政厅评为"服务高质量发展出彩社会组织"；2023年建筑装饰分会被中国建筑装饰协会幕墙工程分会授予"优秀组织奖"。

一、大兴调查研究之风，为政府决策提供支持

围绕行业中心工作，开展调查研究，为政府决策提供支持，是协会的一项基础性工作。多年来，我会积极配合主管部门、中国建筑装饰协会组织开展了一些在全行业具有全局性影响的调研活动，为山东省主管部门加快建筑装饰行业改革发展起到了积极的推动作用。2004年，围绕做大做强山东建筑业，协会在省内外进行了深入调研，撰写了《关于我省建筑装饰业改革发展的调查与思考》，为省政府出台《关于加快建筑业改革和发展的意见》（鲁政发〔2004〕70号）提供了重要参考意见。为加强产业政策研究，2005~2006年，我会与山东省建筑业协会、山东建筑大学等合作，历时一年半，完成了《山东建筑业发展战略研究报告》，为主管部门制定《山东省建筑业发展纲要》提供了有力支持。2007年，在全行业广泛深入开展了建筑装饰业生存发展状况调研活动，与山东省建筑业协会共同完成了《山东建筑业生存发展状况的调研报告》，刊登在中国建筑业会刊

山东省建筑业协会被山东省民政厅评为"5A级"中国社会组织

上，在业内产生较大影响。2010年，参与组织开展了建筑业"转方式、调结构"专题调研活动，共同参与撰写了《关于加快建筑业转型升级的战略性思考》，提出了建筑业包括建筑装饰行业转方式、调结构目标任务和具体措施，为即将出台的《山东省人民政府关于加快推进建筑业转型发展的意见》打下了坚实基础。并入建筑业协会以来，基于行业和会员企业反映强烈和重点关注的问题，走访企业，组织了十二场专题调研活动，参与编写完成了《山东省建筑企业改革发展现状调研报告》和《山东建筑装饰行业高质量发展的调研报告》。其中，《山东省建筑企业改革发展现状调研报告》获得了中共山东省社会组织综合委员会主题教育优秀调研报告一等奖。独立撰写的《关于山东省建筑装饰行业高质量发展的调研报告》获得了好评，有力地推动了行业发展。

二、认真组织创优活动，全面提升工程质量

多年来，我会坚持"创精品工程，树行业形象"的创优工作理念，聚焦工程质量这一主题，发挥精品工程的示范引领作用，组织开展了多种形式的活动，持续开展创优评优活动，为提升企业素质、树立行业楷模、推动科技进步做出了积极贡献，促进了我省工程质量总体水平的提高。近十年来，全省共累计获得中国建筑工程装饰奖1303项；鲁班奖、国家优质工程奖获奖数量、工程质量均位居全国前列。

1. 制定创优目标，创建"过程精品"

在组织创优过程中，引导企业将创优目标贯穿于工程施工的全过程，严格各施工环节的质量控制，定期召开交流会交流创优理念和经验，促进创优水平提高。

2. 组织工程质量专题技术讲座和现场观摩

先后组织全省施工企业中300多名工程质量专家参加技术培训班，组织四场总承包企业的精品工程创建培训、组织三次现场观摩鲁班奖工程、五场装饰工程精品工程创建培训活动，参与总人数超过4000人，线上参与超12万人次，企业重视程度和参与程度超出以往。

3. 严把工程质量评审关

在参与国家级奖项竞争选拔和推荐环节，严格标准、规范和程序，确保公平公正和优中选优。同时，注重发挥精品工程对行业的示范作用和引领价值，以及对企业的赋能效应。在优质工程的复查和评审过程中，坚持"公开、公平、公正"原则，以技术创新和新技术应用为重点，突出节能、环保、绿色智能建造应用，以创优工作带动科技进步。组织专家严格把关，确保评审结果令人信服，经得起历史的检验，不断提高评审的公信度和企业参与创优的积极性。

三、加强对外交流合作，推动行业发展

多年来，山东省建筑业协会建筑装饰分会秉持"服务企业、规范行业、发展产业"的宗旨，紧紧围绕全省建筑装饰业中心工作，充分发挥桥梁纽带作用，服务政府、服务行业、服务企业，与时俱进、扎实工作，为推动建筑装饰行业持续健康发展做出了积极贡献。

1. 开展省际间行业交流

先后与七省市协会签订了友好协议，分享和学习彼此的工作经验，进行工作交流和开展对接企业合作；组织和协助我省企业对外省企业访问交流九场次。

2. 加强与省内各地市协会联动

举办多次全省各地市建筑业和装饰协会座谈会，根据建议编发了全省各市建筑业协会月度工作简报。同时，充分利用各地市协会的优势，在把握标准规范程序的基础上，将"中国建筑工程装饰奖"和"行业综合数据统计""行业信用评价"等活动的预检初审工作委托各地市协会组织开展，提高了工作效率。

3. 与马来西亚建造行联合总会实现互访

继2018年与马来西亚建造行联合总会建立联

系，双方实现互访之后，2023年我们再次接待了马来西亚建造行联合总会代表团，讨论了关于鲁班文化的传承和弘扬。同年，协会组织会员企业参加了马来西亚举办的首届鲁班文化节，并签署了《合作备忘录》，为未来的合作奠定了坚实的基础。同时积极推介我省优秀企业进军东南亚和非洲市场。

四、加强行业培训，提高会员管理水平

多年来，为提高企业管理水平和增强市场竞争能力，我会积极组织会员单位参加多种类型的行业培训。

1. 开展了有针对性的行业培训工作

举办了企业高管、项目经理、资料员等人员参加的多内容、多类型的培训班。先后围绕项目成本控制、合同风险处理、精细建设规划、绿色施工方法以及创新成果等六大主题展开，通过三次面对面和三次线上培训的形式，累计举办了六期课程，参加人数五千多人，有助于提高项目经理的专业技能、管理能力和团队协作精神。

2. 连续多年组织召开全省创精品工程交流会

配合"树名牌、创精品"活动开展，通过专家讲课、现场观摩、创优经验介绍等多种形式，提高了施工企业的管理水平和业务素质，为山东建筑装饰企业参评中国建筑工程装饰奖提供了坚强的保障。

3. 广泛开展业内交流

2017年，在山东青岛承办了由中装协主办的华东地区建筑装饰行业协会工作交流会，通过"走出去、请进来"一系列活动，交流了经验，扩大了视野，促进了友谊和联系，加快了我省建筑装饰业"走出去"步伐。

五、加强自身建设，提高服务行业质量

为适应形势发展和"双向服务"的需要，我们在发挥好桥梁纽带作用的同时，更加注重加强协会自身建设，努力做到让协会业务与行业管理工作互为平台，相互促进，不断提高为行业中心工作服务的质量和水平。

1. 加大行业宣传力度

依托山东省建筑业协会官网和山东省建筑业协会公众号，立足行业，服务基层，在行政主管部门、建筑装饰企业之间架起了信息交流的桥梁，对指导全行业改革发展发挥了重要作用。

2. 坚持民主办会的方向

走服务型协会的发展路子，充分发挥理事和常务理事的作用，推动建筑装饰分会与建筑业协会互为平台，共同发展。严格按协会《章程》办事，积极发展新会员，建筑装饰分会会员由最初的几十家发展到现在的几百家，协会影响力不断扩大。

3. 积极融入建筑业协会工作

发挥作为省建筑业协会建筑装饰分会的优势，不断提高服务质量和水平，制定了议事规则和秘书处工作制度，促进了建筑装饰分会管理的规范化和制度化，每年根据建筑业协会总体工作安排，拟定装饰分会年度工作计划，在建筑业协会总体框架下开展工作。

4. 提升法律服务质效

参与建筑业协会成立建设工程法务与商务工作委员会，引入社会专业机构为会员企业提供法律商务服务，制定实施《全省中小施工企业法律公益支持行动活动方案》。送法进企业，进行专题培训，对企业提供"一对一"公益咨询服务。在省住建厅指导下，积极参与全省住建领域落实"总对总"在线诉调对接机制试点工作，获评先进单位。

5. 参与社会公益活动

新冠疫情爆发期间协会积极组织干部职工捐款捐物；2021年开展"慈心一日捐"活动，结合协会实际，向山东省慈善总会捐款2万元；2022年协会联合住建系统10余家山东省建设企业文化联席会成员单位党支部，共同开展"疫情无情，人有情——党员志愿者献爱心活动"，捐送6000

余斤有机白菜和元宝枫茶叶进方舱医院、学校、养老院。增强了协会的凝聚力和向心力，树立了良好的行业形象。

6. 开展精准扶贫工作

2019年，山东省建筑业协会在参与"双百扶贫行动"中，携手会员单位为山东省菏泽市东明县小井镇西夏营村"西夏营村打机井增容项目"捐赠资金12万元，看望慰问困难群众，捐款捐物总价值3600元；2022年向东明县三春集镇刘小川村捐款10万元用于村党群活动中心建设。

雄关漫道真如铁，而今迈步从头越。十年来，山东建筑装饰业以其较雄厚的实力在国民经济建设中占据了一席之位，发挥了重要作用。回首往事，我们为山东建筑装饰业取得的辉煌业绩而欢欣鼓舞；放眼未来，我们又为山东建筑装饰业的远大前景而踌躇满志。我们决心在新的历史条件下，继续发扬艰苦奋斗、拼搏进取的精神，全面贯彻新发展理念，发展新质生产力，加快培育行业发展新动能，扎实推进行业绿色低碳发展。重整行装再出发，抢抓机遇大力发展，克服困难阔步前进，凝聚共同智慧和力量，再创山东建筑装饰行业新辉煌。

以诚聚同业，用实泽荆楚

——湖北省建筑装饰协会成立三十周年巡礼

雄踞长江中游，地处华中腹地，得天独厚的地理位置造就了湖北在中国建筑业辉煌历史中的特殊的地位，而荆楚先辈筚路蓝缕铸就的坚韧不拔、勇于开拓、敢为人先的湖北精神，更成为我们推动行业不断发展进步的不竭动力。历经三十年的湖北省建筑装饰协会，正是秉承了这样的文化内核，不断开拓进取，大胆改革创新，以诚挚入微的服务，汇聚业界同仁之心；用精进过硬的专业，携手会员单位美化荆楚大地。

时光洗练品质，岁月见证芳华。1979年，湖北省专业从事装饰装修的企业还不到10家，而到2023年注册办理资质的已达7700家。1994年省装协会成立时，全省装饰业产值不足3亿元，到2023年底已经突破7000亿元。据初步统计，30年来，湖北省获评全国建筑最高奖鲁班奖参建奖60多次，"中国建筑工程装饰奖"591项，获评省优项目1683项。过去的30年，是湖北省建筑装饰行业风雨兼程、波澜壮阔的30年，更是协会卓越成长、硕果累累的30年。

一、党建引领，坚守方向

从成立的那天起，湖北建筑装饰协会始终坚持正确的政治方向，团结全体会员单位秉持初心，立足高远，将党建工作作为核心引领，推动协会健康发展，并将服务政府、服务企业作为协会党建工作的核心价值导向。为了践行这一理念，协会将党的建设工作渗透到各项工作中，积极发挥示范作用，深入学习"习近平新时代中国特色社会主义思想"，与会员企业携手开展"习近平论坚定不移向党中央看齐""铭记光辉历史，传承红色基因""学习贯彻党的二十大精神"等具有鲜明时代特色的主题党建活动，促进协会与会员单位之间的党建工作互动，确保学习活动既有记录、讨论，也有深刻的心得体会。这些主题活动的开展不仅加深了协会与广大会员单位对党的理论和历史的理解，还进一步坚定了信仰，凝聚了力量。同时，在协会官网上设立"党建之窗"专栏，发布优秀文章、特色活动等内容，营造学习氛围，使党的十九大、二十大及历次全会精神深入人心，并转化为强大的精神动力。

目前协会拥有615家会员单位，理事中正式党员66人、预备党员2人，按照湖北省委社会工作部总体部署，结合行业实际，协会在秘书处建立实质性的党组织，在协会组建功能性党委，围绕三个方面开展工作。一是打造内外兼修的党建新阵地。建立60平方米的党员多功能活动室，以点带面，辐射服务会员单位党组织及党员，形成联动联管的活动模式。二是推行横纵交错的党建新模式。建立地方协会党建联络员制度，联系多家党组织，签订《党建联建协议书》，探索实现学习联组、资源联合、活动联办、服务联动、典型联树的党建活动新模式。三是探索凝心聚力的新品牌。依托"初心、齐心、暖心、廉心"四心工程激发党建新活力。近日，协会组织党建专题调研组，对荆州、襄阳、黄冈等地市州建筑装饰协会、会员企业党建工作情况进行了走访和调研，探索推进行业协会的党组织建设，增强行业企业的凝聚力，切实将党建优势转化为发展优势，着力推动党建工作再上新台阶。

二、真诚聚气，服务凝力

建筑装饰协会是行业的自治组织，必须依靠各级政府的支持、依托各建筑装饰企业共同参与来规范行业、企业行为。湖北省建筑装饰协会认真贯彻落实"提供服务、反映诉求、行业自律"的协会工作宗旨，以真诚聚集人气，用服务凝结力量，坚持做到：构筑并稳固政府和行业、企业间的桥梁；促进并深化行业之间、企业之间的桥梁；建立并加强从业者个人与行业、企业间的桥梁；拉近并紧密人民群众与行业、企业的桥梁；逐步成长为与湖北省经济繁荣并进的建筑装饰行业主导力量，成为政府放心、企业信赖的行业组织者。

1. 坚持调研传统，倾听会员声音

30多年来，协会坚持调查研究的工作作风，经常上门走访会员企业，收集困难与需求，力所能及则助解，力有不逮则积极向政府反馈。尤其2020年以来，尽管受到疫情的挑战，协会依然坚持实地走访，多次赴随州、襄阳、十堰、咸宁、荆州、宜昌、黄冈、黄石等地开展调研活动，积极倾听企业的声音，广泛收集他们的意见和建议。有针对性地解决企业的具体问题，增强了协会与会员的感情。

2. 紧扣发展核心，拓展企业舞台

协会的核心是服务企业，企业的核心是稳健发展。协会不遗余力地为企业发展提供支持，创造条件帮助他们走向更广阔的舞台。例如，自2015年武汉市华康世纪医疗股份有限公司加入协会以来，协会通过多次调研和全方位指导，助力华康世纪医疗在工程质量和施工安全等方面取得显著成就。在协会的支持下，华康世纪医疗赢得了多项"湖北省优良建筑装饰工程"和"中国建筑工程装饰奖"，为其上市打下了坚实基础。2022年1月28日，华康世纪医疗成功在创业板上市，成为国内首家以从事医院净化工程设计施工为主的上市公司。

3. 增进交流合作，学习成功经验

省协会重视与全国性行业协会的联系，积极参加中装协及各专业委员会的各种会议，先后与上海、江苏、浙江、北京、广东、河南、江西等地的建筑装饰协会建立了联系交流机制，学习他们的成功经验。加强与湖北省内各地市州建筑装饰协会的联系，为全省的建筑装饰业改革发展壮大建言献策。组织省内各地市州协会到武汉建筑装饰协会和有关企业参观学习考察。先后到黄冈、十堰、襄阳、随州、孝感、宜昌、荆州、荆门等地，参加协会工作研讨会议，开展"创精品工程"专题讲座，探讨应对世界金融危机冲击的对策，共同创新协会的发展思路。这些活动互相学习借鉴，为全省建筑装饰业的改革发展壮大提供了有益的经验。

三、专业精进，盛誉满载

专业的服务才能让协会在助力会员企业发展、推动行业不断进步方面产生积极作用。

1. 开展专业培训

协会以企业需求为导向，举办了一系列针对性的专业技术培训，如"建筑幕墙检测技术实操班""装饰工程技术规范及招投标常识班""建筑装饰实务"等。在2022年疫情严峻时期，协会利用网络技术优势，为企业免费提供多场线上培训，涉及企业主体信用评价、国优申报、公装深化排版、工程验收质量检测及安全生产知识等，吸引了近千家单位参与，近万人线上观看，为企业节省培训费用千万元。

2. 编制标准、法规

协会发挥自身优势，建立了建筑装饰和建筑幕墙专业专家库，汇聚了省内建筑幕墙设计院所、专业机构和施工企业的顶尖技术专家。成立以来，协会共组织召开了数十个幕墙设计项目论证会，为企业的二次深化设计和技术难题提供技术咨询、专家论证和专业服务。2021年11月，由协会牵头组织中南建筑设计院、省建研院主编的湖北省首个地方标准《既有建筑幕墙可靠性鉴定技术规程》（DB42/T 1709—2021）正式开始实施。协会还先后参与了国家职业技能标准《建筑幕墙设计师》的编制。我会联合武汉凌云建筑装饰工程有限公司、中信建筑设计研究总院有限公司编制的《建筑幕墙工程技术规程》，目前已进入备案发布阶段；联合中南设计院、武汉建工华达建筑装饰设计工程有限公司共同主编的《建筑室内装配式装饰装修技术及评价规范》已成功立项。为促进行业法治环境，协会还与律师事务所联合编撰了《建筑装饰法律法规汇编》，为从业人员提供了法律法规的学习读本。

3. 积极向外拓展

近年来，湖北建筑装饰企业已从曾经小而散的家族性企业发展到现如今的有着现代管理制度的企业，并逐渐向省外、国外占领和开拓市场。协会的会员企业在北京、上海、天津、广东、山东、四川、湖南、河南、内蒙古、青海、新疆，特别是在建筑业发达的江苏、浙江都承接了工程。凌云公司正在建设的科威特机场幕墙项目造价高达8.3亿元，还有武汉建工集团装饰工程有限公司承建的老挝万达文华酒店装饰工程等，这些境外工程无疑又是一个个具有标志性的工程项目。

4. 打造产业链

近几年，协会注重加强材料生产企业与装饰装修企业的深度沟通与合作。2018年3月，在荆州召开铝板生产企业与装饰企业的联谊会，协会邀请省内大、中型建筑装饰企业参会，使供求双方增进了了解，为今后的互利合作提供了便利。在当阳市召开了类似的会议，以帮助武汉、宜昌等地的材料生产企业与装饰装修企业开展合作，并取得了较好的成果。

5. 精耕品质工程

协会始终把装饰工程质量目标考核工作置于重要的地位。由协会组织的湖北省优质建筑装饰工程（"装饰楚天杯"）评选活动及目标考核工作，已持续了20多年。"装饰楚天杯"的评选，对提高我省建筑装饰工程质量，增强企业的品牌形象与市场认可度，促进建筑装饰业健康发展，起到了良好的推动作用。截至目前，全省共有982项工程荣获湖北省优质建筑装饰工程（"装饰楚天杯"）、701项工程荣获"湖北省优良建筑装饰工程"。出现了像中国光谷会展中心、湖北省博物馆三期扩建工程、武汉市政务服务中心（市民之家）、武汉琴台音乐厅、武汉天河机场三期扩建工程、武汉瑞华酒店装饰工程、武汉网球中心幕墙工程、汉阳国博会议中心装饰工程、宜昌皇冠假日酒店等一大批优质精品工程。

同时，协会还牵头组织各会员单位观摩学习优秀精品工程，让大家通过参观学习开阔视野，提高创优意识。积极组织并发展会员企业中经验丰富的工程师组成专家库，这一举措不仅增强了协会的专业服务能力，还使得我们的专家能够与国家级专家并肩，共同参与优良工程的评比工作。不仅学习到了国家级专家严谨的评比标准与方法，还得以近距离观察并借鉴行业内的先进工艺与技术创新，为自身企业的技术升级与工艺改进提供了宝贵的参考。更重要的是，通过深度参与评比流程，专家们从源头把控的角度深刻理解了优良工程的构建要素，这对于他们未来在各自企业中推广高标准、严要求的项目管理理念，确保每一个项目都能达到或超越优良标准，具有不可估量的价值。截至2023年底，湖北省共有591项工程荣获"中国建筑工程装饰奖"，60次荣获"全国建筑最高奖鲁班奖参建奖"。湖北省纪委花山办公楼基地装饰工程、中南建筑设计院科研设计中心精装修工程、武汉农村商业银行光谷支行装饰工程等一批项目都得到了国内专家的肯定。

此外，协会还积极向中装协推荐全国装饰100强、幕墙企业100强，湖北省先后有武汉凌云建筑装饰工程有限公司、湖北高艺装饰工程有限公司、湖北凌志装饰工程有限公司等5家企业荣获"全国幕墙100强"称号。武汉建工华达建筑装饰设计工程有限公司、武汉联想建筑装饰工程有限公司2家企业荣获"全国装饰100强"称号。武汉凌云建筑装饰工程有限公司还被评为"全国明星企业"。

四、致力公益，勇担责任

积极履行社会责任，建设优质安全、绿色环保工程，把责任意识、公益理念融入企业经营的全过程，构筑和谐共赢的社会关系，已经成为协会各会员企业的普遍共识。2008年武汉市遭受严重的雪凝灾害，协会发出紧急通知，各地市州的企业大部分参加当地的捐款，地市州建筑装饰协会参与救灾活动，捐款捐物。四川发生特大地震灾害后，协会组织广大会员单位和员工捐款捐物，先后有21家企业在省装协直接捐款，捐款金额共达2455072.8元，其中仅武汉凌云公司单位和个人便在地震灾害中共计捐款超80万元。

2020年初，新冠疫情突然暴发，协会第一时间通过官网、微信公众号和会员群向各会员单位和行业从业人员发出了《共同打赢疫情防控阻击战的倡议书》，组织广大装饰企业发挥专业优势，积极参与疫情防控阻击战。在协会的积极号召下，广大装饰企业纷纷捐款捐物抗击疫情，各会员企业、各地市州装饰协会及所属会员近190家企业及企业员工累计捐款530多万元，12家会员企业参与援建火神山医院、雷神山医院、湖北省妇幼保健院光谷院区、湖北省新华医院等抗疫项目共计20个。

为响应国家精准扶贫战略号召，助力乡村振兴，2019年至2021年，协会向巴东县黄土溪村捐赠2.2万元、向竹溪县捐赠2万元、向郧西县润池乡中心福利院规范化项目捐款3万元，并积极参加省民政厅组织的各项乡村振兴活动，以实际行动为建设社会主义新农村贡献力量。

五、与时俱进，不断创新

2016年，按照湖北省民政厅、住建厅的要求，省建筑装饰协会从工作职能上、具体工作安排上与政府脱钩，成为省民政厅直接登记的社团法人。

为更好地为会员企业提供服务，协会充实了秘书处专职工作人员，加强秘书处的组织建设、思想建设、作风建设，明确工作职责，了解企业所需，为企业提供精准服务，确保协会工作人员有效履职尽责。

结合新形势新特点，对协会的宣传工作提出了新的要求协会秘书处与时俱进，在原来创办《湖北建筑装饰》会刊的基础上，组织人力加强协会官网及微信公众号的建设，以适应行业发展和会员企业的需求。2018年，在充分利用网站资源的基础上，推出了微信公众号，及时向会员企业推送协会的工作动态和行业动态，使会员企业能够第一时间了解行业的最新发展，为会员企业提供了更加便捷的信息获取渠道。如今，通过不断优化和更新，网站及微信公众号已经成为会员企业获取全国及全省招投标信息、行业标准、法律法规等重要内容的首选平台。

截至2024年3月，协会官网"政策法规"专栏共计更新126项（国家级法规71、省级法规55）、公装标准147项、幕墙标准89项供企业直接查看；"党建之窗"专栏更新协会有关的党建工作26项。网站设有"招标平台"栏目，在"全国招投标平台"中与全国各省和所属地市共72个公共交易服务平台链接，"全省招投标平台"中与湖北省及17个地市州公共交易服务平台链接，企业可通过该栏目直接点击进入对应省、市招投标平台，给企业提供了快速便捷的服务。

随着我国建筑装饰行业的转型升级，装配式装修作为新型建筑装饰工业化的重要形式，正逐渐成为推动行业创新发展的热点。为加强行业间的交流与合作，协会积极响应国家政策，做好在今后工作中举办全国性的装配式建筑研讨会的工作计划，组织会员单位参加武汉市装配式装饰装修成果展示，着手联合更多湖北省龙头企业打造智慧项目示范基地，推广装配式应用，助力新产业集聚和新业态形成，从而促进湖北省建筑装饰行业紧跟时代脉搏，抢抓新的发展机遇，实现高质量发展。

舟至中流千帆竞，再鼓樯橹博征程。三十载的栉风沐雨，三十年的砥砺前行，让湖北省建筑装饰行业协会更加成熟，更加稳健，而我们也会以前所未有的信心和勇气携手全体会员企业，在新时代的发展道路上奋然前行，开拓更为辽阔的疆域，共绘更加辉煌的未来。

武汉琴台音乐厅

武汉市政务服务中心（市民之家）

广东装饰成就业界荣光

人靠衣装马靠鞍，建筑唯美也亦然。
全国装饰看广东，深圳装饰马首瞻。
江湖代有人才出，名企名家不胜数。
秉承初心再出发，守护荣光更蔚蓝。

"全国装饰看广东"，起始于改革开放、广东经济腾飞之时。20世纪80年代中后期，伴随着广州、深圳等珠三角城市大规模、高标准城市建设推进，城镇化高速发展，大量公共建筑，尤其涉外酒店大量兴建，建筑装饰装修业需求呈现井喷状态。

在全国几乎处于一片空白的装饰业里，广州、深圳作为祖国南大门，拥有与国际接轨的先进设计理念及从香港陆续进入内地市场的设计人才。这些设计师的作品不仅在设计观念和表现形式上贴近国际潮流，同时带来先进的施工工艺和机具、设备，更能采用较为先进的现代装饰施工手段。同时，地缘和特区的政策优势，使得香港、台湾等地的装饰材料近水楼台地首先流入深圳。数据显示，20世纪八九十年代，深圳的台资企业占全国总数的10%，前往大陆的台湾同胞中，有56%通过深圳口岸入境，台湾的装饰材料商也被大陆市场深深吸引。

广东高起点的城市建设标准，高于全国水平的经济环境，尤其是国家对于深圳作为外向型国际性新兴城市的定位，都客观地为广东装饰业的高起点创造了有利的条件。根据有关数据显示，1986年，我国专门从事建筑室内装饰的工程公司不过700家，1988年增加到1万余家，而仅广东省就有4000余家，几乎占据全国半壁江山。目前，在全国24家上市建筑装饰企业中，广东独占12家。这一数据充分彰显了广东建筑装饰企业在全国的显著地位和强大实力。

长期以来，广东省建筑装饰装修产值在本省建筑业总产值中始终占据着较大的比例，在其发展的高峰时期，建筑装饰装修产值更是约占到本省建筑业总产值的15%以上，这一比例足以说明该行业在广东建筑业中的重要性和影响力。

2023年广东省建筑装饰装修产值1734.97亿元，相比20年前——2004年广东省建筑装饰装修产值171.48亿元，增加了十倍之多。在这二十年的发展历程中，广东省建筑装饰装修行业经历了无数的机遇与挑战，不断创新与突破，实现了飞跃式增长。这不仅仅是数字上的增长，更是广东建筑装饰装修行业在技术、设计、管理等多方面不断突破与进步的有力见证。

充足的项目和利润空间、灵活的体制，使广东装饰业蓬勃发展，在工程的获奖数量、企业产值贡献等方面，一举奠定其在全国的重要地位。以深圳建筑装饰企业为代表的广东装饰企业也是全国最早走出本土走向全国甚至国际的企业，在其他省份企业还处于摸索萌芽期的时候，广东企

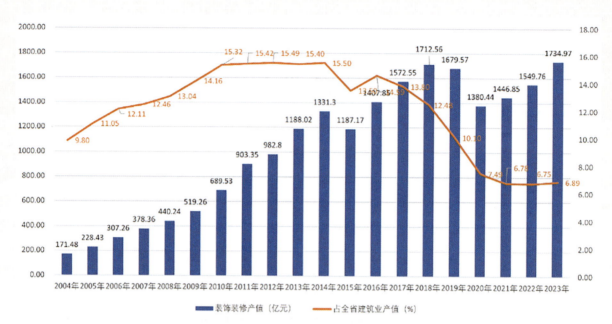

近20年广东省装饰装修年产值分析

业已经在各地开疆拓土，茁壮成长。所以，"全国装饰看广东"的佳话流传至今，它充分体现了广东建筑装饰业企业的实力和巨大影响力。

在中国建筑装饰协会的引领下，广东建筑装饰企业积极参与各类活动，不断提升自身实力和市场竞争力，为推动整个行业的健康、快速发展做出了积极贡献。

①工程质量：中国建筑装饰协会自2001年开始进行全国建筑工程装饰奖评审（2015年更改名称为中国建筑工程装饰奖）以来，广东省作为建筑装饰行业的发达地区，其装饰企业在评选中一直表现活跃，获奖数量位居全国前列，至2023年广东省内共有1621项装饰工程获得中国建筑工程装饰奖（全国建筑工程装饰奖）。

②诚信建设：广东装饰企业积极响应中国建筑装饰协会的号召，加强自律管理，提升服务质量，树立良好品牌形象。通过参与协会组织的信用评价、信用体系建设等活动，广东装饰企业不断提升自身的诚信水平，赢得了市场的广泛认可。

③科技创新：广东装饰企业在科技创新方面也取得了显著成绩。他们积极参与协会组织的科技创新交流活动，引进和消化国际先进技术，加大研发投入，推动技术创新和产业升级。获全国建筑装饰行业科技示范工程582项，科技创新成果800项；获建筑装饰行业科学技术奖199项；还有16人评为建筑装饰行业科学技术人才。通过不断技术创新，广东装饰企业在提高施工效率、降低能耗、提升工程质量等方面取得了显著成效。

（4）品牌建设：广东省建筑装饰企业自2002年起参加中国建筑装饰协会组织的"中国建筑装饰行业百强企业评价推介活动"（2018年改称"中国建筑装饰行业数据统计"），在中国建筑装饰行业协会发起的建筑装饰企业百强榜单中，广东企业多年占据50%以上。

广东省建筑业协会建筑装饰分会前身为广东省建筑业协会装饰部。经广东省建筑业协会三届会员大会二次会议审议通过，并报广东省住房和城乡建设厅和广东省民政厅等相关部门同意，广东省建筑业协会建筑装饰分会于2009年11月10日正式成立，是广东省建筑业协会首个分支机构。

广东省建筑业协会建筑装饰分会是广东省建筑业协会会员中从事建筑装饰设计、施工、科研、教育、建筑装饰材料生产销售的相关单位自愿组成的分支机构，在广东省建筑业协会管理下开展活动。分会旨在搭建企业与政府之间的桥梁，贯彻执行建设主管部门的政策法规，为企业做好专

广东省建筑业协会装饰分会成会暨第一届会员大会一次会议

项服务，规范建筑装饰行业行为，在业务上纵向对接中国建筑装饰协会，横向协调全省各地市装饰社团组织和广大装饰企业会员单位。

建筑装饰分会成立至今已逾15年，始终坚持以服务行业为使命，充分利用协会平台资源，为全省会员单位提供工程评优、工程质量技术培训、组织交流等多项服务，会员单位则从成立之初的100多家发展到现在的接近800多家。

针对建筑装饰工程工期快，早期工程人员散兵游勇的特点，建筑装饰分会每年组织专家对全省重点建筑装饰工程进行指导，包括工地安全文明管理、施工质量、绿色施工几方面。在此过程中，企业有机会与专家进行充分交流，不仅工程质量、施工管理等方面得到逐步提升，企业在此过程中也有机会掌握行业的一手资讯，行业水平得以稳步提高。历年来，广东省内多个建筑装饰项目获得全国鲁班奖，省优工程遍布全省各地。

因应与建筑装饰行业密切相关的幕墙及智能专业发展需求，广东省建筑业协会分别于2012年和2017年成立广东省建筑业协会智能建筑分会和幕墙门窗分会，分会建立后，迅速组建专家组，为广东省智能建筑和幕墙门窗新兴行业建立了严格的规范和管理、有序的培训，并使广东省智能建筑和幕墙门窗行业的工作得到长足发展。

建筑装饰分会延续建筑业协会服务会员的优良传统，每年都针对省内装饰行业的从业人员进行多种题材的培训，其中包括宣讲、落实国家层面的新标准，市场上出现的新材料、新工艺新技术、新工程施工工艺的研讨等。培训题材多样、针对性强，广受会员单位好评，每次参加培训的人数多达几百人。

除常规培训外，建筑装饰分会每年不定期组织行业沙龙以及优秀装饰项目观摩活动，利用协会平台、活跃行业交流，使行业上下游企业可进行充分的信息交流，推动广东装饰行业整体向前发展，树立行业在社会中的影响力，不仅为社会创造重要的经济贡献、创造更多就业岗位，同时，让"全国装饰看广东"的金字招牌持续闪亮。

广西建筑装饰协会工作回顾

广西建筑装饰协会成立于1995年3月，经广西壮族自治区住房和城乡建设厅批准成立，并在广西壮族自治区民政厅注册登记。分别于2013年和2019年两次获评5A级社会组织。2018年5月，经广西住房城乡建设行业社会组织党委批复同意，广西建筑装饰协会党支部正式成立，业务、党建工作主管单位为广西壮族自治区住房和城乡建设厅。广西建筑装饰协会成立至今29年，历经七届理事会。

第一届理事会时间是1995年3月至1998年9月。法定代表人、理事长是时任广西建设厅总工程师张树鼎，秘书长是时任广西建设厅建管处副处长朱捷龙。

第二届理事会时间是1998年9月至2002年9月。名誉理事长是时任广西建设厅副厅长王芳春，法定代表人、理事长是时任广西建工集团董事长张家炳，常务副理事长兼秘书长是时任广西建设厅建管处副处长王世园。

1999年，根据《中华人民共和国建筑法》和建设部《建筑装饰装修管理规定》，受广西建设厅委托，广西建筑装饰协会起草了《广西壮族自治区家庭居室装饰装修管理暂行办法》，该办法于1999年6月22日，以桂建管字[1999]42号文正式颁布实施。

2000年，广西建筑装饰协会举办了首届广西建筑装饰博览会及广西建筑装饰设计大奖赛。截至2004年，协会共举办五届建筑装饰博览会，累计参展单位共586家，参观人数累计25万多人次。

2001年起，受广西建设厅委托，广西建筑装饰协会负责开展"广西建筑装饰工程优质奖"的申报评审工作，每年评审一次。

2002年，根据建设部110号令《住宅室内装饰装修管理办法》，广西建筑装饰协会起草了《广西壮族自治区建设厅住宅室内装饰装修管理办法》，该办法于2002年8月26日以桂建管字[2002]49号文件正式颁布实施。

第三届理事会时间是2002年9月至2007年9月。名誉理事长是时任广西建设厅副厅长王芳春，法定代表人、理事长是时任广西建工集团董事长张家炳，副理事长兼秘书长是时任广西建设厅建管处副处长王世园。

第四届理事会时间是2007年9月至2013年12月。名誉理事长是时任广西建工集团董事长张家炳，法定代表人、理事长是时任广西建筑科学研究设计院院长彭红圃，庞云任常务副理事长，吴昆任副理事长兼秘书长，庞耀国任副秘书长。

2008年，广西建筑装饰协会在广西住建厅的部署下，在充分调研的基础上，依据国家有关法律法规，制定了《广西住宅装饰装修企业资格认证管理办法（试行）》和《广西建筑装饰协会住宅装饰装修工程投诉解决办法（试行）》，这两个办法都于2009年1月1日在广西正式发布实施。

2009年7月，广西建筑装饰协会官网改版启用，以清新的风格、更加清晰的模块化设计提升网站的宣传效果。

2009年9月，广西建筑装饰协会举办广西建筑装饰行业首届专家研修班，同时建立了首届"广西建筑装饰协会专家库"，实现人才结构的调整和人才素质的优化，建立起一支受业内外尊重的权威专家队伍。

2009年9月，广西建筑装饰协会起草了《广西建筑装饰设计师管理办法》（试行）。通过申报考核认证的"广西建筑装饰设计师"将由广西住房和城乡建设厅颁布发证，证书在广西建设系统联网公示通用。

2009年12月，广西建筑装饰协会首次开展了广西家装标准化示范基地推介活动。

2013年，广西建筑装饰协会首次荣获5A级社会组织评定。

第五届理事会时间是2013年12月至2018年3月。本届理事会期间第一个时间段：2013年12月至2016年3月，法定代表人、理事长是时任广西建筑科学研究设计院院长彭红圃，时任广西建设工程质量安全监督总站副站长庞云任常务副理事长，吴昆任副理事长兼秘书长，庞耀国、黄雪心任副理事长兼副秘书长；本届理事会期间第二个时间段：2016年3月至2018年3月，因协会主要负责人更替，届中重新选举广西建筑科学研究设计院副院长庞耀国为法定代表人、理事长，黄雪心任副理事长兼秘书长。

第六届理事会时间是2018年3月至2024年6月。法定代表人、理事长是广西建筑科学研究设计院副院长庞耀国，黄雪心任副理事长兼秘书长。2022年1月，因人事变动，谭谦（兼）任秘书长。

2018年5月，经广西住房城乡建设行业社会组织党委批复同意，广西建筑装饰协会党支部正式成立。

2018年12月，广西建筑装饰协会与广西住房城乡建设厅、广西市场监督管理局联合编制《广西家庭居室装饰装修施工合同》（示范文本）。

2019年，广西建筑装饰协会再次荣获5A级社会组织评定。

2019年3月，广西建筑装饰协会制订《广西建筑装饰行业诚信自律公约》，促进企业的诚信建设，增强社会公信力，规范行业行为。

2019年，经广西住房和城乡建设厅批准立项，广西建筑装饰协会负责主编的地方标准：《广西工程建设地方标准全装修住宅室内装饰装修工程质量验收标准》《全装修住宅室内装饰装修设计标准》正式发布实施。

2021年、2022年，广西建筑装饰协会举办了两届"广西建筑装饰行业建筑装饰行业职工职业技能大赛"，引导企业重视自有产业个人、技术工人培养，组建高素质工匠团队。

2021年，积极组织会员企业参与由广西住房和城乡建设厅、广西人力资源社会保障厅、广西总工会联合主办，广西建筑装饰协会协办的"全区住房城乡建设系统职工职业技能大赛（建筑业）"，并取得优异成绩。

2021年1月，广西建筑装饰协会与深圳市装饰行业协会在南宁共同举办"桂深装饰企业合作签约仪式"，促成桂深两地20家头部装饰企业开展合作共营共建，标志着桂深两地装饰行业资源整合、合作共赢的新起点。首创全国装饰行业"两地协会推动，企业合作联营"的模式。

2022年，广西建筑装饰协会受广西人社厅委托，开展工伤预防宣传培训工作，提高企业及从业职工安全生产、工伤保险、工伤预防等意识，降低工伤事故伤害和职业病的发生率，也是首次由人社厅委托住建系统的行业协会开展此项工作。

2022年8月，广西建筑装饰协会编制第一部团体标准《全装修住宅室内装饰装修防水防潮工程技术规程》正式发布实施。

2023年，广西建筑装饰协会全面提升新媒体平台在协会宣传工作中的重要作用，通过微信公众号、视频号、抖音号以及设立新媒体直播间等方式，为会员单位提供更全面、更快捷、更具影响力的宣传工具，切实为企业服务。

2024年1月，广西建筑装饰协会编制第二部团体标准《建筑装饰装修工程BIM建模与交付标准》正式发布实施。

第七届理事会时间是2024年6月至今。法定代表人、理事长是广西建筑科学研究设计院副院长庞耀国，陈雪玲任秘书长，黄榆任驻会副理事长。

2024年6月，经广西住房和城乡建设厅批准立项，广西建筑装饰协会负责主编的地方标准《建筑装配式内装修工程技术标准》正在编制中。

重庆市建筑装饰行业蓬勃发展

随着我国改革开放的推进和物质文化水平的提高，人们对建筑物的需求从传统的居住和使用功能开始向外观与内在环境质量并重的需求转变。在这样的时代背景下，1992年，重庆市建筑装饰协会应运而生。

历经30余年风风雨雨，协会党建会建同频共振，融合发展，发挥了积极作用。协会一直秉承着维护行业利益，培育、建立和完善建筑装饰市场运行机制和行业自律机制，充分发挥联系政府、企业、市场和社会的桥梁纽带作用的宗旨，不断加强组织建设、制度建设、能力建设，为会员单位提供服务、反映诉求、规范行为，推动重庆装饰行业健康发展。

协会的服务能力不断增强，组织机构不断健全，先后设立了施工委、设计委、家居委、材料委和高教委等专业委员会以及法务部、收纳研究院、建筑声学委等为会员企业提供全面的专业服务，取得了一定的成绩。协会已获得"中国社会组织评估等级5A级"资质，协会党支部多次被评为"先进基层党组织"，协会也先后多次获评"重庆市先进商会"、重庆市"四好"商会、全国"四好"商会、抗疫先进商会，并被中国建筑装饰协会评为重庆地区活动"优秀组织奖"等。

20世纪90年代初期，重庆家装公司初具雏形，在一些操作上还不够规范，协会针对当时的行业状态，为了加强企业诚信，提升行业规范等，开展了"放心家装活动"和"品牌家装活动"；同时为了更好地规范建筑装饰装修市场，协会编制了《重庆市住宅装饰装修工程质量验收标准（试行）》，由此奠定了行业规范管理的基础。

2005年以后行业蓬勃发展，随着人们对住宅装饰的个性化需求越来越高。为了装饰装修版块能有更多的话语权，协会制定了《成品住宅装修工程技术规程》《成品住宅装修工程设计技术导则》《成品住宅装修工程监理技术导则》《成品住宅装修工程施工技术导则》《成品住宅装修工程质量验收规范》等；协助政府编撰《重庆建筑业》杂志月刊；协助市建委连续多年编撰《重庆建筑业年鉴》。

协会积极参与政府对行业的管理：组织技能大赛；考核颁发《小型项目经理持证上岗》（建委监章）；连续多年与重庆市建委、四川美术学院联合举办优秀企业、获奖项目等展览；为了规范家装市场投诉难题，协会组织70多名专家，在全国率先制定《住宅装饰装修投诉管理办法》，作为地方标准；2007年协会起草了《重庆市家庭居室装饰装修工程施工合同》，并由重庆市工商行政管理局和重庆市建设委员会两大部门联合发布；2007年规范家装市场，在聚信美举办家装工艺展示；2009年，大力开展住宅装饰装修准入与清出工作，为行业高质量管理迈出了坚实的一步；2010年，协会会刊《装饰界》创刊，会刊内容均是来自行业尤其是从业人员的专业意见、建议和需求，大大增强了行业内积极正向交流；2015年，推进产学研一体化，积极与高校合作，协会本着将重点诚信的企业扶大扶强的准则，将行业发展推向更高层。协会每两年举办一次重庆市环境艺术设计大赛，现已举办了六届。大赛面向全社会广泛征稿，其中有服刑人员获特别奖，协会为服刑人员重新融入社会提供帮助，这一举动受到市政府的肯定，为政府帮助服刑人员再就业提供了思路。

2015年后，在"一带一路"走出去的政策指引下，行业发展趋向规范并转型走向海外。装配式装修提上日程，协会多次组织会员企业到沿海、江浙一带考察、学习、交流，学习先进工艺技术；为了加强新型城镇化建设，"城市更新"作为主旋律拉开帷幕。2017年10月，协会以"城市更新与发展"为主题举办学术高峰论坛，邀请了国家相关部门的领导和知名专家进行研讨，为行业企业今后发展指明方向。

2020年，中央部署推动成渝地区双城经济圈建设，协会积极响应，努力促成两地互通互认，装饰装修行业高质量发展。同年，协会与市建设技术发展中心共同编制了《重庆市室内装饰设计师职业能力标准》《绿色建筑全装修技术导则》等；目前，正受邀参加重庆市《养老设施建筑设计标准》编制工作。这些技术标准规范的制定为重庆建筑装饰行业工程质量提升、规范化发展提供了参考和指导标准，也为行业的高质量发展夯实了基础。

协会坚持"走出去，请进来"的原则，一直与中国建筑装饰协会及各地方友好协会保持紧密联系。积极组织协助中装协在我市开展了大量工作，包括每年全国建筑工程装饰奖的复审，中国建筑装饰百强企业、企业信用等级评价，全国住宅装饰装修行业星级企业、行业百名功勋人物、行业杰出女性等的推荐和初评，以及数据统计、设计大赛、观摩交流、论坛、讲座、培训等各类活动，将会员企业带到了全国的大舞台。

我国建筑装饰行业是一个具有可持续发展市场潜力的行业，新时代新征程，协会将继续加强与中装协的联系，以更加饱满的工作热情，继续创造新伟业、新荣光！

2024.3.13-15，中装协王中奇会长指导工作

第三届中国·重庆职业技能大赛

重庆代表团参加亚太空间设计师国际论坛（2010·北京）

发展中的陕西省建筑装饰协会

伴随着改革开放的强劲东风，1996年5月29日，陕西省建筑装饰协会正式成立，至今已走过28年的历程。

28年来，协会始终坚持"提供服务、反映诉求、规范行为"的行业宗旨，带领会员企业共同发展进步，如今已发展成为具有4个分会、1个专业委员会、1个办事处、拥有会员企业600余家的省级社团，为陕西省的建设事业做出了贡献，推动了陕西建筑装饰行业可持续发展。

一、陕西省建筑装饰协会第一届理事会（1996.5~2002.12）

第一届理事会成立后，依据陕西省建筑装饰行业的情况，制定了"抓行业培训，提高行业素质"的工作目标，组织编写了《陕西省建筑幕墙安装施工培训教材》，开展了与行业有关的各类岗位培训工作，累计培训建筑装饰各类人员2万余人，为陕西省建筑装饰行业整体提升打下了基础。

二、陕西省建筑装饰协会第二届理事会（2002.12~2010.11）

第二届理事会以"抓行业诚信建设，规范行业市场秩序"为主线开展各项工作。2004年发布了《陕西省建筑装饰行业自律公约》；为加强家装行业的自律管理，编写并发布了《陕西省住宅装饰装修行业准入与清出（试行）》实施细则。同时发布多项规范装饰行业市场秩序的规定、通知等，为规范陕西建筑装饰行业行为，营造健康市场环境等做了大量工作。

三、陕西省建筑装饰协会第三届理事会（2010.11~2022.7）

第三届理事会是陕西建筑装饰行业快速发展阶段，协会以"加强协会自身建设，提高服务能力"为目标，先后创建了协会官方网站、官方微信平台等，增加了媒体、信息等多项服务功能，为扩大行业影响，及时宣传会员企业典型事迹、精品案例等，提升会员企业及装饰行业知名度奠定了基础。同时，协会加强横向联合，带领会员企业先后赴江苏、重庆、港台、日本等地学习交流，扩大了会员企业视野，学到了行业先进的管理经验。为提高工程质量，创建精品工程，第三届理事会期间开展了工程评优活动。十余年来，我省会员企业共荣获中国建筑工程装饰奖130余项，鲁班奖20余项，省市级奖项不胜枚举，同时也培育出大批优秀企业家和行业精英，他们为陕西建筑装饰行业发展做出了贡献。

四、陕西省建筑装饰协会第四届理事会（2022.7至今）

第四届理事会自2022年7月换届以来，秉承"高质量发展"理念，以科技创新引领行业发展为目标，坚持"提高服务技能、提升服务质量"的办会原则，结合会员企业特点，提出了"专业细分、精准服务"的工作目标。2023年先后成立了陕西省建筑装饰协会建筑幕墙分会、设计分会、产业分会和专家委员会，并建立了专家库，同时依据地域优势成立了榆林办事处。2024年9月成立了地坪分会，这些举措的落实为更好地服务会员，打下坚实的基础，各分会成立后依据精准服务的原则先后开展了各类交流提升活动，得到了会员企业的好评。面对激烈竞争的市场环境，2022年7月换届以来，协会将行业基础培训与高质量发展相结合，先后开展了4次线上公益培训活动，会员企业累计参加培训人次3万余人；同时针对我省建筑装饰行业发展的瓶颈问题，协会与西安广联达科技有限公司共同开展了《数字赋能，装饰行业共前行》公益培训活动，邀请行业专家为企业讲解项目施工精细化全过程管理，万余人在线上线下同时听课，达到了良好的效果。

第四届理事会自换届以来，发挥党建引领作用，协会秘书处在党支部书记郑建钢带领下，贯彻省民政厅社会组织党委各项精神，扎实开展各项工作。党支部利用各种方式组织学习，增强支部党员党性意识，确保协会工作顺利开展。换届当年协会党支部即荣获省民政厅社会组织党委授予的"三星级党组织"荣誉。

2023年"七一"前夕，我会党支部与中国建筑装饰协会机关党支部、四腾企业集团党委联合开展了以"走进革命圣地、传承延安精神"为主题的党建联建活动，活动涵盖政治思想教育、党史学习、参观革命旧址、党建工作交流等多方面，内容丰富，收效显著，得到了中装协领导的肯定。

2024年5月，在中国建筑装饰协会倡导下，陕西省建筑装饰协会联合西部多个省份，成立了"西部＋建筑装饰行业联盟"，参加联盟的省份共同签署了"联盟倡议"，助力西部省份建筑装饰行业共同发展进步。

28年来，陕西省建筑装饰协会伴随着改革开放和西部开发的强劲东风，走过了从初创到成长和发展的历程。协会始终坚持"提供服务、反映诉求、规范行为"的行业宗旨，带领会员企业共同发展进步，为规范和净化行业市场秩序，改善人居环境做出了贡献，推动了陕西建筑装饰行业可持续发展。

风雨四十载，奋楫再出发

——深圳市装饰行业协会

深圳市装饰行业协会是经深圳市人民政府批准、在深圳市民政局登记的法人社团组织，于1986年6月18日成立，是中国建筑装饰行业第一个地方性协会，是中国当代装饰行业兴起和发展的缔造者和领军者。协会现拥有室内公共装饰、幕墙门窗、家居装饰、室内设计、装饰材料等企业会员。协会自成立以来，始终以服务会员、发展深圳装饰行业为己任，充分发挥行业社团组织的纽带和桥梁作用，积极研究、探索行业发展道路，不断引领深圳装饰行业开拓创新，锐意进取，勇攀高峰。

一、顺应改革大潮而生

1986年，中国的装饰业已有了行业的雏形，市场需求也非常大，但因为是一个新兴的产业，无章可循，无法可依，导致市场混乱，亟须理清市场，建立行业的基本制度和规范。作为改革开放的前沿阵地，深圳装饰行业的发展受到深圳市领导的重视和支持。1986年4月，深圳市政府要求："放开手脚，加快发展装饰业"和"下大力气把装饰施工质量搞上去"。

1986年5月，深圳市基建办结合装饰企业特点，制定了分类定级办法，通过地级管理和资质审查进行整顿。全市装饰企业从原有的300多家收缩到108家。时任深圳市委书记的李灏特别给建设领导小组下指示，要求马上成立一个装饰行业协会，规范装饰市场。

1986年6月18日，深圳市装饰行业协会（简称深装协）经深圳市人民政府批准，在民政局注册成立了。这是中国装饰业成立的第一个地方性行业协会组织，其主管单位是深圳市民政局和深圳市民间组织管理局，业务指导单位是深圳市建设局。"深装协"的成立标志着深圳装饰业从松散型向规范化管理过渡的开始，也是对鱼龙混杂下深圳建筑装饰行业大整顿的一个行业组织自律行为，深圳装饰业进入了一个新的发展时期。

二、历经"三个时代"的深圳装饰业

1. 学徒时代

80年代以前，建筑装饰仅仅是附属于建筑土建业的一个细小分支，随着人们对建筑物的需求从传统的居住和使用功能开始向外观与内在环境质量并重的要求转变，建筑装饰从建筑业中细分成一个行业。行业初始，装饰企业只能摸石头过河。从1981年开始一直到1990年，中国的建筑装饰业几乎没有自己的材料、技术、机具、人才，很多时候是在跟中国香港学，跟日本、新加坡学，为香港的装饰公司当学徒。因此，这10年时间可以概括为"走出去学"和"请进来教"的"学徒时代"。

这一时期，本土装饰企业在设计、施工工艺方面基本师从中国香港、日本，装饰材料80%以上靠进口，经营上更多采取合资、合作的方式。一方面港澳地区和国外的建筑商仍然在我国建筑

装饰工程和装饰材料制品市场占据主导地位，但我们引进了现代装饰技术，促进了装饰材料制品的发展，培养了现代建筑队伍；另一方面我国建设需求的提升，使得装饰企业主动请香港的设计师、师傅过来教授技术。在这样的交流共融中，深圳的装饰企业开始在旺盛的市场需求下自立门户，包括海外装饰、深装集团、深装总、洪涛、美术装饰等企业先后成立，点燃了我国现代建筑装饰业的星星之火。

2. 工匠时代

从20世纪80年代中后期到90年代，全国的建筑装饰队伍迅速成长起来，一批经营思想活跃、综合实力强、具有开拓意识的建筑装饰企业成为了市场主力军。1991年到2005年的15年时间，这个阶段被称为装饰的"工匠时代"。所谓工匠者，即有工艺专长的匠人，而能被称为匠人皆是已熟练掌握某些技能的人。

"工匠时代"的工匠具备了职业精神，他们将自己的技能与智慧形象化、物质化，认真把事情做好，并做得非常精致，"工匠心态"使产品成为作品，对处于转型期的中国装饰行业尤为重要。这个时期，建筑装饰业实现了自身的跨越式快速发展，完成了从传统到现代的变革，初步形成了具有一定规模和较高水平的现代建筑装饰业。建筑装饰企业的大量兴办、从业人数的迅速增加和市场容量的不断扩大，是中国建筑装饰业快速发展的基本条件和主要标志。其中，领先的深圳装饰企业在设计施工、市场经营、行业管理等多方面进行的探索，也为中国装饰业的发展提供了宝贵的经验。

3. 创意时代

经历了"学徒时代"的探索，"工匠时代"的速进，设计开始升华为装饰施工的首要要素，装饰格局正在经历重组，装饰行业迎来了以设计为引领的"创意时代"。"创意就是金钱，创新就是生命"，地处深圳的海外装饰将我们曾经耳熟能详的口号赋予了时代新的特征，作为迎接创意时代来临的新宣言。

对于标准化、规模化的建筑装饰企业来说，人员、机械、材料、技术等生产力要素条件日益趋同，装饰产品同质化现象越来越严重。此时，"设计"作为装饰产业链的上游环节脱颖而出，成为装饰企业竞争差异化、形成独特优势的重要因素。"设计引领施工、创意主导竞争"成为这个时代的特征。用智慧把文化元素和科技价值直接转换成巨大财富的装饰创意，已不仅仅是装饰行业的发展理念，更将引领装饰行业增长方式的浩大变革。

创意时代开启的标志，是新世纪以来中国接踵而来的重大国际盛事，奥运、世博、亚运会、大运会等向世界发出盛情邀请。伴随盛会衍生的众多场馆，则成了建筑装饰创意的演练场和展示舞台。鸟巢、国家大剧院、世博场馆"争奇斗艳"，竞相在中国扎根亮相。装饰设计的重要性与艺术性，由此被广而告之，创意的力量在装饰市场中越来越凸显出来。

三、新时代下的深圳市装饰行业协会

深装协成立30多年来，始终以规范行业秩序、引领行业发展为己任，坚持服务企业、服务行业的宗旨，见证并带领深圳装饰行业不断跨越周期，屡创佳绩。当前，深圳有装饰施工资质企业5756家，其中一级1023家，二级4733家；具有幕墙施工资质企业1451家，包括一级301家，二级1150家。上市公司16家（广田、洪涛、瑞和、建艺、宝鹰、中装、名雕、美芝、维业、中天精装、中航三鑫、方大、郑中设计、杰恩设计、神州长城、奇信）。中国建筑装饰百强企业中，深圳装饰企业占67家。公装总产值约2000亿元，家装产值约500亿元，设计产值约100亿元。

近年来，随着宏观环境快速演变，装饰行业的市场环境发生了重大变化，新市场、新机遇与新挑战并存。深装协敏锐洞察到新的发展要求，不断健全服务职能，充分发挥行业领头羊和指挥棒作用，积极引领推动行业供给侧改革，优化"人、机、料、技术、管理"五大生产力要素资源，提高行业整体生产力水平，为行业高质量转型不断夯实根基。

1. 行业人才培育和建设实现了质的飞跃

协会持续探索开拓人才建设的新路径，在招聘、培训、评价等领域精耕细作，创办了"深圳装饰企业招聘荟""饰之子"联合培养项目，为行业广纳人才；建立了行业专家库，吸纳行业优秀专业人才服务于行业发展，并对专家实行分类分级管理，开展继续教育，搭建共话发展的舞台；通过组织、举办、参与市级、省级、国家级、国际级的技能大赛，培育出了一批行业的优秀"种子"选手，不断为"深圳装饰"增光添彩，为深圳走向世界积蓄宝贵力量；严格认真做好专业技能人才的职业资格认定工作，五年完成初、中、高、正高级职称评审人数上万人，为行业增加大量专业技术人才；在行业内广泛开展人才评优工作，包括：深圳装饰行业创新型人才、优秀项目经理、优秀青年设计师、优秀科技人才、优秀工匠的评选和表彰，树立人才标杆，充分发挥行业人才的引领和支柱作用，为发展注入无穷动力；积极探索产业工人职业技能鉴定工作，启动编制建筑工人职业安全生产规范，筹备成立建筑产业工人培训学校等，全面顺应国家产业工人转型趋势，为建筑装饰行业转型不断提质增效。

2. 优秀的材料、机具供应商管理模式渐趋成熟，助力产业链变革升级

成立深圳装饰行业采购委员会，在行业内开展优秀供应商评价推介工作，甄选优秀的材料供应商，并积极引导、推进，对这些优秀的材料供应商实施"优质优价"，倡导有序竞争，让"优质优价"成为行业主流，确保施工企业对高端装饰市场的主导权，维护健康、有序、有利润、可持续的行业发展生态环境。通过举办采购论坛等形式，探讨新经济模式下装饰采购的新趋势，引导行业资源共享，助推产业链融合共享。同时，引进大战略合作商，并依托戈壁徒步挑战赛、高尔夫球赛等活动，持续深化合作模式，探索产业更新方向，推进产业生态重塑，促进产业链多方共赢融合，变革升级。

3. 推动行业技术创新能力大幅提高，标准化和数字化建设得到了快速发展

成立了深圳市装饰行业协会标准工作委员会，快速响应创新和市场对标准的需求，完善行业标准化体系，提升行业科技研发及转化能力，从而改变装饰行业从属、低端、落后的地位，加快推动装饰行业从劳动密集型向技术密集型、科技创新型企业迈进。开展科技成果评价，引导行业科研发展方向，推动行业科技创新浪潮，促进生产力水平的跃升。大力推广BIM技术的研发应用，组织BIM交流分享，助推装饰行业数字化转型。

4. 坚持"质量优先"和"过程精品"，全面促进施工管理水平的提升和生产效率的提高

以提高项目管理水平为抓手，在行业内推进高质量建设，每年开展"金鹏奖"和"安全文明工地"评审，提高企业质量意识，提升管理能力，督促企业实施安全文明生产，坚决守好安全和质量的"底线"。为真正将高质量发展践行落地，牵头在深圳装饰行业建立"深圳标准"，规范过程管理，逐步形成规范化、高标准、严要求的施工管理体系，为深圳装饰企业建立"过程管理"的"深圳标准"。通过组织举办C^3未来建筑大会，聚焦建筑科技、低碳节能、材料革新、城市再生、湾区建设等热门业态，为新时期探索建筑业转型升级，推动高质量发展提供思路和指引。

5. 丰富行业文化活动，促进共建共享，行业凝聚力进一步加强

深装协始终全力打造交流联谊共享的平台，不断加强行业凝聚力和向心力建设，携手并进，共克时艰。在文化建设方面，协会每年举办企业家高尔夫邀请赛、行业篮球赛，促进会员之间的交流互动；举办戈壁徒步挑战赛，集结装饰企业代表、设计师、供应商等，搭建户外体验、联谊

交友、合作共赢、共话发展的良好平台。在专业交流方面，协会通过组织技术分享会、项目观摩、培训、专业论坛等，促进会员交流和资源共享。在行业建设方面，协会先后与广西、天津、辽宁、苏州、大连、内蒙古、黑龙江等地方装饰行业协会建立友好合作关系，达成互助合作、共赢发展的共识，促进地方融合和行业合作，为深圳装饰企业在项目所在地开展工作创造良好的市场环境和服务环境。

6. 牢牢把握企业廉洁自律和个人廉洁自律"两个抓手"，行业诚信体系建设取得新成绩

在行业党委的带领下，率先在行业内成立了廉洁自律委员会，制定了《深圳市装饰行业廉洁从业实施方案》以及《深圳市装饰行业廉洁自律公约（企业和个人）》，要求、倡议装饰企业及从业人员分别签订自律公约，对企业及从业人员依法经营、廉洁执业进行引导和约束，切实提高企业廉洁自律意识和拒腐防变能力，加强了行业自省、自净、自律，在行业内逐步树立"讲大局、讲正气、讲团结"的良好风气，营造风清气正、守法诚信的市场环境，推进行业兴旺和持久繁荣。

四、着眼未来，砥砺前行

站在40年的节点往前看，乘风破浪、奋楫争先的中国装饰业，经历了从滥觞到蓬勃、从无序到有序、从超越到跨越，创造了属于自己的"黄金时代"。站在40年的节点往后看，高质量发展的大旗高高飘扬，产业环境地覆天翻，中国装饰业已经站上新赛道。中国装饰业仍需坚毅前行的勇气，和改革创新的魄力，牢牢抓住发展的"主要矛盾"，在大浪淘沙的新市场中，吹响新号角，砥砺再出发。

全行业都要认真研判、把握装饰行业未来发展的七大发展趋势，即：一是行业将进入"生态时代"，建筑工业化加快了建造效率，改变了建筑生命模式和生命周期，产业上下游、供给侧将发生重大变化，进而将重塑产业生态，完成产业革新；二是行业正式进入"创意时代"，设计创意价值持续彰显，"设计引领施工，创意主导竞争"的格局正在形成，"无设计不装饰"正在成为社会共识；三是"新材料"将主导甚至颠覆装饰行业的未来，要重点关注从"碳基材料"取代"硅基材料"的革新带来的巨大改变；四是"绿色建造"时代即将到来，建筑节能、环保、与自然和谐共生成为未来建造的主旋律，"低碳建筑""绿色建筑"将成为主流趋势；五是中国装饰将进入"数字时代"，以"数字建造"为标志的新建造崛起，替代传统的人工建造模式；六是中国装饰进入"科技时代"，科技赋能推动"中国装饰"创造更大的行业价值；七是中国装饰行业生产关系的变革是大势所趋，装饰行业组织模式、管理模式、加工生产模式将迎来颠覆式革新。全行业都应该紧紧把握这些趋势，做到运筹帷幄，提早布局，敢于发扬深圳的孺子牛精神和螺丝钉精神，攻坚克难，进入新的发展周期。

深装协成立场景

2018年行业党委成立

守正创新，凝心铸魂，勇毅前行

——武汉建筑装饰协会三十六年发展历程巡回

成立于1988年的武汉建筑装饰协会，在三十六年流金岁月中，见证着武汉建筑装饰人的拼搏进取、开拓创新；在三十六年风雨兼程中，见证着武汉建筑装饰企业的成长、发展和飞跃；在三十六年风雨同舟中，见证着协会和企业的相生相惜，同生共荣。

近年来，为深入贯彻践行"十四五"规划，武汉建筑装饰协会在政府部门的有力指导下，坚持用习近平新时代中国特色社会主义思想凝心铸魂，当好政府的参谋助手、企业发展的帮手以及行业前行的推手，为促进武汉建筑装饰行业的高质量发展持续贡献力量！

现从协会与行业发展演变、协会服务国家与社会、服务群众、服务行业的重要举措四大方面，作如下介绍。

一、协会发展与行业巨变

1988年12月，武汉建筑装饰协会正式成立；2006年4月，与武汉室内装饰协会合并重组，结束了武汉地区建筑装饰行业政出两门、分而治之的局面；2014年，按照市委、市政府要求，协会召开会员大会换届，选举产生了由武汉建工集团装饰工程有限公司董事长熊钢发担任会长的第七届理事会，熊钢发同志成为武汉建筑装饰协会企业家办会的首任会长。

三十六年间，协会会员单位从不足20家发展到近700家，协会设6个分支机构，即公装委员会、家装委员会、幕墙门窗委员会、暖通分会、设计分会和材料分会，从组织结构上逐步完善，为会员企业提供更契合需求、更优质的服务。

协会三十六年的发展史，也是行业的巨变史。武汉建筑装饰人在改革开放的大潮中，在市政府及有关部门的指导、支持下，摸索出一套适应市场发展要求的经营管理机制，使武汉建筑装饰企业不断壮大，使行业的经济技术发展迎来翻天覆地的变化。

一是工程产值呈几何式增长。全市建筑装饰施工年产值，从1988年的8000余万元，增长到近年的4100亿元，增长了5000倍有余。

二是企业规模发生了由小到大的蜕变。三十多年前，武汉装饰工程公司是武汉唯一具有一定规模的国企专业装饰公司，施工技术和工艺极其简陋；现在，全市具有一级资质的建筑装饰企业和幕墙企业近600家，二级建筑装饰企业和幕墙企业共500余家。协会成立之初，武汉还没有家装企业，当下，武汉与家装关联企业已达4000余个，形成年产值300亿元的家装消费市场。

三是工艺更先进，工程质量更精良。九十年代中期，我市重点装饰项目基本由沿海地区企业承接；经过二十多年的市场打磨，我市建筑装饰施工企业和设计机构，承接大型、高、精、尖工程的设计和施工项目的能力有了极大提升。据不完全统计，2000年以来，协会会员企业获得装饰工程项目的国优、省优、市优工程奖项2000余项。武汉建筑装饰企业已呈现出中部崛起、辐射全国、走向海外的蓬勃发展良好态势。

二、坚持党建引领，践行社会责任

2016年，原武汉市建委批准协会成立党组织，后由武汉市民政局综合党委指导党建工作。多年来，协会坚持以习近平新时代中国特色社会主义思想为指导，以党建统领协会各项工作。协会党支部凭借能打硬仗的优良作风，受到政府部门表彰。

1. 协会党支部荣膺"抗击疫情表现突出党组织"

大难面前有担当，困苦之下出勇士。2020年1月23日武汉实行封控措施后，协会迅速发起"齐心协力抗击疫情"倡议，并成立"疫情防控协调小组"，呼吁广大会员企业不惧艰险，同心战疫。

在疫情最严峻的时期，众会员企业昼夜鏖战，保证火神山、雷神山医院等多项医疗应急防疫工程如期完工，让世界见证了中国速度和中国力量；有企业负责人主动请缨成为街道志愿者，为社区居民送菜送药、送发热病人就诊；还有已返乡的项目经理，得知火神山工地缺少工人后，火速组织20多名工友逆行驰援……可歌可泣的感人事迹不胜枚举。

据不完全统计，疫情期间，近80家会员企业投身"武汉保卫战"、积极抢建应急防疫工程，累计捐款捐物超过1000万余元。从2020年正月初五起，协会公众号连续报道会员单位参与防控抗疫斗争的先进事迹，鼓舞斗志。出版《逆行逐光》抗疫纪实特刊，弘扬战疫壮举。

2020年5月，协会被武汉市民政局授予"抗疫先进社会组织"；7月，中共武汉市社会组织综合委员会授予武汉建筑装饰协会党支部"抗击新冠肺炎疫情表现突出党组织"称号。

2. 以党建活动提升协会凝聚力

多年来，协会先后组织了"武汉市工会干部传承井冈山精神红色教育专题培训班""不忘初心，牢记使命"主题教育研讨会，多次开展弘扬延安精神、红船精神、韶山精神等系列"学党史，红色行"党建活动。

2021年，为庆贺建党百年，协会党支部联合新媒体百度百捷推出《礼赞建党百年》栏目，邀请部分建筑装饰行业标杆企业的领军人、党员代表，录制满载祝福与希望的庆贺视频，深情纪念中国共产党百年华诞！

在协会引领下，建立党组织并开展党建活动的民企逐年增多，并开展形式丰富的主题教育活动，如纪念革命烈士参观行、革命精神主题学习、学习党章党史、党员座谈会等，赓续红色基因，弘扬行业正气，凝心聚力，共同推动武汉建筑装饰行业稳健前行。

3. 积极参与公益慈善事业

多年来，协会积极参与公益慈善事业，开展精准扶贫、关爱留守儿童、便民维修等系列公益活动。2008年，我国南方发生冰雪灾害和汶川大地震，协会会员企业慷慨解囊，分别捐款5.3万元和42.3万元支援灾区重建；协会先后组织会员企业到蔡甸区侏儒山街榨坊村捐助困难家庭；到麻城革命老区关爱困难留守儿童，捐赠6万余元现金购置学习生活用品；参与武汉市民政局组织的"百家社会组织和百名社工牵手百名困境留守儿童结对关爱"活动，捐赠善款3万元；发起"春风行动，免费维修"家装公益行活动，受到消费者点赞……

2023年5月，协会通过武汉市民政局的社会组织等级评估，蝉联"4A级社会组织"，在推动党建工作与业务开展同频共振、开创社会组织发展新格局等方面备受认可。

三、深化政企沟通，调解行业纠纷

1. 反映企业诉求，加强政企沟通

多年来，协会把梳理企业合理诉求，积极向政府部门反映作为重要工作。

2007年，协会向国家建设主管部门反映建筑幕墙生产许可的重复行政审批增加企业负担，并通过媒体报道引起高度重视。同年10月，国务院宣布取消"建筑幕墙生产许可"行政审批项目。

2008年，协会收集整理新建小区经常遭受"三霸"（沙、砖、搬霸），欺行霸市、干扰企业经营、损害消费者权益等案例，向市长上书进言，引起市政府高度重视，多部门齐抓共管，使"三霸"现象得到有效遏制，维护了社会稳定。

2020年，协会启动了"疫情对行业生产经营的影响和复工问题的调查"，收集企业反馈问卷近200份，写成《武汉建筑装饰协会会员企业受疫情影响调查分析报告》《武汉建筑装饰企业复工帮扶政策诉求报告》，为政府部门帮扶企业、制定政策提供参考数据。

协会受政府有关部门委托，在装饰企业资质升级、增项、变更和建造师初始注册等咨询和初审中，做了基础工作；为建筑幕墙超高安全施工专项方案及技术方案的论证咨询等方面做了大量工作。

近年来，协会在搭建政企桥梁的同时，也针对企业需求适时调整服务方向及模式，如重视企业人才建设，向武汉市人社局争取并开展了武汉建筑装饰行业专场职称评审，助力企业骨干技术人才的培养；完善充实协会专家库成员，通过广泛征集、严格评定，组建了汇聚公装、幕墙、家装、材料、设计等各方面技术专家183人的专家库团队。

此外，协会广泛拓展产业链上下游融通合作平台，减少中间环节与采购成本，促成会员企业的合作共赢；广泛开展BIM技术培训、设计师培训、新媒体运用、法务培训等公益讲座，从会员企业发展需求出发，不断创新协会的服务模式，提升服务质量。

2. 调解行业纠纷，引导放心消费

受武汉市城建局、市市场监管局、市长热线、市消协的委托，协会把调解家装投诉工作视为服务装企和消费者的重要方式，致力于协调纠纷诉求，化解矛盾焦点，维护当事人合法权益。

2020年，协会在司法局指导下，成立了武汉建筑装饰协会行业纠纷调解委员会，这是全市唯一一家建筑装饰工程类专业化调解委员会；2021年，协会调委会与武汉市中级人民法院、江汉区人民法院、江岸区人民法院、硚口区人民法院等签署合作协议，并入驻司法纠纷调解平台，承接全市建设工程类案件诉讼中的调解工作，为建筑装企提供化解争议纠纷的多元解决方案；2023年，众多主流媒体发布《"法院+行业协会"组团调解，建工纠纷化解搭乘"精专"快车》报道，"法院+行业协会"诉调对接机制，为市场主体提供成本更低、质效更好的司法服务，广获认可。

近年来，协会调委会年均受理家装投诉纠纷案300起左右，会员装企调解成功率超过90%，切实维护消费者与会员企业的合法权益。

多年来，少数家装企业因经营不善倒闭跑路事件偶有发生，为缓解消费者与装企间的矛盾，切实维护社会稳定，协会一方面受政府委托，对"烂尾"工程进行鉴损，解消费者燃眉之急；另一方面，通过发起"诚信守约"家装行业倡议、签署《家装诚信公约承诺书》、创设"放心好家装"示范基地、编印《家装指南》等多措并举，缓解行业信用危机，提振市场消费信心。

四、做强品牌活动，规范行业发展

1. 大力弘扬工匠精神

协会在做强行业品牌活动上持续发力，大力弘扬工匠精神，营造创先争优良好氛围，持续推动行业优化发展。

武汉市金牌施工队评选是协会的重点品牌活动，历经20年，迄今已举办了13届。获得金牌施工队荣誉的团队，已经成为行业标杆，深受消费者信赖。活动旨在为建筑装饰工人提供展示技能的舞台，弘扬工匠精神，提高工艺水平，创造品牌效应，聚力提升武汉市家装工程质量、服务水

平与家装消费者满意度。

协会另一大品牌活动——武汉市空间环境艺术设计大赛，首届大赛于2015年组织开展，迄今已举办六届。近年来，大赛更成为武汉设计日暨武汉设计双年展系列活动。据统计，六届赛事共吸引2200余人（次）及超过2500幅设计方案参赛，且报名人数逐年增多。赛事的开展，有利于挖掘设计人才、加强设计师之间的学习与交流、促进设计行业整体水平的提升，让设计创意、设计创新为赋能城市美好未来贡献更大的智慧力量。

此外，协会还连年开展"创先争优"传统竞赛活动，通过评选年度行业优秀企业、优秀企业家、优秀企业经理、年度优质工程（黄鹤奖）等，推动业界相互学习新工艺、交流新技术、分享新经验，提升本地区装饰工程质量水平。

2. 引领行业规范发展

一方面，协会在行业自律、规范行为方面做了一系列卓有成效的工作。协会组织制订《武汉市住宅装饰行业服务规范》《武汉住宅装饰设计人员聘用与行为规范》《武汉地区供暖工程施工安装技术指导手册》等，增强企业服务意识，规范服务行为，提高服务质量。协会与市工商部门联合编制家装示范合同，规范家装交易行为；协助市建设工程造价管理站编写《武汉住宅室内装饰装修工程计价指南》《住宅装饰设计收费指导意见》等，指导消费者明明白白装修。

另一方面，协会积极开展企业间、社会组织间的学习交流活动，汲取经验，拓宽思路，引领武汉建筑装饰行业的规范发展。协会经常性开展各种研讨会，组织学习考察、推介环保材料等活动，帮助企业找准定位、明确方向、整合资源，走共同发展之路。

多年来，协会先后组织企业与全国二十多个省、市行业协会有过相互学习和交流；积极参与中装协、中建协、军装协开展的相关活动；与省、市政府以及建管、工商、公安、城管、房地、造价等部门联合举办座谈交流活动；与媒体保持良好的合作关系，先后与《中国建筑装饰装修》杂志《武汉晚报》《长江日报》湖北交通广播、武汉电视台、《楚天都市报》《武汉晨报》、新浪、腾讯、搜房、搜狐等众多媒体合作开展形式丰富的行业活动，包括行业趋势论坛、节能环保、产业链整合、文化创意、企业转型升级、推广新材料新工艺等。

风雨三十六载，在历史长河中只是一个短暂的瞬间，但为每一位武汉建筑装饰人留下了隽永而珍贵的记忆。时间与历练证明了，武汉建筑装饰协会与广大会员单位紧紧依靠在一起，团结奋进、实干担当、能打硬仗！

未来，协会将坚持以习近平新时代中国特色社会主义思想引领行业发展方向，深刻理解、准确把握协会在新的历史发展阶段的职能定位，担负起新时代的历史重任。紧密关注建筑业改革与发展的趋势，探索建筑装饰行业转型升级之路，不负重托、不忘初心，在新时代继续谱写武汉建筑装饰行业的新篇章，着力推动行业高质量发展。

武汉建筑装饰协会组织会员单位抗击新冠疫情

武汉2023年度"金铭施工队"获奖团队合影

凝心聚力，突破创新，推动大连建筑装饰行业高质量发展

大连市建筑装饰行业协会作为大连最早成立的行业协会之一，自1988年1月成立以来，逐步形成以"筑基平台，引领行业，服务社会，共创价值"为使命，以"助力企业、品牌走向全国，推动行业高质量发展，打造百年协会品牌"为愿景，努力践行"诚信、务实、精进、创新"价值观，以"共享、赋能、利他"为理念的行业组织。

经过三十五年的实践与发展，协会与全体会员单位一起凝心聚力，共同努力，形成了科学规范的管理体制、顺畅有效的运行机制、凝聚共识的内部文化、专业担当的执行团队，集聚了专业多元、规模庞大的人才队伍，这成为协会蕴养多年的服务之根、发展之本。协会现有团体会员400余家，包括建筑装饰施工、设计，装饰材料生产销售、教育科研、专业机构等相关单位。

在行业进入高质量发展的新时代，面对行业发展的新机遇，协会把握行业转型升级高质量发展的契机，创新服务形式、拓展服务领域、提升服务能力，持续探索新时期协会发展的再生动力，致力七大平台建设：资源平台、交易平台、学习平台、人才平台、宣传平台、融资平台、公益平台，以平台的力量助力会员企业发展。在各会员单位大力支持和共同努力下，协会凝心聚力，勇毅向前，取得了丰硕成果，被大连市民政局连续评定为5A级社团，连获"2021～2022年度""2023年度"国家级"四好"商会荣誉称号。

协会坚持深入调研，畅通诉求渠道，规范招投标行为，改善营商环境，为行业发展争取更好更广阔的空间；坚持做好行业标准化建设、人才建设、创优项目经验推广等方面工作；加强与国内外商协会合作，为会员提供商机；坚持把会员维权、危机救助、助工助农、疫情防控、爱心助学等公益活动作为新时代协会工作的重要抓手；协会不断完善材料采购联盟平台，从厂家源头入手，用团购理念为企业降本增效；准确判断行业趋势，不断引导企业增强大局意识、忧患意识，加速向EPC总承包模式转变。

当前，建筑装饰行业正处于转型升级，实现高质量发展的关键时期。大连市建筑装饰行业协会坚持党建引领，发挥行业协会平台资源优势，抓好协会自身建设，不断强化服务理念，着力提升服务效能。协会坚持根据市场变化和会员单位的不同需求，有针对性地开展各项服务，在推动行业发展、助力优化营商环境、规范市场、培训人才及搭建平台促进行业交流与合作等方面作的工作中实现了很多新的突破。

一、充分发挥党建引领作用，不断加强协会自身建设，提升协会服务水平

协会不断发挥党组织对行业的引领作用，带

领会员企业认真学习领会党的二十大精神，以党建引领会建，提高政治站位，把握使命，坚持党建引领聚合力，构筑行业协会红色阵地。在建强支部堡垒同时，不断探索开展与会员单位、友好商协会和其他企事业单位的党建联建共建工作。协会党组织建设得到进一步加强，秘书处工作人员的政治思想素质得到了进一步提升，业务能力和工作作风得到了进一步提高，不断汇聚社会各方优质资源，促进形成推动行业高质量发展的强劲原动力。

参加座谈会的企业代表合影

二、开展行业调研，建立新型政商关系，提升为会员解难纾困能力

反映企业心声，搭建政府、行业、企业沟通的桥梁，为行业发展争取更好更广阔的空间，一直是协会的工作重心。协会充分发挥营商环境监督员作用，持续走访调研，汇总企业相关问题，畅通诉求渠道，通过市人大、市政协、统战部、营商局、工商联、住建局反映企业诉求，使会员企业反映的问题和困难解决有途径。

协会组织大连市营商环境建设特约监督员在协会召开调研总结会，交流和探讨调研成果，形成《优化我市营商环境，深化水电气暖网等"一件事一次办"改革》等多篇调研报告，上报市委统战部、市营商环境建设局，推动有关营商环境问题高效解决。协会受市住建局委托，深入行业各企业调研，听取企业的困难、问题和解决方法的建议，形成《影响我市建筑装饰行业企业健康发展的问题说明建议》等多篇调研报告上报市住建局，得到了市住建局高度重视。协会组织召开"大连市建筑装饰行业调研座谈会"，邀请市政协、住建局领导到协会与会员企业面对面座谈交流，现场解答有关行业发展的相关问题，为企业解决实际困难。

协会不断参与政府行政审批制度改革，为企业协调解决具体问题，争取更多便利化政策，协调与政府相关主管部门关系，为多家企业在项目备案、审批、验收等项目建设手续办理过程中协助解决各类问题。协会不断参与政府购买服务承接政府转移职能，协会培训学校是市人力资源和社会保障局备案的社会培训评价组织考评基地、行业专业技术人员继续教育基地。学校参与投标政府培训项目，中标"大连市退役军人培训机构采购项目"，开展职业技能鉴定机构申办工作，承办全省技能大赛。协会申请职称评审集中受理点，为会员单位争取评审"直通车"政策便利；加强对行业企业资质提升、换证延期、业绩补录等方面的政策宣贯、指导和服务；协会培训学校受住建局委托，正在组织本市行业专家开展建筑施工领域主要负责人安全教育培训；协调沟通发改委做好重点建设项目信息与会员单位的衔接等。

三、发挥行业自律作用，规范市场秩序，助力营商环境再优化

协会通过常年开展行业信用评价工作，加强行业信用体系建设，在规范市场秩序，营造良好营商环境方面发挥了重要作用。协会不断优化信用评价机制，进一步健全企业信用档案，积极鼓励企业加强信用管理。

协会组织会员签署行业自律公约、招投标自律公约、集采联盟自律公约，受政府主管部门委托搭建家装监管服务平台，大连市市场监督管理局、大连市消费者协会颁授我会"大连市消费者维权工作站"牌匾。

多年来，协会为规范招投标行为，建立良好

市场机制，做了大量工作。协会组织撰写《关于支持行业民营企业公平参与市场竞争》等多篇调研报告上报有关部门，通过多渠道努力打造公正竞争环境，引导企业成为"诚实、守信"的市场主体。会员企业的诚信意识进一步增强，逐步摒弃了非理性的竞争行为，从关注工程产值的增长，转变为关注企业发展质量和企业品牌提升，对营造良好的市场竞争秩序，保护消费者权益，维护社会稳定起到了积极的推动作用。

四、建立并不断完善行业材料采购联盟平台，为企业降本增效

协会从厂家源头入手，以最优性价比，搭建行业材料供应方与采购方新型集约式合作平台，用团购理念为企业降低工程采购成本。

近年来，行业材料采购联盟已将数十家材料品牌对接加入绿城、中海、华润、保利、万达等地产品牌库，与政府项目、各大院校项目、各设计院及设计师、各大央企及地方龙头等装饰公司进行对接。近两年在联盟的协助下，品牌成员通过平台拓展销售业务，对接工程项目，业绩实现突破，通过平台直接对接并完成签单销售的有：陶瓷类3000多万元；电气类1000余万元；家居定制类接近千万元；基础材料油漆类产品10余万平方米及装饰装修其他类产品，为设计、施工企业降低了采购成本，为材料生产、销售企业拓宽了市场。

五、做好行业人才培训、专家库建设和人才双需对接工作。

协会加强行业培训工作，从技术工人、现场施工管理人员、设计师、造价师、建造师等各层面开展从业人员专项培训。大连市建筑装饰行业协会培训学校目前服务大连市两千余家建设行业企业，涉及建筑、装饰、市政、机电、水利、公路等领域，为行业输送大量人才。近年来，为行业培训八大员6000余人，三类人员8000余人，建造师等执业资格继续教育万余人，特种作业新培与复审、职称办理、学历提升、名师讲堂等培训项目共2000余人。

人才梯队建设是企业能够长远发展的原动力。近年来，协会多措并举，连续举办多场项目管理论坛，为企业人才培训赋能，助力企业效益增长。2024年，协会将继续组织全国顶尖行业专家举办这一品牌活动。通过论坛的持续影响，激发更多企业对于项目管理的关注和投入，共同推动建设

首届大连中日绿建·建材合作交流会合影

行业施工企业管理水平的整体提升。

大连首届项目管理论坛

随着协会各项工作的不断发展,行业内外越来越多的专业人才参加到协会的各项工作中。为统筹组织管理好行业内外各类型专家,不断扩大专家队伍,深入优化专家资源,协会持续完善、增补协会专家库成员,并择优向省、国家行业协会及政府有关部门推荐专家,参与各级协会专业奖项评选等核心工作,以及为政府、甲方、业主提供评审、评定、咨询等服务。

协会搭建行业人才双需对接平台,先后举办"行业春季专场招聘会""行业高校毕业生春季联合招聘会",持续组织行业企业参加每年高校招聘活动,带领行业用人单位走进高校,帮助企业招才纳贤,满足建筑装饰行业企业对各类专业人才的需求,搭建起高校和用人单位交流沟通平台,助力校企"双向奔赴"。定期发布会员企业招聘信息为企业招揽英才,出资为会员单位提供"前程无忧"平台专属招聘岗位服务,在为会员企业解决人才需求的同时,降低企业招揽英才的成本。

六、加强与法律、财税、金融机构合作,积极开展会员企业维权和危机救助工作

多年来,协会定期为会员企业提供法律、财税方面的诊断,为企业解决经营、管理、发展过程中遇到的法律、财税、资金等相关问题,帮助企业有效防范法律、财税风险。通过协会的社会资源,协助企业逾期不良账款催收,开展企业债务危机救助,保护会员企业合法权益。

七、协会持续推广先进的项目管理方法和经验,协助企业提高工程质量

协会大力倡导创建"优质工程",为优化行业工程项目质量管理和创精品工程服务,不断促进建筑装饰工程整体质量水平的提升。通过开展建筑工程装饰奖、科技创新工程、绿色建筑装饰示范工程、安全文明示范工地等创优评选活动,激发企业创优意识、创优能力,提高企业管理水平、施工质量和安全意识。

协会学术带头人牵头,通过举办"工程项目管理概要及建筑工程装饰奖申报指导""装饰奖评奖指导系列直播讲堂"等专项讲座和采取录制"评选要点宣贯授课视频"等形式,为会员企业答疑、解惑,不断为企业讲解市、省、国家"建筑工程装饰奖"考核、检查和评选的工作要点和报奖企业应注意的事项。10余年来,大连地区共计200多项优质工程经协会推荐,获得中国建筑工程装饰奖。

八、以协会品牌工作为抓手,不断创新拓展服务领域,提升服务能力

"服务立会"是协会一贯坚持的宗旨,通过协会平台建设,充分凝聚会员合力,打造行业核心竞争力是协会工作的重中之重。协会围绕当前行业发展趋势、面临的挑战和机遇,及时准确地把握会员需求的特点及其变化,找准服务方向,主动联系企业,深入行业国企、民企沟通交流,凝聚合力共谋发展,持续开展"进企业送服务活动",引荐相关资源深入企业进行面对面对接,针对不同需求,分类施策,提供精准服务。

协会不断加大传统品牌和新拓展服务的力度,满足各类市场主体的不同需求。通过开展资质延续、业绩补录政策解析和实务讲座,助力企业规范发展;应企业需求,新增不良资产盘活服务,为企业解决资金问题。

九、提高协会影响力，加强与国内外资源合作，为会员企业提供商机

协会通过不断对接各方资源，不断为会员寻求新发展赛道和高端交流合作机会，帮助会员企业积极拓展对外合作，打开视野，创造商机，发展伙伴，共享、共建，实现共赢。

协会不断带领会员拓展外埠市场，赴深圳、杭州、成都等城市行业协会考察交流和对接项目资源。协助会员与政府、国央企、上游企业、建筑设计院、总包单位紧密合作，对接国内外资源、项目，协助工程材料品牌入库，组织新机场、庄河核电、文旅集团、康养集团、交投集团、水务集团、英歌石科学城等项目对接活动。

相互学习才能更快前进，交流互鉴才会更好发展。协会重视加强与其他社会组织的交流与合作，持续扩大"朋友圈"，召开专门交流会、采购会、专业市场分析会，帮助会员企业建立良好信誉，获得最新业内信息，从中获得商业机会。

协会不断完善自身建设和发展，不断吸纳新资源加入协会优势互补，积极寻求行业上下游各方与非会员资源的协作融合，带领会员加入成熟的合作生态，与产业链优势企业共同搭建新的合作平台，培育资源整合能力，补短板抱团取暖。

十、践行绿色发展理念，加强行业标准化建设工作，助力行业高质量发展

协会不断加强行业绿色标准化建设，做好政策引导，鼓励行业绿色技术研发，做好行业绿色认证工作，协助会员单位申报绿色建筑工程，开展绿色建材产品认证，组织"无障碍绿色通用设计讲座"等活动，通过搭建各类交流学习平台，引导企业更广泛参与到行业绿色标准、规范的制定中去，进一步提升企业技术水平与行业竞争力。

近年来，协会先后指导会员单位参与中装协CBDA标准，以及《大连住宅保养与维修标准》《大连市经营主体服务条例》等地方标准编制工作的同时，积极联合质监站、住建局推进我市《健康住宅装饰装修标准》出台。协会组织企业参加住建部、市住建局的行业标准要点宣贯培训，组织专家编制《项目经理培训纲要》《工程奖评审工作白皮书》等教材和工具书，总结项目管理中应遵照实施的标准化要点，指导专业人员高效完成项目。

十一、加强宣传行业和企业，提升行业整体形象；带领行业参与社会公益事业，践行社会责任

协会充分利用网站、微信公众号、会刊、行业会议、合作媒体以及各种活动，多形式、多渠道为企业搭建展示平台，塑造协会和会员企业新形象，建立品牌效应，提升行业在社会各界的影响力。协会和协会培训学校已共同推出百余场"行业公益直播课堂"，既宣传了企业又帮助会员了解各类专业知识和有关政策，助力企业发展。

协会践行公益，勇于担当，在奉献自己爱心的同时，组织会员企业及行业同仁，积极从事社会公益事业，无论是捐资助学、捐建希望中学、精准扶贫，还是助力抗疫、保护弘扬非物质遗产、关爱女童等，都做出了令人称赞的成绩，树立了行业良好的社会形象，赢得了广泛的社会赞誉。

大连市建筑装饰行业协会三十五年的发展，是一段从无到有、玉汝于成的难忘回忆，是一段不忘初心、并肩前行的探索历程；是一段开拓创新、激荡跃迁的光辉岁月。协会向长期关注建筑行业发展，关心我会工作，并给予我们大力支持及帮助的领导、各友好商协会及各界朋友表示衷心的感谢。

坚信在中国建筑装饰协会的指导和引领下，在各地方省、市协会的共同努力下，中国建筑装饰行业一定会用更大的决心和信心，在新时代继续谱写行业发展新篇章！

02

杰出人物

协会精英
前辈寄语
风云人物

协会精英

不为繁华易匠心，不舍初心得始终
——记上海市装饰装修行业协会会长陈丽

一、她是一位勇于担当、无畏艰难的领军女将

干练利索，风风火火，勇于担当……陈丽曾任上海新丽装饰工程有限公司董事长，现任上海舜达软件技术开发有限公司董事、上海市装饰装修行业协会会长，同时还兼任过上海市政协委员、全国工商联执委、崇明区工商联副主席、上海市工商业联合会常委、中国光彩事业基金会理事、中国建筑装饰协会副会长等职。

曾经是一名军人，军旅生涯铸就了陈丽无畏艰难、敢于担当的性格和奋发向上、追求完美的品德。20世纪80年代末，从部队退役的陈丽带着60美元去美国留学，通过勤工俭学完成了学业。后来为照顾年迈的母亲，毅然选择回国，3年后在上海创立上海新丽装饰工程有限公司，从此拉开装饰人生的序幕。女性创业往往要比男性多付出无数倍的艰辛，尤其是在建筑装饰行业，但陈丽向行业展示了巾帼不让须眉的风采。创业二十多载，她历经坎坷初心不忘，对装饰行业有着执着的热爱和精准的定位，无论何时何地，无论成本与质量，还是进度与质量发生何种矛盾，她永远坚守"质量第一、客户至上"。正是她的这种追求完美的坚守和勇于担当的精神，使上海新丽装饰工程有限公司跻身全国装饰行业百强前列，先后获得27项国家建设工程"鲁班"奖，100多项中国建筑工程装饰奖和上海市"白玉兰"奖，连续20年被评为"上海市信得过建筑装饰企业"。因其独特的人格魅力和突出贡献，陈丽先后荣获"中国建筑装饰优秀企业家""上海市三八红旗手""全国巾帼建功标兵""中国建筑装饰行业杰出成就企业家""上海市非公有制经济人士优秀中国特色社会主义事业建设者""中国十大经济女性年度人物""上海市第二届人道博爱奖"等四十多项殊荣。

"恪守诚信、敢于担当。"陈丽把这八个字视同生命，努力践行。作为全国建筑装饰行业知名的企业家和上海市装饰装修行业协会"掌门人"，她以强烈的开拓创新精神、带领员工将个人的理想与"企业梦""中国梦"紧密结合在一起，为企业和建筑装饰行业发展转型凝心聚力。

二、她带领协会制定一套规范的行业自律标准

2016年初经过选举，曾担任过会长的陈丽再次当选上海市装饰装修行业协会会长一职，陈丽以同样的敢为精神带领着协会努力当好企业与政府的桥梁，利用广泛的信息资源优势，及时协调解决装饰装修市场的不规范行为；她以"促强扶弱"为两个轮子，在关注大企业的同时，积极扶持中小企业发展成长，先后组织在松江、青浦、金山等地探索区域性行业服务工作的开展；她大力推进行业信息化系统的建立和对会员企业信息化的扶持；她紧跟国家发展战略布局，在行业拓展各类定制培训，建立多个行业应用技术培训研发基地。

陈丽深知：装饰装修行业不仅与国计民生息息相关，还给众多农民工创造了就业机会。但住宅装饰装修具有产业环节多、标准产品少、施工周期长、消费金额大、不可控因素多等特点，加上部分从业者的不诚信行为，一度成为百姓投诉的热点、社会关注的焦点、行业管理的难点。"诚信永远是行业生存的主题。作为一个协调政府与企业的社会组织，迫切需要转变理念、改进服务，打造一个受社会和百姓尊敬、让各级政府放心的行业"上任伊始，陈丽提出了自己的设想并付诸行动。

她带领协会在原有的家装行业规范服务达标活动基础上，制定一套规范的行业自律标准，在行业自律上建章立制动真碰硬，有所作为。

以制定行业标准为基础，明确行业规范的依据。协会先后制定和修订了《施工示范合同》《验收规范》《施工技术规程》《服务规范》《人工费参考价》等标准规范。使家装从设计到建材、施工、质检等各个环节都有章可循、有据可依。近几年来，协会又联手国家建筑标准设计研究院、上海市房地产科学研究院，共同研讨编制出《居住建筑室内装配式装修工程设计规范》；参编了由上海市消保委主编的《绿色低碳全屋定制家居》；还针对行业需求和空缺编制了《住宅整装服务规范》《老旧住房套内空间装饰装修功能性改造技术规范》《老旧住房公共空间装饰装修功能性改造技术规范》《陶瓷大板砖铺贴施工技术规程》等标准并发布宣贯。2022年，协会和中国质量认证中心现代服务业评测中心共同发起"绿色装饰装修服务领跑者行动计划"。

以阶梯管理为手段，鼓励诚信企业发挥示范引领作用。积极按照政府主管部门的要求，协会对原来的多项评选项目开展系统性的删减，确定以规范服务达标测评为主线，以企业信用评测动态分级展示为抓手的一套科学规范的评价进阶体系，不少企业还获得驰名商标、著名商标及市级文明单位称号。通过将先进企业和先进个人评比作为创建文明行业的重要载体，努力打造家装行业的诚信环境。

运用科技手段，通过采用ERP提高管理水平，依托线上管理、汇报、审批一键提交，做到流程一目了然，有迹可循。协会还建立了以"上海装饰"官方微信为入口，涉及家装、设计、材料、幕墙、建装等不同业务领域的线上一站式推介展示平台，同时与协会官网联动，横向贯穿各领域服务内容，深度融合各项功能，初步形成协会工作一站式查询的建设体系。

开展"服务进社会、维权办实事"系列活动。随着时代变迁、社区和家庭需求日益多元化，协

会努力寻求通过服务类型多元、专业的平台，提供更便捷、丰富的服务。会长陈丽等领导带领有关人员到社区现场咨询，从装修合同如何订立、价格如何参照及优质建材如何选用等方面为消费者解答疑问。在维权咨询现场，协会工作人员设立健康、心理等多个咨询台，为消费者提供资料、解答问题、提供服务。

开展"12345市民服务热线"住宅装饰类工单查询端口服务工作。在市住建委指导下，陈丽带领协会主动承担民生服务工作，组织搭建住宅装饰装修公益投诉咨询窗口，承接投诉处理工作，目前已协调处理投诉工单23899件（其中会员8056件，非会员15843件）。2022年下半年根据政府相关部门反馈及市民提供的建议，将原本被动接受来电咨询模式调整为3+1+N的投诉处理队伍模式，搭建3位常设投诉联系专家、1位投诉处理平台消单员和N位轮值专家的投诉处理架构，通过增设专线联系电话建立快速答疑服务机制，深化协会对12345转派工单的转换协同能力和服务时效性。

安全为先，守护建筑承重墙协会义不容辞。协会积极配合监管部门发起"拒绝破坏承重结构，维护社会公共安全"行动，为企业开展动态培训和签订"守护承重墙承诺书"，并向社会公示倡议签约企业。在上海广播平台及电视台开设守护承重墙专题节目，征集守护承重墙优秀作品。

探索开展装修全过程监理和验收，切实推动市民消费满意度提升。2023年，协会联合中国质量认证中心搭建上海家装企业服务质量体系，完成了36名行业专家考核入库工作，提升综合测评能力。同时建立协会主导的装修全过程监理和交付验收试点，探索帮助消费者提供家装全过程服务，目前已组织试运行。

三、她要求协会培养更多敬业求精的能工巧匠

"质量之魂，存于匠心。"陈丽要求协会要做好业内工匠精神的传承，培养更多能工巧匠，协会多年坚持在全行业开展"装修工匠"评树活动。选树出的优秀"装饰工匠"，授予"工匠之星"称号，并择优向市总工会推荐，申报"上海工匠"荣誉称号。令人欣慰的是，近几年在上海市表彰的"上海工匠"活动中，装修行业年年榜上有名。

2016年，协会会员单位上海住总集团建设发展有限公司樊成辉入选首批"上海工匠"。他是公司第一项经部施工员，参与了多个重要的上海历史建筑修缮工程的施工。圣三一教堂、外滩6号、15号、27号、33号等。每次针对施工难点，他都潜心研究、大胆突破，以精湛的工艺技能和丰富的岗位实践经验创新地提出自己的想法和方案，为现场的每砖每瓦倾注自己的心血，攻坚克难的工匠精神促使他从一个农业劳作工转变成文物保护建筑修复杰出工匠。

协会会员单位中建八局装饰公司艺术总监姜炳清被评为2017年度"上海工匠"。姜炳清现为中国美术家协会会员、高级工艺美术师，壁画、浮雕、雕塑等作品风格宏伟、题材广泛、手法多样。2016年，姜炳清设计的国内最大的镀金铝丝景泰蓝壁画《春华》在浦东安装完成，作品高28.86米，宽4.88米。中央国家机关美协主席、中国美协理事王阔海先生点评其"气势宏大、设计高妙、制作精美、旷世大观"。

"在建筑装饰行业快速发展的新时代，弘扬工匠精神，既要传承，更要创新发展"。至于这样的认识，近年来协会下力抓好行业队伍的知识更新和高科技手段运用。

2016～2017年度，协会组织为期三天数百人参加的"上海市装修行业嘉年华"活动、建筑装饰发展论坛、住宅装饰产业发展论坛、装饰建材企业品牌风貌展示等八大主题，活动丰富多彩。协会领导与企业负责人、设计师同台演讲交流，破解发展难题，预测发展趋势。

与此同时，"上海住宅装饰装修行业发展论坛""装饰装修新技术高峰论坛""互联网＋装饰

装修沙龙"等各类论坛、讲座、沙龙也陆续展开。"家装行业变革中的机遇与挑战""互联网+传统家装""标准化与个性化家装模式"等社会和业内关注的话题通过演讲、研讨、交流，找到了答案，开阔了思路。

为使装饰装修员工培训规范化、制度化，协会出资组建装饰装修行业人才教育培训中心。依托协会优势，建立了一支以行业专家、高校教师为主体的、理论与实践相结合的专兼职师资队伍，以企业需求为依据，以从业人员需要为根本，大力培训应用型、实用型人才。

为加强建筑装饰行业的交流互动，每年举办建筑装饰精品工程交流会，不断提升上海装饰行业的工程质量、鼓励四新技术。每年举办建筑空间设计大赛，通过大赛促进文化交流和设计多元融合，激励行业设计师探索设计美学价值，每年赛后连续举办不同专场的设计大赛获奖作品分享会和不同主题的设计师沙龙活动，搭建设计师专项技能的交流平台。同时建立了专家、设计师等人才数据库。

四、她是一位感恩时代、关爱社会的慈善家

陈丽一以贯之地带头投入公益慈善事业，以关爱与诚信传递着中华民族的美德。先后捐赠救济过西藏、青海玉树、四川汶川、雅安、新疆、内蒙古、湖北、云南、贵州等地的受灾民众；帮助先天性心脏病孤儿、艾滋病儿等进行康复治疗；资助上海市希望工程，帮助失学儿童完成学业，帮助西部地区大山里的孩子援建爱心浴室；疫情发生期间向红十字会和儿童基金会捐赠善款，帮助疫情发生地抗击疫情。截至今日，用于教育、医疗、扶贫、赈灾等各类公益慈善事业的捐款已超过6855万元人民币。不管是在山区的希望小学里、贫困大学生的求学之路上，还是在遭受自然灾害的灾区、新农村建设的征程上，无不涌现着陈丽对社会的一份关怀、一份责任。

在国家遭遇大型自然灾害时，陈丽总是第一时间站出来，无论是在资金上救助还是在项目上帮助灾区重建，她都义不容辞、身先士卒，积极响应红十字会的号召。为四川汶川大地震受灾地区捐助135万元。2009年9月，新丽公司接到了都江堰重点援助工程任务——装饰都江堰医疗中心。当时，由于公司主要力量都扑在世博工程和桥交通枢纽工程上，根本就抽不出人手。陈丽得知此事后，当即决定把公司原本参加一个五星级酒店的装饰项目部派到了都江堰，而放弃了这个酒店装饰项目。2011年陈丽被评为"上海市对口支援都江堰灾后重建突出贡献个人"。在2010年青海玉树地震中，她捐助130万元；2013年向上海红十字会捐款50万元用于救助雅安地震灾民；同年向中国下一代发展基金会捐赠124.7万元用于雅安地震灾后重建。同年还为上海光彩事业基金会、崇明县市三八红旗手、准孤儿特困救助项目、侨眷、少数民族、老党员困难户、中华红丝带基金捐赠350万元；2014年为中国光彩事业基金会、崇明3个村、中华红丝带基金捐赠180万元；2015~2016年为中国光彩事业基金会、中华红丝带基金捐赠190万元；2012~2016年期间为其他社会公益事业捐赠1914万元；2017年为上海光彩事业促进会、上海儿童基金会、崇明助学基金捐赠450万元。陈丽2014年被全国光彩事业促进会评为"全国光彩事业20周年突出贡献民营企业家"。2017年捐款720万元，其中向上海儿童基金会捐赠300万元，向上海市崇明区红十字会捐赠100万元。2018年向中国光彩事业基金会捐赠50万元，向上海市拥军优属基金会捐赠300万元，荣获"第三届上海市人道博爱奖"个人奖，2019年向上海慈善基金会崇明分会捐赠60万元，用于临沧市凤庆县营盘镇里拐村、杨家寨村、小湾镇华峰村扶贫。2020年新冠疫情突然暴发，陈丽分别向崇明红十字会捐赠100万元、上海市儿童基金会捐赠20万元用于抗击新冠疫情，展现疫情当前奉献爱心的责任感。2021年在了解到西部地区

大山里的孩子卫生状况堪忧,主动向华侨事业发展基金会捐赠200万元善款用于给山里孩子援建爱心浴室。

近年来,陈丽的社会公职的不断增多,她深感肩上的责任和义务,为公参政、为民议政、体察民意、反映民情,积极建言立论,勇于出谋献策。她利用上海市政协委员平台,深入基层,调查研究,针对养老事业的发展、充分保障妇女权益以及对工业化与信息化融合、企业家诚信等主题,多次提交提案,得到广泛附议,受到政府各界高度重视并产生积极影响。2017年10月21日,陈丽受邀做客上海新闻广播"市民政务通直播990"节目,和主持人一起围绕"社区微服务能不能更有创意"主题,从协会、企业、志愿者层面进行分析探讨,与在线听众进行一个多小时的互动交流。她对如何加强社区志愿者的公益意识和能力、加强社区和行业协会联动等建议引起市民的广泛兴趣。

五、她组织动员行业爱心企业感恩回报社会

陈丽一直认为:财富不仅仅是企业家个人的创造。企业能发展到今天,从大环境讲离不开党的正确领导和改革开放的好政策;就企业自身,离不开员工的共同努力和创造性劳动,这些才是财富的真正源泉,既然自己的一切来源于社会,就理应回报社会。

为此,陈丽作为协会的会长带领和倡导会员企业在全国多个省区以不同的形式开展慈善活动,点对点精准扶贫,传递装饰行业的正能量。协会还多次组织行业力量通过"柏万青公益基金""上海癌症康复俱乐部"等慈善机构捐款扶贫。

1. 心系革命老区

江西省资溪县是革命老区,曾留下周恩来、彭德怀、聂荣臻等老一辈革命家战斗的足迹。但县里的医疗卫生条件却亟待改善,尤其是村级公共卫生基础设施严重缺乏。协会在会长陈丽的倡导下,各理事单位积极响应,向资溪县捐款三十余万元,用于建设老区卫生事业,改善农村缺医少药现状。同时,连续多年对资溪县的中小学、养老院以及贫困儿童、学生慷慨捐助,受到当地民众的高度肯定。

2. 援助弱势群体

2016年,协会通过举办两场慈善公益活动,组织会员企业分别向"柏万青"公益基金和癌症康复俱乐部捐献善款。

在郊区敬老院,上海美特幕墙有限公司董事长兼总经理余子洋,工会主席孙燕珍及企业志愿者一行为老人们送来慰问品。志愿者们正陪老人们聊家常、为老人剪指甲、打扫卫生。

上海建工装饰定期开展"一日捐"活动,来自集团15家基层单位的工会主席将各单位职工所捐资金投入捐款箱内,共有1154人踊跃参加。这些捐款全部纳入集团职工互助基金,专门用于对生病住院和家庭遇到特殊困难职工的关心慰问和一次性补助。活动中,装饰集团工会还对两名特殊困难职工给予一次性帮困定向补助,并向他们发放了慰问品。

3. 积极帮困助学

上海新丽装饰工程有限公司从2007年开始在崇明乡村设立"帮困助学专项基金",对因家庭条件较差,虽然考取了大学却承担不起学费的学生每人资助五千元,解决他们的入学困难。到2017年9月,共帮助397名学生完成了大学梦,225名学生完成学业走上工作岗位。

中建三局装饰有限公司上海分公司携手5家在沪央企共同参与沪滇对口支援活动。为帮助拓宽云南迪庆州香格里拉市民族小学学习渠道,捐赠电脑及桌椅60套,为小学提供了崭新的电子信息化教室。

市建设交通团工委组织的一年一度的"冬日阳光,爱心助学"义卖活动,协会团委积极宣传,踊跃参加。短短一周时间就征集了义卖品29件,义卖所得善款仍捐赠给建交系统经济困难的学生

完成学业。

4. 崇文尚德，弘扬时代新风

协会积极组织会员企业参加各级精神文明创建活动，推进学雷锋志愿服务，弘扬思想道德新风。上海市"我的生活，有书相伴"读书小故事大赛，73支参赛队伍中协会团委组织的4人小组最终杀入决赛，获得第二名。

协会会员单位隆古建筑装饰工程有限公司董事长高新军在夜间行车途中遇翻车溺水事故，不顾个人安危下水救出5名溺水者，并为昏迷者做心肺复苏，协助家属送医院抢救，获得"上海市第六届道德模范评比提名奖"。

陈丽带领大家通过不懈努力，赢得了行业协会社会知名度的提高以及企业凝聚力的提升，使得协会荣获全国社会组织评估5A级。同时，协会的党建、工作创建等不仅得到了诸多兄弟单位的认可，也得到了相关管理部门的肯定和推广。

高处着眼，实处着手，开创协会服务和行业发展新境界

——记江苏省装饰装修行业协会会长王有党

王有党，少小从军。27年军旅生涯，锻造了他意志坚定、勇于担当、激情满怀的军人品格。转业地方近30年，军人气质和作风依然彰显。

王有党笃信，学习力决定创造力，意志力决定成功率，包容度决定凝聚力。始终保持了勤学善思、奋发进取、待人友善、乐观豁达的习惯和品质。

2014年4月至今，王有党担任江苏省装协会长。他认为，行业协会服务的宗旨，是促进企业家健康成长和企业健康发展。既要扎实做好日常工作，又要登高望远，增强理论性和前瞻性。他加强学习调研，在行业服务中，十分注重对发展方向、重点工作和解决行业共性问题的引领，努力做到胸中有全局，发展有思路，手中有办法，使协会工作提纲挈领，纲举目张，引领行业发展和协会服务开创新境界。

王有党任会长十年间，行业发展面临"百年未有之大变局"，困难和挑战加剧。他带领协会领导班子研判形势、把握趋势、研究问题、创新思路，着力解决"大势怎么看、协会怎么办、行业怎么干"的问题，提出的指导思路聚焦点准、着力点实，符合全局要求，切合行业实际，行业广泛认同。会员企业坚定信心，精准发力，抵御风险的能力显著增强，应对严峻挑战生存发展的根基不断夯实，大多数企业状况良好，有的逆势增长，行业发展持续稳中向好。江苏装饰行业的企业数量、产值总量、获中国建筑装饰奖及参建鲁班奖的数量、国内市场覆盖率等指标继续领跑全国同行业。

一、引领行业发展方向，确保行业发展定位准确、导向正确

"协会一头服务党和政府，一头服务行业和企业，要发挥好'转化器'的作用。要把党和政府对形势的研判、理论创新和大政方针，及时转化成行业语言、行业思路、行业行动和行业发展成果。保证行业发展顺应时代发展趋势，与全国、全省发展大局同频共振。"王会长是这样说的，也是这样做的。

党的十八大以后，中央做出我国经济进入"新常态"的战略判断，并相继做出实施供给侧结构性改革、中国经济由高速发展转入高质量发展阶段等

重大部署，装饰行业发展面临新形势、新转折、新挑战和新机遇。王会长带领协会领导班子及时分析研究，力求吃透上情，摸清下情，导向准确。

根据"新常态"新特点，提出全省装饰行业以"稳增长、抓质量、促转型"为重点，探索"五大路径"（"专精特新"路径；规模发展、集约发展路径；开放式发展、联合共赢路径；人才兴业路径；产业现代化路径。）的适应"新常态"总体思路，引导会员积极应对新问题，把握新机遇。

根据供给侧改革的精神，分析"普通产能过剩，高端产能不足，同质化竞争激烈"是行业发展突出瓶颈。提出"三调整""三提升""一打破"（调整产品结构，调整市场布局，调整生产力水平；提升产品质量，提升企业品质，提升生产力水平；打破行业发展瓶颈）的贯彻落实路径，引导会员乘供给侧改革东风，增添转型升级动力。

根据高质量发展的新理念、新要求，提出装饰行业高质量发展的基本标志、基本动力、基本要求和基本路径，引导全行业把"五大发展理念"和目标任务落到实处，使装饰装修产品，更好地成为建设美丽国家、满足人民美好生活需要的载体。

近几年，面对严峻复杂的宏观经济形势，江苏省装协引领行业坚持"鼓信心、转动力、稳发展，坚定不移地做好自己"的发展思路，确定了"做好企业，做强专业，做精产品"的行动路径，形成了识变抓先机，应变开新局，行业持续健康发展的生动局面。

"不谋全局者，不足谋一隅"。王会长要求企业家特别是协会领导班子成员，要"埋头拉车"，又要"抬头看路"。把行业企业的发展，放到在经济社会发展的大局上，放到建筑业改革发展的大趋势上，放到科技革命的大潮中，去考量和展开。他带头学习调研和思考，把大政方针融会于行业发展，把实践经验上升为理性认识，把局部收获扩展成面上财富。他的许多关于行业发展的理性认识和指导意见，撰写成文后，被《中国建筑装饰装修》《中华建设》《中华建筑报》《中装新网》等多家媒体全文整版刊发，受到业界广泛赞誉。

二、引领行业做好重点工作，确保行业发展目标清晰，重点突出

王有党带领协会班子，紧紧抓住行业现代化、加强人才队伍建设、提高质量效益等事关行业生存发展的全局性、战略性工作，一以贯之地持续推进，并围绕重点工作确定阶段性目标，抓好落实，使行业发展目标清晰，重点突出，效果明显。

1. 变革发展模式，不断优化产业内部结构

江苏2万多家确认资质的装饰企业，多为普通产业，同质化竞争加上新建项目减少，僧多粥少的矛盾更加突出，部分企业生存危机加剧。王会长带领省装协着力引导企业优化产业内部结构，找准自己在未来市场的定位，转变发展模式，打破发展瓶颈，加快转型升级步伐，掌握当前发展和未来竞争的主动权。一是规模化发展。提高产业集中度，产能向优势企业集中，打造若干个金螳螂式的行业"航母"，积聚一批过硬的"航母集群"。二是"专精特新强"发展。尤其是中小企业，切实练就"一招鲜"，专业化发展，差异化竞争，小而专、小而精、小而优、小而强。有的异军突起，专而大，专而强。三是沿产业链延伸和拓展，一业为主，多元发展。沿着这样的方向发展，既能从源头上缓解同质化竞争的问题，又有利于改善行业结构，大、中、小企业各有适宜的生存发展空间。

2. 转变发展动力，加快产业现代化改造提升

引领行业顺应科技革命的大趋势，以生产力水平的现代化提升和建造方式的现代化转变为突破口，推进建筑智能化与工业化深度融合，为行业发展注入强大的科技内涵和创新动力，引领行业管理创新、科技进步、素质提升、质效提高。在生产力三大要素中，着重抓工具和人的因素，强化信息技术和现代装备在装饰企业的应用，促进人和工具更高层次的结合，推动生产力水平现代化。在建造方式上着重推进数字建造和装配式

建造，力求在科研上有新进展，实践上有新亮点，有一批水平较高的示范项目。同时，推动现有加工厂产能转换和产品结构调整，与智能化、装配式建造需求相协同。省装协推进产业现代化转型的力度持续加大，每年都有现代化建设的目标要求和措施，每两年召开一次专题研究和推进行业信息化建设的大会，树立标兵、激励先进，举办讲座、交流经验。还每年推介一批科技创新成果，鼓励企业积极参与编制工法、行业与企业标准，以科技创新促进行业现代化。去年以来，根据发展新质生产力的要求，提出以新质生产力改造提升传统装饰产业四个方面的推进措施。持续推进产业现代化建设，既有利于弥补人工红利等自然利好因素消减对质量、安全、效益带来的影响，也为赢得未来市场储备了能量。

3. 改善人才结构，推动关键层次人员素质提升

王会长十分注重行业的人才队伍建设。他说，"行业现代化，首先是人的现代化"，"市场新一轮'洗牌'，比的是人的学习力和创新力。"王会长带领省装协着重抓好行业发展关键层次人才的培养。一是企业老板。从观念上反对"三小"，即小生产意识、小老板思维、小富即安思想。以汇编《新形势下装饰行业发展趋势研究》学习交流文集，举办创新发展沙龙和高级研修班等形式，帮助老板提升战略思维、现代意识和推动企业改革发展的能力，加快向现代企业家的转变。二是项目经理。组织项目经理现场观摩交流，编印《项目经理典型案例选集》，推介优秀项目经理时把撰写项目管理经验文章，纳入入选条件，提升其把感性认识变成理性认识的习惯和能力。三是深化设计师。装饰工程中出现质量问题，许多是因深化设计环节缺失所致。省装协举办深化设计大赛和论坛，组织深化设计专题实地观摩，编印《深化设计优秀案例选编》，提升企业深化设计意识和能力。四是技术工人。采取技能竞赛、制定操作指南、校企挂钩培训等措施，提升其技能和素质。王会长说，第一个层次是企业的统帅和灵魂，后三个层次是装饰企业战斗力的最终承载者。持续抓好这四个层次的人才培养，行业人才结构进一步改善，企业品质、产品质量和发展实力不断提升。

三、引领行业解决共性问题，确保问题解决靶向明确，效果明显

王会长把关注和研究行业"痛点"，推动影响行业发展共性问题的缓解，作为协会工作的重要职能和评判标准，紧抓不放。多年来，他着重推动两个方面问题的缓解。

1. 缓解工程质量通病

王会长常讲："质量安全是立业、立企之本"。他要求会员企业消除"重营销轻质量、重报优轻创优、重扩张轻把控、重客观轻内在"的"四重四轻"意识，响亮提出，要"铸造中国装饰质量的江苏品牌"，对工程质量通病"零容忍"，采取系列措施，纠正一些企业对质量安全重视不够，导致一些质量通病形成顽症，久治不愈的问题。一是典型示范。每年召开一次精品工程观摩交流会，现场学习交流创优经验。二是问题激励。从2015年开始设立"曝光台"，对工程检查中发现的问题归类列举，警示企业。三是技术支持。以编印《质量通病防治技术指南》等系列教材和专题培训等方式，提高技术水平。四是以评促创。建立工程质量奖项自查自纠的预申报机制，提高企业按标准规范创优的意识与能力。五是提高专家水平。要求专家不仅当好项目裁判员，还要当好创优的宣传员和辅导员。王会长说，解决质量通病，"伤其十指不如断其一指"。从2017年起，每年列出2到3个问题，先后共列出公装和幕墙工程各10个问题，作为具体目标，务求消灭，效果明显。为引导行业应对当前困难，提质增效，响亮地提出了"低成本创优，高标准提质"的口号，提倡把"家常菜"做成"精品宴"，强化以质量、效益、品牌、信誉取胜的发展导向。这些系列措施扎实有效，全省装饰工程质量水平不断提升，"铸造中国

装饰质量江苏品牌"的目标取得明显进展。

2. 缓解新形势下装饰行业的新难点

特别是实行总承包制条件下，专业企业与总承包企业间的利益关系亟待规范和完善，还有些利好的具体政策落地比较难，"揽活儿难、赚钱难、回款难"等问题加剧。省装协把反映行业诉求，缓解行业困境，列入工作重点。王会长多次在政府部门的相关会议和全国性协会领导的调研会上反映情况，在会长会议和全省装协秘书长会议分析研究，与市县装协协调一致向主管部门提出政策建议，协助主管部门进一步将利好政策变成利好政策环境，把政策利好转化为发展利好。有的省辖市已相继出台有利于地方企业、专业企业和国有大企业协调互补，共同发展的具体办法。

四、引领协会提升服务水平，保证协会工作着眼点高、落脚点实

王会长把协会工作的指导思想概括为"高、新、实"。"高"即着眼点高，站到经济社会发展大局的高度，谋划和开展协会工作。"新"即思路新，不断创新观念、模式和方法，保证协会工作适应新形势，符合新要求。"实"即落脚点实，实在行业和企业的需求上，扎实推动行业发展。

1. 提高政治站位，在功能型党组织建设中突出政治功能

党建引领会建，是社会组织改革发展的重要原则。省装协秘书处党支部属于"功能型"党组织，其功能主要是实现党建资源的优化配置和业务推动。作为党支部书记，王有党努力探索"功能型"党组织功能的实现途径。他提出党组织和党员要发挥好"政治宣传、政治引导、政治保障、政治监督"的作用，保证协会工作坚定正确的政治方向，实现党对协会工作的坚强领导。他和党员一道努力增强判断力、领悟力和执行力，用新理论去回答和解决行业在新时代面临的新问题，服务行业实现更高质量的发展。

2. 优化协会职能，在日常工作的基础上强化引领服务

王会长说，协会是党和政府联系行业企业的桥梁纽带，在推进社会治理体系和治理能力现代化进程中，协会是重要环节，要担当大任。他带领协会在加强自身建设，做好日常服务的同时，创新服务理念，提高服务格局，丰富服务内涵，着力做好事关行业成败的关键性、开创性工作，积极引领行业发展方向，推动行业现代化进程，打造行业质量品牌，协会工作方向明确，思路清晰，重点突出，效果较好。

3. 加强能力建设，在基本素质的前提下侧重培养学习力、创新力和执行力

王会长说，协会领导班子是"统帅部"，要当好"帅"，必须做到眼界、思路、胸襟都十分宽阔。协会秘书处是"参谋部"，必须站到行业发展全局的高度去提升工作质量、效率和层次。他每次主持召开会长会议，都紧密结合形势变化和行业实际，学习党和政府相关精神，提出明确主题，研究形势、问题和对策，许多企业家副会长说，每次参加会议，都充满正能量，受到很多启发。他要求秘书处人员对自己"三过磅"：出点子、办事情、写文章。以此提高参谋能力、办事能力和表达能力。秘书处协助中国装饰奖专家复查组的联络员，任务结束后都要归纳总结，对行业质量安全状况作出分析和建议，以此锻炼提升队伍。

王会长带领协会班子和秘书处共同探索实践，江苏省装协的工作得到会员和省相关部门的高度认可，中装协领导也多次给予较高评价。省内外相关部门和兄弟协会领导多次来江苏装协交流考察，都给予充分肯定。十年来，协会两次被评定为"5A级中国社会组织"，三次被认定为江苏省和全国"四好"商会，荣获江苏省人社厅和江苏省工商联联合表彰的"全省工商联系统商会组织先进集体"称号。协会党支部连续三次被厅行业党委表彰为"全省住房和城乡建设行业先进基层党组织"。

崇尚科学，创造价值

——为推进建筑装饰现代化发展而努力

贾华琴，中共党员，省属D类高层次人才，正高级工程师。现任浙江省建筑装饰行业协会会长。浙江省委、省政府授予"浙江省劳动模范"荣誉称号，先后获得"浙江省五一劳动奖章""浙江省社会组织综合党委优秀共产党员""浙江省社会组织领军人物"等荣誉称号。

四十年风雨兼程，四十年奋发进取。随着人类文明的进步，人们对环境的审美需求日益提升，建筑装饰装修行业也得以不断发展。今天我们以喜悦的心情共庆中国建筑装饰协会成立四十周年，全行业回顾装饰发展历程，展望装饰美好未来。

绿色先行，装饰之美。浙江省建筑装饰协会在各级党委政府的领导下，在中国建筑装饰协会的指导下，始终秉持"真诚服务，开拓创新"的服务理念，在行业建设与民生服务、推进"和美装饰美好生活"品牌建设等方面取得了较好的成绩，浙江省建筑装饰业得到了长足的发展，这些成绩离不开致力于行业发展的前辈与第一代企业家的行业影响与智慧贡献，得益于榜样企业家与装饰从业者的拼搏与奋斗。协会先后荣获民政部、浙江省民政厅"5A级社会组织""全国先进社会组织""浙江省品牌社会组织"等荣誉称号。浙江省直机关工委、浙江省社会组织综合党委，先后授予协会党支部"先进基层党组织""五星级基层党组织"等荣誉称号。

贾华琴同志在协会工作期间，协同理事会全体成员，遵守相关法律法规，认真落实国家及省委省政府工作部署，以党的二十大精神为指引，以"服务三个一号工程、优化营商环境、推进公共服务七优享"为工作方向，推动建筑装饰业发展与改革创新。持续服务新质生产力，服务国家、服务社会、服务行业、服务群众，创建新时代新社会组织新高地。围绕中心工作，锐意改革、开拓创新、攻坚克难、苦干实干，开展了一系列高质量的工作，取得了良好的工作成效。

一、勤勉工作、开拓创新

热爱建筑装饰业基层服务工作，开展行业联建、共建特色活动，发挥协会桥梁纽带作用。

1. 坚持学习创造工作价值

致力于提升服务标准打造浙里装饰品牌，以求真务实的态度构建装饰行业和谐之家。协同制定规划，推动品牌建设。协会探索与实践行业"有特色，有亮点"创新服务机制，行业响应"五位一体"，社会服务"民生优先"，组织实践"协同创新"。主持《浙江省公共租赁住房装饰装修对策研究》《浙江省党政机关办公用房维修与改造技术研究》《浙江省住宅全装修设计技术导则、全装修住宅室内装饰工程质量验收规范研究》《浙江省装配式内装工程施工质量验收规范研究》等课题获浙江省建筑科学技术奖。

2. 坚持目标谋划装饰发展

主持制定实施了浙江省建筑装饰行业发展规划（从"十五"计划至"十三五"规划），为全面开启建筑装饰业发展奠定了坚实基础。根据省建设厅《浙江省住房和城乡建设"十四五"规划》，制定了浙江省建筑装饰行业"十四五"规划，明确新时期建筑装饰业发展目标。

3. 坚持绿色先行展望未来

积极响应创新、协调、绿色、开放、共享的新发展理念，在科技创新推动现代服务业高质量发展尤其是在亚运会相关服务建设上做出了显著成绩。主参编了《第19届亚运会场馆建筑室内空气污染控制技术导则》等13项省级工程建设标准与导则及国家标准《人类工效学家居无障碍设计导则》，主持发布《装饰之美·杭州亚运会、亚残运会相关建筑装饰工程项目成果集》。公开发表学术论文9篇。主持"1+1+X"幕墙专业现代学徒制人才培养课题通过教育部验收，实现专业零的突破；主编了装饰专业培训教材，累计培训人次达一万以上等系列标准，坚持设计创新助力装饰业人才链高质量发展，坚持科技创新推动现代装饰服务业高质量发展，响应碳达峰碳中和推动绿色装饰发展，坚持诚信互惠，加强行业和谐与规范。

二、党建引领，提质增效

主持协会工作期间，坚持党建引领行业协会自身建设和行业发展，开展了建筑装饰业一系列业务活动工作。

1. 开展装饰惠民活动，形成高质量成果

参加了全省城市住房工作会议、全省建筑业发展暨工程质量安全工作会议、"好房子"课题研究讨论会，协会围绕"我为群众办实事"民生服务汇报相关工作，得到政府相关部门的高度肯定。助推打造装饰标志性成果，发展装饰新成果，分享推广创新典型经验，落实提升技术政策措施，培育和传播特色鲜明浙里装饰文化。深入开展装饰惠民活动，促进装饰高质量发展成果更好转化为高品质生活。

2. 创建交流平台，增进凝聚会员企业

协会努力促进政府、企业和会员之间的沟通与合作，优化行业发展环境，得到了社会和会员的广泛好评。兄弟协会赴我会开展座谈交流活动，协会领导带领会员赴省外开展行业研讨活动，交流各地区的先进经验和技术，促进了行业的创新与发展。

3. 响应绿色先行，推进装配化装修工作

响应装配化装修高质量发展目标明确，我省装配化装修工作的开展与国家和省委、省政府大力发展装配式建筑密不可分。近些年来，我省装配化装修在政策制定、企业发展、项目开展、产业工人队伍建设以及技术标准体系完善等方面积极探索实践，取得了一定成效，为加快推进绿色低碳建造，积极助推我省装配化装修试点工作，组织企业参加装配化装修工作推进会及装配化装修技术交流会，推广装配化装修，推行整体卫浴和厨房等模块化部品应用技术，实现部品部件可拆改、可循环使用。

4. 保障装饰民生，构建产教融合

立足新发展阶段、贯彻新发展理念、构建新发展格局，坚持"以满足人民日益增长的美好生活需要"为根本，协会开展"放心装饰在浙江""我为群众办实事""3·15免费家庭装饰设计公益服务""放心居住服务日"活动。积极发挥协会作为社会组织的平台功能优势、专家群体优势、资源汇集优势、社会力量优势，深化产教融合、

对标现代化产业体系建设任务，引导会员单位将发展的着力点放到改造提升传统产业，培育壮大新兴产业，布局建设未来装饰产业，完善现代化产业体系。

5. 开展"三支队伍"建设工作

为积极贯彻落实省委"新春第一会"精神，响应《全省建设系统三支队伍建设》实施意见，协会积极部署相关工作，并召开了"浙里装饰"企业家高级研讨班，会议邀请了行业专家授课，为高质量发展、现代化先行注入澎湃的人才动能。开展"崇尚科学，创造价值"浙江省建筑装饰行业宣讲活动，组织"守好红色根脉·班前十分钟行动"宣讲，组织装饰企业开展"围绕服务发展新质生产力、推动技术革命性突破、生产要素创新性配置、产业深度转型升级"质量管理提升交流，传承创新发展，服务新质生产力。

三、弘扬正能量，树立新风尚

坚持开拓创新，激发行业潜能和活力，形成共建、共享的行业良好氛围，推动行业健康可持续发展。

1. 助力脱贫攻坚显大爱，参与基层治理共富裕

开创首届浙江美好人居峰会，助力山区26县老字号企业高质量发展，开展免费空气检测服务进小区，开展"家装服务"现场公益活动，为群众提供家装示范合同与规范，化解与调解纠纷。与援建青川青少年活动中心，开展"我有一棵树，长在阿克苏"援疆助农爱心公益活动，带领骨干企业到新疆阿克苏地区开展扶贫捐助暨"浙阿两地情，民族团结一家亲"活动；积极参与脱贫攻坚，赴武义县西联乡为校舍提供建筑设计方案，改善校园环境。邀请央视网、新华网等主流媒体宣传报道行业先进事迹，弘扬正能量，树立新风尚，引导协会和行业向上、向好发展。

2. 坚持合作共赢，共抗行业风险和挑战

顺应高质量发展和改革创新的新时代，在当前房地。众多企业因受到房地产企业债务问题的波及，陷入了重重困境之中。在市场下行的背景下，建筑装饰会员单位正面临着前所未有的巨大挑战，积极探索有利于高质量发展和改革创新的工作抓手。积极开展服务质量满意度调查，深入一线开展调查研究工作，带领会员成员积极参与国际、国内交流合作活动。

3. 坚持先进理念，推进装饰现代化

坚持践行以"人民为中心"的发展思想。紧扣经济发展需求，进一步发挥浙江省"历史积淀深厚、生态本底良好、区位条件优越、民营经济发达、数字经济先行、创新创业活跃"等特点，努力实现"创新能力更强、发展能力更强、产业结构更优、绿色低碳更优、开放层次更高、治理效能更高"的浙江省建筑装饰业新局面，对标国内外建筑装饰业一流标准，借行业合力精准发力，打造新时代智慧型建筑装饰业。

4. 坚持开放包容，凝聚行业智慧和力量

锐意进取，抓重点找差距，补短板强弱项，做好传帮带，培育一批新生代装饰工匠，加强人才建设，增强装饰专业从业者的荣誉感、使命感。坚持走数字化改革之路，提升浙江省建筑装饰行业的发展速度与质量。深化家装普惠共享，切实服务和解决好群众身边的质量"关键小事"，发布绿色建造与行业规范倡议书，树好建筑装饰业美好榜样，讲好装饰建设者的美好故事，建好装饰美好精品工程。

协会今后将把学习好贯彻好三中全会精神作为当前和今后一个时期的一项重大政治任务和中心工作。深入学习领会三中全会精神，深刻领会和把握进一步全面深化改革的主题、重大原则、重大举措、根本保证。立足装饰产业融合，对标国际前沿技术和发展经验，培养青年人才和创新团队、紧跟科技进步和产业变革，积极探索不断推动行业协会和建筑装饰业的理念、体系、制度、治理、理论现代化，不断提升服务力、支撑力、贡献力，形成现代化装饰产业链、创新链、转化

链、价值链,坚持服务发展新质生产力、推进新型工业化、建设现代化产业体系。深刻领悟"两个确立"的决定性意义,增强"四个意识"、坚定"四个自信"、做到"两个维护",将以高度的责任心和使命感来履行职责,努力助推在科技创新的引领下实现装饰生产力跃迁,为社会主义经济建设、政治建设、文化建设、社会建设、生态文明建设和党的建设作出贡献。

凝心聚力谋发展，改革创新谱新篇

——记陕西省建筑装饰协会第四届理事会会长郑建钢

郑建钢，男，66岁，汉族，中共党员，1976年11月参加工作，高级工程师，国家一级注册建造师，英国皇家注册建造师（CIOB会员）、中国勘察设计协会第五届副理事长、中建协鲁班奖专家委员会专家、第十四届全国运动会场馆专家、陕西省第十七届、十八届运动会场馆专家，2023年参与编写完成《体育建筑工艺设计标准》陕西省工程建设标准。

长期从事建筑行业施工建造与管理工作。先后在陕西建工集团及所属企业担任过项目经理、企业经理和集团总经济师（副厅级）等职务，曾荣获企业，集团优秀共产党员、劳动模范、全国优秀项目经理、优秀管理者，并荣获陕西省科技二等奖一项。

退休前曾担任中国延安干部学院添建工程办公室主任（此项目二获国家鲁班奖，中国装饰奖）。2018年从陕西省住房和城乡建设厅党组成员、副厅长，巡视员岗位退休。现任陕西省建筑装饰协会四届理事会党支部书记、会长，中国建筑装饰协会九届理事会副监事长。

2022年7月，陕西省建筑装饰协会第四届理事会换届任会长，坚持党建引领，政治建会，制度办会，换届当年获得省民政厅社会组织党委授予的"三星级党支部"荣誉。同时他提出"专业细分，精准服务"的工作思路，依据会员特点先后成立建筑幕墙分会、设计分会、产业分会、地坪分会和榆林办事处；为更好地服务会员，引领行业高质量发展协会成立了专家委员会并建立"专家库"，使专业事让专业人做，理顺了工作关系，拓展了服务空间，得到了会员企业的支持和拥护。为加速西部地区建筑装饰行业共同发展，2024年，在中装协的支持下，陕西省建筑装饰协会联合西部省份共同成立了"西部+建筑装饰行业联盟"，为西部地区建筑装饰企业联合发展搭建了平台。

四届理事会换届虽然只有两年，在郑建钢会长带领下陕西省建筑装饰协会快速发展，会员企业由原来的200余家增长到近600家，建立健全了各项规章制度，协会各项工作有序开展，截至2023年底，我省会员企业40余家通过中装协AAA信用评价，4家企业连续多年进入中装协百强榜单。

四届理事会将秉承高质量发展的理念，始终坚持"服务与引领"的宗旨，在新的历史时期推动陕西省建筑装饰行业高质量发展。

共生共荣，引领建筑装饰行业健康发展

——记大连市建筑装饰行业协会会长孙普

四十年来，中国建筑装饰行业与时代同行，秉承使命，一路走来。从蹒跚起步到砥砺前行，一个狂飙突进的年代由此发端，一个年产值近3万亿元的传奇也由此开篇。由改革开放孕育出的现代中国建筑装饰企业，经过"丛林法则"式的拣选后，不可避免地站在发展的十字路口。经历了产品阶段、渠道阶段、品牌阶段和互联网+品牌阶段，建筑装饰行业在高歌猛进的同时，也迎来了市场的大浪淘沙。

大连市建筑装饰行业协会作为大连最早成立的行业协会之一，至今已经有35年，而大连市建筑装饰行业协会会长孙普在27年的协会工作中，也是一路见证着大连市建筑装饰行业的发展历程。在建筑业深化改革、转型升级战略持续推进的大背景下，对于行业转型升级、协会的创新发展以及对会员企业的深化服务等方面，孙普会长都有着独到的见解。

一、职业化团队，提升协会影响力

大连市建筑装饰行业协会从创立的那天起，就带有自己鲜明的特色，是真正由行业企业自发组织成立的协会，其出发点就是立足企业、服务企业，推动整个建筑装饰行业的发展。

20世纪80年代初，大连被确定为全国沿海开放城市，伴随着新思想、新政策，大连市的建筑装饰行业应运而生。1984年，大连出现了当地注册的建筑装饰企业。1987年，大连市建筑装饰行业已初具规模。据统计，当时装修装饰企业有100余家，行业企业所有制呈现出多元化体制。

1988年，大连市建筑装饰行业协会正式成立，是一家由从事建筑装饰装修施工、设计、装饰材料生产、销售以及教育、科研等相关单位和有关人士组成的行业组织，现有会员400余家。自成立以来，协会以"筑基平台，引领行业，服务社

会，共创价值"为使命，以"助力企业、品牌走向全国，推动行业高质量发展，打造百年协会品牌"为愿景，以"共享、赋能、利他"的理念，积极配合市政府职能部门的工作，在规范行业行为、优化营商环境、推动公平竞争、促进行业交流与合作，当好政府的参谋与助手等方面发挥了积极作用。

协会成立后，就把打造专业化服务团队作为建会基础，专职工作人员面向社会招聘优秀人才。孙普会长就是协会一直在积极吸引的复合型人才之一。1996年，孙普毕业于辽宁大学国际贸易专业，除了短暂就职于一家国际海运公司外，从1996年11月起，他就到大连市建筑装饰行业协会工作。最初，孙普在信息中心主管建材展览工作，并创立了装饰材料专业委员会。2002年起，孙普先后任协会副秘书长、秘书长、常务副会长兼秘书长。2023年，孙普当选第七届大连市建筑装饰行业协会会长，同时兼任中国建筑装饰协会常务理事、辽宁省装饰协会副会长、辽宁省房地产行业协会副会长、大连市工商业联合会理事、大连装饰行业设计研究院有限公司董事长等职务。

目前，协会秘书处有专职工作人员15人，全部大专以上学历，很多人已在协会工作十年以上，不论专业技能、服务态度还是综合能力，都赢得了会员企业的好评和肯定。在35年的发展历程中，大连市建筑装饰行业协会一直以"真办会，办好会"的初心，以严谨的态度和创新的理念，严格在国家政策和法规框架内，努力打造一家大家都能信得过的协会，一家有内涵、起作用、有影响力的行业协会。在各会员单位大力支持和共同努力下，协会凝心聚力，勇毅向前，取得了丰硕成果，被大连市民政局连续评定为5A级社团，连获"2021～2022年度""2023年度"国家级"四好"商会荣誉称号。

二、整合资源，搭建协会七大专业平台

为广大会员企业提供高质量服务，是大连市建筑装饰行业协会坚持不懈的追求。为把平台筑牢夯实，把服务落实到位，孙普提出打造七大服务平台。

1. 资源平台

建立亲清新型政商关系，为会员解难纾困。孙普会长作为大连市营商环境监督员，持续组织走访调研，汇总企业相关问题，畅通诉求渠道，通过市人大、市政协、统战部、营商局、工商联、住建局反映企业诉求，使会员企业反映的问题和困难解决有途径。协会持续反映企业心声，搭建政府、行业、企业沟通的桥梁，为行业发展争取更好更广阔的空间。加强与各商协会、各大地产商、知名企业的友好合作与资源对接，为企业搭平台、创商机；安排会员企业走出去，到先进地区参观学习。

2. 交易平台

搭建行业市场供需、工程信息发布平台，依靠行业资源优势，发挥材料采购联盟作用，形成系统完整的建材集中采购途径，为企业降本增效，力求实现供需双方利益最大化；组织工程项目推介展示对接活动，搭建与设计、施工、材料企业合作对接平台；依托协会材料采购联盟于每年第四季度中期举办施工、设计、材料交易会，为企业安排来年生产计划提前做好准备。

3. 学习平台

通过举办国际行业设计大师峰会，行业项目管理论坛，建筑业企业资质管理、项目业绩补录等公益性讲座，精品工程观摩，施工经验交流活动以及"经济形势分析与行业发展"论坛等主题活动，树立"学习力就是竞争力"的理念，赋能行业企业。近年来，协会多措并举，连续举办多场项目管理论坛，为企业人才培训赋能，助力企业效益增长。大连市建筑装饰行业协会培训学校目前服务大连市两千余家建设行业企业，涉及建筑、装饰、市政、机电、水利、公路等领域，为行业输送大量人才。

4. 人才平台

完善、增补协会专家库并向省、国家行业协

会及政府有关部门推荐专家，充分发挥专家库的作用；行业人才库提供人才查询、交流、使用等人力资源专业服务；做好培训技工工作，建立与完善数据库，登记技工信息，逐步建立行业"劳务池"；联合各大高校相关院系和行业企业发起成立校企联盟，建立行业教学实践基地。

5. 宣传平台

加大行业企业宣传力度，整合媒体资源，重点做好协会微信公众号、直播平台、抖音、头条，为会员提供全方位宣传服务；面向施工、设计、材料企业开展行业数据统计排序工作，按照企业类别公示综合实力排序名次；开展行业评优评先工作，推荐、指导国家、省、市奖项申报，为行业企业提供新形势下学习样板；及时更新、发布协会会员档案，建立行业企业信用档案并在相关官网公示；加强与媒体资源的合作，编辑出版反映行业发展历程的系列书籍等。

6. 融资平台

加强与农业银行、邮储银行、招商银行、兴业银行、大连信安非融资性担保有限公司等银企合作，为企业提供投融资、贷款、金融担保等专业性服务；为企业提供不良资产盘活服务，解决资金问题；加强与法律、财税、金融机构合作，积极开展会员企业经营风险防范指导、维权和危机救助工作。

7. 公益平台

2017年，协会组织会员企业筹资60余万元为瓦房店得利寺捐建希望中学，支持教育事业；疫情期间，协会组织会员抗击疫情捐款捐物，线上募捐总善款207800元，协会党支部书记、会长孙普个人捐款3万元；协会组织会员企业积极响应政府号召，对口六盘水扶贫产品消费扶贫等。在做好精准帮扶的社会公益活动基础上，协会坚持探索有行业特色的公益项目，带领行业践行社会责任与担当。

三、服务创新，促进协会可持续发展

不破不立。"深化服务与思维创新"是孙普会长提及最多的办会理念。务实、高效的服务是一个协会的立身之本，而创新则是协会的发展之源。

作为行业协会，不论是会长还是秘书处人员，我们一定要以服务会员、推动行业，发展大连装饰行业为己任，充分发挥行业的桥梁和纽带作用，当好政府进行行业管理的参谋与助手，积极研究、探索行业可持续发展之路，引领市建筑装饰行业践行行业自律，提升管理水平，促进转型升级。

为了提升大连建筑装饰行业的整体发展水平，更好地为会员企业服务，孙普的目光一直关注着时代发展的最前沿。新材料、新工法、新工艺的推广应用，绿色理念的普及，以设计为龙头带动行业向纵深挺进，组织设计高峰论坛、行业发展论坛、BIM产业联盟、设计师联盟等等，都是孙普关注的头等大事。协会组织会员企业赴京参加中国建筑装饰协会举办的"EPC模式下建筑装饰企业发展论坛"，共同探讨总承包模式下企业的发展与创新之道；组织大连市施工企业、设计机构、材料企业负责人赴日本考察绿色环保建材市场、装配式装饰施工、节能建筑等，并与日方开展相关资源对接与项目合作；组织会员企业参加中装协举办的"G20峰会""青岛上合峰会""建筑装饰蓝皮书"发布会等行业内外的活动和会议，促进会员企业和行业内外的交流。

在"走出去，请进来"的同时，孙普把推广"新工艺、新工法、新材料"作为提升行业整体发展品质的重要抓手，通过研讨会、推介会、现场观摩、评优评奖等形式，大力提倡科技环保理念，拉近当地行业与发达地区的差距，把大连市的建筑装饰行业推上新台阶，增强了行业的竞争力。通过学习、交流、考察，使会员企业开阔了眼界，增长了见识，学有目标，赶有方向。

为了促进行业健康发展，孙普通过不同形式积极为行业、为企业呼吁发声。同时，协会正在探索"项目总承包"模式。由建筑装饰企业作为项目总承包公司，牵头推进包括工程设计、施工、材料和设备采购、软装、智能化等全产业链的"交钥匙工程"。着眼行业未来，积极实践"绿色装饰"。以节能、环保、高效、舒适、安全为目标，广泛采用环保材料以及循环再利用等绿色科技，深入推广建设绿色建筑。

多年来，协会秉承"以价值链为导向，以平台为基础，共生、共创、共赢"的理念，积极配合市政府职能部门的工作，在提高行业素质、促进行业交流与合作，反映企业诉求和建议，当好政府的参谋与助手等方面都发挥了积极作用，受到有关部门以及社会各界的好评与高度认可。

四、市场化运作，拓展协会朋友圈

近年来，全国及各省市工商联陆续开展了"四好商会"评选工作，作为国家级"四好商会"评审组成员的孙普认为，这意味着商协会的发展已进入全面规范化发展的新阶段，同时也将承担更多的服务职能和社会责任。与此同时，如何增强商协会自身的造血功能，提升专业化、规范化发展水平，如何加强商协会之间的互动交流、整合资源与共建共享，也是摆在协会发展中的一个新课题。为此，大连市建筑装饰行业协会做出很多努力，也在市场化运作方面进行了积极的探索和实践。

协会成立之初，针对大连市建筑装饰行业缺乏现代施工设备和建筑装饰材料的问题，多次举办国际建材机械展览会。在劳动公园圆明阁承办了香港卓化国际建材机械展，经大连贸促会批准，协会将展览会的展品全部收购，在开阔眼界的同时，为建筑装饰企业改进施工方法，提高管理水平，保证施工质量，提供了坚实的基础。

为了适应国家产业化改革以及行业转型升级发展的形势和要求，协会于2014年成立了行业资质服务部，为会员企业办理资质及资质升级和延续提供咨询、答疑、讲座、申报指导等服务工作。近年来，协会资质服务部先后为百余家企业提供服务，切实为企业减轻了负担，解决了很多企业自己无法解决的难题。服务项目包括有新办、增项、升级，专业包含建筑业资质序列中的所有常用资质，并随时为企业提供咨询服务，提高企业市场竞争力。

探索组建实体，成立项目管理公司，发挥协会在资源、人才等方面的优势，为客户和会员企业提供更多合作机会，以公司化运作模式为协会发展注入活力；举办"中日绿建·建材交流会"，把国际先进技术工艺和材料引进来，把更多符合"绿色、环保、节能、智能"的好产品推广出去；组建材料采购联盟，搭建集采平台，丰富成员品类，让利施工企业，降低工程采购成本，让平台成员取得共赢；为进一步提升东北地区建筑装饰行业项目管理水平，协会在2020年邀请了全国装饰行业"太湖论道"的顶尖专家团队，举办"装饰行业'太湖论道'大连行——建筑装饰行业项目管理论坛"，近300名业界代表参会。近年来，协会多措并举，连续举办多场项目管理论坛，为企业人才培训赋能，助力企业效益增长。

同时，协会成立培训学校开展社会化办学，与大连新机场沿岸商务区共同成立"大连空港工匠学院职业技术培训中心"，面向社会进行"学历教育""职称评定""二建继续修"等职业技术培训服务。协会培训学校参加辽宁省建设厅建筑领域施工现场专业人员培训机构认定评比工作，由于办学正规、管理规范、师资齐备、考试认证严格，被省厅认定为"省建设厅八大员培训定点机构"。协会申请职称评审集中受理点，为会员单位争取评审"直通车"政策便利。

建设专业、敬业的工作团队，凝聚员工的向心力，开启商业化运营模式也是孙普注重的创新领域。从协会的角度来说就是站在战略的高度上，引导企业立足大连、面向全国拓展市场。多年来，主动走出去、找差距，带领企业到先进地区考察已成为协会的常规性工作。2014年，协会组织部分会员赴上海、江苏、安徽等地的全国知名装饰企业考察交流。自此，"大连—杭州设计友好城市""中国北方原创设计联盟""共建友好商协会"

等一系列联盟、共建友好关系的确立，打开行业与行业间，地区与地区间，乃至国内与国外的渠道建立，让会员企业拥有更多的共享资源，带来了丰富的商机。

在建筑装饰协会工作27年，对于孙普而言，可以说将其全部青春和激情都奉献给了协会。二十多年的职业生涯，孙普使自己成为一名优秀的社团领导者。业内和协会有人这样评价孙普："这是一个自我发动能力极强的人！"

"商协会是社会的重要组成部分，是政府和企业之间的纽带与桥梁。如今，商协会的快速发展离不开专业化、职业化、市场化运营模式，而社团工作者的职业化将成为必然趋势，希望更多优秀人才投入到商协会社团工作中。"谈到协会未来的发展前景，孙普认为，未来商协会在社会发展和经济建设中一定会发挥更大的作用，具有更高的社会地位。"作为一个把服务社会组织当作终身职业的工作者，我希望更多有才华、有能力、有担当的年轻人，加入到我们的队伍，让我们一起奋斗，共同创造拥有崇高社会地位、良好经济地位，属于我们自己的光明未来！"

王阳明说："知是行的主义，行是知的工夫。"在孙普会长身上完美体现了知行合一、以身作则的行事风格，在与企业沟通、协调和服务过程中，在对外商务交流考察合作时，他总是认真勤勉地对待每一件事，用心对待每一个人。相信未来，他将用自己的激情和人生智慧，带领大连市建筑装饰行业协会迈入发展新阶段。

前辈寄语

装饰行业是发展潜力巨大的行业

毛家泉

江苏省装饰装修行业协会原会长　毛家泉

　　中装协成立四十年以来,装饰行业在中装协的正确领导和指导下,在广大装饰企业和全体行业员工共同努力下,取得很大进步。建筑装饰行业的发展为我国社会主义经济发展和城乡建设作出了很大贡献。为什么说建筑装饰行业是有巨大发展潜力的行业。

一是需求推动消费。随着生活水平的不断提高,人们对改善居住生活环境的需求越来越高,从而推动建筑装饰行业不断发展。

二是带动就业。建筑装饰行业发展可以带动建筑装饰材料行业的发展,推动建筑装饰原材料以及相关的家电和卫浴设备的科研、设计、加工及制造的发展。因此,建筑装饰行业的发展不仅解决了建筑装饰行业自身的就业问题,而且解决了相关行业的就业问题。这对改善民生发挥着不可替代的作用。

三是建筑装饰与人们工作、生活密切相关。建筑装饰可以说伴随着每家每户的日常生活。新房建好以后需要装修,老旧房屋的维修改造也需要装修;房屋建筑内部需要装修,房屋建筑外部也需要装修。另外,老旧房屋的维修改造今后将逐步成为装修行业的重要市场,国家也在启动老旧房屋的改造更新,这能够进一步拉动和促进国民经济和建筑装饰业的发展。

四是广大农村是后起的装饰大市场。随着广大农民生活水平的提高,其消费水平和消费层次也在不断提高,建筑装饰也成为农民新的消费需求。这为建筑装饰行业发展提供广阔的空间,建筑装饰市场将越来越大。

五是绿色装修、健康生活。要做到绿色装修、健康生活,对建筑装饰原材料和工艺必然提出更高的要求,建筑装饰材料和施工工艺必须绿色环保、零污染。因此,在装饰原材料和工艺上一定要严格把关,真正做到对人民身体健康负责,践行习近平总书记提出的"以人为本"的精神。

综上所述,建筑装饰行业是发展潜力巨大的行业。对此,我们要有信心,尤其是在困难时更要坚定信心,相信办法总比困难多。我们坚信在以习近平同志为核心的党中央领导下,在住建部和中装协的正确指导下,在广大行业同仁的共同努力下,建筑装饰行业一定会得到稳步健康的发展。

中装协四十年风雨铸辉煌

恽稚荣

今年是中装协成立四十周年。在中装协的引领下,中国建筑装饰业发生了举世瞩目的巨大变化。40年来,我国建筑装饰业由小变大,由弱变强,由低向高发展,装饰及幕墙设计、施工、材料、部品的工业化水平皆走在了世界的前列。中装协带领中国建筑装饰企业建成了一个个精美绝伦、美轮美奂的标志性装饰工程,同时也培育造就了一支支既有先进技艺,又传承有序,上规模、讲诚信的设计、施工团队。四十年前,我们对海外及港澳地区的一些装饰精品工程是翘首仰望的,但四十年后的今天,我们已有了令世界瞩目的顶级装饰工程,如人民大会堂、奥体工程、亚运工程、G20工程、首都机场等让人们惊叹的建筑装饰标志性项目。这一切离不开中装协的辛勤耕耘、培育、指导、引领。40年来,中装协在全国造就了数量众多的国家优质装饰工程,这些就是中国装饰界的金牌,这一切都凝聚着中装协的功劳。

浙江省建筑装饰行业协会原会长　恽稚荣

在中装协的引领下，浙江省建筑装饰业也成立了浙江省建筑装饰行业协会。在中装协和省装协的引领下，浙江省装饰幕墙企业的设计施工水平从低端走上高端，整个行业得到了飞速发展。近年来，浙江的家装行业和材料行业也得到了飞速发展。浙江装饰业在中装协的引领、关心和支持下，完成了如G20会场、亚运会场、版本馆等一系列有着国际影响力的优秀品牌工程。同时也建立了多支能搞大、精、尖建筑装饰幕墙的设计施工队伍，培育了一批有传承技艺，更有现代化先进技能的工匠。在中装协的关心支持引领下，浙江省建筑装饰业由精到强走在了全国的前列，为此浙江装饰界对中装协40年来的引领、关心和支持表示衷心的感谢！

当前浙江省的建筑装饰业在中装协的引领下，正朝着装饰工业化、工厂化、装配化、数字化，智能化的方向砥砺前行。

四十载春秋弹指一挥间。在这里我们共庆中国建筑装饰协会四十年光辉历程，同时也预祝中国装饰界再创辉煌！

永葆初心，不忘使命，再创行业新辉煌

汪家玉

2024年是新中国成立75周年，也是中国建筑装饰协会成立40周年。四十年风雨兼程春秋代序，四十年岁月峥嵘春华秋实。记得在2014年12月，中国建筑装饰协会给我颁发了"中国建筑装饰三十年终身成就奖"，全国装饰行业获此荣誉者仅有四位。一晃十年过去，中国建筑装饰协会迎来了40周年庆典。

四十年一路走来，风风雨雨，在不断开拓进取、成长壮大的过程中，中国建筑装饰行业取得了辉煌的成绩，不断满足人民对美好生活的向往与追求，成为国民经济发展的中坚力量。

历史和时间都证明，一个人的成熟和成功，缘于秉持一种正确的价值观，而一个行业的成熟和成功，也正是如此。尽管当下建筑业面临重重困难，但习近平总书记说过："新征程是充满光荣和梦想的远征。"新征程代表着我们建筑装饰行业的未来和希望，

深圳市建筑装饰（集团）有限公司创始人　汪家玉

习近平总书记在多个重要场合中都强调要保持"历史耐心",我们行业也要耐得住寂寞、稳得住心神,要学会在风云变幻中不断成长,在惊涛骇浪中挺立潮头,在栉风沐雨中书写华章。习近平总书记曾指出:"要发扬为民服务孺子牛、创新发展拓荒牛、艰苦奋斗老黄牛的精神,永远保持慎终如始、戒骄戒躁的清醒头脑,永远保持不畏艰险、锐意进取的奋斗韧劲,在全面建设社会主义现代化国家新征程上奋勇前进。"在此,祝愿中国建筑装饰协会再接再厉、再创辉煌,发扬"三牛精神",四十不惑再出发!永葆初心,不忘使命,共促行业高质量发展!

中流砥柱引领行业发展，
长风破浪再创明日辉煌

——写在中国建筑装饰协会成立40周年庆前夕

王治

广东省装饰有限公司原董事长　王治

40年来，中国建筑装饰协会紧随改革开放这一伟大历史进程，披荆斩棘、锐意进取，从小到大、从弱到强，不断团结和带领行业内企业书写高质量发展锦绣篇章，为中国建筑装饰行业的发展作出了巨大的贡献。回顾往昔，中国建筑装饰协会紧紧围绕国家的战略和布局，与时俱进，开拓创新。从创立装饰百强、全国建筑装饰奖,到树立行业标杆;从开展信用评价和建立行业信用体系,到规范竞争市场;从倡导绿色装饰理念,到引导行业发展新方向……一脉相承的工作服务理念,带领中国建筑装饰行业在一次次经济浪潮中实现突破,实现腾飞,铸就着美丽的"盛饰中国梦"。

作为建筑装饰行业四十年发展历程的见证者和建设者,我始终相信建筑装饰行业是一个"资源永续、基业长青"的行业。同时,装饰行业又是一个艺术和技术高度结合的特殊行业,技术在飞快地发展,从传统走向现代化再走向智能化。与此同时,艺术的表现形式又不断丰富和全面。技术和艺术的完美结合,为装饰行业提供了巨大的发展空间和市场前景。只要我们把握好这条主线,装饰行业一定会拥抱新时代,创造新辉煌。

展望未来,我相信在王中奇会长的带领下,中国建筑装饰协会牢牢把握高质量发展的首要任务,继续带领行业在新的历史时期实现新突破,推动行业发展迈上新台阶,开辟中国建筑装饰行业新格局!

苏州金螳螂控股有限公司董事长　朱兴良

　　四十年风雨兼程，中国建筑装饰行业经历了初创兴起、蓬勃发展、高速增长、探索高质量发展等多个阶段。中国建筑装饰协会作为行业内企业的引路者，始终在为推动中国建筑装饰行业的高质量、可持续发展而努力，充分发挥了政企之间的桥梁纽带作用，为行业持续发展作出了积极的贡献。

　　金螳螂期待在中装协的关心指导下，进一步加强技术创新，提升服务质量，与行业内装饰企业共同迎接新的机遇与挑战，推动中国建筑装饰行业迈入工业化、绿色化、数字化的发展进程。

　　展望未来，金螳螂衷心祝愿中装协在未来的发展道路上续写佳绩，引领装饰行业走向新的辉煌。

亚厦控股有限公司董事局主席　丁欣欣

"波澜壮阔四十载，筑梦扬帆新时代。"

在中国建筑装饰协会成立40周年之际，作为一名深耕行业的亚厦人，我感恩、感慨、感动。

亚厦从创立到发展，正是在协会的关怀引领下，一步步走向成熟、走向收获。为此，我感恩协会，感恩时代。

在这四十年里，协会就像一个温暖的大家庭，大家"同声相应，同气相求"。面对形势的艰辛，是协会让我们紧紧携手攻克难关；面对企业发展遇到的瓶颈，是协会帮助我们迈开新的步伐，实现新的突破；面对行业标准、信用体系建设，是协会积极发挥桥梁纽带作用，为建筑装饰行业搭建了坚实的平台，让我们得以成长壮大。

我由衷地感慨，我热爱装饰这个行业，我相信大家也是。正是这份初心、这份执着，让我们不放弃，不气馁。无论市场如何风云突变，无论形势如何错综复杂，我们还是一如既往向前。未来，希望我们年轻一代装饰同道，发扬老一代装饰人专注、坚毅、刻苦、奋进的精神，做好、做精我们的事业。

"长风破浪会有时，直挂云帆济沧海。"在协会成立40周年之际，我祝福协会！让我们在王中奇会长的带领下，携手共进，以更加饱满的热情和昂扬的斗志，迎接新的机遇与挑战，走向装饰业更美好的明天！

风云人物

秉持诚信创基业，锐意创新绘宏图

——记浙江中南集团党委书记、董事局主席吴建荣

浙江中南集团党委书记、董事局主席　吴建荣

吴建荣，1957年9月出生，浙江省杭州市滨江区长河人。浙江中南集团创始人，现任浙江中南集团党委书记、董事局主席。浙江省第十二、十三届人大代表，浙江省第十届政协委员，杭州市第九届至十三届人大代表。任中国民营经济研究会副会长、全国工商联国家标准化工作委员会委员、中国民营文化产业商会常务会长、中国建筑装饰协会副会长、中国动画学会副会长、浙商总会轮值会长、浙江省民营企业发展联合会执行会长、浙江省动漫产业学会执行会长、浙江省工商联咨询委委员、杭州市委、市政府咨询委员会委员、杭州市工商联咨询委员会主任。荣获中国建筑装饰功勋人物、全国建筑业优秀企业家、全国优秀施工企业家、风云浙商、中国年度文化人物等荣誉称号。

作为改革开放的参与者、见证者、奉献者、受益者，吴建荣从1979年开始创业，秉承"诚信立业、创新发展"的企业宗旨，历经近四十年的艰苦创业，由工程队发展成为以工程建设、文化创意两大核心产业为主导的现代企业集团，连续25年位列中国民营企业500强。自中国建筑协会成立以来，吴建荣积极参与行业协会工作，见证了我国建筑装饰行业的快速进步，推动了建筑装饰行业从初期起步到新时代的高质量发展。

一、诚信立业，奠定40载稳健经营

"我们国家从1978年开始改革开放，而我是从1979年的下半年开始创业的。当时叫'自承包工程'，那时候我刚23岁。"

创业初期，吴建荣承包了不少工程项目，当

时的萧山长河镇镇长劝道："你是长河人，到我们长河镇去创业嘛！"吴建荣深以为然，便回到长河组织成立施工队，全部资产仅有4800元。

1986年，吴建荣参与了大型商场的装饰项目施工，按时完成且质量过硬，赢得了市场的充分肯定。赚到创业的"第一桶金"后，吴建荣对发展建筑业信心十足，更加有干劲了。他成立了江南装饰公司，参与北京亚运村的装修，在装饰领域小有名气。后来，吴建荣逐渐加大在外装领域的发展力度，特别是幕墙和高端铝合金门窗系统技术研发的投入。如今，中南幕墙连续多年建筑装饰行业综合数据统计结果（幕墙类）位列全国行业龙头，并且拥有国内自主研发的高端门窗系统。

在吴建荣的带领下，浙江中南集团作为拥有国家建筑施工总承包特级资质的国家高新技术企业，现已在工程建设领域形成了涵盖房屋建筑、幕墙工程、钢结构工程、装饰工程、机电智能、市政园林、地基基础等全领域，辐射标准化设计、工厂化生产、装配式施工、信息化管理全流程的工程建设产业生态链，致力于为客户提供全方位一站式的专业服务。

近年来，浙江中南集团参建了亚运会主场馆——杭州奥体中心、杭州西站"云门"幕墙工程、杭州奥体国际博览中心、恒生金融云产品生产基地、北京亚投行总部、深圳招商银行全球总部大厦、新加坡8 SHENTON WAY、委内瑞拉客车工厂等多项国内、外重大工程项目和地标性建筑，并荣获"中国建筑工程鲁班奖""中国土木工程詹天佑奖""中国建筑工程装饰奖""中国建筑工程钢结构金奖""国家优质工程奖"等400多项工程荣誉。

中南40年稳健经营最核心的法宝，就是诚信与创新。诚信是企业持续发展的基础，创新是企业与时俱进的核心。多年来，浙江中南集团以诚信立口碑，广受美誉。"在我看来，对于企业家而言，道德、诚信是必须接受的底线，然后思考怎样把企业做好，这就是企业家精神。""有多少能力，办多少事情，确保企业有充足的现金流，正确防范企业生产经营中的风险。"吴建荣坚定地说。

二、深耕主业，打造新质生产力

吴建荣始终认为，"为群众建设好房子就有市场就有未来"的高质量发展要求与中南集团高质量发展的战略不谋而合。面对建筑装饰行业的转型升级，中南集团聚焦于装配式建筑、绿色建筑与智能建筑等领域，力求从设计源头至运营末端，全面革新，有效削减碳排放。吴建荣还强调，我们要做的是有未来、可持续的产业，即使是在传统行业，也要挖掘出其中的未来产业。

中南集团依托标准化设计、工厂化生产、装配式施工和数字化管理的发展方式，着力发展绿色建筑和低碳建筑。在技术创新上，不断引进技术人才，积极研发和应用新技术。如研发光伏幕墙技术，参与设计施工光伏建筑100余项，申请光伏幕墙专利20余项；自主研发装配式框架横置波形钢板墙结构体系，装配化程度达到90%以上。此外，集团还建设了杭州滨江总部基地、绿建富阳生产基地（国家装配式建筑产业基地）、萧山生产基地、广东幕墙生产基地、湖州智能机电基地等产业园区，为技术创新提供了坚实支撑。

为加速绿色升级，中南集团成立了企业发展研究院，汇聚国内外顶尖专家，共同探索既有建筑改造和低碳建筑、智能家居等前沿课题。在绿色建筑方向上，重点在既有建筑改造研究、零碳建筑研究、建筑碳足迹追踪上发力，推动建筑产业绿色发展。同时，智能家居板块的设立，进一步拓宽了集团在智能化、数字化装修及老建筑改造等方面的业务范围。在林业碳汇领域，集团通过中南绿碳平台，积极践行"两山理论"，致力于为客户提供林业碳汇全流程数字化服务，助力"双碳"目标实现。

展望未来，吴建荣强调，要布局和开拓建筑

装饰的未来产业，既要在城市更新、小区改造、保障房、传统建筑转型升级等领域稳健拓宽，又要在海外市场、新基建、新能源等其他可能开展新业务机会的方向积极探索。中南新能源作为绿色能源运营服务商，已形成光、储、充、云智慧能源管理的多样化一站式解决方案，在新能源领域实现突破。

海外市场上，中南集团凭借十余年的深耕细作，已在菲律宾、泰国、澳大利亚、非洲参建了多个精品工程，品牌影响力日益增强，如新加坡 8 SHENTON WAY、菲律宾克拉克新城游泳馆、泰国 G-Land 写字楼、非洲安哥拉罗安达办公大楼幕墙、澳大利亚伊普斯维奇市民中心、埃塞俄比亚宝丽机场、委内瑞拉宇通客车工厂等工程。未来，集团依托国际认证优势，深化海外布局，积极调研海外市场环境，并通过在印度尼西亚、马来西亚、泰国设立海外公司，配备本土技术员，加强协同及资源整合，为今后更好地"走出去"打下坚实基础，希望通过两个 5 年计划，在海外打造一个新中南。

三、勇于担当，践行社会责任

吴建荣始终听党话、跟党走，将党建工作作为企业发展的重要保证，打造"党组织为基础、党员为桩"的"红色桩基"党建工程，充分发挥党组织的"基础桩基"、党员人才的"发展桩基"、党群连心的"和谐桩基"作用。集团现有党员 360 余名，下属 2 个党总支、12 个党支部。近年来，先后荣获了"基层党建工作 100 示范群""支援抗震救灾先进基层党组织""双强百佳党组织""先进基层党组织""五星级党组织"等荣誉称号。党旗所指，团旗所向，国家的希望在青年，中南的未来亦在青年。集团高度重视团员青年工作，以"奋斗的中南青年"为主题，以"青字号"品牌为载体，培养青年员工成长成才，助力公司高质量发展。

吴建荣说："'取之于社会，用之于社会'，这才是企业的价值所在。"他践行初心使命，饮水思源，积极履行社会责任。在捐资助学、扶贫帮困等慈善公益及疫情防控中，浙江中南集团已经累计捐款捐物超过亿元，得到国家和浙江省的高度重视与积极评价，获得了全国"万企帮万村"精准扶贫行动先进民营企业、中国民营企业社会责任 100 强等荣誉称号。2020 年，浙江中南集团入选全国工商联《中国民营企业社会责任优秀案例》，吴建荣本人也被授予"2020 中国民营企业社会责任优秀案例"责任人物称号。

四、后记

四十年朝乾夕惕，功不唐捐；四十年初心如磐，笃行致远。朝着第二个百年奋斗目标继续前进。在企业发展的新阶段，中南集团将持续深耕工程建设、文化创意两大产业，抢抓机遇，开拓创新，打造出"绿色建筑＋数字建筑"发展体系，不断提升品牌核心价值，继续做精、做强、做优，以新质生产力助力我国建筑装饰行业的高质量发展。

作为中国建筑辉煌发展历程的亲历者，对于未来建筑装饰行业的高质量发展，吴建荣满怀信心，勉励集团新一代管理层"自强不息，开创未来"。行而不辍，万里可期，吴建荣将带领浙江中南集团与业内各位同仁同力协契，固市场之本，培创新之元，共创中国建筑装饰业的美好明天。

守正创新，做可持续发展的企业

——记深圳远鹏装饰集团有限公司创始人叶大岳

深圳远鹏装饰集团有限公司创始人　叶大岳

叶大岳，深圳远鹏装饰集团有限公司创始人，广东陆河人，中共党员，高级工程师。先后担任中国建筑装饰协会副会长、深圳市装饰行业协会常务副会长、深圳市工商联（总商会）副会长、深圳工业总会副会长、深圳市侨商国际联合会副会长、深圳市汕尾商会名誉会长等。因在行业内贡献突出，先后荣获"中国建筑装饰行业优秀企业家""改革开放30年建筑装饰行业发展突出贡献企业家""新中国成立60周年全国建筑装饰行业功勋人物""深圳市企业家卓越贡献奖""深圳市优秀共产党员"等荣誉称号，并被聘为国务院侨办扶贫顾问，授予"捐资助残"勋章。

行业人口中的"老叔"，这个亲切称谓的背后，包含了叶大岳亲历国家从计划经济到市场经济的转型，见证深圳从渔村发展成国际化大都市的变迁，参与装饰行业从蹒跚起步到蓬勃式发展的几乎整个过程。他的经历可以说是一段生动展现中国改革开放成果的缩影，也是一篇坚韧不拔诠释创业精神的佳话，更是一代装饰人行稳致远、卓然奋进的典范。

一、知识求变，为创业之路奠基

1978年，十一届三中全会的胜利召开给中国大地带来了无限生机，也吹响了改革开放的号角，而前一年的恢复高考政策，更如一声春雷，唤醒了千万个中国青年沉睡的梦。当这个振奋人心的消息传到陆河时，叶大岳当机立断，下定决心参加高考求变。然而在距离高考只剩下七天时，他才得到上级批准同意停工，在交接好生产队长的担子后，经过最后几天勠力备考，他最终如愿以偿，成为了那个"百里挑一"的有志青年，顺利踏入了高等教育学府学习。

1979年，"深圳蛇口开山第一炮"如同春雷炸响神州，成为改革开放的启幕乐章。1982年，深圳国际贸易中心大厦，创下"三天一层楼"的纪录，"深圳速度"自此享誉中外。彼时的叶大岳已从学校踏入社会，正意气风发，在陆丰食品公司的一个基层岗位上兢兢业业、埋头苦干。

1987年，深圳发生了轰动全国的第一宗土地公开拍卖，敲响了新中国历史上土地拍卖的"第一槌"。就在那一年，叶大岳果断放弃了汕头劳动局管理岗位的优越工作，毅然决然来到深圳打拼。到深圳的第一站，就进入了深市"老五股"之一的金田实业，担任总经理助理。虽然都是国有企业，但汕头和深圳两地间的工作节奏和要求完全不同，在金田的那段时间，叶大岳憋着一股狠劲，下定决心要干出一番成绩。有时候加班太晚，他就会睡在公司，以办公桌为床。

1993年8月27日，这是叶大岳和所有远鹏人都值得铭记的时间。远鹏在那一天正式成立。鹏程万里，始于鹏城。从陆河到深圳，从金田到远鹏，叶大岳以创业一代的果敢，投身这座改革开放的前沿城市，从此翻开了跨越30多年波澜壮阔的人生篇章。

二、勇立潮头，锐意进取卅余载

改革开放后，中国社会经济的迅猛发展，带来市场需求和企业经营结构的变化。企业为了更多地占领市场和开拓新市场，或避免单一经营的风险，往往会选择进入其他相关领域，这一战略就是多元化战略。加之在多元化过程中，企业的管理者更容易巩固地位，展现出短期的业绩，于是在各行各业中，许多企业也开始追求金融、高科技等领域的跨界、融合、发展。

当"多元化"成为时代的标签与特点之一，融合、共享、跨界随之成为行业与企业的"卖点"的时候，远鹏却"没有"顺势而起，而是坚持在装饰行业深耕细作，铸就口碑，这也是自叶大岳创立远鹏时就确立的核心经营思想——"专注"。在这一经营理念的正向引导下，远鹏一方面用心研究建筑装饰设计和相关专业的配套解决方案的创新与研发，整合多方资源，建立、拓展相关产业链；另一方面致力于美化、完善公共服务空间，在研发现代建筑装饰领先技术、引领装饰艺术潮流的同时，传承中华建筑精粹，提升人居生活艺术与品质。

"创新不仅仅是指发明创造，最根本的意义是创造出新价值。利用现有的条件和基础，重新挖掘，把事情做到极致，这才是更有价值的创新"，这是叶大岳始终坚持的一点。在自己的专业领域中，远鹏把"创新"发挥得淋漓尽致，将"专精特尖"追求到底，让时代的烙印伴随企业发展深深刻进骨子里。

早在2000年左右，公司即派团队远赴日本、德国等地学习装配式技术并迅速应用到国内大型项目上，到后来的BIM技术、绿色建筑、数字建造、智慧建造等装饰行业每一轮成长周期重要推动力的广泛实践应用，远鹏每一次都走在改革的前列，这当中，都凝聚了叶大岳对行业发展的锐敏洞察和对企业"专注式创新"的孜孜以求。

企业和人一样，有它自己的生命周期。远鹏几次跨越，一直稳步发展，是因为它始终洞察风口，能够找到新的发展点，拓展发展边界，并且在旁人尚且观望的时候果断出手，从而能在"打造经济升级版"的大环境下智赢未来。

改革开放以来，中国经历了世界上规模最大、速度最快的城镇化进程，尤其是党的十八大明确指出"城镇化是现代化的必由之路"之后，各项推动城镇化建设的利好政策相继出台，给装饰行业带来巨大的增量市场。远鹏集团实际从2005年就开始战略布局西北、东北、西南等区域，拓展三四线市场，并坚持深耕细作。得益于此，近20年来集团在这些区域承接了大量的重点项目，并获得了诸多行业荣誉，应该说，正是当初超前的经营理念和长远的战略眼光使得远鹏能够在全国各个区域市场的项目承接和影响力方面占得先机。

2009年起，中国房地产行业跨步式前进，带动相关上下游产业共同高速发展。远鹏集团精确把握房地产对装饰行业的影响，率先与当时的一大批地产龙头企业开展合作，进入"批量精装修"赛道。叶大岳回忆当时的情况："对于装饰企业来说，这轮发展机遇不容错过，我们算是最早抓住了这一波红利的装饰公司之一，最高峰每年有十几个亿的房地产业务合作量。"但是随着"房住不炒"的主基调越发明确，2015年开始，叶大岳和管理层经过充分讨论后，果断决定激流勇退，调整公司业务结构，快速削减地产业务的比例，只选择优质项目。事实证明，这个战略性的调整让远鹏成功规避了客户债务危机影响，并且带来了新的业绩增量，客户结构也进一步得到优化稳固。

这些经营战略的布局和调整，在行业发展形势好的时候，不见得能完全显露远鹏的优势，但是在新经济形势下，远鹏却显现出强大的后劲，穿越建筑装饰行业周期，逆势而上，韧性发展，实现稳健向上经营。

经过30多年来的开拓与发展，如今远鹏集团已成为行业内的引领品牌之一，作为中国建筑装饰协会副会长单位和国家高新技术企业，技术层面与国际接轨，凭借多专业协同全方位一体化管理模式、独立研发的"建造系统"、强大的深化设计能力，行业排名稳定保持在全国前十强，不仅成就了建筑大装饰综合服务商的行业地位，也为中国建筑装饰行业发展贡献了一份力量。

三、以人为本，与国家同心同向

当经历了一个高速发展的黄金时期，远鹏开始对品牌价值进行思考。如何将远鹏的企业文化和当下社会经济文化发展相结合，如何将企业的基本信念和价值观传承到未来发展的格局之中，以叶大岳为首的远鹏领导核心班子开始了深刻的思考。

2012年初，远鹏集团在对品牌内涵进行全面梳理后，响亮地提出了"价值装饰倡导者"的理念。这个理念的提出，是远鹏在发展历程中对自身文化精神的高度概括，是远鹏精神的真正核心，是支撑远鹏持续发展的内在动力。

何为价值装饰，叶大岳是这样解释："价值装饰概括起来就是做最优价值的装饰。所谓最优，就是最匹配、最协调、最契合。最优价值，不一定是最大化的价值，而是多方调和之后的一个最佳状态。最优价值倡导的是一种多赢，是在自然、社会、企业、个人四个维度上的共融，它的本质就是和谐。价值装饰是远鹏装饰在价值层面上对自身的思考，也是远鹏装饰追求的理想。价值的本质在于创造，而终极意义则在于分享。远鹏希望凭借自己的专业技能和服务，为客户创造实用价值，为社会创造公共价值，为企业创造品牌价值，为关系者创造发展价值。"

春发其华，秋收其实。说起这些年来的付出和收获，叶大岳动情地表示，公司创立以来，远鹏人风雨兼程，每一个成绩都弥足珍贵，这不仅是远鹏全体员工智慧和汗水的结晶，更是大家同舟共济，再续辉煌的强大动力。值得一提的是，在疫情期间，远鹏逆势扩张，不仅整体扩编，而且还实现了全员涨薪，这些举措大幅度提高了全体员工的幸福感，更为行业的发展注入了强心剂，给产业链上下游所有合作伙伴传递出积极信号。

国家有力量，企业有担当。作为一名成功的企业家，叶大岳也时刻不忘回报社会、反哺家乡。无论是年轻时候的上山下乡，求学打拼，还是创立公司后的辛苦奋斗，他一直都怀着对家乡、对社会、对祖国的挚情挚爱。希望小学、复明工程、美丽乡村建设、抗震救灾，联合彭湃关爱基金、东润公益基金助学圆梦等，远鹏公益的足迹遍布祖国各地。因为远鹏人相信：每一份善心，都会产生积极的意义，在这个过程中，远鹏的企业形象也正如春风化雨般浸入大家的心田。

不仅如此，作为一名已经有41年党龄的老党员，叶大岳聚焦党建引领，带领远鹏党建工作始终走在前列，如今远鹏的党员规模占比大大超越行业平均水平。叶大岳还常常告诫现在的年轻同事们，要有家国情怀，能秉初心、有担当。在远鹏，青春活力、敬业进取、和谐向上、争先创优是主旋律，党建工作有声有色，引领企业发展效果显著。

风禾尽起，盈车嘉穗；梦起鹏城，砥砺奋进。卅余载蓝缕，风起云涌，蓝图造就。远鹏集团，在叶大岳的引领下，一路走来，秉承使命，跟随中国建筑装饰行业起跑腾飞，用匠心描绘装修人的广厦千万间，编织最美的"盛饰中国梦"。

回望过去的付出与坚持，远鹏人深感自豪与感慨。致敬这个伟大的时代、致敬一路并肩前行的合作伙伴、致敬每一位员工及家人。面向未来，远鹏将顺应大势、聚焦主业、深耕风口，以守正创新的实际行动，厚积薄发前行，做可持续发展的企业，成为让客户信赖、让员工自豪、让社会尊重的品牌企业，用装饰的力量，为建筑强国梦贡献远鹏价值。

赓续奋斗精神，聚力创新发展

——记深圳市建筑装饰（集团）有限公司党委书记、董事长吴富贵

深圳市建筑装饰（集团）有限公司党委书记、董事长　吴富贵

吴富贵，深圳市建筑装饰（集团）有限公司党委书记、董事长。安徽省铜陵人，中共党员，研究生学历，管理学硕士，长江商学院EMBA，清华大学金融EMBA，教授级高级工程师职称。兼任中国建筑装饰协会副会长、深圳工业总会主席团主席、深圳市行业领袖企业发展促进会会长、深圳市装饰行业协会常务副会长、深圳市企业联合会副会长、深圳市福田区人大代表等。曾荣获"深圳市创新贡献卓越人物奖""改革创新先进个人奖""献礼特区40年致敬品牌40人品牌人物奖""中共深圳市福田区委优秀共产党员""2023年度企业党建实践创新典范人物"称号等多项荣誉。

"没有创新就没有时代的进步，唯有创新才能引领企业的发展"，吴富贵同志经常把这句话挂在嘴边，他也是这么做的。

国家"十四五"规划提出，要坚持创新驱动发展，全面塑造发展新优势。吴富贵董事长作为深装集团领军人，自2017年任职以来，大力弘扬敢闯敢试、敢为人先的特区精神，坚持以改革创新为抓手，以只争朝夕、勇立潮头的姿态，推动企业转型升级、实现跨越发展，在企业经营理念、改革转型、内控制度、人才发展等方面进行了一系列改革创新，实现企业效益大幅提升，深受外界肯定。吴富贵先生先后荣获"中国建筑装饰行业突出贡献企业家""中国建筑装饰行业十大杰出贡献人物""企业党建实践创新先进个人""粤港澳大湾区企业创新力榜单创新杰出人物""深圳市创新贡献卓越人物""第五届深圳百名行业领军人物""深圳市福田区优秀共产党员""深圳市福田区改革创新先进个人奖"等多项殊荣，始终不渝初心，为引领行业发展、强化行业协同、振兴民族产业、推进社会进步而不懈奋斗。

一、初心不变，奋斗不止

"十年树企业，百年树品牌。"深装集团自1986年创立以来，从无到有、从小到大，沐浴着改革开放的春风不断发展壮大，与深圳经济特区发展同频共振，从深圳走向全国，立足于快速发展的建筑装饰市场，以爱党爱国为初心使命，以

诚实守信为经营理念，以履行社会责任为企业担当，以创新驱动为发展引领，取得了瞩目成就。深装集团成为国家住建部首批核准的"双甲级""双一级"资质企业，中国建筑装饰协会副会长单位，是国家高新技术企业、广东省装配式建筑装饰工程技术中心（全省唯一）、深圳市博士后创新实践基地、深圳市重点骨干企业，属于中国建筑装饰行业龙头企业，位居中国建筑装饰行业综合数据统计排名第2名。38年以来，深装集团在国家市政重点工程、五星级酒店、商业空间、办公楼宇、文化旅游、轨道交通、金融场所、住宅精装等设计及施工全领域业态取得了突出成绩，先后斩获300多项国家级奖项，是荣膺"中国土木工程詹天佑奖""中国建设工程鲁班奖""中国建筑工程装饰奖"等国家级奖项最多的企业之一，与华为、腾讯、阿里、百度、360、美团、美的、华润、华发、中国移动等知名企业集团保持长期战略合作，工程精品遍及海内外。

七年前，从深装集团创始人汪家玉手中接过接力棒的吴富贵，面对更加复杂的市场环境挑战，以创新为第一动力，给深装集团注入新的内涵和活力，引航深装集团这艘巨舰，在奔涌跌宕的大潮之中，继续稳健前行。他在重新解读深装精神，即"把红旗插到山顶上"，赋予了新时代企业精神的新内涵，那就是实现对业主的承诺，实践"诚信、责任、担当"的核心价值观。"承诺的目标和质量标准一定要兑现，并且不惜代价"，是每一个深装人对"把红旗插在山顶上"创业理念的最好诠释。

吴富贵董事长上任后就给深装集团明确了发展理念定位：绿色深装，科技深装，人文深装。着力推进深装集团在产学研方面的协同创新，推动与东南大学、深圳大学、南京林业大学等知名教研机构深入合作，持续引领行业前沿技术变革。通过研发和应用新工艺、新技术、新材料，截至目前，深装拥有229项国家专利、96项全国建筑装饰行业科技创新成果、50多项企业创新纪录，荣登深圳行业领袖企业100强、深圳质量百强、深圳企业500强及粤港澳大湾区企业创新成就榜单，荣获"国际信誉品牌""全国建筑装饰行业AAA信用企业""广东省五一劳动奖状""深圳市先进基层党组织"等多项荣誉。

谈及深装集团取得的荣誉和成就，吴富贵董事长表示这一切都离不开深圳改革开放的土壤浸染，也离不开一代又一代深装人的拼搏奋斗，他称自己为"资深的奋斗者"：1988年成为教师；四年后成为公务员；1999年"下海"创办安徽第一家民营房地产公司；2016年，47岁的他二次创业，加入深装集团。吴富贵董事长与深装集团走到了一起，是因为他和深装人都具有持续奋斗创新的精神，都具有把企业打造成整个行业领先主导者的共同理想。

二、党建引领，文化强企

吴富贵同志作为集团党委书记，创建了党建文化与企业管理的深度融合机制，通过开展党员"不忘初心、牢记使命""学思想、强党性、重实践、建新功"等系列主题教育，团结带领党员增强"四个意识"、坚定"四个自信"、做到"两个维护"，充分发挥党员领导干部的先锋模范作用。作为深圳企业家优秀代表，吴富贵积极倡议企业家弘扬"敢闯敢试、敢为人先、埋头苦干"的特区精神，并作为深圳市行业领袖企业发展促进会会长，倡导深圳行业领袖发展促进会和《深圳商报》共同举办行业领袖100强企业家读书活动，该活动在深圳读书月史上是第一次举办，赢得了社会各界认可，学习强国、深圳商报、凤凰新闻等媒体纷纷转载。

他带领深装集团上下围绕建设"百年品牌、百年深装"目标愿景，传承"把红旗插到山顶上"的精神内核，坚持"绿色深装、科技深装、人文深装"发展理念，弘扬"诚信、责任、担当"核心价值观，牢固树立"以奋斗者为本，以价值创造者为尊"的企业价值文化导向，深装集团品牌效应、行业影响力、市场认知度和美誉度都有了质的飞跃。集团荣膺中国文化管理协会"新中国70年最具品牌影响力企业70强""2023年新时代党建＋企业文化先进单位",获评中国建筑装饰协会首批质量信誉服务承诺企业,《深装集团企业文化手册》获评最美传播之声代言作品,《深装集团》企业内刊连续十年均荣获"深圳市十优企业刊"。深装以《深装集团》企业内刊为载体,坚持"为党旗争光,为品牌添彩"的高标准定位,持续发刊25年,目前吴富贵董事长已将企业内刊定位提升为"为党旗争光,为行业添彩",在创新党建宣传、传播深装文化、促进企业和行业的高质量发展等方面发挥更加重要的作用。

三、科创赋能，行业标杆

科技赋能发展，创新决胜未来。吴富贵董事长认为,打造"百年品牌,百年深装",文化是根基,持续创新是企业高质量发展的原动力。作为中国建筑装饰行业科技创新排头兵,深装集团因时就势、与时俱进,坚持贯彻"绿色深装、科技深装、人文深装"的发展理念,坚持"三创四新"的发展方向,以创新为驱动,以全球视野谋划部署,聚焦行业前沿领域,不断提高自主研发能力,加快科技成果转化,持续推进关键核心技术攻关,积极对标国际一流水平,致力于打造具有深装特色的科技创新体系。

吴富贵董事长始终坚持科技创新是企业保持长青的秘诀,同时也打出了一套科技创新的高质量发展组合拳。2022年初,深圳首家文华东方酒店揭开面纱,鹏城再添一抹东方韵味。而承建该酒店豪华套房、总统套房、空中大堂、酒吧等多个重点区域的装饰工程的,正是深装集团。在文华东方酒店装饰工程建设过程中,深装项目管理团队反复推敲施工节点及工艺,积极应用"蜂窝铝芯GRC复合板吊顶施工技术"等多种新工艺、新工法,以CAD图纸为基础构建SU三维模型,清晰反映CAD图纸中难以发现的问题,避免材料、成本浪费,最大程度呈现设计效果,交出一份完美的答卷。该工程荣获"2022—2023年度中国建筑工程装饰奖"。

时代在发展,建筑装饰行业的新技术、新工艺不断涌现。"建筑装饰企业要想持续不断向着高质量发展道路迈进,就要思考如何利用自身特点在时代大潮中顺势而为。"吴富贵董事长近年来持续加强技术创新和集成,积极培育和应用新工艺、新技术、新材料,实现精细化设计和施工,以科技创新推动企业转型升级,促进企业高质量发展。

建筑装饰行业是碳排放的重点领域之一,为贯彻国家"双碳"战略部署,倡导建筑装饰行业进行低碳转型,近些年来,吴富贵董事长将绿色低碳与科技创新确立为企业发展的战略支撑,积极探索行业前瞻技术转化运用,在绿色建造、绿色施工、绿色技术等方面科学管理、创新研发,取得了卓越成效。

2021年底,深装集团主编并发布了全国首个装饰工程碳排放计算标准《深圳市建筑装饰碳排放计算标准》,进一步规范了建筑碳排放计算方法,为建筑装饰行业实现低碳发展目标提供参考依据与理论支撑,有效填补行业标准空缺,对建筑装饰行业低碳转型的推进具有重要的意义。同时,深装集团联合全国科研院校及装饰企业共同主编的CBDA标准《建筑装饰装修碳排放计算标准》已于2023年8月3日重磅发布,其将标准适用范围扩大到国家级,在现有标准的基础上对计算方法、对象、范围等做了更加科学合理的规定,科学构建建筑装饰行业碳排放计算模型,为行业实现碳达峰、碳中和目标提供顶层设计支持,推进行业低碳发展与转型升级。

针对BIM平台普遍存在的BIM模型与现场不符的痛点问题,深装集团还打造了真正拉通建设端、设计端、施工端、采购端及后期运维端多位一体的BIM平台——装配式BIM装饰构配件平台,通过数据交互技术和WebGL技术实现装饰部品构配件BIM模型的轻量化处理和网页端可视化，保证建筑装饰产品节能、环保、全周期价值最大化。

吴富贵董事长通过持续的技术研发、参与行业规范标准制定、重点课题研究、大型活动的参与策划等，坚定不移将深装集团打造为国际一流低碳建筑装饰集成服务商，不断扩大在业内的品牌影响力，引领行业变革。

四、跬步不休，创新有为

过去几年，受疫情的持续影响和房地产宏观调控政策趋紧的不利影响，整个建筑装饰行业进入前所未有的危难时代，深装集团将如何应对挑战、把握机遇，继续勇立潮头、引领行业？对此，吴富贵董事长及时调整了经营战略及营销策略，着力把控经营风险，不强求规模，以"高质量发展"为目标，坚持"控预算、降成本、增效益"，把住"建体系、优生态、强协同"措施，围绕深装集团"十四五规划"提出的"一核两驱四翼"方针进一步完善战略整体布局，持续聚焦服务创新和管理创新，不断提升企业自身抗风险能力和行业竞争力，充分发挥建筑产业联动效应，依托现有优势资源，大力拓展整合市场优势业务，以创新的运营模式，实现资源共享协同，形成稳定持久的产业体系，为深装集团的稳健经营奠定坚实基础。

"为更好地服务业主、提升服务质量、创新服务手段，为实现十四五规划五大发展目标，为不断提升新市场格局下的企业核心竞争优势，我们每一位深装人每天都奔跑在学习和提升的道路上。"吴富贵董事长经常在公司的中高管会上这样动员大家。身处快速变化发展的时代，作为新时代优秀企业家，他同样把持续加强学习作为永恒的人生课题，须臾不放松，向书本学理论、向同行学经验、向社会学进步，提升自身素质能力。为此，他每年都要带领集团高管奔赴各片区分公司实地调研，解决基层发展难点和重点；同时多次邀请行业专家和院校学者到公司授课指导，并定期与研发部门的同事一起研究技术创新，在经费、人员等各个方面给予大力支持，营造以技术革新带动企业创新发展的浓厚氛围。

"在战争年代，是不怕牺牲的拼搏精神；在和平年代，是敢于创新的奋斗精神。"吴富贵董事长认为，奋斗者总是奔跑在追梦路上，而行业标杆、国内一流，是深装人不变的追求。"习近平总书记多次强调，惟创新者进，惟创新者强，惟创新者胜。"吴富贵董事长深表认同，越是伟大的事业，越充满艰难险阻，越需要艰苦奋斗与开拓创新。他表示，他将带领深装集团不忘初心、牢记使命，发扬"把红旗插到山顶上"的拼搏精神，继续加大创新步伐，大力发展新质生产力，拓宽发展新空间，创造发展新机遇，打造发展新引擎，持续开创深装集团高质量发展的新局面，不断在新的征程中谱写新的篇章，创造更大辉煌！

王利雄：做好一家企业，是责任也是情怀

上海建工装饰集团党委书记　王利雄

王利雄，1964年生，中共党员，正高级工程师。

2005.11～2013.05　任上海市建筑装饰工程有限公司（现上海市建筑装饰工程集团有限公司，下简称上海建工装饰集团）党委副书记、总经理；

2013.05～2014.09　任上海建工装饰集团党委副书记、总裁；

2014.09～2015.08　任上海建工装饰集团党委副书记、董事长、总裁；

2015.08～2015.12　任上海建工装饰集团党委副书记、董事长；

2015.12～2024.07　任上海建工装饰集团党委书记、董事长；

2024.07至今　任上海建工装饰集团党委书记。

王利雄始终坚持推动企业高质量可持续发展，实现国有资产稳步保值增值。"十三五"以来，王利雄带领全体干部职工奋发有为、砥砺奋进，集团从30亿规模一跃成为"百亿"企业，主要经济指标五年复合平均增长率超20%。2022年，王利雄获上海市五一劳动奖章。

编者按：改革开放以来，上海建工装饰集团顺应市场环境和行业潮流，经历了数轮重要变革，在快速发展中成为上海建工建筑施工事业群的重要"主力军"，成为"国内知名，上海第一"的装饰企业，实现了从初创萌芽到行业领先的"华丽转身"。步入新时代，随着国家经济结构的深度调整与产业升级的加速推进，装饰行业迎来了新的发展机遇与挑战。在这关键时刻，装饰集团完成了领导层的平稳交替，企业将以更加开放的姿态拥抱市场，以更加坚定的步伐迈向未来，致力于成为全国装饰行业的领军者，书写装饰集团的新时代传奇。

1984年，正值改革开放的大潮，中国城市建设进入大发展阶段，这一年，我进入同济大学学习，从建筑工程系工业与民用建筑专业毕业后进入建筑行业。当中经历了9年的摸爬滚打，从一线的项目经理，到办公室职员，再到一名企业管理者，在对这段工作经历不断反思的过程中，我逐步坚定了自己的职业方向和价值所在。1997年8月，我正式进入了上海市建筑装饰工程有限公司（现上海市建筑装饰工程集团有限公司，即上海建工装饰集团），担任公司的副总经理。在此后的27年时间里，我与装饰结缘，跟着这个多彩的行

业一起成长,特别是作为一名中共党员,被组织信任委以重托,提任上海建工装饰集团党委书记、董事长,与公司一起实现了一次次的成长和蜕变,见证了装饰集团从小到大,由大变强,从不成熟到行业排名全国第二的全部历程。

王利雄在项目现场

一、时刻保持本领恐慌的危机感

装饰集团诞生于改革开放的浪潮之中,从国内建筑装饰行业的"萌芽"到"百花齐放",装饰集团参与并见证了一个时代的快速发展。我一直认为,装饰集团能在短短37年间从成立初期50人不到的公司快速发展到现在新签合同额、营收双百亿的规模,得益于两个基本点:一个是我们的一批批想做事业、敢做事业的干部人才,另一个就是我们有不断学习的自觉性,包括向我们的竞争对手、兄弟单位学习,并且我们在和客户相处的过程中也学到了很多。

装饰集团是一家善于从危机中寻找发展契机的年轻企业。2003年的时候,我们经历了非典,但企业的发展并未因此受阻,相反,从2004年开始,我们走上了快速发展道路,全面进入市场化运作模式。

2008年,国际金融危机肆虐全球,在我国相关政策刺激下,各地政府加速投资建设。装饰集团抓住了上海世博会的机遇,承接了一大批与世博会相关的项目,2012年,跃上年产值20亿元的平台,成为当时上海规模最大的装饰企业。

实现国有资产保值增值是国有企业的首要责任,与装饰共成长的这些年,我始终坚持遵循市场经济规律、企业发展规律,推动企业高质量可持续发展。从"十三五"到"十四五",我们经历了疫情反复、原材料劳动力成本骤增、行业震荡等不利影响,企业改革进入深水区。我带领全体干部职工砥砺奋进,逆势完成年度发展中心任务,实现装饰集团历史性的"三连跳"——2020年,年新签合同额首次突破100亿元,连续五年复合平均增长率超24%,全国建筑装饰行业综合数据统计装饰类排名第九;2021年,年新签合同额、营业收入双双破百亿元,全国建筑装饰行业综合统计装饰类位列三甲;2022年,行业排名晋升全国第二。

这一路走来,装饰集团艰苦奋斗、顽强拼搏,以实干创造新成就,既见证着历史,也在创造着历史。作为亲历者也是主导者,我时常督促自己,必须时刻保持本领不够的危机感,眼光向外拥抱变革,锻造全国化企业的格局和能力。

二、深化改革是企业搏击风浪的"压舱石"

过去一个发展阶段,我花大力气推进企业体制机制改革,积极打造现代化管理体系。"十三五"期间,在原有装饰主业的基础上,我们大力发展数字化、工业化建造以及展览展示和装饰工程总承包等业务,成立了工程研究院、展览展示公司、总承包部等组织机构。2016年以来,又先后成立三家区域公司、一个国内市场部,加快拓展全国化市场。通过改革深化工程公司的职责权限,工程公司业务范围不再局限于项目管理层面,而是扩大到经营拓展、大客户维护、技术创新、党建工作等,通过特色化、品牌化发展推动企业转型升级。

为解决规模体量快速增长带来的瓶颈,增强

为客户提供"一揽子服务"的专业能力，我们以策划为先，以原创方案设计及软装配套落地为核心生产力，拓展EPC项目的设计资源整合平台，大力培育全设计生态链优势。我们还开发了企业级数字驾驶舱管理平台，通过多平台数据联动、数据分析，及时掌握集团公司、工程公司、项目部各层级的运营状况，为高效决策调整建立支撑及监管。这些都为装饰集团近几年的快速发展创造了有利条件。

这几年，装饰集团始终坚持走规模效益型的发展道路。我们大力推进结算工作，推动材料、劳务平台建设，2024年新成立了采购管理部和结算管理部。同时，我们也尝试用新的机制推动产业工人的培养。我们利用企业自身实力，搭建专业化的劳务平台，推动传统工人向产业化转型，为行业选拔造就一批高技能人才队伍，推动建筑装饰行业高质量发展。

三、胸怀"国之大者"共建人民城市

党的二十大报告提出，要"加快转变超大特大城市发展方式，实施城市更新行动，加强城市基础设施建设，打造宜居、韧性、智慧城市。"今年全国两会期间，城市更新成为热门话题。作为国有企业，做城市更新的实践者、先行者，这是我们义不容辞的责任，也是一种深植内心的情怀。

装饰集团早在25年前就开始承接历史建筑保护修缮项目，是国内较早进入城市更新领域的探索者，也是全国最早一批获得联合国教科文组织亚太文化遗产保护杰出奖的装饰企业。

2019年，全国首个地方文物保护工程行业协会组织——上海市文物保护工程行业协会成立，我被推选为协会会长。成为本市文保工程行业协会的会长，这是业内对我的认可和信任，我感到肩上的责任更重了，装饰集团必须要在城市更新领域承担起更多的引领作用。

这些年我一直致力于培育三种能力。一是设计及技术创新的能力。早在2014年，装饰集团就成立了全国领先的数字化建造技术研究所，率先提出"像工业化造汽车一样做装饰"的理念，大胆应用三维扫描、3D打印、CNC雕刻、BIM、5D可视化等技术。二是传统工艺与新材料有机结合的能力。在上海海鸥丽晶酒店项目中，我们的工程师团队攻克了280余种材料难关，最终呈现了精致绝伦的"玻璃盒子"，令海鸥振翅"重生"。三是培育项目策划能力。长三角路演中心曾是宋代的驿站、明代的砖窑、解放后的上海第七印绸厂老工业基地，伴随着时代的发展，这片土地开始寻求新的定位，我们从吴越文化汲取元素，将起伏的屋脊、庭院连廊、邻水的建筑等元素融入改造中，让一个竖着两根烟囱的破旧厂房"脱胎换骨"，变身为一个时尚的、有利于产业导入的魅力中心。

四、每一个从业者都是伟大的工程师

企业在短短几年内跨越式发展，我也在不断思考怎样做大做强装饰事业。企业文化的传承与发扬，为公司持续发展提供了强大的精神动能，这是装饰集团保持前进定力的法宝。从2004年起，我们坚持每年举办工程师节，至今已连续举办了20届。在这个过程中，装饰集团积淀形成了特有的企业文化，这一特殊文化体现在对工程师群体的重视和尊敬上，我们为广大工程师提供了一个展示才能、资源共享和协同创新的重要平台。在"技术立企"理念下，工程师群体形成了不断探索、不断前行的文化风尚，成为企业品牌建设的窗口。

从广义上来说，装饰集团的每一位员工都是伟大的工程师，大家朝着同一个梦想和目标——建设世界一流的建筑全生命周期服务商，久久为功。在此基础上，我持续推动装饰集团的文化理念体系建设，围绕上海建工事不避难、迎难而上、追求卓越的"奋斗者精神"，广泛挖掘装饰人身边的故事，诠释和解读装饰集团极具活力、全面受控的"制度文化"，勇于开拓、敢于担当的"执行文化"，专业服务、物超所值的"客户文化"，精益专注、品质卓越的"匠心文化"，以及精心设计、匠心制作、称心服务的"三心文化"的丰富内涵，不断推动企业文化的故事化、形象化、人格化，为企业创新发展奠定坚强的文化根基。

每一位装饰人都怀有一颗"工程师的心"，拥有一种"崇尚科技创新、弘扬工匠精神、锤炼实干作风"的"工程师情结"，这种"工程师情结"成为了我们对外交往的靓丽名片。提到装饰，人们会把装饰工程师跟艺术家联想起来，我们的工程师把企业核心价值观体现在言行举止中，向客户、合作伙伴展示出装饰人良好的职业形象。

五、做细分领域的"隐形冠军"

步入"十四五"后半程，我一直在思考，作为构成上海建工"五大事业群、六大新兴业务"完整产业链的专业集团，要如何更好发挥出装饰集团的独特竞争优势？我从三方面同时入手。

一是在传统主营业务上实现专业化发展，注重机场、文化场馆、建筑遗产保护修缮等细分领域的优势发挥和地位巩固。在幕墙、设计、展览展示板块持续发力的同时，我们在设计之都深圳设立创意中心，孵化全新的大师工作室，进一步强化设计品牌资源整合。我们还有软装事业部，在品牌化、原创设计的基础上为业主提供完整的一站式空间解决方案。

二是持续深耕全国化市场，决胜"长三角"，发力"大湾区"，抢占国内知名项目。过去一个阶段，装饰集团实现了深圳工务署、招商银行、北辰集团、西部机场集团等业主的新突破。特别是2024年的深圳国际交流中心项目，中标金额达到了8.35亿元，是时下深圳市体量最大的装饰工程。还有北京国家会展中心项目，要打造成北京市最重要的政务接待场所、北京的"世界会客厅"。除了这些热点城市，在新疆那拉提，有哈茵赛民俗村项目；在西藏日喀则，有定日机场项目；在宁夏中卫的沙漠戈壁，有沙漠星星钻石酒店项目……装饰集团的项目点多面广，实现了遍地开花。

三是在新兴领域保持先发优势，通过差异化竞争实现"变道超车"。我们坚持走工业化、数字化、绿色化、智能化融合发展科技之路，发展以数字建造技术、工业智造技术、幕墙创新技术、建筑遗产保护技术、文化创意设计与布展技术为核心的五大专项技术板块，开展国产大型邮轮内舾装、新型材料与施工工艺、智能施工装备等新兴领域技术体系研究及拓展应用，形成"5+X"技术体系。

六、传好"接力棒"跑出"新征程"

回顾装饰集团37年的发展史，我把它大致分为四个阶段。第一个阶段，是装饰集团创立之初1987年到1994年，这个时期大家对装饰都不太了解，这个行业本身也不太成熟。我们历任企业管理人带领团队一直在不断摸索，到了1994年，公司的治理结构发生改变，上海建工一建集团下属富锦建筑装饰的骨干团队整体进入装饰集团，我们逐渐具备了一家装饰企业运行的基本框架。第二个阶段，1994年到2014年，主要经历了三个变化。一是企业治理结构不断完善，二是开始实行项目经理经济责任制，三是公司完全进入市场化运行，市场营销体系建立了起来。第三个阶段，2014年到2023年，随着规模越做越大，原有的管理模式已经不适用，逐步形成了"集团总部—工程公司—项目部"的"两级组织—三级管理体系"，我不断加以完善夯实。在考核机制上，变成了分公司的经济责任制考核，工程公司的建设除了行政组织的完善，还向党工团组织建设延伸。这个阶段我们从一家中小企业发展为一家大型企业，到现在成为装饰行业的头部企业。第四个阶段，步入"十四五"下半期，严峻的市场宏观形势下，我们发展所面临的更多是系统性问题，企业发展的高度越来越高，管理的困难也会越来越大，我们势必要进行一些系统性改革。

2024年7月8日，上海建工集团党委宣布关于装饰集团领导班子调整决定：由我继续担任装饰集团党委书记，李佳同志任装饰集团党委副书记、董事长，朱彤同志任装饰集团党委副书记、总裁。装饰集团正处在一个新老交替的重要时期，一批60后老同志即将退休，党委的这一决定，充分体现了对装饰集团班子建设的重视和对装饰集团发展的高度关注与期望。

今年是我在装饰集团走过的第27个年头，心中充满了感慨和感激。在这里，我经历了成长的喜悦，也面对过挑战的艰辛，但正是这些经历，塑造了我更加坚韧和务实的品格。此刻，虽然我不再担任董事长一职，但我对装饰集团的未来充满了信心和期待。李佳董事长和朱彤总裁都是具有丰富经验和卓越能力的领导者，他们对企业有着深厚的感情和独特的见解。

作为一家国有企业，要讲责任、讲情怀，我们受益于行业的高质量发展，也要懂得去回馈这个行业，去引领推动行业更高质量、更可持续的发展，尽到企业应尽的社会责任，这是我们努力的方向。在新一轮发展中，我们将不断完善集设计、科研、制造、施工于一体的业务构架，冀望通过规模发展和能力整合，将上海建工装饰集团打造成为"精心设计、匠心制作、称心服务的最值托付的专家品牌企业"。

李佳：与时代共舞，走出一条专属于上海建工装饰集团的特色发展之路

上海建工装饰集团党委副书记、董事长　李佳

李佳，1977年生，中共党员，正高级工程师。

2001.07~2002.10　任上海建工（集团）总公司技术中心技术员；

2002.10~2010.05　任上海市建筑装饰工程有限公司（现上海市建筑装饰工程集团有限公司，下简称上海建工装饰集团）施工员、项目工程师、项目副经理、项目经理；

2010.05~2010.11　任上海建工装饰集团第六工程经理部经理；

2010.11~2012.01　任上海建工装饰集团第六工程经理部党支部书记、经理；

2012.01~2012.08　任上海建工装饰集团第六分公司党支部书记、经理；

2012.08~2013.05　任上海建工装饰集团总经理助理、第六分公司党支部书记、经理；

2013.05~2013.08　任上海建工装饰集团总裁助理、第六分公司党支部书记、经理；

2013.08~2014.01　任上海建工装饰集团副总裁、第六分公司党支部书记、经理；

2014.01~2014.09　任上海建工装饰集团副总裁、第六工程公司党支部书记、总经理；

2014.09~2014.12　任上海建工装饰集团常务副总裁、第六工程公司党支部书记、总经理；

2014.12~2015.08　任上海建工装饰集团常务副总裁、第六工程公司党支部书记；

2015.08~2015.12　任上海建工装饰集团党委副书记、总裁、第六工程公司党支部书记；

2015.12~2024.06　任上海建工装饰集团党委副书记、总裁；

2024.07至今　任上海建工装饰集团党委副书记、董事长。

李佳2009年获上海市重大工程立功竞赛记功奖、上海市重大工程立功竞赛建设功臣称号；2010年被上海市总工会授予上海市五一劳动奖章、上海世博园区服务保障先进个人、2007~2009年度上海市劳动模范和先进工作者。同年，被上海市国资委评为"世博先锋行动"优秀共产党员。2022年9月16日，中国建筑装饰协会第九届理事会领导集体产生，李佳当选副会长。

从业23年以来，我有幸与建筑装饰行业并肩成长，共同经历了从快速发展到转型升级的历程。从最初怀揣建筑热爱与憧憬，投身于一个个繁忙而又充满挑战的项目；再到随着经验的积累，逐渐开始独当一面，我不仅要关注个人岗位，更要确保团队成员的力量，共同确保项目的顺利完成。最终，我走上了管理者的岗位。站在这个更高的平台上，我得以从更广阔的视角审视建筑装饰行业的发展趋势和企业的未来方向。我深知，作为管理者，我的每一个决策都将影响到企业的兴衰成败。未来，我更加注重战略规划和长远布局，努力推动企业的转型升级和可持续发展。

身为75后的我伴随着国家蓬勃发展的浪潮茁壮成长，目睹了中国城市化进程的辉煌演进。在城市建筑文明的影响之下，我寄希望于成为一名专业的城市"绘画师"，为我们的城市建筑描绘蓝图。2001年7月，毕业后我来到了上海建工总公司技术中心，开始工程技术工作。2002年10月转入装饰集团，先后从事施工员、项目工程师、项目经理等岗位，而后逐渐担任工经部经理、工程公司总经理、总裁助理、副总裁、总裁、董事长等职务。在二十余年的职业生涯中，我获得过上海市劳动模范、上海市重点工程立功竞赛建设功臣等多项荣誉称号。近年来，我始终将"干事创业、追求卓越"的发展要求作为目标，真正实现了一如既往、无惧风雨，为了企业的高质量发展不懈奋斗。

一、缘起世博——做一个项目留下一种精神

2009年，世博会中国馆内装饰正式启动，受公司委托由我担任世博会中国馆内装饰的项目经理，为了响应市立功竞赛办和集团团委号召，同一时间，我们组建了中国馆李佳施工型青年突击队，在担任青年突击队队长期间，给我带来的不光是心里酸甜苦辣的感受，此间的回忆、心中的感慨以及人生方面的思考更是良多。

1. 跨前服务，炼成施工"零投诉"

世博会中国馆内装饰工程2009年正式启动，而我与世博的缘分早在2007年就已开始。2007年，我进驻世博园区，担任世博大厦装饰工程项目经理。当时临近春节，项目部所有管理人员带头驻守一线，共同克服春节施工的种种不利因素，将原本需要六个月完成的工期提前至115天，节约工期37%以上，全面优质高效地完成世博大厦施工任务，交付了一座现代化的智能办公楼，也为公司在世博园区打响品牌，拿下世博样板组团、中国馆等重大工程奠定了坚实的基础。

2008年11月，中国馆内装饰项目开始前期策划，我践行"三步走"理念：一是抓得早，在工期、材料选择、施工难点等方面提前策划；二是做得细，针对重点难点，编排合理详细的"日控制施工计划"，责任到人；三是下狠功，将安全、质量真正作为重要考核指标，强化教育培训，严格操作规程，将安全和质量管理工作贯穿于整个工程建设的始终。在"跨前一步"的管理模式下，我带领团队30天内完成了施工难度极大的中国馆，14200m²内光外透铝垂片吊顶及高度为10.6m、共达2360m²的防火隔墙，保证了"9.30国家馆展区移交"和"11.30地区馆展区移交"两大关键节点，为重大工程建设后墙不倒，为中国馆工程的顺利实施奠定坚实基础。

2. 足履实地，成就专业"装饰队"

中国馆的每个重大节点都要接受国家、媒体与大众的关注，这使得项目部必须足履实地，每一步都要走好走稳。面对各类的视察，我与项目团队快速响应、高效应对，获得多方的认可。2009年6月22日，为了配合中国馆整体外立面灯光调试，项目部需要在7天内完成近4000平方米的V100内光外透铝垂片的安装，这是我进场后第一个重大节点，也是各方对我们这支年轻队伍应变及执行能力的考验。在各位队员的共同努力下，6月22日中国馆通电试灯成功。我们的努力得到了认同，也给业主留下了深刻的第一印象。

2009年11月28日，为迎接国家领导人登上中国馆楼顶北立面平台视察世博园区建设，项目部需在两天时间内完成原计划一周的屋面平台地板铺设工作。经过48小时的不懈努力，我带着团队最终完成了1800平方米塑木地板铺设工程。经过检测，地板表面平整度、牢固度完全符合国家施工质量验收规范标准要求，被世博指挥部领导誉为"上海建工装饰的奇迹"。

二、做大做强——做装饰行业的排头兵

2015年，我开始担任上海建工装饰集团党委副书记、总裁，全面主持装饰集团行政工作。自此，我开始思考如何优化装饰产业版图，为装饰集团的长远发展布局。

在贯彻实施集团"十三五"发展战略的过程中，我紧扣上海建工集团"三全"战略，不断打造与装饰集团产业链相配套的产业体系，努力提升装饰集团在上海建工全产业链中的贡献度和影响力。

一是取得了展览展示公司在专业规模和效益上的显著突破，使之成为集团转型发展的新动能之一。2021年开馆的上海天文馆布展项目，就是由我们装饰集团展览展示公司承建。天文馆是上海建工装饰集团第一个以展览展示为总包的项目，作业面广、专业单位多、深化设计体量大、质量要求极高，涉及空调、消防、灯光、图文等六家专业单位，独立展商单位33家，展品展项多达291个。

二是成立了以承接大型工程总承包项目为主的总承包部，通过整合、配置、拓展合作资源等一系列新课题的"破题"，培育了新的业务增长点。

三是明确旗下独立法人企业伟伦设计公司的发展定位，大力培育装饰工程原创设计能力，努力提升为业主提供"一揽子专业服务"的水准，并将其打造为助力集团核心竞争力提升的综合平台。通过对一系列产业链配套体系的扩充整合，为装饰集团承接、实施大型项目，尤其是工程总承包EPC项目及高端展示类项目奠定了较好基础。

四是为装饰全生命周期服务商构筑了强大的科研阵地。"十三五"以来，装饰集团的年科技投入始终保持在亿元以上水准，年平均投入占营收比重达到3.46%。我们不断加强数字化建造前沿技术、工业化施工关键技术、装配化幕墙深化技术、专业化更新改造技术、智能化展示应用技术五大板块技术的研发与应用。这是我们站上营收"百亿平台"后，未来继续保持高速增长的"助推器"。

三、做优做精——实现企业跨越式发展

进入了"十四五"时期，我们企业迎来了高速发展时期。2021年，上海建工装饰集团年新签合同额、营业收入双双破百亿元，中国建筑装饰行业综合数据统计装饰类排名三甲；2022年，装饰集团逆势完成年度发展中心任务，全国建筑装饰行业综合数据统计装饰类排名稳步提升至全国第二；2023年，装饰集团持续保持全国前二的综合实力，设计类排名首次进入前十，位列第九。

在这个"机遇"和"挑战"并存的时代，如何能够抓住核心资源，将装饰集团推上更高的发展平台是企业值得深思的问题。在时任上海建工装饰集团党委书记、董事长王利雄同志的带领下，我们从优化装饰产业结构转而向打造"装饰全生命周期服务商"转变。

1. 加快全国化布局的步伐

在"十四五"初期，我们就设定了一个"1+3+30+X"的全国化布局目标，旨在通过大胆创新全国化步伐中的组织创新，提高装饰集团整体市场战斗力。截至目前，已完成了19省29市的布点覆盖。针对已完成布点城市，综合研判全国化市场布点合理性与市场人才适配度，及时进行市场调整与人员选用。

在"十四五"前期，我们成立了国内市场部、新增序列工程公司，挖掘更多全国潜在市场。我

们不拘一格降人才，引进了更多的行业人才、专业团队。我们始终把"以人为本"作为企业发展最根本的、最重要的理念，鼓励员工干事创业，构筑"选苗子、搭台子、压担子、架梯子"的人才发展通道，营造充分信任和敢于起用青年人才的良好氛围，创造成长环境、给予容错机制，加快优秀人才的成长步伐。

2. 探索数字化引领发展

我们致力于从"数字化管理、数字化建造、数字化设计"三大板块加快专业引领。

针对数字化管理问题，我们从企业管理制度入手，通过建立"企业PM升级改造方案"，强化数据统计开发职能，探索实现集现场可视化与数据运用于一体的驾驶舱系统。针对数字化建造问题，我们从"提升项目数字化建造水平"和"扩大数字化应用范围"两个维度，将数字化建造切实应用到现场管理中，通过可视化作业交底来提升工人技术水平。针对数字化设计问题，切实推进BIM正向设计引领，切实实现数字化设计板块新突破。针对AI智能人工设计，着眼于提高设计效率质量、为创新提供思维角度以及实现可视设计和多样性设计三方面，加快推进专业部署和启动工作。

3. 寻求服务商价值提升

作为一家国有企业，我们常怀"利他之心"，致力于将专业的服务理念贯彻到产业链全过程。在产业链发展中，坚定践行"T"型发展道路，实现产业链长度和深度的同步发展。

从产业链长度而言，在装饰施工等传统型业务之外，我们继续加强EPC、幕墙、设计等发展型业务，积极做好邮轮、建筑智能化等探索型业务。从产业链深度而言，贯通传统型、发展型、探索型业务。

第一类，传统业务层面。不断提升专业能力，启动了软装、机场、文旅、建筑智能化事业部筹建工作，打造了成都天府国际机场、浦东国际机场卫星厅、北京大兴国际机场、国家大剧院等优质项目；深化城市更新、文保历保建筑等业务；在EPC业务上有所突破；加强经营、技术、生产消化等工作。

第二类，发展型业务层面。抓好品牌项目建设，真正将品牌建立起来。设计业务：加快品牌能力的提升工作。幕墙业务：从经营层面、品牌层面提升行业影响力，推进幕墙专业能力提升。展览展示：聚焦人才战略和品牌建设，以科技馆为突破口，吸引专业人才，打造优质品牌。

第三类，拓展型业务层面。邮轮业务：不断提升独立承接邮轮装饰分包的能力和资格，要尝试将邮轮技术转换为传统装饰技术。建筑智能化：一方面，加快专业团队的引进；另一方面，提升符合装饰特色的机电安装能力。借助创意中心、软装事业部等，加快拓展性业务的流动性。

4. 经济运行发展

当前，国际形势复杂严峻、百年变局加速演进。中国经济正处于一个波浪式发展、曲折式前进过程，经济回升向好，但发展还面临着一些困难和挑战。如何在做好日常管理的同时，抓好经济运行，这是我们需要重点思考和突破的问题。

首先，我们提高了企业依法合规背景下的管理效率，尝试在适当可控的范围内进行授权管理，着力解决项目管理的有效性。其次，我们加强了材料条线集采管理能级，管理范围上延伸至涉及采购行为的所有相关板块，在管理深度上延伸至自采购计划、采购策划、采购落地、分供商履约评价全过程的采购管理。不断打通内部劳务价格壁垒，构建装饰劳务管理平台，实现人员效能最优化。最后，我们进一步明确了结算管理三层级的定位，切实明确好三级管理角色定位和管理权责，做好结算清欠，高度重视3年以上的项目回款，大力实施项目竣工结算攻坚行动。

四、再攀高峰——坚定掌好企业稳发展之舵

在集团上下的协同努力之下，我们的企业品

牌影响力在逐年提升。2022年，我成功当选中国建筑装饰协会副会长，带领装饰集团迈上了新的行业高度。2024年，上海建工装饰集团承办了由中国建筑装饰协会、上海市装饰装修行业协会主办的"科技创新赋能行业高质量发展·2024年建筑装饰行业精品工程观摩暨经验交流会"，我代表企业在大会上致辞。

作为承办企业代表，上海建工装饰集团党委副书记、总裁（现担任董事长）李佳在中装协年度盛会上致辞

2024年7月，上海建工集团党委宣布了关于装饰集团领导班子调整的决定：由王利雄同志继续担任装饰集团党委书记，李佳同志任装饰集团党委副书记、董事长，朱彤同志任装饰集团党委副书记、总裁。在这个发展与变革的时代，我接过了董事长的重担，心中充满了挑战与激情的双重火花。我深知，这不仅是一份荣誉，更是一份沉甸甸的责任，关乎企业的未来、员工的福祉以及社会价值的实现。

面对瞬息万变的市场环境，我将以市场为导向，履行好企业责任和担当，深入洞察本土市场需求，做好全过程服务，增强客户黏性，巩固和扩大市场份额。我们将继续加大专业投入，鼓励技术创新，确保我们的产品和服务能够走在行业前沿，满足并超越客户的期待。在社会责任方面，我深知企业作为社会公民的重要角色。我们将积极履行社会责任，关注环境保护、绿色低碳等领域，推动绿色生产，减少碳排放，为可持续发展贡献力量。同时，通过助力城市建设等方式回馈社会，展现企业的温度和担当。

展望未来，我将以更加坚定的步伐、更加开阔的视野、更加务实的作风，带领企业破浪前行。我相信，在全体员工的共同努力下，我们一定能够抓住机遇、应对挑战，实现企业的跨越式发展，为行业和社会创造更多的价值。

诚信铸造品牌，大爱回报社会

——记厦门金腾集团创始人卢彩金

厦门金腾集团创始人　卢彩金

中国建筑装饰协会副会长、厦门金腾集团创始人卢彩金20世纪60年代出生于闽西革命老区的一个山区乡镇。父母是普通的农民，有八个兄弟姐妹的卢彩金，常常吃不饱饭，高中还没毕业，他就辍学回家帮父母分担家庭负担。他干过农活、卖过水果、跟父亲学过木匠、去小煤窑挖过煤炭、搞过煤炭筛选……他身上留下多处劳动的伤疤，尝尽了那个年代的艰辛。

性格坚毅的卢彩金不愿留在小地方，不甘于过平庸的生活。随着国家改革开放的不断推进，80年代他就去广东经商，但由于经验不足，也没赚到什么钱。90年代他来到厦门经济特区开启他的创业生涯。经过调研发现，厦门经济特区正处于大基建大发展时期，房屋装饰的市场前景十分广阔，加上以前他跟父亲学过木匠，对房屋建造和装饰有一定的悟性。于是他决定从事装修行业，创办厦门金腾设计装饰工程有限公司。公司创办初期只是拥有几个人的小团队，他既是业务员，又是采购员，还是施工员。他每天不是在跑市场就是在工地现场，从小项目做起，一步一个脚印，在装饰领域渐渐站稳了脚跟。

公司第一次接到了一个银行网点门店的装修业务。按银行原来提供的装修方案，网点门店的银行柜员办公面积比较大，占了整个网点的三分之二，而客户办理业务的等候厅面积才占三分之一。卢彩金看了方案后，大胆地向银行领导提出缩小柜员办公面积，让出更多的面积给办理业务大厅，并增设等候区沙发摆放位置，提高网点的空间感，增强客户至上的理念。他提出的新方案最终获得了银行领导的支持。待银行网点装修完毕开业后，该网点成了全行的示范参观点，后来这个新装修方案在全行推行。金腾装饰公司的业务也因此得到了进一步的拓展壮大。

金腾装饰公司秉承"诚信铸造品牌"的经营

理念，在施工过程中把质量放在第一位，不偷工减料，不以次充好，每一道工序都精益求精。只要发现装修质量有问题，卢彩金都坚决要求工人返工，所以项目经理和工人都非常怕他下工地。他非常注重团队建设，高薪招聘管理人才，培养公司的技术人才。他注重公司的制度建设，用制度管人管事。他重视施工工艺的优化，严格按标准施工，牢固树立诚信经营的良好形象。公司赢得了许多业主的尊重和好评。随着公司的口碑越来越好，业务也不断扩大，公司承接了星级酒店、企业总部办公楼、医院大楼、体育场馆、大戏院、博物馆、精装公寓等各种各样的场所装修，经营业绩不断攀升，并获得上百项市优、省优、国优、鲁班奖荣誉。厦门金腾装饰集团连续多年被评为中国建筑装饰AAA级信用企业、中国装饰行业百强排名前二十。在行业中的影响力不断提升。卢彩金先生被中国建筑装饰协会授予"改革开放30年建筑装饰行业发展突出贡献企业家"和"建国六十周年中国建筑装饰行业功勋人物"荣誉称号。

在事业不断发展壮大的过程中，卢彩金先生始终胸怀感恩之心，用大爱回报社会。他在家乡捐资修缮卢氏宗祠，捐建彩金文体中心、坎市云山寺、彩金实验小学、彩金实验幼儿园、彩金奖教大楼。在坎市中学捐建彩金电教大楼、彩金综合大楼、彩金教学大楼、彩金楼（学生公寓），并设立坎市彩金奖教基金。他还多次走进四川大凉山区，看望艾滋病孤儿，给他们支持和帮助。2019年他出资组织100名四川凉山彝族自治州的艾滋孤儿到东南沿海地区开展夏令营，还带去革命老区参观学习。另外，他捐资美疆基金会，承担新疆"美疆金腾班"45位家庭困难学生从小学到大学十六年的全部学习费用。他积极投身中华红丝带多项慈善公益活动，荣获中华红丝带基金授予的"十年功勋奖"。

从创业伊始到事业腾飞，一路走来，彩金先生坚守"有舍才有得"的人生信仰，用勤奋和智慧谱写着自己朴实而不平凡的人生乐章。

艰苦奋斗谋发展，矢志不渝创新篇

——记天元集团总裁赵纪峰

赵纪峰，男，1972年出生，中共党员，北京大学EMBA研究生学历，正高级工程师，现任天元集团总裁、中国建筑装饰协会副会长等职务。近年来，赵纪峰荣获大国装饰70年展行业领军人物、中国建筑装饰30年优秀企业家、全国建筑装饰行业青年优秀企业家、全国住房和城乡建设系统劳动模范、山东省富民兴鲁劳动奖章、山东省建筑工程大师等荣誉称号。

山高人为峰，路远脚为程。在天元集团70多年发展历史的光辉历程中，有一种精神品质被一代代天元人传承，它指引着广大天元人艰苦奋斗、矢志不渝、勇攀高峰，它也让赵纪峰在天元集团工作近30年的风雨征程中用青春芳华、一腔热血、赤诚之心奉献企业，用筚路蓝缕、栉风沐雨、臻于至善谱写企业高质量发展华章，这就是天元精神。

1995年，赵纪峰大学毕业后分配到临沂市建筑工程总公司（天元集团前身）一分公司工作，第二年，他因工作表现突出被调至总部机关；2001年，他通过竞争上岗，成功竞选监察审计部经理，成为企业最年轻的正处级干部。在任职的三年中，他考取了国际注册内部审计师资格，带领集团荣获全国内部审计先进单位。然而，他的故事才刚刚开始。

一、临危受命，重任在肩

2004年，对于赵纪峰来说是人生中最难忘的一年，那一年，在所有人质疑的眼光中，年仅32岁的他临危受命，走上了天元装饰公司总经理的岗位，接手的是一个管理混乱、经营不善、亏损千万的"烂摊子"，开局之艰难可想而知。

1. 夙兴夜寐，开题破局

上任伊始，严酷的现实击碎了仅存的幻想，由于多年的经营管理不善，公司在社会上的品牌、形象、信誉、口碑已严重受损，客户投诉不断，诉讼官司连连，市场开拓困难重重。为了尽快挽回公司形象，他没日没夜走访客户，亲自督导、处理客户反映的质量、工期等问题，虽然经历了数不清的挫折和碰壁，但公司品牌形象逐步得到恢复，客户越来越多，市场局面逐步打开。2007年，公司承揽了第一个造价超亿元的天元商务大厦工程，他下决心一定抓住机会，打一个漂亮的翻身仗。由于该工程设计复杂，外装设计有拉索、点支等多种幕墙，内装工艺标准复杂。为此，他去北京、到武汉四处请专家指导，先后拜访莫英光、陈增弼等行业专家学习请教，而且自己也经常吃住在工地、开会到半夜，最后，工程圆满完成并创造了鲁班奖。自此，公司的品牌形象才一炮打响，装饰公司的发展道路迎来了至关重要的转折点。

2. 未雨绸缪，资质先行

没有健全、完善的资质体系作为敲门砖，市场突破难上加难，从走上工作岗位的第一天起，他就踏上了资质升级的艰难旅程。面对业绩不够、证书不足、人员匮乏等一系列困难，他一方面不断引进高端人才，完善公司业绩，另一方面协调各种资源，千方百计，满足资质条件，市里、省里、部里都留下了他一趟趟的脚印。就是靠着这种执着、认真的精神，四年时间取得了建筑装修装饰工程专业设计甲级、建筑幕墙工程专业承包一级、设计甲级等十几项资质，公司资质体系不断健全完善，夯实了大发展的基础，公司也步入了发展的快车道。

3. 对标一流，打造品牌

资质完善了，市场也有了一定的起色，但由于公司知名度不高、品牌不够响，本地一些复杂幕墙和高端精装市场基本还是被深圳、北京及江浙一带装饰公司垄断。针对这种情况，赵纪峰首先提出了"临沂市场保卫战、打造区域强企"的目标，但他深知，打铁必须自身硬，要想打造过硬品牌，公司的管理、技术必须跟上。为此，他提出"对标行业一流、全面提升管理"思路，并多次带团队到金螳螂等优秀企业学习。每逢中装协组织观摩交流会，他都会亲自带队，每次都会组织十几人甚至几十人参加，回来还要写学习心得体会。通过学习，他提出了"两化管理理念"，即现场管理标准化、质量管理均质化，并带领团队编写了《均质化管理手册》《天元装饰文明施工手册》《天元装饰质量系列丛书》等两化管理系列丛书，从1.0版本不断升级到现在的4.0版本。由于管理的全面提升，公司打造了诸多精品工程和样板工地，累计获得鲁班奖12项、中国建筑工程装饰奖33项。公司的知名度、品牌度和影响力大幅提升，几乎垄断了临沂市场90%以上的重点工程和形象工程，区域强企目标基本实现。临沂市场巩固以后，他提出"向国内一流装饰公司迈进"，于是马不停蹄开始在省内、国内和国外三个市场同时发力，并先后在省内济南、青岛、烟台成立了分公司，在京津冀、河南、江苏、成渝等地成立了办事处，并跟随集团国际公司开辟了乍得、赤道几内亚、尼日利亚、老挝、泰国、缅甸等国外市场，短短几年时间，公司在行业内的品牌和地位得到了显著提升。2010年公司首次入围中国建筑装饰行业百强，2017年在全国建筑装饰行业科技创新大会博鳌论坛上，赵纪峰作为全国唯一的地方企业代表作了典型发言，第一次走上全国舞台。

4. 注重技术，走向高端

赵纪峰明白，未来装饰行业高端市场的竞争，一定是技术和人才的竞争。2012年，他不惜重金花费100余万元，派出十几人的团队到上海集中学习BIM技术及Rhino等软件的应用，并组建BIM设计中心。2013年，他带团队攻坚，发明"一种应用于复杂建筑空间结构体系中的杆件连接装置"，攻克了法国AS团队设计的省文化艺术中心美术馆钻石状幕墙施工工艺，解决了法国AS方案设计师认为难以突破的技术难题，一举夺得该项目设计施工EPC幕墙总承包资格。2014年，在青岛邮轮母港工程中，面对复杂的帆船状折叠幕墙及多维度菱形立体吊顶设计，他再次披挂上阵，带领团队钻研技术。这次，他的对手是国内顶尖的幕墙和装饰公司，他和他的团队凭着一种勇敢执着和永不服输的精神，通过"双龙骨幕墙研发""角度可变的吊顶转换机构创新""新型吊顶的挂接系统创新"等12项专利、工法及创新技术，完美解决了施工难题，赢得了方案设计方深圳悉地国际的高度认可和赞同，最后公司成功夺取了工程的施工投标并摘得鲁班奖桂冠，在岛城打响了天元装饰品牌。2017年，在建筑高度206米、梭形结构的日照安泰广场幕墙施工中，由于工程临海，为达到视觉效果，业主提出要求：在190米处安装9米长、3.2米宽的大玻璃，这不仅是一个技术难题，更是一种安全挑战。他带领团队与中装协幕墙委专家经过反复论证，决定采用"15+2.28SGP+15+15A+15"的无肋超白玻璃方案，单块玻璃重达3.25吨，施工难度达到了行业之最。最后，工程顺利完成并荣获中国建筑工程装饰类和全国建筑装饰行业科技示范工程奖，该工程也被刊登在2019年9月22日的中国幕墙工程网，得到了业内的一致好评。随后，天元装饰在赵纪峰的带领下，在唐山国际会展中心双曲幕墙、临沂银雀山兵学文化公园铜板幕墙及临沂奥体中心等多个项目均实现了技术突破和创新，使天元装饰在行业内的影响力和品牌地位得到了显著提升，在2023年幕墙和装饰行业数据统计排名中分别跃居第8名和37名，逐步走向了高端市场竞争，公司的品牌度、知名度得到了全面提升。

在装饰公司的这些年里，他靠着坚忍不拔、不言放弃的精神，靠着老区人民特有的不怕苦、不怕累的沂蒙精神，把一个负债经营、管理混乱的企业带出了临沂，走向了全国，跨出了国门，让装饰公司一步一个脚印，克服底子薄、市场小、竞争激烈等多种不利因素，逐渐走出泥淖。他用了五年的时间把装饰公司带入发展正轨，用了十年时间将装饰公司打造成了齐鲁大地上装饰行业的优秀骨干企业，走在了装饰行业发展的最前沿。

5. 无惧困难，再挑重任

2018年，集团作出决定：将装饰公司设计院与集团建筑设计院合并，并由赵纪峰兼任院长。在装饰公司，他提出"以设计为龙头，走设计引领发展之路"，所以，对于他一手培育起来的装饰设计院，他非常了解，无论从技术力量还是专业水平，在行业内部都已位居一流。对于建筑设计，他虽然是个小白，但对集团建筑设计院，他也非常清楚，技术力量严重匮乏，大项目干不了，小项目干不好，年产值不足千万元，甚至连工资都发不上，经营举步维艰。新的挑战又摆在他面前。

一上任，他为了理清思路，明确发展方向，连夜召集所有部门负责人和基层员工逐一谈话，一连几天，每天都谈至凌晨才结束，他边问边记，边记边思考。通过调研和分析，他提出"要利用五年左右的时间，打造临沂一流设计院，用十年左右的时间，打造特色鲜明、综合实力突出的省内一流设计院，向国内一流大院迈进"的总目标；提出"要坚定与市、区、县各级城投战略合作，提高影响力；坚定与大院、名院大师合作，提高设计水平；坚定走EPC总承包之路，形成独具特色设计院"的总思路。

目标和方向明确之后，他开始布局下棋。他深知设计院的短板是方案设计，缺的还是高端设计人才，但在临沂这个三线城市，引进高端方案设计大师几乎不现实。因此，他提出"必须坚定到设计最前沿城市发展""人才可以不为我所有，但可以为我所用"等创新性理念，并先后在济南、青岛收购了两家设计院，同时在上海与同济大学建筑规划院、在北京与中国建筑设计院、在广东与华南理工大学建筑设计研究院、在深圳与悉地设计院等知名大院、大师及多名院士建立合作，使设计院迅速打开了市场局面，提升了品牌影响力。

质量是设计的生命。赵纪峰刚接任设计院时，设计院每个分院甚至每位设计师画图的标准、习惯、流程不均一，绘制的图纸也各具千秋，严重有损设计院品牌。对此，他带领全院对标一流设计院水平，创立了全院图纸设计1.0标准并建立了三级校审和院内总工两层审核机制，出台了《注册类执业资格考试及证书管理规定》，推行技术岗与职务岗双通道晋升的"职级并行"机制，设立了"科技进步奖"评选标准。这一系列创新性举措不仅大大提升了设计质量，而且极大地增强了设计人员的积极性、创造性、开拓性和学习力，设计院三年时间产值翻了五倍，五年时间考取一级注册建造师等注册类证书30余人，获取68项国家专利及40余项各类设计大奖，设计院的知名度和品牌影响力已全面提升，大院、强院建设已初步形成，他又创造了一个奇迹。

二、继往开来，再谱新篇

2020年初，根据集团工作安排，赵纪峰担任天元集团总裁，面对80余家子、分公司，40余个独立核算单位和近2万名员工的管理，他深知使命艰巨、责任重大，始终有一种战战兢兢、如履薄冰的感觉，但他责无旁贷，新的挑战又一次摆在了他的面前。

1. 锐意改革，转变工作作风

对于集团总部机关，赵纪峰并不陌生，他曾经在这里奋斗了八年，机关作为集团的总部首脑，对基层各单位的带动和影响作用是举足轻重的，他深知，抓好集团必须从抓好总部机关开始。于是，上任伊始，他便组织召开了机关部门负责人会议。会上，他提出了"机关强，则集团强"的理念，并随后组织开展了"作风整顿月"活动，鲜明地提出了"实、省、快、简、和"的作风建设五字方针，即本着"实"字干工作，本着"省"字正态度，本着"快"字抓效率，本着"简"字作汇报，本着"和"字带队伍。他从改善机关办公环境入手，设立机关餐厅，提高机关薪酬待遇，对机关人员招聘实施竞岗制，极大地提升机关人员的整体素质和工作效率。在机关的示范作用下，基层各单位积极响应，迅速在集团上下掀起了一股浓厚的干事创业、比学赶超的新风，并乘势而上，克服疫情影响，当年实现总产值577.9亿元，同比增长12.7%，再创历史新高。

2. 转型升级，提高经营质量

企业发展到一定规模，如何控制好风险，应当是作为决策者首先要考虑的问题，这一点，赵纪峰也充分认识到。针对集团房地产工程占比80%的市场情况，他敏锐地指出了集团面临的"八大风险"，提出了"市场要转型升级、调整结构，经营要向高质量发展"的理念，并针对下属各单位同质化竞争、内卷严重的情况，提出"一个区域两个公司，一个公司两个区域""1212"的市场拓展思路和走"专精特新"差异化竞争，避免内耗，培育二级单位各自核心竞争力的未来市场发展之路。针对外出施工，他提出推动各地实施"总部经济"，做实属地子公司，立足当地，深耕当地，贡献当地。他聚焦优质客户，强弱项、补短板，加快水利、电力、能源、城市更新等新兴业务布局拓展，设立合同洽谈签订红橙黄线，统一合同文本，这一系列举措，使集团工程承接质量全面提升，经营结构不断优化，风险管控显著加强。目前，集团房地产工程承接占比仅为16%，优质客户占比达80%以上，市场结构也正在按市内、省内、国内占比分别为4：3：3的方向转化，为集团高质量发展奠定了坚实基础。

3. 创奖夺杯，塑造品牌形象

唯有过硬的品牌形象，才能赢得未来发展机遇，而创奖夺杯更是塑造企业良好品牌形象的重要体现。他从建筑业的质量通病入手，针对大家关注的焦点、痛点、难点、堵点问题，带领工程和技术管理人员，编制了集团质量、安全标准化图册，并在集团内部统一强制推行了118项质量标准化工艺和58项安全标准化做法，得到了省、市、县区各级建设行政主管部门的高度认可，仅2023年即在各地市承办"质量月"观摩活动9场，创建省级以上安全文明工地24个，充分彰显了集团良好品牌形象。质量要靠工匠打造，赵纪峰非常重视工匠的培育，每年都要求从劳务班组中招聘一批高级技能"金蓝领"工人到集团工作，近几年来先后培育出了全国镶贴状元李国华、砌筑工状元柏建喜，有的集团还给他们成立了专门的工作室，以培养更多大国工匠。他非常重视科技研发与应用，强力推行智慧化工地建设，与武汉普耐合力研发推动商务一体化系统实施，用科技赋能企业管理，提升创新活力。近5年，天元集团共创建鲁班奖（含参建）14项、国优奖17项、李春奖1项、泰山杯54项、中国建筑工程装饰奖31项，取得了鲁班奖15年连创、国优奖9年连创、装饰奖14年连创、国家级BIM大赛一等奖7年连创的历史性佳绩，企业品牌影响力和市场竞争力不断增强。

三、不忘初心，甘于奉献

作为一名共产党员，作为沂蒙大地之子，在参加工作近30年里，赵纪峰用身入、心入、情入充分展示了一个普通党员的本色。

他忘我工作，不忘本色。走上领导岗位后，他几乎没有一个节假日陪家人和孩子度过，每年中秋都到外地陪员工一起团圆。2016年春节，他在唐山南湖国际会展中心工地，与近500名一线施工人员一起，冒着零下26摄氏度的严寒，挑战人类极限，突击工程工期，确保了2016年唐山世界园艺博览会的按期成功举办，得到了唐山市上下的高度赞扬。

他援建扶贫，彰显大爱。2008年汶川地震后，他带领天元装饰参与了北川影剧院等工程的援建，克服了余震不断、蚊虫叮咬等恶劣条件，第一时间给灾区人民送上了一份合格的"礼物"，并将3个因震失学的孩子转到临沂，帮助他们解决了入学问题；2017年，他响应国家"脱贫攻坚"号召，带领天元装饰帮扶了沂水县金牛官庄村，在一年多的时间里，村里的文化广场、办公楼、硬化路等一系列基础设施得到完善，冷库、太阳能、经济作物等为农民增收的项目快速上马，脱贫攻坚取得显著成效。另外，他自己还捐建了"本村户户通"项目，惠及了全村人民。在很多人看来，脱贫是政府的事情，可是，赵纪峰心里并不这么想，企业能够发展到今天，离不开各级政府的支持，企业发展了，更要担负起这份社会责任，为新农村建设尽一份力量。

他引进北大，惠及众企。2016年，赵纪峰顺利通过全国研究生统一考试，走进了北京大学EMBA学堂。由于当时临沂尚未通高铁，每次上课，都是辗转外地，半夜到北大、半夜回临沂，有时遇到公司紧急业务，还要中途回来处理，两年的求学生涯让他深深地感受到了知识的重要和求学的艰辛。毕业后，他考虑到在临沂一定会有一大批想走进北大求学而又苦于没有时间离开公司去学习的企业家，于是他经过与北大的多轮洽谈，于2019年在临沂成立了"北大天元学堂"，引入北大EMBA课程班。近5年来，北大天元学堂让1000余名临沂的企业家不出家门就能参加北大EMBA课程的学习，极大地开阔了他们的视野，提高了临沂企业家的境界素质和市场竞争力。

呕心沥血三十载，一片丹心见赤诚。毛主席曾说过："什么叫工作，工作就是斗争。那些地方有困难、有问题，需要我们去解决。我们是为着解决困难去工作、去斗争的。越是困难的地方越是要去，这才是好同志。"赵纪峰就是这样的好同志，就是天元精神的代表，他的先进事迹昭示我们，越是在危难关头、越是在急流险滩、越是在矛盾和问题凸显的时候，越是需要各级领导干部和共产党员艰苦奋斗、身先士卒、以身作则，始终与企业发展同甘苦、共命运，与广大员工、群众保持血肉联系，以超乎常人想象的努力和付出来实现人生的价值和成功。

赵纪峰到北京路沂河大桥工地视察

四十载初心永续，逐梦行使命必达

——陶余桐与装饰行业并肩前行的精彩人生

安徽安兴装饰工程有限责任公司董事长　陶余桐

在庆祝中国建筑装饰协会成立40周年的光辉时刻，有一位企业家的身影格外引人注目，他就是陶余桐——中国建筑装饰协会副会长、安徽安兴装饰工程有限责任公司董事长。陶余桐个人的职业生涯与行业的发展历程不谋而合，仿佛是建筑装饰行业发展史的一个缩影，书写着一部从青葱少年到行业领军人物的奋斗史。在这特殊的年份，让我们一同回顾陶余桐四十年的"装饰"人生，感受他与中国建筑装饰行业共同成长的辉煌历程。

一、扬帆起航，满怀豪情踏征程

1984年的夏末，年轻的陶余桐从合肥工业大学工业与民用建筑专业毕业，被分配到淮北市的一家房地产公司。

在房地产公司工作的三年间，陶余桐不仅积累了丰富的实践经验，还对建筑产业链中的各个环节有了深刻的理解。他亲历了房地产项目的开发与管理，见证了建筑物从图纸变为现实的全过程。然而，他内心深处对建筑美学的追求和对空间艺术的向往，却让他对建筑装饰领域产生了浓厚的兴趣。在那个年代，建筑物往往更注重实用性而非美观性，装饰常常被简化为建筑的附加品。然而，陶余桐却从中看到了不一样的未来。他相信，通过精心的装饰设计和施工，原本平凡的建筑空间可以被赋予新的生命力，变得生动而富有情感。

1987年，怀着对建筑装饰艺术深深的热爱与敏锐的行业洞察力，陶余桐只身前往合肥，加入了与港商合资的华达装饰工程有限公司。该公司凭借与香港等先进地区的紧密联系，率先引进了国际领先的装饰理念和施工技术，这为陶余桐提供了一个宝贵的学习平台。陶余桐亲自参与并主导了芜湖物资大酒店、合肥龙图商厦等多个大型装饰项目，这不仅锻炼了他的实战能力，也让他在行业内逐渐树立起了良好的口碑。

1990年，公司领导决定让陶余桐承包经营，这不仅是对他经营能力的巨大考验，也是他展现自我、实现价值的重要契机。这次承包经营的经历，不仅让他积累了丰富的企业管理经验，也让他对未来的职业发展充满了信心与期待。

二、抢抓机遇，凝心聚力谋发展

2000年，正值世纪之交，中国经济加速融入全球化，各行各业迎来了前所未有的发展机遇。

这一年，陶余桐加入安徽安兴装饰工程有限责任公司，担任总经理助理，为这家企业注入了新的活力，也为自己的装饰行业生涯掀开了崭新的篇章。凭借其丰富的行业经验与卓越的管理才能，陶余桐在安兴装饰的舞台上迅速成长，逐步晋升为副总经理、总经理兼总工程师，直至董事长。陶余桐以其深厚的专业背景和前瞻性的战略眼光，结合公司的实际情况，为安兴装饰公司的治理结构、战略定位、技术路径、商业模式、业务流程和管理制度作出了顶层设计，引领安兴装饰踏上了从默默无闻的本土企业到行业知名企业的蜕变之路。在每一次市场发生变化时，他都能敏锐地感知、科学地应对；当每一个机遇稍纵即逝时，他总是能精准地把握、正确地决策。

穷则变，变则通，通则久。在2002年和2013年，安兴装饰公司经历了两次改制，实现了从国有企业到国有控股企业，再到如今全民营有限责任公司的转变。在陶余桐的精心布局下，安兴装饰逐步发展成为一个多元化的综合型企业，业务范围从单一的建筑装饰扩展到房建、市政、电子与智能化、机电、消防、展陈、安防等多个领域，实现了产业链的垂直整合与横向扩展。这不仅增强了企业的抗风险能力，也为客户提供了一站式、全方位的解决方案，提升了市场竞争力。

如今，陶余桐领导下的安兴装饰，凭借卓越的业绩和良好的口碑，逐渐成为安徽省乃至全国装饰行业的佼佼者，业务版图也扩展到全国十多个省份。安兴装饰的成功不仅在于业务的拓展和技术创新，更在于企业文化的塑造和价值观的传承，即以诚信为根本、以质量求生存，以创新促发展、以品质赢客户。

三、创新引领，技艺融合筑精品

陶余桐深谙，创新是企业生命力的源泉，是企业爬坡过坎、发展壮大的根本，更是推动装饰行业持续发展的关键所在。每当工程施工中遇到难题时，他总是身体力行、潜心钻研，在他的带领下，一个个技术瓶颈得以突破，一项项创新成果应运而生，为企业发展新质生产力，塑造发展新动能注入了强大的活力。

2014年，安兴装饰公司承接了合肥滨湖顺园小区35栋楼、75万平方米的外墙装饰工程，这是安徽省装饰史上施工规模最大的单项外装工程。在他的带领下，公司组建了一支由技术精英组成的攻关团队，与德国材料商紧密合作，引入了当时在国际上最为先进的外墙装饰砂浆，并研发了一套新的施工工法——"无机干粉条纹状外墙装饰砂浆涂料系统施工工法"。这种新工法，可以有效地避免空鼓、开裂、脱落等质量通病，提升工程质量，降低工程成本，社会效益和经济效益显著。10年来，安兴装饰应用这一新工法施工的外墙装饰工程多达100多项、总施工面积270万平方米，合同总价超过了3亿元，不仅赢得了广大业主的高度评价，也为公司积累了宝贵的国际合作经验，树立了行业内外墙装饰的新标杆。

目前，陶余桐牵头研发的"无机干粉条纹状外墙装饰砂浆涂料系统施工工法"不仅获得了国家发明专利授权，还被评为安徽省省级工法、安徽省重大合理化建议项目，先后荣获了建筑装饰行业科学技术奖（创新成果奖）、建筑装饰行业优秀专利奖、合肥市职工"五小"活动创新成果一等奖，充分体现了企业强大的研发实力与创新能力。不仅如此，陶余桐还是全国首批建筑装饰行业科技人才奖获得者，荣获了8项建筑装饰行业科学技术奖、科技创新成果奖，1项工程建设科学技术奖，他的论文《从入市谈建筑装饰业发展战略》被评为"首届全国建筑装饰行业优秀科技论文"。这些成就不仅提升了安兴装饰的行业地位，更为推动整个装饰行业科技进步、品质提升作出了积极贡献。

作为安徽省建筑装饰行业第一位正高级工程师，陶余桐用实际行动诠释了"技术与艺术融合"的发展理念，他曾被评为"全国杰出中青年室内建筑师"和"全国有成就的资深室内建筑师"，连续9年被评为"全国建筑装饰优秀项目经理",还入选了唯一一批"全国建筑装饰杰出优秀项目经理"名单。由其担任项目经理的工程项目荣获了8项"中国建筑工程装饰奖",其中还有2项工程入选了"中国建筑装饰30年百项经典工程"。

陶余桐相信,只有将创新精神融入企业血脉,才能在日新月异的市场环境中保持竞争力,引领企业不断向前。在他的引领下,安兴装饰正以更加开放的姿态,积极探索装饰艺术与技术革新的无限可能,为社会打造出更多兼具功能性与艺术性的建筑空间,不断刷新人们对美好生活的想象与期待。

四、多措并举,共筑安兴繁华梦

志不求易者成,事不避难者进。在陶余桐的宏伟蓝图中,安兴装饰公司绝不仅仅是一家普通的装饰企业,他心中的愿景是要将其打造成为一家承载着历史沉淀、文化内涵与行业影响力的"百年名企"。

"诚信者,天下之结也",诚信经营方能行得稳、走得远。诚信也是陶余桐始终坚持的核心价值观,是通往"百年名企"的必由之路。在陶余桐的倡导下,安兴装饰建立了完善的企业信用体系,从不以牺牲诚信为代价换取短期利益。无论是在材料选用、施工质量,还是在客户服务上,安兴装饰始终坚守承诺,确保每一个细节都经得起时间的检验。项目完成之后,公司还要对客户进行定期回访,调查客户对装饰质量的满意度,让客户真切感受到安兴装饰公司对诚信的重视。正是由于这份坚持,公司连续12年被安徽省人民政府、国家工商行政管理总局授予"守合同重信用单位",成为安徽省乃至全国装饰行业诚信经营的典范。

质量,被视为安兴装饰的生命线,因为陶余桐深知,质量是企业立足之本,是赢得客户信赖的基石。为此,他构建了一套严谨的质量管理体系,从"人、机、料、法、环"五大影响工程质量的因素入手,制定出切实可行的质量管理办法;从设计、采购、施工到售后服务,每一个环节都严格把关,确保交付的每一项工程都能达到最高标准。作为安徽省第一家通过三合一管理体系认证的装饰企业,陶余桐亲自参与制定了公司的各项管理方针,并在实践中严格执行,确保了每个项目都能高标准建设、高效率推进、高质量完成。在他的严苛管理下,安兴装饰公司在工程创优方面硕果累累,获得国家优质工程奖1项、中国建筑工程装饰奖42项、建筑装饰行业30年百项经典工程2项以及91项省、市级优质工程奖,成为安徽省获奖最多的装饰企业,不仅赢得了业主的普遍赞誉,也为企业树立了诚信经营、质量至上的品牌形象。

安全与质量相生相长,共兴共荣。陶余桐领导的安兴装饰公司在工程安全方面也敢于"动真格"。早在2003年安兴装饰公司就编制了《生产安全事故应急救援预案》,从制度上给安兴装饰公司的安全工作系牢了"安全带"。如今,安全管理不仅没有成为制约安兴装饰快速提升的瓶颈,反而成为促进公司高质量发展的重要助力。许多客户主动找上门要求合作,就是因为安兴装饰的施工工地"更安全、更有保障",更能让客户放心。

文化与团队,是陶余桐打造百年老店不可或缺的两翼。他深信,一个企业的文化是其灵魂,而团队则是实现梦想的执行者。陶余桐致力于构建有温度、有凝聚力的企业文化,让每一位员工都有归属感和成就感,在思想上形成"向心力",在组织上形成"凝聚力",在工作上形成"战斗力"。陶余桐深知人才是企业发展的关键,他注重人才培养与团队建设,通过组织各类培训、学习考察等活动,不断提升团队的专业技能和创新能力,培养了一支既有顽强拼搏精神,又具备专业素养的队伍。他领导的团队中,所有员工都接受过专业培训,管理层平均从业经历超过20年,这些数据反映了公司对人才培育的重视和团队的稳定性。安兴装饰的企业文化，已成为其独特魅力的一部分，也为企业的长远发展提供了源源不断的动力。

在陶余桐的引领下，安兴装饰在稳健发展中逐渐形成了自己独特的品牌标识，不仅在装饰行业中树立了良好的口碑，更在客户心中树立了值得信赖的品牌形象。为了实现安兴装饰繁荣梦，陶余桐与他的团队正在坚实地铺垫着每一块基石，一步步朝着"百年名企"的宏伟目标迈进，朝着成为装饰行业中的常青树而努力。

五、使命担当，献身行业展情怀

作为中国建筑装饰协会的副会长，陶余桐不仅在安兴装饰公司的舞台上大放异彩，更在推动整个建筑装饰行业的进步中扮演了至关重要的角色，展现了他的行业情怀和社会责任感。多年来，他坚持身体力行，积极参加中装协组织举办的各种会议和活动，为广大装饰企业反映诉求，为行业发展建言献策，为协会工作尽心竭力，为建筑装饰著书立说。

陶余桐先后荣获了"全国建筑装饰行业资深优秀企业家""大国装饰70年展行业领军人物""中国建筑装饰三十年优秀企业家""建筑装饰行业'十三五'期间标准建设突出贡献企业家""中国建筑装饰行业标准编制工作先进个人""合肥市五一劳动奖章"等荣誉称号，成为行业内名副其实的领军人物。

作为中国建筑装饰协会的资深专家，他连续十多年带队完成了中国建筑工程装饰奖、建筑装饰行业科学技术奖的复查工作，多次受邀为全国专家授课。他不仅参与了《新时代中国建筑装饰行业高质量发展指导意见》的编写工作，还先后主编、参编、审查了20多部行业标准、团体标准，为协会的创优创新及标准编制工作倾注了大量心血、付出了艰辛努力、作出了重大贡献。

他在担任合肥市建筑装饰协会会长期间，始终将责任与奉献视为己任。在做好协会日常工作的同时，他经常深入会员企业走访、调研，为会员企业发展提质助力。他还利用自己多年积累的经验和资源，组织会员企业参加行业交流和考察活动，邀请业内专家为会员企业举办培训和讲座，通过走出去，请进来，帮助会员企业学习提高，补齐短板。在他任期内，合肥市建筑装饰协会成为合肥市建设领域第一家5A级行业协会，"合肥市建筑工程装饰奖""合肥市建筑装饰优秀企业""合肥市建筑装饰优秀项目经理"等创优工作取得了良好成效，得到广大会员企业的高度认可，也为会员企业申报更高等级奖项以及参与市场竞争打下坚实的基础。

六、不负韶华，勇担责任葆初心

不忘初心方能行稳致远，牢记使命才能开辟未来。陶余桐深知，企业发展的过程要不忘回馈社会，积极承担起作为行业头部企业的社会责任。

在灾难面前，他毅然前行。"5·12"汶川特大地震、新冠疫情抗疫中，他总是第一时间响应，筹款、筹物资，通过党团组织、红十字会、银行、社区等多种途径捐款捐物，尽拳拳之心，体现了作为企业家的他在灾难面前勇于承担社会责任的担当和初心。

在国家实施脱贫攻坚战时，他又义无反顾地捐款捐物，先后帮助旌德县白沙村、金寨县吴湾村、六安市裕安区大安村等贫困地区，形成扶贫结对，助力国家精准扶贫，通过定点采购、产业助推等模式，帮助村民把特色农副产品销售出去，早日实现脱贫。

一次次善举，一份份爱心，都彰显了陶余桐的社会责任和担当。赠人玫瑰、手留余香。2017年，他被评为"安徽省最具社会责任感十大杰出企业家"。

面对殊荣，陶余桐董事长谦虚地表示："成绩和荣誉都只能代表过去，一切奖项都是今后不断学习的动力，所有荣誉都将成为未来继续攀登的阶梯。"

七、逐梦前行，百年名企向未来

天道酬勤，力耕不欺。四十年来，陶余桐为自己一生钟爱的事业锲而不舍、白首穷经；为自己亲手创建的企业殚精竭虑、呕心沥血；为装饰行业的发展任劳任怨、鞠躬尽瘁。

陶余桐的"装饰"人生，是与中国建筑装饰协会的成长轨迹紧密相连的。在他看来，装饰不仅仅是一份职业，更是一种艺术追求和人生使命。在中装协成立40周年之际，陶余桐的故事是对协会发展历程的生动注解，是对建筑装饰行业美好未来的深情寄望，也是对他及他所带领的安兴装饰公司创造"百年名企"的孜孜动能，他要让安兴装饰成为全国建筑装饰行业最具影响力的企业之一，成为令人尊敬和称道的企业，让员工的幸福指数节节攀升，为安兴装饰的发展历史、为我们居住的城市留下更多、更优秀的精品工程。

宏伟的事业，总是在宵旰忧勤中腾飞；时代的华章，总是在日就月将中续写。他用自己的实际行动证明了，只有对行业充满热爱，对创新不懈追求，对责任勇于担当，才能在时代的浪潮中乘风破浪。尽管追逐"百年名企"梦想的道路崎岖漫长，但陶余桐带领安兴装饰追逐梦想的步伐永远在路上。

筑梦前行，稳健策略展宏图

——记武汉联想建筑装饰工程有限公司陈刚

在荆楚大地的怀抱中，有一位建筑装饰界的佼佼者，他以坚韧不拔的意志、卓越不凡的才华、回馈社会的担当，书写了一个又一个关于创业、拼搏、创新与奉献的传奇故事，见证了改革开放的中国奇迹。他，就是武汉联想建筑装饰工程有限公司的掌舵人——陈刚。

身姿挺拔、谦和儒雅，仿佛蕴含着中华大地的坚韧与豪迈，是许多人对陈刚的第一印象。党的多年教育锻造了陈刚正直内敛的特性，他经常笑着说，如果不是当年响应党的号召，就不会有我的今天。

一、时代召唤，初心转型

20世纪90年代末，正值国家改革开放与经济发展战略调整，面对国家的号召与央企人员分流的政策导向，在多数人依然坚定地选择"铁饭碗"的时候，陈刚果敢地作出了决定：从央企的稳固岗位中勇敢迈出，选择自主创业的新赛道。这一选择，既是他个人职业生涯的勇敢跨越，更是对国家政策的深入理解和积极响应，彰显了一名共产党员的责任与担当。

回忆当年，陈刚说："党的培养和十余年的央企工作经历，奠定了我良好扎实的从业基础，不仅使我拥有了强烈的责任感和使命感，更成为我自主创业中不可或缺的精神支柱"。

二、稳健经营，诚信为本

凭借独到的市场敏锐度与坚定不移的改革梦想，陈刚创立了"联想装饰"——联想，是思维的跳跃与连接，是对未来的展望和规划，寓意着企业在装饰领域的创意与想象能力、融合与创新、前瞻性与预见性以及提供全面解决方案的能力，是陈刚对于空间塑造、品牌建设与未来展望的极致理解和不懈追求。

创业初期，资金如同涓涓细流，每一分都需精打细算；人才则好比荒漠中罕见的绿洲，寻觅与培育皆非易事；而市场的激烈竞争，更是如同巨浪般不断考验着企业家的韧性与智慧。面对这一连串足以让众多新生企业踟蹰不前的重重难关，陈刚用在央企多年锻炼出的强大管理和协调能力，以一身不服输的性格，凭借超凡胆识与钢铁意志，将这些挑战视为铸就坚韧品格、锻造精英团队的炼金石。多年后回忆过往，他坦言：正是这些磨砺，让"联想装饰"的每一步都走得更加坚实，每一份成就都闪耀着不屈与坚持的光芒！

稳健经营是联想装饰的物质基础，诚信为本则是联想装饰的精神内核。陈刚一直把诚信视为企业与客户、合作伙伴、员工乃至整个社会建立信任关系的基石。在信息不对称的商业环境中，诚信如同一张无形的名片，直接关乎企业的品牌形象和市场声誉。因此，陈刚从创立之初就确立了"稳健经营，诚信为本"的企业核心价值观。这八个大字，20多年来一直铭刻在公司最醒目的墙面上，把原则贯彻在联想装饰的每一个项目、每一次决策、每一次服务中，也深深烙印在每一个员工的心里。正是对这份价值观的执着追求和对客户的真诚承诺，联想装饰跑赢了经济市场的大浪淘沙，逐渐赢得了市场的青睐与客户的信赖，为公司的稳健发展奠定了坚实的基础。

回望往昔，联想装饰之所以能在业界屹立不倒，赢得广泛认可与信赖，其基石不仅在于企业本身所展现的卓越实力与专业素养，更深刻地烙印着陈刚个人非凡能力的印记。这能力之中，蕴含了"稳健经营，诚信为本"的坚定信念与价值观，如同灯塔指引团队前行；见证了无数次攻坚克难、打赢硬仗的辉煌历程。而每一场胜利，都是对实力的最佳诠释。

三、品质至上，永不止步

"稳健之巅，即为卓越品质"。回顾联想装饰的发展历程，企业从无到有，从有到优，无不得益于陈刚的个人领导魄力和自身的永不放弃。他团结了一支稳定且能打硬仗的队伍——员工们都说，陈总就是公司的"定海神针"。从业20余载，联想装饰始终坚持品质至上，打造精品工程，获得国家、省、市各类优质工程奖项共计200余项。就像陈刚介绍的那样："湖北各地都有我们做过的标志性建筑，当看到它们的时候，仿佛又给我注入了新的力量，让我有了更强烈的社会责任感，也更想为武汉、为湖北甚至整个中国的装饰行业添砖加瓦。"

历经20余载的深耕，陈刚带领联想装饰把"稳健经营，诚信为本"的企业核心价值观作为企业的核心驱动力，持续强化企业的综合竞争力，实现品质卓越、口碑传颂与品牌影响力的同步飞跃。今日的联想装饰，是中国建筑装饰协会副会长单位、湖北省建筑装饰协会会长单位，是中国建筑装饰行业百强企业、湖北省、武汉市服务业百强企业，连年荣获中国建筑工程装饰奖、科技创新工程奖、楚天杯、黄鹤杯等奖项；同时被评为"中国建筑装饰企业信用等级AAA级企业""湖北省建筑装饰企业信用等级AAA级企业""武汉市企业信用等级AAA级信用企业""武汉建筑装饰行业先进企业"等荣誉称号，连续二十年被湖北省、武汉市评为"守合同重信用企业"。联想装饰目前已具备建筑装修装饰工程专业承包一级，建筑幕墙工程专业承包一级，建筑工程施工总承包二级，钢结构工程专业承包二级，电子与智能化工程专业承包二级、建筑机电安装工程专业承包二级等工程承包资质，还具备建筑装饰设计甲级和建筑幕墙专项设计乙级资质。

一路走来，陈刚直言："国企与民企作为社会经济的两大支柱，各自扮演着不可或缺的角色，共同构成了我国多元而富有活力的经济体系。但相比国企而言，民企以其独特的灵活性，能够快速响应市场变化，调整经营策略，满足客户的多样化需求。这种灵活性不仅促进了企业的快速成长，也带动了整个行业的繁荣与发展。"

四、创新驱动，引领行业

历年来，联想装饰凭借卓越的科技创新能力与前沿的管理理念，成功地将尖端技术与日常管理深度融合，实现了多个工程项目的精准实施与卓越交付，每一项工程都成为了行业内的标杆之作。

在光谷科技会展中心装饰工程（一标段）中，会展中心吊顶造型为多异型开菱形孔铝单板吊顶，吊顶设计标高为17米。为保证图纸的精准度，所有安装尺寸均现场三维测量，采用三维软件对吊顶及墙面深化排版。会展中心空间高、面积大，现场采用满堂钢管脚手架满铺脚手板施工。会展中心空间高、面积大、为保证后期维修方便，天花内部设计了钢结构维修马道。由于整个会展中心的结构为钢结构，施工铝板天花时，为保证结构安全可靠，联想装饰进行了结构力学计算，先将顶面铝单板在原钢结构上焊接10号镀锌槽钢及50镀锌方管的二次钢结构转换层，再在二次钢结构转换层上焊接竖向镀锌角钢进行铝板天花施工。

在湖北饭店暨华邑酒店室内装饰装修项目里，

使用瓷砖的背栓干挂施工法代替传统的水泥砂浆铺贴施工工艺。在瓷砖背面开 $Φ8$ 的背栓孔并植入铝合金背栓，然后采用50毫米×50毫米子母型铝合金连接件将背栓与龙骨或墙体连接，从而将大片瓷砖安装在墙壁上。既满足美观的要求，也兼具质轻、安全、耐久和易维护、便于更换等优点。背栓式干挂的施工工艺的抗拉拔力、抗剪力、抗风荷载、抗震能力也都优于其他模式。结合该项目的照明平面布置图及详尽的调光要求，联想装饰为千人会议室精心设计了智能灯光控制方案，将会议室划分为三个独立的调光功能区，以满足不同场景下的照明需求。同时，方案还充分考虑未来拓展的灵活性，预留了充足的备用回路，足以轻松应对后期可能的修改与调整需求，确保会议室灯光系统始终保持先进性与适应性。

武汉高科封测平台项目C16精装修工程，办公区、公共区域层高较高，面积较大，墙面饰面板块较大，所以墙面采用大板块15毫米铝蜂窝钢板饰面，单块面积达到了3.6平方米。在施工的过程中，现场定位精准放线、排版、厂家定制生产，现场采用定制配套龙骨进行安装，施工精度得到了大幅度提升，效果也成倍提升。联想装饰不允许把问题留给现场。早在设计阶段，就通过BIM技术模拟出全过程，提前拟定解决方案，保证项目高效高质完美落地。

陈刚常说："这个世界唯一不变的就是一直在变"。世界永远是恒动、恒变、恒前的，它永远不会因为任何原因停下脚步，所有的旧事物终将被新事物所取代，而无法跟上时代步伐的事物终将会被新事物取代。面对日新月异的建筑装饰市场和技术变革，他深知只有不断创新才能保持企业的竞争优势和生命力。在这个不进则退的市场，在整个装饰行业高质量发展的当下，他带领联想装饰，秉持着勇往直前的无畏精神，持续在湖北省乃至全国的建筑装饰行业中开辟新径，一路攻坚克难，锐意开拓，为行业的繁荣与发展贡献不竭动力。

五、回馈社会，彰显担当

"联想装饰始终致力于成为一家富有社会责任感与回馈能力的企业。"陈刚诚恳地说道："企业是员工的企业，是社会的企业，是社会的重要组成部分，我们前进的每一步，都要对员工、对社会负责"。回想2020年初新冠疫情突如其来之时，陈刚的眼中依然涌动着难以言喻的感慨，深刻的记忆与共鸣似乎无法磨灭："那时空荡荡的街道和热火朝天的工地形成了强烈的对比。"疫情就是命令！接到突击任务后，陈刚带领联想装饰当仁不让地冲锋上阵，在短短一天内，就迅速集结了一支由70余名技术精湛、勇于担当的施工人员组建的精英"抗疫抢建突击队"。这支队伍迎难而上，与时间赛跑，与疫情抗争。他们连夜研究施工图纸，不断优化施工方案，确保每一个细节都能精准到位。面对人员组织、材料调配等重重困难，他亲自协调各方资源，确保在最短时间内将所需材料送达现场。在整个武汉按下暂停键的时刻，联想装饰毅然按下了快进键——原本需要40多天才能完成的工程，仅仅7天就圆满结束！联想装饰用实际行动诠释"一方有难，八方支援"的道义准则，为疫情防控工作贡献了关键的钢铁力量。"那个时候没想太多，只想如何守护自己的家，如何守卫这座城市。同时也感觉很荣幸，我们能够在这个危难时候被派往抗疫一线，这也是对联想装饰的信任与托付。"陈刚说。

六、文化传承，匠心筑梦显情怀

在岁月的长河中，有一种力量，温柔而坚韧，它不言不语，却能在历史的尘埃中熠熠生辉，那便是文化的传承与匠心的筑梦。在陈刚的心中，建筑装饰不仅仅是技术活，更是文化传承和艺术创造。他深知，中国的建筑装饰文化源远流长、博大精深，蕴含着丰富的历史底蕴和民族特色。因此，他也始终将文化传承作为企业的使命和责任之一。

刚刚荣获中国建筑工程装饰奖和建筑装饰行业科学技术奖（科技创新工程奖）的"湖北恩施宣恩县中国土家泛博物馆游客中心工程"便是最好的诠释——项目响应国家文化强国战略、促进民族文化传承与发展的重要举措，以土家族传统村落为载体，深入挖掘土家族的文化精髓。在陈刚与联想装饰项目成员的共同努力下，整栋建筑将传统吊脚楼木结构的质朴与温暖、隐框玻璃幕墙和现代的装饰与简约巧妙结合，同时引入钢结构作为支撑骨架，确保建筑的稳固与安全。该项目不仅深刻体现了对土家族文化深沉的尊重与精妙传承，更展现了现代建筑艺术如何在尊重传统的同时实现创新与发展的辉煌篇章；既保留了文化的根与魂，又赋予了建筑新的生命与活力，让每一砖一瓦都诉说着传统与未来的对话，展现了建筑艺术跨越时空的魅力与力量。

七、展望未来，携手共创辉煌

接过湖北省建筑装饰协会会长的接力棒，对陈刚和联想装饰而言，这又是一次扬帆起航的全新起点。荣任省装协会长的那一刻，陈刚发言道："新质生产力在推动建筑装饰行业转型升级，提升产业链整体竞争中发挥着越来越重要的作用，建筑装饰行业正处于转型升级、实现高质量发展的关键时期，党的二十大明确贯彻新发展理念，加快构建新发展格局，着力推动高质量发展。面对行业的机遇与挑战，我们必须紧跟时代步伐，守正创新，稳中求进，坚守行业正道，勇于实践，在稳定发展的基础上不断追求进步，为行业的繁荣贡献我们的智慧和力量。"面对行业的机遇与挑战，他强调："我们必须紧跟时代步伐，勇于担当，积极作为。守正创新，意味着在坚守行业基本规律和核心价值的同时，敢于突破传统思维束缚，积极探索新技术、新模式、新业态，为行业注入源源不断的活力。稳中求进，则要求我们在复杂多变的市场环境中，保持战略定力，稳健前行，通过持续的技术创新、管理优化和服务提升，巩固并扩大我们的竞争优势。"

展望未来，陈刚满怀信心地表示："联想装饰将与湖北省建筑装饰协会的全体会员同心同行，坚守行业正道，勇于实践，敢于担当。我们将在稳定发展的基础上，不断追求卓越，为行业的繁荣贡献我们的智慧和力量。让我们携手并进，共创建筑装饰行业更加辉煌灿烂的明天！"

永不停歇的奋斗

——记沈阳远大企业集团董事长康宝华

沈阳远大企业集团董事长　康宝华

　　康宝华，中共党员，高级经济师。1953年生。1974年参加工作，先后在沈阳飞机制造公司任工人、销售员。1989年建立沈阳强风集团，任董事长；1993年至今任沈阳远大企业集团董事长；1999年被评为沈阳市劳动模范；2003年被评为辽宁省劳动模范，同年当选辽宁省第十届人大代表；2004年被评为沈阳市特等劳动模范、辽宁省创业企业家；2005年评为全国劳动模范；2013年当选第十二届辽宁省人大代表。

一、风起盛京

　　20世纪90年代，改革开放的春风吹遍了神州大地，康宝华人生中最华彩的篇章，正是从那时建立远大集团开始的。可以说，康宝华亲手缔造了远大奇迹，而远大，亦成为了他辉煌的见证。

　　1993年1月18日，沈阳环宇招待所313房间，即将步入不惑之年的康宝华正带着一群年轻人商讨创建企业的事宜。没有豪华的办公场所，没有先进的机器设备，仅凭一腔奋斗热血，康宝华带着不到30名员工和300多万元资金创建了沈阳远大铝业工程有限公司。

　　成立之初，康宝华秉持着"立志做一个对民族，对国家有贡献的企业。'远大'的意思就是做得又远又大，成为世界品牌"这样的初心建立企业，在随后的31年时间中这样的初心持续影响着康宝华和他的公司。

　　远大集团在他的带领下，从无到有、从小到大，逐步发展成为一个主营业务覆盖幕墙、电梯、核电、环保四大领域的多元化集团公司，产品行销全球140多个国家和地区。

　　2008年，远大集团从沈阳东陵区搬迁到沈阳经济技术开发区，一把创业时期在旧物市场仅以几元钱购得的椅子，也随着康宝华搬迁到了新址。他说："只要看看这把椅子，我就想到了创业的初心，就想到了要奋斗！"远大集团是中国民营企业的代表，它的崛起是中国改革开放、经济腾飞的一个缩影，在康宝华身上三十一年如一日不曾改变的是远大的理想、执着的精神、果断的处事方式、持续的创业激情和清晰的社会责任感。

二、志在四海

　　1994年，远大刚刚成立一年，康宝华就参与了当时东北地区最大的幕墙装饰工程"沈阳市工商银行"项目。远大高调预言中国幕墙界下一个发展点便是铝复合板幕墙,并果断从德国引进了中国第一套ALCOBOND铝复合板以及全套的生产加工设备,将全隐铝复合板幕墙技术应用于沈阳市工商银行大楼项目,开创了国内高层建筑批量使用铝复合板幕墙的先河。

在这项工程中,康宝华极致严苛的质量管理要求给了当时全行业一个"下马威"。他发现一块组装好的铝板按照企业内控标准超差1毫米,生产部门认为超差在国家允许的范围内且不影响使用。但康宝华竟当众砸毁了这块在1994年价值几千元的铝板部件,"今天我不砸毁这块板,有一天市场就砸我们的饭碗!"自此以后,一套"远大标准,良心标准",成为了全体员工的共同信仰。远大也通过这个项目,一步就达到了国内顶尖水平。

工行项目的成功,不仅让远大掌握了德国先进技术,更激发了康宝华"借脑、换脑、融脑"的崭新思路:"拜师学艺",为迎接出海后企业面临的机遇和挑战,康宝华高薪聘请德国、丹麦、英国等地的技术专家到企业工作,担任新产品开发顾问和重点工程的主设计师。"取长补短",将国外技术本土化,进行技术自主研发,培养了大批优秀的行业人才,开发了各种性能优越的建筑幕墙和门窗新产品;"凿壁借光",积极与国外大型承包商沟通,以更低的利润做筹码,承担幕墙分包业务,换取国际先进的工程运营经验;"厚积薄发",通过多年技术和人才的积累,让远大幕墙具备了参与国际市场竞争的软硬实力,将"中国远大"发展为"世界远大"。

2000年,成立仅7年的远大,承接了新加坡皇剑大厦幕墙工程,这是远大在海外承建的第一个幕墙工程项目。"由于不懂得国际游戏规则,当年在新加坡我们赔了很多钱。但是打倒了爬起来,再打倒,再爬起来!"正是康宝华这种永不服输的个性特点和锐意进取的精神,让远大在开拓国际市场的征程上,一路披荆斩棘。

三、逐浪国际

为了打开国际市场,远大用了6年时间,花了几亿元人民币去铺路,但为了打造民族品牌,为了给国家培养一批国际型人才,康宝华决定走下去,带领远大成为一家世界级的企业,履行一个真正企业家的家国责任。

"远大要坚定不移地走出去,赚外国人的钱,给国家创汇,才是真英雄。"从第一个海外项目至今,二十四载春秋已逝,远大累计创汇700多亿元,已在全球市场上站稳脚跟,成功打入了以美国、欧洲为中心的高端市场。建立了以新加坡为中心的东南亚市场,以英国为中心的欧洲市场,以澳大利亚为中心的大洋洲市场,以阿联酋为中心的中东市场,以阿尔及利亚为中心的北非市场以及俄罗斯市场。承接了美国芝加哥水景大厦、日本COCOON大厦、德国法兰克福航空铁路中心、俄罗斯艾菲塔、英国莱登办公楼、英国伦敦ODYSSEY大厦、科威特国家审计署、俄罗斯联邦大厦等550项海外重点工程,国内外共计3200多项地标工程,创造了数不清的"世界第一",成功将中国建造的旗帜插在了世界各地的地标之上。

远大幕墙品牌,连续13年入选ENR"全球最大250家国际承包商"榜单、累计9次获得ENR"国际工程设计企业225强"殊荣,是全球唯一入选的幕墙企业。今天的"远大"已经是国际幕墙市场上当之无愧的民族品牌领军者。

四、实干兴邦

多年以前,康宝华就提出了"民族远大"这一理想。他认为,作为民营企业的老板,一定要有振兴民族产业、报效国家的理想和志气,而这种理想和志气体现在企业经营管理之中就是一种责任,是把企业创造的财富管理好的责任。其核心内涵是民族精神,要为中华民族的伟大复兴干点实事,绝不是为自己挣点钱!

做企业,康宝华有自己的理想和抱负。那就是把中国人自己的品牌打入国际市场,留下民族的财富,让中华民族在世界上有地位、有荣耀。

2002年,康宝华投资2亿元建造了大型电梯制造厂,开发、研制、生产自己的民族品牌——博林特电梯,成为中国自主电梯品牌领导者,并连续10年在中国民族电梯品牌出口量中处于领先地位。

面对国家发展的战略需求,康宝华和他的远大再次挺身而出。2012年,远大电力电子科技有限公司应运而生,对国家重大专项子课题三代核电主冷却剂泵变频器发起攻关。历经十二载不懈奋斗,斥资超两亿元,远大终于突破国外技术封锁,成功解决"卡脖子"难题,其研究成果成功应用于国家两大重点核电项目,为国家能源安全贡献了关键力量。

远大每做一件事情,都可以看出康宝华打造民族工业品牌的梦想!

在康宝华看来,当前中国正处于发展的关键时期,作为一名党员企业家应该做些什么?那就是务实,别说空话。要让远大的员工过上幸福生活,要为家乡沈阳贡献税收,要为国家打造一个在世界上叫得响的民族品牌,以实际行动助力东北老工业基地的振兴,书写属于自己的"实干兴邦"篇章。

五、家国担当

有机构在中国做过一个调查:什么是体现企业社会责任的最好方式?在接受调查的企业家中,有1/3的人选择了同一个答案:既非公益慈善,也非安全生产,而是纳税。康宝华一直有一个理念"订单千亿并不是远大集团的首位目标,纳税百亿才是远大最看重的社会价值,纳税就是企业与社会之间的脐带,不可分割"。在康宝华领导下的远大一直把照章纳税、多纳税,作为企业自觉践行、承担的社会责任和义务。远大创立31年来,累计订单1800亿元,累计纳税110亿元。他用实际行动践行了自己百亿纳税的承诺。

康宝华认为,企业家的使命远不止于财富的积累,更在于培养未来、守护根基、贡献社会。他坚信:"作为一个企业家要对国家负责任,一生要做几件事:第一,培养人才,谁来接班,怎么能从经营管理各方面把企业打造成百年企业;第二,生前要把账目搞清,哪些是员工的,哪些是国家的,哪些是社会的,一定要清清楚楚,一分钱不差,对国家有个完整的态度和责任感。"他是这样说的也是这样做的。

为了让员工拥有更稳定的生活,康宝华自2009年起启动了"员工安居计划",斥资5亿元,先后分三期建设总面积接近50万平方米的员工福利房——"远大家园"。在建筑成本价的基础上,给予每户家庭补助1万元,共投入补贴款4000余万元,以每平方米房价低于市场价30%的价格出售给一线普通职工。一处房产意味着一个稳定的家庭,数千名员工一起,构成了一个稳定的社会面。

疫情时期,全球经济遭受了前所未有的冲击,国际海运费用成倍翻涨、汇率忽高忽低、时断时续的生产经营,让远大的财务状况一度出现了捉襟见肘的情况,几乎要开不出工资。"远大自成立以来,从未拖欠过员工工资,再难也不能难员工,员工没钱生活,社会面就会增加不稳定,大是大非面前,企业要有担当!"康宝华毅然决定减持股票给员工发工资,虽然坐拥2家上市公司,但在此之前,他从未在上市公司拿过一分钱。

康宝华深知,企业的成长应与社会的福祉同

> 竞争有序,优质优价;
> 尽职尽责,言而有信;
> 说到做到,民族未来。
> 管好企业财富;
> 管好业主财富;
> 管好国家财富。

康宝华题词

频共振。远大集团在全球业务的拓展中，带动了沈阳周边及阜新、朝阳等地区数十万人次就业，为出口创汇和贫困地区就业做出了贡献。自企业成立以来，累计对外捐款近亿元，用于支援辽宁重大活动、困难帮扶、抗震救灾、脱贫攻坚、社会助学、拥军、改善养老设施。

对于康宝华而言，企业家不是财富的占有者，只是财富的管理者，只有尽职尽责，财富才会滚滚而来。尽责就是责任，是对国家、对民族所承担的不可推卸的责任。康宝华越干越觉得自己没有财富，只有责任。企业越大，社会责任越大，越应该兢兢业业、如履薄冰。他深知，稳健的财务状况是企业持续发展的前提，更是履行社会责任的保障。

早在九年前，康宝华就以战略家的远见预见了建筑行业存在下行的风险，他坚持"早动早主动"，及时调整发展战略，放弃部分高风险合同，狠抓现金流，掀起了一场"缩表降负债"的经营改革。这是一场"做减法"的变革，降低了冗员度、负债率，缩减了负担较重业务的规模，带来的是企业的轻装上阵；是一场"退一步、进两步"的再实践，带来的是国际高端市场的扩大和国内市场的进一步深耕。如今看来，这场壮士断腕、刮骨疗伤的改革让远大集团保持了健康发展方向，进一步筑牢了基业长青的根基，成为了国内外高端客户稳健而信赖的选择。

当下的远大集团，轻舟已过万重山。企业早已度过转型的阵痛期，初步取得升级成果。2023年，远大集团资产负债率降至32.5%，财务结构进一步优化，整体状况更趋稳健，实现凤凰涅槃、浴火重生。

没有任何一个新时代不是从荆棘中趟出来的。康宝华认为，自己过去是一个平常人，国家和社会给机会，那就得扎扎实实做点事。面对新的历史机遇和挑战，康宝华把"奋斗"作为新时代的关键词，把为国家做贡献作为毕生的追求。对他来讲，时间太宝贵了，只有玩命工作，玩命奋斗，才能实现理想！

卓尔不群，匠心筑艺

——记深圳市卓艺建设装饰工程股份有限公司董事长王建中

深圳市卓艺建设装饰工程股份有限公司董事长　王建中

王建中，深圳市卓艺建设装饰工程股份有限公司董事长，毕业于华南理工大学土木工程专业，曾远赴美国乔治亚州理工学院、英国兰开夏大学专修大中型企业管理。目前担任中国建筑装饰行业协会常务理事、广东省建筑协会装饰分会副会长、深圳市装饰行业协会副会长、深圳市工业总会副会长、深圳市企业家协会、企业家联合会副会长、深圳市洁净生物工程行业协会副会长、深圳市福田区建筑装饰设计协会副会长等。曾获得"全国建筑装饰行业优秀企业家""大国装饰70年行业领军人物""建国60年建筑装饰功勋人物""中国建筑装饰三十年功勋人物""深圳市改革开放30年行业领军人物""深圳百名行业领军人物""首届深圳市装饰行业创新型人才"第十七届企业创新记录"创新贡献杰出人物"等荣誉称号。

在深圳这个中国改革开放的前沿阵地，这个充满传奇色彩的新兴城市，诞生了名闻全国乃至世界的优秀企业，培育了一大批中国新时代的企业家。深商，一个新的企业家群体，就这样崛起于南海之滨。他们洞察先机，敢闯敢拼；他们高瞻远瞩，务实笃行；他们以创新胆识、拼搏精神闻达于世，他们是深圳精神的缔造者和传承者，在新中国的发展历程中举足轻重，贡献突出。

深圳市卓艺建设装饰工程股份有限公司（以下简称卓艺装饰）董事长王建中，就是其中的代表。他1997年创立卓艺装饰，近30年来不忘初心，踏实笃行，专注于质量和服务，成就了中国商业空间装饰龙头企业——卓艺装饰。卓艺装饰现已成为中国商业空间装饰龙头企业，高端商业综合体和国际顶级品牌酒店总承包商，以承接国内外商业、高端品牌酒店项目的精装修工程、机电安装设计、施工工程、玻璃幕墙为主要业务，综合实力位列中国装饰百强第九名，所承接工程有近百项获评"鲁班奖""国家优质工程奖""中国建筑工程装饰奖"等。

卓艺，顾名思义，"卓尔不群，匠心筑艺"，王建中董事长愿景中的卓艺装饰，必须要坚守质量精品的核心，必须要深植引领行业发展的使命，守正出奇，卓尔不群。王建中董事长近30年来坚持活跃在项目和管理一线，以匠人的执着、企业家的胸怀、管理者的智慧，带领卓艺装饰在百舸争流的装饰市场引领潮流，稳健前行。

一、笃行实干，业盛于"精"

在创业之前，王建中董事长曾担任过深圳市某国企总经理，以其丰富的学识和坚毅果敢的管理，带领一个濒临倒闭的企业起死回生。因其表现卓越，曾分别远赴美国佐治亚理工学院、英国中央兰开夏大学进修。这些宝贵的经历和丰富的积淀，为他创立一家优秀的装饰专业企业奠定了必要的基础。

1995年，蜕变之初的深圳正值青春悸动，朝气蓬勃。特区正式建立15年，已经迎来发展的黄金时代。这一年，王建中董事长开始投身于建筑装饰行业。1995年，日本八佰伴商场在无锡投资开店，这是继上海八佰伴之后国内第二家大型日资商业百货。日本向来以精益求精的工匠精神闻名于世，对合作伙伴的选择同样严苛、慎重。历经重重沟通和磨合，日方最终选择了王建中董事长带领的团队负责商场室内装饰施工，这是王建中第一次"小试牛刀"。从项目伊始，他们就对项目给予了高度重视，管理优化，技术攻关，解决一个又一个困难和挑战，全力确保质量和工期。特别值得一提的是，仅凭当时国内现有的材料，他们成功研发出天花20年不开裂的施工技术，在装饰技术革新领域取得了第一次重大突破。

作为深圳拓荒牛精神的演绎者和传承者，作为深圳装饰的一份子，王建中董事长躬耕装饰领域，早在卓艺创立时就提出了"高质量出精品"的核心理念，带领卓艺人脚踏实地、自强不息、踔厉奋进，用专业精神、高尚品格、管理智慧取得了一个又一个斐然成绩。伊势丹、平和堂、亿珠美亚等日资企业纷纷抛来"橄榄枝"，成为卓艺装饰的优质合作伙伴，也对王建中董事长和卓艺装饰建立了高度信任。以严苛和认真著称的日资客户，对卓艺装饰的质量和服务极为赞赏，曾经直接"恳请"王建中董事长进行再度合作。日本平和堂株式会社的总经理曾这样评价卓艺团队："没想到中国有这么优秀的装饰队伍。"在诚信体系建设尚不完善的建筑装饰市场，王建中董事长却始终将良好的契约精神视为企业的宝贵财富，为卓艺装饰的不断腾飞注入了无穷的力量。

二、唯实唯稳，业精于"专"

回顾卓艺装饰的成长历程，王建中董事长用低调、务实、奋进、创变，亲身诠释出卓艺装饰的生命特质。卓艺装饰诞生的时期，正是装饰行业发展如日中天的时期，装饰企业如雨后春笋般崛起。初出茅庐的卓艺装饰，一早就奠定了扎实的质量和服务基础，在群雄逐鹿的深圳装饰及全国市场中站稳了脚跟，拓展了市场，获得了客户的认可，赢得了良好的口碑和赞誉。

近30年来，卓艺装饰奉品质为企业圭臬，始终勤勤恳恳，专注装饰主业，精雕细琢技术创新与项目管理优化，着力打造一个个精品工程，逐步确立了在商业空间、酒店、办公空间、幕墙等领域的行业领先地位。在卓艺装饰的荣誉榜上，精品工程不胜枚举：东莞悦榕庄酒店、珠海希尔顿酒店、深圳四季酒店、三亚海棠湾君悦酒店、成都JW万豪酒店、永旺梦乐城杭州钱塘新区项目、广州天河领展广场、海南海免观澜湖国际购物中心、宁波阪急商业项目、永旺梦乐城广州金沙洲项目、湖南平和堂、香港新世界百货、腾讯深圳前海新总部、深圳卓越前海金融中心、深圳万象天地写字楼、深圳前海华润中心、北京大兴国际机场、南京地铁宁和城际轨道、深圳湾华润瑞府公寓、深圳/天津中海油大厦、新疆益民大厦、华润置地温州雲玺幕墙项目、深圳北站超核万象中心、阜外华中心血管病医院、瑞中大厦幕墙、深圳阳光科创中心幕墙……

质量成就精品，服务制胜未来。王建中董事长为人之道，亦是治企之道。服务为先，客户至上，筛选优质客户，强化战略合作，实现双方共赢，是他的服务理念和行为准则。好的客户如同挚友，可以互为伯仲，共同成长，价值共赢。为持续提升客户体验，卓艺首创了与客户之间全新的合作模式，持续优化内部管理，提升项目管控能力，将项目竣工后"零维修"的全新施工管理思维置入履约过程，确保服务质量和客户100%满意。

"零维修"的理念渗透在项目施工的每一个环节，是精细化管理的一种体现。这在施工管理的全链条组织设计中体现得淋漓尽致。从生产前期即组织材料样板进行模拟演练，确认工艺工法及质量控制、技术交底；到施工过程中熟练掌握施工节点、方法，尽量做到事先预料，事前解决；从测量放线的标准化到深化设计的可实施性，每一个细节都必须做到规划到位，不留死角。重点难点问题必须提前交底；新型材料必须提前请专业工程师到现场进行实操讲授；工人提出不同意见，必须进行讲解纠偏，确保按计划施工，避免返工浪费现象发生。

"零维修"的理念始终贯彻于项目履约管理的全过程，像一根富有生命力的暗线，将优质高效的履约贯彻到底，将精品工程交付于客户手中，更将"卓艺品质"交付到客户"心"中。

"下一道工序就是我们的客户"的理念，是王建中董事长提出的另一项目管理理念，为卓艺的一次次履约和交付提供了保障。他还将这一工程管理理念延伸到公司的日常细节管理，让每一个员工牢记只有将自身工作做到完美才能保障下一环节的高效和质量。正是王建中董事长和高管团队以身作则，将这些管理理念贯彻于公司管理的方方面面，才打造出了如今精细化程度高、执行力强的卓艺劲旅。

三、卓尔不群，业化于"新"

"天地之德不易，天地之化日新。"革故鼎新、引领变革，是一个优秀企业持久生命力的源泉。王建中董事长深谙创新发展之道，在技术、管理领域不断推陈出新，先行先试。在建筑装饰行业不断转型升级的新时期，他积极顺应社会价值、大业主价值、终端客户价值的需求，在项目品质、服务模式、管理机制、性价比、品牌价值方面转型升级，主动迎接新发展阶段带来的新机遇、新挑战。

1. 管理方面

在国外的求学经历，让王建中董事长一早便接触到了国际先进的管理思想。创立卓艺装饰后，他便积极着力进行研究，先后引进ISO 9001、ISO 18001、卓越绩效管理模式等先进管理思想，结合卓艺公司实际情况，建立了新的质量管理体系，并全面应用于公司管理和项目管理。

在项目管理方面，公司一早就布局了信息化、数字化管理，在履约项目中实施可视化管理，不断提高总部—项目部的管控能力，降低管理成本，提升盈利能力。卓越的管理模式、精细化的管理体系为公司提高服务能力、提高履约水平发挥了巨大作用，也为新时期卓艺装饰的高质量腾飞奠定了坚实的基础。

2. 技术方面

卓艺装饰率先在国内成立BIM技术发展中心，并与德国顶尖的BIM Consult GMbit公司达成了战略合作意向，致力于发展BIM、3D打印（增材制造）和逆向工程的互通性、互逆性和协同性价值，并在实践中不断应用完善。2015年，卓艺装饰中标3.5亿元的海南海免观澜湖国际购物中心，商业面积达十多万平方米。该项目全过程采用BIM技术设计施工，是设计和施工时间最短的大型国际商业综合体项目。其中室外钢结构天幕工程，投影面积17000平方米，最高点距地33米，分高低9个区，用钢量约为3200吨，主要采用ETFE膜。在王建中董事长带领下，公司成立了课题研究组，针对施工超高、施工面积超大、天幕膜结构树状造型复杂的难题，研发出"超高大树状自膨胀ETFE天幕膜结构施工工法"，再次引领了施工工艺的革新。项目竣工后，甲方——观澜湖集团董事局主席对卓艺表示了高度认可和赞扬。

随后，卓艺装饰相继中标永旺梦乐城广州金沙洲项目、宁波阪急商业中心项目等，都是BIM技术应用的典范工程，卓艺装饰也由此收获了一大批客户的广泛认可，在行业内树立了领军地位。

此外，卓艺装饰多年来完成多项发明专利，主编了《购物中心建筑及管理技术规范》《绿色建筑室内装饰装修标准》《建筑装饰装修工程BIM实施标准》等十多项国家级行业标准，为建筑装饰行业的技术升级作出了突出贡献。依托BIM应用技术以及技术创新能力，卓艺装饰在节能环保、成品化、标准化、装配化方面持续突破，提高施工效率和品质，成为竞争激烈的市场中始终保持领先地位的法宝。

3. 设计方面

王建中董事长认为，博采中西众长、提升设计质量，是建筑装饰发展的灵魂。卓艺装饰坚持引进、培育优秀的设计师，不仅引进来自清华大学、中央工艺美术学院等高端院校的毕业生，还积极开创与国际知名设计机构的合作，与美国HBA、泰国LED、日本SAMBA、日本AMD、美国TCA、日本KKS、英国GA、美国WILSON、美国CALLISON等国际顶尖设计机构建立了长期合作关系。设计是龙头，卓艺很快集聚了一支精兵强将、骁勇善战的设计团队，形成了强大的设计生产力。

在"设计引领施工"的新周期，卓艺设计团队以专业精神和优质服务诠释着这一理念，大力发展EPC项目，为公司业绩添砖加瓦。VIVO全球AI研发中心、湖州美术馆、长沙平和堂、拉萨天海国际广场……卓艺装饰设计团队在"大音希声，大象无形"中蓄力蓄势，不断取得佳绩。

四、以梦为马，业恒于"心"

"弘扬工匠精神"已经上升为国家战略。对企业来说，对技术的至臻追求，对行业的至高尊重，是对"工匠精神"最好的传承和弘扬。

王建中董事长虽是企业的掌舵人，但在装饰行业拼搏了30年的他，更像一个兢兢业业的"装饰匠人"，将"匠心"诠释得淋漓尽致。不忘初心，永葆热爱，"争做装饰龙头"这件他认为最重要的事，一坚持就是30年。装饰行业已经走过高速发展的40年，他坚信，在新的历史时期，装饰企业依然要保持与时俱进，敢闯敢干，创造更新、更伟大的未来。

保持"匠心"，还体现在他对技术、对管理近乎苛刻的要求和追求上。如切如磋，精益求精是他作为一个装饰人的恒心和企业家的责任。正因为匠心如初，才成就了卓艺装饰如今完善先进的企业管理、客户服务，向高质量发展再迈进了一步。打造百年企业，大概是每一个企业家的终极梦想，王建中带领的卓艺装饰，也在这条伟大的道路上坚韧前行。

装饰之道，大可经天纬地，小可方寸之间。正如王建中董事长所信仰和坚持的，品质和服务乃立身之本，发展和传承是坚定使命，匠心如一，初心不怠。

着眼未来，建筑业高质量发展的大幕已经拉开。企业必须审时度势，不落后，不止步；纵然有更多挑战，既然选择了远方，就必须风雨兼程。

秉承匠心，砥砺前行，引领建筑装饰行业实现更好的发展，王建中董事长和他带领的卓艺装饰，始终如一，坚定不移。

初心三十载，热爱正此时

——胡忠明的诗意幕墙人生

武汉凌云建筑装饰工程有限公司首席技术总监　胡忠明

"初心贯穿始终，为热爱而奋斗，为梦想而坚持。"

——胡忠明

柯布西耶在《走向新建筑》中说，"所谓建筑，就是集中在阳光下的三维形式的蕴蓄，是一出精美的、壮丽的舞台剧。"建筑艺术是按照形态美的规律，通过建筑形象表现其文化及审美价值。在改革开放的浪潮下，建筑业经历了前所未有的变革，由最早"玻璃界域"的概念，到世界首例玻璃幕墙建筑诞生，再到现今全球幕墙行业蓬勃发展，建筑美学与节能环保等概念逐步走上国内历史舞台。

胡忠明入行比幕墙规范的诞生还早5年，作为国内最早一批涉足幕墙行业的先驱者，他在三十余载幕墙职业生涯中，设计创造国内第一个单元式幕墙、总控施工国内第一个真正意义上的双层幕墙、牵头BIM技术首次全方位应用于幕墙工程等。不仅承担起推动社会发展的使命，更是技术的实践者、创新的引领者，在不断自我审视、自我完善、自我突破中完成了一项项精妙绝伦的建筑艺术的诗意表达。

一、身露荷尖·锋芒毕现

1986年9月胡忠明开启了他的大学生涯，就读于上海交通大学的他选择了机械专业，系统学习机械原理、工艺及设计，深入研究机械结构和运动原理，这都为他尔后三十余年认真、严谨、求实的工作态度奠定了坚实的基础。1990年胡忠明正式进入武汉凌云建筑装饰工程有限公司，开启职业生涯。面对国内十分稀少的建筑幕墙工程案例、几近空白的技术层面参考，如何打造出国人自己的技术团队，可谓是摸着石头过河。作为一名初出茅庐且缺乏建筑相关知识的机械专业工程师，他面临着打破专业知识的界限和国内外参学无门的困境。

"一生二，二生三，三生万物，我要成为那个'一'。"青年无惧未知，唯惧不前。他利用自己对机械原理的深刻理解，迅速掌握了幕墙系统的构造原理和设计逻辑，打造了一套属于自己的专业知识逻辑。在凌云的早期项目中，胡忠明负责了多个幕墙系统设计工作，他的设计方案以其创新性和可靠性获得了客户的高度认可。职业生涯的起步阶段，他展现出的坚韧不拔的性格和勇于接受挑战的精神，让他直至如今仍在不断学习、不断革新自己的知识面，在竞争激烈的行业中站稳脚跟、独据一方。早期的挑战，不仅锻炼了他的专业技能，更塑造了他解决问题的逻辑思维和创新能力，这些品质和能力，为他三十余载的幕墙事业发展和推动幕墙行业变革发挥了至关重要的作用。

二、峥嵘岁月·成就卓绝

1. 成名

青岛电视塔项目的一战成名，让胡忠明在业界打响了名号。1995年，武汉凌云率先建立CAD中心，彻底甩掉图板搞设计。胡忠明作为行业第一批幕墙设计师，配合先进的软件工具，在项目初期主动承担起设计重任，亲自参与到每一个环节，积极使用电脑绘图设计，确保设计工作的高效和精准。同时，为验证数据的准确性，胡忠明亲自登上塔顶，进行实地的数据比对和测量放线工作。

青岛电视塔塔体高232米，海拔高度为348米，该塔为全钢结构建筑，由1400多吨钢材、1万多个钢件组成，被国务院研究发展中心权威评定为"中国第一钢塔"。青岛电视塔项目的成功，不仅为胡忠明赢得了业界的高度评价、极大地提升了个人声誉，更激励了更多设计师追求卓越，推动了整个行业技术的进步和设计理念的革新。

2. 纪元

中国第一个单元式幕墙工程——宁波华联商厦，开创了中国单元幕墙的新纪元，为中国幕墙行业40年发展史奠定了坚实的基础。1996年，胡忠明在认真研究国外先进单元幕墙技术的基础上，大胆研发和创新。在他的主导下，公司形成了自主设计、加工、组装和施工安装的能力，最后成功设计并完成这项全国首例单元式幕墙工程。

该工程不仅创造性地设计了首例单元式幕墙，荣获多项国家专利，更让胡忠明帮助公司逐步形成集设计、加工、组装、施工安装于一体的多元化能力。该工程的成功实践，不仅开创了中国单元幕墙的新纪元，也让凌云幕墙在国内站到了单元幕墙技术的制高点。

3. 新高

北京新源大厦项目是国内第一个真正意义上的双层幕墙项目，由德国GMP设计，整体造型优美、线条舒缓。1999年，胡忠明凭借精湛的设计水平和管理实力，成为武汉凌云建筑装饰工程有限公司总工程师，全面主持凌云技术工作，也就此开启职业人生新高度。面对国外设计师，他带领设计团队与GMP设计团队紧密合作，确保设计方案的本土化适应和施工可行性，通过跨文化沟通，解决了多项技术难题。通过科学的施工组织设计，缩短了工期，提高了施工效率。

作为灵魂人物，胡忠明推动了多项施工技术的创新应用，特别是在双层幕墙系统的安装过程中，采用了新型材料和施工工艺，提升了建筑的节能性能和耐久性，确保了项目的顺利进行和最终的圆满完成。新源大厦的成功建成，不仅为北京增添了一座标志性建筑，而且在国际业界层面展示了他在建筑设计和施工管理领域的专业实力。这些都提升了他在业界的声誉和影响力，也进一步促使他在追求技术创新的道路上一往无前。

4. 创未来

"我们终将被'人工智能'替代，建筑幕墙也会有更智能的生产方式。"在建筑行业的漫长发展史中，每一次技术的革新都伴随着生产力的飞跃。胡忠明时刻关注与预判着未来技术发展的趋势，为此他率先组建了BIM数字化团队，团队利用BIM技术，实现了建筑信息的集成管理，优化了设计流程、设计阶段预见解决施工中可能出现的问题，大大减少了工程风险和成本，不仅提升了团队的工作效率，也为建筑幕墙行业的发展开辟了新的道路。

2010年，建筑幕墙BIM技术终于迎来了一项可以全方位验证和实践的优质异形项目——北京银河SOHO项目。胡忠明带领技术团队首次将BIM技术全方位应用于建筑幕墙工程，这一创新实践极大地提升了幕墙设计的精确性和施工管理的效率。BIM技术的应用可以在三维数字模型中对幕墙的每一个细节进行精细设计和模拟，从而在施工前预见并解决潜在的设计冲突和施工难题。在施工过程中，BIM模型提供了实时的施工进度监控和材料管理，优化了施工流程，减少了材料浪费，并且提高了施工安全性。

作为公司的总工程师，不仅要策划设计方案，更要考虑其施工的可行性和便利性，他带领团队突破常规做法，"一种用于檐口及吊顶铝板幕墙安装的轨道式平台系统"应运而生，经过现场安装检验，此方法灵活便捷、可操作性强，可多楼层、多作业面同时展开施工，顺利突破了工程施工瓶颈。这些创新成果，最终也形成了多项国家专利和军队工法，在业内得到一致认可并广泛推广。此外，BIM技术的应用还为银河SOHO项目带来了环境效益，通过精确的能源管理模拟，设计出了更加节能的幕墙系统，符合绿色建筑的标准，为北京这座现代都市增添了一抹环保的色彩。

依托BIM技术，可由3D模型自动生成幕墙加工图，大大降低了人力成本、时间成本和设计出错率，极大地解放了幕墙设计生产力，成为幕墙企业实现主体建筑设计理念、抢占幕墙高端市场的核心竞争力。由胡忠明领衔研发的"基于BIM模型的零件加工图自动生成系统应用"课题项目，获得武汉市创新人才开发资金资助。"基于BIM技术的物料管理系统的研究及应用"课题项目，获得武汉市东西湖区金山英才开发资金资助。

胡忠明深知团队的力量，他在团队建设上投入了大量的精力。他所带领的团队汇集了众多热爱研究和创新的人才，他们共同为建筑幕墙技术的发展贡献力量。他也非常注重团队成员的多样性，认为不同的观点和思想能够激发更多的创新火花。在工作中，胡忠明给人一种不苟言笑的严肃感，但了解他的人都知道，这是因为他热爱思考，沉浸在项目的技术研究中，他注重创新，追求卓越，更重视团队成员的个人成长和团队的整体进步。胡忠明的用人观点是包容和开放的，他欢迎新人和不同的观点，以促进团队的共同发展。

人工智能对建筑行业的潜在影响是深远的，胡忠明对行业未来的预言，是另一种对当前和未来从业者的号召，只有不断适应和引领技术变革，建筑行业才能在新时代中焕发出新的活力。人工智能作为新一轮工业革命的驱动力，正逐步渗透到建筑行业的各个环节。从设计阶段的智能优化到施工过程中的自动化机械，再到后期运维的智能监控，如何确保技术的安全性和可靠性？如何培养能够适应新技术的人才？如何制定相应的行业标准和规范？面对这些挑战，他始终保持着开放的心态和创新的精神，并鼓励团队成员积极适应变化，不断学习和掌握新技术。在他的带领下，团队不断探索人工智能在建筑幕墙领域的应用，力求在智能化浪潮中占据先机。

三、使命担当·幕墙前沿

作为最早一批的幕墙前沿技术引路人，胡忠明不仅创造了无数成就，更亲手编制了行业的主要规范和标准，引领行业技术有序发展，培养了行业内30多位总工程师和总经理。已过知命之年的他早已功成身就——中国建筑金属结构协会理事、湖北省建筑装饰协会第四届副会长、中国建筑装饰协会资深幕墙专家、中国建筑金属结构协会铝门窗幕墙委员会专家、中国工程建设标准化协会建筑幕墙门窗专业委员会委员等，这些荣誉是他为行业发展付出的最好证明。作为公司的技术领头人（总工程师25年），引领着凌云技术团队始终坚持着"国内一流，在国际上有影响力"的目标，以技术品牌型幕墙公司的实力和优势，保持着中国知名幕墙公司地位，成为行业领跑者。

从最早的无标准可依，到国家、行业标准规

范健全的今天，胡忠明发挥了重要的作用，他先后作为主要编写人参编和审查了《玻璃幕墙工程技术规范》JGJ102—2003、《金属与石材幕墙工程技术规范》JGJ133—2001、《建筑玻璃应用技术规程》JGJ113—2009、《采光顶与金属屋面技术规程》JGJ255—2012、《建筑门窗幕墙用钢化玻璃》JG/T455—2014、《建筑玻璃采光顶技术要求》JG/T 231、《上海市建筑幕墙工程技术规范》DGJ08-56—2012等30多项幕墙、结构、BIM、光伏技术标准和规范。

胡忠明先后获得国家专利40余项，发表专业论文20余篇，获得了中国建筑金属结构协会授予的改革开放40年"功勋人物"、中国建筑金属结构协会授予"行业优秀专家"、武汉市"创新科技人才"、武汉市临空港经开区"金山英才"、凌云集团"科技先进工作者""优秀领导干部"等荣誉，为推动幕墙行业的发展做出了贡献。

"个体的发光发热是职业生涯的需要，光芒惠及到周围才是真正的职责担当。"胡忠明希望通过自己的努力，推动建筑幕墙技术的发展，为建设更加美好的城市环境做出自己的贡献。对事业的热爱和对社会责任的承诺，支撑着他在三十余载幕墙行业的道路上不断前行，不断超越。能够为自己热爱的事业而奋斗终生是一件无比幸福的事情。面对未来，他表示将继续以饱满的热情和不懈的努力，推动建筑幕墙技术的发展，为城市的繁荣贡献自己的力量。

四、初心热爱·思忖未来

当前，建筑行业正在经历着一场深刻的变革：一方面，市场需求的波动、资源的紧张、环境的压力等因素都给行业带来了不小的挑战；另一方面，新技术的应用、新材料的涌现、新理念的推广，又为行业的发展注入了新的活力。胡忠明站在行业的风口浪尖，面对着前所未有的挑战和机遇。随着人工智能和数字化技术的飞速发展，他深知只有不断调整自己的心态、积极拥抱变化，才能在这场变革中立于不败之地。

对建筑幕墙技术的不懈追求和对创新的执着探索，始终是自己的核心竞争力，以更加开放和包容的姿态，去接受新的思想、新的方法、新的技术，不断学习和进步，才能在激烈的市场竞争中保持领先。胡忠明积极倡导团队成员保持学习和创新的热情，鼓励他们敢于尝试、勇于突破。为此，他采取了一系列策略，以确保自己和团队能够不断进步。

1. 注重基础知识的学习

无论是技术的发展还是理念的创新，都离不开扎实的基础知识。因此，他不仅自己不断学习新的理论知识，还鼓励团队成员加强基础知识的学习，以提高整体的理论素养。

2. 注重实践经验的积累

只有将理论知识与实践相结合，才能真正提高解决问题的能力。因此，他积极参与各种项目实践，不断总结经验、发现问题、优化方案。同时，他也鼓励团队成员多参与实践，通过实践来提升自己的技能和能力。

3. 注重跨界学习和交流

不同领域的知识和经验往往能够相互启发、相互促进。因此，他积极与其他领域的专家进行交流和合作，不断吸收新的思想和方法，以拓宽自己的视野和思路。

4. 注重团队协作和共同成长

个人的能力总是有限的，只有团队的力量才是无穷的。因此，他注重培养团队的协作精神，鼓励团队成员相互学习、相互帮助，共同面对挑战、共同解决问题。

"时人不识凌云木，直待凌云始道高。"30余载的行业领军经历，胡忠明始终保持学徒的心态，将初心与未来放于心间、悬于眼前，将贯穿始终的学习言传身教于他人。热爱源自对建筑美学的追求和对技术创新的渴望，建筑扎实的春笋林立、幕墙诗意的艺术设计表达，每当一项项创新技术得以应用，都让这颗萌动的初心如雏鸟般散发生机。

商业与公益并行的社会担当

——记深圳市博大建设集团有限公司董事长、深圳市博大公益基金会理事长张炳来

深圳市博大建设集团有限公司董事长、深圳市博大公益基金会理事长张炳来

在中国建筑装饰行业中，有这样一位企业家，他不但用非凡的商业智慧引领企业在商业海洋中破浪前行，而且更有一颗温暖而坚定的公益之心，大爱至诚，为贫困山区儿童教育点燃希望之光，用实际行动诠释着企业家的社会担当。他的博爱善举，展示了新时代企业家的精神风貌。

他就是深圳市博大建设集团有限公司董事长（以下简称"博大建设集团"）、深圳市博大公益基金会理事长（以下简称"博大公益基金会"）张炳来。他的成功体现在其敏锐的商业嗅觉和不懈的奋斗精神，更体现在他对社会公益事业的使命担当和无私奉献。

一、伟大梦想起航

2021年9月，张炳来先生接受深圳市博大建设集团有限公司创始人徐凯宏先生的邀请，正式决定加盟博大。9月22日上午，博大建设集团在总部三楼大堂隆重举行张炳来先生的就职典礼，创始人徐凯宏致欢迎词，与在总部办公的全体人员共同见证这一历史性时刻。

"我将以新的姿态、新的境界，与全体合伙人共商共谋、互相包容、严于律己、廉洁奉公，以优异的业绩回报公司，倾尽全力，不辱使命！"张炳来在就职典礼发表宣言。

"我非常敬佩张炳来先生强大的正能量、卓越的管理能力、浩瀚的行业资源。张炳来董事长的加盟为博大建设集团这艘巨轮再增添一个强劲的发动机，我对博大未来发展更加有信心！让我们携起手来，团结协作，共创伟业！"创始人徐凯宏表达了对张炳来先生带领博大建设集团突破瓶颈再攀高峰的殷切期望。

2022年4月，张炳来董事长带领团队前往福州代表博大建设集团与曹德旺进行多轮磋商，博大建设集团的室内外设计方案、施工能力得到了曹德旺的高度认可，博大建设集团从20余家国内

头部装饰企业的竞争中脱颖而出,最终正式签订造价超3亿元的福耀科技大学室内外装饰总承包(一期)合同;随后,博大建设集团又中标了造价5000万元的福耀科技大学国际交流中心,最终合同额达3.5亿元。

博大建设集团成为玻璃大王曹德旺指定的唯一一家室内装饰、幕墙及机电智能化工程的合作单位。这是新任董事长张炳来交给创始人徐凯宏和董事、股东的首张亮眼成绩单。

相关业内人士指出,博大建设集团得到追求极致精神、对项目要求苛刻的曹德旺的认可,参与福耀科技大学项目建设,对博大建设集团的项目施工管理能力是一次大考验,也将是博大建设集团项目管理水平提升的一次绝佳机会。对博大建设集团而言,福耀科技大学的项目中标意义远不止这个3.5亿元的大单。在张炳来董事长看来,这是博大建设集团在高等院校建设领域EPC工程上实现的新突破,是博大建设集团"以设计带动施工,深耕EPC总承包工程"发展战略的新实践。更为重要的是,博大建设集团能够牵手福耀科技,是博大建设集团企业文化与福耀科技企业文化的一次深度碰撞和融合。

福耀科技大学项目土建、幕墙与内装同时施工,极大地考验着博大项目部的施工组织管理能力。董事长张炳来经常深入一线,前往福耀科技大学项目调研指导工作,与福耀集团董事长、河仁慈善基金会第一理事长曹德旺先生就项目履约情况进行会谈,并实地察看项目建设情况。在张炳来董事长的挂帅指挥下,博大建设集团项目部迎难而上,以长计划、短安排、快执行的施工方针,统筹协调甲方、土建、监理等单位,成功实现工程施工进度超预期,赢得曹德旺先生的高度赞扬。

在张炳来董事长的带领下,博大进一步加强了项目全流程的精细化管理,并提出了"守""稳""新""进"四字战略方针,率领各部门落地执行。经过近三年时间的检验,四字战略方针已经开花结果。

2022年博大建设集团业绩稳步增长,新签合同额和产值同步实现两位数增长,其中新签合同额达到188.37亿元,同比增长12%,产值增长16.9%;2023年,博大建设集团新签合同额达195亿元,产值突破百亿元大关,全国各地公招项目不断落地,标志性项目接连中标,风险把控愈发完善,全流程工程管理逐渐完善。

目前,以"80"后、"90"后年轻同志为主力的博大建设集团新一届高管团队组建完成,张炳来挂帅董事长,这让人们对博大建设集团的未来有了无限想象。

面对房地产行业遇到的前所未有的困难,经济放缓造成建筑装饰行业整体周期向下,市场增速持续放缓,张炳来董事长审时度势,带领博大建设集团在变革之中求创新,融合之中赢发展,进一步强化管理系统,制定了一系列风控标准化文件,企业经营效率明显提升,闭环管理备受赞赏,企业发展又迈入了一个新的里程碑。

阅尽征程好风光,更有胜景在前头。如今,张炳来董事长正带着公司全体主管干部和员工以更加饱满的工作热情,向着他所提出的发展战略出发,让公司踏上一个新的发展里程碑。在他心中,有着一份执着的追求,那就是:扎根装饰行业,为其壮大发展奉献自己的所有力量。

二、热衷公益奉献爱心

张炳来对侗乡黎平念念不忘,尤其是那里纯正的民风、朴实善良的村民,每每想起都使他热泪盈眶。村民对他的帮助他一直铭记在心,并且从那时起,报恩的意愿便深深地扎根在他的脑海里。随着生意的不断扩大,他认为报答侗乡黎平的条件已经成熟。

2015年,在张炳来董事长的牵头和组织下,博大建设集团成立了公益基金会。在博大公益基金会名誉理事长徐凯宏先生、博大公益基金会理事长张炳来先生的带领下,基金会开展了系列公益活动。

截至目前，博大公益基金会已在贵州省黎平县捐建了5所综合型希望小学，满足了附近村落的教育教学需求。

凭借"集聚爱心、传播爱心、奉献爱心"的公益理念以及对公益教育事业的无私奉献，作为基金会的理事长，张炳来不仅个人捐资，还亲力亲为，发动身边的亲朋好友共同参与到公益慈善事业中。

此外，对于黎平县品学兼优的贫困家庭孩子，张炳来理事长一直以个人名义默默资助。2015年，他给予考取北京航空航天大学、山东医科大学等大学的11名品学兼优的贫困留守女孩每人1万元，作为她们的报名费和生活费，并承诺一直资助到她们大学毕业。

作为博大建设集团董事长，张炳来是成功的企业家，带领博大人众志成城、勠力同心、不断进取、不断超越，屡创佳绩；作为博大基金会理事长，张炳来是热心的慈善家，为贫困山区带去福音，为中国的教育事业发展带去希望。

饰界无限，筑梦楚天

——记湖北建筑装饰企业家熊钢发

湖北建筑装饰企业家　熊钢发

熊钢发是一位来自湖北的建筑装饰行业著名企业家，他出生于1960年6月，曾在湖北大学、中共湖北省委党校、清华大学工商学院EMBA等机构学习。熊钢发于1995年进入武汉建工集团装饰工程有限公司，历任党委副书记、党委书记、总经理。后奉调湖北重点项目武汉国际会展中心任副指挥长、武汉金山建筑装饰工程有限公司任总经理。2003年，再次进入武汉建工集团装饰工程有限公司，历任总经理、董事长。2019年，企业改革组建武汉武建装饰集团股份有限公司（简称武建装饰集团）任党委书记、董事长。熊钢发连任武汉市江岸区第十五届、第十六届、第十七届人大代表，同时担任中国建筑装饰协会常务理事、湖北省建筑装饰协会副会长、武汉建筑装饰协会会长等职务。从事建筑行业45年，从事建筑装饰行业30多年，作为企业领导近30年，作为行业领导10多年，熊钢发始终坚持党的领导，坚持以党的建设引领企业经济、文化全面发展，始终坚持改革创新，推动地区行业与时俱进，走高质量发展之路，始终坚持使命初心，坚持匠人匠心，坚持精益求精，为社会创造建筑装饰工程精品，致力于将武汉建筑装饰行业打造成环保创新的践行者和绿色发展引领者，赋能城市现代魅力建设和城市生活品质提升。

一、受命于危难之际

2003年，随着建设行业不断向前发展，原有的企业管理模式随着社会的不断发展、基建规模形式的不断变化，逐渐影响到了企业自身的发展。总承包、专业承包、劳务分包，大量的农民工进城，冲击了建筑市场以及自有队伍的劳动力市场。一方面，经济观念落后，国有机制不活、转型不快，经营业务严重不足；另一方面，企业经济遇到严重困难，大量的职工下岗、待岗、分流。这是国有企业当时遇到的相同的发展瓶颈。

武汉建工集团装饰工程有限公司与当时众多国有企业一样，企业经济遇到严重困难。国家当时正对国有企业推行"抓大放小"的改革工作，武汉建工集团装饰工程有限公司作为武汉建工集团的专业配套企业在改革计划中已被列入"放小"之列。但是，当时企业甚至连领导改革的主要领导人都难以选出。艰难之际，熊钢发接受上级党组织派遣，回到武汉建工集团装饰工程有限公司领导改革。

1995年，熊钢发受组织派遣到武汉建工集团装饰工程有限公司任党委副书记，因政治站位高、工作能力强、业绩表现好，很快就受到组织重用，提拔为企业主要领导人，先后出任企业党委书记、总经理。1999年，因武汉重点工程武汉国际会展中心项目的工作需要，奉调出任该重点工程副指挥长。熊钢发专业的功底、勇毅的决断、笃实的作风、亲切的态度给企业广大职工留下深深的印象。

熊钢发这次回到武汉建工集团装饰工程有限公司与以往不一样。这次他是要放弃国家体制内的身份，领导企业进行民营改革。回到企业之前，熊钢发已经在武汉建工集团旗下一家企业担任总经理，已是一名具有一定级别的国有企业领导干部。经过激烈的思想斗争，做通家人的思想工作，熊钢发选择服从上级党组织安排，毅然回到企业，进行民企改革，领导企业发展。

回到武汉建工集团装饰工程有限公司后，熊钢发面临的是比8年前大得多的困难，职工人心混乱、涣散，经营业务量小质差，企业资金严重不足。面对如此艰难困苦的局面，熊钢发一面与企业中高层领导干部剖析时势，交心谈心，以求取共同发展最大公约数；一面向职工宣传改革形势与政策；一面广泛发动、竭力运用各种资源寻求业务；一面优化改革方案，甚至在最艰难的时候以身作则动员企业领导层拿出自己的房产证做抵押，为企业谋得银行贷款。根据国家政策，经过上级组织的认证、审查、公示，武汉建工集团装饰工程有限公司于2004年底完成从国企到民企的改革。武汉建工集团装饰工程有限公司以熊钢发为首的管理层以承债持股的方式对企业成功进行民营改制。

企业改制以后，在熊钢发的带领下，武汉建工集团装饰工程有限公司焕发时代精神，勇立改革潮头，锐意创新。经过二十年的发展，形成了以深厚国有企业优良底蕴与全新的民营机制有机结合的现代企业。通过不断转型升级，企业发展成为以建筑装饰、建筑幕墙设计施工为主，集科研、机电安装、物业和劳务管理于一体的城市建设装饰领域龙头企业。

二、72小时完成一项装饰工程

2005年初春，国家铁道系统调整，武汉铁路局升级改造调度指挥中心。该工程要求极高：一是专业性强，须满足铁路调度指挥的各种功能；二是配套施工多，有强电、弱电、空调与消防；三是工期极短，须在尽可能短的时间内投入使用，因为华中地区乃至全国的铁路运输调度指挥不能有任何耽搁。确定这项任务时已是星期六，而在下个周四必须启用新的调度指挥中心。

当时，武汉铁路局紧急在系统内作了广泛动员，又联系当地多家大型建筑企业，没有一家企业能答应完成这项施工任务。经武汉建筑装饰协会推荐，武汉铁路局领导在那个周日的早上找到熊钢发，问武建装饰能不能在3天内完成此项任务时，熊钢发非常响亮而又坚定地说："我们能，我们企业号称铁军，天安门城楼我们都翻新维修过，武汉市重点工程抢工都是安排我们上。"

接到这一光荣而又艰巨的施工任务后，熊钢发立即驱车前往武汉铁路局工地现场，在车上发出1号指令：所有人取消休假，一律去现场办公；设计所到达现场时须拿出设计施工方案，工程部在当天组成强大的项目管理团队，材料部通知相关材料分供应方负责人同时赶赴现场，劳务公司通知劳务分包方负责人立即组织工人迅速赶赴现场待命。

事情紧急，千头万绪，熊钢发沉着应对，指挥若定。熊钢发2001年曾在武汉市重点工程武汉国际会展中心任副指挥长，负责现场施工组织，指挥过建筑大军立体作战，现场施工组织经验异常丰富。

他首先与设计部门根据现场实际迅速确定设计方案：所有管线按强弱电在地板下分槽铺设；天棚安装铝格栅，空调、消防同步安装；墙面与梁柱装饰铝塑板；门窗安装成品；地面铺设抗静电地板。该设计方案立即得到武汉铁路局的认可。熊钢发又快速确定施工方案：24小时施工，人歇工作面不歇；管理人员分为日夜两班倒；作业人员分为三班倒；在现场就近租下宾馆供大家休息。

熊钢发集中公司的精干力量，组织了300多人的装修作业团队，通过72小时地不间断作业，保质保量地完成了武汉铁路局调度指挥中心升级工程，保证了国家铁路系统此次调整在通信调度指挥上的无缝连接，保证了全国铁路系统的正常运营。武汉建工集团装饰工程有限公司这次突击施工受到了武汉铁路局的高度赞扬与充分肯定，后续将多项工程交由企业实施。

三、企业改革发展的总设计师

熊钢发作为武汉建工装饰集团股份有限公司的党委书记、董事长，拥有广泛的商业视角和丰富的管理经验，能够从宏观角度把握行业发展趋势，积极带领企业不断进取突破。他是公司改革发展的领导者、总设计师，主导公司历次改革，对公司的发展做顶层设计。

2004年，按照国家政策，武汉建工装饰集团对企业进行民企改制以后，熊钢发作为第一任领导，力主将竞争机制引入企业，部门负责人及以下岗位一律竞聘上岗，内部形成"能者上庸者下"竞争态势，以激发有为员工的上进精神。很快就打破了以前懒政无为、混待遇、蹭大锅饭的不良局面。企业的干部职工积极进取，你追我赶，敢打敢拼，企业迅速恢复了生机，走上发展的正轨。

2017年，企业发展到了新的阶段，大部分改制时的老股东老员工都已退休。年轻人需要发展空间，需要发展平台。熊钢发认为企业要发展，必须走集团化式的发展道路，要搭建多个平台，把能够做事、愿意做事、想做事的年轻同志留下来，给他们平台。本着这种思想，熊钢发又主导企业进行第二次内部改革，以原来的武建装饰公司为班底组建了集团公司，下面有七个独资、参股和控股企业，企业多了几个发展平台与效益增长点。

熊钢发倡导让贤，就是让位置。老同志退居二线多做做帮扶、补台的工作，给年轻同志扫清障碍，让年轻同志放开手脚去拼搏。熊钢发倡导让利，就是让利益。老的股东到退休年龄之后，采取企业补贴的形式回购他们一部分股份，再通过奖励形式给年轻人一部分，采取股权激励措施把人才吸引到企业中来，让他们成为主人，安下心把企业当家，大家一起为企业共同努力。

2024年，企业发展了70年，正在向第80年奋斗。熊钢发又为企业制定了新的发展愿景，那就是"传匠心精神、做百年企业"。武建装饰从1954年成立走到今年共70年，一代代武建装饰人留下了很多宝贵的财富，归根到底就是爱企业、热心企业，把企业当家、做企业的主人。而且骨子里有迎难而上、不畏艰难的精神，这一切要传承下去。熊钢发说："企业长青，就是我们武建装饰人最大的愿望"。

四、不忘初心，牢记使命，保持本色

武建装饰集团虽然是民营企业，但熊钢发一直要求企业坚持党的领导。一是建立健全党组织。无论企业经济组织的形式如何变化，熊钢发坚持将党组织同步建立，以加强党的领导。二是坚持理论学习。熊钢发坚持组织学习党的历届全会精神，学习习近平讲话，用党的理论武装领导干部的思想，提高他们的政治觉悟、政治立场、政治站位。三是坚持在年轻员工群体中宣传党的政策。组织积极分子学党章、学党史，接受革命传统教育，将优秀的年轻干部发展加入党的组织。

熊钢发坚持领导企业践行社会责任。1998年组织职工抗洪，在龙王庙抢险、在谌家矶堵管涌。2008年组织职工抗震，往四川奔汉源，搭板房建学校。2020年组织职工抗疫，把打赢疫情防控人民战争、总体战、阻击战作为重大政治任务来抓，快速响应，迅速行动。组织职工先后完成了24小

时内对武汉市第四医院古田院区进行疫情防控隔离装修改造；完成了驰援武汉火神山医院紧急装修施工任务；完成了对湖北省防疫总指挥部突击改装新风换气系统任务；完成了武汉亚心总医院防疫装修改造工程；完成了援建江汉开发区方舱医院。熊钢发长期坚持组织职工捐款帮扶辖区贫困乡村，回馈服务社会，践行初心使命。

五、装饰行业领头雁

2014年，经组织考察、民主推荐、全体会员表决通过，熊钢发出任武汉建筑装饰协会第七届理事会会长，也是武汉建筑装饰协会企业家协会的首任会长。

熊钢发领导协会坚持以习近平新时代中国特色社会主义思想为指导，以党建统领协会各项工作。熊钢发以其敏锐的洞察力和前瞻性思维，为协会制定了清晰而务实的发展战略。熊钢发明确了协会在推动行业创新、规范市场秩序、加强会员服务等方面的长期目标和阶段性任务，为协会的发展指明了方向。熊钢发展现出了卓越的领导才能、深厚的行业知识和无私的奉献精神，为协会的发展和行业的进步做出了显著贡献。

熊钢发始终坚持依法办会，依靠企业办会。武汉建筑装饰协会的社会知名度及影响力不断提升，会员企业由原来的二十余家发展到近700家。协会组织机构逐步健全，现设6个分支机构，即公装、家装、幕墙门窗委员会，暖通、设计、材料分会，涵盖了建筑装饰行业各个领域，适应了行业发展的需要。

熊钢发在担任武汉建筑装饰协会会长期间，工作表现出色，成绩显著，得到了全体会员的高度认可和赞誉。在熊钢发的带领下，武汉建筑装饰协会将继续蓬勃发展，与广大会员单位紧紧依靠在一起，形成有实力、敢拼闯、打硬仗的建筑装饰战队，为行业的高质量发展做出更大的贡献。协会通过武汉市民政局的社会组织等级评估，获评4A级社会组织。在推动党建工作与业务开展同频共振、开创社会组织发展新格局等方面备受政府部门认可。行业产值已达到150亿元的规模，会员企业700多家，使建筑装饰发展成为武汉市建筑业的重要组成部分。

熊钢发的突出表现与杰出贡献受到各级党组织和政府的认可。熊钢发先后荣获武汉五一劳动奖章；荣获爱心劳模企业家、劳模抗疫先锋、老劳模新贡献标兵等荣誉称号；连续十多年先后被评为武汉建筑装饰行业优秀企业经理、优秀企业家、杰出企业家，湖北省优秀建筑装饰企业经理，全国建筑装饰行业优秀企业家、全国建筑装饰行业杰出成就企业家、中国建筑装饰三十年优秀企业家。

盛德日新

——张波和武汉建工华达的匠心筑梦之路

武汉建工华达建筑装饰设计工程有限公司董事总经理　张波

张波，武汉建工华达建筑装饰设计工程有限公司法定代表人、董事总经理，中国建筑装饰协会常务理事兼幕墙分会副会长，《中国建筑装饰装修》杂志主编，武汉市直青年联合会常委。先后荣获"全国建筑装饰行业杰出女性·杰出女企业高管""湖北省建筑装饰优秀企业经理""武汉建筑装饰行业优秀企业经理""武汉建筑装饰行业优秀企业家""武汉建筑装饰协会30周年杰出女企业家"等称号，是建筑装饰行业优秀的企业家。

一、根源与萌芽：张波的早年生活与领导风格的雏形

在浙江的秀美山水和湖北的热烈风土中，张波——这个家中最小的女儿，她的生命故事悄然展开。籍贯浙江，出生于湖北武汉，张波的父母是高级知识分子，他们严谨的治学态度和深厚的文化底蕴，为张波的成长环境注入了浓郁的书香氛围。家庭的影响是深远的。父母的言传身教加上武汉敢为人先的城市特色，让张波养成了豪爽、勇于尝试的性格，同时又因是家中最小的女儿，她学会了细腻和关怀他人，这在她后来的职业生涯中成为她领导风格的独特标志。她的早期职业选择，虽然经历了几次转变，但每一次都创造出了超出岗位的惊人业绩，这些岗位也给她带来了新的经验和洞察，为她的领导之路奠定了基石。

这些早年经历和家庭背景，如同生命的养分，滋养着张波的性格和才华。她兼具的魄力和细腻，都在她后来的职业生涯中得到了充分的体现。这一切，都源于那个充满爱和智慧的起点。

二、探索与磨砺：张波在武汉建工华达的早期生涯

作为公司的初创成员之一，张波面临着多方面的挑战，很多事情都等着团队去探索和创立。公司的第一张营业执照、第一份企业资质、第一本安全生产许可证、获得的第一个奖项、第一份企业管理制度，都倾注了她很多心血，公司成立初期的每一天都充满了责任和挑战。

在成立初期，公司还面临着资源有限、环境不确定的挑战。这个过程中，不仅锻炼了张波的领导能力，也塑造了她的领导风格。她的决策果断、眼光长远，同时注重细节和团队协作。在初

创领导团队的共同努力下，武汉建工华达在激烈的市场竞争中站稳了脚跟。

在武汉建工华达的初创时期，张波展现了她主动工作的精神，她积极参与到公司的各项事务中。从内部管理到市场经营再到商务策划，她都全力以赴，力求做扎实做完美。这些早期的经历和努力，为张波日后成为公司总经理打下了坚实的专业能力基础。因此，每当她到项目现场检查时，总能迅速发现问题并给出解决方案，这正是她早期积累的丰富经验和专业能力的体现。

三、引领与突破：张波在武汉建工华达的重要决策与执行

在武汉建工华达的发展历程中，张波扮演了至关重要的角色。她的领导力和决策能力，在公司的几个重要时期发挥了关键性的作用。

首先，公司近30年的发展生涯中，经历了2次体制变化，从中外三方合资企业转变为全民营企业，再由全民营企业成为混合所有制企业，每一次变革都是顺应政策，顺势而为，但也伴随着巨大的挑战。张波和其他核心管理团队成员一起积极应对，不仅确保了公司平稳过渡，还为公司在新体制下的发展找到了新的动力和方向。

其次，在重大社会担当行为中，她带领团队展现了企业的社会责任和担当。特别是在参建火神山医院和汉厅等重大工程中，他们面对的是前所未有的挑战。这些项目不仅难度巨大，而且时间紧迫，对公司的资源和能力都是巨大的考验。然而，张波凭借她的魄力和信心，以及她全面的专业能力，成功地领导团队完成了这些任务，不仅赢得了社会的广泛赞誉，也极大地提升了公司的声誉和影响力。

在每一天的日常经营管理中，张波也总是能够破解悬而未决的问题，为公司的发展开创道路。她不仅能够准确地识别问题所在，还能迅速制定出具体的解决方案。她的这种能力，使她在公司内部赢得了极高的尊重和信任，也为公司的发展提供了持续的动力。

四、逆境中的光辉：张波与武汉建工华达的火神山医院援建壮举

2020年，一场突如其来的新冠疫情席卷全球，武汉成为了疫情的重灾区。在这场危机中，张波和武汉建工华达建筑装饰设计工程有限公司的壮举，成为了抗击疫情中一道亮丽的光芒。

当疫情暴发，武汉火神山医院的建设成为了一场与时间赛跑的战斗。张波和她的团队，毫不犹豫地承担起了这个艰巨的任务。作为一线工地上鲜少出现的女性身影，她与所有人一样，舍小家、为大家，全身心投入到这场抗疫战斗中。

在短短的14天内，张波和她的团队克服了重重困难，完成了功能和空间最为复杂的医技楼和一栋病房楼的全部建筑装饰。她带领的团队超负荷工作，连续7天7夜不间断地建设，最终为火神山医院的快速建成送上了满意的答卷。

谈及火神山战疫，张波仍旧饱含热泪。她坚定地说："在这场抗击疫情的战斗中，我们深感责任重大。我们不仅仅是在建造一座医院，更是在为人民的生命安全筑起一道坚实的防线。我们每一位员工都会全力以赴，因为我们深知，每一砖每一瓦都承载着生命的希望。"这种英雄城市英雄儿女的精神，展现了她和武汉建工华达的责任与担当。

火神山医院的抢建，不仅仅是华达在业内能力和口碑的体现，更是张波和她团队的使命感和奉献精神的象征。在新冠疫情暴发初期，华达就参与了多个发热门诊的改建，并在援建火神山医院任务完成之后，马不停蹄地参与了武汉市金银潭医院、武汉市亚心医院、武汉市重离子医院等众多医疗机构的建设。

张波和武汉建工华达的努力，不仅赢得了社会的广泛赞誉，也为国家大义奋不顾身地投入到建设生产的一线。他们用行动证明了，即使在逆境中，也能展现出人性的光辉和企业的担当。

五、心灵的引导：张波的团队凝聚力与思想工作艺术

张波的管理风格，就像一盏明灯，照亮了武汉建工华达的每一个角落。她深知，一个企业的成功，不仅仅依赖于技术和资源，更依赖于团队的凝聚力和员工的积极性。因此，她始终将员工的思想工作放在首位，不仅仅是停留在要做通思想工作的层面，更在于设身处地为员工考虑，把他们当作自己的亲人，从员工的角度去思考和解决问题。

组织和人员调整，是大多数企业家不愿意去面对的事情，很多企业家要么是将权力下放给人力资源部门，要么是军令如山，强制执行。但是每一次变化，张波都乐于躬身入局，与部门与员工促膝长谈。可能也正是因为她了解企业发展的每一个阶段，也熟悉每一个骨干员工的个人和家庭情况，她总能将企业愿景与个人发展有机结合。她对人力资源管理部门这样说："人是最复杂的，每个人的追求和性格也都不一样。现在我们平台不小，以后还会更大，一定可以做到让大家求仁得仁，求义得义。"

经济基础决定上层建筑，每个人的日子最终还是要落到每天的柴米油盐。张波对此的看法是：吾生有涯而知亦无涯，凡事不要求完满。我们的企业不是最大的，不是最强的，我们何苦要求员工是最好的？我们要寻找的是最合适的，要与我们同频的。我们要像保护自己一样去保护企业和员工，并且这种保护一定要落实到实处。即便在流动资金困难的时候，也实现了全员不裁员不降薪，工资不延迟发放。在风雨飘摇的大环境中，稳住了公司，稳住了人心。

在张波的管理下，武汉建工华达形成了一种积极向上、团结协作的企业文化。她不仅关注员工的工作表现，更关心他们的个人成长和幸福。她用真诚和理解，赢得了员工的信任和尊重；她用身体力行，激发了员工的积极性和创造力。在她的领导下，武汉建工华达不仅成为了一个成功的企业，更成为了一个充满活力和希望的企业。

六、传承与创新：张波引领武汉建工华达的科技化专业化之路

武汉建工华达建筑装饰设计工程有限公司，作为建筑装饰领域中一个极具特色的企业，拥有丰富的资质和资源，连续多年获得诸多行业和工程荣誉，是湖北省建筑装饰业的领军企业。然而，公司的未来发展并不止步于此。

张波，作为公司的领军人物，她看到的是当前建筑装饰行业正经历着一场烈火试真金、大浪淘沙的考验。这一行业与社会发展及人民对美好生活的向往紧密相连，我们传统的建筑工艺和美学仍蕴含着强大的生命力。因此这个行业一定不会退出历史舞台，只会更加美好。然而，企业要想在这场大浪中屹立不倒，必须经过更为严苛的考验，不断提升自身的综合实力，以适应市场的变化。此刻，科技化和专业化发展就尤为重要了。她认为，科技研发和传统文化相结合一定会为企业赋能。她希望将这种精神与现代科技相结合，推动公司向更高的科技化专业化水平发展。

目前公司是国家高新技术企业，湖北省创新型中小企业，湖北省建筑业重点培育企业，研发投入逐年递增，每年新增专利不低于十项。另外，张波还将眼光投入到行业的上下游企业，鼓励和支持新型材料的研发。为了更好地完成近年日益增多的EPC总承包和旧改工程，顺利完成前后其他专业分包工作内容的搭接工作，公司新增总承包、机电、钢结构、智能化、环保等资质，增强了多领域专业化建设，旨在营造一个美好的大生态环境。

尤其是在加入武汉建工集团后，张波展现了她卓越的适应能力和领导力。她迅速调整企业战略，优化管理流程，强化团队协作，使公司迅速融入集团的大环境。张波的果断决策和前瞻性眼光，使得公司在集团内部脱颖而出，连续多年被

评为集团先进单位。

集团每年给公司下达的任务书，张波总是能带领团队超指标完成。在她的领导下，公司实现了合同额的持续增长，四年间合同额上涨了220%，展现了惊人的发展速度。这种卓越的业绩，不仅体现了张波的卓越领导力，也展示了武汉建工华达团队的凝聚力和执行力。

张波注重企业的全面发展，不仅在业务上取得骄人成绩，还在管理水平上实现了提档升级。她极具魄力地引进管理人才和技术，提升企业运营效率，优化资源配置。

张波的快速适应和调整，使得武汉建工华达在加入建工集团后，不仅实现了业务上的飞速发展，更在企业文化和管理模式上实现了质的飞跃。

谈及未来，张波对武汉建工华达充满希望。她希望通过科技化专业化的转型，使公司成为行业的标杆，引领行业的发展。她相信，只有不断创新，才能在未来的建筑装饰行业中占据一席之地。

冠泰精鹰，时代弄潮儿

——记深圳市冠泰装饰集团有限公司董事长邵国富

深圳市冠泰装饰集团有限公司董事长　邵国富

邵国富，广东茂名人，高级工程师，毕业于华南理工大学工民建专业，2002年开始创业，现为深圳市冠泰装饰集团有限公司董事长、冠泰慈善基金创始会长、北京大学传统文化发展基金发起成员、中国建筑装饰行业专家、茂名市工商联常委执委、深圳市企业家联合会副会长、深圳市茂名商会常务副会长，荣获亚洲品牌十大领军人物、中国经济新领军人物、深圳新生代创业风云人物、深圳市装饰行业创新型人才等荣誉。

邵国富经过二十多年企业经营与管理的实践和探索，发现企业管理根本之道，创建了独特的"企业整体经营与管理体系"。

邵国富董事长来自茂名一个普通的家庭，少年时期处于艰苦的生活环境，从小就知道要比别人更加刻苦学习和努力做事，希望有朝一日能给家人美好的生活环境。终于熬过那段艰难日子，于1998年到广州读书。读大学时期，邵董开始勤工俭学。

1998年至2004年，邵董基本上都在从事传媒行业，做过业务员、记者、编辑、营销主管、市场部经理、市场总监、办事处主任、执行总编辑、总经理等职务，还曾经做过产品推销员、家庭教师、信息咨询员、搬运工等兼职工作，于2002年进行第一次创业，在广州成立了自己的传媒公司。这六年工作经历，邵董学习到很多宝贵经验，深刻体会到"酸甜苦辣涩五味俱全，痛并快乐着！"的创业艰辛以及"梅花香自苦寒来"的生活经历。21世纪初期，作为一名70后，为了实现更大的人生梦想，邵董毅然选择放弃广州的事业和传媒梦想，于2004年踏进改革开放窗口城市——深圳，开始第二次创业的艰苦征程。

来到深圳后，邵董接触到深圳冠泰装饰工程有限公司创始人谭总，后来得知谭总是老乡并准备将公司转让等信息，于2006年收购冠泰企业，时值29岁正式担任冠泰企业总裁。当时的冠泰企业只有装饰施工贰级资质和幕墙施工叁级资质，也没有知名度。邵董有时会对员工调侃：我们当时花大钱买了几张白纸，却买到了11年历史；我们冠泰企业的第一代创始人是前辈谭总，我只能算是冠泰企业的第二代创始人；我们要永远记住历史，有历史才有故事，有故事才会精彩，有精彩才能创造奇迹，我们冠泰人要继续创造精彩奇迹和历史故事。

收购冠泰企业之前，邵董早有决心在中国装饰行业创造一番事业的梦想。邵董看重的不仅是市场需求，更多的是从这个行业中所衍生出来的品牌价值，因为装饰行业属于朝阳产业，未来也会是一个刚需且长寿的行业。在收购冠泰企业后的第一步，邵董并没有心急去扩大业务数量，出于媒体人的直觉，更注重企业的品牌建设和规范化管理，带领企业团队按照既定的战略思路发展。邵董说："我们要的不仅是一个大企业，更要打造一个百年企业品牌。"经过冠泰人努力奋斗，在较短时间内，冠泰装饰品牌脱颖而出，成为当时中国建筑装饰行业的一匹黑马。

如今，冠泰装饰集团按照整体战略发展建立了具有冠泰特色的现代化管理型集团，不但成为中国建筑装饰行业的领军企业，而且成为中国建设行业的诚信楷模。经过不断探索积累和资源整合，冠泰装饰集团已经形成"行业＋产业＋金融"（即2.5产业范畴）的产业结构发展模式和战略格局。冠泰人知行至善，不忘初心，砥砺奋进，始终坚守"践行责任·创造价值"的企业使命，践行"以客户为中心，以员工为主体；以诚信为根，以创造为本；坚持艰苦奋斗，坚持自我批评。"的企业核心价值观，为实现"成为具有冠泰特色的国际化管理型集团"的企业愿景以及"成为具有历史价值的百年企业"的企业终极目标而努力奋斗！

冠泰装饰集团在创业初期就定位了企业的核心价值观，这在建筑装饰行业是少见的。谈到企业文化理念时，邵国富董事长始终认为：企业核心文化是影响企业整体经营与管理实践活动的根本原因，是企业核心竞争力的原动力。我们冠泰人为了创建优秀的冠泰企业文化建设工作而不懈努力！冠泰企业文化的工作目标是：全面打造一支能够创造成功的实干型的优秀企业团队；创建一种企业与员工共同体精神，共同践行"企业兴亡·员工有责"的责任与价值导向；让员工为企业感到自豪，让时代因冠泰人而骄傲！冠泰企业文化建设的宗旨和追求的目标是：创建奋斗者和贡献者的企业文化生态体系。因此，冠泰企业人力资源管理核心价值导向是：鼓励与奖励奋斗者和贡献者；奖优罚劣，优胜劣汰。同时，学习型组织的塑造也构成企业文化建设的重要内容。在这个企业核心文化体系指导与践行下，我们希望冠泰装饰集团不仅成为具有冠泰特色的国际化管理型集团，更希望它能成为具有历史价值的百年企业。

邵国富董事长语重心长地说：当今社会是一个人类生态组织系统，企业组织是这个大系统里面的一部分，企业的生存与发展和社会环境息息相关。在企业已经社会化的环境下，企业已经不仅仅是少数企业主个人的企业，它更是属于社会大众群体的组织。企业生产的价值就是社会生产价值的主要组成部分，企业担当的责任就是社会担当责任的一种重要体现。我们做企业的人一定要思考：作为企业，何谓正确？企业的基本责任与义务是：为员工及客户获得物质与精神的最大化做出最大努力。衡量企业的优劣，主要看它是否有利于创造社会价值和承担社会责任，而不是在于为了追求自身利益而侵犯他人利益。企业核心文化是企业核心竞争力的原动力，也是企业精神和企业家精神的灵魂。我们冠泰企业文化建设工作的初心是"知行至善"，始终以"有利于创造社会价值和承担社会责任"的标准作为出发点。我们企业始终强调：践行责任·创造价值，必须首先践行自身责任，其次才能创造价值。作为企业家，何谓正确？企业家应该具备企业家精神。企业家或者企业家精神，它与企业的规模、性质、所有权、人格特性等都无关。无论是企业所有者，还是职业经理人，乃至是一个普通员工，都可以具备企业家精神，并可以成为企业家。企业家的基本责任与义务是：为企业获得物质与精神的最大化做出最大努力。衡量一个企业家对企业或者社会贡献的优劣，关键在于他为企业及社会创造价值与践行责任的最大化做出什么程度的努力和成绩。可以说，企业家的本职应该是：心怀社会，并将企业与员工的美好梦想作为自己使命的领路人和践行者！

邵国富董事长对冠泰装饰集团的企业终极目标"成为具有历史价值的百年企业"有着独特的见解，他讲到，据不完全数据，全球百年企业数量约4万多家，其中日本就占了2万多家，金刚组建筑公司等千年企业约10家，美国百年企业有1万多家，其余也大多是欧美企业。我们中国百年企业仅有1千多家，但我国企业总数量高达3000万家，百年企业仅占企业总数不到万分之一。目前，我国中小企业占企业总数的99%，许多企业存在"小而不大，大而不强，强而不久"的状况，能够成为百年企业的就更难了。未来，我国不缺企业数量，欠缺的是企业质量，更缺百年企业乃至千年企业！企业大不如企业强，企业强不如企业久。所以，成为具有历史价值的百年企业才是我们企业的终极目标，"百年"是指100年到999年，要靠我们一代代冠泰人持续地去创造。我们正处在一个充满不确定性的剧变时代（这个时期是几年、几十年乃至几个世纪），而且这些变化已经没有国家、种族、文化和行业的界限，这时代中的价值观和世界观尤其显得重要。剧变时期，往往给我们带来许多的挑战和危险，同时也为我们提供更多的机会和机遇。危险与机遇既对立又统一，互相共生和共存。危险兮，机遇之所倚；机遇兮，危险之所伏。我们冠泰人始终谨记和践行企业的核心文化理念，养成正确、积极的心态，明白危机的定义：危机＝危险＋机遇，明确成功的公式：成功＝创造＋机遇－危险。时刻保有危机感，持续创造机会。在瞬息万变的环境下，企业要守正务实，剖析表象，明悟本质，以"变"应变，同时以"不变"应万变，坚守初心，勇于挑战，善抓机会，砥砺奋进。究其根源，稳健中求前进才是企业生存与发展之路，持续良性发展乃是企业长治与久安之道！

邵国富董事长非常重视企业管理创新工作，他始终强调企业需要整体的经营管理。邵董经过二十多年企业经营与管理的实践和探索，发现企业管理根本之道，创建了独特的"企业整体经营与管理体系"。企业整体经营与管理体系由"企业模式战略体系""企业经营业务体系""企业管理制度体系"三大体系构成。邵董认为：企业时刻需要全面建立健全和优化完善匹配自身的"企业整体经营与管理体系"工作。企业经营是指做正确的企业事情，企业管理是指正确地做企业事情。企业的经营与管理是人的两条腿，我们不但两腿都要走好，还要运用好企业战略的思路和方法，因为企业战略就是人的脑袋。邵董创建的"企业整体经营与管理体系"不但能够解决装饰企业，也可以灵活运用到其他行业里面，可能是经过千锤百炼实践出来的原理都没有行业和国界之分吧！

关于什么是企业最核心的竞争力，邵国富董事长认为，企业最核心竞争力是人力资源的有效管理，这里面重点是团队力量，难点就是人才。企业管理工作的核心就是：用正确的人，做准确的事。我经常说，搞钱虽辛苦，找人是最难，人是企业的最核心因素。内人事，外资源；内无患，外无忧；关键事在人为。从根本上说，实实在在的组织成果来源于组织（各）团队所依赖其个体成员的共同绩效贡献。员工的基本责任与义务是：为企业创造价值与践行责任的最大化做出有效贡献。我们冠泰人是一支能够创造成功的实干型的优秀企业团队，时刻谨记与践行企业理念，始终践行"奋斗者和贡献者的文化——奋斗为德、贡献为才、德才兼备"，争当一名合格甚至优秀的奋斗者、贡献者和创造者。我们的企业价值体系及薪酬制度体系核心是鼓励与奖励企业奋斗者、贡献者的员工。

关于装饰行业发展前景，邵国富董事长认为，现阶段，我们装饰行业的高质量发展会加快速度，装饰企业的经营与管理会越来越规范成熟，随之而来的便是：装饰企业优胜劣汰的速度更快和程度更高，以及装饰行业对从业人员的综合能力要求也越来越高。十年看企业，百年看行业。真正看懂一个企业行不行，需要几个十年来观察。真正看透一个行业好不好，需要至少100年来分析。以这个时间跨度衡量，虽然中国装饰行业发展了四十年，但现阶段还处在发展初期，就像是一个刚满20岁的青年一样不成熟，必然会经历一次次优胜劣汰的过程。这是危险的成长阶段，它或许会经历变更迭代、行业洗牌，但也正因为变革，我们才能得到更多机会，这对行业未来发展是有帮助的，行业发展会更加成熟。我认为，现阶段的装饰企业是为社会提供创意智能产品和服务的实体平台，装饰行业是艺术创造和科技智造一体化的行业，并非传统所说的第二产业，更像是完成资源整合的第三产业，准确来说现阶段装饰行业属于"2.5产业"范畴。随着人们对美好生活的不断追求，对公共设施以及居家生活装饰要求的不断提高，装饰行业的前景会是一片光明。装饰是人们追求美好生活的必需品，未来它一定仍然是一个朝阳产业，有广阔的发展空间。中国装饰行业是传统行业，也是刚需行业，未来可期，国家未来基础建设是离不开我们的，人民日益追求的美好人居环境也是需要我们的。

匠心筑梦，智绘未来

——辛建林与中国装饰的创新篇章

中国装饰股份有限公司董事长　辛建林

在中国改革开放的宏伟蓝图中，中国建筑装饰行业如同一颗璀璨的明珠，绽放出耀眼的光芒。中国装饰股份有限公司（以下简称"中国装饰"），作为行业内的佼佼者，以其四十年的成长与发展，见证了这一历史进程。其间有这样一位企业家，他不仅以创新的商业模式和先进的技术理念，引领着公司不断前行；还以其非凡的才智和坚定的意志，推动了行业的转型升级，成为行业的领军人物；更以对可持续发展的坚定承诺，引领着行业走向绿色、低碳的未来。他，就是中国装饰现任董事长辛建林先生，一位以梦想驱动，用行动诠释"创新行业模式，引领绿色发展，装饰美好生活"的行业先锋。

一、逐梦启航，迎接挑战促成长

辛建林的梦想之路，始于一个普通家庭。他自幼展现出对艺术和设计的浓厚兴趣。从小，他心中便萌生了成为一名艺术设计师的梦想。

通过刻苦努力，他开启了在原中央工艺美术学院的求学之旅，出于对艺术设计的喜爱，他选择了环境艺术设计作为专业，期间不仅系统地学习了专业知识，更通过参与各种设计比赛和项目，逐渐展露出他的设计才华。这份热情在他的职业生涯中始终如一，成为推动他不断前进的强大动力。

辛建林的早期职场经历，是他设计之路上宝贵的财富。正是在这一时期，他奠定了自己作为设计师的坚实基础，他对于美学的执着追求和对工艺的精益求精，让他在众多项目中都能够精准把握设计精髓，创造出既实用又具有艺术价值的空间。他的设计才华不仅体现在对细节的极致关注，更在于他能够将创新理念与传统文化相结合，打造出具有时代感和文化底蕴的作品。他的设计往往能够引发人们的情感共鸣，提升空间的使用价值，同时也为建筑装饰行业树立了新的标杆。在这阶段，他还表现出了非凡的领导潜质和团队协作能力。他深知，设计不仅是个人的艺术创作，更是团队智慧的结晶。因此，他注重团队建设，倡导开放的交流氛围，鼓励团队成员之间的创意碰撞，从而激发出更多创新的火花。

随着经验的积累和视野的拓宽，辛建林的设计哲学逐渐成熟。他开始更加关注设计的可持续性和社会价值，努力通过设计改善人们的生活环境，提升生活质量。他的设计理念和作品，不仅为客户带来了满意的成果，也为整个行业带来了积极的影响，并逐渐成长为中国装饰的核心领导者。他的故事告诉我们，对设计的热爱和兴趣，是每一位设计师走向成功的起点。

在起步初期，辛建林面临了重重困难。如何在传统建筑装饰行业中引入绿色、可持续的理念，如何说服客户接受更高的初期投资以换取长期的环保效益，都是他必须解决的问题。

他深刻理解设计美学与功能性的平衡，将创新思维融入每一个项目中，无论是商业空间的布局规划，还是功能空间的温馨打造，他都得精准地把握客户需求，将设计理念转化为令人称赞的现实作品，他带领团队，深入研究国内外绿色建筑的最新技术，开发出了集节能、减排、环保于一体的建筑装饰解决方案。

2007年至2008年，对于辛建林而言，是一个重要的职业里程碑。在中国装饰北京第九分公司担任总经理和设计总监的他，承接了江苏扬州经济开发区高档会所装修工程、信然亭AB楼室内装修工程、扬州市迎宾馆七号楼（涌泉楼）装修工程以及麦乐迪中关村店六楼装修工程等一系列具有挑战性的项目，它们涉及高端商业综合体、星级酒店，以及多功能公共空间等。他从项目设计、时间控制到成本管理，从团队协调到客户沟通，每一个环节都安排得井井有条。他不仅肩负着公司业务发展的重要职责，更在设计领域进行审美把控和质量监督，深入到每一个设计细节打磨与完善，展现出了卓越的领导力和创新精神，确保了项目的高效推进和完美呈现。通过不懈努力，他逐渐在行业内树立了良好的口碑，吸引了一批重视可持续发展的客户。

在辛建林的带领下，中国装饰北京第九分公司不仅在设计上获得了市场的认可，更在行业内树立了新的标杆，为公司赢得了良好的口碑和声誉。辛建林的职业生涯由此起步和成长，并迅速在中国装饰行业内崭露头角，成为备受瞩目的行业新星。

二、创新突破，社会责任践行者

只有敢于创新，勇于突破，才能在竞争中立于不败之地，才能抓住时代的脉搏，引领未来潮流，辛建林在扬州市迎宾馆七号楼（涌泉楼）的设计工作中，展现了他对传统与现代融合的深刻理解。他巧妙地将扬州悠久的历史文化与现代设计理念相结合，创造出一个既尊重传统又充满现代感的空间。涌泉楼的设计不仅在视觉上给人以美的享受，更在功能上满足了现代宾馆的需求，成为扬州市的一个标志性建筑。

他在泰州医药城研发区会所装饰工程项目中，带领团队采用了一系列创新材料和技术，这些创新不仅提升了装饰的耐用性和美观性，还体现了对环保和可持续发展的重视。

他注重空间的实用性与舒适性，为研发人员打造了一个既专业又温馨的工作环境，极大地激发了他们的工作热情和创造力。这些创新实践，不仅赢得了客户的高度评价，也获得了业界的广泛认可。他的设计理念和方法开始受到更多同行的关注，他的项目成为了行业内学习和效仿的典范。

辛建林深知，企业的成功不应仅仅以经济效益为衡量标准，更应承担起社会责任。2009年，他的事业已经取得了显著的成就，但他并没有满足于个人的成功，而是开始将更多的精力投入到社会责任的承担中。在扬州新城滋奇斋美食城望月分店的装饰工程中，他不仅注重提升空间的美观与实用性，更重视工程对当地社区的影响，努力通过高品质的设计和施工为顾客提供更加舒适和愉悦的就餐体验，同时也为当地经济发展做出了贡献。

对于社会责任的承担并不局限于商业项目，他深刻理解文化遗产保护的重要性，并积极参与到淮阳文化的传播和发扬中。在参与扬州卢氏盐商宅邸修缮工程时，他展现了对传统文化的尊重和维护。他运用专业知识和对历史的敬畏，通过设计上的巧妙体现，将传统文化与现代审美完美融合，精心修复和保护了这一历史建筑，使其不仅恢复了昔日的辉煌，更成为了传承和展示扬州盐商文化的重要场所。通过这些项目，辛建林不仅赢得了社会的广泛赞誉，更在行业内树立了积极履行社会责任的典范。他的行动体现了一个企业家的社会责任感和奉献精神，也彰显了他对文化传承的重视和对社会发展的贡献。

三、引领驱动，行业变革争先锋

2010年，辛建林被任命为中国装饰副总经理，随后在2011年担任常务副总经理兼设计研究院院长。任职期间，他不仅推动了公司的技术创新和设计研究，更以其卓越的领导力和战略眼光，引领公司实现了跨越式的发展。

在繁忙的工作之余，辛建林不忘持续学习和提升自己。2015年至2017年，他考入北大光华管理学院EMBA工商管理硕士，并获得了硕士学位。2019年，他又报考米兰理工大学环境设计与管理硕士，不断丰富自己的专业知识和管理能力。

在北大光华管理学院EMBA课程的学习经历，不仅让他掌握了现代企业管理的复杂性和系统性，更重要的是，他学会了如何在多变的市场环境中做出快速而准确的决策。他通过案例分析、实战模拟等方式，深入理解了企业战略、市场营销、人力资源管理等关键领域的知识，这些知识在后来的企业管理实践中发挥了巨大作用。

在米兰理工大学深造期间，辛建林对环境设计与管理的深入研究，不仅让他在设计领域达到了新的高度，更让他意识到了企业在推动社会可持续发展中的重要角色。他将绿色建筑、节能减排等环保理念融入公司的项目中，引领公司走在了行业绿色发展的前列。

辛建林的领导才能，源自他对行业发展趋势的深刻洞察和对企业发展方向的精准把握。他不仅重视公司内部的技术与管理创新，更注重企业文化的培养和行业生态的优化。在推动公司发展的同时，辛建林积极倡导开放合作，通过与不同领域的顶尖机构建立合作关系，促进了设计理念的交流与融合，提升了公司的创新能力和市场竞争力。

辛建林的领导力还体现在他对团队建设的重视上。他深知一个优秀的团队是企业成功的关键，因此他注重培养团队成员的专业能力和团队协作精神。通过建立公平、公正的激励机制和职业发展路径，辛建林成功地激发了团队成员的潜力和创造力，打造了一个高效、专业的团队。在辛建林的带领下，中国装饰不断突破自我，实现了从区域性企业到全国知名企业的飞跃。他的领导力和战略眼光，不仅为中国装饰赢得了市场和荣誉，更推动了整个建筑装饰行业的创新和发展。辛建林的故事，是中国改革开放精神的生动体现，也是新时代企业家精神的杰出代表。

辛建林的学术之旅并非单向的知识吸收，而是一个双向的交流和创造过程。他将个人的经验和见解带入学术讨论中，丰富了学术界的实战案例，同时也从学术研究中获得灵感，反哺到企业管理和项目实践中。这种理论与实践相结合的学习方式，极大地提升了他的创新能力和战略思维。随着企业影响力的不断扩大，他开始思考如何将绿色建筑的理念推广至整个行业。他积极参与行业标准的制定，倡导建立绿色建筑装饰的评价体系，鼓励同行采用环保材料，推广绿色施工技术。在他的推动下，越来越多的企业开始重视可持续发展，绿色建筑装饰逐渐成为行业发展的新趋势。

辛建林还将学术追求与人才培养相结合，通过建立企业内部的培训体系，将先进的管理理念和设计方法传授给团队，提升了整个团队的专业水平和创新能力。他倡导建立学习型组织，鼓励员工持续学习，不断进步，形成了一种积极向上的企业文化。这不仅推动了中国装饰的发展，也为整个行业的进步做出了贡献。他的领导和影响力，激励了更多的企业家和专业人士追求终身学习，不断探索新知，以适应不断变化的世界。他的故事，是新时代企业家精神的生动体现，也是中国改革开放以来人才培养和行业发展的缩影。

四、布局未来，引领公司谱新篇

辛建林深知在全球化的今天，国际视野对于一个企业家的重要性。2014年，辛建林前往英国伦敦艺术大学进行室内设计的研修学习。这不仅是一次学术上的深造，更是一次文化和视野上的拓展。在伦敦，他不仅学习了最前沿的设计理念和技术，更亲身体验了多元文化的交融和国际大都市的创新氛围。他深刻理解到，一个成功的企业家需要具备的不仅是本土市场的洞察力，更需要有放眼世界的广阔视野。

研修回国后，辛建林将所学所得与本土实践相结合，他将国际化的设计理念引入公司，推动了公司设计水平的大幅提升。在他的带领下，公司承接的项目不仅在设计上更加现代化、国际化，更在功能和使用上更加人性化、个性化，满足了市场对高品质装饰设计的需求。

面对行业的未来，辛建林有着清晰的规划。他计划进一步加强与高校、科研机构、行业协会的合作，共同探索绿色建筑装饰的新材料、新技术。同时，也致力于推动企业向数字化、智能化转型，通过大数据、云计算等技术，实现建筑装饰过程的精细化管理，提高资源利用效率。

在全球化和数字化的大背景下，辛建林展现出了卓越的前瞻性和适应性。他认识到，传统的装饰行业必须拥抱数字化转型，才能在未来的市场竞争中立于不败之地。因此，他主导了一系列技术革新项目，利用最新的信息技术优化公司的业务流程，提高了工作效率和服务质量。这些举措不仅提升了公司的运营效率，也为整个行业树立了数字化转型的典范。他在公司业务的全球化布局上，积极拓展公司的海外业务，参与国际竞争，与多个国家和地区的企业建立了合作关系。通过这些国际合作项目，中国装饰不仅提升了自身的国际影响力，更学习到了国际先进的管理经验和运营模式，为企业的长远发展奠定了坚实的基础。

此外，辛建林还注重培养团队的国际视野。他鼓励团队成员参与国际交流和学习，提升自身的专业素养和国际竞争力。通过组织国际研讨会、设计展览等活动，他为团队成员提供了与国际同行交流的平台，促进了团队的国际化成长。辛建林的国际视野拓展，不仅为中国装饰带来了新的发展机遇，更为整个建筑装饰行业注入了新的活力。他的行动表明，一个企业家的国际视野，是企业走向世界、实现可持续发展的关键。通过不断的学习和实践，辛建林成功地将国际视野转化为企业的核心竞争力，引领中国装饰迈向更加广阔的国际舞台。

自2019年10月辛建林荣任中国装饰董事长以来，他的领导不仅巩固了公司在行业中的领航地位，更开启了公司发展的全新篇章。辛建林凭借其深厚的行业经验、前瞻性的战略规划和卓越的管理能力，带领公司实现了跨越式的发展。

在辛建林的引领下，中国装饰在国内市场取得了显著的成绩。他推动了公司业务的多元化发展，拓展了新的业务领域，加强了与国内外重要客户的合作，成功中标并完成了多个具有标志性的大型项目，这些项目不仅在设计和施工上获得了业内外的高度评价，也为公司赢得了良好的市场声誉。

辛建林特别重视创新驱动发展，他倡导并实施了一系列创新战略，包括设计技术创新、产业结构创新、服务模式创新、管理思路创新、品牌质量创新、人才培训创新等，这些创新举措极大地提升了公司的核心竞争力。他推动公司积极拥抱数字化转型，利用先进的信息技术优化设计流程和施工管理，提高了工作效率和项目质量。此外，辛建林还注重企业文化的建设，强化了企业的社会责任感。在他的推动下,公司积极参与社会公益活动,致力于环保和可持续发展,展现了企业的良好形象和行业领导者的风范。

在辛建林的领导下,中国装饰紧跟国家发展战略,围绕"十四五规划"和2035年远景目标纲要,走上工业化、数字化、产品化、标准化、部件化以及绿色、节能、环保、低碳协同转型之路,使中国装饰在激烈的市场竞争中稳步前行,不断超越自我,实现了经济效益和社会效益的双重提升,为公司未来的发展奠定了坚实的基础。

五、梦想延续,创新发展铸辉煌

辛建林的故事,是关于梦想、创新与责任的故事,是无数中国企业家追求梦想、勇担社会责任的缩影。随着时间的推进,在他的领导下,中国装饰不仅在今日铸就了坚实的发展基础,更站在战略的高峰,为迎接明天的挑战与机遇,绘制了一幅创新驱动、智慧转型的宏伟蓝图。

展望未来,我们有理由相信,在辛建林的带领下,中国装饰将继续保持创新精神和开拓姿态。他将引导公司紧抓行业发展的新机遇,通过不断的技术革新和管理优化,推动公司在绿色建筑、智能化装饰等新兴领域取得新的突破,不断超越自我,实现更高的目标,朝着更加绿色、智能、可持续的方向前进,用建筑之美,点亮城市的每一个角落,继续书写中国装饰的辉煌篇章。

争先向远，"建"证"饰"界新锐

——记中建三局装饰有限公司党委书记、总经理周涛

中建三局装饰有限公司党委书记、总经理　周涛

2004年的仲夏，刚刚毕业的周涛怀揣着梦想与激情，从"建筑老八校"之一西安建筑科技大学走进中建三局。那个时候，刚参加工作的周涛以一名项目技术员的身份作为自己奋斗的"原点"，廿载岁月、步履不停，从"放线"开始，他画出了干事创业的"半径"，画好了事业之圆、人生之圆，也踏着汗水和岁月成为了一名知名装饰企业的掌舵者。

一、先做一名善于钻研的技术能手

在周涛刚开始工作的时候，项目技术工作还没有现在这么多先进的管理工具和软件，做好施工方法、施工工艺的落实，必须要跑现场，依照进度实际沟通解决技术问题。因此，在工作的前四年，虽然自身的专业知识早已印入脑海，但周涛明白"纸上得来终觉浅"，想要干好项目、学成本领，就必须熟练掌握每一个环节的规范要求。所以他无惧繁重、辛苦的工作任务，哪怕高温酷暑、暴雨倾盆，也主动跑现场，拿着图纸和测量仪器，认真地核数据，对照着施工步骤和工人的操作，严格检查和监测施工质量、安全，有时候，在解决完问题后，他自己一定要记下来做个总结。他说："当时为了做好过程技术管理，经常在现场一待就是大半天，有时候都忘记了吃饭时间，通宵加班更是常态。"就这样，通过勤学、苦干，他经历了三个不同类型项目的技术岗位，掌握了技术员岗位需具备的专业技能。就这样，保持着这种边学、边做、边总结的好习惯，周涛手里面的证书从岗位证快速升级到了一级建造师，也让他在提升技术的道路上越走越远，越走越踏实。

谈起那段夯基固本的青春岁月，周涛称："那段时间其实过得很快，不知不觉就走到了下一个四年，那时候的自己越是学得多，越是明白干好一个项目需要掌握的知识就要越多，就越能感到自己的不足。"也正是保持"如饥似渴学习"的求学状态，随着自身专业能力和统筹管理能力的全面提升，周涛也展现出了极强的管理能力和高效处理事务的本领，从一名技术员转变成为了一名项目总工程师，全面负责项目技术管理工作。

2012年4月，一项万万没想到的重任落到了他的肩上——担任湖北省图书馆项目经理，全面接手项目管理工作。作为湖北省政府当时投资兴

建的单体建筑面积最大、科技含量高、功能齐全的现代化图书馆，该项目工程结构设计复杂，特别是进入装饰装修及机电工程施工阶段，需要多专业同时施工、工序穿插，工程综合管理、协调难度极大。"当时公司领导说要我负责这个项目时，我还是比较惊讶和激动的，尽管当时已经是项目班子成员，但第一次全面负责如此重要的项目时，内心还是有不小的压力。我也明白，公司让我带队管理这个项目也是对我的极大信任和认可，我当时毫不犹豫地立下军令状，一定会把这个项目按期保质保量交付。"

面对如此重要又极具挑战的项目，周涛在接手后以一种如履薄冰的态度带领团队时刻不懈地注意着施工过程中的每个位置、每一个阶段。尤其是在图书馆项目的装饰装修阶段，为了处理好立体交叉施工带来的管理协调问题，他充分发挥自己的技术优势，带领团队重新梳理好项目施工过程中的痛难点，在确认项目进度的整体可控性后，他倒排工期制定了一版详细的计划，为项目品质履约奠定了良好基础，这个项目也成为了他转入装饰领域的契机。他说："在管理图书馆项目时，自己对装饰装修工程形成了一个全面深刻认识。装饰装修工程虽不像基建工程涉及大量重型作业，但流程多、工序繁琐，精细化程度要求高、细节方面的处理能力要求也是非常高的。"也因此，善于迎难而上的他，在项目紧锣密鼓地推进中，心中也慢慢升腾起一股信念——"一定要精益求精，把这个项目做成标杆！"为此，他引入多种技术创新性理念，带领项目管理团队全面履行总承包管理责任和义务，狠抓各专业施工工序、进度协调管理，坚持工程施工质量精细化控制，成功解决了项目建设过程中多个技术难题，保证了图书馆项目开馆仪式顺利举行，也为后续的圆满履约交付创造了良好的条件。同时，作为一名技术匠人，周涛还成功申请了可拆卸式钢结构吊装夹具等多项专利技术、施工工法，并实际应用于项目，助推图书馆项目获得了全国首批绿色施工示范优良工程、全国绿色施工及节能减排达标竞赛优胜工程金奖等多项国家级、省市级奖项。

二、成为一名履历丰富的复合型人才

从初露头角的技术骨干到把舵领航的项目经理，再到杰出有为的管理标兵，周涛用12年的长跑不断激励自我成长，在良将如云、人才辈出的中建三局快速成长为一名知识结构更丰富的复合型人才。

他曾先后在多个重要系统岗位上担任领导职务，积累下了丰富的专业经验和知识。在他负责生产工作期间，曾一度负责24个土建、装饰项目的施工生产管理工作，在带领生产系统和各项目的管理团队过程中，他结合单位特点着力通过建章立制，推动各系统不断完善组织管理架构，使各项管理工作既遵循工作"大"的管理要求，又在"小"处体现出管理的创新，使日常管理工作规范、标准、扎实。而后在分管市场营销等工作时，他坚持深化战略业主合作，不断强化企业的公投市场优势地位，持续与客户增进战略合作互信，着力拓展企业的文教卫业务板块，中标了一大批重点工程，助推中建三局申报幕墙施工资质，进一步拓宽装饰业务承接范围。在担任总承包公司人力资源部（党委组织部）副经理时，他从提高公司全员的管理效能这一目标出发，运用结果导向方法，开展广泛座谈，为公司人力资源体系改革奠定了坚实基础，并广泛开展校企共建，深入对接高校资源，助推企业雇主品牌塑造。在他任职期间，招聘国内知名高校学生占比持续提升，企业生源质量稳步提高。

在历经多个岗位后，周涛于2020年被调任为总承包公司装饰经理部负责人，重新回到熟悉的装饰工程领域，开启了带领三局装饰业务的新征程。在担任装饰经理部负责人后，周涛快速转变工作思路，明确装饰经理部发展方向，经过多方调研、论证，敲定了经理部"先做专、后做强、再做大"的发展路径。紧接着他采取借鉴引入、归纳总结、优化改良等方法，逐步通过建章立制，由点及面不断完善管理制度，构建起企业发展的主要管理框架，同时通过不断优化装饰业务管理流程，进一步完善了内部管理体系，成功打造了装饰管理人员"双通道"职业发展体系，为企业提升总承包管理能力做好了专业支撑，为三局重塑装饰专业管理能力打下了坚实基础。

同样，作为一名党员干部，周涛深知自身担负的责任，把主动担当体现在每一个关键时刻，以实际行动践行着党员干部的初心使命。在新冠疫情暴发期间，他主动请缨参与火神山应急医院建设，是参与"两山"建设最早一批的党员干部。在抗击疫情最严峻时刻，周涛坚持冲在前、做在先，负责火神山应急医院建设现场协调工作，有效保障项目有序生产，顺利完成火神山医院建设任务，并获得"总承包公司抗击新冠疫情先进个人"荣誉称号，收到新冠疫情防控指挥部发文感谢。这次艰苦卓绝、刻骨铭心的历史大考，是周涛感到最无比光荣和自豪的一段时光，也成为了他日后继续前行、接续奋斗最宝贵的精神财富。

谈起这段多岗位锻炼的经历，他说："从单一的技能型岗位到复合型的管理岗，使我积累下了更为丰富的专业知识和管理经验。其间，虽然遇到过方方面面的情况，面临过各种意想不到的困难，但我从未想过半途而废，始终坚信所有的付出和努力都是值得的。"也正是坚持着这样的信念，使他无论在哪个工作岗位，都以高标准的工作态度、高品质的工作成果要求自己。他先后获得中建三局2009年度质量管理先进个人，总承包公司2010年度优秀共产党员、2011年度十佳员工、2013年度十佳项目经理、2015年度十佳项目经理，中建三局2016年度超英勤廉典型、2018年度优秀共产党员等多项荣誉。

三、蝶变成为一名企业转型发展的领军者

在经过多个岗位的磨炼后，周涛凭着出色的个人能力脱颖而出，于2021年担任中建三局工程总承包公司装饰事业部总经理。装饰事业部成立之初就以"重振三局装饰品牌"为奋斗目标，在不同的发展阶段，均在专业领域实现了新突破，于2024年5月14日，更名为中建三局装饰有限公司。

作为三局装饰的首任总经理，周涛把对行业的情怀、对事业的热情融入企业发展的每一刻，时刻以推动企业的高质量发展作为自己的初心与使命。他既挂帅当"指挥员"，在制定企业发展战略、谋划业务布局上精准施策；还带头出征做抢抓机遇的"战斗员"，在事关企业发展的重要决策、关键环节上亲自抓、亲自管。就这样，凭借着这股干劲闯劲，在周涛的带领下，经过近三年的跨越式发展，三局装饰现成长为一家以公共建筑装饰、城市更新、建筑幕墙、景观园林等专业施工领域为经营范围，业务涉及政府工程、大型办公楼、高端酒店、医疗建筑、教学建筑、机场站房、景观园林等众多领域，经营区域自东向西、由北向南遍布鄂、赣、苏、浙、皖、京、津、豫、鲁、闽、粤、琼、川等十余个省市的装饰专业公司。面对建筑行业转型承压的发展进程，三局装饰逆势而上，2021年至2023年，企业各项经济指标保持高速增长，发展质量稳步提升，全口径中标额年均增长率超68%，营业收入年均增长率达22%，现已成功跻身装饰行业第一梯队。

三局装饰现有管理人员及各类专业技术人员470人，员工平均年龄30岁，本科及以上学历人员占比为97%，持有注册一级建造师、注册安全工程师、注册造价工程师等执业资格证书50余人，中高级职称超百人，覆盖装饰、幕墙、园林、泛光照明、土建、二次机电等全专业方向，已形成专业发展与人才优势互促共进的良好态势。近三年累计参建鲁班、国优工程8项，荣获中国建筑装饰工程奖13项、湖北省优良建筑装饰工程奖等省市级荣誉18项，先后高质量举办中国建筑装饰智能建造管理与创新论坛暨装饰智慧工地现场观摩会、"精细管理，均质提升"湖北省建筑装饰

装修项目质量、安全、环境样板工地观摩会，并作为主编单位之一完成《新时代中国建筑装饰业高质量发展指导意见》，获得了行业、社会的良好赞誉。

"如何保持现有优势、如何创造更好的成绩是我一直在思考的问题。"干事创业就是一场马拉松，我们深知前路漫漫。经过近三年的发展，虽然三局装饰取得了一定成绩，但放眼全行业，和行业内头部企业相比还很年轻，我们还需要坚守"长期主义"，绝不能在行业深度调整的进程中掉队落伍。惶者生存、变者图强。三局装饰一直保持着加快发展的紧迫感，为了顺应行业发展新形势、紧抓发展新机遇，我们基于示范项目开展内装工业化产品体系研发，15天以高标准完成了装配率高达91%的住宅项目工业化交付样板间施工；成功自主研发应用云廷数字管理系统，在行业内率先打通装饰BIM数据驱动生产全技术链条，实现以全流程数字化流程管理、标准化模块实施，并在湖北省首个智能建造试点项目——汉芯公馆项目应用，有效提高了项目执行效率和整体施工质量。

对于企业的未来发展，周涛信心满满。他表示，在当前经济形势下，虽然建筑行业承压明显，但国家深切关心建筑企业发展，这为我们做好企业增添了信心和底气。目前，我国建筑业转型升级已是大势所趋，新型建材、智能建造、绿色建筑等领域的长足发展将带动新产业增长点不断涌现，尤其是在专业建造与智能建造融合方面，还是一片需要持续探索的蓝海。"装饰项目建造全流程、全环节的智能化、信息化、工业化、标准化，一定是建筑装饰行业未来最确定的发展机遇。"

三局装饰作为中建三局旗下最大装饰业务平台，我们正积极按照集团工作要求，以争先有为的姿态勇担央企职责使命，坚定不移融入和服务中国式现代化建设大局，积极践行国有企业"六个力量"要求，锚定高质量发展，砥砺企业发展新征程，心无旁骛做大、做强、做优主营业务，持续发力创新业务，不断推动企业转型和变革，并在装配式智能建造方面，加强装饰专业建造科技研发，积极促进优质科技成果转化，助力行业变革，加快推动三局装饰加快向行业领先的一流企业迈进，为城市发展贡献智慧和力量，为全面推进强国建设、民族复兴伟业不懈奋斗。

做新时代鲁班

—— 记方圆化集团有限公司董事长翟方化

方圆化集团董事长　翟方化

2024年是翟方化到北京闯荡的第32个年头，带领历经21载风雨征程的方圆化集团阔步前行。除了拥有方圆化集团等多家企业的董事长身份外，翟方化的社会身份还有家乡政协委员和北京浠水商会会长等。

方圆化集团参建的北京市档案馆新馆项目荣获"2020~2021年度中国建设工程鲁班奖"——国家建筑行业工程质量最高荣誉；参建的京藏交流中心-酒店工程荣获"2020~2021年度国家优质工程奖"；参与施工的中央财经大学沙河校区教学楼装修工程荣获"2021~2022年度北京市建筑长城杯金奖"——北京建设工程质量最高荣誉奖。近两年获得的诸多荣誉，是翟方化曾经不敢拥有的梦想。繁华过后的独处时刻，翟方化更怀念早年当小木匠时的专注与勤奋，一桌一椅，一斧一凿，每件事都用心对待，保持敬畏。

一个小木匠如何通过勤劳、踏实、诚信、坚韧扎根传统行业，历经30多年奋斗成就一家年营收超20亿元的企业？故事背后的商业逻辑值得探索。

一、从"游击队"到"正规军"

20世纪60年代，翟方化出生于贫苦农家，小学毕业就辍学，帮家里干农活。1981年，翟方化拜当地有名的木匠师傅为师，从此走入木匠行当。翟方化仅用一年半时间就满师出徒。他技艺精湛，为人厚道，短短几年时间就成为远近有名的"翟师傅"，但是依然是勤恳踏实且清贫的"翟师傅"。因此，翟方化暗下决心：走出去，到大城市闯荡。

1992年，翟方化为了追赶改革开放的春潮离开家乡到北京闯荡，从每天带着刨子、锯子等工具在街边摆摊找活儿干开始，两年多时间，业务范围逐渐从木工发展至全屋装修。

2003年，翟方化注册成立了方圆化装饰工程公司，终于从"游击队"组建为"正规军"。他说："那时候没有招投标，所有的项目都是凭手艺、人品赢得口碑，信誉排在第一位。"

"文玩潘家园，装修十里河"。这片区域如今已成为北京装修装饰公司聚集地，从十里河地铁站向东南一公里就是方圆化集团总部。经过两三年打拼，翟方化的事业开始蒸蒸日上，很多朋友劝他到外地开分公司，开拓全国市场。

"春风得意马蹄疾"，当方圆化"走向全国"的号角吹响，危机悄然埋伏。

二、借行业之势谋发展

"这是人生第一次栽跟头。"方圆化集团的扩张步伐还算稳健，只围绕距离北京不远的呼和浩特、鄂尔多斯、乌海等城市开设分公司，翟方化与当地装修公司合资，以法定代表人身份一口气开了7家分公司。他摇头笑道："当时我只负责北京总部的经营，分公司只投钱，但是经营状况却与北京总部大相径庭。任何窟窿我都要补钱进去，最后只有北京总部盈利，其他分公司全部亏损，把我自己给拖垮了。从2005年到2007年，三年时间我亏了三四百万元。"

这个刻骨铭心的教训是他用创业前10年积攒的血汗钱换来的。如今，方圆化集团旗下有8家子公司，全部由集团控股，翟方化参与重大决策、合理分权。"吃一堑，长一智"，翟方化反思说："这段经历对我后期选人有很大启发。首先，要了解人品，要诚实守信；其次，实事求是，要跟我本人做事风格相符；最后，我会通过周边人去了解竞聘者的相关情况。"

以2008年北京奥运会为契机，北京房地产市场进入高速发展期，方圆化集团也进入跨越式发展的提速期：公司先后荣获2004年优秀建筑装饰企业、2005年环境管理体系达标模范企业、2005年全国装饰行业质量服务信得过企业、2006年诚信环保装饰企业等称号；2017年被评为全国住宅装饰装修行业优秀企业。公司连续多年荣获北京建设行业诚信企业、2021～2022年度北京市建筑装饰行业优秀企业、2019～2020年度被评为中国建筑装饰行业最具影响力设计机构；北京市档案馆新馆项目荣获中国建设工程鲁班奖、中央财经大学沙河校区二期C8地块教学楼及教学服务楼项目荣获北京市建筑长城杯金奖；京藏交流中心-酒店工程荣获国家优质工程奖、北京市海淀区北三环中路43号院、海淀区丰豪东路9号院两个项目荣获2021～2022年度（第二批）北京市建筑装饰优质工程。

2019年方圆化集团营业额已突破20亿元，旗下各业务板块运营有条不紊。经过管理制度改革，方圆化集团成为投资、监管和服务中心，形成权责利明晰的内部管控模式。8家分公司既是受集团总部控制的利润中心，又是独立自主的市场责任单位，以市场为导向独立经营、独立核算。集团总部只是在运营、人力、财务、品牌、资源等方面提供必要的服务支持，同时适时监督管控。如此一来，方圆化集团迎来新的高速增长，年轻管理者也逐步成为集团长期发展的中坚力量。

2024年，翟方化带领高管团队制定新的战略规划，将公司带到新的发展高度。

三、正道做人，善道经商

2020年1月，翟方化率领的相关企业接到任务后，火速组建一支50人的工程队伍参与雷神山医院建设，支援武汉抗击新冠疫情。除了组织、动员人力参与雷神山医院建设，翟方化还组织北京浠水商会为家乡捐赠物资并亲自承担接送物资的任务。

家国情怀激发了这位年过半百的企业家的雄心壮志，他要在复工复产过程中打响第一枪。2020年2月初，当武汉疫情有所好转，翟方化第一时间安排项目经理、农民工到医院做核酸检测，拿到检测结果立即到相关部门办理通行证，组织车辆连夜赶到北京，隔离14天后迅速投入复工复产中。

2021年夏天，河南遭遇极端持续强降雨天气，多座城市发生极为严重的洪涝灾害。翟方化时刻关注灾情，牵挂灾区群众生活，指示方圆化集团通过郑州市红十字会捐款10万元，支援灾区前线防汛救灾及灾后恢复重建工作。风雨同舟，共克时艰，用行动彰显了企业家的道义和担当。

翟方化始终心系家乡、回报桑梓。2024年1月，在浠水县光彩事业促进会第一届一次理事会上，翟方化以轮值副会长身份捐资30万元，用于"同心惠民·孤困救助项目"，支持一老一小、福利院等公益活动的费用开支。

多年来，翟方化积极参与各种公益事业、救困济贫。他表示，作为企业家，不仅要关注企业的经济效益，更要关注社会效益。通过参与公益事业，不仅能够回馈社会，还能够传递正能量，引导更多人关注和参与公益活动。

新时代的企业家精神应该包含什么？首先是创新求变、创造价值，带领企业发展壮大；其次是履行社会责任、积极投身公益。永葆进取之心和勇担社会责任是企业家精神的重要内容。正道做人、善道经商，这是翟方化新时代企业家精神的外显，也是这位新时代"鲁班"不变的初心。他以梦为马，依然在为梦想奋斗着。

深耕木业谋发展，不忘初心勇担当

——记丁鸿敏先生的创业发展之路

德华集团控股股份有限公司党委书记、董事长　丁鸿敏

丁鸿敏，1963年出生，浙江德清人，中共党员，浙江大学EMBA，高级经济师，南京林业大学兼职教授。获全国劳动模范、浙江省人民代表大会第十二及十三届代表、浙江省创先争优优秀共产党员、浙江省杰出领袖企业家、中国家居建材行业领军人物、德清县慈善总会名誉会长等荣誉，并获得加拿大总督勋章。现任德华集团控股股份有限公司党委书记、董事长，德华兔宝宝装饰新材股份有限公司董事长。

1978年党的十一届三中全会胜利召开，拉开了中国改革开放的序幕，国民经济的快速发展，带动了建筑装饰用人造板需求的快速增长。进入20世纪90年代，海外资本的进入和民营企业的崛起，中国人造板行业从传统加工业向现代工业快速转变，优秀的人造板企业不断涌现，推动中国人造板产业步入高速发展期，中国人造板行业快速成为世界人造板生产、消费和国际贸易第一大国。德华兔宝宝创始人丁鸿敏先生把握行业发展机遇，于"无木之乡"创办木材加工企业，不断把握新的发展机会，带领兔宝宝走出了一条创新发展之路，成就行业的龙头地位。

一、敢为人先，在"无木之乡"打造"木业重镇"

从1983年参加工作起，丁鸿敏曾先后在德清洛舍酒精厂、湖州钢琴厂、德清县木材加工厂等单位从事经营管理工作。1992年，丁鸿敏紧跟改革开放的热潮，以"木"为核心，在"无木之乡"德清创办了浙江省首家、华东地区第二家装饰贴面板生产企业——浙江德华装饰材料有限公司（后更名为德华兔宝宝装饰新材股份有限公司）。初创期，面对"无人才、无资源、无资金"的"三无困境"，丁鸿敏敢为人先、艰苦创业。没有技术，4次前往上海，用真诚打动人造板行业专家孙朝坤来到小镇担任公司技术顾问；没有资源，深入中国东北、欧洲、非洲等林地，用心精选优质木材；没有资金，以诚心、耐心、信心排除万难，与香港达华贸易达成合作，并取得银行资金支持。1993年投产当年销售收入就突破2000

万元，上缴利税150万元。三十余年发展中，丁鸿敏以市场和客户为中心，审时度势，以变应变，一手抓经营，一手抓管理，产品不断丰富，产业链前延后伸，产品规模日益扩大，品牌影响力不断提升。2005年5月10日公司股票在深交所挂牌上市，成为行业首家上市企业。2023年木业板块营收超150亿元，利税超10亿元。公司的快速发展、供应链的深度合作、中国木皮市场的建设和运营辐射催生并带动了当地一大批企业的发展壮大，洛舍镇由此成为木业重镇、木皮之都。

二、锐意进取，创新驱动企业高质量发展

围绕"发展是第一要务，科技是第一生产力，创新是第一动力"的科学论断，丁鸿敏始终坚持将创新强企定为公司发展的首位战略，并亲自统帅，着力构建创新型企业，推动公司高质量发展。

不遗余力推进科技创新，成果斐然。从创业之初就多次前往上海邀请行业专家；到创业前期和南京林业大学、中国林业科学研究院等科研院校合作，组建省级技术中心；到目前，公司与浙江大学、艾伯塔科研创新研究院和国内的13所林业高校均建立了深度的产学研合作，组建浙江省重点企业研究院、国家模范院士专家工作站和国家博士后科研工作站等高水平的科研平台。公司累计研发投入超过10亿元，先后承担国家863、十二五、十三五、十四五国家重点研发等国家级科研项目10余项，浙江省重点研发计划、浙江省国际合作、广西重点研发计划项目等省级科研项目100余项。公司主导或参与制定的国际、国家、行业标准共230多项，授权专利400多件，其中国际发明专利5件，中国发明专利114件，获国家科学技术进步二等奖1项，省部级科技奖励13项。

屡屡创新经营模式，实现跨越式发展。2005年，丁鸿敏开创行业先河，提出专卖营销模式，在山东青岛开设第一家兔宝宝专卖店，开启了专卖网络营销体系建设，通过近20年持续创新，现已建成不同品类、不同渠道、不同模式的六大专卖体系，近5000家专卖店遍布全国、深入乡镇。2015年，收购杭州多赢网络科技有限公司，在行业内率先开启板材电子商务，通过线上蓄客引流，线下促成转单，打造经销商的服务商。2022年，服务模式全面升级为新零售模式，并通过天猫、京东、抖音、小红书等平台，构建了一个跨领域、跨渠道的新零售生态体系，依托多元平台、构建矩阵战略、强化培训赋能与活动驱动，创新引领板材行业经营模式。

三、环保先行，以推进行业绿色进程为己任

20世纪90年代，板材行业鱼龙混杂、良莠不齐，装饰板材甲醛释放量超标现象严重，对消费者的身心健康造成严重威胁。面对这样的市场环境，丁鸿敏始终把员工和消费者的身体健康放在首位。1997年，引进专家技术团队，成立制胶车间，紧盯国际人造板甲醛释放限量标准，开启了环保胶黏剂的自主研发之路，并在2000年将板材甲醛释放量全面升级为欧洲E1级标准，比我国人造板甲醛释放量强制标准颁布提早了近两年，充分展现了丁鸿敏对环保的前瞻性思考和部署。随后二十余年，公司以推进行业绿色进程为己任的责任担当，持续加大技术创新，E0级、无醛级、净醛级、负离子释放等环保功能型板材不断推陈出新、迭代升级，并在行业中推广使用，带领我国人造板甲醛释放量水平从跟随到并跑，到目前引领国际，迈入了全球最前沿。

随着消费者对木制品需求的迅速增长，保护森林资源、探索出一条可持续发展的全新道路刻不容缓。公司成立林业公司，斥巨资推进25万亩人工速生林培育工程，实施林木资源战略储备，以"砍一棵种三棵"的标准承担绿色责任；成立科技木公司，引进并创新重组仿真技术，经过53道生产工序将普通速生材转化为"珍贵木"，实现源于自然、胜于自然的价值升华。3000多个品种的开发与市场转化、全球第一的产销规模，满足

消费者个性化需求的同时，减少了对天然珍贵木材资源的依赖和消耗。

四、敢于担当，主动应诉"双反"捍卫贸易权

2012年，美国商务部开始对原产中国的硬木胶合板进行"双反"立案调查，最终确定中国胶合板反倾销反补贴税率高达73.04%，这对于中国胶合板出口是致命的打击。为捍卫行业尊严与权益，2013年，公司代表中国胶合板行业挺身而出，赴美抗辩。在长达3年的应诉中，投入巨大人力物力，不畏艰难，坚持不懈，最终取得胜诉，为中国胶合板行业挽回了数十亿美元的损失，捍卫了中国胶合板在国际市场的地位。这不仅仅是兔宝宝的胜利，更是中国胶合板行业的胜利。

2020年，加拿大对中国硬木胶合板发起新一轮的反倾销调查，公司又一次站出来，积极应诉，全力以赴准备并递交材料。最后，取得"撤销调查"的裁定结果，继续保持零关税向加拿大出口胶合板产品的公平贸易权。

五、以人为本，"汇聚力量"共建"和谐家园"

在企业快速发展的同时，丁鸿敏始终坚持"兔宝宝，让家更好"的企业使命，坚守"德为本、华而实、木之展、业久存"的座右铭，汇聚各方力量，致力于打造中国的世界级家居装饰品牌，共建和谐家园。

对待员工，努力创建和谐的劳动关系，深入构建企业与职工命运共同体，使公司成为与员工共同发展的温暖家园。在工作上，紧密围绕公司的经营发展目标，提升职工素质，激发职工工作积极性；在生活上时刻不忘关爱员工的健康与幸福，努力改善办公条件和住宿环境，先建宿舍楼再建办公楼。通过包车送偏远地区员工返乡，持续多年慰问困难员工、员工高考学子，持续开展医疗互助、家属日等活动，使德华员工劳有所乐、病有所医、困有所帮，感受家一般的温暖。

对待经销商、供应商等兔宝宝战略合作伙伴，致力于提供全方位的支持与服务，通过举办"环保中国行"等系列创新营销活动、提供前沿的生产技术支持、精心打造四大定制化培训计划、提供产业金融服务支持、共建共享兔宝宝品牌等，持续为合作伙伴注入活力与动力，让他们快速成长。

对待社会，丁鸿敏始终不忘发展过程中给予公司支持的社会各界，努力做大做强，引领经销商、供应商和合作伙伴为国家多纳税、为社会提供更多的就业岗位。同时，成立德华集团慈善基金会，积极投身社会公益事业，主动肩负社会责任，在教育、水利建设、扶贫帮困、疫情防控等领域积极捐款捐物，用实际行动回馈社会。

享受生活，享受设计

方振华教授（Prof. Patrick Fong）

一、人物介绍

方振华教授出生于中国香港，目前担任方振华设计（香港）有限公司及PFD+设计公司（在香港、上海）的创始人及董事。方教授早年毕业于美国哥伦比亚大学设计专业，是美国建筑师学会（AIA）香港分会成员、美国室内设计师协会（IIDA）专业会员，以及英国特许设计师协会（CSD）会员。在超过四十年的职业生涯中，他完成了逾两千个重大项目，涉及中国、英国、马来西亚、新加坡、日本、美国，并获得超过一百个奖项。

1993年至1997年，方教授担任香港室内设计协会（HKIDA）主席，并自2015年起担任顾问。他还曾于1997年至2005年担任香港设计师协会（HKDI）执行委员会成员，并于1994年至1997年担任英国特许设计师协会（CSD）香港分会执行委员会成员。在1995年，方教授与香港的两个其他设计协会共同创立了香港设计中心，并每年举办设计营商周（BODW）活动，该活动被誉为亚洲最佳设计活动之一。

1999年，方教授受中国建筑学会室内设计分会（CIID）邀请，代表中国香港，向中国内地设计界介绍"西方文化中的室内设计专业"。同年，他被香港特区政府授予"设计出口奖"，并被评选为英国"20世纪最具影响力的室内建筑师2000"。在担任香港室内设计协会主席期间，方教授创立了亚太室内设计大奖（APIDA），并担任该奖项主席五年。在他的领导下，该奖项成为中国最具影响力的奖项之一，至今仍是亚太地区顶尖的设计奖项之一。另外，他还参与多个考核小组、讲师提名小组以及各设计学院和香港特区政府的学术与资历认证小组。

除了在香港的活动外，方教授还担任中国及全球室内、产品及家具设计比赛的评审，参与国家包括英国、美国、加拿大、越南、泰国和墨西哥。

方教授耕耘室内设计多年，依旧初心不变，并积极承担起作为一名设计师的社会责任。为促进专业室内设计思维与时俱进，方教授定期在香港大学、中国美术学院及上海东华大学进行客座讲座，教授专业学术及设计创意思维等特别主题课程。

二、设计跨国挑战

当下，很多专业和行业都面临着必须调整改变的状态，设计行业亦是如此。怎样让"设计"走出去，如何走？这也是当下很多设计师关注的问题之一。面对行业的如此变化，方教授也时常通过不同媒体平台积极对外浅谈一些作为国际设计师的经验和建议。他认为核心思想主要有两点。

第一，设计师除了学习设计以外，最重要的是要理解一个项目背后的故事（文化、政治等）。项目为什么会这样做，为什么最终会选择这样一个方案完成整个项目，背后的故事、背后的思考、背后的思想，才是每个项目的灵魂所在。因为再怎么看项目的漂亮照片、漂亮设计图，做出来的设计也是在模仿别人。所以他总是跟年轻设计师说，要多思考漂亮照片背后的原因，寻找关于项目的资料、关于设计师的想法和设计思路，这些，才是设计师成长过程中的重要养分。如果肚子里没有墨水，就根本写不出文字；如果脑袋里没有那么多创意性的资料和可以用的元素，就只会重复同一种设计方式。

第二，设计思维的"水土不服"。很多时候设计师把在中国的设计方法、设计模式、设计标准放在其他国家里来用，遇到很多关于风俗、关于当地文化甚至涉及到法律层面的问题。就像几十年前我从香港到内地做项目，就非常明白不能僵化地套用香港的那一套理论，要根据内地各个地方的不同进行设计。因此，我们也不能把在国内的这一套理论直接搬到新加坡、搬到马来西亚、搬到其他地方。方教授曾做过一个项目，甲方非常注重环保，他说我们可不可以尽量用当地的材料、用当地的工人、用当地的技巧去做设计，不要把东西从很远的地方运过来，不要设计一些当地人不懂的细节，不要从国内聘请施工单位来做。因此设计师除了设计之外，还要学习当地的文化，要了解当地的施工资质要求、工艺水平，采用当地允许的材料来完成一个项目。这样既能够符合甲方的需求，也能够提升自己的设计知识储备和眼界。

回顾中国设计师过去的成长经历，设计行业其实与地产建筑行业是同步的。我们整个大环境的发展趋势，就是地产建筑行业发展得越快，我们的室内设计进步得就越快。设计师的项目经验越多，获得的积累就越多。带着经验再去做下一个项目，这样不停地推进自己设计能力的提升。所以在大环境许可条件下，某种程度上地产行业发展越快，设计师学习的机会也就会越多，就会增加更多的机会给进入行业的年轻人。但这又会引发一个潜在的思维凹地，当一个设计师过分专注眼下实际项目实践之后，久而久之会忽略设计的核心本质以及更多元化的思维可能，最后显现出创新不足的情况。因此，希望更多的设计师能理性地重新找回"设计"的本质，更深入地探索思考人与设计、设计与生活的无限可能。带着美好的愿景，活在当下，思索未来！

三、从设计到设计教育

"设计"对于方教授的意义是复杂的。毋庸置疑，他是热爱设计的，他热爱将自己笔下描绘的图纸变成眼前现实且卓越的空间。如果他的设计结果能够对一个人、一个团队产生深远影响，他会由衷感动并与其产生共鸣。他不会因为自己已经在设计领域取得的地位和成绩而感到沾沾自喜，而是始终怀抱对于当下流行趋势的敏锐视角和态度进行下一个项目。他认为永远年轻的秘诀不只是保持思考，而是要懂得当下的生活方式和思考方式——这些是影响当前设计的主要因素之一。

中国室内设计发展到现在的40多年时间中，各种思想、各种风格、各种理念等层出不穷。如果说中国室内设计的40多年发展是一个膨胀的集合，那么身处其中如方振华这样的设计大师——一方面集百家之长，一方面又有自己鲜明的设计风格和特征,就是站在这个金字塔最高处的人之一。伴随中国建筑设计、室内空间设计发展的,不只是一个又一个项目为设计行业带来的宝贵财富,更是优秀设计师们几十年来贡献的难能可贵的设计思想和理念。"传承"对于他们来说,其中的意义和价值更加不言而喻;教育对于他们而言,更是一种使命感和责任感,也是他们身上在设计领域中的成就之外,另一个令人瞩目并值得钦佩的闪光点。

关于设计和设计教育的关系,方教授的回答是这样的:"教育跟设计有没有关系?很多人认为没有太大关系,但我认为这是不对的。你看我现在的状态依旧保持这么年轻,就是依靠身边年轻的朋友给我的一种精神力量。他们穿什么衣服,关注什么,有什么想法,这些也会不断使我更新我的思想。室内设计是与时俱进的,是潮流的风向标。当下的生活方式、思考方式就会影响室内设计,我从他们的身上学到他们的生活方式以及思考方式,从而融入我的设计中,使其不断符合当下现代人的要求。他们脑子里的才是他们所喜欢的东西,才是时尚——因为时尚其实就是这些年轻人说了算的。"

正由于方教授时刻将"小我"融合于当下,时刻保持积极正向的生活态度,才能让其的设计以及设计思维永远"年轻"。方教授把握住了每个时代下设计审美的本质,因此他的设计作品永不过时。

关于未来,方教授自2017年以来一直思索和探寻下一步的人生计划。他犹如一位良师益友经常跟年轻的设计师沟通交流如何"寻梦"。追梦是每一个年轻人都有过的人生经历,方教授亦如此。正如方教授在某次采访中所说:"不是说我的梦想已经全部追到,但是一定程度上我已经追到了一些独属于我的东西,我的设计、我做过的项目、我行业内的名誉,都已经得到了一定认可。因此,我想要换一个赛道,想了很多,决定去做一个教育者。通过一些游学团,通过学校,通过一些正规的教育系统,通过我个人的教育方法,多花一点时间、多花一点精力去培养下一代。既然我要做了,既然我决定改变赛道,我将从这个方面延伸我的工作、延伸我的生命、延伸我自己的抱负。因为我的前辈曾教给我很多,我把它发扬光大之后,如果不能递交给下一代,就是浪费。这就是为什么我非常注重教育这一块,希望能在教育上多做一些工作。"

匠心筑设计，创新绘未来

——记浙江中南幕墙设计研究院院长梁曙光

梁曙光，1970年7月出生，河南省平顶山人，正高级工程师。浙江中南建设集团有限公司建筑幕墙设计研究院创办人，现任浙江中南幕墙第一党支部书记、执行副总裁、幕墙设计研究院院长。中国建筑金属结构协会铝门窗幕墙分会专家，全国建筑幕墙顾问行业联盟专家，中国房地产协会优采新浪地产门窗幕墙频道专家顾问委员会顾问，中国建筑协会建筑幕墙学术委员会第一届理事会常务理事，中国房地产与门窗幕墙产业合作联盟幕墙专家，浙江省建筑装饰行业协会设计分会第三届理事会副会长、第四届轮值会长、第六届理事会常务理事，浙江省建筑装饰行业协会专家库成员。

荣获中国建筑金属结构协会铝门窗幕墙分会改革开放四十周年功勋人物、浙江省五一劳动奖章、"十一五"期间杭州市建设系统优秀科技工作者、杭州市创先争优优秀共产党员等荣誉称号。

作为幕墙设计行业发展的参与者、见证者、奉献者、受益者，梁曙光从1994年初识幕墙，历经三十年，他用自己的实际行动诠释了什么是匠心精神和大国工匠。他凭借着不懈的努力和执着的追求在幕墙设计领域取得了辉煌的成就。未来，他将继续带领中南幕墙设计院不断创新、追求卓越，为中国的建筑幕墙设计事业贡献更多的智慧和力量。

一、初心启航：从艺术到技术的跨界

1994年7月，梁曙光从上海纺织大学美术系毕业后，入职浙江中南建筑装饰工程有限公司，在铝合金车间跟着工人师傅学习做门窗下料，分析门窗怎么做、材料怎么拼。这活虽不复杂，但对于一个刚走出校门的艺术生、一点理工科知识也没有的梁曙光来说，无疑是隔行如隔山。然而，梁曙光凭着一股肯吃苦、善钻研的劲头，很快掌握了操作要领，成为车间里的全能骨干。虽然很苦很累，但他却觉得精神很充实。

"在车间的那段时间每一天都过得很充实。心中带着问题去学习去找答案，在这一过程中发现了新的问题，再去补充知识寻求解决方法，如此

循环往复是非常有趣的。一年多的时间让我对幕墙、门窗有了直观清楚的了解，也为我日后的成长打下了扎实的基础。设计最终是要落地的，要真正把纸上的东西变成实物，没经过现场的锻炼，那你的设计就是空中楼阁。"回忆起三十年前的那段生活，梁曙光依然怀着感恩的心。

也正是那段车间劳动，梁曙光的潜能显现出来了。1996年公司成立技术部时，他被作为首选对象调进了技术部。1998年，我们对于幕墙都还很陌生，中南幕墙也才刚刚起步，梁曙光做了一个大胆的决定，在他事业上跨出了重要的一步。他在手边没有精兵强将，也没有重大项目的经验，软、硬件制约，公司缺乏工程业绩、决策层犹豫不决的情况下，勇敢地承接了杭州清波商厦的设计邀约。作为西湖边寸土寸金之地的标志性建筑，做好了，无疑会令公司的业务上一个崭新的台阶，但做不好，这块"硬骨头"会让公司进退两难。学艺术出身的他，创造性地把建筑与美学知识结合起来，赋予了建筑庄重而典雅的风格，为公司创造了良好的经济效益和声誉，也为中南幕墙的起步打下了坚实的基础。

清波商厦的成功是梁曙光在设计生涯中跨出的重要一步，也是中南幕墙设计征程上具有里程碑意义的一座丰碑。技术部成立仅仅3年，便发展成为公司幕墙研究设计院，在梁曙光的带领下，从只有十几名设计师的小部门，发展到拥有国家级专家5名，省级专家6名，一级建造师155名，高级工程师54名，工程师128名的综合型设计院。

着力发展幕墙设计（咨询）、数字设计、绿建城市未来三大板块，深耕数字化、绿建未来城市发展领域，助力行业发展。包含方案、可视化、施工图、泛光照明、轻钢结构、光伏幕墙、BIM、标准化等共计25个设计所，辐射台州、江西、河南、湖南、武汉六个设计分院。现有200余项自主创新技术专利，主编和参编如《铝合金结构设计规范》《上海市建筑幕墙工程技术规程》《浙江省建筑幕墙工程技术标准》等多项全国幕墙行业规范或多项省级标准。

浙江中南幕墙设计研究院设计咨询实力得到了行业高度认可，连续五年蝉联中国房地产企业综合实力TOP500首选供应商幕墙咨询及设计类榜首，建筑幕墙顾问咨询行业20强榜首。

二、匠心独运：打造幕墙设计新高度

在2012年以前，全国上下类似于"金球"这样富有设计感的建筑并不多见，外立面大多都是平面设计，再配上不同种类的幕墙。梁曙光说："那时候做自由曲面的幕墙特别麻烦，整个工期要比现在费时得多。"梁曙光认为时代在进步，他们这些处在科技风口上的人可不能落伍，要有创新精神。细节决定成败。发扬工匠精神，需要解放心灵，摒弃浮躁之气，这样才能严于细节，对精品有执着的追求。所以他的团队人人懂得，所谓"工匠精神"，就是一种一丝不苟的严谨、一种爱岗敬业的态度、一种精益求精的执着、一种"不达目的誓不休"的坚韧。正因为这样，梁曙光要求产品品质，哪怕已是99%，也要再用把劲把它提升到99.99%。尽管明白其利虽微，却是长久造福于世，所以心甘情愿。精益求精的工匠精神成了中南幕墙设计院的一张名片，高质量的产品既产生了"品牌溢价"，又打造出了自己的核心竞争力。

新时代的匠人，具备传统匠人的精神，更融合了现代匠人的创新理念。梁曙光与研发部门反复讨论不断验证，不断升级产品，研发出了一款款真正可以改变老百姓生活的幕墙，并推出《幕墙成就建筑之美》的技术讲座。梁曙光还通过与全国各地建筑设计院及房产开发商进行技术交流，传达自己独有的设计理念，传递自己的匠人精神，让更多人了解幕墙不单是用于观赏，更是具备丰富的功能和形态。

三、传承匠心：培养未来的设计精英

"中南幕墙设计院不仅要出设计精品，而且要出设计精英！"这是梁曙光心目中的使命担当。

梁曙光决心要将中南幕墙设计院打造成传承匠心的"黄埔军校"，全面提高技术人员的综合素质，培养出更多的技术人才，为他们提供发展空间，为公司提高整体实力。由此，设计院幕墙技术培训学院于2017年应运而生。

培训学院采取内外结合的培训模式。外部邀请中国金属结构协会、中国建筑科学研究院、中国标准化研究院等单位的国家级专家、教授，以及省内专家，针对大家迫切需要了解和掌握的热点、难点、重点问题，一个一个进行专题培训。内部由技术中心骨干及部门负责人结合设计项目分享成功经验。当然，培训班讲坛上梁曙光的身影更是少不了。运用"共享"思维搭建共享平台，任何有经验、懂技术的员工，不分职位高低，不分年龄大小，不分资历深浅，都可以走上技术培训学院的讲坛，把经验体会分享给大家。

中南幕墙设计院推行的师徒文化已形成制度。每年9月10日教师节这天，凡新来的大学生，与院里选派的优秀师傅一对一师徒结对，师傅既授技术又传思想还带作风。不拘一格育人才，快速提升了新员工的实际操作能力，更加激发了老员工的创新研发思维。

在"人才为基，服务为本，开心工作，快乐生活"的企业文化推动下，设计院充满着生机活力，洋溢着青春气息。

四、展望未来：拥抱变化，设计未来健康智慧空间

梁曙光觉得自己是一个"幸运的人"。很幸运遇到两位极具人格魅力的老板，也幸运能得到自己所敬仰的两位老板的赏识。

"初入公司的时候看到公司文化墙上题写着'诚信立业，创新发展'的战略口号，时至今日这两句'口号'依旧被不断点亮，可见中南创始人吴主席的卓识远见与战略坚定。"另外一位令他敬佩的老板是中南幕墙公司的童林明董事长，他提出"500强的企业有很多，做500年的企业却很少，我们的目标就是要做百年企业。"有了这两个发展理念和战略目标，梁曙光的一切工作也就有了明确的大方向，从公司的文化，到公司的产品，再到公司的运营，无处不感受到领导者的责任、胸怀、担当、格局，这样的人格魅力对梁曙光影响颇深，也将会吸引更多志士能人壮大中南力量。

随着公司规模的扩大，时代对幕墙行业也提出了越来越多的要求。传统的建筑幕墙也必将与AI人工智能新生态贴近融合。在梁曙光看来，"数字化是一种生态，它的出现是为了满足人类美好生活的需要。幕墙设计院很早就提出了'做幕墙设计全生命周期的行业领跑者'的目标，在如今以新质生产力强劲推动高质量发展的大背景下，我们也在尝试努力向数字平台靠拢，做彻底的、完全的、真正意义上的转型升级。"

作为中国幕墙设计发展的亲历者，对于未来幕墙设计行业高质量发展，梁曙光提出，浙江中南幕墙设计院要做未来设计，未来幕墙形式必然会百花齐放，百家争鸣。不要局限于大块分隔、单一材料，要拓宽思维，把未来理念，包括ESG绿色健康空间、智慧幕墙创新融合到设计里，创造未来美好人居。

诗筑空间，岁月为巢

——邹建的三十载设计哲思之旅

公司历年代表作品：

邹建
ZOU JIAN

重庆设计集团港庆建设有限公司资深首席总设计师

重庆设计集团港庆建设有限公司·邹建工作室

教授级高级工程师

中国建筑装饰协会副会长

中国建筑工程装饰奖专家评委

重庆市住建委勘察设计装饰装修专业委员会主任委员

重庆大学艺术设计专业硕士研究生导师

重庆市建筑装饰协会副会长

中国福田杯十大杰出建筑装饰设计师

深圳福田区建筑装饰设计顾问

主持装饰设计及施工工程多次荣获国家级和市级奖项

参与编制了多项国家和地方标准。

技术优势：建筑装饰设计及施工

一、辉映乐山：艺术的守望者

四川乐山，这座古城随着时间的流转，被雕琢得更加精致，宛如一颗天赐的璀璨明珠，静谧地镶嵌于群山的翠绿怀抱之中。正是这片充满灵气的土地，孕育了邹建对美的执着追求，这份追求如同一颗深埋于心的种子，随着时光的滋养，逐渐生长为一棵参天大树，成为他设计灵感的永恒源泉。在这里，邹建度过了他的童年和少年时期，这里的每一块砖石，每一泓清水，都深深烙印在他的记忆深处，成为他日后设计作品中不朽的灵魂。在青春的懵懂岁月里，邹建对绘画与建筑艺术的热爱如同熊熊烈火，这份热情引领他步入了艺术设计的艺术殿堂。怀揣着对美的无限向往，他踏上艺术设计的专业学习之路，在四川美术学院装饰艺术设计专业潜心深造，不断地磨砺着自己的技艺与审美，如同工匠打磨宝石，使其愈发璀璨。

1964年6月出生的邹建，如今已是建筑装饰领域享有盛誉的教授级高级工程师。成就如同一座座里程碑，记录着他在艺术道路上的坚实步伐。身负中国建筑装饰协会副会长、中国建筑工程装饰奖专家评委、重庆市住建委勘察设计装饰装修专业委员会主任委员等众多要职。他主持的装饰设计及施工工程多次荣获国家级和市级奖项，参与多项国家和地方标准的编制工作，为行业规范化和标准化发展贡献力量。立于重庆大学艺术设计专业的学术殿堂，他担任硕士研究生导师，慷慨地将日积月累的宝贵经验和深邃知识传授给朝气蓬勃的学子。他深谙教育的深远影响，肩负着塑造未来设计界精英的使命，致力于培育他们继承并光大自己的设计哲学与精神。

二、初心铸就精进：空间美学的探索者

初心引领，以寻空间之美。"建筑不仅是物理结构的堆砌，更是情感与梦想的容器"，邹建的设计之旅，是一场对美的不懈追求。在冰冷的钢筋水泥中，他寻找着最纯粹的美学灵感，每一砖一瓦都映照着他对完美的执着。"设计就像画一幅画，需要色彩、线条和构图的完美结合才能呈现出最美的画面。"他将设计比作绘画，强调色彩、线条与构图的和谐统一，以创造出触动心灵的空间艺术。初心铸就探索，在建筑空间中追寻美的踪迹，以精进之志与时代同步，共鸣创新之音。

追求卓越，精进之心与时代精神共振。在设计的道路上，唯有不断创新，方能与时俱进。他勇于突破传统束缚，敢于挑战未知领域，以开放的心态接纳新技术和理念。在其作品中，智能科技与绿色设计相得益彰，深入挖掘用户需求和社会趋势，将创新元素巧妙融入，使每个项目都成为时代精神的体现，充满未来感与生命力。设计本斯文，生活方式与美学归结为"雅"，世间美太多，需有发现美的眼睛。

三、筑梦交响：设计哲思与施工艺术的交响曲

在邹建的设计哲学中，哲学不仅是思考的深度，更是设计与施工交融的艺术。他坚信，设计和施工是建筑的双翼，只有两者和谐共振，才能翱翔于创造的天际。每当项目从图纸走向现实，他总是亲临现场，如同指挥家亲临乐队，确保每一个音符都准确无误。即使日常的繁忙让他无法亲临，他也会派遣他经验丰富的工匠去往现场，如同信使传递着他的设计理念。面对设计与施工的不协调，他从不退缩，而是积极地协调，如同巧手的裁缝，精心调整每一丝不和谐，直至完美。

在邹建的视野里，设计图纸与施工现实不是遥远的两端，而是紧密相连的创作伙伴。他坚持，一个成功的设计方案，必须在施工的舞台上绽放光彩。他强调与施工团队的紧密合作与沟通，如同诗人与朗诵者之间的默契，确保设计的诗意准确传达。在项目的实施过程中，他全程参与，如同守护者守望着他的梦想。他密切关注施工的进度与质量，及时调整设计方案以应对各种挑战，如同园丁呵护着幼苗。通过深度参与施工过程，及时调整优化设计，确保每一个细节都能精准落地，如同雕刻家雕琢的每一刀，这是他作品成功的关键所在。

"匠心与创新的交响，设计与施工和谐共舞"。他的作品，不仅是建筑行业的杰作，更是他哲学思考的具象，是他与世界对话的桥梁。

四、技术赋能：科艺共筑未来

在邹建的设计哲学中，科技与设计的融合是推动创新的双轮驱动。他不仅是这一理念的坚定信仰者，更是积极的实践者。在邹建的手中，科技不再是冰冷的工具，而是赋予设计以生命和温度的源泉。

展望未来，他紧随设计领域的前沿趋势，预见到智能化和数字化将成为主导。这些技术的进步为设计师提供了更高效便捷的工具，推动了行业的绿色转型和可持续发展。在AI技术的浪潮中，室内设计同样迎来了革新。设计师通过掌握AI辅助工具，不仅提升了工作效率，更是对未来趋势的积极适应。人工智能的介入简化了设计流程，让设计师能够将更多精力投入到创意和细节的打磨上。邹建表示，他将继续以满腔热情和不懈追求，探索新的设计哲学和技术，致力于创造

更美好、更宜居的生活空间。

"设计不再是单一的视觉艺术，而是科技、艺术与人文关怀的有机结合"，正如他的设计作品，传统与现代、艺术与科技的完美融合，是对时代精神的深刻洞察与表达，而非图纸上悬置的概念。邹建的设计哲思之旅，仍在继续，他用科技的力量，为设计领域描绘出一幅幅充满活力和创新的未来图景。

五、匠心绘梦：星辰下的筑梦者

在时间的长河中，邹建这个名字，如璀璨的星辰熠熠生辉，在中国设计的天空中缓缓升起。三十余年，他的脚步遍及梦想之地，最终扎根于重庆的山水之间。在设计的世界里，他以匠心独运的姿态，敏锐的洞察力和前瞻思维引领设计潮流。岁月流转，他的名字已经与无数杰出的设计作品紧密相连，用诗篇构筑的空间，以岁月为巢，孕育着无尽的创意与灵感。设计之旅，是一场永无止境的探索，是一段不断发现自我、超越自我的历程。他的每一步，都是对设计之美的深刻领悟；每一次创作，都是对生活之真的深情讴歌。

邹建的三十年，是一部设计追梦的史诗，也是一曲岁月与匠心的颂歌。在艺术的长河中，他以美学的执着追求和对艺术传承的无限热忱，绘就了徐徐展开的瑰丽图腾，随着时光轻抚，逐渐显露出其深邃的内涵与斑斓的色泽。"诗筑空间，岁月为巢"，邹建的设计哲思之旅仍在继续。

赓续红色血脉，续写精彩篇章

——记中铁成都规划设计院有限责任公司总经理蒲斌

中铁成都规划设计院有限责任公司总经理　蒲斌

蒲斌，中共党员，作为"开路先锋"旗帜接力者之一，始终坚持以史为鉴、以史为师、以史明志，将初心和使命镌刻于心，从企业红色历史中汲取前行的力量，与企业同向同行，努力成为推动时代发展的"逐梦人"。从业27年来，从基层装修技术员成长为中铁二局装修公司副总经理、中铁二局建筑公司党委副书记，再到中铁成都设计院总经理，蒲斌敢打敢胜、勇当先锋，在建筑和装饰设计中孜孜不倦地追求着技与艺的完美融合，参与设计与施工的铁路站房、地铁车站在中国建筑装饰领域均发挥了示范引领作用，在科研课题研究、新技术应用等方面取得了较大的成果。曾获全国建筑工程装饰奖、全国工程建设优秀质量管理小组二等奖、四川省建筑装饰工程奖、成都市建筑装饰工程"金蓉杯"特别奖等30余项集体和个人荣誉。

一、勇当先锋，在装饰领域一线大展身手

自1997年从事工作以来，蒲斌先后参与了广深港客运专线深圳北站、成都地铁1号线等铁路站房、地铁车站，以及大大小小酒店餐饮、金融办公、医院商场、市政等公共建筑装饰工程。一路走来，他始终致力于建筑装饰、建筑幕墙等各类建筑的精准定位设计与施工，积累了丰富的施工经验和技术，在中国建筑装饰领域树立了良好口碑。

1. 勇攀特大型铁路站房科技高峰

深圳，中国特色社会主义先行示范区，中国面向世界的重要窗口。1980年深圳经济特区设立后，随着列车班次不断增多，原有深圳站空间不敷使用，深圳北站应运而生。深圳北站，集铁路、城市轨道交通、公交等多种交通方式于一体的地上、地下五层立体综合大型交通枢纽，功能结构复杂，施工难度在当时属国内外罕见。

"深圳北站主体屋盖悬挑当时被誉为'亚洲第一悬挑'，单索玻璃幕墙是当时国内铁路客站跨度最大的，它的建设对铁路站房建设领域具有里程碑意义。作为一名建筑装饰工程者，能参与这样的项目，是非常荣幸和光荣的。"蒲斌说。在这一超级工程中，蒲斌带着团队扎根在站房内外空间一线深入调研，反复论证修改多个装饰设计和施工方案。针对首例多连跨四边形环索弦支体系无站台柱雨棚结构，采用多单元同步张拉及控制技

术，有效解决了结构复杂、内力控制问题；通过现场实物模拟幕墙试验和理论分析，验证了超大面积异形单层索网幕墙可靠性，完成相关施工技术和质量控制标准；完成大面积新型组合采光节能防水屋面成套安装技术。

2011年12月26日，深圳北站正式投入使用，成为当时国内接驳功能最为齐全、设施先进的特大型铁路客运枢纽，也是中国铁路新型客站的标志性工程。其中装修工程荣获中国建设工程鲁班奖（国家优质工程奖）、第十一届中国土木工程詹天佑奖、全国建筑工程装饰奖、四川省建筑工程装饰奖（内装、幕墙设计及施工）、广东省优秀建筑工程装饰奖（内装、幕墙）等奖项。其成套施工技术获"四川省科技进步三等奖"，拉索幕墙施工技术和验收标准填补了当时国内技术规范中对索网幕墙张拉及预应力控制的空白，"大面积组合防水节能屋面系统"获国家知识产权局授予的专利权。

回顾与深圳北站的600多个日日夜夜，蒲斌感慨万千。现观繁忙的深圳北站、加速腾飞的深圳特区，蒲斌感到由衷自豪。心怀初心使命，秉承"开路先锋"精神，他奔赴下一个征程，助力现代化基础设施体系建设！

2. 造诣设计成就轨道交通设计先锋

中国轨道交通自大陆首条地铁系统北京地铁开通以来，历时59年，时间位居全球领先地位。随着成都首条线路地铁1号线于2010年9月27日开通，成都成为中国内地第十二座开通城市轨道交通的城市，从此迈向"轨道上的城市"，标志着"成都地铁，生活一脉"理念逐步呈现具象化。

15年前，成都地铁1号线概念设计方案面向全国征集，作为在川央企，中铁二局以高度的责任感和使命感，精心组织团队参与征集大赛。作为地地道道的成都人，能将自己的专业知识应用于家乡的第一条轨道交通建设，蒲斌感到无比自豪。但是在极其有限的时间里，要拿出一套完整完美的概念设计方案，这对整个团队而言是一项全新的挑战。

面对挑战，蒲斌和团队秉持"开路先锋"精神，以"闯"的精神、"创"的劲头、"干"的作风在一张张白纸上绘制成都地铁画卷。"成都地铁1号线作为成都的第一条线，经过金牛、青羊、成华等城市核心区域，都是成都文脉最为强烈的区域，更是人们关注的焦点，只有把成都的文化特色和地域风貌体现在地铁的空间设计中，才能营造出符合成都这座城市定位的空间环境。因此，在满足功能的前提下，我们力求运用装饰手法体现出成都的地域特征。"蒲斌说。

成都平原的文明，从治水开始。在漫长的历史长河中，水文化与茶文化、餐饮文化以及城市游赏习俗交融，形成了一幅幅成都文化画卷。通过对成都文化特色的挖掘，蒲斌和团队决定将"水"作为车站的装修设计元素贯穿始终，装饰风格上力图体现成都历史与现代文明交相辉映的城市风貌。色彩上用不同的色彩界面进行空间对比，使车站整体风格呈现出大气、休闲、灵动，充分体现成都浓厚的文化底蕴。沿着这一思路，蒲斌和团队日夜兼程，最终拿出一套具有创意性、前瞻性及落地性的概念设计方案，在成都地铁1号线概念设计方案全国征集竞赛中获得第一名，并获得8个站点的设计资格，为成都的开发建设和全省高质量发展交出一份满意答卷。

作为中国西部首条地铁线路，成都地铁1号线拥有多个"第一"和"最"——国内运营地铁线路首个三段接口同步接入、成都地铁首条"Y"字型运营线路、拥有成都地铁规模最大的车站……至今在城市轨道交通建设领域发挥着引领示范作用。

二、永当先锋，在建筑领域凝结匠心品质

2024年，担任中铁成都设计院总经理、党委副书记，面对上任之初的发展困局，蒲斌提出"以专业创造价值、以匠心铸造品质、加快企业高质量发展"的理念，引领设计团队始终秉承精益求精的工匠精神在建筑设计领域不断探索和创新，为城市建设提供高标准、高质量的设计服务，用实际行动践行"秉持客户至上、聚焦价值创造、永当开路先锋"的中铁二局企业文化核心价值观，向企业、向行业、向社会交出了一张张新的答卷。

1. 培育打造匠心设计新引擎

匠心，是一种品质、一份严谨，更是一种专注与坚守。52年来，中铁成都设计院人始终用匠心铭记承诺、用精品筑梦未来，在交通建筑、工业与民用建筑、市政交通工程、BIM技术应用、工程咨询等业务领域树立了品牌，先后荣获全国优秀勘察设计企业、全国AAA级信用示范设计单位、中国勘察设计协会创优型企业、玉树地震灾后恢复重建先进集体等荣誉，参与设计项目荣获国家优质工程奖、中国建设工程鲁班奖、国家优质工程金奖、四川省优秀勘察设计一等奖等奖项。

近年来，中铁成都设计院不断创新打造转型发展新引擎，催生新一代产业增长点，推动企业在建筑行业发展变革的大潮中破浪前行。2024年，建筑行业面临又一次重大的变革，作为领航者，蒲斌坚持以匠心为舵、以创新为帆，探索发展新引擎。从成立总承包研发中心，到设立首席专家工作室、大师及专家工作室；从以策划为引领、为业主创造附加价值，到进一步提升全过程工程咨询服务能力；从巩固传统市场，到拓展水利水电、装饰装修等业务……随着一项项具有引领性的改革举措陆续推出，大大激发了企业发展活力和动力。

当前，中铁成都设计院建筑设计团队秉承工匠精神，以更加饱满的热情和更加专业的技术，为建筑设计提供全方位、多元化的设计支持。中铁成都设计院正与更多的匠心品质企业同舟共济、勇立潮头，为实现美好生活提供更多的"中铁成都设计院"方案，为中国建筑业发展做出积极贡献！

2. 匠心设计焕发建筑新活力

随着技术水平不断增强，凭借自身技术优势，中铁成都设计院建筑设计团队聚焦群众关心关注的难题，深度参与了百色市右江区、成都市金牛区和大北区中小学等民生项目；围绕城市功能品质提升，积极参与老旧小区改造和城市更新，先后承担了中国服装原创设计小镇、成都成华区李家沱社区、重庆两江新区礼嘉街道社区等工业遗址和老旧小区的改造设计任务，积极打造更加多元、更加精致的城市更新体系，极大提升了城市功能品质。其中，参与设计的中国服装原创设计小镇改造项目的经验做法被纳入典型案例在企业上下推广学习。

中国服装原创设计小镇改造项目是合肥市首个"产业焕新+城市更新"项目。在项目焕新改造设计中，中铁成都设计院建筑设计团队以产业升级、城市更新和环境提升为切入点，以现代建筑风貌为设计主线，在既有平面植入水晶秀场、共享板房、小镇会客厅、面辅料图书馆、设计工作室等功能，打破旧建筑内空间的单纯性，注入新功能服务，实现全新产业布局；在建筑外立面改造上，引入服装设计与工业历史元素，产生出一种新旧交织、对比强烈的风格，为原服务于工业生产的园区增添了一份时尚感；通过对场地景观、室内精装、消防设备、灯光亮化、网红打卡点等全方位的包装设计，多维度叠加设计手法提升项目品质……该项目通过改造设计，成为合肥时尚消费产业新地标、新名片，先后被当地官方认证为城市更新五朵金花之一，先后评为"瑶海区特色文化街区""网红打卡点""创意文化服务业集聚区"以及"专业市场转型升级示范街区"。建筑设计团队在项目中展现的精湛技术和品质服务，不仅得到了地方政府和业主的高度认可，也赢得了社会各界的广泛赞誉。

一个个品质工程的成功落地，离不开设计团队的共同努力、紧密协作，更离不开领航者的把舵定向、谋篇布局。从事建筑设计27年来，面对诸多的技术挑战、企业改革发展重任，蒲斌始终秉承"开路先锋"精神，以自身智慧力量打破困局，充分发挥着决策核心和指挥中枢作用。

站在新时代新征程的起点上，蒲斌说："党的二十届三中全会为建筑业指明了转型升级的方向，我将以全会精神为指引，不忘初心使命，永当开路先锋，团结广大建筑设计人员攻坚克难、不断创新，以敢为人先、勇创一流的争先意识，为全社会提供高品质建筑产品，为建筑业高质量发展和人民美好生活不断奋进，用实际行动续写前辈的光荣与梦想。"

初心扛起责任，匠心铸就品牌

——记四川锦程道集团创始人兼董事长李兵

四川锦程道集团创始人兼董事长　李兵

李兵，中共党员，高级工程师，一级注册建造师，四川锦程道集团创始人、董事长兼总经理，四川省建筑业协会装饰分会副会长。

李兵以满腔热血倾注于建筑装饰设计与施工事业，打造了建筑装饰设计与施工的行业标杆；他以仁爱之心奉献社会，展示了一个民营企业家的社会责任。作为锦程道集团创始人兼董事长，李兵同志致力于锻造有文化内涵、有责任担当的建筑装饰设计与施工企业集团，始终走在时代前列，发挥"排头兵""领头雁"作用，秉持用户和企业共荣共赢的理念，将质量第一的追求落实在"让用户满意、对社会负责"的实践中，不懈践行"诚信是基石、质量是生命、服务是关键、品牌是宗旨"的经营思想，奉献于社会、服务于企业。以其优良的设计产品、可靠的技术服务在业界获得了用户赞誉的口碑，树立了建筑装饰企业的社会形象。四川锦程道集团公司连续三年荣获"重合同、守信用企业""质量管理先进企业""四川省用户满意企业"，并获得ISO 9001、ISO 14001和ISO 45001管理体系认证证书，现为四川省建筑业协会装饰分会副会长单位。

筑精品工程、树品质典范、交真诚朋友。他倾心于建筑行业，专注于建筑装饰设计与施工事业，致力于成为传统工匠精神与现代技术兼容的建筑产品提供商，成为建筑装饰设计与施工的行业标杆。他秉持现代创新型企业"专业、执着、诚信、责任"的核心价值观，坚守"品质谋发展、诚信求生存、合作创未来"的立业宗旨，用真诚奉献、不同凡响的服务期许，引领锦程道公司立足四川、服务西部、争创一流。在装饰装修这个充满无限创意与挑战的领域，通过对传统与现代建筑美学的独特理解和不懈实践，塑造了功能与形态有机融合的独树一帜的设计典范。适应了新时期中国建筑业蓬勃发展的新要求，在激烈的竞争中赢得了地位与口碑。他对工艺的精益求精，对服务的谦逊不怠，合作共赢的经营模式，成为业界的典范，行业翘楚，也彰显了企业的社会责任担当。李兵同志，一个在建筑装饰装修的舞台上，用匠心独运和才华智慧，演绎了十五年精彩篇章的杰出人物，不但成就了合作企业的辉煌业绩，同时促进了四川锦程道集团的茁壮成长！

一、工匠初心，锦城筑梦，以敢为人先赢得发展良机

李兵同志的创业之路，是一段充满传奇色彩的探索之旅。他的故事，始于对美好生活的无限向往，对品质生活的执着追求。他先后在政府部门、国企、高校等多个技术管理部门岗位历练成长，积累了丰富的行业经验、专业技能和管理实践，但他并未满足于此。心中怀揣着一个梦想——创建一家以客户为中心、以装饰装修为主项，集设计、施工、材料、售后服务为一体高度集成的综合性装饰装修企业集团。重庆大学建筑学专业出身的他梦想着用自己所学专业知识和丰富阅历精心雕琢每一栋建筑、每一个虚实空间，全心坚守每一件产品的诞生，让家的温馨与美好，触手可及。把今天的装饰装修精品打造成明天的文化遗产，努力满足人民对美好生活的向往。

2010年初，带着仅有的几万元积蓄和满腔的热情，李兵同志毅然决然地辞去了高校的稳定工作，踏上了充满未知与挑战的创业之路。在创业的征途上，他以敏锐的市场洞察力、卓越的管理才能和不懈的奋斗精神，克服了资金短缺、人才匮乏、市场竞争激烈等重重困难，亲自参与跑市场、谈客户、推敲方案、守工地等细小环节，用实际行动践行着"客户至上、质量第一"的企业经营理念。公司先后成立个人工作室，与多家具有施工或设计资质的单位合作，经历了公司从无到有，从小到大，从弱到强的蜕变过程。

2012年，李兵成立了一家专注于建筑装饰装修工程设计与施工一体化"双乙"资质的专业公司，仅用了4年时间的努力拼搏，公司就获得装饰装修设计与施工"双甲"资质，在装饰装修行业内崭露头角。随着影响力提升，回头客也越来越多，客户主动打听投送业务，业务也在随之蒸蒸日上，与日俱增。企业不但渡过了初创的生存困难，站稳了脚，而且随着业务的不断扩展，企业逐年上台阶，开启新征程，赢得发展新机遇。

二、深耕装饰，勇立潮头，以品牌引领打造一流企业

自成立以来，锦程道集团始终走在装饰装修领域的前沿，紧扣时代脉搏，紧跟国家发展战略，把握"战略腹地"契机，深耕新基建中的装饰领域，始终贯彻"工匠绣锦，品牌筑程，善建为道"十二字方针，聚焦城市更新、文化传承、乡村振兴等国家战略，坚持诚信守法经营，积极扛起社会责任，勇于开拓创新，不断优化产业结构，加速推进企业绿色智慧转型。锦程道人带着梦想，聚集业界精英，秉持乐观与豁达、执着与坚韧、同舟共济、合作共赢。在践行国家规范标准的前提下，自觉传承中华文化精益求精的工匠精神，努力践行绿色低碳发展理念，尊重和鼓励员工持续开展应用技术的创新实践。

打造百年品牌，文化是根基，持续创新是动力，诚信是内在素养，稳健是基本风格。美不仅仅是外在的装饰，更是一种内在的追求。李兵同志坚信，真正的装饰装修艺术，应当超越表面的华丽，触及生活的本质。在他看来，一个优秀的装饰装修作品，不仅要让人赏心悦目，更要践行绿色生态环境友好，始终将绿色建造的理念落实在每一个项目之中，引领装饰设计与施工企业的新时尚。坚持采用绿色环保材料，融入智能家居系统，让每一个设计与施工产品都成为融入绿色生活理念和现代科技的完美实践。

李兵带领团队不断探索前沿技术，公司不仅在设计领域屡获殊荣，更在技术创新等方面取得了显著成果，拥有发明专利15项，发表高水平的专业论文11篇。多项科研专利技术得以在装饰装修设计与施工中转化应用，不仅扩展了产品的可靠性和安全稳定性，丰富了绿色产品内涵，增强了公司的核心竞争力，更为整个行业的发展探索了新方向，增强了新动能。技术创新是锦程道集团高质量发展的原动力，这些年来，公司积极探索行业前瞻技术转化运用，力求加快信

息系统建设，依靠创新驱动企业发展，持续引领行业变革，实现"让科技赞美生命，让建筑装饰生活"，打造一流低碳绿色建筑装饰集成服务商。近年来，李兵个人多次被评为四川省、成都市"优秀项目经理""优秀设计师"和"优秀企业家"等称号，公司多个项目获得"天府杯""鲁班奖""国家优质工程奖"等大奖，公司也先后多次获得施工"AAA"级信用、"守合同重信用"企业，高新技术企业等殊荣。

三、创新驱动，共融发展，以人才之强赋能高质量发展

公司始终坚持人才引领、创新驱动、共融发展的发展战略，落实以人为本的人才机制，致力于建立规范的人才资源管理制度、科学的绩效评价体系、合理的薪酬制度、完善的人才技能提升培训制度。吸引人才、留住人才、激励人才干事的制度体系，促进企业可持续发展，能干的人干事有平台、干成事的人有奖励、不求进步的人有压力，公平、公开、公正的用人体制机制促进了企业人才的流动、带动企业的科技创新，不断激发企业的创新活力。

企业的发展离不开广大员工的辛勤付出和客户的信任支持，始终将人文关怀放在首位，努力为员工营造温馨和谐、积极向上的工作环境。李兵同志注重员工的成长和福利待遇，定期组织业务培训和团建活动，增强团队的凝聚力和向心力。同时，李兵同志还建立了完善的客户反馈机制，及时收集并处理客户的意见和建议，将客户的满意度与员工收入挂钩，不断提升服务质量和企业竞争能力。

在李兵同志的带领下，锦程道集团不仅以其出色的设计方案、精湛的施工工艺和贴心的售后服务，逐渐在市场上站稳了脚跟，更以其独特的经营理念和人文关怀，赢得了客户广泛的赞誉和尊重。他的故事，是一段关于梦想、创新和奉献的传奇，激励着每一位在装饰装修领域奋斗的同行。锦程道集团成立15年来，共安置就业人数约5.8万人，上缴国家利税1500余万元。

四、勇担使命，接续前行，以干在实处推动走在前列

锦程道集团将继续践行初心使命，坚持党建引领，努力建设成为一家有中国特色的现代化民营企业，为建设"质量强国"不懈努力，打造出更多人民满意的优质装饰装修工程。作为著名企业家，他勇于承担社会责任，在2008年汶川大地震期间作为志愿者，为灾区人员提供紧急救援，积极参与灾后重建，在国家"脱贫攻坚"期间积极参与，大力投入人力和物力，得到政府和社会的一致好评。15年来，李兵个人和公司投入公益事业基金共计约585.38万元。他的善举，不仅帮助了许多需要帮助的人，更传递了正能量和大爱精神。他积极参与"教育扶贫、脱贫攻坚、万企帮万村"等公益活动，为乡村振兴、精准扶贫贡献力量。他积极倡导公益活动，为贫困山区学校捐赠图书105832册和电子设备585台。在新冠疫情期间关爱员工工作和生活，积极配合社区捐款捐物，协助社区抗击疫情。同时，他还致力于推动行业健康发展，积极参与行业标准制定和推广工作，为提升整个装饰装修行业的形象和水平贡献自己的力量与智慧。李兵同志将持续聚焦行业和企业的高质量发展，坚持守正创新，牢记使命，厚植家国情怀，深耕行业技术创新发展，以身作则带领产业上下游企业向低碳型、数字型新装饰产业发展，为全面推进共同富裕和行业现代化提供源源不断的动能。

在人生征程中，李兵同志以初心扛起家国情怀，以匠心铸就民族品牌，以智慧和汗水书写属于自己的辉煌篇章。他不仅是锦程道集团的领路人，更是装饰装修行业的领航者。在未来的日子里，我们有理由相信，李兵同志将以更加积极的心态，饱满的热情，不懈的努力，不忘初心，牢记使命，砥砺前行，带领锦程道集团乘风破浪，勇往直前，为创造更加美好的明天而拼搏，为打造装饰装修的百年品牌而奋斗！

挺膺担当励青春，奋楫笃行向未来

——记潍坊高新建设集团有限公司董事长李浩浩

潍坊高新建设集团有限公司董事长　李浩浩

李浩浩，男，籍贯中国香港，毕业于澳大利亚新南威尔士大学，北京大学光华管理学院EMBA。潍坊市第十三届工商业联合会常务委员、潍坊市第十四届政协委员、潍坊政协社会法制委员会副主任、潍坊市青年企业家协会理事，荣获潍坊民营企业家百名"敢创先锋""潍坊市好人榜""山东省好人榜""中国好人榜""工程建设诚信企业家"。现担任潍坊高新建设集团有限公司董事长。

作为一名90后香港爱国人士和新时代奋斗者的杰出代表，李浩浩在激情燃烧的青春年华，没有选择留居国外，而是毅然回国，满怀雄心壮志，传承和发扬父辈百折不挠的拼搏精神，守业创新、精管善治，始终把推动企业持续健康发展、为社会经济做出更大贡献为己任，带领集团不断实现新的跨越与进步，让青春在奋斗中绽放光彩。特别是近几年来，在他的卓越领导下，集团着力优化更加科学、更具承载力的组织体系；培育更有潜能、更具成长力的市场结构；探索更加精益、更具竞争力的管控方式；锻造更加高效、更具执行力的基础管理。通过一系列创新举措，全面塑强集团治理体系和治理能力现代化，培育壮大引领集团长远发展的新动能，在规模总量、质量效益、核心竞争力等方面实现大幅跃升。目前集团产业已覆盖工程施工、建筑材料检测、品质地产、酒店餐饮、物业服务等领域，市场足迹遍布全国十余个省市，已成为山东潍坊地区最具实力、活力、潜力和核心竞争力的企业集团之一。潍坊高新建设集团有限公司连续多年被评为全国优秀施工企业、工程建设行业诚信典型企业、全国建筑业AAA信用等级企业、山东省优秀民营企业、山东省建筑业先进集体、山东省劳动关系和谐企业、潍坊市建筑业十强企业、潍坊市民营百强企业等荣誉称号。

一、党建引领，凝聚高质量发展强大合力

"爱国，是人世间最深层、最持久的情感，是一个人立德之源、立业之本，更是一种责任担当。"李浩浩作为新时代的爱国青年，秉持浓厚的赤子之心和满腔的家国情怀，坚决拥护中国共产党的领导，坚决拥护"一国两制"方针政策，始终旗帜鲜明地与党中央保持高度一致，始终坚持以习近平新时代中国特色社会主义思想为引领，全面贯彻落实党的二十大精神，将党建工作视为

集团高质量发展的红色引擎，把党的全面领导融入集团治理各环节，把爱国之情、报国之志融入集团改革发展的伟大事业之中，全力支持集团党建创新发展，确保集团始终沿着正确的政治方向行稳致远。

集团党组织牢固树立"强党建就是强发展"理念，以创建"红色工地"为载体，扎实推进"双引双建""12543"党建品牌工作法，从思想教育、组织建设、制度建设、作风建设四个方面全面发力，聚焦政治引领、示范引导、建优体系、建强基层，通过"班子聚智，带头促提升；支部聚力，带头抓管理；党员聚心，带头促团结"的三聚三带活动，将党建工作与生产经营、改革创新、人才培养、文化建设和社会责任五个方面深度融合，将党建优势转化为高质量发展优势，以文化力提升经济力和软实力，有力支持和保障了集团转型升级和发展战略的实施。集团党组织多次荣获"工程建设行业党建工作优秀案例""潍坊市民企党建工作示范点""潍坊市先进基层党组织"等称号。

二、领航变革，践行强企使命

察势者智，驭势者赢。面对行业深层次甚至是颠覆性变革，唯改革者进，唯创新者强，唯改革创新者胜。作为掌舵人，李浩浩董事长始终引领集团走在时代浪潮的正确航道上，紧扣新时代发展脉搏，聚焦"效益更好、结构更优、价值更大、合力更强"，着力构建市场导向型、业务集约化、管理专业化、资源共享化的"一型三化"大营销工作格局，以大商务和标准化管理提升价值创造能力，强化重大项目营销组织运作和统筹操盘能力策划，深化管理改革，激发内生动力，拓展优质稳固"朋友圈"，筑牢企业行稳致远的"压舱石"。

1. 推动主业转型升级

一是引导项目差异化发展，突出特色化、品牌化、专业化经营，实现从"小、低、差"向"高、大、精"转变，通过建立战略合作伙伴关系、资源互换、模式创新等，提升项目运作的体量和质量，做好与高端业主、战略客户、政府平台、集团区域总部等对接维护，积极承接单体量大、科技含量高、经济效益好的项目。二是在"走出去"过程中，实现由"零打碎敲"向"区域化、基地化、规模化"转变，培育出2个10亿元规模以上区域分公司，打造出7个5亿元以上的区域市场，提高了市场集中度。三是在运行模式上，强化全生命周期管理的商业思维，实现从施工总承包向工程总承包转变，积极尝试EPC、PPP等合作模式。四是坚持延伸产业链条，全面放大产业协同效应，在资源配置上由重房建转向兼顾其他专业领域的拓展。通过优势互补，抱团合作，联合投标等形式，积极开拓进入重大基础设施建设等领域。

2. 推动结构转型升级

结合集团拥有的施工总承包壹级、工程监理甲级、建筑装修装饰专业承包壹级、市政公用工程总承包贰级、钢结构工程专业承包贰级、地基基础专业承包贰级、模板脚手架专业承包资质，围绕新领域、新业态、新模式进行更多探索，加强各专业能力的打造，加快各专业板块之间协同、上下游供需合作，完善、优化产业结构，推进延链、补链、强链工作，形成了企业施工总承包、专业分包和劳务分包互补的产业体系，在做大做强建筑主业板块同时，以总承包带动专业分包，做强装修装饰、钢结构、水电安装、建筑幕墙、检测科技、设备租赁、市政公用工程等专业品牌，实现多元化发展格局。

3. 推动管理转型升级

大力实施"大集团"战略，增强集团集中配置各类资源的权威和能力，实行"要素资源统一调配、信息资源统一管理、内部市场统一营运、品牌形象统一整合"的"四统一"管理，塑强内核引擎，强化集团在战略管理、重大决策、协同支持、资本运作、资源配置等方面的控制权，提升资本运作与资产经营能力，自上而下建立以防为主、标本兼治、横向联动、纵向贯通、全面覆盖、全程管控的风险防控体系，使集团真正成为战略决策中心、集成服务中心、力量凝聚中心，夯实高质量发展的管理基础。

三、精益建造，助推高质量发展

1.坚持项目标准化，实现创优全覆盖

多年来，集团坚定不移地实施质量兴企战略，贯彻工程"创优全覆盖"理念，始终以工匠精神铸造精品工程，以品牌创建引领工程质量品质的提升，强化自上而下的监督管理和自下而上的信息反馈机制，与三标认证管理体系程序和要求相结合，把PDCA质量管控与企业经营发展结合起来，与项目履约和责任考核相挂钩，通过样板示范、典型引路、现场观摩等形式，强化全员质量意识，以"别人合格我优良，别人优良我精品"的高标准，全力推进工程创优向纵深发展，确保了一大批重大民生项目建设进度，打响高新建设品牌。集团是潍坊市第一个荣获"鲁班奖"工程的本地施工企业，开创了潍坊市创建"鲁班奖"工程的先河。近年来先后获得"鲁班奖""泰山杯""华东地区优质奖""山东省优质结构""省绿色科技施工示范工程""鸢都杯"等国家、省市级奖项100余项。创建水平及数量稳居全市建筑业企业前列。

2.技术创新提升竞争力

作为集团掌舵人，李浩浩坚持走创新发展之路，以科技创新提升企业核心竞争力，不断完善企业的技术管理和研发体系，与相关高等院校和科研机构开展产学研合，致力提高生产效率和产品附加值。一是以重大工程项目为载体，加大核心关键技术攻关，特色建造、智能建造、建筑工业化三大领域的创新发展。二是以技术研发中心为依托，以推广应用国家级、省级工法、QC成果、绿色施工等为内容，以"高、大、难、新"工程项目为切入点，广泛开展全员岗位创新创效活动，把现场当课堂，把生产难题当攻关课题，积极搭建科技创新平台，鼓励科技人才深入开展技术攻关。三是常年聘请山东建筑大学、青岛理工大学、潍坊学院多名博士开展校企教学、科研合作，将科技成果、创新成果转化为看得见的摸得着的"效益"，将工程难点变成工程创优亮点，以科技提高企业整体施工能力和为拓展新的施工空间提供技术支撑，全力推进企业高质量发展。近几年集团共荣获国家发明专利、国家级工法、QC成果、绿色施工建造等奖项50余项，取得了良好的经济和社会效益。

四、以人为本，筑牢发展根基

"江山之固在德不在险，放在人才建设上也是如此，企字无人则为止。"这是李浩浩常说的一句话。近年来，集团深入实施人才强企战略，广开渠道招引各类人才，不拘一格培养提拔人才，倡导"以奋斗者为本，为担当者担当"的人才理念，充分挖掘人才资源优势，持续优化人才结构，积极打造学习型团队，完善管理者培训体系，培养职业经理人、领军人才和复合型人才，通过师徒结对传帮带、岗位技术交流锻炼等形式，提升员工综合素质，全面打造适应集团高质量发展的高素质人才团队。

完善科学合理的绩效考核奖励机制，对项目部机构设置、管理考核、报酬水平等实行市场化运作。持续动态优化岗位说明书和岗位考核表，将项目管控提炼八大绩效考核主控指标，与项目部签订"绩效考核责任书"，以经济手段激励项目管理团队规范项目管理。建立健全追责问责和容错纠错机制，让创新者放下包袱、让担当者轻装前行，推动集团在新业务和新领域大胆探索、迈向成功。近年来，集团先后有20余名职工分别荣获"山东省劳动模范""山东省技能操作能手""富民兴鲁劳动奖章""潍坊市劳动模范""潍坊市有突出贡献的中青年专家""全国、省、市级优秀项目经理""全国诚信项目经理"等荣誉称号。

五、诚信履约，彰显民企责任担当

"抢市场、赢口碑、得人心，靠的是什么？是质量、是创新、是责任，更是诚信！"李浩浩深知，一个企业想要基业常青、持续健康发展，诚信履约尤为重要。"诚信立业、客户至上"既是集团的诚信文化也是企业宗旨。多年来，凭着对于诚信的执着与坚守，即便外部环境千变万化，集团一直履约践诺，始终保持合同履约率100%，承建的工程合格率100%，得到业主、合作方的好评，没有因违法经营而发生一起行政处罚事件。

项目履约是企业生存与发展的根本，直接反映着企业综合管控能力的强弱，影响着市场美誉度。集团充分考虑内外部环境变化，把履约管理提级到战略高度超前谋划，精准施策，坚持高质量建设、高标准履约，以客户需求为牵引，打造项企协同的履约管理体系，紧抓项目首次资源配置、合同交底、精益建造、智慧工地打造、科技驱动支撑、合规机制保障、资金多元管理等关键环节，持续提升项目建设品质，以完美履约助力市场开拓，打造企业核心竞争力。

规范劳务用工管理，诚信赢天下。首选筛选信誉好、实力强、资信高的劳务队伍及施工班组，规范内部招标程序，强化分包合同审核流程，全面落实建筑工人实名制管理、工资专户发放等长效机制，维护农民工的合法权益，得到了国家人社部督查组的肯定和表扬，在潍坊市历年的信用考核中，农民工管理不仅满分还额外增加信用分值，享受依法免缴农民工工资保证金和评先树优优先的政策待遇，连续多年被潍坊市住建局评为"潍坊市农民工工资支付AAA级企业"。

六、不忘初心，勇担社会责任

"企业是社会的企业，企业经营的最终目的就是要带动社会经济发展，回馈人民，回报社会。企业越大，要承担的社会责任就越大。"作为年轻一代民营企业家，李浩浩对社会的责任理解很深。他积极践行社会主义核心价值观，以青春的奋斗姿态向光前行，用人间大爱汇聚创新创业的激情能量，诠释新生代青年的使命与担当。

近年来，李浩浩一直秉承"积极履行社会责任、回馈社会"的企业发展理念，多次组织慈心一日捐等公益献爱心活动。年年组织"六一献爱心"活动，李浩浩亲自前往潍坊市儿童福利院看望慰问孤残儿童，给他们送去关爱慰问金及生活物资，并定向资助福利院困难学生。"物资帮扶的是他们的生活，更需要关怀的是他们内心的成长，同时，集团也会将爱心奉献和资助贫困大学生的活动一直延续下去，助力更多有志学子实现梦想。"多么朴实的话语，道出了一颗火热的心，体现了一名民企高管的高尚情怀和社会责任。

作为潍坊市工商联常委和政协委员，多年来，他围绕市委市政府中心工作积极建言献策，立足于"营商环境优化、促进民营经济发展"，开展形式多样的联系服务群众活动，聚焦社会热点、民生焦点积极发声，撰写提交多件高质量提案，与时代同步、与党政合拍、与群众共鸣，参政参到点子上，议政议到关键处，受到了有关部门的高度重视，搭建了政协协商和联系基层群众的广阔平台。

"以实业报国之心走好中国式现代化道路，做实产业、做稳底盘、做优布局，在推进强国建设、民族复兴伟业中展现实业报国的责任与担当。"李浩浩以务实肯干的态度坚守着自己的初心，坚定听党话、跟党走的政治信念，不负韶华、不负时代，以新时代青年的崭新风貌和实际行动践行"请党放心、强国有我"的铮铮誓言，奋力书写中国式现代化挺膺担当的青春篇章！

匠心筑梦，共创辉煌

——记麦岛建设发展（集团）有限公司董事长王智恒

城市建设的宏伟蓝图中，建筑装饰以其精湛的技艺、不懈的追求和深厚的文化底蕴，点缀着城市的每一个角落，赋予了生命与灵魂，彰显着城市的繁荣与文明。正如弗兰克·劳埃德·莱特说的："美丽的建筑不只局限于精神，他们是真正的有机体，是心灵的产物，是利用最好的技术完成的艺术品。"室外装饰如同璀璨的明珠，它不仅为城市带来了视觉上的享受，更在精神层面上提升了人们的幸福感和归属感。

王智恒作为一家建筑企业的引领者，带领团队不断探索，将自然元素和现代设计完美融合，创造出一个又一个既实用又具有审美价值的建筑空间，赋予了建筑生物般的生命律动。

30年前，一个年轻的美术设计师放弃国有企业身份，怀揣着梦想只身来到日本求学，学习室内外环境装饰工艺专业。学习期间，他勤奋钻研，掌握了扎实的专业知识和理论基础，深入研究建筑与自然和谐共生的精髓及建筑的设计理念，利用业余时间到建筑工地亲身体验施工工艺及流程，积累了大量的理论与实践相结合的经验。归国后，他创建了自己的建筑装饰公司，开启了他人生新的历程。这位青年，就是王智恒。初创期间他亲自在数个项目上担任项目经理，多次被评为"先进企业工作者"称号。随着市场的需求、公司业务范围的扩大，他深知一个管理者知识储备对企业的发展的重要性，他通过努力学习取得美国管理技术大学硕士研究生学位，进一步拓宽了视野，将东西方文化融合的理念深植于心。另外，他还获得全国注册一级建造师、高级工程师、优秀企业家、优秀项目经理等证书及荣誉，连续担任甘肃省建筑装饰协会副会长、省装饰协会专家、中国装饰协会专家。他说："中国城市化建设给建筑行业带来了巨大的发展机遇和增长潜力，万丈高楼平地起，每一个施工细节都决定了建筑的整体质量，然而在具体施工过程中，总有绕不开的技术难题，而这也为一些有技术潜质的人提供了广阔的成长空间。"因此，从那时起，他便默默在心中立下志愿，要在建筑装饰行业干出一番事业。

王智恒在年会上发言

一、审时度势，锋芒尽显

在设计规划前，王智恒总会提前了解建筑所在城市的文化价值与文化底蕴，了解当地的风俗人情，设计出类型多元、风格多样、密切贴合建筑使用需求的设计作品。他强调："一个建筑之所以能成为经典，要反映其所处时代的历史特征和文化风貌，要能够代表当时最高或较高水准的建筑艺术和技术成就，具有不可复制性。"正因为他精准的市场定位，企业参与了多项国内重大项目的建设，不仅提升了自身的知名度，还赢得了市场的广泛认可和赞誉，并迅速发展成为一家集建筑、装饰及幕墙工程、钢结构工程、公路交通安全工程、消防设施工程、机电工程、市政工程、环保工程、桥梁工程、隧道工程、公路路基路面工程等多元化资质于一体的集团公司。

二、心系民生，使命担当

面对激烈竞争的市场经济，想跻身于经济大潮中直挂云帆，乘风破浪，需做到两点：一是战略为上，二是以人为本。根据行业发展适时调整战略，制定短期目标，规划发展方向，保证企业长远发展。王智恒董事长坚持落实科学发展观，加速推进企业向"科技型、管理型、多元型"方向发展，大力引进技术和管理型人才，不断拓展市场占有率，完善公司管理成本，倡导高效互联网管理等，多次得到了市政府、行业协会领导的高度评价。他引领的企业，始终坚守"质量为本，信誉至上"的企业理念，在建筑装饰行业中不断深耕细作，从最初的默默无闻到如今的行业翘楚，经历了蜕变与成长。

伴随着公司的不断发展，在公司运行过程中，坚持节约资源建设，推进绿色环保工程，监督把控工程材料品质。王智恒用心做建筑、用爱筑家园、用情系民生，因为他认为这是一个企业家应尽的社会责任。

王智恒受爷爷的影响饱读诗书，深知知识对一个人的重要性，家庭的教育让他深入简出、厚德载物。作为董事长的他不忘初心，不但关注家乡的建设，还长期捐助家乡困难孩子。在灾难来临时他总是第一时间带领大家捐款捐物，用大爱回报社会。在公司新人培训会上，他曾引用庄子的这句话——"天地有大美而不言"，让大家感悟。"你们年轻人现在正是最好的年龄，最好的时光，你们应该尽可能去感受大自然，享受这个世界的美好，去学习爱和勇气。让自己成为一个有知识、勤奋努力、情绪稳定的打不败的自己。多看世界、多走些路、把时间花在正事上，变成自己打心底喜欢的人。"王智恒是这样告诫年轻人的。

三、追求卓越，点亮明珠

"欲知前边路，须问过来人"，王智恒带领他的企业，在本省装饰行业中扮演着重要角色，并在建设项目中做出了卓越成绩。他不断对企业资质进行提升，在施工上提倡技术改进创新，对人才培养上精益求精，为员工提供良好氛围的办公环境，采购先进的施工设备。他追求新颖的建筑理念，对建筑方法也极其关注，甚至对每一个新中标的项目深入研究，结合行业发展现状和需求，找到了技术创新这一条加速行业发展的康庄大道。带领团队观摩学习先进的设计理念和施工管理经验，不断提升自身的综合实力，迎接市场竞争，使企业不断突破传统工艺的局限，实现了技术上的飞跃。

回首近五年企业承建的装饰项目，省政府会议中心、省总工会、省财政厅、武威市农林牧综合服务大楼内装工程、庆阳宾馆综合接待楼室内装饰工程、甘肃紫光智能交通与控制技术有限公司总部经济项目室内装修装饰工程等七次荣获中国建筑装饰奖，多次荣获"飞天奖"；

公司凭借天源1号住宅小区1#综合楼幕墙项目一举成为甘肃省装饰企业首家超高层幕墙施工单位。项目建筑高度160.07米，幕墙完成高度161.4米；裙楼建筑高度19.35米，幕墙完成高度为19.75米。项目交叉施工，建筑物处在风口处，增加了施工难度，对于第一次承建超高层幕墙项目的企业，这无疑对管理者提出了挑战。王智恒鼓励大家要相信自己过硬的施工管理能力，并且参与施工组织设计方案的审核，亲临现场指导施工，排除一切困难顺利交工，并且节能、消防验收一次性通过，赢得了业主高度评价，体现了他在建筑行业精心钻研，追求卓越的品德。

兰州市的地标建筑和城市会客厅——兰州体育馆，经改造提升后，一个历经30多年风雨洗礼的兰州体育馆全新亮相。项目建设用地面积约2508平方米，改造宗旨是：以体为主，公益优先，服务群众，展示形象。外立面独特的造型创意，将吴代当风绘画风格与敦煌壁画汇入建筑的表面，与广场其他建筑互为依托，融时代元素为一体，使得建筑既具有历史感，又不失现代气息。场馆智能化、消防设施、地下停车场改造，是市民全民健身生活中不可或缺的一部分。专业体育用房、休闲运动场地是体育文化活动的中心，外立面双曲铝板装饰线条施工难度极大，施工人员克服各种不利影响，经过技术人员革新，变更设计施工工艺，采取装配式施工工艺，保质保量完成外立面造型创意。夜晚，华灯初上，霓虹灯烘托下的体育馆更添华彩，渲染着金城兰州的文化与风格韵味。提升兰州的体育设施水平，是一项重要的城市更新工程。在王智恒的带领下，公司为兰州市的繁荣发展贡献着自己的力量。

兰州市妇幼保健院异地新建项目是被省政府列为重点建设的项目，旨在建设一所集医疗、教学、科研、保健于一体的三级标准化妇幼保健机构。项目总建筑面积为117040平方米，其中综合保健楼总建筑面积为116120平方米，地上14层，建筑面积为76020平方米，建筑高度为63.35米。项目采取了"一线式"管理模式，提前计划备料，并与政府相关部门保持动态联系，确保材料安全环保。室内装饰采用多元化丰富的装修风格，建筑外立面采用现代且富有亲和力、色彩饱满的设计风格，这样的设计有助于释放就医者压抑情绪，提升医院的整体形象。此项目被列为兰州市重点项目，施工中严格遵循国家相关规范及医院设计要求，确保工程质量与进度。市政府专项办公室给予了高度评价：格局大有担当。为兰州市民提供了更加优质的医疗服务，打造了一个满足医疗功能需求和温馨舒适氛围的全新医疗环境。

四、未来已来，万事可期

在科技日新月异的今天，技术创新是推动行业发展的核心动力。王智恒加大对以节能减排为目标的绿色建筑、装配式建筑行业技术升级的投入；学习其他企业智慧工地管理经验及先进仪器的使用经验；积极探索BIM、VR、AR5G、云计算、大数据、人工智能等新技术。改变行业传统工作模式等前沿技术在装饰设计、施工管理及后期运维中的应用，有效提升了项目的设计效率、施工精度和运维管理水平。他表示，在未来会始终坚守自己的赛道，将一切过往归零，在新的起点新的征程中，将继续强化技术创新，为推动中国建筑装饰行业的发展做出更多贡献。

五、传承文化，繁荣经济

一个企业在装饰项目中如何传承和弘扬传统文化，同时融入现代设计元素，推动装饰艺术的创新发展呢？这与王智恒先生的个人文化底蕴和专业学习密不可分，他的第一个专业是工艺美术，也在设计领域有深入研究，无论在企业文化方面，还是在项目施工中，他都巧妙地将传统文化与现代设计相结合，既保留了文化的精髓，又赋予了艺术新的生命力。在追求经济效益的同时，积极履行社会责任，推动经济，助力可持续发展，保障企业自身经济效益，更注重社会责任和环境保护，努力实现经济、社会和环境的协调发展。

当前建筑装饰行业面临着市场竞争、技术革新、政策调整等挑战。随着市场的不断变化和技术的快速发展，企业依然需要不断适应新的市场环境，迎接新的挑战。王智恒一再强调，应加强企业内部管理、提升每一位员工的技术水平、拓展市场领域等策略，以应对挑战并实现转型升级。企业需要重塑文化底蕴，增强创新理念，提升自身的竞争力，和谐地匹配市场的变化和需求。

六、心存高远，志甲天下

展望建筑装饰行业的未来发展趋势和潜在机遇，国家的很多政策都在大力鼓励地方建筑装饰企业抓住机遇、勇于创新、再创辉煌。王智恒和他的企业也是这发展浪潮中的一员。回顾一路走过的每一个脚印，在过去的岁月里，王智恒及他的企业凭借精湛的技艺和不懈的努力，为甘肃建设项目贡献了很多的经典之作，赢得了广泛的认可和赞誉。面对未来，他们将继续秉持匠心精神，以更加饱满的热情和更加坚定的步伐投身国家建设事业中，为甘肃的繁荣贡献更多的力量。

随着公司日益壮大，王智恒心中在构想更大的宏伟蓝图。面对未来，他审时度势，信心满满。我们完全有理由相信，在他领导下，他的企业将更强、更大、更优，他的事业会更加灿烂，更加辉煌！

精工报国，匠心追梦

——记建筑装饰行业大国工匠、中建深装总工程师曹亚军

曹亚军深耕建筑装饰装修行业近二十年，从一位乡村少年一步步成长为大国工匠。二十年来的追寻与忙碌、思考与创新、曲折与收获，勾勒出曹亚军柔和与坚韧的轮廓。

曹亚军出生在苏北盐城阜宁县沟墩镇跃进村，与其他成长于北方农村的懂事少年一样，他很小就开始帮家里分担一些农活，小学和初中，除了课业，便是田地里的劳作。那是农民工如潮水一般涌入大小城市的时代，外出务工者们心中装着家乡，无论走多远，过年时都返回老家。他们的故事及经历讲述，深深吸引了在一旁悄悄聆听的曹亚军。进一步激发了他内心深处对大城市的向往，也唤起了他对凝固的音乐——建筑的浓厚兴趣。

2000年参加高考，曹亚军考上了武汉科技大学土木工程系。图文并茂、案例充分的书籍拓宽了曹亚军的眼界，那时他开始意识到，装饰装修不仅是力学的实际运用，还是美学观念的绽放，需要用跨学科的思维去审视。每次去图书馆，他都随身携带一个素描本，读到特别具有美感的装饰案例，他就合上书本，在素描本上凭借记忆勾勒草图，揣摩美感的成因，顺便磨炼自己绘制工程草图的能力。

时值2004年的毕业季，中建深圳装饰有限公司（以下简称：中建深装）到武汉科技大学举办了一场校园招聘。曹亚军报名、面试通过后便参加了为期一周的入职培训，后被分配到位于深圳市罗芳路的总部幕墙事业部。当时的岗位职责是负责商务报价。一段时间的潜心学习令曹亚军拓展了眼光，业务水准得到了较为全面的提升。次年的3月，曹亚军便被派去建设上海环球金融中心，负责该项目的幕墙图纸设计，带他的老师傅只带了他三个多月便离开了上海，只留下了曹亚军一人待在那里。该项目的咨询公司入江三宅设计事务所对细节要求十分严格，带他的老师傅离开之后，曹亚军只好单打独斗。他很快发现，公

司现有的制图标准远远达不到日本设计事务所的要求，并且还要跟世界知名的幕墙公司德国嘉特纳幕墙公司一决雌雄，因此曹亚军顿感压力倍增。

随着土建工程的推进，中建深装负责的裙楼幕墙要实现预埋，而预埋的前提是曹亚军的设计图纸必须得到确认。根据项目合同，如果耽误了土建，延误一天罚款八十万。身为该项目的设计师，曹亚军压力颇大。接下来的两个多月时间，曹亚军开启了"弯道超车"模式。他每天早上七点钟到工地，认真揣摩嘉特纳公司报送的图纸，从排版、制图、标注到格式，一一学习吸收，结合会议上业主的要求，按照这种国际规范对自己的图纸重新设计。常常熬夜到凌晨两三点，他才拖着疲惫的身体回宿舍休息。曹亚军面对看似不可能完成的难题，反躬自问，一一寻找差距之后，主动应对，虚心学习，奋起直追。当业主和监理确认了曹亚军改进后的图纸，他心中的巨石终于落地。

做完上海环球金融中心的项目后，他直接被派去做武汉高铁站的项目，武汉站当时是亚洲规模最大的高铁站之一。曹亚军以幕墙项目总工程师的身份进入武汉站建设，该项目比环球金融中心项目更长、面临的难题更大。武汉高铁站的幕墙在世界范围内，都没有可以参考的先例援引。武汉火车站是中国第一个"桥站合一"的火车站，火车在轨道上行驶，势必会产生很大的震动，客流量巨大的站房，势必产生巨大的安全隐患，造成严重的公共安全事故。那些日子，曹亚军日思夜想，挥之难去的都是死结一般的技术难题。如何解决震动问题，现实工作经验以及经验基础上的开拓创新最后起到了关键作用。在做上海环球金融中心项目之时，曹亚军敏锐地观察到，裙楼顶部安置了很多大型空调冷却机组，为了减轻震动，同时安装了减震器。他参考机电设备减震装置，通过研发阻尼器，攻克行业内首个"桥站合一"建筑的幕墙抗震技术难题，课题经鉴定达到国内领先水平。荣誉接踵而至，武汉高铁站幕墙项目，获得了全国装饰奖、两项科技成果奖和三项技术专利。包括幕墙在内的整个武汉高铁站建设项目，获得国家科技进步一等奖、詹天佑奖以及鲁班奖。

武汉高铁站项目完工后，曹亚军回到了幕墙分公司做科技部经理，兼顾项目设计和日常管理。很快，他就跟武汉这座中部大都市重新建立了紧密联系。一役告功，一役又至。曹亚军接到了负责武汉宜家项目的任务。确立好远大目标之后，曹亚军带领几位年轻小伙子，抛开公司之前的传统技术标范本，开始了更高标准的技术标制作。既在意料之外又在情理之中，该标书荣获第一名，击败了行业龙头企业。

投标结果出来之后，团队顾不上庆祝，因为另一个更具挑战性的项目已经摆在眼前——武汉硚口金三角项目。该项目是公司承接的第一座超过300米的办公楼幕墙工程，也是技术标第一次突破1000亿元的工程。在没有现成经验可供参考的情况下，曹亚军活学活用，经过一个多月的奋战，制作出一部长达1100页的标书。

曹亚军在技术部一待就是八年，期间任职过分公司的副总工、安全总监、副经理。2021年8月，他升任中建深装副总工程师，随后不到一年，升为总工程师。在技术部任职期间，他遇到的最具挑战性的项目要数重庆来福士广场空中连廊外幕墙项目。担任项目总工期间，攻克了全球"最高、最重、最大、最险"的空中连廊幕墙工程空中吊装难题。该项目在《大跨度悬空、悬挑曲面幕墙安装技术研究》《山地环境复杂形体超高层建筑建造关键技术及应用》等研究领域突破了国外在超高层建筑吊装系统等方面技术封锁，达到世界领先水平，填补了国内行业空白，并荣获了华夏建设科学技术奖及重庆市科技进步一等奖。

随着房地产市场的增量空间不断收窄，传统的幕墙业务自然会受到制约。曹亚军发出"一流的企业制定行业标准"的提议，将公司的主要业务转向幕墙维护和绿色健康装修，力争在激烈竞争与风云变幻的市场里抢占先机。幕墙随着年深日久，材料难免老化，安全隐患也就难以避免。为了消除这些安全隐患，就需要专业幕墙检测机构进行检测，及时止损。2020年，中建深装建立了绿色健康装修实验室和幕墙检测实验室。

由曹亚军主编的CBDA标准《既有建筑幕墙改造技术规程》正式发布，标志着曹亚军已成为装饰行业领军人物，真正做到了引领行业发展。随后，他又先后牵头主编了《室内装饰装修工程改造技术规程》《装饰智慧工地建设技术规程》，参编22项国标、行标。2023年，他联合中国建筑科学研究院编制行业CECS标准《钢结构模块建筑全系统装配技术规程》，为行业高质量发展贡献了卓越力量。

装配式建筑是行业发展的方向之一。曹亚军牵头合作成立孟建民院士工作室、装配式酒店研究院，在装配式建筑、城市更新、微空间产品、智慧楼宇运维等领域开展合作。指导研发绿色低碳智能模块化建筑产品，荣获中国国际高新技术成果交易会优秀产品奖。在粤港澳大湾区首个生物谷——深圳坝光国际生物谷城市示范中心项目，以数字化建造为引领，以六大体系（建筑、结构、装饰、工厂智造、材料与成本、智能化）为核心，打造了装饰行业首个模块化全装饰建筑样本。牵头研发轻型保温一体墙板、可拆卸式外墙系统、模块化集成机电体系等，不断诠释从中国"制造"到中国"智造"的高质量转变。

响应时代的召唤，曹亚军从没有停止对建筑行业迭代式更新的思考。现任中建深装总工程师的曹亚军，已经深耕建筑装饰装修行业近二十年，从项目预算员做起，一步步成长为建筑装饰行业的大国工匠。年富力强的曹亚军载誉甚多：2017年"新中国成立70周年建筑工匠"、2017年中国装饰协会幕墙分会专家、2018年度全国建筑行业"大国工匠"、广东省劳模和工匠人才创新工作室领衔人、2022年度中国建筑劳动模范……荣誉接踵而至的同时，各种科技成果创新奖项和专利也纷至沓来。

像曹亚军这样善于思考与创新的工匠有着非同一般的责任意识，但他对自己还有很多不满。诚如鲁迅先生所说："不满是向上的车轮。"一个追求完美科学精神的人，行走与攀登，无疑是他肩荷的永恒使命。

孔彬：我只是一个工匠

孔彬，1963年生，中共党员，高级工程师。

2007.09～2013.03　任上海市建筑装饰工程有限公司（现上海市建筑装饰工程集团有限公司，下简称上海建工装饰集团）第七工经部经理；

2013.03～2014.01　任上海建工装饰集团总工程师办公室技术总监；

2014.01～2015.01　任上海建工装饰集团副总工程师；

2015.01～2016.01　任上海建工装饰集团副总工程师兼工程研究院副院长；

2016.01～2023.03　任上海建工装饰集团技术总监（期间获2021年度"上海工匠"）；

2023.03至今　任上海建工装饰集团技术顾问。

孔彬参与编制国家及省部级标准3部，承建的工程获全国建筑装饰行业科技示范工程奖、上海市建筑遗产保护利用示范项目等30余项，主持的科研项目获全国装饰行业科技创新成果奖、上海市科技进步奖等9项，共获授权发明专利6项、实用新型专利2项。获全国优秀项目经理2次，上海市重大工程立功竞赛建设功臣2次，先进个人2次，并荣获2021年度"上海工匠"，多次获得建工集团及装饰集团先进个人、优秀工作者、优秀共产党员等荣誉。在项目建设一线身体力行的同时，通过孔彬工匠创新工作室、匠心文化青年促进会等平台进行师徒带教，为企业培养了20多名既有建筑外立面改造方面的专家型人才，其中多人获得"中装协科技人才奖""上海职工职业技能系列竞赛银奖"等荣誉，为企业高素质人才队伍建设贡献了力量。

我是孔彬，今年61岁。要说在上海市建筑装饰工程集团有限公司（以下简称装饰集团）工作年限最长的员工，可能非我莫属了。装饰集团1987年8月成立，我1987年9月从浙江水利水电学校毕业后进入公司，37年里，从事过预算员、设计员、技术员、项目工程师、项目经理等很多岗位。我曾在世博会、上海迪士尼乐园、进博会国家会展中心、北外滩世界会客厅、世界顶尖科学家论坛永久会址等多项重大工程建设中担任装饰工程技术负责人。今年是中装协成立40周年，也是我从装饰集团技术总监转为技术顾问的第一年，回顾这些年的历程，一幕幕最珍贵、最深刻的记忆如放映般被开启。

孔彬在项目现场

一、方寸初心：工匠是怎样炼成的

记忆回到1998年，当时国内装饰行业的木饰面制品均采用现场传统工艺施工，即做基层骨架，封饰面夹板，补钉眼上油漆，这种做法功效低、污染严重，工人手艺水平决定了木饰面制品质量的好坏。于是，我就想怎么样能把工厂生产家具的质量水平引入到施工项目上。那段时间我走遍了上海和周边区域所有大的木业加工厂，与工厂探讨施工现场实现木制品全装配化的可能，经过反复试验及各种拼装方式比选，最终在明天广场项目上，首次成功运用木制品全工厂化生产，这也是现场装配化施工的全国先例。

2003年，东方艺术中心项目的东方音乐厅工程，我首次提出不用满堂脚手作业方法，改用装饰GRG单元板块吊装背栓安装方案，并实现了装饰吊顶施工，为项目立体交叉施工创造了条件。

2013年，上海迪士尼乐园项目，面对美方管理团队全新的项目管理流程和要求，我带领技术团队，逐条学习研究美方技术规则书的内容，将新材料的技术特性与工艺，在深化设计中直观体现出来，利用BIM正向建模，辅助施工图及深化设计出图。我们对多种材料反复对比研究，创新性地提出了FRP作为构件基层材料，再配以主题抹灰上色的施工工艺，就能呈现出木纹、石材、水泥等各种主题效果。

2017年，我们接了一个工业遗存改造项目——长三角路演中心，该项目地处金山区枫泾镇，历史上曾是宋代的驿站、明代的砖窑、解放后的第七印绸厂。将原第七印绸厂整体改建为大型路演中心，可以说无论是建筑功能还是设计标准都发生了巨大的变化，建筑外部形象也有更新的要求，但原有的红砖仍是需要保留的主要历史元素。在外立面整体镂空红砖墙的砌筑过程中，由于墙体接触面少、材料强度低，且砖墙交错镂空排布，无法按照砌筑工艺来实现。我根据砖墙排布规则，找寻搭接面的规律，在重叠部分创新地采用了螺杆作为墙体竖向拉结，并进而研发出了外立面镂空红砖、螺旋状凹凸面砖的施工工艺。为了保证墙体的整体刚度，每600毫米还安装一块不锈钢钢板，板上与螺杆交接处实现穿孔，用螺帽与螺杆将不锈钢钢板与镂空砖固定拧紧，形成一个整体，保证了墙体稳定与强度。由于自然排水问题，水流顺延外墙玻璃沿着导墙坡度通过镂空砖的空位排除，考虑到最低位置的镂空砖耐久寿命问题，故在最底部位置的镂空砖四面增强防水处理，减少镂空砖本身吸水性导致的排水缓慢问题，提高自身寿命。该项工艺已形成了6项发明专利。

2018年，首届进博会主场馆国家会展中心提升工程，要求在4个月内完成近6万平方米的高质量精装饰工程，并做到施工中和完工后"空气中无味道"的环保要求，用传统施工技术显然无法完成。在装饰集团领导的大力支持下，我从设计方案阶段入手，参与设计方案、施工图工作，研究制定加工材料技术要求与标准、现场装配式技术方案落实、大板块单元式吊顶板整体提升吊装、大板块墙面板机器人辅助安装等，追踪家具厂生产原材料及加工过程环保控制一整套全过程施工方案，从而确保实现了超短工期与"无味道"的目标。而对于4.2馆平行论坛，需满足全装配化可重复拆装建筑物的要求，我带领技术团队研发了全装配化内隔墙系统，巧妙地将移动隔断系统用于装饰隔墙，利用装饰单元板块设计留缝、在工厂制作整体卫生间等技术措施，实现了首个全装配化可重复拆装建筑物的实际案例。

2020年，北外滩世界会客厅项目，主会场星空厅吊顶由1215个造型发光体组成，要实现这类异形复杂装饰，传统方法一般采用GRG比较容易实现，但是传统GRG施工功效低，周期长，表面质感差。如何突破传统，通过创新来实现工业化生产装配化施工呢？这个问题，让我几乎有一个星期处于失眠状态，每天夜里各种思路方案在脑海里反复重播，对多种材料反复进行优劣比较，终于整理出一条清晰的技术路线：依托参数化建模，优化吊顶造型，采用金属拉伸膜生产工艺，

孔彬在项目现场

批量化生产金属异形单元模块,从而完美解决了提升表面质感及现场装配化的难题。

二、咫尺匠心:我与老建筑的对话

这些年,走在外滩沿线,纵览万国建筑群——中山东一路1号亚细亚大楼、东风饭店、有利银行大楼、18号春江大楼……它们不再是冷冰冰的建筑,仿佛是认识多年的老朋友,装载着当初修缮的记忆。外滩沿线的历史建筑,根据文物建筑和优秀历史建筑保护原则,要采用"原材料、原工艺"对外立面进行修缮,但是在历经多次修缮之后,并非所有的建筑都能保留着最初的痕迹,加上环境的因素,劣化情况各有千秋,并不能按照统一的传统工艺进行修缮。我有一个习惯,就是要事先调研清楚每一处建筑物的现场情况、做好记录,对于修缮工艺采用多配方小样比对,选择效果与原外墙最为接近的修缮工艺进行施工。基于多年的外墙修缮经验,我又先后在西童女校、虹口大楼、东风饭店、复旦大学子彬院、新城饭店、和平饭店等项目中成功运用了外墙清水砖、泰山砖、鹅卵石等7种不同材质外墙的施工工艺,并有幸作为主要编制人员之一参编了《优秀历史建筑外墙修缮技术标准》(DG/TJ08-2413-2023),经上海市住房和城乡建设管理委员会批准,该标准已于2023年6月1日起正式实施。

毗邻黄浦江畔,目光再转移到北外滩世界会客厅历史风貌外墙,外墙要求用原建筑拆下来的旧砖做清水砖墙,保留历史风貌,前所未遇。这些旧砖都是100年前的老砖,风化厉害、泛碱、强度差、色差严重。如何让这些老砖旧貌换新颜?我向多位历保专家讨教,和历保手艺师傅讨论,通过多次做实体样板印证,终于编制了一套32道工艺的施工方案,有效解决了老砖清水墙提高强度、防泛碱、美观降色差的问题,大大提高了项目的施工质量和工期进度,同时也留住了文化印记。

孔彬工匠创新工作室

三、厚植恒心:"装饰"是如此奇妙的一件事

每一位匠人心中都住着一个顽童,而我的顽童爱上了"装饰"。秋去春来,一年又一年,我参与了上海市许多重大工程。很多从事装饰的老朋友应该也是一样,当一个个作品完工时,满满的成就感如海浪般洗刷疲惫的身心,使我放松而满足。这种感觉如此奇妙,让人乐此不疲。

为什么一直从事这行到今天?我想,是源于内心的兴趣和热爱:找到了想为其奉献一辈子的一件事,是非常愉悦、满足且幸运的。我们搞工程技术的人,就应该在严谨的基础上,敢于创新、勇于突破,要大胆设想、谨慎验证、付诸行动。未来一定还会遇到新的困难、新的挑战,深圳国际交流中心项目,这个深圳建市以来体量最大的装饰工程是眼下的又一座高峰,我也会一如既往、毫无保留地利用多年来积累的经验,带领年轻的技术人员去超越、去攀登。

孔劲松：选择"装饰"，就是选择了一种美的生活方式

孔劲松，1981年生，中共党员，高级工程师。

2007.06～2016.06　任上海市建筑装饰工程有限公司（现上海市建筑装饰工程集团有限公司，下简称上海建工装饰集团）第七工程公司项目经理；

2016.06～2018.01　任上海建工装饰集团第七工程公司总经理助理；

2018.01～2021.01　任上海建工装饰集团第七工程公司副总经理（期间获"上海市劳动模范"）；

2021.01～2021.12　任上海建工装饰集团第七工程公司常务副总经理；

2022.01～2023.03　任上海建工装饰集团第七工程公司总经理；

2023.03至今　任上海建工装饰集团第七工程公司党支部书记、总经理。

孔劲松工作以来，先后获得了"全国建筑装饰行业优秀项目经理""世博工程优秀装饰项目经理""上海城市服务保障首届中国国际进口博览会立功竞赛活动先进个人""上海市重点工程实事立功竞赛建设功臣、优秀建设者""上海市国资委优秀共产党员"等多项荣誉称号。继2020年获评"上海市劳动模范"后，同步创建成立了"孔劲松劳模创新工作室"。

我是孔劲松，1981年出生，2004年7月从安徽水利水电学院毕业后进入上海市建筑装饰工程集团有限公司（以下简称装饰集团），从项目一线出发，做过施工员、技术员、项目工程师，项目经理等诸多岗位，一干就是20年，现在是装饰集团第七工程公司党支部书记、总经理。

孔劲松在项目现场

在装饰集团的20年里，从中国商飞研发大楼到陆家嘴1862老船厂艺术中心，再到重塑百年经典的历史保护建筑汉口路50号中国银行，我所建设的项目屡获"鲁班奖""白玉兰奖"。从世博会议中心到国家会展中心，从北外滩世界会客厅到世界顶尖科学家论坛永久会址，从国产首制大型邮轮H1508（现名"爱达·魔都号"）到如今的深圳国际交流中心，这些"一号工程"的建设，我都有幸参与其中。自工作以来，我获得了多项荣誉称号，尤其是在2020年获评"上海市劳动模范"后，同步创建成立了"孔劲松劳模创新工作

室"。这得益于装饰集团的平台优势，也离不开项目团队的共同努力。

回顾这些年的点点滴滴，我仿佛与"装饰"谈了一场恋爱，从初识的"一见钟情"到再遇时的"步步倾心"再到相守后的"共同成长"，经历了对美的向往，也走在了创造美的路上。

一、初识"装饰"，激起内心对"美"的向往

我与装饰集团的缘分，开始于2003年的大学暑期社会实践。作为水利水电专业实习生，在美林阁大酒店项目第一次接触建筑行业，我便对建筑装修产生了浓厚兴趣。一个个材料匹配研究，一道道工序叠加，一项项基层施工，尽管当时还很懵懂，但我已强烈地感受到装饰是一个很有意思、能做出"花样"的行业。

当实习结束回到学校的时候，我发现周围的建筑似乎都活起来了。特别是在学校图书馆抬头望向天花板的时候，我的脑海里出现的竟然是石膏板一步步吊装上去的场景，这一刻，我知道我已经爱上了"装饰"。于是，毕业后我放弃了在家乡合肥的工作机会，毅然只身前往上海，并在装饰集团这个创造"美"的企业，一干就是20年。

二、再遇"装饰"，探索"美"的精髓

承载历史文脉的"修旧如旧"之美。2015年，我负责中国银行大楼修缮工程，对这样一座矗立百年、兼具巴洛克特征和古典主义风格的历史建筑，我带领团队力求以传承创新的工匠技艺、"修旧如旧"的修缮理念和极致卓越的品质追求，还原百年经典。

在施工前期，我们利用BIM（建筑信息模型）技术，对建筑立面进行纵向三段式划分，小到一个菠萝格柱头、一个宝瓶栏杆，都建立起严谨细致的BIM。接着做方案优化以及样板工艺施工，反复修正、反复试验、反复熔炼，恪守严谨求实的精神。

经过近一年时间的细细打磨，门楣花饰和外墙肌理得以"修旧如旧"，入口门厅水磨石、木楼梯、天花脚线、各类木质装饰等均得以保留还原。原始的凹凸肌理和精致的细节耐人寻味，无不渗透着建工装饰人虔诚的工匠基因。

每当夜幕降临，灯光亮起，这座百年银行大楼化身外滩风景线上一颗分外璀璨的"夜明珠"。外滩与陆家嘴夏季彩灯开放时间在下午7点，而这幢大楼在下午5点30分左右就会整体亮灯。如若游览外滩，不妨途经汉口路，去看看这座百年经典。

挂着水泥浆的"原始自然"之美。说到"美"，就不得不说"船厂1862"老厂房艺术中心，由建筑师隈研吾、艺术家米丘、作曲家指挥家谭盾三位大师协作建筑设计与艺术策划，将昔日老船厂改造成占地2.6万平方米的时尚艺术中心，是陆家嘴滨江金融城五大核心业态之一。

有了汉口路历史建筑修缮的管理经验，一开始的我们对于老厂房的改造满怀信心，只是我们谁都没想到这座上海城市公共艺术新地标的建设过程是如此的"疯狂"与"另类"。我印象特别深刻的是西中庭整片墙面，图纸上标注的是规格25厚的砌块贴片，按照以往经验我们做了加气混凝土砌块贴片，三个月后隈研吾大师到现场视察效果，"你们这面墙的加砌块不行，太平滑了，不够原始自然"，听到翻译说出这段话的时候，我整个人都懵了，这不是图纸上清清楚楚标注的吗？但由于业主相当认可隈研吾先生的设计风格，因此作为施工方必须无条件听从隈研吾先生的意见。

考虑到老先生的行程安排，我们在3天内翻阅了大量书籍研究国外大师的想法，再结合传统匠法，最终决定用240×115×25水泥砖砌筑，我特意交代了泥工，砌筑时要原始粗犷，不要按照常规横平竖直地勾缝7~8mm，哪怕一公分哪怕挂着水泥浆也可以。最终呈现出的效果既保留着原始粗犷，亦没有传统工艺的呆板，取而代之的是"天然"笔法，完美再现了老厂房"原始自然"理

孔劲松（第二排左一）项目团队与隈研吾（第一排左四）工作室在"船厂1862"项目合影

念下的真实意境。我们大胆的突破得到了隈研吾先生的肯定。这其实是改变常规装饰效果和工艺思路，用最原始的材料色彩和形态与现代装饰材料相容搭配，去塑造不一样的空间艺术。

国家级工程的"大气恢宏"之美。2018年4月，我开始负责进博会一期（国家会展中心）提升改造工程项目。作为首届进博会开幕式举办场地，其承载着国家荣誉，意义非凡也备受社会各界关注。由于进博会场馆设计的特殊性，项目技术涉及诸多专业，从安装的举升设备到拼接的配件，都需要有创新技术和工艺，各类合作协调工作量大，造成项目管控的难度非常大，这考验着每一个参与此项重大工程的建设者。

我在第一次项目进场例会上说，做这样的项目我们要忘记从前做的所有项目，要打破常规，要有新的思考。事实证明我们的确做到了。我们完成了一系列科技攻关，创造了多个"第一"：第一次实现全部环保指标优于国家标准6成以上，确保了施工全程无异味；第一次攻克大面积铝板材质的蚀刻木纹技术，独创了环保和防火新工艺；第一次使用漫反射涂料，确保了高亮度灯光不刺眼；第一次采用10米×2米的超大吊顶板材，确保了展厅大气磅礴的设计效果。

最终，在项目团队平均每天15个小时的坚守下，成就了155天超短工期内完成主会场、平行论坛区域等近4万平方米的升级改造装饰任务，为打好办博攻坚战保驾护航。

三、相知相守，在创造"美"的路上共同成长

在进博会场馆功能提升工程中，我们不仅呈现出了场馆的"大气恢宏"之美，更收获了内心的坚定。这让我们除了在工程管理上获得提升以外，更是把供应商服务意识以及项目管理的核心同步在一起，形成了一种巨大的合力，凝聚了一种高度的资源集中和思想集中，它的本质是坚定了我们对承建重大工程的信心。用一句话来概括就是提升工程造就双向提升。

2020年12月,因为有着大型场馆建设的实战经验,我有幸负责由百年仓库改建的北外滩世界会客厅项目,这里主要作为国家级以及市级重大活动接待场所。面对又一次超短工期、高规格、高标准的世纪工程,北外滩世界会客厅改造项目对材料的运用、垂直施工、技术壁垒、施工场地以及外部疫情防控等各方面都提出了新的挑战。我虽如履薄冰,却也严阵以待。在整个施工过程中,我坚持围点打援、样板先行的理念,对项目进行时间和空间的分解,在短短一个月内完成九大空间样板并一次性获得认可,为后续施工拿下九大空间"415"关键据点,乃至整个项目"515"全面完工创造了充分条件。无论是内部施工管控,还是外部沟通协调,我们的团队都付出了无法想象的艰辛。最终,在各方的大力协助支持、团队的共同努力下,圆满地完成了这一任务,为助力将项目打造成为黄浦滨江"世界会客厅"的闪亮名片做出了积极贡献。

孔劲松在项目现场

雄关漫道真如铁,而今迈步从头越。如今,我从一名一线建设者走向管理岗位,以往重大工程建设的经验,给了我更为笃定从容的前行力量。最能创造价值的工作往往始于兴趣、终于坚持、成于热爱。我想我是热爱这个行业的,我也始终坚信,只要时刻怀揣着一颗火热的心,乐于去探索,去相信,去感恩,去坚持,去迎接挑战,一定能创造出更多的"美",更多的奇迹。

03

行业丰碑

标杆企业
标志工程
技术革新

标杆企业

金螳螂：全球化建筑装饰企业集团 致力于改善人居环境

金螳螂成立于1993年，经过30多年的发展，形成了以装饰产业为主体的全球化建筑装饰企业集团，是绿色、环保、健康的公共装饰产业的领导者。

金螳螂深耕于装饰产业，具备室内建筑、装饰、幕墙、景观、智能、软装等全产业链设计施工服务能力。集团公司拥有8000多名员工，3000多人的设计师团队，旗下子公司HBA是全球酒店室内设计第一品牌。在"TOP 100 GIANTS 全球设计百强排行榜"中，金螳螂被评为全球第四、亚太第一、国际竞争力第一，彰显出强劲的设计实力。

旗下的金螳螂装饰是中国装饰行业首家上市公司，已连续21年位居中国建筑装饰行业第一，先后建成了中国共产党党史馆、鸟巢、人民大会堂、国家大剧院、国家博物馆、中国国家版本馆、上海中心大厦、北京大兴机场、中国尊（北京中信大厦）、G20峰会主会场、上合峰会主会场等国家重点项目，累计获得鲁班奖［中国建设工程鲁班奖（国家优质工程）］151项，中国建筑工程装饰奖559项，是获得国优奖项最多的装饰企业。

近年来，EPC模式正成为国家建筑产业的发展方向，引导推动工程市场结构升级。金螳螂拥有超5000人的项目施工管理团队，基于建筑、装饰、幕墙、园林、软装、洁净、智能化系统等在内的多专业统筹协调的管理优势、全产业链施工的服务能力，组建了专业的EPC总承包管理团队，为客户提供一站式、全方位的服务，解决分专业招标烦、多专业协调难、交叉施工管理难等问题，先后打造了上海巨人科技园、南京园博园、景德镇老城改造、山东潍柴新科技办公研发中心等一批标志性项目。

在城市更新板块，金螳螂凭借雄厚的全专业综合设计、多专业总承包施工能力，在老旧小区、酒店、工厂改造及未来社区等领域精心打造了多项精品工程，已然成为城市更新领域的综合解决方案提供商。助力老旧建筑焕发崭新活力，推动城市系统性功能提升，为城市发展注入源源不断的新动力。

金螳螂紧跟国家"双碳"战略目标，聚焦核心技术攻关和产业化应用。2017年，金螳螂获得住建部（住房和城乡建设部）颁发的"首批装配式建筑基地称号"。截至目前已迭代三次产品，共计推出酒店、住宅、公寓、医疗康养四大产品线、

7个标准样房，在全国多个城市开展装配式研发、设计与施工服务。金螳螂装配式产品融合了数字化技术与工业化生产，着力打造低碳环保的绿色空间，积极推动中国建筑装饰行业工业化、数字化、绿色化的进程。

作为国家高新技术企业及国内装饰行业的龙头企业，金螳螂始终高度注重各类技术创新，并持续在新材料、新工艺、新工具方面加大研发力度，为客户提供性价比更高的服务和产品。而凭借长期以来在施工技术方面的不断打磨，金螳螂在研发创新领域的钻研已构筑成为自身突出的核心竞争优势。截至2023年，金螳螂获得国家知识产权3337项，其中国家发明专利515项，国家计算机软件著作权352项，1019项研发新技术获得"江苏省科技创新技术成果推广"，并主（参）编了90余项国家行业标准。依托强大技术实力，金螳螂还通过新材料、新工艺、新工具、应用先进技术来提升管理效率。例如新开工项目由研发管理部与项目部通力协作，进行三新支持跟踪，以了解跟踪项目三新应用降本情况。

EPC工程总承包模式是公司重要发展方向。基于室内装饰、建筑幕墙、园林景观、软装陈设、洁净空间、智能化系统等在内的多专业统筹协调管理优势，以及全产业链施工服务能力，公司组建专业EPC总承包管理团队，为客户提供一站式服务。长期以来，公司将EPC专业能力应用于教育、建筑、健康、交通、低碳和服务等一系列场景，完成了一系列酒店、办公楼、市政和场馆等总承包精品工程。公司依托内装强大实力和精细化管理能力，借助机电项目优势加速开拓市场，EPC业务收益逐步提高。此外，公司紧跟AI浪潮，建立AI专项设计小组，推广运用AI技术并提升设计能力，以此构建了差异化竞争优势。

近年来，随着我国城市化进程加速，城市发展方式已由大规模增量建设转为存量提质改造和增量结构调整并重的新旧动能转换阶段。面对让城市"二次生长"的市场机遇，金螳螂已将城市更新项目作为自身长期发展的新动力和未来政企合作的新目标，将运用自身设计优势、市场深耕优势、总承包优势、BIM数字化平台优势、供应链优势等，全面开拓城市更新市场，全力打造公司全新增长点。

在医疗净化板块，金螳螂将技术标准、人文关怀和生命健康三者完美融合，为客户提供高统筹、全方位、立体式的整体服务，成为净化空间整体解决方案的专家。

自成立洁净科技事业部以来，金螳螂已相继承接了民海生物新型疫苗国际化产业基地、寰采星金属掩膜版二期洁净厂房、浙大一院项目VIP楼、南京国际医院、莫干山医疗中心等专项工程。未来公司将依托平台优势，持续提升和打造核心竞争力，向成为洁净行业综合服务商的目标加速迈进。

金螳螂旗下的朗捷通智能公司是一家集行业解决方案、自主软硬件研发、系统集成与服务于一体的高新技术企业，业务覆盖楼宇智能、智慧城市、智慧交通、智慧建筑、智慧医疗等多个领域。

金螳螂商学院"以推动实现公司战略目标为最高宗旨，全方位协助中高管理层提升职业价值，打造中国建筑装饰业界的哈佛商学院"为使命，担负起"业务伙伴、人才培育、文化传承"的三大角色，不断自我超越，为公司和行业的良性发

3337项国家知识产权
3337 national intellectual property rights

参与90多项国家标准制定
Participated in formulation of over 90 national standards

500多项国家级科技示范工程
Over 500 national science & technology demonstration projects

国家火炬计划重点高新技术企业
Key Hi-tech enterprise of State Torch Plan

展提供卓有成效的管理人才。金螳螂商学院被评为"首批示范性企业大学",成为国内建筑装饰行业第一家获此殊荣的企业大学。金螳螂商学院将在满足金螳螂发展的内部培训需求的同时辐射行业客户、供应链和合作伙伴,共享知识、相互学习、共同发展。

经过三十多年的发展,金螳螂积淀了自己的企业文化,坚持"以客户为中心、以奋斗者为本、长期坚持艰苦奋斗、批评与自我批评、终身学习"的价值观,以及"致力于改善人居环境"的企业使命。金螳螂坚持"只有客户成功,我们才能成功"的经营理念,以专业技术、专业服务为客户实现价值增值,努力把公司打造成为"客户首选、员工自豪、同行尊重、社会认可的公司"。

从应运而生到全国第二，传统装饰企业卓越变革

——记上海建工装饰集团高质量发展创新之路

变革是企业发展与突破的永恒主题，唯有变革方能行稳致远、创新发展。改革开放以来，中国的建筑装饰企业伴随着市场经济的发展，不断地在全国各地描绘出一幅幅壮丽的建筑画卷，也真实地反映出改革开放所激发出的巨大活力。

一、顺应时代向阳而生，"泥水工匠"巧妙转型

作为成长在中国共产党诞生地、红色基因发源地的国有企业，上海建工装饰集团成长壮大的过程，可以说是一部激昂的红色发展史。1949年5月，上海解放，面对战争和社会动荡影响下城市基础设施落后、大多民用建筑和工业厂房陈旧这一百废待兴的局面，华东军政委员会与上海市人民政府组建了全市第一家国营建筑公司——华东建筑工程公司，全力投入城市建设。1952年，中国人民解放军华东军区99师、106师转为建筑工程兵第五、第六师，整建制编入调整后的华东建筑工程总局。1953年1月，为了更好地服务国家第一个五年计划，加快推进上海城市恢复建设，在华东建筑工程局第三工程处的基础上，吸收500多家营造厂，组成了上海市建筑工程局，也就是上海建工的前身。

建五、建六师初到驻地，江湾还是一片滩涂荒地，芦苇荡荡、野鸟横飞。战士们住在临时搭建的帐篷里，晴天一脚泥，雨天一身水，条件十分艰苦。经过分班专业学习，老工匠手把手传授绝活，短短半年后，大家迅速掌握了相关专业技能，自行建造了两层砖瓦宿舍楼、办公楼和操场。由此，正式开启了上海建工投身社会主义国家建设和服务上海城市发展的新征程。

1978年，大事件扑面而来。十一届三中全会胜利召开，决定实行改革开放；国家城市建设总局设立，首个主管城市建设与住宅的机构出现；全国城市住宅建设会议召开，明确建筑业是可以为国家增加收入、增加积累的重要产业部门，在长期规划中，必须把建筑业放在重要位置；全国首个商品房小区正式动工，标志着房地产行业的试点起步……一些想法与探索在萌芽，犹如冰封的河床遇上暖春开始松动，逐步萌发，最终拉开了中国城市建设大发展的帷幕。

到了20世纪80年代，随着国企改制的步伐加速，以及建筑市场的进一步变化，于1987年7月18日成立了上海市建筑装饰工程公司，即上海建工装饰集团的前身。装饰集团也是从那时起，跟随上海建工对接国家战略、服务人民群众的奋进步伐，开启了装饰板块的卓越事业。

在这个时期，企业要面对和解决的主要课题，是如何从土建行业的"泥水工匠"施工方式，向装饰特有的"手艺"和"技能"方向发展，形成

1987年装饰集团在上海市四平路815号选址办公

"能工巧匠"集聚、产品"巧夺天工"和装饰行业独特的专业管理的企业构架体系。

彼时的装饰集团，是一个由几十位从上海建工局多个公司抽调的管理人员组成的团队，对装饰行业浸润不深，加之整个行业也在起步爬坡，从1987~1994年，历任企业领导和管理层带领团队一直在不断摸索。当时公司从做劳务分包入手，通过对新加坡等境外公司及东南沿海地区装饰企业"拜师学艺"，在上海花园饭店大堂装饰等项目的实践中，从成熟手艺和技能的学习、现场管理的借鉴入手，使企业迅速朝装饰设计施工管理型方向发展。这期间，企业整建制地引进了管理团队，逐渐具备了一家装饰企业规范运转的基本框架，初步实现了从土建到装饰的跨行业转型。

经过多年的培育和发展，1994年4月11日，上海建工一举拿下当时的"中华第一高楼"——上海金茂大厦的总承包权，成为当时首个中国企业按照国际惯例总承包超高层建筑的案例。装饰集团负责了上海金茂大厦的整个装饰工程，也正是靠着这个品牌项目，使得成立没多久的装饰集团"高点"起跑，规模迅速壮大，当年新签合同额首次突破1亿元。

1997年后，上海有一大批标志性公共建筑处于建设高潮，室内装饰标准之高前所未有。装饰公司作为上海建工工程总承包体系的装饰专业子公司，承担了上海国际会议中心、上海科技馆、浦东国际机场等一系列大体量、高标准的精品装饰项目。靠着这些大体量项目，装饰公司在1998年达到了3亿元的产能规模，在国内处于较为领先的地位。2012年，装饰集团跃上年产值20亿元的平台，成为当时上海最大的建筑工程装饰企业。

二、勇毅前行绘就蓝图，加速布局全国市场

在规模发展的同时，装饰集团也在不断思考怎样做大做强建筑工程装饰事业。"十三五"期间，在原有装饰主业的基础上，装饰集团大力发展数字化、工业化建造以及展览展示和装饰工程总承包等业务，成立了工程研究院、展览展示公司、总承包部等组织机构。2016年以来，又先后成立了3家区域公司、1个国内市场部，加快拓展全国市场。

装饰集团不断深化体制机制创新，持续保持企业高质量发展态势。为解决规模体量快速增长带来的瓶颈，增强为客户提供"一揽子服务"的专业能力；装饰集团注重以策划为先，以原创方案设计及软装配套落地为核心生产力；拓展EPC项目的设计资源整合平台，大力培育全设计生态链优势；注重强化总部功能建设，提升总部的管控能力，并通过改革深化工程公司管理内涵，工程公司业务范围不再局限于项目管理层面，而是扩大到经营拓展、大客户维护、技术创新、党建工作等方面，通过特色化、品牌化发展推动企业转型升级……这些都为装饰集团近几年的快速发展创造了有利条件。

装饰集团业务涵盖建筑工程施工总承包、室内装饰、室外幕墙、城市更新、展示布展、数字化服务和其他新兴业务，秉承上海建工"执行力、诚信、工匠"三大文化基因，坚持从设计到施工到运维的全产业、全生命周期服务商理念，为客户提供一站式服务。不懈的努力使企业赢得众多荣誉——百余项国家级工程奖项、全国五一劳动奖状、上海市文明单位、上海市高新技术企业、上海市重大工程实事立功竞赛金杯公司、连续二十余年获得上海市信得过建筑装饰企业称号。

在工程建设领域，装饰集团积极对接服务国家战略，在立足长三角的同时，围绕粤港澳大湾区、成渝双城经济圈、京津冀协同发展、雄安新区等国家重大战略部署决策，依托精品工程建设持续打响上海建工装饰品牌。除了进一步巩固在上海建筑工程装饰市场的优势地位外，在国内市场，根据国家发展形势，装饰集团正重点研究城市群发展方向，依托上海建工整体优势，继续在超高层、超大型综合体、大型会展中心、精品酒店、机场航站楼与卫星厅、主题乐园和城市更新等建筑工程装饰领域获得更大份额。

装饰集团至今已累计摘得3项詹天佑奖，43项鲁班奖，13项国优奖，89项中国建筑工程装饰奖。立足上海，装饰集团谱写了上海金茂大厦、上海环球金融中心、上海中心大厦、上海世博会场馆、上海迪士尼乐园、进博会国家会展中心、北外滩世界会客厅、世界顶尖科学家论坛永久会址、中共一大会址这样的壮美诗篇；放眼全国，绘就了北京大兴国际机场、广州白云国际机场、西安咸阳国际机场、钓鱼台国宾馆、国家大剧院、广州电视塔、深圳平安金融中心、成都科幻馆、宁夏沙漠星星钻石酒店这样的缤纷画卷。

一路走来，装饰集团矢志奋斗展现国企作为，既见证着历史，也在创造着历史——2020年，装饰集团年新签合同额首次突破100亿元，连续五年复合平均增长率超24%，年经营规模长居上海建筑装饰企业首位；2021年，装饰集团年新签合同额、营业收入双双破百亿元，位列建筑装饰行业综合数据统计装饰类前三甲；2022年，在疫情反复、原材料劳动力成本骤增、行业震荡等不利影响下，装饰集团逆势完成年度发展中心任务，实现新签合同额160.48亿元、营业收入138亿元，位列第二；2023年，装饰集团持续保持全国前二的综合实力。

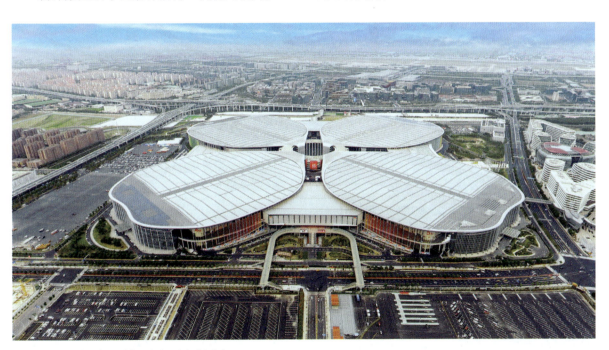

中国国际进口博览会"四叶草"国家会展中心（上海）

三、科技引领能级提升,打造专家品牌企业

近年来,装饰集团坚持走工业化、数字化、绿色化、智能化融合发展科技之路,着力发展以数字建造技术、工业智造技术、幕墙创新技术、建筑遗产保护技术、文化创意设计与布展技术为核心的五大专项技术板块,开展大型豪华邮轮内舾装、新型材料与施工工艺、智能施工装备等新兴领域技术体系研究及拓展应用,依靠技术创新提高可持续发展能力,为企业转型升级注入强大活力。

作为上海市文物保护工程行业协会的会长单位,装饰集团长期致力于对文物保护修缮施工领域的技术研究与工程实践,先后承建了东风饭店、和平饭店南北楼、外滩18号、外滩29号等十余项重点文物保护单位的修缮工程,足迹遍布上海外滩万国建筑博览群,是全国首批荣获联合国教科文组织颁发"亚太地区文化遗产保护奖"的装饰企业。

作为全国建筑装饰行业首家认定高新技术企业,早在2014年,装饰集团就成立了全国装饰行业领先的数字化建造技术研究所,率先提出像工业化造汽车一样做装饰的理念,率先探索服务个性化装饰风格的装配式装修模式,率先完成个性化装饰风格的装配式装饰工程。在参与上海迪士尼工程建设过程中,装饰集团通过三维扫描、3D打印、CNC雕刻等技术定制上万件装饰艺术构件,实现大型复杂装饰艺术构件的工业化应用,完美呈现梦幻世界城堡美轮美奂的外立面。

2018年,首届进博会主场馆功能提升工程中,装饰集团通过标准化设计,定制隔墙、超大异形吊顶、超大板块装饰墙面等集成化装配模块,引入基于BIM、5D可视化技术以及智能机器人手臂,提升超大构件的装配效率和精度;2019年,装饰集团又将成套数字化建造技术运用于北京大兴国际机场建设中,实现了3万平方米异形曲面吊顶、无脚手架、毫米级精度、无碰撞、一次安装交付的装饰工程重大技术突破。

2020年,在承担杭州西湖大学校园工程装饰中,装饰集团积极探索可循环使用的绿色环保单元隔墙与饰面系统的应用,有效降低校园运维期的高额成本,为建筑装饰全生命周期提供服务。

迈入"十四五",装饰集团与德国莱茵之华设计集团签署战略合作协议,成立联合设计中心,

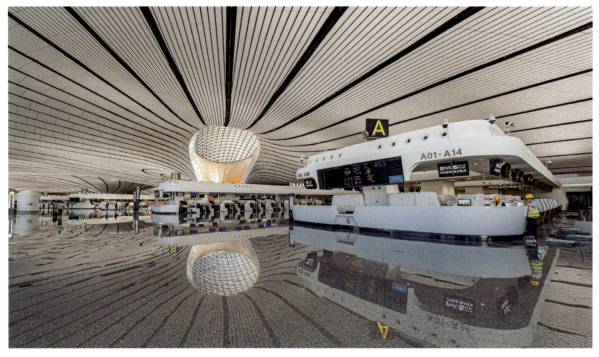

北京大兴国际机场

实现陆地建筑装饰与邮轮舾装的跨领域合作和产业互补。装饰集团的设计团队和技术团队参与了我国首艘国产大型邮轮"爱达·魔都号"舾装工程的正向设计并同步制作数字模型，打造邮轮内装参数化节点设计库、工艺样板节点库、可视化方案展示库，以及基于BIM模型的工程量计算平台，形成了三维数字样舱，通过参建国内首制大型邮轮"爱达·魔都号"，实现国产邮轮舾装领域关键技术突破。

2022年，作为当年上海市头号工程、临港新片区一号工程，由装饰集团匠心打造的世界顶尖科学家论坛永久会址会议中心惊艳亮相，成为第五届世界顶尖科学家论坛发布最顶尖科技成果和思想理念的见证之地。

2023年，被誉为"国内最具科幻感的建筑"——成都科幻馆成功举办第81届世界科幻大会，全球科幻文学领域最高奖项——雨果奖首次在中国揭晓和颁奖，装饰集团作为成都科幻馆的装饰全专业EPC总包，依托"数字建造＋工业智造"双轮驱动，基于数字化勘察测量、一体化协同设计、工业化生产加工、智能装备辅助安装等创新应用，大胆进行设计优化，追求极致工艺效果，让"科幻巧思"从设计变为现实。

2024年，深圳国际交流中心项目，作为当前深圳市体量最大的装饰工程，单合同额8.35亿元，创下装饰集团历年来拿下的装饰项目之最。主会场有大面积的非常吸睛的三维异形扭曲面装饰造型，将在2025年以崭新面貌呈现在当地市民面前。

四、树牢人才兴企导向，夯实基础，厚植资源

装饰集团始终把积累企业人力资源厚度作为高质量发展的重要抓手，持续提高干部人才队伍的使命担当、激发干事创业热情、激发企业内生活力，为做强、做精、做优、做久国有企业提供坚强有力的组织保障。近几年，装饰集团领导班子力量稳步增长，其中80后干部占比超三分之一，90后干部成为培养重点。

步入"十四五"以后，装饰集团策划从四个层面开展好管理干部和青年人才的培育工作。第一个层面，举办正职领导干部研讨班，对本部部门、基层单位行政负责人以及党支部书记、团委书记开展培训，进一步统一思想认识，树立企业信心，同时，对企业发展的重大问题进行研讨交流。第二个层面，举办副职干部培训班，对本部部门副职，以及基层单位副职开展培训，进一步提升领导艺术和科学管理能力。第三个层面，开展各基层单位部门经理的培训交流，进一步加强各条线的业务联系。随着集团业务规模的不断扩大，装饰集团的基层单位部门经理已经有150多人。第四个层面，举办好集团的后备干部培训班，为企业后备人才梯队的建设打好扎实基础。

装饰集团依托大型装饰工程平台，建立"名师带徒制"，众多青年员工通过师徒带教和项目管理实务系列培训，学到师傅的精湛本领，传承了师傅为人处事的匠心精神。同步设立"劳模创新工作室""工匠创新工作室""青年匠心文化促进会"，着力培养一批业务精湛、业主认可的优秀项目管理与技术人才。通过管培生计划、师徒带教、轮岗交流、挂职锻炼、跟踪考察等措施，持续建立健全培养机制、搭建育人平台，为人才发展夯实基础、厚植资源，与装饰集团人才公寓、各业务条线专项培训等现行制度共同构建起多维度人才培养保障机制。依靠各领域近百位领军人物以及数百名专业人才和全体干部职工的价值创造，装饰集团"十四五"经营业绩屡创新高，发展提速显著，2023年全年完成新签合同额165亿元，实现营业收入143亿元。

早在2000年的时候，装饰集团就举办了首期青年干部学习培训班，并随着公司的不断发展形成了培育青年人才的特色传统，帮助不同学历、不同出身、不同地域、不同性格、不同年龄的员

工凝聚合力，朝着共同的方向迈进。多年来，从培训班毕业出来的大部分青年都已经成为企业的中层领导，也有一些出色的青年一路成长为企业的高管。在企业中高层管理队伍打造上，装饰集团一直秉持开放包容的文化，不拘一格做好外部人才引进，并给予他们合适的试错空间，为担当者担当、为负责者负责。发展至今，装饰集团集聚了一批行业内顶尖的技术专家、管理人才，成为企业高质量可持续发展的最宝贵财富。

从非凡的历史走来，向伟大的时代迈进。在上海建工"成为国际一流的建筑全生命周期服务商"发展愿景的引领下，装饰集团紧紧围绕"成为精心设计、匠心制作、称心服务的最值托付的专家品牌企业"的发展目标不懈努力，以全国化战略推动市场布局延伸、辐射与拓展，以各产业板块协同联动为客户创造更大附加值，以提升专业设计、加工制造、施工生产、科技研发的一体化装饰工程全程服务能力，再创建筑装饰经典工程，塑造国内一流专家品牌。

深装集团初心守望四季，昂首奋进争创百年品牌

深圳市建筑装饰（集团）有限公司展厅

总有一幅画让我们心生震撼，总有一首诗让我们充满力量，总有一种音乐让我们心潮澎湃，总有一种风景让我们欢欣鼓舞……这就是一个品牌企业用38载光辉履历和春华秋实铸造的一段流金岁月。

深圳市建筑装饰（集团）有限公司（以下简称"深装集团"）是一名气质卓然的装饰老兵，"他"在中国建筑装饰高地深圳扎根38年，与深圳特区同生长、与装饰行业共腾飞，描绘出一幅绚丽夺目的创业画卷，抒写出一首激情昂扬的奋斗诗篇，弹奏出一曲振奋人心的进取乐章，缔造出一组美丽动人的四季美景——希望的春，成长的夏，丰收的秋，沉淀的冬！

春发，技之衍春天，是一个寓意着新生和希望的季节。沐浴着改革开放的春风，一个气质卓然的企业在深圳诞生，即深圳市建筑装饰总承包公司。自此，深装正式开启了不断发展壮大，从深圳走向全国的远大征程。

一、红色基因赓续，新时期发展开新局

在深装集团的总部大楼，透过深装集团党委书记、董事长吴富贵的视角，深装集团从无到有、从小到大的发展历程，以及新时期开新局、育新机、建新功的发展全貌逐渐清晰。

20世纪80年代初，深圳经济特区刚刚成立，沐浴着改革开放的春风，两万名基建工程兵开进这座南方边陲小镇，他们于1983年集体转业，在深圳扎根、创业，其中包括基建工程兵31支队（师）302团，他们转业后最早参与市政工程建设。

深圳经济特区建设如火如荼，发展日新月异，建筑装饰行业应运而生。1986年9月20日，深圳市人民政府办公厅批准成立深圳市建筑装饰总承包公司，为全民所有制企业。这便是深装集团的前身，作为深圳市首批国企改制试点单位，在起步之初就确立了"立足深圳，面向全国，走向海外"的战略目标。

基建工程兵从军营走来，把部队服从命令、听从指挥、不怕流血、敢于牺牲、顽强拼搏的精神带进企业，一直延续下来。当年任总经理的汪家玉将这种精神总结为"把红旗插到山顶上"，并进一步提炼升华，概括成渗入深装人骨子里的精神内核："有一往无前的拼劲、有争创一流的干劲、

有开拓创新的闯劲、有水滴石穿的韧劲。"

在深装集团35周年庆典上，吴富贵董事长再度解读"把红旗插到山顶上"，并赋予新时代企业精神的新内涵，那就是实现对业主的承诺，践行"诚信、责任、担当"的核心价值观。承诺的目标和质量标准一定要兑现，并且不惜代价，这是每一个深装人对"把红旗插在山顶上"创业理念的最好诠释。

在吴富贵的带领下，如今，深装集团稳居中国建筑装饰行业第二名，作为住建部首批核准的"双甲级""双一级"资质企业，是中国建筑装饰行业的龙头企业，中国建筑装饰协会副会长单位；吴富贵个人荣膺"企业党建实践创新先进个人""特区40年品牌40人"及"深圳市福田区改革创新先进个人""优秀共产党员"等称号。

新时期发展如何开新局？吴富贵瞄准产学研协同创新，在他的带领下，深装集团与东南大学、深圳大学等知名教研机构深入合作，勇当中国建筑装饰业科技创新排头兵，持续引领行业前沿技术变革，培育和应用了一批新工艺、新技术、新材料。截至目前，深装集团拥有229项国家专利、96项全国建筑装饰行业科技创新成果、50多项企业创新纪录，荣登深圳行业领袖企业100强、深圳质量百强企业、深圳企业500强、粤港澳大湾区企业创新成就榜单、广东省建筑业龙头骨干企业、深圳市重点骨干企业等，荣获国际信誉品牌、全国建筑装饰行业AAA信用企业、广东省五一劳动奖状、深圳市先进基层党组织、全国企业党建创新优秀案例等多项荣誉。

谈及深装集团取得的荣誉和成就，吴富贵表示这一切都离不开深圳改革开放的土壤浸染，也离不开一代代深装人的拼搏奋斗，他称自己为"资深的奋斗者"：1988年吴富贵成为教师，四年后成为公务员，1999年"下海"创办安徽省铜陵市第一家民营房地产公司，2016年，他二次创业，加入深装集团。吴富贵说，他与深装集团走到了一起，是因为他和深装人都有持续奋斗创新、把企业打造成整个行业领先主导者的共同理想。

深装集团的诞生是时代的必然，更是一代代深装人用热血浇灌而成的生命之花，在最好的年代里，蔚然开放！深装集团创业初期便奠定的勇毅前行精神，迸发出丰沛而惊人的企业能量，并以旺盛的生命力打造出了一个不同凡响的希望之春！

夏茂，序之理夏天，是一个枝繁叶茂的季节。经过生命首轮能量积蓄的春季之后，深装集团迎来了关于生命秩序排列的夏季。

二、从"盆景"到"森林"，人才是企业发展的不竭养分

2022年，深装集团董事长吴富贵先后当选深圳市福田区建筑装饰设计协会会长、深圳市装饰行业协会常务副会长与中国建筑装饰协会副会长，肩负起凝聚共识、激发潜能、引领中国建筑装饰行业朝着新奋斗目标进发的时代任务。

新身份加持下的吴富贵董事长开始思索，在高质量发展的新时期，企业家精神有着怎样的不同之处？

他在第三届"深圳企业家日"座谈会上发言，作为新时代的企业家，要自觉地把爱国之情融入报国之行，首先要办好一流企业，带领企业拼搏奋斗，推进行业变革，争做行业标杆，用发展佳绩诠释爱国情怀。

为促进企业更有序发展，吴富贵董事长要求，深装集团须持续提升自身科技化、智能化、数字化、低碳化发展水平，不断增强企业综合实力与行业竞争力，打造集团高质量持续发展的超常态。2022年，深装集团被深圳市政府认定为"深圳市重点骨干企业"，并荣获政府稳增长大奖。

无疑，企业家精神在深装集团强企之路上实现了从虚到实的转变，而同样作为企业家精神题中之义的党建文化建设和人才梯队建设，是深装集团得以持续发展的不竭源泉。

人才兴则事业兴。近几年，深装集团人才队

伍建设交出了一份喜人的成绩单：集团党建工作入选广东省100个非公经济领域党建工作创新案例、入选全国企业党建创新优秀案例，荣获新时代党建+企业文化示范单位、深圳市最佳雇主组织管理奖、履行社会责任杰出企业等光荣称号……一曲人才发展与企业发展同频共振的强企乐章，正在这个火热的夏季激昂奏响。

如何使人才引擎持续释放出澎湃动力，让高质量发展跑出新时代"加速度"？深装集团交出了自己的答案。

深装集团秉承"以党务促进业务，以业务保障党务"的发展理念，以党建教育为着力点，全面加强党员思想建设、组织建设、政治建设和作风建设，用党的创新理论最新成果武装头脑、指导实践、推动工作。集团还积极投身公益事业，注重关心关爱员工，荣获履行社会责任杰出企业、广东省五一劳动奖状、深圳工匠培育示范单位、深圳市先进职工之家等多项表彰。

"每一位深装人每天都奔跑在学习和提升的道路上。"吴富贵董事长说道。身处快速变化发展的时代，作为新时代优秀企业家，他同样把持续加强学习作为永恒的人生课题，须臾不放松，向书本学理论、向同行学经验、向社会学进步，提升自身素质能力。为此，他每年都要带领集团高管奔赴各片区分公司进行实地调研，解决基层发展难点和重点；同时多次邀请行业专家和院校学者到公司授课指导，并定期与研发部门的同事一起研究技术创新，在经费、人员等各个方面给予大力支持，营造以技术革新带动企业创新发展的浓厚氛围。

诚然，让人才成长为一片茂密的"森林"，就必须要厚植"沃土"、制定"良方"，以更大力度、更具含金量的举措，打出引才聚才的组合拳，做到人才引进与企业发展战略、产业结构调整同步谋划、同步推进，从而推动人才发展和行业发展同频共振。吴富贵的做法正是用足政策引才、主动出击引才，千方百计为深装集团集聚最需要、最匹配的"才"与"智"。

一棵小树孱弱，禁不起风雨，但是百里森林可以并肩抵御岁寒；一潭死水不会泛起美丽的浪花，只有海纳百川才能掀起惊涛骇浪。文化是一个企业的灵魂，吴富贵用"集体是力量的源泉，众人是智慧的摇篮"的团队信念，为深装集团打理出了一个井然有序的通达夏天！

秋实，市之创秋天，是一个沉甸甸的季节。深装集团足以看清发展大势，更没有错过发展机遇，终于迎来了市场丰收的秋天。

三、树百年的企业，必须要创百年的品牌

从汪家玉到吴富贵，深装集团两代掌门人都是具有战略眼光的企业家。吴富贵入主深装时就确立了战略发展目标——打造百年品牌、百年深装。

深装人意识到，打造百年品牌，文化是根基，持续创新是动力，诚信是内在素养，稳健是基本风格。他们不止步于生产经营，而是不断进行企业品牌文化建设及持续创新。他们意识到，企业的发展必须靠长期积累，产品、服务、品牌建设都很重要，都是核心竞争力。

品牌建设与质量管理息息相关，品牌建立在质量基础上。中共中央、国务院印发《质量强国建设纲要》（以下简称《纲要》），确立了新时期质量工作的全新方位，为统筹推进质量强国建设提供了行动指南、注入了强大动力。《纲要》明确，开展质量提升行动是建设质量强国的重要抓手，提升产品、工程和服务质量是建设质量强国的重要任务。

质量强国新的"施工图"已经铺开，深装集团如何在谋深落细坐实上下功夫？吴富贵董事长强调：不以买卖或交易对待任何项目，要当成一份事业去做，以专业态度去做，凭借专业能力做好专业服务。

早在2005年初，"深装集团"品牌就被评为最具影响力的深圳知名品牌之一。2006年9月，深

装集团庆祝成立20周年，举办了装饰行业文化研讨会，即提出"今天的装饰精品就是明天的文化遗产"。

匠心精神衍生出的"创建过程精品"理念，使深装集团在国家市政重点工程、五星级酒店、商业空间、办公楼宇、文化旅游、轨道交通、金融场所、住宅精装等设计及施工全领域业态中取得突出成绩，先后斩获300多项国家级奖项，是荣膺中国土木工程詹天佑奖、中国建设工程鲁班奖、中国建筑工程装饰奖等国家级奖项最多的企业之一。目前，集团与中建、华润、中海、阿里巴巴、华为、腾讯、百度、美团等知名企业集团保持长期战略合作，工程精品遍及海内外。

在深装集团众多精品工程中，北京长安街是一大亮点，一条街就做了20多项重点工程，如中华世纪坛、北京音乐厅、中国儿童艺术剧院，到后来的国家大剧院等。这些建筑影响巨大，深装集团在装饰美化首都文化中心的同时，也提高了企业自身文化含量。

中华世纪坛荣获了北京市"长城杯"样板工程、中国建设工程鲁班奖、全国建筑工程装饰奖，成为名副其实的世纪精品工程。吴富贵曾向记者提及中华世纪坛，他说作为千年等一回的工程，当年全球220家企业投标，遵行"设计中标、施工中标"原则，结果由深装集团中标。该项目将中西文化融会贯通，把中国政治、经济、文化、建筑和艺术融为一体，令人叹为观止。

近几年，深装集团相继中标华为松山湖、鹏城实验室、中兴通讯武汉办公楼、华为上海青浦研发基地等项目，项目规模大、范围广、板块多，为集团提升了新市场格局下的核心竞争优势，吹响了深装集团高质量可持续发展的新一轮"冲锋号"。

深圳是创新的高地，作为深圳特区的一分子，深装集团同样科技"底色"十足。深装集团已经陆续将国家高新技术企业、国家级工程实践教育中心、广东省装配式建筑装饰工程技术中心、省级工业设计中心、博士后创新实践基地、广东省建筑业龙头骨干企业以及深圳市重点骨干企业等荣誉收入囊中，始终走在行业前沿。

翻过一个又一个山头，铸就了一座座建筑丰碑，赢得了一项项荣誉表彰，成就了一个锐意改革、欣欣向荣的深装集团。在创下无数市场骄绩的同时，深装集团坚守着品牌价值的初心，一路走出深圳、走向全国，赢得了一个驰骋四方、硕果累累的秋天！

冬韵，本之积冬天，是一个生命积淀的季节。山储河藏的冬天，蕴藏着无限可能，深装集团也在高质量发展进程中积蓄再出发的能量。

四、用科技创新，奏响高质量发展新乐章

冬天既是沉稳的季节，也是接受考验的季节，愈是历经考验，愈能体现强大。

过去几年，受疫情的持续影响和房地产宏观调控政策趋紧的不利影响，整个建筑装饰行业进入前所未有的危难时代，深装集团是如何应对挑战、把握机遇，继续勇立潮头、引领行业的呢？

秘诀就在于深装集团及时调整了经营战略及营销策略，着力把控经营风险，不强求规模，以高质量发展为目标，坚持"控预算、降成本、增效益"，把握"建体系、优生态、强协同"措施。围绕集团"十四五"规划提出的"一核两驱四翼"方针进一步完善战略整体布局，持续聚焦服务创新和管理创新，重视精细化管理，让每个项目实现极限专业、极限成本、极限效益，不断提升企业自身抗风险能力和行业竞争力，充分发挥建筑产业联动效应，依托现有优势资源，大力拓展整合市场优势业务，以创新的运营模式，实现资源共享协同，形成稳定持久的产业体系，为集团的稳健经营奠定坚实基础。

创新是企业长青的秘诀，深装集团也祭出了一套科技创新的高质量发展组合拳。

2022年初，深圳首家文华东方酒店揭开面纱，鹏城再添一抹东方韵味。而承建该酒店豪华套房、

总统套房、空中大堂、酒吧等多个重点区域装饰工程的正是深装集团。

据了解，在文华东方酒店装饰工程建设过程中，深装项目管理团队反复推敲施工节点及工艺，积极应用"蜂窝铝芯GRC复合板吊顶施工技术"等多种新工艺、新工法，以CAD图纸为基础构建SU三维模型，清晰反映CAD图纸中难以发现的问题，避免材料和成本浪费，最大程度呈现设计效果，交出一份完美答卷。该工程荣获2022-2023年度中国建筑工程装饰奖。

时代在发展，建筑装饰行业的新技术、新工艺不断涌现。"建筑装饰企业要想持续不断地向高质量发展道路迈进，就要思考如何利用自身特点在时代大潮中顺势而为。"吴富贵董事长透露，深装集团近年来持续加强技术创新和集成，积极培育和应用新工艺、新技术、新材料，实现精细化设计和施工，以科技创新推动企业转型升级，促进企业高质量发展。

比如，2009年深装集团就投资兴建深装池州产业园，实施"研发科技化、部品工厂化、施工机械化、现场装配化"的工业化生产方式，建成了集木制品厂、幕墙厂、钢结构厂、铝型材料厂、石材厂、新型材料公司、研发中心等装饰材料生产加工与研发于一体的大型现代化产业园，开启了绿色装饰工业化发展新模式。

在创新研发方面，2021年底，中国首部建筑装饰工程碳排放计算标准——《深圳市建筑装饰碳排放计算标准》发布。这是深装集团作为主编单位参与的又一项行业标准，不仅为建筑装饰行业实现低碳发展目标提供参考依据与理论支撑，还有效填补了行业标准空缺。同时，深装集团联合全国科研院校及装饰企业共同主编的CBDA标准《建筑装饰装修碳排放计算标准》，该标准由中国建筑装饰协会批准立项，已于2023年11月重磅发布，其将标准适用范围扩大到国家级，为行业实现碳达峰、碳中和目标提供顶层设计支持，共同推进行业低碳发展与转型升级。

勇于创新是新时代企业家精神的精髓内核。吴富贵董事长认为，奋斗者总是奔跑在追梦路上，而行业标杆、国内一流，是深装人不变的追求。"习近平总书记多次强调，惟创新者进，惟创新者强，惟创新者胜。"吴富贵董事长深切感受，越是伟大的事业，越充满艰难险阻，越需要艰苦奋斗与开拓创新。

展望未来，深装人提出了"幸福空间筑造家"的定位，他们将持续创新、持续转型、持续发展，对标国内外优秀企业，自觉做这一使命的参与者、推动者、奋斗者，为建设粤港澳大湾区和中国特色社会主义先行示范区贡献力量。

吴富贵董事长及其带领的团队"敢拼、敢干、敢于创新、敢于承担责任"精神，犹如冬天里的一把熊熊烈火，点燃深装人奋斗的激情，奋勇向前、再铸辉煌。在经过冬月的沉淀之后，深装集团将迎来更加沉稳、坚实、盎然的春天！

蹄疾步稳，奋跃而上

——深圳市博大建设集团有限公司迈出高质量发展坚实步伐

博大总部大楼

在行业寒冬时刻，深圳市博大建设集团有限公司（以下简称博大）以自有资金3亿元全款购置总部大厦，并斥巨资1亿元进行豪华装修，致力于打造中国建筑装饰行业顶级且最具特色的总部大楼。此举不仅彰显了博大企业安全稳定、现金流充裕的雄厚实力，更体现出全体博大人对中国经济未来发展和行业前景的坚定信心，以及把博大做大、做强、做好的坚定决心。

在当前市场波诡云谲、行业洗牌加速的背景下，博大再次迎来丰收年，用数字有力回击外界的种种质疑。

- 2023年，博大蝉联中国建筑装饰行业综合排名装饰类第2名，幕墙类第2名，设计类排名提升至第3名，始终稳居行业第一梯队。
- 2023年，博大荣登广东省住房和城乡建设厅发布的"广东省建筑业龙头骨干企业"榜单，并位居专业领域企业榜单第一；更是连续三年荣获深圳市政府颁发的"深圳市建筑业稳增长奖励"。
- 2024年，博大连续中标多个大型EPC项目，在全国公招市场，优质项目不断开花结果，与优质工程局的深度合作也逐步落地，地标性项目越来越多。
- 2023年，博大以自有资金3亿元全资购买了位于深圳市南山区华侨城片区的总部大楼，并斥资1亿元进行装修。
- 2024年初，博大总部大楼正式投入使用。

值得一提的是，博大这份成绩单是在房地产市场端不断萎缩和行业洗牌加速的双重影响下取得的，充分展现出了博大强大的发展韧性和旺盛活力。

博大从不缺乏敢作敢为的变革。在创始人徐凯宏的战略布局下，博大搭建起一个人人皆可实现自身价值的合伙创业平台，不断优化合伙人商业模式，用事实证明，以互联网企业为主的平台模式在传统建筑装饰行业也能拥有成长的土壤。

博大从不缺乏敢想敢拼的创新。博大塑造的"上下同频"的正能量企业文化，从偏见、质疑到理解、支持，凭借高度统一的价值观、精神信仰和文化自信，释放出巨大的潜能。

全过程风险管控体系不断完善、资金预算管理稳步推进、现金流持续增长、资产管理更加规范、项目精益管控不断深化……如果说十年前博大所拼的是爆发力，那么如今的博大则需要的是耐久力。2024年，博大发展战略进一步迭代升级，提出了"6.0时代"战略，核心是"赋能·高质量"发展。从原先的成本领先逐步升级为价值领先，不再追求速度与规模，更加注重工程品质、风险可控和安全稳健。

一、锚定目标，凝心聚力，铸牢让客户有幸福感的企业魂

对于一家企业来说，"魂"是企业在经营和发展过程中形成的核心理念，是企业精神、价值观和文化内涵的集中体现。

博大能够速度与质量齐头并进地发展，核心原因在于找到了"让顾客有幸福感"的博大魂。具体就是为顾客提供心动的产品和服务，切实解决顾客的痛点，让顾客得到深层次的满足。因此，博大所有的机制、服务、行为都围绕着"让顾客有幸福感"展开，让顾客切实感受到用心和真诚。

秉持"让顾客有幸福感"的企业魂，博大以高水平的工艺和严苛的质量标准，把履约视为企业生命，以实力缔造优质精品工程，相继完成了一系列"急、难、险、重"项目，从而赢得了良好的市场口碑。

- 2023年，博大圆满完成福耀科技大学国际学术交流中心·佩伯酒店、图书馆、博物馆以及明德堂四栋核心建筑的室内外装饰工程，其精湛的施工技艺和优质的履约能力，赢得了福耀集团董事局主席曹德旺先生的高度赞誉。
- 2023年，博大承接的武汉轨道交通19号线车站装修项目以最高分的优异成绩荣获"风水电装修专业"第一名，并由武汉地铁集团股份公司颁发获奖奖牌、证书。截至2024年，博大已参与武汉轨道交通全部12条线路的建设，受到武汉地铁集团的一致好评。
- 2023年，博大参建的中国国家版本馆广州分馆、中铁大厦、南通大剧院、温州瓯海奥体中心（亚运会比赛场馆）、武汉市江夏区中医医院以及深圳深航国际酒店等20余项工程，荣获了包括鲁班奖、国家优质工程奖、中国建筑工程装饰奖在内的众多国家级荣誉。
- 2024新年伊始，一封封表扬信、感谢信纷至沓来，博大建设集团凭借卓越的履约能力，过硬的工程质量以及严格的工期保障，再次赢得了广大客户的高度赞誉。

企业魂是推动企业不断前行的强大动力。全体博大人思想一致、目标一致、步伐一致，始终

聚焦于为客户创造价值，汇聚起强大的凝聚力，为博大的持续发展提供了坚实的支撑。

二、人人都是创业老板，用合伙人机制破解员工为谁干的难题

皓月当空的时代已经过去，群星璀璨的时代已经来临；传统雇佣的时代已经过去，合伙创业的时代已经来临；80后、90后当家作主的时代已经来临；顾客当家作主的时代已经来临；真产品、实价格的时代已经来临！

时代大势，浩浩汤汤；顺之者昌，逆之者亡。博大正是看到了未来的企业管理趋势，因此建立合伙人机制，并切实做到"敢分钱、真分钱"。

什么是合伙人？合伙人就是一起研究怎么干事业，干完怎么分。在博大，没有老板，只有创业导师；没有公司，只有创业平台；没有员工，只有创业合伙人。合伙人机制解决了员工为谁干的问题，以前是为公司干，现在是为自己干，这一转变彻底激发了员工的能量。因此，每一位博大人在工作中都展现出了极高的热情和对成功的渴望。

2024年春节前，尽管面临经济大环境的不利影响，博大建设集团依然坚定不移地秉持诚信原则，通过实际行动履行承诺，向员工发放了高达数千万元的现金奖励，并举行了轰动行业的"分钱大会"，此举彰显了博大"成就员工"的核心价值观。

"我们的方针是高底薪+高绩效+高提成，博大将大部分利益分红给予合伙人，以此激发他们的工作动力与热情。这种薪酬激励体制也成功吸引了大量行业内的优秀人才带着自己的团队和项目加入博大，共同推动公司实现了跨越式的发展。"创始人徐凯宏对博大合伙人机制的践行坚定不移。

三、文化"软实力"激流勇进，厚植统一向上、充满正能量价值观的精神动力沃土

向上向善的正能量文化是博大人价值观的体现，也是博大人必须具有的精气神。这种鼓舞员工士气、凝聚人心、拉升梦想的企业文化，让博大保持了永不懈怠的精神状态和一往无前的奋斗姿态，指引着博大一路高速发展。

创始人徐凯宏亲自打造了博大的企业文化理念手册，围绕"真实、简单、透明"六个字的企业文化核心理念，风清气正成为博大做人、做事的操守准则和价值尺度，这是博大大力提倡、精心营造的企业文化氛围。这些企业文化条文，大部分博大人都能熟练背诵，这在建筑装饰行业企业中是独一无二的。

博大要求"真实、简单、透明"的企业氛围，删除一切影响工作效率的繁冗礼仪和习俗，一切都在阳光下沟通。在这种企业文化的影响下，员工和员工之间，老板和高管之间，高管和员工之间几乎不存在沟通和协作的障碍。

博大从不反驳，而是用自己的发展成绩、经营数据来证明博大文化的正确性和先进性！

四、学习创新，迭代升级，淬炼博大铁军远征的新格局、大视野、强气场

唯学习，方永生；不创新，就得"死"。学习向上，思变图强，这是博大传承至今从未改变的基因，是隐藏在表象之下的磅礴动力之源。

博大高度重视学习创新工作，创始人徐凯宏亲自带队、亲自部署、亲自督促、亲自检查。博大作为学习型企业，从高管的个人专项学习到模块化专项学习，再到每年不定期的全员学习，通过学习改变认知，在工作中不断改革创新，从而实现企业经营的螺旋式上升。

自2017年以来，博大在学习上的投入高达5千万元，不遗余力，这也是博大实现逆势增长的"不二法宝"。不仅如此，博大还要求学习投入每年必须达到一定的比例，否则人力资源负责人就要受绩效处分。

为什么有很多强大的企业倒下了？根本原因是它们还在用过去的思维和方法套用当下。博大

的持续学习、不断创新，一方面是为了突破自己的发展瓶颈，另一方面是将所学应用到工作中，通过改革创新，突破企业发展的天花板。

在学习中提高，在学习中成长，不断探索发展新路子、新模式，不断寻求新增长点和新驱动力，更加关注工程质量和工程品质，使博大拥有了更趋稳健、更富理性、更具备推进战略和自我完善的能力，在面对"成长的烦恼"和"转型的阵痛"时，能够从容不迫地走出险境。正是这份善于学习的精神与变革创新的魄力，引领博大迈向行稳致远更广阔的未来。

步步为营，越战越勇。新时代的浪涛之下，博大如同一颗璀璨的星辰，在广阔的天幕下熠熠生辉。博大将继续秉持着坚定的信念，平衡速度与质量，勇毅前行，为中国建筑装饰行业高质量发展谱写更为辉煌的篇章。

"蓝海红帆145+N工作法"，引领国有企业党建业务双发展

一、建设背景

坚持党的领导、加强党的建设，是国有企业的"根"和"魂"，也是国有企业的独特优势。多年以来，中建深圳装饰有限公司西南分公司（以下简称"分公司"）聚焦主责、坚守主业，坚持党建引领企业经营、员工成长和区域发展，围绕如何服务生存经营不偏离、增强企业核心竞争力等重点问题，分公司党总支经过十多年探索，以"145+N工作法"为依托，逐渐形成了具有鲜明特色的党建品牌——"蓝海红帆"，走出了新形势下国有企业党建工作新路子。

二、标志及含义

2020年，国家提出新时代下的西部大开发，成都和重庆共同倾力打造"成渝地区双城经济圈"，分公司顺势而为规划"西南深装、价值两商"的战略目标，提炼出"敢担当、能执行、勇争先、善创新"的"有为之家"子文化。围绕中建集团"建证"党建品牌和中建深圳装饰有限公司"一家一品牌"创建要求，率先发布"蓝海红帆"党建子品牌。

三、建设方法及路径

分公司"蓝海红帆"党建子品牌提出了"145+N工作法"。"1"即坚持一条主线"高质量党建引领高质量发展"；"4"即党建文化内涵"红心向党敢担当，初心为公能执行，匠心建企勇争先，真心立业敢创新"的西南铁军党建文化；"5"即实施以"红色旗帜""红色堡垒""红色动能""红色警示""红色沃土"为主要内容的党建工作体系；"N"即在"红帆"领航下，分公司党总支带领全体干部职工朝着又好、又快、又高的装饰"蓝海"不断前行，重点打造"N个典范区"。

四、建设成效

近年来，分公司党总支以"蓝海红帆"为引领，联合属地街道党工委、社区党委和社会组织党组织联建共建，以在建项目党支部为载体，通过服务工友、服务社区、服务合作伙伴等形式，党建工作在基层落地有声。

1. 擎起红色旗帜，打造党建引领示范区

一是找准思想聚焦。发扬"敢担当、能执行、勇争先、善创新"的"有为之家"子文化精神，各支部制定专门培训方案，将文化学习融入"三会一课"、主题党日等组织生活，开设"学党史、学原著、学精神"的"初心课堂"，激扬奋进的力量。二是明确行为方向。制定党支部党员月度考核打分表，将组织生活参与度、志愿服务参与度、工作贡献率等作为加分项，将党员绩效考核、作风建设作为减分项，每月开展

考核，让广大党员更加理解"何为可为，何为不可为"。三是规范制度建设。制定具有鲜明特色的基层党支部"四级梯创"考核评比实施细则，将支部工作分为基础管理、创新工作、挑战工作3个维度，通过考核成绩将党支部分为"红旗支部、先进支部、标准支部、落后支部"4个等级，各支部按照制度规定，设置党建活动阵地，围绕"党史学习教育""学习二十大""项目生产经营"等开展一系列特色活动。

党员学习党的二十大会议

2. 建强红色堡垒，打造组织建设先行区

一是抓牢党员间结对帮扶。采用"支部推荐+党员互投"的方式，每个支部选出1名学得好、觉悟高的党员和1名落后党员进行结对。通过案例讲学、经验分享等形式，组织开展"党员讲给党员听"系列活动，充分落实"老带新"帮教机制，形成"互学互助"的良好氛围。二是丰富党支部活动开展。创新党建工作载体，研发了"蓝海红帆数字党建云平台"，建立智慧党员活动室，实现了组织宣传更及时、党建管理更高效、党务工作更便捷、教育学习更精准、基层治理更惠民、党性互动更丰富。三是重视农民工党员教育。"都放心吧，俺在这中建深装工地上好着嘞，项目上还有党支部呐，还喊俺过组织生活嘞，美气得很呀，可中，可中。"2020年7月，分公司天府国际会议中心项目上，农民工党员张开强在跟家人的电话里这样说道。党总支做到农民工党员走到哪都"有家"，实施劳务实名制管理系统，采取总部建档、项目管理、区域联建的方式，让农民工在异地他乡找得到组织，在进工地的同时找得到"家"。

3. 激发红色动能，打造奋斗和谐样板区

一是"党建+阵地融合"。先后与成都天投集团、成都市建筑装饰协会、重庆市建筑装饰协会、天府新区正兴街道和兴隆街道党工委等开展了党建共建、政企联建，打造起"组织共建、资源共享、活动共办、优势互补"的党建联盟，实现了"党建促发展，发展为党建"的良好局面。二是"党建+生产经营"。在党建与生产经营互融共促上，深入挖掘创新载体、拓展创新成效。各项目开工大会上进行党员突击队授旗和责任状签订仪式，在施工期间组织劳动竞赛、安全知识竞赛，在完工项目中组织"创新创效"为主题的"双创"竞赛，让各项目团队分享管理经验、总结得失，通过经验共享、集思广益持续提升生产履约水平。三是"党建+群团建设"。采用"1+2+N"模式组建党建带团建的新型队伍，由至少1名党员带领2名积极分子、多数青年群众组成联合体，让青年近距离向党员学习，通过实践磨炼，牢固正确树立正确的世界观、人生观、价值观，在激扬青春中实现人生价值。

4. 培育红色沃土，打造人才成长聚集区

坚持党管人才与市场化选人用人有机统一，推行"亮身份、亮业绩"的"双亮行动"。一在"亮身份"上。各支部在党员活动室或活动区设置党建宣传栏，公示支部党员名单，同时为党员发放共产党员岗、党员先锋岗等岗牌，时时提醒党员同志与普通员工的身份不同。健全"双通道"晋级模式，优化员工职业发展通道，一步畅通"下"的渠道，激发"上"的动力，激活了选人用人"一池春水"，一大批85后、90后青年人才走上领导岗位。党员领导干部获四川省、成都市"五一劳动奖章"荣誉3次，30余个项目团队

创建"工人先锋号",党育人才活力竞相迸发。二在"亮业绩"上。先后在多个项目成立党员突击队、青年突击队、志愿服务队,设立党员示范区、青年示范区、党员示范岗、廉政监督岗、标兵帮扶岗,高效推进项目履约和疫情防控,经受住一次又一次大考,在祖国大地上妙手雕塑出一座座精品工程。

5. 用好红色警示,打造廉洁保障生态区

分公司生动实践"党的二十大报告"中关于全面从严治党的有关要求,按照"防无为、防懈怠、防贪腐、保效益"的"三防一保计划",切实拱卫企业高质量发展。一在"防无为"上。先后推出"幸福是奋斗出来的""身边的工匠""匠行先锋评选"等系列活动,共同学习中国共产党从建立初期到发展至今的流金岁月,回顾企业从弱变强所凝聚出的"踏实肯干、勠力同心、披荆斩棘、共渡难关"的装饰铁军精神,让广大员工学习身边的榜样,让掉队的人见贤思齐、跟上时代步伐,从根本上唤起员工干事创业的激情。二在"防懈怠"上。每周不定期检查作风建设情况,每季度公示检查结果并进行奖罚;每半年征集员工对各部门、项目的服务反馈,对出现问题的部门、项目负责人进行约谈,对多次出现问题的部门和项目进行通报批评,通过严格执纪让员工"心有所戒、行有所止"。三在"防贪腐"上。各项目悬挂监督举报牌,向广大员工、合作商、工人公示举报电话和邮箱,对员工中滋生的"蛀虫"进行"精准打击"。四在"保效益"上。以党员突击队为抓手,在各项目划分党员责任区,让党员在本职工作之余兼顾项目质量管理、安全管理、进度管理等,党员先锋示范下,带动广大员工积极投身生产经营,在工作上积极补位、共同进退,为提高工作效率、促进资源周转、挖掘发展潜能奠定了坚实基础。

五、建设启示

1. 事实证明,党建引领是国有企业发展的最坚强保障

在新形势下,国有企业实现高质量发展,当好国民经济发展的顶梁柱,根本上要依靠党的领导、加强党的建设,强"根"筑"魂"。只有认识到党建工作的重要性才能抓牢党的政治建设,也只有把政治建设摆在首位才能坐实基层党建工作,才能充分发挥党组织的战斗堡垒作用,善于在过难关、破瓶颈问题上发挥组织优势,破解企业发展难问题。

2. 实践证明,坚定安全生产是国有企业发展的最基本底线

安全生产是政治责任,必须从增强"四个意识"、坚定"四个自信"、做到"两个维护"的政治高度,紧跟上级决策部署,狠抓落实、常抓不懈,不断提高保安全促发展的能力水平。中建深装西南分公司党总支与总经理办公会双向引领,始终坚持安全生产是头等大事、始终坚持安全生产是第一责任,把安全生产制度建设、监督指导、责任落实到项目、到班组、到工厂,只要有项目的地方、有人的地方都把安全生产置于最高位置。实践证明,只有坚定安全生产,才能让企业得到发展。

3. 发展证明,坚持社会责任是国企党建工作的最根本要求

做大、做强、做优是国有企业必须履行的最大的社会责任。国有企业属于全民,被赋予"共和国长子"的特殊身份,与国家及全民共命运、同呼吸。中建深装西南分公司党总支近年来联合属地政府、企事业单位等,多次开展"我为工友办实事,志愿服务进工地"等各类主题活动,为东华育才学校提供学校环境美化,第一时间为疫情防控提供志愿者并到多个社区开展社工和志愿者慰问。通过实践探索和企业发展证明,社会责任表达是国有企业党建工作的根本要求。

远鹏集团：履践致远，鹏志图南

44年来，深圳从落后的边陲小镇发展成为现代化国际大都市，创造了世界发展史上的奇迹。从一条深南大道生长出四通八达的道路交通，从一座国贸大厦绵延出此起彼伏的城市楼宇。如果说建筑是城市的血肉，那么装饰就是城市的衣服，优秀的建筑装饰在点缀城市的同时，也给人们带来美的享受。

深圳远鹏装饰集团有限公司董事、总裁　冯照杰

40年来，中国建筑装饰行业紧随改革开放这一伟大历史进程，从小到大、从弱到强，在变革中前进，筚路蓝缕、波澜壮阔，不断书写高质量发展锦绣篇章，在服务国家、服务社会、服务群众、服务行业上成绩斐然。

31年来，远鹏集团在特区"二次创业"浪潮中孕育、成长、发展。企业的每一次变迁都是一次腾飞的见证，也是一个崭新的起点，更鼓舞着全体远鹏人一步一个脚印，始终走在行业的前端，坚守着构筑美好生活的初心。

岁月的痕迹带我们找寻中国建筑装饰行业发展的历程，也将远鹏集团踏歌逐梦的成长与蜕变清晰地描述出来。时代，终被一座座建筑铭记，而赋予建筑生命的装饰则永久地表现和张扬着时代梦想。

一、创业维艰，从他山之石到民族自信

冯照杰，深圳远鹏装饰集团有限公司董事、总裁，和公司一起经历了建筑装饰行业在中国从落地探索到平稳发展的每一步。在她看来，深圳的建筑装饰行业发展能够领跑全国，有两个重要的原因。首先，是地域原因。深圳离香港很近，这给了深圳更多通过香港向国际学习先进技术的机会。其次，在政策方面。深圳政府主管部门对建筑装饰企业从成立到发展，都给予重点关注，全力支持。

对于装饰行业的发展变化最深切的感受，冯照杰认为是从无到有，从有到优。在最初的起步阶段，从理念到技术，我们都需要向国外学习，当时很多国际五星级酒店入驻中国，都会很强势地指定必须由国际大牌设计师团队来做概念设计，而国内设计师只能参与一些施工落地方面的深化设计。多年前，曾有一个美国的国际酒店项目找到公司合作，他们希望将其一个纯美式酒店设计原封不动地搬到中国来。但接到工作任务后，远鹏团队经过审慎的设计和规划，最终呈现了一个因地制宜的优化解决方案，不仅改进了设计思路、提升了技术工艺，还能为项目节省三分之一的成本。最终，该方案得到了业主方和酒管公司的高度认可，双方还建立了全面战略合作关系。

一直以来，远鹏集团深耕高端酒店装饰领域，累计合作的国际顶级酒店项目超过100家，远鹏集团将自身对于价值装饰的理念融入每一个项目的建造过程中，以国际化视野，用创新和匠心打造出一个又一个城市地标和时代精品。

如今，随着国家经济、社会的发展，国人的民族自信也日益增强，民族品牌以高质量和好服务不断走进大众视野乃至走向国际，站在了世界舞台的中央。

二、稳健发展，洞察风口但不做跟风者

近年来，建筑装饰行业受到一些冲击。但远鹏人依然认为，行业正处在战略机遇期；作为企业，应该以变应变，通过不断提升核心竞争力来助力企业发展。

在经济整体充满不确定性的大环境下，远鹏集团却逆势而上，规模与效益实现同步提升，为行业的发展注入了强心剂。总结原因，是因为远鹏集团在每一个关键节点，都能敏锐地洞察到风口，找到新的发展点，拓展发展边界，并且在旁人尚且观望的时候果断出手。

疫情之后，越来越多的民众开始意识到医院作为抗疫主战场的重要性，城市化进程需要大量的住宅和基础设施建设作为基本物质条件，这给建筑装饰行业提供了巨大增量市场。远鹏集团是最早参与到医养领域的建筑装饰企业之一，与行业头部企业——泰康集团达成多年的良好合作关系，完成了成都西南医院和多个泰康之家高端养老社区作品。远鹏集团还先后在十余个省市区承接了超过40家重点医养机构的装饰工程，并且通过智慧医院的设计和施工，实现了患者、医务人员和医疗机构之间的互联互通。

党的十八大以来，我国坚持以文塑旅、以旅彰文，文旅产业发展势头强劲。远鹏集团紧抓政策风口，自2017年开始与国内文旅行业龙头企业——长隆集团达成战略合作，先后参与了广州长隆、珠海长隆两大世界顶尖综合旅游度假区的装饰工程建设，在施工技术创新、攻坚克难等方面脱颖而出，获得业主单位的高度肯定。

近年来，国家政策大力推进新能源汽车的发展。远鹏集团从2010年起就陆续与新能源汽车头部企业比亚迪等建立起战略合作关系，在全国范围内为其十多个工业基地重大项目提供设备安装服务，以实际行动推动中国智能汽车领域形成全球创新引领能力。

三、创新制胜，前瞻技术也要以人为本

在国家"双碳"战略和相关政策的支持下，装配式建筑装饰进入高速发展期，其绿色、节能、环保、高效、快捷、安全的优势日益凸显。

早在2002年，远鹏集团就敏锐地感受到，绿色建筑装饰、数字建造、科技装饰将成为建筑装饰行业新一轮成长周期的重要推动力。当年，集团即派出了专家团队远赴德国进行学习，并在2005年福建电力调度中心项目中成功运用干法施工、现场全装配式技术，此项目最终荣获三项国家级大奖。此后，采用装配式技术实现短期快速装配的酒店、公寓、医疗类空间在新兴的细分市场中悄然崛起，远鹏集团凭借成熟的技术和实力，迅速抢占了市场先机。

远鹏集团早在十多年前就开始运行的信息化管理系统也相当具有前瞻性。特别是在疫情期间，更显未雨绸缪的可贵。在城市封控停摆的情况下，远鹏集团在管理驾驶舱系统的支持下，全面开展线上办公，通过数字化设备远程监控项目现场实时进展，多人协作系统实现精细化管理，运营决策高效，引领了建筑装饰行业未来发展的方向。

如今，绿色建筑发展如火如荼，在技术加持的基础上，远鹏人还有着更多"以人为本"的愿景：未来建筑装饰需要从建筑美学、人体工程学、环境心理学等多方面出发，全面提升人居环境，满足人们对美好生活的向往。

四、不忘初心，价值装饰让生活更美好

深圳远鹏装饰集团有限公司董事长　叶国源

叶国源，深圳远鹏装饰集团有限公司董事长，自小在深圳文化的熏陶下长大，毕业后即进入公司工作。二十年的坚持，在这个一切皆变化的社会中显得尤为难能可贵。对此，叶国源用四个字总结：不忘初心。

建筑装饰是一个涉及衣、食、住、行等紧系民生的重要行业，每个建筑的装饰都可能关系到一个人、一个家庭甚至一代人的生活感受，教育、医疗、养老等民生工程更是沟通人与社会之间最坚固的桥梁。

因此，叶国源认为远鹏集团所做的事情是有意义的，是可以为人们创造幸福感的。也因此，远鹏集团一直坚持专注建筑装饰领域，不搞多元化，以创新技术引领企业发展；始终坚持"诚信"经营，对客户诚信，对供应商诚信，对员工诚信。

在众多企业纷纷寻求资本市场支持，融资打通上下游产业链，跨行业多元化经营的时候，远鹏集团把握自身的节奏，始终坚持"专注"和"诚信"两个原则，秉承"合理的利润，正向的现金流"这一经营理念，在行业变局中逆流而上。

未来城市的竞争，从根本上讲，是产业和人才的竞争。远鹏集团积极关注国家政策，重点关注国家支持的大型项目建设，广泛参与中建、中交、招商、华润、腾讯、荣耀等企业的民生工程，创造社会及经济价值。集团也凭借在装配式施工、绿色建筑和智慧医院等方面的技术创新，成功荣获"国家高新技术企业"称号，远鹏集团以履践致远的实际行动，稳步推动企业高质量发展不断迈上新台阶。

深圳作为建筑装饰头部企业集中度最高的城市，为全国建筑装饰行业的发展发挥了垂范作用。面对新征程，新形势叠加新任务，也对行业提出了新要求，远鹏集团有信心将持续发挥引领作用，进一步弘扬"敢闯敢试、追求卓越"的深圳精神，高举"深圳质量"的旗帜，深度聚焦企业高质量发展，同时也为全国建筑装饰业的发展贡献更大力量。

与时俱进，守正创新，锻造核心竞争力

——记深圳市宝鹰建设集团股份有限公司

深圳市宝鹰建设集团股份有限公司（以下简称"宝鹰公司"）成立于1994年，现注册资本22.26亿元人民币，是深圳市宝鹰建设控股集团股份有限公司（以下简称"宝鹰股份"）的全资子公司。2020年1月，宝鹰股份在建筑装饰行业率先完成国企民企混合制改革，控股股东为珠海大横琴集团，实际控制人为珠海市国资委。

宝鹰是中国建筑装饰行业领先的大型综合建筑装饰企业，是行业内拥有最全资质的企业之一，业已形成建筑装饰材料生产与销售、建筑装饰设计与施工于一体的完备产业链，且具备海外建筑综合施工能力及经验。公司曾蝉联中国建筑装饰行业100强企业第三、中国建筑幕墙行业前50强。连续多年入选中国建筑业竞争力200强企业、中国建筑业成长性100强企业、中国守合同重信用企业、建筑业AAA级信用企业、中国十大杰出建筑装饰设计机构、中国建筑装饰杰出酒店空间设计机构、中国建筑装饰杰出公共空间设计机构、广东省优秀企业、中国走进东盟十大成功企业、中国最佳海外形象企业、深圳市市长质量奖企业、深圳市老字号企业、深圳市博士后创新实践基地。

公司着力承接包括公共文化、高端酒店、住宅安居、交通枢纽、科研教育、医疗健康、办公综合体、商业综合体等类型建筑的装修装饰、幕墙门窗、集成智能化、总承包等专业业务。代表作有：国家会议中心（一期/二期）、武汉国际会议中心、深圳大运中心、北京大兴国际机场、武汉天河国际机场（T2/T3）、杭州萧山国际机场、港珠澳大桥、珠海金湾机场、武汉洲际酒店、深圳京基喜来登度假酒店、珠海横琴凯悦酒店、三亚美高梅金殿大酒店、南充明宇凯悦嘉轩酒店、岳阳铂尔曼酒店、深圳理工大学建设项目、深圳南方科技大学、北京大学深圳研究生院、中山大学·深圳建设工程、深圳南山科技创新中心、深

宝鹰总部大楼

圳新华医院、深圳吉华医院、武汉市儿童医院、武汉市中心医院、天津医科大学总医院、正大集团中国区总部、万科南方区域总部、深圳地铁置业集团总部、深圳基金大厦、方正PCB高端智能化产业基地、金沙江白鹤滩水电站、海口国际免税城、深圳深业上城等。

作为城市发展的建设者、时代变迁的见证者、社会责任的肩负者，宝鹰与时代同频共振30年。30年来，宝鹰紧紧围绕经济社会发展大局，秉持"智、敏、勇"的企业精神和"诚信为人、严谨做事、共同发展"的经营理念，始终不忘初心，牢记发展使命，紧跟时代步伐，一次次地实现自我突破，在不断地成长中，锻造出企业优势与核心竞争力。

一、资质及品牌优势

1. 资质优势

宝鹰公司是全国建筑装饰行业拥有较齐全业务资质的企业之一，具备装饰、幕墙、智能化三个设计甲级，装饰、幕墙、消防、机电、智能化等五个施工壹级，建筑工程施工总承包贰级，钢结构工程专业承包贰级，展览陈列工程设计与施工一体化壹级，洁净工程壹级，消防设计乙级，安全技术防范系统设计施工维修资格，医疗器械经营许可资质等多项设计施工资质，可为客户提供各种公共建筑装饰工程设计施工综合解决方案及承建管理服务。

2. 品牌优势

公司作为全国领先的综合建筑装饰工程承建商和高新技术企业，综合实力和市场竞争力位居全国公共建筑装饰行业领先地位，所属商标已被国家工商总局商标局认定为"中国驰名商标"。公司连续多年获评"建筑业AAA级企业""深圳知名品牌""深圳品牌百强"等荣誉，曾连续多年位列中国建筑装饰行业综合数据统计装饰类前三甲，在业内享有较高的知名度和影响力，处在行业第一梯队。

二、国资控股和混合所有制的优势

2020年1月，公司成功完成混合所有制改革成为珠海市属国有控股企业，成功引入股东航空城集团。2023年3月，大横琴集团通过非公开协议转让的方式完成受让公司股份和接受表决权委托，成为公司控股股东，进一步提升了公司的品牌影响力。在控股股东总体战略布局的引领下，宝鹰公司努力发挥国有企业的资源整合和协同效应优势，聚焦建筑装饰主业坚持高质量发展，有序推进市场开拓、结构优化、降本增效及风险防控各项工作，市场开拓能力、筹资融资能力、人才吸附能力和抗风险能力得到显著增强，公司可持续高质量发展的基础得到进一步夯实。

三、技术创新优势

1. 技术研发创新

宝鹰公司积极响应绿色低碳趋势，设立工程技术中心，组建研发团队，深化校企合作，加速科技成果转化。构建项目标准化、四新技术研发、信息化管理等体系，提升企业管理效能与项目生产力。积极参与行业标准制定，主编参编多项国标、行标等，展现行业领导力。积累丰富科研技术成果，获多项省级工法、专利，奠定坚实创新基础。施工中，公司建立技术难题解决模型，总结高效施工技术方案，实现社会经济效益双丰收。通过持续的技术研发与创新，公司不断增强综合竞争力，引领行业绿色发展新风尚。

2. 数字信息化生产

公司致力于以BIM驱动数字化设计、工厂智能化制造为基础，打造以现场人机协同为主的机械化、智能化的施工体系。设立了设计研发中心及专项创新发展实验基地，BIM应用已覆盖公司重大工程项目，夯实数字化运营基础数据，加强系统集成设计水平，促进了工程项目实现全生命周期管理和高度信息化集成管理。近年来，公司陆续荣获国家级科技创新成果奖和国家级科技创新工程奖等奖项，技术研发水平和应用能力已处于行业领先水平。

四、营销网络优势

经过多年发展，公司营销网络布局已覆盖全国绝大部分省会城市，以粤港澳大湾区为中心辐射华东、华中、华北等各大区域，由省会城市项目带动周边城市业务，科学布局和巩固深挖国内市场。同时，公司业务布局涉及多个国家或地区，公司将继续践行国家"一带一路"倡议，推动"一带一路"走深走实，实现立体化、多元化开拓市场。

五、党建及企业文化优势

1. 党建文化

公司深耕党建文化，融合社会主义核心价值观、中华优秀传统及"工匠精神"，构建诚信、共赢、义利并重的新时代商业伦理。设立党员先锋岗，激励党员成为先锋模范，积极参与社会公益，如爱心献血、社区支援等，展现责任担当。通过大湾区学习交流，荣获"先进基层党组织"称号，党员队伍屡获殊荣。公司紧跟党中央步伐，深入学习党的二十大精神，强化党的领导，创新党建模式，探索"党建+发展"新路径。通过党建引领，促进企业文化建设与公司经营高质量融合，推动公司持续健康发展。

2. 企业文化

企业文化是企业发展之魂，公司的宗旨是：装饰完美空间，缔造百年企业。公司非常注重企业文化建设，根据自身发展特点总结优良传统，沉淀了具有本公司特色的企业文化，积极贯彻"质量宝鹰、效益宝鹰、人文宝鹰"的发展要求，形成了以"德、智、勇"为特色的宝鹰文化内涵。通过各种培训、专题讨论、企业专刊等活动，将企业文化融入日常管理，推进企业人文建设，不断增强公司整体凝聚力和员工团队意识，产生了显著的企业人文培育成果。公司特有的企业文化使公司上下团结一致，齐心合作，具有很强的向心力、创造力和战斗力。公司先后获得"中国建筑行业文化宣传先进集体""广东省企业文化示范基地""广东省优秀企业文化突出贡献单位"等多项荣誉。

展望未来，公司将持续围绕"稳根基、谋新篇"推动经营发展及生产力提升。一是坚持做优做强建筑装饰业务。公司将发挥行业品牌积淀、大股东特定区位及资源优势，形成"聚焦大湾区、深耕华南区、辐射全国、面向世界"的业务布局，坚定发挥混改优势做大做强建筑装饰业务，持续技术及管理创新。二是持续优化产业结构，加强科技创新转型升级。公司将抓住国家鼓励推动产业升级转型契机，充分发挥控股股东资本资源赋能优势，持续开拓光伏建筑、装配式建筑、智能建筑、智慧城市、智慧园区等"新基建"相关领域业务，并围绕新能源、新材料、新技术、新业态等新兴科技，加快公司数字化、绿色化转型，努力构建新的增长引擎。

站在新的起点上，宝鹰将牢牢把握构建新发展格局、实现高质量发展的新形势新要求，充分发挥混合所有制的优势，守正创新，提质增效，全面加强宝鹰的市场竞争力，实现宝鹰可持续高质量发展，携手装饰同行，为推动行业发展和转型升级贡献应有的力量。

诚信立业，创新发展，自强不息，开创未来

——记浙江中南建设集团有限公司

浙江中南建设集团有限公司（以下简称"集团"）创立于1984年，位于杭州高新技术开发区（滨江），是浙江省住建厅第一批公布的工程总承包试点企业。集团以"诚信立业、创新发展、自强不息、开创未来"为企业宗旨，秉承"集团多元化、公司专业化"发展战略，致力于为客户提供一站式全方位专业服务，历经近40年的开拓发展，已形成了涵盖房屋建筑、幕墙工程、钢结构工程、装饰工程、机电智能、市政园林、地基基础等全领域，辐射标准化设计、工厂化生产、装配式施工、信息化管理全流程的工程建设产业生态链。

一、深耕建筑领域，多元战略布局，构筑产业链生态圈

浙江中南建设集团有限公司具有房屋建筑工程施工总承包特级资质，市政公用工程施工总承包一级、建筑装修装饰工程专业承包一级、建筑幕墙工程专业承包一级、建筑机电安装工程专业承包一级、钢结构专业承包一级、地基基础工程专业承包一级、消防设施工程专业承包一级资质。具备建筑行业（建筑工程）甲级资质，建筑幕墙、建筑装修装饰工程设计专项双甲级资质，钢结构工程设计专项甲级资质，并具有投资项目代建资质及国家外经贸部批准的境外工程承包资质。集团是全国建筑业先进企业，全国优秀施工企业，浙江省优秀建筑施工企业，中国建筑业协会理事单位。集团连续23年荣获中国民营企业500强，并获得中国建筑竞争力百强企业、中国建筑装饰百强企业、中国幕墙行业前三强企业、中国优秀施工企业、全国建筑业先进企业等荣誉称号，且通过ISO 9001质量管理体系、ISO 14001环境管理体系、GB/T 28001职业健康安全管理体系及中国工程建设信用等级AAA级认证。集团旗下中南幕墙、中南建筑、中南钢构、中南装饰等行业综合实力稳居同行前列，其中中南幕墙设计咨询、

浙江中南集团大楼

施工均已成为行业内的领军企业。同时，集团还拥有多家国家高新技术企业。

近年来，集团参与建设了杭州奥体中心（2022年亚运会主场馆）、杭州奥体国际博览中心（G20峰会主会场）、北京亚投行总部、中国动漫博物馆、中国人寿大厦、深圳招商银行全球总部大厦、阿里巴巴菜鸟总部、中华航空双塔楼、杭州国际会议中心、杭州西站枢纽南区站城市综合体项目云门幕墙工程、杭州市民中心、海康卫视总部、大华总部、华业信息软件产业化基地、恒生金融云产品生产基地、中信银行、东莞产业园、深圳国际会展中心、新加坡8 SHENTON WAY、委内瑞拉客车工厂等多项国内外重大工程项目和地标性建筑，获得以鲁班奖、詹天佑奖、全国金奖等为代表的国家和省级优质工程大奖400多项。

二、创新驱动发展，变革引领破局，打造持续发展新动能

浙江中南建设集团有限公司高度重视企业的科技创新，加大技术研发、创新投入，成立了高质量发展研究院，谋求科技创新、商业模式创新。在研究院设立后，将整合企业内部资源与其他各大科研院所、高校进行校企合作，加快研究成果的转化与产业业务的应用，为集团发展谋求新的增长点。

目前，集团拥有国家级、省级工法近70项。主编、参编了近60项国家、行业、地方标准和规范，在行业核心期刊发表了近60篇论文，拥有近600项发明专利和实用新型专利，荣获多项科学技术奖，拥有建筑领域一大批自主创新技术。

集团旗下的中南幕墙致力于技术创新，自主研发了NOTTER-Z系统门窗以及全系列光伏建筑一体化的光伏建材系统，实现了技术创新、低碳节能、智能智控建筑等项目运用；中南幕墙还自主研发了辅助制图系统，有效保证和提高了设计师调用操作和标准化管理维护的效率；中南幕墙采用区块链技术，研发出通用型及地域适用型的幕墙门窗系统，并形成了标准化图纸和文件。

集团旗下的中南绿建于2019年设立博士后工作站，在此期间与南京工业大学、浙江大学联合培养博士后，充分发挥博士后工作站在科学技术研究、人才培养及人才流动方面的优势，在推进企业技术进步的同时，加快科技成果转化。中南绿建还与清华大学共同研发的波形钢板组合结构体系以及全自动生产设备具有自主知识产权，该体系已广泛应用于多层、高层及超高层住宅，办公楼，学校，医院，商场等建筑结构体系中，深受用户青睐，对促进钢结构住宅工业化生产、装配式建造、绿色施工以及节能环保均具有重要意义。

集团在经营上积极响应国家"一带一路"建设号召，加快构筑海外市场版图，大幅提升海外业务营收占比。近年来，在以东南亚为主的泛太洋市场取得了长足的发展，参与建设了如新加坡8 SHENTON WAY、马来西亚森达美种植大楼幕墙工程、澳大利亚伊普斯维奇市民中心项目、泰国G-Land Tower写字楼幕墙工程、菲律宾克拉克新城游泳馆项目、泰国鼎亨新材料有限公司厂房项目、埃塞俄比亚宝丽机场改扩建项目、委内瑞拉宇通客车制造厂房项目等重要项目，得到海外客户的高度认可，开辟出新的业务增长点。目前，集团正以中南绿建装配式产业生产基地海外建设为先导，于菲律宾投资建厂，加深与当地政府的合作，提升生产和运营效率，扩大"中南集团"品牌的国际化影响力。

三、数字科技赋能，聚焦绿色双碳，共筑中南未来新篇章

浙江中南集团以绿色建筑和数字建筑作为推进集团高质量发展的核心战略，结合自身优势，以标准化设计、工厂化生产、装配化施工、数字化管理为探索路径，通过科技创新，开发装配式建筑的自研产品、BIM幕墙数字可视化设计技术，推动数字建筑在集团各业务板块实施落地；同时以数字化和标准化创新驱动并强化内部管理，激

发公司发展张力，助推集团的高质量发展。

集团积极响应国家低碳号召，致力于产业发展的优化升级，大力发展绿色产业，重点聚焦"双碳"领域的探索。加大"双碳板块"布局力度，加快"绿色中南"战略实施，着力于零碳建筑、建筑改造、碳足迹追踪，通过绿色赋能实现产业优化升级，通过绿色制造提高生产效能，持续助力集团绿色产业升级，推动建设行业绿色生态链，奋力争当全省绿色低碳高质量发展先行区建设排头兵。

在新能源领域，集团旗下中南新能源是以绿色能源项目的投资开发、设计咨询、工程总包、智慧运维等为主营业务的绿色能源运营服务商，为客户提供高效、安全、稳定的绿色能源，运用智慧化设计，精准匹配企业应用场景与用能需求，量身定制，整体交付，实现光、储、充、云智慧能源管理的多样化一站式解决方案，实现科技赋能绿色能源，践行绿色能源推进高质量发展。

在林业碳汇领域，集团旗下中南绿碳致力于成为"两山"转化服务商，以碳通量塔计量为核心，结合林业碳汇大数据平台，形成"数字监测、数字管理、数字开发"三大服务体系，提供碳汇测算、开发、申报、交易、管理等服务，实现碳汇的"可视、可查、可管、可溯"。中南绿碳以碳监测、碳管理、碳汇开发为三大发展方向，利用碳中和数字化技术，以通量塔为核心，对林业碳汇进行精准、快速、实时的数字化监测；采用物联网+大数据技术，搭建智慧碳汇开发大数据平台，为碳汇资源监测、评估、项目开发建设提供支撑；以生态产品价值转化、林业数字化为抓手，提供碳汇及减排量开发、GEP核算转化服务，打造固碳增汇数字化平台、未来林场一体化平台，为客户提供林草碳汇全流程数字化服务，实现林业、草原、农业、光伏、生物质碳汇一体化。

四、坚持党建引领，勇担社会责任，彰显民营企业新风采

浙江中南集团始终听党话、跟党走，将党建工作作为企业发展的重要保证，打造"党组织为基础、党员为桩"的"红色桩基"党建工程，充分发挥党组织的"基础桩基"、党员人才的"发展桩基"、党群连心的"和谐桩基"作用。集团现有党员360余名，下属2个党总支、12个党支部。近年来，先后荣获了"基层党建工作100示范群""支援抗震救灾先进基层党组织""双强百佳党组织""先进基层党组织""五星级党组织"等荣誉称号。党旗所指，团旗所向，国家的希望在青年，中南的未来亦在青年。集团高度重视团员青年工作，以"奋斗的中南青年"为主题，以"青字号"品牌为载体，培养青年员工成长成才，助力公司高质量发展。

集团始终秉承"大爱中南"的公益理念，投身筑基助学、筑基共富、抗震救灾、抗击疫情等社会性公益慈善活动，累计捐款捐物已超亿元，并荣获全国"万企帮万村"精准扶贫行动先进民营企业、浙江省建筑业新冠肺炎疫情防控工作先进单位、中国民营企业社会责任100强、浙江省建筑业新冠肺炎疫情防控工作先进单位等荣誉称号。2020年，浙江中南集团还入选了全国工商联"中国民营企业社会责任优秀案例"，集团董事局主席吴建荣本人也被授予"2020中国民营企业社会责任优秀案例入选责任人物"称号。2023年，荣获杭州市第一届慈善大奖慈善楷模奖。

2024年，也正值浙江中南集团成立40周年，集团将继续秉持"诚信立业、创新发展、自强不息、开创未来"的企业宗旨，坚守"打造美好人居生活"的使命，强化"听党召唤、使命必达"的责任担当，践行"勇于奉献、不辱使命"的民企责任，积极打造新质生产力，全面推进高质量发展，为国家富强、民族复兴、人民幸福持续贡献中南力量。

中建东方装饰：装饰行业首家"全国文明单位"，续写"大堂之王"30年奋斗荣光

1986年，一支中建三局的建筑施工队从武汉南下深圳拜师学艺，迎着浦东开发开放的浪潮溯江而上，来到上海开拓创业。

从浦东开发开放到海外"一带一路"建设，从精筑国家工程到拓展幸福空间，东方装饰一步步孵化成长，走过了三十载的奋斗征程。

一、风从东方来，希望在东方

1986年，中建三局装饰重心挺进上海，并于1987年成立上海分公司，即东方装饰的前身。1988年7月，分公司击败当时颇具实力的香港荣氏公司，斩获上海太平洋大饭店裙房和25F皇室部分精装修工程，一举打破了香港及境外装饰企业对内地五星级宾馆的施工垄断，成为国内最早施工五星级宾馆的国内装饰企业之一。

▲上海太平洋大饭店装饰手绘图

为了适应社会主义市场经济的需要，不断发展经营生产，更好地为安徽及华东地区服务，历经8年的艰苦摸索，1994年1月，经中建三局研究决定同意，装饰设计工程公司上海分公司在合肥注册成立了中国建筑第三工程局东方装饰设计工程公司（后改名为中建东方装饰有限公司，现为中建装饰集团核心子企业之一）。

同年3月，东方装饰正式挂牌成立，以独立法人单位亮相，汲取敢为天下先的精神和海纳百川的胸怀，以上海为根，迈出发展壮大的坚定步伐。

"美化建筑，美化城市，希望在东方！"公司诞生元年，原建设部副部长萧桐如是说。

中国是世界的东方，上海是华夏的东方，而浦东是上海的东方。属于东方装饰的一切，便从这里开始。

二、紧抓机遇，扎根上海

90年代初，伴随着浦东大开发的起步，虹桥开发区的大型项目开始逐渐拔地而起。聪明的"东方人"紧抓黄金机遇期，敢于尝试、大胆开拓。顺利承接开发区商务办公的重点项目——上海国际贸易中心多功能厅项目。1994年，该项目一举夺得东方装饰的第一座鲁班奖。

1994年和1995年，东方装饰连续被评为上海市"信得过企业"，并获得1995年度全国"信得过企业"殊荣。同年又成为荣获"全国30家优秀施工企业"中的唯一一家装饰企业。1996年10月8日，《中国建设报》赞誉"东方装饰"为建

▲ 上海国际贸易中心

筑装饰界"大堂之王"。1998年10月，公司更名为"中建三局东方装饰设计工程公司"。1999年6月18日，东方装饰总部机关正式迁入浦东东方路985号一百杉杉大厦21楼，并完成变更注册。

进入新世纪后，公司坚持卓越标准，不断自我超越，在发展速度和发展质量上始终走在行业前列。2003年9月，东方装饰跻身首届"中国建筑装饰行业百强企业"并位居前列，从此蝉联历届行业百强。

乘着时代的东风，勤劳的"东方人"打造了一批以上海环球金融中心、上海浦东国际机场、上海震旦大厦、东方艺术中心、上海国际会议中心等为代表的精品工程，以扎实的施工质量赢得了良好口碑，东方装饰一举成为享誉沪上的装饰明星。

三、全球布局，快速发展

扎根上海的同时，公司同步布局全国各区域市场，展现出一定的前瞻性。自1996年起，先后在武汉、南京、北京、广州等地成立分支机构，并开拓马来西亚、越南、柬埔寨等海外市场，承接了一大批地标性工程，行业引领力不断增强，企业经营规模实现翻番式增长。

2007年，中央电视台新台址建设正如火如荼。公司紧抓"迎奥"契机，顺利承接新台址大堂的建设工作，将"大堂之王"的美誉从上海带到了首都北京，并在同期参建了北京数字大厦、北京移动通信综合楼、中冶京诚办公科研楼等一大批迎奥工程。

2009年，东方装饰首次获评"全国文明单位"，是装饰行业首家获得该荣誉称号的企业，并连续保持至今。

同年，东方装饰参与武汉站建设，是当时公司成立以来体量最大、工期最紧、难度最大、影响最广的项目。"东方人"忠于职责、能打胜仗，在100天内完成4亿元的装饰施工任务，保障站房按期交付通车，见证了武汉城市发展的关键时刻，也让"武汉站精神"深植于每个"东方人"的心中。

同样是在2009年，拉合尔软件技术园项目正式开工，是当时巴基斯坦智能化程度最高、设备最先进的电信大楼，东方装饰主要负责室内外装饰工程。这是"东方人"第一次真正意义上的海外工程，标志着"东风"正式抵达海外市场。

▲ 巴基斯坦拉合尔软件技术园

四、顺应时代发展，建设"品质东方"

随着行业的不断发展，以"工业化生产、装配式施工"为标志的生产模式趋向成熟，以BIM、3D打印为突破口的技术革新迅速发展，吹响了行业变革的号角。

2014年，东方装饰成立BIM团队，致力于研究BIM技术在精装修和幕墙工程中的应用。并于翌年正式应用于江苏大剧院的内装施工，制作出当时最完善的，也是最完整的BIM模型，成为中建集团第一个科技示范工程，为公司后续深耕BIM领域打下良好基础。

2017年，公司正式更名为中建东方装饰有限公司，并凭借高度的市场敏锐性及对行业发展趋势的仔细研判，提出了打造完整装饰产品提供商和存量房产投资运营商的"两商"战略。公司立足传统主业优势，积极探索创新转型，于2018年成功打造实施首个存量房产投资运营项目，也是中国建筑旗下首个长租公寓—中建幸福公寓。这是由东方装饰自主规划、设计、建造、运营的，由此开辟出一条传统装饰企业转型发展的新路径。

2020年，东方装饰持续推进"品质东方"建设，大力发展装饰工业化，并在瑞虹新城10号地块项目搭设首个"幸福工场"加工区。通过不断研讨工艺流程，引进先进设备，提高了整体施工效率和标准化，高质量完成项目的交付。

随着BIM技术和装饰工业化的不断迭代、完善、成熟，东方装饰持续打造出一批具有代表性的"品质东方"工程，如云珠酒店、中央礼品文物管理中心、西安奥体中心、东安湖体育馆、长安乐、成都科幻馆等，装饰实力始终走在行业前列。

五、未来在东方

2023年，东方装饰获批建筑工程施工总承包一级资质，并将公司注册地由浦东迁至静安，为拓宽市场布局新板块、达成区属平台新合作提供更多可能。

2023年和2024年，公司连续获评静安区企业技术中心、上海市企业技术中心认定，实现企业研发能力和创新能力的"二级跳"。

2024年，正值东方装饰成立30周年，未来的广阔大路正在"东方人"的脚下不断向前延伸。

凝聚蓝色力量，展央企担当。东方装饰在党和国家的坚强领导下，奋力书写雷神山医院、火神山医院的建设传奇，投身建设党和国家重点工程。在改革开放的春风里，在长江经济带的印记里，在粤港澳大湾区的号角中，在雄安新区的探索中，在"一带一路"的征途上，留下一代代"东方人"装饰美好生活的足迹。

两商新愿景，建功新征程，我们正向着未来，出发！

发展新质生产力，助推企业高质量发展

——中深装创新发展的探索与实践

随着全球化的深入发展和科技革命的加速推进，新质生产力在各国经济发展中的角色愈发显著。尤其是在中国，新质生产力的提升已成为国家战略的重要组成部分，被视为实现高质量发展的关键途径。新质生产力是以信息技术为核心，融合创新思维、知识转化与社会资本，不仅重新定义了生产要素的内涵，也拓展了经济增长的外延。它强调通过创新驱动和知识应用，实现资源的高效配置和利用，促进经济结构的优化升级。在政府工作报告中提出的现代化产业体系建设，正是对新质生产力发展的积极响应，旨在通过科技创新推动产业创新，提高全要素生产率，塑造发展新动能新优势。

中深装集团作为行业的先行者，深刻认识到新质生产力对于企业高质量发展的重要性。在企业的经营中坚持以新质生产力为发展主线，积极探索和实践创新驱动发展战略，通过党建引领、技术创新、开放合作、数字化转型、文化凝聚以及劳模精神的传承等多维度举措，全面推动企业向更高质量、更有效率、更可持续的发展方向迈进。

一、中深装集团创新发展战略概述

在经济全球化和科技迅猛发展的大背景下，中深装集团紧扣时代脉搏，提出了创新发展战略，致力于构建一个以技术创新为核心，涵盖管理创新、文化创新和市场创新的全方位发展模式。这一战略旨在通过不断地自我革新和开放合作，激发企业内部活力，提升企业核心竞争力，实现可持续发展。

中深装集团的创新发展战略特别强调新质生产力的培育和发展，通过深化与高校、科研机构的合作，推动产学研一体化，加速科技成果的转化应用。同时，集团积极探索数字化转型，利用大数据、云计算等现代信息技术手段，优化企业管理流程，提高决策效率和精准性。此外，中深装集团坚持以人为本，通过培养和弘扬劳模精神，激发员工的创新潜能和工作热情，为企业高质量发展注入源源不断的动力。

二、中深装集团发展新质生产力推动企业高质量发展的实践

1. 打造中深装集团党建工会的红色引擎

中深装集团自成立以来，始终秉承党建和工会引领企业发展的原则，致力于通过强化党组织和工会组织的建设，发挥党员先锋模范作用，推动企业实现高质量发展。公司自2008年成立以来，先后建立了从党支部到党委会的完整党组织体系，并将"百折不挠，不懈奋进"的红色精神融入企业文化之中。通过党建引领，公司在内部开展党建活动学习，对外积极参与公益事业，以回馈社会的方式贡献力量，并先后荣获了深圳市

非公企业党建百企示范、广东省模范职工之家、深圳先进职工之家企业、深圳市优秀职工之家、先进基层党组织、履行社会责任杰出企业、深圳十大书香企业等多项荣誉称号。

在日常的工作中，公司党组织积极落实"三会一课"、主题党日、工会活动等，不断提升党员的政治素养和业务能力，使他们成为推动企业发展的中坚力量。同时，公司党组织和工会还注重将党建工作与企业经营紧密结合，将党建和工会工作贯穿于公司发展的各个环节，为企业的高质量发展提供了坚实的保障。

在公司承建的安托山保障房、三代指挥中心、华富街道、人大之家等重点及大型项目中，通过联合项目建设单位、施工单位、监理单位、设计单位等主要参建单位成立项目临时党支部，并充分发挥了党支部的战斗堡垒作用和党员的先锋模范作用，引领全体参建人员攻坚克难，确保了项目的高质量推进和高效率完成。此外，公司还通过"红色工地"试点的创建，激活了红色因子，将党的政治优势和组织优势转化为项目推进和发展的优势，实现了党建工作与项目建设的同频共振，互促共赢。

通过上述举措，中深装集团在发展新质生产力的实践中不断探索和创新，以党建和工会工作为引领，推动企业实现高质量发展。

2. 以劳模工作室引领企业创新发展

中深装集团始终把技术创新和研发作为推动企业发展的关键力量。公司致力于将创新技术的研发成果转化为实际应用，并着重于培养科技创新人才。通过持续的技术革新和能力提升，中深装集团为企业的持续高质量发展打下了坚实的基础。

2015年，公司董事长柯颖锋荣获"深圳市五一劳动奖章"，并以此为契机，成立了以他的名字命名的"柯颖锋劳模创新工作室"。该工作室目前已升级为广东省级"劳模和工匠人才创新工作室"，并与"徐翠媚劳模创新工作室""卫泳歧劳模工作室"等，共同作为公司创新研发的核心机构。工作室与广东海洋大学等高校开展产学研合作，积极参与和推动公司的创新研发工作。通过创新工作室的努力，中深装集团取得了一系列创新成果，并获得了60多项国家专利、10余项省、市级工法，主编中国建筑装饰协会团体标准三项和参编20余项国家、行业及团体标准，并获得5项软件著作权。这些成果的转化及应用不仅提高了公司的效率和竞争力，而且促进了行业的规范化和高质量发展。在以上研究成果的支撑下，自2014年起，中深装集团连续四次通过了国家高新技术企业认定。2021年，集团更是荣获了广东省专精特新企业的认定，标志着中深装集团在专业化、精细化、特色化和创新能力方面取得了显著成就。

中深装集团的创新发展实践表明，企业要想实现高质量发展，就必须不断加强技术创新和人才培养，将科技创新作为企业发展的重要驱动力。通过创新工作室的建设和产学研合作，公司能够不断推出新技术、新工法、新产品，提升企业的核心竞争力，为行业的可持续发展做出积极贡献。

3. 构建开放合作的行业交流平台

中深装集团秉持开放合作的理念，积极与行业内外的领军企业、知名高校和研究机构建立紧密的合作关系。通过合作，集团不仅参与到行业标准的制定中，还积极推动了技术创新和行业进步。此外，中深装集团还通过参与产业展览会、高交会、城市环境与景观产业展览会、"一带一路"高峰论坛以及中国建筑装饰产业发展论坛等各类重要活动，充分展示和推广公司在建筑装饰领域的创新成果。

通过这些活动，中深装集团不仅加强了与行业内外的交流与合作，还进一步提升了自身的品牌影响力和市场竞争力。同时，集团的这些努力也为整个行业的高质量发展贡献了力量。通过开放合作，中深装集团不断吸收新思想、新技术，推动自身的创新和发展，同时也为行业的整体进步和繁荣作出积极的贡献。

4. 实施数字化转型的企业管理创新

中深装集团在推动企业高质量发展的过程中，采取了数字化管理的重要措施。集团引入了ERP（企业资源计划）信息管理系统，该系统将项目管理、业务经营、财务、人力资源、行政等多个方面的管理流程整合在一起，形成了一个全面的数字化管理平台。通过ERP系统的应用，中深装集团实现了外部业务流程与内部办公流程的互联互通，以及数据的共享，不仅使工程项目管理变得更加高效，还促进了企业运营的全面升级。此外，ERP系统的实施也确保了信息的实时更新和准确性，从而为企业决策提供了强有力的数据支持。

数字化管理系统在企业管理中的应用有助于降低运营成本，提高资源配置的效率，加快响应市场变化的速度。通过优化内部流程，中深装集团能够更好地适应市场的需求，快速调整战略，以实现持续的高质量发展。数字化转型不仅提升了企业的竞争力，也将中深装集团打造成了建筑装饰行业现代化管理的标杆。

5. 铸就精品工程，多项荣誉彰显行业典范

中深装集团以其精品工程在建筑行业中树立了标杆，荣获了包括建筑行业最高奖项"中国建设工程鲁班奖（国家优质工程）"和建筑装饰行业最高奖项"中国建筑工程装饰奖"在内的众多荣誉。截至2024年，集团累计获得的各类奖项和荣誉达到了408项，这些荣誉不仅是对中深装集团项目施工质量的肯定，更是对其在高质量发展道路上不懈努力的见证。每一项奖项都是对集团精湛工艺、创新设计和卓越项目管理的认可，同时也激励着中深装集团继续追求卓越，创造更多高质量的精品工程。通过这些荣誉的积累，中深装集团展现了其在行业内的领先地位和对高质量发展的坚定承诺。

6. 培育以文化凝聚团队的企业精神

在发展过程中，中深装集团深刻认识到企业文化在推动企业高质量发展中的重要作用。通过举办企业文化节、外出拓展训练和社会公益服务等一系列活动，塑造了具有鲜明特色的企业文化。并通过这些活动鼓励员工积极参与到企业文化的建设中来，加强了相互之间的团队合作精神，从而提升员工的归属感和忠诚度。在外出拓展期间，公司组织员工先后走进了井冈山、古田会议会址、松毛岭战役遗址、红军长征第一村——中复村等红色教育基地，进行了深入的思想教育。通过红色教育，让员工深刻感受到红色精神的内涵，从而激发其在各自的岗位上发挥出更大的潜能。

此外，中深装集团通过加强品牌形象和文化传播，营造了一个鼓励创新和持续学习的环境。集团注重员工的个人成长，强调企业社会责任，并持续推动改进和创新。这些措施不仅激发了员工的积极性和创造力，还提高了团队的协作和创新能力，为企业塑造了独特的竞争优势。

通过企业文化建设的实践，中深装集团成功地将企业文化转化为推动企业高质量发展的动力。员工的积极性、团队精神、创新能力和对企业目标的认同感都得到了显著提升，为企业的持续发展和行业地位的持续提升提供了坚实和有力的支撑。

7. 发挥榜样的力量，赋能企业及社会各界发展

中深装集团深刻认识到劳模榜样的力量对于企业高质量发展的重要性。通过表彰劳模、宣传他们的事迹，激发员工的工作热情和创造力。在这种氛围的熏陶下，集团先后涌现出了柯颖锋、徐翠媚、卫泳岐等荣获深圳市五一劳动奖章和深圳市劳动模范称号的优秀代表。他们不仅是集团的骄傲，也是激励全体员工不断追求卓越的精神动力。

徐翠媚作为劳模代表，通过福田区的"劳模工匠助企行"专项行动，多次深入深圳的各企业传授经验，提供专业服务，为其他企业的高质量发展贡献了自己的智慧和力量。这种互助合作的

精神不仅加强了企业间的联系，也为整个行业的提升和发展提供了强大的推动力。

2024年3月，中深装集团被深圳市人才联合协会授予"高质量发展专家服务定点单位"，这一荣誉的获得不仅标志着集团在自身发展上取得了显著成就，也显示了集团在行业内的地位和对社会的贡献。中深装集团通过分享自身的发展经验，为社会各界提供了高质量的服务，体现了企业的社会责任感和行业引领作用。

中深装集团通过劳模榜样的力量，不仅增强了自身的竞争力和市场地位，也为社会和行业的可持续发展作出了重要贡献。集团的这些举措展现了其作为行业领导者的良好形象和风范，为推动社会进步和行业发展树立了标杆。

三、探索创新路径，共塑企业未来

2024年1月7日，在中深装集团十五周年庆典之际，集团隆重发布了《中深装高质量发展报告及"四五"规划》，这份报告不仅全面总结了中深装在过往发展中的经验与成果，更擘画了未来五年的发展蓝图。中深装集团将持续深化创新理念，整合前沿技术，提高业务流程效率，不断优化产品与服务。集团的"四五"规划强调了创新驱动的重要性，致力于构建一个全面创新的发展框架，确保决策过程的智能化和数据导向，以保持在市场竞争中的敏锐和前瞻性。

同时，中深装集团将持续推动企业文化的建设，通过劳模精神的传承和创新文化的培养，激发员工的创造力和团队协作精神。此外，中深装集团也将积极响应国家战略，通过参与行业标准制定、推动绿色发展等行动，展现企业的社会责任感。集团将致力于成为行业内的标杆，引领行业向更加智能、环保、高效的方向发展，为社会的可持续发展贡献力量。

四、结语

随着对中深装集团发展历程的梳理，见证了其在新质生产力培育和高质量发展上的坚定步伐。集团通过一系列战略性布局，不仅在行业内树立了标杆，也为自身赢得了长远发展的坚实基础。

中深装集团的实践证明，坚持创新、深化合作、推动数字化转型，是企业适应时代潮流、实现可持续发展的有效途径。集团的每一次飞跃都是对创新精神的深刻诠释和对未来潜力的积极探索。

在这一过程中，中深装集团展现了其作为行业先锋的责任感和使命感，通过不断自我革新和开放合作，为社会贡献了积极的力量。

四腾环境：四海升腾，与时代同行

西安四腾环境科技有限公司（以下简称"四腾环境"）位于陕西省的西安四腾科技产业园。自1992年成立以来，四腾环境始终秉持"精益求精，永无止境"的企业使命，致力于医院整体建设、净化方案解决以及智能化系统集成，是国家标准的参编企业。经过30多年的转型升级和发展蝶变，积累了千余家医院及各类洁净单元设计与施工管理经验，从产品到服务，从管理到技术，以创新推动进步，突破一项项核心问题，集中优势力量，打造一项项精品工程，切实推动医院高质量发展，让所有人因选择四腾而满意！

一、党建凝心聚魄，思想先导引领正确行动

"永远跟着共产党！"坚持党建引领企业前行。四腾环境在实践中，总结出了一条具有中国特色的现代企业管理之路。只有实现企业发展与党建工作的互相促进，充分激发和释放党组织作用发挥的内生动力，才能实现企业发展强、党建强的良好格局。

公司确定了"用党的智慧管理企业、用党的智慧发展企业"的方针，以党建为红色引擎，推

西安四腾环境科技有限公司大楼

行党组织主导公司的企业文化。公司党组织成立于2002年，多年来积极贯彻党的基本路线和指导思想，铸就了一系列党建荣誉的里程碑。自2008年起，连续多年被评为"先进基层党组织""陕西省企业文化标兵单位"，获得"陕西省五一劳动奖状"；2015年，被评为首批陕西省"五星级非公有制企业党组织"；2017年，公司党委书记白浩强同志作为陕西省"两新"组织的唯一代表出席中共第十九次全国代表大会；2018年，被省委宣传部授予"陕西省岗位学雷锋示范点"；2020年，被评为"党建工作现场教学点""党建实训基地"。

企业党建工作是企业科学管理的重要内容，也是提高企业核心竞争力的重要因素。内强素质，推进党员教育走深走实：四腾环境将党建精髓深植于企业经营管理之中，创造性地提出了公司党建工作主线，即"一条言行红线""企业建设的两个方针""党建工作的三个树立""党组织的四个角色"以及"党员的五个带头"，通过这条工作主线，不仅严格规范了党员行为，更为企业发展注入了强大的精神动力。外树形象，打造开放的党建交流平台：四腾环境充分发挥示范引领作用，与来自全国各地的政府单位、企业代表及社会组织等2000余人以讲党课、主题党日活动等形式，学党史学讲话，交流党建心得。

不忘初心、牢记使命。在四腾环境，每一位党员都是一面旗帜，他们以实际行动践行党的宗旨，这种强大的标杆作用和榜样力量，有效激发了全体员工的凝聚力和向心力，形成了共谋发展、共创辉煌的良好氛围。党建引领作为企业发展的引擎，为四腾环境的持续健康发展提供了不竭的动力源泉。

企业作为市场经济主体，是社会生产力发展的力量源泉。四腾环境以党建引领铸魂、以文化创新驱动，助力企业在国内、国际双循环的新发展格局中实现更大作为，与各行业共建、共融、共享。

二、实干筑牢根基，上下求索推动行业发展

四腾环境的前身是国家早期的军民融合企业，与时俱进地从国有企业不断转型而来，在与时代同步发展的这30多年里，不断努力求实探索，持续改革创新，专注医院高质量发展，是集医院整体建设、智能化系统集成、洁净工程及净化单元设计施工运维于一体的综合服务商。四腾环境凭借对技术创新的不懈追求和对品质服务的严格把控，承建全国各地千余个项目且广受赞誉，被评为陕西省高新技术企业，西安科技企业小巨人领军企业，陕西省"专精特新企业"，以及"瞪羚企业""陕西省优秀民营企业""三秦企业文化标兵单位""陕西省学雷锋示范点""三秦帮扶善星"。同时，被陕西省总工会授予"陕西省五一劳动奖状"。

四腾环境目前旗下控股及全国各地分支机构20余家，汇聚了一支由200余名国家注册一级建造师、二级建造师及各类专业技术人员组成的专业精英团队，拥有23项行业内最高资质、6项国际体系认证和81项自主知识产权，参与编撰多项国家标准，通过企业的专业能力和技术实力制定行业标准，推动行业规范、标准、健康向上的发展。

四腾环境立足西部，辐射全国，拥有较高的行业占有率、影响力，承建的项目覆盖全国各地，多次获得中国建筑行业工程质量最高荣誉——鲁班奖；连续多年被评为全国医院建设领域"优秀十佳工程供应商"；公司荣获省市级管理单位颁发的多项荣誉，是西安市优秀中国特色社会主义事业建设单位和省级"先进基层党组织"；连续多年被授予西安市"守合同重信用"企业；是陕西省首批"五星级非公有制企业党组织"企业。并成立了"企业科学技术协会""院士专家工作站""白浩强创新工作室"。

在企业获得多项丰硕成果的同时，创始人辛

军山荣获"陕西省关爱员工优秀企业家"、西安市十佳"优秀民营企业家"、中国建筑装饰协会副会长等荣誉称号；创始人白浩强是全国十九大代表，荣获许钟麟科技净化奖等荣誉。

这些荣誉都离不开全体四腾人多年来的拼搏与不懈努力，四腾环境秉持"诚信为本，服务至上"的核心价值观，凭借专业的技能、丰富的经验及不懈的努力，共同推动企业不断向前，引领行业迈向新高度。

西安四腾环境科技有限公司大厅

三、创新激发活力，先进技术赋能体系建设

企业是科技创新的主体，也是推动新质生产力发展的主力军。公司高度重视技术创新和研发投入，构建起坚实的技术壁垒，为企业发展提供了强大的技术支撑。在西安市科协及市委市政府的支持下，公司成功搭建了科学技术协会与院士专家工作站，汇聚行业智慧，加速科技成果的转化与应用。

四腾环境不仅专注于单项技术的突破，更致力于构建安全、节能、高效、数字化的医院整体建设及净化解决方案，优化资源配置，提升患者就医体验。公司研发团队通过自主研发设计，在医院智慧后勤、数字一体化手术室、医院行为管理及追溯等方面取得了多项专利技术及软件著作权，这些创新成果已在全国多家顶尖三甲医院成功落地，实现了医院运营管理的智能化升级与效率飞跃。四腾环境紧随国家医院改革发展步伐，多角度、全方位持续推进技术创新，以扎实的技术支撑为国家的智慧医院建设保驾护航。

客户满意度是有效衡量工作成效的重要标准，满意的前提必须是工程质量的过关。公司构建了一套涵盖项目管理、质量管理、安全管理等多维度的精细化管理体系，以确保每一个项目都能超越期待，完美呈现。通过技术创新、管理创新和模式创新，运用先进、适用的质量管理方法和质量工程技术，保证项目的高标准完成。公司高度重视项目施工安全生产管理，始终把安全放在各项工作的首位，提升企业高层管理人员质量意识，定期开展企业负责人数字化培训，全员参与提升培训。在内部开展工程管理中心自查、项目部互查、职能部门抽查等多种形式，维护、确保每个项目的安全，做到全年100多个项目千名施工人员无一例安全事故发生。

站在新的历史起点上，四腾公司将不忘初心，继续秉持"进无止境，学无止境"的发展理念，将这份对卓越的追求深深根植于企业文化的土壤之中。我们深知，唯有不断创新，勇于探索未知领域，才能在激烈的市场竞争中保持领先地位，为医院建设行业的发展贡献更多智慧和力量。

四腾环境将始终秉承"来源于社会、发展于社会、回报于社会"的理念，用自己的行动积极响应党的号召，践行社会主义核心价值观，在企业自身发展壮大的同时，不忘履行社会责任，让人性的光辉与企业的荣耀一同璀璨绚烂！

冠泰装饰集团：稳健前进，永久弥坚

冠泰装饰集团前台

一、冠泰装饰集团——企业发展篇

1. 企业创立时间
1995年5月。

2. 企业注册资金
13888万元。

3. 企业资质
建筑装饰工程设计专项甲级单位、建筑装修装饰工程专业承包壹级企业、建筑幕墙工程设计专项甲级单位、建筑幕墙工程专业承包壹级企业、建筑工程施工总承包贰级资质、消防设施工程专业承包壹级资质、电子与智能化工程专业承包壹级资质、防水防腐保温工程专业承包壹级资质、展览陈列工程设计与施工一体化壹级资质、展览工程企业壹级资质、洁净工程壹级资质、建筑机电安装工程专业承包贰级资质、钢结构工程专业承包贰级资质、中国医疗器械经营资质，以及广东省安全技术防范系统设计、施工、维修资质等。集团旗下主要企业（广东胜宏大建设科技有限公司）资质：市政公用工程施工总承包贰级资质、地基基础工程专业承包贰级资质、建筑装修装饰工程专业承包贰级资质等。

4. 企业荣誉
中国建筑装饰行业百强企业、中国建筑幕墙行业百强企业、中国建筑装饰设计五十强企业、深圳500强企业、中国经济年度贡献企业、亚洲品牌500强企业、中国建筑装饰行业三十年优秀企业、中国建筑幕墙行业三十年优秀企业、中国（行业）十大最具投资价值品牌企业、中国建设行业重大影响力企业、中国建设行业杰出贡献企业、中国建设行业诚信企业、全国银行系统AAA资信企业、中国建筑装饰协会信用等级AAA企业、广东省信用标杆企业、广东省守合同重信用企业、国际ISO 9001质量管理体系认证企业、国际ISO 14001环境质量管理体系认证企业、中国建筑装饰行业协会常务理事单位、广东省建筑业协会装饰分会常务理事单位、深圳市装饰行业协会常务理事单位等。

5. 企业历程
冠泰装饰集团在二十余载"创造卓越无止境"的进程中，喜报连连、硕果累累，在全国各地承建大量的高端酒店、高层及超高层建筑、大型工业与民用建筑装饰工程的设计与施工，接连不断地获得嘉奖和殊荣，俨然成为中国建筑装饰行业中的领跑者，在全国乃至亚洲地区均享有很高的社会声誉和地位。

冠泰装饰集团整体战略发展建立了具有冠泰特色的现代化管理型集团，不但成为中国建筑装饰行业的领军企业，而且成为中国建设行业的诚信楷模。经过不断探索积累和资源整合，冠泰装饰集团已经形成"行业+产业+金融"（即2.5产业范畴）的产业结构发展模式和战略格局，以建筑装饰行业为根基，建立健全和优化整合与之相关联的多元化产业链，进一步强化企业内部与外部的整体运营功能。同时，为"立足深圳、辐射全国、走向世界"的企业发展战略方向，铺就了前进的道路。冠泰装饰集团经过二十余载的风雨洗礼和文化沉淀，始终秉承"诚信铸就品牌·创造超越梦想"的企业核心发展理念铸造企业品牌，不断提升与优化企业品牌影响力和企业人文创造力。如今，冠泰装饰集团品牌已成为亚洲品牌的推动者和影响者，成为中国建筑装饰行业极具发展潜力和创新能力的企业，同时不断努力为中国品牌争光和奉献，与亚洲品牌500强共建和谐亚洲品牌辉煌之林，共同展望世界品牌发展之路。

冠泰装饰集团知行至善，不忘初心，砥砺奋进，始终坚守"践行责任·创造价值"的企业使命和践行"以客户为中心，以员工为主体；以诚信为根，以创造为本；坚持艰苦奋斗，坚持自我批评"的企业核心价值观，为实现"成为具有冠泰特色的国际化管理型集团"的企业愿景以及"成为具有历史价值的百年企业"的企业终极目标而努力奋斗。

二、冠泰装饰集团——企业文化建设篇

冠泰装饰集团二十余载"创造卓越无止境"的发展历程，既是一本"冠泰人对卓越矢志追求"的励志传记，也是一部"冠泰人创造卓越无止境"的创业史篇。冠泰装饰集团经过二十余载的风雨洗礼和文化沉淀，创建了极具冠泰特色的企业文化生态体系，不断提升与优化企业品牌影响力和企业人文创造力。

1. 企业终极目标

成为具有历史价值的"百年企业"。

2. 企业愿景

成为具有冠泰特色的国际化管理型集团。

3. 企业使命

践行责任·创造价值。

4. 企业核心价值观

①以客户为中心，以员工为主体；

②以诚信为根，以创造为本；

③坚持艰苦奋斗，坚持自我批评。

5. 企业文化建设的工作目标

①全面打造一支能够创造成功的实干型优秀的企业团队；

②创建一种企业与员工共同体精神，共同践行"企业兴亡·员工有责"的责任与价值导向；

③让员工为企业感到自豪，让时代因冠泰人而骄傲。

6. 企业文化建设的工作内容

①企业文化建设的宗旨和追求目标为创建奋斗者和贡献者的企业文化生态体系；

②企业人力资源管理核心价值导向为鼓励与奖励奋斗者和贡献者，奖优罚劣，优胜劣汰；

③学习型组织的塑造也构成企业文化建设的重要内容。

7. 企业文化建设工作内容

①奋斗者和贡献者的文化——奋斗为德、贡献为才、德才兼备；

②责任的文化——践行责任；

③创造的文化——创造价值；

④爱企的文化——维护企业、敬天爱人、团结互助；

⑤诚信的文化——诚心实在、信守承诺、实事求是；

⑥服务的文化——快乐服务、服务共赢、优

质高效。

8. 企业文化建设工作的表现形式

冠泰装饰集团企业文化建设工作的表现形式是多维度的，兼顾了企业内、外部的特点，并且具有实践性和理论性。主要体现在以下几方面：企业策划宣传、企业文体活动、企业员工福利、企业制度体系、企业服务体系、企业诚信体系、社会责任活动、企业管理哲学、企业文化生态等。

三、冠泰装饰集团——企业创新篇

"以创造为本"是冠泰装饰集团的企业核心价值观之一，冠泰装饰集团非常明确地指出"以创造为本，勇于创新"的企业管理思路。"以创造为本"是企业发展的核心引擎动力，"勇于创新"是企业持续发展的主要任务之一，也是冠泰人"践行责任·创造价值"的重要体现。

冠泰装饰集团认为任何领导地位都仅仅是暂时的优势，并且领导地位只来自创新者的优势。一旦创新成为常规，领导地位就会消失，企业很容易就会从领导地位沦为平庸，而平庸者往往就会沦为边缘。事实上，今天的企业和员工应该视创新为家常便饭，将创新工作视为一种平常、稳定和持续的活动，要主动创新，要善于创新，并养成永续学习的习惯，因为创新是保持动态平衡的变革手段。任何组织如果没有了开拓创新的精神，很快就会被社会淘汰。

冠泰装饰集团创建了独特的"企业整体经营与管理体系"，持续促进企业取得高绩效，使企业发展稳中求进，保持良好发展态势。企业时刻需要全面建立健全和优化完善匹配自身的"企业整体经营与管理体系"工作，包括健全和优化"企业经营业务体系"与"企业管理制度体系"，建立和完善"企业模式战略体系"。企业整体经营与管理体系由"企业模式战略体系""企业经营业务体系""企业管理制度体系"三大体系构成。企业"三大体系"的基本关系为："企业经营业务体系"和"企业管理制度体系"是由"企业模式战略体系"决定和繁衍的。"企业模式战略体系"就像"人的大脑"一样，是人体的核心智能调控器，整体调控和约束着身体内的其他器官；"企业经营业务体系"与"企业管理制度体系"是一对辩证统一的关系，就像"人的两条腿"一样，互相促进，相互约束，缺一不可，失一不衡。

1. 企业管理创新方面

企业管理者（员工）主要的三种任务：有效管理企业当前，全面发掘企业潜力，努力创造企业未来。企业不断地优化与改善员工的态度、行为、期待和未来，以及持续地改进产品、服务、市场、渠道、流程、客户、最终用户等，从而适应和创造新的现实，让企业的每个部门和每个员工都有责任进行创新，并需要有明确的创新目标，有意识地推动和付出自己所在领域的聪明才智。通过在各方面持续不断地实施创新措施，企业最终可以转变运作方式，促使这些措施带来产品或服务的创新、带来新的流程或业务等，从而最终带来重大的和根本性的变革，创造出真正与众不同的新事物。

对于企业人力资源管理创新，冠泰装饰集团始终践行"奋斗者和贡献者的文化——奋斗为德、贡献为才、德才兼备"，全方位促进争当一名合格甚至优秀的奋斗者、贡献者和创造者。同时，冠泰人阐释和定义了优秀的企业团队成员的核心特征：优秀的企业团队＝优秀的企业核心灵魂领导者团队＋优秀的企业核心层团队＋优秀的企业基础层团队。

①优秀的企业团队成员首先必须具备以下基本特征："三从四德"。"三从"是指从我做起、从心开始、从今出发；"四德"是指心德、品德、体德、口德。

②优秀的企业基础层团队成员需要具备以下核心特质："一心六会"。"一心"是指用心；"六会"是指会干、会听、会说、会写、会想、会战。

③优秀的企业核心层团队成员需要具备以下核心特质："一神六强"。"一神"是指奉献精神；

"六强"是指责任心强、专业能力强、执行能力强、协调能力强、领导能力强、创造能力强。

④优秀的企业核心灵魂领导者团队成员需要具备以下基本条件：必须是优秀的企业团队成员；必须坚持不懈地做到"三从四德"；必须具备"一心六会"特质；必须具备"一神六强"特质；必须具备"企业核心灵魂精髓"特质。

2. 企业技术创新方面

创新赋予资源一种新的能力，它本身就创造了资源，技术创新是企业和员工的特殊工具之一。企业和员工从事技术创新活动，我们将其看成是开创另一个产品或服务或企业的机遇。

在工程设计、施工等方面，冠泰装饰集团始终秉承"企业质量标准：100%合格率只是起点，一流质量不是终点。"冠泰人坚持发挥工匠精神，脚踏实地做实业，承接的项目以"精品工程"作品的高标准要求去实施交付，获得业主方以及社会各界的认可和好评，接连不断地荣获嘉奖和殊荣，获得一百多项全国建筑装饰工程国优奖、省优奖和市优奖。冠泰装饰集团非常注重技术研发，并取得许多佳绩，获得几十项国家专利以及多项科技创新奖，荣获2023深圳500强企业数字化水平TOP100榜单企业第62名。

四、冠泰装饰集团——代表业绩篇

冠泰装饰集团在二十余载"创造卓越无止境"的进程中，喜报连连、硕果累累，在全国各地承建一千多项的高端酒店、高层及超高层建筑、大型工业与民用建筑装饰工程的设计与施工，所完成的代表作品接连不断地荣获工程业主方、行业、建设主管部门、社会各界的肯定和嘉奖。部分代表项目如下。

1. 高端酒店

昆明洲际酒店、西双版纳喜来登度假酒店、西安咸阳国际机场空港大酒店、合肥新桥国际机场空港大酒店、济南索菲特银座大饭店、临沂鲁商铂尔曼酒店、南京希尔顿酒店、昆明翠湖宾馆、兰州长城大饭店、福建佰翔京华中心酒店等。

2. 商业与工业

济南鲁商国奥城、济南银座中心、深圳华侨城创想大厦、深圳红山六九七九商业中心、广州保利世界贸易中心、惠州隆生金山湖中心、成都中汇广场、鄂尔多斯广场、烟台蓝色智谷广场、鄂尔多斯装备制造基地等。

3. 公共服务

酒泉市人民医院、兰州大学第二医院、泰安市人民医院、郑州大学第一附属医院、皖南医学院附属医院、深圳龙华区职业技术学校、昆明医学院呈贡学院、深圳罗湖区政务服务中心、酒泉城市博物馆、珠海九洲港客运港等。

酒泉市人民医院

珠海九洲港客运港

4. 金融电信

深圳招商银行大厦、国家开发银行河南省分行新办公大楼、中国民生银行昆明总部办公大楼、中国光大银行佛山分行办公大楼中国工商银行、云南省分行南市区支行办公楼、宁夏银行银川新市区支行办公大楼、上海证券交易所大楼、湖南移动枢纽大楼、宁夏通信管理局大楼、中国电信深圳信息枢纽大厦等。

五、冠泰装饰集团——企业慈善篇

当今社会是一个人类生态组织系统，企业组织是这个大系统里面的一部分，企业的生存与发展和社会环境息息相关。企业属于社会大众群体的组织，理所当然，企业担当的责任就是社会担当的责任的一种重要体现。

冠泰装饰集团作为社会企业组织，时刻不忘回馈社会大家庭和感恩祖国母亲，我们坚守初心、践行责任、诚信经营、依法纳税，为社会提供众多就业岗位，同时积极参与慈善公益活动，传播博爱文化的正能量，倡导"冠泰人"等志同道合人士参与慈善公益活动，为各种自然灾难与人民灾难提供人道主义援助，为中国慈善公益事业的发展贡献力量。

冠泰装饰集团于2016年3月8日设立"冠泰慈善基金"，基金秉承"冠以安泰·奉献爱心"的理念，组织与参加了多次慈善公益活动，努力为社会贡献自己的力量。冠泰慈善基金自成立以来，组织集团员工前往茂名信宜"5·20"特大自然灾害灾区现场进行捐款及慰问父老乡亲工作、爱心之行——走进深圳华阳特殊儿童康复中心活动、援助湖北部分疫情重灾区城市工作、向河南部分防洪灾区城市捐赠物资、援助茂名市家乡抗疫物资，以及为家乡的教育事业提供力所能及的捐款、捐资等慈善公益活动，倡导"冠泰人"等志同道合人士参与慈善公益活动，为各种自然灾难与人民灾难提供人道主义援助，努力为中国慈善公益事业的发展贡献自己的力量。

红色基因扎根沂蒙沃土，深耕齐鲁成就区域强企

——记山东天元装饰工程有限公司

在临沂，这片拥有千年历史和红色文明交织的沃土上，曾经走出了书圣王羲之、智圣诸葛亮、算圣刘洪、大书法家颜真卿、大思想家曾子、荀子等历史名人；在抗日战争、解放战争时期，沂蒙山革命根据地成为三大革命根据地之一，诞生了伟大的沂蒙精神；现在，临沂已发展成为中国"物流之都""商城之都"，素有"南义乌北临沂"之称。就是在这样一个人杰地灵的地方，山东天元装饰工程有限公司（以下简称"天元装饰"）历经风雨磨砺，在各级协会和领导的大力支持和帮助下，抓住了时代发展的脉搏，在发展上，实现了从单一薄弱到综合并进的华丽转身；在管理上，实现了从松散粗放到精细标准的顺势转变；在品牌上，实现了从低端竞争到高端经营的完美转型。就这样一路走来，已发展成为齐鲁大地上最耀眼的一颗新星！

一、企业简介

从沂蒙山区走出的天元装饰，隶属中国500强企业天元建设集团，为中国建筑装饰行业副会长单位，国家级高新技术企业，是一家集设计、幕墙施工、装饰施工、门窗生产、石材加工和专业家装等于一体的综合性装饰企业，拥有建筑幕墙工程专业承包壹级、设计甲级，建筑装修装饰工程专业承包壹级、设计甲级等十余项资质。连续多年荣膺中国建筑幕墙行业100强企业、中国建筑装饰行业百强企业、中国建筑装饰设计机构五十强企业、中国建筑装饰行业企业信用等级AAA级企业。

二、发展历程

"不忘初心，方得始终"，浩浩渺渺的沂河之水滋养、见证了天元装饰的成长壮大，我们也一直为这座家乡城市的建设勠力前行。从天元商务大厦到临沂文化广场，从临沂市书圣阁到临沂市人民医院，从临沂市民中心到临沂商城会展中心，一个个精品工程的塑造，提升了城市品位，打造了临沂形象，确立了天元装饰在临沂的领头羊地位，使其成为拉动临沂建筑装饰行业发展的龙头企业。在山东省内，公司不断完善市场布局，施工区域全面开花，青岛邮轮母港、济南汉峪金谷、烟台蓝色智谷、日照安泰大厦、滨州市人民医院、东营孙武湖大酒店等，一个又一个经典工程的塑造，极大地提高了天元装饰在行业内的知名度和美誉度，公司已发展为省内最优秀的建筑装饰企业之一。为加快发展步伐，天元装饰积极走出沂蒙，转战全国，在中国的大江南北留下了天元人不畏艰难、致力发展的坚实脚步，唐山南湖会展中心、南京万达茂、邢台人民医院、北川影剧院等一个个标志性工程的承建，打造了天元装饰在全国的良好品牌形象。

三、特色管理

质量就是市场，质量就是生命。在企业不断

发展的进程中，公司始终坚持"塑精品，创一流"的质量方针，高度重视培育和发扬工匠精神，矢志不渝推行标准化管理体系，形成了天元装饰独有的"两化管理"特色体系，工程质量显著跃升，从国家到地方一系列的评奖创优中，我们的工程质量一直位居前茅，得到了协会领导的一致认可和高度评价。今天，以质量促发展仍是公司发展路上不懈的追求，一座座享誉海内外的精品工程，将不断开创公司发展的新局面，开启公司发展的新征程，为公司实现高质量、高品质发展奠定坚实的基础。

创新驱动是企业发展的动力源泉，面对建筑装饰市场日益激烈的竞争局面以及建筑装饰产业转型升级的发展趋势，天元装饰审时度势，加快创新发展步伐，创新驱动发展的模式正悄然形成。依托浓郁的创新氛围，公司创新硕果累累，先后获得专利200余项，被评为国家知识产权优势企业，已连续十三年荣获国家级QC一等奖。BIM技术在设计和施工中的运用，也使得我们在高大难，特别是异形复杂工程的施工中得心应手，形成了我们的优势和特色。这一个个创新成果的取得，犹如国之重器，成为护航企业不断前行，实现跨越发展的不竭动力。特别是公司成功获得国家级高新技术企业认定，为我们加快创新步伐、实现创新成果的转化提供了新的契机。我们也充分认识到，随着建筑装饰行业转型发展进程的加快，只有加强科技创新力度，加快新技术、新工艺、新成果的运用，增强企业的竞争力和软实力，才能确保公司始终走在行业发展的前列。

四、党建引领

天元装饰一贯重视党建工作和思想政治工作，始终坚持以"听党话，跟党走"为宗旨，以"党建引领，文化筑基"为方针，以"强党建、争先锋、促发展"为目标，以打造"红色铸魂，匠心筑梦"党建品牌为抓手，充分发挥党组织的政治核心作用、战斗堡垒作用和党员的先锋模范作用，不断创新工作思路，推进党建工作与生产经营深度融合，为企业持续健康稳定发展提供了坚强的政治保障。

综合运用"一网、一报、一刊、一微信"作为传播载体，构建立体化宣传阵地，为企业文化宣贯"搭台唱戏"，大力开展走廊文化、工地文化建设，积极讲好"天元故事"。实施"关爱行动"，建立"五必谈、五必访"关怀帮扶机制；积极开展夏送清凉、冬送温暖、扶贫济困等活动；每年中秋、春节等传统节日，公司领导坚持慰问一线员工，形成节日慰问传统，营造"天元大家庭"的浓厚文化氛围。在项目一线推行"一线三红"组织建设，打造"红色工地"、建设"红色车间"、培育"红色工匠"。持续开展"廉洁文化进项目"活动，成为企业发展鲜明底色。倡导"实、省、快、简、和"的工作作风，积极组织开展"作风整顿月"活动，祛除不良工作思想，营造干事创业良好氛围。

五、企业文化

十年发展靠制度，百年发展靠文化。作为天元人，始终不渝地奉行"立业报国为本，管理以人为本，服务诚信为本"的核心理念，矢志不移地履行"塑时代精品，建美好家园"的发展宗旨，坚持不懈地实现"建自强和谐天元，筑百年长青基业"的奋斗目标，共同遵从践行"使企业发展更快，对社会贡献更大，让员工收入更高"的价值观，使企业、社会、员工三者利益高度统一，共同发展，和谐共荣。发扬"自强、创新、诚信、奉献"的企业精神，弘扬"唯实，争先"的天元作风，树立了"以人品留用人才，凭能力选拔人才，按制度培养人才，用文化汇聚人才"的用人观，遵守"企业即人，企业为人，企业靠人，企业育人"的管理思想，实施"尊重人、理解人、善待人、塑造人"的人才工程，让员工处处感受到天元大家庭的温暖。

六、取得成效

"深耕临沂，做强山东，布局全国，拓展海外"是天元独有的市场开拓理念。作为一家大型设计与施工企业，在临沂，我们实现了地标性、形象性工程承接率90%以上，奠定了在全市建筑装饰行业的龙头地位；在省内，我们实现了17地市全覆盖，占据了省内市场的一席之地；在省外，我们在北京、天津、河北、江苏、四川、重庆等地也打开了局面、站稳了脚跟；在海外，在国家"一带一路"的带动下，中非、西非、中东、东南亚等市场接连实现突破，项目承接量不断攀升；在高端市场，公司与各大企业集团建立了良好的合作关系，为公司走向更高端市场奠定了坚实基础。目前我们已经成长为省内前列、国内知名的建筑装饰企业，并向着国内一流的目标前进。

四秩风雨兼程，四秩风华正茂，今年是中国建筑装饰协会成立40周年，从改革开放初期到新时代新征程，在这个波澜壮阔的伟大历史进程中，建筑装饰行业随着时代发展的脉搏从小到大、从弱到强，装饰人激流勇进、踔厉奋发，不断书写行业高质量发展锦绣篇章，不断满足人民群众日益增长的美好生活需要，不断创造中国奇迹。在这个伟大而孕育无限可能的时代，天元装饰大发展的愿景已经展开，打造天元知名品牌，迈向一流装饰企业的伟大征途已经开启。我们也将与所有建筑装饰人一起，奋勇拼搏、再立新功，为中国建筑装饰行业在社会主义发展的新时期实现更大跨越谱写新的华章！

精益领航，文化致远

——记华鼎建筑装饰工程有限公司

高质量发展是全面建设社会主义现代化国家的首要任务，也是企业发展的必然要求。成立近四十年来，华鼎建筑装饰工程有限公司（以下简称"华鼎装饰"）始终紧跟党中央决策部署，加快创新步伐，提升运营质量，形成"精益创价值，品质筑未来"的企业品格，在"精益"文化指引下，企业改革发展和党的建设不断取得新成绩，并获得全国文明单位、上海市党建示范点、上海市五一劳动奖状等称号。

一、筑牢思想根基，擦亮高质量发展政治底色

1. 坚持思想铸魂

我们坚持学深悟透党的二十大精神，时刻把握好习近平新时代中国特色社会主义思想的世界观和方法论，不断完善党委理论学习中心组、第一议题等制度，持续丰富专家教学、班子领学、现场研学等形式，带领广大职工深刻领会党的创新理论，在新征程上坚定理想信念。

2. 坚持紧扣主题

在建筑行业发生深刻变革、"双碳"与数字化加速落地等发展趋势下，我们将思想和行动统一到中央的科学判断上来，通过工作会部署、优化"一利五率"考核、开展"强基础、求实效"专项行动等措施，运用好稳经济政策，追求质的有效提升和量的合理增长。

3. 坚持落实战略

我们制定了"建设一流装饰总承包企业"的发展战略，力争实现规模"翻双倍"、效益大提升。进入"十四五"以来，公司利润总额大幅提升，全员劳动生产率稳步增长，科研投入比例居于行业前列，企业发展基础更实、成色更足、质效更优。

二、践行使命担当，书写高质量发展崭新篇章

近40年来，企业坚持生产管理精细、产品质量精美、成本控制精准，"精益"理念在上海中心、恒隆广场等优质工程中得到体现，华鼎装饰积极践行人民城市重要理念，加快推动绿色低碳、零碳、负碳等装饰技术研发，推广应用绿色建造技术，为市场提供节能节材、健康监测、污染控制等绿色装饰解决方案，特别是公司首个装饰总承包旧改项目——上海影城修缮项目，成为企业转型发展的重要标志。

1. 管理创新提升管理效能

上海影城项目将精益作为发展追求，项目部积极践行"精益"管理模式，作为装饰总承包项目与传统管理思路截然不同，要求项目团队更加注重资源统筹协调、管理制度建立和工作面移交，项目团队做好管理思路转变，以总进度计划、三级节点为基础，分阶段进行推进，做好各作业面

协调，捋顺生产、商务等6个履约流程，抓牢策划、采购、结算等13个关键控制点，把员工的创造性进一步激发出来。项目部推行"党员进班组"和"管理人员进班组"的"两进班组"创新活动，充分发挥好指导帮扶、协调保障、补位纠偏等作用，管理引导协作队伍最大限度释放潜能，为项目生产贡献力量。

2. 人才培养助推项目高质量建设

项目党支部以党建凝聚人才、培育人才，针对项目经理、专业人才和青年员工开展分层次专题培训，通过集中培训、复合轮岗、导师带教等多种方式，全面助力青年员工成长成才。项目部坚持用好技能大赛活动载体，组建劳模工匠人才工作室，参加公司劳动技能竞赛获得一等奖，加强对优秀选手的表彰奖励、发放奖金和奖状，营造"传承工匠精神，争当技能标兵"和"尊重技能、关注技能、学习技能"的良好氛围。

3. 科技赋能助力价值创造

项目团队将企业创新文化与生产经营相结合，以创新驱动发展，通过探索新工艺、加强创新交流，助力项目提质增效。0号厅结构形式与管线排布错综复杂，在电影放映时，灯光会温柔地退居幕后，营造出沉浸式的观影体验，实现不规则的波浪造型是需要解决的首要问题，项目团队通过3D软件进行模型推敲，最终将铝板的造型切割成多个部分，形成独立模块，通过不同的组合排列，既达到了设计效果，也最大限度提升了安装质量和效率。

三、履行社会责任，拓展高质量发展幸福空间

1. 用心融入属地发展

近40年来，华鼎装饰党委始终贯彻落实上级战略布局，持续深耕长三角，聚焦区域化、属地化发展，深度融入上海城市建设，以"精益"党建为抓手，主动对接属地党工团组织，通过共搭平台、共享资源、共创先锋、共谋发展，推动党建工作与中心工作从"单打独斗"走向"相融共生"。公司连续5年承办属地劳动技能竞赛，以"鼎力"志愿服务品牌为依托，开展捐赠物资、修缮设施、关爱儿童等活动，助力营造有温度的营商环境，持续擦亮企业品牌名片。

2. 用情服务职工群众

坚持以人民为中心的发展思想，用心、用情、用力解决群众的困难事、烦心事、揪心事，完善工会组织，建立职工之家、职工书屋、劳模工匠创新工作室，形成每年度职工代表提案并落实，打造善谋善为的民主之家。常态化开展"节日送温暖""夏日送清凉"系列活动，做好员工生日及节日慰问，定期开展健康义诊，提供专业咨询，为职工购买大病医疗保险，打造以人为本的温暖之家。注重关心职工发展，通过入职伊始新职工培训到内部传帮带、专项培训、劳动竞赛、技术比武等活动，为职工搭建成长成才平台，鼓励职工练就过硬的岗位技能，着力建设一支素质优良、业务精通、求实创新的人才队伍，打造成长成才的学习之家。

3. 忠实践行社会责任

临危受命，完成雷神山医院、上海隔离点建设任务，以实际行动守护人民平安。积极参与甘肃三县、西藏亚东、云南昭通等扶贫工作，高质量完成赣州西站建设，帮助981万赣南老区人民圆高铁梦，用实际行动服务乡村振兴。持续开展关爱留守儿童、残障儿童系列活动，走进贵州五里小学送去文具物资，在重阳佳节集中看望属地孤寡、留守老人等志愿活动，树立有情有爱、温暖可靠的企业形象。

我们将踔厉奋发、勇毅前行，用勤劳和汗水谱写新的创业史，朝着建设一流装饰总承包企业不断奋进。

以一流担当创一流企业，矗立于津沽大地的装饰集团公司

——记天津华惠安信装饰工程有限公司

华惠安信公司作为中国建筑装饰协会副会长单位，始终紧扣时代脉搏，勇立行业潮头，以"精于心·立于信"践行国企担当，从1985~2024年，在近40年的发展历程中，始终秉持"事不避难、迎难而上、追求卓越"的奋斗者精神，与中国建筑装饰协会共同见证与推动装饰行业的伟大变革、迭代发展。

一、胸怀——国之大者

华惠安信公司于1985年诞生于改革开放的黄金时代，2000年创建"华惠安信"品牌，始终以国家队定位，诠释优质服务商文化，做国家战略的担当者。

华惠安信公司主动融入"双城双港、相向拓展、一轴两带、南北生态"滨海新区总体战略，全领域的优质工程接连落地，成为"天津装饰"服务的金字招牌，逐渐蝶变成天津装饰行业领军企业。

全力服务京津冀协同发展国家战略，成立雄安事业部，从深耕"天津经验"走向谋划全国布局，以北京大兴国际机场等"超级"工程的打造为契机，拓展延伸发展新格局。

积极投身"一带一路"国家战略，承建丝绸之路经济带上又一重要交通枢纽，为促进区域经济社会高质量发展再添新功。

找准服务成渝地区双城经济圈战略定位，成立西南事业部，贯通"一圈两城"，以工程建设践行新发展理念，奋力打造外埠市场新的增长极和动力源。

除此之外，华惠安信公司"筑"力服务海南全面深化改革开放及自贸港建设国家战略，点亮山东、新疆、安徽、江西、内蒙古等地区的城市之光；贯彻创新、协调、绿色、开放、共享的新发展理念，持续探索城市更新领域发展路径。展望未来，华惠安信公司将加快产业现代化步伐，积极服务长江经济带发展、长江三角洲区域一体化发展、粤港澳大湾区建设等重大国家战略，一张蓝图绘到底，躬身投入于中国城市建设的时代征程。

二、聚焦"差异化"发展新引擎

华惠安信公司在行业发展的大趋势中，始终找准企业坐标，聚焦硬"优势"、把准新"需求"、立足产业转型升级的关键，主动作为，持续拓新。"建筑装饰工程施工""建筑装饰工程设计""建筑装饰部品制造与安装""集成家居一体化"四大经营板块的全面集成与协同，助力企业高效运营。

发挥装饰全产业链协同联动战略优势，全力

为客户创造更大价值。旗下建材科技公司主营装饰部品制造与安装，为全国首批建筑装饰行业产业化实验基地之一；旗下"天住美居"+"住空间"家装"双品牌"战略加持，自有"欧莱瑞缔"高端家居品牌，深度丰富产品矩阵层次，以产业融合助力百姓美好生活；下辖建筑装饰设计研究院，拥有装饰与幕墙两大专业团队，以BIM与创新理念主持参与编制多项国家、地方及行业标准，技术研发能力处于行业领先地位。装配化、信息化、标准化、绿色化、设计施工一体化的装饰全产业链协同联动、深度融合，助力公司走向具备核心影响力的建筑装饰集团。

传承"古文物修缮与改造"竞争优势，保存城市历史与文脉。承建多项全国重点及市重点文物保护单位、历史风貌建筑的修缮与保护工作，坚持"以匠人之心、琢时光之影"助力延续历史记忆，打造亮丽城市名片。荣获"中国建筑工程鲁班奖"10余项、"国家优质工程奖"8项、"全国建筑工程装饰奖"50余项、"天津市海河杯奖"近100项。

三、厚植"高质量、可持续"发展沃土

提升并深耕传统领域、培育壮大新兴领域、提前谋划未来领域。致力于拓展多元化新业态、构建多维化发展新格局。业务板块涉及机场航站楼、轨道交通、医疗康养、教育文化、酒店住宅及商业综合体、政府机关、工商业、金融业、文保建筑、体育、卫生、教育等全领域，以"档次高，规模大，地位重，影响广"的地标级工程，打造全国知名装饰企业。

践行"国家队"使命，争当社会责任最活跃的主力军。以高标准、可持续惠民生为目标，承建"夏季达沃斯论坛"主会场；作为独家供应商助阵第十三届全运会；打造民生保障住房与康养社区等惠民工程；在抗击疫情中参建市委党校、海河医院隔离点改造；在汶川地震等抗震救灾及抗洪抢险中践行"人民至上、生命至上"的国企担当。始终以履行社会责任、关注民生福祉为己任，赢得社会各界的良好口碑和广泛赞誉。

以"会"为媒，共赢未来。华惠安信公司的企业愿景是打造建筑装饰集团；发展目标与经营方向是深耕本地、培育京津冀、辐射全国、涉足海外。在未来的征途中，我们将始终依托自身实力及行业影响力，发挥资质业绩及产业链优势，以建筑之"华""惠"企利民，以"安"如泰山之"信"履约，诠释老牌国有企业的使命与担当，诚邀各位行业精英携手共创未来，共同谱写装饰行业更加壮美的华丽篇章。

从优秀到卓越

——武汉建工华达的创新发展历程

自1996年启航,武汉建工华达建筑装饰设计工程有限公司(以下简称"公司")在时代的浪潮中乘风破浪、砥砺前行,以其独特的魅力和坚定的步伐,书写了一段建筑装饰行业的传奇。从中外三方合资到全民营企业,再到混合所有制改革,现在隶属于武汉城市建设集团,是武汉建工集团下属专业从事建筑装饰的企业。不忘初心,历久弥坚,公司始终站在行业的前沿,引领着建筑装饰行业的发展方向。

一、与时俱进,成就蜕变

自1996年成立之初,武汉建工华达建筑装饰设计工程有限公司便展现出其行业领导者的风范。作为新加坡、中国香港和中国内地三方合资企业,公司通过引进国际先进的设计理念和施工技术,推动了武汉乃至整个华中地区建筑装饰行业的发展,为区域行业的发展注入了新的活力。公司承接的武汉招银大厦和武汉建银大厦均荣获了建设部颁发的建筑行业最高荣誉"鲁班奖"(参建奖)。尤其是武汉建银大厦,是当时全国银行系统最高楼和武汉市的地标性建筑,武汉市的样板工程充分展示了公司的施工能力。公司在这一时期的成就不仅在于其承接的项目规模和影响力,更在于其对行业标准的提升和区域发展的推动,引领武汉建筑装饰行业发生了一次重大飞跃。

2014年,随着外资撤股,公司转型为全民营企业。这一时期,专注于内功修炼,深入研究工艺,取得了一系列荣誉。2014年,公司承接了武汉国博洲际酒店600余间客房装饰任务,该工程大量运用了标准化装配式施工,通过对该项目的装配式施工的总结,公司开始了对装配式装修的标准化研究。公司陆续研发了吊顶模块组合、调平结构装置、灯槽模块、软硬包饰面、踢脚线模块、工艺槽结构等6大系列标准化装配式工艺。2018年,承建的武汉建工科技中心大厦内装工程,将装饰施工方案融入建筑全生命周期的考量之中。工程核心筒墙面装饰石材采用标准化构件背栓工艺施工,并且将天然石材改变成石材薄板复合板,降低了整体饰面荷载、解决了大板块石材翘曲度问题、同时降低了材料损耗率,也减少了对天然资源的消耗。一楼大堂的墙面石材采用"镜像对花"工艺,经过精心排版,让纹理呈现出连串菱形的效果,呼应了业主单位的品牌Logo(三个串连的菱形),打动评委专家,再次荣获"鲁班奖"(参建奖),展现了公司在行业中的持续领先地位。

面对国家推行的混合所有制改革和建筑行业EPC模式,公司凭借过硬的工艺水平和市场口碑,在2019年底成功完成混合所有制企业改革,成为武汉建工集团旗下专业从事建筑装饰的企业。这不仅是对公司实力的认可,更是对企业发展的一次重大机遇,公司从此又开启了一页崭新的篇章。

二、质量第一，稳健发展

武汉建工华达建筑装饰设计工程有限公司始终秉承"质量第一、稳健发展"的理念，并将这一理念贯穿于从设计、施工到管理的每一个环节，锻造了质量过硬的铁军口碑。而从内在坚持的发展理念到外现的以质取胜的优势，公司则是通过稳定而专业的项目管理团队、传帮带模式的传承以及致力于工艺追求的工作习惯来实现的。

稳定的团队是公司能够持续提供高质量工程的重要保障。项目管理团队在施工过程中起着关键作用，他们不仅负责监督工程进度和质量，还负责协调各方面的资源，以确保项目能够按时完成以及好的工艺能够得到保留和传承。

公司坚持传帮带的培养模式，通过经验丰富的老员工与新员工之间的密切合作，确保知识和技能的传承。这种模式不仅有助于新员工快速成长，也有助于保持人才队伍的稳定性和连续性。

公司对工艺的追求从未停止。公司不仅注重施工过程中的每一个细节，还致力于研究和应用新技术、新材料、新工艺，以提升工程质量。只有通过不断地技术创新和工艺改进，才能创建出真正优质的工程。

三、责任担当，推动进步

企业之于社会和行业的关系，应该是一种生态平衡关系，企业从周围环境汲取营养，反过来又回报社会，推动行业发展，从而与社会和行业形成生生不息的和谐关系。武汉建工华达建筑装饰设计工程有限公司多年以来一直坚持积极响应政府政策，参加协会活动，不计回报地参与重大工程建设，以实际行动反哺着我们赖以生存的环境。

公司目前是中国建筑装饰协会常务理事单位，幕墙分会副会长单位，湖北省建筑装饰协会副会长单位，武汉建筑装饰协会副会长单位，公装分会主任单位，《中国建筑装饰装修》杂志主编单位，中国建筑装饰百强企业，湖北省建筑业重点培育企业，多次名列湖北省建筑装饰业十强企业，荣获湖北省守合同重信用企业，AAA级企业信用，并荣获中国建筑装饰协会颁发的中国建筑装饰三十年优秀装饰施工企业和优秀幕墙施工企业。面对2020年新冠疫情的挑战，公司临危受命，抢建火神山医院、改装医院隔离区、建设方舱医院，改造疑似患者隔离点，以实际行动展现了召必战、战必胜的铁军风采和卓越实力，并积极向韩红基金会等公益组织捐款捐物，彰显了企业强烈的社会责任感和担当精神。

四、科技领航，创新未来

公司多年以来不忘匠心，紧抓智能建造的发展机遇，孜孜不倦地追求技术革新，成功实现科技转型，被认定为国家高新技术企业和湖北省创新型中小企业，展现了在科技创新领域的领导力。公司坚持研发课题与工程现场实际难题相结合，直击工程建设中的难题，真正地实现了科研工作为现场服务。近年来，每年专利申请授权数量稳定保持10项以上，为施工质量提升和技术创新工作提供了强大的动力。

2019年，公司承接的贵阳龙洞堡机场三期扩建工程运用了"大跨度弧形曲面蜂窝铝板吊顶施工技术"等10多项新材料、新工艺、新技术，成功地在14个月的总工期内完成了大型国际机场5万平方米的室内装饰，其中还包含78000平方米高空间、大跨度曲面吊顶的装饰。最终，该项目建筑装饰装配率达到93.5%，一举夺得2023年度中国建筑装饰行业科学技术奖。

公司积极参与《新时代中国建筑装饰业高质量发展指导意见》的编写工作，为行业发展建言献策，旨在推动全行业全产业链可持续地发展。

五、领域中华，达观天下

"华达装饰、领域中华、达观天下"，这是公司成立之初，创始人对企业发展寄予的愿景。近年来，公司正在"立足武汉、深耕湖北、走向全国"的发展战略的指引下，不断扩展业务版图，承建的工程遍布北京、上海、广东、海南、山东、江苏、福建、四川、贵州、河南等各地。工程类型包括国际机场航站楼、五星级宾馆、各类金融机构、大型住宅小区、高档会所、机关院校、大型商场、大型影剧院、大型医院、5A甲级写字楼等，公司在各行业领域均有深度拓展。武汉"金融一条街"沿线的招商银行大楼、中国银行大楼、建设银行大楼、人民银行营业管理部大楼、中信银行大楼、农业银行大楼、武汉信合大楼等室内装饰工程均由公司倾力打造。此外，公司还积累了万科、保利、华润、招商、新世界、金科、中铁置业、中信泰富、融科、香港置地等一大批知名房地产客户。

公司一贯以"客户信赖、员工自豪、业界尊敬、社会认可"为目标，以信誉为前提，以质量为保障，以管理为核心，以科技为动力，依托严格的流程管理，稳定的能工巧匠队伍，精湛的工艺技术，不断引进吸收新技术、新材料、新工艺、新设备，在激烈的市场竞争中，践行"质量第一，稳健发展"的经营理念，继续为我国建筑装饰行业的发展披荆斩棘、克难制胜！

2023年度全装修产业与装配式装修智造发展论坛专题演讲

贵阳龙洞堡机场三期扩建工程

引领行业创新，铸就企业标杆

——中国装饰股份有限公司的传承与探索

中国装饰股份有限公司（以下简称"中国装饰"），作为改革开放宏伟浪潮中的先锋，以其40年的深厚积淀，不仅见证了中国建筑装饰行业的波澜壮阔，更是这一领域励精图治发展的真实写照。40年的风雨兼程，中国装饰从改革开放初期的成立到新世纪的成长壮大，走过了不平凡的历程。2024年，在这个新中国成立75周年和"十四五"规划目标任务关键一年的重要时间节点上，中国装饰以"创新行业模式，引领绿色发展，装饰美好生活"为企业使命，紧密结合国家发展新质生产力战略，致力于走一条符合市场需求、彰显公司特色、聚力创新创造的高质量发展道路。

中国装饰在新时代背景下，积极响应国家"十四五"规划和2035年远景目标纲要，通过科技创新和产业创新，推动行业高质量发展。公司董事长辛建林强调，中国装饰要深刻理解新质生产力的内涵，将其融入公司经营管理中，以科技创新促进产业创新，加快培育发展新质生产力，集中精力推动行业高质量发展，不断塑造发展新动能、新优势。

在坚持做精做深传统装饰装修业务的同时，中国装饰积极向"工业化、数字化、产品化、标准化、部件化"方向转型，与国家推动新产业、新模式、新动能发展的指导思想相契合。中国装饰在新时代的征程上，将继续承载时代使命，以披荆斩棘之势冲破行业固有樊篱，开拓更为广阔的发展空间，并以"超越自我、追求卓越"的奋进精神，紧跟时代步伐，致力成为我国建筑装饰

中国装饰华东总部

行业的引领者和发展者。

一、四十年匠心铸辉煌 战略变革启新程

中国装饰成立于1984年，是国内最早一批具有室内外建筑装饰施工一级和建筑装饰设计甲级资质的大型、高级精品装饰装修企业，是以建筑装饰为主，多元化经营，大型跨地区、跨行业的数字化装配式建造的股份制装饰装修骨干企业。

经过多年的积累，中国装饰现具备建筑装修装饰工程专业承包壹级、建筑装饰工程设计甲级、展览陈列工程设计施工一体化一级、展览工程一级、博物馆陈列展览设计甲级、博物馆陈列展览施工一级以及建筑幕墙、电子与智能化、建筑机电安装、钢结构、古建筑、建筑工程施工总承包、特种工程（结构补强）等专业资质，具有完成星级酒店、航站空间、科博展馆、公共场馆、高端餐饮、商业空间、办公空间、医疗工程、高档住宅等大型综合建筑的装饰装修设计与施工能力。

中国装饰秉持践行"品格赢得尊重，品质提升幸福，品牌创造价值"的企业价值观，凭借强大的专业实力和创新能力始终处于建筑装饰行业领先地位。经过多年的发展壮大，中国装饰连续被评为"中国建筑装饰行业百强企业""全国建筑工程装饰奖明星企业""重质量守信用企业""中国质量诚信AAA级信用企业""3·15诚信体系单位"以及"国家高新技术企业"等。在项目建设过程中，中国装饰积累了雄厚的技术实力和大量优秀案例，其中诸多高端精品项目摘取了国家级或省市级专业奖项，如鲁班奖、中国建筑工程装饰奖、全国建筑装饰行业科技示范工程奖等。

跨入21世纪，中国装饰参与承建的项目更是获誉无数。据统计，2001～2024年，公司共获得国优施工奖、国优设计奖、北京市优施工奖、北京市优设计奖、省级优质工程奖、科技示范工程奖、全国科技创新成果奖、省级科技创新成果奖以及其他设计奖项等共计百余项。作为业内设计生产施工一体化综合性龙头企业，中国装饰以建筑为载体打造出无数凝结匠心之作，代表性项目有故宫建福宫、天安门广场LED显示系统、北京饭店、北京会议中心、W酒店、北京淮扬府、扬州迎宾馆、扬州瘦西湖虹桥温泉酒店、街南书屋、中国移动国际信息港、哈电集团、中国医科大学附属盛京医院、工商银行总部、中国工业博物馆、国家电网等。

种种殊荣不仅是对过往成就的肯定，也是对未来发展的激励。中国装饰四十年如一日，勤恳耕耘，以开放的心态迎接变革，以创新的行动引领未来。中国装饰将继续保持这一优良传统，以高质量发展为目标，与国家战略同频共振。

二、科创聚焦新动力，培育增长新引擎

我国将创新置于国家发展核心位置，鼓励企业作为创新的主体，通过技术研发和创新活动，推动产业升级和经济结构优化。同时，企业的创新发展理念是国家战略部署的重要组成部分，两者相辅相成。中国装饰将科创工作提升至企业战略高度，持续优化和扩展数字业务模块，将科技创新根植于企业各个环节，加大科研投入与开发力度，促进科创工作聚焦提速。经统计，中国装饰已累计获得国家知识产权236项，其中计算机软件著作权46项、发明专利10项、实用新型专利166项、外观设计专利14项。从2017年开始，中国装饰连续7年获得"高新技术企业"认定，并于近年接连荣获"北京市创新型中小企业""北京市专精特新中小企业"认定。

公司确立"掌握技术和科学两条线"为科创工作指导思想，"坚持技术积累和科技创新同步、技术服务与成果转化并行、社会效益与经济效益兼顾"为科创工作指导原则，"为企业管理、创新提供科技引领和技术支持，为企业发展培育新的增长点、新投资和新业态"为科创工作发展目标，并明确以"信息化、工业化、智能化、绿色化"为技术研究和开发主要工作方向。

在此基础上，中国装饰董事长辛建林先生高屋建瓴地提出了六大改革创新发展理念，这些理念为公司的长远发展指明了方向。设计技术创新方面，中国装饰在转型升级中，不仅坚守设计精髓，更放眼技术创新，通过整合设计资源、与行业先锋深度合作，以及数字科技的充分应用，推动设计向三维一体化革新，融合传统与现代，将设计技术创新水平提升至新的高度。

产业结构创新方面，中国装饰正站在新的历史起点上，以国家"十四五"规划和2035年远景目标为指引，积极拥抱变革，推动产业结构的创新与升级。公司坚持以高质量发展为核心，不断探索和实践工业化、数字化、产品化、标准化、部件化的转型路径，同时坚定不移地走绿色、节能、环保、低碳的可持续发展之路。

服务模式创新方面，建筑装饰企业的核心在于提供卓越的服务体验，这不仅是公司对客户的承诺，更是企业持续成长的根本动力。中国装饰在设计和施工的每一个环节中，追求卓越，以精湛的工艺、创新的设计理念和专业的服务态度，赢得客户的深度认可和信赖。为了实现服务模式的创新，公司将不断革新思维，紧密围绕市场需求，深入挖掘客户的潜在需求和痛点，不断巩固公司与客户之间的长期合作关系，持续推动服务流程的优化和服务品质的提升。

管理思路创新方面，在数字化转型的浪潮中，中国装饰正努力通过创新管理理念、建立完善的制度体系、提升业务标准和加强流程管控，以及利用信息技术，推进管理智能化，打造先进的数字化管理平台。这标志着公司正从粗放型管理向精细化、智能化管理转型，以更精准地捕捉市场动态和客户需求，增强市场竞争力。公司的战略视野广阔，旨在实现管理质量的全面提升，立志成为中国建筑装饰行业的专业标杆和创新先锋。

品牌质量创新方面，中国装饰，四十年磨一剑，以其深厚的历史积淀和卓越的品牌光芒，站在新时代的起点上。公司通过明确的战略规划、持续的高品质追求和全方位的品牌传播，赋予这一传统品牌以新的生命力。公司的战略目标是将中国装饰打造成为推动行业发展的创新力量，通过数字化转型、智能科技研发和装配式一体化的前瞻布局，构建起具有核心竞争力的大型企业品牌形象。公司致力于实现"中国装饰、装饰中国"的宏伟愿景，为人民的美好生活提供高质量的全产业链产品和服务，成就一个代表中国装饰行业创新与实力的领军品牌。

人才培训创新方面，中国装饰正通过前瞻性的横向战略布局，深入生态环境、智能建造、装配式一体化和绿色新能源材料等关键领域，积极培育与产业发展同步的青年人才队伍，全面提升人才的数量与素质。

三、发展新质生产力，数实融合创新高

党的二十大报告指出，加快发展数字经济，促进数字经济和实体经济深度融合，打造具有国际竞争力的数字产业集群，为数字经济发展指明了方向。中国装饰在传承中不断探索，在探索中实现突破。公司深挖中华优秀传统文化，将其精髓融入现代装饰设计之中，打造出既有传统韵味又符合现代审美的装饰风格。同时，中国装饰还积极探索绿色环保、节能减排的新路径，引领行业向可持续发展的方向迈进。

中国装饰在新的时代机遇下，以建设国内一流智能科技设计装配建造企业为出发点和落脚点，由传统业务领域向数字领域、生态领域拓展，现已形成"以建筑装饰设计与施工为核心，以数字科技为技术支撑，以职业教育为人才支撑，生态环境、智能建造、装配式一体化、绿色新能源材料四大板块齐头并进"的布局规划，横向布局中装生态环境、中装数字科技、中装智慧制造、中装智慧装备产业学院等板块，由相对单一产业向高相关多元化产业转变，打造装饰全产业链发展格局，实现产业结构优化与价值提升。在提高业务发展速度和规模的同时，公司持续推动理念转

变、制度革新、方法创新，大力推进管理思路转型，对标世界一流管理提升行动，由粗放型管理向精细化管理转变，深化改革管理流程和管控标准，加大对企业管理、信息化管理与系统体系化管理、品牌形象、企业宣传以及企业文化的建设力度，完善工程、商务、成本全过程纵向分级管控体系，实施精细化、专业化施工管理，切实提升经营管理效能。

随着全球化和信息技术的迅猛发展，数字经济已是大势所趋。作为建筑装饰行业的领军企业，中国装饰积极适应这一变革，通过创新驱动，努力成为数字经济的引领者，积极布局新产业、新业态、新模式，通过科技创新推动产业创新，催生发展新质生产力。中国装饰与扬州技师学院强强联手，在共建产业学院、打造特色产教融合基地等多方面展开深度合作，以装配式建筑研究中心作为切入点，高标准、高水平打造全国性标杆案例，着力提升学生的数字科技水平。

为促进数字技术和实体经济深度融合，中国装饰与全球先进视觉科技领创者艾迪普科技股份有限公司达成战略合作，在建筑装饰领域注入数字化新动能，以期实现习近平总书记提出的充分发挥海量数据和丰富应用场景优势，赋能传统产业转型升级，不断做大、做强、做优我国的数字经济。中国装饰还与航天筑工、上海优格、海螺新材、北新建材、中国能建、广联达等行业龙头企业建立互联互通机制，通过自我延伸及融合交流共同推动行业创新，实现高质量发展，加速数字化转型，提升企业竞争力。

四、美好空间映社会，创新价值赢未来

面对新时代的机遇与挑战，中国装饰将继续承载时代使命，围绕新的产业链，做好智慧赋能、科技赋能、数字赋能、装配赋能，不断通过教育赋能、人才驱动适应和引领新一轮科技革命和产业变革。中国装饰将以更加开放、包容和创新的态度，不断提升装饰装修品质，共同推进装饰行业的繁荣和发展，为社会各界创造更美好的空间，提供最优质、最满意的服务，创造更大的社会价值。

在发展过程中，中国装饰坚持履行企业社会责任，长期投身慈善公益事业，持续向各公益组织捐赠善款，包括北航教育基金会、北京市红十字会、北京新阳光慈善基金会、中国儿童少年基金会等，以及开展捐资助学、认领绿地、抗震救灾等活动，累计捐款额达3000余万元。

展望未来，中国装饰股份有限公司将以更加开放的姿态，更加坚定的步伐，不断超越自我，追求卓越，努力成为受人尊敬、具有国际竞争力的装饰行业创新标杆企业，为推动中国装饰行业的繁荣与发展贡献力量。

传承创新，打造行业顶尖的建筑专业化引领者

——记中建八局第二建设有限公司装饰公司

中建八局第二建设有限公司前身为西北野战军二兵团4军10师28团，先后历经兵改工、工改兵、兵又改工三次转型，现总部坐落于山东济南。公司具备"双特三甲"资质，以及多项工程承包与设计资质，并致力于打造"最有价值创造力"的城市建设综合服务商。

装饰公司隶属于中建八局二公司，成立于1993年，至今已有30余年的发展历程，坚持用匠心缔造精品，筑梦足迹遍布全国并远涉海外，已逐步成长为一家具备建筑设计、装饰装修、建筑幕墙、展览展陈、医疗净化、新能源、城市更新、文旅古建、装配式装修、河道治理、全过程咨询等全产业链为一体的装饰品牌企业，在基础设施、文体场馆、会展机场、医疗卫生、酒店办公等一系列高端领域，形成了装饰设计与施工的领先优势。

中建八局第二建设有限公司装饰公司

一、坚守初心不变

1. 追求卓越，勇立潮头

1993年，装饰公司适应时代发展大潮，在齐鲁大地应运而生；1997年取得建筑装修装饰工程专业承包壹级施工资质；2002年又取得建筑装饰专项工程设计甲级资质，发展步入正轨；2007年向建筑智能化、建筑幕墙等领域进军，确立了装饰、幕墙、智能化三大业务板块协同发展的大装饰格局；2018年起，展览展陈、文旅古建、城市更新以及新能源等新型业务齐头并进。装饰公司紧跟时代脉搏，在市场经济的大潮中不断拓展幸福空间，缔造品位饰界，已成长为中国建筑装饰行业专业化领军企业。

2. 匠心坚守，缔造精品

2001年，装饰公司参与的桂林高尔夫假日酒店项目圆满交付，并获得装饰公司成立以来的第一个鲁班奖，装饰公司品牌从此走向全国；2003年，装饰公司参与的南宁国际会展中心揽获詹天佑奖、鲁班奖、中国钢结构金奖，入选"中国新时代100大建筑"，被中国—东盟博览会选为永久会址；2008年，装饰公司承建了山东省高级人民法院综合楼外幕墙工程——工程一举获得鲁班奖、中国建筑工程装饰奖等多项国家级大奖，正式向建筑幕墙领域进军；2016年，装饰公司参加的郑州大学第一附属医院郑东新区医院获国家优质工程金奖，实现了我国医院类和装饰公司医院类优质工程金奖"零"的突破……30次摘得鲁班奖，33次获得中国建筑工程装饰奖，6次夺得詹天佑奖，37次捧得国优杯，省市级奖项数百项，被中国建筑业协会授予"创建鲁班奖工程突出贡献奖"。

二、前行铸造辉煌

1. 设计引领，价值创造

依托装饰公司专业设计院——装饰与环境设计研究院，建成覆盖室内、幕墙、医疗洁净、展陈、导向标识、机电、软装、BIM等装饰全专业"一站式"设计服务体系。多年来，高品质完成文化场馆、办公空间、医疗养老、交通枢纽、酒店会所等各类型方案深化设计和幕墙设计五百余项。

2. 高效建造，完美履约

18天完成全国最高人民法院第四巡回厅的内外装施工，获得最高人民法院领导一致好评；108天完成11万平方米济南超算中心外立面幕墙及展厅精装，刷新国内单体钢结构安装速度，展现了装配式装修的魅力，创造了"济南速度"；195天完成7万平方米的深圳外国语学校龙华校区公办部，保障了新生入学，创造了"龙华效率"；9个月完成3万平方米河南省老干部大学，被省领导称赞为"创造了河南奇迹"；17个月竣工27万平方米的经十一路安置房，践行了总理做出的"让百姓提前一年住新房"的承诺……一系列超常规工期项目的完美履约，打造了装饰公司高效建造的新名片。

三、创新专业升级

聚焦专业特色，装饰公司致力于服务国家战略、服务专业发展，致力于第二曲线打造，引领行业低碳建造，推动绿色发展。

1. 致力于服务国家战略

京津冀协同发展、长三角一体化，粤港澳大湾区、成渝地区双城经济圈、黄河流域生态保护、雄安新区建设、"一带一路"倡议……装饰公司始终坚持与国家战略同频共振，紧贴八局、二公司经营布局，相继成立8个区域经理部，全力服务区域重大战略，服务国计民生，交通、健康、国家外交形象、教育、体育、文旅、群众生活等各个层面，都烙印下装饰公司的足迹。

2. 致力于专业能力升级

高端装饰品牌能力持续突出。东盟博览会永久场馆——南宁国际会展中心、G20峰会主场馆——杭州国际博览中心、上合青岛峰会配套、重庆广阳岛国际会议中心、雄安商务服务中心等系列国际级会展会议中心的参建，装饰公司以卓越品质装饰完美空间,记录时代雄心,助力大国外交。

超高层单元体幕墙持续突破。从200米的大连朗廷酒店幕墙项目到210米的湖州南太湖新区城市CBD项目,从280米的北京新光大三期超高层单元体幕墙到318米的济南CBD中央广场18#地块,装饰公司不断刷新幕墙建设新高度,成功跻身300米以上超高层幕墙行列,实现幕墙实力的再度跃升。

3. 致力于第二曲线打造

聚焦建筑工业化升级,建成16.91万平方米的中建八局建筑科技(山东)有限公司,是局首家拓展全产业链条的子公司,为企业高质量发展提供专业支撑"引擎"。在门窗、幕墙、木制作、装配式装修四大板块搭建了一流智慧工厂管理平台,贯穿订单、设计、采购、生产、施工、运维全环节,"一站到底"地为建筑施工提供全生命周期的专业配套服务;赋能传统产业转型升级,实现智慧管理,提质增效,先后获得"国家高新技术企业"、全国"工人先锋号"、济南市"企业技术中心"等荣誉称号。

聚焦洁净、展陈、古建三大业务板块,装饰公司积极整合医疗专项九大系统、二十余专项,形成一体化专业服务体系,成立洁净与展陈事业部,相继取得展览陈列工程设计与施工一体化壹级资质、博物馆展陈专项设计甲级资质与施工壹级资质,并于江苏常州设立洁净工程设计咨询研究中心,成为行业内数量稀缺的国有承建商,是中建集团系统内首家开拓洁净业务的专业公司。相继打造了树兰(济南)国际医院、山东大学齐鲁医院、三星堆古蜀文化遗址博物馆、郑州亳都东巷等一大批医疗净化、展览展陈、文旅古建项目,以人文艺术赋能城市美好,与城市共生长。

聚焦城市能级提升。装饰公司密切关注国家城市更新政策导向与行业热点,积极参与属地城市更新规划设计、项目策划、投资运营,成立城市更新事业部,通过城市更新基础理论、技术方法以及制度创新,使城市更新工作走向科学化、常态化、系统化,相继落地上海星空之境海绵公园DBO项目、山东手造展示体验中心改造项目等,进一步优化城市公共服务功能,增强人民群众的幸福感和获得感。

四、坚定党建领航

1. 党建引领,举旗定向

装饰公司旗帜鲜明,加强党的政治建设,实现党的领导与生产经营深度融合,树牢国企党建"根""魂"优势。持续与政府部门、企事业单位等二十余家红色联盟单位开展党建联建活动,不断凝聚党建合力,助力生产经营发展;推进党建标准化及党员积分管理,进一步加强企业内部党建与各系统业务融会贯通,有效发挥党员的先锋模范作用,迸发人才活力,助推公司发展。

2. 践行责任,彰显担当

秉承"国"字头企业的责任感,帮扶商河县建设工业厂房、捐建益童读书屋、关爱孤寡老人、开展贫困儿童救助、参与郑州抢险救援、巢湖抗洪抢险、重庆洪崖洞清淤等工作,投身各地疫情防控隔离点援建,参与多地大型保障房民生工程建设,关键时刻冲得上、打得赢,以专业管理和拼搏奉献彰显央企担当。

我们相信,未来的建筑能够更绿色、更智能、更人性,为了这个愿景,八二装饰的业务领域在持续不断地精进,向着更前沿、更专业的方向拓展,引领低碳化的绿色建筑风潮,用匠心成就精品,用责任赢得信任,用创造引领时代,为建筑装饰行业的发展谱写新的篇章。

远大制造，服务全球

三十一年前，在沈阳新开河畔，一位四十出头的国企工人追逐创业的梦想，秉承"让天下真诚人前程远大"的理念，披荆斩棘、奋斗不息，缔造出沈阳远大这支传统制造业的生力军。成立于1993年的沈阳远大铝业工程有限公司是全球建筑幕墙业的领军企业，是中国幕墙企业的"标杆"。如今，沈阳远大已经成为中国改革开放的见证者、践行者和受益者，远大在祖国大地上创造辉煌，在世界舞台上挥洒光彩！

拥有梦想是一个民族复兴、一座城市崛起、一个企业壮大的力量源泉。"远大人"怀着改善人居环境、建造城市地标、实现产业报国的梦想，用拼搏与智慧创造出属于自己的精彩。在那个激情迸发的年代，远大人坚持"自主品牌、自主知识产权和自主市场营销网络"的"三自"经营方针，创造性地研发出：自然通风型（外循环）双层幕墙系统、机械通风型（内循环）双层幕墙、混合通风型（内/外循环）双层幕墙、模块化幕墙以及远大海风幕墙微通风系统等多种幕墙系列产品。1998年，沈阳远大投资建设国家合格评定认可委员会批准的全球互认的"工程实验室"，检验检测能力全面满足并符合国标、美标、英标、欧标四大标准体系。

在沈阳这座古老而现代的城市里，我们不仅看到了为梦想不懈努力的人们，更看到了一种"奋斗创新"的远大精神。走向21世纪，建筑幕墙业正式步入市场轨道，"城市现代化"与"生态人文化"成为时代主题，这也为远大人梦想的破茧而出提供了动能。1999年，沈阳远大夺得国内幕墙行业综合排名第一的桂冠。2000年起，沈阳远大开启国际化进程，成为领导中国幕墙行业走向国际市场的第一品牌。截至目前，远大已经在全球范围内开拓了以美国为中心的美洲市场，以中国为中心辐射日本、新加坡等国家的亚洲市场，以英国、德国、俄罗斯为中心的欧洲市场，以安哥拉为中心的非洲市场，以澳大利亚为中心的大洋洲市场，远大实现了全球业务和服务网络的整合、辐射功能。沈阳远大的销售网络已经覆盖全球55个国家和地区，在全球四十多个国家及地区注册成立了全资子公司，承接幕墙项目。国际化的远大以至诚专业的服务，为世界创造着更高价值。

2010年，沈阳远大以幕墙为主营业务在港交所成功独立上市，成为最具国际影响力的创业公司。时至今日，沈阳远大连续十三年获"ENR国际承包商250强"，是全球唯一入选的幕墙企业。沈阳远大是全球幕墙行业的先锋，其用不平凡的行动、坚实的脚步，创造出令世人瞩目的标志性工程，为幕墙行业树立起"远大制造"。如今，沈阳远大以6500多万平方米高品质幕墙傲立于世界，标志性建筑幕墙工程遍及五大洲，以质量和信誉赢得了世界的尊敬，不断刷新世界幕墙新高度。沈阳远大在全球范围内累计承接3000余项经典工程，其中国内2500余项，国外近600项，累计出口创汇600多亿元，累计纳税110亿元。

在以人为本、科学发展的今天，依托于得天独厚的人力资源，在人力资本的转化和升值过程中，沈阳远大坚持以人才为第一资本是可持续发展的不竭动力，以造就精英人才为企业永久的经营方略和管理第一要务。通过推进培养高层次人才的规划工程，建立后备人才梯队，为远大事业的发展开拓更广阔的空间。技术领先、研发创新，沈阳远大在中国、新加坡、瑞士、澳大利亚等全球12个区域设有研发机构，拥有研发专业人才600余人，技术研发人员1500余人，研发费用保持在收入的2.3%～3.6%，不断刷新的专利授权数字代表着沈阳远大全球领先的研发能力。2008年至今，推出的新产品超过80个，累计获得专利授权831项。

沈阳远大自诞生之日起就立足于中华民族工业的进步和壮大，倾力打造民族工业品牌。在实现自身科学运营和跨越发展的同时，扩大对外贸易优势，为国家出口创汇、增加就业，推动社会和谐发展。正是多年的沉淀与积累，沈阳远大受到党和政府以及社会的关怀和认可。党和国家各级领导多次莅临远大视察和指导工作。习近平总书记在2013年8月30日视察远大，在视察期间，他对于远大勇于走出去的战略和崇高的企业家精神给予了高度赞扬和肯定。原党中央总书记、国家主席胡锦涛同志在2008年来到远大，他饱含深情地寄语远大：坚持以质取胜的经营思路，在危机中捕获商机，在困境中开拓市场，为企业赢得更广阔的发展空间，希望远大做精、做大、做强。

文化是一个国家、一个企业的灵魂，对企业和个人的发展都具有深远的影响。习近平总书记强调，没有高度的文化自信，没有文化的繁荣兴盛，就没有中华民族伟大复兴。沈阳远大在上级党委的领导下，大力加强企业文化建设，全面提升远大的社会责任感、企业凝聚力、客户满意度。远大制定出"真实做事，诚实待人，深明事理，知行合一"的企训。远大的企业经营理念是：思想改变世界，服务创造价值。远大提出的企业人才理念是：依事看人，人才第一，核心是"尊重人才"，坚持人才是企业发展的第一战略资源和强企战略。远大提出企业文化理念：尊重、沟通、理解、融合、追求，倡导尊重劳动、尊重知识、尊重人才，努力创建宽松、平等的沟通机制，让沟通产生理解，理解创造双赢，使企业特色与员工风貌相互融合，着力培养员工奋斗进取实现理想和追求。远大制定出企业市场理念：发现客户需求，创造客户价值，提供优质服务，获得企业和客户利益的双赢。

作为建筑幕墙制造业企业，沈阳远大自成立之初就极大地重视建立生产基地的重要性。从企业角度，生产基地能够提供稳定的生产环境、降低生产成本、提高产品质量；从产业报国角度，生产基地的建设在很大程度上促进产业发展、提高社会就业率，实现远大的产业报国和社会担当。为此，沈阳远大以前瞻性的战略视野和生生不息的创新精神，全力打造现代化的多元产业格局和富有竞争力的生产体系，实现"建世界一流工厂，创国际名牌产品"的远大理想。远大工业园区，坐落于中国装备制造业基地核心重镇——沈阳经济技术开发区，总占地100万平方米（厂房50万平方米），配备国际先进自动化加工设备1100余台，每年可满足1300万平方米的用户需求。同时，远大还在上海、成都、佛山建立区域生产基地，依托于装备制造业得天独厚的技术和人才优势，为扩大现有产品的产销规模、增强研发实力、开拓国际市场、实现全球服务提供强有力的保障。

远大公司凭借精益设计、精工制作、精心施工以及完善的售后服务，赢得了政府、社会、用户的全面认可。远大总共获得了100余项中国建筑业的最高奖项——鲁班奖，也是迄今为止获此殊荣最多的幕墙企业。2012年2月14日，国家科学技术奖励大会在北京召开，"国家游泳中心（水立方）工程建造技术创新与实践"项目，获授国家科技进步一等奖。这是建筑工程行业唯一获一等奖项目，作为主要参与者的沈阳远大铝业工程有限公司则代表中国建筑装饰企业首度获奖。2024年6月，2023年度国家科学技术进步奖在北京揭晓，"上海中心大厦工程关键技术"项目获得国家科技进步二等奖。上海中心大厦，是沈阳远大作为幕墙分包单位全力参建的中国第一高楼（世界第二高楼）。国家科技进步奖是中国科技奖项的最高荣誉，远大倾情参建的经典工程能够获此殊荣是对沈阳远大铝业工程有限公司技术实力的高度肯定。

随着经济全球化和"一带一路"开放中国的进程，沈阳远大将遵循"健康共赢、铸就未来、服务全球"的发展理念，拼搏奋斗、开拓创新、与时俱进，将中国幕墙行业的发展事业推向新的高峰。面对更大的机遇与挑战，新时代的远大人将精诚团结、助力行业健康发展；恪尽职守、推动行业创新经营；遵纪守法、维护行业经营秩序。沈阳远大将以海纳百川的气魄，风雨同舟，一路前行，创造更加辉煌灿烂的明天！

山高人为峰，沈阳远大勇攀高峰，实现"远大制造、服务全球"！

江河幕墙，缔造城市建筑传奇

江河幕墙北京总部

沧海横流，历史的步伐始终浩荡向前。回望中国改革开放的壮阔历程，每道年轮都镌刻着奋斗者的足迹。江河幕墙如同一位勇敢的弄潮儿，在时代的洪流中乘风破浪，历经25载岁月，从十几个人的小团队蜕变为幕墙行业巨擘，从默默无闻到屹立行业之巅，探索出一条属于自己的发展之路。

一、时代的召唤，梦想的启航

幕墙行业作为建筑业的一个重要领域，在中国改革开放的40多年里得到了飞速发展。20世纪90年代，借着改革开放的春风，经过80年代的起步和积累阶段，中国幕墙行业发展迎来了第一个高峰期。正是这样的时代背景下，江河幕墙应运而生。

如果说改革开放以深邃的笔触描绘了中国40多年的巨变，那么江河幕墙的成长与发展便是这壮丽史诗中的一个生动而鲜活的注解。它像历史长河中的一朵浪花，见证了国家改革开放的辉煌成就与深刻变革，更以其自身的奋斗历程，为这段风起云涌的浪潮增添了一抹色彩。

1992年，邓小平视察南方谈话犹如一股东风，唤起了无数知识分子下海经商的热情。彼时，尚在东北大学求学的刘载望深受讲话精神鼓舞，敏锐地捕捉到了其中的巨大商机。1993年底，上大三的他毅然决定退学，踏上创业之路，也是这个决定让他在几年后成为江河幕墙的创始人。

1994年9月，怀揣300元钱的刘载望带着几块石材样品独闯北京，迈出了创业生涯的第一步。第二年，他在北京南三环木樨园租了一个小店面，承接大理石装修业务，这也是江河幕墙公司的雏形。第一年由于没经验亏了30多万元，资金问题导致他靠睡地板、吃方便面度过了几十天，父母知晓后请亲朋好友一起劝说他放弃，但不服输的他没有退却，反而愈挫愈勇。直到1997年，通过中标吉林交通大厦幕墙工程赚到了人生第一桶金。两年后，江河幕墙正式成立，刘载望的创业梦想终于照进了现实。

二、专业专注，快速崛起的黑马

此后十余年，在改革开放的浪潮里，江河幕墙专业专注，深耕行业，开启了高歌猛进的阶段。2001年，北京申奥成功，江河幕墙把握历史机遇，迅速实施了"聚焦"战略，精准定位大城市、大客户、大项目，并取得显著成效。这一战略被认为是江河幕墙驶上"快车道"的"里程碑"，极大地鼓舞了江河人的士气。

自2001年开始，江河幕墙用实力说话，相继在北京奥运的舞台上绽放光芒，中标并承建了包括北京奥运射击馆、排球馆、国家会议中心、青岛国际帆船中心、天津奥体中心等奥运主场馆项目的幕墙工程，以及首都国际机场3号航站楼、中央电视台总部大楼等重量级项目，犹如行业中的一匹黑马，异军突起，势如破竹。

2003年和2004年，江河幕墙的业务先后进入长三角、珠三角。凭借"聚焦"战略以及"技术、服务、品质、成本"四大领先优势，在北上广深等一线城市的中央商务区屡建奇功，中标包括中国第一高楼上海中心大厦（内幕墙）、北外滩白玉兰广场、中国国贸三期、广州东塔、广州珠江城等几百项地标性工程，以绝对领先的地位承建了大量精品工程，成为中国幕墙行业的佼佼者。

2006年底，江河幕墙中标澳门银河娱乐综合度假酒店项目，开启了国际化的步伐。随后，公司实施了"工业化、科技化、信息化、国际化"的"四化"发展战略，加速向全球幕墙领先企业的目标迈进。从中东到东南亚，从美洲到澳洲，江河幕墙的旗帜在世界各地飘扬，中标并建设了新加坡金沙娱乐城、越南万豪酒店、阿联酋阿布扎比天空塔、阿联酋阿布扎比金融中心，以及加拿大多伦多 ONE BLOOR、纽约曼哈顿 626 1st Avenue 等世界各地的地标性建筑，成为全球高端幕墙行业的璀璨明星。

2011年8月18日，十几年前那个毅然退学经商、独闯北京的创业者刘载望，在上海证券交易所敲下一记响亮的钟声，公司A股主板成功上市。从此，江河幕墙迈进了一个全新的历史阶段。

三、管理与技术并进，从优秀走向卓越

如果说江河幕墙的创立是借"改革春风"巧入局的话，那么它的快速成长和发展则得益于国家经济的蓬勃发展。2010~2020年间，中国经济飞跃，城镇化进程加快，江河幕墙不仅实现了自身的快速增长，更在行业中率先完成了管理和技术的双提升，从众多竞争者中脱颖而出，成为幕墙领域的新一代领军者。

江河幕墙深知"管理出效益，制度促发展"，积极引入现代化管理制度，建立健全体系化管理。公司秉承"四化"发展战略，利用现代信息技术，实现集成化管理，提升了运营效率；用严格的品控及施工管理体系，确保产品质量和工程质量的高品质、高标准，为市场竞争力的持续提升奠定了基础；在服务管理上，以客户为中心，提供超越期望的精细化服务和个性化服务，有效增强了客户黏性。

技术创新是江河幕墙持续发展的不竭动力。江河幕墙研发了一系列具有自主知识产权的新产品、新技术、新工法，不仅大幅提升了幕墙产品的性能与质量，更在行业内树立了技术标杆，推动了整个行业的进步与发展。特别是在幕墙技术的系统化、标准化方面，更是走在了行业前列，江河幕墙通过设立博士后科研工作站、构建三级技术体系等措施，逐步建立并完善了从设计、生产到施工的全链条技术标准体系。

包括江河标准化产品（U系列、S系列），装配式幕墙，智能呼吸式幕墙、定制化BIPV系统，江河百叶窗等诸多性能领先的幕墙产品，其技术水平达到了国际一流，有效降低建筑能耗，满足客户多元化、个性化需求，受到越来越多客户的认可。

江河幕墙卓越的技术实力，在一系列地标性建筑项目中得到了充分展现：中央电视台总部大楼拥有世界上最大的悬臂结构，是世界上设计、施工难度最大的幕墙工程之一；当时北方最高楼天津环球金融中心，首次实现了国内幕墙企业独立承建超高层幕墙，突破冷弯工艺应用瓶颈；长沙梅溪湖国际文化艺术中心，以高精度异形曲面

幕墙施工著称，利用BIM技术实现其复杂设计，填补了国内GRC曲面幕墙设计与施工空白……这些项目的成功实施不仅彰显了江河幕墙在设计、施工及技术创新上的非凡实力，更为公司赢得了良好的品牌声誉和市场口碑。

江河幕墙代表工程：中央电视台总部大楼

作为幕墙行业的领军企业，江河幕墙还积极参与国家、行业及地方标准的制定工作，主编、参编了多项重要标准，为推动行业规范化、标准化发展做出了积极贡献。通过标准的制定与实施，江河幕墙不仅提升了自身的技术水平和管理能力，更为整个行业的健康发展提供了有力支撑。

截至目前，江河幕墙拥有高新技术企业4家，获得各类专利近千项，一百多项标准化施工方案，数百项世界级复杂工程的施工管理经验，深厚的积累与技术优势，让企业在幕墙工程建设上独具竞争力，实现了从优秀到卓越的华丽蜕变。

四、创新驱动，智能升级与绿色转型之路

2019年，中国改革开放走过了41载，江河幕墙也成立了20年。此时已成为行业龙头企业的江河幕墙和很多传统制造业企业一样，面临着工业4.0时代的挑战。而脚步从未停歇的江河幕墙，已经踏上了转型升级的探索与变革之路。

秉持绿色、低碳、环保的发展理念，江河幕墙在智能制造方面深入探索和实践，开启了产业升级的新纪元。从2022年开始，一系列自主研发的智能制造成果不断上线——幕墙生产MES系统、幕墙结构连接铝构件生产线、薄壁码件自动锯切钻铣一体机、幕墙铝立柱自动化加工生产线等相继在江河幕墙国内几大生产基地成功部署，实现了生产、质检到物流的上线运行以及幕墙生产制造关键环节的数字化、智能化。多项成果均为行业"首家上线"的创举，不仅大幅提升了生产质量和效率，更为企业构建了强劲的核心竞争力。

为响应国家"双碳"战略的宏伟蓝图，江河幕墙更是责无旁贷，将绿色发展的理念深植于心、践之于行。依托在BIPV（光伏建筑一体化）领域的深厚底蕴与创新实践，公司积极探索绿色、低碳、节能的幕墙系统解决方案，为建筑行业绿色转型贡献智慧与力量。同时，江河幕墙不断拓宽业务边界，向上游光伏组件产业链延伸，实施差异化竞争策略，加速布局BIPV等新兴领域，通过联合投建异形光伏组件柔性生产基地，灵活应对市场多样化需求，开辟出更为广阔的市场蓝海。

在转型升级的道路上，江河幕墙不仅是在重塑自我，更是在以实际行动践行着责任与担当，引领整个行业向更加绿色、智能、可持续的未来迈进。

五、逆境重生，从海外受挫到国内辉煌

正如前进之路起起伏伏，江河幕墙的发展也并非一帆顺风。2008年，随着江河幕墙全球化战略的不断推进，海外版图不断拓展，业务触角延伸至多个国家和地区，一片欣欣向荣。然而，这段旅程却遭遇了政治风云的变幻、经济浪潮的起伏、贸易壁垒的风险以及全球金融危机等重重阻碍。

从2008年全球金融危机开始，到中东地区

动荡、汇率损失、反倾销及法律风险等，前所未有的挑战导致江河幕墙巨额亏损，一度陷入困境。面对创业以来最大的挫折与危机，创始人刘载望展现了非凡的领导力与决断力，他深谙"断臂求存"的残酷与必要，做出果断调整。一方面收缩市场，放弃高风险的美洲、大洋洲市场，保留东南亚及港澳地区，另一方面改革中东业务模式，转向设计与产品出口，缩短运营链条，规避风险。

这一系列举措不仅是江河幕墙对现实的妥协，更是对未来机遇的精准把握。正如任正非说过，"不经过挫折，就不知道如何走向正确道路""磨难是一笔财富"。海外受挫是一段遗憾的岁月，惨痛的代价以直白的方式告诉渴望成功的江河人，所有成长都须经历煎熬和历练，而江河日后的辉煌也证明了"危机是最好的老师"，善于从"危"中寻求"机"，是江河幕墙能够持续发展的一大法宝。

此后，重新思考成长路径的江河幕墙将发展重心转移到国内市场。到2013年，通过一系列调整，江河幕墙有效应对了海外市场困境，保持了国内市场的稳健增长。这一年，公司成功完成多个国内重大项目，如APEC会场北京雁栖湖国际会议中心、北京日出东方凯宾斯基酒店及澳门威尼斯人酒店三期项目，赢得了业界好评。经过几年艰难的转型与努力，2015年底，江河幕墙业务保持了平稳发展，国内市场业务中标质量大幅提升，海外市场业务调整到位。2017年，江河幕墙业绩大幅提升，彻底摆脱了海外市场的阴霾，完成了从逆境到顺境的转身，走上了一条良性健康发展之路。

这次经历不仅是对江河幕墙自身实力的一次全面检验，更为国内同行提供了宝贵的国际化经验与启示，为日后再次扬帆出海奠定了坚实的基础。这也告诉江河人，在全球化的大潮中，挑战与机遇并存，唯有不断创新、勇于变革，才能在风雨中屹立不倒，最终驶向成功的彼岸。

六、文化助力，引领企业未来

20世纪90年代，初创民营企业想要生根发芽、闯出一番名堂，其难度无异于在荆棘中开辟坦途。然而，江河幕墙却以惊人的速度崛起，其背后正是那股根植于企业血脉的独特的文化力量。

江河幕墙的企业文化恰似那个时代最质朴的底色，简单而纯粹。没有层级壁垒，只有开放透明的沟通与信任。创始人刘载望以其独有的智慧和魄力，构建起了一个"没有山头"的企业生态，让每一位江河人都能感受到公平与尊重。在这里，拼搏进取是共同的信仰，简单、透明则是维系这份信仰的纽带。

在那个充满机遇与挑战的年代，江河幕墙以无畏之姿，踏上了创业的征途。拼搏进取，不仅是江河幕墙的企业精神，更是那个时代所有奋斗者共同的精神图腾。正是这种坚韧与执着，让江河幕墙在短时间内，从一个默默无闻的小企业，成长为行业的佼佼者，书写了属于自己的传奇篇章。

在江河幕墙，人才始终是企业最宝贵的财富。公司坚持"任人唯才"，不拘一格地选拔和培养人才，兼容并蓄，为企业文化注入了无限的活力与多元色彩。公司秉持"让员工更精彩"的理念，为员工创造良好的工作环境和发展平台，让每一位员工都能在企业中展示自我、实现价值。

"让客户更满意""讲使命、负责任"，始终将客户的需求放在首位，不断提升产品和服务的质量，以实际行动诠释着对客户的承诺与担当。正是这种将心比心的服务态度与高度负责的企业精神，让江河幕墙赢得了客户的信赖与高度评价。

"饮水思源、爱民族荣江河"，在取得成就的同时，江河幕墙亦不忘回馈社会，无论是奖教助学、精准扶贫还是抗疫赈灾，江河幕墙的身影总是出现在最需要的地方。这种"饮水思源"的情怀与担当，不仅赢得了社会各界的广泛赞誉，也为企业树立了良好的社会形象与品牌口碑。

"事在人为，可为敢为即有为"。展望未来，我们有理由相信，江河幕墙将继续秉持这种优秀的企业文化精神，在新时代的浪潮中乘风破浪，在信念的指引下，江河人将以更加饱满的热情、更加坚定的步伐，创造更多属于江河的奇迹。

七、筑梦全球，见证中国幕墙魅力

立足华夏，放眼寰宇。江河幕墙在北京、上海、广州、武汉、成都、济南及新加坡建有七个现代化研发设计中心和生产加工基地，业务覆盖中国、新加坡、马来西亚、菲律宾、印度尼西亚、中东、美洲、大洋洲等20多个国家或地区。

1007米的世界第一高楼沙特王国塔（设计）、中国第一高楼上海中信大厦（内幕墙）、北京第一高楼中信大厦……一座座知名地标成为江河幕墙匠心独运下的城市丰碑，在全球建筑幕墙领域描绘出了一幅幅壮丽的画卷。25年来，公司业绩令人瞩目，在海内外承建了近2000项幕墙工程。其中，海外工程200余项，见证了江河幕墙的技术实力与市场拓展能力，更彰显了其在全球舞台的竞争力与影响力。

2024年，"国家级制造业单项冠军企业"的荣誉加冕，是对江河幕墙25年不懈奋斗的最高肯定。从2019年起，连续五年综合实力稳居行业榜首的战绩，是实力的证明，也是江河幕墙专业精神的集中展现。从默默无闻到行业头部，江河幕墙用实际行动诠释了"从无到有，从小到大，从弱变强"的蜕变之路，成为改革开放浪潮中民营企业发展的生动注脚。

如今的江河幕墙在"数智化、绿色化、产品化、生态化"这一新"四化"蓝图的引领下，正稳步而有力地驶向未来。在全球经济深度融合的浪潮中，江河幕墙紧跟国家"一带一路"倡议的宏伟步伐，以开放的胸襟和前瞻的视野，积极拥抱国际市场的无限机遇，江河幕墙再次选择勇敢"出海"，开辟新的增长极。

25载风雨兼程，历经25载春华秋实，江河幕墙在变局中求稳，在挑战中勇进，始终秉持着创新与突破的精神内核。每一次跨越性的尝试，每一轮深刻的变革，都如同澎湃的潮水，为企业的航船注入了不竭的活力与动力。站在新的历史起点上，江河幕墙正以更加饱满的热情、更加坚定的决心，向着全球建筑幕墙领域的更高峰迈进，让世界再次见证中国幕墙的璀璨魅力与无限可能。

勇攀高峰,
筑梦凌云幕墙辉煌篇章

不忘初心,砥砺前行。作为一家前身是军用飞机修理工厂的大型企业,凌云恪守本色,拒绝向低质、低价竞标的行业捷径妥协低头。在过去的四十年间,武汉凌云建筑装饰工程有限公司(以下简称"凌云幕墙")已实现从中国走向世界的发展历程,不仅在中国50多个大中城市及美国、英国、冰岛、科威特、阿联酋、澳大利亚、沙特阿拉伯等国家承建工程4000多项,更连续20年被评为湖北省或武汉市守合同、重信用企业,并荣获"中国质量、服务、信誉AAA级企业""中国质量、服务双优企业"等200多项荣誉称号。身为行业内标杆企业,凌云幕墙不仅以强大的实力引领着建筑工程行业的发展方向,更不忘时刻回顾历史,牢记准则初心,以党建工作为引领,积极履行社会责任,不断创新发展,追求卓越进步。

一、回首蜕变历史,凝聚企业核心

凌云幕墙诞生于凌云风雨飘摇之际,它因改革与创新而生、为发展与进步而来。武汉龟山电视塔的承建是凌云历史转折的里程碑,凌云幕墙凭借扎实的航修技术基础,利用航空气密铆接技术设计施工方案来进行抗风和受力分析计算。数九寒天,凌云人不畏险阻,于百米高楼之上将铆钉步步焊接。几个月的苦活加巧干,神州大地上第一个"银星"在凌云人的托举中上了蓝天。

筚路蓝缕新篇启,栉风沐雨砥砺行。1989年,凌云幕墙承接了北京中央电视塔幕墙工程。幕墙位于标高217米至标高242米的高度,在国内第一

武汉凌云公司

次采用了从德国进口的氟碳喷涂铝板材料，独创了钢铝结合单元式玻璃幕墙，荣获第五届亚太博览会金奖，打破了外国人所谓"中国人绝对做不了高塔幕墙"的刻板印象。1993年，凌云幕墙与美国某国际知名幕墙公司合作，在引进的基础上开发出新型"工"字型材幕墙节点，使凌云幕墙技术实力极大提高，加工制作工艺进一步优化，施工安装工艺日臻成熟，由此引导中国幕墙产品向工厂化加工的方向发展。

此后三十余载，凌云幕墙每年都有数项专利如雨后春笋般涌现出来，不仅促成数项技术的设计、加工、组装和安装均达到了当时国际幕墙技术的先进水平，更推动中国幕墙产品向工厂化加工的发展趋势转变为技术和管理的成熟。勇攀高峰的凌云幕墙承包国内19座电视塔建设，享有"中国塔王"的赞誉，这标志着凌云幕墙向"国内领先、国际一流的技术型品牌建筑装饰公司"的企业愿景又迈进了一大步。

二、党建引领发展，塑造企业文化

征程万里风正劲，重任千钧再出发。近千名专业技术人才、7支专业化精英设计团队潜心笃志，

武汉凌云参建电视塔

凌云幕墙的党建工作坚持以党的二十大精神为指导，紧紧围绕生产经营工作，发挥党建引领作用，持续夯实企业发展的政治根基，为凌云幕墙平稳健康发展"保驾护航"。

时代大潮奔流于此，崭新局面徐徐展开。凌云幕墙作为全面参与市场经济的建筑施工企业，在百年变局和世纪疫情的影响下，面临的风险与挑战交织叠加。凌云幕墙党委结合建筑企业劳动力密集、工作节奏快、与环境关联紧等特点，引领企业制定科学高效的战略规划，突出政治引领和优势作用转化，突出党组织战斗堡垒在企业具体管理中发挥重要作用。

凌云幕墙坚持以习近平新时代中国特色社会主义思想、党的二十大精神为指导，坚持稳字当头，稳中求进的工作总基调，以提升核心竞争力和品牌影响力为目标，完善产业布局，倡导"忠诚、担当、求实、创新"的企业核心价值观。在党建工作的引领下，进一步关注员工的道德教育与素养提升，通过开展各种形式的党建活动和文化建设活动，增强员工的凝聚力和向心力，为企业的发展提供了坚实的文化支撑。

三、积极履行社会责任，彰显企业担当

凌云幕墙深知企业的成功离不开社会的支持与信任，因此，凌云幕墙上下始终将履行社会责任作为凌云幕墙的重要使命之一。在天津港"8.12"特别重大火灾爆炸事故发生后，凌云幕墙被指定为唯一的抗灾抢险、恢复重建幕墙施工单位，负责参与受灾区域内各类建筑物的抢险、修复、重建工作，并完成指挥部下达的其他抢险抢修任务。接到任务第一时间，凌云幕墙便立即启动应急方案，迅速筹集、组织相关人员、设备、物资赶往抢险抢修责任区域，集中凌云幕墙力量保障和支持现场指挥部，科学组织和实施前方抢险抢修及恢复重建工作，确保抢险抢修工作及时高效、安全顺利开展。

疫情的暴发让海外项目启动困难，大量劳务人员逃离科威特，外籍人员赴科签证办理困难。科威特法院项目部自成立以来一直采取"外籍劳务占主力，国内劳务占辅助，中外劳务紧密配合，高效施工"的方针。在做好疫情防控的同时让中外籍劳工深度融合，带着外籍员工提高施工效率，提出"没有客观原因，没有退路，或壮士断腕竭尽全力达到目标，或马上收拾包裹回家"，并动员职工要以危机为使命，早绸缪，早动手，化被动为主动，终于圆满完成各项任务，打赢一场诚实守信的履约之战，竖起了、竖高了凌云人的海外口碑。

四、创新驱动发展，铸就企业辉煌

四十年来，凌云幕墙砥砺前行，在日新月异的城市变革中贡献凌云力量，在世界的版图上雕琢凌云之美。四十余载奋斗，凌云幕墙身经百战，坚持铸造精品，依托专业承包壹级资质，凌云幕墙深耕国家战略区域，发挥属地运营优势，以与生俱来的国企责任和担当，向世界展示着中国建造。针对2010年上海世博会核心建筑——中国国家馆幕墙工程，凌云幕墙开发出两套吊运安装机电一体化轨道系统，实现在无脚手架、无吊篮的情况下玻璃和肌理板在0度、45度、90度3个角度的安装。2013年，上海虹口SOHO项目幕墙工程的"琴弦"造型成为上海的又一地标性景观建筑，在超高金属网幕墙的设计和施工方面取得重大突破。"上海中心大厦裙楼幕墙工程BIM应用"获中装协组织的首届工程建设BIM应用大赛二等奖，填补了幕墙行业在BIM技术应用获奖的空白。2015年，成功研发基于BIM模型的零件加工自动生成系统。采用无人机扫描点云建模技术，完成上海船厂2E-1地块既有建筑改造的项目，通过3D建模完成既有建筑结构的计算以及幕墙结构的测算，使上海船厂旧建筑焕发新生，引领了行业绿色、可持续发展潮流。

5大生产基地，20万方生产厂房，300余台

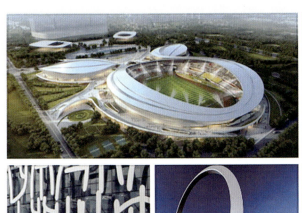

武汉凌云标志性项目

生产设备，50条专业化生产线（型材生产线、组装生产线、喷涂生产线、钣金生产线等）托起了加工中心逾500万平方米幕墙的年生产能力，用实力保障每一个合约的完美交付。2018年，科威特机场落成，刷新凌云幕墙的单项目体量、单项合同额纪录。实现BIM技术的全设计流程应用，在实践中展开对防爆玻璃幕墙、超性能隔音窗等高性能幕墙门窗系统的研发，被湖北省科技厅认定为"湖北省工程技术研究中心"。2019年，凌云幕墙承接英国Portalwest幕墙工程及中国共产党历史展览馆幕墙工程，成功攻克了单元幕墙T型缝及各个系统交接的防水、钢结构阳台防腐、系统隔音、隔声等一系列技术难题。2021年，凌云幕墙参建的中国共产党历史展览馆正式竣工落成，这是凌云幕墙在建党100周年之际的献礼之作。

四十余载创新，武汉凌云建筑装饰工程有限公司不断提升服务品质，通过制定行业施工标准，以标准化管理、信息化集成、专业化施工体系，随时响应客户需求，全方位护航智慧建造、绿色建造、安全建造。

五、追求卓越进步，再创未来佳绩

从最早的行业弄潮儿到始终屹立的引领者，凌云人从飘扬的红旗中走来，秉承着融入血脉的红色基因，激发着勃勃生机的蓝色力量。做信守承诺的铁军，是凌云人的执念；打造受人尊敬的凌云幕墙，是凌云人的信念。胸怀家国梦想，勇担时代重任，凌云人以奉献大爱，书写辉煌灿烂的前进篇章，以巅峰巨作，致崛起的中国力量。面对未来，凌云幕墙将继续保持创新的精神和追求卓越的品质，坚定"以诚取胜，以质取胜，以新创未来"的经营理念，继续加大科研投入和技术创新力度，不断推出更具创新性和实用性的建筑装饰产品及服务。

"雄关漫道真如铁，而今迈步从头越"，新征程上的凌云人将在为用户创造价值，为员工创造机会，为社会创造效益的企业使命，"忠诚、担当、求实、创新"的核心价值观指引下，在凌云企业文化的激励和感召下，继续发扬凌云精神、昂扬凌云壮志，同甘共苦、团结拼搏，为把凌云建设为"一流现代航空装备综合保障基地""一流现代国有企业集团"而继续奋斗拼搏。

向"新"发力，
兔宝宝品牌的发展与崛起

兔宝宝创建于1992年，是我国具有较大影响力的室内装饰材料综合服务商，产品销售网络遍及全球。公司股票于2005年5月10日在深圳证券交易所上市交易。目前已形成从林木资源的种植抚育、全球采购到生产多元化产品的完整产业链，是APEC峰会、世博会、G20峰会、联合国世界地理信息大会等国家工程的重要材料供应商。

兔宝宝起源于浙江德清，依靠其优质的品质以及环保的特点，逐渐广为人知。在岁月变迁中，随着人们的消费需求不断演变，兔宝宝的产品形态也不断调整升级，从基础板材，发展为全屋定制、地板、木门等定制家居，以不变的初心、焕新的面貌一步步走过时间长河，在新时代蓄势待发。

如今，兔宝宝销售网络已覆盖全球，在国内拥有超4000家专卖店，在国外遍布六大洲几十个国家，呈现出强劲的发展态势。从胶合板到如今的多品类，走过30多年风雨历程的兔宝宝，用实力走出了一条具有中国特色的民族家居建材品牌发展之路。

长盛不衰的背后，离不开其对时代需求的积极回应，以及创新求变的精神。

一、品质为先——"兔宝宝，贵得有道理"

20世纪90年代，那是一个板材市场尚未成熟的年代，消费者对于板材的品质往往缺乏足够的认知，市场上充斥着各种质量参差不齐的产品。然而，就是在这样的背景下，兔宝宝却选择了一条与众不同的道路——坚持质量为先。

当时的技术尚不发达，想要保证产品质量，关键在于选用优质的原材料。但是，兔宝宝的原产地德清只有灌木和竹子，优质资源十分匮乏。在这种"先天不足"的条件下，兔宝宝想要实现"质量为先"的承诺，无疑面临着巨大的挑战。

为了攻克这一难题，兔宝宝并未被局限在有限的资源中，而是选择了国际化的视野：从马来西亚引进了4万张高质量的胶合板作为贴面板基板，从越南采购了珍稀的花梨木木皮，从缅甸引进了优质的柚木木皮……通过这一系列的全球采购，成功解决了原材料问题，实现了基板、木皮的全面进口，保证了产品的质量。

不过，紧随其后的是成本上升和市场风险的加大。在初期，兔宝宝板材因为价高而无人问津，市场上也产生了不少质疑声。一些消费者认为兔宝宝的产品价格过高，不值得购买；而一些竞争对手则趁机打压兔宝宝，试图通过低价竞争抢占市场份额。面对市场的质疑声和竞争的双重夹击，兔宝宝依旧坚持质量至上的原则，不断改进生产技术提升产品的生产效率，并严格贯彻"层层把关，张张合格"的质量方针。

兔宝宝板材加工

随着时间的推移，兔宝宝板材逐渐赢得了市场的认可，消费者也开始意识到"低价并不等于优质，兔宝宝的产品虽然价格稍高，但品质却无可挑剔"，高品质、好口碑也随之成为兔宝宝品牌的底色。同样，兔宝宝也用好产品证明了"兔宝宝，贵得有道理"。

二、环保之路——"绿色兔宝宝，安心住进家"

时间来到了1996年，兔宝宝贴面板被评为"湖州名牌产品"，公司也相继获得了浙江省"行业最大企业""行业最佳经济效益企业"等多项荣誉，收入更是成功破亿，可以说这是兔宝宝财富、荣誉的收获之年。从行业角度看，兔宝宝创造了无木之乡的奇迹，直接推动当地木业产业的发展；从政府角度看，兔宝宝成功带动了当地经济，增加了政府财政收入；从公司角度看，兔宝宝得到了坚持品质之后的答案，也更坚信创新求变的重要性。

随着产能的加大，兔宝宝工厂开始扩建，员工也已超过500人，生产车间热压机工段开始弥漫出一股刺鼻的味道，可在当时工人们并不在意，兔宝宝却对此"小题大做"起来，再次做出了不同寻常的选择——为员工创造更健康的工作环境。于是，兔宝宝在厂区增设通风系统、自制环保胶水等，而自制环保胶水在冥冥之中也加速了兔宝宝的发展。

1997年兔宝宝成立制胶厂，如今看起来简单

兔宝宝发展历程

的事情，在90年代可不容易，其中首要的人才、设备就是制胶的最大阻碍。不过有了前面的成功，兔宝宝在困难面前也就更有了底气，没有条件就创造条件，人才可以引进，设备可以购入，只要坚持做正确的事，成功的曙光就在前方。次年，兔宝宝成功达到了E2级环保板材标准，员工车间甲醛问题得到了有效解决。两年后，兔宝宝又成功研发欧洲E1级环保板材胶水，成为行业内首家推出E1级环保板材的企业，之后又升级E0级、无醛级，就这样兔宝宝用自己的方式走出了一条环保之路，同时也确定了"绿色环保"的品牌主旋律。2010年，一句"绿色兔宝宝，安心住进家"，在央视CCTV的传播中走进千家万户，兔宝宝从地区强势品牌开始向全国知名品牌迈进。

三、企业使命——"兔宝宝，让家更好"

时间飞逝，时代发生了很大的改变，兔宝宝早已从一家乡镇企业成长为一家知名上市公司。以产品为中心的品牌理念让兔宝宝赢得了口碑，也占领了环保装修的消费市场。发展速度毋庸置疑，但这样的"加速度"也让兔宝宝陷入了思考：10年以后什么是变化的，什么又是不变的？在这个充满变数的世界，后者显然更为重要。那么，10年以后不变的是什么呢？

经过深思熟虑，兔宝宝找到了答案——"家"。无论时代如何变迁，家始终是人们生活的港湾、情感的归宿。此后，兔宝宝坚定地开始了从产品向以人为中心的转变，并于2019年确立了"兔宝宝，让家更好"的企业使命。

家居产业园作为这一使命的坚实支撑，早已创立并不断完善，设备、产能、人力全线就绪，为兔宝宝的产品创新和服务提升提供了有力的保障，从而为消费者带来更加优质、更加贴心的家居体验，迈出了"让家更好"的第一步。

不过世事难料，兔宝宝在围绕"家"的核心理念逐步走上正轨后，却紧接着遭遇了疫情。面对这场突如其来的灾难，兔宝宝并未选择逃避，而是积极应对，通过开启品牌直播、布局新媒体平台等一系列举措，将阵地转移到线上，成功地打破了空间的限制。与此同时，兔宝宝毅然肩负起应有的社会责任，以实际行动慷慨捐赠物资，全力支援抗疫前线，更以城市地标建筑为画布，用光影艺术点亮希望之光，传递坚韧不拔的力量。

经历了疫情，兔宝宝更加坚定了"让家更好"的企业使命，也试图更有力地在家的这张画纸上执笔绘制美丽、舒适、健康、和谐的理想。2021年的中秋节，兔宝宝以家为载体开创了品牌节，首次将品牌拟人化，与消费者进行了亲密互动，通过中秋点燃了人们对家的更深层的思考。"爱在日常，不止中秋"，对于家，每个人都会全力以赴，而兔宝宝对家的关心，也在这次活动之后形成了延续——与KEEP联合跨界宣扬健康，与网易云音乐进行联名展现舒适，与高德地图进行合作凸显和谐，与腾讯视频的合作则绘画了美好……

"让家更好"是一幅绚丽多彩的画卷，是每个人一生的追求，也是兔宝宝过去、现在、未来持之以恒、精心绘就的杰作！

传匠心精神，做百年企业

——武汉武建装饰集团股份有限公司70周年记

1984年初，时任湖北省委副书记、武汉市委书记的王群前往深圳考察。当时深圳作为改革开放的前沿，现代建筑装饰的迅猛发展给王群书记留下深刻印象。归来后，鉴于当时武汉市还没有一家现代的综合性强大的建筑装饰专业工程企业，王群书记力促以武汉市油漆水电筑炉工程公司为班底组建武汉市的建筑装饰专业工程公司。

武汉市油漆水电筑炉工程公司源于新中国成立初期武汉市房地局成立的修缮大队。1954年，新中国成立初期的武汉历经战争的洗礼，百废待兴。应刚刚成立不久的武汉市房地局建设号召，来自浙江省、江苏省支援武汉建设的水电安装匠人与来自湖北黄陂、孝感的油漆泥瓦匠人组成修缮大队，负责对房地局所辖房屋进行修缮工作。

修缮大队成立不久，青年技术骨干倪庆章受命带领单位优秀技术人员和手艺高超精湛的师傅参加新中国成立以后国务院确定的国庆十周年十大献礼工程——中国人民解放军军事博物馆装修工程施工。他们有的善木作雕刻，有的善国漆油漆，有的具备先进的安装技艺……他们以匠人匠心、精益求精的精神如期、优质地完成了这一光荣而又伟大的任务。倪庆章后来成长为企业主要领导，曾担任总经理、党委书记等职务。

经过三十年的发展，当年的修缮队已成长为在土木建筑、油漆粉刷、水电安装、金属结构、工艺雕刻、筑炉等方面技术精、实力强的装修企业。

王群书记亲自为新企业取名武汉市装饰工程公司，寄予发展厚望。武汉市装饰工程公司不负所望，秉持匠心精神，锐意改制创新，企业迅速发展。1986年，企业承接到北京天安门城楼的维修工程，立即组织技艺超群的老匠人孟凡平等精兵强将去完成这又一伟大而又光荣的任务。王群书记得知此消息以后，在《武汉动态》上盛赞武汉市装饰工程公司以优良品质和信誉承接到此工程，是装饰界的"全国一雄"，并指示湖北、武汉相关媒体重点宣传报道。继天安门城楼维修工程之后，武汉市装饰工程公司又先后承接了中华人民共和国最高人民法院办公楼、共青团中央办公楼、广州白云宾馆、上海徐家汇地铁站、武汉黄鹤楼重建修复等著名建筑装饰工程。企业被评为全国先进施工企业，被国家建设部第一批授予一级施工企业资质、甲级装饰设计资质，被评为武汉市文明单位，荣获武汉市工人先锋号称号，这是企业的高光时刻。

1995年，企业依据《公司法》改组为现代企业，由武汉建工集团控股，更名为武汉建工集团装饰工程有限公司。2004年，有1500多职工的企业如当年众多国企一样处于严重亏损状态，根据武汉建工集团的报告，武汉市国有企业改革领导小组办公室批复通过改制方案，经挂牌公示，由企业当时经营管理层、技术骨干49人承债持股，完成民营改制。

2005年11月，国家建设部副部长、中国建筑装饰协会首任会长张恩树莅临企业视察工作，亲笔题词、勉励"武建装饰再创辉煌"。以党委书记、董事长熊钢发为首的领导班子秉持匠心传统，牢记使命初心，焕发时代精神，锐意改革进取，把企业打造成以深厚国有企业优良底蕴与全新的民营机制有机结合的现代企业，企业迅猛发展。

2019年，企业突破发展瓶颈，再次完成内生改革，成立武汉武建装饰集团股份有限公司（企业现名，简称"武建装饰集团"）。

2024年，武建装饰集团成立70年。

70年来，武建装饰集团始终坚持党的领导，坚持以党的建设引领企业发展。从最初成立时的小作坊成长为房地局属下的集体企业，后又成长为房地局辖下的地方国营公司，最后响应国家号召改制为民营企业集团。无论怎么发展，企业始终跟党走，始终坚持党的领导，始终以党的建设引领企业发展。在党的领导下，武建装饰集团与时俱进，经济、文化全面发展。

70年来，武建装饰集团从小作坊式的修缮发展成为专业修缮作业队，进而发展为建筑综合施工作业队，又从建筑综合施工作业队发展为与土木建筑配套的装修专业施工公司，进而发展为综合性的装饰工程公司，又从综合性的装饰工程公司最终发展为装饰企业集群。70年来，武建装饰集团由简单修缮作业发展为专业性、综合性、配套性强大的建筑装饰企业，是华中地区的著名装饰企业。

70年来，武建装饰集团始终坚持创新创造，勇立时代潮头，乐为行业标杆，推动地区行业与时俱进，走高质量发展之路。

70年磨一剑，武建装饰集团倾心于装饰装修行业。每一次的洗礼，愈发坚定和从容。每一次的融合，在实践之中增值赋能。博取一切智慧，审慎每一次变革，武建装饰人站在时代前列，在装饰潮流中镌刻足迹。从刷套水、做油漆的简单修缮到智能环保的系统工程，铆定专业，推动产业改革发展百舸争流。

70年励精笃行，深耕厚植，武建装饰集团始终追求更好，精于业，质于心。通过不断转型升级，发展为以建筑装饰、建筑幕墙设计施工为主，集科研、机电安装、物业和劳务管理为一体的城市建设装饰领域龙头企业，储备了一支专业型、高素质人才队伍，专业技术人员占职工总人数的85%。

70年劈波斩浪，武建装饰集团高瞻远瞩，匠心独运，打破常规，创新突破。从装饰装修到安装，从BIM到智能环保，踏着与时俱进的步伐，不断升级各类工法，为发明创造树标立杆，倾力打造高新科技企业。2022年被认定为国家高新科技企业，荣获湖北省科技创新成果奖35项，拥有一批相关专利和发明创造，是湖北省首家发布装饰施工工法成果企业，已发布十多项装饰施工工法成果。

70年来，武建装饰集团始终坚持匠人匠心，坚持精益求精，坚持过程控制，为社会奉献建筑装饰工程精品。武建装饰集团用心无止境，以品质筑造未来，以经典致敬时代。企业荣获建国70年百项经典工程1项；累计荣获鲁班奖（参建奖）9项、中国建筑工程装饰奖24项、湖北省优质工程楚天杯奖29项、武汉市优质工程黄鹤杯奖65项。企业被评为创装饰工程国优奖明星企业、改革开放30年建筑装饰行业发展突出贡献企业。

70年来，武建装饰集团与国并进，济弱扶倾，铁肩担义，任重道远。1998年抗洪，武建装饰人担当在肩上，龙王庙抢险，谌家矶堵管涌，闻令而动。2008年抗震，武建装饰人使命在心中，往四川奔汉源，搭板房建学校，抛家不顾。2020年抗疫，武建装饰人行动在火线，武汉保卫战，火神山，省防指，各医院、各方舱在突击、拼搏、奉献，不怕牺牲。武建装饰人赤子丹心，关爱在乡村，长期坚持帮扶辖区贫困乡村，回馈服务社会，践行初心使命。

70年来，武建装饰集团坚守诚信、守正、尚德、创造的企业精神，与时同行，薪火相传，继往开来。依托旗下企业，缔造产业格局；凭借优渥政策，迎来四海人才；秉持诚信为本，合作共赢的经营理念，广交朋友，业务辐射神州。

武建装饰集团先后担纲武汉天河机场交通中心、高铁杭州西站、高铁安庆西站、武汉东湖综合保税区综合楼、武汉光电国家研究中心、武汉亚洲总医院、宜昌博物馆、厦门海峡交流中心、老挝·拉萨翁广场万达文华酒店等众多著名当代建筑装饰工程，行业领先，技术先进，时代感强，智能化高。

近年来，武建装饰集团响应中央号召，进军城市更新领域，在城市旧改方面广有涉猎，先后承建了湖北省人民政府行政办公楼更新改造工程、武汉市汉江湾综合整治改造工程、武汉市青山育才小学整体改造工程等众多项目，积累了一定的城市更新施工经验。

2023年，武建装饰集团设立海外事业部，响应国家"一带一路"倡议，开拓海外建筑装饰业务，选择在东南亚国家先行试水。当年承接老挝拉萨翁广场万达文华酒店装饰工程项目，实现拓展海外建筑装饰业务零的突破。

武建装饰集团旗下现有全资公司五家，分别为武汉建工集团装饰工程有限公司、武汉金饰开发公司、武汉一顺建筑工程公司、泰国泰鑫工程材料有限公司、武汉金鼎建筑业劳务分包有限公司；控股公司两家，分别为武汉武建宏奇亿建设有限公司、武汉市美凯装饰有限责任公司；分公司一家，为武汉武建房屋经营管理新星分公司。武建装饰集团已初步形成了建筑装饰工程企业组群，并向多业态发展，向海外发展。

武建装饰集团致力于打造建筑装修环保创新综合服务商和绿色发展引领者，赋能城市现代魅力和城市生活品质提升。

初心筑梦七十载，匠心善建向未来，打造装饰百年店，同圆伟大中国梦！

奋楫扬帆再奋进，绘就发展新图景

——记河北建工建团装饰公司

三十三年，栉风沐雨、砥砺歌行，时间的刻度，记录奋斗的足迹。河北建工集团建筑装饰工程有限公司（以下简称"公司"）顺应时代发展的脉搏，聚焦装饰主业、优化业务结构、加快改革创新、打造核心竞争力，在挑战中抓机遇，在竞争中求发展，实现了经营规模由小到大、产业结构多元优化、科技创新稳步发展、品牌形象大幅提升的经营发展跨越，推动公司高质量发展迈出坚实步伐。

一、筚路蓝缕，玉汝于成

三十三年，行健不息。公司致力于深耕建筑装饰行业，足迹遍布20多个省、自治区、直辖市及雄安新区，从公共办公到住宅精装，从品牌门窗到建筑幕墙，从宾馆酒店到商业连锁，从金融卫生到文体场馆，公司以工匠精神建造了数百项优质工程。承接北京奥林匹克地下空间装修工程、上海信养浦东锦绣养老机构装修项目、恩施农产品加工园生活配套服务区（D区）一期3#酒店室内装修工程、襄阳机场改扩建工程老航站楼改造工程施工、无锡市扬名实验学校EPC总承包工程建设工程精装修项目、山东庆云祥云·禧悦名府、河北建投雄安金湖未来城项目、河北省艺术中心场馆设施设备修缮项目装修工程、景州文体中心装修项目、安国国际会展中心装修项目等重点工程，做好示范引领工程，企业发展结出丰硕果实，品牌影响力得到进一步提升。

公司规模不断扩大、管理日益规范、经济效益稳步提高，连续多年入选"河北省建筑装饰行业先进企业""中国建筑装饰协会企业信用评价AAA级信用企业"；先后荣获"全国建筑工程装饰奖明星企业""大国装饰70年展科技创新企业""河北省先进基层党组织""河北省国资委系统十佳党委""河北省国资委文明单位"等一系列荣誉称号；连续17年累计30次荣获"中国建筑工程装饰奖"，社会知名度和美誉度不断提升。

二、改革攻坚，跨越发展

三十三年，方兴未艾。公司坚持做优做强装饰装修主业，加强精细化管理、拓宽发展思路、提升管理效能，统筹推进安全生产、科技进步、质量创优、多元经营、市场布局、人才发展、资质升级等改革转型，不断调结构、促转型、强弱项、补短板，经营承揽跃上新平台，资质框架日趋完善，着力打造公建装饰、建筑幕墙、金属门窗、住宅精装、品牌连锁、设计研发六大专业板块，坚持走多元化发展之路，促进公司向更高层级跃升。

新起点激发新动能，公司治理不断完善，管控体系持续健全，任务结构不断优化，市场开发稳步推进，品牌建设成果丰硕，各项工作量质齐升，生产竞争力和综合实力逐年提升，经济效益显著提高，企业活力日益增强。相较成立伊始，注册资本从百万元增长到亿元，年产值和新签合同额逐年增长，业务范围从单一主业到六大板块并驾齐驱，实现了经营发展的历史跨越，改革发展步入快车道。近五年来，公司年产值平均增长率为18.6%，年市场开发额平均增长率为19.4%，职工工资收入年均增长10%以上，五险两金福利丰富，着力提升职工的获得感、幸福感、安全感，构建和谐稳定的劳动关系，大大提升了企业高质量发展的内生动力和软实力。

三、科技创新，提质增效

三十三年，聚力攻坚。创新是企业取之不竭的前行动力，创效是行稳致远的根基所在。新形势下，公司以深化"四新"应用为抓手，围绕生产经营中的现场难点、攻关重点、流程堵点和技术关键点，推广应用装配化装修，践行绿色低碳发展理念；打造BIM中心，数字赋能创新发展；基于既有建筑绿色装修改造技术，打造示范性施工模式；创新升级应用新工艺、新材料、新设备，培养创新型人才梯队，推进产学研深度融合，有效激发科技创新潜力，提升科技创新质效，积极推动新质生产力发展，赋能企业高质量发展。

依托科技研发中心，以创建科技示范工程为载体，着力发挥创新平台作用，扎实推进河北省国资委研发投入"三年上、五年强"专项行动，研发投入连年提高，加快创新驱动发展战略。参与国家863计划科技支撑课题"建筑板材机器人化施工装备与示范"研究，自主研发断桥铝门窗系列产品、推广应用BIM建模技术、装配式箱房等。其中，"小高层建筑玻璃输送方法及输送装置"荣获国家发明专利，"水泥浆搅拌装置"粉尘收集器、"无机预涂板墙面的安装结构"等60余项技术荣获国家实用新型专利。开展QC课题攻关，全面提升创新能力，研究的既有隐框玻璃幕墙现场检测技术、既有建筑装修改造应用技术等核心技术，推动了省内装饰装修行业专项技术的发展，多项成果荣获全国建筑装饰行业科技创新成果。

四、党建引领，行稳致远

三十三年，初心不变。党建工作坐实了就是生产力，做强了就是竞争力，做细了就是凝聚力。近年来，装饰公司党委积极发挥"把方向、管大局、保落实"作用，把坚持党的全面领导、加强党的建设作为，加快企业发展的"红色引擎"，抓实党建强"根"铸"魂"，推进党建工作与生产经营深度融合，精心打造"五彩党建"品牌，扎实开展"一支部一特色"创建模式，切实把党建优势转化为企业发展的创新优势、发展优势、竞争优势。干部队伍作风持续改进，党员先锋模范作用日益加强。疫情期间，承接抗疫工程建设紧急任务，公司党委坚决扛起国企责任，组织60多名党员、施工管理人员，近500名作业工人，连续半个月在数九寒天中昼夜奋战，克服工期紧、交叉多、需求大、调人难等重重困难，圆满完成隔离区内1500余间集成卫生间墙面装饰装修和26000余平方米的室内强电施工及调试任务，展示了新时代国企党员队伍的新风貌。

积极履行社会责任，彰显国企担当。助力乡村振兴，出资帮助灾后重建，依托公司门窗加工、家装分公司专业技术优势开展"善行国企，情系社区"，深入小区提供义务维修、技术咨询等服务，多次开展无偿献血、助力高考爱心服务、火车站文明指引和便民维修、学雷锋·文明实践我行动等志愿服务活动，彰显国企担当，社会形象不断提升。

新征程，再扬帆。河北建工集团装饰公司将以习近平新时代中国特色社会主义思想为指导，坚持稳中求进工作基调，锚定"十四五"发展目标，紧抓京津冀协同发展、雄安新区建设等发展战略机遇，聚焦国家热点区域和热点领域，加速转型升级步伐，加速现有项目"向高攀登"，加速新兴产业"培育提速"，加速未来产业"向前布局"。铆足干事创业的精气神，以更加坚实的步伐，在高质量发展的道路上勇毅前行。

中建三局装饰：闪耀争先旗帜，续写时代荣光

企业发展是一部自我净化、自我淬炼、自我革新的进化史，对时代需求的急切呼应、对改革浪潮的热切拥抱，风高浪急处，改革、突破、裂变应运而生……

驰援"两山建设"，创造"中国速度"，参建8项鲁班奖、国优奖，捧回13项中国建筑工程装饰奖，征途遍布13省、27市，创新总承包管理模式下的装饰项目管理，破解接口管理、穿插管理难题，智能建造＋装配式装修先行先试……作为争先三局旗下的装饰全专业子公司，中建三局装饰有限公司笃行不怠，以势不可挡的坚强信念乘风前行，开启一段披荆斩棘的奋进征程。

一、筚路蓝缕，创新基因诞生"时代力量"

1982年4月，深圳国贸大厦在深圳罗湖中心城区破土开工，1984年9月主体完工，进入装饰装修阶段。为适应当时的行业发展前景和工程建设需要，中建三局决定组建装饰队，并注册成立"中国建筑第三工程局装饰设计工程公司"（现中建装饰集团所属中建深装），三局装饰的火种，在改革开放的前沿阵地以燎原之势滚滚铺开。短短数年，这支起初只有69人的装饰队伍从深圳走向武汉再走向上海，直至后来的北京、天津、成都等地，造就了一支"召之即来、来之能战、战之必胜"的队伍，将中国建筑装饰业的发展推向一个新的高度。

2010年，随着中建集团专业化战略的推进，三局装饰业务从工程局整体剥离。自此，三局装饰进入新旧交替期，站在新的历史起点，三局装饰迎来了更为蓬勃和成熟的大建筑市场。

2013年，中建三局总承包公司在激烈的竞争下中标武汉光谷同济医院项目，助力国家级开发区——武汉东湖新技术开发区卫生事业发展。医院由德国著名设计师设计，通过南北向180米长

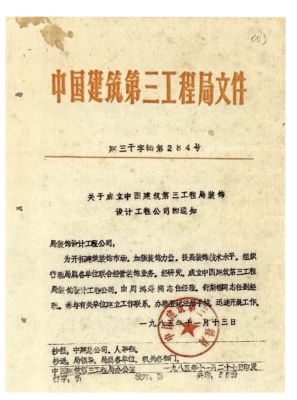

中国建筑第三工程局文件

的医疗街将门诊部、医技部、住院部紧凑地连接在一起，形成有机的医疗城市空间，时为华中地区单体面积最大的现代化综合型"花园式"医院。装饰装修阶段，项目深化设计、选材把控、施工优化全过程均参照业界最高标准，国际一流水准的装饰装修和医疗配备为光谷吸引国际化人才提供了良好的医疗保障。26个月的时间内，一座国际知名的三甲医院大楼从一片荒芜中拔地而起，赢得了"光谷速度"美誉。2016年，该项目荣膺中国建设工程"鲁班奖"。

从1985年到2015年，三局装饰迎来而立，前有两支主力装饰公司的孵化经验，今有作风过硬的装饰团队，历史在这里如期交汇，再造一个新的三局装饰的伟大目标应运而生！

二、重组再造，争先精神升腾强大合力

2015年11月11日，伴随着湖北建成中部崛起重要支点的建设大潮，中建三局立足湖北大本营，率先在总承包公司成立装饰事业部，深入推进公司主业结构优化升级，进一步提升建造业务施工总承包管理能力，由时任光谷同济医院项目经理的谢华担任总经理。

新一代的创业集体在光谷这片热土被注入无限活力，逐步形成了"深耕光谷区域、聚焦文教卫三大板块"的发展格局，快跑时代悄然降临。依托光谷同济这张亮丽名片，三局装饰瞄准文教卫等公共事业发展时机，陆续承接了中国地质大学（武汉）新校区、华中科技大学光电信息大楼、武汉大学大学生体育活动中心等项目，累计斩获1座鲁班奖、2座国优奖，4座中国建筑装饰工程奖，填补了工程局在装饰国家级奖项领域的空白，累累硕果将三局装饰推向新的高度。

时任总承包公司董事长侯玉杰对未来十年的三局装饰提出"争当三个先行者"的目标：争当细分市场开拓培育的先行者、争当新时代高品质发展的先行者、争当专业板块孵化培育的先行者，立意高远，使命重大。

2016年12月28日，天河机场T3航站楼历经4年艰苦卓绝的建设，迎来竣工验收。这座华中地区首个拥有"双跑道"的机场，装饰工程达16万平方米，装饰高峰期施工人员达到近4000名，交叉作业量极大，施工现场可谓是一场"百团大战"。大战大考，如何彰显总承包管理优势，塑强专业支撑，装饰团队主动担当，在设计阶段主动穿插，提前介入土建、安装等施工环节，及时穿插布线，腾挪装修作业时间与空间，"设计先行"从理念转化为一项项前瞻性十足、操作性极强的施工部署。

以天河机场设计团队为雏形，三局装饰正式组建50余人的设计管理部。成立当年，设计管理部自主设计、深化设计了十堰火车站北广场、中国地质大学（武汉）新校区等21个装饰项目。深化设计能力、设计带动创效能力得到市场的充分淬炼。如果说新生的三局装饰尚在蛰伏，那么设计管理部无异于为这支队伍插上梦想的翅膀，带领三局装饰筑飞向更加宏大的建筑装饰市场！

同年，三局装饰参与建设的东湖绿道、中山大道改造等省市重点民生工程完美履约。匠心营造、精工细作，让人民在优美的自然和人文风景中畅意抒怀，尽情感受美好的生活。

十年激荡变革，万物肆意生长。中国高铁、基础设施建设等迎来新的发展契机。在不断实现自我超越的过程中，三局装饰人转变战略，投身重大民生工程，用一次次挑战，创造出属于自己的"三局速度"。2024年，装饰事业部正式更名为"中建三局装饰有限公司"。四十载嬗变，新的发展篇章迅速铺开。

三、踔厉奋发，大战大考激发斗志昂扬

若有命，召必回。新冠肆虐之际，极大地考验着企业的决策力、战斗力和凝聚力。三局装饰60余名热血战士迎战"两山"，成立党员突击队，让红色旗帜陆续飘扬到100余个防疫应急医院建设工程中。特殊时期淬炼出的顽强作风，为这支

团队注入奋进底色，使队伍越战越勇，越磨砺越坚劲！

2020年12月18日，成都轨道交通6、8、9、17、18号线五条线路集中开通运营。由公司负责装饰施工的6号线三期，5座艺术地铁站揭开神秘面纱。在天府商务区站，无限延展的多维空间将科技与生活有机串联，节点收口对效果呈现至关重要。项目团队制定样板施工计划，通过深化设计，可视化呈现三角铝板安装、灯具安装等各末端点位的收口关系。不同角度的三角板高低错落地拼接在线性光源下，线面结合、光随形走，完美展现了科技创新、智能时代的主题。项目的完美交付标志着三局装饰正式走出武汉，沿长江经济带、京广线横纵拓展。

2022年，三局装饰积极响应"加快工程局装饰专业能力建设，提升工程局装饰业务自施占比"的号召，以装饰业务协同为重点，联动工程局主力建设公司、投资平台，借船出海，承建了武汉市长江新区政务中心汉口北大道208号园区装饰装修、四川省天府国际艺术城装饰、海口市江东中心装饰、成都首条贯穿城西城北地铁线路成都轨道交通27号线一期、协和医院金银潭院区装饰、中共南昌市委党校迁建装饰等工程。三局装饰的旗帜在系列标志性工程的建设现场高高扬起。

支撑公司转型，拓宽发展空间，打好品质发展"支撑战"，打好行业发展"前沿战"，未来已来，路在脚下！

立足优势，辨明方位。三局装饰总经理周涛明确"做精做专"的业务发展思路，以"四大产品线"为支撑，谋定"1+3+N"重点区域的重点客户，以加快实现企业经营规模和运营品质量质协同提升为主线，聚力实现区域深耕和外拓双向突破、业务发展布局更加均衡、履约硬实力不断塑强、科技创新能力整体跃升、职业化团队建设纵深推进、党建引领赋能增效的"六个目标"，致力打造最具价值创造力的装饰行业头部企业。

走市场化路线，是国有企业在改革中必然要经历的过程，三局装饰也不例外。

由于建筑装饰行业的特点，说到底，企业的命运并非掌握在政府手里，而是在市场之中。三局装饰敏锐地捕捉到客户服务的空白，践行"以客户为中心"的市场理念，打通最后一公里。围绕科教文卫等细分领域客户，充分调研客户需求，最终在不停诊施工、改造翻新、功能提升优化等末端板块寻得全新机遇，为客户破解手续烦琐、施工难度大、管理难度大等多重难题，抢得城市更新业务发展先机。自主承接了湖北省中西医结合医院基础设施能力提升项目、洪山礼堂维修改造、省直机关第一幼儿园龙康分园维修改造等"回头客"项目。

坚持科技先行，释放先导力量。公司《高密度人群区公共建筑改造关键技术及应用》获得国内领先成果评价。2021年，公司承接武汉首个高层老旧小区改造项目——岳家嘴小区二、三期外墙维修项目（设计施工一体化应急维修项目）。团队深入现场，实地走访居民，开展问卷调查，勘察项目周边环境，广泛听取居民意见并设立专档。立足困扰居民的问题制定施工计划，将场地拥挤、高空作业、施工噪音等难题逐一化解。规划晴雨作业清单，晴天加紧施工并错开高温时段，雨天进行入户调查、资料收集、碎块外运等工作，高效履约赢得居民主动点赞。

在长江对岸，患者最为拥挤的同济医院主院区，三局装饰项目团队创造性地实施不停诊施工。通过对医护团队进行长期跟踪式摸底，对医疗流线进行再造，新建连廊提高就医效率，协调装饰、机电、智能化、医疗专项等多专业资源，全力保障患者顺畅的就医环境，输出了以"不停诊施工"为代表的多项技术成果。2022年，该项目荣获中国建筑工程装饰奖。

2022年4月，"三局严选"商城重磅上线。1个月内实现项目准入1137个，上线商铺632家，强大了资源整合能力、品控能力、结算能力、金融能力，将产业链"链长"优势充分释放。目前，近千项装饰物资实现平台化管理，更有"限时达"将到货周期缩短至48小时，较行业平均水平提升3.5倍，科技赋能从代码变成现实。

2023年6月26日，由中国建筑装饰协会主办的中国建筑装饰智能建造管理与创新论坛暨装饰智慧工地现场观摩会在海口举行。海南、湖北、广西、内蒙古、天津、山西、四川等省（区、市）住建部门、行业及地方建筑装饰协会、建筑企业等有关负责人，共计500余人来到公司承建的海口江东发展大厦装饰智慧工地。现场，18项行业最新研发的精巧机具——亮相，多种智能装饰机器人助力装饰工程数字化、智能化转型升级。其中，智能划线机器人全自动高效划线，精度控制在3毫米内，达到国内先进水平。

四、行稳致远，红色基石"建"证如虹征途

坚持党的领导，加强党的建设，激发党建活力，是国企的光荣传统，也是国企的"根"和"魂"。

公司坚持以高质量党建引领高质量发展，以习近平新时代中国特色社会主义思想为指导，深入践行"两中心一为本"发展策略，围绕高质量发展工作主线，全面加强党的建设，统筹推进各项工作。

2023年，为积极践行"走出去"战略，赋能公司全产业链实施能力，全面提升装饰设计施工一体化能力，公司提出跨越式发展目标，力求以高目标牵引，实现高质量发展。在湖北大本营、华南、华东、华北三大核心区域、中南等潜力区域共成立7支营销工作组，经营范围辐射京津鲁、长三角、珠三角、川渝等热点区域。不到两年时间，业务遍布13省，27市，逐渐形成公建装饰、建筑幕墙、城市更新、景观园林四大产品线，业务生态从单一走向成熟。

在快速发展道路上，如何融合前线与后台，做到突破有力、支撑强劲，夯实组织建设是关键。

创新试点实施积分管理实施指南，动态考核发展对象，营造比学赶超良好氛围；持续完善专业人才队伍盘点机制，分层、分类搭建人才库，将岗位竞聘与竞争上岗相结合，加大高潜人才的发现与选用力度，将能力素质过硬的优秀年轻干部有计划地选配至重要岗位、吃劲岗位历练，以战代培，合理容错纠错，支持担当作为，持续增强干部队伍科学管理能力。创建"市场开拓"党员突击队、"技术先行"青年创新工作室，释放榜样的力量。按季度开展党员政治生日会，向党员同志赠送"政治生日贺卡"，重温入党誓词。结合重点工作，举行"红细胞课堂"、基层党务交流培训班，深入开展党性教育，不断推动党建工作走深走实。

坚持文化铸魂，凝聚奋进力量，组建"建证·蓝宝"志愿服务队，策划实施第四届"建证·饰界"书画展、"建证·声饰"辩论赛，以及"建证·爱心导医""建证·绿色充植"等系列党建活动。开展工会主席送清凉、走基层活动，聚人心、鼓士气。召开职工代表巡视座谈会，加强谈心谈话机制，深入了解基层员工难点问题。

拓展共建"朋友圈"，发挥装饰特色，重点挖掘医院、学校、铁路站房类项目平台资源，拓宽共建领域。以联建共建为抓手，主动对接客户需求，逐步形成党建资源共享、功能互补、共同提高的局面，为三局装饰可持续发展铺就了一条气势如虹的红色征途。

从20世纪80年代起步，三局装饰人几度创业，热情不改，在极其复杂的环境中，不断开拓新局面，在时代的滚滚浪潮中奋勇追逐，打造了一个个精品工程，更雕琢出精益求精、创新不止的宝贵精神，这是三局装饰人不断超越的制胜法宝，更是行业不断前进永不枯竭的动力之源。

前进的新目标只能用前进去抵达，争先的新荣光只能在争先中实现。立足时代，书写时代，三局装饰人将铭记前行的足迹，接续奋斗，镌刻崭新的功勋！

专注建筑科技创新，领航绿色建筑发展

——记沃尔德建筑装饰集团股份有限公司

沃尔德建筑装饰集团股份有限公司是一家专业从事建筑节能保温、建筑装修装饰、建筑幕墙、展览陈列、道路照明、园林绿化、建筑总承包、机电总承包、市政总承包等工程施工，智慧导视系统设计制作安装，建筑装饰材料销售，保温材料和建筑节能门窗生产和销售的集团企业。

秉承"专注建筑科技创新，领航绿色建筑发展"的企业经营理念，沃尔德建筑装饰集团坚持党建领航、守正创新、文化铸魂，为企业注入不竭的发展动力，为推动行业高质量发展作出积极贡献。

一、沃心向党，引领企业经营发展

在沃尔德集团党支部的带领下，沃尔德建筑装饰集团倾力打造"沃心向党"品牌，紧紧围绕"党建抓实就是生产力，党建抓强就是竞争力，党建抓细就是凝聚力"的工作思路，积极履行"沃尔德1234党建工作模式"。即树立"一面旗帜"，确定"以党建引领集团发展"的指导思想；形成"二项结合"，将党建工作机制与经营管理机制相结合、党员培养机制与人才兴业机制相结合；打造党建、统战、群团组织"三个平台"；开展同心、凝心、齐心、暖心的"四心行动"，不断增强党建工作活力，引领集团实现高质量发展。被山东省委统战部授予首批"'新阶层，党旗红'工作品牌创建活动示范点"，被山东省建设科技与教育协会授予"党建列车"跨界联建基地企业站，并获得全国五四红旗团委、全国青年文明号等多项荣誉称号。

二、守正创新，打造企业核心竞争力

自2007年成立至今，从建筑材料的代理销售到省内首批建筑节能外墙外保温施工企业，再到取得施工专业承包、总承包、专项设计等多项资质，直至进行股份制改革、实现集团化发展，沃尔德建筑装饰集团通过密切关注市场竞争和行业发展变化，认真审视自身的经营管理模式，在立足主业、保证稳步经营的同时，持续推进企业运行机制、管理方式等变革创新，把握好竞争之道、立身之基。

坚持走品牌化发展之路，集团现已取得的专业承包资质包括：建筑装修装饰工程专业承包壹级、防水防腐保温工程专业承包壹级、展览工程专业承包壹级、建筑幕墙专业承包贰级、智能化工程专业承包贰级、城市及道路照明工程专业承包贰级、环保工程专业承包贰级、施工劳务不分等级。总承包资质包括：机电工程施工总承包贰级、建筑工程施工总承包贰级、市政公用工程施工总承包贰级。专项设计资质包括：展览陈列设计施工一体化壹级、建筑幕墙工程设计专项乙级、建筑装饰工程设计专项乙级。另外，还取得了膨胀聚苯板薄抹灰外墙外保温系统、挤塑板薄抹灰外墙外保温系统和岩棉板双层耐碱玻纤网薄抹灰外墙外保温系统、喷涂硬泡聚氨酯外墙外保温系统等各类保温系统的山东省墙材建筑节能技术产品应用认定。

集团致力于绿色建筑产业的研究和应用，拥有《一种复合保温层》《一种现浇混凝土墙体自保温系统》《一种复合外模板现浇混凝土保温系统》等多项发明、实用新型专利；协助山东省标准设计办编制并印刷《WLD现喷硬泡聚氨酯屋面保温防水构造详图》，图集号：L12JT36，成为硬泡聚氨酯屋面防水保温的行业标准；参与《低能耗建筑外墙粘贴复合防火保温体系应用技术规程》（DB37/T 5071—2016）、《居住建筑节能设计标准》（DB37/T 5026—2022）地方标准的编制工作；严格按照质量管理体系（ISO 9001：2015）、环境管理体系（ISO 14001：2015）、职业健康安全管理体系（ISO 45001：2018）的标准进行经营管理。

作为山东省建筑节能协会轮值会长单位、山东省建设科技与教育协会副会长单位、山东省绿色建材常务理事单位、山东省土木学会建筑节能材料委员会副主任单位、山东土木建筑学会建筑消防专业委员会、山东土木协会消防专业委员副主任单位、山东省新型墙体材料生产研发基地、济南绿色建筑协会监事单位、济南市土木学会副理事长单位、济南市节能协会副会长单位、青岛市建筑节能协会副会长单位，沃尔德建筑装饰集团荣获中国展览展示设计50强机构、中装协AAA级信用企业、企业信用评价AAA级信用企业、山东省建筑业全链条龙头骨干企业、低碳山东贡献单位、全省住房城乡建设系统重点工程"聚焦'双碳'目标聚力新型建造"创新创优劳动竞赛先进集体、山东省技能兴鲁职业技能大赛特殊贡献奖、山东省建筑节能技术产品50强、山东知名品牌、全省住建系统"五小"成果竞赛一等奖、省级守合同重信用单位、济南市"新城建"产业链优质企业（明星企业）、济南市墙材革新与建筑节能先进单位、济南市文明单位、济南"安康杯"竞赛优胜单位等荣誉称号。

与知名房地产开发商、大型总承包方、知名材料厂商牵手，建立长期战略合作伙伴关系，承建了济南黄河国际会展中心、绿地山东国金中心、齐鲁之门等众多城市地标性建筑，在行业内赢得了良好的品牌知名度和美誉度。

三、人才兴业，加强企业文化建设

沃尔德建筑装饰集团始终奉行"家文化"，秉承"凝聚小家，发展大家，报效国家"的思想，以和谐为基础，营造员工之间和睦、互助、共进的浓厚氛围。

通过强化硬件设施建设，提供优越的办公环境；通过多元化培训、建立激励机制，重视人才培养；通过开展特色的团建活动，丰富员工业余生活；通过成立工会、妇联等群团组织，关注员工诉求。一个如家人般温暖的大家庭，致力于用"家文化"筑起员工的心灵港湾，让每一位员工都能在这里找到归属感，让"沃尔德"这个大家庭不仅有工作的深度，更有生活的温度。

四、奉献社会，践行企业社会责任

沃尔德建筑装饰集团的多名高管分别担任了各级人大代表、政协委员、青联委员等社会职务，被推荐加入各大民主党派，通过调研工作、提报提案等参政议政，充分体现出积极承担并履行社会责任的担当。

沃尔德建筑装饰集团始终关注公益事业，积极参与东西部扶贫、双百扶贫、同心扶贫攻坚行动；成立沃尔德公益金，捐赠学校建设基金，建立大学生社会实践基地，支持青年人才发展；改扩建沃尔德青联希望小学、参与对口援藏行动、开展助学捐赠活动，关爱儿童成长；成立沃尔德社会责任先锋队，组织特教学校助教、走访烈士遗属、社区服务、交通执勤等志愿服务；积极开展"共抗疫情，沃尔德在行动"爱心接力，先后30余次向疫情一线捐款捐物，切实以实际行动回报社会。

以"做中国建筑装饰行业的知名集团企业"为己任的沃尔德建筑装饰集团，将继续坚持"以质量赢信誉、以业绩赢市场、以管理赢效益、以硬件赢形象、以合作赢口碑"的发展理念，专注建筑科技创新，领航绿色建筑发展。

雷士照明：科技引领创新发展

一、品牌介绍

雷士照明创立于1998年，是一家集品牌、研发、设计、生产、营销、服务于一体的全产业链照明品牌企业。以健康化、智能化、人性化的照明科技，为用户提供高品质的照明产品和照明应用解决方案。

雷士照明坚持自主研发和科技创新，拥有国际标准化研发中心和CNAS国家认可实验室。申请专利累计超1500项，参与制定国家标准以及行业标准超148项，荣获国家科学技术进步奖、科技创新一等奖、中国国际照明灯具设计大赛一等奖、红点产品设计奖等尖端科技、产品奖项超30项。

2022年12月，雷士照明获得中国航天精工认可，成功签约成为"中国航天事业合作伙伴"，是照明行业"首家且唯一一家"获此殊荣的品牌。与中国航天科研机构共建行业首个中国航天照明科技实验室，研发航天级健康照明科技——伴生适然光技术，开创照明行业健康光新时代。

秉承"健康、智能、科技、品质"的产品研发方针，以用户需求为导向，雷士照明立足地产、户外、公共大空间、办公、医院、商超、酒店、店铺、餐饮、工业、教育、智能消防等领域照明产品，并持续拓展全屋智能、厨卫电器等各业务板块。在全国拥有34个运营中心、116家全屋光环境智能体验馆、2400多家品牌专卖店和近100000家销售终端网点。产品进驻杭州亚运会、中国西昌航天公园、北京冬奥会、北京奥运会、北京世园会、武汉世界军运会、上海世博会、广州亚运会、G20杭州峰会、青岛上合峰会等国家地标项目。2024年，雷士照明品牌价值达612.36亿元，十三年蝉联中国照明行业榜首；并上榜亚洲品牌500强，位列358位，是唯一连续四年入选的照明品牌。凭借领先的品牌价值和品牌影响力荣膺人民网"人民匠心品牌奖"。

作为照明行业的"排头兵"，雷士照明积极服务国家战略，依据国际主流ESG体系、对标联合国可持续发展目标，构建了健全、完善的ESG治理架构和治理体系。以"用健康照明科技点亮可持续未来，成为照明行业ESG引领者"为愿景，将ESG融入企业发展战略，充分发挥自身行业优势，创造共生价值，服务国家实体经济高质量发展，为实现全产业链的绿色转型而持续努力。

多年来，雷士照明时刻关注乡村教育照明环境改善，自2009年启动公益项目"雷士光明行"，已走遍全国22个省市，持续改善200多所学校的照明环境，10万多名师生受益。2024年正式升级为"雷士照明拾光计划"，联合中国航天基金会、壹基金，通过教室健康照明改造，为孩子们打造科创教室、音乐教室、航天教室等健康光环境的多彩课堂，守护孩子们双眼健康，更守护孩子们的多彩梦想。同时，积极参与灾后重建，紧急为汶川地震灾区调拨现金和物资，快速响应抗疫需求，第一时间参与包含雷神山医院、火神山医院等多地医院援建工作，获央媒点赞。

未来，秉持"光随心行，智亮未来"的核心理念，雷士照明将聚焦在人因照明、健康照明、智能照明三大方向深入布局，大力实施健康化照明战略，树立雷士照明领跑地位，驱动照明行业发展新引擎。打造一站式全场景的智能照明解决方案，满足用户对美好生活的向往。

二、品牌实力

1. 技术领先，参与多项国家课题研究

雷士照明代表行业高水平，积极参与国家重点研发计划课题研究。参与的国家重点研发课题有：国家重点研发计划"高效高可靠LED灯具关键技术研究"项目；"十三五"国家重点研发计划"公共建筑光环境提升关键技术研究及示范"项目。

凭借领先的行业技术，积极参与国家、行业标准制修订，2002年以来，参与制（修）订的标准超148项。

参与制定的国家标准主要有：主导制定国家标准GB/T 7000.202《灯具 第2-2部分：特殊要求嵌入式灯具》；参与制定国家标准GB/T 50034《建筑照明设计标准》、GB/T 7000.1《灯具第1部分：一般要求与试验》、GB/T 19510.1《光源控制装置 第1部分：一般要求和安全要求》等。

参与制定的行业标准主要有：主导制定团体标准《教室照明智能化规范》；参与制定团体标准《健康照明设计标准》《建筑装饰装修室内空间照明设计应用标准》《节律照明灯具性能要求》《智慧城市、智慧照明系统通用要求》《照明行业双碳工作指南》等。

2. 科技领先，强劲的科研实力

雷士照明坚持自主研发和科技创新，经过近三十多年的积累和持续投入，雷士照明已建立起领先行业的研发体系。2006年，雷士照明在广东惠州设立国际标准化的照明研发中心；聘请国内外著名电光源专家、灯具专家和顶尖设计团队为顾问；与中国科学院、同济大学、复旦大学、南昌大学等LED照明领域的顶级科研机构、专家学者展开深度合作，加快前沿科技落地，实现产、学、研一体化，为企业发展注入强劲的技术动力。

与中国航天科研机构共建行业首个"中国航天照明科技实验室"，研发航天级健康照明科技——伴生适然光技术，实现以人为中心，以自然光为目标，以LED光谱技术和智能控制为手段，全时可调、可控、可裁剪，是更智适现代生活的动态健康光技术，为用户提供航天精工品质的照明产品和照明应用解决方案。截至目前，雷士照明研发知识产权发明专利、实用新型专利、外观专利等累计超过1500项。

3. 产品领先，荣获多项行业重磅级奖项

强大的研发团队和资金投入，创造出推动行业前进的产品力。雷士照明尖端科技、产品获得荣誉包含国家科学技术进步奖、科技创新一等奖、中国国际照明灯具设计大赛一等奖、红点产品设计奖等奖项超过30项。为北京奥运会提供的"飞翔系列"路灯摘取了被誉为中国设计界"奥斯卡"的"中国创新设计红星奖"最高荣誉——至尊金奖，并有14项奥运照明产品荣获国家专利。

雷士照明反射式轨道射灯、酒店照明"肖邦"筒灯分别荣获德国红点奖；雷士照明智能杀菌灯荣获IF设计奖；雷士照明反射式轨道射灯荣获中照奖科技创新一等奖；雷士照明高导热铝碳化硅（AISIC）封装基板的研发荣获中照奖科技创新一等奖；Ⅲ-Ⅴ族化合物半导体材料及器件的界面调控技术项目获得广东省科技科学技术发明一等奖；雷士照明旗下子品牌"伯克丽-秋实"获得中国国际照明灯具设计大赛一等奖。

4. 品质至上，全球领先的制造体系

雷士照明光源、驱动电源、灯具均为自主研发生产，强大的生产制造能力是雷士照明的核心竞争优势。雷士照明拥有独立的生产基地，数百台灯具

生产设备，包含光源电器、室内、户外照明灯具等半自动、全自动装配线在内的生产线达上百条，同时拥有自行生产压铸、冲压、旋压、烤漆等零配件制造及装配能力。产品涵盖地产、户外、公共大空间、办公、医院、商超、酒店、店铺、餐饮、工业、教育、智能消防等领域照明产品，并持续拓展全屋智能、厨卫电器等各业务板块。

在规模庞大的生产制造体系的支撑下，常规产品可实现3天之内交货，部分客户急需品可满足即时交付。

雷士照明坚守"品质至上"的经营方针，在广东惠州总部按国际标准建有照明实验室及多个专业检测室。拥有严苛的CNAS国家认可实验室，检测产品水准与国际同步，保证产品质量优良、稳定，实现每个产品全流程品质严控管理。

5. 体系完善，全覆盖的营销网络渠道

雷士照明拥有严谨、先进的管理体系及服务水平，公司自成立起，先后通过了ISO 9001：2015质量管理体系、ISO 14001：2015环境管理体系、ISO 45001：2018职业健康安全管理体系、ISO/IEC 17025：2017实验室管理体系、GB/T 29490—2013知识产权管理体系、GB/T 27922—2011商品售后服务评价体系（五星级）及ISO 50001：2018能源管理体系等多体系认证。

在国内率先推行照明行业"品牌专卖"和"运营中心"模式，线下遍布全国34个运营中心、116家全屋光环境智能体验馆、2400多家品牌专卖店和近100000家销售终端网点，可实现全国95%市县覆盖。同时，涵盖京东、天猫、苏宁易购、唯品会等国内知名电商渠道的全网交互平台，可实现一站式全方位互联服务。

雷士照明通过对线上线下资源整合，以全渠道照明产品营销体系，形成完整、高效的营销渠道和服务体系，成为服务客户的有效保障。

三、ESG愿景及战略

在ESG愿景指引下，雷士照明已将ESG理念融入企业战略方针和日常运营中，提出在气候行动、绿色产品、健康照明、多元化职场、行业发展、公益慈善六大面向生态环境、生活、行业、社会责任、未来科技等重点领域推进方向，实现公司业绩和ESG融合发展，打造企业高质量发展新动能。

1. 气候行动：高效利用新型清洁能源，实现绿色低碳生产

雷士照明不断探索创新，惠州基地已搭建起完整的ISO 50001能源管理体系，万州基地于2024年全面完成搭建。以"节能增效，绿色生产，助力双碳，零碳未来"为指导方针，积极实践节能减排，落地能源节约、清洁生产的优化项目。各生产基地通过绿色低碳车间布局优化及技改、可再生电力替代，实现碳减排超6082.8吨，相当于年植树超3324棵。

2025年实现范围1（"范围1"为直接排放，即企业直接控制的燃料燃烧活动和物理化学生产过程产生的直接温室气体排放）及范围2（"范围2"为间接排放，为企业外购能源产生的温室气体排放，包括电力、热力、蒸汽和冷气等）碳排密度降低50%。

2. 绿色产品：深化绿色建设，提供绿色照明解决方案

雷士照明在研发端制定了完善的产品设计与开发控制程序，以绿色设计为核心，将产品生命周期融入循环经济3R原则，从研发到生产等各环节，不断优化及提升生产工艺，降低废弃物生产排放。

原料选择上，使用可循环回收利用材料，通过力学减量化设计降低原材料单位使用量；行业首创使用覆膜材料；物流货运模式零担和整车相结合，合理规划路线，降低能耗及污染物。领先的高能效光电一体化产品技术能力，延长产品使用寿命，提供绿色智能照明整体解决方案。实现在原料选择、生产制造、物流包装、产品使用等环节多维度探索绿色产品实践。

2025年实现能效管理范围内的产品100%达到LED能效国标（GB 30255—2019）二级及以上。

3. 健康照明：推进绿色升级，打造精益品质健康照明

雷士照明高度重视产品质量安全及用户满意度；致力于"用照明科技改变生活"的品牌使命，加快实施健康化照明战略。

各基地已通过ISO 9001质量管理体系认证，所有产品严格按照GB 7000.1标准测试；建有国际标准ISO/IEC 17025质量管理体系；CNAS认证、中国能效标识能源效率检测备案实验室。通过严格的质量体系和领先的检测能力、稳定的质量表现等保证质量安全。

与中国航天科研探索航天科技应用到照明领域；与同济大学共同研究智慧健康光环境应用场景落地；推出的健康照明产品荣获"企业标准领跑者"称号。完善的客户服务，打造一站式全场景智能照明解决方案，满足用户对美好生活的向往。

2025年实现健康光环境产品年度销售收入占比达25%。

4. 多元职场：以人为本，建立多元、平等、尊重的职场环境

雷士照明积极践行员工关怀，不断丰富员工福利方案，打造优质劳动环境，关心女性员工及残障员工权益及发展，鼓励员工建言献策并持续改善，提升员工幸福感及归属感。

通过平等、多元的职场环境，注重女性员工关怀并提供平等的就业机会，丰富且人性化的福利项目，保障员工福利。

2025年实现经理及以上的雇员中女性占比达40%。

5. 行业发展：引领行业标准制定，提高绿色发展水平

雷士照明作为照明行业引领者，主动参与行业良性生态建设，引领各级标准制定；持续推动照明行业技术创新，开拓航天照明的新型应用场景；积极引导行业的业态变革，助力行业内设计人才的培养。

引领行业标准制定，助力行业质量规范化发展，主导或参与编写国家、行业等标准148项；成为行业首家中国航天事业合作伙伴，撬动航天精工品质及技术应用到日常产品研发；推动行业设计师孵化，启动"未来设计成长计划"，成立设计师俱乐部，打造设计人才培养体系，助力行业生态共建。

6. 公益慈善：积极发挥社会价值，助力乡村振兴

雷士照明积极承担企业社会责任并投身于社会公益慈善，致力于为品牌注入社会价值。多年来，结合产品特点，发挥企业优势，推动改善中国乡村教育照明环境，助力乡村振兴。

（1）积极援建灾区

援建疫情灾区：新冠肺炎疫情期间，雷士照明分别为武汉雷神山医院和火神山医院、石家庄黄庄公寓隔离点、长春兴隆山方舱医院、西安红十字会及当地"小汤山模式"医院，援建当地所需灯具，并积极担任抗疫志愿者。

援助河南水灾：2021年，河南、山西水灾暴发后，雷士照明第一时间调拨救灾物资，驰援受灾区域。同时，迅速启动针对经销商户的紧急专项援助补贴，帮助商家进行灾后重建。

捐助汶川地震：2008年5月12日，汶川地震发生后，雷士照明第一时间号召员工募捐了80万元现金及80万元紧急物资，并派赈灾专车送达灾区。2008年8月26日下午，雷士照明再次向重灾区汶川县三江乡捐赠价值370万元人民币的节能照明产品，用于汶川灾区的灾后重建工作。截至目前，雷士照明向汶川地震灾区捐赠的现金和物资总额已超过800万元。

（2）点亮爱心之光

拾光计划："雷士光明行"是雷士照明自有公益品牌，旨在改善欠发达地区、贫困地区、革命老区、边远山区等中小学教育和照明环境的大型公益活动。自2009年6月6日启动一直坚持至今,足迹遍及贵州遵义、四川阿坝州、四川巴中、广东惠州、重庆荣昌、河南兰考、辽宁阜新、彰武、贵州赤水、湖北南漳、陕西延川县、浙江景宁畲族自治县、四川马边彝族自治县等22个省市。通过"光明教室""光明支教""走访特困学生家庭"等爱心项目,为山区学生带来物质与精神上的双重光明,已改善200多所学校照明环境,10万多名师生获益。

2024年联合中国航天基金会、壹基金,正式升级为"雷士照明拾光计划"公益活动,计划到2025年覆盖300所学校,改善50万名青少年的用光环境。通过对教室健康照明改造,为孩子们打造科创教室、音乐教室、航天教室等健康光环境的多彩课堂,守护孩子们的双眼健康,更守护孩子们的多彩梦想。

承达集团：承道以德载，济美以心达

承前启后、利己达人，源于香港的室内装饰品牌——承达集团，随着时代的浪潮，在室内装饰领域中，一步步刻下独领风骚、精彩辉煌的烙印。

承达集团成立于1986年，总部设在香港。专注高端、服务高端，是承达集团的发展定位。30多年的不断进取，承达集团乘风破浪，常年稳居香港、澳门室内装饰行业业务和口碑首位。业绩方面，先后承接了香港半岛酒店、澳门路易十三酒店、澳门银河综合度假城、澳门威尼斯人酒店、澳门四季茗荟酒店、澳门新濠天地君悦酒店、澳门永利皇宫、澳门葡京酒店、澳门美高梅酒店、澳门伦敦人酒店、新加坡金沙赌场酒店翻新、澳门范思哲酒店、澳门巴黎人酒店等系列顶级室内装饰项目。

随着内地装饰市场的蓬勃发展，承达集团把握时代脉搏，进军内地市场。2003年，成立北京承达创建装饰工程有限公司，承接内地室内装饰工程。保持专注高端、服务高端的发展定位，坚持产品高端、客户高端的理念。北京承达持续为新世界、新鸿基、香港置地、恒基地产、太古地产、恒隆地产、新加坡凯德等长期合作伙伴提供服务，先后承接了上海兴业太古汇、上海恒基大厦、北京瑰丽酒店、天津周大福K11商场、昆明恒隆广场、武汉恒隆广场、杭州恒隆广场、重庆凯德洲际酒店、重庆香港置地约克郡光环购物中心等室内装饰工程。

2012年，承达集团加入江河集团，自此开启了与内地客户合作的征程。在十几年的发展中，与阿里巴巴、字节跳动、上海陆家嘴、鲁能、华为等众多知名企业保持长期合作，杭州菜鸟网络总部办公楼、上海鲁能JW万豪侯爵酒店、大连鲁能四季酒店、上海前滩香格里拉酒店等精品工程，打响了承达"做精品、赢口碑"的口号。

广州无限极广场

2015年，承达集团成功登陆香港港交所主板市场。上市后的承达集团步伐更加稳健，积极引入现代化管理制度，建立健全体系化管理。紧跟祖国"四化"发展战略，利用现代信息技术实现集成化管理，提升了运营效率；用严格的品控及施工管理体系，确保产品质量和工程质量的高品质、高标准，为市场竞争力的持续提升奠定了基础。目前拥有多项全球顶级认证资质，是中国室内装潢行业唯一获美国AWI质量认证的企业，其产品质量获得美国权威机构Ⅶ认证。在内地，承达拥有超过70项涵盖多个前沿技术领域的发明专利，获批国家高新科技技术企业，充分彰显了公司在科技创新方面的强大实力。以技术做先锋，以口碑赢市场，承达集团不但赢得了业界的认可，也保持着高度的客户黏合度。恒隆更是于2017年将当时国内最大内装标段——3.59亿元标段发包给承达，此时这份信任不仅仅是信任，更是带有深刻烙印的有力验证。

疫情之后，全球蓄势待发。承达集团再次把握时代脉搏，革新作风、锐意精进、苦练内功、优化队伍。以每年60亿元左右的产值、精进的团队傲立潮头，蓄力新发展，再筑中国梦。

北京国家会议中心二期

昆明恒隆广场

森柏建设：医院精装样板企业

安徽森柏建设集团有限公司（以下简称"森柏建设"）自2008年成立以来，已逐步发展成一家在建筑装饰、装修及其他建筑领域具有显著影响力的专业化公司。沧海横流，历史的步伐始终浩荡向前。回望过往历程，每道年轮都镌刻着奋斗者的足迹。

森柏建设在时代的背景下，历经16载岁月，从四五个人的小团队不断发展，在精装行业，特别是在医院精装板块已然成为"行家里手"，探索出一条属于自己的生存发展之路。

一、初出茅庐，机遇与梦想同频

装饰行业作为建筑业的一个重要专项领域，在中国改革开放40多年里得到了飞速发展。20世纪90年代，借着改革开放的春风，经过80年代的起步和积累阶段，中国装饰行业发展迎来了第一个高峰期。正是这样的时代背景下，森柏建设应运而生。

2002年，刚走出校门的孙柏林进入了一家装饰设计公司，这便是入了行。从此，他开始从事画图纸、对方案、跑工地、技术交底等工作，经历4年时间，打下了坚实的专业实践知识。在2006年，孙柏林中标承接了人生中第一个施工工程项目，迈出了创业生涯的第一步。他在一个60平米的房子里办起了公司，承接装饰设计与施工业务——这也是森柏建设的雏形。创业之初，由于公司没资质需要挂靠别人的公司，再加上资金问题，大的项目都是和朋友或同行合作，因此走了很多弯路。直到2008年，才正式成立森柏装饰公司。至此，孙柏林的创业梦想就此起航。

二、匠心打造、积攒口碑、稳步发展

此后十余年，在改革开放的浪潮里，森柏建设专注、深耕本专业，开启了稳步发展的阶段。专注楼堂馆所、医院、学校等精装项目，特别是医院板块更是精雕细琢。公司摸索出一套自己的管理和施工经验方法，也培养出一批属于自己的精装专业队伍。

自2017年始，森柏建设用实力说话，相继在安徽装饰舞台上绽放光芒。中标并承建了包括安徽省公安职业技术学院、优信二手车展厅装饰、霍邱县第一人民医院、凤台县第一人民医院、金寨县第一人民医院、天堂寨人民医院、白塔畈人民医院等优质项目。聚焦医疗，在医院精装板块中犹如一匹黑马，异军突起，势如破竹，所做项目成为医院的样板工程，森柏建设也被誉为医院精装的样板企业。2020年，森柏建设的业务先后进入长三角。凭借"聚焦"战略以及"技术、服务、品质、诚信"四大领先优势，在江苏、浙江、上海等一线城市的医院精装中屡建奇功，承建了大量精品工程。自此，森柏建设迈进了一个全新的历史阶段。

三、专业与诚信共存，从稳健走向优秀

如果说森柏建设的创立是凭借科班出身、专业技术入局的话，那么，它的快速成长和发展则

得益于国家经济的蓬勃发展。在 2010 年至 2020 年这段时间里，中国经济飞速发展，城镇化进程不断加快。森柏建设紧紧抓住时代机遇，不仅实现了自身的稳健增长，更在行业中率先完成了管理和技术的双提升，从众多竞争者中脱颖而出，成为装饰企业领域的新一代样板企业。

森柏建设深知"技术出效益，管理促发展"，积极发挥自身优势，深化项目过程中的深化设计和方案优化。公司引入现代化管理制度，建立健全体系化管理制度。利用现代信息技术，实现集成化和装配式施工管理，提升了运营效率；用严格的品控及施工管理体系，确保产品质量和工程质量的高品质、高标准，为市场竞争力的持续提升奠定了基础；特别是在医院精装修方面，受益颇丰。

图纸深化设计是森柏建设持续发展的不竭动力。森柏建设拥有一支经验丰富的精装深化团队，并研发了一系列具有自主知识产权的新工艺、新技术、新工法，以及施工模块化等技术。不仅大幅提升了装饰产品的性能与质量，更在行业内树立了技术标杆，推动了整个行业的进步与发展。特别是在医院精装装配式技术的系统化、标准化方面，更是走在了行业前列。利用 BIM 技术实现其复杂设计，在医院的综合管道和布线方面优势明显，不仅彰显了森柏建设在设计、施工及技术创新方面的非凡实力，更为公司赢得了良好的品牌声誉和行业口碑。

作为医院精装板块的样板企业，森柏建设还积极参与国家、行业及地方标准的制定工作，主编、参编了多项重要标准，为推动行业规范化、标准化发展做出积极贡献。通过标准的制定与实施，森柏建设不仅提升了自身的技术水平和管理能力，更为整个行业的健康发展提供了有力支撑，正在参编"装配式建筑室内环境控制标准"。

四、特殊企业文化，助力企业未来

2000 年以来，装饰企业如雨后竹笋般迅速发展。但每个初创民营企业想要生根发芽、闯出一番名堂，其难度犹如在荆棘中开辟坦途。然而，森柏建设一直保持着十几年如一日的稳健发展态势，其背后，正是那股深深根植于企业血脉之中的独特的文化力量。

森柏建设的企业文化是以亲情、同学情、友情这些最质朴的情感为底色，简单而纯粹。没有层级壁垒，只有开放透明的沟通与信任。创始人孙柏林以其独有的智慧和魄力，构建起了一个和谐、诚信、友爱的企业生态环境，让每一位森柏人都能感受到公平与尊重。在这里，拼搏进取是共同的信仰，而简单透明则是维系这份信仰的坚实纽带。

在充满机遇与挑战的年代，森柏建设以无畏之姿，踏上了创业的征途。拼搏进取，不仅是森柏建设的企业精神，更是我们这个时代所有奋斗者共同的精神图腾。正是这种坚韧与执着，让森柏建设稳步前行，铸就优秀。在森柏建设，人才始终是企业最宝贵的财富。公司坚持"任人唯才"，不拘一格地选拔和培养人才，兼容并蓄，为企业文化注入了无限的活力与多元色彩。公司秉持"让员工更幸福"的理念，为员工创造良好的工作环境和发展平台，让每一位员工都能在企业中展示自我、实现价值，感受幸福。

"让客户更满意""拼专业、讲信用、负责任"，始终将客户的需求放在首位，持续提升产品和服务的质量，以实际行动诠释对客户的承诺与担当。正是这种将心比心的服务态度与高度负责的企业精神，让森柏建设赢得了客户的信赖与高度评价，同时也赢得了社会各界的广泛赞誉，为企业树立了良好的社会形象与品牌口碑。

"工欲善其事，必先利其器"，安徽森柏建设集团有限公司凭借其专业的技术实力与丰富的行业经验，在医院精装领域成功地树立起良好的品牌形象。未来，随着市场需求的不断变化以及新材料、新技术的不断发展，森柏建设将立足擅长领域，不断持续创新发展，为建筑装饰行业的蓬勃发展做出更大贡献。

潜心谋发展，成长铸辉煌

——记四川新地平建筑设计咨询有限公司

四川新地平建筑设计咨询有限公司前身是成立于1983年的乐山市城建建筑设计院，作为服务于地方的专业技术单位，参与了80年代以来乐山市快速的城市发展与建设。2009年完成转企改制，10余年来，公司健康发展、稳步扩张。2022年公司注册地迁至成都，现已成为以成都为总部，覆盖四川、重庆及广大西部地区的具有一定行业知名度的勘察设计企业。公司现拥有建筑行业甲级、风景园林乙级、城乡规划编制乙级资质，取得四川省住房和城乡建设厅第一批全过程工程咨询试点企业资格、四川省工程总承包试点单位资格，可承担建设工程总承包、项目管理、房屋建筑和景观工程的设计工作，包括建筑装饰工程设计、建筑幕墙工程设计、轻型钢结构工程设计、建筑智能化系统设计、照明工程设计和消防设施工程设计等业务。

一、诚心经营，发展壮大

"诚心"是公司不变的经营理念。秉承诚心待人做事，坚持服务好每一位客户，努力回报社会。公司"以点带面"开拓市场，现已在成都、乐山、重庆、新疆、西藏等地设立分公司，经营业务地点涵盖四川、重庆、云南、贵州、新疆、西藏、河北等地区。积极拓展"朋友圈"，公司与中国建筑设计研究院、中铁成都规划设计院、深圳防减灾技术研究院、华汇工程设计集团等行业头部大型企事业单位建立了密切的全面合作关系。经过区域深耕与异地开拓，多年来公司产值规模稳步在千余万元，人均产值50余万元。公司现有近百人的专业技术团队，各类专业技术注册人员40余人，中高级职称人员占比50%以上。

公司积极参与社会活动，为社会发展与稳定贡献力量。2009年至2012年，公司积极参与乐山市住建局对口支援甘孜州理塘县、巴塘县藏区牧民定居点规划设计工作，公司领导多次随住建局工作组深入当地开展工作，完成并交付当地多项工程设计任务，为全省藏区牧民定居行动计划的圆满完成贡献了力量。2013年，公司主动参与芦山"4·20"地震灾后重建工作，地震灾害发生后，公司第一时间响应政府号召，派遣多名专业技术专家前往灾区实地勘察，积极配合政府制定重建规划方案，并圆满完成后期实际重建工程。

二、用心设计，成绩斐然

"用心"是公司不变的设计要求。用心创造佳品，坚持完成好每个作品，树立良好口碑。公司设计团队秉持专业化和集约化的设计原则，倾听体悟，尊重需求，坚持"以人为本"的设计，充分表达项目成果的功能性、使用性。多年来，通过项目成果和细致服务获得了市场认可与客户肯定。2017年与2022年，获得四川省建筑装饰先进企业称号；2016年至2019年，连续四年获得乐山大型房地产集团优秀合作奖项。此外，公司设计的乐山市实验小学高新区分校项目获得2022年四川省建筑装饰工程奖金奖、四川省优秀工程勘察设计成果三等奖；乐山市妇女活动中心项目获得2022年四川省建筑装饰工程奖；乐山师范附小翡翠实验学校项目获得2011年四川省优秀工程勘察设计成果三等奖；犍为县清溪高中改扩建项目获得2021年四川省优秀工程勘察设计成果二等奖；乐山外国语学校、乐山外国语小学滟澜洲校区获得2021年四川省优秀工程勘察设计成果三等奖。

荣获奖项

获奖项目中，乐山市实验小学高新区分校项目是乐山市市中区教育板块的重要建设项目，设计团队充分研究了现代化校园的功能要求，以现代素质化教育理念与小学生生理阶段特征需要为出发点，力求打造一个科技、文化、生态、绿色的活力校园。通过分区设计，将整个校园分为不同的功能区，各区域建筑物之间通过连廊连接，既体现了青少年对灵活有趣的活动场所的需求，又适当减少各功能区域相互之间的干扰；整个校园装饰及色彩根据乐山市高新区新城特色空间，延续区域内色彩，以中高明度、中低彩度色调为主，采用现代亮丽的材料塑造明快、清新、时尚的建筑色彩风格；工程施工材料实现工厂定制与现场组装，现场装配所占工程量比率达到70%，充分体现了环保、安全的生产与使用要求。

三、尽心研究，技术升级

"尽心"是公司不变的技术追求。尽心练就能力，坚持磨炼好自身技能，跟上技术发展大潮。公司于2011年一次性通过了ISO 9001质量体系认证并取得认证证书，内部建立起完善的技术管理程序。公司紧跟时代与技术变革，积极学习与推进BIM、VR/AR、AI等先进技术在自身项目中的应用；2018年，公司开始全面进行BIM设计，现采用广联达国产BIM软件，能够进行完整项目正向设计与出图；使用Stable Diffusion深度学习模型，辅助方案生成与效果图表达，实现快速的概念设计迭代和高质量的视觉呈现，在实际项目中能够缩短设计周期、减少成本以及增强设计团队的创造力。

"天阔地平任我行"，四川新地平始终贯彻豁达、拼搏的企业精神，坚持"诚心、用心、尽心"的发展理念与客户同频，与时代共振，以不变的初心投身城乡建设发展的伟大事业，在"美丽中国"建设道路上潜心发展、砥砺前行。

坚持党建引领，加快科技创新，促进高质量发展

——记盛卓集团公司

盛卓集团公司成立于2013年，总部位于河北省肥乡经济开发区，是一家集智能脚手架、铝合金模板、3D打印建筑、新能源汽车压铸、铝合金防洪墙、铝合金路灯杆等产品的研发设计、生产安装、租赁销售、进出口贸易于一体的现代化集团公司。旗下有河北盛卓建筑设备制造有限公司、河北舜泽铝制品科技有限公司、山东南海建筑科技有限公司、淮安盛卓建筑设备制造有限公司、河北量子智能科技有限公司、河北量子数字新材料有限公司等。2010年还是一个仅有10余人的爬架小作坊，短短10多年时间，已发展成为一家拥有多家子公司和十几家营销分公司的现代化集团公司，并在海外设有营销分公司。先后荣获"中国模板脚手架行业特级企业""中国模板脚手架行业百强企业""河北省专精特新示范企业""河北省民营企业百强""河北省民营企业制造百强"等荣誉称号。

一、建阵地，重创新，打造支部"样板间"

公司于2021年建党百年之际成立党委，现有党员119名，公司党委始终坚持以习近平新时代中国特色社会主义思想为指导，坚定"政治上永远姓党，责任上永远姓公"，坚持业务发展到哪里、党组织就建到哪里。目前，在山东、河南、京津冀等地已建有13个党支部，把党的领导和工作延伸到每个神经末梢。先后投资600多万元建成高标准党员活动室、党群阅览室、智慧党建系统、企业党建文化展馆等活动场所，各党支部学习、培训、召开会议及党员信息、活动、业绩等实现"零距离、一键通"。为充分发挥党组织在产业集群发展中的作用，与200多家上下游企业建立了党建联盟，签订了党建共建、合作发展的协议和共同宣言，使上下游各联盟企业网上对接、网上互通，实现"共享共赢共发展"的共同体，赋能公司高质量发展。公司党委先后荣获"河北省两新组织党建示范点""邯郸市非公基层党组织建设示范点"等荣誉称号。

党建文化展馆

二、当先锋，做表率，做好推动发展"生力军"

我们坚持让党员成为推动企业高质量发展的

原动力,在公司叫响"党员就是旗帜、党员就是目标",设置党员先锋岗、划分党员责任区,让每名党员立足岗位做贡献,做到"关键岗位有党员、困难面前靠党员",公司管理层90%以上是党员。建立工资待遇持续增长机制,为党员每月增发300元津贴,每年开展优秀党员、职工评比,让党员职工"学有榜样、干有标杆",党员在企业的归属感、荣誉感、责任感进一步增强。积极开展"双培"活动,坚持把优秀员工优先培养成党员、把党员优先培养成技术骨干和管理人才。三年来,发展党员30余名,许多员工以能够加入党组织为荣,争先递交入党申请书,你追我赶,激情工作。引导各基层党支部和每名党员围绕企业节能降耗、降本增效、推动高质量发展建言献策,提出合理化建议400余条,公司党委牵头成立以党员为主体的科技创新攻关小组5个,加快产品升级改造和技术研发,自主研发的SZ-系列全钢附着式智能升降爬架,已更新至第八代产品,被评为"河北省制造业单项冠军产品"。

三、争第一,创唯一,勇做高质量发展"领军者"

为提高市场竞争力,公司党委决定从加大科技创新、加强合作共赢入手,保持企业发展良好势头。坚持把科技创新放在突出位置,大力实施人才兴企战略,制定了引进人才激励措施,对高学历、高职称、高技能的高端研发人员设立专家津贴,建有专家公寓楼,充分调动人才积极性和创造性,与河北工程大学、西安建筑科技大学联合成立研发中心,先后建成了省级工业设计中心、省级技术中心,拥有博硕研发团队50多人,连续三年研发投入达到4000万元以上,保持了产品的科技领先位置,被评为"河北省高新技术企业""河北省技术中心""河北省工业设计中心";以建立党建联盟为引领,先后与中国建筑、中铁建工、中铁物资集团、中铁建设、中国中冶、山东建投等央企、国企以及与万科、华润、保利、荣盛等地产龙头企业建立了稳固的合作关系,实现了合作共赢;自主研发生产的新款产品——铝合金防洪墙,具有高强度、轻量化、耐腐蚀、灵活性好、密封性好、抗冲击、快速部署、环保可持续等特点,广泛适用于各种防洪场景,解决强降雨等自然灾害带来的水患危害,为保证人民群众生命财产安全、为防洪救灾提供坚强保障。自主研发的SZ-全钢系列附着式升降脚手架、铝合金模板、SZL-系列附着式升降卸料平台均通过国家建筑工程质量监督检验中心检验,通过了住房和城乡建设部科技发展促进中心的评估验收,部分产品被认定"国内先进"和"国内领先",产品广泛应用于国家重点项目和大型建筑工程,3D建筑打印与固废利用混凝土技术研究取得重大突破,已能自主设计打印五层楼以上别墅。目前,已获得发明和实用新型专利47项,新申报各项专利3项,"盛卓"被国家知识产权局认定为"中国驰名商标","盛卓"品牌荣获"中华品牌商标博览会金奖",并通过欧盟CE认证。

科技研发中心

现代化生产车间

四、抓管理，上水平，促进团队建设"上台阶"

大力实施"数字化、数据化、精细化、军事化"即四化管理。积极推进数字化工厂建设，保证产品质量和生产效益。投资600余万元新上数字管理系统，对公司所有资产、产品、构件等全部进行编码登记，录入数字化生产管理系统，每个车间生产场景、每名员工在岗状态、产量、产品质量等情况都可以实时系统监测。用数字量化各车间、各部门、各员工工作任务完成情况，用数据说明工作任务完成好坏，每个环节、每个岗位、每个流程上实现精细化管理，极大提高了管理水平，并顺利通过了国家质量体系认证。与此同时，坚定不移地走军事化管理的路子，用部队的管理模式管理员工、管理生产经营。所有员工早晨出操，上下班列队行走，并在宿舍管理、着装管理、纪律保障、作风建设等方面，全部以军队的管理模式进行管理，使全体员工始终保持良好的工作作风和快速高效的执行力，助推企业快速发展。

五、办实事，勇担当，架起服务社会的"连心桥"

近年来，随着公司的发展壮大，在追求利润最大化的同时，更加注重产品安全、公平就业、环境保护、公共健康、福利保障、公益事业等方面的社会责任，积极开展扶贫济困、防疫救灾以及对弱势群体的帮扶等活动，在服务社会、回报人民、奉献国家中实现企业价值，展现盛卓公司良好形象。把退伍军人视为宝贵资源，"零门槛"安置退役军人200余人进厂工作，每人每月增发500元特殊津贴，随工资发放。每年八一和年终均享受1000元慰问金，同时，慰问驻地部队官兵、孤寡老人、人民教师、抗疫一线的工作人员等，每年"八一""春节"等重大节日等都对武装部武警中队、消防队、幸福院等进行慰问，被授予"军民共建单位"；专门招聘81户低收入家庭进厂工作，让党员"一对一"传授技术，帮助他们发家致富，打通服务群众的"最后一公里"；公司设立50万元"爱心基金"，对特殊困难家庭和发生意外家庭等，视情况给予不同的救助金；积极响应政府号召，参与"万企兴万村"、企地共建等乡村振兴工作，投资50余万元为肥乡区毛演堡镇东谢店村修柏油路，捐赠景观石。近三年，参加公益活动捐款捐物累计投入4000余万元，在一次次"大考"面前交出了满意答卷，树立了民营企业的良好形象，公司连续荣登2022年和2023年的"河北省民营企业社会责任百强"榜单。

实干勤来早，奋进正当时，机遇与挑战交织，动力与压力并存。盛卓集团将始终坚持以习近平新时代中国特色社会主义思想为指导，以党建为引领，立足"抓创新、抓管理、抓发展"战略定位，坚持以人为本，心系组织，紧紧围绕智能爬架、铝合金模板、建筑3D打印技术、新能源汽车一体化压铸、智能喷涂中心、铝合金防洪墙等六大板块，打造新的经济增长点，形成多产业、多产品齐头并进新格局，为实现经济社会全面发展奋力谱写中国式现代化盛卓新篇章！

砥砺奋进创佳绩，开拓创新谋发展

——记甘肃建投七建装饰公司

在甘肃建投和七建公司的指导帮助和大力支持下，作为甘肃省建筑装饰行业排头兵的甘肃建投七建装饰公司（以下简称"七建装饰公司"），已荣获行业至高奖"鲁班奖"1项、两获全国幕墙类"百强企业"、"全国建筑工程装饰奖"14项、"全国建筑幕墙精品工程"2项、"国家优质工程奖"2项，以及"首批质量信誉服务承诺企业""全国建筑装饰行业企业信用等级AAA级""中国建筑装饰三十年百项经典工程""甘肃省建筑装饰工程飞天奖"29项等殊荣。并随着晋升的建筑幕墙工程设计专项甲级和建筑装饰工程设计专项甲级资质的加持，圆满实现"双甲级"资质目标，并与其他数个壹级资质完美组合，使七建装饰公司成为建筑装饰行业全产业链企业，也标志着七建装饰成功迈进中国建筑装饰行业第一序列方阵。多年来，"七建装饰人"用实干担当抒写了一份硕果累累的成绩单。

一、以实干笃定前行

九层之台，起于累土。32年来，七建装饰公司在历任五届领导班子的带领下，在全体干部职工的接续奋斗下，经营规模不断壮大，企业管理日趋成熟，核心竞争力显著增强，取得了良好的经济效益和社会效益，完成产值从2000万元增长到现在的2.2亿元；承揽任务从4000万元提升到现在的3亿元。

宝剑锋从磨砺出，梅花香自苦寒来。荣誉的背后是七建装饰公司紧抓战略机遇，不断完善运营机制，坚持新发展理念，深化改革创新，提升管控效能，高标准、高质量发展的艰辛历程。

甘肃交通科技产业园区1#、2#办公楼及裙楼幕墙工程

甘肃省高级人民法院办公及审判综合楼项目

多年来，公司认真组织学习党的路线方针政策，落实甘肃建投各项工作部署和七建公司工作总思路，把党建引领和精益求精的品质精神作为推进企业高质量发展的核心，把"忠实稳健"的七建企训作为职业精神的根本，秉承"精心策划、规范施工、过程控制、铸造精品"的质量方针，紧紧围绕"一体五标"管理体系，重质量、严管理、强化制度执行，不断持续创新提升企业管理水平，主要奋斗目标和任务均已完成。

公司积极关注有关政策与市场的变化，内外结合强力拓展经营领域，持续拓宽项目信息跟进落实渠道，内部通过大力加强与甘肃建投各板块、内部兄弟单位的对接，紧跟集团公司发展和承揽重点工程的步伐，持续加大建投内部市场的巩固；外部通过干好在建项目，以现场保市场、以质量保现场的方式，与一批新老客户建立了稳固的战略合作关系，先后承建了西北书城、老年大学、甘肃画院等多项大中型工程的装饰设计和施工，经营领域涵盖了金融、科教文卫行业、政府机关、企事业单位等，以优良的工程质量和诚实守信的品牌形象赢得了建设单位的好评及建设行政主管部门的肯定，充分展现了公司的综合实力。

公司从自身实际出发，一手抓思想作风转变，提高发展质量。认真贯彻落实国家、省市各级安全法律法规和规章制度，严格落实安全生产和质量管理任务目标，坚持将日常教育与安全监督相结合，层层细化目标责任，持续深化、细化项目监管模式，加强项目建设各环节的监管、指导和督促，从严、从紧、从细、从实，推进安全生产各项工作；一手抓管理提升，推动创新转型发展。通过建立健全公司内部管理制度、夯实技术研发和技术指导、强力提升设计业务能力、大力推进资质升级、有针对性地制订人才培养计划、强化人才储备，为企业可持续高质量发展不断夯实基础。

聚焦"做强做优国有企业"的发展使命，七建装饰公司牢牢把握行业发展趋势，强化党建引领，不断推动党建与生产经营深度融合，以项目管理为着力点，狠抓基础管理，强化风险管控，强力推行清单化精细化管理，强基固本、理性经营、不等不靠、迎难而上，顺利完成既定目标，为企业高质量发展交上了一份合格的"答卷"。

二、以品质铸就荣耀

一个行业要想长久发展，终究还是要工于匠心，用品质赢得市场的认可。仅2023年，装饰公司就两获"中国建筑工程装饰奖"，四获"甘肃省建筑装饰工程飞天奖"。

作为芳华佳作的两当县职业技术学校建设项目一期工程，位于陇南市两当县城关镇。总建筑面积21475.31平方米，地上10层，建筑高度48米，该项目幕墙装饰主要分布在建筑物四个立面，综合楼和实训楼及连廊四周柱面及檐口干挂石材幕墙，其余均为铝合金竖明横隐双银双钢化中空玻璃幕墙。玻璃幕墙局部搭配深灰色铝板幕墙，层次分明，衬托出建筑的庄重典雅。南北两侧石材立柱及凹槽内玻璃幕墙相互映衬，显得光彩夺目、立体感强，使整个建筑物造型更加亮丽、美观。

天水体育中心位于甘肃省天水市麦积区二十里铺，是甘肃省天水市的地标性建筑，融全民健身和比赛为一体，其中天水市体育中心游泳馆呈不规则形状。室内装修包括比赛场地、训练场地、运动员休息用房以及各功能区装饰装修工程。外立面施工总面积3800平方米，埃特板幕墙以"石窟"文化为设计理念，采用节能环保的埃特板板材，内侧墙面采用白色乳胶漆饰面，外侧墙面为浅灰色弹性浮雕涂料饰面与深灰色真石漆饰面搭配，分隔排布均匀、层次分明，衬托出建筑物外装饰的大气和美观，搭配亮化夜景，效果光彩夺目、立体感强，使整个建筑物造型更加亮丽、美观。钢架埃特板幕墙配以造型丰富的装饰饰面，与"飞天壁画"飘带式网架屋盖相搭配，生动活泼。

天水体育中心游泳馆

近年来，公司不断创新技术工艺，先后发表了《减少木饰面板应力变形施工工法》《浅谈钢结构施工与装饰一体化》《弧形墙面浮雕漆施工工法》《异形空间曲面幕墙施工工法》等。其中，在敦煌莫高窟游客服务中心项目中研发采用并总结了"寒旱地区三维空间多曲面艺术装饰施工工法"，成功地将设计理念和施工技术融为一体。该项施工技术已经通过省级工法评定并荣获甘肃建投"优秀工法"一等奖和七建"优秀工法"一等奖。

一个产业是一个增长极，一个项目是一个增长点。七建装饰公司在创建精品工程过程中，通过持续推进强化项目管理，改良传统工艺，以技术创新实现质量进步和效益提升，形成了具有一定优势的核心竞争力。这些精品工程在这片热土上熠熠绽放，其不仅是一个个展示企业品牌的窗口，更是向社会公众展示了甘肃建投"七建装饰"的匠心品质。

三、以担当践行使命

履行社会责任是国有企业的天职。七建装饰公司勇担社会责任，面对突如其来的新冠疫情，公司上下众志成城，全力落实疫情防控各项重点任务，铸牢守护职工群众生命安全的坚强堡垒。

危难时刻更显担当。七建装饰公司紧急接到兰州市委、市政府和七建公司下达的隔离酒店建设施工任务后，积极响应，迅速行动，抽调兰内项目骨干组成建设队伍。在各隔离酒店施工现场，项目负责人第一时间与酒店负责人、辖区街道负责人商定隔离设施搭建方案。方案确定后，各项目部立即展开部署，组织人员有序开展施工作业。项目部对施工现场实施封闭管理，他们责任到人，分工协作，平行作业，立体施工，搭设隔墙、隔离大门安装及室外垃圾处理站。同时，组建了党员先锋队、青年突击队、青年志愿者，充实基层疫情防控工作力量，发挥党员的先锋模范作用。在兰州两轮疫情防控中，参与改造29家酒店3400多间房屋，完美诠释了"七建装饰"的社会责任与担当。获得七建集团授予的"新冠肺炎疫情防控工作先进集体"荣誉称号，授予17名表现突出的个人"新冠肺炎疫情防控工作先进个人"荣誉称号。

与此同时，为打赢脱贫攻坚战，落实全面建

成小康社会的工作目标，强化"党建+扶贫"结对帮扶工作机制，按照甘肃建投党委的部署和七建集团党委的要求，七建装饰公司党支部自2018年开始先后与积石山县小关乡大茨滩村党支部、尕阴洼村党支部结成党建帮扶对子，指导贫困村党支部建设，帮助提升村干部的能力素质，争取早日摘掉"贫困村"的帽子，帮助村民脱贫致富。

自结对以来，党支部多次前往贫困村进行实地调查，了解整体人口、资源利用、贫困程度等情况，研究分析帮扶措施，针对性制定"装饰公司党支部对积石山县基层党组织结对共建计划方案"及帮扶任务清单。2019年，七建装饰公司党支部向大茨滩村委会捐资8万元，用来硬化村委会院子、粉刷破旧的墙体、购置会议桌、办公桌、椅子等，通过整修，村委会的面貌焕然一新，服务群众的功能得到全面提升。

2020年6月1日，由七建公司党委组织，党委办公室、团委主办，装饰公司积极参与，开展了"爱心传递，书送未来"捐书助学公益活动，共向尕阴洼小学捐赠爱心书籍5200余册，仅装饰公司捐赠近700册，为学校的孩子们增添了更多的读书乐趣。同年7月24日，七建公司党委牵头部署，装饰公司党支部联合兰州手足外科医院在积石山小关乡尕阴洼村开展"健康扶贫"公益体检主题党日活动，为尕阴洼村部分贫困户、全体党员、部分小学老师等进行了公益体检，为推进落实脱贫攻坚工作作出了应有的努力。

四、以党建凝心聚力

党建引领，培根铸魂。党建是魂，也是根，铸魂才能塑形，根深才能叶茂。七建装饰公司党支部认真贯彻落实《中国共产党支部工作条例》《甘肃省国有企业党支部建设标准化手册》和《七建集团党建标准化工作手册》《项目党建工作标准化手册》及《七建装饰公司党支部党建质量提升行动实施方案》，举旗帜引方向，凝信念聚力量，按照甘肃建投党委和七建公司党委的部署，不断推动党建工作融入中心、服务大局、促进发展，以"忠实稳健"永不懈怠的精神状态奋力前行，助力企业持续发展。

公司党支部及时组织全体党员对习近平新时代中国特色社会主义思想、党的十九届历次全会精神、党的二十大、党的二十届三中全会精神，以及党的路线、方针、政策等进行学习宣贯；按照上级要求认真开展"三严三实""两学一做""不忘初心、牢记使命"、党史学习教育、学习贯彻习近平新时代中国特色社会主义思想主题教育、党纪学习教育等主题教育实践工作，通过召开座谈会、学习会、讨论会、撰写学习笔记和心得体会等多种形式，在主题实践工作中不断提高干部职工思想水平，巩固学习教育成果；党员队伍不断扩大，从7名党员扩大到现在的正式党员20人，预备党员1人，非党积极分子1名，有22名同志向党组织递交了入党申请书；并通过组织党员深入项目指导交流，进一步提高了党员干部的综合素质和管理能力。

加强宣传工作，促进品牌文化建设。指定专人负责信息发布工作，落实好宣传信息发布审核把关上报制度，切实维护网络意识形态安全。每年召开专题研究意识形态工作会2次；高度关注网络舆情，牢牢把握意识形态工作的领导权和主动权，不断完善处理流程，主动做好网络舆情信息工作和应急处置工作，与中国甘肃网舆情监控中心确立了长期合作关系；在甘肃省电视台、每日甘肃网、《甘肃日报》、《发展》杂志、甘肃建投、七建公司网站和公众号等内外主流权威媒体播放视频新闻、刊登稿件累计180篇次；拍摄了《身边的榜样》事迹专题片和《党课开讲啦》系列党课视频。同时，经过努力，"七建装饰"微信公众号连续四年荣获"全国建筑业优秀微信公众号"。

加强作风建设，干部队伍作风不断改善。班子成员督促指导分管范围党风廉政建设工作，对易生腐败薄弱环节加强监控，集体约谈10余次，分管领导进行廉政建设安排教育和约谈100人次。党支部与全体管理人员签订廉洁协议；加强常态化检查，在节假日重要节点，对各在建项目管理人员考勤、值班情况进行专项检查，确保节假日期间各在建项目安全稳定，增强自觉遵守行为规范的意识，通过日常监督和重要节点节假日监督，及时发现和纠正苗头性倾向性问题；推行"工作落实督办单"制度，以不断强化劳动纪律和工作落实当中的执行力，将监督检查落实到位。

发挥群团优势，彰显员工队伍新活力。开展"六必访"活动30余次，慰问困难职工，及时发放安全帽、工作服。关心职工生活，改善职工食堂条件；建立职工图书室，制定相关管理办法，专人管理；做好"夏送清凉""冬送温暖"工作；开展各类特色主题活动百余次，充分调动了广大职工工作的积极性和主动性。扎实做好"导师带徒"活动，定期抽查导师和徒弟的教学计划和学习笔记，不断加强指导帮助和考核，共结成导师带徒20余对；开展了"保护流浪动物、甘肃七建志愿者在行动"志愿者活动、青年职工职场礼仪培训、七夕节特色茶艺活动、青年员工座谈会、"关爱健康，从我做起"中医理疗保健义诊活动等丰富多彩的活动。通过各类活动，有效地增强了青年员工的归属感和使命感。

敦煌莫高窟数字展示中心

站在新的历史起点上，七建装饰公司将在上级组织的正确领导下，立足新发展阶段，贯彻新发展理念，构建新发展格局，秉承"忠实稳健"的七建企训，以推动高质量发展为主题，进一步开源节流、靠实责任、强化管理、提升质量、创新发展，用苦干、实干、巧干努力实现企业各阶段发展目标，以更高的工作标准、更强的战斗意志、更实的工作作风，砥砺奋进，实干担当，奋力谱写新时代七建装饰发展的新篇章。

七建装饰将踏上新征程，起航再出发！

标志工程

国贸精神，历久弥新

——中建深装深圳国贸大厦项目

深圳国贸大厦高高耸立，直插云霄。它不仅是曾经的"华夏第一高楼"，也是至今的深圳精神符号。建设者们在这里创下了"三天一层楼"的纪录，让"深圳速度"传遍了祖国的大江南北，

成为深圳奇迹的代名词。40年间，深圳国贸大厦静静矗立，城市的天际线不断被刷新，虽然"第一高楼"的宝座上早已换了面孔，但"国贸精神"历久弥新、生生不息，激励着一代又一代装饰人初心不渝，勇往直前。

20世纪80年代以前，建筑装饰只是建筑业的一个细小分支，在行业初始阶段，还没有现成的施工操作指导以及成熟完整的行业规范，真正意义上的装饰设计无从谈起。随着我国改革开放步伐的加快，大体量、高水准的建设工程日益增多，对工程的文化和艺术诉求开始日益增多，建筑装饰随之受到广泛重视。20世纪80年代后期，北京亚运会工程建设和原建设部为建筑装饰行业设立专项资质。

1984年9月，深圳国贸大厦主体工程完工，进入装饰装修阶段。为适应当时的行业发展和工程建设需要，施工总承包单位中建三局决定组建装饰队，并注册成立"中国建筑第三工程局装饰设计工程公司"（现中建深圳装饰有限公司，以下简称"中建深装"），成为全国首批获得最高资质的高级装饰公司，负责国贸大厦装饰施工任务。

80年代初期，国内建筑装饰业彼时还处于兴

起阶段，观念缺失、物资匮乏、技术落后，从业者们只能向毗邻的香港"偷师"或"拜师"，把技术、物资、材料、人员等"请进来"，一点一点学技术、学管理。中建深装也是在这种背景下完成了国贸大厦的施工任务，并逐步成长发展起来。

深圳国贸大厦作为当时的"华夏第一高楼"，每层面积达到1530平方米，广受各方关注。在主体工程建设中，采用了滑模工艺，由于是第一次使用在如此巨大的单层面积上，国际上都无先例可循，工程建设者们虽历经了三次失败，但最终成功创造了"三天一层楼"的奇迹，享誉中外，载入了特区建设、中国建设的史册。珠玉在前，装饰工程施工也顶着巨大压力：一定要把这个全国人民都关注的工程高标准、高效率地建成，为深圳人民，乃至全国人民交上一份满意的答卷。

改革开放之初的深圳，依然是一片渔村气息，唯一的一条马路——深南大道上最多的交通工具还是自行车。中建深装的初创者们住的是临时铁皮瓦房，周边杂草丛生，离深圳河仅有200多米。14间铁皮瓦房分成两排，门对门排列着，中间有一条3米宽的路，这条小路也兼为每周生产例会的场所。那时还没有计算器和电脑，施工图纸都是设计师手工画出来的，用的纸是专用蜡纸，可以去印刷店印刷，财务和商务的计算工具是珠算盘，所有的资料都是用笔填写，也包括任务单、工资单等。而且工程所使用的主材、辅材、电动工具等主要来源于国外，国内现代装饰的设计能力低、施工工艺落后、标准规范可谓空白。但没有条件就创造条件，没有规范就找来国外的规范进行实践创新，大家经常为了某个难题一起加班到深夜，饿了就煮一锅挂面，围在一起边吃边讨论，吃完再继续工作。就是在这样一穷二白的条件下，中建深装的69名创业者在荆棘丛中开辟出一条成功之路，高质量地完成了国贸大厦的装饰装修任务。

当时，国贸大厦的装饰装修工程由香港和内地的装修公司共同施工，这让初创时期的中建深装获得了很好的学习机会。中建深装的69名创业者大都曾在广东茂名工作过，技术比较过硬，对装饰施工作业有一定基础，还能讲广东话、普通话、上海话。对于毗邻香港、享着得天独厚的地缘优势的装饰公司来说，向香港技工师傅学习基本就没有什么语言障碍了。

"老师傅"贾金宣回忆，"当学徒时学习铺砖都用湿性砂浆湿铺，来了深圳国贸大厦工地却发现香港师傅用干性砂浆直接铺，本以为这样会容易空鼓，后来实际验证干铺法反而空鼓比例比湿铺法更低。"贾金宣马上开始模仿这种工艺，将其运用在自己的工作中。在"偷师"的同时，老前辈们也积极思考，进行了大胆改良，确立了"美佳净"的施工标准。在墙面石材安装过程中，香港工人都是分两至三次灌浆，每次间隔时间要一个半小时左右，工效很低。当时的深圳人人都被"时间就是金钱，效率就是生命"所感染，装饰人也不例外，他们开始针对如何提高石材湿贴效率动起了脑筋。经过不断试验与探索，他们打破常规，成功实现一次性灌浆施工方法，不仅提高了效率，也提高了工程质量。就是这样不断地学习、改进，第一批创业者逐渐积累起丰富的施工经验。

中建深装成立之初，就把创品牌当作企业生存发展的主要目标，更把深圳国贸大厦当作关系企业生存发展的头号品牌工程来抓。首先是抓培训，对请进来的海门、东阳的队伍与原有的69名员工组成统一体，采取开会、上课等形式，提高他们的认识：来深圳不仅是养家糊口，更重要为特区建设作贡献，为新兴的装饰行业作贡献，也为自己掌握先进技术、为自己的前途作贡献，生产优质产品才能盘活企业和自己。另外，在生活上打成一片，和正式职工同工同酬，节假日一起举杯长谈交换意见，意情融合。他们很快成为深圳国贸大厦建设的中坚力量。其次是抓好全面质量管理和成品保护管理，从老工人中抽调人员充实技监人员，按当时全优工程的标准实行全面质量管理,保证工程一次成功。

当时的中建深装上下有一个共识,那就是:深圳国贸大厦是承接的第一单工程,抓好了就能一举成名在深圳立住脚,一定要在"深圳速度"的工程中"创样板"。那时的质量意识也非常高。"工欲善其事,必先利其器",钱都花在刀刃上,用于购买先进的进口工具和设备。各专业工长及质检员分工明确,首先工长下放领料单给班组,由组长去库房领料,每个施工楼层房间会标贴哪个班组施工,班组人员姓名,特别是质检员,当施工班组完成一间房的贴面工作后,就会拿一根2米铝合金靠尺、线锤、塞尺和检查空鼓的小锤对每面墙进行垂直度、平整度以及角度的测量,再用小锤检查是否存在空鼓,不会漏过一面墙或一个部位,同时边检查边记录,并把所有铺贴人的姓名也记录在表格上,受此氛围影响,所有员工都不敢马虎,贴面班的质量检查结果都在90分以上。正是因为这样严格的质量标准,中建深装负责施工的内装工程得到业主的一致好评,以优异的成绩顺利通过质量检查,做到了"完美"交工,并获得了鲁班奖,用双手记录了中建深装与深圳改革开放的创业之路。

这不经意间的一小步,却成为中国建筑装饰历史上迈进的一大步,开创了中国建筑装饰业的滥觞,奠定了中国建筑装饰业发展的开端。

"美佳净"的特色之路渐渐奏效。短短数年,69人的团队从深圳国贸大厦走来,再从武汉到上海,直至后来的北京、天津、成都等地,呈现一片繁荣景象。他们走过千山万水,翻越千难万险,造就了一支"召之即来、来之能战、战之必胜"的队伍,闯出了一条"饰海为家、品诚致远"的装饰艺术之路,同时也将中国建筑装饰业的发展推向一个新的高度。

北京亚运村

1989年，深圳市建筑装饰（集团）有限公司中标了北京亚运村康乐宫等系列装修项目，项目竣工后获得了冰心先生的亲笔题词："建筑是凝固的音乐"。自北京亚运村装修项目后，深装在北京市场很快站稳了脚跟。在举世瞩目的长安街上，北京饭店、北京音乐厅、中国儿童剧院、国家大剧院、中华世纪坛等装修项目中，都有深装人的智慧与创造。

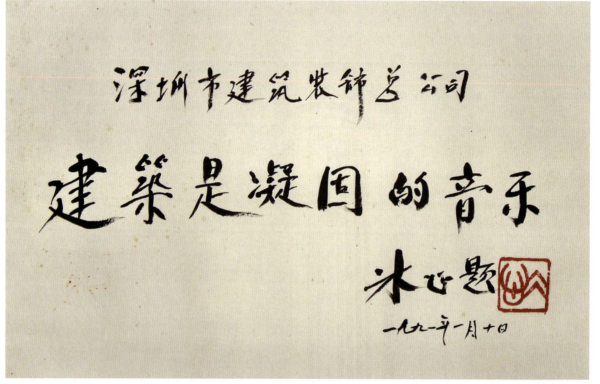

冰心先生题词

北京世纪坛

中华世纪坛是联合国指定的纪念21世纪的标志性建筑,属于"千年等一回"的工程。由深圳市建筑装饰(集团)有限公司同时承担设计与施工总承包,其室内设计与施工中的"三个和谐"与"三个对接"成为深装集团装饰文化的经典理念。该工程荣获中国建设工程鲁班奖和中国建筑工程装饰奖。

中华世纪坛壁画大厅

Bund18

"走进那扇外滩最美的铜门,一个同时拥有东西方文化精髓的舞台就在眼前展开。英式混合主义建筑加上摩登室内装修,有序地把历史、文化、时尚和艺术融合为一体。"自改建修缮重新开放以来,外滩18号一直不乏溢美之词。

Bund18位于中山东一路18号,地处上海市外滩南京路口,整幢建筑外形极具罗马古典主义建筑风格,三角形的顶使其显得更加玲珑别致。其底层的外墙面用花岗石铺贴而成,二至四层的中间用两根巨大的爱奥尼克柱式作为装饰和支撑,显得十分气派。大楼于1920年由公和洋行设计,1923年建成,原为英国渣打银行驻中国的总部,因第一任总经理的名字叫"麦加利",这栋大楼原来的名字被叫作麦加利银行大楼。

渣打银行于1955年迁离该址后,大楼便更名为春江大楼,并作为不同国营企业的办公场所,在历史变迁中因历经多家单位使用整改而失去空间原貌。1994年,大楼被列为上海市第二批优秀近代保护建筑。上海珩意房地产经营有限公司于2002年与上海久事公司签约,取得大楼经营权并进行保护与整修,于2004年11月底改造竣工重新开放。

一、名师汇聚,耗资千万美元

外滩18号改建工程集中了意大利Kokaistudios建筑事务所、同济大学建筑设计研究院等中外著名设计公司,以及来自上海建工装饰集团的能工巧匠,经过历时两年的精心打磨,外滩18号终于拂去了久蒙的尘埃,一位耄耋之年的"建筑老人"神采飞扬地踏入了新世纪。

以意籍首席设计师Filippo Gabbiani为首的7位外国设计师采用了一种新的修复古建筑的模式,不只是"修旧如旧",而是将现代设计元素与原来的建筑风格自然融合,让来到这里的每一个人觉得新旧分明却又浑然一体,既能找到大楼的历史记忆又不妨碍其发挥新功能。

18号楼改建以意大利历史建筑修复观念为基础,融合了当代最新的改建技术和施工经验,保护了老建筑的文化精髓。在设计概念上,遵循当代历史性建筑保护的"原真性"和"可逆性"原则,按照公和洋行原始图纸和各时期使用单位改

外滩18号夜景

外滩18号大厅

建后的现状图纸作为历史资料,尽量以传统工艺辅以当代技术,在发掘并尊重原有风格的基础上进行保护和更新设计,保证受保护部位达到修旧如旧的效果,新加建部分采用新工艺、新材料反映当代特征,在大楼历史记忆与新功能之间维持平衡,实现古典气质与当代性的完美融合。设计严格按保护建筑改造的程序操作,细分为前期准备、拆除工程、结构加固及改建、设备安装、室内设计五个部分。

上海建工装饰集团作为此项目的施工总承包企业,主要承建了大楼外墙清洗和保护性修复,室内大厅具有原建筑风格的吊顶、大理石柱、进厅石材墙面等重点部位的保护修复以及其他公共部位的装饰工程,涉及项目的深化设计、材料采购、施工现场组织、施工工期控制和协调等各方面。

二、精雕细琢,重现经典魅力

走进外滩18号,一砖一木都在诉说着尘封的往事。负责修复工作的文物专家惊异地发现,门口4根大理石柱的用材早在18世纪就已经在意大利建筑界绝迹了,为何它还会出现在1923年的上海?查阅历史后发现,原来这4根柱子来自200年前的意大利托斯卡尼教堂,后来教堂荒废了,它们便经英国人之手辗转来到上海。还有那扇中西合璧、花纹异常精美的铜大门,当修复人员用特殊溶剂把一层层油漆清除掉后,大吃一惊,原来它采用了青铜与黄铜两种材料,它们如此天衣无缝,见多识广的修复艺术家们也不禁由衷佩服前辈们的高超技术。

在外滩18号的修缮中,上海建工装饰集团提出了在当时对于历史保护建筑修缮来说较为超前的理念,即何谓"修旧如旧"。项目团队努力将"风格性"修复方式赋予"原真性"的演绎内涵,在完善历史建筑外观、风格、造型的同时,力求使修复材料、修复工艺尽可能接近原建时的状态。除了参照外方设计师的方案外,项目团队着重考虑了"设计与形式的原真性;修复材料与实体的原真性;修缮工艺的返璞原真性",表现出手工工艺技术和传统遗留技术的完美结合,体现了装饰集团在施工企业保护历史建筑修缮方面的独特技术能力,也让建筑本身蕴含的历史价值得到了充分尊重。

这个工程最大的难点和亮点是对建筑外墙和室内具有一定历史年代装饰饰面的保护。特别是损坏部分的修复与完好部分的吻合对施工技术提出了极高的要求。另外，配合设计师根据施工现场现状作出的临时调整、修缮材料的多样性和复杂性、过程中各个工种的交叉施工管理都给项目团队带来了前所未有的挑战。为了洗净但不伤害外墙表面，装饰集团的手艺匠人用牙刷般大小的刷子共刷了3个月。修复内墙更为细致，他们将天然溶剂通过棉纸渗透到大理石中，把浸渍其中的盐分吸收出来，以恢复大理石的原有色彩。对于大楼楼道内原先已经斑驳不堪的内墙，修复人员配制了糯米、大理石粉、石灰粉3种材料的混合涂料，重新粉刷。还有门厅地面，原先打算用大块大理石，后来发现由于地面沉降，南北高度相差将近20厘米，用大块材料会形成难看的坡度。一番讨论下来，决定采用上万块很小的大理石细细拼接，这是一项需要极度耐心的"磨人"活，最终呈现出的效果，既避免了坡度，又同旁边楼梯口原有的地坪风格完美吻合……

整修后的外滩18号是集世界时尚品牌旗舰店、国际著名餐厅、酒吧以及艺术展馆于一身的顶级综合消费楼，世界顶级时尚品牌杰尼亚还把地区总部迁至于此。

三、国际殊荣，装饰业里程碑

2006年底，联合国教科文组织将年度亚太文化遗产保护奖授予Bund18，当年共有来自亚太11个国家和地区的36个项目提出申请文化遗产保护奖，外滩18号是当年度内地唯一的得奖项目，上海建工装饰集团也成为全国最早一批获得此项国际荣誉的建筑装饰企业。

联合国教科文组织专家评委会认为，外滩18号的成功之处在于将中国第一家外资银行改造为高档商业大楼时采用了最严谨的技术水准和最高的建筑标准。专家特别提到，外滩18号的地理位置优越，加上其目前受欢迎的程度，不仅重新定义了新上海摩登的相貌，在历史建筑保护技术的考量、质量的坚持与商业的成功等方面也建立了新的模范与标准。

外滩的优秀历史建筑是上海海派城市文脉的

外滩万国建筑博览群，2010年前后上海建工装饰集团承建了30余项地标性历史建筑保护修缮项目

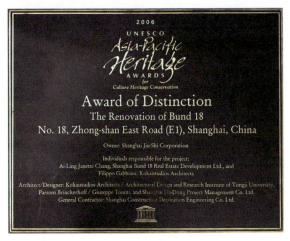

2006年，联合国教科文组织亚太文化遗产保护杰出奖授予Bund18

传承载体，沿岸风格各异的大楼，素有"万国建筑博览群"的美誉。上海建工装饰集团是国内较早涉足"城市更新"领域的企业之一，也是较早一批获得历史建筑保护修缮领域资质的单位。装饰集团顺应时代发展大势，以匠心传承积极投入到城市文脉的保护与延续中，承建了30余项地标性的建筑遗产保护修缮项目，包括汉口路151号（原浙江第一商业银行）、青年会宾馆、和平饭店南北楼等外滩沿线的众多全国重点文物保护单位和上海市优秀历史建筑，从外滩1号到33号超过半数的外滩建筑群，装饰集团都有参与。

项目基本信息

项目名称：外滩中山东一路18号改建工程

设计单位：同济大学建筑设计研究院（集团）有限公司、KOKAISTUDIOS HONG KONG LTD.

施工总承包单位：上海市建筑装饰工程有限公司（现上海建工装饰集团）

修缮面积：10677平方米

竣工时间：2004年12月

项目性质：顶级综合商业楼

外滩15号 上海外汇交易中心　外滩16号 招商银行分行　外滩17号 友邦大厦　外滩18号 春江大楼　外滩19号 和平饭店南楼　外滩20号 和平饭店北楼　外滩23号 中国银行大楼　外滩24号 工商银行　外滩26号 农业银行　外滩29号 中国光大银行

百年奥运，百年远大

2008年北京奥运会的成功举办标志着中华民族实现了举办奥运会的百年梦想，这一盛事极大地提升了国家荣誉感和民族自豪感。中国人民以坚韧不拔的执着和努力，实现了中华民族的百年期盼，完成了海内外中华儿女的共同心愿，赢得了国际社会高度评价，在现代奥林匹克运动史上了铃上了红红的中国印，这是在实现中华民族伟大复兴征程上的一次历史性跨越。

沈阳远大铝业工程有限公司（以下简称：沈阳远大）作为致力于振兴民族工业、实现百年远大产业报国的国内幕墙行业领军企业，当然要为百年奥运做出一个新时代民营企业应有的贡献和力量。喜迎奥运、建设奥运是沈阳远大作为建筑企业的社会责任和使命担当。很荣幸，2005年1月，沈阳远大铝业工程有限公司凭借自身实力，在强手如云的众多建筑装饰企业中一举夺魁，成功中标2008年奥运会重要场馆——国家游泳中心（水立方）的幕墙施工项目。

国家游泳中心——"水立方"，作为2008年北京第29届奥林匹克运动会标志性建筑之一，以其鲜明富有个性的设计理念，成为北京这座历史文化名城新的城市建设亮点。"水立方"的设计者利用水的装饰作用，以及其独特的微观结构，深刻地展示了一座建筑对水的定义和理解。"水立方"看起来就如同一个"方盒子"，它是基于"泡沫"理论的设计灵感，设计者为"方盒子"包裹上了一层建筑外皮，上面布满了酷似水分子结构的几何形状，表面覆盖的ETFE膜又赋予了建筑冰晶状的外貌，使其具有独特的视觉效果。国家游泳中心（水立方）位于北京奥林匹克公园内，总长度和总宽度均为177米，总高度为31米，建筑面积87283平方米。主体结构采用新型延性空间多面体钢架结构，整体由22000余个方形截面不同规格钢构架构成。整体结构轻灵简洁，具有很高的强度和结构稳定性。"水立方"设计理念的完美实现，得益于ETFE膜材这一新型高科技建筑外墙及屋面材料的合理应用。同时，ETFE充气膜结构系统又充分满足了建筑的物理性能和使用功能要求。"水立方"由中国建筑工程总公司、中建国际（深圳）设计有限公司体育事业部、澳大利亚PTW建筑师事务所、ARUP澳大利亚有限公司联合设计。这是一幢体现中国传统文化与现代科技完美结合的多功能现代化建筑。

"水立方"使用的ETFE膜是一种透明膜，能为场馆内带来更多的自然光，而当时国内对这种薄膜结构的理论研究几乎是空白。为了能够一举拿下"水立方"工程，沈阳远大公司上下齐动员做了大量准备工作，先期投入了500万元资金，制作了现场视觉测试样件、淋水样件、展厅样件，甚至搭建了试安装样件等；为了有效解决膜结构在雨天产生噪声的问题，在清华大学信息学院建立了一个专门的声学实验室进行测试，并成功找到了解决的办法。从开始投标到最后中标，沈阳远大获得了业主方的一致认可，这充分体现了远大人的技术严谨与专业水平。由于"水立方"幕墙工程是当时世界上技术难度最大、最复杂的膜结构工程，整个工程对隔音、隔热、防水及光线的要求极为严格。业主委员会经过综合分析与评判决定，沈阳远大与德国FOILTEC公司组成项目联合体（每对联合体均由一个外国设计企业和中国施工企业组成）进行施工。沈阳远大是中国建筑幕墙行业的旗舰企业，德国FOILTEC公司为国际一流的膜工程公司，两者强强联合。在分工方面，德国公司主要提供技术支持，沈阳远大承担所有的制造施工和部分技术研发。依靠自主科技创新，沈阳远大在设计施工过程中接连攻克了立面照明系统、膜吸充气系统、充气管道、充气泵布置等技术难关；并且参与编制出《国家游泳中心膜结构技术及施工质量验收标准》，填补了国内ETFE膜结构应用的空白。

正是因为"水立方"是当时世界上难度最大、结构最复杂的膜结构工程，其幕墙工程从设计到施工都是极富挑战性的。沈阳远大人满怀产业报国之心和大国工匠精神，就是敢于挑战极限。"水立方"幕墙工程共需要安装3800多个膜结构气枕，它们大小不一、形状各异，几乎没有形状相同的两块材料，最大的一个约9平方米，而最小的一个不足1平方米。同时，这些大大小小的气枕的金属杆件也都是一件一个规格，数量更是达到了十几万个之多。这种材料的差异性给沈阳远大带来了极大的安装施工难度。为了能准确无误地将每一块膜结构气枕安装到指定的位置上，远大人对每一个零件从设计、编号、加工、流转、运输，到现场的储存、安装等环节，都实现了"无缝对接"，按照编号安装到相对应的位置。在安装完一定区域后，将通过事先安装在钢架上的充气管线对"气泡"进行充气。整个充气过程由计算机智能监控，计算机根据当时的气压、光照等条件使材料保持最佳状态。膜施工过程中，在GPS定位、激光定位等高科技的基础上，远大人综合运用水平仪、经纬仪自主创新出10余种空间定方法，使膜结构气枕的安装数量从起初每天几片增加到每天安装几十片，远远超出了外方每天15片的设计安装速度。与此同时，安装达到了毫米级精度，这些都令外方专家惊叹不已。沈阳远大人用他们的聪明才智，征服了在建筑史上具有划时代意义的"水立方"膜结构。

由淡蓝色ETFE膜充气制成的大小不同、形状各异的气泡，远远望去，阳光照耀下仿若一颗颗晶莹剔透的"水珠"，淋洒在立方体的表面，使整个建筑充满了活力与动感，充满了清新和灵气。在蓝天和白云衬托之下，以环绕整个建筑的护城河水为底蕴，相互交融，构成一幅碧水云天般的美丽画面。夜晚，精心设计的灯光投射到墙面上，营造出波光粼粼、水波荡漾的效果，充盈着宁静和安详。"水立方"闪烁着远大人智慧的光芒，那每一个被放大的"气泡"，都在向全世界展示着沈阳远大的技术力量。

水，是一种充满灵性的元素，在"水立方"上得以淋漓尽致地运用和发挥。这些大小不同、形状各异的"水珠"汇聚成远大人的目标与信心，凝结成奔涌向前的远大波涛。百年奥运，远大制造科技筑就。新时代的远大人以"健康企业、健康员工、健康服务"为新理念，用壮志雄心去描绘"百年远大"的壮美蓝图！

项目基本信息

工程名称：国家游泳中心

工程地址：北京市朝阳区奥林匹克中心区

业主单位：北京市国有资产经营有限公司

总包单位：中建一局建设发展有限公司

幕墙施工单位：沈阳远大铝业工程有限公司

竣工时间：2008年1月

破茧成蝶，建造东京人文地标

建筑是人类文明进步的体现，是人们居住、工作、学习的场所。建筑不仅仅是一座实体存在，更承载着人类用人文理念对建筑的诠释与解读，以及人们对美好生活的向往和追求。在建筑设计和建设的过程中，人文科学和建筑科技应该得到充分的实践和融合。建筑需要满足人类需求，给人们提供一个舒适、安全、健康的环境；同时建筑需要体现人类的文化传承，它是文化的载体和表达方式，应该运用现代建筑科技展现出独特的文化特色和知识内涵。

沈阳远大铝业工程有限公司，始终致力于现代科技建造与人类文化传承相融合的建筑幕墙发展思路。同时，作为跨国幕墙制造企业，沈阳远大铝业工程有限公司通过实施"走出去"的经营战略，成长为在国际高端幕墙市场占有一席之地的重要企业。2005年，沈阳远大铝业工程有限公司进军日本市场，凭借着独特的工艺技术与管理流程，用实力获取了进军日本高端市场的敲门砖。此时的沈阳远大铝业工程有限公司急需一项重要工程，为征战日本市场树起一座永久的丰碑。2006年9月，经过远大铝业人的不懈奋斗，用拼搏与智慧展现远大力量，成功签约了日本Cocoon大厦幕墙建设工程。Cocoon大厦位于日本东京都新宿区繁华地段，属世界典型建筑之一。Cocoon大厦外形以春茧为原型，设计灵感来源于"蚕茧"，象征着生命的孕育与成长。设计师巧妙地借鉴了蚕茧的形态和结构，不仅在外形上再现了蚕茧的卵形特征，而且在其间架结构上吸收了蚕茧的诸多优点，从而创造出了一个既美观又实用的建筑空间。外围的保护网结构酷似缠绕着白色蚕丝的茧，而内部的"蚕蛹"建筑构造大有破茧而出之势，这种设计不仅体现了对自然形态的敬畏与模仿，也展现了人类对于建筑美学的深刻理解，故此大厦命名为Cocoon。这座大厦是一所职业专修学校，这种建筑造型，也象征学生们学有所成之后会像春蚕那样破茧而出。

日本Cocoon大厦是世界上幕墙结构较为复杂的典型工程，异形单元约占整个单元板块的60%左右，而且工期紧、任务重、系统多、结构杂、核检标准严苛等，这些都考验着沈阳远大铝业工程有限公司征战日本高端市场的信心与决心。然而沈阳远大铝业人清晰地知道，树立起进军日本高端市场丰碑的机会终于来了。沈阳远大铝业工程有限公司有着面对挑战勇往直前的企业精神。Cocoon大厦的建筑设计寓意"破茧成蝶"，沈阳远大铝业人也将以这个工程，完成中国幕墙企业在世界市场领域高端化的蝶变。

日本Cocoon大厦地上主体高度203米，占地面积约5170平方米，地下4层，地上50层，建筑面积约80903平方米，幕墙面积30000余平方米。主体结构为钢结构体系，外立面为明框异形单元式玻璃幕墙。建筑师为丹下都市建筑设计副社长高桥良典先生，幕墙工程总包为沈阳远大铝业工程有限公司。工程的总包公司为日本清水建设株式会社，同时也是沈阳远大铝业工程有限公司在日本市场的长期合作伙伴。由于日本处于地震多发地带，因此在抗震要求上极为严格，本工程要求发生大型地震时幕墙部件不会脱落。通常钢筋混凝土建筑对抗地震的办法大多是通过加深地基、加强材料的坚固性和结构的稳固来保障大厦的安全。而Cocoon大厦却展示了一种另类思维———以柔克刚。大厦主体框架是钢铁斜格结构，其表层还有一层外挂护网，外壳包围的"内核"结构的中间部分连接着可以吸引横向晃动的减震器装置。当外力作用使大厦产生摇摆时，从一个支点承受的冲击力会被分散到上下左右各个支点，整个大厦承受的外力就分散开了，晃动也随之被吸收，大约有30%可以被这一装置引导，70%会被包括地基内的其他建筑构件吸收。这种以独特的"蚕茧"造型结构吸引分解外来冲击力，从而保障自身稳固性的设计，堪称现代建筑科学设计典范。

大厦美不美幕墙说了算。外立面的惊艳程度，除了本身建筑造型的设计外，沈阳远大铝业工程有限公司建造的幕墙就是最大的"面子"工程了。这个幕墙结构极具复杂性的工程，沈阳远大铝业工程有限公司的设计师、生产加工技师们，经过几百个日日夜夜的艰苦奋战，用3万多张图纸、3000余块幕墙单元板块，最终赢得了日本用户的一致好评。工程中首先出现的难题就是加工图的制作，由于异形单元占比高，且多为二面角形式，因此采用二维放样精度低、难以校验，沈阳远大铝业工程有限公司的设计人员和技术工人采用三维实体放样形式，由三维实体转投二维平面投影图，根据投影进行细化、标注尺寸，以极其精准的方式解决了世界级的难题。但是远大铝业人解决了加工图制作难题后并没有得到日本业主点赞，直到以3个月的超短工期完成了试验体，才让日本业主叹为观止，毕竟即使在制造装备业高度发达的日本也很难在这样短的工期完成这种试验体的制作。而且沈阳远大铝业工程有限公司的试验体为工程的批量生产整理出一套切实可行的理论资料和生产指导文件。当试验体完全通过日本各项严苛的试验检测后，工程大面积施工的快速进展，让日本业主彻底认可了沈阳远大铝业工程有限公司的技术工艺和制造能力。

Cocoon大厦单元分格尺寸为6米×3.85米，单元单樘质量为1.5吨，考虑到尺寸超规格，不方便运输，故将1樘单元在沈阳远大铝业生产基地分体组装成3樘小单元（每樘小单元的主视效果均为Z字形）；然后海运至日本现场，在现场用加强钢衬框将3樘小单元拼装成1樘大单元，这就需要保证单元的整体气密性、水密性、抗风压性能和抗震性能。尤其日本是地震多发地区，沈阳远大铝业工程有限公司在单元的拼接部位采用的是高强EPDM胶堵，该产品具有一定的抗冲击性和延展性，同时单元的端部及接口部位均采用了可靠的密封处理。沈阳远大铝业工程有限公司对单元的分体运输、整体吊装是世界幕墙技术上的一次重大革新。Cocoon大厦的单元主受力杆件及相配套的扣板交接部位均为异形角，为了使连接部位具有等强度传递荷载作用，沈阳远大铝业工程有限公司在杆件及扣板的端部用铝垫框转接处理，这也是这一工程采用垫框连接的一大特点。针对Cocoon大厦工程，沈阳远大铝业工程有限公司各技术生产部门，每周都在计划调度会上集思广益，调整工作思路和方法，形成了一套切实有效的设计、采购、生产加工、组装、检验、包装、发运等幕墙物流程序。沈阳远大铝业工程有限公司的设计人员技术精湛，一线生产技师经验丰富，检验体系采取国际高标准，对于不合格的板块立即整改，实行"一樘一表，即报即检"制。高难度的技术工艺、复杂的图纸设计、严苛的检验标准、超短的制作工期，在克服了一系列挑战后，沈阳远大铝业工程有限公司终于获得了日本客户的彻底信赖，日本客户满意地表示：这么短的工期，这么好的质量，在日本也是无法实现的。由此，沈阳远大铝业工程有限公司在日本高端幕墙征程的破茧之战宣告胜利。沈阳远大铝业工程有限公司一直保持着高超工艺水准，在日本获得了工程的设计、生产制作的主动权，以尖端技术解决了一系列工程难题，让日本业主不得不佩服中国制造，不得不佩服远大力量。由于Cocoon大厦富有人文理念的设计和非凡的建筑美学，在2008年度全球建筑业最高奖项——安玻利斯摩天大楼奖的评选中荣获金奖。

日本Cocoon大厦幕墙工程成为东京乃至全世界建筑艺术中的一颗璀璨明珠，拥有着世界上领先的制作工艺，沈阳远大铝业工程有限公司在工程中新结构的采用、新技术的开发、幕墙加工新领域的开拓，无不意味着沈阳远大铝业工程有限公司已经代表了世界幕墙行业的先进水平，沈阳远大铝业工程有限公司"破茧成蝶"，成为世界幕墙行业的引领者和主力军。

项目基本信息

工程名称：日本Cocoon大厦
工程地址：日本东京都新宿区
业主单位：MODE学园
总包单位：日本清水建设株式会社
幕墙施工单位：沈阳远大铝业工程有限公司
竣工时间：2008年10月

巧夺天工展神韵，精雕细琢运匠心

在那"湖平天宇阔，山翠黛烟朦"的太湖之滨，有一座能让您和家人尽享回归自然的静谧、放松疲惫心灵的港湾，它就是亚太区首家以希尔顿逸林品牌命名的五星级度假酒店——无锡灵山元一希尔顿逸林酒店。酒店坐落在钟灵毓秀的灵山脚下，俯览一碧万顷的太湖胜景，有大气磅礴的灵山大佛相伴左右，与庄重恢宏的灵山梵宫比肩而立。坐拥太湖烟波，环翠于湖光山色的浩渺画卷之中，使其拥有得天独厚的自然美景，一年四季波光粼粼、晨雾朦朦、梵音袅袅、霞彩道道，薄雾晨曦至落日余晖之间让人顿觉漫步仙境，仿佛置身世外桃源。

一、一夜江南烟雨风，两行古韵诗画情

古人云，仁者乐山，智者乐水。水是自然对人类的馈赠，也是建筑灵感不竭的源泉。在中国传统建筑的设计中，水是必不可少的重要元素，但其表现形式与涵盖功能各不相同，也蕴含着人们对水的多种理解和寄托。时至今日，水元素不仅直接影响到建筑中的虚实处理和装饰效果，也启迪着中国传统建筑艺术的构思与造型。

"唯有门前镜湖水，春风不改旧时波"。贺知章的诗句，不仅流露出他对故乡的怀念，也体现了中国江南民居临水而建的传统。这一地区传统建筑风格质朴素雅，而山奇水秀的地貌特征也使自然环境与人工技艺相得益彰。于是，每当人们想起江南，那个烟雨迷蒙、临水而居的"水乡"时，总能被赋予无限的诗情画意。

无锡灵山元一希尔顿逸林酒店依山傍水而建，拥红揽翠，极目天舒，彰显了建筑与环境的和谐之道。远远望去，向湖面挑伸甚远的屋顶，不仅淡化了主体建筑竖向的体量，连同水中的倒影如鬼斧神工般悄无声息地融合于自然，幻化出海市蜃楼的意境，展现了设计师"大隐隐于市"的风范。

走进酒店，首先映入眼帘的就是十多米挑高的大堂，让人们领略了酒店装修中低调的奢华及古朴的精致。大堂里斗榫合缝的梁柱，色彩耀目的斜屋顶，与各种原木装饰构件共同散发的馨香沁人心扉。鱼篓照灯、藤条、竹子、石材、深木色的家具及变换的灯光舒张中有含蓄，写意中现细节，尽显江南古风雅韵。

正对酒店大门的就是那艘按照1∶1的比例以及古法建造的大型双帆木船，高高的桅杆直指天花。置身船头，仿佛泛舟水上，清风徐来，微波荡漾，寓含着酒店祝您一帆风顺的美好愿景。在

木船的前端便是水吧休息区，设计师把湖水引入大堂。湖水在宾客的脚下蜿蜒迂回，牵引空间流动，把室内环境与烟波浩渺的太湖融为一体，给建筑注入流动的灵魂。坐在特别定制的船体沙发上，可以一边品尝着酒店赠送的热巧克力和香脆曲奇，体验着令人倍感温馨的希尔顿逸林标志性的迎宾礼遇，一边观赏着脚下那犹如银龙潜行的潺潺流水和嬉戏追逐的鱼儿，恰如踏浪太湖、更似曲水流觞，让人在怡然自得中忘却旅途的劳顿，怎不教人神情怡然，优哉游哉。

二、山水依依诗意浓，客舍青青柳色新

酒店客房是一个私密、放松、舒适以及浓缩了休息、办公、娱乐、商务会谈等诸多使用功能要求的空间。无锡灵山元一希尔顿逸林酒店的设计宗旨是让每一间客房都充满阳光气息，都可感受到水的存在，都能体现时尚格调和居家氛围，都会给人以邻水而居、择水而憩、亲近自然的入住体验。酒店的室内家具和陈设注重风格的变化和个性的张扬，通过装饰材料、空间架构、色彩组合三者之间的搭配和协调，再辅以巧妙的灯光设计，用最佳的光影艺术效果来传递酒店的个性品位，打造以人为本、以自然为和谐的休闲养生理念，展现一个可供休整、栖息的洞天福地。

独具江南风情的逸林客房，亭台水榭、月流烟渚，惬意悠然，把江南水乡的建筑特色展现得淋漓尽致。您既可以在宽敞的客厅里与好友品茗畅叙、感受如家一般的舒适，也可以赏湖观山、与大自然零距离接触。

湖景房里暖色系的风格搭配大地色的实木及藤编家具，古朴中不失雅致。最具特色的是设置于观景阳台处的浴缸，让您躺在浴缸里就能直面太湖，在洗去旅途的风尘与疲惫的同时，还能把万顷湖光尽收眼底，从而真正感悟到唐代诗人王昌龄"水宿烟雨寒，洞庭霜落微。月明移舟去，夜静魂梦归"的心境，让身心在温润的江南尽情舒展、放松、复苏。

走进位于酒店五层的总统套房，可以俯拥太湖秀色，饱览四时风光。内部空间的整体设计，融合高品质的装饰细节，与观景书房、观景浴室以及带私人水体的观景阳台相得益彰。独立的厨房及吧台还可以用于举办私人鸡尾酒会。

三、珍馐琼浆满庭芳，桃李春风乐不归

无锡灵山元一希尔顿逸林酒店还拥有四个各具风味的餐厅和酒吧，国际会议中心、游泳池、温泉会所、网球场等各种配套设施一应俱全。在酒店大堂吧，把酒品茗之际，也可览太湖美景，得片刻宽余。咖啡厅中精致美味的西餐搭配江南水乡的环境氛围，更带给宾客视觉、味觉别样的对比之美。酒店一层的随园中餐厅是品尝江浙本土特色美食的天堂。二层的小雅扒房可以提供个性化的专人服务、无以复加的浪漫情调和极致的用餐体验。水疗中心、专业配备的健身中心、一应俱全的多功能会议室、棋牌室、卡拉OK等休闲娱乐设施可以为您提供一座心灵憩息的小城，让您悄然远离尘世的喧嚣，觅得心灵的宁静。

酒店新月造型设计的三层会议中心共5000平

方米，拥有18个不同规模的会议厅，均按希尔顿会议标准提供最先进的高科技影音系统。风格迥异的多功能会议厅与两间580平方米的无柱式高贵宴会厅，可满足各种会议需求。透过廊厅落地玻璃窗，还能观赏酒店一层1800平方米的江南园林，园内以湖为中心，竹海、密林、草地、花海、露台围绕，深受举办户外草坪婚礼的爱侣的青睐。

四、技艺非凡惊天人，誉满天下声名远

无锡灵山元一希尔顿逸林酒店开业后迎来的第一批客人就是前来参加第二届世界佛教论坛的世界近五十个国家和地区的著名佛教学者、高德大僧、各界政要及社会名流，酒店别具特色的设计风格和美轮美奂的装饰工艺赢得了各国贵宾的高度赞誉。酒店先后荣膺"中国酒店'金枕头'奖"，被评为"中国最受欢迎十大度假酒店"。该酒店的装饰工程不仅荣获了"全国建筑工程装饰奖（公共建筑装饰类、公共建筑装饰设计类）"，尤为珍贵的是还夺得了"中国建筑装饰三十年百项经典工程"殊荣。这些奖项的取得，都是与该酒店的装饰设计、施工单位——安徽安兴装饰工程有限责任公司的精心打造分不开的。

天下大事，必作于细。酒店装饰装修工程涉及多个分项工程，施工工序复杂，工期较长。此外，施工过程中需要大量的工人参与，用工量大，涉及多个专业工种，施工管理极为复杂。安徽安兴装饰工程有限责任公司选用了最好的施工管理人员和作业班组，并对目标进行了分解，积极协调各个专业工种之间的施工进度、质量和安全等方面，确保工程顺利进行。在施工中项目部严格按照ISO 9001质量管理体系的要求精心组织精心施工，保证整个施工过程实时处于受控状态，项目部还从影响工程质量的人、机、料、法、环这五大因素入手，实行事前预防、事中控制、事后把关。为了使大堂内的双桅木船在船型、材质、尺度、构造和制作工艺完全符合我国古代木船的营造法式，安兴装饰工程有限公司一边广泛收集古代历船文献，一边搜罗广西铁黎古木、遍访全国造船名匠，经过几名造船名师历时数月的精心打造，大船终于闪亮落成，观者无不惊艳。

随着科技的发展，装饰装修工程施工工艺也在不断更新。如新型装饰材料的研发、施工技术的改进等，为建筑装饰装修工程提供了更多选择。针对本工程体量大、标准高、工期短的特点，项目部大量采用了节能环保的新型材料以及集成施工工艺，通过工厂化生产减少了现场操作，优化了作业环境，提高了工程质量，缩短了施工工期，不仅赢得了业主、监理和社会各界的一致好评，而且把无锡灵山元一希尔顿逸林酒店打造成为光彩夺目的太湖明珠、灵山瑰宝。

项目基本信息

工程名称：无锡灵山元一希尔顿逸林酒店装饰工程
工程地址：江苏省无锡市滨湖新区七里风光堤99号
业主单位：无锡灵山元一投资发展有限公司
施工单位：安徽安兴装饰工程有限责任公司
竣工时间：2009年3月20日

远大制造，
扬起莫斯科河畔的玻璃风帆

中俄两国文明源远流长，合作与交流稳步发展。中俄两国都拥有悠久的历史和灿烂的文化，普希金、托尔斯泰的作品在中国家喻户晓，中国的京剧、太极拳、茶道深受俄罗斯民众喜爱。随着改革开放的不断深入，中俄两国的民族工业、制造业、建筑业交流合作得到进一步蓬勃发展。

作为中国建筑幕墙制造业的龙头企业，沈阳远大铝业工程有限公司立足于中国民族工业的进步和壮大，倾力打造民族工业品牌。同时沈阳远大铝工程有限公司勇于开拓，大胆实施"走出去"的战略思想，积极响应国家发展中俄贸易的互惠交流合作，努力开发欧洲市场。2006年9月，远大铝业工程有限公司人怀着建造城市地标、实现产业报国的梦想，用拼搏与智慧获得打开欧洲市场的金钥匙——成功签订"欧洲第一高楼"俄罗斯联邦大厦幕墙建设合同。

俄罗斯联邦大厦工程位于莫斯科河畔克拉斯诺普列涅斯科沿岸大街，由A、B两座塔楼和基座部分组成，建筑高度509米，为欧洲第一高楼。占地面积达1.07公顷，总建筑面积37万平方米，外立面幕墙面积12万平方米。设办公区、观景台、高级饭店、健身中心以及其他休闲娱乐场所。两座高塔外形如同撑起的船帆，整体建筑外形如同扬帆启航的巨轮，雄伟地坐落于莫斯科河岸边。建筑的外表面全部采用玻璃幕墙，在非采光部位运用彩釉玻璃，彩釉玻璃图案呈现天空中飘荡着朵朵白云的效果。与莫斯科河水遥相呼应，构成了碧水、蓝天、白云的美丽画面。

参与建造俄罗斯联邦大厦这座欧洲第一高楼，是沈阳远大铝业工程有限公司站稳欧洲市场的推进器。同时沈阳远大铝业工程有限公司也面临着极具难度的挑战。幕墙建设施工的难点主要包括

幕墙曲面构成的设计、幕墙施工精准定位、保温结构设计等建筑施工多方面的技术攻坚。为了实现大厦船帆艺术的美感，需要在保证建筑美观的同时，确保幕墙的结构安全与功能性，达到幕墙实用与美学的平衡，创造出艺术与技术的完美融合。沈阳远大铝业的设计师们开动脑筋、集思广益、潜心设计，运用头脑风暴与专题会议等多种方式，全力研发俄联邦大厦的设计工作。

沈阳远大铝业工程有限公司的系统设计师，将俄罗斯联邦大厦幕墙工程共分七大系统。

①系统Ⅰ，单元幕墙系统（塔楼A、塔楼B）：本系统为半隐框单元式玻璃幕墙结构。采光部位采用透明双银Low-E中空夹胶充氩气玻璃，非采光部位采用彩云图案的彩釉玻璃。通过平面单元板块对空间曲面进行拟合，满足了建筑外立面的（单、双）曲面效果。

②系统Ⅱ，塔楼屋面采光顶系统：采光顶采用横隐竖显的半隐式幕墙结构形式，既能保证幕墙结构的安全性，又能满足排水、除雪等性能要求，从而更好地解决了采光顶表面积水、积灰的隐患；并在竖向龙骨上设置了漏水槽及结露槽，在横向龙骨上设置了结露槽，更好地解决了采光顶渗水和室内结露水的排水问题。

③系统Ⅲ，颈部单元幕墙系统：采用与系统Ⅰ相似幕墙结构，在层间部位采用铝板幕墙，突出建筑颈部的横向线条，增强了建筑的韵律感。单元幕墙与吊顶有机地结合在一起，形成了完整的密封系统。

④系统Ⅳ，廊道幕墙系统：侧面幕墙采用断热明框结构，底面吊挂明框幕墙。

⑤系统Ⅴ，中庭采光顶系统：曲面蜘蛛网式造型，中心为最高点，与系统Ⅳ相连接。铝框结构与系统Ⅱ中的采光顶结构相同，设有自动开窗系统。

⑥系统Ⅵ，入口幕墙系统：采用点式驳接结构，通透明亮。

⑦系统Ⅶ，裙楼幕墙系统。

这七种幕墙系统，其中最主要的是塔楼A、B的半隐框单元式玻璃幕墙系统，全部采用蓝色玻璃幕墙，采光部位采用透明双银Low-E中空夹胶充氩气玻璃，非采光部位通过平面单元板块对空间曲面进行拟合，每层平面均设计成三个圆弧构成的近似三角形状，满足了建筑外立面的（单、双）曲面效果，完成塔楼的船帆造型设计。

随着高度的上升，平面形状逐层变化，其中一个圆弧的圆心和半径始终不变，另外两个圆弧在半径不变的情况下，圆心在圆曲线上移动，最终形成建筑空间单、双曲面造型。从建筑的曲面形成方式可以看出，建筑设计要求立面上的相邻板块的玻璃尖点有错位要求，尺寸渐变不定，以达到建筑效果要求。这增加了单元铝型材断面设计、系统密封设计、美学设计及制造工艺的难度。这种建筑的空间单、双曲面造型，相邻的两个幕墙板块间需要进行插接的两根铝框并不在平行直线上，这就给铝框的插接带来了较高的难度。远大铝业的设计施工人员在建筑外立面拟合的过程中，通过三维实体放样到建筑的理想外立面，再将每个板块的下横框的两端点及上横框的中点定位在理想曲面上，从而完成对建筑外立面的完美拟合。这种设计不仅要求高精度的制作和安装，而且面临着较大的施工难度。由于主要构件重量较大，跨度较大，高度高，整个转换层构件的连接采用高强螺栓连接，对构件制作和安装的精度要求极高。

由于俄联邦大厦为超高层建筑，受风荷载影响，建筑振动位移频繁，受温度影响变形较大，建筑呈现锥形双曲结构逐渐变化，建筑幕墙单元板块采用曲面或双曲面的效果，在竖直方向以内倾斜的方式拟合建筑形体的空间曲面，所以对每层平面定位、放线、安装都非常难。在远大铝业的施工现场，现代化设备和技术手段让莫斯科人眼前一亮，项目经理带领全体项目成员运用创新科技推动施工进程，对每一个零件从设计、编号、加工、流转、运输，到现场的储存、安装等环节，都实现了"无缝对接"，综合运用各种仪器设备进行工程精准施工，保质保量。展现出远大铝业人的严谨务实精神和勇攀高峰精神。2016年俄罗斯联邦大厦入围美国高层建筑与城市住宅委员会评选的2016年世界十大摩天大楼。

俄罗斯联邦大厦位于莫斯科，处于极寒地带，对幕墙的保温性能要求极为严格。沈阳远大铝业的设计师们在幕墙保温构造设计方面绞尽脑汁、反复推敲，在幕墙的保温构造设计中有两个阶段。第一阶段：针对工程对热工的标准要求，幕墙型材采用断热条断面30毫米的断热结构。但是铝板幕墙的副框断热条断面长度最大只能达到14.8毫米，这样幕墙的披水板式密封胶条的前端构成了一个空腔，且幕墙的外表面暴露在室外冷空气中的面积却相对较大。这些因素都在一定程度上影响了幕墙的保温性能。而且在规定的结露计算环境条件下，幕墙框表面将会出现结露现象。考虑第一阶段设计的薄弱环节，沈阳远大铝业的幕墙设计师对原始的结构设计进行优化。修改副框连接结构，使用隐框做法，将彩釉玻璃利用结构胶固定在单元板块的上横框上，提高幕墙保温性能；另外，优化披水板式密封胶条的断面形式，加大单元板块插接部位断热结构的断面长度，有效提高幕墙的保温性能；同时，在玻璃与铝框间的窄隙处填充泡沫棒，防止幕墙内表面出现结露现象。经过一整套的"组合拳"设计，沈阳远大铝业实现极寒地带幕墙保温施工的突破性成功。

"危楼高百尺，手可摘星辰。"大诗人李白作于一千多年前的诗句告诉人们，中国人对高楼的情怀由来已久。而今，远大铝业人要把这种情怀遍布全球，向全世界人民展现中国幕墙建造高楼殿宇的卓越与非凡。在欧洲，很少有哪个城市的建筑会像莫斯科那样每天都在发生明显的变化，进入21世纪，越来越多的现代摩天大厦在苏式建筑和葱郁的白桦林当中拔地而起。沈阳远大铝业工程有限公司用非凡品质征服了莫斯科，让莫斯科有了深深的远大印记：远大铝业人在莫斯科河畔扬起玻璃风帆，建造出欧洲第一高楼。

项目基本信息

工程名称：俄罗斯联邦大厦

工程地址：莫斯科市中心莫斯科河西岸

业主单位：俄罗斯房地产开发商MIRAX

总包单位：中国建筑工程总公司

幕墙施工单位：沈阳远大铝业工程有限公司

竣工时间：2009年12月

铸世博东方之冠，展凌云铁军之姿

"东方之冠，鼎盛中华，天下粮仓，富庶百姓"，秉承着厚载千年的中国文化，凝聚着积蓄百年的开放之姿，黄浦江南岸矗立起凝聚中国元素、象征中国精神的雕塑感主体"东方之冠"——上海世博会中国馆。

武汉凌云建筑装饰有限公司隶属于凌云科技集团（以下简称"武汉凌云"），作为一家大型军工、国有企业，其历史根基深厚。在行业发展的时间长河里，武汉凌云不只是一个企业，更承载着国家发展的重要使命和责任，中国馆的重大政治高度和意义便与武汉凌云的企业理念不谋而合。

中国馆由国家馆和地区馆组成，国家馆居中升起、层叠出挑，成为凝聚中国元素、象征中国精神的雕塑感造型主体——东方之冠；地区馆水平展开，形成华冠庇护之下层次丰富的立体公共活动空间，以基座平台的舒展形态映衬国家馆，成为开放、柔性、亲民、层次丰富的城市广场；国家馆和地区馆的整体布局隐喻"天地交泰、万物咸亨"，体现了东方哲学对"天""地"关系的理解，展现了对理想人居社会环境的憧憬，两者互为对仗、互相补充，共同组成表达盛世大国主题的统一整体。

一、着中国元素，点明珠荣光

千载中华谦藏蕴，始待佳期展荣光。北京奥运会的成功举办让世界聚焦于中国，如何将中华文化、中国元素体现、凝聚在上海的世博会中，设计师们呕心沥血，从7个方面逐一展示。

1. 总体造型

国家馆和地区馆的整体布局隐喻着"天地交泰、万物咸亨"，体现了东方哲学对"天""地"关系的理解。

2. 国家馆的造型

整个建筑形象为中国传统的"鼎"，也像中国古代的粮仓。

3. 国家馆的构成

由横向和柱头构成，形象为中国古代的木质建筑，榫卯交错咬合。

4. 国家馆的尺寸

不管是长宽高，还是单个分割尺寸，都借鉴了中国古代的"九经九纬"建筑理念。

5. 中国馆的局部

国家馆突出的128个柱头的端部有一个"叠篆"字体，按照建筑的方位，分别对应为东南西北四种叠篆文字，形象为中国古代印章的形式；而地区馆的叠篆文字则为"二十四节气"的名称。

6. 国家馆的颜色

统一采用传统"中国红"，从下至上四种颜色，依次加深。中国红的定义为：正色之红、一组多色、一脉相承、和而不同、艳丽而不失沉着。

7. 地区馆屋顶花园

借鉴圆明园"九州清晏"，用中国典型的九种地貌"漠、岛、壑、甸、林、脊、渔、泽、田",以碧水环绕的九个岛屿象征浩瀚中华之广袤疆土,寓意"九州大地,河清海晏,天下升平,江山永固"。

二、细微见真章,精品铸卓越

中国国家馆的建筑设计关于幕墙方面,是边设计、边确定、边施工的过程,很多方案都是经历了无数次的实验、众多领导专家的分析后才最终确定下来的。其中,特别重要也是特别引人关注的是三个方面的方案:材质和色彩、灯光效果、构造方式。

为了给国家馆编织这身美丽的"中国红",建筑设计团队曾考虑了4种方案:金属材料、玻璃材料、陶板/地砖一类的块材、其他新材料。然而,在后期的挂实样分析比对中,金属材料的优势逐渐显露出来,众多领导专家斟酌再三,最后决定选用金属材料。"正色之红,一组多色,一脉相承,和而不同,艳丽而不失沉着",便确定了其色度区位在中艳度和高艳度之间。

采用"内透外亮"的灯光设计方案,所有立面的泛光灯具都附着于核心筒表面安装,超出核心筒

挂实样分析比对

肌理板90度阳角拼角样品,确定上图右边的拼接方案

的水平距离控制在2米之内(可完全防止行人看到镜面反射亮斑),外部投光照明,以建筑立面的管型横梁为投光主体,重点照射每根横梁的底部,对横梁正立面作补光照明,光强自下而上渐次减弱,烘托出东方之冠的巍峨大气;内透照明中使用的泛光灯,在达到外部视觉通透的同时,对内部走道也起到了很好的功能照明作用,基本上不需要再加以其他的走道照明灯,同时在使用中加以截光控制,避免在管型梁底部形成反射亮斑。

配合建筑设计确定的构造方式主要指的是:肌理板水平面和垂直面形成的90度阳角拼接方式。在确定过程中,初始有6种幕墙设计方案,经过选择,挑选2种做出实样,确定肌理板使用90度阳角拼接方式。

三、创工艺之新,造铁军之荣

"东方之冠"造型的中国馆是2010年上海世博会的核心建筑,中国馆以大红色为主要元素,这不仅象征了吉祥和喜庆,也为游客营造了一种欢乐祥和的氛围,使整个展馆成为世博会的焦点和人们驻足观赏的目标。

中国馆的建筑高度为69.6米,结构造型特殊,外形呈斗冠状,上大下小,结构从33米的楼层开始层层外挑,外挑最大尺寸达到34.75米,同时整个幕墙呈45度向外倾斜,不能采用外脚手架施工。因此,设计方案必须满足特殊的施工形式以保证幕墙安装。

幕墙系统主要由反斜面玻璃幕墙、中国红肌理板开放式幕墙、夹芯保温铝板幕墙组成。整个幕墙工程须在空中无支撑、无脚手架、无吊篮的情况下进行0度、45度、90度三个角度的挂装。

通过技术创新,武汉凌云自主研发了多套室内安装的幕墙系统,并依据设计方案研发出具有针对性的施工工法——"大幅外挑倾斜幕墙无脚手架室内施工工法",设计技术和工法的创新研发不仅解决了施工难题,大大提高了施工效率,还确保了每个系统的安装高效且井然有序(1232块

中国红肌理板幕墙安装

幕墙玻璃垂直运输方案

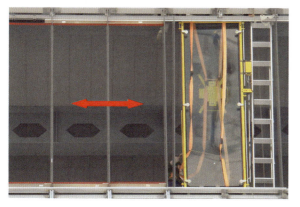

幕墙玻璃水平运输方案

玻璃、8926块肌理蜂巢板、4184块夹芯保温铝板，共计8万平方米幕墙面积的施工安装）。

在上海世博会中国馆的建设过程中，武汉凌云面临着诸多技术挑战——如何将现代设计理念与中国传统文化融合、如何保证建筑的结构稳定性和视觉美感的统一、如何在限定的时间内完成复杂的外装饰任务。困难摆在眼前，责任担当在肩，武汉凌云通过不断创新和技术突破，通过优秀的施工质量和精湛的艺术表现，将中国馆成功打造成为一座结合传统和现代精华的建筑艺术典范，向全世界展示了中国作为一个文明古国的独特魅力，为中华文化的传播作出重要贡献。

本工程项目部荣获2009年度"上海市重大工程立功竞赛优秀集体"称号、2010年"中华全国总工会工人先锋号"称号，我司自主研发的"大幅外挑倾斜幕墙无脚手架室内施工工法"获得国家级工法认证，"用于异型框架管桁架的吊运装置"和"用于异型框架玻璃幕墙的自行式玻璃安装车"获得了两项国家专利，本项目成功获得了2010年度上海市建设工程"白玉兰"奖和2010～2011年度中国建筑工程"鲁班奖"。

从华丽的城市天际线到重要的国家级政府项目，武汉凌云凭借其卓越的技术实力和丰富的经验，在每项工程建设中不仅展现了其勇于担当、承担社会责任、挑战极限和敢于创新的显著特色，更是以无比的责任感和使命感，始终站在国家工程建设的前沿，为实现国家发展的宏伟蓝图贡献着自己的力量。

项目基本信息

工程名称：上海世博会中国馆

工程地址：上海市浦东新区上南路

业主单位名称：上海世博会有限公司

施工单位名称：华南理工大学建筑设计研究院、清华大学建筑学院北京清华安地建筑设计顾问有限责任公司、上海建筑设计研究院有限公司

幕墙设计、施工单位：武汉凌云建筑装饰工程有限公司

竣工时间：2010年2月8日

品质守初心，匠心铸精品

"泰沂沧溟，潍水白浪，人文辉光八千载，信美东方第一州"。历史上的东夷文化核心、齐文化腹地、两汉经学重镇、南北朝佛教文化东方中心；今天的世界风筝之都、国际和平城市、中国画都、金石之都、手工艺与民间艺术之都、东亚文化之都……潍坊这座生长在潍水之畔的城市，接受了自然最好的恩泽，孕育出蓬勃的城市文化形态。

"室庐有制，贵其爽而倩，古而洁"，建筑构建不仅单纯满足于其功能的实现，由整体到细部，由宏观到微观，风格与结构、材质与材料、体验与感知、科技与人文，所有这一切的堆砌与集成，丰富且立体，从单纯的建筑构件到传承文化艺术的载体，实现从实用到审美的华丽转变。潍坊市人民医院新院区工程集急门诊中心、医技中心、住院中心、传染中心、后勤保障中心五大功能于一体。工程设计汲取中国古典园林造园手法精髓，分区合理，布局紧凑，立足当下，兼顾未来，装饰风格清爽优雅，别致新颖，建筑单体与群体、结构与造型相得益彰，和谐稳定，为业主打造"百年老院"的设想奠定一脉传统文化的基础。

工程总建筑面积24.4万平方米，专业齐全，医疗信息管理系统功能完善，智能化程度高。潍坊高新建设集团团队严格按照业主方和设计方的要求，从材料、构配件选型到精细的施工组织，无不彰显着工匠精神；通过完善制度、明确责任、深化设计、优化工艺、样板引路、过程控制，科技创新等系列措施，确保工程一次成优，助力打造潍坊市人民医院新院区地标性精品工程。

急门诊中心、医技中心整体外观设计西低东高，主楼由西向东呈阶梯状叠升，将人文特色融进理性方正的建筑立面，融合展示了医疗建筑的逻辑秩序和人文关怀。20000平方米干挂铝板幕墙、12000平方米玻璃幕墙，造型凹凸有序、线条清晰流畅，饰面平整牢固，色彩渐变，层次分明，大角顺直挺拔。

走进大厅，15米的挑高大堂造型别致、高端

大气、协调美观。办公空间通透开放，门厅设置四通八达，出入方便快捷，彰显一站式高效服务理念，充分体现建筑"以人为本、服务至上"的设计原则。

柚木饰吸音板墙面，颜色均匀一致，上下顺缝；墙柱干挂瓷砖墙面，做工细腻，整体视觉丰富，转角部位采用海棠角，安全实用；乳胶漆饰面光洁，阴阳角方正顺直；吊顶板块分割合理，板面平整，板缝顺直，美观大方；铝板吊顶，方格造型渐变，富有层次感和韵律感；叠级石膏板造型顶，层次感强；石膏板吊顶平整牢固，灯具、喷头、烟感等排布居中对称、纵横成线。

工程充分体现医学之严谨，充分理解、考量医患之身心，科学、合理匹配功能流程之逻辑，秀外慧中，久处无厌。功能布局便利高效，空间环境舒适顺心，建筑材料绿色环保，机电设施安全可靠，医疗设备布置合理，内部装饰张弛有度，外部立面理性大方，景观绿化恰如其分，内部是医学与建筑学的理性交融，外部是院区与区域的系统融合，内得其所、外得其衡，自然和谐。

潍坊市人民医院新院区工程，经前期方案优化，过程严格把控，细部精心处理，完美实现了设计愿景。在整个的施工过程中，大力推广应用建筑业新技术，实现了绿色、环保、节能、低碳的新型现代化建筑理念，先后荣获潍坊市安全文明示范工地、潍坊市优质结构工程、潍坊市优良工程、山东省新技术应用示范工程、山东省安全文明优良工地、山东省施工现场综合管理样板工程、山东省泰山杯工程。工程交付使用以来，各部位功能良好，系统运转正常，设备功能稳定，未出现任何安全质量问题，用户非常满意。

工程基本档案

工程名称：潍坊市人民医院新院区工程

工程地址：潍坊市樱前街以南，潍县中路以东

业主单位：潍坊市人民医院

施工单位：潍坊高新建设集团有限公司

竣工时间：2011年8月30日

冰岛水晶，璀璨生辉

一、艺术精品，大师杰作

在遥远的北欧，波涛汹涌的北大西洋与北冰洋交汇处，有一个冰川与火山景观并存的美丽岛国——冰岛。在冰岛首都雷克雅未克海岸边，矗立着一座晶莹剔透的玻璃建筑——冰岛歌剧院，它像一座巨大的水晶雕塑，在北极圈的阳光下熠熠生辉，与远方的皑皑冰山交相辉映，呈现出当地著名的玄武岩石柱景观意象，同时映照着海洋、天空和充满活力的城市。由1000余个六棱柱框架与不同角度、不同颜色的多边形玻璃面板拼接成的玻璃幕墙，捕捉和折射着高纬度的阳光，晶莹剔透、温暖明亮。入夜后，清澈的玻璃被多彩的灯光照亮，光影轻柔地律动，与高纬度地区特有的绚丽极光交相辉映，为北极圈阴冷漫长冬夜中的人们带来心灵的慰藉。

冰岛Harpa歌剧院是当地最著名的地标，在欧美建筑界享有盛誉。歌剧院包括一个拥有1800座的主音乐厅，一个450座的小排演厅，一个750座的会议厅，以及其他展演空间，建筑面积2.8万平方米，幕墙面积1.5万平方米，是该国最大的文化艺术交流场所。自2011年开放以来，歌剧院共进行了800余场艺术活动，接待了1000多万游客，相较于该国仅39万的总人口来说，这是一个极为惊人的成就。

冰岛歌剧院的建筑设计由艺术家Ólafur Elíasson和丹麦Henning Larsen建筑事务所合作完成，幕墙设计、制造和施工由中国的武汉凌云建筑装饰工程有限公司（以下简称"武汉凌云"）实施。

冰岛歌剧院主立面

冰岛歌剧院内景

二、精心设计，攻克难关

冰岛歌剧院造型独特的六棱柱晶体玻璃幕墙，设计灵感来自冰岛久负盛名的自然景观——火山喷发的岩浆冷却风化形成的玄武岩石柱。艺术家使用十二面体六棱柱单元作为基础创意元素，综合采用堆叠、排列、切割、拼贴、穿插等设计手法，创作建筑形体和立面。这些六棱柱单元表面镶贴的玻璃作为幕墙面，起到外围护结构的作用；将单元框格上下左右拼接起来，作为建筑表皮的主受力构件，在内部围合出宽50米、高28米的温暖、明亮的共享空间。

冰岛歌剧院特殊的艺术及结构要求，给幕墙设计、制造和施工带来了巨大的挑战，不少国内外幕墙公司在投标中知难而退。武汉凌云建筑装饰工程有限公司作为中国幕墙行业的排头兵，在国内外市场打拼和奋斗多年，面对挑战迎难而上，通过投标过程中充分的技术展现，以及在冰岛雷克雅未克大酒店、冰岛大学城、阳光城等当地工程的良好业绩和口碑，终于力克众多世界知名的幕墙公司，在与德国友商同场竞技中赢得最终胜利。同时，过硬的专业能力也折服了业主及当地政界人士，打破了冰岛劳务市场保护惯例，于2008年1月签订了冰岛歌剧院钢结构和玻璃幕墙工程设计、加工制作和施工劳务一体化合同，赢得了冰岛历史上最大的公用建筑项目，合同额1254万欧元。

工程履约，设计先行。由于工程的难度及其现实意义，武汉凌云公司给予了高度重视，迅速组建了强大的设计团队，集中了一批英语口语流畅、沟通能力强、境外工程设计经验丰富的设计人员，展开了针对性的设计技术攻关。设计组在高峰期达到20余人，大家齐心协力，分工合作，为工程的展开打下了良好的基础。

幕墙单元的钢构架既是结构受力件，又是装饰件，其结构设计、构造设计、连接节点设计及受力计算是最大的难点。

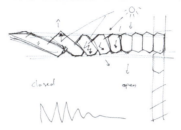

建筑创意及实施过程

艺术家的想象力天马行空，不落凡尘，在实施细节上更是追求完美，用雕塑的美感来要求结构件：所有杆件要均匀轻灵，光滑平整，角度要有美感，不允许有外露连接件等。这导致几乎所有的十二面体单元都需要单独进行三维建模，并与相邻单元及周边主体结构组合装配。武汉凌云公司综合考虑美学和力学，反复推敲，确定连接形式和构造，将模型和效果图发送给顾问审核，得到确认后才进行深化设计工作。本工程是武汉凌云公司较早的实行全三维设计的项目，并以此为契机在行业内率先进入BIM时代。

结构计算的难度显而易见。独立分散的十二面体钢构架要通过内嵌的连接件拼接成一个刚柔并济的整体。既要足够"刚"，能当一道挡住北冰洋肆虐狂风的"墙"；又要足够"柔"，能释放掉对主体结构不利的温度应力、附加弯矩。超大风压、主体结构承力的严苛限制，欧洲标准等一个个技术障碍，通过结构工程师认真、细致地计算，结合有限元分析工具，终于逐一扫清。

工作中的沟通难点不仅是语言障碍。幕墙图纸需要经过艺术效果、建筑美学、结构安全、幕墙顾问等四方审核，逐一认可。甲、乙、丙、丁四方的要求既各有侧重，又互有交叉，幕墙单位作为"戊方"（第五方）必须遵从每一方的意见，反复提资、论证，设计确认时间特别漫长。设计小组通过积极主动、有理有节地沟通，满足欧洲规范和本工程特殊要求的材料截面、连接件、幕墙构造，确保达到最优结构受力要求和最佳外观效果的各类图纸，终于分期分批获得确认签证。沟通过程涵盖整个工期，仅技术邮件就有9500余封。

三、迎难而上，确保履约

秉承着"不干则已，要干就要争一流"的工作理念，武汉凌云在工程中标之后、合同签订之前，就成立了工程指挥部，提前启动了项目管理的各项工作。

2007年12月底，工程指挥部招标确定了一家实力最强的企业作为钢结构的合作生产单位。2008年1月，完成了施工组织计划编制，完成了重要构件铸件和管件的分批试制，并顺利通过了各项检测。2008年7月，完成了主要类型样墙的试制和安装工作，并开始组织幕墙产品规模化生产。2008年9月，总包IPC公司和业主代表签字确认试制产品质量，幕墙产品全面进入生产状态。

冰岛歌剧院主立面

正当工程进入履约快车道，一场始料不及的变故猝然降临。2008年10月中旬，因冰岛国家金融危机，国家破产，冰岛国内外舆论界对于是否有必要建设如此大规模的文化建筑存在强烈争议。冰岛业主方不能如期支付工程款，导致工程暂停，直至2009年4月才重新启动。原定的环环相扣的各种计划和安排被冲击得七零八落，名义上暂停6个月，实际负面影响前后波及1年多。

除了这种突发性的政治和经济因素影响，本工程在履约过程中还有如下困难。

1. **工期紧，履约难度大**

虽然名义工期看起来比较长，但是除了停工和重启浪费了大量时间外，设计审核和确认难度大、材料认证难周期长、材料海运周期长（60天），材料配套要求高、货损风险等因素都有不利影响，其实时间并不宽裕。

2. **质量要求高**

本工程对幕墙构件的成品质量要求极高。以千克和平方米计价的工程材料，品质要求却是艺术品级的，德国监理工程师对材料、现场施工过程和成品质量审核极严。

3. **劳务组织难，成本高**

作为人均GDP高达8万美元的北欧高福利国家之一，冰岛有着健全的劳工保障法规，本地工人薪水高、工时短，外来务工人员又受到严格限制。本工程虽然在合同签订之初，因工作专业性强、难度高，获得了劳务输入资格，但是人数受到严格限制，签证办理流程长，往返路途曲折、机票价格高，对施工组织的灵活性有较大制约。不得不雇用当地零工和其他专业配合人员，费用很高。这些都大大增大了劳务成本。

4. 施工条件恶劣

工程当地气候多变，降水充沛，一年四季雨雪无常，冬季常伴有8~13级大风；紧邻北极圈，冬季长，有极夜。这些不利条件都对施工的安全高效组织带来较大困难。

参与本工程的凌云人拿出百折不挠的精神和"舍我其谁"的勇气，勇挑重担，迎难而上，直面挑战。

面对工程非正常的暂停和重启、工期和阶段节点的多次调整、海运船期的延误、灾害天气等不利因素，工程指挥部通过精心组织、反复调整计划来适应情况的变化，"停"得有理有节，"动"得有声有色，多次提前完成业主的阶段目标。在冲刺阶段，采用多工作面、多层次、多工序、多空间、多环境的生产组织模式，顺利完成总目标。

面对超高的质量要求，凌云人自我加压，严格管理，从制度、人员、流程、设计、工装设备等多个方面入手，将航修产品的质量管理体系引入到幕墙管理中。"老外要求严，我们自己要比他更严"。以幕墙单元构架的铸钢连接件这一关键部件的质检为例，实行3个100%：由我方驻场监造的质检人员进行100%磁粉探伤检验、100%超声波探伤检验，委托第三方权威机构进行100%复检。有问题的零件绝不进入下道工序，有问题的部件绝不装船发运，有问题的组件绝不上墙。严格的管理保证了最终的成品质量经受住了最严格的检查和时间的考验。

四、成绩斐然，铸就辉煌

2021年5月4日，冰岛交响乐团的首场音乐会在冰岛歌剧院的埃尔德堡音乐厅如期举行，标志着该工程正式投入使用。随后该建筑成为冰岛交响乐团、冰岛歌剧团和雷克雅未克大乐队的正式常驻基地。众多世界著名的乐队、独奏家、舞蹈团和剧团都曾在这里演出。首演当天，冰岛国家邮局专门发行了印有冰岛歌剧院幕墙的纪念邮票，受到冰岛市民的欢迎和抢购。

由于完美履约，武汉凌云得到冰岛业主的好评和中国驻冰岛大使的赞扬，进一步加强了中国公司在北欧的良好形象，为武汉市与冰岛第二大城市——科波沃市建立友好城市打下了基础，为中冰建交40周年（1971~2011年）系列庆祝活动交出了一份满意的答卷。

尽管建成时间不长，冰岛Harpa歌剧院却以其独特的设计和精良的质量获得了无数奖项，涵盖建筑设计、音乐会和会议中心等多个方面，包括2011年最佳音乐会和会议中心奖、2011年最佳北欧公共空间、2012年北欧最佳会展中心、2013年密斯·凡·罗当代建筑奖、2016年欧洲最佳会议中心和商务目的地、2018年USITT建筑奖等。

冰岛歌剧院深受冰岛人民喜爱，成为城市文化和社会活动中心，作为著名地标，被多个媒体评选为"冰岛最美的建筑""冰岛必去景点"之一。

冰岛人民对冰岛歌剧院有着特殊的情感，这座建筑在某种程度上是冰岛金融危机结束和民族自豪感的象征。

冰岛Harpa歌剧院董事汉德·古姆德松先生说，"2008年，当整个冰岛金融业崩溃时，Harpa只建成了一半，我们有两个选择：放弃，让一座废墟成为冰岛危机的永久伤痕；或者，完成它，让它成为冰岛复活和复兴的象征。最后，我们终于成功了！"

冰岛外交部司长皮特·奥斯格尔松先生说，"冰岛人民感谢中国的武汉凌云公司建造了一座这么美丽的剧院，它实现了冰岛人民长久以来拥有一座大型剧院的梦想，歌剧院必将成为中冰两国人民友谊的象征。"

IPC总工程师雷克哈顿先生说，"武汉凌云拥有这个世界上最好的工程师，最优秀的工程团队。

我敢说这项工程是世界上少有的复杂工程之一。在我看来，能够胜任冰岛歌剧院幕墙工程的公司，在欧洲只有德国公司，在中国只有凌云公司。当大家看到了歌剧院建成的情况，答案就揭晓了，凌云公司做到了，而且做到了最好。"

在冰岛歌剧院的建设过程中，武汉凌云也得到了上级主管机关、地方政府部门、国内供应商、社会各界的大力支持，在此一并感谢！正是有了祖国人民的支持，武汉凌云才能走出国门，在世界的舞台上充分展示中国制造、中国建造的强大实力！

五、花絮

哈帕音乐厅和会议中心（Harpa Concert Hall and Conference Center）的名称于2009年12月11日公布，取代Iceland's Opera House，作为本建筑的正式名称。"Harpa"是冰岛1200名公民提出的4156项提案中的获奖名称，它包含现代冰岛语"竖琴"（Harp），在古代冰岛语中，指的是北欧旧历中春天的一个月，有"复兴"之意。这个名称向音乐致敬，同时也体现了冰岛人民对美好未来的向往。

项目基本信息

工程名称：哈帕音乐厅和会议中心（Harpa Concert Hall and Conference Center）
工程地址：冰岛雷克亚未克市
业主：冰岛雷克亚未克市政府，Portus集团
总包单位：冰岛国家第一建筑公司IPC
建筑创意：艺术家Olafur Eliasson，德国Olafur 工作室
建筑设计：丹麦 Henning Larsen Architects
幕墙分包：中国武汉凌云建筑装饰工程有限公司
竣工年份：2011年
建筑面积：28000平方米
幕墙面积：15000平方米
建筑高度：43米

现代SOHO都市，未来科技凌云

四十载光辉征程，再启航基业长青。幕墙行业走过漫漫光辉史，凌云幕墙在日新月异的城市变革中贡献了凌云力量，在世界的版图上雕琢凌云之美。以凌云铁军之姿，勇创无数个第一，将当下的荣誉镌刻在世界幕墙发展史中，将未来的展望创造于当下每一跬步中。

作为国内第一个全程BIM设计的异形幕墙工程，银河SOHO充满了艺术的美感和独特性，它位于北京市东二环内，朝阳门西南角。该项目是由SOHO中国有限公司开发的高档商业写字楼，由国际知名的扎哈·哈迪德建筑师设计。

银河SOHO效果图

一、设计绮思打造"流水星系"

扎哈提取中国传统文化元素中"流动的水"，利用自由灵活的曲线，将建筑的外形设计成流线型。在空间布局上，扎哈借鉴中国院落的思想，四座椭圆形的建筑围合起来，在中部形成下沉广场，也是建筑内部重要的公共空间。这四座建筑彼此独立，中间通过连廊连接。

工程整体外立面呈现的均为复杂变化的曲面，造型丰富、视觉冲击力强。本项目最大的亮点就是曲面铝板，整个外铝板幕墙的曲面造型由近5万平方米的非常规铝板构成，每块铝板形状及尺寸均不一致。

该项目由四栋塔楼构成，塔楼之间从低区至高区由7个互相交错的复杂曲面连桥相贯连接而成，使整个建筑浑然一体。四栋塔楼的造型颇似层层迭起的山丘和梯田，层间的白色曲面铝板与透明玻璃互相点缀，又酷似宇宙银河中的四个相惯的纺锤状星系，故名"GALEXY SOHO（银河SOHO）"。

二、BIM先河填补行业短板

银河SOHO照亮北京都市上空的祈盼，源自其深厚的中华文化底蕴和现代科技感十足的设计绮思，而完成这一创造性的工程，需要面临着非常规异形、无标准立面、空间造型复杂等难题。武汉凌云首次采用BIM参数化模型设计对各空间幕墙及结构构件进行辅助设计，参数化设计贯穿了整个幕墙设计的全过程。

本工程铝板面积约5万平方米，且均为单一尺寸，在主方案基本定型后，设计组即提前启动了三维参数化设计的工作（参数化设计也

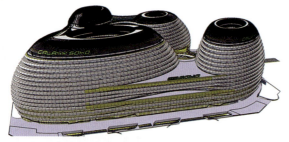

银河SOHO整体铝板参数化线框模型

是合同要求必须进行的辅助设计工作）。通过严格控制模型设计的各环节，使模型完全还原幕墙方案。模型完成后，直接从CATIA软件中将每块铝板导出，将铝板模型发往铝板加工厂家，直接输入数控加工设备进行面材下料，铝板背筋及辅助连接件的安装完全依照模型执行。

北京银河SOHO不仅是对中国传统建筑现代手法的一次大胆尝试，更是对扎哈·哈迪德设计理念的完美体现。她巧妙地将中国传统建筑的精髓与现代设计元素相融合，打造出一个既充满现代感又不失传统韵味的建筑空间。而武汉凌云创造性的全过程BIM设计技术支撑，使得这座建筑以其独特的形态和富有张力的结构，成为北京城市景观中的一道亮丽风景线。

三、设计优化突破技术壁垒

银河SOHO不仅是对现代建筑艺术的完美诠释，更是对东西方文化交融的深刻体现，无疑成为北京乃至全球建筑领域的一大亮点。而在幕墙方案铺开过程中，武汉凌云设计团队遇到诸多技术难题，最终逐一攻克、突破国际技术壁垒，创造荣誉新巅峰。

开敞无缝式曲面铝板是本工程最典型的幕墙形式，也是外立面最出彩的视觉表现部位。特点主要有三点：①所有铝板均为开敞式，而铝板分缝处实现了"无缝"式效果；②层间侧挂曲面铝板实现了空间多维调节功能；③侧挂曲面铝板由平板在现场实现曲面成形。

本项目铝板按照建筑层间分布规律，为层层叠片状，每层铝板呈现的视觉效果是整圈自由曲线，白色无缝的外饰效果。所有铝板无折边，铝板分缝处内衬白色铝条，设置开缝处装饰挡板，无螺钉外露，铝板十字缝处挡板实现无缝密拼。铝板外视面平整圆滑，视觉效果好。

铝板视觉效果实拍图

本项目中所有曲面铝板钢龙骨、转接挂座及铝板轮廓主要控制点的定位均采用了全站仪测量定位方式；所有铝板、钢龙骨、转接挂座的放线定位图均来自于参数化模型。利用全站仪的测量放线技术可以顺利实现所有点位的定位。铝板及转接挂座的测量定位也可按照此方式进行。

7个连桥共3000块铝板（总面积约5000平方米），每块铝板形状及曲率均不同。设计之前，所有的设计依据都是建筑模型师提供的模型，包括铝板轮廓表皮模型、钢结构及混凝土结构模型。因此，节点方案设计需要考虑三维模型，特别是节点构造要满足三维空间里各种工况的适应性。

双曲面铝板无任何规律，生产加工制作工艺非常复杂，生产周期长，成本也非常高。因此，对双曲铝板的曲率变化趋势做了仔细研究，根据

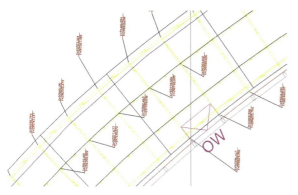

平台铝板钢龙骨定位坐标布置图

连桥铝板整体表皮的曲面造型特点，对每块铝板进行单曲化拟合。拟合后，整体造型没有明显变化，实现了整体建筑效果。

作为建筑效果最为出彩的连桥曲面铝板幕墙，其设计和施工安装都非常困难：处于不同塔楼之间的空中桥梁、没有脚手架、没有为幕墙施工提前预留安装措施、不能影响其他地面各工种的作业等种种难题。最终决定由楼板面开孔，现场制作悬挂式作业平台，既满足了特定条件下的施工进度，又不影响周边其他作业面的施工。同时，搭设平台的所有材料均能很方便地在现场制作，非常经济。此方案省去了租用大型举升机器设备的费用，节约了大量资金，也为抢工赢得了时间。

本项目特有的曲面铝板成形方式的问题、大面积檐口铝板现场施工措施的问题、不规则角度单元幕墙节点方案合理性的问题、复杂双曲面铝板优化拟合的问题、高空连桥铝板施工安装措施问题、无曲率弧形铝合金百页的优化设计方案问题、幕墙BIM概念的引进以及参数化设计的问题，不仅为凌云设计团队积累了相应经验，而且标志着我国幕墙行业对异形双曲幕墙设计手段应用进入新的阶段。

不负荣光、不负期望。凌云幕墙将继续保持创新的精神和追求卓越的品质，坚定"以诚取胜，以质取胜，以新创未来"的经营理念，继续加大科研投入和技术创新力度，不断推出更具创新性和实用性的建筑装饰产品。四十载光辉征程弹指而过，再启程披荆斩棘功在当下。

项目基本信息

工程名称：银河SOHO

工程地址：北京市东二环内，朝阳门西南角

业主单位名称：SOHO中国有限公司

建筑设计名称：扎哈·哈迪德建筑事务所

幕墙设计、施工单位：武汉凌云建筑装饰工程有限公司

竣工时间：2012年

昆明洲际酒店：
冠泰精品·大国匠心

昆明洲际酒店坐落于"高原明珠"滇池湖畔，酒店周围山、水、林、园皆备，与西山森林公园、云南民族村等著名旅游景点互相依托，再加上与市中心CBD地区仅咫尺之遥，使得酒店处于一个商务、游览、娱乐、度假俱佳的极好地理位置。酒店占地超过10万平方米，总建筑规模为94433平方米，地下一层，地上六层，建筑高度23.7米。酒店大堂空间极尽奢华，超高的层高，给人以气势磅礴的感觉。酒店建成后多年来作为南亚博览会、COP15等重大会议的主要接待地点，接待了

无数宾客入住，包括众多国家领袖、名人政要以及国际巨星等。

一、昆明洲际酒店大堂——点睛之笔

冠泰装饰集团承建酒店大堂公共区域的装饰装修，包括酒店二层大堂入口门厅、前厅、展示区、大堂吧、景观水池、过道、一层娱乐门厅、走廊、游泳池、机房、电梯厅等室内装饰及深（优）化设计、制作、采购、施工和安装。

昆明洲际酒店入口门厅，整体大气，肃静。贵宾汽车可以直接停靠，左右两边大型的欧式大理石柱，使整体空间肃然起敬。实木色大梁，东南亚风格的天花墙纸，焦点化的灯光，黑色的大理石地面，让整个空间沉着而冷静。带有中式京味的鸟笼灯，让整体空间有了中心的平衡。

前厅，首先看到的是入口中间2块实木雕刻制作的大门，这个中式的大门承载着酒店的文化底蕴。地面黑色的蚀刻大理石与天花的中式鸟笼灯呼应成景。两边的VIP贵宾室，墙面的云南彩蝴蝶及金色蝴蝶相映成趣。

大堂，酒店的灵魂，大堂左右两边高大实木色的倒立大象牙装饰精巧秀美、色泽温润，让人加深了云南印象，天花中间飞翔的无数大蝴蝶，在灯光的衬托下栩栩如生，悠闲高飞，置身于酒店大堂有种高贵、祥和又浪漫感觉。缓缓走入大堂，让人立刻感受到云南的味道，云南的空气，

云南的花园。进入大堂吧，映入眼帘的是中式的灯笼灯，这种中式味道，东南亚风格的大灯，把整个大堂吧照亮。地面凹凸的大理石台面犹如在滇池上的荷花，上面坐落了各个东南亚风格的休闲沙发。这个区域可以让人放松等待，是洽谈休闲的好空间。

大堂整体空间一气呵成，东南亚风格、中式风格、京式味道、云南印象在这里交集融合，更多细节的交织，让这个极具云南民族特色的国际化五星级酒店大放异彩。

昆明洲际酒店为昆明市滇池国家旅游度假区的一颗璀璨明珠，由云南省城市建设投资集团有限公司投资，按洲际酒店的顶级标准并且融合云南本土特色与奢华低调待客之道文化，倾力打造成集优雅与品位为一体的超级豪华五星级酒店。以"印象滇池、隽美蝴蝶"为主题对空间进行设计，力求在服务、功能使用、空间体验等方面让顾客得到全方位感受。在大堂分割出不同的围合功能空间，各空间既独立形成围合的功能空间，又与其他空间紧密相连，相互对景，形成高低错落、层次丰富的大堂空间，以安静温馨的现代度假风格进行设计表现，力求给客人创造一个休闲舒适、有文化感的休息空间。

二、冠泰人——匠心创造梦想

为了实现酒店极具云南民族风以及高档奢华的特色，冠泰人整合优质资源，调集精兵强将，组建针对性强的专业工程项目管理团队，尤其对于图纸深化设计以及工艺细节效果等方面进行深入反复研究，进一步提升工程投资效率。

昆明作为旅游城市，其特殊的人文环境和古建筑特色对酒店设计提出了特殊的要求，即如何在保持当地特色的同时，又满足现代酒店的功能和审美需求。冠泰设计师认真会意设计理念，很好地解决了这个难点：仔细核算饰面材料重量、充分考虑构筑空间跨度、斜屋面基层强度、刚度和稳定性等技术要求，巧妙地利用全屋面二次钢结构转换层作为构造安全的基础，采用满堂钢管脚手架搭设施工平台，降低了施工难度和施工安全风险。

冠泰人提供了易操作、更完美的施工深化设计方案。提出了游泳池区地面酸洗石材防滑处理、游泳池池体360度防排水结合的防渗漏处理措施、游泳池区墙面采用"拼花马赛克"提升壁绘立体感等解决方案，为酒店的美感、安全再提升一个档次。冠泰人始终践行"以客户为中心"的核心价值观，以认真负责的工作态度和事无巨细的工作方法，获得业主方以及参建方的一致好评。

在施工过程中，也遇到了不少难题。特别是在绿色环保工程建设方面，项目管理团队面临了巨大的挑战。冠泰人积极寻求解决方案，攻克了一个又一个难题，创造了一项又一项技术创新。

为了加快工程施工进度，提升观感，降低工程成本，向参建方提出了对大堂的全部"象牙装饰柱"进行优化改造的建议，利用冠泰独有的技术，使"象牙装饰柱"更加大气、完美地呈现出来。

经计算，根据原设计图纸制作成的实木象牙装饰柱每根重达576千克，在成形方面难以保证每根柱子的统一性，生态资源浪费很大，且纯实木造价极其昂贵，在防腐防虫处理、吊装施工安全和使用耐久性等方面都存在很大的隐患。冠泰人提出的采用新型材料创新制作的"象牙装饰柱"每根重达246千克，比原设计减轻了330千克，而且比纯实木结构更安全可靠，明显提高了使用的安全系数。新象牙装饰柱更节约自然资源，有效地保护了生态环境，在还原常规实木木纹装饰图案效果的基础上，更加有效地统一了象牙装饰柱的制作形状及大小。创新象牙装饰柱的饰面材料采用树脂材料制作，更能有效地解决骨架材料的防锈问题，同时充分利用树脂材料本身的特点，解决了木质材料的防腐和防蛀等处理问题，减少了污染，提高了环保指数。

采用创新技术制作的象牙形装饰物件的加工周期更短，减少了人力和物力的消耗，提高了生产效益，有力地保障了施工工期；创新加工制作可操作性强，施工工艺方法简单，制作统一性好，装饰效果明显。通过对比，相较于原设计方案，此象牙装饰柱分项工程为建设方节省了近80%的成本。

在工程实施过程中，冠泰人充分考虑节能、节地、节材。

1. 节能

昆明洲际酒店硬装设计以高密度中纤板贴木皮饰面板、天然木质材料、墙布、软包、地毯、石材、石膏板、加厚矿棉板为主。建议建设方采用暖光光源为主导，绝大部分采用节能光源，如筒灯、灯槽光源、T5低功率灯管等。暖色调的环境，充足的采光，加上低功能的暖色光源，具有保温的作用，在不同的季节使用空调，较大限度地保证冷、暖的稳定性。相比采用过大冷色调和硬质过多的材料装饰，经计算，在耗费能量中可以节约20%～30%的用电量。

2. 节地

对于工程项目空间的运用，在原主体建筑的基础上，充分根据现场实际的空间，运用科学的优化分区和强化功能的手法，从功能的规划、经济成本、消防安全和使用价值等方面进行综合考虑，合理地运用了多方面的空间设计，巧妙地利用空间，合理划分出功能区域，配合巧妙的软装饰，使整体空间充分用活，加以合理运用，确保酒店美轮美奂、大气磅礴、富丽堂皇的效果。

3. 节材

昆明洲际酒店在整体设计上有许多重复用材的空间造型，会对材料的使用造成比较大的浪费。在施工中，采用场外成品加工和现场组装施工技术，充分结合成品材料的尺寸规格，在分块、拼接组合成形装饰中综合利用大小配率、几何图形搭配工艺，巧妙地使用各种材料，力求做到物尽所用。如公共区、走廊过道地面石材，隔墙的玻璃隔断，墙面的成品木饰面装饰等，在工程板材选材上，充分了解各类品种的成活规格后再做工艺方案；墙体工艺木饰面板采取了厂家生产喷漆，现场组装的方式，有效避免了现场喷漆，大大降低了室内装修苯污染。同时根据使用部位以及天然木纹的特点，进行精细巧妙设计，使成品块得以充分利用。基础材料的运用更充分地考虑到利用余料和碎料。装饰材料的运用从主到辅，以大配小，合理裁切，根据工艺的实际用料进行科学排序，最大限度有效利用。

一件成功的装饰精品，离不开一个高度专业、经验丰富、认真负责的团队，离不开业主方以及各参建单位对工程项目的用心与高度责任感。冠泰人始终坚守"践行责任·创造价值"的企业使命，践行"以客户为中心，服务共赢"的企业核心价值观，大国匠心、精心施工、合理安排，在业主方以及各参建单位的共同努力下，把昆明洲际酒店打造得至臻完美。昆明洲际酒店为云南文旅产业及酒店装饰树立起标杆，为魅力春城、印象滇池增添了一抹亮丽色彩。

项目基本信息

工程名称：云南海埂会议中心项目商务酒店后续分部工程三标段

工程地址：昆明市滇池国家旅游度假区内

业主单位名称：云南省城市建设投资集团有限公司

施工单位名称：深圳市冠泰装饰集团有限公司

竣工时间：2013年6月27日

天元出品，必属精品

——青岛邮轮母港客运中心

一、工程概况

青岛邮轮母港客运中心项目位于山东省青岛市青岛港6号码头，是国家一级港口客运站，世界级邮轮母港。一期（联检大厅）工程包括联检大厅和登船廊桥，投资6.2亿元，建筑面积59919.59平方米。其中联检大厅地上三层，建筑高度27米，东西长324米，南北宽111米，主要由出入境大厅、联检大厅、一关三检、办公区和对公众开放的配套商业及展览等空间构成，二层和三层局部设置公共室外露台；登船廊桥全长882米，沿码头面展开，实现与不同泊位无缝连接。整个建筑外造型采用单元化钢结构拼接而成，设计取意"风帆"，以寓青岛"帆船之都"的美名。该工程的建成推动了青岛港转型升级和战略发展，是青岛市的新名片。

二、规划设计

1. 联检大厅和登船廊桥

该项目幕墙设计分为联检大厅和登船廊桥两部分。

（1）联检大厅部分

主体建筑外围的南、北立面大型钢结构支架中有错列布置的铝合金格栅；南北立面采用框支式玻璃幕墙、铝板幕墙，横向主分格模数为1500毫米；东西立面折线幕墙采用单元体玻璃幕墙。主体建筑屋面为超限异形钢结构屋面，南半部分屋面为镂空钢构架与金属屋面板，北半部分及东、西两侧部分屋面为金属屋面单元与天窗采光顶单元相间排列的拼接屋面。

（2）登船廊桥部分

登船廊桥部分为弧形架空长廊，南、北立面采用隐框玻璃幕墙。为保证上落客的私密性，在廊桥南立面采用了特定元素符号的彩釉玻璃，横向主分格模数为1125毫米，上部檐口为铝板幕墙，横向主分格模数为2250毫米，下部檐口有铝板封修，横、竖受力龙骨均采用型钢龙骨，玻璃均为8毫米+12A+8毫米中空钢化Low-E玻璃，铝板厚均为3毫米。

2. 室内设计

整个铝板系统平面微波荡漾，呈波浪形，与外面随风起伏的海浪遥相呼应，仿佛这座邮轮母港也随风飘浮，摇曳生姿。

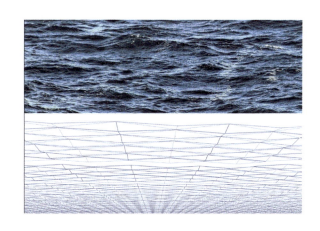

该折线穿孔铝板系统中，板块拼接缝隙有多种尺寸规格，在东西方向板块拼接缝隙尺寸有4毫米、20毫米两种，南北方向板块拼接缝隙尺寸有4毫米、20毫米、80毫米、200毫米四种，这样常规的吊顶节点构造难以适应如此多而大的缝隙变化，且本工程的室内、室外铝板工程量较大，常规安装工序烦琐、调节不灵活、焊接作业较多、工人劳动强度大、造价成本高。

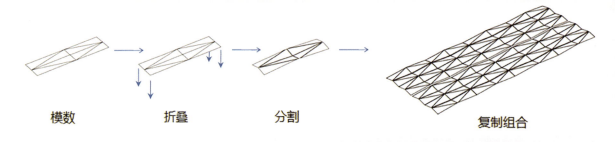

模数　　　折叠　　　分割　　　复制组合

三、设计优化

1. 铝板系统创新设计

在尚无参考工程的情形下，公司设计团队研发了三种底部铝板的挂接系统，该挂接系统结构简单，适应性强。

（1）铝板的挂接系统创新设计

通过选择适当长度的铝板转接件来适应不同的建筑吊顶面板高度；通过面板J形加强边肋可以实现整体大板块吊顶，底部的任意角度满足各种异形折面铝板要求，并且铝板面板光滑无露钉；通过连接转换装置可实现三维灵活调节，满足各种大小接缝要求，方便安装施工；由于现场安装作业时无须焊接，有效地避免了焊接给作业现场带来的火灾隐患，安装过程环保、安全。本设计方案很好地解决了该铝板挂接的技术难题。

（2）角度可变的铝板安装转换机构创新设计

设计出一种角度可变的铝板转换机构。圆形龙骨通过吊管固定于建筑结构主体的埋件板上，竖向调节件上端通过圆形扣件扣接于吊顶圆形龙骨上，下端通过连接转换装置与吊顶面板连接。连接转换装置能够适应任意可变角度的铝板面板。该铝板的转换机构具有构造简单、角度可变、安装便捷，可实现三个维度方向的任意调节，适应性强等特点。

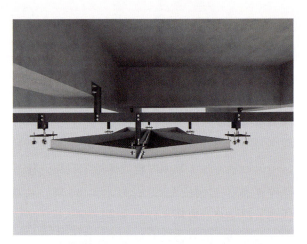

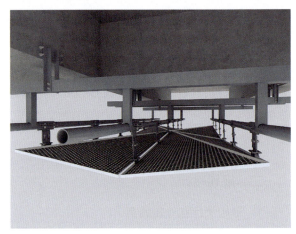

（3）开敞式折面铝板的挂接创新设计

传统挂接结构三维调节不灵活，达不到拼缝大小和折面角度多变的安装要求等，本方案创新一种开敞式折面铝板的挂接结构。转接组件一端通过吊管固定在吊顶龙骨上，另一端通过T形挂件与面板加强边肋相连接。转接组件能够适应水平向任意大小的拼缝，面板加强边肋能够适应任意可变折角的折面吊顶面板。

2. 幕墙龙骨创新设计

（1）双龙骨幕墙设计

本工程三层大面玻璃幕墙系统（除东西立面外）主要采用框支式显竖隐横幕墙系统形式，但是在结构形式和龙骨选择上别出新意。由于此幕墙位置无任何建筑主体结构，竖向龙骨必须从三层楼地面直接连接到屋顶钢结构上，并且屋顶钢结构自身存在较大变形，单支跨度也达到了10米，导致竖向龙骨无法单独采用铝合金型材，设计最终选用了钢、铝双龙骨。

（2）隐形耳板铰接设计

三层大面玻璃幕墙系统的另一难点在于屋顶钢结构存在自身变形，且在三维方向上均有变形。建筑设计院提供的屋架钢结构变形量如下。

南北方向变形量为±140毫米（绝对值280毫米）；

东西方向变形量为±10毫米（绝对值20毫米）；

垂直方向变形量为-90毫米（绝对值90毫米）。

然而，转换到幕墙系统上则需要承受出平面±140毫米、垂直向-90毫米的变形量（沿平面±10毫米的变形量可以吸收），这是常规幕墙难以吸收的，需要通过优化连接方式实现。为此，经过天元设计团队研究分析，并参考专家意见，最终采用竖向钢龙骨的下端与楼层地面采用铰接做法，研发了一种新型的隐形耳板铰接装置。

四、技术攻关

本工程为典型的异形复杂大空间装饰工程，大跨度变截面单元空间结构，制作、吊装、拼接难度大；工程造型奇特，装饰施工精度要求高；异形玻璃幕墙结构复杂，施工难度大；开放式穿孔铝板吊顶施工工艺复杂。

通过八个方面、十二项的新技术研发及应用，成功助力了这个可停靠世界最大、吃水最深邮轮的母港的高标准建设。

青岛邮轮母港客创新获奖一览表

序号	技术创新	获奖	类别
1	新型吊顶的挂接系统创新	国家实用新型专利、国家发明专利、山东省省级工法、国家级QC、科技创新成果、技术论文	吊顶创新
2	角度可变的吊顶转换机构创新	国家发明专利、科技创新成果	吊顶创新
3	开敞式折面吊顶挂接系统创新	国家实用新型专利、科技创新成果	吊顶创新
4	双龙骨幕墙研发	科技创新成果、山东省省级工法、山东省省级QC	幕墙龙骨
5	隐形耳板铰接装置研发	国家实用新型专利、科技创新成果、技术论文	幕墙龙骨
6	双跨幕墙转接结构创新	国家实用新型专利	幕墙龙骨
7	新型单元式幕墙连接创新	国家实用新型专利	单元体幕墙
8	超大单块幕墙铝板安装系统创新	国家实用新型专利	金属幕墙
9	折线形玻璃幕墙施工创新	科技创新成果、山东省省级工法	玻璃幕墙
10	建筑格栅安装系统创新	国家实用新型专利、山东省省级工法、技术论文	建筑格栅
11	建筑檐口用滴水装置研发	国家实用新型专利	檐口滴水
12	BIM技术在工程中的应用	中建协BIM一等奖、龙图杯BIM一等奖	BIM应用

五、工程特色及亮点

工程设计理念先进,"风帆"造型现代简约,寓意"帆都"青岛年轻活泼、奋发向上。钢结构屋架、室外折线幕墙、室内折线吊顶、屋面石材布置等造型独特,相互映衬。色彩温馨自然,功能齐全,空间利用合理。

8000平方米的开放式穿孔铝板吊顶呈平面、折面两种,缝隙为20毫米、80毫米、200毫米不等。平面铝板吊顶表面平整、缝隙均匀、宽窄一致;折面铝板吊顶呈波浪形,似蓝色海洋微波荡漾随风起伏。

玻璃采光顶宽敞明亮,节能环保,为通关人员提供舒适、温馨的环境。大厅采光顶上的4500平方米木纹条形铝板,呈大面积三角形布局,排列整齐划一,寓意扬帆起航,与整个建筑外形遥相呼应。

由于工程的造型独特,工期紧、工种多、工序穿插复杂,施工难度大,各专业从材料配置、构件加工到穿插施工及安装调试等均应用了BIM技术,使该工程得以快速、高效、优质地完成并取得良好效益。

六、综合效果情况

2015年,青岛邮轮母港客运中心建成,投入运营,正式开港;2015年,共计运营了35个母港航次,接待出入境邮轮旅客3.2万人次;2016年,共计运营90个母港航次,接待出入境邮轮旅客8.95万人次。皇家加勒比、歌诗达、地中海等世界知名邮轮公司来青岛运营多个航次,进一步推动了岛城邮轮旅游品质升级。

该工程先后获建筑幕墙设计奖、山东省建设工程"泰山杯"奖、建筑装饰行业科技奖、中国建筑工程装饰奖、中国建设工程鲁班奖等一系列荣誉奖项。同时,荣登了幕墙行业权威期刊《幕墙设计》2015年6月精品工程封面报道。该工程的建成推动了青岛港转型升级和战略发展,已成为青岛市新的旅游景点,深受国内外游客的高度赞誉,使用单位非常满意。

项目基本信息

工程名称: 青岛邮轮母港客运中心项目
工程地址: 山东省青岛市青岛港6号码头
建设单位: 青岛港(集团)有限公司
施工总承包单位: 天元建设集团有限公司
幕墙和精装施工单位: 山东天元装饰工程有限公司
竣工验收时间: 2015年7月31日

远大力量建造中国第一

——上海中心大厦

上海,中国第一大都市。中华人民共和国成立75年来,上海这座英雄的城市创造了许多让共和国骄傲的第一:国产的第一艘万吨级远洋货轮"东风号"下水;中国第一家证券交易所——上海证券交易所的成立;第一个金融贸易区、第一个出口加工区、第一个保税区……这些成就不仅体现了上海在中国现代化进程中的重要作用,也展示了上海在科技创新、工业制造、金融服务等多个领域的领先地位。

在上海这座有过无数第一的城市中建造一座地标性建筑,是沈阳远大铝业工程有限公司的理想和目标。2011年1月,经过远大人的不懈奋斗,用拼搏与智慧展现远大力量,使沈阳远大在众多投标企业中脱颖而出,成功中标中国第一高楼——上海中心大厦的幕墙施工项目。

上海中心大厦,作为上海市的新地标建筑,不仅是一座建筑奇迹,更是中国经济发展的象征。它的高度为632米,共有128层,外幕墙面积13.5万平方米,是目前中国第一高楼、世界第二高楼,是一项令人瞩目的现代建筑奇迹。上海中心大厦以其独特的双曲线形状而闻名,这种设计灵感来自中国传统文化,在建筑中融入人文元素,具有浓郁的中国特色。这种形状不仅使大楼在外观上与众不同,而且为大厦提供了更好的结构稳定性和抗风能力。整个大楼采用120度旋转向上收分的设计,这样就成功地为大厦降低了24%的风载,使得整个大楼能够抵御15级台风。另外,在选材方面,沈阳远大根据设计要求选用自曝率几乎为零的超白玻璃,并且在玻璃内部添加了具有耐久性和抗腐蚀性的胶片,这样即使玻璃破碎也会附着在胶片上面而不会碎落,提高了安全系数。

上海中心大厦是超高型建筑且造型复杂,其幕墙施工有以下特点:①高,超高层建筑施工风险性高,对幕墙设计、结构安全性要求高;②扭,外层支撑钢结构体系扭曲上升,施工变形控制难度大,幕墙吸收变位性能要求高,幕墙的可靠性、防水性要求性能高;③偏,外层钢结构之间布置成偏心位置,最大位移近5米;④柔,整体结构细长,外层钢结构与核心筒采用柔性连接,变形控制难度大;⑤空,外层钢结构位于功能区的外侧,施工时无法完全依靠楼层进行施工。但是,作为中国幕墙技术的先驱者,沈阳远大迎难而上,发扬自强不息、艰苦奋斗的战斗精神,他们用自己的奋斗向世人诠释了他们的专注与努力。在上海中心大厦建设中,沈阳远大的设计师们将上海中心大厦的幕墙系统分为外层幕墙(A幕墙)、幕墙支撑系统(CWSS)和内幕墙(B幕墙),这种多系统形式共同构成了上海中心大厦的建筑维护幕墙系统。外幕墙采用直立阶梯式幕墙系统,大面玻璃板块为矩形并与塔楼外形精确匹配。幕墙支撑系统为轮辐式柔性钢结构体系,用于支撑外幕墙。内幕墙为垂直圆筒状,平面采用折线拟合弧线，与每个区不同半径的圆筒形相匹配。外幕墙覆盖了整个中庭区域和设备层，还包括观光层及塔冠部分。外幕墙在垂直方向上被分为9个区，双层幕墙的设计创造出不同的中庭空间，除1区和9区外，2~8区为标准区，每个区从休闲层开始，它们各自独立运行。除了采用节能的双层幕墙外，项目中还采取了如风力发电等一系列可持续性措施，以确保上海中心大厦项目获得LEED金奖和绿色建筑三星级认证。外层幕墙支撑系统（CWSS）主要包括：水平周边曲梁、水平径向撑杆、水平交叉撑杆、竖向钢吊杆以及配套连接体系。内层幕墙的几何形状相对简单，为垂直的圆筒形，玻璃板块为常规的矩形，并与每个区不同半径的圆筒匹配。

沈阳远大项目团队在建设上海中心大厦施工过程中，精诚团结、不负众望，以大国工匠精神的闯劲儿、干劲儿、韧劲儿，让世人看到了远大人的意志、信念、勇气和创造，展现出中国幕墙领军企业的实力和社会担当。远大人创造出了举世瞩目的"远大奇迹""远大力量"和"远大精神"。不管工程建设有多么艰辛，远大人从没有失去信心，一张张无言坚守的面孔，一个个挺身而出的身影，汇聚成远大最具显示度和标识性的恢宏画面。施工现场的井井有条和高效协作展现了沈阳远大专业团队的一流水平。在充满噪声和灰尘的工地上，施工队伍的高效率和良好的沟通能力令人佩服。他们充满活力，精力充沛，努力和奉献成为上海中心大厦直冲云霄的动力源泉。只要来到施工现场，都能感受到远大施工人员的专注和敬业精神。同时，沈阳远大施工现场的安全意识非常高，无论是在高空作业还是在地下施工，工作人员以强烈的责任心和高度的警惕性，保证施工的安全。沈阳远大施工现场的协作能力令人惊叹，无论是大型机械设备还是小巧的工具，每个操作者都能高效地协同使用，真是默契十足，而且各个环节都有明确的时间节点，让人对成功完工充满信心。在沈阳远大的施工现场，现代化设备和技术手段让人眼前一亮，工人们运用创新科技推动施工进程，每个人积极主动地完成任务，无论困难与否，他们都能一同克服，充满斗志，展现出他们的拼搏进取精神、勇攀高峰精神。

上海中心大厦不仅是一座建筑奇迹，也是一座科技创新的象征。它采用了许多先进的技术，如高速电梯、智能化系统和绿色建筑设计。大厦的外墙覆盖着高效隔热材料，以减少能源消耗。此外，它还配备了太阳能发电系统和雨水收集系统，以实现可持续发展。夜晚的上海中心大厦外景更是美不胜收，犹如一根巨大的银色柱子，直冲云霄。沈阳远大建造的玻璃幕墙和金属铝板，在灯光的映照下，犹如一面巨大的镜子，映照出城市的霓虹和繁星。从观景台上俯瞰整个上海的夜景，人们会被这座城市的繁华和美丽所震撼。黄浦江畔，灯光璀璨，游船如织，远处的摩天大楼与上海中心大厦交相辉映，形成了一幅美丽的城市画卷。上海中心大厦不仅代表着中国现代化建设的成就，而且展示了中国幕墙建设在世界舞台上的地位和实力。它的建设象征着中国对未来的信心和决心，它的建设在全球范围彰显出沈阳远大作为中国幕墙技术先锋的辉煌实力。

项目基本信息

工程名称： 上海中心大厦
工程地址： 上海市浦东区陆家嘴
业主单位： 上海中心大厦建设发展有限公司
总包单位： 上海建工（集团）总公司
幕墙施工单位： 沈阳远大铝业工程有限公司
竣工时间： 2016年3月

远大铝业，
建"神州巨笔"书写深圳速度

——深圳平安金融中心

深圳，一个充满活力和创意的城市，中国改革开放的前沿，它的快速发展和不断创新，令世人瞩目。一时间，"深圳速度"成为中国前进发展的标志。从20世纪80年代初的改革开放到如今中华民族的伟大复兴之路，深圳以其惊人的发展速度，从一个边陲小镇成长为具有全球影响力的现代化大都市，这一过程充满了无数令人瞩目的成就和奇迹。深圳，这个中国南方的璀璨明珠，它不仅代表着中国在经济、科技、工业等领域的快速发展，也彰显出中华儿女不断向前、永不停歇的精神。

精神是一种独特的力量，它是人们拼搏奋斗的动力源泉；精神是一座明亮的灯塔，它照亮人们前进的道路。"沈阳远大铝业人"以赶超深圳速度、建造城市地标、实现产业报国的"远大精神"，成功立足深圳市场。2012年11月，沈阳远大铝业工程有限公司以4.58亿元的合同额成功中标深圳第一高楼——深圳平安金融中心幕墙工程。

深圳平安金融中心是深圳最高的建筑，高度为600米，也是中国第二高、世界第四高的建筑。这座摩天大楼犹如一支线条流畅、高耸入云的"神州巨笔"，描绘着深圳在经济、科技、城市规划等多个领域蓬勃发展的"深圳速度"。深圳平安金融中心坐落在深圳市福田区的商业中心区，它壮观、雄伟，富有象征意义，象征着从地面中心点向上无限攀升。这种设计理念与平安集团的核心理念"未来创造无限可能"非常契合，表达出平安集团对于未来的愿景和追求。深圳平安金融中心是集超甲级写字楼、五星级酒店、时尚购物、文化娱乐及旅游观光为一体的综合性超高层建筑，项目总用地面积18931平方米。建筑层数总共123层，地上118层，地下5层。主要由单元式玻璃幕墙、单元式不锈钢板幕墙、单元式石材幕墙、半单元式玻璃幕墙、半单元式不锈钢板幕墙、钢构雨篷等系统组成，幕墙面积174316平方米，共

15876个板块，共12个幕墙系统，几何形状复杂，1~35层为倾斜面，主立面向下倾斜，倾斜角度为2度42分，35~97层为垂直面，97~118层为倾斜面，主立面向上倾斜，倾斜角度为23度16分；118层为观光层，597米以上为塔尖部分；施工难度大，性能指标要求极高。

为了减少眩光污染，玻璃和金属相结合的设计理念逐渐得到应用，在这种情况下，不锈钢走进了设计师们的视野。不锈钢表面光滑平整，经久耐用，外观不但清爽美观，而且十分优雅大气。沈阳远大铝业的设计师们积极运用玻璃和金属相结合的设计理念将深圳平安金融中心打造成世界上最大的不锈钢幕墙建筑。沈阳远大铝业的设计师对深圳平安金融中心应用新材料——2毫米"布纹25"不锈钢板。使用面积约83650平方米，位于大面三角形板块（T1系统）、标准巨型柱覆面（T8系统，131.8~570.9米）。然而不锈钢面材收边、折角多，由于布纹不锈钢的特点——必须先压纹、表面处理再折边，这对设计、加工、表面保护要求非常高。远大铝业人针对这一特点，在进行不锈钢幕墙设计时，折边处先刨槽，保证容易折边且不影响表面效果。但由于刨槽会影响面材强度，他们根据不同风压、重力指标在不锈钢板上布置铝合金肋，保证面材强度。远大铝业人对平安金融中心秉承绿色幕墙的设计理念，对玻璃可能会产生的光污染进行有效降低：将幕墙采取平面或凸面设计，不形成凹弧面，不形成聚集点，用低反射的新型材料与柔和中性的色彩，并充分考虑反射角度，以减少对周边住户与办公楼以及道路的光污染。深圳平安金融中心荣获美国LEED铂金级认证和中国绿色建筑三星级认证。远大铝业将矗立于深圳的这支"神州巨笔"印上环保理念，深情地书写"深圳速度"。

沈阳远大铝业人对深圳平安金融中心的塔冠位置，采取单元幕墙和构件式幕墙相转换的施工方案，采用倒三角形对两种幕墙形式进行转换，设计和施工难度相当高。远大铝业人相信"办法总比困难多"，以远大精神和"深圳速度"为奋斗动力，在此部位设计时充分考虑板块可以内抽和安装的方便性，对幕墙的交接安装是在115层单元幕墙位置搭设脚手架，安装116层构件式玻璃幕墙，预留吊顶三角形玻璃不安装，在三角形空隙处铺设波纹钢板封堵，防止高空坠物。然后在116层室内设置单臂吊机，吊索从吊顶三角形玻璃处垂下，安装115层单元板块。最后吊顶玻璃板块从室内安装。吊机穿过三角形洞口将板块从室内吊起，然后将板块向上方提起，与转接件挂接，施工人员需站在室内门形吊机上进行操作。远大铝业人的这一系列操作，完美地将塔冠部位精准施工完成。

针对深圳平安金融中心幕墙施工，远大铝业人采用AUTODESK REVIT、Navisworks、Rhino及Grasshopper、CATIA等软件，创建BIM模型，并运用BIM模型服务于本工程。应用建筑信息模型，可

以支持项目各种信息的连续应用及实时应用，这些信息质量高、可靠性强、集成程度高而且完整协调，大大提高了设计乃至整个工程的质量和效率，显著降低了成本。深圳平安金融中心作为深圳地标性超高层建筑，远大人在整个项目策划、设计和施工到交付运营全过程应用BIM系统，采用始终一致的数据平台，大大增强设计和施工之间的协调成效，降低实施过程中的错、漏、碰等风险，对整个工程的优化建设起到极大的推进作用，对中国幕墙建筑行业起到很大的引领作用。

2018年9月16日，台风"山竹"登陆深圳，持续时间5个小时，最大风力达到15~17级，面对如此灾难性的天气，台风过后，深圳平安金融中心开始实施整体排查。经排查，幕墙系统无任何损伤，此次深圳平安金融中心经得住超强台风，是远大铝业继厦门国际中心之后又一座经受超强台风后毫发无损的超高层建筑，再一次印证远大铝业是中国幕墙企业的标杆，在建筑幕墙超高层领域的技术实力和水平稳居一流。

"沈阳远大铝业"是中国改革开放的见证者、践行者和受益者，在改革开放的前沿——深圳，建造深圳城市地标。深圳平安金融中心，它的伟岸与壮阔代表着勇气、拼搏、追求，不仅是沈阳远大铝业创新与拼搏的奋斗华章，也是深圳金融发展和城市建设的里程碑。夜幕降临，登顶深圳平安金融中心观景台俯瞰万家灯火，恰似点点繁星照亮了全城，彩光掠影，一派绚丽多彩！当深圳平安金融中心竣工建成的那一刻，便把深圳与远大紧密地联系在一起，这支"神州巨笔"弘扬了"远大精神"、书写了"深圳速度"。

项目基本信息

工程名称：深圳平安金融中心

工程地址：深圳市中心区1号地块

建设单位：中国平安人寿保险股份有限公司

总包单位：中国建筑一局（集团）有限公司

幕墙施工单位：沈阳远大铝业工程有限公司

竣工时间：2017年3月

产业丰碑的铸就之路

——南宁国际会展中心施工纪实

南宁国际会展中心作为中国-东盟博览会永久会址，坐落于南宁市青秀区的马鞍岭半山腰上，总建筑面积78万平方米，由中德两方的设计院共同进行设计，项目包括会展中心一期工程、二期工程、改扩建及周边市政交通完善工程、改扩建配套设施共四期工程，建设周期跨越17年（2002～2018年），项目一经竣工便成为南宁市地标建筑。自2004年落成至今，已成功服务了20届东博会，是中国面向东盟的重要窗口。

中建八二作为唯一一家全过程参与的施工单位，用汗水浇筑起这朵"生命之花"，通过不断对会展中心进行完善升级，使其展览面积和配套设施日趋完善，功能更加齐全，形成了集展览、会议、商业、餐饮、休闲娱乐于一体的综合性服务建筑群。八二人一次次用实际行动向八桂大地人民兑现完美履约的建设承诺。

一、工程标志性与特色

走进项目，首先映入眼帘的是高达101米的巨型朱槿花建筑穹顶，彰显了这个南宁市地标工程鲜明的地域特色和象征意义，更是工程的"点睛之笔"。它由轻巧的钢桁架支撑，上覆半透明、含隔热层的双层薄膜，透过薄膜进入圆形穹顶大厅的柔和自然光营造出一种独特的空间气氛。

作为国际性展厅，南宁国际会展的幕墙玻璃采用了46毫米的高强度防弹玻璃，每平米重达115千克，能抵抗79式狙击步枪7.62毫米钢芯弹的射击，施工面积和防弹等级均为广西地区首例，也是国内屈指可数的工程案例，有效地保障了活动期间的安全。

酒店宴会厅天花造型与建筑屋面设计有机结合，形成绽放的朱槿花高挂于空中。项目结合宴会厅无柱、高层高、施工难的特点，通过三维建模和图纸深化对现场1400平方米的异形GRG造型吊顶进行拆分、编号，现场根据编号进行装配式拼装施工，每完成一个作业段并经自检合格后报监理工程师进行复检，复检合格后签发分部分项质量认可书。

二、施工难点与技术措施

1. 多技术助力"朱槿花"绽放

在2003年的南宁，各项施工技术匮乏，在项目团队眼中，一期工程首先不是一朵造型美丽的朱槿花，而是一座大型异形钢结构。为保证其30年以上的使用寿命，同时赋予它防尘、防腐和自洁功能，项目团队大胆创新，采用了当时世界上最先进的PFE白色膜材料作为表面覆盖材料，并推广应用了大跨度箱型钢柱玻璃幕墙施工技术、大跨度弧形钢铝复合防弹玻璃幕墙施工技术、超大超重带玻平开钢制子母门设计与施工技术、高空檐口作业车等20余项新技术、新材料、新设备，其中多项在南宁、广西乃至国内属于首创。

2. 设计变更多

为保证博览会顺利召开，广西的各级领导多次检查、指导工作并提出合理意见，且设计院第一时间配合整改。精装白图下发后经历了大小几十次设计变更，尤其是在第三次组织全国声学专家对开幕现场进行声学论证时，从电声及建声专业角度提出颠覆性方案。项目部启动应急预案，调用两支专业突击队和10台剪叉式高空作业车，仅用两天时间就完成了7600个直径100毫米的GRG吊顶圆孔开设。为增强吸音效果，在吊顶内部综合管线排布密集、照明不足、安全保障欠缺的艰苦条件下，通过在12米高的吊顶内满铺100毫米厚岩棉吸音板3600平方米，并采用A级防火布进行包裹密封的方式以防飞絮飘出。

3. 防弹玻璃选材、施工难

位于C地块主入口圆弧处的防弹玻璃幕墙施工面积和防弹等级均为广西首例，由于当时玻璃幕墙的防弹等级之高，国内没有施工先例，只能通过试验的方法确定样品及等级，防弹玻璃前后历时4个月的多次送样、选样，两次送往专业机构进行实弹射击试验，最终选定防弹等级及玻璃样品。

东盟博览会各国国家级领导人主入口使用了防弹玻璃电动平移门，单扇门重达1.5吨。由于设计采用常规驱动，承重横梁高度达到500毫米，安装电机后会严重遮挡视线。于是，项目部集思广益，大胆地提出采用"底部固定电机＋铁路导轨"的方式，凿开已铺装完成的石材地面，将铁路导轨埋置在地面下，使导轨完成面与地面平齐，高强度钢齿条与门扇底框固定，与固定电机轴承相连驱动门扇开关，第一次将铁路导轨运用到公共建筑门上，解决了常规做法需做500毫米高门槛的问题。

4. 酒店白玉兰大理石艺术浮雕施工难度大

四期五星级酒店一层大堂60平方米的石材背景墙由5060块60毫米×200毫米的大理石拼装而成，石材拼接缝多达10300余条，安装方向均不在一条线上，更加不在一个进出凹凸面上，凹凸不平的石材表面结晶处理难度极高。同时，每一块石材的四周均需打磨出2毫米的斜角，人工和机器打磨花费成本均太高，且石材太小，在打磨过程中容易破损，材料损耗率高，安装施工质量难以保证。为此，项目部经过多次策划，分别提出"化零为整""逆向思维""化繁为简"的理念，即通过将小块大理石粘贴到600毫米×1005毫米的花岗岩上，只干挂花岗岩板，通过面层小块大理石的厚度控制凹凸进出关系；推翻石材表面常规勾缝结晶的处理方式，采用开缝施工的方式进行处理；不同板块之间的施工插接缝隙过大，就采用拿掉接缝位置石材小块，进行二次现场粘贴的方式，以确保所有石材接缝效果最终达到100%设计还原的效果。

三、推进实施进程

为更好解决项目建设过程中材料供应不及时的问题，公司、项目部分别与供应商进行了紧密沟通，并增加了材料采购频次。同时，项目部还建立了材料库存预警机制，一旦库存量低于预警线，就会立即启动紧急采购程序，以保障材料正常供应。只要现场有需求，材料供应不过夜，24小时专人管理签收、协调指挥；现场11台塔吊、14台汽车吊，保证垂直、水平运输。

项目作为庆祝广西壮族自治区成立60周年的省级重点工程，各级领导都高度重视，但由于主业公司多种因素叠加，导致工程进度严重滞后，B、C地块装饰装修阶段，项目面临工期短、任务重等问题。为确保工程能够按期完工，项目部引入8家队伍，现场500工人不间断抢工。同时，项目部根据抢工计划，紧急地从其他项目调配了一批经验丰富的施工人员投入"战斗"，大大提升了现场工作效率。机电和装饰工程采取穿插施工，针对装饰装修阶段的特点，项目部对施工流程进行了优化，比如将部分施工工序合并进行，减少了工序间的等待时间。同时，加强对施工进度的实时监控,通过采取超常规抢工措施,加大人员、投入,延长作业时间,改进施工工艺,最终确保工期、质量、安全文明等各项工作平稳落地。

鲜艳的国旗下,洁白如玉、气势恢宏的"朱槿花"盎然绽放了整整20年,12片白色花瓣象征着广西12个世居民族,宛如巨龙展颈而立,到曲线优美的"凤尾"收官。建筑设计紧扣"汇展建筑"及"朱槿花"的主题,以理性主义的手法高度地融合了建筑技术与艺术表现,成功地营造了极具时代特色的城市标志性建筑。"她"的建成对树立广西的西南大通道地位、带动广西经济发展、充当"服务全国,服务东盟"的重要门户和桥梁,服务国家"一带一路"战略具有十分重要的意义。同时,也表达了南宁市对未来发展的自信,体现出南宁市面向世界的开放形象,预示广西的十二个民族团结一致,共创美好的未来。

项目基本信息

工程名称:南宁国际会展中心项目

工程地址:广西壮族自治区南宁市青秀区民族大道106号

业主单位名称:中建邕申城市建设投资有限公司

施工单位名称:中建八局第二建设有限公司

竣工时间:2018年8月1日

超级工程中国尊的幕墙创新技术

在北京CBD核心区矗立着一座巍峨壮观的摩天大楼——北京中信大厦,人们亲切地称之为"中国尊"。这座高528米的北京第一高楼,以独特的中国文化韵味与现代功能完美融合,成为北京CBD区域最耀眼的名片。

中国尊地上108层、地下7层,融甲级写字楼、会议、商业、观光及多种配套服务于一体,是世界首个在地震高烈度(8度)区域成功建造的500米以上超高层大楼,向世界宣告了中国建筑的科技含量与前瞻视野。

中国尊是由我国杰出建筑师吴晨主持设计的,一举打破了国内摩天大楼由国外设计师"垄断"的设计局面,成为国产超高层建筑的骄傲。建筑的设计灵感源自我国古代礼器——尊,寓意尊贵与显赫,彰显出顶天立地的气势与稳重大气的金融风范。其外形自下而上两端逐渐放大,中部略带收缩的双曲线轮廓,建筑塔冠的设计灵感来自"孔明灯",挑空18米的超大无柱空间可俯瞰北京城,外立面的纹理灵感源于中国传统器皿竹器,根根分明的线条透着灵动,独特的造型使"中国尊"在北京CBD摩天楼群中脱颖而出,展现出浓郁的东方神韵与庄重的文化底蕴。

而赋予中国尊华丽幕墙外衣的,正是北京江河幕墙系统工程有限公司。江河幕墙以卓越的技术和不懈的努力,完成了中国尊12万平方米的幕墙工程。每一面幕墙都承载着江河幕墙对品质与安全的极致追求。从首层的精致拉索幕墙到裙摆至6层的框架玻璃幕墙,再到7至104层的单元体玻璃幕墙,直至塔冠的璀璨拉索玻璃幕墙,每一细节都经过精心挑选与严格把控,确保了"中国尊"在视觉上的震撼与结构上的稳固。

在施工过程中,江河幕墙勇于探索,不断创新,自主研发了多项专利技术,成功克服了众多技术难题,不仅提升了施工效率,更确保了工程的安全与质量,为中国尊的顺利竣工提供了坚实的保障。这一系列成就,不仅为中国幕墙工程领域树立了新的标杆,更为全球超高层建筑的建设贡献了宝贵的经验与技术力量。

在中国尊这座摩天大楼上,我们不仅看到了现代建筑技术的卓越成就,更感受到了中华文化的深厚底蕴与现代设计的完美融合。它不仅是北京的新地标,更是中国建筑走向世界的一张亮丽名片,向全球展示着中国力量、中国智慧与中国文化的独特魅力。

一、彰显"竹器"之韵,大装饰条的创新突破

在中国尊的幕墙设计中,塔楼L7层至顶层外立面的大装饰条无疑是设计的一大亮点,也是技术挑战的重中之重,直接影响了"竹器"线条的呈现效果。如果用传统的设计方法,需要定制大量的铝板面板,每一块都因其独特的形状

和尺寸而难以批量加工，这不仅令加工难度陡增、施工效率低下，更为棘手的是，这种设计方式在玻璃更换时显得尤为复杂，整个装饰条需要拆卸，对超高层建筑而言，这无疑是一项艰巨的任务。

为了克服这些难题，江河幕墙匠心独运，采用了型材开模的创新设计。通过统一规格的型材面板，在工厂进行高效精确切割，精准适配每一安装位点，从而大大简化了设计与加工流程。

值得一提的是，装饰条的分离式设计，实现了功能与美学的双重飞跃。需要更换玻璃时，仅需拆除装饰条的角部型材，避免了整体拆卸的烦琐与风险，提高了施工安全性与效率。这一精妙考量不仅展现了江河幕墙团队对技术细节的极致追求，更彰显了对未来维护便利性的前瞻性思维。

这一创新设计非但没有削弱装饰条的美学价值，反而更加突显其棱角效果与平整度，将中国传统竹器皿的温婉与雅致的韵味，以现代建筑语言完美诠释，赋予了中国尊更加深刻的文化内涵与审美高度。大装饰条在光影交错间，为这座摩天大楼披上了一层流动的艺术外衣。

二、创意融合，小装饰条的巧妙构思

幕墙中的小装饰条同样扮演着重要角色。这些小装饰条不仅有固定的宽度和突出的玻璃面，还巧妙地集成了灯槽设计，为建筑立面增添了丰富的光影效果。然而，如何在保证装饰条美观的同时，又兼顾玻璃更换的便捷性与结构的可靠性，成为江河幕墙设计团队需要解决的另一大难题。

为此，设计团队采用了灯线分离可拆卸式装饰条的设计方案。灯具与缆线被巧妙地独立安装，并在转接件上预留出足够的空间。当需要更换玻璃时，只需断开灯具与缆线之间的插头并拆除装饰条的角部型材即可，无须对整个缆线系统进行拆卸。整个过程如行云流水，不仅简化了操作流程，还提高了施工效率。

同时，卡槽与凹槽的精妙结合设计，不仅提升了装饰条与单元体之间的连接强度，更如同锁链般守护着建筑的安全边界，让美观与坚固并存，展现了江河幕墙对细节的极致追求与对品质的坚定承诺。

三、塔冠500米以上组合大跨度幕墙系统的创新

在塔冠部分，设计团队面临着更大的技术挑战。由于塔冠高度超过500米且结构复杂多变，传统的幕墙系统难以满足其需求。为此，团队创新性地采用了组合大跨度幕墙系统设计方案。该系统通过单元装配式大装饰翼与$\Phi40$拉索、横向肋的巧妙结合，实现了刚柔并济的效果。横向肋的设计将整个拉索幕墙分解为多跨结构，有效地分配和传递了荷载，降低了柔性索的变形，并增加了玻璃面板的抗弯刚度。同时，铝合金肋与柔性索之间通过不锈钢连接件实现可靠连接，解决了大跨度肋自重挠度变形的问题。

此外，为了提高施工效率和质量，团队还采用了小模块化设计，将幕墙单元在工厂进行预制和组装。这不仅减少了现场安装工序，还提高了幕墙的整体性能，包括气密性、水密性、抗风压能力和平面变形能力等。同时，模块化设计还降低了现场安全事故的发生，为施工人员的安全提供了有力保障。

四、塔冠顶部可移动吊篮系统的灵活应用

在塔冠顶部，团队创新性地设计了一套可移动吊篮系统。该系统集轨道行走、悬挑吊轨、施工作业吊篮、前后径向手动或电动行走装置以及配套的安全保护系统于一体，具有垂直升降及前后移动功能。这一设计充分考虑了塔冠结构的复杂性和施工人员的操作需求，使施工人员在施工过程中能够灵活应对各种挑战。同时，吊篮的安全保护系统也为施工人员的安全提供了有力保障。

五、设备层和空中大堂创新性地采用单元体

建筑中间段标准幕墙中包含了8个设备层与3个空中大堂，原方案中采用特殊框架幕墙系统。面对传统框架幕墙系统在加工难度、施工效率以及后期维护等方面的问题，项目团队经过深入研究和精心策划，决定改用单元体幕墙系统。这一举措不仅在工程质量、幕墙气密性、水密性等性能上有大幅提升，还克服了传统设计的局限性，显著缩短了建设周期，更在多个方面实现了质的飞跃，为整个行业树立了新的标杆。

单元体幕墙的工厂化生产模式大幅缩短了加工与安装周期，设备层施工周期从60～70天缩短至15～20天，总计减少350天的施工交叉时间，加速了整体工程进度。同时，该设计降低了后期维护成本，提升了建筑长期价值。

此外，单元体幕墙施工方式避免了传统脚手架与吊篮的使用，保证了安全与美观，其优良的密封条设计减少了硅酮胶的用量，降低了污染风险并提升了幕墙的自洁能力，使中国尊的建筑外立面在投入使用后能够保持长久的清爽。

设备层与空中大堂的单元体转换策略是项目团队在技术创新与施工管理上的重要里程碑。这一成果不仅展示了中国尊在超高层建筑领域的领先地位和技术实力，更为全球建筑行业提供了宝贵的经验和启示。

六、BIM全过程应用与三维激光扫描技术的精准助力

在中国尊的幕墙设计与施工过程中，江河幕墙全过程运用了BIM技术和三维激光扫描技术。BIM技术为设计团队提供了精确的三维模型，使设计团队能够在项目初期就充分预见并解决潜在问题。同时，BIM技术的应用极大地促进了施工流程的精细化管理，通过模拟施工场景、优化资源配置，显著地提升了施工效率与质量，为中国尊的顺利建成奠定了坚实的基础。

而三维激光扫描技术则以其精准度，为中国尊的幕墙设计与施工提供了详尽而准确的三维数据支持。对建筑表面进行无死角、高精度的扫描，将每一个细微的起伏与变化都精准捕捉，为设计与施工团队提供了最真实、最可靠的参考依据。在三维数据的支撑下，幕墙的设计更加贴合实际，施工也更加精确无误，从而确保了工程质量的卓越与稳定。

如今，当我们伫立于北京之巅的脚下，仰望其巍峨的雄姿，无不感受到来自东方古国的文化自信与现代建筑的磅礴力量。这不仅仅是一座建筑的屹立，更是中华民族智慧与勇气的辉煌绽放。中国尊的每一根钢梁、每一块幕墙，都镌刻着建设者们辛勤耕耘的足迹，凝聚着他们无尽的智慧与汗水。他们以实际行动诠释了工匠精神的真谛，用匠心独运的技艺和坚韧不拔的意志，共同铸就了这座令人瞩目的建筑奇迹。

项目基本信息

工程名称： 北京市朝阳区CBD核心区Z15地块项目幕墙分包项目
工程地点： 北京市朝阳区CBD核心区
建设单位： 中信和业投资有限公司

幕墙面积： 约12万平方米
竣工时间： 2018年12月27日

中国尊：矗立于天际的商务与文化新地标

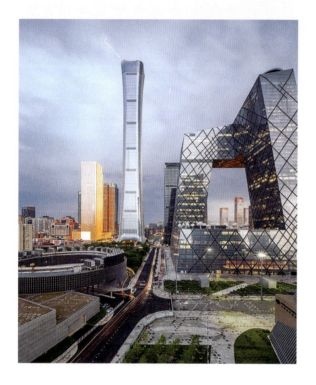

在中国这片古老而又充满活力的土地上，城市天际线不断被新的高度所刷新，其中，中国尊大厦以其独特的身姿和非凡的成就，成为北京乃至全国的重要地标。这不仅仅是一座建筑，更是中国经济发展、技术进步与文化自信的集中体现。

项目创造了8项世界之最、15项国内纪录。中国尊大厦作为北京市的最高塔楼，体现了城市形象，成为北京市的地标性建筑。

中国尊由北京市建筑设计研究院有限公司设计完成，外轮廓尺寸从底部的78米×78米向上渐收紧至54米×54米，再向上渐放大至顶部的59米×59米，因似古代酒器"樽"而得名。金螳螂负责项目精装工程，在BIM、VR技术应用方面发挥了重要作用。

一、建筑特点与设计理念

中国尊大厦以其独特的建筑形态和设计理念吸引了全球的目光。建筑整体采用中国古代礼器"尊"的造型，寓意着对传统文化的尊重与传承，同时又不失现代建筑的时尚与大气。高达528米的中国尊，不仅是北京的第一高楼，也是中国第三、世界第八高的建筑，其巍峨的身姿在蓝天白云下显得格外醒目。

中国尊大厦的建筑设计充分考虑了环保、节能与可持续性，还采用了多项智能化技术，如BIM（建筑信息模型）技术、智能安防系统等，使得这座建筑在运营管理上更加高效便捷。

二、文化内涵与社会影响

中国尊大厦不仅是一座商务办公大楼,更是一个集商业、文化、娱乐于一体的综合性建筑群。大厦内部设有多个高端写字楼、购物中心、会议中心以及文化展览空间,为入驻企业和市民提供了全方位的服务与体验。特别是其独特的文化展览空间,定期举办各类艺术展览和文化活动,成为北京乃至全国文化交流的重要平台。

中国尊大厦的建成不仅提升了北京的城市形象和国际影响力,更为中国商业地产的发展树立了新的标杆。它见证了中国经济的快速发展和城市化进程的加速推进,也展示了中国在科技创新、绿色建筑等方面的卓越成就。

三、BIM数字化平台应对施工挑战

金螳螂研发了具有自主知识产权的针对装饰行业的BIM数字化平台,通过BIM技术的应用实现了项目的数字化管理,大幅提升了施工效率,使工期更加可控。

BIM技术帮助设计方和业主身临其境地感受空间及效果,使设计到施工的全过程清晰化操作,从而提高项目的整体质量和客户满意度。金螳螂通过VR技术的应用,进一步增强了设计和施工过程的可视化程度,帮助项目团队更好地理解和执行设计方案。VR技术的应用还降低了施工过程中的沟通成本,提高了团队协作效率。

四、独特之处与未来展望

中国尊大厦的独特之处,在于它完美地融合了传统文化与现代科技,既体现了中华民族的深厚文化底蕴,又展现了当代中国的开放与自信。作为一座地标性建筑,中国尊不仅吸引了众多国内外知名企业入驻,更成为众多游客和市民打卡的热门地点。

展望未来,中国尊大厦将继续发挥其作为商务与文化新地标的重要作用,推动北京乃至全国的经济发展和文化繁荣。同时,随着科技的不断进步和人们需求的日益多样化,中国尊也将不断探索创新,提升服务质量和管理水平,为入驻企业和市民提供更加优质、便捷的服务与体验。

五、结语

金螳螂在中国尊大厦项目中的成功参与,不仅彰显了其在装饰行业的技术实力和管理水平,也为超高层建筑的施工提供了新的思路和方法,也为超高层建筑的施工提供了宝贵的经验和借鉴。

项目基本信息

工程名称:中信大厦

工程地址:北京朝阳区中国尊大厦

业主单位名称:北京中信和业投资有限公司

施工单位名称:苏州金螳螂建筑装饰股份有限公司

竣工时间:2020年12月

朝天扬帆，"横空"出世

——中建深装重庆来福士空中水晶连廊项目

朝天门位于重庆市嘉陵江与长江交汇处，左侧嘉陵江纳细流汇小川，碧绿的嘉陵江水与褐黄色的长江水激流撞击，漩涡滚滚，清浊分明，形成"夹马水"景观，其势如野马分鬃，十分壮观。右侧长江容嘉陵江水后，声势益发浩荡，穿三峡，通江汉，一泻千里，称为长江上的"黄金水段"。朝天门襟带两江，壁垒三面，气势雄壮。

重庆来福士项目便位于两江汇流的朝天门，由世界知名建筑大师摩西·萨夫迪设计，新加坡凯德集团投资，中建深圳装饰有限公司（以下简称：中建深装）负责幕墙施工。由8座塔楼和一个5层商业裙楼组成，是一个集住宅、办公楼、商场、服务公寓、酒店、餐饮会所为一体的封面级城市综合体。

重庆来福士空中水晶连廊横卧在四栋塔楼之上，其幕墙由上半弧晶莹剔透的玻璃和下半弧的铝板及百叶组成，是国内首座位于250米高空之上、长300米的高空幕墙建筑。上半弧板块数量5168块，单个板块约为3.6平方米、重量250公斤；下半弧幕墙弧长40米、宽13米。整个连廊幕墙面积约3.5万平方米，钢材用量达2000吨，铝板约15000平方米，玻璃约20000平方米，造型别致，技术难度极为复杂。如何完美建成这栋"横向"摩天大楼，在国际、国内都没有先例可循。

中建深装项目团队没有退缩，他们勇往直前、积极探索，用开创性的思维、创造性的方法，完成了这项世界级的超级工程。

经过深入探讨研究，中建深装项目团队确定了"单元体式组装"的整体吊装方案，运用多吊点同步提升、高空大行程多轨水平弧线滑移对接固定等技术，先在地面进行钢架和铝板单元拼装，拼装完成后再利用专业设备进行整体提升。将数百块板块集合为一个吊装单元，共16个单元，每个单元重量达50吨，面积约500平方米，超过一个标准篮球场的面积，采用10台75吨液压提升器以每分钟250毫米的速度同步提升，提升总高度超200米，且提升同步误差要控制在20毫米以内，创下世界海拔最高、体量最重、面积最大的幕墙"空中连廊"单元体记录。因提升处位于长江和嘉陵江两江交汇处，此处风压不稳定，吊装受风荷载影响极大，单元体在提升过程中易出现摆动碰撞等情况，因而也被称为世界上最危险的幕墙"空中连廊"单元体。

为了单元体顺利提升到位，中建深装采用预应力索道防风系统，通过水平外八字形可换钩式防风拉结，解决了该超大面积波纹渐变弧形幕墙单元板块整体提升过程中风荷载对其影响较大的问题，保证了超大迎风面积的幕墙单元板块提升的同步性和安全性，避免单元板块在提升过程中变形量过大。确保连廊在六级风作用下最大水平摆动距离不超过900毫米，但为确保万无一失，实际吊装施工按照不大于3级的风速进行提升。

每次同步提升精度要求极高，采用了激光测距和全站仪等监控设备实时测量，配合提升系统荷载误差监控，在计算机上统一控制协调指挥，确保提升精度满足施工要求。首次采用多吊点、多轨道同步提升和同心轨道滑移结合的模式，多段安装超长超宽弧形大重量幕墙单元，首创超高空跨专业集成超大板块液压同步提升及弧形轨道等角速度滑移技术，开启了幕墙单元装配式提升先河。

时间终于来到了开始吊装的那天，项目部所有人屏住呼吸，紧张地盯着缓慢提升的装配式幕墙单元。

2018年3月31日，首个幕墙单元成功提升到位。

首吊成功为后续的幕墙单元吊装积累了经验，但由于每次提升所处位置不同，导致每次提升方式都不一样。靠近塔楼边侧单元体要经历斜摆、垂直提升并滑移至塔楼内；中间的要斜摆、垂直提升并兼顾单侧平齐对接；最后一次提升不仅要斜摆、垂直提升，更要兼顾两侧高空毫米级平齐对接。这也就意味着，每次吊装都是一次全新挑战，项目团队把每次提升都当作第一次提升，严阵以待，不敢松懈。

为确保项目如期完工，幕墙单元吊装由此前一月一吊变为一月三到四吊。面对剧增的施工节奏，项目团队充分发挥了奋斗担当精神，坚持安全和质量底线，早起晚归，现场、宿舍两点一线。

时间来到2019年1月14日，"观景天桥幕墙工程03装配式幕墙系统合拢仪式"在项目现场举办。来自业界的近百位行业专家与业界精英，共同见证了重庆来福士空中水晶连廊的最后一块超大板块幕墙集成单元，完成"超高空吊装作业"的关键一吊。

上午11时34分，最后一块幕墙集成单元顺利吊装到位，实现重庆来福士空中水晶连廊完美合拢。

从首吊到完美合拢，289天的日夜坚守，中建深装项目团队克服雷雨、大风天气的"礼赞"，通过搭建巨型胎架、液压提升、斜提升摆正、垂直提升、高空对轨、高空滑移、单元提升误差分析、激光测距传感器信号布控、实时缆风系统、风速和实时全程影像监控系统等，共进行了16次提升，实现了超大超重集成化弧形铝板单元成功提升在250米高空准确就位，顺利实现超高空横向300米幕墙单元液压同步提升的首次验证。

中建深装重庆来福士空中水晶连廊项目的成功吊装，完美演绎了超大幕墙单元体超高空提升先河、幕墙钢结构和装饰面板整合单元同步提升、工地现场风力气象即时监控、跨专业集成化单元提升、超高空精准对接滑移轨道应用、实时索道拉结缆风系统应用等，创数十项世界幕墙业界超高空吊装作业奇迹，开启了中国幕墙工程超大幕墙单元体超高空吊装作业的先河，具有划时代的意义。

基于该项目的成功吊装，中建深装完成的"大跨度悬空、悬挑曲面幕墙安装技术研究"科技成果通过了湖北省土木建筑学会专家委员会组织的科技成果鉴定，作为国际首创成果，达到国际领先水平；"山地环境复杂形体超高层建筑建造关键技术及应用"成果荣获2023年重庆市科技进步奖一等奖；"超大集成装饰单元体整体吊装"获得首届中国建筑幕墙技术创新视频大赛一等奖。

长约300米的空中"水晶廊桥"，其晶莹剔透的玻璃构造把公共空间及城市花园带到重庆的上空。身处廊桥内，重庆江景、山景可尽收眼底。近年来，重庆都市旅游火遍全国，吸引大批游客慕名打卡。项目完工后，《人民日报》、新华社、央视等主流媒体竞相报道，盛赞这一"超级工程"。

重庆来福士项目吊装

重庆来福士侧面

如凤凰展翅，似如意祥云

—— 北京大兴国际机场全过程数字化装饰"新饰界"

北京大兴国际机场体现了世界级的建筑水平，是世界上最大的航空港之一，也是全球首座"双进双出"式航站楼，即同时拥有两个到达层和两个出发层。机场按2025年旅客吞吐量7200万人次、货邮吞吐量200万吨、飞机起降量62万架次的目标设计。上海建工装饰集团承担了机场一期建设主航站楼3万平方米的精装施工任务，位于航站楼四层、五层的西北侧，主要区域为值机大厅与商业浮岛，同时，装饰集团还承担了东航贵宾厅和联合指挥部的精装修工程。

2019年6月30日，历经530个日夜奋战的装饰集团，共同见证了北京大兴国际机场迎来竣工的历史性时刻，装饰集团以数字化建造助力北京大兴国际机场"凤凰展翅"，开拓了数字化建造的"新饰界"，亮出了中国"新国门"。

一、梦幻建筑，腾飞梦想

机场核心区由航站楼、换乘中心、综合服务楼、停车楼及轨道交通土建工程四部分组成。进入其中如同走进了一片钢铁森林。向上看，核心

北京大兴国际机场还未通航前，其金色穹顶的凤凰展翅造型便引得世界瞩目

区的整个屋顶由钢结构组成,呈不规则自由曲面和空间网架形状,共由63000多根钢管和12000多个钢球拼装而成,总面积达18万平方米,整体用钢量可再建一个国家体育场(鸟巢)。

站在现场,你会觉得机场空间非常广阔、视野通透、采光充足,丝毫没有压抑感。除了8根有力地托起整个屋顶的C型承重柱,几乎看不到过多的柱子,内部空间大到足以塞下一个国家游泳中心(水立方),这里也是进出机场的混流区。

机场上方的大吊顶由小曲率吊顶、C型柱、采光天窗三部分组成。装饰集团采用了国内领先的施工作业体系,从测量到方案、从方案到图纸、再从图纸到现场,最终以全数字化建造过程实现3万平方米吊顶的无脚手架施工。

一段段铝板从地面经过立柱延伸到幕墙边,延伸到屋架上,光线透过天窗,大吊顶就像一根根白色飘带散落开来,宛如祥云,极富美感

二、数字技术,科技之光

北京大兴机场项目是承载着国家荣誉、体现大国风范的重大工程,作为主要承建方之一,装饰集团充分应用数字化精装建造技术,以全过程数字化建造引领项目施工,敲响了中国建造装饰新国门,实现了数字化施工技术的一大飞跃。

1. 三维扫描技术

大兴机场的钢结构屋架空间大、屋架轮廓关系复杂,若采用常规的现场数据采集,需要消耗大量的人力、物力制作模板,而不论是制作模型还是手动测量数据,都无法达到较为精确的测量结果。

装饰集团将目光瞄准了激光扫描领域,这一技术曾广泛应用于巨型"异形"结构,恰恰能解决新机场的测量复核问题。项目工程师运用整体式三维激光扫描仪,对整个机场空间进行全方位扫描,形成带精确坐标系的电脑三维模型,将新模型与原传统模型进行对比,找出现场结构的偏差,再进行后期修正处理,以现代数字技术替代传统的现场复核,这为后续模型的深化调整提供了重要依据。

装饰集团应用数字化建造技术,通过三维扫描,建立与现场一致的模型,在模型上可随时实现屋架的测量。

2. 三维深化技术

航站楼大吊顶的铝板原先是一块整体,装饰集团设计院对建筑信息模型进行深化分析,规整合并大吊顶边上的尖角条,合理规划切割线,并将切割线精确投影到铝板表面模型进行板块模拟分割,有效地避免了因尖角条大小不一产生的加工及安装问题。各标段铝板表面模型深化模拟后,再统一合模,统一调整模型间的误差,从而保证优良的施工效果。

结合各类模型深化优化,综合考虑施工现场情况及最终装饰饰面"飘带"造型的要求,装饰集团创新性地采用了转换圆盘的吊顶连接模块。有别于常规钢结构转换层固定或有向转换节点的设计,转换圆盘具有更好的方向性,转换层模块可以任意转向并固定在转换圆盘上,以此满足新机场吊顶铝板"飘带"走向不一的要求。

通过三维深化技术,统一屋架模型与表面模型的坐标,碰撞问题、转换层问题、安装问题,都能够一一模拟出来,有效回避了一些日后施工可能触发的问题。

3. 数字化加工技术

工程师对机场屋架各节点钢球和铆合件进行编号,根据每块区域的基准线,利用全站仪测得基准线上各节点的三维坐标,利用工程专业软件制作构件、铝板的预制加工图,实现构件集中下单，大大节省了工程成本和时间。

4. 数字化安装技术

项目投入使用徕卡自动导向全站仪进行全过程测量、放线与安装施工，根据机场外轮廓按米字的形状布设测量基准点。整个施工过程中，测量坐标都是统一不变的。基准点都布置在地面易查找、易架设的部位，标高基准点一般布置在各大柱子上。数字化安装技术轻松实现了大吊顶铝板安装的精确定位。项目组通过数字化测量安装技术，全程全站仪测量复核，确保每个构件、每片铝板都被精确安装。

依托上述四项数字化技术应用，装饰集团实现了机场装饰吊顶系统从测量到定位、从生产到安装全过程的数字化建造，让机场大吊顶项目的实现有了可能。

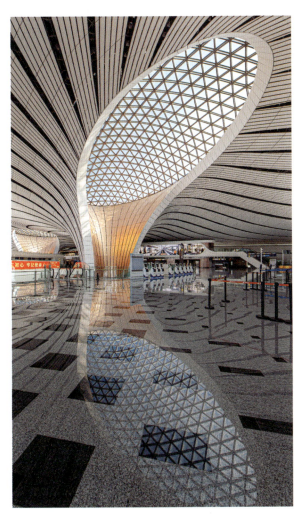

机场西北侧值机大厅

三、精益求精，巧夺天工

1. 小曲率吊顶铝板安装施工

①转换层圆盘安装。由抱箍与腹杆连接，抱箍件采用螺栓固定，抱箍与圆盘采用L型镀锌连接件及U型连接件进行连接。采用全站仪复核安装高度，确保圆盘安装位置准确。

②转换层框安装。在地面焊接转换层框，形成独立的单元，通过卷扬机吊装，将转换层框吊装至对应编号的位置，采用镀锌抱箍与圆盘连接，转换层框水平方向安装误差通过连接件的伸缩来调节。

③副龙骨安装。副龙骨采用特制尺寸方管，保证与转换层框顺利连接。

④饰面板单元安装。转换层框地面焊接完成后组装面板。大吊顶面板根据现场实际测量数据进行打点定位，定位点放样在钢构、转换层上，以向下特定的尺寸作为理论板角的坐标点。面板组装完成吊装至指定高度，操作人员在转换层脚手板操作平台上进行单元块连接固定。吊装固定后进行初调工作，使安装完成的面板高度控制在测量要求高度，板缝基本一致，表面平直顺滑。待全部面板吊装完成后，测量人员进行复测，根据复测数据对面板进行精调，要求板缝一致，单元面板高低差控制在5毫米以内，幕墙侧收口顺直平整，与外幕墙铝板无高低差。

2. C型柱铝板安装施工

整个航站楼的建筑钢结构屋架依靠8根C型柱支撑，集团承建范围内有一大一小两根，大C型柱从一层穿过共享空间连接钢结构屋架，小C型柱从四层连接钢结构屋架。

C型柱外侧采用白色漫反射铝板，贴合大吊顶铝板的颜色，内部采用金色蜂窝铝板通往钢结构屋架天窗，与天窗屋架自然收口，内外侧铝板间有白色"飘带"造型铝板，与地面预制水磨石踢脚线收口。

C型柱基层钢骨架采用焊接的方式与钢结构

柱连接，基层钢骨架由主龙骨、斜向支撑龙骨、竖向副龙骨组成，龙骨之间采用焊接和直角连接件相结合的方式连接。支撑件及主龙骨由下至上安装，先安装下部支撑件及支撑龙骨，依次向上焊接。弧形副龙骨则根据已经安装好的支撑件及主龙骨点位，通过对比三维模型与测量数据，定尺定弧度加工弧形竖向副龙骨，加工完成后进行安装。

C型柱面层铝板根据模型下单生产，安装时根据编号自下而上顺次安装，经过最终的精调完成C型柱的整体安装。

3. 无脚手架施工

航站楼采用高空车辅助登高、空中平台反向操作的方式进行吊顶施工，施工前在钢结构网架腹杆设两道生命绳、在下弦杆上方设一道安全网，施工人员借助钢结构屋架上的迎检通道到达各钢球点下弦杆，通过地面高空车的辅助在安全网内的下弦杆进行转换圆盘及转换层主框的安装。

转换层主框施工完毕后在主框内铺设钢制脚手板，搭设空中操作平台，用于副龙骨及饰面板安装。转换层主框既作为吊顶转换层受力构件，同时也是空中操作平台的基础结构。吊顶"圆盘式"转换节点、"三层式"安装节点、"单元式"铝板饰面板的设计，使得构件安装误差可以被层层削减，同时能够实现点对点的安装及调平施工，确保了无脚手架施工的可行性。

通过借助钢结构迎检通道、利用转换层主框搭设操作平台、吊顶安装节点无脚手架施工三大措施，实现了整个航站楼吊顶施工不搭设脚手架的奇迹。

装饰集团所参建的北京大兴国际机场是具有世界级施工技术难度的航站楼，这是所有装饰人共同努力的成果。现场工人每人每天需安装2400多颗螺钉、弯腰5000余次。室内装饰施工则充分应用行业领先的BIM技术，2万多块白色漫反射板拼装成3850个完全不同的吊顶单元。装饰集团仅用3个月便呈现"如意祥云"的极致效果。在集团完成北京大兴国际机场以及全国更多地方的机场项目建设任务的同时，见证了装饰集团在建筑装饰行业的飞速成长，也见证了现代数字化装饰的"新饰界"。

项目基本信息

工程名称：北京新机场旅客航站楼及综合换乘中心工程
施工区域总面积：30000平方米
建设单位：北京新机场建设指挥部
设计单位：北京市建筑设计研究院有限公司、中国民航机场建设集团公司联合体
工程监理：北京华城建设监理有限责任公司
总包单位：北京城建集团有限责任公司
施工单位：上海市建筑装饰工程集团有限公司
竣工时间：2019年6月30日

世纪经典工程

——北京大兴国际机场

北京新机场位于永定河北岸，北京市大兴区榆垡镇、礼贤镇和河北省廊坊市广阳区之间，北距天安门46千米，西距京九铁路4.3千米，南距永定河北岸大堤约1千米，距首都机场68.4千米。航站楼楼体为混凝土结构，南北长996米，东西宽1144米，由中央大厅、中央南和东北、东南、西北、西南五个指廊组成，中央大厅地下两层、地上五层，其他区域地下一层，地上两至三层。地下一层为行李传送通道、机电管廊系统和预留的APM捷运通道，地下二层为高速铁路通道、地铁及轻轨通道的咽喉区域。航站区总用地面积约27.9公顷，南北长1753.4米，东西宽1591米，总建筑面积约103万平方米（含地下），其中航站楼总建筑面积约70万平方米，综合换乘中心总建筑面积约8万平方米。

本公司负责北京新机场旅客航站楼及综合换乘中心精装修工程十一标段，本标段地面面积18535平方米，大吊顶面积34996平方米，精装修系统的组成包含：①屋面大吊顶系统；②层间吊顶系统；③墙面系统；④地面系统；⑤板边栏板隔断系统；⑥浮岛系统及其他专项系统——公共区域、商业浮岛、卫生间、公共楼梯、自动扶梯。

新机场航站楼地面是建筑室内装修的重要部分，其设计概念为"繁花似锦"。花岗石板作为主

要的地面材料，石材划分基于地面网格。除B1层交通换乘大厅以外，其余楼层石材地面主材大面为浅灰色，规格为900毫米×900毫米（或依据不同区域网格），通过错缝的铺装方式，使"落花"分布得更加生动自然。局部地面网格中增加中灰色和深灰色石材条块，彼此交错铺贴，形成"繁花似锦"的整体意象。墙面系统以美观、坚固、环保、易维护为设计出发点，主要以金属板组成连续的曲线墙面。

本标段工程大吊顶系统主要采用吊顶钢龙骨，与主体钢结构连接处采用抱箍与下弦管连接，不直接在铸铁结构上焊接吊顶杆件。吊顶龙骨采用机械连接，预留充分调节性。龙骨与面板间也采用可调节吊点，保证面板调节顺滑平整。其内部为连续、流畅的不规则双曲面吊顶，综合表现了建筑师对于空间、结构和自然采光的构想。大吊顶通过8处C形柱及12处落地柱下卷，与地面相接，形成如意祥云的整体意象。吊顶设计与航站楼屋面整体定位网格相符，形成建筑、结构、装饰一体化设计。

主屋面吊顶以C形柱为中心，沿主体钢结构方向留出主要划分缝，板缝宽度为50～500毫米，从C形柱侧面至顶面进行连续变化。吊顶被主要划分缝分为条状的板带，板带内部再划分为约500毫米×3000毫米的条形板块，主要板块两长边平等，板带内板块间为密拼设计。

采光顶吊顶包覆采光顶三角桁架结构，剖面与屋面形成三角形。板块竖向通长，横向宽度1500毫米。吊顶边缘不规则部位采用三角形或梯形面板。

一、施工难点

屋面网架结构吊顶施工主要难点：空间造型较为复杂，空中三维定位精度要求高，现场安装难度大，高空作业多，钢网架屋盖跨度大，施工安装变形控制难度大。

大吊顶（大曲率、小曲率、采光顶）采用15毫米厚蜂窝铝板，施工面积大、结构复杂，吊顶上方网架离地面距离最高处超过20米，施工难度大，安全要求高。

本标段位于四层东侧及五层东侧。地面与10标段、1标段连接，大吊顶与10标段、5标段、4标段相邻。施工范围内场地复杂，临时设施、库房等使用非常受限。作业面与几个标段相邻，在施工期间，因位于四、五层并且本工程存在多家专业配合单位同时施工，垂直运输压力大。

施工过程当中各施工单位之间需要密切配合，因此施工协调难度大。本项目高度高、面积广、用料多，龙骨、面板等重量大，施工过程中有大量材料需要运输，如何确保材料运输的安全是安全管理工作的一个难点。

系统复杂性：几何定位以三维方式为主、二维方式为辅，三维模型作为深化设计、加工、施工的依据，平面图纸只作为施工定位的参考。对于复杂和关键的部位，需要以三维的方式进行加工和施工定位。

二、亮点

由3000多个单元板块组成双曲面的漫反射铝板大吊顶是机场项目的重点和亮点，不仅精度要求高，而且是工序安排的重要环节。为保证安装精确程度，针对项目特殊的大吊顶小曲率结构，项目首次采用基于放样机器人及三维扫描系统的精密空间放样测设技术，实现了大型复杂空间施工快速、准确的空间放样测设。主屋面吊顶空间造型新颖，指廊区域吊顶标高变化多，吊顶整体呈不规则曲面构造。通过犀牛软件（Rhino）模拟施工，对面板和龙骨系统设计优化，整个吊顶系统造型与屋面钢结构形体基本平衡。

大吊顶系统包括与核心区连接的采光顶及屋面钢网架，商业浮岛、层间系统墙面是较为复杂的双曲面造型，主要采用GRG定制板及铝板饰面。针对复杂造型施工，项目采用了装配化施工技术，不仅能极大缩短现场施工时间，也极大缩短材料下料加工时间。减少施工现场作业面，减少工种，在大幅提升安装速度的同时，提高了施工质量。

凝心聚力，砥砺前行。大兴国际机场项目是国家重点项目，能够顺利依照计划节点按时完工，离不开特艺达人敢于拼搏、追求卓越的企业精神，是工程项目团队高效协同配合汇聚形成的伟大工程。

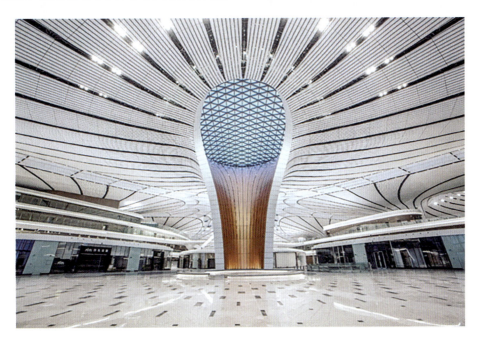

项目基本信息

工程名称：北京新机场旅客航站楼及综合换乘中心精装修工程十一标段

工程地址：北京市大兴区榆垡镇、礼贤镇和河北廊坊市广阳区之间

业主单位名称：首都机场集团公司

施工单位名称：深圳市特艺达装饰设计工程有限公司

竣工时间：2019年6月28日

北京大兴国际机场航站楼核心区精装修工程

——C形柱及大吊顶装饰新技术研发与应用

北京大兴国际机场定位为大型国际航空枢纽、国家发展新的动力源、支撑雄安新区建设的京津冀区域综合交通枢纽，被英国《卫报》评为"新世界七大奇迹"榜首。机场航站楼设计成"五指廊"的形状，极具艺术美感，从空中俯瞰如凤凰展翅，是世界上目前建成投运的最大面积单体航站楼建筑，航站楼屋盖钢结构投影面积达18万平方米，为自由曲面空间网架结构屋盖，最大跨度达180米，屋盖的主要支撑结构为8根C形柱。深圳市宝鹰建设集团股份有限公司荣幸承接了航站楼核心区室内精装修工程（精装修工程四标段），施工范围涵盖了以航站楼中心点为圆心、半径200米的无柱大空间。主要的施工内容包括：双曲面漫反射单元式大吊顶、变截面双曲C形柱柱面装饰、通视大空间地面石材铺装、商业浮岛外立面、层间吊顶、卫生间、中央水池等，建筑装饰面积约3.6万平方米，天花面积约69000平方米。

航站楼的钢结构屋架用钢量达5.5万吨，整体为不规则的曲面形，由63450根杆件和12300个球节点拼装而成。由于是不规则曲面，因此最高和最低点起伏高差约30米，总面积达18万平方米，室内空间起伏变化，综合表现了建筑师对于空间、

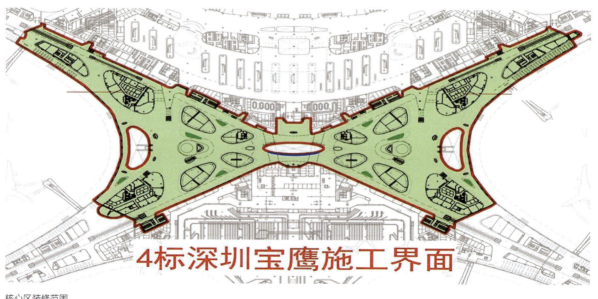

核心区装修范围

结构和自然采光的构想。屋顶主要靠8根上宽下窄的C形柱托起，核心区两根C形柱高度达38.5米，柱顶端的最大宽度达到了23米，而底部最窄处只有3米。航站楼吊顶采用双曲面漫反射大吊顶，从C形柱顶面到底面连续变化，形成"如意祥云"的肌理。航站楼核心区精装修工程中大吊顶和C形柱的施工是工程的重点和难点。

航站楼核心区大吊顶工程施工基础面为不规则曲面钢结构，明确要求施工单位必须具备三维设计的能力，并以三维方式与原设计单位进行设计对接，对于复杂和关键部位，还需要以三维的方式进行加工和施工定位，施工前必须先对钢结构进行实测，评估钢结构误差。大吊顶和C形柱装饰系统的龙骨采用机械连接，预留充分调节性，龙骨与面板间采用可调节吊点，保证后期面板调节顺滑平整。

屋盖和C形柱都是不规则的双曲面结构，工程建设过程中，面对行业内史无前例的工程难题，深圳市宝鹰建设集团股份有限公司致力于技术创新，解决了超大平面航站楼装修的多项技术难题，研发了双层钢结构转换层可调节单元式铝板天花施工技术、基于三维激光扫描+BIM辅助变截面双曲C形柱柱面装饰施工技术、大空间大吊顶桁架结构铝板饰面施工技术等先进施工技术，并综合应用建筑装饰行业重点推广的10项新技术中的信息化应用技术、装配式装修施工技术、新型胶粘接及连接技术、新型脚手架应用技术，为解决大兴国际机场建设的世界级难题交上了完美的"宝鹰答卷"，取得了宝贵的施工经验和令人瞩目的技术研发成果及荣誉。

大兴国际机场航站楼核心区室内空间高大，建筑造型复杂，传统的施工测量工具、仪器及方法无法完成工程测量及放线工作，项目部采用三维激光扫描技术辅助施工测量，扫描工作开始前，结合工程现场实际状况编制扫描专项方案并履行相关审批手续，三维激光扫描仪操作人员提前进入现场熟悉情况，根据扫描仪扫描范围、现场通视条件等情况确定设站数、标靶放置位置、扫描线路等，在现场指定设站位置架设扫描仪，保证最大的扫描视点，在扫描过程中为了得到精确的信息，必须确保扫描区域内无杂物以及人员出现，造成视线遮挡。为了确保获取的点云数据能准确地反映C形柱、大吊顶结构真实的空间形态，对于结构形式特殊的部位，采取标靶加密的措施增加扫描反射点，确保获取的点云数据完全吻合C

三维激光扫描　　C形柱点云数据获取

核心区原始照片

屋架结构点云数据获取

形柱、大吊顶的实际结构空间状态。

使用三维激光扫描仪快速收集到C形柱、屋架结构表面大量的密集点三维坐标数据之后，再将数据导入专用软件进行处理，C形柱柱体、大吊顶各面的结构外形均不相同，分站点扫描完成之后得到的数据都是零散的，所有站点的数据必须拼接整合，归并重合部分的点云信息数据。通过整合、过滤、压缩以及特征提取等过程，详细分析点云数据与设计院提供的C形柱、大吊顶建筑模型的偏差，出具三维激光扫描对比报告，全面汇总所有钢构件的实际偏差数据后，把现场的实际数据添加到原建筑模型之中，重新修正建立与实际状态完全吻合的建筑模型，在新的模型上结合设计院提供的装修施工图，模拟布置装饰龙骨系统，消除柱体钢结构变形等误差的影响，调整优化形成龙骨布置图。根据装饰龙骨系统完成的曲面表皮模型，深化设计小组重新调整修改装饰外立面图，结合吊顶系统平面图，完成装饰面板布置平面图。所有图纸都采用三维立体模型结合纸质图纸这种有效的汇报送审模式，图纸内容直观、可量。

深化图纸评审确认后，在施工阶段BIM工程师协助项目部参与施工管理。以C形柱为例，在C形柱模型上对装饰龙骨构件重新按设计确定的规格尺寸及间距要求进行模拟排布。以柱体定位轴线为基础，按设计要求的龙骨间距，对称编号排布竖向龙骨，柱身高度达到38米，截面多变，随着高度的变化，竖向龙骨间间距逐渐加大，间距超过一定范围时将无法保证蜂窝铝板的安装质量。通过在模型上测量，在不同的高度分区上通过附加龙骨来加密龙骨的排布，确保整根C形柱装饰竖向龙骨分布均满足设计要求。模拟布置经过各方审核后，在整体模型图上运用BIM辅助生成精准的构件下料加工单。下料时要求竖向龙骨必须提供分段加工图的具体参考数据，同时生成安装时的控制点的三维控制数据单。

面层蜂窝铝板下料单通过铝板表皮整体模型应用BIM技术提取，生成板块的下料加工单的同时，提取安装时控制点的三维控制数据单，各种有关C形柱装饰施工的材料通过整体模型数据比

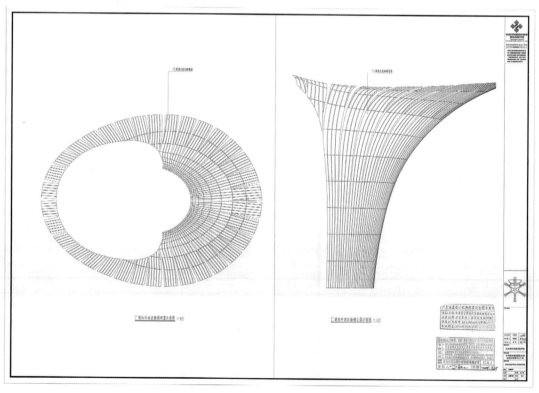

深化施工图审核

对，采用数字化的预拼装可最大限度保证构件的加工精度。

依据C形柱整体模型完成龙骨构件重新排布并生成下料交工单后，龙骨构件安装的定位数据可通过模型定点提供精准的三维控制数据，龙骨安装时通过全站仪依据三维安装控制数据做好龙骨杆件特征点的精确定位，即可保证整体安装精度。

C形柱截面多变且呈外翻姿态，竖直方向结构呈外翻趋势，下部截面宽3米，上部截面宽23米，柱身净高38米，主要连接点均为相贯焊接节点，装饰结构采取传统刚性连接方式会增加已完工结构柱的变形及增加附加应力。结合外形特点设计的装饰竖向龙骨为反弯弧形型钢构件，整根龙骨外形随柱身高度呈不规则变化，为确保高空安装时的进度及安装中及后期可调节性，竖向龙骨与横向龙骨之间采用可调式栓接的连接方式，竖向龙骨之间采用定制钢套芯对接。柱面装饰的蜂窝铝板为大吊顶系统蜂窝铝板的自然下卷，柱面外表皮形状呈不规则变化，为增加板块安装时的可调节性，在工厂加工板块时即预埋可调节凹槽，蜂窝铝板采用三维可调挂接件与横向龙骨连接，调整每一块组合板块的空间位置使其符合设计要求的空间形态。

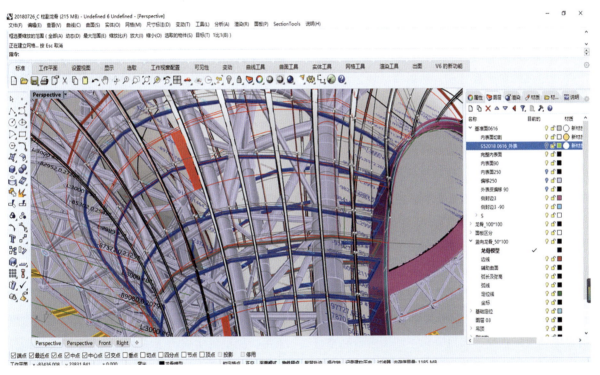

龙骨模拟排布

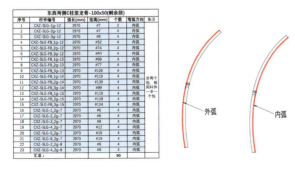

龙骨下料加工单

C形柱装饰系统的竖向龙骨通过U形卡件与附加横向龙骨之间柔性连接，基本安装完成后利用全站仪调整龙骨位置至符合设计要求的空间位置，确保三维定位无误后紧固U形卡件螺栓上的螺母。竖向龙骨安装完毕，经三维激光扫描技术检测，符合设计要求后即可安装横向龙骨，横向龙骨采用工厂批量加工方式加工，构件逐一编号后运至现场安装，安装前根据龙骨分格图在竖向龙骨上划线，确定好龙骨的安装位置，根据竖向龙骨上已测量确认的位置检测无误后固定横向龙骨，形成整体龙骨系统。

龙骨安装

C形柱面层蜂窝铝板安装前提前进行板块的组装，将螺栓套入蜂窝铝板预埋槽内并将L形转接件固定在蜂窝铝板背面，然后将板块运至安装位置的装饰系统的横向龙骨上初步固定，固定在横向龙骨上的U形卡件必须与龙骨表面完全贴合后才可紧固卡件两端螺母。蜂窝铝板安装过程中依据BIM技术提取的板块三维定位坐标，采用全站仪确定每块板块的安装位置，通过调节U形卡件螺栓杆上的螺母能调整每块蜂窝铝板的空间位置符合设计要求。

在施工期间核心区是相邻标段材料及人员交通主通道，采用传统的搭设脚手架等安装措施需长时间占用场地，势必影响其他分项工程的施工，结合现场实际状况，项目采用了利用多台高空直臂作业车同步协同作业安装的方法，依次完成龙骨系统及板块系统的安装。

航站楼的双曲面大吊顶完全悬挂在屋面钢结构上，屋面网架共12300个焊接球钢节点，钢球最大直径达到了1.2米。为了提升室内空间净高度，大吊顶上表面与网架结构之间的距离需尽量缩小，通过前期建立的整体屋架钢结构模型，深圳市宝鹰建设集团股份有限公司项目团队模拟了各种不同的吊顶连接方式，针对性地研发了双层钢结构转换层可调节连接系统，大吊顶结构跨越

C形柱蜂窝铝板板块安装

节点球处采用多种不同配套尺寸的钢方通转换盘过渡连接，转换盘之间中心距离达4~12米，通过全丝螺杆与四个抱箍连接点吊装，转换盘与四组抱箍组件的U形卡件连接固定，最后通过全牙螺杆上的螺母将转换盘调整至设计标高。转换层主框搁置在转换盘之上，通过定制U形卡件柔性连接，四边形主框尺寸超大，为与大吊顶面层组合板块尺寸匹配，还需要在主框上附加可调节副框，副框通过U形卡件调节螺杆系统安装在主框下接。副框可实现上下、左右调节，能较好地保证其空间位置及牢固度。

大吊顶面层设计为宽度相同、长短不同、形状和曲面不同的27552块条形蜂窝铝板。在优化设计的基础上，利用BIM技术提取材料分割的板块尺寸、每块条形铝板的现状尺寸（包括曲面），形成材料加工单及安装精准定位数据，材料加工周期及加工精度均得到了保证。为提高安装效率、缩短工期，现场采用装配式安装，把尺寸形状均不相同的条形板块组合拼装在一个钢制方框（龙骨）上。每块组合板块均采用四个半球万向节连

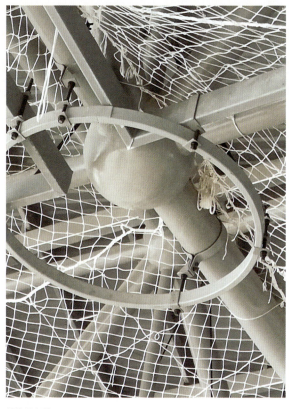

转换层安装

接螺杆配装U形卡件与副框栓接,可上下、左右调节,以实现大吊顶形态符合建筑师要求的装饰面层外表皮形状。通过全站仪校核每一块组合板块的四个定位点的三维坐标,调整板块上四个半球万向连接螺杆来精准调节每一板块的位置。技术人员还创新性地研发出卷扬机定点控制吊装提升技术,卷扬机一次安装覆盖范围达800平方米,较传统安装方法相比,保证了施工安全,提高了安装效率。

卷扬机解决了宽阔空间的安装问题,但不适用于指廊天窗及狭小空间安装。通过BIM模拟实验,项目部大胆采用特定区域多台高空作业车协同作业的新技术,创造性地解决了高空作业车密集作业防碰撞的问题。施工高峰期间,39台高空作业车同步施工,场面非常震撼。

核心区C形柱装饰系统及大吊顶系统施工工艺复杂,交接收口处理较多,传统书面文字施工技术交底的方式无法让工人较快地理解并掌握施工操作要领,通过现场制作安装样板,并将确实可行的施工方案制作成虚拟仿真施工技术动画用于新进场工人的技术交底。

通过项目团队的不懈努力,大兴机场航站楼核心区精装修工程如期完成,并一次验收合格交付。C形柱柱面装饰系统与屋面大吊顶系统自然延续,整个核心区饰面造型与建筑师想要表达的曲线保持一致,综合表现了建筑师对于空间、结构和自然采光的构想,建筑设计理念得以完美展现。

建设过程中,技术团队不断创新研发,取得丰硕的科研成果,共发表专业学术论文2篇,获得发明专利2项、实用新型专利4项、省级工法3项及建筑装饰行业科学技术奖2项;2020年大兴国际机场工程凭借优良的施工质量,获得建筑行业质量最高奖——中国建设工程鲁班奖。

项目基本信息

工程名称:北京新机场旅客航站楼及综合换乘中心精装修工程四标段

工程地址:北京市大兴区

建设单位:首都机场集团公司

施工单位:北京城建集团有限责任公司

竣工时间:2019年6月28日

深圳国际会展中心一期幕墙工程（五标段）施工纪实

一、工程概况

深圳国际会展中心位于广东省深圳市粤港澳大湾区湾顶，南邻深圳宝安国际机场，北邻空港新城，是集展览、会议、旅游、购物、服务等多项功能于一体的综合会展类建筑群。

作为当前全球体量最大的会展中心，其总建筑面积达158万平方米，相当于6座"鸟巢"，其中包含18个2万平方米标准展厅、1个4万平方米展厅、1座贯通南北的超长中央廊道、2个登录大厅及11栋附属建筑。项目整体约1800米长，东西向宽540米，幕墙总面积超70万平方米。

在深圳国际会展中心一期的建造过程中，浙江中南建设集团有限公司（以下简称"中南幕墙"）所承接的是"五标段-南北登录大厅"幕墙施工任务。施工内容包括：明框玻璃幕墙组合横向装饰百叶、拉索玻璃幕墙、明框玻璃幕墙、玻璃拦板、玻璃中心吊门、铝合金门、铝饰面防火门、超大门、气动排烟窗等多个系统，组合工艺复杂，施工难度极大。

登录大厅正面照片

二、6000吨热轧直角钢龙骨玻璃幕墙

登录大厅的立面幕墙为钢框玻璃幕墙，立柱跨度8～23.5米，分格宽度1.8米。原方案幕墙龙骨选用的钢管由钢板焊接成型，考虑其加工周期过长，无法满足工期要求，遂采用由圆变方的热轧直角钢管，截面尺寸、材料壁厚均可定制生产，同时满足加工精度及6个月施工时长的硬性需要。单项幕墙工程使用热轧直角钢管6000吨，刷新了行业记录。

钢立柱与钢横梁之间采用焊接连接的方式，并于每6个分格横梁间设置15毫米伸缩缝，同时满足横向伸缩变形及温度应力释放要求。为了减少焊接热应力变形及立柱断点数量，在横梁与立柱焊接两侧使用对称焊接工艺，在局部较大变形位置采用有针对性的热处理及机械方式调直等措施，使龙骨横平竖直，角部坚挺，加之表面氟碳漆喷涂，令其呈现效果与铝合金型材并无二致。

三、与地面夹角63度，双层双向外倾斜拉索幕墙

本项目的施工重难点在于登录厅大厅入口处的外倾斜拉索幕墙。这面拉索幕墙与水平地面成63度夹角，采用内外两层双向索网支撑，内索网为马鞍形索网，外索网为平行于玻璃的平直索网，内外索网之间采用撑杆连接，共同组成稳定受力体系。该部分的幕墙最大竖向跨度18.43米，最大水平跨度34.2米，内层横竖索采用直径40毫米的不锈钢拉索，外层横竖索均采用直径18毫米的不

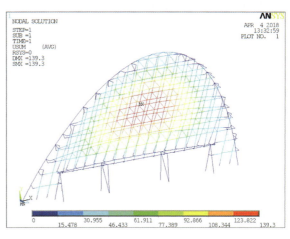

有限元分析云图

锈钢拉索。外层竖向拉索下端固定在地面混凝土梁或钢结构门框上，竖向拉索上端及水平拉索固定于环形钢梁上，本次应用是该索网体系在国内的首次亮相，可谓造型新颖，观感极佳。

通过有限元分析软件对拉索幕墙进行计算、分析、模拟，确定最终拉索直径、拉力设计值、张拉分级及张拉顺序。

在施工过程中，全站仪全程测量放线、精确定位，前期搭设操作脚手架焊接耳板；随之进行钢索安装、张拉；并于索网找形及检测后进行玻璃安装、注胶。

拉索幕墙室内照片

拉索幕墙室外照片

四、24000块波浪形水平穿孔铝板装饰条

立面幕墙外侧所设置的白色水平穿孔铝板装饰条，造型起伏，错落有致，充分呼应"海上丝绸之路"的设计理念，并发挥一定的室内遮阳作用。装饰线条规格为双层5毫米厚穿孔铝板，截面宽度200~1000毫米，高150毫米。

穿孔板装饰条

装饰线条单元共计2.4万余块，且形状各异，尺寸有所不同。将每个单元板备注编号，安置于立面对应编码位置，相邻装饰线单元间采用插接构造，确保在安装过程中的紧密平齐，达到立面线条的流动效果。

穿孔板装饰条波浪韵律

五、6个月现场安装工期

从2019年年初到年中，从开始施工到全面竣工，在短短6个月的时间里，做到了设计施工、安装实践的双线推动。在巨大体量与难度面前，中南幕墙集中优质资源，在人、材、机上做到了有效投入、高效配比。

细化分段分区、倒排材料进场、排布加工计划，依据"任务优先，使命必达"原则充分投入作业人员、机械。据不完全统计，项目高峰期共计投用设计人员30余人，管理人员50余人，安装工人600余人，汽吊、登高车等机械设备100余台，"两班倒"交替作业，且节假日无休。

面对现场多家单位多个标段同时施工的纷繁场面，中南幕墙顶压前行，坚定自身节奏，加大对设计深化、材料采购加工、现场安装等各个环节的资源投用，上下齐心，在不降低品质的前提下于2019年6月如期交付，完美诠释了登录大厅于深圳国际会展中心"第一印象"的重大意义。

凭借视觉品性与高规格建设质量，该项目先后获得了深圳市装饰工程金鹏奖、广东省优秀建筑装饰工程奖、深圳市优质工程奖、中国建筑工程装饰奖、LEED金奖、绿建二星、中国建筑装饰行业科学技术奖一等奖等行业知名奖项，获得了业内外的广泛认可。

六、结语

高难度、高规格的建造任务，是对企业管理能力的考验，也是对中南幕墙综合实力的肯定。每一个项目都汇聚了中南幕墙人的智慧与心血，糅合了汗水与泪水。

中南幕墙将不断发挥精益求精的工匠精神，努力追求一次次的自我突破，踔厉打造更多精品工程，为建筑幕墙行业的发展贡献铁军力量。

项目基本信息

工程名称：深圳国际会展中心一期幕墙工程（五标段）
建设地点：深圳市宝安区的宝安机场以北、空港新城南部
建设单位：深圳市招华国际会展发展有限公司
建筑设计顾问：法国VP建筑设计事务所
建筑设计单位：深圳市欧博工程设计顾问有限公司
幕墙设计顾问：华纳工程咨询（北京）有限公司
幕墙施工单位：浙江中南建设集团有限公司
竣工时间：2019年6月

融入自然的灵动建筑

——全国首家"森林剧场"九棵树未来艺术中心

2019年10月25日,全国首家"森林剧场"、上海目前最大的剧院——九棵树未来艺术中心正式开放。这座隐于1200亩林地内,融合自然、建筑与艺术人文于一体的灵动建筑呈现在市民面前,成为上海南部又一处网红打卡地。

自开业以来,各类高品质演出轮番上演,国际级大师纷纷登上九棵树的舞台,有世界级钢琴大师郎朗、被誉为"东方第一帕格尼尼"的杰出小提琴家吕思清、世界级音乐大师谭盾等,均带来不同凡响的音乐会作品。

一、上海奉贤第一座文化综合体

九棵树未来艺术中心位于上海奉贤新城的中央生态公园内,占地7700平方米,拥有主剧场、多功能剧场、主题剧场、水剧场等多个室内、户外剧场,同时还配置了电子可变混响系统等高科

仅用22个月便建成的"森林剧场"——九棵树未来艺术中心

技设备，给观众带来全新的观演体验。

九棵树的取名来自建筑西北角艺术中心的形象代表——"九棵银杏树"，在这里，"九"不仅是一个数字，更包含着"九九归一，一贯春秋"的寓意。

艺术中心以"创意开发、跨界融合"为理念，主体建筑承袭了大自然清新、通透的特点，俯瞰宛若一颗萌芽的种子。从天、地、水、木等元素中汲取灵感，使建筑意象与周围的森林水系相辉映，让人们仿佛时而在森林里穿梭，时而漫步于云海。上海建工装饰集团主要承建九棵树未来艺术中心的1200人大剧场、500人组合剧场、300人雨滴剧场、东西区大堂、艺术连廊以及除地下车库外所有配套区域的装饰工程，精装修面积3.3万平方米。

建筑的另一个主题是"音乐跟艺术"，艺术中心由140根高度从8米到23米不等的"琴弦"廊庭环绕，材质是经特别设计的阳极氧化板，由此看到的视觉感受也是不同的。白天，阳光穿过玻璃上不规则的彩釉图案投射在剧院里，产生不同的光影效果；待夜幕降临，玻璃幕墙又可以透出室内灯光，熠熠生辉。

建筑中间的景观平台上方还布置了一张层层叠叠的钢结构"绿网"，夏日阳光直射下来，如同斑驳的树影效果，行走其间好似漫步于树荫之下。

二、在家门口就能看到精彩的演出

走进大堂便能看到大剧场前厅的镇馆之宝——3D动态壁画，它由100多名民间艺术家手绘而成，共有1200根铝片，墙面可以随着视角的移动展现出不同的三维视觉效果。壁画的上面是九棵树的代表——银杏叶，旁边点缀着枫叶图案的装饰。

大剧场占据了整体建筑的制高点，向外远眺，室外绿色森林尽收眼底，自然、建筑、水系、艺术、人文融为一体，独有一份宁静。剧场内的大面积红色桃花芯木饰面飘带，为剧场营造了庄重、典雅的氛围，"树桩"式的台塔造型，寓意不断生长的"艺术之树"。

大剧场

作为全国第一家、全球第三家大规模采用电子可变混响系统Constellation的剧场——170个喇叭、64个拾音器均布在剧院的每一个角落，通过先进的电子可变混响系统，按照不同演出类型，一键切换声场环境，淋漓尽致地呈现全新的临场观演体验，满足音乐剧、戏剧、特种表演等多种艺术表演需求。大剧场分为楼座和池座两层，共有1200个座位席，池座856个，楼座344个，舞台台口宽16米，高10米，舞台深度约40米。前4排乐池有104个座位，可以按照演出需要进行升降。

可容纳500人的实验剧场亦称"黑匣子剧场"，采用时下流行的黑匣子技术，观众席可自动伸缩，舞台和观众席没有明显分隔，满足演出的观赏性与互动性。

实验剧场

可容纳300人的雨滴剧场遵循"森林、萤火虫"的艺术概念，由11980根六边形不锈钢管组成的饰面，通过不同排列组合满足声学、装饰效果，组成艺术曲面波浪，当灯光打在上面，会随着灯光的移动，像音符一样在上面流动。作为半开放式剧场，可根据演出需要随时"变身"——观众席后方的幕墙可以向两侧打开，使户外的天空、湖水和树林瞬间映入眼帘，营造出与自然融为一体的独特观演体验。

雨滴剧场

三、全国首家融合生态、文化和人文空间的A级综合剧院背后的技术创新

九棵树未来艺术中心的标志性特点是大量采用大空间多材料异形曲面装饰造型。施工过程中，上海建工装饰集团工程师运用数字化建造技术，攻克了图纸概念化与现场施工相统一、装饰专业与机电安装消防等专业相协调、新技术新材料新工艺"三新"技术与现场实际相符合等一系列施工难题。

1. 三维激光扫描技术

采用三维激光扫描仪进行现场扫描测绘，再通过对扫描所得的点云数据进行处理建模，仅用半天时间便完成了整个1200人剧场的测量工作，测量误差小于1毫米，形成一个完整的剧场模型。

2. BIM技术

工程全阶段采用以BIM模型为基础的数字化建造技术，通过不同阶段的数字化控制达到最终的毫米级精确施工。

3. 专业3D造型软件应用

使用Rhino软件对原设计模型与点云扫描逆向模型进行整合重建，通过数字化测量方式解决结构与饰面层碰撞等现场施工问题，再通过点云模型与结构BIM模型整合、对比确认现场与原结构偏差以及装饰与结构关系。

4. 专业参数化软件应用

使用Grasshopper软件进行多次参数化调整，制定加工、运输及安装效果的完美解决方案。

宝剑锋从磨砺出，梅花香自苦寒来。上海建工装饰集团充分运用现代科技创新技术，助推将九棵树未来艺术中心打造成南上海公共文化建筑中的一颗璀璨明珠。

项目基本信息

项目名称：九棵树（上海）未来艺术中心新建工程
总包单位：上海建工设计总院、上海建工四建集团EPC建设联合体
钢结构施工：上海市机械施工集团有限公司
安装工程：上海市安装工程集团有限公司
园林绿化：上海园林绿化建设有限公司
室内装饰：上海市建筑装饰工程集团有限公司
装饰面积：3.3万平方米
竣工时间：2019年8月31日

亚洲基础设施投资银行总部永久办公场所幕墙工程（三标段）施工纪实

亚洲基础设施投资银行总部永久办公场所即亚洲金融大厦，简称"亚投行"。项目位于北京奥林匹克中心区，与中国共产党历史展览馆、国家会议中心、国家体育场（鸟巢）、国家游泳中心（水立方）、中国科技馆等知名建筑场所为邻，为北京中轴线再添光彩。

作为我国首座多边金融机构总部大楼，该项目整体对标"中国结"造型，寓意"联结世界，和谐美满"；特别选用"榫卯"元素，将"鲁班锁"的奥义精妙诠释，使本土文化、美好愿景与现代气息完美融合，庄重大气，先锋果敢，稳稳肩负起推进"一带一路"国家战略、促进区域经济合作的重大使命。

该项目总建筑面积389972平方米，主体建筑最大标高83米，由五幢写字楼组成。项目定位于引领世界先进水平的高度现代化、生态化、智能化、高效化、集成化的国际金融组织总部大楼，是一个兼顾内部空间与地域环境、实现多维品质革命性提升的创新型办公建筑。

由我司所承建的亚洲基础设施投资银行总部永久办公场所（三标段）幕墙工程涵盖玻璃幕墙、铝板幕墙、石材幕墙、金属格栅、平衡移轴门、电动遮阳、不锈钢天沟、热融雪装置等多种幕墙系统；承建范围包括四个方向立面钢框玻璃幕墙、七个超大面积玻璃采光顶及配套、安检小室等幕墙的设计深化与施工建造。

一、大跨度钢框玻璃幕墙

项目南北入口大堂钢框玻璃幕墙高度63米，宽度45米，在20米、40米标高上有两道张弦梁主体结构作为幕墙支撑结构。如何在保证安全性与平整度的情况下与张弦梁结构顺利连接，成为该项目建造过程中的一大难题。经过对上挂式拉弯简支梁与下坐式压弯单跨简支梁两种常用结构做法的一番严密计算与模拟实验，设计师选择另

张弦梁结构

辟蹊径——开发一种新型多跨单杆连续梁幕墙立柱体系，该体系能够有效规避大跨度屋面竖向变形对幕墙立柱的影响，在张弦梁位置设置二力杆支座，释放幕墙竖向荷载对张弦梁影响。钢立柱下部设置铰支座可承受幕墙自重荷载，顶部设置可竖向伸缩铰支座满足屋面竖向变形需求。在水平向设置稳定索杆解决压弯杆件的侧向稳定问题。

现场采用将60米长钢立柱通高布置，并于20米、40米张弦梁位置加设二力杆支座。单根钢立柱长10米，在胎架上对缝焊接拼接成20米一根，每根重约2.7吨，再采用汽车吊安装。

玻璃配置8+1.52PVB+8Low-E+16Ar+8+1.52PVB+8超白半钢化夹胶玻璃，分格尺寸1500毫米×5400毫米，重约800千克。采用汽车吊及吊篮施工。

二、大面积玻璃采光顶

采光顶部分共覆盖7块区域，总面积约1.8万平米，最大尺寸95米×46米。并伴有1/3面积电动开启，上层加设融雪装置，底部配备电动遮阳系统，故而要同时满足其不漏水、不漏气、不结露等基本要求。浙江中南幕墙设计研究院再次发挥自身绿色、智慧全产业链资源优势，通过精密计算筛选优质物料，严格依据设计方案对现场施工进行层层监控，最终使其水密性、气密性和保温性能均达到国家最高标准；准确接收消防管控、紫外线强度、空气质量等情况信号，并能够及时给予指令回馈，完成自动开启，实时调节，具备完善的智能控制功能。

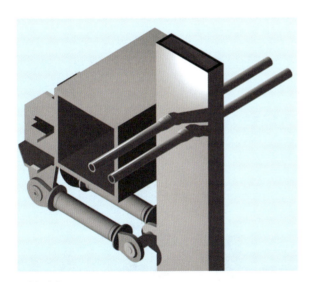

二力杆支座

大堂通高玻璃幕墙

采光顶

大门入口是整个大厦的门户，涵盖了超大超高雨棚、超大平衡移轴门等超常规的设计。雨棚外挑7.75米，侧面用整块蜂窝铝板饰面，从底到顶采用一张板（单块板高度达6.7米），既实现了大气简洁的效果，又通过特殊工艺保证了板面的平整。平衡移轴门的高度达4.37米，单扇门宽1.5米。如此超高超大的对开门，对五金及门体结构的设计都是个考验。

主入口雨棚、入口门

三、成果显著

①建筑效果理想。经过对原方案的设计深化，使幕墙立柱的内力减少50%，外变形减少50%~80%，令"哈哈镜效应"得到大幅削弱，视觉平整度大幅提升。

②安全性能增强。通过设置独立的传力路径，极大减小幕墙内外荷载压力，强化结构安全性能；通过专业技术消除了玻璃幕墙平面在地震作用下高达250毫米的竖向位移，简化施工步骤，规避了建筑体在建造与投产阶段的安全隐患。

③工期成本双赢。经过对新技术的开发应用，令原方案中预配重施工措施得以省略，大大缩短了施工周期及施工材料经费，折合经济效益约1000万元。

据统计，在该项目的设计深化与施工过程中，共计取得5项新专利成果；先后被评为住建部绿色施工科技示范工程、全国建筑业绿色施工示范工程、北京市建筑业绿色施工推广项目竣工示范工程、北京市建筑业新技术应用示范工程等；荣获中国钢结构金质奖、北京市竣工长城杯、CTBUH亚洲最佳高层建筑大奖、中国建设工程鲁班奖、詹天佑奖等多项行业荣誉奖项。与此同时，该项目也取得国家绿色建筑最高级三星级认证设计标识证书和国际能源与环境设计先锋奖——LEED铂金级认证。

亚洲金融大厦实景图

项目基本信息

工程名称：亚洲基础设施投资银行总部永久办公场所项目幕墙工程（三标段）

建设地点：北京市朝阳区奥林匹克公园中心B27-2地块

建设单位：北京城市副中心投资建设集团有限公司

建筑设计顾问：德国GMP国际建筑设计有限公司

建筑设计单位：清华大学建筑设计研究院有限公司

幕墙设计顾问（施工图审查）：同创金泰建筑技术（北京）有限公司

幕墙设计顾问：迪索工程咨询（上海）有限公司

幕墙深化设计：浙江中南幕墙设计研究院

幕墙施工单位：浙江中南建设集团有限公司

竣工时间：2019年9月

与时间赛跑

——武汉建工华达抢建火神山医院纪实

2020年，新年伊始，当大部分百姓回家欢度新春佳节之际，新型冠状病毒疫情在武汉悄然暴发，迅速蔓延。一时间，武汉各大医院门诊部、呼吸科、内科人满为患，突如其来的疫情使得全市现有医疗资源捉襟见肘，为应对急剧增加的被感染人员的收治，保护人民的生命安全，党和政府迅速做出重大决策，抢建火神山医院，以应对疫情需求。

火神山医院，总建筑面积达33940平方米，专门用于收治新冠病毒患者，被赋予了救治重症感染者的重任。该项目从设计到施工，仅有10天的极限工期，旨在以"中国速度"为病患带来希望。而且整个施工过程受到全世界的"云施工"关注，充分体现了中国在应对公共卫生危机时的快速反应能力和高效组织能力。

1月24日，武汉市抗肺炎应急工程建设工作领导小组迅速成立火神山医院建设现场指挥部，调集全国和武汉当地建筑行业的精锐力量，高效快速地推进火神山项目的建设。武汉建工集团作为主力军之一，承担了医技楼、ICU病房楼及部分普通病房的抢建任务。医技楼作为医院的核心区域，功能复杂，空间各异，对施工组织提出了极高要求。1月26日，随着医院设计图的交付，武汉建工集团将室内外装饰这个光荣而艰巨的任务交给了武汉建工华达建筑装饰设计工程有限公司。

而此时的客观条件几乎可以说是困难重重，公司管理人员、技术人员、劳务班组、材料商几乎都在老家过年，武汉封城导致人员、材料和施工机械都难以调动。武汉仅剩不多的人员已经在各大医院抢建隔离区，且大部分人员均已连续工作48小时以上。装饰工程作为整体建筑项目最靠后开展的施工环节，承担了巨大的工期压力，并且还有对新型冠状病毒无形的恐惧。然而，在接到任务的第一时间，董事总经理张波当即表态保证完成任务。在人民利益和生命安全受到威胁的关键时刻，武汉建工华达建筑装饰设计工程有限公司展现出了应有的使命担当和不畏艰难的企业精神。

在火神山医院的建设中，公司调动一切可调动力量组建了精锐而高效的项目团队。董事总经理张波所带领的项目管理团队，从始至终驻守现场，及时协调指挥现场各种情况。5位项目经理和6名生产经理组成4个团队，分别负责四个工区，实行24小时两班倒和多班轮换的工作模式，以确保工程进度。公司各部门负责人也都在第一时间想方设法来到现场，对项目的物料供应、劳务组织、安全管理、信息管理、后勤保障等提供全方位支援。

春节加上疫情的双重影响，导致材料采购和运输面临巨大挑战。多家厂商因缺乏工人或原材料而无法正常生产供货，导致项目部不得不多方协调，想尽一切办法，让厂家临时筹集人员和物资加急生产，让运输车辆迂回绕道上百千米以确保材料及时到场。工地现场货运通道有限，项目现场临近的马路两侧，许多货车成为了临时集装箱仓库，知音湖大道两旁停靠的大货车一眼望不到头，材料转运和临时存储成为一大难题。材料进场须提前向工程指挥部报计划，运输车辆排着队，一点一点地往里面挪。实在来不及了，只能采用人力步行远距离二次转运。

此外，疫情期间召集技术工人也是一大挑战。在公司的号召下，许多工人毅然放弃与家人团聚的机会，不顾个人安危，从各地奔赴武汉。一批批收到指挥部放行证明的技术工人，穿过一道道疫情卡点，很快从各地陆续赶来武汉。第一批的泥工们从黄陂的罗汉街赶来，木工们从江西赶来，地胶铺装工们从石首县赶来……他们是平凡的装饰人，也是英勇的逆行者！他们的勇敢逆行和专业精神，为工程的顺利完成提供了坚实保障。

随着医技楼钢筋混凝土加厚地基的浇筑完成，公司终于有了装饰施工作业面，几十位泥工立刻上阵，三间CT室的砖墙陆续砌了起来，接着是挂防辐射铅板、安装石膏板饰面墙等。另一边，在工地入口的加油站旁，项目部从附近招募的百余名搬运工，点名分组、排队整队，一组组到大路边的货车上，将近千张生态免漆板，几百套门窗组件，包括紫外线传递窗、观察窗、风淋室组件等材料陆续转运进施工现场。火神山医院装饰工程此刻"火力全开"。

工程开工即冲刺，管理人员及工人们全力以赴，每一个参与火神山的建设者几乎都是每天只休息几个小时，轮番上阵，连续奋战。

在施工期间，面对的难题一个接着一个，有因方案的调整导致物料的临时补充难题；有交叉施工导致的施工面人员拥堵难题；有场地限制导致专业设备须拆装重新调试的难题；有配件无法按时到场改用替代方案的难题；这一个个难题在公司指挥部的英明决策下，逐一攻克，确保了医技楼、病房楼装修工程各阶段工序的交接时间。最终，随着屋顶加固焊接和外墙体封堵的全面完成，最终结束火神山医院的所有收尾工作。经过严格的验收，所有区域均符合传染病医院建设验收标准。

随着工程按指定计划的实施完成和军方医疗队的入驻交接，2020年2月2日上午，火神山医院正式挂牌成立，开始承担医疗救治任务。在随后的工作中，公司继续对医院的装饰部分进行维护和完善，确保了医院在疫情期间的高效使用。

火神山医院的装饰工程不仅是对武建华达公司专业能力的肯定，也是对整个团队奉献精神和战斗力的最好证明。在这场与疫情的时间赛跑中，武建华达以其高效的组织能力和卓越的执行力，为抗击疫情作出了重要贡献。

在火神山医院的建设中，公司董事总经理张波以其坚韧不拔的精神，始终坚守在施工现场，面对各种突发情况和挑战，展现出卓越的领导能力和协调能力。在连续高强度的劳累下腰椎间盘突出复发，但她依然坚持在现场指挥和巡视。公司团队在她的领导下，展现了高度的集体主义精神和无私的奉献精神。他们放弃了与家人的团聚，全身心投入到火神山医院的建设中，不惜一切代价，克服重重困难，全力以赴地投入到日夜抢工的战斗中。他们的勇气和决心，为火神山医院的成功建设做出了巨大贡献。

武建华达临危受命，勇于担当，不辱使命地接过了抗疫建设的接力棒，为人民健康树起牢固的防护墙。先后参与了火神山医院、金银潭西院区一标段、存爱园改造等方舱和隔离点改造项目。这些项目均如期交付，在一次又一次地完成艰巨且复杂的医院工程后，取得了诸多家医院的信任和好评。又相继承接了武汉市亚心医院、中心医院体检中心、金银潭医院改造、武汉一医院改造、武汉七医院改造、重离子医院等项目。在此之前，也优质交付了武汉军区总医院、协和医院，成为武汉医疗机构值得信赖的伙伴。

正如董事总经理张波在战前动员时所强调的："火神山医院项目是华达成立以来承担的最有意义、最有分量的一项任务，它不仅是一份光荣的使命，更是一份重大的责任"。在项目成功后，她在接受表彰时更是自豪地表示："经过火神山的锤炼，我们华达人已经证明，没有任何困难能够阻挡我们前进的步伐"。这不仅是对项目团队的肯定，也是对整个公司在困难面前不屈不挠、勇往直前精神的最佳诠释。

战前策划

挑灯夜战

项目基本信息

项目名称： 武汉火神山医院装修工程

工程地址： 湖北省武汉市蔡甸区知音湖大道74号

业主单位： 武汉市城乡建设局

设计单位： 中信建筑设计研究总院

装饰分包单位： 武汉建工华达建筑装饰设计工程有限公司

开竣工时间： 2020年1月26日~2020年2月7日

北京环球影城大酒店

——金螳螂倾力打造北京环球度假区

北京环球影城大酒店坐落于北京环球度假区主入口处，建筑面积为94448平方米，共有800间客房，是全球首家以环球品牌命名的家庭度假酒店，该项目的装饰由金螳螂一分公司承接。

该酒店以电影文化为主题，运用了大量电影元素，穿过酒店一层中塔便可到达环球影城主题公园。项目历时1年零4个月，于2021年1月正式完工。在建造过程中，项目部始终秉承以客户为中心的服务理念，保持不断进取的态度和顽强拼搏的精神，用一次次行动攻克了各种难题，展现了金螳螂良好的形象，最终交付了完美的答卷。

一、文化底蕴，设计提升

酒店设计采用西班牙文艺复兴时期的建筑风格，外墙装饰艳丽多彩，饰以红墙、红瓦屋顶；内部装饰复古而文艺，错综复杂的穹顶、拱圈交相呼应。粉刷是西班牙文艺复兴建筑的必要元素，墙面、顶面采用了大面积白色、浅黄色质感的涂料，处处彰显着复古气息。艺术品、装饰画、背景墙等则采用了大量电影元素，处处体现着环球影城的主题。

由旋转门进入二层酒店大堂，迎面而来的是颇具文艺范的马赛克艺术背景，最吸引人的是星光般璀璨的石材水景，不管你是闲暇游玩还是出差旅行，都会被潺潺流水吸引，驻足停留。四

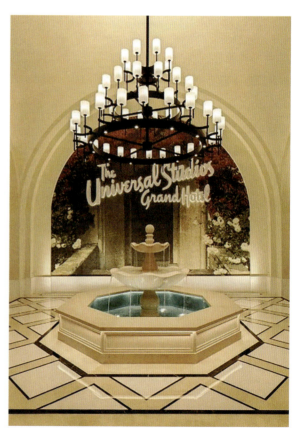

周的顶面设计为穹顶造型，中间则为木纹效果的GRG八角造型吊顶；墙柱面饰以肌理漆涂料，背景为电影主题整体彩绘壁纸；地面黄白相间的石材拼花，加上洁白的服务台点缀，瞬间给人复古又焕然一新的视觉享受。

酒店整体建筑横跨距离较大，共分东塔、中塔、西塔三个部分，为了便于使用，在东西塔之间设计了人行天桥，天桥两侧各开设了大小共21个拱形窗户，天桥地面铺设环环相扣的咖啡色麻面拼花地砖，墙面涂浅黄色肌理涂料，顶面为木纹转印铝方通设计。行走在天桥之上时，透过窗户的光影随着你的移动而跳动，仿佛穿梭在历史长河中，置身于那精彩的文艺复兴时期，感受着浓烈的西方文化气息。

二、高效管理，攻克难题

所有空间装饰设计中，没有繁多的材料品类，也没有过多复杂的设计造型，有的仅仅是大面积的艺术涂料。但正因如此，设计需要凭借材料本身的质感以及超高的质量，通过趋近完美的横平竖直来展现装饰效果。毫不夸张地说，看似十分简单的设计实则是最难的施工项目，重点和难点不仅仅是在面层，基层也一样难以攻克。

无论在施工质量还是在后期维护上，项目部都在每一道工序上严格把控，对所有焊缝进行逐一编号检查，所有材料必须进行取样复试，每个月还会统计验收合格率，合格率不得低于90%。与此同时，公司对项目部也提供了大力支持，160人组成的项目团队为项目的顺利开展保驾护航。与此同时，在每个施工节点上公司也相应提出了具体指导意见，以确保项目施工"不跑偏"，真正做到每一道工序、每一项施工均化整为零，逐一完成每个阶段目标，攻克每一道难题。

在石材的供应上，公司平台也在第一时间给项目部提供了保障，第一时间为项目现场"输送炮火"，避免了前线"断粮"危机，让项目部更好、更专注地把心思放在施工方面。

三、重点区域，精益求精

从进场后，项目部就一直保持着高强度的"作战"模式，全体管理人员不分昼夜，夜晚12点办公室依然灯火通明，超长的工作时长只为实现一个目标：把工程做得更好、更精细，让业主满意。

大堂是体现酒店文化、定位的重要空间，是施工的重中之重。同样，环球酒店的大堂装饰也同样如此，项目部不仅是完成施工装饰，更好精益求精,因为这是展示金螳螂这块金字招牌最有力的一张"名片"。

为了有效推进大堂的GRG穹顶设计方案,项目部安排所有木工连续奋战3个昼夜,快速地将大堂GRG穹顶、拱圈、服务台、柱子造型、水景、主背景、活动家具等全部在实际位置制作1:1模板大样,业主来到现场后也对项目部的方案给予了充分的肯定。

四、不惧严寒,艰苦奋斗

北方的冬天来得特别早,11月便接近零度,为了确保施工质量,抢在气温低于5℃前完成混凝土平整施工工序,项目部组织班组24小时连续倒班施工,同时,管理人员也轮班值守,并在各个施工区域安放温度计,每间隔2个小时进行一次温度统计,实时掌握气温变化情况,及时采取暖风机等辅助供热措施,以确保施工质量。其实,类似的情况数不胜数,但项目部从不抱怨,始终艰苦奋斗,时刻展现着金螳螂人艰苦奋斗的精神风貌。

五、安全施工,生命至上

在安全管控方面,项目部严格按照国家规范、园区以及公司要求进行安全文明施工管理,本着生命至上,以人为本的原则,从严管理。从人员进场到现场施工,再到人员离场,所有步骤都有完善的管理体系。

园区采用全封闭管理,进场人员必须提前五天报备,由项目部授权人持证接入;动火作业必须一人电焊,两人看火;登梯施工必须另外配备一人进行扶梯;临时用电真正做到一机、一闸、一漏、一箱;配备高密度文明施工小组进行现场卫生清理;现场不得使用扫帚等易引起扬尘的工具用具。虽然工期很长,但项目部的严格管理下,没有发生一起安全事故。

六、总结经验、展望未来

环球项目属中外合资的国际性项目,业主方结合了大量的美方管理措施,采取精细化管理,真正执行计划先行,任何事情必须有计划。因此,金螳螂项目团队也从中学习到了新的管理理念,全面调查、摸排市场行情,牢牢掌握主动权,以客户为中心,引领市场潮流。

匠心铸造精品,金螳螂用拼搏践行对业主的承诺,用敬业和认真呵护建筑,凭借高昂的热情和顽强的作战能力,金螳螂将打造更多的精品,把更好的装饰作品、更有生命力的作品呈现给每位业主,每座城市。

项目基本信息

工程名称: 北京环球影城大酒店

工程地址: 北京市通州区大高力庄665号

业主单位名称: 北京国际度假区有限公司

施工单位名称: 苏州金螳螂建筑装饰股份有限公司

竣工时间: 2020年5月

普陀山观音法界

——金螳螂以传世之心打造传世之作

  普陀山观音文化园以观音文化为主题，是集艺术展示、教学研究、国际交流以及文化展示功能于一体的大型文化主题博览园，助力舟山打造为世界一流的佛教文化圣地。金螳螂幕墙与股份四分公司分别承接了文化园法界项目的幕墙及室内装饰，金螳螂作为优秀建设单位受邀参加开园仪式并受到隆重表彰，得到了业主方和设计方的高度认可。

  普陀山居士学院项目由朗捷通公司精心打造，智能科技使园区内的建筑焕发出新的光彩。现代安防技术精密管控园区，为财产安全、人身安全提供强有力的保障；多媒体信息发布系统，实现实时消息发布，一秒知晓整个园内动态；游客行走在园内，耳边时时传来佛教"圣音"，带来沉浸式体验。

  近年来，金螳螂潜心钻研、文化建筑装饰，从十多年前首战无锡灵山梵宫，开启了文化建筑的专业化道路，随后历经九华山大愿文化园、山东兖州兴隆文化园、洛阳天之圣堂、南京牛首山佛顶宫等一系列精品工程。

项目部从跟踪文化园项目到顺利完工历时五年，凭借多年的施工经验，将现代材料、加工工艺与中国古代宫殿文化、宗教元素相融合，打造出砌筑石材、铜板、玻璃、钛瓦、铝板挑檐等元素的现代佛教建筑典范，用信心、耐心、责任心完美再造百年传世之作。

一、古与今，现代与古典完美融合

观音法界最核心的建筑——观音圣坛，是世界上最大规模体量的佛教文化综合项目，建筑外立面形态源自普陀山普济寺所供奉的毗卢观音，是世界上唯一以观音为原型的佛教建筑。观音圣坛的整体结构为"一主两从"品字形建筑群，圣坛两侧分列善财楼和龙女楼。圣坛建筑高度91.9米、建筑面积61900平方米，共9层，金螳螂幕墙团队的负责项目包括：石材砌筑系统、玻璃幕墙系统、屋面钛瓦系统、柱廊采光顶、GRG吊顶、石材雕刻栏杆等所有可见幕墙系统。

为体现原设计中国传统楼阁的特色，项目部将莲花瓣、毗卢帽等佛教元素，檩条、屋面瓦等古建筑元素，与现代双曲面玻璃相融合，对方案进行局部优化，采用大量新材料来实现古建效果。钢龙骨在后场加工，现场拼装，大幅提高了安装精度。深化设计钢龙骨与面板之间的连接件，引入万向铰二连杆连接件的概念，减少加工误差。通过设置拉结件、研发专用的石材砌筑粘接剂等措施保证砌筑石材的安全、美观。

由于幕墙系统众多，各种材料交替出现，金螳螂幕墙团队从投标至施工的全过程中都采用了BIM技术，有利于在开工前及时发现问题、调整设计方案，施工过程中实时监控主体结构是否产生误差，同步及时修正BIM模型，保证偏差在幕墙的吸收范围内。项目部引入VR技术，在未完工前呈现出建筑效果，方便业主及建筑师对现有方案进行确认或调整，确保最终效果的实现。

二、精雕细琢的力量，万物有匠心

走入圣坛，建筑内部核心空间圆通大厅即须弥山，高23.7米、跨度60米，剖面曲率29种、镂空网格15种，是世界上鲜有的大空间、斜交网桥、镂空体混凝土结构，装饰难度与艺术效果对于见惯大场面、完成过多个复杂工程的金螳螂来说，也是前所未有的挑战。

佛教文化艺术品殿堂的圣坛装饰部件数量多达上千件，而且原创性强、构件大、荷载大。以手工精雕细琢、锻打、浇铸和镶嵌等方法制作的飞天、飘带、海浪纹、云纹、莲花、如意等造型的艺术品构件，加上公共环廊和正法光明阁的纹饰纹案共计126种，设计方确认手稿89幅，泥膜38个，实样构件60个，样板段7个。项目部先后奔赴上海、福建和深圳，翻阅参考了各种古建筑及佛教书籍，请教文化专家、艺术大师和非物质文化继承人，多次探讨和交流，将所学一一吸收、消化，不厌其烦地建模、打样，光小样就做了几千件，极力追求艺术品手工痕迹的视觉效果。工作虽然辛苦且繁复，但如此难能可贵的学习机会，项目部全员的收获将受益终身。

须弥山由24组愿门系统、216组佛像系统、鳌鱼地铺和千手观音组成。每组愿门系统的艺术构件材质为黄铜、汉白玉、铜及琉璃，均重达到15吨。环绕墙面由216组佛像系统构成，一共九层，每层24尊。项目部考虑到佛像系统为抛物面受力结构，为确保负荷和载重，采用了结构链接构造，用抱箍式做好固定。每层莲纹云台和佛像为一体化艺术品，一层至四层采用叉装安装，五至九层采用吊装安装方式，莲纹云台现场依靠曲臂车垂直彩绘作业。每层佛像通过BIM扫描和测绘仪形成三维坐标数据，现场设置调节座、管壁套管和调节螺母，确保了观瞻、礼佛和环视360度的视角一致性。

观音菩萨的坐骑是龙首鱼身的鳌鱼，普陀山从空中俯视恰如一条鳌鱼横卧在海面上，这是须弥山整体地面拼花的灵感出处。不同于常见的地面拼花，项目部专门请专业画师一笔一画临摹还原16米直径的地铺，再绘制CAD把控形体的准确性和艺术性。各种稀有颜色的石材总计30余种。项目经理顾国告诉我们，"有些细节部分由比指尖还小的石材组成，最小的只有2~3mm，还要准确无误地镶嵌拼图成画。可以说，它是一幅充满动态的艺术画作，充满了灵性，寓意生动。"

三、看得见的美景，看不见的技术保障

整个大厅的空间跨度大、曲面变化率多，高空作业立体交叉多，脚手架工程体量大、调整次数多，导致作业工效低。项目部综合分析了现场施工条件、环境和工期需求，从安全性、工效性和交叉作业可行性三方面评估"高空作业车辆"及"蜘蛛人施工"两个方案，最终决定提前拆除脚手架，在不足2300平方米的半圆形施工场地内，严密策划、合理调度作业车辆和作业时间，高峰期时先后投入了21辆高空作业设备。

须弥山大厅外表的艺术品大构件由24组莲花叶片、24根吉祥金钢柱及种子字和佛像3大系统组成，每个系统的自身荷载分别为10吨、15吨和5吨。为了确保结构整体的安全性、独立性和稳定性，项目部邀请了具有专业资质的注册结构师提前分别进行荷载受力验算，并经过BIM扫描、碰撞和模型下单各步骤，确保效果的呈现，更保障了安装品质和施工安全。

目前，观音文化园已正式开园，慕名而来的游客在感慨文化建筑的独特魅力时，更能从每一个细节深刻体会设计师和项目人员的倾力付出，金螳螂秉持匠心虔诚营造佛禅文化，成功打造了又一传世之作，更为专业化道路再增稳固基石。

项目基本信息

工程名称：普陀山观音法界

工程地址：浙江省舟山群岛朱家尖白山山麓

业主单位名称：普陀山佛教协会

施工单位名称：苏州金螳螂建筑装饰股份有限公司

竣工时间：2020年11月

博鳌亚洲论坛大酒店及主会场建设亮点

博鳌亚洲论坛，享有"东方达沃斯"的美誉，目前已经发展成为中国开展主场外交的重要平台，世界顶级的国际会议中心。2021年全新亮相的博鳌亚洲论坛大酒店及主会场，由远鹏集团倾力打造。

酒店共有437间面积从51～315平方米不等的客房，以暖色调为主，配合中国古典纹理，既彰显传统优雅风情，又体现亚洲论坛时代感，在房间内就可以一览波光浩渺、河海交融的万泉河和中国南海入海口的自然景观。主会场可以同时容纳2000人与会，以黄色为主色调，给人以高端宏大的印象。

作为展示国家形象的重大工程，博鳌亚洲论坛大酒店及主会场的影响力不言而喻。远鹏人深知这是既艰巨又荣耀的政治任务，集团自上而下发扬务实进取、追求卓越的匠心精神，以科学的施工管理和精湛的施工工艺，最终不负所托，在严苛的工期内高标准、高质量地完成任务，交付了一份完美的答卷，得到了业主及政府相关单位的高度评价。

一、项目施工亮点：基于BIM的数字化建造

1. 搭建BIM技术应用项目管理平台

以项目实际需求为主导，以业主单位、施工单位、监理单位为使用主体，以BIM模型为载体，

关联业务流程中全部资料数据，实现电子沙盘、工程进度、质量、安全、成控、监控、文明施工、文档资料、结算、运维测试等全要素BIM技术应用管理。

本项目引用BIM技术贯穿项目"设计—深化—施工—管理"一体化应用，并为项目后期运维提供完善的运营信息，探索BIM技术的全过程深度应用，提升项目效益。

2. 施工阶段应用

（1）施工深化设计

将国家及行业规范、设计图纸、施工工艺等融入施工作业模型，使施工图满足施工作业的需求。依据设计单位提供的施工图与设计阶段建筑信息模型，根据自身施工特点及现场实际情况，完善或重新建立可表示工程实体即施工作业对象和结果的模型。竖向净空优化：在不发生碰撞的基础上，利用BIM技术应用等手段，调整各专业的管线排布模型，最大化提升净空高度。

（2）进度管理

现场每周根据工地施工进度创建周任务，并实时监测完成进度。通过BIM 5D平台，将进度计划和BIM模型相关联，能够看到各时间段的实体工况，并且进度计划和清单相关联，还能看到资金资源曲线。这样，若进度出现滞后现象，项目部便可及时发现问题关键点，并采取专项措施保证施工进度。在施工现场，手机记录数据成为主流模式，现场的每个区域、每个工序的工种类别、各工种的人员数量、每天材料出入库情况、现场各分包使用机械数量及台班数等数据，都可以随时用手机记录，与项目管理平台同步。此外，后续隐蔽工程验收、签证变更、索赔佐证、实际进度比对等也有据可依，对工期目标进行里程碑控制。

（3）质量安全管理

基于BIM技术的质量与安全管理是通过现场施工情况与模型的比对，提高质量检查的效率与准确性，并有效控制危险源，进而实现项目质量、安全目标的可控。

通过BIM模型可视化的特性对施工人员进行可视化交底，从而识别危险源，避免由于理解偏差造成的施工质量与安全问题。通过这种方式，解放了管理人员的时间及空间，平台利用规定整改时限、明确整改责任人等方式，使得现场管理效率得到显著提升。

二、项目创新亮点：关键技术——DFMA

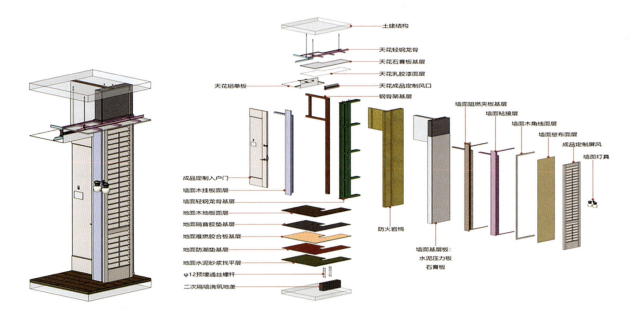

项目基本信息

工程名称：博鳌亚洲论坛大酒店及主会场装修项目

工程地址：海南省琼海市博鳌东屿岛远洋大道1号

业主单位：中远海运博鳌有限公司

施工单位：深圳远鹏装饰集团有限公司

竣工时间：2020年

华西装饰匠心打造智慧养老社区

——记中国人寿天津空港经济区养老项目

2024年是中国建筑装饰协会成立40周年。40年风雨兼程，中国建筑装饰协会始终屹立于行业前沿，引领行业发展，助力行业进步。在此，以获得詹天佑奖优秀住宅小区金奖——中国人寿天津空港经济区养老项目为例，分享一个融合智慧、科技创新、绿色环保的精品工程，向中国建筑装饰协会成立40周年献礼。此项目不仅是华西装饰发展史中的里程碑工程，也是该公司为中国养老事业贡献力量的生动写照，更是中国建筑装饰行业蓬勃发展的一个缩影。

一、项目背景与意义

中国人寿天津空港经济区养老项目位于天津空港经济区，作为中国人寿旗下医养结合型养老养生社区，不仅是中国人寿贯彻落实"健康中国"和"积极应对人口老龄化"国家战略的重要投资项目，也是中国人寿与天津市各级政府联手打造的重点民生工程。

项目总建筑面积133107.12万平方米，地上96154.5平方米，地下36952.62平方米，由活力居住区、护理栋、康复中心、配套服务用房及地下车库组成。项目全新构建"养、护、防、疗、康"五位一体的全周期、全方位医养结合模式，对于缓解人口老龄化带来的"养老难、医疗难"的社会问题有着示范意义。

二、项目亮点与特点

项目秉承"回归自然""生生不息"的设计理念，整体布局不同于传统养老社区四四方方的兵营式布局，别出心裁地引入中国传统长寿养生之道——阴阳五行的概念，将之糅合进建筑与空间的形态上，在社区形成重叠交汇的区域，使景观呈现出丰富的变化。

项目设计十分注重细节打造，为老人打造舒心安居之所。公共区域设置无障碍坡道、风雨连廊、无障碍扶手等。户型内部运用装饰色彩、标识标牌，以及双猫眼、智能门锁、中央空调、新风系统、防滑地砖、感应智能马桶盖、多样化的助浴方式（沐浴凳、步入式浴缸、机械浴室）等设计，让长者居住更加舒适、安心。

此外，房间厨房采用无明火设计，在满足长者基础烹饪需求的同时，较大限度地保障长者的安全。卫生间设计成干湿分离式，可以快速排水。同时，灯具采用防眩光照明，开关两地控制，夜灯独立控制，使长者日常开关灯更为便捷。房间内呼救拉绳距离地面约30厘米，确保长者意外摔倒后也可以使用拉绳求救。

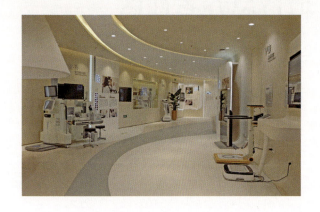

三、施工重点及难点

1. 展示中心提前交付

配套用房展示中心是项目的门户区域，进场之后，建设单位要求必须在45天内完成展示中心的全部施工。但是此时展示中心只有主体钢结构完成，其他所有工序均未开始施工。面对这一艰巨的任务，本公司迅速成立攻坚领导小组，在外墙脚手架未拆除的前提下，对展示中心整个外围进行阻燃板临时封闭，并在内部加设防风保温以及取暖设施。这一举措有效地为展示中心创造了最基本的施工条件，为后续工作的顺利开展奠定了坚实基础。

展示中心所有造型均采用异形设计，在施工过程中，与钢结构专业、幕墙专业、安装专业同步施工，在场外对所有异形构件进行1∶1精确放样，经过反复复核无误后将所有异形定做产品提前加工。最终，完美还原设计效果，实现异形造型流畅、美观，向建设单位交出一份满意的答卷。

2. 适老化扶手的定位

本工程在卫生间、淋浴间以及走廊设有大量的无障碍扶手，考虑到长者使用安全问题，扶手固定和安装必须严格遵循规范，确保100%达标。但是项目团队进场后土建二次结构墙体砌筑工程（砌块墙体）已经完成一半，这给施工工作带来极大困难。面对这些挑战，项目部组织一支由技术专家和施工人员组成的工作团队分两部分开展工作。一部分负责对未砌筑的墙体提前进行图纸定位和现场实际定位，并根据二次结构进度，提前预埋混凝土砖（扶手固定点位）。另一部分则对已经完成的砌筑墙体在抹灰前完成墙体开孔，并灌注混凝土以固定扶手，同时，两个班组之间进行严格的点位偏差校对。

这种做法虽然耗费大量劳动力和技术力量，但是提高了扶手的固定质量，保障了长者的使用安全，避免了后期可能出现的结构性问题。时至今日，在每月对建设单位的回访中，始终将扶手使用情况作为关注的焦点。令人欣慰的是，至今尚未发现任何一处扶手存在质量问题，这不仅是对工作成果的肯定，更是对长者生活品质的保障。

3. 涉水房间的防水施工

本工程以城市"养老新模式"为目标，定位中高端持续照料社区，施工的标段包含大体量的生活套间（洗手间、厨房），涉水房间数量约600间，管道贯穿楼板点位约3000处，做好涉水房间的防水工作至关重要。在实际施工过程中，项目团队统筹安排，统一工序标准，对封堵处进行细节凿毛，局部防水材料多层叠加，加强其细节验收。实行专人闭水实验管理与责任制，确保涉水房间100%闭水实验合格，不留隐患，为居住者提供一个安全、舒适的居住环境。

针对老年人群淋浴时的安全保障，本项目特

别设计快速排水地漏系统。每个房间设置3~4处快速排水地漏，以优化排水效率并降低滑倒风险。然而，这样的设计布局让泛水找坡工作面临极大挑战。此外，快速排水地漏的条形长度超过了1000毫米，要求预留的排水口必须与水电预埋的孔洞精确对齐，对加工精度提出极高的要求。

为确保施工质量，项目团队在进场后对所有的排水点位进行了细致的复核，对存在偏差的部位精准调整。同时，为保证每一个点位安装的精确度，全部地漏均由专业的不锈钢工厂采用等离子技术切割，所有焊口均使用机器焊接。通过这些精细化的施工管理和工艺控制措施，本项目成功实现了长者淋浴间的安全、高效排水，同时提升了整体装修的专业度和品质感。

4. 质量控制塑造精品工程

项目伊始，公司与项目团队便明确树立了勇夺"詹天佑奖"的建设目标，并根据公司要求制订了相应的创奖实施计划。施工过程中，项目团队精益求精，将质量控制作为工程管理的最高目标。为此，项目团队将质量目标进行分解，建立各级质量责任制，将质量管理职责落实到每一个管理者、操作者的身上。施工前坚持技术交底制度，施工中严格按照设计图纸和施工方案进行施工，加大检查监督力度，抓住施工过程中的质量控制点，确保工程质量可靠。工程资料与工程实体进度同步性控制，确保施工过程工程资料真实、可靠、有效。

四、科技创新与新技术应用

项目部积极应用现代新科技，为老人打造智慧新生活。建设中，工程以"科技赋能住宅"为主线，运用智能化设施，实现室内设备智能化控制，打造综合信息服务平台，构建"平台+产品+场景"的服务模式，营造健康、安全、舒适、便捷的宜居环境，形成集居所与智享于一体的智慧住宅小区。

室内装配24小时全置换新风系统，确保每两小时室内空气得以全面更新，实现全新风、无回风，杜绝二次污染。同时，室内还安装了先进的多联式空调系统，进一步净化室内空气。该系统在循环除尘杀菌的同时，有效排除甲醛、TVOC等有害成分，同时项目采用中水系统，为居住者营造一个清新健康的居住环境。

为确保室内环境的宁静与舒适，所有房间均采用双层隔音设计。在装饰装修时，在墙面和天花板上使用了吸音材料，如吸音板、吸音棉，以吸收室内噪声，降低噪声反射，使隔音效果在符合规范45分贝的基础上，进一步提升20%。

五、绿色施工与可持续发展

项目在设计之初提出了"绿色环保"的生态理念，项目部始终坚持将这一理念贯穿于施工全过程，用实际行动诠释绿色环保理念。

1. 环保材料

为了实现绿色施工的目标，项目部在材料采购上优先选用节能、环保、低碳的材料，降低建筑能耗。如选用环保新型材料覆膜钢板替代木饰面，与传统木饰面板相比，覆膜钢板采用环保工艺，有效减少有害物质的排放，提高室内环境质量，为居住者营造一个健康的生活空间。同时拥有更出色的防火、防水、防潮性能和极高的可回收循环使用性，符合可持续发展的要求。

2. 节能减排

在整个施工周期内，项目部实施多项节能减排策略。公共和生活区域的照明使用LED节能灯；将建筑垃圾集中摆放、集中清理，这一举措不仅提高了垃圾处理的效率，而且实现了资源的循环利用；在进行拌和砂浆作业时，指定位置施工，施工用水指定专人管理，避免施工用水浪费的同时确保不会对水源造成污染。

此外，该项目处于市区，人流量大，对噪声、粉尘、光污染处理要求高。实际施工过程中，项目现场采取全封闭式施工管理，夜间加班施工时，对窗体、透明幕墙进行遮挡，选用噪声低的设备并对高噪声设备进行降噪处理，使噪声、扬尘等污染得到有效控制。

六、结语

中国人寿天津空港经济区养老项目自2017年7月开工，到2021年1月竣工，历时42个月，面对疫情影响、冬雨季施工、工艺复杂等困难，项目人员科学合理组织施工，坚定奋战在建设最前沿，全力以赴抓质量，抢进度，赢得了建设单位的一致好评。

一座詹天佑奖的背后是建筑人沉甸甸的梦想和追求。中国人寿天津空港经济区养老项目的成功，饱含着华西人在项目建设中精益求精的不懈努力和对高品质的超高追求。三十余年来，华西装饰始终将信誉和质量作为公司生存发展的根本，用匠心筑就了一批精品工程。未来，公司将继续坚持"筑精品工程，为世界创造美好的'家'"的企业使命，创造出更多精品工程，为建筑装饰行业发展作出积极贡献。

项目基本信息

工程名称： 中国人寿天津空港经济区养老项目
工程地址： 天津空港经济区
业主单位： 国寿（天津）养老养生投资有限公司
施工单位： 四川华西建筑装饰工程有限公司
竣工时间： 2021年1月

助推西南最大航空枢纽建设，彰显装饰行业龙头企业风采

——博大建设集团成都天府国际机场项目建设纪实

成都天府国际机场是我国"十三五"期间规划建设的最大民用运输枢纽机场项目，定位为国家级国际航空枢纽，是丝绸之路经济带中等级最高的国际航空枢纽之一，也是成渝地区双城经济圈国家战略的重要支撑。成都天府国际机场航站楼总面积为71.96万平方米，为中国首个采用"手拉手"构型机场，航站楼外形的设计灵感来自金沙遗址出土的太阳神鸟金饰，从空中俯瞰，两座航站楼犹如两只神鸟振翅欲飞，尽显机场整体人文特色。航站楼总计83个廊桥机位，能够满足2025年2800万人次国内旅客吞吐量和1200万人次国际旅客吞吐量的需求。

我司承接的成都天府国际机场T2航站楼精装修九标段，施工区域涵盖到达迎宾及行李提取大厅、再值机安检区、远机位出发及到达厅、APM捷运系统站台、空陆侧扶梯区域全部装饰及部分安装工程。成都天府国际机场T2航站楼项目已于2021年6月27日正式投运，该工程荣获中国建设工程鲁班奖（国家优质工程）。

一、绿色机场，设计先行

成都天府国际机场整个航站区的建设是按照三星级绿色建筑标准实施的，成都天府国际机场已获得国家绿色建筑三星认证，绿色机场的理念贯穿在整个建设过程中。成都天府国际机场T2航站楼项目无论从装饰材料的选用、深化设计还是施工过程控制，都贯彻了绿色机场的理念，从深化设计阶段就将"四节一环保"理念融入设计中。设计中注重模数化、人性化、概念化的应用，在深化设计阶段中，利用BIM技术将大量构件材料，如蜂窝铝板、石材、GRG等进行工厂化预制后再到现场进行安装，运用BIM导出的数据可以极大程度地减少预制构件的现场测绘工作量，同时还有效提高了构件预制加工的准确性和速度，使原本粗放、分散的施工模式变为集成化、模块化的现场施工模式，从而很好地解决了现场加工场地狭小、现场制作困难、加工质量难以控制等问题。同时，在选材上重点解决节能环保和质量通病，多选用可再生、可降解的环保型材料，高效节能的材料，精确加工制造的复合型材料，最大限度

地节约资源与减少对环境负面影响的施工活动。

二、科技创新，巧攻难题

成都天府国际机场T2航站楼的羽毛状吊顶，其设计灵感来自金沙遗址出土的太阳神鸟的羽毛。用菱形蜂窝铝板拼接成吊顶，在紫色灯光的照耀下，远看犹如太阳神鸟展翅欲飞。羽毛状吊顶空间造型新颖，吊顶标高变化多，整体呈不规则曲面构造，安装施工难度非常大。

1. 难点一：高空大吊顶施工

钢结构网架不仅弧度变化大，而且跨度很大，势必导致了屋面吊顶施工难度、危险系数相应加大，吊顶距离地面高度均为20米以上，若采用传统的满堂脚手架施工方式，在施工空间、安全上的缺陷，特别是在空间上完全限制了其他工种工作的开展，会严重影响工程进度。项目部根据现场实际情况，灵活运用反吊安装方法，利用上部屋顶网架钢结构搭设操作平台进行基层龙骨和铝板吊顶的安装，在操作过程中通过设置安全网，配置生命绳和缓冲型安全带等方式，降低了施工安全风险。克服了传统满堂脚手架施工中出现的主体交叉困难的缺点，保证了施工的质量和进度，节省了安装措施费，经济效益显著。

2. 难点二：大吊顶特殊龙骨系统设计

特殊龙骨系统设计是否合理决定着能否成功实现大吊顶面板的设计整体效果，在龙骨系统设计中应着重考虑与钢结构屋面的连接方式、与面板的连接方式、系统安装的简易性、翻转面板的可调节性，还要满足防火、声学、耐久、牢固等要求。特殊龙骨系统主要包括抱箍、龙骨、万向调节件、连接件等，设计必须经过结构受力验算，结构系统应合理简洁，减少屋面钢架承受的荷载。天花面板是随着屋面的曲率旋转的，面板必须以单元框架的形式通过龙骨系统的转接支架构件与空间构架固定，连接构造应可以调节，以适应双向曲面屋面上不同的固定条件，同时要方便控制误差。还要充分考虑风荷载，在深化设计中计算风荷载的取值需达到风洞实验报告的要求，应加强龙骨系统布置的密度及加设防风扣，每块吊顶面板与龙骨用钻尾螺栓锁死固定；同时，还应考虑过渡季节室内自然通风及自动门开启时的瞬时风压对室内吊顶带来的影响。

在施工过程中，项目部发现原特殊龙骨系统设计中的连接爪件过于复杂且重量较重，安装连接爪费工费时。为攻克特殊龙骨系统的缺点，公司组建技术攻关团队进行技术攻关和科技创新，经过设计、核算和论证，推出了适合成都天府国际机场T2航站楼大吊顶系统安装的特殊龙骨系统设计，并通过了专家组论证，得到了业主及原设计单位的认可。

三、精益求精，追求卓越

机场项目大面积地面石材铺贴施工质量的好坏直接影响着工程的整体技术、工艺和质量水平。在T2航站楼装修工程中，地面采用的是巴拉白、吉林白等石材，如何克服巴拉白、吉林白出现"锈黄""水斑"的情况，以及大面积石材铺贴平整度难控制等难题是决定石材铺贴质量的关键。在施工过程中必须坚持科学的态度，树立创新思维，勇于科技创新，才能攻克石材铺贴中的种种疑难，确保石材铺贴的质量，从而有效带动装饰工程内在质量和外在形象整体水平的不断提高。

为了保证石材铺贴质量，我公司首先从源头控制石材的质量，在合同中要求供货商在同一矿山，同一塘口，同一矿层采料供料，同时选择国内大型加工厂进行石材加工，在合同中约定石材防护剂的品牌和石材运输方式及保护措施等技术参数。其次找准石材病变原因对症下药，通过优化石材加工工艺，增加石材升温烘干环节、石材除锈和石材防护三个环节来从源头上杜绝石材的病变。在施工过程中优化巴拉白、吉林白等石材地面施工工艺，通过精确定位，合理分区来控制大面石材铺贴容易出现的表面不平整、缝隙不平直、接缝高低误差大等质量通病，用高分子益胶泥代替传统的水泥砂浆粘接层，基于高分子益胶泥材料的粘接强度高、防水、耐碱性，有效控制了因施工不当引起的石材病变，同时解决了大面积巴拉白、吉林白等花岗岩铺贴空鼓、起拱、开裂等质量通病。解决了大面积巴拉白、吉林白等花岗岩石材地面铺贴的难题，有明显的社会效益和经济效益。

APM捷运系统承接了整个天府国际机场内部航站楼之间的运输功能，APM地面采用整体地面施工工艺，简约而不简单；整体地面以天然石料、水晶颗粒、贝壳和玻璃等绿色天然的装饰骨料，取材天然，无毒环保；采取无尘打磨工艺，施工现场干净整洁；采用无溶剂环保材料，无任何异味，是符合绿色装饰理念的新型环保地面材料。

走进行李提取厅，映入眼帘的是近3000平方米的超宽幅灯膜装饰，灯膜采用的是可开启式灯膜施工技术，宽幅超过4米。博大项目团队反复打样实验，历时近2个月的时间，最终解决了因灯膜龙骨产生阴影的"不治之症"，保障了装饰效果的完美展现，同时，地面还采用了地暖技术工艺、铝方通吊顶工艺、白色蜂窝铝板吊顶工艺等。在验收阶段，专家们一致认可此区域为T2航站楼综合性最强、施工难度最大的区域。

四、博大铁军，攻坚克难

博大建设集团项目团队发扬铁军精神，攻坚克难、团队协作，始终牢记"让顾客有幸福感"的企业魂，将履约视为生命，最终不负众望，圆满完成国家重大工程建设，彰显了装饰行业龙头企业的责任和担当。

项目基本信息

工程名称：成都天府国际机场航站区精装修工程施工九标段
工程地址：四川省成都市简阳市芦葭镇空港大道
业主单位名称：四川省机场集团有限公司
施工单位名称：深圳市博大建设集团有限公司
竣工时间：2021年3月

"一带一路"上的"天府之檐"

——"大国央企"匠造装饰行业超级工程

岷山峨峨，蜀水泱泱，唯此名都，九天开水陆辐辏，货殖荟萃，华章耀中华，弦歌暖神州。在成都这座承载着三千余年历史的古蜀文明发祥地，一个全新的地标——天府国际会议中心在天府新区秦皇湖畔延绵伸展开。全国最大单体会议中心，全国最长连续瓦屋面建筑，亚洲最大单体木结构建筑……一条蕴含中国传统韵味又不失现代语汇的屋顶檐廊，宛如成都平原地平线的截取，展现出天府之国静谧的东方意境。

一、工于心，匠于艺，设计引领躬身入局

景观檐廊、临湖架空、出檐深远，为成都献上一段极致安静水平线美景的，便是天府国际会议中心。该项目是全国最大的单体会议中心，全国最长的连续瓦屋面建筑，亚洲最大的单体木结构建筑，更是中建装饰集团和中建深装发展史上单体量最大的工程。

"以设计为龙头带动施工和经营是公司的一项重要战略。天府国际会议中心项目作为装饰EPC总承包项目，坚持设计引领，实施3D扫描、BIM建模、测量放线和精准定位，完美实现了装饰与土建的极致融合。"天府"三九大"文化、金沙古蜀文化、藏羌彝民族文化及蜀绣、竹、木、芙蓉等文化……项目处处彰显了川蜀特色、成都元素。"在做天府国际会议中心项目时，公司的设计团队通过走访西南多所研究院和多个巴蜀历史古迹，并到多所高校的建筑系拜访取经，经过反复推敲，汲取了古典建筑的经典元素及比例，在最终的设计方案中确保了整个会议中心大气、厚重的美感，体现出巴蜀包容、方正的格调，为项目后期的高品质履约奠定了基础。"时任项目总指挥王定华（中建深圳装饰有限公司西南分公司副经理、天府国际会议中心项目总指挥）回忆说道。

天府国际会议中心以"天府之檐"为主题，设计理念传承中华文化精粹，整体建筑运用古代传统文人的造园智慧，因势利导，借景引气，与秦皇湖一起形成了具有地域文化内涵的空间场所。项目设计元素中，有见证商周历史的太阳神鸟元素，有中国四大名绣之一的蜀绣元素，有被誉为"活化石"的国宝熊猫元素，还有提炼于三星堆文化中铜树九鸟的造型元素。在景观设计中，以天府大美风貌为原型，引入川西林盘、锦江水韵、成都院子、成都坝子、川西民居等地理人文风光意境，用"造园借景"的手法塑造相互交融的空间特质，邀请了包括国内色彩、声光、竹文化、竹种植、景观等方向的近20名专家，以及谢天设计事务所等近10家国内外知名设计机构参与，提升了天府国际会议中心项目的工匠艺术品品质。

"天府之檐"作为天府国际会议中心的前厅木结构檐廊，是天府国际会议中心的最大亮点，与CBD中心高层大厦形成"横纵"的鲜明对比。"天府之檐"沿秦皇湖东侧展开，以中国古建筑佛

光寺大殿抬梁式木结构为原型，建构了一条长430米、高32米、跨度16米的超尺度木结构空间，为亚洲最大单体木结构建筑。而430米也是全国最长连续瓦屋面建筑，犹如成都平原延绵伸展的地平线。

二、夺精妙，晋一流，六大创新厚植优势

在项目主入口的中国古建明堂形制，中庭园林还原了一幅川西林盘传承千年的优美画卷，北入口简洁的熊猫装置艺术，软装以贡嘎雪山的雄伟傲岸之姿展现大国形象……天府国际会议中心项目充分融合蜀地文化元素，以国内顶尖设计水准，运用先进的绿色智慧建造技术，打造了国内一流会议会展空间，填补了西南地区高端会议服务空白。项目通过"高""大""新""尖""奇""净"6项特点，共获得专利授权3项、省部级工法3项，发表核心期刊论文3篇。

1. 多维度"高"空间装饰梦想

天府国际会议中心南北入口大厅室内梁板高19.7米，装饰标高18米，墙面和顶面施工难度大，要求10天内完成墙面石材和顶面铝板的安装。项目最终通过技术方案反复推演，确定墙面采用满铺吊篮+电动葫芦进行施工，吊顶采用装配式施工技术用直臂高空车配合安装，通过墙面和吊顶的平行协调施工，解决此空间"高"的技术难题和"快"的节点需求，最终提前完成材料的一次到货组织，2天内完成南北大厅吊篮和电动葫芦的布置，8天和7天内完成吊顶及墙面安装。

迎宾大厅的板底标高为10.6米，装饰标高为8.1米，吊顶为大板块蜂窝铝板造型。由于迎宾通道处于项目材料运输及人员主通道上，同时受扶梯通道口的影响，施工措施选择应不影响墙面施工，工艺应选择快速整体安装形式。最终，项目选择直臂高空车+剪叉式高空车作为施工措施，施工顺序采用从中间往两侧的方向，工艺方面采用装配式施工技术，既保证了工期和施工的流畅性，又确保了成品质量。

2. 多高度"大"尺寸饰造未来

南北会场活动隔断高达12米，宽度1~1.2米。隔断采用了厂家成品移动隔断，运用装配式施工技术，骨架与饰面板构配件标准化，安装时利用高空车配合电葫芦进行整体吊装安装。迎宾大厅柱面铝板高达9米，项目部采用无拼缝通长设计，面板为15毫米的蜂窝铝板。为便于运输和运输成品保护，超长蜂窝铝板的切割、刨槽等细部加工在工厂内完成，现场设置折弯加工台配合折弯固定设备进行直角折边加工和安装配件安装，板块现场加工组装完成后，利用剪叉式高空车进行整体装配式安装。

3. 多量度"新"工艺摇缀川蜀

北会场和GF层中会议室墙面的大熊猫及锦鲤图案蜀绣饰面是该项目的画龙点睛之笔。蜀绣采用真丝底布印绣结合的工艺手法，其中重点表达图案如大熊猫、锦鲤先印电脑底纹图案后由蜀绣大师按传统蜀绣专用针法进行绣制，确保蜀绣图案生动活泼。然后通过整体电脑排版将蜀绣图案均布拆分，分割部分采用超绣连续工艺，确保蜀绣的整体性和连续性。蜀绣图案根据板块尺寸将板块4个角的位置通过电脑排版定位在饰面布上打印标记出来，作为蜀绣饰面布与铝板硬包板块复合时的基准参考定位点。蜀绣布采用阻燃耐候粘接剂满喷涂工艺与铝板紧密复合，单块铝板采用可拆卸方式安装，方便更换和维保。

4. 多域度"尖"端设备引领饰界

南北会场应用了裸眼3D系统，采用激光二极管光源技术，其芯片采用3个0.96英寸DMD芯片，对比度可达20000：1，亮度达31000流明。同时支持信号备份功能，当主信号输入故障时，0.3秒内自动切换至辅信号，保证图像不中断，运行温度为0~50℃，运行湿度为10%~80%（无冷凝），噪音控制在49dB内，为整个会场提供了更高端的会议功能。基于视频监控系统、报警系统、人脸识别系统、智能分析系统、车辆管理系统、

治安卡口、室内定位及其他信息化管理系统，结合大数据智能分析技术、三维图形虚拟化、三维可视化等技术，打造数字孪生世界，构建立体防控系统，并在三维立体模型平台上展示各种信息资源，可供指挥人员更加直观、高效地了解安保态势，最大程度预防突发事件。

5. 多角度"奇"特造型闪亮巴蜀

北会场吊顶整体为双层单元式山丘造型设计，吊顶面积6000平方米，吊顶高度达12米。测量采用3D扫描技术对会场进行空间扫描，运用BIM技术进行单元化排版，现场整体装配式安装。施工时在地面制作造型胎架组装山丘造型单元，包括基层钢架龙骨及连接吊杆，然后利用剪叉式高空车将胎架和造型单元整体顶升至安装部位进行安装，防止安装过程变形，确保安装质量效果。南会场吊顶为双层双曲铝方通太阳神鸟造型设计，吊顶面积3000平方米，吊顶高度达10.5米。采用3D扫描技术+BIM技术进行模块化提前下单，运用装配式安装技术进行现场组装。

6. 多新度"净"化装修民生福祉

项目从设计、材料、检测、施工、处理几个方面进行控制，确保项目最快打造"最洁净"的室内空间。实施健康装饰设计。项目在方案设计阶段选用绿色健康材料，并通过造型深化和结构排版呈现方案效果。同时在工艺设计上进行免基层板设计，选择钢铝骨架等形式，从选材源头控制污染，确保健康。健康装修材料选择。所有材料选择环保装修材料，材料招标时明确环保性能要求并送样，不满足项目健康环保性能标准的材料厂家不允许参与投标，过程中对材料进行环保抽检，从源头控制室内环境空气污染源。过程健康环境监测。过程采用公司研发的材料检测舱，对所有进场材料进行检测，严控超标材料进场。前置深入到材料家具加工厂进行环保监测，现场实施过程中采用空气检测仪全天候实时检测，针对超标环境及时制止、分析和处理，保证施工整个过程现场绿色健康。制定健康施工方案。现场采用集中加工、装配式施工方案，集中加工区设置焊烟吸附设备和降尘除污措施，减少现场焊接作业和涂料作业。保证健康空气治理。通过采用物理性净化设备、负离子空气循环冷风机和菲尔博德空气净化器等设备，搭配二氧化钛纳米光触媒，对可能出现污染的所有物件进行净化治理。

三、守安全，重革新，智慧建造改革升级

习近平总书记于2020年4月10日就安全生产作出重要指示，要针对安全生产事故主要特点和突出问题，层层压实责任，狠抓整改落实，强化风险防控，从根本上消除事故隐患，有效遏制重特大事故发生。项目部严格落实习近平总书记的指示精神，成立了以项目经理为安全生产第一责任人的安全生产工作小组，建章立制建构起管理责任矩阵图，实现了从进场施工到完工交付无一起安全事故。为此，项目部全员细化各岗位安全职责，以标准化管理为指引，以安全文化建设为点缀，实现了从观望到主动执行的转变，协力同心共筑项目平安。

创新升级，引入执法仪和安全监控系统项目安全人员佩戴执法仪抓拍违章，配合项目试点运营的安全监控系统，通过远程监控实时传输现场情况至监控室，以达到监督效益最大化，随时将违规行为抓拍留底，作为反面教材督促其他施工人员，大力促进项目安全文明建设。科技联动，缔造精益建造和过程管控精品。施工现场实行封闭管理，入口设置实名制门禁系统，实时监控管理现场施工人数和工种，有效控制超龄人员、未教育进场、违章统计等，导出真实劳务考勤数据。同时，运用数字化劳务管理平台，通过手机实现工人信息、实名制考勤、劳务成本分析、大数据服务和实名制平台对接五大功能。与时俱进，采用二维码管理系统进行人员管理。工人基本信息、进场安全教育、施工机具使用操作交底、现场安全技术交底、施工质量技术交底等均通过二维码识别掌握管控。同时推广安全微信小程序，运用

安全微信小程序，及时监管危险源，进行安全教育、检查等，达到预防事故发生的目的，打造智慧型安全工地。

眼界决定视界，品质成就品牌，品牌造就未来。中建深圳装饰有限公司用60天打造了"国会速度"、月产值3亿元的履约神话，让世人看到了大国央企的专心专注、精益求精和独具匠心。发展的画卷在接续奋斗中壮阔铺展，壮丽的华章在巨笔擘画下跃然如见。未来，中建深圳装饰有限公司将一如既往地秉承"大国央企"的责任和担当，助力中国建筑装饰行业高质量发展进步，为推动中华民族伟大复兴和祖国的繁荣昌盛贡献最大力量。

天府国际会议中心

项目基本信息

工程名称： 天府国际会议中心

工程地址： 四川省成都市天府新区蜀州路3333号

业主单位： 成都天府新区投资集团有限公司

土建单位： 中建三局集团有限公司

施工单位： 中建深圳装饰有限公司

竣工时间： 2021年4月12日

匠心"读"运"斧"有书，
技术精者"器"自华

一座建筑，不仅是一种能为人们提供活动空间的构造，还是展示某个地域朴素的人文精神和非凡的环境理念的具体标识。著名哥特艺术爱好者雨果在《巴黎圣母院》中说，人类没有任何一种重要的思想不被建筑艺术写在石头上。建筑不只是一种文明的表达方式，更是所有独立而丰富的灵魂的栖息地。

《读者》杂志作为中国人阅读的心灵读本，曾以"博采中外、荟萃精华、启迪思想、开阔眼界"的办刊思想，影响了一代又一代中国人的精神世界。位于黄河南滨的读者出版集团，更因《读者》杂志的精神魅力吸引了一大批"粉丝"前来寻找青春的记忆，还作为兰州乃至甘肃的一张文化名片，以其"望得见山，看得见水，读得懂心灵"，充满文化气息和书卷意蕴的建筑风格，吸引诸多游客云集"打卡"。

一、远似银龙卧水边，近看半冰半烈焰

读者出版集团办公楼位于读者大道与平凉北路交汇处。从远处看，它头枕皑皑白塔，尾呼巍巍兰山，与水车博览园仰首齐颈，同护城河玉带缠绵，左临著名的敦煌研究院，右伴知名的甘肃画院，前有葱郁的排排银杏树、李子树列队护守，背靠雁滩公园的亭台楼榭盈盈绿水，好似一条赤头银龙临护城河而盘卧；从近处看，办公楼分"A""B"两座，颜色以冰灰色和红棕色为主，中间以天桥连接。"A""B"两座楼，好像翻开的一部大书：A座以时尚、张扬的冰灰色为主，冰

办公楼A、B座鸟瞰视角

办公楼A座入口

办公楼B座视角1

冷中带着一份勇往直前的坚定，尤其整齐规划的落地窗恰似印刷体的方格，而爬于中间的三只蜜蜂，抖动羽翼，簇头采蜜，好似勤奋的编辑在浩瀚的书籍中为人类汲取精神的养分，书写着激越昂扬的现代画卷；B座以成熟稳重的红棕色为主，这抹红色，好像是整体的冷色调中喷薄而出的烈焰，带着直冲云霄的热情，讲述着读者不忘初心的故事。而连接两座楼的天桥，好似一轮坚固的"书脊"，打通了读者的过去和现代，也将两座建筑的生命脐带无声地融在一起。

二、乘风扬帆逐激浪，旋砚流光舒画卷

读者出版集团"A"座建筑地下一层，地上四层，建设于2004年，2020年改造，建筑面积近9000平方米，因线条流动、颜色明快、错落有致的现代建筑形态，成为兰州北滨河路东段的区域性标识。其中多功能会议大厅二层通高，半椭圆呈船头形，竖起的避雷设施恰似桅杆，让该楼整体看起来像是一艘乘着时代的东风扬帆破浪而行的船。这艘"帆船"给人视觉上提供了"运动中的空间"。加之门前银杏成蹊、曲径幽幽，营造出一种"移步换景""咫尺山林"的绝妙景色。

"B"座建成于1998年，2020年改造，亦为地下一层，地上四层，建筑面积1万余平方米，坡檐、马头山墙的仿徽派的建筑特征使其与"A"座建筑风格迥异，它更像是一尊雕工细腻的方形砚台，镂空设计营造的空间高低错落，形成俯视、仰视之别，增加了丰富性与层次感；颜色素雅，线条生动流畅，又给人以安逸自如、毫不拘泥做作的灵秀通达之感。同时，B座三层屋面新增建筑空间由玻璃幕墙加外层铝板幕墙复合构成，以"星"状肌理构成的镂空铝板覆于晶莹的玻璃体块上，白天光线从半遮半透的屋顶洒下来，形成斑驳的、具有趣味的室内光影变化，每到夜晚，由内向外透出的点点明亮的灯光，更是含蓄地表述着《读者》的启迪情怀。建筑外部的灯光设计简约而温和沉静，烘托着这一建筑的文化属性。整个建筑虽无富丽华贵之感，但在周围花草树木的衬托下，确有端庄稳重的君子之风，与内部浓烈的书卷气相得益彰。

三、一重天外一重天，空中有路暗相连

"A""B"座建筑经过着色处理的清水混凝土挂板是该建筑表皮的一个特色。其素朴的竖向泥纹肌理，呼应着黄土高坡的自然形态。西部丹霞地貌的红棕底色赋予其上，使其质朴之中又蕴含着炽烈的情感张力，遥相呼应着《读者》人文关怀的价值导向，应用虽略显刻意，但根植于地域品牌的构成逻辑，也是这一组建筑情感的自然表达。对应于清水混凝土挂板的"实"、蓝灰色玻璃幕墙的"虚"和清雅的银白色铝板的"轻"，三者形成了强烈反差，不同材质体块的对比运用又构成了建筑的灵动形态，同时也营建出清新、时尚的办公建筑气质以及亲和、敦实的地域文化表现的复合情怀。而这种颜色材质带来的反差，营造出一种"楼外有楼，坐看云去留"的意境美。

尤其要提的是，"A""B"座建筑之间以通透的玻璃连廊连接，是两座建筑的"脐带"，不仅有效地完善了建筑的功能，补缺了建筑形体上的构成关系，其新加建筑体块上塑造的流线型的弧形

屋面，还活跃了"B"座原本的严肃表情。沈复在《浮生六记》谈到中国建筑时说："大中见小，小中见大，虚中有实，实中有虚，或藏或露，或浅或深。不仅在'周回曲折'四字……"而玻璃廊使"A""B"两组建筑虚实结合、动静相宜，既未破坏"A"座建筑的高辨识度，又使得两组建筑风貌具有整体一致性，强调了这一文化建筑意境与心境交融、传统与现代相契、起承转合无痕的特征。

办公楼B座视角2

办公楼B座视角3

四、粗缯大布裹生涯，腹有诗书气自华

苏轼在《和董传留别》中的"腹有诗书气自华"一句广为传诵，原因就在于它阐述了读书与人的修养的关系。同样，建筑艺术和文学艺术一样，富于抽象的寓意，以特有的符号展现一定的气质和精神风貌。读者出版集团的两组建筑亦不例外，其室内装修设计以内敛的灰色橡胶地面、

质感的白色硅藻泥墙面结合，以亲和的覆膜铝板木饰面为基调，结合开放的空间形态、有明显质感的材料肌理，形成清新、雅致的室内氛围。

B座大厅视角1

B座大厅视角2

一层门厅通过秩序的墙体围合，共同形成开敞、大气、便捷、流动的建筑口部空间。L形木饰墙体上设置的嵌入式带形灯箱是去往电梯流线的导向设置，而其上陈列的创刊以来的《读者》封面以"星"状排列，默默向观者讲述着其艰苦办刊的历史和读者人默默耕耘的文化传承。穿过通透的入口玻璃幕墙，丹霞棕的混凝土挂板自然地由室外延续至室内，构成建筑室内外一致的整体关系。白色"读者"字体跃然于入口红棕色的混凝土挂板上，简洁而直接，清新的灰白色天墙地、文雅的浅棕色木饰以及陈设的主题雕塑，共同形成含蓄清雅的人文气氛。二层以上的办公空间以开放、开敞的形态设置，双玻百叶隔断"隔中有透"，未设天花的大空间办公"露而有序"。灰色基调的橡胶地面、具有质感的白色硅藻泥墙面以及浅棕色的木饰同绿植、陈设契合自然，整体氛

围清新、简洁、效率且具有文化气息，向外传达和诠释着《读者》的精神内涵。

办公区域走廊

五、匠心独运腹有书，精工展技器自华

建筑是时代的镜子，它们传承着时代的风骨，也谱写着人类的风华。该项目装饰改造工程不仅荣获了"甘肃省建筑装饰飞天工程"，还荣获了"全国建筑工程装饰奖（公共建筑装饰类、建筑幕墙类）"殊荣。

路虽远行则将至，事虽难做则必成。该项目装饰改造工程涉及多个分项工程及多个专业工种，施工工序复杂，工期短。兰州时代建筑艺术装饰工程有限公司选用了最好的施工管理人员和作业班组，并对目标进行了分解，积极协调各个专业工种之间的施工进度、质量和安全等方面，确保工程顺利竣工。改造后的建筑，完美地融合了自然和人文，稳重却不乏时尚，严谨却富有热情，深沉却不失大气，所蕴含的文化与精神，无疑是兰州乃至甘肃的一笔无与伦比的财富。

项目基本信息

工程名称： 读者出版集团有限公司A、B座办公楼装饰改造项目
工程地址： 兰州市读者大道568号
业主单位： 读者出版集团有限公司

施工单位： 兰州时代建筑艺术装饰工程有限公司
竣工时间： 2021年4月25日

今古交融展土家瑰宝，匠心雕琢现建筑华章

——湖北恩施宣恩县中国土家泛博物馆（彭家寨）主游客中心幕墙工程纪实

在鄂西南的崇山峻岭间，群山环抱中的中国土家泛博物馆（彭家寨）主游客中心格外亮眼，独特的玻璃幕墙在骄阳下熠熠生辉。这里，隐匿着古老而又神秘的土家族，他们的历史与文化如清泉般流淌，温柔地滋养着宣恩县这片丰饶的土地；这里，挺立着一片新风景，以其独特的建筑风格与深厚的文化内涵，向世界展示土家民族风情。

中国土家泛博物馆是建筑技艺的辉煌成就，更是土家族文化与现代建筑艺术完美融合的见证。它是以宣恩彭家寨古吊脚楼群为中心，以建筑艺术和土家文化为灵魂，以传统村落和旅游为载体，建成的一个活化的、动态的、再生的"活态博物馆"，再现了土家人的生产生活场景，集公共性、开放性、文化性和娱乐性于一体，旨在建成集少数民族文化研究、建筑和美术艺术展示、国际学术交流、特色观光旅游等多元素于一体的文旅新地标。

中国土家泛博物馆先后受邀在第十六、十七届威尼斯国际建筑双年展期间在威尼斯的蟾宫展示，引起了国际国内学术界的高度关注，并荣获中国建筑工程装饰奖和建筑装饰行业科学技术奖（科技创新工程奖）。

一、立项：传承与发展并重的现代诠释

中国土家泛博物馆（彭家寨）建设项目是响应国家文化强国战略、促进民族文化传承与发展的重要举措。项目以土家族传统村落为载体，通过恢复与重建，展现土家族的历史脉络、建筑风格、民俗风情及艺术成就，为世人提供一个深入了解土家族文化的窗口。而主游客中心作为整个项目的门面与核心，作为"第一视线"，其幕墙工程的设计、施工与装饰，无疑成为项目成功与否的关键所在。

二、文化：传统与现代交响的设计理念

在主游客中心幕墙工程的设计之初便明确了"传统与现代相融合"的设计理念，深入挖掘土家族的文化精髓，将传统吊脚楼木结构的质朴与温暖、隐框玻璃幕墙的现代与简约巧妙结合，同时引入钢结构作为支撑骨架，确保建筑的稳固与安全。这一设计理念不仅体现了对土家族文化的尊重与传承，也展现了现代建筑艺术的创新与发展。

三、稳固：木结构和钢结构的创新融合

钢结构作为现代建筑的代表，以其高强度、高稳定性及良好的抗震性能而广受青睐。在主游客中心幕墙工程中，钢结构安装成为整个工程的重中之重。设计团队根据项目的实际需求与地形特点，精心设计了钢结构的布局与构造，确保每一根钢梁、每一块钢板都能精准到位，共同构建起建筑的稳固脊梁。

在施工过程中，项目团队采用了先进的预制

化生产与现场安装技术，通过精密的计算与测量，确保钢结构的尺寸、形状及位置准确无误。同时，他们还特别注重了钢结构的防腐处理与防火保护，采用了高品质的防腐涂料与防火材料，有效延长了钢结构的使用寿命，提高了建筑的安全性。

尤为值得一提的是，在主游客中心的钢结构安装过程中，项目团队还创新性地引入了现代木结构屋面连接施工应用技术。他们通过精密的抱箍金属连接件，将钢结构与木结构巧妙地连接在一起，保证了现代木结构的完整性及安全性，既体现了木结构的自然美感与温馨氛围，又确保了整个建筑结构的稳固与安全。这种创新性的连接方式不仅展现了项目团队的技术实力与创新能力，也为土家族传统建筑与现代建筑技术的融合提供了新的思路与方向。

四、融合：隐框幕墙与传统木结构的深情对话

隐框幕墙以其简约、时尚的设计风格成为现代建筑中的一道亮丽风景线。在主游客中心幕墙工程中，设计团队巧妙地将隐框幕墙技术应用于传统木结构之上，通过精细的设计与施工，实现了两者之间的和谐共生。

隐框幕墙的大面积玻璃面板不仅为建筑带来了良好的采光效果与通透感，还使建筑内部与外部空间得以自然过渡与融合。同时，为了与土家族的传统木结构相协调，设计团队在隐框幕墙的入口处采用土家吊脚楼的形式作为进出的方式。这些木质的土家吊脚楼还巧妙地融入现代幕墙中，使整个建筑在视觉上呈现出一种独特的韵味与层次感。

在施工过程中，项目团队特别注重了隐框幕墙与传统木结构之间的连接施工应用技术。他们采用了先进的安装工艺与密封材料，确保了幕墙与木结构之间的紧密连接与良好密封性。同时他们还特别注重施工过程中的细节处理与质量控制，通过多次的复核与调整，达到你中有我，我中有你的设计效果，确保幕墙工程的施工质量与设计效果达到预期目标。

五、匠心：传统木结构的施工与应用

土家族传统木结构以其独特的构造方式与精湛的工艺技术闻名于世。在主游客中心幕墙工程中，项目团队特别注重对传统木结构施工应用技术的传承与创新。他们邀请了当地经验丰富的木匠师傅参与施工，通过师徒传承与技艺交流的方式将土家族传统木结构的精髓与智慧得以延续与发扬。

在施工过程中，木匠师傅们凭借精湛的手艺与对土家族文化的深刻理解将一块块木材雕刻成精美的构件，再经过精细的卯榫拼接与安装最终形成了具有土家族特色的木结构建筑。这些木结构建筑不仅为整个建筑增添了浓厚的文化气息，还使游客在游览过程中能够深刻感受到土家族文化的独特魅力与深厚底蕴。

同时，项目团队还注重对传统木结构施工应用技术的创新与发展。他们通过引入现代的机械设备与施工工艺提高了施工效率与质量，使传统木结构在保持其原有韵味的同时更加符合现代建筑的需求与标准。这种创新性的发展方式不仅为土家族传统建筑技艺的传承注入了新的活力，也为现代建筑艺术的发展提供了新的思路与方向。

六、典范：环保与可持续性的绿色建筑

在湖北恩施宣恩县中国土家泛博物馆（彭家寨）主游客中心幕墙工程的建设过程中，环保与可持续性始终被武汉联想建筑装饰置于至关重要的地位。作为一项承载着文化传承重任的工程，他们不满足于完美展现项目独特的文化魅力和艺术价值，更执着于要将项目建成绿色建筑的典范，为土家儿女留下碧水蓝天和可持续发展的空间。

1. 绿色建材的选择

在材料选择上，项目严格遵循环保标准，优先选用可再生、可回收或低环境影响的材料。钢

结构部分采用高强度、耐腐蚀的钢材，减少了资源的消耗和废弃物的产生；木结构部分则精选优质木材，确保来源合法且经过严格的防腐、防火处理，既保留了木材的天然美感，又延长了使用寿命。此外，隐框幕墙所采用的玻璃材料均具有高透光率、低辐射等特性，不仅提高了建筑的节能性能，还减少了光污染。

2. 节能减排技术的应用

施工方积极引入先进的节能减排技术，力求在建筑的每一个环节都实现能源的最大化利用和最小化浪费。尤其针对传统目前幕墙系统中的高能耗痛点，新采用了智能温控系统和高效遮阳设计，根据室内外环境自动调节室内温度，减少空调系统的能耗。

3. 施工过程的环保管理

在施工过程中，严格执行环保管理制度，采取有效措施减少施工对环境的影响。施工现场设置了垃圾分类回收站，确保建筑垃圾和废弃物的分类处理和资源化利用。同时，还加强了对施工噪声、扬尘和废水的控制，确保施工活动对周边环境和居民生活不会造成影响。

4. 生态修复与景观提升

工程竣工后，立即实施生态修复与景观提升工程。通过植树造林、绿化美化等措施，恢复和改善项目周边的生态环境。同时，我们还将传统土家族文化与自然景观相结合，打造了一系列具有文化特色和生态价值的旅游景点和休闲空间，为游客提供更加丰富和多样的游览体验。

七、标杆：文化传承、艺术与环保的和谐共生

湖北恩施宣恩县中国土家泛博物馆（彭家寨）主游客中心幕墙工程的成功建设，不仅是对土家族文化的一次深情致敬和精彩诠释，更是现代建筑艺术与环保理念完美结合的典范。我们坚信，在未来的日子里，这座充满文化魅力和生态活力的建筑将成为土家族文化传承与发展的重要载体和展示窗口，吸引更多游客前来探访和体验土家族文化的独特魅力与深厚底蕴。同时，它也将作为绿色建筑的标杆和示范项目，引领和推动建筑行业的可持续发展和生态文明建设的不断深入探寻。

项目基本信息

工程名称：中国土家泛博物馆（彭家寨）建设项目主游客中心幕墙工程

工程地址：恩施州宣恩县沙道沟镇两河口村、桃子岔村

建设单位：湖北省工业建筑集团有限公司

施工单位：武汉联想建筑装饰工程有限公司

结构类型：框架结构，地下一层、地上两层，总幕墙面积为18133平方米，幕墙最大设计高度为19.3米

开竣工时间：2020年7月23日~2021年5月9日

创新驱动绿色发展，精工铸就国优品质

——空军军医大学西京医院住院二部大楼净化工程建设纪实

在华夏文明的重要发祥地——古都西安，一座集门诊、检查、手术、重症、住院、会议等多功能于一体的现代化医疗大楼——空军军医大学西京医院住院二部大楼于2021年正式启用。该项目总施工面积约11万平方米，其中净化面积21168.57平方米，包含大楼一层中心供应室、一层静脉配置中心、一层摆药中心、四层手术部办公区、四层移植ICU、四层综合ICU、五层手术部、七层无痛内镜中心、七层产房、八层PICU+NICU以及十九层呼吸科ICU等区域。西安四腾环境科技有限公司作为该项目的主要参建单位，施工范围包括上述区域的装饰装修及通风空调、强电（含疏散指示及照明）、智能化、给排水、医用气体、能耗管理等工程，包括设备层的空调机组安装及其配管工程。

蓝图成现实，高楼平地起。经过全体参建人员的共同努力，西京医院住院二部大楼工程建设项目于2021年，一举斩获国家级质量奖——"国家优质工程奖"，这是医院营建历史上首次摘得的国家级大奖。这一荣誉的取得，是对四腾环境科技有限公司的高度认可，也是对全体参建人员辛勤付出的最好回馈。

一、节能降耗，绿色规划

西安四腾环境科技有限公司的专业团队在设计阶段，针对该项目功能科室多、范围广的特点，以及西安市夏季炎热、春秋季多雨、冬季寒冷干燥等气象参数，分别从净化空调机组的选型、冷热源、加湿方式、除湿方式、新风能耗等方面进行了详细的论证和分析。并结合项目后期的使用需求以及《公共建筑节能设计标准》（GB 50189—2015）、《绿色医院建筑评价标准》（GB/T 51153—2015）等国家规范，在该项目的设计及施工过程中，采取了如下节能降耗措施。

风机降耗方面：在设置空调机房时，尽可能考虑到净化空调系统的风系统的阻力平衡，以减少系统的沿程阻力；布置风管时减少三通、弯头等风管管件，以减少系统的局部阻力；末端过滤器选用超低阻类型；施工过程中，对风管法兰、咬口等接缝处严格把关，严格控制风系统的漏风量，以降低系统对风量的要求。

西京医院住院二部

除湿、加湿降耗方面：洁净手术部一共设置7台新风预处理机组，设置深度除湿装置，实现新风相对湿度的独立控制，同时减少了净化空调循环机组的再热负荷；所选用的67台净化空调循环机组均采用四管制机组，再热方式采用热水再热；净化空调系统备用冷热源选用3台801千瓦的可同时供冷供热的能量提升机，在制热的同时对冷凝热进行回收，利用冷凝热提供再热用热水，提高系统的综合能效比；对于加湿方式，根据院区实际情况采用电热式加湿器。

新风降耗方面：针对静脉药物配置中心新风系统，深化设计时与院方充分沟通，在满足使用要求的前提下，抗生素药物配置间选用A2型生物安全柜，降低该区域的新风量的需求；在装饰墙面、吊顶施工时，对墙面与吊顶、地面的接缝处严格把关，控制房间围护结构的漏风量，在保证人员以及房间压差对新风量的需求的前提下，减少空调系统的新风量，通过减少新风量以降低该区域的新风能耗。

西安四腾环境科技有限公司积极践行绿色发展理念，从项目前期就开展绿色策划，持续贯通到项目中的绿色施工。当采取降耗措施后，该项目净化区域空调节能比达到50.7%，显著降低系统的能耗水平，符合绿色建筑的设计理念。通过采用先进的空气净化技术、节能设备和智能化控制系统，成功研发出了一套高效节能、运行稳定、维护管理方便的手术室净化系统。该系统不仅能够有效提高手术室的洁净度和空气质量，而且能够降低能耗和运行成本，提高医院的经济效益和社会效益。

二、创新技术，突破瓶颈

在施工过程中，西安四腾环境科技有限公司积极响应《关于进一步加强城市规划建设管理工作的若干意见》的政策要求，发展新型建造方式，大力推广装配式建筑。在此背景下，公司技术团队综合考量项目特点、重点、难点部位以及工期、质量等因素，突破传统建造模式，勇于技术攻关，创新地采用装配式模块化电解钢板手术室。通过精心的设计、严谨的施工和严格的验收规范，实现了建筑部品部件的工厂化生产，在现场装配过程中，不断优化施工流程和技术方案，大大减少了建筑垃圾和扬尘污染，有效缩短了建造工期，显著提升了工程质量。

在复合手术室的建设中，公司技术人员面临着如何将不同类型的医疗设备（如DSA、CT、MRI、机器人手术室等）与手术室净化系统进行有机整合的技术难题。为了解决这一问题，技术人员与设备供应商、医院专家等进行了深入的沟通和协作，通过优化手术室布局、改进设备安装方式、研发专用的接口和控制系统等，成功实现了不同类型医疗设备与手术室净化系统的无缝对接，为复合手术的开展提供了有力的技术支持。

公司始终坚持"质量第一、安全第一"的原则，严格按照施工规范和质量标准进行施工。在施工中，项目部坚持党建引领、明确岗位职责、锚定各项目标、突出重点管控，加快项目建设进度是大家的共同目标。公司领导深入施工现场，运用决策分析、事前规划、落实执行、实时考核、事后督导这五步工作法，让项目负责人准确把握节点，有效推进各项措施落实落地。

针对施工过程中遇到的技术难题，一线人员与公司总部设计团队时刻保持密切的沟通，工作人员严格按照图纸设计及规范要求作业；施工过程中严格执行质量检验、安全文明施工等保障制度，对现场的各种问题第一时间给出具体的解决方案，并时时自查自纠；积极接受院方的检查与督导，主动配合监理工作，公司组织了专业技术人员进行技术攻关，及时解决了施工中的问题，确保了工程的顺利推进。同时，公司高度重视安全生产工作，建立了完善的安全生产管理制度和应急预案，加强了对施工现场的安全管理和监督检查，确保了施工过程中的安全。

西安四腾环境科技有限公司在项目建设全过

程阶段，立足现代医疗工艺需求，结合当地独特的城市文脉，为客户打造出极具地方特色、绿色生态、现代智慧的新时代医院项目。手术室和ICU、实验室等特殊区域的建设对施工的要求极高，不仅在项目管理方面要严格把控，而且在整体规划上具有前瞻性，尤其是在目前"双碳"背景下，只有遵循技术创新、源头材料环保、设备节能降耗等关键点，今后才能长足发展。

奋斗创造历史，实干成就未来。回顾整个工程的建设过程，从最初的规划设计到一砖一瓦的堆叠，每一个细节都凝聚着四腾团队的智慧与心血。西安四腾环境科技有限公司不断提升核心技术和服务能力，聚集渠道、技术、人才等资源优势，将科技创新列入重点工作，充分发挥机构研发职能，持续提升公司自主研发及创新力。

项目正式启用后，西安四腾环境科技有限公司将最初的建设团队和后期的维保团队紧密衔接起来，两位一体，任何系统在后期的使用过程中出现故障或问题，西安四腾环境科技有限公司的维保人员将在最短的时间内到达现场排除故障，直接保障了后期一系列工作的开展，切实保障医院各部门、各科室的正常运行。

展望未来，西安四腾环境科技有限公司将继续秉承"科技创新、质量第一、服务至上"的经营理念，锚定"2035健康中国"的宏伟目标，不断增强责任感、使命感，以高标准、硬实力、新技术为绿色医院建设与智慧后勤管理等领域的可持续发展提供支持和保障，着力打造更多惠及民生、促进社会发展的优质工程，让所有人因选择四腾而满意。

项目基本信息

工程名称：西京医院住院二部大楼工程
工程地址：陕西省西安市长乐西路127号
业主单位名称：第四军医大学第一附属医院

施工单位名称：西安四腾环境科技有限公司
竣工时间：2021年5月17日

金螳螂：日赛谷丽思卡尔顿隐世酒店

世人向往的度假胜地——九寨沟因绵延坐落于当地的九座藏族村寨而得名。其中，中查沟更具有野奢风情，其有着雄美壮阔的雪山、草原、森林，也有着依然保留着古老生活方式的藏族村庄。

一、"中查"，藏语音译为"穹恰"，即神鹰降落的地方

"Rissai"同样源于藏语，意为村寨，寓意在静端山谷中以藏美文化为灵感创筑的一方隐世净土。在这里既看得见莽莽过去，亦连接着无尽未来。

2023年6月15日，全球第六家，中国第一家丽思卡尔顿隐世酒店在九寨沟亮相。

二、隐世酒店，坐拥山脉、深山林地

世界最大酒店集团的最高级别项目之一——日赛谷丽思卡尔顿隐世酒店坐落于青藏高原的边缘，坐拥山脉、深山林地和古老的藏族村庄。

历经百年，永恒传奇、收获无数赞誉，在世界众多的奢华酒店品牌中，丽思卡尔顿可谓一个传奇。而丽思卡尔顿隐世系列，仅在全球那些风景秀美且保持着原始生态的隐世之所建造。

酒店地处海拔2300米的高原地带，公共区域与87栋独立别墅依山而建，由WATG与Jaya Ibrahim双知名设计方联袂呈现；金螳螂负责酒店深化设计和室内外精装修。酒店建筑凝赋了当地传统居所的现代表达，由内而外，营造地道藏羌文化体验。

酒店自成一寨，与远处的山峰遥相呼应，演绎了藏式踏板房的原始古朴、层叠错落之美。87幢独栋别墅沿着崎岖的山坡而建，分别以"山海""林海""云海""隐世"命名，其间布局多个公共观景台。

设计师从雄伟的山峰中汲取灵感，为别墅建筑群设计了倾斜的屋顶，与周围异常崎岖的山景无缝融合。建筑中运用了大量本土石材，更像是村寨建筑的升级版，和周围的藏寨和谐相融。藏式踏板房以夯土、木、砖打造，四周被苍翠包裹。格桑花、红叶、松树，绘成一幅馥郁的生机图景。

酒店外立面所采用的材料与九寨沟当地的建筑特色紧密相连。项目团队深入当地，了解当地的建筑特色与居民生活习惯，就地取材，与高水平的精细加工相结合，令传统材料展现出不同的效果。例如建筑外立面的大面积夯土就是利用现代手法还原了传统施工工艺，嵌入了适应气候的材料，将酒店建筑、功能与周边环境与藏寨村落完美融合。

酒店公共区域的建筑群作为一个整体，被设计成一个无尽的西藏如意结，各个空间也因此协同联通，和谐地连接在一起。

三、从酒店离开时，感到精神百倍

"这种诗意的交织不仅象征着重生，也带来一种焕发和振奋的感觉，当客人从酒店离开时，他们会感到精神百倍。"

开放式的大堂以中国传统建筑中常见的梁柱结构作为支撑，以具有藏族特色的饰物作为点缀，兼具对称美，窗外便是九寨沟的多姿美景。插画、图腾和榆木木雕等本地元素与周边环境相融合，兼具自然美景和人文风情。围坐于全景露台的炉火旁，远眺九寨沟壮阔的山谷美景，着实令人心驰神往。

主楼的楼梯间区域设置了用紫铜制作的树叶形艺术品，其以人工锻打、錾刻的方式完成，呼应了酒店稀世罕有的自然景观"山、林、云"，旨在将户外绿意引入室内。

全日制餐厅"波日木居"的名字取自对面的波日俄寨。餐厅宛若当地的木屋，木柱结构从屋顶延续至隔墙，整个空间被榆木包覆着。在餐厅的休息区，墙上的艺术品由棉线和牦牛毛手工编织而成，灵感源于藏族妇女传统服饰中的"邦典"，意为围在腰上的衣饰品。

中餐厅"彩林轩"面对着波日俄寨的森林景观。悉心雕琢的木质梁柱撑起了通阔的屋顶，中查沟的景色尽收眼中。

水疗中心将藏传佛教中的哲学精髓融入日常的疗程中，伴随着藏铃悠扬的音律，给予宾客一次关于身心探索的奇妙体验。

当地手工艺、自然色彩、古老的文化、层林的色彩、九寨沟特有的玛瑙感水体、积雪映衬下荧蓝色的冰瀑、令人着迷的藏艺，都给予了酒店空间无尽的文化魅力。

酒店内的一些景观摆设是由当地常用的生活用品稍加改造制成的，所有这些建筑的部件以及配套设施都体现了当地的风土人情。例如公共区域的老榆木，其设计要求老榆木的效果、拉丝深度、色彩控制和老旧质感等都要达到封样要求。项目团队针对传统建筑中的复杂部件区分了大圆柱、小圆柱、长横梁、圆形梁、支架、椽子和饰面板等，部件运用三维软件建模制图，直观地解析了它们之间的关系。

在细节方面，要求对缝一致、拉丝深度足够、老旧质感、把控出产时间、含水率控制，以及对木材颜色的处理。同时，采用大量的手工制作工艺，力求每个环节都符合要求。

"在当地村寨中，羌族人会在楼屋前后种上花草"。走进客房别墅，一扇小巧的木门引人入院，仿佛山谷居民信步而归。院子中设置了用当地树枝与稻草紧密编织出的围墙，不仅具有私密性，也让短暂的居住愈加本土化。

在客房中，用当地常见的片麻岩石堆筑起石墙主体，墙体上部是当地民居常用以隔热的夯土墙。客房空间整体上呈现出对称的美感，也悉心考虑了墙梁与窗户的尺度与装饰，将中国意象渗透其中。

藏羌汉风格融合的室内空间与极具独特气质的家具并置其中。坐拥三间卧室的客房院落内，无边泳池之外可尽览山峦叠翠。

在经历地震、泥石流、疫情等磨难后，日赛谷丽思卡尔顿隐世酒店这座旷世杰作终于建造完成，获得了全球的瞩目和期待。

自2013年入驻中查沟以来，中国绿发投资集团依托绿色产业优势，以推动文旅产业兴旺和乡风文明提升为抓手，不断丰富旅游业态，推动与当地共建共享，努力闯出乡村振兴的新路子，使之成为践行"两山"理念、推进乡村振兴的窗口示范基地，在中查沟绘就一幅和美乡村新画卷。

十年间，九寨鲁能文化小镇、鲁能胜地生态旅游度假区、五星酒店集群拔地而起，康莱德、希尔顿度假、英迪格、希尔顿花园等知名酒店品牌相继入驻。

金螳螂自2014年与中国绿发合作以来，相同的使命和价值观，赋予了双方共同前行的动力，金螳螂用行业前沿的姿态、视角和专业能力，打造了一个个绿色、环保的精品工程。十年间，金螳螂相继参与了九寨鲁能文化小镇、非遗文化博

物馆、九寨鲁能希尔顿度假酒店、HBA设计九寨康莱德酒店等项目。

中查沟是世界级的中查沟,未来,中国绿发要将其打造成瑞士一般的奢华山地度假体验区,不只是自然景观,而是全方位生活体验的提升。

中国绿发通过10年的付出和耕耘,给予了这里最大的尊重,尽可能减少人为干预,将这里作为户外活动和亲近自然的天堂。

四、田园牧歌,就是如此吧

这是一个真正融入自然的度假村,途中漫步,小兔子竟然不怕人。而另一边是母亲和孩子在自家的地里刨土豆。田园牧歌,就是如此吧!

中查沟独特的人文和仙境一般的自然环境,造就了这独一无二的处女地。正如日赛谷丽思卡尔顿隐世酒店这独一无二的logo。

项目基本信息

工程名称: 日赛谷丽思卡尔顿隐世酒店

工程地址: 四川省阿坝藏族羌族自治州九寨沟县

业主单位名称: 鲁能集团有限公司

施工单位名称: 苏州金螳螂建筑装饰股份有限公司

竣工时间: 2021年8月

粼起波澜，智元鎏金

——恒生金融云产品生产基地幕墙数字化技术与设计全生命周期的应用

"恒生金融云产品生产基地"项目又名"数智恒生中心"，总建筑面积约为15.17万平方米，幕墙最大标高199.65米。

项目位于杭州市滨江区，整体轮廓形似"酒樽"，设计师以钱塘江为灵感，汲取"钱王射潮""钱江龙"两座当地标志性雕塑文化内涵，糅合"龙鳞"图腾与江水"波光"双重形态共同描摹在建筑立面。

作为"省级重点项目"和复兴大桥入城口城市形象代表之一，浙江中南幕墙设计研究院将自2019年起所取得的"建筑幕墙元宇宙"领域的探索成果投用至该项目设计的全生命周期，在"数

项目实景图

字可视化"的基础上增设"数字场景化"技术，实现了在幕墙设计阶段由"平面图纸"到"动态呈现"，先于项目落成之前完成"场景体验"的突破。

一、设计前期

设计师充分利用BIM技术，综合全部建筑信息集成，并接入"孪生引擎"模块，实时控制建筑模型与对应效果输出，为一体化正向协同设计提供完备条件基础，实现多方图纸联动，确保立面各单元材料规格、品件形态的高效调控。

二、设计中期

设计师针对各部件效果进行动态选型，并同步展开细化处理。如通过3D Max软件建立高质量三维模型，有针对性地对指定部位进行倾斜角度、材质类目、材料厚度等多维属性编辑。

依据视觉效果及业主的喜好偏向，调取对应呈现效果与数据资料信息，做存档备选处理。

接入"中南幕墙辅助制图系统1.0"进行标准化初筛，同步完成关键节点位的理论性受力分析，配比符合建筑标准的施工工艺并生成CAD图纸示意（"中南幕墙辅助制图系统1.0"应用时段为2020～2021年）。

三、设计后期

针对选定方案生成安装模拟演示。运用BIM技术检验各连接件接口位置、尺寸、方向等是否符合模数要求，形成"程式"与"经验"的双向检测，使其在实际应用阶段做到连接合理、安装便易、使用可靠。

设计师借助以上技术，高效生成多种幕墙方案，并结合"场景化"手法完成落地效果先知与周边建设联动。

"数字场景化"的参与助力设计语言、场地条件、节点信息、构件规格、板材形态等有理化需求满足"可实时、可监控、可调节"的技术要求；设计阶段所产生的技术参数也成为幕墙建设施工阶段的重要依据，深入融合BIM、物联网等信息技术与先进建造技术，落实高新区（滨江）"智慧工地"建设。

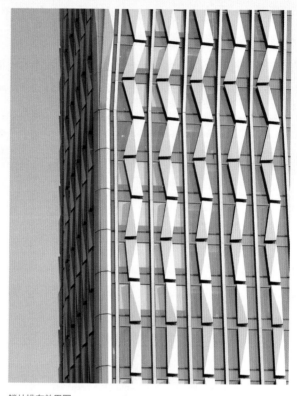

鳞片排布效果图

依据意向效果，设计师将方案中的几何与结构逻辑进行二次优化，利用参数化设计手法将楼体划分为矩形铝板、平行四边形收缩铝板、细窄条形铝板与钻石型玻璃4段式多维龙鳞体系，使复合造型铝板与玻璃幕墙形成进退有序的立面肌理，并自下而上由外凸向内凹渐变。

该项目塔楼部分主要采用竖明横隐单元式玻璃幕墙、单元式铝板幕墙，裙楼部分以框架式幕墙为主，玻璃幕墙、复合铝板幕墙、穿孔铝板幕墙、玻璃雨篷、玻璃栏板等依特定比例拼配使用。

经过碳排放模拟计算与多轮对比，设计师再次调整部分幕墙材质选择，最终选用兼顾视觉美观性与隔热保温性能较优的超白钢化与夹层玻璃，铝板表面加设亚光处理，以降低反射率，放大节能环保效果。

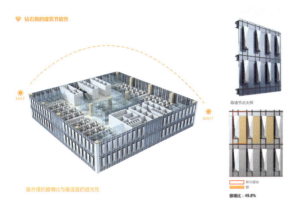

节能能效分析示意图

由设计院数据研发运营中心与标准化团队联合研发的"中南幕墙辅助制图系统1.0"贯穿设计前后，逐层释放"添彩"作用。令图纸的标准化程度、各环节管理效率显著提升；设计变更率、工程造价成本有效降低，工程建造各方的满意度与落地成果显而易见。得益于该项技术的有效应用，恒生数智中心项目荣获"2021年幕墙顾问行业设计奖、综合表现奖、服务奖"。

标准化设计－装配化施工－信息化管理－智能化应用成就了项目的高精度建造落成，实现了建造各方的多边共赢。

恒生金融云产品生产基地项目携带着数智时代之下"持之以恒，生生不息"的文化基因，同时也承载着建筑幕墙领域标准化、可视化、场景化等更多即将出现、正在孕育的先进技术能够尽快成熟的美好希冀，共同展望建筑幕墙行业与元宇宙的一体融合。

项目实景图

屋面效果图

该项目凭借自身"简洁流畅，明快独特"的特性，与智能低碳的综合设计表现力，荣获2021～2022年度"北极星建筑奖"。

中南幕墙辅助制图系统界面演示图

项目基本信息

工程名称：恒生金融云产品生产基地
建设地点：杭州市滨江区江南大道与时代大道交叉口
建设单位：恒生电子股份有限公司
建筑设计单位：中国联合工程有限公司
幕墙设计单位：浙江中南幕墙设计院
幕墙施工单位：浙江中南建设集团有限公司
竣工时间：2021年9月

天空之城，探索无限可能

——大疆全球总部大楼

在蓬勃发展的深圳湾，摩天大楼如雨后春笋般涌现，江河幕墙在这片充满活力与创新的土地上，打造了华润总部大厦、深圳湾一号等众多知名地标工程。这些矗立于都市森林中的巨人，用一席席风格迥异的幕墙外衣，赋予每座建筑独一无二的气质。

2022年，一座耗时6年、耗资16亿元打造的超级工程，以其惊艳的设计成为引人瞩目的焦点。它就是被誉为"天空之城"的大疆全球总部大楼，江河幕墙铸就的又一精品工程。

一、幕墙塑造，云端办公新体验

坐落于深圳市南山区，大疆全球总部大楼身披壮观的幕墙外衣傲然挺立。两座双子塔并肩直插云霄，每座塔楼悬挂着六枚巨大的"玻璃盒子"，一道室外空中连廊优雅地连接两塔，与多个"玻璃盒子"共同营造出魔幻般的视觉效果，创造出多个"云端办公"体验，也成就了"天空之城"的美誉。这里，不仅是无人机技术与研发的创新高地，更是智慧与灵感自由翱翔的殿堂。

作为全球无人机领域的巨头，大疆以其对天空的无限向往与探索，将总部基地打造成超越传统办公空间束缚的"空中社区"。建筑一改人们对办公空间的传统认知，摒弃了体量敦实、封闭单调的办公楼形式，而是将设计、办公、商业生活等功能完美融合，每一处细节都透露着对未来的憧憬与对品质的坚持，成为大疆向世界展示其全球领军风范的魅力名片。

二、与时间赛跑，挑战复杂造型施工

大疆天空之城的东塔高182米，西塔高200米，江河幕墙负责施工的幕墙面积共9.8万平方米，包括单元式玻璃幕墙、构件式幕墙、铝板幕墙、混凝土板幕墙、金属网栏杆幕墙等，是丰富的幕墙系统。

由于两栋塔楼采用了全钢结构，总用钢量达5.5万吨，由"主受力构件+次二道受力构件"形式构成，其不规则的扭转、凹凸、楼板不连续、侧向刚度尺寸突变、抗侧力构件不连续等复杂形态挑战着建筑极限，既赋予了建筑独特的艺术美感，也给幕墙施工提出了近乎苛刻的要求。作为大楼幕墙的建设者，江河幕墙团队遇到了极大的施工挑战。

2021年7月，江河幕墙项目部接到业主提出的紧迫要求——8月30日前需完成东、西塔楼试飞区的大面玻璃安装，9月30日前完成试飞区全部玻璃安装，这是一场前所未有的时间赛跑。当时，钢结构大型构件的大面安装刚刚完成，剩余的小型构件正在进行调整和安装，而玻璃、型材、铝板等关键材料仍处于生产线上，按照正常的项目运转时长，短短一个月的时间，要完成材料加工、幕墙组装到现场挂装的全部工序计划。常规来看，这一切根本无法实现。

然而，善于创造奇迹的江河人从不会被困难打败。项目部立即启动了专项应急措施，提前规划，紧急制定了精细的施工方案。首先，根据项目造型特点，预先制定了材料进场后的幕墙挂装方案和垂

直运输起吊方案；然后，细化材料加工进度，严抓型材生产质量；同时，协调公司各方人力、物力等资源，后台部门加班加点，有序配合。

每个环节似乎都按下了"快进键"，从材料进厂到幕墙挂装，每一步都力求精确无误，助力项目快速推进。最终，团队克服重重困难，按时达成工期节点，如期完成了看似不可能的任务，也为后续的项目交付使用创造了有利条件。

三、突破创新，破解安装难题

另一项施工挑战是大堂玻璃的安装。大堂工程于2021年7月开始钢结构安装，按照业主节点要求在9月10日前完成玻璃安装，时间十分紧迫。

大堂要安装的是长9米、高3米的超大规格玻璃，其运输与安装都需要大型车辆、大型设备。彼时，项目现场正处于道路施工阶段，多项作业交织并行，地面情况错综复杂，大型车辆无法穿梭其间。如何让这些"大块头"顺利"到岗就位"，成了当务之急。

为保障施工进度，项目团队集思广益，经过讨论，进一步优化运输方案，决定了夜间运输——先将玻璃加强成品保护，然后避开白天交叉施工的高峰期，选择夜间用拖车运输到项目现场。这一策略，不仅确保了运输的顺畅，也彰显了团队对细节的追求和对效率的洞察。

在大玻璃安装的过程中，考虑玻璃规格超长超宽，传统的安装方式显然无法驾驭这些"巨无霸"。于是，创新之光再次闪耀。团队想出了采用两台吊车"接力"安装的方式。一台吊车负责卸车，另一台吊车在场地内接装玻璃，再由多名施工人员共同协作，默契配合，把玻璃安全移至安装面。随后进行型材扣盖、打胶等工序，一气呵成，将这些庞然大物被完美镶嵌于建筑之上，成为天空之城不可或缺的一部分。

四、诚信履约，践行品质承诺

在抢工期间，时间就是命令，任务就是责任。项目部与劳务队紧密沟通，并肩作战，开启了"白加黑"的24小时不间断模式，用汗水与坚持书写了江河人的坚韧和决心。在这场与时间赛跑的较量中，江河幕墙不仅赢得了速度，更赢得了质量，成功攻克了多个难题，达成了一个个重要节点。

大疆天空之城幕墙工程的顺利交付，不仅是对江河幕墙团队专业能力的最高赞誉，更是对其勇于担当、追求卓越精神的生动诠释。该项目也成功荣获了2022~2023年度中国建设工程鲁班奖，是荣誉的加冕，更是责任的传递。江河幕墙迎难而上、携手攻坚，用诚信的履约精神展现了企业的责任与担当，以脚踏实地的态度践行着对品质的承诺，以开拓创新的勇气探索着未来的无限可能。

每一座建筑都是城市的名片，每一次建设都是对未来的期待。江河幕墙将继续秉持初心，为城市的繁华与美好贡献自己的力量，让江河之水永远闪耀着创新与品质的光芒。

大疆总部大楼

项目基本信息

工程名称：大疆天空之城大厦，大疆天空之城大厦二期

工程地点：深圳市南山区西丽留仙洞

建设单位：深圳市大疆创新科技有限公司

幕墙施工单位：广州江河幕墙系统工程有限公司

幕墙面积：9.8万平方米

幕墙竣工时间：2022年1月6日

世界"最强大脑"汇聚之所

——探索世界顶尖科学家论坛永久会址室内空间

2024年4月18日,中装协年度盛会"科技创新赋能行业高质量发展·2024年建筑装饰行业精品工程观摩暨经验交流会"在沪举办。1000多名来自全国各地的建筑装饰行业专家、企业负责人和资深项目管理人员,齐聚世界顶尖科学家论坛永久会址,在主会场——顶科会堂展开头脑风暴,上演巅峰对话,论道建筑装饰前沿技术,滴水湖畔掀起"科技创新赋能行业高质量发展"话题的层层涟漪。这场空前规模的千人盛会由中国建筑装饰协会、上海市装饰装修行业协会主办,上海建工装饰集团承办。

世界顶尖科学家论坛永久会址位于上海自贸试验区临港新片区,由主建筑会议中心和酒店所在的23层东西两栋塔楼组成,总建筑面积22.8万平方米,是全国首个"科学家社区"城市单元、顶尖科学家社区的重要配套设施,定位为"世界级的新时代重大前沿科学策源地",聚焦重大科学问题和前瞻性基础研究,对上海加快建设成为具有全球影响力的科技创新中心意义重大。

一、启航之源,科技之星

会议中心的整体室内空间注重开放性和现代化的形象塑造,以简洁、连贯的装饰理念树立共享、自由、富有活力的空间性格。上海建工装饰

临港中心(世界顶尖科学家论坛永久会址)

集团项目团队深耕工业化建造，重点突破模块化设计，深度挖掘材料与工艺，全面应用集成化与工业化技术，创建了基于数字化协同的大型公共建筑装饰工程精致建造技术体系，在4个月超短工期内完成6.5万平方米超大体量室内精装修施工，呈现了"殿堂级"的匠心工程。

大厅造型犹如转动的星轨，象征世界各地的科技之星汇聚滴水湖畔，人类科技发展的核心动力犹如层层水波由临港扩散，影响世界，共铸辉煌。

主会场顶科会堂

大厅

大厅顶面采用双层铝板造型饰面结构设计，层层堆叠，在舒展、富有韵律的造型和自然光线下，即使身处室内也仿佛行走于蓝天白云下，以绿色低碳的建筑空间寓意面向世界科技前沿的装饰理念。

会见厅顶面采用曲线造型灯膜，通过透光膜的三维扭动实现不同角度光影的明暗变化，模拟白云涌动，犹如画卷。地面同样铺设波浪形深蓝手工毯，模拟海洋的博大深邃。结合墙面的堆叠造型，寓意会见厅开放包容、迎接八方宾朋的空间理念。

二、大鹏展翅，翱翔天际

主会场模拟"大鹏展翅，翱翔天际"的舒展形态，在享有空间维度自由的同时，给身处其中的人无限想象空间，引发对当今飞跃发展科技的畅想展望。

圆桌会议厅着重于大空间整体视觉冲击感的塑造，运用了大量线条和光影装饰形成视觉延伸。纯净、简洁的线条通过扭转汇集，描绘了自由和舒展，预示着知识的碰撞和融合，呼应世界顶尖科学家论坛主题。

多功能厅顶面连贯到墙面，从弧形平滑扭转为平直面，整体双曲面的金属板材长达数十米，以连贯的整体化空间装饰营造科技之船扬帆起航的视觉体验。

宴会厅顶面钢结构依弧形排列，鳞次栉比的钢架基层伴随着特殊的旋转角度仿佛群雁结伴而行。顶面灯光为契合世界各地学者在此互相交流，思潮翻涌的寓意采用RGB全彩光源，而会厅两侧另辟蹊径，以温润质朴的木饰面作为氛围的衬托，渲染出整个宴会厅庄重典雅的空间氛围。

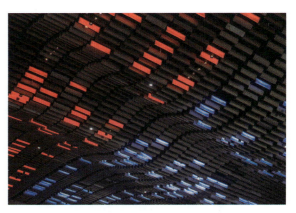

宴会厅顶面使用近六千个金属造型实现双曲面流动效果，每个单体为精确的机械结构，能够顺着曲面动态变化

三、扬帆起航，科学之旅

2022年11月6日，第五届世界顶尖科学家论坛开幕，并隆重举行首届世界顶尖科学家协会奖颁奖典礼。来自20多个国家和地区、跨越12个时区的60位顶尖科学家应邀以线上或线下形式出席论坛。

由上海建工装饰集团匠心打造的顶科会议中心惊艳亮相，成为这场现象级科学盛会发布最顶尖科技成果和思想理念的见证之地，助力论坛成为连接世界顶尖科学家的重要纽带和促进国际科学界高端对话的重要平台。这一精品工程不仅是上海建工装饰集团在大型国际会议场馆精装修工程技术创新的探索与实践，也是向世界彰显大国建造施工精细化水平、展示中国建筑装饰行业最新科技力量与创新智慧的代表作，是中国建筑装饰行业递向世界的一张精美名片。

项目基本信息

项目名称： 世界顶尖科学家论坛永久会址
业主单位： 上海诺港会展有限公司
建设地点： 上海自贸试验区临港新片区
设计单位： 上海建筑设计研究院有限公司
装饰工程： 上海市建筑装饰工程集团有限公司
用地面积： 86227平方米
建筑面积： 223827平方米
结构形式： 钢结构
建筑层数： 23层
竣工时间： 2022年10月

金螳螂：柬埔寨暹粒吴哥国际机场

一、时光遗落千年暹粒

暹粒的历史悠久，可以追溯到802年，是世界文化遗产吴哥窟的所在地。这座柬埔寨城市融合了两个世界的精华：辉煌的过去和生动的当下。

暹粒市作为柬埔寨主要的旅游中心，是柬埔寨首都金边以外发展最迅速的城市。目前，这座历史悠久的城市正处于现代史上最大一次改造的风口浪尖上，大规模政府工程正在计划兴建。

二、中柬合作新典范

柬埔寨暹粒吴哥国际机场是柬埔寨王国政府重点打造的国际性枢纽机场，是中柬产能合作重点项目之一，是中柬友谊的核心项目，契合"一带一路"战略规划，将是中柬两国友谊的美好象征。

该项目对保护吴哥窟历史文化遗迹、完善当地基础设施建设、促进旅游业发展具有重要意义。对柬埔寨国家发展而言，这样一座符合国际标准的现代化机场也将增强其在东盟区域的影响力。

柬埔寨暹粒吴哥国际机场由吴哥国际机场投资（柬埔寨）有限公司开发，中国企业云投集团、云南建投集团、云南机场集团合资投建，北京市建筑设计研究院建筑设计，金螳螂负责机场室内深化设计和精装修施工。

整个机场的外观宛如一架即将腾飞的飞机，面对天空展开宽阔"双翅"，随时准备与天空融为一体。

三、科技与典雅并存

机场的建筑设计沿袭了热带建筑的传统，将主楼、连接体、中心区和指廊等各部分体量相对拉开，加大建筑的开敞面和通透性，利于通风和散热。建筑屋面高耸、周边挑檐深远，利于排水和遮阳。

走入机场内部，开阔敞亮的大厅，有序排列

的窗口，大气又别具一格的装修，科技感与古典美相得益彰，不禁让人赞叹。

由柬埔寨著名建筑设计师兼国土规划、建设部国务秘书李烈斯梅亲自执掌设计，以吴哥窟微笑四面佛为基础，打造高达7米的四面佛雕像。

与原佛像不同，机场内的雕像采用了全金外观。如果将原来的黑色雕像放在机场中央难免会略显沉闷，金色佛像则刚好与富有科技感的机场相辅相成，不仅具有庄严大气之感，还不会显得突兀。

室内以功能布局为基础，以结构系统为支撑，利用三角网格控制建筑造型，以现代的建筑语言向人们传递着"吴哥印象"。

通过多种手段打破建筑的封闭感，使建筑和环境、室内和室外相互交融。屋脊的通长天窗，形成了采光通风条件。建筑屋面错落、多处采用开敞设计；立面柱廊、室内大跨，兼备传统柬埔寨建筑和现代机场的建筑特点。中心区的玻璃尖塔如宫殿庙宇和吴哥古刹的顶部造型，形成航站楼的制高点和标志形象。

四、专注现在，用心未来

柬埔寨暹粒吴哥国际机场建设项目系统庞大，设计标准为4E级机场，未来可扩建为4F型机场，金螳螂项目团队在进场前，充分调研了业主对标的昆明长水国际机场等机场，考虑了区域气候、功能性细节、质量等因素，确立以今后机场管理和客户使用的角度去考虑在施工过程中的细部处理和总体效果的施工理念，这一思路由工程前期策划开始，贯穿整个施工过程。

机场的空间很大，吊顶面积超过4.5万平方米，高度为20米，且加上所需的建设原材料种类多、品牌多、采购难等因素，如采用传统施工将难以保证质量和工期。于是，项目团队应用数字化建造、装配化施工，速度更快，质量更优；利用全剖图、联合下单等工具对材料进行分解整合；固定材料尺寸，模块化统一加工。金螳螂的产品经理团队深入工厂驻场把控质量和工艺，现场一次性安装到位，以确保所有空间的品质及进度。

机场位置属于热带季风气候，常年高温，气候潮湿，雨季长。面对特殊气候条件，项目团队重新厘定施工方案，重点考虑了潮湿区域做防水施工，木饰面工厂加工同时做防潮处理，混凝土优选强度、密度、吸水率指标，以及与暹粒地区5~8月雨季相应的施工计划，确保了项目的高品质交付。

2023年是中柬建交65周年，是"一带一路"倡议10周年，也是中柬友好年。10月16日，柬埔寨暹粒吴哥国际机场正式启用，新机场的建成将成为推动中柬两国友好发展，实现共融共通、互惠共赢、经济互补、长期合作，为促进当地社会经济和旅游业不断发展奠定了坚实基础。

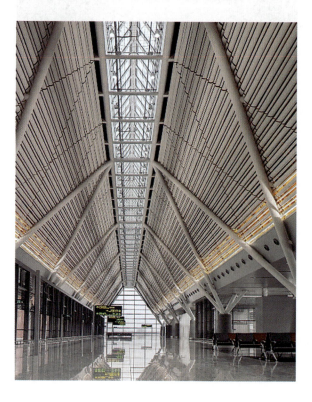

项目基本信息

工程名称：柬埔寨暹粒吴哥国际机场

工程地址：柬埔寨暹粒省东部索尼共县

建设单位名称：云南省建设投资控股集团有限公司

施工单位名称：苏州金螳螂建筑装饰股份有限公司

竣工时间：2023年9月

广州市太阳新天地购物中心改造项目总承包工程

太阳新天地购物中心是"广州天河领展广场"的前称，2023年9月焕新开业，正式更名。此项目位于广州CBD珠江新城东部中心北段广州市马场路36号，总建筑面积约15万平方米，是珠江新城最大的单体购物中心。深圳市卓艺建设装饰工程股份有限公司（以下简称"卓艺装饰"）总承包了广州天河领展广场项目的改造工程，对项目的室内空间、外立面以及户外景观绿化等进行了全方位的升级改造，合同金额1.88亿元。卓艺装饰施工的工程范围有东翼及大中庭的精装修与机电、幕墙改造、园林升级等。

项目投资方领展资产管理有限公司是环球领先的房地产投资者及资产管理人（港资）。广州天河领展广场为市民提供了一个高品质的社交场域、一个新时代家庭的身心归属地，集合绿色生态、社交互融、友邻圈子于一身，是环境友好、崇尚健康乐活一族的体验场。这也是领展在内地首间重资改造推出的焕新版领展广场，为投资者创造价值的同时，亦致力提升项目所在区域价值，助力打造国际中心消费城市。

一、让光的穿梭，唤醒都市活力

项目的大规模改造从建筑的外立面设计开始。设计以调整墙壁和金属框架颜色，新增垂直照明灯和建筑立面的飘篷，通过灯光与形态参差不一的立面带来活跃的动感。同时，长度不一的灯光线条创造出穿梭中的视觉动效，使庞大的建筑物具有轻盈、灵动的艺术效果，彰显焕然一新的活力生机，实现城市地标的标识功能和激活都市活力的艺术象征。

室内空间以光的延续，以"光"为理念，强调"光"的质感：柔顺、华丽、流畅，展现高雅、时尚、富有动感形态的异时空梦幻体感。将建筑外立面的设计手法延伸至商场室内，从地面到空中、从室外到室内均采取设计的呼应手法，使地板深浅不一的砖块与天花光影形成呼应。在天花的设计上，利用线条感极强的柔性灯带与大面积的留白，营造安静且精致的氛围感。在东翼与西翼中庭，贯穿楼层的金属钢柱用手工打磨出不同变化的图案与质感，刻意布置有流动感节奏变化的灯光效果，使两个中庭相互循环，形成顾客畅乐游走的购物空间。

二、园林升级创造奇幻新天地

本次项目改造还包括户外广场的升级设计，其中绿地面积提升了1.4倍，花园式休憩空间、星空步道、环保主题亭，与休闲轻餐的外摆区相得益彰，进一步凸显外广场的休闲氛围。与此同时，整个项目还增加了约450平方米的立体绿化面积，实现让自然流入商业空间。除此之外，在外广场的设计上，增添了地面上的弧形线条设计，带来水波散开的定格错觉；灯光下流淌的水波光影，让人如同踏上银河廊道，漫游在宇宙中；巨型的蝴蝶与花束等艺术装置，为人们带来了新奇视野。通过这些奇妙的景象，引领人们进入如同幻境里的梦幻新世界。

三、可持续设计引领绿色未来

该项目设计凭借践行绿色可持续空间升级的概念，在时尚、流畅的空间中穿插了趣味的互动环保装置，并采用了环保材料，将生态融入设计，重塑与自然的关系。在2022年、2023年分别荣获LEED建筑设计与施工（BD+C）：核心与外壳组别第4版铂金级认证、Parksmart先锋级认证，以及WELL HSR（健康-安全评价准则）权威认证，是全球首个同时获得这三项认证的商业项目。顾客不单只有空间的视觉享受，更从空间的设计中，唤醒对于回归自然的本能。用节能环保技术将人的舒适度与建筑美学、周围环境状况联系在一起考虑，达到最大程度的节能环保效果。

四、全过程实施BIM专项方案，多专业建模协同安装

本项目位于广州珠江新城东部的核心区，紧邻地铁五号线和华南快线，人流密集，施工时处于正常营运状态。施工管理时既要满足改造的时间要求，又要保障改造过程中商场租户的正常营运，给深化设计和施工带来很大难度，机电专业又内容多、专业性强。卓艺装饰在整个施工过程中通过BIM专项方案，建立了各种专业模型和轻量化平台，给项目管理提供了三维可视化BIM动态模拟和BIM可视化设计，方便理解施工内容。

通过BIM三维激光扫描现场，通过点云的逆向建模，清晰地反映了实际原有真实情况，大大减少了现场测量的人工时间并提高了数据的准确度，给设计人员与建设单位、顾问单位带来了直观的感受。2个BIM工程师现场扫描1周还原建筑机电模型，为项目节省3个人测量绘图1个月的时间。扫描后的数据提供给机电设计院、电梯改造计算受力等专业单位使用，提高了各参建方的效率。

在强弱电、给排水、通风采暖与空调多个专业上，利用BIM技术，在极限空间内，通过优化保证了95%区域的设计要求标高，过程提前发现管线碰撞与连接问题，避免后期施工中因设计变更导致成本增加，直接为项目带来了经济效益。

该项目中运用的BIM应用技术在2023年第五届全国建筑装饰BIM大赛中荣获公装组一等奖。

五、高空天花曲面造型多样，小中庭、大中庭错落有致

本项目大量使用铝板造型，整体曲面造型多，有小中庭和大中庭造型天花、错层天花共7个，尤其是中庭天花的不规则圆弧形是本项目的一大重点和难点。为保障项目的安全施工，特别是在高空作业时需采取相应的安全措施，确保施工人员的人身安全，根据区域特点分别搭设钢平台及移动式脚手架。在施工前，确定所需的材料种类和数量，利用BIM软件进行排版，对每一块铝板生成造型数据，让厂家按数据进行切割、折弯、焊接、打磨等，确保产品的质量和美观度。完成后按顺序编号包装运输，现场对照排版图编号安装铺贴，使中庭造型完美贴合各楼层曲线。最终以其独特的曲线造型，为空间增添了流动感和动感，使空间显得更加时尚、富有活力。

本项目位于三大国家级中央商务区之一的天河CBD核心商圈，被列为广州市、天河区重点商贸项目，是城市发展的新引擎，担负着城区商业中心的作用，将成为广州市天河区战略升级的重要支撑。卓艺装饰项目团队将继续秉承"卓越非凡，艺湛品精"的企业精神，以更加卓越的品质与服务，不断为客户创造价值，匠心传承铸就更多精品工程。

项目基本信息

工程名称：广州市天河区太阳新天地购物中心改造项目总承包工程

业主单位：广州陛鹿物业管理有限公司

施工单位：深圳市卓艺建设装饰工程股份有限公司

开竣工时间：2022年9月1日~2023年9月30日

合同金额：1.88亿元

如星云绽放，映科幻之光

——雨果奖颁奖大厅是如何装饰的？

2023年10月21日晚，世界科幻文学领域最高奖——雨果奖在2023成都世界科幻大会上揭晓，这是雨果奖首次在中国揭晓和颁奖。中国作家海漄凭借《时空画师》获得最佳短中篇小说奖，他也由此成为继刘慈欣、郝景芳后，第三位获得雨果奖作品奖的中国科幻作家。

上海建工装饰集团总工程师连珍在现场观看了这一盛况，她并不是彻底的科幻迷，但仍激动不已。因为本届世界科幻大会的主场馆成都科幻馆，正是由上海建工装饰集团担任装饰全专业EPC总承包，并于10月初建成交付投入使用的。

成都科幻馆

一、星云初现，科幻之梦照进现实

位于成都市郫都区的成都科幻馆总建筑面积5.96万平方米，由扎哈·哈迪德建筑事务所设计，外观仿若一朵星云漂浮在湖面上，其灵感源于星云的形态与古蜀文明的意象。建筑外形呈现出一种无边界、多姿多态的美感，仿佛将浩瀚宇宙的星云凝聚于此。而建筑的"科幻之眼"更是点睛之笔，面积达1382平方米，灵感源于三星堆的金箔面具，象征着宇宙138.2亿年的历史，彰显着建筑的独特魅力。

成都科幻馆不仅以独树一帜的造型设计令人瞩目，更以前沿的科技理念引领潮流，已然在西南地区乃至整个中国树立起了标志性建筑的形象。走进其内部，是一个别出心裁的科幻世界——借助各种尖端科技将科幻元素与现实空间完美融合，为游客打造出一个沉浸式的科幻体验空间。

成都科幻馆中庭

科幻馆主入口中庭是一个灵活流动而又宏伟的空间，凸显一种零重力和无时间空间的科幻体验。中庭室内斜贯空间的飞天梯是项目最大的难点，也是最大的亮点之一。扶梯外包覆的是660平方米超大面积、内外双层结构、8K高清光洁度的镜面无缝不锈钢装饰艺术表皮，与"克莱因瓶"内外无界的空间结构异曲同工。

飞天梯旁是状如"大眼皮"的中庭异形曲面结构。整体造型最大的难点在于适配双曲GRG饰面的异形钢结构体系，实现毫米级精度的建造。

可容纳3500人的雨果厅是成都科幻馆的另一大亮点，墙顶采用的是近6000平方米超大面积双曲异形超高穿孔率银蓝色金属漆GRG，同时，取自"太阳神鸟"意象的羽毛线条连接天花板和墙壁，以呈现轻盈灵动的韵律层次。

然而，即便对于百亿巨头的建筑装饰企业来说，这些充满震撼力和想象力的设计，要转化为现实，也很不简单。

二、匠心独运，科技创新引领装饰新潮流

"科幻馆异形曲面的设计对建造很有挑战，我们就要想尽办法既追求精度，又追求艺术效果，让大师的理念完美落地。"连珍说。在整个建造过程中，上海建工装饰集团深度运用BIM技术，大胆进行结构设计优化创新，不断研发应用智能装备，结合AR辅助追求极致工艺效果，以数字设计与工业智造实现可视化施工交底，让"科幻巧思"从设计变为现实。

成都科幻馆的建筑立面采用了灰白色蜂窝铝板和玻璃幕墙，利用铝板金属光泽充分展现建筑的科技感与未来感。同时，屋顶以装饰铝板与光电玻璃，演绎古蜀文化的金箔意象，实现现代科幻风格与古蜀文化意象穿越千年的对话。从远处眺望，科幻馆就像一艘来自未来的巨型飞船，线条优雅而流畅，充满了动感和视觉张力。

在内部打造上，项目团队对飞天梯表皮系统的结构进行了优化设计创新，同时基于BIM正向设计指导表皮系统板块数字化拆解、模块化预拼装、现场地面分块组装、工业化整体吊装，结合多轮高精度焊接打磨，最后用3D扫描技术检验最后的尺寸，精确到十万分之一的平整度，打造出了飞天梯8K无缝镜面不锈钢饰面的极致工艺效果。

对于"大眼皮"，在项目实施过程中，工程师将数据导入BIM模型进行比对，结合智能放样机器人测量定位放样，对有误差的钢架位置进行补偿修正，结合AR辅助可视化验收，实现适配多曲饰面的异形钢结构体系毫米级精度建造。

在雨果厅，项目团队通过智能建造系统性解决方案，将24片羽毛、5960平方米的异形饰面，调优解构为1160块单元模块，从设计端提升超大面积异形饰面加工和安装效率。

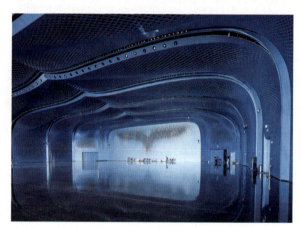

雨果厅

最终，装饰集团在150天的超短工期内，完成了这一8万平方米景观面积、3.2万平方米精装面积超大体量，且体现极致科技感的任务。

三、全链协同，打造装饰行业新标杆

"其中还遇到了另外一个挑战，就是装饰、土建双阶段EPC总包是交叉施工、协同作业的，所以确实是一项极具挑战的任务。"连珍说。这也是继上海迪士尼装饰项目后，装饰集团第二次成立集团直属项目部来推进工程建设。

得益于上海建工装饰集团的全产业链协同能力，作为本项目的EPC工程总承包商，装饰集团不仅联合上海院负责装饰设计，还涵盖了装饰施

工、音视频、软装、园林景观以及泛光照明等多个专业领域。这种全产业链的协同联动模式，确保了项目的顺利实施和高质量完成。

在装饰施工过程中，上海建工装饰集团注重每一个细节的处理。无论是墙面的涂料选择，还是地面的铺装材料，都经过了严格的筛选和测试。同时，装饰集团还积极推广智能装备的应用与改进，通过自动化石材铺贴机器人等智能化技术，极大提高了施工效率和质量。

由上海建工装饰集团联合下游制造企业共同研发的智能石材铺贴机器人成为"工地新宠儿"，图为铺贴机器人在上海松江站的推广应用

此外，装饰集团还组建了产业化工人班组，并配备上肢助力外骨骼机器人等先进设备，进一步提升了石材搬运及铺贴工效。这种多专业协同交叉施工的模式，使得项目在超短工期内完成了4000平方米超大面积预制地坪的高效铺贴，打造了独一无二的多功能双剧场空间。

成都科幻馆的成功建成和亮相，不仅彰显了上海建工装饰集团在建筑装饰领域的专业实力和创新能力，更为全球的科幻爱好者提供了一处交流、学习与体验的场所。在这里，人们可以感受到科技与文化的完美结合，开启一场奇妙的科幻之旅。同时，该项目也为建筑装饰行业树立了新的标杆，展示了全产业链协同联动的强大优势和广阔前景。

成都科幻馆俯瞰效果

项目基本信息

项目名称：智慧郫都孵化基地（成都科学馆）项目

建设单位：成都科创新城投资发展有限公司

全过程工程管理咨询：华润置地有限公司

建筑概念/方案设计公司：扎哈·哈迪德建筑事务所 Zaha Hadid Architects

室内概念/方案设计公司：扎哈·哈迪德建筑事务所 Zaha Hadid Architects、上海建筑设计研究院有限公司

结构总承包：中建三局集团有限公司

装饰EPC工程总承包：上海市建筑装饰工程集团有限公司

装饰设计合作单位：上海建筑设计研究院有限公司

室外土方工程和软景工程：上海园林（集团）有限公司

建筑面积：59581.54平方米

精装面积：32070.5平方米

景观面积：81647平方米

竣工时间：2023年10月

中国首制大型邮轮有多牛

——提升服务商价值，助力我国自主邮轮设计建造标准体系建设

2023年11月4日，历时八年科研攻关、五年设计建造的国产首艘大型邮轮"爱达·魔都号"顺利完成命名交付，中国诞生了第一个自主邮轮品牌。这标志着中国又一次成功摘取世界造船业"皇冠上的明珠"，成为世界上第五个可以建造大型邮轮的国家，也是目前全球唯一一个同时可以建造航空母舰、大型液化天然气（LNG）运输船、大型邮轮的国家。

国产首艘大型邮轮"爱达·魔都号"

"爱达·魔都号"总吨位13.55万吨，长323.6米，宽37.2米，船上有客房2125间，可容纳乘客5246人，配置了高达16层、面积4万平方米的生活娱乐公共区域，被誉为"海上现代化城市"。2024年1月1日正式开启首次商业化运行航次后，"爱达·魔都号"执航以上海为母港的国际邮轮航线，主要提供目的地为日本、韩国的4～7天邮轮旅游产品，已完成超过50个航次，累计服务游客超20万人。

作为强国建设的载体，邮轮产业带动了我国高端装备制造业的转型升级。"爱达·魔都号"的设计建造共有国内外1000多家厂商参与其中，孵化和培育了邮轮研发设计、总装建造、核心配套等一批重点企业，牵引带动了制造、建筑、能源、交通运输等上下游产业发展，有力促进了经济循环畅通。

回顾建设历程，在2018年中国首届国际进口博览会上，中船集团正式签订了大型邮轮建造合同，这标志着中国具有世界先进水平的大型（豪华）邮轮正式启动。上海建工集团于2020年4月与外高桥造船公司签署战略合作协议，代表着国内建筑企业正式进军高端大型邮轮建造领域。上海建工集团旗下的装饰集团、安装集团、研究总院参与了"爱达·魔都号"邮轮的建造，承担了餐厅及冷库区域背景工程、公共区域电气工程，以及艺术长廊、公共休息室、甲板高空绳索探险区、沙滩俱乐部顶面等重点典型区域的建造工作，还创新研制了舾装舱室登船升降平台装备并交付使用。

一、探索研究 | 全面参与国家级高技术船舶科研攻关

2021年起，上海建工装饰集团作为参研单位之一，参与了由上海外高桥船厂牵头的高技术船舶科研项目《典型居住舱室和公共区域设计建造关键技术研究》，重点研究邮轮内装工程所需要的

设计能力、建造能力与管控关键技术体系，完成相关课题报告50篇。

在这一科研项目中，我们开展符合国情的邮轮内装工程管理模式研究，包含邮轮工程设计、施工阶段工作流程及质量控制标准。开展邮轮工程BIM正向设计技术研究，建立了全船8万平方米的公共区域及居住舱室BIM模型，以及全球首次应用的数字化模型进行邮轮内装设计，打造邮轮内装工程的虚拟建造。

我们还开展了邮轮内装工程国产材料的替代化研究和全周期供应链的建设。通过学习研究，梳理了满足邮轮内装美学要求、性能要求、成本要求、高性价比的材料清单，形成内装材料数据库。目前，我们的团队已经在钢制特种工门、金属壁板、地坪材料、基层钢骨架等方面实现了国产化替代。

二、技术突破 | 打造数字化、工业化、绿色化邮轮精致建造体系

我们承担的工程包中涵盖了邮轮装饰难度最大的几种类别，如所有餐厅中安装工艺要求最高的船首和船尾餐厅，邮轮核心文旅区域中最具特色的艺术长廊和娱乐休息室，户外最具特色的高空绳索和电动折叠滑移式玻璃天幕等区域。

我们全程参与了模块预制舱室的建造，将整体舱室转移到工厂内进行拼装，可实现90%以上的舱室预制，再搭配合作研发的专用登船安装平台，缩短了近2个月的安装周期。

我们的团队在基层安装时采用了大量工业化建造模式，创新性地运用了钢制定位模具系统，使基层面层安装严丝合缝，实现零误差。同时，我们还创新了各类减震降噪的弹性支撑构造方式，提高舱室声学舒适度，并且所有的饰面都是一次安装到位的，现场无二次加工，有效降低了材料损耗，形成绿色化的邮轮精致建造体系，实现了内装工程在狭小空间的柔性化、工业化建造。最终装饰集团团队也获得了外高桥及Molteni公司颁发的质量免检荣誉。

我们还构建了包含800多个三维节点的参数化工艺模型数据库及可视化施工方案库，通过数字模型深入学习欧洲大型船厂的先进施工技术。结合实船建造，在对国际先进工艺节点进行吸收和转化的过程中，我们归纳整理形成各种工艺文件60余篇、节点800多个，由此积累了大量工艺工法标准经验、材料国产化替代经验、数字化设计经验。

宫廷餐厅

2023年9月12日，经过六天五夜1630海里的海上航行，首艘国产大型邮轮完工试航的所有验证项目全部达标，装饰集团大型邮轮内装工程3名青年突击队员随船出征，共完成32篇报告技术验证，15个区域模型更新，22个节点采集与创建

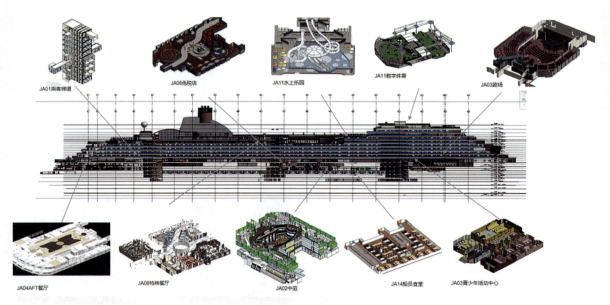

全船公共区域三维数字模型

三、经验迭代 | 进军高科技远洋客船与内河旅游船舶市场

上海建工装饰集团通过国产首制大型邮轮内舾装的建造经验以及技术攻关，建立设计标准、材料应用标准、工艺工序标准、质量验收标准，积极争取以装饰总包单位的角色开展第二艘邮轮的内装建设。同时，我们也在开展科考船、极地探险船等高科技远洋客船的内装建造关键技术。除大型远洋客船外，我们还把国产邮轮的建造经验运用在上海苏州河游船、黄浦江游船等一些客滚船及摆渡船的建造上，以此赋能陆上装饰建造技术的迭代升级。

目前，第二艘国产大型邮轮项目正在有序推进，计划于2025年5月初实现第一次起浮，2026年3月底出坞，当年6月开始试航，2026年年底之前命名交付。得益于对首制船的经验总结和各类数字化手段的创新应用，总建造工时较首艘大型邮轮预计将减少20%。

第二艘国产大型邮轮在同型首制船"爱达·魔都"号的基础上进行了一系列优化，工业物联网技术、激光焊接/机器人焊接等自动化智能化设备的应用范围进一步拓展，将培育形成覆盖设计、采购、物流、计划、内装、重量控制、完工交付、质量安全管理等八大方面的复杂巨系统工程的数字化管控能力。该船总吨位约14.2万吨、总长341米、型宽37.2米、设计吃水8.17米、最大吃水8.4米、最高航速22.7节，拥有客房2144间。第二艘大型邮轮总吨位增加了0.67万吨，总长加长了17.4米，客房数量增加了19间，还配置了高达16层的庞大上层建筑生活娱乐区域。

项目基本信息

项目名称：国产首制大型邮轮H1508
建设单位：上海外高桥造船有限公司
舾装工程：上海市建筑装饰工程集团有限公司

内装面积：6000平方米
开工时间：2019年10月18日
竣工时间：2023年11月4日

艺术与科技的交响曲

——阿里巴巴杭州全球总部

在杭州西溪的翠幕之中，阿里巴巴全球总部园区如同一幅生动的画卷，缓缓铺陈在这片生机勃勃的土地上。这里不仅是一片建筑群，更是阿里巴巴精神的家园，是一处智慧与创意交织的圣地。

整个园区以简洁的线条和现代的轮廓，与周围的自然景观相得益彰。没有繁复的装饰，却以朴素的美感和合理的空间布局，展现出一种现代而不失温馨的氛围。

以"ESG、科技、人本"为核心理念，园区融合了海绵城市、雨水回收、碳中和、机器人与无人车应用、生物多样性养护等环保生态措施，致力于构建一个绿色科技、智慧健康、洁净的园区。

这里不仅是"新零售、新制造、新金融、新技术、新能源"创新中心的摇篮，更是一个充满生机与活力的科技绿洲。

一、和谐共生的画卷

阿里巴巴全球总部新园区的布局独具匠心，7栋办公楼以围合布局，形成独特的"活力环"。环状联通不仅促进了楼宇间的交流，也为员工提供了便捷的环游动线。活力环区域内，商配、休闲沟通区和文化展览等复合功能一应俱全，为员工提供了丰富的工作与生活体验。

园区中部，近26万平方米的湿地花园体现了"城市森林"的设计理念。从空中俯瞰，中心区域呈现出阿里巴巴标志性的笑脸Logo，彰显了企业的独特魅力。

园区东北侧的标准足球场、400米跑道、室外篮球场、室内运动场等设施，为员工提供了全面的运动与休闲空间。

整个建筑群的布局宛如大师笔下的山水画，每一笔、每一画都透露出对自然与人文的深刻理解。

建筑与自然的和谐共生、相互辉映，绘制出一幅动人的和谐图景。建筑群的规划充分考虑了与周围环境的融合，利用自然地形和植被，创造出一个既现代又生态的办公环境。花园里的柿子树、枇杷树、杨梅树……是给动物邻居们准备的"动物食堂"，它们可以在这里"开开小灶"。

金螳螂参与了阿里巴巴杭州西溪园区全球总部C3楼和C4楼的整体室内装饰施工，装修面积达13万平方米。金螳螂将阿里巴巴对创新、和谐与可持续发展的理念完美融入施工之中，为打造一个充满活力、创新和可持续发展的工作环境贡献了力量。

二、艺术与科技的交响曲

走进这栋大楼，艺术与科技交织，营造出既熟悉又新奇的空间。每个角落都透露着创新与美感，墙面与瓷砖的精心设计，既实用又美观。这里不仅是工作场所，更是激发灵感、促进沟通的理想环境。

1. 大堂：迎宾之门

大堂是整个建筑的迎宾序曲。高挑的空间设计，白色的铝板墙面，简洁而不失现代感。大堂中央的灯塔造型致敬了江南木构，具有仪式感的精神属性，用温暖雅致的表达方式重新诠释，提升了空间温度及品质感。

2. 中庭：自然地呼吸

超高的中庭整体空间是每栋楼的点睛之笔。设计师巧妙地运用自然光线和空间布局，营造出一处既开放又私密的空间。在这里，自然与建筑相互对话，每一次光影的变化，都是对自然之美的赞颂。

3. 办公层：创意的孵化器

办公层充分考虑了员工的工作需求和创意激发。墙面的饰面经过精心调整，既保证了空间的美观，又满足了办公的实用性。在这里，每一次目光的交汇，都可能孕育出创新的火花。

4. 展示区：故事的讲述者

展示区的空间是阿里巴巴企业精神的展示窗口。通过精心的布局，展示区不仅展示了公司的成就和文化，更激发了员工的自豪感和归属感。

5. 社交中心：思想的交汇

社交中心是思想交汇的圣地，这里为员工提供了一个思想交流和情感互动的空间，每一次对话都是对知识的探索和情感的交流。

6. 会空间：智慧的碰撞

会空间是智慧碰撞的场所，材料的选择和布局的调整，都是为了提供一个更加舒适和高效的会议环境。在这里，每一次讨论都是对未来的规划。

在阿里巴巴杭州西溪园区全球总部的施工中，不乏许多亮点和创新举措，为项目带来了既实用又美观的成果，展现了现代建筑与工艺的和谐融合。

三、审时度势，精细有序

该项目的亮点是 65 米高的中庭区域，超高空间内包含了超高楼梯、"Z"形挑空区 50 个、连廊挑空区 7 个、办公区挑空 12 个，施工操作难度大，传统模式需搭设满堂脚手架，项目部转而采用大面积吊篮和局部盘口式脚手架组合施工，解决了超大型脚手架带来的成本、工期、安全管理挑战，机动灵活、提升效率、缩短工期。

施工过程中分批、分层下单，整层安装，使业主和设计单位能够实时观察到中庭的施工进展。为了确保施工的安全性，项目部对 64 台吊篮进行了细致的编号管理，派专人每日安全检查、每周一次全面的安全检查，以确保万无一失。

项目部在全周期施工过程中，实施了"制度先行、计划先行、方案先行、样本先行、考核先行"的五行策略，通过精心编制的专项施工策划和关键线路图，确保了施工的质量和效率，为高品质、按期交付奠定了坚实的基础。

四、匠心工艺，质见不凡

中庭的金属楼梯以其匠心独运的设计，成为整个空间的夺目焦点。这架气势恢宏的楼梯，高

度超过60米，从3层延伸至15层，成为大楼的垂直动脉。

面对其折线形设计的复杂性、强烈日照的考验以及对铝板饰面平整度的高标准，项目部携手专业制造商创新工艺，运用先进的三维建模技术，精心打磨每一个细节，确保了饰面的精确度和视觉美感。

随着项目的圆满落成并投入使用，阿里巴巴杭州西溪园区全球总部已成为创新与交流的沃土。在这里，每一次目光的交汇，都是灵感的碰撞，孕育着创新的火花；每一步穿行，都是对历史的致敬和对未来的憧憬。

这座建筑不仅是办公的场所，更是一个充满活力的创意孵化器，也是一个促进思维碰撞和情感交流的平台。它让思想得以自由飞翔，让创意得以无限迸发。在这里，我们不仅见证了一个企业从茁壮成长到引领时代的华丽蜕变，更感受到了整个社会在科技与艺术的推动下不断前行的脚步。

项目基本信息

工程名称：阿里巴巴杭州全球总部
工程地址：浙江杭州余杭区文一西路960号
业主单位名称：传里科技（杭州）有限公司
施工单位名称：苏州金螳螂建筑装饰股份有限公司
竣工时间：2023年12月

精工筑梦，地标天成

——新希望温州三江立体城7号地块幕墙工程的荣耀之路

适逢中国建筑装饰协会成立四十周年庆典，以新希望温州三江立体城7号地块幕墙工程为例，分享一个融合智慧、创新与团队协作的示例。这座标志性建筑不仅承载着城市的梦想与期待，而且彰显了四川同一装饰工程有限责任公司在建筑幕墙领域的杰出贡献，更是对中国建筑装饰行业发展历程的一个献礼。从创意设计到精细施工，每个环节都倾注了团队的匠心独运与非凡智慧，最终成就了这座令人瞩目的城市地标。

一、项目背景与意义

新希望温州三江立体城7号地块幕墙工程位于浙江省温州市永嘉县三江商务区的核心地段，总建筑面积约20.6万平方米，其中1号楼幕墙设计高度超过220米。项目总投资规模超过24亿元，幕墙工程投资规模超过1.2亿元。作为三江商务区的标志性建筑，它不仅象征着城市的雄心与前景，更体现了同一装饰在建筑幕墙领域的卓越成就。

二、工程亮点与特色

项目幕墙总面积约12万平方米，巧妙地融入了"山川之灵"的设计理念。塔楼立面采用格构体系再现奇石风貌，通过玻璃幕墙系统、通窗系统、铝板系统、百叶系统的搭配组合，展现了雁荡山水的意境。商业街区外立面则通过曲线柔化、凹凸斜切等手法，采用异形香槟/银白铝板、弯弧彩釉玻璃等材质，演绎了"绿谷空间"的灵动与活力。

1. 璃光溢彩，铝板映辉

新希望温州三江立体城7号地块幕墙工程不仅仅是一个简单的建筑外观装饰，它更是艺术与科技的结合体。主材精选的蓝灰玻璃与灰白铝板，在阳光的照耀下，如同流动的瀑布，熠熠生辉。尤为值得一提的是，为了达到最佳的视觉效果，项目团队在材料选择上做了大量的前期调研工作，对比了不同供应商的产品，最终选定了一款既能满足设计要求又能保证耐久性的材料。这种材料不仅色泽均匀，而且具有良好的抗紫外线性能，即便是在长期的日晒雨淋下，也能保持亮丽如新。

2. 商业街区的灵动与活力

在商业街区的设计上，设计师们打破了传统平面布局的限制，采用了曲线柔化、凹凸斜切等手法，让整个区域充满了动感与活力。异形香槟/银白铝板的应用，不仅增添了现代感，而且为建筑赋予了独特的个性。弯弧彩釉玻璃则是另一个亮点，它们像是一扇扇通往未来的窗口，引领着人们走进一个充满想象的世界。每当夜幕降临，灯光透过玻璃投射出迷人的光影，整个街区便是城市中最闪耀的存在。

三、建设历程与挑战

从2022年10月10日开始进场，到2024年4月15日通过幕墙专项验收，历时18个月，从方案设计、措施施工、材料运输到业主要求提前竣备，过程中见证了无数挑战与奋斗，彰显了同一人攻坚克难的优良品质。

1. 千锤百炼，终成精品：方案的反复打磨

项目初期，设计方案经历了无数次的否定与修改。项目经理张强回忆道："那段日子真是如履薄冰，几乎每周都要召开设计评审会，会议室里，投影仪的灯光映照在每个人紧锁的眉头之上，每次会议都像是过山车一样，意见此起彼伏，争论不休。有时候，一天之内就要修改好几版方案，那种紧张感让人连喝口水的时间都没有。"设计师陈满林补充说："我们不仅要考虑美观，还要确保结构的安全性和施工的可行性。每一个细节都要反复推敲，有时候为了一个小小的改动，整个团队都会彻夜不眠。记得有一次，为了验证某个设计元素的可行性，我们连续几天熬夜做模型测试，直到确信它既安全又美观。"正是这种不畏艰难、精益求精的态度，使得最终确定的设计方案不仅达到了美观的要求，更在结构安全性和施工可行性上做到了完美平衡。

2. 精密计算，稳如磐石：超常规的措施搭建

幕墙高度比屋面高出8米多，为了满足规范要求，项目部技术人员进行了多次对屋面楼板承载力及满堂架吊篮支持受力的计算。项目工程师彭凯俊说道："我们需要确保每一个细节都符合规范要求，这样才能保证施工的安全。"经过多次计算与验证，项目部最终在屋面上搭建了40多吨承重型满堂架，成功承受了30多吨吊篮设备的安装。这种超常规的措施搭建不仅确保了施工的安全，也为后续的高空作业提供了坚实的保障。

3. 精准协调，高效转运：确保材料及时到场

超高玻璃幕墙及铝板幕墙钢龙骨材料的尺寸庞大且数量众多，传统施工电梯无法满足常规大批量运输的需求。为此，项目组在公司的大力支持下，协调了120吨吊车和总承包单位塔吊，项目人员夜以继日地转运了200多吨铝型材和400多吨钢材，分批次分散至中间楼层的避难层进行材料加工，并通过吊篮运输进行安装。此外，还应用了先进的物料管理系统，通过二维码扫描快速识别和分类材料，确保每一项物资都能准确无误地送达指定位置。

这一系列措施，不仅有效解决了材料二次运输难题，还极大地提高了施工效率，确保了项目的顺利推进。

4. 团结协作，攻坚克难：提前竣备的紧迫任务

2023年11月中旬，建设单位下达了提前竣备的指令，要求幕墙施工必须在2024年4月18日前完工。面对这一艰巨的任务，公司高层驻扎项目数月，全面进行协调支持。项目经理张强感慨："在面对工期紧张的压力时，我们的团队没有退缩，而是迎难而上。记得有一次，我们需要在两天内完成一个关键节点的施工，大家不分昼夜地工作，甚至有些同事连续工作了36个小时。那种时候，每个人都在为同一个目标努力，那种感觉真的很棒。"

通过上下一心、团结协作，项目部带领200多名工人，克服了重重困难，最终按时完成了幕墙实体工作。这次提前竣备不仅展示了团队的凝聚力和战斗力，而且为项目赢得了甲方的高度认可和褒奖。

四、技术难关与创新

1. 智能调度与精益管理

在材料运输过程中，智能调度发挥了重要作用。项目团队利用物联网技术，对每一批材料进行实时追踪，确保其准时到达施工现场。通过智能调度系统，动态调整吊装顺序和时间，避免了现场拥堵和等待。与此同时，基于云计算的管理系统帮助我们对人力资源进行了科学合理的分配，

避免了因人力不足而导致的工期延误。例如，在幕墙安装的关键时期，项目部通过数据分析预测到了可能出现的人手短缺问题，并提前进行了补充招聘，保证了施工进度不受影响。

2. 技术创新驱动效率

三维建模技术的应用，使得复杂结构的预演变得简单直观。通过建立三维模型，不仅有助于设计人员及时发现潜在问题，而且能为施工团队提供精确的指导。例如，在处理1号楼裙楼的不规则椭圆弧形玻璃安装时，团队利用全站仪进行现场定位，然后在软件中进行模拟，最终实现了完美的拼接效果。这一系列的操作，既提高了工作效率，又保证了工程质量。

3. 质量为先，样板先行

在施工过程中，严格执行了样板工程制度。每一项重要的工序开始之前，都会先制作一个小型的示范单元，供所有参与人员学习参考。这样的做法，不仅有助于统一施工标准，还能有效地减少错误的发生。比如，在安装双曲铝板的过程中，首先制作一个1∶1的比例模型，通过反复试验，找到了最佳的固定方式，确保所有铝板都能牢固地安装在预定位置上。

五、绿色施工与可持续发展

1. 环保材料的选择

为了实现绿色施工的目标，在材料采购上严格遵循了"绿色优先"的原则。所有的建筑材料，无论是玻璃还是铝板，都经过了严格的环保认证。此外，还特别关注了材料的循环利用率，尽可能选用那些可以回收再利用的产品。比如，在幕墙框架的选材上，选择了高强度铝合金，这种材料不仅强度高，而且易于回收，符合可持续发展的要求。

2. 施工过程中的节能减排

在整个施工过程中，采取一系列节能减排措施。比如，在照明方面，使用LED节能灯，相比传统的白炽灯，能耗降低了近一半。而在机械设备的使用上，也尽量选择了低排放的型号，以减少对环境的影响。此外，为了提高能源利用效率，还在施工现场设置了太阳能板，用于供应部分电力需求。

六、结语

新希望温州三江立体城7号地块幕墙工程的成功，离不开每一位参与者的辛勤付出。从项目经理到普通工人，每个人都展现出极高的职业素养和团队合作精神，用实际行动诠释了四川同一"追求卓越，以质量求生存，以诚信求发展，以服务求满意"的企业发展方针，以及"同路·同心·同赢"的企业文化。这个项目不仅是四川同一装饰工程有限责任公司的里程碑，更是中国建筑装饰行业蓬勃发展的一个缩影。它告诉我们，只要坚持技术创新和服务至上的理念，就能在激烈的市场竞争中立于不败之地，为社会贡献更多的精品工程。同时，也期待着与中国建筑装饰协会以及其他业内伙伴携手共进，推动整个行业向着更加专业化、国际化、绿色化的方向迈进。

项目基本信息

工程名称：新希望温州三江立体城7号地块项目幕墙工程
工程地址：浙江省温州市永嘉县江东大道与中心大道交汇处
业主单位：永嘉万新恒锦置业有限公司
施工单位：四川同一装饰工程有限责任公司
竣工时间：2024年3月

凝结于时光深处的永恒记忆

——记喀什高台民居

喀什市高台民居开发提升改造项目是一个集历史文化保护、旅游开发、生态与人文融合于一体的综合性项目。该项目的实施不仅有助于保护和传承喀什市的历史文化遗产,还能推动文化旅游业的发展,为地方经济的繁荣做出贡献。

一、寻迹溯古,回望千载人文历史

拥有2000多年历史的喀什,地处欧亚大陆通衢要地,古"丝绸之路"交通要冲,是通商贸易的必经通道,也是东西方文化传播和交汇的平台。她是汉代西域的"疏勒",被誉为"丝绸之路上的明珠"和"丝绸之路的活体记忆"。

喀什,作为丝绸之路历史文化名城的"浓缩地",包含丰富的历史信息,具有重要的文化价值。高台民居是喀什历史文化变迁的缩影,是喀什民俗风情的灵魂所在。当阳光穿透千年的尘埃,洒落在高台民居的每一个角落,人们沿着幽深的街巷前行,感受着历史与民俗文化的交融。

二、高台上的西域明珠,"活着"的历史文化遗存

吐曼河悠然地流淌,喀什高台民居位于喀什古城的东北端,四面耸峙的黄色高台边坡巍然矗立。原生态建筑群与地形地貌融合而成的天际轮廓线错落有致、浑然天成,成为喀什独一无二的地标景观。

入口拱形门颇具特色,图案出自汉代织锦护臂"五星出中国利东方",生动展示了中华文明与西域文化深厚的渊源和丰富内涵。四根立柱代表了四大文明(古巴比伦、古埃及、古印度、古中国)在喀什的交汇融合,展现了开放包容的中华文明在交流互鉴中恒久的生命力。

高台民居街区高约30米、长宽约400米,面积约57000平方米,这里的房间、楼层相连,层层叠叠,独特的过街楼、半街楼、悬空楼等空中楼阁,四通八达,上下旋转,是千百年来令人赞叹的独特人居建筑景观。

这里因聚居众多土陶匠人和手工艺人,也被

誉为"维吾尔族民俗博物馆",保留在此的一处土陶作坊,据说有四、五百年的历史,至今第七代非遗传承人吐尔逊老人还在祖传的土陶作坊中劳作。

2023年,高台民居被列为喀什第一批历史文化街区,这片生土建筑群是喀什乃至新疆现存规模最大、最原生态的生土建筑群,街区内丰富的非物质文化遗产,更是不可再生的珍贵历史文化资源,具有重要的价值意义。

三、保护丝路文化史诗,修缮与城市更新并举

高台民居是金螳螂团队积极延续城市特色风貌、探索可持续更新模式的一次重要尝试。金螳螂团队与清华大学建筑设计研究院共同合作,在文化润疆政策、历史文化保护传承体系建设、城市更新等国家顶层政策指导下,开展了高台民居历史文化街区保护更新提升和改造。

本项目极具挑战性,未改造前,街区已经空置,建筑受到不同程度的损坏,存在较多坍塌、残损的情况,其中,27.39%的建筑局部坍塌和完全坍塌;坍塌建筑处于完全灭失状态;现存建筑院落中有25.64%质量较差。斑驳的黄色土生墙,混合着芨芨草、芦苇等材料,保存状况还在持续恶化,抢救性保护和修缮加固是重中之重。

项目采取了"一户一设计"方式,最大程度保留原始建筑特色,保护历史文化街区的"原真性"。街区保护更新和活化利用,注重文明传承、文化延续,让城市留下记忆,呈现喀什文化魅力、增强文化认同、培养共同体意识,打造成中华文明谱系和地区历史脉络中具有"标识性作用"的街区。

项目团队根据设计要求,遵循原址、原格局、原风貌的要求,复建了原有房屋,既维护建筑风貌肌理,也保留时代气息,保护修缮与城市更新并举,重新布局文化展示和文化业态,鼓励非遗文化传承人、手工艺人历史街区回迁就业,用国际化的语汇,讲好中国故事,彰显丝路文明史诗,重塑街区活力,延续城市发展不竭的文化源泉。

四、丝路上的文明盛宴,凝练在地民族风情

项目在充分尊重保护规划和服务居民现代生活的意愿,修缮加固、通水、通电、通网络,保证回迁房屋安全抗震。经过修缮保护和更新,占地5600多平方米的高台民居最大程度地保留了富有民族特色的传统空间格局、传统街巷和生土建筑群。

施工工程中,项目还积极吸纳了少数民族工匠参与建设,工程材料和施工技法尊重乡土特色和地域风情,细部中重视民族纹饰及吉祥符号的嵌缀。富有西域特色的木作雕刻、砖雕等在维吾尔族工匠的手下呈现华丽庄严、美轮美奂的光彩。

维吾尔族室内装饰有着不喜空白的特点,点、线、面空间层次丰富,颜色五彩缤纷,图案变化中有统一,动感中有静意,装饰形式纷繁复杂,充满节奏和韵律,富有浓郁的在地民族风情,给人带来赏心悦目、绚丽无比的心动感。

高台民居的改造更新,延续了在地民族风情场地文脉,植入丝路文化、民族特色和民族团结融合的文化,从形态保护、生态提升、业态引入出发,实现风貌保护提升和街区活力的重塑。

屋顶、庭院、街巷及公共空间、垂直界面等经过多维度的蓝绿造景,营造生机勃勃的街区休闲氛围。高台空间趣味,经创造性利用屋顶、街巷、边坡开口和地下空间,为游客提供了独特的探访休憩体验。

改造后的高台民居,成为自然古朴、内蕴精致、活力奇趣、历史与现代交融的特色街区,吸引了50多户非物质文化遗产匠人回迁,别具一格的木雕、铁艺、绘画在这里随处可见,成为"活着"的历史文化遗存,再续了"丝路文明盛宴"。

"高台时光""半个月亮爬上来",以香妃为主题的网红茶馆、精品酒吧,充满丝路风情的木卡姆沉浸小剧场,维吾尔族特色的阿达西餐厅,典型的

民族风情建筑"丝路有约",春天里民宿,英吉沙小刀工坊……富有特色的更新提升,维持了建筑外观原貌基本不变,在有限的面积里,充分利用内部空间,运用维族建筑空间艺术手段,绚丽的色彩、丰富稠密的纹饰填满空间,高超的装饰艺术,打造成一户户富有浓郁民族特色的精美空间。

金螳螂团队在施工中严格遵守保护红线,针对现状保存情况,调整细化保护整治措施和要求,追溯街区历史肌理,以恢复其临水而立、自然古朴、精致内蕴、活力奇趣的历史风貌。

改造后的高台民居注重生态与休闲的结合,屋顶、庭院、街巷及公共空间、垂直界面等经过多维度的造景,营造出生机勃勃的街区休闲氛围。同时,创造性利用屋顶、街巷、边坡开口和地下空间,为游客提供了独特的探访、休憩体验。

综上所述,喀什市高台民居金螳螂城市更新项目在施工工艺与城市规划方面均取得了显著成果,不仅保护了历史文化街区,还提升了旅游价值,促进了社区的可持续发展。

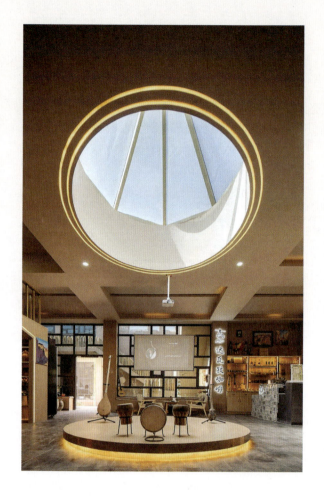

项目基本信息

工程名称:喀什市高台民居开发提升改造项目

工程地址:新疆喀什地区喀什市恰萨街道

业主单位名称:喀什市文化体育广播电视和旅游局

施工单位名称:苏州金螳螂建筑装饰股份有限公司

竣工时间:2024年4月

光影共舞

——记深圳图书馆北馆×深圳美术馆新馆

在中国的城市中,深圳似乎是无限可能的代名词。在看似无限的速度里,各种新鲜元素的注入形成了深圳不断迭代的城市基因,在这个不断探寻自我的过程中,深圳逐渐找寻找到开放、创新的姿态,也就成就了一种"深圳文化"。

四十年前的深圳还只是一个边陲小镇,文化场馆寥寥无几,对于那些怀揣梦想的人们而言,一家不大的"新华书店"已经是莫大的慰藉。或许,这在无形中向我们阐释了美术馆和图书馆这类公共建筑的文化属性,以及它们对城市未来的意义。

一、建筑链接文化

深圳美术馆新馆、深圳图书馆北馆位于深圳龙华新区,是一栋大型现代化、国际化、数字化的综合文化建筑,将在未来成为集美术展览、艺术收藏、文化交流、文化传承、全民阅读以及创新创业于一体的多功能文化艺术殿堂。

作为深圳首个建成的新时代重大文化设施,由德国KSP建筑设计事务所和筑博设计股份有限公司联合设计,金螳螂负责图书馆幕墙工程、美术馆的室内精装修工程及智能灯控系统。该项目将进一步推动深圳成为全球区域性的文化中心城市和国际文化创新创意先锋城市。

美术馆与图书馆在建筑形态上形成了一种相互咬合的关系。两馆之间通过高差的处理形成了

不同的平台，图书馆的读者和美术馆的观众可以自由联动，使两座场馆成为互相融合、互相支持的城市空间。

两座建筑的立面均采用了双层立面模式，以满足不同场馆的空间需求。建筑的外层立面统一采用了菱形钻石蜂窝石材的表现形式，将经典石材与蜂窝铝板相互叠加，组成梭状的石材单元，穿插、编织形成外表皮幕墙，在保持庄重感的同时，又不会显得过于沉闷。

二、金螳螂幕墙白色方盒子

遥望北馆，白色方盒子的造型让人一眼即识。外立面的白色菱格元素有序地排列组合，贯穿着整个建筑，形成了富有变化的立面肌理。

通过梭状的石材单元穿插、编织形成幕墙，白天将直射阳光变成漫射光，让人感到舒适；入夜后，发光的立面宛如宝石盒子般耀眼。

金螳螂幕墙团队在施工中全程采用了BIM数字技术，反复模拟数字施工设计，以避免误差，保证不同面位的错落有致，衔接配合得完美。整个建筑流线感十足，曲线美观。

金螳螂幕墙团队采用了先进的CNC技术，通过数控水铣能使幕墙挂件的加工得到精确控制，效率也极大提高，挂件安装几乎没有误差，整体板块的精度得到极大的提高，保证了安装质量。

外立面幕墙则主要由钻石形态的蜂窝石材构成。幕墙平立面错落有致，流体造型，不同的规格形态让幕墙也变得千姿百态、熠熠生辉。

内立面幕墙主要为大板玻璃幕墙，既能满足室内采光、节能，也能保证幕墙的安全。板块大小有效配置，整齐美观。层间则采用铝单板加保温结构的幕墙，使整体幕墙整洁而不单调，经济实用。

三、光影诗篇

作为城市中轴线上的文化新地标，深圳美术馆新馆是展现深圳城市精神与文化内涵，提供文化交流的艺术聚集地。美术馆以"立足本土、面向世界；立足时代、面向未来"作为新的学术方向，通过高品质活动凸显深圳美术馆传统文化与现代文化交相辉映、湾区精神与人文风貌相得益彰的主要特点。

美术馆的建筑面积为6.6万平方米，展厅面积为2万平方米，半室外雕塑展场为3900平方米，设置艺术展厅18个，配备典藏画库、学术报告厅、艺术图书室、公教活动空间、艺术餐厅、文创商店以及地下停车场等多功能配套服务空间。金螳螂负责室内主要区域的精装修施工，朗捷通负责馆内的智能灯控系统，施工面积超过3.2万平方米。

中庭的水广场随着天光的不同，显现出不同的光线与阴影效果，丰富展馆的空间体验。

一层公共空间有12根高大的圆柱，平均高度达到29.5米。项目部通过前期技术交底，严格把控施工工序、三检三验，做到了无缝衔接，最终完美还原了设计效果。

整个空间的风格简洁而现代，仿佛是为了映衬艺术作品的多样性和创新性。它所使用的材料与艺术作品相得益彰，共同营造出一种独特的氛围。

光线和照明在美术馆中扮演着至关重要的角色。在朗捷通的专业打造下，美术馆的光感氛围成为一道亮丽的风景线。在这里，光与影交织成一首美丽的诗篇，与艺术品共同演绎着一段段动人的故事。观众们沉浸在这片光影之舞中，感受着艺术的无尽魅力。

前台的线条简洁、优雅，以中性色为主色调，为前来的游客提供着最贴心的服务。

展厅以黑白灰为主，空间宽敞通透，每一件艺术品仿佛都在讲述着一段独特的历史故事。

不同的展览区域为不同类型的艺术作品提供了适当的展示环境，使每一件作品都能得到充分的展示。

艺术角的设计简约明亮，与整体馆内的风格相得益彰。每一件作品都展现了一个独特的世界，让人们可以深入探索艺术家的内心世界。

报告厅的空间布局恰到好处，这些元素营造了一个独特的氛围，增强了观众的感官体验，从而更好地吸引观众的注意力，提高活动效果。

为了确保报告厅的声学效果符合要求，项目部主动与暖通单位合作，加强设备管道的消声和减震工作；严格按照吸声要求控制使用的材料；在墙地面施工完成后，进行混响测试并及时进行调整。

此外，美术馆中还设有艺术图书馆、接待室、会议室等多功能区域，以满足各种活动和需求。这些区域的设计都注重舒适性和功能性，旨在为参观者和使用者提供最佳的体验。

在这个艺术的殿堂里，不仅可以欣赏到世界各地的优秀艺术品，还可以感受到艺术家们的无限创意和灵感。美术馆成为一个连接过去、现在和未来的桥梁，让我们共同探索艺术的无限可能。

四、记忆与文脉

在深圳这座充满活力的城市中，美术馆与图书馆如同一对璀璨的星辰，闪耀着文化的光辉。它们不仅是城市的文化地标，更是深圳不断探索和创新的见证。美术馆和图书馆以各自独特的方式，守护着城市的记忆与文脉，成为人们心灵的寄托。在这里，艺术与知识交织成一曲颂歌，唤起人们对美好生活的无限向往。让我们一同沉浸在这片文化的绿洲中，感受艺术与知识的力量，共同探寻未来的无限可能。

项目基本信息

工程名称：深圳图书馆北馆、深圳美术馆新馆

工程地址：广东省深圳市龙华区富康科技园

业主单位名称：深圳市建筑工务署

施工单位名称：苏州金螳螂建筑装饰股份有限公司

竣工时间：2024年4月

以实力筑诚意

——苏州狮山悦榕庄、悦椿酒店室内设计施工解析

"独上狮山望远方,满城烟雨入诗肠"。淡淡的烟雨笼罩下,苏州古城仿佛一幅流动的水墨画,城西的狮山契合着苏州的宁静与美好,青山绿水,细雨中更显婉约。

久负盛名的度假村品牌——悦榕集团,其旗下的每个作品都独具特色。悦榕集团推崇"贴近自然的奢华、关注生态、富有文化特色的体验"的度假酒店概念,高度重视宾客隐私,因此选址、环境和细节往往令人印象深刻。

在苏州,在狮山大隐于市的绿色里,悦榕集团旗下的悦榕庄和悦椿酒店以复合体形式坐落于此,奉献独属于苏州的"开场白"。悦榕庄的整体风格更加优雅端庄,低调奢华,而年轻化的悦椿酒店则更活泼明艳,主打家庭亲子出游。

一、庭院交辉,以山为形

酒店建筑由 GOA 大象设计,室内设计则是金螳螂旗下的 HBA 打造。金螳螂承接了两座酒店的所有客房,以及大堂吧、餐厅、会议空间、泳池等公共区域的室内精装修部分,总装饰面积29288平方米,在粉墙黛瓦这块"画布"上,移步易景,用一砖一瓦打造出独具姑苏意蕴的避世之所。

正如隈研吾在《负建筑》中的思索:建筑生长于自然,应融入自然,进行谦逊的退让,甚至"消失"。酒店建筑群贴合着山坡坡度和形态,仿佛嵌入自然山水中,水波浩渺,薄雾轻拢。

苏州,城园合一。此处建筑设计借鉴了苏式园林布局,营造出错落有致的庭院。以正对狮山方向为主轴线,酒店的入口、大堂、餐厅等公共区域位于中间,两家酒店的客房与庭院沿主轴散落于两侧,俨然一座浑然天成的"园中之园"。

悦榕庄上下两层错落分布了11栋别墅建筑,合围成一个豪门大宅气派的院子,共60间客房及套房,看似聚落自由,细观发现暗含序列逻辑,强调了对称的轴线。

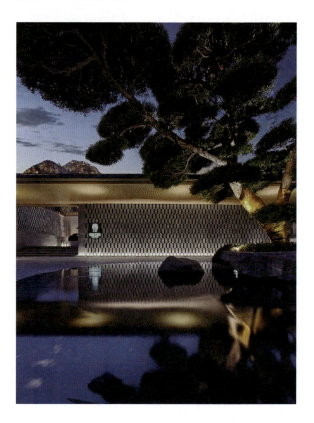

室内装饰以清代描绘城市繁华生活的著名画卷《姑苏繁华图》为灵感,旨在打造清雅秀丽的江南繁华之所。白墙黛瓦皆为画布,博采江南文化遗韵,巧妙地将苏州传统园林风格与现代建筑艺术完美融合。

二、绿水环绕,繁花如烟

"春水碧于天,画船听雨眠",苏式讲究雅致,金螳螂项目团队严格按照业主方及设计需求,从两座酒店大堂、客房、餐厅延伸至茶室、泳池,室内装饰船坊、灯彩、花窗、砖雕等,古典意象应接不暇,苏绣、玉器、陶瓷、缂丝手工艺品随处可见,以精细的工艺展现江南气韵,力图呼应当年苏州盛世景象,令人耳目一新。

古有乾隆御舟下江南,今朝悦榕庄大堂吧特设"船宴"。设计精巧的仿古官船与镜面池遥相呼应,如舟船悠悠划过水面,泛起一圈圈涟漪,尽显古典韵味。

早在宋代,苏州的灯彩便已享誉全国,被誉为"苏灯"。设计师将裱糊、装扎、剪纸、刻划等多技艺结合的苏灯元素融入了大堂的大型装置中。砖雕作为苏州传统装饰的表现形式,也是苏州文化载体中极为重要的一部分,苏州园林及古民居建筑几乎都是"无雕不成屋,有刻斯为贵。"这些设计元素的运用无不增添了酒店的江南民间风味。

漫步在大堂通往餐厅的过廊,阳光透过栅栏的缝隙,投下斑驳的光影,为这宁静的空间增添了一抹神秘的色彩。

"白云升远岫,摇曳入晴空。"此间"白云"中餐厅取名看似简单,细品则极富东方诗意,碗碟食器寥寥几笔晕染彩墨,旋即将人带入江南情境。

悦榕庄的SPA是招牌,更是项目团队对细节要求极致的重要印证。SPA的室内空间宽敞,窗外特设人造小瀑布景观,通透的落地玻璃外皆是湖光山色的旖旎风光,静候日落。

客房有60平方米和90平方米两种规格,客房强调空间的通透性,墙面以简约的风格搭配极具格调的古典山水画和原木质的背景墙。每间客房都有独立的下沉式温泉泡池和户外庭院,部分庭院有户外泡池,可以一边泡汤一边欣赏园林风光,度假的松弛感由此而生。

三、层叠余晖,光影为幕

苏州昆剧回环往复、悦耳的韵律美感。园林的美衬托了昆曲的高雅,高雅的昆曲又点缀了园林诗一般的意境。静态和动态的文化艺术的综合,丰富了园林"大写意"的人文内涵。

悦椿的名字源自青龙树,品牌更偏年轻化。以"苏州园林邂逅昆曲"为设计灵感,带领客人穿越山林庭院,沉浸于园林与昆曲中,感受诗的意境及画的风采。

全日制餐厅整体轻盈雅致,营造出轻松愉快的用餐体验。层次分明的大理石地面及其精妙的拼花工艺,特色玻璃及瓷砖装饰的隔断,暖色系的皮革包裹,简单但有质感。

宴会厅内精巧的墙壁装饰打破了空间的沉闷和严肃,彰显超凡脱俗的设计气质。

悦椿共有153间客房,客房面积达到了42平方米,以现代手法演绎江南的典雅、质朴韵味。大地色系为主色彩,搭配醒目的现代元素,质感满满。落地窗直面湖山胜景,推窗见春光。

四、返璞归真,奇思匠心

在悦榕集团的统一管理以及设计方和合作伙

伴的支持下，金螳螂项目团队密切配合，围绕既定目标，凭借高效的执行力——化解难题，实现项目均质化管理水平，精准还原设计，每一处细节都凝结了项目团队精心的考量，更是金螳螂力争不负业主所托，以行动践行质量承诺的自我要求。

泳池由于常年蓄水，蓄水量大，对防水材料及工艺要求极高。项目团队凭借经验丰富的落地方案，以及金螳螂旗下金禹东方自主研发的防水涂料，圆满实现泳池设计效果，杜绝质量隐患。考虑到苏州气候及酒店地理位置的原因，该项目大面积采用的木饰面材料易出现霉变、变形、腐烂等质量通病，项目团队精心策划提前干预，从选材、防霉底漆、耐水面漆、含水率检测、成品保护等各个环节做足功夫。

砖雕式样木饰面格栅及玻璃屏风要想实现设

计效果实属不易，项目团队通过制作大样，工序首检，制定标准，确定效果。在后场加工拼花石材，通过电脑排版控制效果与损耗，确定起铺点，再按排版编号逐个铺贴。

面层安装是对现场基层的验证，是对项目团队下单和收口的验证。通过周全的策划和严格要求，大大减少了后期安装问题；全过程跟踪下单，及时解决问题；对基层的累计误差进行把控，最大程度避免大改动或拆改，为最终的完美交付保驾护航。

江南园林的山与水、亭与阁、字与画，皆凝聚了古代能工巧匠的勤劳与智慧。如今苏州狮山悦榕庄悦椿复合体酒店惊艳四座，金螳螂以"变迁、适应、整合"为文化定位，在整体施工任务中不拘泥于精致巧做，更追求突破传统的创新优做，这是对传统工艺的尊重与传承。金螳螂以实力筑诚意，助力狮山核心区迎来新地标。

项目基本信息

工程名称：苏州狮山悦榕庄、悦椿酒店

工程地址：苏州狮山街道玉山路

业主单位名称：苏州新高乐融酒店管理有限公司

施工单位名称：苏州金螳螂建筑装饰股份有限公司

竣工时间：2024年4月

以科技为"桨",博大建设集团助力福耀科技大学"扬帆启航"

福耀科技大学位于福建省福州市高新区南屿镇流洲岛,是由福耀集团董事局主席曹德旺发起,河仁慈善基金会首期捐资100亿元人民币,以民办公助的形式,与福州市人民政府合作创办的一所新型应用型、研究型大学。博大建设集团是该项目的唯一室内装饰、幕墙及机电智能化工程合作单位。

整个校园如同一座巨大的宫殿,矗立在现代化的建筑群中。美丽的罗汉松、秋枫树、三角梅交织成一座生态公园,让人仿佛走进了仙境。图书馆的建设更是一场视觉盛宴,外立面采用多孔透气材料和保温砂浆,采用可持续发展理念,使整个校园散发着清新的气息。天井的设计极为巧妙,为室内注入灵动的光线,让人陶醉其中。校园还有一口大鼎,宛如校园的心脏,传递着热情和活力。校训镌刻其中,如同一面旗帜,引领着每一位踏入这片领域的学子。周围的博物馆、行政楼和教学楼如同一幅画卷,描绘出校园的文化底蕴。

深圳市博大建设集团有限公司(以下简称博大建设集团)承建了图书馆、明德堂、博物馆与国际交流中心等四栋核心建筑的室内外设计、装饰一体化(EPC)工程,以其卓越的施工技艺与卓越的履约能力,赢得了福耀集团董事局主席曹德旺的深切赞赏与高度认可。

一、巧用BIM技术,助力EPC模式项目

针对福耀科技大学项目的复杂性和重要性,公司从总部挑选了经验丰富的项目管理团队、抽调有类似项目经验的BIM工程师组成BIM小组。着力利用BIM技术的功能和特点,预测和解决EPC模式下施工中可能遇到的问题。

BIM技术在EPC模式中的应用能够显著提升项目的效率与质量。首先,BIM技术通过三维模型设计和协同设计,提高了设计阶段的效率和准确性,减少了设计变更和返工现象。其次,BIM技术对施工所需材料和设备进行精确计算,提高了采购的准确性和成本控制水平,避免了材料浪费和成本超支。最后,使用BIM技术进行施工进

福耀科技大学图书馆天井设计

度模拟和优化，提高了施工效率和质量，确保工程按期完成。此外，BIM技术还可应用于风险控制方案的模拟和评估，为项目管理者提供决策支持。随着BIM技术的不断发展和完善，其在EPC模式中的应用将更加广泛和深入。

二、用匠心，打造精品工程

福耀科技大学图书馆居于校园中心，形态方正，风格大气典雅，南北两侧从三层起，层层向内收缩，整体呈现梯形状，屋顶挑檐设计。其造型设计灵感源于"博士帽"，寓意着学术的崇高与尊贵。

1. 图书馆施工亮点一

图书馆的幕墙总面积近30000平方米，幕墙顶高度达54.5米，主要由石材、铝板、玻璃幕墙三种材质构成。其中石材选用的是质地坚硬、纹理美观的天然花岗岩，涵盖三种不同尺寸与重量（一层单元体尺寸为长5.7米、宽1.86米，单体重量约1.5吨；二层单元体尺寸为长6.6米、宽1.86米，单体重量约1.6吨；三层以上单元体尺寸为长5.1米、宽1米，单体重量约1.2吨）。

为确保不同石材单元构件与主体结构精准吻合，达到完美的装饰效果，博大项目团队采用三维激光扫描及BIM放样机器人精准放线技术，以保证结构轴网测量定位精度误差控制在毫米内。并通过BIM技术建模，逆向建模输出定位点数据，运用BIM、犀牛软件建模出图，建立石材/铝板分布、分格模型，将石材和铝板编号、定位，从而精准实现设计、造型要求。

除此之外，博大项目团队运用单元式干挂石材饰面板技术，采用耐腐蚀螺栓及柔性连接件，巧妙地将大理石、花岗石等饰面石材悬挂于建筑结构外表面，构建出石材装饰幕墙。在施工过程中，博大项目团队对每一道工序都精益求精，对每一块石材的大小形状、摆放的位置等细节都进行了合理规划。

2. 图书馆施工亮点二

图书馆的外立面全部为异形设计，幕墙完成面距离建筑墙面约为400～850毫米。由于土建施工所搭设的脚手架无法满足外幕墙施工的需求，若按常规幕墙施工操作考虑，需对整个外立面进行多排满堂脚手架的搭设。这将不可避免地增加脚手架的搭设及租赁成本约270万元，且脚手架重新搭设、拆除及施工周期至少需五个月的时间，对项目工期造成不利影响。

博大项目部通过设计优化，针对"博士帽"底板铝单板进行了创新性的处理，将其拆分为若干单元结构，并搭设反支撑安装平台，利用塔吊和卷扬机配合进行安装，从而取代了传统的脚手架安装方式。这一举措既节省了人力、物力，又大幅缩短了施工周期。采用单元板块施工的方式成功节约了两个月的脚手架搭拆工期，同时降低了190万元的成本。

三、用品质，彰显雄厚实力

福耀科技大学国际交流中心暨佩伯酒店的总建筑面积达3.75万平方米，作为福耀科技大学重要的配套工程，肩负着未来满足学校各类学术交流会议及住宿餐饮等重任。酒店设计以福州当地文化为灵感，融合了福州非遗传统与自然风情，将八闽雄都的艺术人文凝聚一方，传承"人文立本，圆融和合"的品牌精神，把传统建筑、文化的形韵和精神力量带入现代都市的空间氛围，致力于为宾客创造充满灵感与深度的文化栖居体验以及发展平台。同时结合学院文化、茶文化等元素打造出一

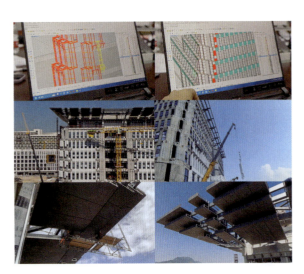

施工过程

个既现代又富有传统韵味的文化艺术空间。

1. 国际交流中心施工亮点一

酒店1~2层设置了钢琴键楼梯，正面和底面选用绿野仙踪石材，踢脚为不锈钢饰面，内藏灯带，施工难度大。为确保下单精确，博大项目团队首先运用SU建模优化施工方案。原常规18毫米厚石材，因为重量过大优化为10毫米蜂窝板+5毫米复合石材，可实现胶粘及干挂，避免了因天然石材过重带来的安全隐患。其次，将踏步石材优化拆分为模块，三个模块组合成钢琴键石材下单，确保生产过程的准确性和整体效果。

2. 国际交流中心施工亮点二

酒店大堂天花板采用国内首创的挑空玻璃砖施工工艺，其正面长度为19.5米，两侧各9.5米，高度为4.5米，总重量达13吨。为确保结构安全，博大项目团队经过精确计算，确定了玻璃砖与钢结构的连接固定方式。结构工程师绘制了相应图纸并出具计算书，经建筑设计院审核无误后，土建单位对相应楼板进行了必要的结构加固。在施工过程中，玻璃砖上下受力均匀，穿杆固定稳定，项目效果得以完美呈现。

四、用质量，树座座丰碑

在明德堂的施工过程中，博大项目团队秉承了中华传统建筑的精髓，运用现代建筑技术，将古典与现代完美融合，使明德堂不仅具有历史厚重感，也充满了现代科技感；博物馆的建设更是博大项目团队的一次大胆尝试和创新，项目运用先进的展示技术和设计理念，将工业历史与现代科技相结合，为观众带来一场视觉与心灵的盛宴。每一个雕刻、每一块砖石，都诉说着博大建设集团对品质的坚守和对文化的传承。

福耀科技大学国际交流中心暨佩伯酒店内部设计

无论是图书馆、明德堂、博物馆还是国际交流中心，博大建设集团始终坚持以设计为先导，遵循严格高标准和严要求的原则，精心筹划和实施施工工作。在施工过程中，始终坚持先行试点，积极采用先进的施工技术，并对收口细节实施严格把控，以确保施工品质的精益求精。博大建设集团期待着福耀科技大学的首批学生能够为我国的科技事业注入新的活力，同时也期待着福耀科技大学能够成为我国高等教育的一面新的旗帜。

每一处美好都是细节的精雕细琢，质量控制，不放毫厘之差；科技融合，探索创新之道；点滴淬炼，交付精品之作。博大建设集团将始终秉承匠心品质，不断提升工程质量和技术创新，用更多精品工程回馈客户的信任和选择。

项目基本信息

工程名称：福耀高等研究院暨福耀科技大学精装饰工程

工程地址：福建省福州市高新区南屿镇流洲岛

业主单位名称：福州市福耀高等研究院

施工单位名称：深圳市博大建设集团有限公司

竣工时间：2024年5月

技术革新

突破与创新，
建筑装饰工程数智工业化建造
技术发展之路

随着经济的快速发展和审美水平的提升，建筑装饰工程正朝着空间形式多变、复杂个性化方向发展，对建造技术和施工要求提出了更高的标准。虽然目前我国建筑装饰行业总体发展水平有进步，但仍处于粗放式发展阶段，面临着浪费严重、劳动力短缺、管理难度大等问题。为满足多样化的建造需求，我国政府积极推动建筑业数字化、工业化和生产制造智能化发展，颁布了一系列政策以加速建筑业转型之路。在全球工业化的大背景下，上海建工饰集团依托上海建工的专业子集团优势，不断争当行业的先行者。在数字化、工业化和智能化高度融合的背景下，综合BIM、物联网、大数据、云计算和人工智能等技术，赋能建筑建造全过程，推动建筑建造全生命周期的信息化、智能化、协同化和高效化。

一、建筑装饰数字建造技术发展与实践

随着建筑装饰数字化转型的不断深化与新价值链的创新融入，建筑信息模型（Building Information Modeling，BIM）技术不似CAD技术只是计算机绘图的工具。BIM技术，连同在BIM技术基础上催生出的虚拟设计和施工（Virtual Design and Construction，VDC）技术以及集成数字化交付（Integrated Digital Delivery，IDD）技术，三者是进一步加快建筑装饰领域数字化转型的核心。

1. 建筑信息模型（BIM）应用阶段，模型驱动实现业务数据化

作为建筑业信息化的重要组成部分，BIM技术的应用必将促进建筑领域生产方式的变革。施工管理方面，BIM模型可以用于冲突检测，通过合理布置施工现场定位、放线、管线等，确保施工有序进行。进度管理方面，通过3D虚拟可视化技术建立4D信息模型，仿真施工过程并实时管理资源进场时间，避免返工和进度拖延。成本管理方面，结合施工进度、成本的5D模型，可以实现精细化和规范化的成本管理。质量管理方面，通过应用BIM模型的可视化及可协调性，可以实现单一工程数据源信息集成和共享，提高各专业之间的协作效率。

2013年，上海建工装饰集团承担了上海迪士尼梦幻世界的建设任务，其中童话城堡室内外装饰工程BIM技术应用项目仍然是众多建筑装饰工程BIM技术应用项目中的代表之一，在工程测量、深化设计、工程管理等阶段突破性实现多维度综合性BIM技术深度应用，克服了建筑形态复杂、艺术构件数量异常庞大、施工难度高、工程质量要求极高、施工周期短等难点。迪士尼项目为建筑业的数字化发展带来了新的挑战和机遇，是BIM技术从1.0时代升级到2.0时代的锚点。

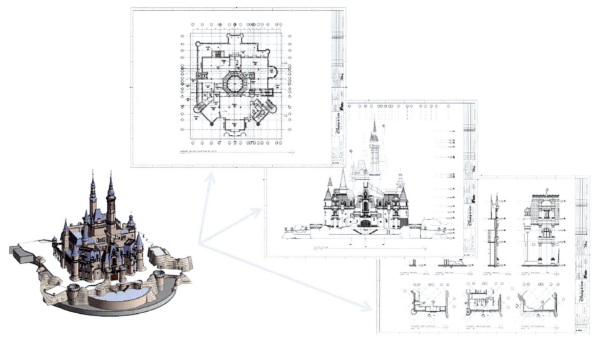

上海迪士尼奇幻童话城堡BIM模型导出图纸

2. 虚拟设计和施工（VDC）阶段，数据驱动实现数据产业化

虚拟设计和施工（VDC）定义为在工程项目建设过程中应用跨专业、多学科和集成性的BIM模型准确表示和管控工程项目，以达到更好地实现项目管理目标的过程。BIM为VDC集成化应用提供数字基座，VDC在BIM模型的基础上结合集成化管理。拥有BIM模型后，即可应用该模型在VDC平台上解决成本估算、冲突检测、资源协调、安全管理等诸多问题。

3. 集成数字化交付（IDD）阶段，价值驱动实现工艺数据链落地

2017年，集成数字化交付（IDD）概念提出，IDD作为一种革命性的工作流程，以BIM为核心，贯穿于项目全生命周期，利用数字技术整合各方行为与成果，打破了传统"物理交付"的局限，实现了项目全阶段数据的无缝对接，为建筑交付与运维提供了全面、专业、可追溯的信息支持。

二、建筑装饰工业智造技术发展与实践

对于以汽车为代表的工业制造经过四次工业革命，已经较早完成了工业化、标准化、信息化、自动化、数字化、智能化。建筑装饰工业化进程很大程度上受到工业制造技术的影响。对于建筑装饰行业，采用工业化生产使得装饰部品部件生产和现场装配化施工很好地结合在一起，提高了施工质量和灵活性。对应工业制造发展，建筑装饰工业化发展前期可以划分为建筑装饰工业1.0至4.0四个阶段。

1. 建筑装饰工业1.0：新材料装饰构件工业加工

第一次工业革命后期到第一次世界大战期间，

钢铁、玻璃、混凝土等新材料结合新技术的应用，使建筑实现了更高的高度和更大的跨度。建筑装饰新材料构件开始采用工业加工方式，利用工厂标准化生产的工业化构件，可以快速建造满足需求的建筑装饰空间。这种工业化、流程化的设计建造思路，是建筑装饰工业化思想的根源。

2. 建筑装饰工业2.0：装饰部品部件标准化、规格化、模数化

第一次世界大战到20世纪60年代，建筑装饰行业进行了大规模的工业化建造，追求装饰部品部件的标准化、规格化、模数化。通过生产标准化将产品分解成各个零部件，在不同地区的工厂中进行生产，然后进行组装。工厂统一生产出品标准化构件，保证产品的质量和精度。由于是标准的通用品，产品不易造成积压和浪费，通过规模化的生产可以大幅度降低成本。

3. 建筑装饰工业3.0：装饰部品部件多样化、个性化、批量定制

20世纪60年代后，新建住房数量已经基本满足需求，开始追求建筑的质量与个性化需求。建筑工业化实现了突破与发展，进入到在工业化的基础上进一步对灵活性、多变性展开研究的阶段。追求多样性、个性化的建筑装饰部品部件与工业化流水线结合，在标准化批量加工基础上进一步实现定制批量化。

2021年，上海建工装饰集团承接北外滩世界会客厅综合改造提升工程，针对主会场异形曲面吊顶星空设计效果呈现，研发采用了一种三维内凹式六边形曲面铝板单元造型，充分考虑整体造型的渐变性，将2330平方米星空造型饰面解构为967组模块化的曲面六边形金属单元，将内凹式六边形拼接组装成共43个集成模块，通过模块化解构和批量化免开模成型定制加工结合模块化组合安装，实现组合曲面单元板块天花饰面一体化安装，解决了不规则曲面的板面变形、安装精度、成本高昂等问题，提升施工效率和质量，实现主会场璀璨星空的视觉效果，开创了建筑装饰工程异形复杂饰面构件多样化、个性化、批量定制的新篇章。

北外滩世界会客厅主会场星空吊顶

4. 建筑装饰工业4.0：数字建造与工业智造多元融合

新型建筑装饰工业化需要插上数字化的翅膀，通过BIM技术的运用实现建筑物全生命周期数字建筑模型的共享。建筑装饰工业智造采用信息化设计、工厂化生产、智能化安装的手段，提高建筑装饰工业的生产效率、质量和可持续发展能力。步入21世纪信息化时代，建筑装饰工业4.0是在建筑行业细分下的具体应用，概念包含了传统建筑装饰行业的人工操作方式向自动化转变，融合数字建造与工业智造，建立一个高度灵活的建筑装饰部品部件产品生产与工程服务的新模式。

2023年，上海建工装饰集团以装饰全专业EPC模式打造的成都科幻馆，作为第81届世界科幻大会主场馆惊艳亮相。在科幻馆"飞天梯""大眼皮"等极具特色场景装饰建造中，深度运用BIM技术，大胆进行结构设计优化创新，充分发挥"数据驱动生产"的理念，应用"设计数字化、生产无图化、建造智能化"的技术优势，以数字建造融合工业智造，在150天超短工期内完成3.2万平方米精装面积超大体量世界级科幻场馆装饰精致建造，让"科幻巧思"从设计变为现实。

成都科幻馆室内"飞天梯""大眼皮"实景

三、结语

"要像造汽车一样精准地制造房子。"100多年前,勒·柯布西耶的这句话让建筑行业翻开了新的历史篇章,建筑工业化的脚步一直向前。建筑装饰工程数智工业化建造技术发展,以数字化技术为主要实施工具,以工业化为重要技术手段,从数字模型、虚拟建造到集成数字化交付,从工业化、标准化、个性化再到数智融合,以信息化带动工业化,以工业化融合智能化,推动工程数字设计、智能建造、数据驱动三个方向强化,完成"工程技术、生产方式、管理模式、理念思维、数据共享"五项能力升级,实现建筑装饰工程绿色低碳、安全韧性、品质提升,助推装饰行业新质生产力发展。

装配式，再现建造的优雅

"良木不语千秋画，榫卯无言万古诗"。早在7000年前的河姆渡文化时期，华夏祖先就已经开始运用榫卯技艺构建家园，开启源远流长的中华文明。榫卯，是一种在两个构件上采用凹凸部位相结合的连接方式。一转一折处，一凹一凸间，彰显着生生不息的建造智慧。

中国古代最完整的建筑技术书籍《营造法式》说道："凡屋宇之高深，名物之短长，曲直举折之势，规矩绳墨之宜，皆以所用材之分，以为制度焉。""凡构屋之制，皆以材为祖，材分八等，度屋之大小，因而用之。"书中规定的各类固定比例的构件，就像今天装配式建筑的标准件，仅需按图索骥，即可用于建造。这种标准化、模数化、规范化，正是中国古建的真髓所在，也揭示了装配式建筑的"营造密码"。

从古老的土木结构，到现代的钢筋水泥，每一次变革都标志着人类文明的进步。如今，以实现"碳达峰""碳中和"为目标，绿色环保、高效智能的装配式建筑站上"风口"，"工厂造构件、现场拼房子"成为新时代建筑领域的"潮流"。

装配式建筑之美，在于其环保、高效、可持续。据统计，相比传统现浇混凝土建筑，装配式钢结构建筑节省建筑耗材17.5%，其中钢材28.8%、水泥32.6%、沙石18.9%；降低施工能耗20.8%，其中电力24.7%、柴油16.9%；减少地基面积10.2%；缩短施工工期32.1%；减少施工人数36.7%。预计到2025年，装配式装修市场规模将达到6300亿元，年化复合增速为38.26%，未来将催生巨大市场空间。

2021年3月，《"十四五"规划和2035年远景

装配式房屋

目标纲要》对外公布，强调要发展智能建造，推广绿色建材、装配式建筑和钢结构住宅；2022年1月，住建部印发《"十四五"建筑业发展规划》，明确提出到2035年，装配式建筑占新建建筑的比例要达到30%以上。

装配式的推广和应用，不仅是技术的革新，更反映了人们对未来生活理念的探索和深思——人们注重的不再是摩登大楼的数量和高度，而是建筑的质量和内涵；追求的不再是短暂的繁华与辉煌，而是长久的和谐与共生。

装配式建筑的发展，为装配式装修带来了广阔的市场空间。酒店、住宅、公寓、办公、医疗康养、银行网点等，这些空间重复性高、可复制性强、工期要求高的领域成为装配式装修的优先应用领域。

装配式装修，是将工厂生产的内装部品在现场进行组合安装的一种装修方式。按模块划分，可分为墙面系统、地面系统、吊顶系统、整体卫浴、集成厨房、水电系统等。它的出现和不断完善，如同现代化的机械手臂，精巧而实用，将传统装修方式推向一个新的高度。

作为国内装饰行业的佼佼者，金螳螂从2012年启动装配式部品研发，到2017年被住建部授予首批"国家装配式建筑产业基地"；从2018年首发开放装配式1.0版本展厅，到2021年全新升级2.0版本展厅。截至2023年12月，金螳螂在装配式领域的专利申报达1926项，主编、参编多项国家级、地方级、行业团体标准。

十年蓄力，金螳螂打造了"智能+绿色"装修新生态，形成了从"产品研发——ODM工厂——部品销售——安装"的产业链闭环。自创智能平台。基于BIM技术，金螳螂自主研发装配式云平台系统，串联起设计、生产、配送、安装等过程，实现对装配式全生命周期的信息化管理。

自营智造工厂。智造工厂作为金螳螂装配式产业链上的重要环节，将装配式云平台系统内的所有信息转化为生产所需的图纸、清单和编码，

并结合ERP系统、MES系统和WMS系统对生产进度和物流配送进行智能管控，实现项目需求与进度的全程协同。

自建实操基地。依托金螳螂培训学院，展开四维培训体系，孵化成熟装配式产业工人。一是搭建培育平台，从VR模拟到基地实操，全方位开展项目实训；二是设计施工手册、装配式内装专用工具，发放到产业工人手中，未来更可实现扫码安装。

看过宫崎骏电影《哈尔的移动城堡》的人，

都会对电影里那一座长了脚、会走路跳跃、功能强大的"移动城堡"印象深刻。2018年，房地产开发商合景泰富携手金螳螂，打造了全国首个可拆卸、可重复利用的装配式售楼处。这座"移动的城堡"，完美地契合了房地产企业的高周转需求。

对金螳螂来说，这是一个里程碑式的项目。怎样才能做到既能装配，又能拆卸，同时还能实现传统效果呢？项目组从轮船集装箱的角度寻找灵感，利用BIM技术反复验证，创新设计出一种新型建筑形式——内箱外框式复合装配式建筑。它由结构、内装、幕墙和屋面四大模块组成。其中，结构模块确定为内外两层功能区叠箱结构，叠装在条形地基上，外罩装配式钢结构，主体全部用螺栓连接。这种做法能够在最短时间内完成现场施工，并实现售楼处建成后的三次拆装。

经过测算，该项目钢箱结构可实现98%周转率，钢结构可实现90%周转率，单元式幕墙可实现80%周转率，内装块材可实现70%周转率，实现了"做一个省三个"的经济效益。

近日，招商银行网点仅以25天完成全新亮相，背后推动力——金螳螂装配式产品系统，不仅刷新了银行网点的施工速度纪录，更以其高效、环保、经济的优势，预示着未来银行网点改造的"新风向"。

该项目建筑面积为556.82平方米，施工区域包括现金柜台区、智能服务区、加钞间、自助银行、金葵花理财区、运营低柜服务区等。作为首批"装配式+零碳"试点网点，改变传统装修的施工工序，先在工厂完成预制化材料与部品部件生产，再运到网点现场进行快速搭建和组装，从而减少现场施工工序较长、质量差异大、粉尘噪音大等弊端，经过软硬件一体化升级后的全新网点，较此前更加环保、低碳和安全。

项目地面瓷砖采用硬底薄贴替代传统湿作业，墙面采用高分子装配板替代传统墙布，顶面采用局部石膏板+铝蜂窝金属板，标准模块材料施工方便快捷，最终以25天完成高质量交付。

金螳螂装配式产品系统在招商银行网点的实践，达成了改造过程减碳近70%的目标，为银行网点绿色转型提供了新范式，也标志着金螳螂在"可持续发展"道路上再次迈出了新步伐。

提及"自由"二字，我们很容易联想到一个名词——"游牧民族"。蒙古包——游牧民族蒙古族智慧的结晶，具有搭盖迅速、拆卸容易的特点，与现代的装配式建筑建造具有异曲同工之妙。随着生活节奏的加快，一个新名词悄然出现——"城市游牧者"，他们不拘束于朝九晚五的工作生活，能穿梭于车水马龙的都市街头，也能在大自然的郊外享受露营时光。

金螳螂将传统装修思维再次转变为产品思维，将模块化建筑作为"可行走的单元"，创新打造可移动的集成式民宿客房。一方面，"行走家"产品采用装配式工艺工法，具有移动性强、集约度高、空间选择度灵活、组合自由度高等特点。为客户提供了个性化的需求，也为度假旅游又开辟了一个新的盈利模式；另一方面，"行走家"产品区别于传统民宿及度假酒店，依附于当地特有景色或文化。更加亲近大自然，更具文化体验感。

2020年，在突如其来的疫情中，装配式建筑被委以重任。在这场没有硝烟的战"疫"中，金螳螂勇担使命与时间赛跑，以成熟精湛的装配式技术完成一所所防疫隔离酒店和医院的高效建设。30天交付南京"宁归来"隔离首站公寓精装修，30天交付中央援港应急医院精装修，144天交付广州国际健康驿站精装修。这些与时间赛跑的建筑，创新采用分阶段逆向设计、现代物流优化、模块化施工、快速验收等组合技术，形成设计、施工、物流与工艺优化高度融合的应急医院一体化建造技术，实现了极限工期下应急医院快速建造、快速交付。

装配式是工业与艺术的完美结合，速度与质量的双重胜利。一块块预制构件，像拼图一样巧妙而精准地拼凑在一起，形成一幅完整而美丽的画卷。我们有理由相信，未来的建筑是可变的、流动的，是健康的、绿色的，是有趣的、舒适的。装配式，如同一位魔法师，用它的魔法棒为我们编织出一个又一个梦幻空间。

"创"无止境,"新"绘未来

博大建设集团实现BIM技术在装饰装修工程中的全过程运用。

作为国家高新技术企业、广东省工程技术研究中心企业,深圳市博大建设集团有限公司(以下简称"博大建设集团")始终将"创新、绿色、科技、人文"作为发展理念,聚焦行业前沿领域,相继成立了BIM中心、装配式技术研究院、绿色建筑设计院、技术研发中心,以设计带施工,以工程高质量履约为目标导向,集中优势资源突破关键技术,为"双碳"领域技术研发和产业化应用提供强有力支撑。

截至目前,博大建设集团拥有80余名具备丰富设计与施工经验的研发人员、200余项国家专利、100余项行业科学技术创新成果及创新纪录,主编和参编多项国家、行业及社团标准,真正用科技赋能,用创新创效益!

其中,BIM技术的应用成为了博大建设集团科技创新的重要亮点。BIM技术,即建筑信息模型技术,通过数字化的方式为建筑项目提供了全生命周期的信息管理和协同工作平台。在项目的规划、设计、施工和运营阶段,BIM技术能够实现精准的三维建模、碰撞检测、施工模拟等功能,大大提高了项目的效率和质量。

近年来,博大建设集团将BIM技术广泛应用于福耀科技大学、深圳湾文化广场、深圳前海控股大厦等重点工程项目中,涵盖学校、大型文化场馆、高端写字楼、酒店等建筑形态,积累了丰富的BIM设计及应用经验。值得一提的是,博大建设集团承建的前海控股大厦项目荣获香港第五届bSHK国际大奖赛"最佳办公楼项目BIM应用大奖",且是该项目装饰领域中唯一采用BIM技术的公司,方案的模型精细度达到LOD300,并形成了巨大的数据库,让项目后续的精细化采购和施工实现了精确量化和可视化。

下面就以深圳市重点文化工程项目——深圳湾文化广场其中一个空间为例,来展示博大BIM技术在项目施工全过程的运用。

深圳湾文化广场项目位于后海中心区,分为北馆和南馆,北馆为深圳创意设计馆,南馆为深圳科技生活馆。占地面积约5.08万平方米,总建筑面积约18.8万平方米。从高空俯瞰,深圳湾文化广场宛如一片鹅卵石群散落在繁华都市的中心,

深圳湾文化广场项目

呈现出一幅原始而壮丽的大地景观，与周围的现代建筑交相辉映，彰显其独特魅力。

深圳市博大建设集团承建本项目装修工程I标段，即南馆深圳科技生活馆部分装修工程，包含南馆展厅、南馆大堂公区、石头剧场及配套运营办公等区域。下面以石头剧场为例，展示BIM技术对本项目施工全过程的指导运用。

石头剧场从外形看，是一枚安放在海边的白色石头；从内部看，形似半枚立着的"鸡蛋"内放置了一只"红酒杯"，是集展览、观影功能于一体的全异形综合功能空间。

石头剧场地面为整体环氧树脂磨石地坪，"蛋壳"内墙面及"酒杯"脚柱和底平面为GRG表面饰无机涂料，"酒杯"腰部为软瓷饰面，造型天花为微粒吸音板基层饰吸音涂料。以下是石头剧场主要施工工艺流程。

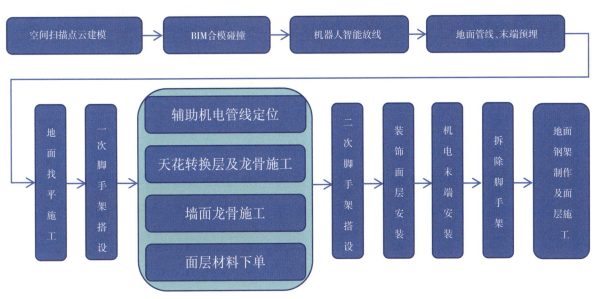

石头剧场主要施工工艺流程

1. 空间扫描点云建模

通过三维激光扫描仪扫描土建完成后的施工空间，通过现场获取的大面积高分辨率的现场空间表皮三维坐标数据以点云和图像的形式储存在扫描仪设备里，运用专业软件进行处理后，能获取建筑内表皮的相对位置信息、尺寸、纹理和形状，进而建立真实的建筑空间数据模型。

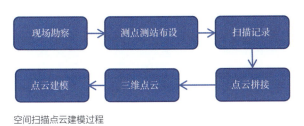

空间扫描点云建模过程

2. BIM合模碰撞

将现场空间点云建模模型与装饰、机电等各专业BIM模型进行合模碰撞，提前检查出现场土建结构和其他专业施工可能对装饰表皮完成效果造成的影响。对可能影响标高或装饰表皮的机电管线进行限高、限位，如有无法改变的土建结构对装饰表皮造成影响的，提前提交设计方修改完善方案。通过合模碰撞修改完善的BIM模型，完成对后续施工的模拟，避免后续交叉影响引起返工或达不到装饰效果。

3. 机器人智能放线

传统的放线方式在这种全异形的复杂空间里无法保证质量，而运用与BIM技术相结合的放线机器人来进行放线，则省时省力得多，且误差小。

根据施工要求，整理出BIM放线模型，提取放样、样线点位信息。将BIM模型及数据导入到放线机器人控制器里面，利用扫描空间时布设的测点，开始智能放线。

对比传统放线方式，机器人智能放线可节省人工约60%，且在异形复杂空间，其测距误差可控制在2mm以内。

4. 脚手架搭设模型计算

利用BIM建模，对龙骨施工（一次脚手架）和面层施工（二次脚手架）时的空间需求进行模拟和计算，确定一次脚手架搭设时的步距及跨距及拉接点布置等，这样在进行脚手架二次拆改时，只需要拆除影响面层施工的部分横杆和立杆，以及增加防护栏杆即可，不需要改动拉接点和架体。这样既能节省造价和工期，也能保障架体安全。

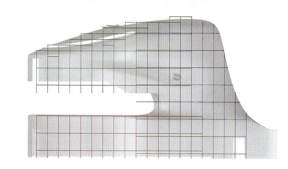

一次脚手架模型

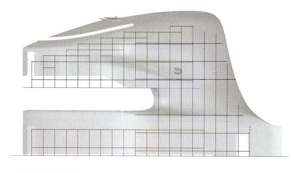

二次脚手架模型

5. 辅助机电管线定位

本案例使用空间集剧场、展览功能于一体，吊顶内施工涉及专业及管线较多，且异形空间装饰表皮稍有影响涉及调整难度和工作量都很大。因此，提前辅助机电管线定位很关键。

辅助机电管线定位的关键是在前期合模过程找到影响天花标高和装饰造型表皮的"关键线路"，并对其标高和走向进行限定。在BIM模型里标识出这些管线的起止、转折等控制范围的关键点，结合放线机器人在天花上做好标识，我公司在这些关键点处用L50镀锌角钢立杆和水平钢丝做限位，相关单位只要在限位范围内施工就能确保装饰完成面不受影响，可有效地避免后期冲突返工。而我公司的角钢立杆可做转换层或吊顶龙骨使用，也不会造成浪费。

6. 天花转换层及墙、顶面龙骨施工

根据图纸和模型，结合施工规范，按装饰表皮倒推，制作出整个空间的全龙骨系统，并对其细部进行进一步深化，确保满足面层安装施工和图纸节点要求。龙骨系统建立起来后，可快速、准确地统计各种规格型号的龙骨材料用量，既方便项目内部成本控制，也为与供应商商务洽谈提供了翔实数据。

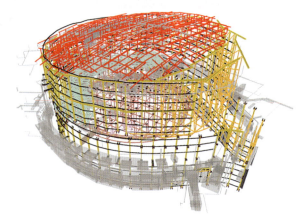

空间全龙骨系统模型

对每一部位的龙骨系统进行拆解，生成加工图和详细数据。施工时，我们可以按照经审核的加工图直接下料，在工厂加工成一组组的组件，再将组件在施工现场进行拼装。工厂化生产既能提高效率和加工精度，也能节省现场场地和工期。

墙面龙骨系统拆解　　　墙面龙骨加工组件

7. 面层材料下单

在模型分析和优化的同时,同步对面层材料进行分析和分割分块下单。众所周知,大面积弧形GRG/微粒吸音板施工开裂问题比较常见,在模型分析和板块分割时,对整个表皮进行防开裂应力算法分析,尽量避免在应力集中处进行板块分割分缝,以减少开裂隐患。结合防开裂需求、钢架龙骨受力计算、厂家生产参数、模具共模需求等各种因素,利用AI算法进行多方案比较,优选一种综合结果最优的表皮分割方案,并自动生产表皮板块加工图。

弧形双曲风口加工图

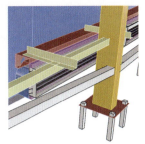
内部结构细节模型

防开裂应力分析

经AI算法综合分析比较优选的表皮分割方案

面层材料生产厂家生产板块并按加工图进行编号。材料运至施工现场后,施工人员领取对应区域板块,并按编号将板块连接固定在龙骨上。

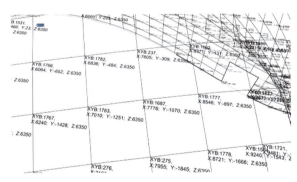
板块编号索引图

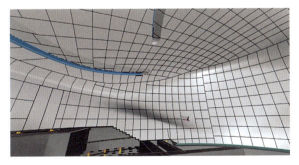
板块空间安装概览图

8. 末端辅助定位

板块安装的同时,根据与机电合模后双(多)方确认结果,对板块上末端点位进行定位,末端施工单位同步进行安装施工。

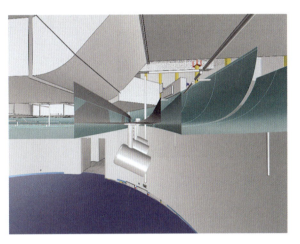
末端点位安装模型

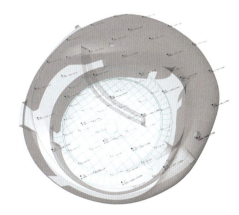
末端点位定位数据

9. 二维码指导施工

异形双曲空间在平面图纸上无法完全展示,而BIM模型不便于现场查看,且普通施工人员也不会操作。因此,我公司BIM技术人员对现场龙骨、面层BIM模型进行了进一步简化拆解后上传存储云端，并按施工步骤和施工位置生成了所在施工部位的模型二维码。施工班组长只需用手机扫描一下现场的二维码，龙骨结构、编号等就会显示在手机上，可点击图层单独显示要查看的龙骨或板面，用于现场施工指导非常方便。

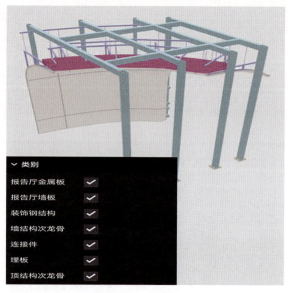

扫描二维码后手机显示界面

BIM自2002年提出以来，受到业界广泛认可，国家也非常重视BIM技术的推广应用。但一直以来，BIM技术因其前期投入大，技术人员专业水平要求高，各单位协同配合工作多，多用于土建或机电安装工程，在装饰装修方面多用于前期方案汇报或碰撞检查等单一方面。博大建设集团利用自身技术优势，在业主和各协同单位的支持下，将BIM技术运用到从前期的勘察扫描、合模碰撞、深化设计，到实施过程的放线定位、措施方案优化、龙骨及面层优化分析、材料下单、安装指导，再到完工后的扫描合模、建立竣工模型全过程中，真正意义上做到了BIM技术在装饰装修工程中的全过程运用。

通过BIM技术全过程运用，使龙骨和面层以最优尺寸组合，减少了材料损耗和浪费；精确计算和下单使原本需在现场焊接的龙骨得以在工厂加工成组件再到现场拼装，从而实现半工业化生产，提高质量同时也能节约工期；将技术交底和施工图纸集成在二维码上的数字化管理，能够做到随时更新且方便携带，避免了传统施工图纸稍有改变就要重新打图、版本混乱等问题，且减少了纸张使用和能耗。

我们坚信，BIM技术在装饰工程领域的全面运用，能够进一步推动行业向工业化、数字化、绿色化、装配化、智能化的方向发展，在提升工程质量、提高管理效率、降低材料损耗、减少返工误工等方面发挥更重要的作用，是装饰装修行业的一项重要技术革新。

绿色低碳，深装先行

——记深圳市建筑装饰（集团）有限公司碳排放研究

一、科技深装

深圳市建筑装饰（集团）有限公司（以下简称"深装集团"）作为中国建筑装饰行业的龙头企业，早在多年前就已确立了"绿色深装、科技深装、人文深装"的发展理念，秉承着科学管理、创新研发的精神持续深耕在绿色建造、绿色施工、绿色技术等领域，至今已取得了卓越的成效。截至2023年底，深装集团已拥有国家专利229项，软件著作权59项，行业科学技术创新成果百余项，主编和参编国家、行业及社团标准52项，科技研发能力始终走在同行业前列，以深装智慧助推行业向前发展。

深装集团自2008年建立技术研发中心以来，在集团总工王欣的带领下积极投身行业的科技创新工作中，经过数十年的砥砺前行，2018年被认定为"广东省装配式建筑装饰工程技术研究中心"，这支研发团队重点聚焦装饰装修在装配式、BIM、物联网、绿色低碳等领域的应用，以低碳创新擦亮发展底色，持续引领行业前沿技术变革。

二、碳排放研究

根据国家能源局2021年公布的能源碳排放数据，我国每年由建筑行业产生的碳排放占全国碳排放总量的53%，在建筑的一个全生命周期中往往伴随着3~5次建筑装饰的更新，建筑装饰行业不仅具有建筑业资源使用量大的特点，还具有更新频率快、反复产生碳排放多的特征，这些过程中产生的大量碳排放不可忽视。面对目前行业尚属空白的碳排放研究领域，深装集团选择迎难而上，率先开启装饰装修碳排放领域的相关研究。

2020年深装集团获批设立博士后创新实践基地，伴随新平台新机遇的出现，深装集团决定着力推进产学研协同创新，与东南大学、深圳大学等知名高校建立深度合作，加强对绿色建筑装饰及相关领域的深入研究，"建筑装饰装修碳排放研究"成为第一批产学研联合研究课题。

由于国内目前对于装饰行业的碳排研究尚处于萌芽阶段，对于各类装饰材料的碳排放量及施工工艺的碳排放量仍不明确，实现行业降碳的必经之路是明晰各类材料及工艺的碳排放指标，并根据这些指标确定优化方案，所以制定统一的碳排放计算标准并进行大面积的项目计算是当下碳排放研究的主要方向。

2019年国家住建部发布并实施了《建筑碳排放计算标准》（GB/T 51366—2019），该标准针对建筑特别是主体结构部分提出了统一的计算逻辑，确认采用材料的碳排放因子与材料的使用量作为碳排放总量的衡量指标，这一计算标准应用到装饰装修领域面临的首要问题则是装饰材料的种类繁多，存在大量的材料碳排放因子需要确定。

1. 深度数据调研，补充碳排放因子

在建筑装饰碳排放研究初期，深装集团联合

东南大学对建筑装饰行业上游的材料生产企业进行了大量的数据调研，包括到施工现场实测机械设备的能耗数据和到材料生产厂家收集材料生产、设备运行的能耗数据，最终通过调研厂家与查阅已有文献资料结合的形式，使用国际碳排放计算领域统一的碳排放因子法，针对装饰装修专业，在国家标准《建筑碳排放计算标准》（GB/T 51366—2019）的基础上，确定了大理石、木饰面、瓷砖、玻璃、橡胶地板、环氧树脂、乳胶漆、墙纸、石膏板、岩棉、水泥砂浆、轻钢龙骨、铝板等70余项装饰常用材料的碳排放因子；各种型号电动货车、汽油货车、柴油货车、铁路运输、货船运输等数十类交通工具的碳排放因子；电钻、砂轮机、自攻螺丝钉枪、弧焊机等180余项机械设备的能耗系数。

常用装饰装修材料碳排放因子

装饰装修材料类别	装饰装修材料碳排放因子（kg CO$_2$e/m³）	材料参考密度（kg/m³）
花岗石	134.8	2930
大理石	307.5	2700
砂岩	30.9	2350
木饰面	930.7	600
木线条	1410.8	600
木地板	750.2	925
木夹板	1495.8	600
木龙骨	289.8	600
密度板	215.3	725
刨花板	431.6	650
建筑陶瓷	3850.0	2750
卫生陶瓷	4895.0	4895
陶质砖	1370.9	1850
瓷质砖	846.0	2500
岩板	4090.3	2390
超白玻璃	3592.5	2500
钢化玻璃	4334.2	2600
夹胶玻璃	4167.2	2400
钢化夹胶玻璃	4908.9	2400

2. 研究数据整合，博后课题成果显著

依托前期的碳排放数据研究成果，深装集团博士后创新实践基地的科研课题——"绿色低碳建筑装饰材料及部品部件应用技术研究""建筑装饰行业碳达峰预测与碳中和路径研究"相继取得显著成果，先后在核心期刊 *Buildings* 发表研究成果 *Investigation of Rates of Demolition Waste Generated in Decoration and Renovation Projects: An Empirical Study*，学术论文《基于建筑装饰装修视域下的碳中和计算方法及路径研究》被 *SBE23 Asia-Pacific Conference Proceedings* 公开发表并收录，并在《建筑技术》等中文核心期刊中陆续发表相关研究论文4篇。

3. 统一计算方法，完成标准编制

面对装饰行业尚无统一的碳排放计算标准的现状，深装集团以制定一部装饰装修领域的碳排放计算标准作为下一阶段的研究目标，经中国建筑装饰协会批复，2021年开启了《建筑装饰装修碳排放计算标准》（T/CBDA 69—2023）的编制之路。

深装集团作为《建筑装饰装修碳排放计算标准》的主编单位，带领涵盖了设计、科研院校、装饰施工、材料等多个领域在内的共计31家编委单位的编制组进行了文献爬梳、实地调研、项目测算等多途径、多形式、多方面的研究工作。

编制期间，集团牵头编委会进行了三轮共计100余项的各类室内外装饰装修项目的碳排放试算，并根据最终的碳排放数据总结归纳出各类建筑装饰项目的碳排放强度，针对项目规划立项阶段及方案设计阶段，在设计图纸、材料清单等项目资料尚未完善的情况下，开创性提出依据同类建筑装饰装修的碳排放强度，按装饰装修范围内的建筑面积和外立面面积计算建筑装饰装修碳排放的计算方法，同时给出相应类型室内外装饰装修的碳排放强度参考值。

最终在充分吸收国内外现有研究成果，遵循《建筑碳排放计算标准》（GB/T 51366—2019）计算思路的基础上，依据建筑装饰装修专业特点

制定了三种相应的碳排放计算方法，最终形成切实可行的《建筑装饰装修碳排放计算标准》（T/CBDA 69—2023），力图以科学规范、切实可行的标准推动实现建筑装饰行业双碳战略，助力建筑装饰行业转型升级。

室内装饰装修碳排放系数

建筑室内装饰装修类型	单位面积碳排放系数 K_n（kg CO_2e/m²）
住宅	100
酒店	380
学校	140
办公	190
商业	130
文体	110
医疗	130
交通	90

室外装饰装修碳排放系数

建筑室外装饰装修类型	单位面积碳排放系数 K_w（kg CO_2e/m²）
涂料外墙	10
瓷砖外墙	120
无机板外墙	180
石材幕墙	130
玻璃幕墙	1200
金属板幕墙	150

注：指标系数已包含外门窗碳排放。

4. 开发计算软件，一键生成碳排放分析报告

在《建筑装饰装修碳排放计算标准》（T/CBDA 69—2023）完成编制后，针对其辅助计算工具稀缺、材料因子多、计算步骤繁杂、数据分析不足等问题，深装集团开发了全国首款建筑装饰装修碳排放计算软件，将不同材料使用量之间的单位换算嵌入到后台计算功能中，不仅实现了一键导入项目工程量清单计算碳排放量，还可根据材料生产阶段、运输阶段、建造阶段、拆除阶段、运行阶段的碳排放数据生成碳排放分析报告等功能，起到了明确各分项部位碳排放的情况，并实现针对性改进优化项目方案的节能减碳的最终目的，有效指导项目绿色低碳方案。

三、总结展望

本次研究的重点内容为依据装饰行业的特点，初步统计整理了建筑装饰材料的生产能耗数据，为碳排放因子计算提供了大量基础依据，编制了行业首部碳排放计算标准《建筑装饰装修碳排放计算标准》（T/CBDA 69—2023），同时依据标准对百余项实际竣工的装饰工程案例进行了碳排放计算，为进一步进行行业减碳路径的研究提供了扎实的研究数据支撑，并配套研发了辅助计算的碳排放计算平台。

着眼未来，深装集团将持续收集建筑装饰领域相关能耗数据，对行业目前急缺的碳排放因子进行更新补充，进一步推进节能降碳，为绿色装饰提供理论依据；同时，不断优化升级碳排放计算软件的功能适用范围，实现从装饰工程全生命期的碳排放计算到建筑全生命周期的碳排放计算，并进行占比分析，为绿色建筑评价提供多维度有效参考信息，持续引领行业转型升级和技术变革，全力推进我国"双碳"战略目标落地见效。

特异型幕墙技术的创新与发展

幕墙是现代化建筑的象征,其最早始于20世纪20年代,至今已有近百年历史。中国建筑幕墙行业从1983年起步,40年来逐步实现从无到有,由小到大的发展历程,特别是近30年来随着改革开放和经济的发展,建筑行业日新月异,技术革新一日千里,建筑幕墙也实现了跨越式的高速发展,目前已发展成为世界第一幕墙生产制造和使用大国。

在现代建筑中,幕墙无处不在,其独特的设计和功能性使其成为城市风景的重要部分。无论是城市高层建筑、大跨度建筑、异型建筑、公共建筑物还是城市综合体,幕墙在充分展现着建筑艺术美的同时兼顾着宜居、节能和安全功能。

幕墙学科是包含了材料科学、结构工程、加工制造、环境科学等多专业的综合性交叉学科。它本身不仅是一种建筑维护结构,更是现代城市的装饰。

近20年间随着建筑工程的规模不断加大、建筑构造及外立面形式愈发复杂、管理流程的逐步规范化和智能化,同时基于多学科技术的创新整合应用,幕墙设计施工及建造技术不断创新突破,幕墙行业也在不断发展中保持着技术创新激情和动力,中国也因此逐步发展成为幕墙技术创新的前沿阵地。

一、中国首个超高层"塔"的技术突破

1986年,号称亚洲桅杆的武汉电视塔拔地而起,可高度300米的外幕墙施工成了当时最大的难题。当时在中国幕墙还没有成熟技术的条件下,施工企业发挥军工厂的技术优势,通过自主创新,克服了建筑外形复杂、超高空作业安全性、抗风和防渗水要求高等一系列技术难题,完成了国内首个超高层电视塔外装饰幕墙建造。紧接着又攻克了高度为468米的亚洲第一塔——上海东方明珠塔。东方明珠电视塔的几个球体均为异形双曲面幕墙,由8000平方米铝合金板块和7000平方米

上海东方明珠塔

粉红色中空玻璃组成。设计人员利用数学函数和手绘三维放样技术手段，攻克了平板拟合异形曲面的尖端技术。

二、引进学习与创新发展

20世纪90年代初的中国幕墙行业发展仍处于学习发展阶段，国内大量的高难度幕墙基本上都由外资幕墙公司完成，中国幕墙企业在国内幕墙市场竞争中没有绝对优势。当时的中国新兴幕墙企业在市场竞争中，充分认识到高端幕墙技术在市场竞争中的价值和作用，创新性地采用"请进来，走出去"的"拜师学艺"之路，并不断地在实际工程中逐步吸收学习和应用。

震旦国际大厦

1999年到2003年的上海浦东新区，陆家嘴金融区的建设如火如荼，一批批高端幕墙项目的建设给当时的国内幕墙企业与外资幕墙公司同台竞技的机会和舞台，也使得一批特异型幕墙由中国企业承建。其中震旦国际大厦拥有当时世界上面积最大的电子显示屏幕，花旗大厦第一个采用无栏杆落地式单元幕墙技术，东方艺术中心玉兰花造型采用超大跨度装配式艺术钢结构体系等。2008年北京奥运会场馆"水立方"作为世界上技术难度最大、最复杂的膜结构工程，对隔音、隔热、防水及光线都有极为严格的要求。当时中国第一的幕墙企业依靠自主创新，攻克了立面照明系统、膜吸充气系统、充气管道、充气泵布置等一系列技术难关，完美完成世上第一个超大体量膜结构体育场馆的建设。并参与制订了《国家游泳中心膜结构技术及施工质量验收标准》，该标准成为世界上第一个膜结构实施标准，填补了膜结构标准的历史空白。

水立方

三、中国最高幕墙的技术突破

上海中心大厦是我国唯一高度突破600米、采用绿色环保节能技术的超高层双层建筑幕墙，该项目采用螺旋式上升的建筑结构造型和柔性幕墙悬挂体系，具备极大的设计和施工难度，成为中国最受瞩目的"超级工程"之一，项目也因此入选纪录片《超级工程2》。

上海中心大厦在立项之初就成为国内幕墙集魅力与挑战并存的建筑典范，无论是其所处的地理位置还是其超高层双层的幕墙特点，都备受业界关注。

该项目具有高、柔、扭、偏、空五大特点，对幕墙结构的适应性、抗变位性、防水性和抗震性均提出了极高的要求，项目中所遇到技术难题数据输入电脑与理论数据相比对，通过实际测量数据与理论模型进行大数据合模后，可以使玻璃幕墙成品的误差控制在1毫米以内。最终实现复杂幕墙安装"0"偏差，被业界定义为"世界顶级幕墙工程"，难度系数堪称世界之最。

四、自由曲面幕墙成型建造技术

随着社会的发展，在现代建筑设计中越来越多的建筑师将异型曲面建筑作为一种新的表达方式，异型曲面建筑的出现打破了传统建筑的束缚，使建筑更接近艺术、人文和自然。但新颖的异型曲面建筑带来的是对设计、材料应用和施工技术的严峻考验。然而，材料工艺和数字化技术手段的不断进步与成熟，为这一类项目成功落地创造了良好的条件。例如BIM参数化技术和低成本的冷弯金属板或冷弯玻璃技术的应用，为异型自由曲面的实现和推广创造了更多可能性。

苏州中心大鸟形屋面建筑为自由曲面造型，寓意为凤凰展翅。是当时国内最大面积的单层薄壳结构采光顶。该项目异型曲面采光顶玻璃80%采用冷弯技术，玻璃最大冷弯值达到60mm。该项目无论从建筑形体、建筑结构形式还是大面积冷弯玻璃的应用都是史无前例的，项目在设计、加工、现场施工上都遇到前所未有的技术难题。

该项目创新性地运用了超长异型网格结构自由曲面玻璃幕墙数字化适应性分析和施工技术，创造六最设计技术，包括最先进BIM设计分析及修模下料技术、60mm国内最大玻璃冷弯量设计实现技术、最直观动态施工模拟技术、最多的不同尺寸玻璃板块冷弯受力分析技术、最经济安全的构造设计技术和最完美的自由曲面成型技术。该项目由于冷弯玻璃技术应用等创新技术曾获得"华夏建设科技进步奖"一等奖。

嘉兴未来广场项目作为一座大型的复杂异型双曲面建筑，项目中的幕墙均为复杂异形曲面，主体结构采用大跨度异型空间钢结构拱桁架系统配以弧形白色陶瓦自由曲面幕墙屋面，结合各层

上海中心大厦

也是无前例可参考的。其外幕墙关键技术曾刷新了上海建筑科技乃至中国建筑科技的新高度，"内刚外柔"的新型巨型结构设计理论体系，首创设计了主体结构与外围柔性悬挂支撑结构变形协同一体的双层表皮玻璃幕墙。外幕墙玻璃幕墙钢结构支撑体系结构非常复杂，以主体结构八道桁架层为界，共分为9区，每区幕墙自我体系相对独立，每层由140多块各不相同的玻璃幕墙包裹，整个大楼共2万多块不同大小曲面单元幕墙，每个单元构件无一相同，也是全世界首次在超高层安装14万平方米柔性幕墙的案例。这类项目按传统施工方法，很难高精度安装。

为了实现精准的设计、制造与安装，技术团队首次创新性地全过程应用数字化、参数化应用技术，利用BIM技术在电脑中精确模拟计算、三维演示，每块构件到了施工现场，将现场测量的

苏州中心

退台空间绿化，形成错落有致的建筑群落。作为一座公园中的景观建筑，建筑师通过优美的建筑曲线将三处场馆"手拉手"地连接在一起，围合而成白色陶瓦双曲面屋面，屋面由50余万片陶瓦叠拼而成，如何将50万片陶瓦叠拼出顺滑的曲面，并满足屋面效果、工艺、结构沉降及温度变形要求，如何使得屋面系统、双曲金属檐口、曲面水泥板吊顶、弯弧玻璃幕墙等系统完美融合是本项目的重难点。上海建工装饰集团幕墙团队应用数字化设计平台，对复杂异形屋面建造技术进行研究，形成国内首个复杂异形陶瓦屋面成套智能建造技术，其中包括"大体量双曲陶瓦屋面系统设计""复杂异形屋面智能精准测量技术""三维扫描数字仿真及正向纠偏技术""超大异形曲面安装建造技术"等。依托该项目企业自主研发7项创新技术，申请专利5项，创造了多项国内首创技术，以绿色化、工业化、数字化技术赋能异型曲面文化场馆建筑建设。

嘉兴未来广场项目

上海久事国际马术中心作为上海卓越体育城市的代表之作，其建筑外形设计复杂，主体建筑正面形状如同马蹄，俯瞰整体建筑则如字母"S"。该建筑包含1个90×60米的竞赛场地及热身场、训练场，和高规格的马厩等竞赛设施，以及约5000个观众座及贵宾看台、空中包厢等一流观赛设施。

上海久事国际马术中心

建筑设计理念取意"马术谷"，形态呈"Ω"马蹄形，与山谷等穿插交错形成一体，与世博文化公园相融，成为彰显马术运动特色的文化地景。建筑形态结合马术文化，借用马术障碍赛赛马飞跃身影，呈现出流线形体和光影特色，轻盈灵动，简洁大气，文化性和时代感并存。国际马术中心设计充分考虑建设技术的合理性、可实施性及建筑生态和节能环保，是一座极富特色的现代国际马术中心。

马术中心的外装饰幕墙具备形体复杂、实施技术难度大、国际标准要求高三大技术挑战。技术亮点包括大跨度双曲面金属屋面、大体量异型双曲面蜂窝铝板、首创超规格可开启升降灯架、立面超大规格异型曲面UHPC/GRC板、异形组合生态绿植墙面等。

双曲异型铝蜂窝板

上海久事国际马术中心外装饰幕墙

幕墙设计师为完美呈现这座地标性建筑的外装饰工程，在建造过程中，不断寻找建筑艺术与建筑技术的完美契合点，将数字化技术、工业技术、信息化技术与建筑幕墙进行有机融合，坚持技术创新和细节把控。在项目实施的全过程中围绕"数字化、工业化、信息化"三化理念。在项目策划阶段采用可视化漫游展示、施工区域划分、重难点施工措施模拟及二维码可视化交底等技术手段。

该项目金属屋盖大跨度渐变双曲面造型，曲面板曲率变化大，钢结构悬挑距离大，看台屋面板最长长度约为45米。保障屋面施工时"长度方向"没有接缝，同时包含对众多天沟、水箱、检修洞口的安装，对防水要求高，设计与施工技术难度大。

技术团队针对由三角形和梯形两种形状拟合而成的金属屋盖异型曲面造型，以及大型曲面金属屋盖外设"双曲异型铝蜂窝板"造型装饰板的特点，为保障拟合后的曲面顺滑流畅的建筑效果，创新发明了一套可实现多功能无极调节的"云台"连接系统。可通过滚轴角码自适应安装角度，在实现曲面铝板万向调节的同时确保了蜂窝铝板的安装精度。

技术团队以绿色化、工业化、数字化技术，赋能上海久事国际马术中心，创建并形成了高标准国际专业赛马馆"异形幕墙智能建造"关键技术体系，及自主研发13项创新技术，申请7项专利。通过多项国内首创技术的运用，打造完成中国首座符合国际"五星级"标准的永久性马术场馆，为上海卓越体育城市建设增添了浓墨重彩的一笔。

落成后的上海久事国际马术中心，已在2024年5月3日迎来它落成以来的首场国际顶级赛事环球马术冠军赛。

随着数字化手段和智能制造技术的发展，中国建筑幕墙的绿色化、工业化、数字化发展之路，充分展现了"中国幕墙，品质智造"的能力。

五、结语

中国建筑幕墙通过30多年的发展，经历了从无到有、从引进模仿到自主创新的发展历程，30年后的今天，中国门窗幕墙年生产量已占世界幕墙产量的80%以上，已经发展成为幕墙行业世界第一生产大国和使用大国。经过30年的工程实践经验积累，中国的幕墙技术水平已有质的飞跃。

在国家双碳政策背景下，随着建筑数字技术的广泛应用和中国制造的行业高质量发展战略要求，幕墙的发展不仅需要设计创新和材料革新，更需要品质创新，着力将我国打造为幕墙技术强国。期待未来一定会有更多绿色低碳、智能化、工业化、定制化的精致幕墙产品出现在我们的生活中，在扮靓城市的同时，也为我们的生活带来更多的便利和舒适。

让安全标准成为员工生命的守护神

——国内首部装饰装修工程施工安全管理标准诞生记

一、标准编制背景

随着社会经济的不断发展以及人民对美好生活需求的日益增长,建筑装饰行业得到了快速发展。然而,由于装饰工程的一些特殊性,在施工过程中,仍存在诸多安全隐患,如高空作业、电气作业、动火作业、机械设备操作等,如果安全管理不到位,极易发生人员伤亡事故。目前,我国大部分建筑装饰装修企业都不同程度地存在着安全管理制度不完善、安全管理人员不到位、安全管理意识薄弱、安全管理手段单一等安全管理缺陷,导致因装饰装修工程施工管理不当而引发的安全事故时有发生。而每起装饰工程安全事故的发生,都有可能会造成施工作业人员的伤亡,会给受害者及其家庭带来痛苦和损失,同时还会引发社会舆论和公众的不满,进而影响社会的和谐稳定。

目前,我国建筑装饰装修工程施工安全管理工作存在的问题主要有以下两点。一是建筑装饰装修企业对施工安全未给予足够的重视,缺乏安全意识与相应的安全规范标准。有些项目现场施工人员思想麻痹,侥幸心理较为严重,安全意识不强,对企业实施安全管理造成阻碍。二是许多建筑装饰装修企业对施工安全识别水平低,致使安全识别成本高。根据发达国家、地区的经验来看,安全管理是顺利进行安全施工的前提,施工安全方面的相关标准规范是施工安全管理工作的重要依据。

然而,根据2020年7月15日,建筑材料工业技术情报研究所、建筑材料工业技术监督研究中心对国内、外标准查新结果,确认国内、外均尚无专门针对建筑装饰装修工程施工安全的标准发布。而建筑装饰装修工程施工安全管理标准的缺失,使得建筑装饰装修工程施工安全管理缺少相应的规范依据。为了进一步贯彻落实中共中央、国务院关于加强安全管理的有关文件精神,让施工企业能够以严格规范的标准来加强建筑装饰装修工程施工安全管理,切实有效地防范施工安全事故发生,保障员工的生命安全和身体健康,确保工程施工顺利实施,提高工程施工的社会效益和经济效益,由中国建筑装饰协会副会长单位——安徽安兴装饰工程有限责任公司联合苏州金螳螂建筑装饰股份有限公司共同申请立项编制建筑装饰行业工程建设主管建筑装饰协会标准(CBDA标准)——《建筑装饰装修工程施工安全管理标准》(以下简称"本标准"),并于2017年5月16日由中国建筑装饰协会批准立项。

二、编委会组成情况

本标准第一主编单位为安徽安兴装饰工程有限责任公司,第二主编单位为苏州金螳螂建筑装饰股份有限公司。编委会由61家来自国内的优秀建筑装饰企业、总承包企业、大专院校、行业协会及科技研发企业等参编单位的专家组成，主编为陶余桐，副主编为汪守文。到目前为止，本标准为CBDA标准中参编单位最多、编委人数最多的一项标准。

三、标准编制过程

2017年8月4日，在合肥召开开题会暨第一次编委会会议。中国建筑装饰协会有关领导出席了会议。本标准第一主编——安徽安兴装饰工程有限责任公司陶余桐董事长主持会议，并宣布《建筑装饰装修工程施工安全管理标准》编委会成立，正式启动标准编写工作。其后，编委会先后三次召开编委会会议、两次召开编写小组组长会议，对标准的编写工作进行了广泛深入的调查研究，认真总结实践经验，吸收国内外相关标准和先进技术经验，并在广泛征求意见的基础上，通过反复讨论、修改与完善，数6易其稿，最终完成了本标准的送审稿。

2020年11月21日，中国建筑装饰协会在北京组织召开了本标准的审查会。审查委员会专家一致认为，本标准系国内外首创，填补了我国建筑装饰行业标准的空白，达到国际领先水平。

2021年6月17日，《建筑装饰装修工程施工安全管理标准》被批准为中国建筑装饰协会标准，编号为T/CBDA 54-2021，自2021年10月1日起施行。同年12月，该标准荣获了建筑装饰行业科学技术奖（科技成果奖）。

四、标准的主要特点

本标准的主要特点可以概括为具有针对性、创新性和先进性。具体体现如下。

1. 针对性

目前，国内已经发布实施了很多有关建筑工程施工安全的标准，但这些标准的很多内容并不适用于建筑装饰装修工程。本标准是迄今为止唯一一部根据建筑装饰装修工程的特点编制的，专门用于建筑装饰装修工程施工安全管理的标准。

2. 创新性

编委会先后两次委托国内权威机构所作的国际、国内查新结果说明：国际、国内目前尚无专门针对建筑装饰装修工程施工安全的标准发布实施，本标准的编制属于国际首创，填补了国际建筑装饰装修行业的一项空白。此外，本标准的很多内容也属于国际、国内第一次以标准的形式提出，具有创新性。具体内容举例如下。

①对建筑装饰装修工程施工现场安全管理人员的配置数量提出明确的要求。

②提出在没有总承包单位、由多家单位施工的建筑装饰装修工程中实行委托管理的模式。

③对工程施工用移动式升降工作平台的操作安全作出规定。

④对生活区宿舍插座限流以及使用USB插座的要求。

⑤要求在生活区内安全区域独立设置手提电动工具充电间及电动助力车充电棚。

⑥对在境外施工时施工机具的额定电压及插头的制式与所在国家或地区如何匹配作出要求。

⑦对充电式、便携式电动工具的充电及使用安全作出规定。

⑧对施工机器人的安全操作作出规定。

⑨对既有建筑进行装饰装修施工时的防火安全作出规定。

⑩对装饰装修工程施工中拆除作业的安全措施提出要求。

⑪提出将无人机作为工程施工现场安全巡查的有效手段。

⑫对建筑装饰装修工程施工安全提出了智慧化管理的要求。

⑬对高考、中考或国家重大活动期间施工噪声的控制提出要求。

⑭对夏季进行室外露天作业的时段作出具体的规定。

⑮ 对在没有固定式厕所可以使用的高层建筑内进行工程施工，提出了宜设置移动式厕所的要求。

⑯ 对疫情期间施工的常态化防疫工作提出要求。

3. 先进性

考虑到建筑装饰装修工程施工的特点，本标准在满足现行国家标准、行业标准的前提下，对现行国家标准、行业标准中的部分条文提出了更高的要求，旨在使本标准具有更高的先进性，能够在较长的一段时间内不滞后于行业发展实际水平。具体内容举例如下。

① 要求建筑装饰装修工程施工企业应为工程施工现场从事作业和管理的所有人员办理意外伤害保险。

② 在住建部关于危大工程的37号令、31号文的基础上，根据建筑装饰装修施工技术的发展情况，增加了部分需要编制专项方案或需要组织专家论证的分部分项内容，使之更能适应建筑装饰装修工程施工的特点及发展趋势。

③ 要求在轻危险级场所、中危险级场所进行动火作业时，作业场所灭火器宜分别按高一级危险级场所标准设置。

④ 基于对上海静安寺、巴黎圣母院、汉口火车站等重大火灾事故的分析，对在一些特别重要的高危险新场所进行动火作业时，每个动火场所的灭火器数量提出了高于国家标准的要求。

五、标准经济效益和社会效益

1. 经济效益

本标准编制过程中，编委会对近几年来全国建筑行业及建筑装饰行业的统计数据进行了分析，对本标准施行后预计会产生的直接经济效益进行了测算。经测算，全国建筑业平均每年因生产安全事故造成的直接经济损失约为67.97亿元，全国建筑装饰行业平均每年因生产安全事故造成的直接经济损失约为8.56亿元。

本标准施行后，建筑装饰企业施工安全管理水平将得到大幅提升，施工安全事故的起数和伤亡人数将会明显下降，事故的伤害程度也会减轻，预计每年可为国家创造直接经济效益1.03亿元。

2. 社会效益

本标准为国际首创的针对装饰装修工程的施工安全标准，对于装饰工程的安全管理具有针对性、创新性、先进性。本标准可有效提高装饰施工企业安全管理水平，大幅增加装饰工程施工的安全性，降低安全风险、减少安全事故，减少因安全事故导致的工期延误，保障工程按期完工、投入使用。同时，减少安全事故可保障广大从业人员的生命健康和安全，降低施工作业人员的伤亡，有利于促进家庭与社会的和谐、稳定。

六、本标准施行情况

《建筑装饰装修工程施工安全管理标准》（T/CBDA 54—2021）发布实施后，受到广大施工单位、建设单位、设计单位、监理单位的热烈欢迎和高度评价。很多装饰企业、房建总承包企业纷纷组织本单位工程管理及劳务作业人员进行贯标与培训。他们一方面以本标准为依据，加强装饰装修工程施工现场的安全管理工作。另一方面主动与合同相关方协商，把本标准写进工程承包合同中，作为工程施工安全管理的依据严格执行。中国建筑装饰协会也曾把本标准的宣贯纳入全国专家培训的内容。

经过本标准近三年的实施，全国建筑装饰行业的施工安全管理水平普遍提升，装饰装修工程施工中发生的安全事故尤其是重大安全事故和特别重大安全事故明显减少，因事故造成的人员伤亡数量和经济损失显著下降，《建筑装饰装修工程施工安全管理标准》（T/CBDA 54—2021）成为名副其实的员工生命的守护神。

中建三局装饰内装工业化的探索与实践

装饰装修行业正迈向从设计、施工到运维的全链条智能化升级的新阶段，这一转型重塑了行业生态，提升了服务效率、客户体验及行业竞争力。中建三局装饰有限公司积极响应这一趋势，深入探索内装工业化实施路径，致力于实现从设计、施工到运维的全链条智能化升级。

一、数字化需求突出，产业交叉结合趋势明显

从工业化与智能化的角度出发，探索传统装饰装修材料产品的发展衍生，调研装配式装修行业发展，匹配先进智能化软件技术，将装配式装修与数字化技术相结合。结合先进的精益建造项目管理理论方法，形成以数字技术驱动的技术研发理念。如何将数字化建造技术应用于装配式装修施工，满足设计、生产、装配、运维各环节过程高精度协同配合，是当前亟须解决的难题。

三局装饰从设计出发，以数据为源点，不断尝试，探索数字赋能的无限可能。充分发掘现存问题及业务需求，实现研发与系统集成的结合、自主创新与引进吸收的结合、研发与推广的结合以及技术应用与管理创新结合。

二、功能软件与系统并行，多元技术相结合

装饰装修行业中，设计是根基，深化是助力，为了掌握业务全流程管控，通过合作开发设计提效软件——云廷装饰设计软件，实现装饰BIM模型智能化建模，点对点的剖析传统装饰业务面临的挑战。在原始建筑结构模型及点云模型修正的基础上，以标准化的产品部品库、工艺库、材质库为依托，在云廷装饰设计软件中进行快速素材调用，短时间内建立完成装饰BIM模型，一键生成装饰施工图和物料清单，实现装饰BIM快速、智能设计。

其中针对如何实现面材的快速且精确下单，以提升效率、确保精度，从而保证装饰材料规格和尺寸的一致性展开研究。三局装饰BIM团队通过探索点云数据与BIM技术的结合，将下单功能与云廷装饰设计软件结合，精确调整项目实际模型尺寸，结合点云模型与BIM设计软件，建立符合出图标准与提量的标准模型；在点云扫描阶段就确定完成标准空间和非标准空间，确定定量及变量区域，为后续建模归纳打下基础，在点云扫

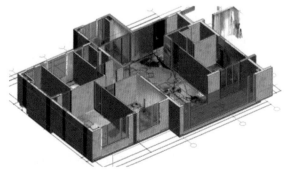

点云模型基础上建立的BIM设计

描模型的基础上建立BIM正向设计模型，保证了BIM模型的原始数据的精准性。

在研究过程中，通过深入了解不同部门对于数据壁垒与贯通的需求，研发出云廷装饰管理系统，将云廷装饰设计与云廷装饰管理进行高效协同。云廷装饰管理系统帮助项目管控由BIM模型精确提出的量单，精细化管理项目的每种材料，确认材料的认样、封样过程，通过BIM模型提取出来的材料用量智能化进行材料到场计划排布。

云廷装饰设计可以在设计阶段进行方案优化和冲突检测，减少施工中的变更和返工，从而提高设计效率，降低成本。云廷管理系统承接云廷装饰设计软件的BIM数据，针对装饰材料多、细、杂的特征，以材料管理为主线，对接工程局内部相关业务系统，平台化开展材料管理、计划管理、采购管理等，并与工程局相关系统（包括数字供应链系统、严选商城、物资工匠）进行对接，实现数据在各阶段、各系统间的贯通。在与外部生产工厂对接方面，实现数据驱动工厂生产，实现材料精细化管理，提高项目管理效率；在项目实际应用过程中，云廷装饰管理系统利用先进算法帮助项目将项目订单数据快速转换为工厂生产数据，减少人工转换数据的繁杂工作，提高订单流转速率，大大节省工期。

云廷装饰管理驱动生产大屏界面

三、装配式装修产业互联，打造产品部品数字化体系

装配式装修摒弃了传统装修中大量现场湿作业的方式，转而采用工厂化生产预制部品部件，极大地缩短了施工周期，降低了施工噪声与粉尘污染等传统工程污染，提高了资源利用率，同时也为装修质量的均一性和可追溯性提供了有力保障。装配式装修在现阶段的装饰行业展现得极为优秀，各家企业积极拓展模数化、标准化产品，深入了解内装工业化，并且探索将装配式装修材料模块种类与设计软件融合互益，通过模数化的材料进行建模映射到设计软件当中，为项目实施、工期计划推进提供了必要的保障。

就效率提升的根源具体而言，装配式装修的部品作为独立的单元模块使用，产品的固定模数在个性化方面可能相对有限。因此，在设计阶段就开始介入，利用BIM技术确定了标准化的构件和模块，这些数据通过云廷管理系统被同步传递到施工和生产环节，实现了设计、生产、施工的无缝对接。通过这样的数据流转新思路，项目不仅提升了施工效率，还显著降低了成本，达到了降本增效的目标。通过思考分析装配式装修的部品作为独立的单元模块使用，作为产品的固定模数在个性化方面可能相对有限。

在装配式装修产品部品方面，基于住宅项目的特点，研发出隔声减震的构造体系，优化了以项目为主的隔墙及地面体系，隔声减震效果明显提升。隔声量达到50db（规范值为35db），其中架空墙占用空间最低仅为20mm，架空地面占用空间为70mm（不含地暖），使得工业化与数字化并行，为项目做到增值提效。

针对项目对于数据的需求特点，通过点云技术与云廷装饰设计软件及云廷装饰管理系统相结合，为装饰装修项目现场实际施工做到了施工提效，相较于传统装修施工工期的45天，通过现场BIM正向设计建模完成后，由云廷数字管理系统流转装配式装修材料尺寸、模数、数量等信息直接对接工厂MAS系统，实现数据驱动生产，15天就高质量完成项目样板间全部装饰工作，相比传统做法效率提升3倍。

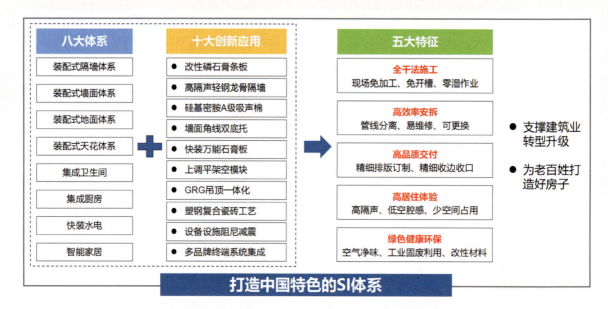

三局装饰装配式装修体系

四、围绕工程实体,创造实际价值

立足工程实体,工业化和数字化为数据流转提供了全新的思路。提高整合效率不仅能够提高数据的准确性和一致性,还使得数据形式更加多元化,便于不同部门根据各自需求进行灵活处理。经过不断的探索与实践,通过数字化和集成化的手段将设计模型带来的数据进行整合输出,由单线性输出的数据转变为多元化数据形式,通过云廷装饰设计导出的数据可以做到一次导出多业务口通用。避免了数据的重复录入和冗余,极大地提高了工作效率。

建立跨部门协作平台是实现资源共享和协同工作的关键。三局装饰在云廷装饰管理系统的基础上集成了计划管理、项目管理等功能,使得各部门之间的沟通和协作更加顺畅。通过云廷管理系统,实现了各部门之间的数据共享和实时沟通,供应链管理部门能够根据系统中的材料需求信息,及时进行采购和调配,确保材料的及时供应;商务部门可以准确获取成本数据,进行成本控制和预算管理。此外,系统还能够对施工进度进行实时监控和调整,优化资源配置,提高施工效率。

五、结语

随着数字化、智能化技术的不断成熟和普及,三局装饰将迎来更加广阔的发展空间和机遇。未来,三局装饰将紧跟时代步伐,积极拥抱变革,持续推动装饰行业向更加绿色、高效、智能的方向发展。以中建三局自研的云廷装饰管理系统为核心,实现设计、施工、运维等全过程智能化管理和控制。同时,三局装饰将加强与各方的合作,架起一座互惠之桥,将好设计、好材料与好技术紧密连接,展示优质的管理能力和服务力,为推动装饰行业的发展贡献力量。

装配式+BIM，实现转型升级

随着时代的进步，建筑装饰行业已步入智能建造的新纪元，其中装配式建筑与信息化技术正日益成为行业发展的重要驱动力。

武汉建工华达建筑装饰设计工程有限公司在此领域的探索与实践可追溯至2007年，当时公司在承建武汉光明万丽酒店室内装饰工程时，便大规模采用了免漆板装配式施工技术，标志着其在行业内的前瞻性布局。随后在2014年承接武汉国博洲际酒店客房装饰项目时，进一步推广了标准化装配式施工技术。其间形成了包括吊顶模块组合、调平结构装置、灯槽模块、软硬包饰面、踢脚线模块、工艺槽结构在内的6大系列标准化装配式工艺。这些创新不仅丰富了公司的技术储备，而且在众多工程项目中取得了显著成效，施工质量赢得了广泛赞誉。

2023年，公司凭借贵阳龙洞堡国际机场T3航站楼精装饰工程的研发成果，一举荣获中国建筑装饰行业科学技术奖。其精湛的施工技术和创新的设计理念，不仅为行业树立了新的标杆，也为公司在智能建造时代的发展增添了浓墨重彩的一笔。

贵阳龙洞堡国际机场三期扩建工程，作为贵州省的关键项目，受到了省委省政府的高度重视。该项目旨在满足2025年预计1450万人次的旅客通航需求，并追求斩获鲁班奖的高标准质量目标。

贵阳龙洞堡国际机场T3航站楼，由主楼与指廊结构组成，采用框架与钢屋架结构类型。总建筑面积达到167451平方米，包括地上4层（面积153415平方米）和地下1层（面积14036平方米）。我司负责承建的一标段包括1F迎客大厅、行李提取大厅，2F国际国内远机位候机厅、到达通道，3F国际国内到达通道、候机厅、国际中转中庭、值机大厅，以及4F国内安检区、国际联检区及国际国内候机厅（机电项目安装除外）。该项目施工中采用了多种装饰材料，顶棚吊装采用条形铝板、曲面铝板；内墙面装饰包括干挂铝板、干挂石材、玻化砖；楼地面则铺设了花岗岩、防滑玻化砖、橡胶地板和环氧地坪等。材料性能的优化选择以及BIM技术的应用和装配式施工技术，确保了航站楼装饰工程在功能性与美观性上的完美结合。

该工程从2020年8月1日进场施工开始，留给设计和建筑装饰工程的总工期仅仅14个月，包括拆改、设计、采购、施工、调试全过程。该项目建设时间紧、任务重，且受到贵州省委省政府高度关注。经过建设方、总包、装饰分包三方共同研究，一致认为该项目必须也只能采用建筑装饰全装配式施工。最终，该项目如期完工，相较传统建筑装饰方式缩短工期6个月，创造了业界新的装饰奇迹。其中建筑装饰装配率达到93.5%。

本工程4F球型网架曲面吊顶工程与层间吊顶工程采用装配式施工，层间吊顶的金属吊顶转换层钢结构构件及铝板板块均有110000m^2，全部为BIM建模，数字化加工，构件连接全部采用栓接方式，在部品生产前，明确了连接接口的类型、规格和连接方式，以及配套部件的确定，这一切都有助于提高施工质量和效率。拼装现场采用单元式施工方法，装配式组装，整体吊装，既减少焊缝检测时间，又减少焊接烟尘对环境的污染。钢结构、铝板板块安装现场用工数量比传统方式减少1/3，大大地缩短了工期。

此外，大吊顶曲面条形铝板的安装，采用"吊顶转换层三维可调系统"，使用轻钢龙骨及可调节挂件，消除钢网架下弦球节点的位置不准造成的施工误差，解决了在挠度变形量大的基层上安装大面积板材时，弯曲圆滑度和牢固度的控制问题。同时解决了超大空间曲面吊顶如何降低施工成本，提高安装速度的问题。

装配式装修强调工厂数字化加工，确保所有部品能够即到即装，现场无需进行切割。在墙面、地面装修工程中，通过三维扫描技术与云模型对比，按图排版下单，现场无切割，装配率达到90%，一次成功。35天即完成了3.69万平方米的墙面石材与铝板的安装，45天完成了4.79万平方米石材和地砖的铺贴，大大地缩短了工期，并且一次成优。

贵阳龙洞堡国际机场T3航站楼室内装饰工程BIM应用突出解决了安全问题，使用公司自主研发的BIM三维图形平台，数据库设在国内。另外，还突出解决了设计、施工阶段BIM应用贯通问题。公司BIM团队始终与兄弟设计公司合署办公，实现真正的设计施工一体化融合。在设计和施工阶段共发现500余项疑似碰撞问题，并在优化设计阶段及时消灭，实现BIM正向设计。解决这些问题，相当于节约成本和创造价值近0.24亿元（约占产值的8%），减少返工工期60余天。该项目的BIM应用，在解决安全问题和贯通问题上是一次成功的尝试。

由于项目工期紧，对施工组织的紧密性和一次成优率提出极高的要求，必须借助BIM技术才能实现。同时该项目还存在工作面受限、各专业集中交叉、管线排布复杂等困难，也只有通过BIM技术，实现事前模拟，提前发现并处理潜在问题，才能节省工期。例如，为保证机场净高，机电管线需从金属吊顶转换层与4F球型网架之间穿过，项目部应用BIM技术进行综合排布；再如，筒灯穿孔位置提前定位并准确留洞，将两个专业的协调时间缩短为零；又如，工程使用了约1.4万块铝制面板饰面、异形造型工艺、超大部品（电梯井玻璃板块）部件，这些材料均具有加工制作周期长、补件慢的特点，项目采用BIM+三维扫描技术，保证"精确下料、精准安装、一次成优"，将损耗率和返工率降低为零。

贵阳龙洞堡国际机场T1、T2航站楼在运行管理过程中，发现卫生间钢制隔断因卫生间特定潮湿环境及日常消毒清洗等工作造成隔断腐蚀后生锈、腐坏等情况，为避免T3航站楼出现同样问题，洗手间的钢质隔断、钢质小便隔断改用35mm厚"木纹转印铝蜂窝板隔断"，各区域卫生间、母婴室及哺乳间洗漱台下方空间地柜改用25mm厚"仿石材铝蜂窝板"。为防止长期在空气中暴露而造成铝板的锈蚀，铝蜂窝板表面均经过阳极氧化处理，暴露于空气中的一面涂装聚酯、环氧、丙烯酸保护涂层。

此外，该项目大量使用了"BIM+"相关技术，如BIM+三维扫描技术复核现场施工、BIM+放线机器人实现自动测量定位、BIM+5D技术实现工期和资金计划模拟、BIM+3D打印技术进行复杂节点交底、BIM+VR技术实现方案模拟比选。尤其是大量应用了BIM+虚拟建筑装饰技术，对工程中涉及的水暖风、声光电进行功能模拟，各项舒适度指标均达到国际机场标准，最终保障了机场顺利通航。

该工程完工后，我公司工程部和项目部共同编写了《高跨空间吊顶的安全网施工工法》《大跨度空间金属吊顶转换层施工工法》《大跨度空间曲面蜂窝铝板吊顶施工工法》等，以利于对创新技术的传承与推广。

该项目集中体现了新时期建筑装饰行业实现高质量发展的技术路径，涵盖装配式+BIM、装配式+EPC等创新模式，是我公司实现转型升级和科技跨越的成功案例。

以"绿"为底，建造变"智"造

——装配式手术室的设计、施工与应用研究

绿色，是新时代医疗建设领域的底色。西安四腾环境科技有限公司聚焦高质量发展目标，将"绿色"转型和"双碳"理念具体落实到每一个项目中，通过顶层设计革新、智能化改造和施工技术转变，对手术室传统的建造流程进行了颠覆性改变，不仅从源头控制了建筑标准和质量，而且切实做到了节能环保、高效稳定、绿色可循环。公司团队将大数据、云计算、物联网、人工智能、建筑信息模型等新技术贯穿项目全生命周期，以科技创新为行业发展提供支撑力，打造新时代高质量工程典范。

一、引言

装配式建筑的基本含义在于通过实施工地装配的技术方法来组装建筑物的预制构件，进而形成建筑物的完整主体结构。

2016年2月6日，中共中央、国务院《关于进一步加强城市规划建设管理工作的若干意见》提出发展新型建造方式，大力推广装配式建筑，减少建筑垃圾和扬尘污染，缩短建造工期，提升工程质量；制定装配式建筑设计、施工和验收规范；完善部品部件标准，实现建筑部品部件工厂化生产；鼓励建筑企业装配式施工，现场装配；加大政策支持力度，力争用10年左右时间，使装配式建筑占新建建筑的比例达到30%。

洁净手术室的建设是衡量医疗机构现代化医疗水平的关键标志，它体现了现代化医院的设施水平、医疗水平、管理水平。装配式技术在洁净手术室建设过程中的应用能为医院的现代化水平带来显著提升。

二、装配式手术室概述

装配式手术室是一种采用模块化、标准化设计理念的现代医疗设施，它集成了手术室基础设备设施、围护结构系统、暖通系统、强弱电系统、给排水系统和医用气体系统等多个组成部分。

与传统洁净工程现场安装的模式相比，该技术具有质量稳定可控、品质高、施工时间短、施工作业交叉少、成本低、环境优、智慧化程度较高的优点。

三、装配式手术室的结构特点

1. 模块化设计

装配式手术室采用模块化设计，将手术室划分为多个独立的模块，每个模块在工厂内完成生产并进行严格的质量控制。采用BIM技术进行装配式构件拆分，深化设计需要考虑如下两点：构件规格、尺寸与材料应符合国家、行业及工厂的加工标准，避免设计非标准构件；装配式构件尺寸应尽可能符合装配"模数"，尽可能减少构件的种类，提供装配式拆分最优方案。这种设计方式可以缩短施工周期，降低施工成本，并提高手术

室的整体质量。

2. 标准化生产

所有部品部件均按照统一的标准进行生产，确保各模块之间的兼容性和互换性。这有助于实现手术室的快速搭建和灵活调整。

3. 现场组装

在工厂完成生产后，各模块被运输到现场进行组装。现场组装过程中，需要确保各模块之间的连接紧密、稳固，并符合相关的规范要求。

四、装配式手术室主要施工流程及工艺

装配式手术室主要施工流程为：测量放线→全工厂化预制→安装地龙骨→安装装配式隔墙体系→安装模块化手术室装备（器械柜、麻醉柜等）→安装装配式阴角圆弧体系→安装吊挂组件与装配式电解钢板顶板体系→装配式墙、顶板施工接缝密封→保洁。

①装配式模块化电解钢板及专用配件综合考虑了墙板、地龙骨和地材的关系，注重综合净化装饰效果，地龙骨缩入整装结构板端面，因此地龙骨放线需在墙板轮廓线的基础上向墙体方向平移6.5毫米＋面层材料厚度；

②清洁地面，根据所需，在地面放线立面轮廓，偏置地龙骨方通位置；

③根据顶板长度，当顶板长度≤2.1米，吊挂点离顶板端面300毫米，顶板使用4个挂点；当顶板长度＞2.1米，吊挂点离顶板端面300毫米，增加顶板中间挂点，使用6个挂点。

④根据吊挂设备所需，在地面标记吊点，使用红外水平仪在建筑顶面标记吊挂设备吊点。

五、装配式手术室的应用优势

装配式手术室的应用优势主要体现在以下几个方面。

1. 提高施工效率

相较于传统现场施工，装配式手术室采用预制构件，这些构件在工厂内加工制造并经过严格的质量检验，因此能够大大缩短施工时间。同时，模块化施工的方式使得各个环节可以并行进行，进一步提高了施工效率。在医院手术室的建设中，这种高效施工方式极为重要，因为手术室往往需要在较短的时间内投入使用，以满足紧急医疗需求。

2. 质量保证

装配式建筑采用标准化生产方式，每个构件都经过严格审查，确保了构件的质量和精度。在手术室的建设中，这种质量保证尤为重要，因为手术室对空气洁净度、无菌环境等有着极高的要求。装配式手术室通过精确控制施工过程和构件质量，为手术室提供了可靠的保障。

装配式手术室实拍

3. 降低施工成本

装配式建筑所需材料较少且已经预先加工好，在施工过程中减少了浪费现象的发生。此外，由于大部分工序在工厂内完成，不受天气等因素的影响，可以有效降低施工成本。在医院手术室的建设中，成本控制是一个重要的考虑因素，装配式手术室以其较低的成本优势得到了广泛应用。

4. 控制环境条件

医院手术室对空气洁净度有着极高的要求。装配式手术室在建造过程中采用了模块化施工方式，能够更好地控制环境条件，避免尘土和杂质对手术室设备产生影响。同时，装配式手术室在后期使用过程中也更容易进行清洁和维护，确保手术室的空气洁净度始终保持在较高水平。

综上所述，装配式手术室在提高施工效率、

保证施工质量、降低施工成本以及控制环境条件等方面具有显著的优势。这些优势使得装配式手术室在医院手术室建设中得到了广泛应用和推广。

六、结论与展望

关于装配式洁净手术室在未来医疗领域的发展趋势，主要体现在以下几个方面。

1. 技术创新与材料升级

随着科技的进步，装配式洁净手术室在材料选择、结构设计以及空气净化技术等方面将持续创新。新型材料，如高性能抗菌材料、环保节能材料的应用，将进一步提升手术室的洁净度和舒适度。

同时，智能化、自动化技术的融入也将成为趋势，如智能环境监测系统、自动化清洗消毒设备等，将极大地提高手术室的管理效率和安全性。

2. 应用范围的扩大

随着人们对医疗质量要求的不断提高，装配式洁净手术室的应用范围将逐步扩大。从传统的综合性医院到专科医院、基层医疗机构乃至移动医疗领域，装配式洁净手术室都将发挥重要作用。特别是在应对突发公共卫生事件时，装配式洁净手术室能够快速搭建并投入使用，为疫情防控和救治工作提供有力支持。

3. 市场需求的变化

随着医疗市场的不断发展和完善，装配式洁净手术室的市场需求也将发生变化。医疗机构将更加注重手术室的性能、品质和性价比等因素，同时对于个性化、定制化的需求也将逐渐增加。

此外，随着医疗改革的深入推进和医保政策的调整，装配式洁净手术室的市场竞争也将更加激烈，企业需要不断提升自身的技术实力和服务水平，以应对市场挑战。

综上所述，装配式洁净手术室在未来医疗领域的发展前景广阔。通过技术创新、材料升级、应用范围的扩大以及市场需求的变化等因素的共同作用，装配式洁净手术室将不断提升其在医疗领域中的地位和作用，为人们的健康保驾护航。

异形现浇清水钢筋混凝土拱券施工技术

——四川省第四建筑有限公司大匠之门文化中心项目

清水混凝土是指直接利用混凝土成型后的自然质感作为饰面效果，混凝土表面不做任何修饰，呈现混凝土自然肌理的混凝土工程。该技术要求混凝土表面平整光滑，色泽均匀，无碰损和污染；对拉螺栓及模板缝设置整齐美观，无普通混凝土质量通病。这就要求在清水混凝土的施工工艺上必须一丝不苟地做好每个生产环节的施工组织和质量管理，才能实现清水混凝土素面朝天的本质美。

一、工程概况

大匠之门文化中心项目主要施工难度体现在64个独立高大外露的300毫米厚薄壁异形清水混凝土结构，拱券洞口为多参数椭圆弧形，部分高大拱券与楼板、楼梯结构相互连接。多功能厅高大拱券最大跨度达21.4米，结构高度15.172米。并且上述结构均要求为清水混凝土。施工工艺总结将从钢筋、模板、混凝土三个方面着手，考虑清水混凝土构件从材料准备到浇筑养护的每一个环节，着重探讨清水混凝土构件在施工过程中总结出的工艺和方法，从而制定技术措施以确保目标的实现。

二、工艺流程及操作要点

为确保达到饰面清水混凝土的成型效果，项目部通过对模板分项工程、钢筋分项工程、混凝土分项工程施工的各个环节精抓细管，从而确保达到饰面清水混凝土的效果。

1. 模板工程

包括模板选型制作、模板加工制作质量控制、模板安装、模板加固及模板支架体系等。大匠之门项目清水混凝土拱券底膜采用钢模板，侧模采用清水混凝土专用木模板。

（1）模板的制作

①钢模板应预先按照每片拱券的弧度等设计参数进行二次深化设计，在数控激光切割机上进行加工制作。采取加焊背面加强筋的措施确保钢模板的拼装尺寸和变形在最小范围内。

②拱券钢模板接触面钢板采用3毫米厚以上钢板，加强筋采用6毫米厚钢板且加工间距小于300毫米，弧形底模长度以1.5~2米为宜。

③木模板加工时，对模板边角不平整处采用机械刨平，保证模板拼缝宽度小于1毫米。

④对于木模加工，将木工分为两个组（模板加工制作组、现场安装组），模板制作组使用家装木匠和专用切割工具，根据模板拼装深化设计图纸进行模板的加工制作、统一配板，模板制作过程应按深化设计拼缝要求进行木模的切割并编号，模板切割顺一个面进行，切割过程不得随意翻面切割模板；螺栓孔洞排布按深化设计要求定位。模板安装组根据模板拼装图，现场采用制作组加工好的模板进行拼装加固。模板使用必须一次性，不得重复使用。

（2）模板支架体系搭设

①对于地下室顶板区域拱券支架在现浇混凝土顶面搭设；对于其他拱券区域支架基础应先进行地面土方回填压实，待地基承载力特征值达到160千帕以上，再进行硬化处理，采用C15砼浇捣100毫米厚垫层。

②拱券支架基础硬化地面要求平整，不得有大面积积水，支架基础附近应设置排水边沟，防止支架基础受地表水影响发生沉降。

③拱券支架搭设采用了满堂架形式进行，拱券与拱券支架应连接成整体。对于高大拱券支架搭设应按专项方案执行，支架搭设加固安全措施应满足模板、扣件脚手架等相关规范要求。

④模板支架搭设过程中，必须采取防倾覆措施，未形成满堂支架体系前应设置抛撑固定。

⑤模板支架搭设完成后，在拱券梁支架两侧搭设操作平台、上下坡度及栏杆扶手，保证后续木工、钢筋工上下支架施工作业安全。

（3）模板的运输、安装要求

①模板上下车前必须严格编号，避免混装，装卸时应有保护措施，防止模板变形、损坏。

②模板脱模剂采用色拉油（调和油）或洁净的机油作为脱模界面剂。模板安装前必须先将板面清理干净，采用毛巾蘸油拧干、均匀擦拭模板面，使得板面形成一层薄薄的油膜。注意防止漏擦和表面积油。

③模板应在天气晴朗的时间或者封闭空间内擦拭，擦拭前用干抹布将模板表面灰尘、污垢擦干净，做好模板的防雨、防尘工作。

④对于生锈的钢底模在安装前应进行打磨除锈，然后用水冲洗、擦干。钢底模安装就位后，采用密封胶封闭好钢底模之间的接缝，在整个钢底模表面满粘胶膜（透明胶）。

⑤模板安装前必须先调整影响模板安装的钢筋。特别是影响拉螺栓孔和模板设计拼缝对应位置的钢筋，要适当进行调整，确保对拉螺栓和拼缝位置的准确。

⑥钢模板组装过程中，严格按照厂家提供的安装图拼装，不得随意调换弧形钢底模位置，确保拱券弧形圆顺，满足拱券椭圆的设计参数。

（4）拱券钢底模板及侧模板施工

①拱券钢模板施工前，应对拱券底模板进行第二次试拼，检查是否符合设计要求。对试拼符合要求的模板，进行精心打磨处理，打磨完成的模板，必须经过检查验收后方可进行使用。

②立模顺序：先立钢底模，待拱券钢筋绑扎完成及预埋件安全完成后，再立侧模。覆膜木胶板侧模按深化设计分缝图由家装木工专门进行切割，由柱脚向拱顶上部拼装。由于本工程拱券上部为30°斜梁，封最上部侧模时应在拱券坡顶（斜梁顶）挂线控制整个斜梁的标高和顺直度。

③模板安装前，必须保证模板表面洁净，采用毛巾蘸油拧干、均匀擦拭模板面，使得板面形成一层薄薄的油膜。注意防止漏擦和表面积油。对于钢底模板筋与侧模木模板拼接缝处满贴泡沫密封胶条（厚度1~3毫米）并采用螺栓连接加固；侧面大模板安装时，在木模板纵横向拼缝处粘贴泡沫密封胶条（厚度1毫米），并采用刨平方木进行压缝；模板对拉螺栓套管采用直径2cm镀锌圆钢管替代常规的PVC套管，以确保对拉螺栓拉紧状态下模板不变形。模板背楞统一采用钢矩管材料，避免使用传统的木枋，造成受力不均从而影响清水混凝土外表面成型效果。

（5）拱券顶部压模板安装

拱券顶部为30°斜坡暗梁，为防止混凝土浇捣过程跑料，保证拱券斜梁振捣质量，需在拱券顶部安装压模。压模采用覆膜木胶合板制作，顶部压模尺寸为2400毫米×300毫米。加固采用钢管穿对拉螺栓抱箍形式。斜梁压模从斜梁下口开始每2.4米留设一个30厘米×30厘米的浇捣口，方便混凝土下料施工；每块压模中间留设一个15厘米×15厘米的振捣口，保证斜梁振捣质量。拱券最高点，留设浇捣口，并制作木制漏斗保证顶部混凝土浇捣到位；待混凝土初凝后取下漏斗，混凝土工完成顶部收面工作。

2. 钢筋工程

①钢筋工程的加工制作与绑扎，按照施工质量验收规范中的规定执行；钢筋箍筋尺寸的制作应追求规范要求的负偏差（满足设计要求情况下，尽量做小），保证钢筋骨架不影响模板封闭。

②为避免钢筋绑扎与预埋件以及对拉螺栓位置矛盾，必须在深化设计的时候提前计算确认相对位置，若位置冲突影响较大，则必须提前与设计进行沟通，确认解决方案。

③钢筋绑扎扎丝采用防锈铅丝，扎丝头全部人工弯向钢筋内侧设置，同时将外侧扎丝圆钩全部压平，以防外露，避免混凝土成型后表面出现钢丝头造成锈斑。

④钢筋绑扎过程调整时，混凝土浇捣班组到现场就下振动棒位置查看，必要时钢筋配合调整位置，预先保证振动棒下棒位置，严格避免出现浇捣不密实的情况出现。

3. 混凝土工程

（1）清水混凝土拌制与运输

①本项目清水混凝土采用商品混凝土，项目部提前跟商品混凝土站实验室沟通，通过试验打样，确定清水混凝土的配合比、塌落度、成型颜色等技术指标。专门预购储存清水混凝土专用的同批次水泥、粗细骨料原料。

②商品混凝土拌合站的混凝土拌合系统计量仪器要通过符合要求资质单位的鉴定，以确保并保持计量准确。

③浇筑前搅拌运输车清洗干净，浇筑过程中搅拌运输车应保证专用于本次清水混凝土浇筑运输，不得用于其他批次混凝土运输，以免造成混凝土配合比发生变化。

④为保证现场混凝土浇捣的和易性要求，商品混凝土站实验室人员驻守在浇筑现场，添加外加剂调整混凝土的坍落度，以保证浇筑顺利。

⑤清水混凝土浇捣前充分做好准备工作，在拱券两侧搭设操作平台（马道）方便人员上下操作；提前将水管接至拱券操作架，天气阴凉时，对于擦拭油膜的模板可不洒水湿润模板；适当喷洒水湿润拱券模板，同时保证不得积水。

⑥同一拱券柱脚分层浇捣过程中必须有2名木工负责看模，保证模板加固质量，发现局部出现涨模、漏浆情况现场及时进行处理。完成拱券柱脚浇筑后，木工立即配合完成柱脚浇捣孔的封堵加固工作。拱券斜梁浇捣从两侧拱券柱脚对称进行，由离拱券柱脚最近的拱券顶部压模浇捣口下料振捣，同时在浇捣口之间的振捣口亦加强振捣，保证振捣均匀，当浇捣口或振捣口出现溢料，暂停下料，并完成斜梁充分振捣工作，立即封堵加固好浇捣口或振捣口。然后继续逐层向斜梁上部浇捣。

清水混凝土拱券施工现场

（2）混凝土养护

拱券清水混凝土养护非常重要。当拱券混凝土的强度达到5兆帕以上时，可拆除拱券侧模板并及时洒水养护（安排专人定时浇水，确保不断水），养护时间不得小于14天。

4. 成品保护

施工过程中有较多施工内容需要穿插进行，这就需要对清水混凝土拱券进行成品保护。

①拱券柱脚混凝土拆模后立即用塑料薄膜包裹，上口封严，再用彩条布包裹，柱根以上2米范围内用夹板作外套，阳角增加木条保护。

②拱券斜梁模板拆除后用塑料薄膜包裹，保

护膜外再利用墙体对拉螺栓孔,用 M12 的对拉螺栓将木夹板固定在墙体上,形成保护。

项目部在解决了技术、材料以及机械问题之后,作为对具体实际管理和操作的最终效果起决定性作用的人的因素成为当时急需面对和处理的问题。面对如此精细化的质量把控措施,我们的管理人员初期也出现了一定的排斥情绪,并且关键的木工作业人员出现了大量流失和频繁更换。面对这样的不利情况,我们通过坚持晚上小会白天大会的教育模式,通过身先士卒的带动方式,通过每天数人头开工的方式,通过减少人员特别是木工作业工人流失并且合理分配施工任务的管理方式,逐步扭转了人的因素对项目的不利影响。

清水混凝土是名副其实的环保绿色混凝土,节省了大量的油漆和装饰,符合我国生态发展理念。由于清水混凝土是一次性成型,不易修凿,不需要抹灰,因此也大大减少了建筑垃圾的产生。清水混凝土看起来很简单,但是它比那些富丽堂皇的装饰更能给人一种质朴、自然、温暖的直观感受,可以说是华丽而简单的结构形式,是以后建筑结构发展的一个重要方向。

通过本项目的建设,我们总结得出,清水混凝土的施工过程想要实现一次成活并达到自然饰面的效果,就必须通过学习—探索—再创新这样一个过程。从技术上开头,从拱券钢筋加工和绑扎工艺的调整到拱券支模架的搭设;从模板、模板支架、脱模剂、对拉螺栓和加固背楞的材料选择,到模板拼缝的设计优化,现场试拼安装;从拱券清水混凝土粗细骨料的选择、配合比的试验和选配,到混凝土浇筑方法和浇筑顺序的合理安排、浇筑后拆模和养护、成品保护等多方面入手,探索和总结出一套行之有效的施工工艺和施工方法。在尽可能短的时间内寻找到最符合本项目的材料和技术工艺,再通过实打实的精细管理,将管理触角进一步延伸到每个作业人员的具体操作过程中,组织管理人员和作业工人一步一步严格按照既定的步骤,在每一个分部分项工程施工过程中做好每一片拱券的技术和质量把控。

随着绿色环保理念的深入人心,清水混凝土这一结构形式必定会得到长足的发展,而清水混凝土的施工工艺也必定会在实践中得到更多的应用和提升。

大匠之门文化艺术中心项目内部

40th Anniversary of
China Building Decoration
Association

04

附 录

大事记

大事记

中国建筑装饰协会大事记

1984年

▲9月11日，经建设部批准，中国建筑装饰协会在北京举行成立大会。出席成立大会的有建设部副部长肖桐、戴念慈，中国建筑工程总公司总经理张恩树，建设部科技局局长许溶烈等60多人。肖桐、戴念慈、张恩树、许溶烈、何镇强等领导在成立大会上讲话。大会指出，中国建筑装饰协会是联合并组织有关科研、设计、教育、生产、管理和经销部门，为发展建筑装饰技术，开发新技术新产品，跨专业、跨行业、跨部门、跨地区的联合组织；协调、沟通产、供、销渠道，密切建筑设计、产品生产、建筑施工三者的联系，开展国内外技术、情报交流与合作，提高并增强建筑装饰配套技术水平和能力。大会选举产生中国建筑装饰协会第一届理事会。

1985年

▲8月4日，受建设部科技局委托，协会组织编写《铝合金门窗质量标准》。

▲12月18日，召开理事工作会议，重点研究协会组织建设。根据行业发展需要和协会工作安排，协会已成立装饰工程、铝制品、化学材料、卫生洁具、石材、暖通、空调6个分会，筹备成立五金、电器2个分会。会员单位达291家。其中，饰材厂商228家、科研设计单位63家、建筑装饰施工企业29家。

1986年

▲9月11日，会员单位达680家，8个专业分会均成立并开始对外开展活动。

▲10月30日，中国建筑业联合会成立，按照建设部"一业一会"的要求，中国建筑装饰协会等有关建筑业的行业协会全部合并至中国建筑业联合会。中国建筑装饰协会改称"中国建筑业联合会装饰协会"，为中国建筑业联合会的二级协会。历时五年，一直到1991年6月20日，建设部批准以"中国建筑装饰协会"名称办理社会团体登记手续[建人（1991）439号]。

1987年

▲9月11日，为期三天的协会秘书长扩大会议在北京举行。代理秘书长倪有根主持会议。刘陆平副理事长及8个分会秘书长共计18人出席。会议提出从发展技术、提高质量着手，面向会员、面向社会的工作目标，促进社会工作和建筑装饰事业发展。

▲12月16日，协会理事会在北京召开，张恩

树理事长主持。肖桐、刘正发、许溶烈、邵岐、刘导澜、钱宜伦等出席。会议通过了协会要"面向社会、面向会员、有虚有实、虚实结合"的工作方针，把提高企业素质、提高产品质量、提高配套能力作为协会工作的主要任务，会议同意从1988年起，将《家具与生活》杂志作为协会会刊。

▲12月18日，协会主编、编译的《幕墙设计手册》《建筑铝合金门窗标准国内外资料汇编》（上、中、下）、《英国建筑铝合金门窗风荷载规范（设计、施工与试验）BSI标准》出版发行，受到行业欢迎。

1988年

▲3月6日，协会召开秘书长扩大会议，8个专业委员会、9个省市装饰协会秘书长出席。会议强调"面向社会、面向会员、有虚有实、虚实结合"的工作基本方针，把提高企业素质、提高产品质量、提高配套能力作为协会工作的主要任务。会议首次提出"加强行业管理"思路。

▲5月3日，我会配合建设部建筑业管理局制订《建筑装饰企业营业管理规定》，后发展为5月30日建设部公布的《建筑装饰工程施工企业资质等级标准》[（89）建施字224号]，这是我国第一部建筑装饰行业法规。

▲10月5日，协会组织整顿工作结束，正式会员单位1000余家。

▲11月1日，协会秘书长工作会议在北京举行。会议由刘陆平副理事长主持。邵岐、田国祥、倪有根、严克明、宋而千、洪涛、彭政国、何星华、郑才户、张文石、傅义银等15人出席。会议着重研讨了建筑装饰行业面临的形势及对策，提出为建筑装饰行业服务办法。

1989年

▲3月6日，由我会会同中国建筑学会、中国建筑科学研究院共同举办的为期四天的"国际建筑装饰技术交流会"在北京香山饭店结束，出席会议的有来自日本、美国等国家的专家、学者30余位，国内代表100余名，此会系国内组织的首次大型国际建筑装饰会议。

▲4月3日，应我会邀请，以黄绍仁为团长，雷自达、张云家、钱绍明为副团长的台湾室内设计装饰商业同业公会代表团一行18人抵京，与中国建筑装饰协会进行了为期四天的技术交流会，副理事长刘陆平、副秘书长倪有根、钱光正、霍明远、理事宋而千、钱宜伦、严克明，常务秘书黄白以及19个地方装饰协会的负责人计50人参加了此次活动。此系海峡两岸装饰社团首次正式接触，为今后进行交流与合作奠定了基础。4月19日台湾《工商时报》等传媒作了专题报道。

▲6月28日，协会一届理事会扩大会议在京举行。张恩树理事长主持。肖桐名誉理事长，副理事长刘正发、刘陆平，理事钱宜伦、田国祥、宋而千、刘导澜等出席。会议着重研讨了协会成立五周年庆祝活动事宜。

▲9月18日，由我会主编的《建筑装饰工程技术培训教材》一套五本：《室内设计基本知识》《建筑表现技法》《建筑装饰材料》《建筑装饰施工工艺》《建筑装饰工程预算》，由辽宁科技出版社出版发行，首版1.5万册很快销完，受到业内普遍欢迎，肖桐、张恩树、许溶烈为这套书题词。

▲10月15日，为期四天的"中国建筑装饰协会第二届理事会暨1989年年会"在南京市举行。张恩树、刘正发、刘陆平、邵岐、田国祥、倪有根、钱光正、霍明远、姜兆坤、范仁信、陆先禹、顾临潼、宋天合等有关方面负责人及8个专业分会，22个省市区装饰协会负责人出席，总计86位。大会选举产生了第二届理事会、常务理事会和领导机构。

▲11月15日，协会二届一次常务理事会在京举行。会议由张恩树理事长主持。刘正发、刘陆平、刘导澜、钱宜伦、曹昌智、宋枝旺、田国祥、倪有根、钱光正、宋而千、高锡久、霍明远、黄白等出席。会议认为，目前建筑装饰行业面临的形势相当严峻，遇到第二个困难时期，全行业要振奋精神，共渡难关。会议强调要重点加强家居装饰的工作。

1990年

▲1月5日，我会配合中国建筑科学研究院等单位完成修订《装饰工程施工及验收规范》（GBJ 210-83）报批稿，呈送住建部审批。

▲8月30日，我会协助建设部设计管理司完成《民用建筑设计取费标准》"室内设计部分"报批稿，呈送建设部审批。

▲10月20日，在建设部举行协会理事长、秘书长联席工作会议，张恩树、刘正发、许溶烈、徐正忠等分别作了重要讲话，总结前期工作，明确今后一段时间协会工作方针。

▲11月17日，协会配合建设部制定的《建筑工程装饰设计单位资格分级标准》以[（90）建设字第610号]文颁发。

▲12月4日，协会举办的五期"亚运装饰工程技术研讨会"在京圆满结束，全国各地与会者近两千人。中央电视台、中国建设报均给予报道。

1991年

▲2月26日，协会向各省市区建筑装饰协会发出通知，要求贯彻国家发布的《社会团体登记管理条例》，向当地民政行政主管部门，注册登记，取得社团法人地位。

▲4月23日，协会二届二次常务理事会在京召开。张恩树理事长主持会议。刘正发、刘陆平、邵岐、徐正忠、刘导澜、钱宜伦、孙尚高、田国祥、倪有根、钱光正、宋而千、高锡久、霍明远、黄白等出席，会议强调协会要抓行业发展中的大事，充分发挥分会、地方协会的积极性。提出不能用行政手段管理协会，为会员单位多办实事。增补魏丙坤为协会常务理事、副理事长。

▲6月3日，由我会配合并参与修订的国家行业标准《建筑装饰工程施工及验收规范》经建设部审批发布（GJG 73-91）。

▲6月20日，建设部批准协会以"中国建筑装饰协会"名称办理社会团体登记手续[建人（1991）439号]。

▲9月5日，经民政部审批，协会注册登记。社团代码50000570-5；类别：行业性团体；宗旨：提高我国建筑装饰行业水平；法人：张恩树。民政部在10月5日《人民日报》上公告（第4号）。

1992年

▲1月4日，中国建筑装饰协会二届三次常务理事会在京举行。会议着重研讨了协会1991年9月5日经建设部批准，民政部审核，以原有"中国建筑装饰协会"名称注册登记并取得证书的意义和责任。我会正式成为具有独立法人资格的全国性行业性社团，从此，我会以新的机构开始运行。此外，会议决定了协会内外组织关系，筹备召开协会第三届理事会暨会员代表大会等重要事宜。

▲2月14日，民政部办公厅致函我会，对我会1991年6月给予灾区的捐赠，代表灾区人民表示衷心感谢。

▲5月12日，为期3天的中国建筑装饰协会第三次会员代表大会在郑州市圆满结束。会议讨论修改了协会章程。经242名代表选举，产生了由肖桐、张恩树、刘正发、许溶烈、傅鹏等77人组成的第三届理事会和由31人组成的常务理事会。大会同时召开了"全国居室装饰工作研讨会"，与会代表参观了河南省建筑装饰协会举办的全国首次家装展。大会收到了建设部侯捷部长，叶如棠副部长等为大会专发的贺电及题词。在协会三届一次常务理事会议上周干峙副部长当选为协会顾问。刘陆平、邵岐获荣誉理事。

▲6月18日，由我会会同中国建筑科学研究院、上海解放塑胶集团公司等七单位共同主办的"米兰花杯全国城市家庭居室装饰设计方案有奖大赛"，在北京宣布开始，此活动旨在大力发展居室装饰，美化人民生活。

▲6月24日，中国建筑装饰协会专业委员会（分会）秘书长工作会议在京举行，会议着重研讨了各专业委员会（分会）的组织及领导机构问题。

▲6月27日，为期2天的"中国建筑装饰协会培训工作座谈会"在北京召开。张恩树理事长、

刘正发常务副理事长出席了会议。会议要求，培训工作要适应新的形势，向正规化、专业化发展，大幅度提高档次和水平。培训工作也要改革开放。

▲7月7日，国家统计局与建设部及我会会商，决定将建筑装饰纳入建筑业统计序列。

1993年

▲2月15日，协会三届二次常务理事会在建设部举行。会议由张恩树理事长、刘正发常务理事长主持。会议总结了1992年郑州会议以来的工作，安排了1993年工作，要求协会工作1993年应迈上一个新台阶，会议决定了部分领导人事安排。建设部部长叶如棠为高级顾问，设计司副司长窦以德为副理事长，中国建筑物资公司党委书记兼副总经理石连峰为常务理事、秘书长，中国建筑物资公司副总经理魏丙坤不再兼任此职，彭政国、郑纪文、彭英杰为常务理事，黄白为内刊主编。

▲2月22日，由我会等七单位联合主办，历时8个月的"米兰花杯全国城市家庭居室装饰设计方案竞赛"在北京揭晓。17件作品获奖，并在国贸中心公展。此活动系全国首次，社会影响颇大，各界评价均佳。

▲2月23日，由我会主编的《建筑装饰行业政策法规标准定额选编》（第一辑）由中国建筑工业出版社出版发行，受到行业普遍欢迎。首版1.5万册。

▲7月15日，经建设部、民政部审批，协会信息咨询委员会在京成立。该委员会为协会第九个专业委员会。

▲12月23日，协会三届三次常务理事会在建设部举行，张恩树理事长主持会议，会议回顾总结了1993年工作，认为有质的进步，研究确定了1994年工作指导思路及安排，决定促进建筑装饰行业持续快速发展，进一步解放思想，使协会工作更上新台阶。

1994年

▲2月19日，协会以[中装协（1994）004号]通知，公布"中国建筑装饰行业公约"。该公约在1993年9月杭州会议上提出，经协会三届二次常务理事会讨论通过，并报请建设部建筑业司审核同意。

▲5月27日，为期三天，"全国部分地区建筑装饰协会秘书长座谈会"在京结束，此会是受建设部建筑业司委托，由中国建筑装饰协会主持召开。出席会议的北京、上海、天津、西安、河南、广州、重庆等地方装饰协会秘书长。张恩树理事长、建筑业司姚兵司长到会并作重要讲话。石连峰秘书长主持会议。会议中心内容研讨建筑装饰协会如何接受政府转移职能。会后形成给建设部的报告《关于当前建筑装饰行业基本现状和如何加强管理的建议》。

▲8月31日，协会与建设部政策研究中心主编的《建筑装饰工程概预算与投标报价手册》，由中国建筑工业出版社出版，首版各地订购1.2万册。

▲10月24日，建设部做出《关于选择中国建筑装饰协会为建筑装饰行业管理中转变政府职能试点单位的通知》（建人[1994]631号）。

▲11月15日~17日，建设部与中国建筑装饰协会在北京共同召开的"全国建筑装饰管理工作会议暨庆祝中国建筑装饰协会成立十周年大会"。这是我国唯一一次由国务院建设行政主管部门组织召开的有关全国建筑装饰行业管理工作的会议。出席大会的有全国人大常委会副委员长李锡铭，中央纪委原常务书记韩光，建设部常务副部长叶如棠、副部长李振东，建设部建筑业司司长姚兵、副司长张允宽，勘察设计司副司长窦以德、建设监理司副司长何俊新、人事教育劳动司副司长兼建设部社团办公室主任王德楼、标准定额司副司长王绍臣、中国建筑业协会会长廉仲、中国室内装饰协会秘书长李遵、中国建筑工程总公司总经理马挺贵等有关负责人。中国建筑装饰协会9个专业委员会，45个地方建筑装饰协会，64位全国优秀建筑装饰协会工作者，中国建筑装饰协会首次评出的全国118家信得过建筑装饰工程施工企

业的代表，中央电视台、经济日报等15家首都新闻媒体的记者，共300多人。在北京钓鱼台国宾馆芳菲苑为"全国信得过建筑装饰工程施工企业"和"全国优秀建筑装饰协会工作者"举行了隆重的颁奖仪式。

李锡铭、韩光、侯捷、谭庆琏、周干峙、肖桐、张恩树、姚兵、刘正发、许溶烈、钱宜伦等有关方面领导为大会题词。叶如棠、肖桐、姚兵、李遵在大会做了讲话。张恩树理事长做了题为《适应市场经济要求，充分发挥协会作用，进一步提高我国建筑装饰行业水平》的工作报告。

会议讨论了建设部委托中国建筑装饰协会起草的《建筑装饰装修管理规定》（征求意见稿），1995年8月7日建设部令第46号颁发。

中国建筑装饰协会同期召开了三届二次理事会。决定重点落实1994年10月24日建设部下发的《关于选择中国建筑装饰协会为建筑装饰行业管理中转变政府职能试点单位的通知》（建人[1994]631号）。大会认为，如果1984年中国建筑装饰协会成立是我国建筑装饰行业起步发展的第一个里程碑的话，那么，1994年庆祝中国建筑装饰协会成立10周年的此次会议，无论对于建筑装饰行业发展还是建筑装饰协会进步，都是第二个里程碑，必将载入史册并产生深远的历史影响。

1995年

▲1月25日，中国建筑装饰协会在北京西苑饭店举行新春茶话会，由理事长张恩树主持，秘书长石连峰致辞，建设部原副部长肖桐、廉仲等领导及首都装饰界人士200多人出席。

▲3月15日~17日，中国建筑装饰协会工作会议在烟台培训中心举行，主要是研究落实建设部《关于选择中国建筑装饰协会为建筑装饰行业管理中转变政府职能试点单位的通知》（建人[1994]635号），理事长张恩树，副理事长刘正发、傅鹏，山东省建管局副局长、省建筑装饰协会副理事长兼秘书长程曾惠，建设部建筑业司杨存成等有关方面领导出席，会议由石连峰秘书长主持。

会议还讨论了家装问题，提出一手抓公装，一手抓家装。

▲3月28日，《建筑装饰装修管理规定》完成报批稿，上报建设部。自1994年5月起制订，先后易稿17次，建设部还协调了建筑业司、勘察设计司、房地产业司、建设监理司的意见。起草小组负责人：建设部建筑业司企业处处长杜昌熹、副处长李慎梅，中国建筑装饰协会黄白。

▲4月15日，中国建筑装饰协会举行三届五次常务理事会，会议由张恩树理事长主持。参加会议的有理事长许溶烈、傅鹏、刘导澜、魏丙坤，常务理事严克明、李艾田、石连峰、郑纪文、沈渭、崔勇，刘香艳代表彭政国，赵文德代表钱宜伦。会议主题是研定中国建筑装饰协会1995年工作要点和安排。会议按照建设部《关于选择中国建筑装饰协会为建筑装饰行业管理中转变政府职能试点单位的通知》（建人[1994]635号），确定12个试点地区建筑装饰协会：北京、天津、上海、成都、重庆、广州、深圳、江苏、甘肃、大连、山东、西安。

▲8月7日，建设部部长侯捷签发部令第46号《建筑装饰装修管理规定》。这是我国建筑装饰行业第一部比较完整的行政规章。8月30日，中国建筑装饰协会发出"关于贯彻执行建设部令第46号《建筑装饰装修管理规定》的通知"（中装协会[1995]第018号）。

▲10月15日~17日，由建设部委托中国建筑装饰协会组织的"学习贯彻《建筑装饰装修管理规定》会议"在北京金台饭店举行，150多位各地代表与会，中国建筑装饰协会理事长张恩树、秘书长石连峰，建设部建筑业司司长姚兵，副司长张允宽、吴之乃，政策法规司副司长朱中一，建筑业司企业处处长谢少宁等有关方面领导出席。

▲11月20日，中国建筑装饰协会召开三届五次常务理事会，确定三届理事会（扩大）会议内容和议程。会议由会长张恩树主持。

▲11月21日~23日，中国建筑装饰协会在

西安举行三届理事（扩大）会议。会议的主题是：贯彻中共中央十四届五中全会精神，民主办会，广开言路，进一步促进建筑装饰行业发展。出席会议的有会长张恩树，副会长钱宜伦、傅鹏、刘导澜，秘书长石连峰，副秘书长霍明远，陕西省建设厅厅长高峰、副厅长彭吉新、总工程师孔祥清，西安市副市长张富春，西安市建筑装饰协会理事长、市建委副主任乔征，以及中国建筑装饰协会6个专业委员会、30个地方装饰协会的负责人共200多位代表。会议增补、调整了部分理事、常务理事，修改了章程，制定了协会会徽，通过了《全国建筑装饰行业公约》《中国建筑装饰协会所属专业委员会、培训中心、装饰报刊联谊会管理暂行办法》《关于会费缴纳的办法》《中国建筑装饰协会与省、市、区、解放军建筑装饰协会联系制度》等文件，听取了江苏省建筑工程总公司装饰设计工程部总工程师李宁的学术报告。会议由西安市建筑装饰协会和西安彼特装饰工程公司承办。

▲12月8日～10日，中国建筑装饰协会会同建设部普法领导小组在温州市举行"贯彻《建筑装饰装修管理规定》培训研讨班"，建设部政策法规司副司长朱中一、建筑业司企业处副处长李慎梅进行了讲解。

1996年

▲1月8日，我会配合建设部做出《关于加强装修装饰行业管理的通知》（建[1996]16号）。

▲2月8日，中国建筑装饰协会召开秘书处工作联席会，正副理事长、秘书长，各部门各专业委员会负责人出席，会议由石连峰秘书长主持。会议汇报了12个试点地区装饰协会的工作，强调家装工作要有突破。

▲2月13日，中国建筑装饰协会在北京西苑饭店举行"96迎新春联谊会"，建设部原副部长、中国建筑装饰协会名誉理事长肖桐，建设部原副部长、中国建筑业协会会长廉仲，中国建筑装饰协会理事长张恩树，建设部建筑业司司长姚兵，中国建筑装饰协会常务副理事长、中国对外建设总公司总经理刘正发，秘书长石连峰，副秘书长霍明远等200多人出席。

▲3月1日，中国建筑装饰协会三届六次常务理事（扩大）会议在建设部召开，会议由理事长张恩树主持。出席会议的有副理事长许溶烈、傅鹏、钱宜伦、魏丙坤、刘导澜，常务理事石连峰、吴元炜、何镇强、吴观张、彭政国、郑纪文、严克明、田国祥，理事霍明远、黄白、崔勇、田万良。会议强调落实建设部转移给中国建筑装饰协会的8项政府职能，筹备召开第四次会员代表大会。

▲3月14日，中国建筑装饰协会通过建设部年检。

▲4月10日～11日，我会与建设部现代企业制度试点工作领导小组、建筑业司、体改法规司共同在北京召开"建筑装饰行业推行现代制度试点工作研讨会"，来自北京、广东、上海、吉林、辽宁、甘肃6市的14家国有装饰企业总经理与会。中国建筑装饰协会理事长张恩树，建设部现代企业制度试点工作领导小组办公室主任兼体改法规司司长张元端等领导出席。

▲6月1日～3日，根据建设部现代企业制度试点工作领导小组办公室的意见，中国建筑装饰协会会同建设部体改法规司、建筑业司共同在北京举办"建筑装饰行业推行现代企业制度工作学习研讨会"。来自20个省市区4家国有装饰企业的代表155位。出席会议的领导有中国建筑装饰协会理事长张恩树，建设部现代企业制度试点工作领导小组办公室主任兼体改法规司司长张元端，领导小组办公室副主任符曜伟，建设监理司副司长何俊新，建筑业司企业处处长谢少宁、副处长李慎梅，综合体改处处长李礼平，体改法规司体制改革处副处长杨家友、佟英。会议认为，建筑装饰行业已具现代企业制度雏形，有必要大力推进。

▲5月6日～10日，中国建筑装饰协会在温

州市举办"建筑装饰行业贯彻ISO9000学习班",有40多人参加,由信息咨询委员会王本明、李娟主持。

▲5月22日,中国建筑装饰协会专业委员会秘书长扩大会议在北京召开,会议指出按建设部的要求,协会运作要规范。

▲6月17日,中国建筑装饰协会按建设部现代企业制度试点工作领导小组的要求,将18家试点装饰企业的推荐名单上报建筑业司和体改法规司。

▲7月15日,中国建筑装饰协会召开三届七次常务理事会,会议确定了第四次会员代表大会的日程和议程。会议由张恩树理事长主持,副理事长窦以德、刘正发、傅鹏、刘导澜,秘书长石连峰,常务理事吴元炜、彭政国、崔勇、郑纪文、魏丙坤、李艾田、严克明、李秀等出席。

▲8月9日~11日,中国建筑装饰协会在辽宁省丹东市召开第四次会员代表大会,大会的主题是:促进建筑装饰行业大发展大提高。中国建筑装饰协会9个专业委员会、61个地方建筑装饰协会的216位代表出席,代表全国8000多家会员单位。出席大会的有中国建筑装饰协会名誉理事长肖桐、理事长张恩树、副理事长窦以德(建设部勘察设计司副司长)、张鲁风(建设部建筑业司副司长),辽宁省建设厅副厅长周宏煜,副理事长傅鹏、刘导澜,秘书长石连峰、副秘书长霍明远,丹东市市长刘廷耀、副市长唐永林、市建委主任吕需国等有关方面负责人。

中央纪委原常务书记、原国家建委主任韩光为大会题词:质量第一。大会表彰了16个先进地方装饰协会和50位优秀协会工作者。选举产生第四届理事会,理事223人,常务理事51人。在四届一次常务理事会上,根据建设部1996年7月30日的批复(建人直[1996]164号),选举协会领导机构(按姓氏笔画排序):会长:张恩树;副会长:石连峰、刘正发、李艾田、汪家玉、张鲁风、张志祥、徐正忠、窦以德;高级顾问:肖桐、周干峙、谭庆琏;荣誉理事:许溶烈、刘导澜、魏丙坤;秘书长:石连峰;副秘书长:霍明远、才秀山。

大会通过张恩树会长的《在"两个转变"中,团结协作,推进建筑装饰行业大发展大提高》的大会总结报告。大会同时召开"装饰行业多头管理问题座谈会"和"室内设计业发展座谈会",分别由张鲁风和窦以德副会长主持。

▲9月24日,协会配合建设部建设监理司发出《关于开展玻璃幕墙质量情况调查的通知》(建监[1996]38号)。

▲10月29日,配合建设部呈中央机构编制委员会《关于请尽快协调解决建筑装饰装修管理问题的报告》(建监[1996]565号)。11月5日,我会做出"关于转发建设部《关于请尽快协调解决建筑装饰装修管理问题的报告》的通知"(中装协[1996]第038号)。

▲11月12日,建设部公司社团办公室以建社管函[1996]82号文件致中国建筑装饰协会,同意成立中国建筑装饰协会家庭装饰委员会,其主要任务是:积极开展调研工作,协助政府主管部门制定家庭装饰方面的政策、法规及技术标准,规范家庭装饰市场,加强行业管理,组织人才培训和技术交流;引导家庭装饰行业健康发展。要求按社团管理的有关规定,尽快组建该委员会,待成立具备后报建设部审批。

▲11月28日~30日,经建设部批准,中国建筑装饰协会在南京市召开"全国家庭装饰工作研讨暨经验交流会",出席会议的有中国建筑装饰协会会长张恩树,建设部建筑业司企业管理处处长谢少宁,江苏省建委副主任徐益民,省建工局副局长毛家泉,省建筑装饰协会理事长邱良,中国建筑装饰协会副会长兼秘书长石连峰、副秘书长霍明远,以及4个专业委员会16个地方装饰协会的代表130多人。这是中国建筑装饰协会召开的第二次专门研究家庭装饰行业管理的会议。谢少宁宣读了建设部关于同意中国建筑装饰协会成立家

庭装饰委员会的批复。会议着重讨论了建设部建筑业司委托中国建筑装饰协会起草的《关于加强全国家庭装饰行业管理的指导意见》《全国家庭装饰行业公约》《中国建筑装饰协会家庭装饰委员会（筹）细则》等文件。会议决定成立由石连峰、霍明远、钟晓春、田万良、洪涛、李秀、邱良、李永洲、王国栋9人组成的家装委员会筹备组。

▲11月12日，协会配合建设部与国家工商局共同做出《关于印发建筑装饰工程施工合同示范文本的通知》（建监[1996]585号），分甲种本GF-96-0205和乙种本GF-96-0206两种。

▲12月3日~5日，中国建筑装饰协会与建设部标准定额司在深圳市共同举行"全国建筑装饰工程定额研讨会"。出席会议的有中国建筑装饰协会会长张恩树，建设部标准定额司副司长王绍成、工程造价处处长徐惠琴，深圳市政府秘书长宋枝旺，以及22个省市区的200多位装饰企业的代表。会议展开了热烈的讨论，呼吁按照市场经济的思路，尽快改革现行装饰工程定额。会议由秘书长石连峰、副会长汪家玉、信息咨询委员会秘书长田万良分别主持。

1997年

▲1月14日，建设部在北京召开"全国建设工作会议"，侯捷部长在报告中表彰了中国建筑装饰协会等4个协（学）会，认为积极发展自身职能作用，协助部里作了大量工作，对于促进建设事业改革与发展，搞好行业自律发挥了积极作用。

▲3月5日，中国建筑装饰协会同建设部建筑业司、建设监理司在海南省海口市举办"《建筑装饰工程施工合同示范文本》交底学习班"。中国建筑装饰协会会长张恩树、秘书长石连峰出席。

▲4月15日，建设部以建监[1997]92号文件颁布《家庭居室装饰装修管理试行办法》。该文由中国建筑装饰协会起草，起草小组负责人黄白。

▲6月4日，国家经贸委、国家建材局、国家技术监督局、建设部、国家工商局、国家进出口商检局六部门以国经贸[1997]354号文件做出《关于加强硅酮结构密封胶管理的通知》。中国建筑装饰协会对此做出大量工作。

▲6月6日，中国建筑装饰协会在秘书处召开所属专业委员会理事长、秘书长工作会议，布置民政部、建设部关于社团清理整顿工作，张恩树会长出席，石连峰秘书长主持。

▲6月10日，建设部建设监理司以建监质[1997]20号文件做出《关于开展玻璃幕墙工程质量专项检查的通知》。

▲6月18日，建设部公司社团管理办公室以建社管[1997]25号文件做出《关于成立中国建筑装饰协会家庭装饰委员会的批复》。

▲6月26日，建设部以建监[1997]149号文件做出《关于委托中国建筑装饰协会协助作好家庭居室装饰有关管理工作的通知》，赋予五项职能。

▲7月8日，建设部以建监[1997]167号文件颁布《加强建筑幕墙工程管理的暂行规定》。中国建筑装饰协会参与制订。

▲9月10日，全国建筑装饰协会97年会在青岛市举行。中国建筑装饰协会张恩树会长、石连峰秘书长等领导出席。

▲9月25日~27日，中国建筑装饰协会与建设部建筑业司共同在北京举行"全国家庭居室装饰管理试点工作会议"，28个省市的60多位代表与会。建设部总工程师姚兵、中国建筑装饰协会会长张恩树、建设部建筑业司副司长方学良等领导出席。会议由石连峰秘书长主持。

▲10月28日，由中国建筑装饰协会主编的内部资料《家庭装饰管理文件资料汇编》出版，大16开，195页。这是我国第一本有关家装管理的书籍。

▲10月30日~11月1日，中国建筑装饰协会在太原市召开"中国建筑装饰协会四届二次常务理事会暨全国秘书长工作会议"，张恩树、张鲁风、张京跃、石连峰、霍明远、汪家玉、徐正忠、刘三省等领导出席。中国建筑装饰协会常务理事、10个专业委员会、31个地方建筑装饰协会

负责人共140多位与会。会议调整、增补了一批理事，中国建筑装饰协会四届理事会共有常务理事53名、理事259名。

▲11月3日，建设部建筑业司与中国建筑装饰协会共同以建监企[1997]45号文件做出《关于在部分城市开展家庭居室装饰装修管理试点工作的意见》，决定联合组成试点工作办公室，在北京、天津、上海、太原、沈阳、大连、鞍山、南京、合肥、济南、深圳、武汉、郑州、成都、西安等15个城市试点。

1998年

▲1月3日，建设部建筑业司、建设监理司公布1998年工作要点，要求"加强装饰装修行业管理，会同中国建筑装饰协会推进家庭装饰试点工作。"

▲2月1日，中国建筑装饰协会与国家计委、国家信息中心共同组建"中国建筑装饰"因特网，设在中国经济信息网内CEIinet由信息咨询委员会具体运作。

▲2月21日~22日，由国家经贸委硅酮结构密封胶工作领导小组主办、中国建筑装饰协会铝制品委员会承办的"加强结构胶管理重点企业工作会议"在北京前门饭店举行。国家经贸委、中国建筑装饰协会、建设部建设监理司、国家建材局生产协调司、国家技术监督总局、国家工商局市场管理司、国家商检局检验科技司有关负责人张广义、李振中、张恩树、彭政国、郭万清、韩泓、马纯良、郭风屿、边增录及郑金峰等出席，与会企业150多人，会议认为，吴邦国、邹家华副总经理对结构胶很重视，有批示，应加强行业管理。

▲3月15日，中国建筑装饰协会、北京市建委、工商局、建筑装饰协会共同在劳动人民文化宫等首都繁华街道进行"3·15"家庭装饰消费咨询活动。这是我国建筑装饰协会首次在"3·15"中进行家装宣传活动。

▲4月28日，中国建筑装饰协会根据建设部建筑业司和人事教育劳动司3月19日建培函[1998]27号文件要求，在京召开"建筑装饰施工企业项目经理培训大纲研讨会"。

▲6月4日，中国建筑装饰协会召开在京的7个专业委员会秘书长工作会议，研定1998年下半年工作安排，会议由张恩树会长主持。

▲9月14日，中国建筑装饰协会召开"第四届北京地区部分常务理事会"，此会由会长张恩树动议并主持，与会常务理事16位。建设部干部教育司直属干部处处长肖厚忠宣读了建设部人事教育司9月8日《关于谢少宁等二同志职务任免建议的通知》[建人直[1998]128号]。会议一致赞成原建设部建筑业司、建设监理司企业管理处处长谢少宁任中国建筑装饰协会秘书长，原协会秘书长石连峰任驻会专职副会长。

▲11月29日~12月1日，中国建筑装饰协会四届二次理事会暨全国建筑装饰协会秘书长工作会议在海南省海口市举行。建设部总工程师姚兵、中国建筑装饰协会会长张恩树、建设部勘察设计司司长林选才、建筑管理司副司长符曜伟、人事教育司直属干部处处长肖厚忠、勘察设计司技术质量处处长王早生、协会副会长石连峰、汪家玉、秘书长谢少宁、副秘书长霍明远、海南省建设厅副厅长吴家明等有关方面领导，协会54位常务理事、261位理事、10个专业委员会、7个培训中心、68个地方装饰协会的代表近300人出席。会议的主题是"行业在发展，协会要改革，将充满活力的中国建筑装饰行业带入21世纪"。

张恩树、姚兵、林选才、符曜伟、吴家明分别作了重要讲话。会议听取了石连峰关于近两年协会工作、行业发展的总结，谢少宁关于1999年协会工作、行业发展的工作报告。会议增补了理事33位、常务理事3位，调整（免除）理事13位、常务理事2位。

1999年

▲1月5日，中国建筑装饰协会做出《关于本会秘书处成立五个工作职能部门及其职责范围的

通知》（中装协[1999]第1号），《关于本会黄白等四位同志职务的任命》（中装协[1999]第2号），分别为行业发展部主任黄白，培训管理部主任蓝弢，市场研究部主任李晓宝，技术推广部主任梁岳峰。

▲2月1日，中国建筑装饰协会呈建设部建筑管理司郑一军副部长"关于当前建筑装饰行业多头管理情况的报告"，并附上国家体改委主办的《中国改革报》1998年12月3日、22日出版的两期报纸。

▲4月17日~18日，在建设部、国家经贸委、国家工商局的支持下，中国建筑装饰协会召开"全国一级幕墙企业保证工程质量座谈会"，会议由中国建筑装饰协会铝制品委员会秘书长、国家经贸委结构胶领导小组办公室专家组组长彭政国主持。出席会议的有中国建筑装饰协会会长张恩树，建设部建筑管理司质量技术处处长吴慧娟，国家经贸委对外经贸协调司副司长、国家经贸委结构胶领导小组组长张广义，结构胶领导小组办公室主任李振中，中国建筑装饰协会副会长石连峰、秘书长谢少宁、副秘书长霍明远等有关部门负责人，以及64家幕墙企业和生产厂商的代表100多人。会议通过《一级建筑幕墙企业保证工程质量自律公约》。

▲4月19日~22日，中国建筑装饰协会在北京杏林山庄召开"第二次全国家庭装饰管理试点工作会"。出席第二次家装管理工作会议的有中国建筑装饰协会会长张恩树，建设部建筑管理司副司长符曜伟、建筑业发展处处长李礼平，中国建筑装饰协会秘书长谢少宁，北京市建委副总经济师范魁元以及15个试点城市的代表，会议由中国建筑装饰协会副秘书长霍明远主持，由家装委员会（筹）承办。谢少宁秘书长作了"家装管理试点工作报告"，家装委员会（筹）负责人钟晓春就试点工作具体情况进行了通报。会议认为试点工作取得很大成绩，经验教训值得汲取。同时宣布将于2000年试点工作结束。

▲5月21日，建设部勘察设计司以（99）建设综字第28号文件，委托中国建筑装饰协会三项工作：一是装饰设计市场现状的调查；二是提出建筑工程装饰设计管理办法；三是进行建筑工程装饰设计标准修订。

▲5月26日，中国建筑装饰协会培训工作会议在北京培训中心举行，会议讨论确定了《中国建筑装饰协会培训管理规定》。出席会议的有中国建筑装饰协会会长张恩树、副会长石连峰、秘书长谢少宁、培训管理部主任蓝弢、行业发展部主任黄白、培训中心主任安静、副主任王燕鸣、工程委员会秘书长顾国华、信息咨询委员会秘书长田万良等。这是中国建筑装饰协会就培训工作召开的第一次专门会议。

▲7月16日~22日，中国建筑装饰协会在北京中国人民革命军事博物馆举行"改革开放20年建筑装饰行业发展成就暨优秀建筑装饰工程作品展"，23个省市区的180件优秀作品参展。出席展会开幕式的有建设部原副部长、中国建筑装饰协会高级顾问肖桐，建设部原副部长、中国建筑业协会会长廉仲，建设部原副部长、两院院士、中国建筑装饰协会高级顾问周干峙，建设部原副部长、中国城市规划协会理事长储传亨，中国建筑装饰协会会长张恩树，建设部总工程师姚兵，标准定额司司长齐骥，建筑管理司副司长符曜伟，中国建筑业协会副秘书长周世英，中国建筑金属结构协会理事长杜宗翰、秘书长徐文铎，中国建设监理协会秘书长田世宇等有关方面负责人，展会由中国建筑装饰协会秘书长谢少宁主持。

▲7月17日，中国建筑装饰协会在北京西苑饭店召开四届三次理事会，出席会议的有会长张恩树，副会长石连峰、窦以德、汪家玉，秘书长谢少宁，副秘书长霍明远、张京跃，常务理事27人，还有建设部人事教育司直属干部处处长肖厚忠。肖厚忠宣读了人事教育司《关于同意张京跃同志为中国建筑装饰协会副秘书长人选的批复》（建人教直[1999]84号）。会议增补、调整了一批理事、常务理事。

▲8月4日~5日,受建设部勘察设计司委托,中国建筑装饰协会进行了1999年晋升甲级资质建筑装饰工程设计企业的初审工作。参加者有中国建筑装饰协会秘书长谢少宁、清华大学建筑学院教授王炜钰、建设部建筑设计研究院室内设计研究所总建筑师黄德龄、建设部城市建设研究院于正伦、中国建筑技术研究院院长助理陈重、北京市建筑装饰协会顾问鲁心源。

▲9月22日,"全国装饰设计管理调研工作报告"征求意见座谈会在北京市勘察设计管理处召开,会议由中国建筑装饰协会秘书长谢少宁主持,由报告起草人黄白作说明,中国建筑装饰协会工程委员会秘书长顾国华、杨天军、陈京明,北京市勘察设计管理处处长于春普,北京市建筑装饰协会副会长李秀、朱希斌、常务副秘书长郭仁智,北京辛迪森建筑装饰设计工程有限公司总经理李劲等17人参加。会议给予此报告以充分肯定和良好评价。

▲9月29日,中国建筑装饰协会召开"庆建国50周年装饰协会成立15周年座谈会"。出席者有会长张恩树、副会长石连峰、副秘书长张京跃,行业发展部主任黄白、市场研究部主任李晓宝、培训管理部主任蓝弢、技术推广部主任梁岳峰,秘书处秘书谢韶光、杜桂玲、张军莉,工程委员会理事长傅鹏、秘书长顾国华,信息咨询委员会秘书长田万良、副秘书长王本明,五金委员会理事长唐澄、秘书长郑纪文,石材委员会理事长兼秘书长严克明,家装委员会(筹)负责人钟晓春、王振杰、马骅,铝制品委员会办公室主任邱建辉。座谈会由秘书长谢少宁主持。

▲12月8日,中国建筑装饰协会召开"三讲"民主生活会,会议由建设部"三讲"巡视组成员、建设部人事教育司直属干部处处长肖厚忠和建设部纪检组成员周凤歧主持,听取对谢少宁、张京跃的"三讲"汇报,参加会议的有会长张恩树、副会长石连峰和黄白、蓝弢、杜桂玲、张军莉、李卫青、谢韶光。

▲12月22日~24日,中国建筑装饰协会四届三次理事会暨全国装饰协会秘书长工作会议在成都举行。会议主题是:新世纪建筑装饰行业大发展大提高。出席会议的有中国建筑装饰协会会长张恩树,建设部建筑业发展处副处长缪长江,四川省建委副主任杨乾芳,成都市建委主任刘玉成,中国建筑装饰协会副会长石连峰、汪家玉,秘书长谢少宁,副秘书长霍明远、张京跃,中国建筑装饰协会8个专业委员会、31个地方装饰协会的负责人。会议强调,装饰协会要与企业同呼吸共命运,共促装饰行业大发展大提高。

2000年

▲1月25日,中国建筑装饰协会召开秘书处工作会议,由谢少宁秘书长主持,副会长石连峰,副秘书长霍明远、张京跃及秘书处全体干部参加,会议重新任命了6个职能部门的负责人:行业发展部黄白、培训管理部蓝弢、组织联络部杜桂玲、市场研究部李小宝、办公室谢绍光、技术推广部梁岳峰。根据建设部批准,协会的6位党员成立了党支部,书记张京跃。会议决定会刊《中国建筑装饰》自2000年第一期起改版。

▲2月28日,中国建筑装饰协会发出《关于征集中国建筑装饰协会新会徽的通知》(中装协[2000]第4号)。

▲3月16日,中国建筑装饰协会召开所属专业委员会秘书长工作联席会,通报2000年各自重点工作,研究协商会费收取等事宜,出席有会长张恩树、秘书长谢少宁、副秘书长张京跃,以及工程、信息咨询、五金、化学建材等委员会秘书长和北京培训中心的主任。

▲4月21日,由建设部、国家轻工业局、国家国内贸易局、国家建筑材料工业局、国家纺织工业局和中央电视台等六部门共同举办,中国建筑装饰协会、中国室内装饰协会、中国家具协会、中国建材工业协会和全国家用纺织品协会等五社团联合协办的"首届全国生活家居设计大赛"在北京召开新闻发布会,从2000年4月21日到12月

在中央电视台"生活"栏目中举行。建设部副部长叶如棠、中国建筑装饰协会秘书长谢少宁等有关方面领导出席。

▲5月8日，建设部标准定额司对本会做出"关于同意编制《住宅装饰装修施工规范》的函"（建标标[2000]36号），该函指出："为适应住宅装饰装修工程的需要，促进该行业的发展，切实保证住宅的安全，经研究，同意你会组织编制国家标准《住宅装饰装修施工规范》，其计划将列入'2000年工程建设国家标准制订、修订计划'。请你们积极组织力量，按计划完成该规范的编制工作。"

▲5月19日，受建设部勘察设计司的委托，中国建筑装饰协会修订了《建筑装饰工程设计资质分级标准》（送审稿）呈建设部勘察设计司。

▲7月6日，受建设部勘察设计司委托，由中国建筑装饰协会组织的"2000年上半年晋升甲级装饰设计资质行业审查"在北京结束，报建设部终审发证。

▲8月12日，中国建筑装饰协会四届四次常务理事会在北京召开。会议由张恩树会长主持，共有27名常务理事出席会议。会期一天。本次会议作为四届理事会的最后一次会议，主题是为即将召开的第五次会员代表大会做好文件的准备工作。会议就秘书处提出的《第四届理事会工作报告》《协会章程修改草案》《会籍管理规定》《第五届理事会理事候选人名单》《第五届理事会常务理事产生原则及程序》《1999至2000年度优秀会员单位名单》进行了认真的讨论。会议原则同意上述文件，并要求换届工作领导小组根据常务理事提出的建设性意见和建议进行修改后，提交第五次会员代表大会及理事会审议。会议通报了建设部推荐中国建筑工程总公司总经理马挺贵担任第五届理事会理事长的意见；确定了第五届常务理事由换届工作领导小组按民主协商的原则提出候选人名单，等额选举产生的方式；到会常务理事向换届工作领导小组每人提出了5~8名第五届副理事长建议名单。

2001年

▲1月9日，建设部发布《关于加强建筑装饰设计市场管理的意见》和《建筑装饰设计资质分级标准》（建设[2001]9号），这是中国建筑装饰协会受建设部勘察设计司委托进行行业调研并起草的。

▲2月，建设部发出"关于印发《建设部关于严格控制评比、达标、表彰活动管理办法》的通知"（建办[2001]38号），全国建设系统（或行业）评比、达标项目共11个，其中，中国建筑装饰协会的为"全国建筑工程装饰奖（评比）"。

▲2月12日，中国建筑装饰协会在协会秘书处召开"2001年所属机构负责人工作会议"，会议由张恩树会长主持，石连峰副会长，谢少宁秘书长，霍明远、张京跃副秘书长出席。这是中国建筑装饰协会进入21世纪后的第一次工作会议。出席会议的有中国建筑装饰协会直属职能部门和专业委员会及培训中心的主任、理事长、秘书长共22人。谢少宁秘书长作了2000年协会工作总结，布置了2001年主要工作安排。

▲3月10日，中国建筑装饰协会做出"关于印发《中国建筑装饰工程装饰奖评选办法（试行）》的通知"[中装协（2001）10号]。

▲3月31日~4月1日，中国建筑装饰协会在北京·国务院第二招待所召开"全国建筑装饰协会秘书长工作会议"。主要议题：一是通报中国建筑装饰协会今年工作；二是布置"全国建筑工程装饰奖评比"；三是讨论"全国室内设计师资格评审办法"。出席会议的有中国建筑装饰协会会长张恩树，副会长石连峰，秘书长谢少宁，副秘书长霍明远、张京跃。会议由副会长石连峰主持。参加会议的有中国建筑装饰协会4个职能部门和8个直属机构的负责人，有26个省市区、8个中心城市建筑装饰协会的秘书长。

▲5月11日，中国建筑装饰协会受建设部勘察设计司的委托，进行2001年度上半年41家晋升

甲级建筑装饰设计单位行业专家资质审查。

▲6月6日~7日，中国建筑装饰协会第五届会员代表大会在北京中苑宾馆隆重举行。大会的主题是："精诚团结，努力奋斗，促进我国建筑装饰行业在新世纪大发展大提高。"出席大会的代表有来自全国30个省市区的中国建筑装饰协会第四届理事会常务理事、优秀地方装饰协会、优秀会员单位、第五届理事会推荐理事及有关方面代表近400人。国家领导人为大会题写了贺词，全国人大常委会副委员长布赫的贺词是："发展装饰行业，美化人民生活。"国务委员兼国务院秘书长王忠禹的贺词是："发挥协会作用，促进行业发展。"建设部和俞正声部长对大会表示热烈祝贺。大会选举产生了中国建筑装饰协会第五届理事会理事287人，常务理事会常务理事85人，形成了新一届理事会领导集体：会长：马挺贵（中国建筑工程总公司原总经理），副会长兼秘书长：徐朋（中国建筑工程总公司原副总经理）。

建设部副部长郑一军、建设部总工程师兼建筑管理司司长金德钧分别出席了大会闭幕式和开幕式，并作了重要讲话。出席大会开幕式的有建设部原副部长肖桐，全国人大环境与资源保护委员会副主任、建设部原副部长叶如棠，建设部总工程师兼建筑管理司司长金德钧，建设部建筑管理司副司长符曜伟，勘察设计司副司长王素卿，标准定额司副司长焦占栓等。

▲6月19日，协会召开"秘书处五部一室负责人碰头会议"，徐朋秘书长指出，协会工作要实一些，活一些，形成抓实事，办实事，讲实效的工作作风，机制上需要进行彻底的改造，要有奋斗精神，要有思路，主动、积极、创造性地工作，不断提高工作能力和水平。会议提出8项工作要求：一是明确各部门工作职责，按照1999年10月11日协会给建设部的"我会部门及其职责"的报告，各部门提出自己工作能做到什么程度、经过努力能做到什么程度的意见；二是加强秘书处制度建设，首先建立四个会议制度——秘书长办公会、秘书长碰头会、部门负责人碰头会、专业委员会秘书长联席会；三是加强内部档案工作；四是编辑秘书处工作简报；五是各部门研究落实五届会员代表大会精神，各部门提出自己6、7月及年内工作计划；六是做好"建筑工程装饰奖"工作，让政府、会员单位、协会内部均满意；七是尽快完成五届会员大会善后工作，向建设部报告；八是秘书长分工。参加会议的有副秘书长谢少宁、张京跃，行业发展部主任黄白，培训管理部主任蓝癹，组织联络部主任杜桂玲，市场研究部主任李小宝，技术推广部主任梁岳峰，办公室张军莉。

▲7月18日，中国建筑装饰协会为学习贯彻江总书记"七一"讲话，决定开展三项行业调研：一是国有建筑装饰企业改制的调研（行业发展部牵头）；二是建筑装饰行业在我国国民经济和社会发展中的地位（信息咨询委员会牵头）；三是装饰行业的技术创新（工程委员会牵头）。

▲7月20日，中国建筑装饰协会向省、直辖市及有关地方建筑装饰协会发出《关于进行国有建筑装饰企业改制调研的通知》（中装协[2001]24号），旨在解决特别是大型国有装饰企业（一级装饰施工、幕墙施工、甲级装饰设计、幕墙设计单位）要求解放生产力的迫切需求，交流和推动装饰企业的改革，并在8月下旬或9月上旬召开"国有大型建筑装饰企业改制座谈会"。调研的重点是，现有的及已改制的国有大型装饰企业的数量，已改制企业改制动力和动机、政策措施背景、过程及难点、成果、问题及建议。

▲8月31日，中国建筑装饰协会在北京中苑宾馆召开"全国建筑装饰工程奖工程复查工作会议"，中国建筑装饰协会副会长兼秘书长徐朋出席并作重要讲话。会议决定成立由43位成员组成的复查工作组。现共接受全国27个省市区、55个城市、139家装饰企业、129项装饰工程的申报，经初审，将对134家装饰企业的125项装饰工程进行复查。会议强调，本次评奖复查工作结论一定要经得起时间和实践的考验，特别是经得起不同意

见的考验，复查人员一定要公正廉洁、严守秘密。中国建筑装饰协会的有关人员只负责复查组织工作，不参与评价意见结论。复查工作组共分五个小组，9月中下旬开始。中国建筑装饰协会会长马挺贵参加了北京的复查工作。

▲9月20日，由中国建筑装饰协会主办、江苏省建筑装饰协会承办为期一天半的"国有装饰企业改制座谈会"在南京饭店召开。中国建筑装饰协会会长马挺贵出席并作重要讲话。副会长兼秘书长、"国有装饰企业改制调研"课题组组长徐朋主持会议并作总结讲话。建设部政策法规司综合处主任科员贾四海、建筑管理司行业发展处主任科员廖玉平、勘察设计司综合处处长万建一分别代表各司出席，并在开幕式上相继作了重要讲话。出席会议的有中国建筑装饰协会三位副会长：汪家玉、陆铁军、王波，江苏省建筑工程管理局局长高学斌，省建筑装饰协会会长毛家泉，中国建筑装饰协会"国有装饰企业改制调研"课题组副组长黄白（执笔），成员兰弢、杜桂玲、李卫青，信息咨询委员会秘书长田万良、副秘书长王本明，北京培训中心主任王燕鸣，来自北京、上海、天津、广东、宁夏、山东、江西、河北、山西、辽宁、浙江、河南、四川、陕西和江苏等15个主要省市的装饰协会领导、一级装饰（幕墙）施工、甲级装饰（幕墙）设计企业的负责人，共96人出席了座谈会。

▲11月10日～16日，中国建筑装饰协会在北京中苑宾馆召开"全国建筑工程装饰奖"专家评审会，中国建筑装饰协会名誉会长张恩树、会长马挺贵、副会长兼秘书长徐朋出席会议并讲话。专家共有14位：王炜钰、饶良修、张世礼、王琼、赵兴斌、李宁、王世慰、来增祥、魏光、江崇元、刘智龙、黄恒、张玉弘、常显忠。

▲11月22日，建设部人事教育司致中国建筑装饰协会《关于委托编制建筑装饰行业职业技能岗位标准、鉴定规范、技能鉴定试题库和培训教材的函》。

▲12月5日，中国建筑装饰协会在北京国谊宾馆召开课题"建筑装饰行业在我国国民经济和社会发展中的地位和作用"专家论证会，出席会议的有国家统计局、海关总署、中国社会科学院等单位的专家学者和课题执笔、协会办公室兼行业自律委员会办公室主任王本明，会议由信息咨询委员会副理事长兼秘书长、课题组副组长田万良和中国国情调查所所长李冬民共同主持。

▲12月5日，中国建筑装饰协会发出《关于公布2001年全国建筑工程装饰奖获奖工程及单位的通知》（中装协[2001]49号），共119项装饰工程获奖，12月25日在北京人民大会堂颁奖。

▲12月9日，建设部做出"关于发布国家标准《住宅装饰装修工作施工规范》的通知"（建标[2001]266号），本规范由建设部负责管理和对强制性条文的解释，中国建筑装饰协会负责具体技术内容的解释。

▲12月24日，中国建筑装饰协会在北京新侨饭店召开五届一次常务理事会。主要议题有七项：一是听取副会长兼秘书长徐朋的五届一次常务理事会工作报告；二是审议四个议案——增补本会副秘书长房箴、调整增补本会理事和常务理事各5位、本会专家委员会工作条例、本会行业自律公约；三是听取有关"全国建筑工程装饰奖"的三个说明——评选工作、颁奖活动组织工作、颁奖活动具体安排；四是听取本会会标设计及CI的说明；五是听取名誉会长张恩树、会长马挺贵的重要讲话；六是听取颁奖活动安排和注意事项说明；七是参加人民大会堂"全国建筑工程装饰奖"颁奖大会。出席会议的有名誉会长张恩树、会长马挺贵、副会长兼秘书长徐朋，6位副会长：建设部建筑市场管理司副司长符曜伟、深圳市建筑装饰（集团）有限公董事长兼总经理汪家玉、上海市建筑装饰工程有限公司总经理谢建伟、凌云科技集团有限公司董事长陈木林、南京装饰集团有限公司董事长兼总裁陆铁军、北京港源建筑装饰工程有限公司董事长王波。这是2001年6月中国建筑

装饰协会第五届会员代表大会后召开的第一次常务理事会，也是新世纪第一年中国建筑装饰界的一次重要会议，引起了常务理事的高度重视，85位来了71位。

▲12月25日，中国建筑装饰协会在人民大会堂举行"首届全国建筑工程装饰奖"颁奖大会。有关方面领导和代表近600位出席。大会由中国建筑装饰协会副会长兼秘书长徐朋主持。出席颁奖大会的领导有中共中央委员、中国侨联副主席林丽韫，全国人大环境与资源保护委员会副主任委员、建设部原常务副部长、中国建筑装饰协会高级顾问叶如棠，建设部副部长郑一军，原副部长、中国房地产协会会长杨慎，建设部原副部长、中国建筑学会理事长宋春华，中国建筑装饰协会名誉会长张恩树，会长马挺贵，建设部办公厅副主任朱中一，建设部建筑市场管理司副司长、中国建筑装饰协会副会长符曜伟，中国建筑业协会副秘书长陈立飞，河南省建设厅原厅长、省人大常委会法制委员会主任、省建筑装饰协会会长洪赢，清华大学建筑学院教授、评奖专家代表、人民大会堂小礼堂室内设计主持王炜钰，中国对外承包工程商会副会长刁春和。中国建筑装饰协会五位副会长：汪家玉、谢建伟、陆铁军、陈木林、王波，中国建筑装饰协会荣誉理事石连峰，副秘书长谢少宁、房箴。

郑一军副部长和马挺贵会长讲话，代表建设部和中国建筑装饰协会向颁奖大会祝贺。这是新世纪中国建筑装饰行业发展的新起点。

▲12月24日《经济日报》发表中国建筑装饰协会课题组的文章《建筑装饰业：充满生机和活力——建筑装饰行业在国民经济和社会发展中的地位和作用》。

2002年

▲2月1日，中国建筑装饰协会召开专业委员会秘书长联席会议。名誉会长张恩树，会长马挺贵，副会长兼秘书长徐朋，副秘书长房箴、张京跃，各职能部门和各专业委员会的秘书长出席了本次会议。会议主题：一是根据《中国建筑装饰协会2001年工作总结和2002年工作计划》，由各专业委员会简要汇报各自的2001年工作和2002年工作安排；二是听取协会领导今年工作思路及要求。会议由副会长兼秘书长徐朋主持。徐朋提出，2002年工作的整体思路是"一个重点，两只轮子（或两翼）"，一条主线是：通过协会的工作，提高WTO条件下行业、企业的竞争能力；两只轮子：一只是自律；另一只是创新。会议强调，协会新一年的工作关键是创新。2001年协会提出"二次创业"，2002年是协会落实年。

▲3月1日，中国建筑装饰协会在长春市紫荆花饭店召开由政府、协会和企业共同参加的"东北三省大型装饰企业应对WTO座谈会"。出席座谈会的有吉林省建设厅厅长朱廷士、建筑管理处处长金育辉博士、中国建筑装饰协会行业发展部主任兼《中国建筑装饰》主编黄白、吉林省建筑装饰业协会秘书长张文学、副秘书长黄云玲、辽宁省装饰协会会长杨帅邦、常务副秘书长刘国军、黑龙江省建筑装饰协会副秘书长赵兴斌，以及东北三省建筑装饰行业的企业精英，共36人。

▲3月1日，中国建筑装饰协会做出"关于做好《建筑装饰工程推荐单价》一书发行工作的通知"（中装协[2002]06号）。为推进建筑装饰工程造价管理体制的改革，与入世后国际建筑装饰市场遵行的工程量清单计价方式逐步接轨，中国建筑装饰协会与中国建设工程造价管理协会共同编制了《建筑装饰工程推荐单价》一书。

▲3月9日，由中国建筑装饰协会主办、信息咨询委员会共同承办的"第二届全国建筑装饰行业高峰论坛"在清华大学美术学院举行，主题是"建筑装饰与环境保护"，中国建筑装饰协会名誉会长张恩树、会长马挺贵出席并讲话。会议由中国建筑装饰协会副秘书长房箴高级建筑师主持。共计200多人出席。

▲4月8日~9日，为了贯彻"三个代表"重要思想，分析WTO给我国建筑装饰市场、行业、

企业带来的挑战和机遇，提出今后的工作方向和应对措施，增强了全行业可持续发展的能力，由中国建筑装饰协会主办，湖北省建筑装饰协会、武汉建筑装饰协会、中国人民解放军建筑装饰协会共同承办的"全国建筑装饰企业应对WTO战略研讨会"在九省通衢的历史文化名城——武汉市滨湖大厦举行。会议同时召开了中国建筑装饰协会会长办公会议和全国建筑装饰协会秘书长工作会议。

▲4月19日，国家新闻出版总署批准中国建筑装饰协会主管主办《中华建筑报》。

▲6月24日，中国建筑装饰协会在上海建工锦江大酒店召开"8省市建筑装饰协会应对WTO协会工作研讨会"，旨在总结上海做法，交流彼此经验。出席此会的有关方面领导有中国建筑装饰协会名誉会长张恩树、会长马挺贵、副会长兼秘书长徐朋，建设部人事教育司副司长杨忠诚、直属干部处处长兼社团办负责人初天斌、综合处陈少鹏、上海市建委秘书长孙建平、上海市建管办主任马自强、副主任朱建纲。出席会议的8省市建筑装饰协会领导人是：上海市装饰装修行业协会会长李洪鑫、常务副会长兼秘书长忻国樑、常务副秘书长赵海、薛德兴以及幕墙委员会理事长刘海韵、家装委员会理事长陈国宏、设计委员会理事长来增祥、北京市建筑装饰协会理事长朱希斌、江苏省建筑装饰协会会长毛家泉、浙江省建筑装饰协会会长董宜君、安徽省建筑装饰协会会长王金平、秘书长李增堂、河南省建筑装饰协会副秘书长金世雄、吉林省建筑装饰业协会副会长袁大陆、四川省建筑装饰协会办公室主任傅可嘉。会议期间，中国建筑装饰协会领导会见了上海市政府行业发展署副署长刘庆。会议强调行业协会工作的两大突破口：一是政府的职能转移；二是协会的自身建设。

▲7月8日，中国建筑装饰协会在秘书处召开2002年第一次专业委员会秘书长联席会。会议的主题：一是互通情况；二是讨论五届二次理事会工作报告。中国建筑装饰协会名誉会长张恩树、会长马挺贵、副会长兼秘书长徐朋出席会议并讲话。会议由徐朋主持。

▲7月9日，建设部办公厅做出《关于同意调整全国建筑工程装饰奖评比时间的通知》，通知说：经部领导研究，同意全国建筑工程装饰奖评比时间由每两年一次改为每年一次，奖项名称不变。希望你们严格按照《建设部关于严格控制评比、达标、表彰活动的管理办法》（建办[2001]38号）规定，控制评比条件和数量，确保评比质量和效果。

▲7月16日，中国建筑装饰协会五届二次常务理事会在广东省佛山市佛山宾馆召开。会议的主要议题：一是听取五届一次常务理事会以来的工作报告。二是讨论四个提案：《关于调整中国建筑装饰协会分支机构设置的提案》《关于增补中国建筑装饰协会副会长的提案》《关于调整、增补中国建筑装饰协会理事、常务理事的提案》《关于调整中国建筑装饰协会会费标准的提案》。出席会议的有中国建筑装饰协会名誉会长张恩树、会长马挺贵、副会长兼秘书长徐朋、副会长汪家玉、王波、副秘书长张京跃、房箴，88人组成的常务理事会到会47人。马挺贵作了会议总结，张恩树作了讲话。会议讨论通过了五届二次常务理事会工作报告和四个提案。调整了14位理事、6位常务理事；增补了理事70位、常务理事26位。

▲8月12日，建设部召开会议，决定中国建筑装饰协会、中国建筑业协会、中国房地产业协会和中国金属结构协会四家行业协会，为建设部转移政府职能试点行业协会。

▲8月14日，中国建筑装饰协会向建设部建筑市场管理司报送《关于建议对建筑装饰施工企业资质就位工作中若干条款进行修订的报告》（中装协[2002]49号），主要是提出"一级建筑装饰企业可以申请二级及其以下总承包资质"的建议。

▲9月3日，中国建筑装饰协会"民营装饰企业建立现代企业制度"调研课题组正式组建，会

议着重讨论了调研提纲、向装饰企业和协会的问卷调研表。9月9日，两个问卷调研表随同第9期协会会刊发往各地。9月10日~15日，课题组在当地建筑装饰协会组织下，分别在武汉、福州、郑州召开三个座谈会。

▲9月23日，《建筑装饰行业岗位技能标准》专家论证会在中国建筑装饰协会培训中心召开。出席此会的有建设部人事教育司劳动与职业教育处副处长王立秋，中国建筑装饰协会副秘书长张京跃，信息咨询委员会专家组办公室主任鲁心源，培训部暨培训中心主任王燕鸣、副主任杨建伟，《标准》编制办公室主任姬文晶，北京市建筑装饰协会理事长朱希斌，北京宏美特艺装饰公司总经济师陈晋楚，北京市建筑工程装饰公司梁家斑，北京中建华腾装饰有限公司董事长陈一龙，深圳金粤幕墙装饰工程有限公司朱峰，中国新兴建设开发总公司魏秀本，北京东易日盛装饰有限公司朱普应，山西省城乡建设职工中等专业学校讲师李栓义等14人。会议认为，《标准》符合建设部的要求和行业的特点，对建筑装饰行业主要工种、岗位的分类符合实际，基本涵盖了行业的主要工种，分级适当，层次清晰，界定清楚，所列应知应会内容符合行业习惯及施工需要。《标准》具有可操作性，是可行的，将对行业的发展起到重要的促进作用。

▲10月21日~22日，中国建筑装饰协会在北京银龙苑宾馆召开了"全国建筑装饰工程项目管理经验交流及观摩会"。中国建筑装饰协会的会长马挺贵、副会长兼秘书长徐朋，副会长北京港源建筑装饰工程有限公司董事长王波、上海市建筑装饰工程有限公司总经理谢建伟，副秘书长张京跃、房篯，以及来自北京、天津、上海、重庆、广东、江苏、江西、浙江、福建、河北、山东、陕西、湖南、湖北、新疆、内蒙古、宁夏、广西等18个省市区的代表，共200多人出席。此次会议为行业首次装饰工程项目管理经验交流会。

▲10月25日，国家新闻出版总署2月6日以新出版[2002]129号文件批准的《中国建筑装饰装修》杂志（月刊）试刊号出版。国内统一刊号为CN11-4803/Z。大16开，192页，全铜进口彩印。办刊宗旨是：定位于为中国建筑装饰行业，特别是室内建筑师服务的期刊。学术、权威、交流——旨在将杂志办成中国室内建筑师的园地，成就中国室内建筑大师的摇篮，中国建筑装饰行业同国际交流的平台。

▲12月28日，中国建筑装饰协会主办主编首部年鉴《2001年中国建筑装饰行业年鉴》，由中国建筑工业出版社出版发行，共271篇，150万字，650页。在建设部所属的42个社团中，目前开展《年鉴》编撰工作的只有中国建筑业协会和中国建筑装饰协会。

2003年

▲1月9日，中国建筑装饰协会五届二次理事会在北京友谊宾馆召开。出席会议的有名誉会长张恩树、会长马挺贵、副会长兼秘书长徐朋，以及副会长、副秘书长和理事单位的代表共294人。会议由副会长汪家玉主持。大会通过了副会长兼秘书长徐朋的"五届二次理事会工作报告"；听取并审议了副秘书长张京跃的"财务报告"；通过了"关于增补中国建筑装饰协会副会长候选人的决议"，增补丁域庆、叶远西、冯林、朱兴良、陈国宏、张钧、魏光7人为协会副会长；通过了"关于调整、增补部分理事、常务理事的决议"；听取了会长马挺贵的"实践'三个代表'全面建设小康社会开创中国建筑装饰协会工作新局面"的会议总结报告。协会目前有副会长14人，常务理事122人，理事368人。

▲1月10日，中国建筑装饰协会在人民大会堂三楼小礼堂举行"2002年（第二届）全国建筑工程装饰奖"颁奖大会。出席大会的有全国政协副主席万国权，建设部副部长郑一军，中纪委驻建设部纪检组组长姚兵，中国建材工业协会会长张人为，建设部工程质量安全监督与行业发展司司长、中国建筑装饰协会副会长王素卿等领导和

荣获"2002年全国建筑工程装饰奖"109个公共建筑装饰工程、22个建筑幕墙工程、5个公共建筑装饰单项设计、104个住宅装饰工程的代表，以及参加中国建筑装饰协会五届二次理事会的代表共700人。大会由中国建筑装饰协会副会长兼秘书长徐朋主持。中共中央委员、建设部部长汪光焘向大会发来了贺信。马挺贵会长在颁奖大会上致辞，建设部副部长郑一军发表了重要讲话，大会受到首都30多家主流媒体的关注并进行了专题报道。

▲3月19日，中国建筑装饰协会副会长兼秘书长徐朋，行业发展部主任王本明，住宅装饰装修委员会（筹）副秘书长张爱宁、张仁到建设部，向市场管理司副司长王宁、施工监管处处长刘哲汇报家装工作，市场管理司领导强调家装行业管理工作就由中国建筑装饰协会主管，并委托制定住宅装饰装修工程专业承包企业资质管理办法及资质标准。5月23日，由中国建筑装饰协会副秘书长房箴主持，讨论由住宅装饰装修委员会（筹）起草的家装企业资质管理办法及资质标准（讨论稿），王毅强、黄白、鲁心源、熊翔、张爱宁、张仁等参加。会议指出，资质管理办法及资质标准既要与公装协调，又要突出家装特点；既要体现政府市场管理，又要突出协会行业管理；弱化职称，强调从业资格，将目前全国90%以上无资质的家装企业纳入行业管理之中。会议决定按照大家意见修订，尽快完成送审稿。

▲4月21日~23日，中国建筑装饰协会在北京九华山庄召开了首次全国建筑装饰协会秘书长工作会议。出席会议的有30个省、市、区建筑装饰协会的33位秘书长及中国建筑装饰协会6个部门的12位负责人及相关人员共70多人。会议由副会长兼秘书长徐朋主持。会议通报了中装协今年的工作计划和活动安排，讨论了行业自律公约和2002年中国建筑装饰行业百强企业评价推介活动方案，布置了中国装饰企业走向国际市场开展国际化经营的调查，听取了协会领导和建设部主管负责人关于社团改革发展和当前主要工作的意见。会长马挺贵作了关于推动和支持组建地方建筑装饰协会的工作讲话及"统一思想 积极为完成2003年工作任务做贡献"的总结报告。

▲5月9日《中华建筑报》头版刊登了该报记者对中国建筑装饰协会会长马挺贵的专访。马会长号召坚定信心，打赢"非典"遭遇战。

▲5月10日，中国建筑装饰协会给各地方建筑装饰协会、解放军建筑装饰协会及各会员企业发出"同心筑防线 携手抗'非典'"的慰问信。

▲5月22日，中国建筑装饰协会党总支部正式成立，这是本会全体党员政治生活中的一件大事，标志着装饰行业在党的十六大精神引领下，将有更快的发展，更新的工作局面。

▲5月28日，中国建筑装饰协会做出《关于开展2002年度中国建筑装饰行业百强承包商排序评价活动的通知》（中装协[2003]19号）。

▲6月17日，受建设部建筑市场管理司委托，由中国建筑装饰协会负责起草的《住宅装饰装修工程专业承包企业资质管理办法》以及《资质等级标准》，上报建设部建筑市场管理司。

▲6月18日，中国建筑装饰协会做出《关于颁布建筑装饰装修镶贴工等六个职业技能岗位标准、鉴定规范和习题集的通知》（中装协[2003]14号）。

▲6月23日，建设部建筑市场管理司发文委托中国建筑装饰协会组织修订《建筑装饰工程设计专项资质分级标准》（建设）[2001]9号，7月30日前完成。

▲8月7日~8日，中国建筑装饰协会会长工作会议在黑龙江镜泊湖召开。会议由副会长兼秘书长徐朋主持。马挺贵会长、张恩树名誉会长作了讲话。会议讨论通过了《中国建筑装饰协会会长工作会议条例》和《中国建筑装饰协会理事会议事条例》。

▲8月11日，中国建筑装饰协会做出《关于公布"2001年、2002年全国建筑工程装饰奖获奖工程项目经理"的决定》（中装协[2003] 38号）。

▲9月20日，中国建筑装饰协会五届三次常务理事会在北京京丰宾馆举行，会议听取了协会副会长兼秘书长徐朋的工作报告和马挺贵会长的讲话，通过并公布《全国建筑装饰行业自律公约》。

▲9月21日~23日，经建设部批准，由中国建筑装饰协会组织、来自全国各地千余位业内人士参加的"全国建筑装饰行业科技大会"在北京京丰宾馆举行。这是建筑装饰行业召开的第一次全国科技大会。本次大会召开的意义，是在全国人民深入学习贯彻党的十六大精神和"三个代表"重要思想，实现全面建设小康社会奋斗目标的形势下召开的一次大会；也是在科学技术高速发展，我国建筑装饰行业经营规模不断扩大，对经济发展和社会进步作用日益显著的条件下召开的一次行业盛会；是与时俱进，开拓创新的大会；是在我国建筑装饰行业发展史中，具有里程碑意义的大会。

中共中央委员、建设部汪光焘部长，科技部石定寰秘书长出席了大会开幕式并作了重要讲话。大会聘请了建设部、科技部和国家信息中心的3位专家作了大会的主题报告，聘请了49位业内资深专家、学者和企业家，分别在企业家、设计师、施工技术和工厂化、材料与部品及建筑幕墙五个专业论坛上进行了演讲。

▲9月21日，中国建筑装饰协会做出"关于印发《关于建筑装饰行业科技进步的若干意见》的通知"（中装协[2003]42号）。《关于表彰"全国建筑装饰工程科技奖"的决定》（中装协[2003]45号），共有50项建筑装饰工程。《关于公布首批"建筑装饰行业科技示范工程项目计划名单"的决定》（中装协[2003]47号），共12项建筑装饰工程。

▲10月30日，中国建筑装饰协会发出《关于撤消"中国建筑装饰协会质量认证工作指导中心"的通知》（中装协[2003]52号和《关于撤消"中国建筑装饰协会室内环境与材料检测评价中心"的通知》（中装协[2003]53号）。

▲11月5日，建设部党组成员、办公厅主任齐骥、副主任朱中一到中国建筑装饰协会考察，听取了协会副会长兼秘书长徐朋的工作汇报，对协会所取得的成绩表示满意。

▲11月18日~21日，受建设部建筑市场管理司的委托，中国建筑装饰协会组织了2003年第三批建筑装饰工程设计甲级资质转正和升级的初审工作。

▲12月24日，经民政部批准，原中国建筑装饰协会工程委员会更名为"中国建筑装饰协会施工委员会"，秘书长顾国华，副秘书长沈绥章。

▲12月24日，按照民政部的要求，中国建筑装饰协会将原暖通空调委员会合并至建筑电气委员会中，将石材、化学材料、建筑五金三个委员会合并至材料委员会中。

▲12月24日，《光明日报》发表该报记者的长篇文章"协会市场化生存探索者——中国建筑装饰协会发展纪实"。党的大报刊登全面介绍中国建筑装饰协会发展的文章还是第一次。

▲12月28日，中国建筑装饰协会五届三次理事会在北京召开，理事单位代表300多人参加了会议。建设部副部长黄卫为大会发来贺信，建设部人教司杨忠诚副司长发表了讲话，协会名誉会长张恩树、会长马挺贵，副会长丁域庆、汪家玉、陈国宏、符曜伟、谢建伟、魏光、张钧出席了会议。副会长兼秘书长徐朋作了"新起点、新局面、为全面建设小康社会做贡献"的工作报告，会议审议并通过了调整、增补部分理事、常务理事、副会长；调整协会章程中会员交纳会费条款；举办中国建筑装饰协会成立20周年活动；在会员单位内开展建筑装饰设计师上岗能力认证工作等四个提案。会长马挺贵作了"调整战略，乘势而上，为全面提高建筑装饰行业的发展质量而努力"的总结讲话。大会还进行了专场报告会，由国务院政策研究室宏观司司长宋宁、中国旅游饭店协会会长韩明主讲，受到与会代表欢迎。

▲12月29日，中国建筑装饰协会在人民大会

堂举行"2003年全国建筑工程装饰奖"颁奖大会。全国政协副主席、全国工业经济联合会会长、中国工程院院长徐匡迪向大会发来了贺信。出席大会的有全国政协副主席周铁农，建设部党组副书记、副部长刘志峰，全国工业经济联合会名誉会长、中国名牌战略推进委员会主任、原航天航空工业部部长林宗棠，中国建筑业协会会长、原建设部副部长、中国建筑装饰协会高级顾问郑一军，中国房地产业协会会长、原建设部副部长杨慎，中国建筑工程总公司党组书记、中国建筑业协会副会长张青林，全国工业经济联合会常务副会长、主席团主席杜金陵，全国和平统一促进会秘书长王克斌，中国建筑装饰协会名誉会长张恩树、会长马挺贵、副会长兼秘书长徐朋，建设部质量安全监督与行业发展司司长、中国建筑装饰协会副会长王素卿，中国建筑业协会秘书长、建设部社团第一党委书记徐义屏等领导和荣获"2003年全国建筑工程装饰奖"115个建筑装饰工程、24个建筑幕墙工程的代表，以及参加中国建筑装饰协会五届二次理事会的代表共550多人。大会由徐朋主持，马挺贵致辞，刘志峰讲话。

2004年

▲3月8日～9日，协会在广州颐和山庄——颐和大酒店召开"2004年全国建筑装饰协会秘书长工作会议"。中国建筑装饰协会名誉会长张恩树、会长马挺贵、副会长兼秘书长徐朋、副秘书长张京跃、房箴出席了会议。会议的主要议题：一是听取2004年协会重点工作报告；二是听取全国有成就的资深室内建筑师和杰出的中青年室内建筑师评选办法，全国室内建筑师技术岗位能力评审认证办法，2003年度中国建筑装饰行业百强企业评价推介工作方案，在中国建筑装饰协会成立20周年庆祝活动中表彰优秀企业家、优秀地方装饰协会、优秀协会工作者、优秀会员单位评选活动方案，中国建筑装饰协会成立20周年文艺汇演方案的说明；三是听取马挺贵会长的总结讲话。

中国建筑装饰协会名誉会长张恩树在会议上作了重要讲话。会议由广州市建筑装饰协会承办。参加会议的有48个地方建筑装饰协会和解放军建筑装饰协会的秘书长，以及协会7个职能部门和8个委员会的负责人，《中国建筑装饰》中国建筑装饰网《中华建筑报》《中国建筑装饰装修》《广东建筑装饰》《广州建筑装饰》等业内媒体主编。

▲3月24日，中国建筑装饰协会召开会议，选举协会工会委员会。会议以无记名投票选举方式产生由综合部主任王毅强、住宅装饰装修委员会副秘书长张爱宁、中华建筑报装饰版主编李廉、培训部主任兼培训中心主任王燕鸣、质量技术部李卫青、信息部主任兼会刊《中国建筑装饰》主编黄白6人组成的协会工会委员会，同日，将推荐名单报建设部工会批准。

▲4月12日～13日，协会在北京华润饭店召开了来自全国39个城市有300位代表出席的"全国建筑装饰行业信息化建设工作会议"。出席会议有建设部总工程师兼建筑管理司司长金德钧、建设部信息化领导小组副组长兼科技司司长赖明、国务院发展研究中心产业部副部长冯飞、信息产业部信息化推进司司长季金奎、国家版权局版权管理司副司长王自强、中国计算机用户协会秘书长于永顺、国家信息中心副主任胡小明、中国建筑装饰协会名誉会长张恩树、会长马挺贵、副会长兼秘书长徐朋等有关领导。本次会议系全行业首次召开，既是2003年9月"全国建筑装饰行业科技大会"的延续，也是中国建筑装饰协会为提高服务层次加强行业管理的重要措施。

▲4月12日，中国建筑装饰协会发出《关于开展全国室内建筑师技术岗位能力评审认证试点工作的通知》（中装协[2004]16号）。

▲5月10日，中国建设教育协会和中国建筑装饰协会共同发出《关于开展建筑装饰工人职业技能培训和鉴定工作的意见》（中装协[2004]027号）。中国建筑装饰协会公布《会议纪要》。

▲5月12日，协会在杭州举行"全国建筑装饰工程优秀项目经理表彰大会"，中国建筑装饰协

会会长马挺贵出席大会，并发表题为《总结经验，再接再厉，努力创造更多精品工程》的讲话。165位受到表彰的项目经理，是从中国建筑装饰协会已评完三届、共389项的"全国建筑工程装饰奖"中挑选出来的，起到了良好的行业示范作用。

▲5月24日，建设部直属机关工会发出《关于中国建筑装饰协会成立工会暨委员会选举批复》（建机工[2004]7号），批复指出，经研究，同意你单位成立工会，工会由王毅强、李廉、黄白、王燕鸣（女）、李卫青（女）、张爱宁（女）等6名同志组成，王毅强任主席，李廉、黄白任副主席，王燕鸣任组织委员，李卫青任经费审查委员，张爱宁任女工及文体委员。

▲5月28日，协会发出"关于组织编制《民用建筑工程施工图编制深度图样》（建筑装饰）分册的通知"（中装协[2003]033号）。

▲6月8日~9日，协会在四川省九寨沟县召开了"2004年中国建筑装饰协会会长工作会议"，中国建筑装饰协会12位正、副会长参加了会议，浙江省、江苏省、重庆市、四川省建筑装饰协会会长也应邀参加了本次工作会议。会议由中国建筑装饰协会会长马挺贵主持并致辞，副会长兼秘书长徐朋做工作报告。中国建筑装饰协会副秘书长张京跃、综合部主任王毅强、行业发展部主任王本明、信息咨询委员会秘书长田万良参加了会议。

▲7月20日~22日，根据业内的呼声和《行政许可法》的实施，协会起草了《住宅装饰装修企业行业准入与清出自律管理办法（试行）》，征求了部分省市建筑装饰协会的意见，其思路、管理框架得到了充分肯定，认为这是业内盼望已久的大好事，恰逢其时，应尽快出台，并提出了相应的修改意见。

▲8月8日，中国建筑装饰协会发出"关于发布《住宅装饰装修行业自律管理企业准入与清出办法（试行）》及进行试点工作的通知"（中装协[2004]042号）。

▲8月8日，中国建筑装饰协会与中国海员建设工会全国委员会联合发出《关于共同表彰"全国建筑装饰优秀企业家"的决定》（中装协[2004]038号）。

▲8月10日，中国建筑装饰协会和中华建筑报社共同发出《2003年度中国建筑装饰行业百强企业评价推介公告》，百强企业包括内装企业82家、幕墙企业12家、土建增项装修企业6家，指标由6个（产值、利润、税金、总资产、增加值、市场评价）减少了2个（增加值、市场评价），并不要求提供税单复印件，减轻了企业负担。产值门槛比上年增加25%（8000万元——1亿元）；平均产值比上年增加66%（1.5亿元——2.5亿元）。

▲8月20日，中国建筑装饰协会培训中心受国家劳动和社会保障部劳动就业培训指导中心的委托，承担的装饰镶贴工和涂裱工两个模块《职业技能鉴定国家题库》开发的考试用书的编写工作在苏州召开审定会，参加会议的有国家劳动和社会保障部劳动就业培训指导中心命题处处长张灵芝、江苏省建管局教育中心科长朱跃斌、苏州市建设局教育处处长乔军莉及参与编写工作的专家，会议由协会培训中心副主任王晓铮主持。会议充分肯定了前期的工作，决定10月底完成全部工作。此项工作得到上海市装饰装修行业协会、江苏省建管局教育中心、苏州市建设局等单位的支持。

▲8月27日，建设部汪光焘部长、黄卫副部长到中国建筑装饰协会调研，这是建设部部长第一次到中国建筑装饰协会。陪同视察的有建设部人事教育司司长李秉仁、建筑市场管理司司长王素卿、工程质量安全监督与行业发展司副司长吴慧娟、标准定额司副司长杨融、建设部社团第一党委书记徐义屏等。

汪部长一行阅读了中国建筑装饰协会提供的书面报告，听取了中国建筑装饰协会会长马挺贵、副会长兼秘书长徐朋的工作汇报，王素卿、吴慧娟、李秉仁相继作了发言，黄卫副部长讲话之后，汪部长作了重要讲话。他高度概括和总结了中国建筑装饰协会的经验，充分肯定了中国建筑装饰协会的工作，建议建设部社团第一党委配合人事教育司进一步总结中国建筑装饰协会的经验，以推动建设部业务管理的40个社团的工作。

▲8月28日，中国建筑装饰协会做出《关于颁发协会工作贡献奖和表彰优秀协会、优秀协会工作者、优秀会员单位的决定》（中装协[2004]043号）。

▲9月2日～4日，中国建筑装饰协会在北京京丰宾馆举行庆祝成立20周年活动，主题为"全面推动行业生产力发展，促进行业精神文明建设"，全国政协副主席李蒙、全国人大常委会原副委员长布赫、建设部副部长黄卫等有关方面领导以及代表全国建筑装饰行业64个地方建筑装饰协会和全军建筑装饰协会、20多万家企业、1000多万从业者的1300多位代表与会。活动主要内容：

第一，大会举行了向内蒙古自治区锡林郭勒盟苏尼特左旗希望小学捐赠仪式，副会长叶远西代表中国建筑装饰协会和捐赠企业讲话。

第二，同时召开五届二次会员代表大会，主要议题：一是由副会长兼秘书长徐朋做工作报告；二是由副秘书长张京跃做三项议案的说明并表决：修改章程——主要是地址变更、副会长的产生、会费标准。决定王毅强为中国建筑装饰协会副秘书长。增补11位协会高级顾问：建设部原副部长、中国建筑业协会会长郑一军，建设部原副部长、中国建筑学会会长宋春华，建设部原副部长、中国房地产业协会会长杨慎，建设部原副部长、中国土木工程学会会长谭庆琏，建设部原副部长、中国供水排水协会会长李振东，建设部原总工程师许溶烈，国家建材局原局长、中国建筑材料工业协会会长张人为，中建总公司原党组书记、中国建筑文化艺术协会会长张青林，中国建筑金属结构协会会长杜宗翰，中国饭店业协会会长韩明，中国旅游饭店协会会长侣海岩。

第三，"全国建筑装饰行业书法、绘画、篆刻摄影展"在中国建筑文化中心举行。建设部原常务副部长、全国人大环境与资源保护委员会副主任委员叶如棠等有关方面领导出席开幕式。

第四，作为我国建筑装饰行业文化的重要标志、历时三个多小时、由24个节目组成的题为"全国建筑装饰行业职工用心装饰世界文艺晚会"，在著名的北京展览馆剧场演出。

第五，同时召开"应对入世挑战，做大做强经验交流会"，宣读了"2003年度（第二届）中国建筑装饰行业百强企业评价推介公告"，并颁发了证书。

第六，是举行了全国住宅装饰装修行业发展大会。会上公布了行业评价、宣布家装企业准入与清出行业自律管理试点协会、500家家装企业诚信宣言。

第七，是"老协会工作者、专家、企业家座谈会"。

▲10月13日～15日，"《全国住宅装饰装修行业自律管理企业准入与清出办法》首批试点工作情况交流会"在福建武夷山世纪桃源大酒店召开。中国建筑装饰协会副秘书长房箴出席会议并作总结讲话。会议由住宅装饰装修委员会（筹）副秘书长张仁主持。全国首批试点的17个地方省、市建筑装饰协会和6个积极申请第二批试点单位的建筑装饰协会主管领导和具体负责此项工作的同志参加了会议。17个试点地方建筑装饰协会包括1个直辖市：重庆市；4个省：黑龙江、吉林、辽宁和福建；6个省会城市：西安、武汉、南京、石家庄、昆明、长沙；6个重点城市：厦门、东莞、大同、金华、哈密和汕头。6个积极申请第二批试点单位的建筑装饰协会是：江苏省、山西省、陕西省、大连市、宜昌市和温州市。

▲10月18日，建设部建筑市场管理司召开"设计施工一体化企业资质标准制订准备会"，根据建设部领导的指示和《行政许可法》关于减少企业行政审批的要求，决定先在装饰、幕墙、智能、消防四个资质试点，指导思想：一是有利于

企业申报，减轻企业负担；二是有利于企业和行业发展；三是切实可行。其中"装饰装修工程企业专业承包资质等级标准"委托中国建筑装饰协会起草，11月中旬上报送审稿。据此，中国建筑装饰协会立即成立了由副秘书长房箴为组长，王本明、黄白、田德昌、顾国华等部门负责人为成员的制订小组，并于10月21日、25日分别在北京和南京召开了座谈会。协会还在石家庄、深圳、杭州等有关地方专门征求业内意见。

▲10月29日，中国建筑装饰协会向所属专业委员会、秘书处各部门发出"关于转发建设部党组《关于认真学习贯彻党的十六届四中全会精神的通知》及学习安排"（中装协[2004]058号）。11月23日，中共中国建筑装饰协会党总支发出《关于召开学习贯彻党的十六届四中全会精神座谈会的通知》，11月29日在协会秘书处举行，马挺贵会长作总结讲话，协会党员、秘书处全体工作人员和各专业委员会负责人参加。

▲11月12日，由中国建筑装饰协会和《中华建筑报》共同主办的"首届中国建筑装饰百强企业峰会"在海南博鳌举行，中国建筑装饰协会副会长兼秘书长徐朋出席并作主旨讲话。会上百强企业发表诚信及合作联盟倡议书。

▲11月16日，中国建筑装饰协会会长马挺贵签署中国建筑装饰协会公告：2004年全国建筑工程装饰奖评审会已于2004年11月4日～5日在北京召开，经评审组评定：2004年全国建筑工程装饰奖（公共建筑装饰类）获奖工程125项，获奖承建单位136个，获奖参建单位7个；2004年全国建筑工程装饰奖（公共建筑装饰设计类）获奖工程26项，获奖设计单位26个；2004年全国建筑工程装饰奖（建筑幕墙类）获奖工程31项，获奖承建单位31个。

▲11月16日，中国建筑装饰协会召开"加强密封胶行业管理座谈会"，研究制订《密封胶行业管理指导意见》，参加会议的有国家商务部反倾销司副司长李振中、中国建筑装饰协会副秘书长张京跃、铝制品委员会秘书长宋协昌、副秘书长邱建辉、材料委员会副秘书长孟小平，以及张广义等专家。11月23日协会还向部分密封胶生产厂商征求意见。

▲12月6日～7日，中国建筑装饰协会确定2005年为"培训年"，为清晰思路，完善内容，中国建筑装饰协会在福建省厦门市白鹭洲大酒店召开"2004年度全国建筑装饰行业培训工作会议"。会议由张京跃副秘书长主持并作总结讲话。

▲12月13日，中国建筑装饰协会召开《建筑装饰专项工程设计—施工企业资质等级标准》（送审稿）评议会，会议由副秘书长房箴主持，参加会议的有会长马挺贵、副秘书长张京跃以及黄白、顾国华、田德昌、郭红星、张仁等，会议认真讨论并通过送审稿（第五稿）及起草说明、编制报告，认为基本符合建设部委托我会制订的意图和装饰行业发展趋势，当日报送建设部市场管理司。

▲12月13日，中国建筑装饰协会工会召开会议，通过中华建筑报社成立工会的报告，讨论了近期协会工会工作。会议由工会主席王毅强主持，副主席黄白、李廉（中华建筑报社工会主席），委员张爱宁、李卫青参加。

2005年

▲1月3日，新年上班的第一天，中国建筑装饰协会全体工作人员为印度洋海啸灾区踊跃捐款，为灾区献爱心。

▲4月6日，中国建筑装饰协会发出《关于表彰全国建筑装饰工程优秀项目经理的决定》（中装协[2005]021号）。

▲5月9日，受建设部市场管理司（建市施函[2005]027号）委托，中国建筑装饰协会就《建筑装饰装修工程设计—施工企业资质标准》征求意见。

▲5月18日，建设部发出《关于严格控制评比、达标、表彰活动的通知》（建办[2005]79号），通知指出，我部部管社团和部属单位在建设系统或行业开展评比、达标、表彰活动共5项，包括

中国建筑工程装饰奖（中国建筑装饰协会）。

▲5月27日，建设部工程质量安全监督与行业发展司向北京、上海、天津、重庆、西安、武汉、深圳、哈尔滨、厦门、温州市建委（建设局）发出《关于对部分城市既有幕墙安全性能情况进行抽样调查的函》（建质技函[2005]57号），通知指出：为摸清和掌握我国目前城市既有幕墙的安全性能状况，及时发现和排除质量安全隐患，维护国家财产和人民生命安全，我司委托中国建筑装饰协会对我国部分城市既有幕墙的安全性能情况进行抽样调查。调查的主要内容是既有幕墙的安全性能情况；地方建设主管部门在幕墙管理上对国家有关法政策的贯彻执行情况；建设单位及物业单位对幕墙工程使用管理情况等。通过调研，有针对性地提出解决问题的对策。调查组将听取地方建设主管部门有关情况介绍，并调查既有幕墙工程，调查工作结束后，由中国建筑装饰协会向我部提交调查报告。

▲10月22日～23日，以"和谐 合作 原创 多元"为主题的"2005（北京）国际建筑装饰设计高峰论坛（IAID）"在清华大学隆重举行。本次活动经建设部批准，由中国建筑装饰协会、中国建筑学会、清华大学美术学院、英国欧洲设计联盟、法国欧洲室内建筑师联盟5个单位共同主办，中国建筑装饰协会承办，中国房地产业协会、中国建筑材料工业协会、中国旅游饭店协会、清华建筑设计研究院、北京清尚建筑装饰工程有限公司、北京鸿锦嘉合国际商务顾问有限公司6个单位共同协办。建设部副部长黄卫给大会发来贺信。

出席论坛的有大会组委会主席、中国建筑装饰协会高级顾问、全国人大环境与资源保护委员会副主任委员、建设部原常务副部长叶如棠，大会组委会常务副主席、中国建筑装饰协会高级顾问、中国科学院院士、中国工程院院士、建设部原副部长周干峙，大会组委会常务副主席、中国建筑装饰协会高级顾问、中国建筑学会会长、建设部原副部长宋春华，中国房地产业协会会长、建设部原副部长杨慎，中国建筑装饰协会名誉会长张恩树，大会组委会常务副主席、中国建筑装饰协会会长马挺贵，大会组委会常务副主席、法国欧洲室内建筑师联盟前主席克里斯蒂娜·宝瑞拉，大会组委会常务副主席、英国欧洲设计联盟主席卡琳·菲利普斯，建设部工程质量安全监督与行业发展司副司长徐波，建设部第一社团党委书记国中河，清华大学美术学院院长李当岐，中国建筑业协会秘书长徐义屏，大会组委会副主席兼秘书长、中国建筑装饰协会副会长兼秘书长徐朋，大会组委会副主席兼副秘书长、中国建筑学会秘书长周畅，大会组委会副主席：清华大学美术学院副院长郑曙旸、中国建筑学会室内设计分会会长张世礼、上海同济大学教授来增祥、北京市建筑装饰协会理事长朱希斌、广州市建筑装饰协会会长许和铁、深圳市装饰行业协会会长何文祥、吉林省建筑装饰业协会会长邱久才。大会组委会副秘书长：中国建筑装饰协会副秘书长房箴、北京清尚建筑装饰工程有限公司（原北京清华工美建筑装饰工程有限公司）董事长吴晞等。

▲12月22日～23日，有来自全国52个地方建筑装饰协会负责人和800位代表参加的"中国建筑装饰协会第六次会员代表大会"在北京友谊宾馆隆重召开。大会同时举行了"2005年全国建筑装饰行业优秀企业家""2005年全国建筑工程装饰奖"及"2001～2005年全国建筑工程装饰奖明星企业"颁奖典礼。六次会员代表大会主要议程有四方面：一是听取并通过了"两个报告"——五届理事会工作报告、财务工作报告和"两个说明"——六届理事会理事产生程序及候选人组成情况的说明、修改章程的说明及其章程修改；二是选举产生第六届理事会；三是在六届一次理事会上选举生产六届一次常务理事、会长、副会长、名誉会长、名誉副会长、秘书长、副秘书长；四是颁发两个奖项——中国建筑装饰协会特别贡献奖和贡献奖，进行两项表彰——2005年全国建筑

装饰行业优秀企业家、2001～2005年全国建筑工程装饰奖明星企业。

建设部副部长黄卫出席大会开幕式并代表建设部讲话。建设部总工程师王铁宏出席"2005年全国建筑工程装饰奖"及"2001～2005年全国建筑工程装饰奖明星企业"颁奖典礼并代表建设部讲话。黄卫副部长在大会开幕式的讲话中指出："中国建筑装饰协会工作取得了建设部的信任、支持。建设部已把中国建筑装饰协会的工作经验作为一个典型进行了总结。这对加强我国建设系统的社团建设很有必要。"建设部对中国建筑装饰协会的这一评价，既是对中国建筑装饰协会第五届理事会工作以及各地方装饰协会工作的充分肯定，也是对今后协会工作和行业发展的极大鼓舞。

大会顺利选举产生了由491人组成的第六届理事会、由204人组成的常务理事会和领导机构，圆满地完成了换届工作。中国建筑装饰协会从此形成了六届理事会领导集体：会长（法人代表）：马挺贵；副会长兼秘书长：徐朋；副会长（11人，按姓氏笔画为序）：丁欣欣、丁域庆、王波、王冶、冯林、叶远西、朱兴良、陈志达、陈丽、魏光、薛景霞；秘书长：王振东；副秘书长：王毅强、黄白；总建筑师：房篦。名誉会长：张恩树；名誉副会长（5人）：汪家玉、谢建伟、陈国宏、张钧、黄恒。

2006年

▲3月14日，中国建筑装饰协会在钓鱼台国宾馆召开设计委员会成立大会。中国建筑装饰协会设计委员会自2003年2月开始筹备，2005年9月13日，国家民政局以民社登[2006]第466号文件批复同意。

▲3月31日，应2008年奥运会主要场馆——国家体育场"鸟巢"之邀，中国建筑装饰协会组织了7名业内专家对国家体育场装饰工程施工组织设计大纲进行论证。4月30日中国建筑装饰协会写出"评审意见"并交国家体育场工程项目部。

▲6月15日，中国建筑装饰协会公布《建筑装饰行业实现资源节约型和环境友好型工程建设指南（试行）》（中装协[2006]033号）。

▲9月4日，建设部办公厅发出"关于印发《〈建筑智能化工程设计与施工资质标准〉等四个设计与施工资质标准的实施办法》的通知"，中国建筑装饰协会参加了此办法制定。

▲9月5日，中国建筑装饰协会发出《关于召开"第二次全国建筑装饰行业信息化建设工作会议"暨开展"建筑装饰行业信用评价试点工作"会议的通知》。同时，根据全国整顿和规范市场经济秩序领导小组办公室2005年《商会协会行业信用建设工作指导意见》和《行业信用评价试点工作实施办法》等文件精神，为建立并完善建筑装饰行业自律管理体系，全国整规办批准中国建筑装饰协会开展"建筑装饰行业信用评价试点工作"。

▲9月17日，由建设部、劳动和社会保障部、中华全国总工会、共青团中央共同组织的"全国建筑业职业技能大赛表彰大会"在人民大会堂举行，国务委员兼国务院秘书长华建敏在会上强调，要尊重劳动，崇尚技能，大力培养高技能人才队伍。在主席台上就座的有建设部部长汪光焘、副部长黄卫、傅雯娟、劳动和社会保障部副部长张小建、全国总工会副主席兼书记处书记苏立清、共青团中央副书记王晓、建设部党组成员兼人事教育司司长齐骥、中国建筑装饰协会会长马挺贵、中国建筑业协会会长郑一军。大会由傅雯娟主持。汪光焘部长首先作了讲话。接着，张小建副部长宣读了四部门《关于表彰全国建筑业职业技能大赛获奖选手的决定》（建人[2006]227号），颁发获奖代表证书，获奖代表宣读了《致全国建筑业农民工的倡议书》。参加大会的还有中国建筑装饰协会9月14日～15日在通州区组织装饰工种决赛的365位代表，包括精细木工86名、镶贴工及其助手各91人，合计参加决赛选手268名；各地工作人员31位、增加工作人员16人，共计47位；裁判50人（共63人，有13人提前返程）。

出席14日装饰工种决赛开幕式的领导有建设部副部长傅雯娟，全国总工会副主席兼书记处书记苏立清，建设部党组成员兼人教司司长、大赛组委会秘书长齐骥，中国海员建设工会副主席朱临庆，中国建筑装饰协会会长马挺贵、副会长徐朋。9月15日晚上，中国建筑装饰协会在通州宾馆举行颁奖晚会，招待所有进京参加决赛的选手、裁判、领队及工作人员。在主席台上就座的有中国建筑装饰协会会长马挺贵、副会长徐朋、副秘书长王毅强、黄白、总建筑师兼决赛总指挥房篪。施工委员会秘书长兼决赛总裁判长顾国华宣读了40位装饰工种优胜者的名单。翟筛红（湖南）、刘立军（天津）、唐亚波（湖南）和王盛泰（山东）、赵小生（上海）、宋斌继（山东）脱颖而出，分别获得精细木工和镶贴工的一等奖。中国建筑装饰协会授予所有进京参加决赛的268名选手以"全国建筑装饰行业技术能手"的荣誉称号，给予63位裁判以荣誉，颁发了奖杯和证书。

▲10月31日，民政部通过中国建筑装饰协会2005年12月召开的第六次会员代表大会上修改的《中国建筑装饰协会章程》。此前，建设部已审议通过了此章程修改文件。

▲11月14日～15日，中国建筑装饰协会在北京国谊宾馆召开了有23个省市区200多位代表参加的"第二次全国建筑装饰行业信息化建设工作会议暨建筑装饰行业信用评价试点工作会议"。会议得到国务院信息化工作办公室、全国整顿和规范市场经济秩序领导小组办公室、建设部信息化领导小组、建设部科学技术司、劳动和社会保障部国家职业技能鉴定专家委员会的支持和指导。出席会议并作重要讲话的有国务院信息化工作办公室综合组组长兼国家信息化专家咨询委员会秘书长徐愈、全国整顿和规范市场经济秩序领导小组办公室信用管理组副组长杨生军、建设部信息化领导小组副组长兼建设部科学技术司司长赖明、劳动和社会保障部国家职业技能鉴定专家委员会主任侯炳辉。中国建筑装饰协会名誉会长张恩树、会长马挺贵、副会长徐朋、秘书长王振东、副秘书长王毅强、黄白、总建筑师房篪出席会议。

▲12月5日，建设部发出《既有建筑幕墙安全维护管理办法》（建质[2006]291号）。此为建设部委托中国建筑装饰协会起草的文件。

2007年

▲1月12日，中国建筑装饰协会发布《关于我国建筑幕墙行业可持续和谐发展的指导意见》（中装协[2007]005号）。此系根据2006年7月18日中国建筑装饰协会公布的《中国建筑装饰行业"十一五"发展规划纲要》（中装协[2006]041号），结合我国建筑幕墙行业的实际情况，由中国建筑装饰协会幕墙工程委员会制定的。

▲1月15日，全国整顿和规范市场经济秩序领导小组办公室（以下简称"全国整规办"）和国务院国有资产监督管理委员会行业协会联系办公室（以下简称"国务院国资委"）联合发出《关于加强行业信用评价试点管理工作的通知》（整规办发[2007]3号），通知指出，经审批中国建筑装饰协会等44家社团成为首批试点单位。

▲6月4日～5日，中国建筑装饰协会在上海建工锦江大酒店举行了"全国建筑装饰协会工作研讨会"，会议主题是："学习贯彻《关于加快推进行业协会商会改革和发展的若干意见》（国办发[2007]36号）精神，深入探讨新时期协会建设工作规律"。会议得到建设部人事教育司、上海市建委、建管办、市社会团体管理局的支持。

▲8月14日，中国建筑装饰协会呈建设部建筑市场管理司《关于建筑幕墙施工企业不需要领取"工业产品生产许可证"的报告》（中装协函[2007]11号）。

▲8月28日～29日，中国建筑装饰协会在北京九华山庄召开了六届二次常务理事会。会议审议通过了常务理事会工作报告和关于协会秘书长任免提案、关于切实加强全国建筑工程装饰奖评奖工作提案、关于建筑装饰行业信用评价标准和幕墙设计师行业评价工作方案提案，马挺贵会长

作了大会总结报告。

▲9月24日，中国建筑装饰协会代表"全国建筑装饰行业信用评价试点工作领导小组办公室"，将经2006年12月23日中国建筑装饰协会六届二次理事会通过、2007年1月15日全国整规办和国务院国资委协会办《关于加强行业信用评价试点管理工作的通知》（整规办发[2007]3号）批准试行的《建筑装饰行业信用评价试点方案（试行）》和经2007年8月29日中国建筑装饰协会六届二次常务理事会讨论通过的《建筑装饰行业信用评价标准（试行）》《建筑装饰行业信用体系评价工作守则（试行）》三个文件，报送全国整顿和规范市场经济秩序领导小组办公室备案。

▲12月18日，中国建筑装饰协会会长马挺贵签发"全国建筑装饰行业信用评价公告第一号"，首批建筑装饰行业信用评价，共评价出18个省、直辖市、自治区的信用等级企业105家，其中，建筑装饰装修工程专业承包企业（公装）90家、建筑幕墙工程专业承包企业7家、建筑装饰装修工程专业承包企业（家装）8家；其中，AAA级71家、AA级29家、A级5家，包括公装AAA级59家、AA级26家、A级5家；幕墙AAA级5家、AA级2家；家装AAA级7家、AA级企业1家。

▲12月22日～23日，中国建筑装饰协会组织主题为"促进建筑装饰行业又好又快发展"的业内年终活动，内容有四部分：一是六届三次理事会；二是装饰行业又好又快发展报告会；三是2007年（首批）全国建筑装饰行业信用等级企业和2007年（第三次）全国建筑装饰行业优秀企业家颁证；四是2007年全国建筑工程装饰奖颁奖。650多位业内精英代表与会。

2008年

▲2月2日，春节（2月6日）前夕，中国建筑装饰协会响应建设部党组的号召向南方冰雪灾区捐款，在短短的一天时间内，大家纷纷献出爱心，共募集4970元，其中协会秘书处1340元、设计委员会140元、家装委员会120元、电气委员会70元、材料委员会1200元、施工委员会600元、信息咨询委员会和厨卫工程委员会200元、幕墙工程委员会300元、培训中心1000元，已于2月3日送到建设部机关服务中心财务处。

▲3月23日，以"发挥骨干企业作用·加强行业诚信建设"为主题的"2008年中国建筑装饰协会会长工作会"在深圳市大梅沙京基喜来登酒店举行。会议的主要议题有三个：一是听取关于今年协会工作的安排；二是讨论通过《关于发挥骨干企业在推动行业又好又快发展中作用的若干意见》和《关于加强行业信用评价试点工作推进行业诚信建设的指导意见》两个文件；三是听取关于加强兄弟协会交流合作的意见。会议由中国建筑装饰协会会长马挺贵主持并作会议总结，由副会长深圳广田集团有限公司承办，深圳市装饰行业协会协办。

▲6月5日，受建设部工程质量安全监督与行业发展司委托，中国建筑装饰协会制定的《"5·12"震后幕墙工程隐患排查工作方案》上报建设部。此举旨在全面了解震区幕墙工程震损情况，对现有幕墙工程进行安全鉴定，排除隐患，避免人员财产二次损害，稳定民心。总结幕墙工程抗震性能方面的经验教训，为灾后恢复重建提供有关的技术保证和政策依据。为编制相应国家技术标准和规范积累数据，提供事实依据。

▲6月16日，甘肃省人大代表马耕夫给温家宝总理写了一封信，信中阐述了自己从汶川特大地震到破坏性装修的思考，并附"第413号建议"——2002年1月，在甘肃省人大常委会工作的省人大代表马耕夫在甘肃省九届五次会议上联合12位代表提出"关于消除公用住宅楼住房私人装修造成严重安全隐患的议案"，建议有三：一是着手普查；二是处理隐患；三是加强监管。甘肃省人大将此作为"第413号建议"转省建设厅办理。6月25日，国务院副秘书长尤权在国家信访局第331期《来信摘要》中对"马耕夫提出消除公用住宅楼住房私人装修造成严重安全隐患建议"

批示：请转建设部阅。时间要求7月27日前结办。两天以后的6月27日，建设部部长姜伟新批示：请黄卫同志研究，看如何处理，并请告处理意见。当日，黄卫副部长批示：陈重同志，请商房地产，先清理已有的法规规定，然后提出处理意见，看来关键是供应"成品"，逐步减少"毛坯"房。建设部工程质量安全监督与行业发展司司长陈重立即责成质量处办理。7月4日，质量安全司在建设部办公大楼617会议室召开"住宅装饰装修管理座谈会"。

建设部委托中国建筑装饰协会起草相关文件。7月25日，住房和城乡建设部发布《关于进一步加强住宅装饰装修管理的通知》（建质[2008]133号）。

▲7月7日，中国建筑装饰协会在广州市鸣泉居度假村组织召开六届三次常务理事会。会议的主要议题：一是听取中国建筑装饰协会会长马挺贵题为"回顾历史 展望未来 再创辉煌"的报告；二是听取刘晓一秘书长通报2008年中国建筑装饰协会会长工作会的主要内容；三是审议并批准《关于2010年在北京召开"亚太空间设计师协会"暨北京亚太空间设计艺术观摩展的提案》；四是听取建设部政策研究中心主任陈淮关于当前我国经济形势的分析判断报告。

▲7月21日，中国建筑装饰协会批准发布《关于提高我国幕墙行业设计水平的指导意见》。

▲9月5日，中国建筑装饰协会纪律检查小组发出"关于认真贯彻执行《关于廉洁公正开展全国建筑工程装饰奖专家复查工作的管理规定》的通知"（中装协纪[2008]1号）。

▲10月6日，中国建筑装饰协会发出《关于公布首批"全国建筑装饰行业信息化创新成果"的通知》，首批8项"全国建筑装饰行业信息化创新成果"公布。

▲11月29日，中国建筑装饰协会在北京世纪国建宾馆召开"第三次全国建筑装饰行业信息化建设工作暨第三批行业信用评价等级企业颁证会"，会议的主题是"以创新成果推进行业信息化，以信用评价推动行业诚信建设"。出席大会的有三个政府主管部门的领导，分别是：住房和城乡建设部科技委常务副主任金德钧、工业和信息化部信息化推进司副司长董宝青、商务部市场秩序司副司长温再兴。中国建筑装饰协会名誉会长张恩树、会长马挺贵、副会长徐朋、秘书长刘晓一、副秘书长王毅强、黄白、总建筑师房箴等出席了会议。大会讨论通过《关于加强建筑装饰行业信息化建设工作的指导意见》，于12月1日以中装协[2008]080号文件公布。大会表彰了"2008年全国建筑装饰行业信息化先进单位创新成果"。

▲12月31日，中国建筑装饰协会会长马挺贵签发《关于表彰"改革开放30年建筑装饰行业发展突出贡献人士、企业家和企业"的决定》，表彰创建及早期从事建筑装饰协会工作贡献突出的主要领导（本会在职者不在此列），长期活跃在行业前沿德高望重的专家学者及有关方面人士63位；表彰早期创建建筑装饰企业（包括国有改制企业）并一直担任本企业董事长总经理，本会理事以上职务热心协会工作的行业及社会知名度高影响大的企业家106位；表彰发展质量名列行业前茅，积极参加协会活动的会员企业162家。他们是改革开放30年来我国建筑装饰行业发展不断突破的引领者，在多样化风险中履行责任的代表者，富有远见的行业领军者。

2009年

▲1月8日～9日，中国建筑装饰协会在北京召开有700多位全行业精英参加的"2008年全国建筑工程装饰奖颁奖大会"、"纪念改革开放30周年建筑装饰行业可持续发展报告会"和"中国建筑装饰协会六届四次理事会"。1月8日上午"2008年全国建筑工程装饰奖颁奖大会"在北京钓鱼台芳菲园召开。出席大会的领导有第十届全国政协副主席李蒙，住房和城乡建设部副部长齐骥，住房和城乡建设部总工程师王铁宏，原建设部副部长、第十届全国人大环境与资源保护委员会副

主任委员、中国建筑装饰协会原高级顾问叶如棠，原建设部副部长、中国房地产业协会会长宋春华，中国建设监理协会会长张青林，原中纪委驻建设部纪检组长、中国建筑金属结构协会会长姚兵，中国建筑装饰协会名誉会长张恩树、会长马挺贵、副会长徐朋，中国建筑业协会副会长徐义屏，中国建材工业协会党委书记孙向远，中国建筑装饰协会名誉副会长汪家玉。

1月8日下午"纪念改革开放30周年建筑装饰行业可持续发展报告会"在北京友谊宾馆聚英厅举行。报告会分三部分：一是徐朋副会长所作的题为"对奥运装饰工程科技进步的初步认识"的报告；二是原国家发改委宏观经济研究院副院长、著名经济学家刘福垣所作的关于宏观经济形势的报告；三是6位著名装饰企业家主讲的企业家论坛。

六届四次理事会由马挺贵会长主持并致辞。刘晓一作六届四次理事会工作报告，王毅强副秘书长做了"关于增补变更调整本会六届理事会副会长常务理事的提案"，黄白副秘书长作了"关于表彰'改革开放30年建筑装饰行业发展突出贡献人士、企业家和企业'的说明"。

▲1月23日，新年伊始，原建设部部长、全国人大环境与资源保护委员会主任委员汪光焘到访中国建筑装饰协会，并听取了会长马挺贵、副会长徐朋的工作汇报。

▲2月6日，商务部办公厅编辑的《商务部简报·市场秩序专刊》（第5期）刊登"行业信用评价试点工作取得初步成效"专题，指出中国建筑装饰协会等三个协会（物流与采购联合会和食品工业协会）充分发挥地方协会的作用，"利用其了解熟悉当地企业的优势，由地方协会对申报企业初审把关，在评价结束后委托其对企业进行动态监管，保证随时了解企业信用等级的变动情况。"

▲2月28日，由中国建筑装饰协会幕墙工程委员会与中国建筑金属结构协会铝门窗幕墙委员会共同主办、北京嘉寓门窗幕墙股份有限公司和中国建筑科学研究院联合承办的"全国建筑幕墙防火技术专家研讨会"在北京举行，全国36位高层次的幕墙工程质检、设计、施工、材料制造等方面的专家、企业家、研发人员与会。会议就建筑幕墙防火的技术标准、设计思路、施工管理、材料配套、科技创新等问题，进行了有效率深层次宽领域的探讨。

▲3月12日，住房和城乡建设部人事司向部管各社团下发"关于修订《住房和城乡建设部社团管理办法》征求意见的函"。3月19日我会接到此函，马挺贵会长、徐朋副会长、刘晓一秘书长、王毅强副秘书长、黄白副秘书长、房箴总建筑师分别对"办法"提出了文字意见和建议，31日由综合部汇总报住建部人事司。

▲3月12日，中国建筑装饰协会在广东省东莞市召开全国建筑装饰协会秘书长工作会。会长马挺贵致辞。会议听取了秘书长刘晓一作的工作报告；讨论了副秘书长黄白宣读的《关于战胜当前困难 实现行业平稳较快发展的指导意见》，经修改后由中国建筑装饰协会发布；听取了总建筑师房箴作关于开展协会专家培训工作的说明。

▲3月20日，根据《民政部关于协助开展行业协会商会评估工作的通知》和住房城乡建设部的安排，民政部一行7人到中国建筑装饰协会进行评估考察。

▲4月8日~10日中国建筑装饰协会在北京举办了首届"建筑装饰行业专家研修班"，参加者均具有高级职称和10年以上从业经验，并经当地建筑装饰协会推荐。4月10日，中国建筑装饰协会发出《关于颁发首批"中国建筑装饰协会专家"证书的公告》（中装协[2009]016号）。7月11日~13日，中国建筑装饰协会组织的"第二届全国建筑装饰行业专家研修班"在北京国宾酒店举行，11月25日，中国建筑装饰协会作出《关于颁发第二批"中国建筑装饰协会专家"证书的公告》（中装协[2009]063号），已取得中国建筑装饰协会专家证书的专家现共有395名，其中，建筑装饰

设计专家（A类·52名）、工程技术管理专家（B类·185名）、企业管理专家（C类·60名）、幕墙工程专家（D类·91名）和建筑装饰材料专家（E类·7名）。其中一批已经积极参与了2009年全国建筑工程装饰奖复查、全国建筑装饰行业信用评价等业内重大评优评价活动。

▲5月11日，中国建筑装饰协会发布了由建筑装饰行业信用评价试点工作领导小组办公室起草的《关于讲信用不折腾的指导意见》（中装协[2009]022号）。

▲5月25日，由2月19日中国建筑装饰协会会长工作会提出、3月12日全国建筑装饰协会秘书长工作会讨论通过的《关于战胜当前困难 实现行业平稳较快发展的指导意见》，经修改后由中国建筑装饰协会发布。

▲6月1日，由中国建筑标准设计研究院主编、中国建筑装饰协会厨卫工程委员会以及厨卫行业龙头厂商参编的国家标准《住宅厨房及相关设备基本参数》（GB/T 11228—2008）和《住宅卫生间功能及尺寸系列》（GB/T 11977—2008）正式在全国实施。

▲6月6日，中国建筑装饰协会发出《全国建筑装饰行业杰出女性评价结果公告》（中装协[2009]028号）。

▲6月12日，国家民间组织管理局发出《关于召开全国性行业协会商会评估授牌表彰大会的通知》，6月23日，民政部在人民大会堂隆重召开了授牌大会。全国人大副委员长周铁农、全国政协副主席白立忱及国务院有关部委的负责同志出席了会议。中国建筑装饰协会为AAA协会，协会秘书长助理兼综合部主任艾鹤鸣出席了授牌大会。

▲6月24日，中国建筑装饰协会作出《关于转发"开拓国际建筑装饰工程市场研讨会纪要"的通知》（中装协[2009] 034号）。

▲6月23日，民政部在人民大会堂隆重召开"全国性行业协会商会评估授牌大会"。全国人大副委员长周铁农、全国政协副主席白立忱及国务院有关部委的负责同志出席会议，并向获得3A以上评估等级的全国性行业协会商会颁发牌匾。民政部部长李学举出席会议并发表重要讲话。中国建筑装饰协会为AAA。

▲7月6日，国家商务部与国资委共同在北京举办了"行业信用建设培训班"，共有100多家行业信用评价试点商会协会以及想参与试点的200多位代表与会。商务部市场秩序司副司长温再兴、国资委行业协会办公室梁方处长就当前行业信用建设工作发表了讲话。大会安排了中国建筑装饰协会、中国电力企业联合会和中国机电产品进出口商会三家行业信用试点单位作了典型经验交流发言。建筑装饰行业信用评价试点工作领导小组办公室主任田万良代表中国建筑装饰协会在大会上作了题为《建立组织保障体系 推动行业信用建设》的发言。

▲11月2日，中国建筑装饰协会向各地方建筑装饰协会、解放军建筑装饰协会、各会员单位、本会各分支机构发出《关于进一步规范工作程序、坚决杜绝乱收费行为的通知》（中装协[2009]054号），通知指出：近来接到各地反映中国建筑装饰协会个别专业委员会进行评比、收费的举报与投诉，为了使行业明确中国建筑装饰协会的工作原则及规范收费行为，要求做到以下四点：一是中国建筑装饰协会各专业委员会的评比及收费行为，必须经协会秘书长办公会研究，秘书长批准并签章后方能印发通知。凡各专业委员会签章或由委托其他组织机构举办的活动，一律不得收费。二是中国建筑装饰协会组织的评比活动，都应通过地方协会进行初评、加盖地方协会印章并做出推荐意见。凡未经地方协会初评、签章的人选，中国建筑装饰协会都不予以评定。三是凡对以中国建筑装饰协会名义组织开展活动存在疑虑的地方协会、企业，都可致电协会秘书处领导进行咨询、确认。四是中国建筑装饰协会欢迎业内对协会工作进行监督。

▲11月6日，中国建筑装饰协会受住房和城

乡建设部建筑市场监管司委托，根据11月2日建筑市场监管司"关于对《建筑业企业资质等级标准》（征求意见稿）征求意见的函"（建市施函[2009]86号），对2001年颁布的《建筑业企业资质等级标准》（建建[2001]82号）重新修订的《建筑装修装饰工程专业承包企业资质标准》和《建筑幕墙工程专业承包企业资质标准》征求业内意见。

▲12月1日，根据住房和城乡建设部治理商业贿赂领导小组办公室11月23日发出的《关于报送2009年住房城乡建设系统治理商业贿赂工作总结的通知》（建治贿办函[2009]3号）要求，协会向住建部报送了"2009年建筑装饰行业治理商业贿赂工作总结"。

▲12月16日，中国建筑装饰协会在杭州召开六届五次会长工作会，会议由浙江亚厦装饰股份有限公司承办。会议由中装协会长马挺贵主持，出席会议的有名誉会长张恩树、副会长徐朋、秘书长刘晓一及协会部分副会长；列席会议的有部分地方协会会长。会议对协会组织决策的程序调为：会长工作会——理事会（常务理事会）——全国建筑装饰秘书长工作会。

▲12月18日，中国建筑装饰协会发出《2009年全国建筑装饰行业信息化创新成果公告》（中装协[2009]075号）。

▲12月21日~22日，中国建筑装饰协会在北京举行了主题为"加快转变发展方式"的六届五次理事会。大会的主要内容有三方面：一是在马挺贵会长致开幕词之后，听取并通过刘晓一秘书长所作的工作报告、王毅强副秘书长关于调整增补理事常务理事、关于七届会员代表大会有关事宜的两项提案；二是听取了国家统计局总经济师姚景源所作的宏观经济形势报告和马挺贵会长所作的行业发展报告；三是在徐朋副会长作了理事会总结讲话之后，在北京友谊宾馆表彰了67家2009年（第四批）全国建筑装饰行业信用评价企业、本会与中国海员建设工会全国委员会共同授予的273位"2009年全国建筑装饰行业优秀企业家"、178位"庆祝新中国成立60周年暨中国建筑装饰协会成立25周年建筑装饰行业功勋人物"、167位"全国建筑装饰行业杰出女性"。

在人民大会堂召开了"2009年全国建筑工程装饰奖暨明星企业颁奖大会"，出席大会的领导有十届全国政协副主席李蒙，住房和城乡建设部副部长齐骥，全国政协常委、人口资源环境委员会副主委、中国房地产研究会会长、原建设部副部长刘志峰，中国土木工程学会理事长、原建设部副部长谭庆琏，中国建筑业协会会长、原建设部副部长郑一军，中国建筑金属结构协会会长、原中央纪委驻建设部纪检组组长姚兵，中国建筑装饰协会名誉会长张恩树、会长马挺贵、住房和城乡建设部总经济师李秉仁，民政部民间组织管理局副局长廖鸿、中国建筑装饰协会副会长徐朋、中国建材联合会副会长叶向阳、中国房地产业协会副秘书长肖晓俭。

2010年

▲1月8日，国务院纠正行业不正之风办公室（简称"国务院纠风办"）印发《关于评比达标表彰保留项目的通知》，经中共中央、国务院同意，住房和城乡建设部保留中国建筑工程装饰奖、鲁班奖、国家优质工程奖等16项评比达标表彰活动。

▲3月11日，协会在深圳组织召开了2010年全国建筑装饰协会秘书长工作会暨首次建筑装饰企业上市经验交流座谈会。

▲4月26日，住房和城乡建设部建筑市场监管司给协会来函，就国务院法制办转住建部的43名全国政协委员提出的"关于设立博物馆陈列展览工程资质管理制度的提案"征求我会意见。我会在国家文物局和文化部共同起草的《博物馆管理条例》基础上，提出《对政协"关于设立博物馆陈列展览工程资质管理制度的提案"的意见》，于5月4日报送住建部建筑市场监管司。

▲5月25日，商务部市场秩序司（信用工作办公室）与国务院国资委行业协会联系办公室在

北京召开"2010年行业信用建设工作会议",已取得行业信用评价许可的122家协会商会负责人参加了会议。会议安排了行业信用评价试点工作较好、有特色的中国建筑装饰协会等5家行业协会进行经验交流。我会副秘书长、信用评价工作小组副组长黄白作了题为"为行业信用企业创造良好的市场环境和机会"的发言。

▲8月5日,协会在青岛召开了六届五次常务理事会,名誉会长张恩树、会长马挺贵、副会长徐朋、秘书长刘晓一、山东省建筑工程管理局副局长罗云岭等出席了本次会议。会议通过了六届五次常务理事会工作报告,讨论了《中国建筑装饰行业"十二五"发展规划纲要》(讨论稿),邀请原中国农业大学工程管理学院院长许惠渊教授作了题为《民营企业成长中的困惑与做强做大的战略选择》报告。

▲11月30日,协会组织召开会长办公会,会长马挺贵主持会议,参加会议的有副会长徐朋、秘书长刘晓一、总建筑师房箴、总工程师刘原、秘书长助理王毅强、艾鹤鸣、王本明等。会议决定成立"中国建筑装饰协会第七次会员代表大会筹备领导小组及其办公室",研究讨论协会理事、常务理事、副会长产生办法、会费标准等事宜。

▲12月25日~26日,协会在北京友谊宾馆和人民大会堂分别召开了"全国建筑工程装饰奖10年总结表彰暨2010年全国建筑工程装饰奖颁奖大会",住建部副部长郭允冲,建设部原副部长、中国房地产业协会会长刘志峰,国家审计署驻住建部审计局局长苏乃民,民政部民间组织管理局副局长李勇,住建部人事司原司长王宁,住建部办公厅副主任张志新等领导出席了本次会议。

2011年

▲1月5日,协会组织召开了"七届候选副会长征求意见汇报会",会议由秘书长刘晓一主持。

▲1月6日,协会组织召开了"七届候选副会长征求地方协会意见准备会",分三个组到有关地方协会征求意见,要求1月25日前完成意见征集。

▲2月25日,住房与城乡建设部建筑市场监管司、工程质量安全监管司、中国建筑业协会共同发出"关于请协助做好《中国建筑业年检》(2011年卷)撰稿工作的通知",3月25日协会按通知要求报送了稿件。

▲3月23日,协会印发《关于开展2011年"全国建筑装饰行业科技示范工程"和"科技创新成果"推介活动的通知》。

▲4月20日,协会印发《关于2011年全国建筑装饰行业两化融合工作安排的通知》,强调建筑装饰行业要积极贯彻国家关于"信息化和工业化深度融合"的要求,以量化深度融合为抓手,加快转变企业和行业的发展方式。

▲5月6日,中国建筑装饰协会第七次会员代表大会在北京隆重召开,住建部副部长郭乃冲出席并做重要讲话。会议审议通过了第六届理事会工作报告、章程修改和财务工作报告,选举产生了第七届理事会。会议同期召开了七届一次理事会,选举产生了第七届理事会会长、副会长、秘书长和常务理事;聘请叶如棠、刘志峰、张恩树、张人为为顾问,马挺贵为名誉会长,汪家玉等8人为名誉副会长。

▲8月4日,协会在辽宁大连召开七届一次常务理事会,辽宁省住建厅总工程师曾觉群、辽宁省装饰协会会长尤达、大连市人大常委会副主任王承敏等出席了本次会议。大会审议通过了副会长兼秘书长刘晓一做的工作报告,听取了秘书长助理王本明做的《中国建筑装饰行业"十二五"规划纲要的说明》。

▲12月21日,协会在北京国家会议中心召开了七届二次理事会。会议审议通过了《2011年中国建筑装饰协会秘书处工作报告》,表决通过了5位协会副秘书长的任职、8个协会分支机构的调整及负责人任职、协会部分理事的调整等提案。

▲12月24日,协会在北京中国科技会堂召开了"首届全国建筑装饰行业文化宣传工作会议",国家新闻出版署报刊司司长王国庆、住建部办公

厅宣传处处长毕建玲等有关方面负责人及各地方装饰协会、会员企业媒体代表100多位参会。

2012年

▲4月1日，中国建筑装饰新网（简称中装新网，www.cbda.cn）作为协会官方网站正式成立。网站设置有资讯、资料、协会、设计、人物档案、企业档案、装饰、推介品牌、上市公司等9个频道，200多个子栏目。

▲5月24日，住房与城乡建设部直属机关工会发出《关于中国建筑装饰协会成立工会暨委员会选举批复》，经研究同意我会成立工会。工会由王毅强任主席，李廉、黄白任副主席，王燕鸣任组织委员，李卫青任经费审查委员，张爱宁任女工委员。

▲6月16日，由中国建筑装饰协会和中国建筑金属结构协会联合主办，深圳市科源建设集团有限公司承办的"中国绿色建筑装饰标准化技术论坛"在深圳市会展中心举行，论坛主题为"推动绿色建筑，畅想行业未来"。住建部标准定额司副司长田国民、广东省住房和城乡建设厅副厅长陈英松、深圳市住房和建设局局长李荣强、中国金属结构协会副会长刘哲等有关领导出席本次论坛。

▲9月19日，协会在广州举行了"2012年全国建筑装饰行业企业家峰会"，400多位行业知名企业家与会。

▲11月4日，根据住建部建筑市场监管司发布《关于委托承办第二届中国（北京）国际服务贸易交易会建筑及相关工程服务板块的函》，我会配合住建部完成交易会装修及相关工程服务板块组织工作，上报了《中国建筑装饰行业服务贸易交易简况》。

▲11月26日，协会在四川成都召开了七届二次会长工作会，会议的主题是"学习贯彻党的'十八大'精神，为全面建成小康社会做贡献"。

▲12月18日～19日，协会在北京国家会议中心召开七届三次理事会。大会特邀中央政策研究室经济研究局局长李连仲作"党的'十八大'经济政策解读与发展趋势报告"，听取、审议并通过了副会长兼秘书长刘晓一作的《中国建筑装饰协会七届三次理事会工作报告》及有关提案。会议同期在清华大学清华学堂举行了"全国建筑工程装饰奖颁奖大会"，出席颁奖大会的特邀嘉宾有住建部人事司司长王宁、民政部民间组织管理局副局长李勇、住建部工程质量安全监管司副司长曲琦、人事司直属人事处处长刘平星等。

▲12月28日，协会秘书处召开学习贯彻中央关于改进工作作风密切联系群众八项规定的专题学习会。会议由副会长兼秘书长刘晓一主持，副秘书长张京跃传达了住建部机关党委转发中央和国家机关工委的有关文件。

2013年

▲1月30日，协会总经济师王本明在《中华建筑报》发表题为《建筑装饰业如何抓住机遇在全面建成小康社会中发展》文章。

▲3月5日，协会印发了《关于印发〈建筑幕墙工程设计收费办法〉（试行）的通知》，该办法是建筑幕墙行业第一个关于设计收费的标准，对推动幕墙行业的健康发展、实现世界建筑幕墙的强国梦具有积极的促进作用。

▲3月16日，协会主办的"2013年度全国建筑装饰协会幕墙委员会秘书长工作会议"在广东东莞大朗召开，协会会长李秉仁、副会长兼秘书长刘晓一，以及北京、广东、浙江、江苏等20多个省市幕墙（装饰）行业协会领导参会。会议详细解读了协会印发的《建筑幕墙工程设计收费办法》，受到与会代表的一致认可和支持。

▲3月16日～20日，协会主办的第二届全国建筑装饰行业项目经理代表大会暨首届一级注册建造师继续教育试点培训会在福建厦门市举行，会议邀请了众多业内知名专家授课，培训取得了良好效果。来自全国18个省、市、自治区的装饰协会负责人、项目经理代表和一级注册建造师共560余人参加了会议。

▲4月10日，协会组织开展的首届"中装杯"全国大学生空间与环境艺术设计大赛启动仪式暨北京站宣讲活动，在清华大学美术学院美术馆隆重举行。

▲6月5日～6日，协会主办的2013创精品工程经验交流会（继续教育）在深圳召开，多名专家分别就创建精品工程存在的问题及对策、施工企业项目策划的原理和实践、施工组织设计大纲的编写与实施以及石材防护与建筑玻璃使用技术等施工企业迫切需要解决的疑难问题进行了剖析解读。

▲6月15日，由中国建筑装饰协会和中国妇女发展基金会联合主办的2013绿色装饰材料美丽中国行大型公益活动在北京人民大会堂隆重举行新闻发布会暨启动仪式。

▲6月26日，协会主办的第六届全国幕墙设计师大会盛大开幕，协会会长李秉仁、副会长兼幕墙委秘书长张京跃、浙江省建筑装饰协会会长恽稚荣、中装协幕墙委主任宋协昌、中装协幕墙委副秘书长邱建辉，以及全国100多家单位近300名幕墙设计师和项目经理参会。

▲7月18日，协会七届三次常务理事会在辽宁沈阳隆重召开。会议审议通过了《关于调整中国建筑装饰协会七届理事会理事、常务理事部分组成人员的提案》《关于调整中国建筑装饰协会部分分支机构负责人的提案》和《关于恢复中国建筑装饰协会石材委员会的提案》。协会会长李秉仁、副会长兼秘书长刘晓一、顾问张恩树、名誉会长马挺贵，北京、江苏、浙江、辽宁等省市协会会长以及320多名常务理事出席会议。

▲9月29日，协会主办的"第二届全国建筑装饰行业科技大会"新闻发布会在北京农展馆召开。

▲10月23日，协会七届三次会长工作会在山东省青岛召开，会议听取了2013年上半年工作总结，对2014年工作计划进行讨论。协会会长李秉仁、副会长兼秘书长刘晓一、顾问张恩树、名誉会长马挺贵及副会长、名誉副会长，相关地方协会负责人等40余人出席了会议。

▲11月3日，协会主办的2013年度中国建筑装饰行业文化宣传工作会暨企业内刊主编年会在重庆召开。来自各省、市建筑装饰行业协会和建筑装饰企业的内刊主编、企划主管欢聚一堂，分享办刊心得与企业文化建设经验。中国建筑装饰协会会长、中华建筑报社社长李秉仁致欢迎辞，住建部宣传处处长毕建玲、苏州金螳螂建筑装饰股份有限公司副总经理阴皓明等发表主题演讲。

▲11月13日，由中国建筑装饰协会主办，远洋装饰工程股份有限公司和零点研究咨询集团承办的"《中国建筑装饰行业客户满意度第三方调查标准》阶段性成果汇报暨行业标准立项启动会"在北京举行。协会副会长兼秘书长刘晓一指出，该《标准》的建立更具有前瞻性意义，帮助行业制定新的评估标准，促进行业良性竞争，持续提升行业服务水平。

▲11月26日～27日，协会七届四次理事会暨第二届全国建筑装饰行业科技大会在北京国家会议中心召开。会议审议通过了副会长兼秘书长刘晓一作的工作报告及相关提案。同期召开的第二届科技大会是行业贯彻落实十八届三中全会精神要求、积极推行科技创新、不断提高建筑装饰工程质量和水平、促进建筑装饰行业转型升级的一次重要会议。

2014年

▲3月7日，协会在北京展览馆宾馆召开全国建筑装饰行业信用评价新标准宣贯会和专家培训班，对中国建筑装饰行业信用评价体系的新标准进行了详细解读和培训，来自全国各地建筑装饰协会、施工单位、设计机构代表200余人参加了会议，协会会长李秉仁出席会议并作重要讲话。

▲6月12日，由中国建筑装饰协会主办、苏州金螳螂建筑装饰股份有限公司承办的"建筑装饰行业技术标准编制工作会议"在金螳螂总部隆重召开，协会会长李秉仁、住建部标准定额司规

范处处长陈国义、金螳螂股份总裁杨震等领导及多家标准编制单位代表出席会议。本次会议标志着中国建筑装饰协会CBDA团体标准工作正式启动。

▲6月23日，协会七届四次常务理事会在天津召开。会议审议通过了七届四次常务理事会工作报告，关于增补陈新、张京跃、刘海云、李介平、徐荣、陈晓东、姜旭等7人为中国建筑装饰协会副会长的提案，以及关于成立绿色建筑技术委员会、文化艺术委员会、涂料与防火材料委员会的提案。协会会长李秉仁、副会长兼秘书长刘晓一，副会长陈新、天津市环境装饰和古建筑营造协会会长王文贵等出席会议。

▲8月28日，协会主办的首届中国建筑装饰行业绿色发展大会在深圳隆重召开，大会以"绿色、低碳、智能、发展"为主题，主要目的是为了分享与探讨我国发展绿色建筑装饰与节能工作的经验，倡导绿色理念、坚持绿色设计、推进绿色施工、使用绿色建材，共同推进中国建筑装饰行业的可持续发展。协会会长李秉仁、副会长兼秘书长刘晓一，总经济师王本明、深圳市住房和城乡建设局副局长邝龙桂、中国建筑节能协会秘书长王有为，各地方协会领导以及装饰企业代表近300人出席了会议。

▲10月14日，协会在北京召开贯彻落实住建部《工程质量治理两年行动方案》及《建筑工程施工转包违法分包等违法行为认定查处管理办法（试行）》宣传推动大会。协会班子成员、部门负责人、专业委员会负责人及秘书处全体干部职工参加了会议，会议由协会副会长兼秘书长刘晓一主持。

▲10月15日，协会向全行业印发了《关于全面落实"工程质量治理两年行动方案"的倡议书》。

▲10月15日，中国建筑装饰协会涂料与防水材料分会在北京正式成立，会议选举产生了分会第一届领导机构成员候选人，分会秘书长候选人罗胜在会上作了工作汇报。

▲10月17日，协会七届四次会长工作会在深圳远鹏装饰集团有限公司召开。会长李秉仁、副会长兼秘书长刘晓一、名誉会长马挺贵以及各副会长、省市协会负责人出席了会议。会议由会长李秉仁主持，副会长兼秘书长刘晓一作了2014协会工作总结及2015年工作安排，各副会长就企业改革、协会发展以及行业地位提升等主题进行了交流研讨。

▲12月11日，协会七届五次理事会在北京国家会议中心召开。会议审议通过了副会长兼秘书长刘晓一作的七届五次理事会工作报告及各项提案。会议同期举办了以"纵横装饰三十年·创新转型谋发展"为主题的中国建筑装饰协会三十周年纪念大会。住建部副部长王宁，住建部原副部长、中国建筑装饰协会顾问刘志峰，住建部质量安全司司长李如生，中国建筑装饰协会顾问张恩树，中国建筑装饰协会名誉会长马挺贵等领导与会。为行业发展做出突出贡献的张恩树、马挺贵、毛家泉、汪家玉等四位行业前辈被授予为中国建筑装饰协会功勋人物。

2015年

▲5月9日，由中国建筑装饰协会主办、中国人民解放军建筑装饰协会协办的金色五星惠军工程在全国政协礼堂举行启动仪式，本活动旨在发挥协会优势，组织建筑装饰行业优秀的住宅设计、施工、监理、装饰材料企业和工长，为解放军和武警官兵及部队离退休干部提供优质的服务和惠军产品。

▲6月4日，协会发布了《大数据下的厨卫消费行为趋势研究报告》，《报告》通过对企业规模、发展潜力、盈利能力及偿债能力的量化研究，发掘综合实力强、管理水平优秀的企业群体，以互联网大数据为分析基础，让企业能够及时正确地把控市场，制定出符合市场发展的战略规划。

▲6月30日，协会七届六次理事会暨七届五次常务理事会在江苏南京召开。会议审议通过了

七届六次理事会工作报告，调整、增补了部分理事、常务理事、副会长，审议通过了关于成立中国建筑装饰协会软装陈设分会的提案。

▲7月23日，协会印发了《关于进一步清理整顿评比达标表彰等活动的通知》，通知称协会将对秘书处及各分支机构、下属单位开展的评比达标表彰活动进行清理整顿，主要内容包括：停止一切未经批准的职业资格或上岗资格认证活动；取消"中国建筑工程装饰奖明星奖"；停止细分专业市场的"十强"等评价推介活动；中国建筑工程装饰奖、中国建筑装饰行业"百强企业""设计机构五十强""幕墙百强企业"评价推介活动停止收费。

▲8月10日，协会印发《建筑装饰行业技术标准研制的评估与当前工作安排》的通知，通知就2014年以来，党和国家、住建部等有关政府部门发布的一系列积极培育社团标准、鼓励行业技术标准研制与社团工作新常态的文件，在初步评估的基础上提出了建筑装饰行业技术标准当前重点工作和安排。

▲10月29日，协会印发了《关于开展行业基本情况调研的通知》。为了准确掌握行业运行第一手资料，科学研判行业发展趋势，经报请住房和城乡建设部批准，协会组织开展"建筑装饰行业专项统计"，对行业的相关数据进行采集、汇总、分析、研究，以形成内容完整、数据真实、分析科学的统计报告，供社会及行业参考使用。

2016年

▲1月13日，协会印发《关于开展2016年度全国建筑装饰行业信用评价工作的通知》及《关于开展2016年全国建筑装饰材料供应商信用评价工作的通知》。两个文件的下发，标志着2016年行业信用评价工作正式开展，本着认真贯彻党的"十八大"精神及国务院关于社会信用体系建设的有关要求，增强企业诚信经营意识，促进行业市场秩序的规范和行业健康发展。

▲3月21日，中国建筑装饰协会软装陈设分会成立仪式在北京举行，协会会长李秉仁、副会长兼秘书长刘晓一、副秘书长刘原等出席了活动。

▲7月5日，协会第八届会员代表大会暨八届一次理事会、常务理事会在北京会议中心隆重召开。会议审议通过了第七届理事会工作报告、财务工作报告以及《中国建筑装饰协会章程》修订版；选举产生了第八届理事会理事、常务理事、负责人；李秉仁同志担任会长，刘晓一同志任副会长兼秘书长，田思明、陈新、张京跃同志任副会长；大会表决通过了设立中国建筑装饰协会项目管理培训分会、中国建筑装饰协会职业技能认证分会的提案。

▲12月23日，协会在北京国家会议中心召开2015~2016年度中国建筑工程装饰奖颁奖大会，对600余家获奖企业进行颁奖表彰。

2017年

▲5月4日，协会发布《2016年度中国建筑装饰行业发展报告》。2016年，全国建筑装饰行业完成工程总产值3.66万亿元，比2015年增加了2550亿元，增长幅度为7.5%，增长速度比2015年提升了0.5个百分点。

▲7月4日，协会印发《关于开展第二次建筑装饰企业科技创新创业税收优惠政策暨高新技术企业调研辅导工作的通知》，主要针对建筑装饰设计、施工、材料、互联网、软件等企业进行深入辅导，帮助企业落实相关政策。

▲7月12日，协会印发《关于成立中国建筑装饰标准编制工作委员会的通知》，主任委员由中国建筑装饰协会秘书长兼任，下设办公室（简称CBDA标准编办）、建筑装饰行业工程建设中国建筑装饰协会标准专家委员会（简称CBDA标准专委会）。

▲10月19日，协会八届二次会长工作会在重庆市召开。本次会议是在党的"十九大"精神引领下，在行业转型升级深入推进的关键节点召开的一次会议，是装饰行业迈入新时代的重要会议。

▲12月27日，协会八届二次理事会、常务理

事会在海南博鳌召开。会议审议通过了八届二次理事会工作报告和中国建筑装饰行业诚信公约；通过了设立消防与智能化分会、适老产业委员会、学术与教育委员会、信息化分会、环境艺术分会、互联网与产业链分会、住宅租赁产业分会、金融工作委员会，撤销地产精装修分会、文化艺术委员会；中国建筑装饰研究院更名为中国建筑装饰研究分会、软装陈设分会更名为软装陈设与装配式分会、幕墙工程委员会更名为幕墙工程分会、厨卫工程委员会更名为住宅部品产业分会、涂料与防水材料分会更名为全装修产业分会、施工委员会更名为绿色施工分会、信息委员会更名为信息与科技委员会、职业技能认证分会更名为职业技能认证委员会的提案；投票通过了李秉仁同志不再担任协会会长、刘晓一同志任协会执行会长兼秘书长、增补单波为协会副秘书长以及部分理事、常务理事、副会长调整的提案。

2018年

▲3月19日，协会印发《关于秘书处有关办公室更名的通知》（中装协〔2018〕7号），根据工作需要，协会信用评价办公室更名为行业信用建设办公室，百强办公室更名为行业统计办公室。

▲4月18日，根据《住房和城乡建设部办公厅关于印发〈可转化成团体标准的现行工程建设推荐性标准目录（2018版）〉的通知》（建办标函[2018]168号）精神，协会印发了《关于开展现行工程建设推荐性标准转化承接的通知》（中装协[2018]35号），并组织开展了《房屋建筑室内装饰装修制图标准》JGJ/T 244—2011、《住宅室内装饰装修工程质量验收规范》JGJ/T 304—2013、《玻璃幕墙工程质量检验标准》JGJ/T 139—2001、《住宅装饰装修工程施工规范》GB 50327四项国行标的转化承接工作。

▲7月17日~18日，第三次建筑装饰行业标准编制工作会议在北京国谊宾馆召开。会议邀请住建部标定定额司领导解读住建部标准化改革政策，中国标准化学术委员会委员、中国计量科学研究院副研究员、管理科学与工程博士后于连超解读《标准化法》新制度与团体标准政策，三家标准主编单位进行了标准编制经验分享。

▲12月15日，协会八届三次会长工作会在广东深圳召开。会议由深圳市洪涛集团股份有限公司、深圳瑞和建筑装饰股份有限公司承办，深圳市装饰行业协会协办。会议由执行会长兼秘书长刘晓一主持，名誉会长马挺贵出席了本次会议。会议总结了中装协的年度工作，通报了2018年党建工作情况，分析了建筑装饰企业及行业面临的主要问题和行业未来发展方向。

2019年

▲1月9日，中国建筑装饰协会在北京国家会议中心召开了八届三次理事会、常务理事会。会议审议通过了执行会长刘晓一作的八届三次理事会工作报告及协会部分分支机构的调整（设立地坪分会、法律服务及调解委员会；合并住宅装饰装修委员会与住宅部品产业分会为住宅装饰装修和部品产业分会；将建筑电气委员会更名为建筑电气分会、材料委员会更名为建材家居分会、石材委员会更名为石材分会）；表决通过了中装协部分理事、常务理事、副会长的调整。

▲2月28日，国家科学技术奖励工作办公室发布《社会科技奖励目录》，由中国建筑装饰协会申报并组织开展的"建筑装饰行业科学技术奖"获批登记设立，编号为0313。

▲7月31日，协会印发《建筑装饰行业科学技术奖评选管理办法（试行）》。

▲9月10日，根据《中华人民共和国标准化法》，在总结CBDA标准开展五年来的经验成果的基础上，协会修订印发了《中国建筑装饰协会标准（CBDA标准）管理办法》。

▲11月12日，协会八届四次会长工作会在江苏南京召开，各位会长为行业献良策，汇聚同心共筑行业高质量发展。

▲11月15日，为进一步完善中国建筑装饰行业信用体系、提高家装企业诚信意识、推动行业

自律建设，根据国务院办公厅有关文件精神，在深入调研和广泛征求意见的基础上，结合家装市场特点和需求，协会印发了《建筑装饰行业家装企业信用评价体系》（试行）。

▲12月27日，协会八届四次理事会、常务理事会在北京国家会议中心召开。会议审议通过了八届四次理事会工作报告，表决通过了刘晓一同志任协会会长、张京跃同志任协会秘书长，以及部分理事、常务理事调整的提案。会议审议通过了设立法律分会、销售服务商委员会、装配式分会、材料应用分会、绿色健康装饰分会、建筑节能与垃圾处理专业委员会、智慧家庭分会、普利斯卡委员会、人力资源委员会的提案；审议通过了软装陈设与装配式分会更名为软装陈设分会、互联网与产业链分会更名为绿色智慧建造分会、信息与科技委员会更名为文化和科技委员会、信息化分会更名为工业和信息化分会的提案。

2020年

▲1月31日，协会向全行业发出了《关于中国建筑装饰行业共同打赢疫情防控阻击战的倡议书》。

▲2月8日，协会向家装会员企业发出免费为消费者提供家装防疫安全、健康环保系统设计咨询的倡议。

▲3月4日和21日，民政部社会组织管理局官方微信号中国社会组织动态、中国共产党网，分别刊登中国建筑装饰协会引导行业坚定信心、参与疫情防控、助力企业复工复产情况。

▲3月23日，协会向全行业发布了《全国装饰装修企业复工复产工作指南》。

▲4月25日，针对部分地区家装工人被确诊为新冠肺炎阳性的情况，协会印发了《家装行业企业疫情防控指南》（中装协[2022]33号）。

▲（补充具体时间）庆七一，中央国家机关行业协会商会住建联合党委授予我会王立艳、刘红云、符媛、杨泽兵、于飞优秀党员称号，授予艾鹤鸣优秀党务工作者称号。

▲5月18日，根据住建部印发的《建设工程企业资质标准框架（征求意见稿）》，我会在调研了广东、江苏、浙江、山东、辽宁等代表性省市建筑装饰企业意见的基础上，向住建部提交了《关于压减建设工程企业资质类别等级工作方案征求意见函的回函》，在2020年11月30日住建部《关于印发建设工程企业资质管理制度改革方案的通知》（建市〔2020〕94号）中，对我会提出的意见予以了采纳。

▲6月15日，协会受中国标准化研究院委托，开展了《定制家居产业发展与环保质量安全现状分析》项目，该项目为国家市场监督管理总局《2019消费品质量安全风险监管支撑工作技术服务》中的组成部分。

▲6月17日，协会受中国就业培训指导中心、人力资源和社会保障部职业技能鉴定中心委托，开展《幕墙设计师国家职业标准》《装潢美术设计师》《补充内容》《装饰装修工》四项国家职业技能标准编制工作。

▲6月29日，协会组织开展了"疫情下《建设工程合同履约风控指引》线上专题讲座"，以指导会员企业精准有序复工复产。

▲7月8日，协会受人力资源和社会保障部委托，开展《建筑信息模型技术员国家基本职业培训包（指南包、课程包）》研究开发项目。

▲11月3日，协会八届五次会长工作会在安徽合肥成功召开，研究探讨后疫情时代行业如何高质量发展。

▲12月23日，协会八届五次理事会、常务理事会在广东深圳顺利召开。会议审议通过了八届五次理事会工作报告，表决通过了设立医养装饰产业分会、法律调解咨询服务分会，设计委员会与文化和科技委员会合并为设计分会，撤销金融工作委员会、研究分会、法律服务及调解委员会、法律分会，住宅租赁产业分会更名为城市更新与住房租赁分会的提案，表决通过了部分理事、常务理事调整的提案。

2021年

▲3月23日，中装协党总支召开了中装协党史学习教育动员大会，会议由党总支副书记张京跃主持，总支记田思明同志作了动员部署讲话，共有29名党员和积极分子参加了会议。

▲3月25日，为进一步加大打击整治力度，全方位铲除非法社会组织滋生土壤，净化社会组织生态空间，民政部等22部门联合印发了《关于铲除非法社会组织滋生土壤净化社会组织生态空间的通知》，中国建筑装饰协会积极响应通知要求，向全行业发出倡议书，呼吁行业企业不参与成立或加入非法社会组织；自觉抵制非法社会组织，不与非法社会组织勾连开展活动或为其活动提供便利。

▲4月23日，建筑装饰行业专家交流培训和统计工作会议在北京国谊宾馆召开，会议旨在不断提高行业专家综合素质和业务水平、交流行业发展动态，更好推动行业科技进步，完成好行业重大项目论证、质量检查及行业数据统计等重要工作。

▲4月28日，中装协秘书处支部组织党员和群众参观香山双清别墅，开展"追寻红色记忆，争做合格党员"主题党日活动，通过现场了解历史、宣誓等引导广大党员群众发扬革命传统，激发大家的使命感和责任感。

▲6月18日，中装协秘书处党支部组织党员、积极分子和职工代表共28人赴河北易县红色教育基地狼牙山开展党史学习教育，重温抗战历史，缅怀革命先烈，接受革命传统教育和爱国主义教育。支部书记艾鹤鸣同志在大巴车上为大家讲了一次"行走"的党课。

▲7月1日，协会党总支组织全体党员群众集中观看中国共产党成立100周年庆祝大会电视直播，认真聆听习近平总书记重要讲话，共迎中国共产党百年华诞。

▲7月29日，协会中标国家市场监督管理总局《质量安全状况评估和研判项目重点行业质量安全形势分析——家装产品》技术咨询服务项目。

▲12月30日，协会印发《中国建筑装饰行业"十四五"发展规划》。

2022年

▲1月21日，中装协党总支召开党史学习教育总结大会。党总支副书记张京跃主持，总支书记田思明同志作协会党史学习教育工作总结报告。

▲1月24日，因疫情影响，协会以通讯形式召开了八届六次理事会、常务理事会。会议通报了《中国建筑装饰协会会员代表产生办法》，审议通过了《中国建筑装饰协会负责人产生办法》《中国建筑装饰协会换届工作领导小组组成名单》和《中国建筑装饰协会八届六次理事会工作报告》。

▲2月18日，协会向中央和国家机关工委行业协会商会党建部提交了《关于报送中国建筑装饰协会有关换届工作资料的函》，以及相关换届资料。

▲3月18日，秘书处党支部召开2021年组织生活会，经民主评议，刘晓一、艾鹤鸣等7名同志获评2021年度中装协优秀党员。

▲4月8日，协会党总支、秘书处、工会联合组织全体党员和秘书处干部职工开展了"纪念五四运动"主题党日活动，党总支书记田思明、秘书处支部书记艾鹤鸣作了党课宣讲，带领大家回顾、缅怀五四革命先驱们崇高的爱国情怀和革命精神。

▲6月30日，协会会长刘晓一、党总支书记田思明、秘书长张京跃等领导在"七一"来临之际走访慰问了协会部分老党员、老领导，向为行业协会创立和发展做出卓越贡献的老领导致以崇高的敬意和节日问候。

▲9月16日，协会第九届会员代表大会暨九届一次理事会、常务理事会在云南昆明隆重召开。会议审议通过了《中国建筑装饰协会八届理事会工作报告》《中国建筑装饰协会八届理事会财务工作报告》；表决通过了《中国建筑装饰协会章程》《中国建筑装饰协会会员和会费管理办法》；投票产生了971名九届理事会理事和3名第一届监事会

监事，第一届监事会监事为田思明、王有党、周韩平。

九届一次理事会以投票选举产生了322名九届理事会常务理事、38位九届理事会负责人和16名名誉职务。协会新一届专职领导班子为：会长王中奇（住建部原机关服务中心主任）、副会长兼秘书长张京跃、副会长艾鹤鸣、副会长单波。九届一次常务理事会审议通过了《中国建筑装饰协会分支机构管理办法》。

▲10月16日，中国共产党第二十次全国代表大会在北京人民大会堂隆重开幕。协会党总支组织开展喜迎二十大主题党日活动，全体党员干部职工集中收看大会盛况。王中奇会长指出："党的二十大必将赋予中国建筑装饰协会新的使命、新的担当，必将开启中国建筑装饰行业高质量发展的新篇章"。

▲11月9日，协会邀请民政部社会组织管理局刘月楠处长在北京新疆大厦作《深入学习贯彻党的二十大精神，着力夯实行业协会高质量发展根基》专题讲座，协会全体党员、秘书处干部职工和分支机构负责人共87人参加了学习。

▲11月18日，根据中央和国家机关行业协会商会工会联合会《关于同意中国建筑装饰协会召开换届工会会员大会的批复》（中协会工会〔2022〕58号），协会组织召开第二届工会会员大会，会议以无记名投票选举方式产生由艾鹤鸣、王立艳、刘红云、侯婷婷、屈桂林5人组成的协会工会委员会。同日，将工会委员会推荐名单及工会法人（艾鹤鸣）申请报送中央和国家机关行业协会商会工会联合会批准。

▲11月25日，协会会长王中奇受邀出席由住房和城乡建设部与广西壮族自治区人民政府共同主办，以"共享RCEP新机遇，共创建筑行业新未来"为主题的中国—东盟建筑业论坛暨2022建博会开幕式。协会作为广西东盟建博会协办单位之一，每年积极组织企业参与活动引领会员企业积极走出去，参与"一带一路"建设。

2023年

▲2月21日，协会党总支召开了2022年度民主生活会。会议由党总支书记田思明同志代表总支班子做了对照检查发言，各总支委员聚焦会议主题，对照六个重点方面逐一进行了对照检查，并认真开展了批评和自我批评。第一联合党委书记刘锦章同志到会指导。

▲2月22日，协会组织召开2022年度党建工作述职评议会、组织生活会，经无记名投票民主测评，王中奇、田思明等7名同志被评为2022年度中装协优秀党员。

▲3月4日，协会受国家发改委价格监测中心委托，召集相关企业召开我国适老产业市场和价格情况调研座谈会。会议就如何带动整个适老产业健康发展展开深入交流和讨论。会议得到了发改委价监中心的肯定和感谢。

▲3月7日，协会工会组织干部职工赴中国妇女儿童博物馆参观，感悟新时代女性精神，传承巾帼力量。工会主席艾鹤鸣讲话传达工会对大家的问候。

▲3月23日，协会在北京会议中心召开"学习贯彻党的二十大精神，促进行业高质量发展"报告会。会议邀请中共中央党校教授、博士生导师陈建奇全面深入地进行了党的二十大精神宣讲，住建部市场监管司米凯处长解读了建筑业改革发展相关政策和重点工作。各省市地方协会、会员企业代表共800余人参加了会议。本次会议是协会换届后召开的首次全国性大会，是建筑装饰行业学习贯彻党的二十大报告精神的一次全国性大会，是建筑装饰行业全面贯彻两会精神和全国住房城乡工作会议精神的一次全国性大会，是建筑装饰行业在新冠疫情防控取得重大决定性胜利后的一次全国性大会。

▲4月14日，协会秘书处支部和工会联合组织开展了"温党史忆征程，阔步奥森踔力行"活动，秘书处党员、积极分子和全体干部职工36人参加。通过中国共产党党史馆参观，大家重温中

国共产党的百年峥嵘岁月，汲取精神滋养和奋进力量。本次活动是协会坚决落实党中央决策部署，认真落实学习贯彻习近平新时代中国特色社会主义思想教育工作会议精神，开展党的主题教育活动之一。

▲4月21日，协会在北京天泰宾馆召开"中国建筑装饰行业专家、企业统计与质量管理负责人经验交流会"。协会会长王中奇、副会长兼秘书长张京跃、党总支书记田思明、副会长艾鹤鸣、副会长单波等领导出席会议并分别在会上做了重要讲话。

▲5月19日~20日，协会在北京新疆大厦圆满召开《新时代中国建筑装饰业高质量发展指导意见》（以下简称《指导意见》）编委会成立及课题启动会。会议由副会长兼副秘书长、《指导意见》编委会副主任艾鹤鸣主持，与会的领导有《指导意见》编委会主任、中装协会长王中奇，国务院发展研究中心发展战略和区域经济研究部部长、全国人大财经委员会委员、特邀指导编委侯永志，国家发改委价监中心主任、特邀指导编委卢延纯，中装协副会长兼秘书长张京跃、住建部科技和产业化发展中心建筑技术处处长马欣伯，来自全国的30余家参编单位代表、行业专家参加了会议。

▲6月11日，中国建筑装饰协会党总支秘书处党支部、陕西省建筑装饰协会党支部和西安四腾企业集团党委，在陕西延安联合开展了"走进革命圣地，传承延安精神"——中国建筑装饰行业党建联建活动。秘书处党支部艾鹤鸣书记表示，本次活动开启了中国建筑装饰行业党建联建共建的新篇章，希望行业党建工作越做越深入，共促行业高质量发展。中装协王中奇会长为党建联建三方代表授牌。

▲6月26日，由中国建筑装饰协会主办，中建三局总承包公司承办的中国建筑装饰智能建造管理与创新论坛暨装饰智慧工地现场观摩会在海口举行。协会副会长艾鹤鸣、海南省住房建设厅党组成员、副厅长刘连伟、中建三局副总工程师彭明祥、海南省住建厅勘察设计与科技处处长林明泉、中建三局先进技术研究院及智能建造研究院院长王开强、中建三局总承包公司总工程师余地华等有关领导及企业代表出席了大会。

▲6月26日，中央和国家机关行业协会商会第一联合党委授予我会艾鹤鸣、高俊、杨泽兵优秀党员称号，授予王立艳优秀党务工作者称号。

▲7月12日，商务部、国家发改委等13部门印发《关于促进家居消费的若干措施》（商消费发〔2023〕146号），其中，我会向国家发改委提交的《关于请提供大宗消费有关情况的函》《关于我国家装行业当前消费情况的汇报》，向商务部提交的《打造家装消费新场景，有效促进家装消费的建议》《关于推进存量市场家装消费的建议》中的"推动旧房改造、适老化装修，促进农村及县域市场家庭装修，实施企业标准'领跑者'制度，健全家居行业信用评价体系，加强从业人员培训"等建议被采纳。

▲9月8日~9日，为加快推动建筑装饰行业高质量发展，协会会长王中奇一行在深圳开展了为期2天的行业调研，充分、深入了解深圳装饰行业发展现状，与深圳装饰企业家进行了座谈。深圳市装饰行业协会执行会长高刚、秘书长刘静、中装协综合部屈桂林陪同进行了调研。

▲9月27日，协会党总支组织召开了学习贯彻习近平新时代中国特色社会主义思想主题教育部署会，党总支书记田思明作了动员讲话。

▲10月28日~29日，《新时代中国建筑装饰业高质量发展指导意见》（以下简称《指导意见》）终审定稿会在北京湖北大厦圆满召开。中国建筑装饰协会会长、《指导意见》编委会主任王中奇，国务院发展研究中心副主任、特邀指导编委余斌，国家发改委价监中心主任、特邀指导编委卢延纯，住建部科技和产业化发展中心副主任、特邀指导编委武振、中装协副会长兼秘书长张京跃出席了本次会议。会议由副会长兼副秘书长、《指导意见》编委会副主任艾鹤鸣主持。

▲11月5日，协会会长王中奇到浙江进行调研，浙江省建筑装饰协会会长贾华琴、中装协副秘书长兼综合部主任高俊陪同进行了调研，浙江省企业家代表20余人参加了调研座谈会。

▲11月6日~8日，协会会长王中奇到江苏开展了为期3天的行业调研，江苏省装饰装修行业协会（商会）会长王有党、副会长兼秘书长刘瑗、中装协副秘书长兼综合部主任高俊陪同进行了调研。调研组分别在南京、扬州、无锡、苏州等地开展了5次座谈会，江苏省企业家代表60余人参加了调研座谈会。

▲11月22日，中央第十六巡回指导组组长许又声、中社部三局负责人李晓鹏到第一联合党委进行调研，第一联合党委书记赵富海陪同，协会党总支书记田思明，党总支宣传委员、副秘书长兼综合部主任高俊参加了调研座谈。田思明书记代表党总支作了《中国建筑装饰协会第二批学习贯彻习近平新时代中国特色社会主义思想主题教育开展情况》的汇报，得到了调研组的高度肯定。

▲12月13日~15日，协会秘书处党支部在北京河南大厦举办主题教育集中学习研讨班。研讨班由秘书处支部书记艾鹤鸣主持，中装协党总支委员、秘书处党支部全体党员、秘书处职工参加学习。研讨班邀请了住建部直属机关党委副书记郭建飞同志为大家作《重温＜矛盾论＞＜实践论＞，藉以纪念毛泽东同志诞辰130周年》专题辅导讲座，王中奇会长、田思明书记等讲党课，与会人员谈了体会与感想，切实将党的创新理论转化为坚定理想、锤炼党性、指导实践和推动工作的强大力量。

▲12月21日，中国建筑装饰协会会长工作会暨省级建筑装饰协会会长秘书长工作会在湖北武汉成功召开。各位代表畅所欲言，把脉经济发展形势，探讨转型升级新思路，为行业发展凝心聚力，提振信心。

▲12月22日，中国建筑装饰行业高质量发展论坛暨中国建筑装饰协会九届三次理事会、九届四次常务理事会在湖北武汉召开。湖北省住建厅二级巡视员张晓曦致欢迎词，住建部标准定额司处长杨国强作《关于加快推动装配化装修发展的意见》有关情况介绍，住建部建筑市场监管司处长杨光作建筑业改革有关政策解读，财政部科研院研究员张鹏作经济发展趋势报告。中装协副会长艾鹤鸣就《新时代中国建筑装饰业高质量发展指导意见》在会上进行了发布和宣贯，并为31家主编、参编单位颁发"社会责任担当企业"荣誉证书，《指导意见》主编单位之一、深圳市建筑装饰（集团）有限公司监事会主席、纪委书记、工会主席吴巧平进行了《指导意见》解读。

22日下午召开常务理事会、理事会，会议听取了党总支书记田思明作的党建情况汇报，审议通过了会长王中奇作的中国建筑装饰协会2023年工作报告、监事长李福龙作的监事会工作报告、副会长单波作的财务工作报告及各项制度提案；表决通过了协会部分理事、常务理事调整的提案。会议由协会副会长兼秘书长张京跃主持。理事会后颁发了2023年建筑装饰行业科学技术奖。

2024年

▲1月9日，协会批准发布中国建筑装饰协会标准《中国建筑装饰协会标准体系》T/CBDA 1006-2024，该标准由中国建筑装饰协会和浙江亚厦装饰股份有限公司联合主编，为中国建筑装饰协会CBDA标准的纲领性标准。

▲1月18日，协会党总支组织召开了2023年度专题民主生活会。会议由党总支书记田思明同志代表班子做了对照检查发言，班子成员聚焦会议要求，对照六个重点方面逐一进行了对照检查，并认真开展了批评和自我批评。第一联合党委书记刘锦章同志、党办主任赵晓莉同志到会指导。

▲1月18日，协会秘书处党支部组织召开2023年度组织生活会，秘书处党支部书记艾鹤鸣同志做2023年秘书处支部党建工作述职报告，经过民主评议，张京跃、单波等8名同志被评为

2023年度中装协优秀党员。

▲2月2日，协会工会组织举办中国建筑装饰协会第二届工会总结大会暨"凝心聚力，共迎新春"新年联欢活动，会议由工会主席艾鹤鸣主持，副主席王立艳作了2023年工会总结报告，会长王中奇、总支书记田思明以及38名工会会员参加了活动。

▲2月22日，协会印发《关于表彰2022年度先进工作者的决定》（中装协〔2024〕12号），对高俊、李卫青、胡亚南、杨忠、赵志国、龚仰其、仰光金、王立艳、刘红云、邱悦、盛慧11名2022年度先进工作者予以表彰奖励；同日，协会印发了《关于表彰2023年度先进工作者的决定》（中装协〔2024〕13号），对高俊、王立艳、李卫青、胡亚南、杨忠、赵志国、郑丽娟、黄颖、张敏敏、何梦伊10名2023年度先进工作者予以表彰奖励。

▲2月26日，为防范家装行业可能出现的系统性风险，维护消费者合法权益，协会向行业发布《关于印发家装行业风险应急预案的通知》（中装协[2024]15号）。

▲2月28日，协会在前期调研的基础上，就当前行业发展情况和企业发展过程中的困难、问题和诉求，向住建部党组提交了《关于推进建筑装饰行业高质量发展的调研报告》和《关于推进住宅装饰装修行业高质量发展的调研报告》。

▲3月1日，协会工会主席艾鹤鸣、副主席王立艳、副秘书长兼综合部主任高俊，工会委员刘红云、屈桂林，代表工会对协会退休干部职工进行了慰问座谈，王毅强、黄白、张兵、张兰美等协会退休干部职工代表参加了座谈，纷纷表示感受到协会大家庭的温暖，感谢协会对退休干部职工的关心和关怀。

▲3月7日，为贯彻落实全国住房城乡建设部工作会议部署，紧紧围绕住建部党组中心工作，引领好、规范好、发展好建筑装饰行业，协会在北京举办"深入学习贯彻倪虹部长在全国建设工作会议上的工作报告"培训班，协会秘书处全体人员及分支机构、下属单位正副职全部参会。会议邀请住建部政策研究中心主任张强宣讲全国住房城乡建设工作会议精神；党总支书记田思明传达党的二十届中央纪委三次会议精神和中社部有关文件精神，通报主题教育、专题民主生活会开展情况等；会长王中奇作警示教育典型案例通报宣讲；副秘书长兼综合部主任高俊传达相关文件精神，并作协会标准工作情况介绍。

▲3月19日～21日，为促进中新两国企业间的交流合作，受新华社新加坡分社及新加坡中资企业协会邀请，协会副会长单波同志带领部分企业赴新加坡进行考察调研，双方就整合资源优势、为会员企业搭建合作渠道、助力企业转型升级、共同创造良好的社会和经济效益等问题进行了交流研讨，并签订了战略合作协议。

▲3月21日，协会党总支召开党员集体学习扩大会，传达学习习近平总书记在全国两会期间的重要讲话精神和全国两会精神，以及第一联合党委、纪委重要文件精神，重点学习了习近平总书记关于发展新质生产力的重要论述，通过部署了协会党总支2024年党建工作要点，并集中观看学习了《持续发力，纵深推进》警示教育专题片。协会全体党员、积极分子和秘书处干部职工参加学习。党总支副书记张京跃主持会议。

▲3月22日，为助力建筑装饰设计、施工单位加强人才建设，进一步提升中国建筑工程装饰奖资料专员的专业素养，规范申报流程，提高申报效率，协会举办了中国建筑工程装饰奖资料专员免费线上培训会，共计8000余人次参加了培训学习。

▲3月27日，协会继续向中国社会组织促进会"振兴乡村文化教育公益项目"捐款5万元，助力教育欠发达地区"爱心图书室"建设。

▲4月10日，协会发布关于编撰《中国建筑装饰协会成立40周年纪念特辑》及征集编委会成员的通知。

▲4月18日，商务部消费司向协会发出《关

于请协助推进家装厨卫"焕新"有关工作的函》，请我会继续发挥对家装行业引领带动作用和桥梁纽带作用，就鼓励推动家装厨卫"焕新"，研提推进有关意见建议，研究编制《旧房装修改造指南》，为消费者放心便利开展家庭装修等方面提供相关协助。

▲4月18日~19日，协会主办的2024年建筑装饰行业精品工程观摩暨经验交流会在上海临港中心（世界顶尖科学家论坛永久会址）成功召开。会长王中奇、副会长兼秘书长张京跃等协会领导出席大会。来自全国20多个地方建筑装饰行业的1000多名协会领导专家、企业负责人和项目管理人员，在世界顶尖科学家永久会址的"科学殿堂"里展开头脑风暴，论道建筑装饰前沿技术，观摩精品工程现场，掀起"科技创新赋能行业高质量发展"的层层涟漪。会议分别由协会副秘书长兼综合部主任高俊、装饰奖办主任王立艳主持。

▲5月17日，中装协党总支召开党纪学习教育专题会，田思明书记传达学习中社部全国性行业协会商会党委文件精神，发布党总支党纪学习教育实施方案，部署开展党纪学习教育相关工作。

▲5月29日，协会向民政部提交了2024年度社会组织评估申请。协会成立了评估小组，评估小组组长王中奇，副组长艾鹤鸣、单波。在评估小组领导下，以综合部、财务部、组联部为核心，秘书处全体员工及各分支机构积极配合，认真筹备申报相关资料。

▲6月7日，中国建筑装饰协会工作部署暨纪律教育学习会在北京国谊宾馆召开。协会会长王中奇作纪律教育典型案例宣讲，党总支书记田思明作党纪学习教育专题党课，副会长艾鹤鸣作近期协会主要工作部署，副会长单波主持会议，住宅分会秘书长胡亚南作协会工作经验分享。本次会议，旨在加强协会工作人员党性修养和业务工作能力，强化全体党员干部纪律意识、规矩意识和廉洁意识，筑牢防腐拒变思想防线，贯彻协会"政治建会、规范办会、廉洁办会"方针，推进协会党纪学习教育走深走实。协会领导班子成员、全体党员、秘书处干部职工、分支机构下属单位正副职等60余人参加会议。

▲6月12日~15日，协会召开了九届五次常务理事会通讯会议，会议通过无记名投票方式审议通过了《关于中国建筑装饰协会部分分支机构和人员调整的提案》和《中国建筑装饰协会会员服务清单》。经会议审议，撤销了中国建筑装饰协会项目管理培训分会。

▲6月16日，协会在北京国谊宾馆召开了《中国建筑装饰协会成立40周年纪念特辑》第一次编委会会议。协会会长王中奇，副会长艾鹤鸣，《人民日报》原副总编辑、十三届全国政协委员、中宣部中国新闻文化促进会会长张首映，中央广播电视总台文艺节目中心原戏曲音乐频道综合部主任李守进，化学工业出版社建筑与艺术出版分社分社长王斌，编委会的各位领导、行业专家，中装协秘书处工作人员以及相关分支机构负责人40余人出席会议。会议由中装协副秘书长兼综合部主任高俊主持。

▲6月28日，协会发布《关于筹备中国建筑装饰协会成立40周年庆祝活动的通知》。庆祝活动主题为"波澜壮阔四十载，筑梦扬帆新时代"，内容包括一本书、一次展览、一个视频和一台文艺汇演。

▲8月14日，民政部社会组织评估专家组到我会进行现场评估。评估专家组对我会自2022年9月换届以来的工作给予了充分肯定，并提出了相关意见建议。民政部民间组织服务中心郭芳主任、黄一谷处长参加了评估总结会，并做了重要讲话。

▲9月13日，《中国建筑装饰协会成立40周年纪念特辑》（以下简称《纪念特辑》）定稿会在北京怀柔中建雁栖湖景酒店成功召开。协会会长王中奇，副会长艾鹤鸣，特邀《人民日报》原副总编辑、十三届全国政协委员、中宣部中国新闻文化促进会会长张首映，中央广播电视总台文艺节目中心原戏曲音乐频道综合部主任李守进，化学

工业出版社建筑与艺术出版分社分社长王斌，编委会的各位领导、行业专家，中装协秘书处工作人员以及相关分支机构负责人出席会议。会议由中装协副秘书长兼综合部主任高俊主持。

▲9月24日～28日，受新华社新加坡分社邀请，由中国建筑装饰协会和中资企业（新加坡）协会联合主办，《中国建筑装饰装修》杂志社与新华社新加坡分社、中国建筑装饰协会建材家居分会承办、新中经贸科技文教交流协会（新加坡）协办的2024国际智能建筑（新加坡）高质量发展论坛暨赴新加坡考察交流观摩活动成功举办。协会副会长艾鹤鸣带领国内部分建筑装饰企业代表，与中资企业（新加坡）协会会长谭志勇，新华社新加坡分社社长蔡蜀亚，新加坡建设局国际司前司长许麟济，新中经贸科技文教交流协会（新加坡）执行秘书长周理高，新加坡及国内驻新加坡建筑装饰企业代表进行了深度的交流。

▲9月25日，"礼赞新中国，奋进新时代"——全国性行业协会商会庆祝新中国成立75周年文艺汇演在北京展览馆隆重举行。中央社会工作部部长吴汉圣，工业和信息化部党组成员、副部长单忠德，民政部党组成员、副部长李保俊，中央社会工作部副部长、国家信访局局长、党组书记李文章，中央纪委国家监委驻中央社会工作部纪检监察组组长刘钊，中央社会工作部副部长柳拯等出席，全国性行业协会商会负责人、职工代表观看了演出。中国建筑装饰协会10名干部职工参与了演出。

北京建筑装饰行业大事记

(1993~2024年)

一、初心如磐，在信念使命中前行（1993~2003年）

改革开放政策推开了一扇中国与世界交往的大门，20世纪90年代初，建筑装饰行业逐渐形成并进入高速发展时期。北京市紧跟时代发展，迅速进入快跑阶段，北京市建筑装饰协会应运而生，于1993年正式成立。在北京市政府与市建委领导下，协会顺势而上，承担起家装资质管理评审职能，创建并推行"四证合一""家装五统一"行业管理办法，建立了全国首个百姓家装市场，赢得"全国家装看北京"的美誉。进入21世纪，建筑装饰设计的重要性和艺术性为行业所共识，创意力量在建筑装饰市场中日益凸显，本会大力提倡并落实"设计是龙头""把设计文化创意融入建筑装饰产业中来"，推动行业设计进步，为建筑装饰行业的腾飞繁荣积蓄动能。

二、踔厉奋发，全面深耕服务质量（2003~2019年）

培育"三大公共服务"，为推进行业技术进步、人才培育、保障行业发展秩序和维护社会稳定发挥重要作用：全国建筑装饰行业首个专业技术职称——北京市人社局"社会化工程技术系列职称评审"，由北装协在行业实施；北京市住建委系统优质工程、优秀设计、优秀企业评优由北装协在行业开展；北京市工商局、司法局"家装消费纠纷人民调解委员会"在北装协设立。

"企业家办会"系列探索与实践：响应中央号召，率先进入"企业家办会"新时期；积极发挥行业组织参与社会治理职能，积极作为，靠前服务，实干为要，加快推进行业科学发展、高质量发展，扶专扶优扶强，在危机中育新机，于变局中开新局。2002~2022年，共有50余家北京市建筑装饰头部和骨干企业进入中国建筑装饰协会行业综合数据统计百强企业。

三、勇毅前行，创新发展，在时代梦想中领航发展（2020~2023年）

面对百年未有之大变局，凝心聚力，锐意进取，创建行业组织现代化治理新格局：秉持"新发展理念"，坚持党的领导，集中发挥全行业和企业家智慧，创新发展理念，打破工作边界，整合有效资源，着力扶专扶优扶强；持续深化现代化治理及高质量发展等改革任务；数字化协会建设成果显著，会企凝聚力日益增强，以改革的精神和创新的思维拥抱高质量发展，走进新时代。

四、北京市建筑装饰协会编年鉴

1990年，在北京市委与市建委牵头下成立"装饰工作领导小组"（即协会前身）；

1993年，北京市建筑装饰协会正式成立；

1996年，会同有关部门制定"家装五统一"办法（家装企业资质、家装装修标准、家装合同、家装参考价格、家装投诉管理）；

1997年，在北京市西城区德胜门设立首个"百姓家装市场"，陆续进入集美、居然之家、蓝景丽家大钟寺、万家灯火装饰城等10余个建材市场，建立规范家装行业发展秩序；

1998年，中国建筑装饰协会提出"家装看北京"，在全国各地推行北京家装行业"家装五统一"办法；

1999年，"北京首届美化家居展览会"开展；

2002年，北京市建设委员会下发关于印发《北京市优质工程评审管理办法》，文件明确该项工作由北京市建筑装饰协会负责实施；

2003年，《北京市家庭居室装饰装修工程施工合同（北京市地方标准）》《家庭居室装饰工程质量验收标准》《高级建筑装饰工程质量验收标准》发布实施；

2005年，北京市人力资源和社会保障局（原北京市人事局）正式批准北京市建筑装饰协会《关于申请承担北京市中、初级专业技术资格考试、评审服务工作的请示》；

2006年，北京市地方标准《建筑装饰优质工程评审标准》发布实施；

2007年，"北京市建筑装饰协会文化创意年（2007）"设计竞赛举办，获奖作品在北京（国际）中英建筑装饰设计论坛（2007）展出。

2011年，自2011年起，连续三届举办"北京国际建筑装饰设计双年展"，出版《北京市建筑装饰行业百名优秀设计师作品集》；

2014年，北京市地方标准《公共建筑装饰工程质量验收标准》发布实施；

2016年，在全市开展既有建筑玻璃幕墙筛查，普查并建立电子档案，既有玻璃幕墙普查及档案建立项目结项并在北京市社工委存档；

2017年，全国建筑装饰行业首个文化惠企与产业链合作大型行业公益活动"北京市建筑装饰行业'之江杯'羽毛球大赛"在京拉开帷幕；

2018年，对口贫困山区"精准扶贫"——张家口市沽源县西辛营乡四合庄村"美丽乡村建设项目"，助力国家"脱贫攻坚"重大国策；

"关于深度推进建筑装饰行业绿色产业链融合发展"六届七次会长工作会议在北新建材集团召开；

北京市建筑装饰行业设计成果首次亮相进入"2018北京国际设计周"（"传统建筑营造工艺传承振兴展""自然主义在文旅项目中的运用"等主题）；《室内设计师必知的100个节点》同年出版发行；

"北京市建筑装饰行业建筑幕墙课题研究小组"成立；北京市团体标准《双层玻璃幕墙工程技术规范》发布实施；《精品工程实施指南》出版发行；

2019年，"创新发展，数说未来——北京市建筑装饰协会七届一次换届会员大会暨北京市建筑装饰行业发展论坛（2019）"在京召开；

对口边远山区捐资助教（河北省承德地区育希小学），现场签署《2019京津冀社会组织跟党走——助力脱贫攻坚行动协议书》；

汇四面八方之智，聚团结和谐之力，"北京市建筑装饰协会'一带一路'国际工程工作委员会"揭牌成立，书写国际工程业务发展新篇章；

"北京市建筑装饰行业半马友谊跑"大型行业公益活动拉开帷幕；

2020年，北京市建筑装饰协会融媒体矩阵正式上线，为抗击"新冠疫情"、保障协会办公、企业"复工复产"及数字化转型发展提供了关键支撑；

"守正创新，以改革应变局开新局——北京市建筑装饰协会七届二次会长工作会"在北京丽贝亚建设集团召开；

《北京市建筑装饰行业未来5年发展指导意见（十条）》出台发布；

2021年，在中国共产党党史馆开展行业大型党史教育活动及"北京市建筑装饰行业百人大合唱"——《再唱山歌给党听》，隆重庆祝中国共产党建党百年；

"布局新赛道，拥抱大变局，共享新生态——北京市建筑装饰协会七届三次会长工作会"在北京业之峰集团召开；

《北京市建筑装饰行业科技成果汇编（2014～2018）》《2020北京市建筑装饰装修行业品牌发展报告》于行业发布；

《北京市建筑装饰行业"双碳"战略助力精装修行业变革与绿色可持续发展倡议书》于行业发布；

2022年，《北京市建筑装饰协会关于有效防范化解金融风险，激发活力，稳健发展（二十二条共识）》发布；

"立足新阶段，焕发新活力，重构行业发展新格局——北京市建筑装饰协会七届四次会长工作会"在京召开；

《全面贯彻落实党的二十大精神重磅合集——深刻领会中国式现代化本质要求，加快构建行业发展新格局文件汇编》在行业发布；

"北京市建筑装饰行业乡村振兴工作领导小组"成立；

"拥抱新阶段，构建新格局，实现新发展——北京市建筑装饰协会七届二次会员大会暨后疫情时代行业转型发展企业家论坛"在京召开；

2023年，"三十载大道致远，新百年匠心筑梦"北京市建筑装饰协会成立30周年纪念活动暨"八届一次换届会员大会"在北京雁栖湖国际会展中心举办，隆重纪念并汇展北京市建筑装饰行业30年发展历程与辉煌成就；

《北京市建筑装饰行业30周年（1993～2023）人物、企业、设计、工程成就汇展》同期发行；

"立足新发展阶段，焕发新发展活力，构建新发展格局——北京市建筑装饰协会七届三次会员大会"在京召开；

北京市地方标准《居住建筑装饰装修工程质量验收标准》《京津冀住宅室内装饰装修工程施工合同》（示范文本）发布实施；

2024年，"向新求变，重振行业中国式现代化新生态——北京市建筑装饰协会八届一次会长工作会议"在北新建材集团召开；

"奔赴新质的未来"移动建筑观摩交流会、新时期建筑装饰行业的创意引擎"计之未来"设计师转型发展交流会、探寻根脉传承雅韵寻找中国文化之光，世界环境日特别行动——开创绿色健康空间新时代（2024）绿色健康产业发展论坛、AI赋能设计智慧营建未来等一系列"北京市建筑装饰设计创意产业面向未来"活动在京举办；

北京市建筑装饰协会"京焕新"家装一体化公共服务平台正式上线，围绕国家关于"以旧换新"总体任务目标，集中我会家装及供应链企业优势力量，推动家装消费品以旧换新。在市住建委、发改委、商务部等相关政府部门推动下，掀开助力人民群众美好生活"信得过"家装服务新篇章。

辽宁装饰行业大事记

1992年12月8日，辽宁省装饰协会在艰难的条件下迈出了第一步。凭借不足2万元的启动资金、半间借用的办公室、半部借用的电话以及两位秘书处同仁的顽强毅力，开启了创业征程。此后，逐步实现人员自聘、工作自主、经费自筹，走上新时期社会团体发展之路。

1993年，沈阳远大企业集团成立。2000年，远大承接新加坡皇剑大厦幕墙工程，标志着远大走出国门。如今，远大已连续六次入选中国企业500强，产品遍布世界140多个国家和地区，拥有200多万平方米的生产基地，全球员工达7000名，累计纳税110亿元，为社会捐款超亿元。远大博林特电梯连续10年在中国民族电梯品牌出口量排名中领先。同年，鲁迅美术学院艺术工程总公司成立，现已发展为集多种经营于一体的多元化集团公司。在参与国内众多大型工程中，成为全国行业领军企业，多次获得国家、省、市荣誉称号，全景画工程《锦绣中原》更是创吉尼斯世界纪录。

1995年，辽宁省装饰协会协助参与起草、论证并出台《辽宁省装饰工程质量监督管理规定》和《辽宁省装饰工程招标投标实施办法》。同时，承办全国建筑装饰材料沈阳展览会，该展览会成为中国建筑装饰行业定点例会，已举办十余届。

1997年起，全省建设工程质量大检查将铝合金玻璃幕墙列为专项内容，协会所属铝门窗幕墙委员会派专家参与检查组工作，解决了专业技术知识不足等问题。1998年以来，协会派出3名专家参与我省建筑幕墙、建筑装饰施工项目经理评审委员会的评议工作，为政府把关，为企业撑腰，找到"双向"服务切入点。

2000年，方林装饰集团成立。历经22年的发展，拥有15大板块、3大产业集群，在全国开设30余家直营分公司，首创100%自有工人体系，以施工管理和品质交付领跑业界。

2003年，协会颁布实施《辽宁省建筑装修装饰企业自律监督管理办法》。2006年，颁布实施《辽宁省家庭装饰装修工程投诉解决办法》。2008年，组织编制的《石材幕墙工程技术规程》被批准为辽宁省地方标准并施行。2009年，组织编制的《辽宁省建筑装饰装修、建筑幕墙、建筑景观环境工程设计文件编制深度规定》施行。

2010年，协助辽宁省住房和城乡建设厅出台行业标准。2016年至2023年，沈阳飞翔建设集团承办中国国际空间设计大赛东北地区评审活动，该赛事已成为中国建筑装饰行业设计界权威赛事，对提高中国建筑装饰设计原创水平发挥了积极作用。

2018年，辽宁省装饰协会召开四届二次理事会，调整领导班子，选举飞翔集团董事长刘兴贵担任会长法人代表完成与政府脱钩改革程序。协会还组织相关单位制定国家轻工联合会标准，众多行业专家参与论证。

2019年，协会与中国建设银行辽宁省分行和沈阳陶瓷家居大世界联合开展评选活动，引起极大反响。2021年，在辽宁省装饰协会第五届代表大会上，刘兴贵连任会长法人代表，辽宁博方装饰工程有限公司董事长王雷鸣担任辽宁省装饰协会支部委员会书记，确立党支部在协会中的核心政治领导地位。

2023年，辽宁省装饰协会成立30周年庆典暨行业表彰大会举行，胡永生教授和"中国工业设计之父"柳冠中教授分享了经验。大会对优秀企业和个人进行表彰。协会法务征信专业委员会为会员单位提供多项服务。2024年，辽宁省装饰协会"人工智能AI设计暨新质生产力巡回讲座活动"在全省各市举办14场，为装饰行业注入新活力。

上海装饰行业大事记

为树立上海建筑装饰行业诚信品牌，促进行业健康发展，自1994年起，原上海市建筑装饰协会就在上海建筑装饰业内开展首批"上海市信得过建筑装饰企业"评选活动，后续装饰行业其他专业陆续加入"信得过"系列评选，成为具有行业影响力和公信力的品牌评选项目。

2002年6月4日，在上海市建委推动下，原上海市建筑装饰协会和原上海市家庭装饰行业协会优化重组，成立了上海市装饰装修行业协会（以下简称"沪装协"）。新组建的行业协会发挥了原来两个协会各自的优势，达到了资源系统整合的要求。

2002年，沪装协开启在上海试行家装企业工程质量保证金制度，部分骨干企业自愿交纳质量保证金，委托协会进行施工质量理赔。质保金制度对推动家装企业品质服务起到积极作用。

2003年，沪装协根据上海家装行业发展需要，拟订了《上海市住宅室内装饰装修设计合同》；参与起草《上海市住宅室内装饰装修管理办法》供上海市建委参考；对《上海市家庭居室装饰装修施工示范合同》提出修改意见，并请市主管部门重新修改示范文本合同；参与修订《家庭居室装饰工程人工费参考价》等。这些规范性、指导性文件的制定和实施，对后续推动本市家装行业的管理和发展产生了重大影响。

2003年9月，受上海市文明办、上海市建委文明办委托，沪装协启动全国首个以协会组织的行业创建规范服务达标活动，制定了《上海市家庭装饰装修行业创建规范服务达标验收标准》（试行），首批签约创建达标的有45家企业。

2003年，为解决以往在建装和幕墙工程项目招投标中出现的种种不公平、不合理和不规范的问题，沪装协在上海市招标办支持下，组建了幕墙行业的评标"专家组"，此举为企业间公平竞争创造有利条件。

2004年，沪装协与上海市人事局职业能力考试院联合举办"室内设计师"岗位资格的认证工作，让本市室内设计师首次真正得到合法身份，是上海市装饰装修行业目前最为权威的技术水平认证。

2005年，在上海市精神文明建设工作会议上，上海家庭装潢行业被正式命名为上海市规范服务达标行业，在参加行风测评的36个行业中排在32位。沪装协将过去曾被认为是"马路游击队"式的装修企业带上规范服务达标的领奖台。

2005年，沪装协主办了亚洲暨太平洋空间设计师联合会（APSDA）高峰会议，邀请来自欧洲、澳大利亚、菲律宾、韩国、马来西亚、日本、印度等地区的24位空间设计师协会专家参加，国际上著名的室内建筑设计师领袖到会与上海设计师进行现场对话。

2005年，沪装协开展首届"上海市十大优秀青年室内设计师"评选，开启激励引领行业设计队伍走上德才兼备、技能高超的发展之路。

2006年，为展示上海市装饰装修全行业形象，沪装协参与了2010世博会推荐工作，配合世博局开展有关征集、评审等工作，确保承建世博会工程的企业素质。

2006年8月起，沪装协受上海市建设交通委员会、市房地局委托开展"上海市既有玻璃幕墙建筑专项整治工作"。同时设立了一条幕墙咨询热线，成立了一支由业内德高望重的老专家和学者组成的幕墙行业专家组，制订了一个上海市既有建筑幕墙现场检查技术导则（沪建交〔2006〕844号），推出了既有建筑幕墙专项整治现场检查和检测行业指导价，成立了一支建筑幕墙现场检查组组成的检查队伍，以及一支由具备幕墙维修能力的企业、幕墙维修工、幕墙维修管理人员组成的维修队伍等。

2006年10月27日，"加强党的基层建设，扩大党的工作覆盖暨市装饰装修行业协会等党委成立会议"在上海市建筑建材业行政管理服务中心举行，中共上海市装饰装修行业协会委员会正式成立。

2006年，在上海市建设交通委、市劳动保障局等相关部门的大力支持下，沪装协开展首届"上海市装饰装修行业技能竞赛比武"大赛，比赛内容包括精细木工、镶贴工、油漆工，通过竞赛取得技师、高级工、中级工、初级工资格。

2007年8月，沪装协着手开展在沪建筑幕墙材料企业诚信管理工作，成立了由上海市建设工程安质监总站和协会有关人员组成的建筑幕墙材料企业诚信管理工作委员会。诚信管理工作主要包括规范本市建筑幕墙材料和构配件产品质量保证书管理、规范《在沪建筑幕墙材料企业诚信手册》管理、在沪建筑幕墙材料企业诚信评价工作等三个方面。

2008年汶川大地震后，沪装协组织上海装饰装修行业企业进行募捐活动，共计捐出1200多万元。

2009年6月，根据上海市对口支援都江堰市灾后重建指挥部《关于邀请上海市装饰装修行业协会专家赴都江堰对学校医院装修方案指导的函》，沪装协组织专家组赶赴都江堰市，对灾后重建的学校和医院装修标准、选材与造价等方面进行指导。

2010年5月1日，举世瞩目的世博会在上海胜利开幕，在世博筹办期间，上海装饰装修行业的广大建筑装饰、幕墙企业、建筑遮阳企业承担了本次世博会各种场馆的大多数的项目设计和施工，不仅装饰设计创意吸引了国内外的游客，还从工程质量上赢得了国内外业主的认可。

2011年，经过沪装协多年来的不懈努力，"室内设计师"正式纳入工程师职称评审项目，此项工作对于建筑行业具有里程碑意义。

2011年，沪装协参与编制的国家标准《建筑市场主体信用评价标准》正式完成。3月4日，住房和城乡建设部标准定额司在北京召开"2011年工程建设标准编制工作会议"，沪装协受委托承担了建筑幕墙、建筑遮阳四个标准的编制工作，即《光热幕墙工程技术规范》《双层幕墙工程技术规范》《建筑遮阳用遮阳膜》《建筑遮阳用织物通风技术要求》。

2011年4月12日，美国华特迪士尼环境设计与工程部副总裁迈克·麦卡洛等一行三人到访沪装协，迪士尼方面期待与协会进行实质性的合作。

2012年，为促进上海保护建筑修缮行业的技术进步，沪装协组织业内专家访问了匈牙利、捷克等有大量保护建筑的国家并开展考察学习。

2012年两会期间，为鼓励建筑遮阳的应用，沪装协提出了《关于大力推行建筑遮阳的建议》，有关部门收到提案后，在正在修订的《上海市建筑节能项目专项扶持暂行办法》中增加了建筑外遮阳的内容，并给予专项扶持资金的补贴。

2012年，由沪装协牵头主编的家装行业《服务标准》作为地方标准被列为上海十大民生工程之一。

2012年，业内出现了很多企业关注的热点，如社保缴金、营业税改增值税等，为了给企业决策提供帮助，沪装协撰写了《关于"社保问题"对装饰行业的影响和建议》《关于装饰行业"营业税改增值税"的有关测算报告》《关于开展材料团购的可行性报告》《关于装饰企业结盟的调研报告》《关于建筑幕墙行业纳入"营业税改增值税"试点的提案》《关于大力推行建筑遮阳的建议》等多项调研报告。

2013年，沪装协举办了多项行业公益活动，向"一呼柏应"节目捐款16万元，在上海市社团局举办的"公益伙伴日"活动中提供了50万元的义务装修，与上海市援疆指挥部共同举办了"喀什风情杯"邀请赛。

2014年3月7日，沪装协发文《关于成立"上海市装饰行业应用技术研发基地"的通知》[沪装协〔2014〕第022号]。

2014年7月25日，沪装协与北京市建筑装饰协会战略合作签署仪式在北京举行，标志着双方共同打造开放发展、合作共赢的装饰市场之路正式开启。

2015年，沪装协秘书处实现内部审批汇报流程信息化，通过ERP软件系统提高秘书处办公效率，同时建立"云存储"资料数据管理系统，使资料归档无纸化，并可远程办公。

2016年11月18日，沪装协联系举办华东六省一市工作交流会，研讨交流装饰业发展，并将各地协会工作的成功经验编印成《华东地区建筑装饰行业协会工作交流会文集汇编》，还组织赴上海迪士尼优秀装饰项目学习考察，展"海上"精品，推"上海"技术。

2016年12月26日～28日，沪装协举办主题为"传承与创新"的行业嘉年华活动。通过一系列跨产业、跨行业的交流活动，深化行业服务，努力推动上海装饰行业创新发展。

2016年，上海市安质监总站出台了"危险性较大的分部分项工程"论证工作管理办法以及配套文件，并出台新版"施工企业安全标准化考核"管理办法，沪装协受总站委托，在行业内举办了两场安全管理文件宣贯讲座，编印了文件汇编。

2017年10月21日，上海新闻广播"市民政务通—直播990"节目以社区微服务能不能更有创意为主题，邀请市政协委员、沪装协会长陈丽与法律专业人士一起从社会角度和法律角度进行分析、探讨。

2018年，沪装协申请成为上海市市场监管局下达的首批上海市团体标准试点项目单位。

2018年起，沪装协为配合进口博览会配套服务工作，在上海市精神文明建设委员会办公室统一领导下，坚持开展城市文明进步指数行业版测评等工作，为提高上海城市形象贡献行业力量。

2018年4月13日起，沪装协将消费者权益日常态化，每周五设为住宅装饰消费咨询开放日，由行业专家轮值为来访市民提供装修前咨询及装修纠纷调解服务。

2019年1月，沪装协承接"12345市民服务热线"工单处理端口服务工作，住宅装饰类投诉案件由协会协助协调处理。

2019年6月，为庆祝改革开放四十周年，回顾总结上海建筑装饰行业的发展历程，分享优秀企业的丰富管理经验和先进施工工艺，沪装协举办了"中国上海建筑装饰精品工程观摩交流活动"。

2020年初，沪装协根据国家关于疫情的防控指示，线上发布《关于做好新型肺炎疫情期间防控工作的通知》《关于上海市装饰装修行业协会全力支持打赢疫情防控攻坚战的倡议书》等文件，组织会员单位认识疫情防控形势，做好防护工作。

2020年初疫情袭来，沪装协向装饰行业发出抗疫捐助和援建工作的倡议。据不完全统计，协会会员企业分别向中国宋庆龄基金会、武汉市红十字会、上海市慈善基金会等机构捐赠善款数额多达7000万余元，各类物资捐赠数量不计其数。

一批建筑企业临危受命驰援火神山、雷神山、光谷科技会展中心"方舱医院"等多个疫区医院的建设。

根据市住建委要求，沪装协会同上海建瓴工程咨询有限公司、上海市建设工程设计文件审查管理事务中心共同编制出版地方标准《建筑幕墙设计文件编制深度标准》（DG/TJ 08-2327-2020），2021年1月1日正式实施。

2021年，因大宗商品——建筑原材料持续涨价，导致业内企业履约困难，严重影响了行业良性发展。9月，沪装协召开建议加强建设工程材料价格风险管控会议，将会议收集有关单位诉求意见整理成文上报市住建委。10月15日，上海市住建委召集相关部门和沪装协、部分业主单位、施工总承包单位、装饰分包单位代表召开工程建设材料价格座谈会。在充分征求各有关单位意见后，上海市建筑建材业市场管理于11月初颁布《关于进一步加强建设工程人才机市场价格波动风险防控的指导意见》（沪建市管〔2021〕36号）。

2022年初，为了更好地帮助会员企业在复工复产阶段平稳发展，缓解疫情影响带来的经营困难情况，沪装协发布《关于上海市装饰装修行业协会助力企业发展的相关措施》文件。

2022年9月15日，沪装协和中国质量认证中心现代服务业评测中心共同发起"绿色装饰装修服务领跑者行动计划"。

2022年11月，沪装协举办了首次行业设计师沙龙活动，为提升行业设计师水平、开阔设计师视野提供了更丰富的交流平台。

2023年6月，沪装协配合相关监管部门开展承重墙整治工作，在行业内发起"拒绝破坏承重结构，维护社会公共安全"行动，对部分会员企业开展动态培训学习、签订"承诺书"，在上海广播平台93.7及电视台开设守护承重墙专题节目。

2023年10月19日，沪装协配合上海市住建委在青浦举办"2023年上海市既有建筑玻璃幕墙应急演练比武"，对本市应急抢险队伍在幕墙高坠事故中的现场抢险、资源调动、协同配合等应急处置能力进行了实战检验。

2023年，沪装协联合中国质量认证中心搭建上海家装企业服务质量体系，完成36名行业专家考核入库工作，首次探索为消费者提供以协会为主导的装修全过程监理和交付验收试点。

2024年3月28日，沪装协召开2024年"星级企业品质行"发布会。首批25家企业向公众发出7项服务承诺，品质服务将由协会和媒体大众进行监督。

2024年7月8日，上海市第四届市民运动节2024年上海市老年人体育联赛"西门杯"健步走活动在卢湾体育馆举办，数百位辖区居民参加活动，沪装协及协会法律顾问单位瀛东律师事务所在现场为市民提供咨询公益服务。

江苏省装饰装修行业协会大事记

1989年1月28日，江苏省建筑业联合会建筑装饰企业协会（以下简称"江苏省装协"）成立。首届理事会推选邱良为理事长。

1997年9月11日~13日，江苏省建筑装饰企业协会第八次会员大会进行换届选举，毛家泉任会长。

2004年5月18日，"江苏省建筑装饰协会"更名为"江苏省装饰装修行业协会"。

2005年7月12日~13日，江苏省装饰行业第一次信息化建设工作会议在连云港市北崮山庄召开。

2006年11月20日，苏州金螳螂建筑装饰股份有限公司在深圳证券交易所上市，这是中国装饰企业第一股，也是江苏建筑业的第一股。

2007年5月15日，盐城市建筑装饰行业协会成立。至此，全省13个地级市全部建立了行业协会。

2009年5月27日，江苏省装协决定表彰72位创建及早期从事建筑装饰协会工作，热心支持、积极参与协会活动贡献突出的主要领导、专家学者及企业家为"江苏省装饰装修行业发展突出贡献人士"。

2010年7月20日，江苏省装协在南京召开"江苏省工商联建筑装饰装修行业商会成立大会"。省九届政协副主席、省工商联主席李仁同志为商会揭牌。

2013年9月24日~25日，江苏省装协会刊《江苏装饰装修》被评为中国建筑装饰行业"十佳"刊物并且排名第一。

2014年4月24日，江苏省装协召开五届八次理事会暨第六次会员大会进行换届选举。省住建厅原副巡视员王有党同志任第六届理事会会长。

2014年12月12日，江苏省装协原会长毛家泉获"中国建筑装饰三十年终身成就奖"。

2015年2月，苏州柯利达装饰股份有限公司在上海证券交易所A股成功上市，为中国装饰行业主板上市第一股。

2016年1月29日，江苏省装协被评定为"5A级中国社会组织"。

2016年6月18日，中装协命名南通市为"中国建筑装饰之乡"，这是全国唯一以地级市被中装协命名的"装饰之乡"。

2019年4月29日，庆祝江苏省装协（商会）成立30年暨行业改革发展研讨会在南京召开。《中华建筑报》刊发了《江苏装饰30年专刊》。

2019年4月3日，江苏省装协被评定2018年度江苏省"四好"商会。

2019年9月25日，江苏省装协被认定为江苏省"四好"商会示范点。

2020年3月31日，江苏省装协党支部被表彰为"全省住房和城乡建设行业新冠肺炎疫情防控工作先进党组织"。

2021年1月15日,江苏省装协被认定为2019～2020年度江苏省"四好"商会。

2021年1月27日,江苏省装协被认定为2019～2020年度全国"四好"商会称号。

2021年5月7日,江苏省装协再次被评定为"5A级中国社会组织"。

2021年6月23日,江苏省装协党支部被表彰为"全省住房和城乡建设行业先进基层党组织"。

2021年7月20日,江苏省装协被表彰为"全国建筑装饰行业抗击新冠肺炎疫情特别贡献单位"。

2022年7月,江苏省装协荣获省人社厅和省工商联联合表彰的"全省工商联系统商会组织先进集体"称号。

2022年11月10日,江苏省装协被认定为2021～2022年度全国"四好"商会。

2023年4月19日,江苏恒尚节能科技股份有限公司在上海证券交易所主板上市。至此,江苏装饰行业已有27家企业成功上市。

2023年7月13日,江苏省装协党支部被表彰为"全省住房和城乡建设行业先进基层党组织"。

2023年12月4日,江苏省装协被认定为2023年江苏省"四好"商会。

2024年1月26日,江苏省装协被认定为2023年全国"四好"商会。

浙江省建筑装饰行业协会高质量发展大事记

1992年7月，浙江省建筑装饰协会成立。经筹备，浙江省民政厅、省建设厅、中国建筑装饰协会和有关部门的支持下，在美丽的西子湖畔——杭州成立，成立之初会员有59个。时任建设部副部长叶如棠、中国建筑装饰协会理事长张恩树为成立大会题词。

时任浙江省副省长柴松岳任名誉理事长，浙江建筑集团副总经理、党委副书记董宜君当选为首届理事会理事长。协会的成立对浙江省建筑装饰行业的发展产生了深远的影响，为浙江省城市建设与美好生活贡献了社会组织力量。

自1999年，浙江中南建设集团首次入选中国民营企业500强起，至今已连续25年荣膺中国民营企业500强。

2004年3月，浙江省建筑装饰协会更名为浙江省建筑装饰行业协会。

2004年4月，举行浙江中南建设集团有限公司承办的"中南杯"装饰运动会。全行业共有48家装饰企业，800余职工参加11个项目的比赛。

2007年2月，以长河第二工程队为起点的浙江中南建设集团取得了总承包特级资质，吴建荣董事局主席引领中南建设集团以建筑为龙头，深耕建筑装饰行业，在幕墙领域处于全国领先，打造了浙江中南的品牌。

2007年7月，浙江省建筑装饰行业协会第四届会员大会在杭州召开，大会选举恽稚荣为第四届理事会会长。

2010年3月，浙江亚厦装饰股份有限公司丁欣欣董事局主席敲响"亚厦股份"在深交所的开市金钟，标志着亚厦发展实现新跨越，赋予新动能，引领装饰行业新发展。

2016年，举世瞩目的G20杭州峰会召开。在浙江省住房和城乡建设厅、杭州市建委的指导下，协会编制了《装饰之美·G20杭州峰会建筑装饰风采》画册，国内外专家及媒体称赞G20杭州峰会建筑装饰工程"大气磅礴、婉约儒雅、美轮美奂、精雕细琢"，这是对建筑装饰行业发展水平的肯定。

2017年10月，会议选举贾华琴担任浙江省建筑装饰行业协会第六届理事会会长，会议要求建设服务型、创新型、和谐型协会，加快转型升级，发展绿色装饰，总结经验，引领装饰向专业化发展，开启浙江省建筑装饰业新征程。

2018年1月，中共浙江省建筑装饰行业协会支部委员会成立。

2018年12月，浙江省建筑装饰行业协会被评为中国社会组织评估等级5A级。

2019年6月，浙江省建筑装饰行业协会工会成立。

2019年8月，协会赴新疆阿克苏地区开展扶贫捐助活动，并举行"浙阿两地情，民族团结一家亲"主题活动，成功援建青川"青少年活动中心"。

2020年9月，浙江亚厦装饰股份有限公司获得浙江省人民政府质量奖，开创行业先河。作为浙江人民幸福美好家园的建设者，亚厦始终坚持质量为本、管理为基、创新为源。

2021年6月，为庆祝中国共产党成立100周年，根据省社会组织总会工作安排，协会在浙江省职工服务中心举办以"致敬百年路·颂赞新征程"为主题的歌咏大会。

2021年10月，浙江省民政厅授予浙江省建筑装饰行业协会"浙江省品牌社会组织"称号。

2022年1月，民政部授予浙江省建筑装饰行业协会"全国先进社会组织"荣誉称号。

2022年11月13日，浙江省建筑装饰行业协会在省人民大会堂主会场召开"继往开来、求实创新"成立30周年纪念大会，得到了浙江省各级相关领导与中国建筑装饰协会领导的高度赞扬，得到了社会各界的高度评价。

2023年12月，浙江省建筑装饰行业协会被评为中国社会组织评估等级5A级。

2024年2月，民政部社会组织管理局、浙江省民政厅领导一行莅临协会，指导党建工作，强调要强化行业协会"三支队伍"建设、规范行业协会发展路径、提高行业协会核心竞争力。

在改革开放的时代浪潮中，浙江省建筑装饰的弄潮儿，满怀豪情地在改革开放和社会主义现代化建设建筑装饰业战线辛勤工作、开拓进取，为开创和推进中国特色社会主义事业做出了重要贡献。筚路蓝缕，砥砺前行，浙江省建筑装饰行业在中国建筑装饰行业协会的指导下，在改革中前进，在开放中成长，从西子湖畔迈向了钱塘江时代，从无到有、从小到大，实现了历史性突破和跨越式发展。

江西省建筑业协会装饰分会大事记

1993年4~8月,江西省建设厅施工管理处负责筹备江西省建筑装饰协会。

1993年9月,江西省民政厅准予江西省建筑装饰协会成立登记。

1993年11月26日,江西省建筑装饰协会在江西饭店召开成立大会。大会通过《江西省建筑装饰协会章程》《会费缴纳和财务管理办法》;选举第一届理事会、常务理事会,吴景柏当选为名誉理事长,王儒明当选为理事长,舒基鼎当选为副理事长兼秘书长;设置了协会的办事机构。

1993年12月25日,协会决定创办会刊《江西建筑装饰》。

1994年2月5日,协会在省建设厅第一会议室召开了首次专业委员会会议,会议通过了1994年协会活动安排。

1994年8月23日~25日,江西省建筑装饰协会在庐山召开第一次会员代表大会暨建筑装饰企业管理研讨会。会议布置今明两年协会活动安排,交流建筑装饰企业经营管理和施工管理经验,研讨我省建筑装饰行业改革与发展问题,以及如何加强建筑装饰行业管理问题。

1994年11月2日,协会根据省建设厅的文件精神,在南昌市举办"江西省第一期建筑装饰施工企业管理人员岗位培训班"。

1996年6月19日,江西省装饰行业协会在南昌市召开第二次会员代表大会。大会选举产生了第二届理事会及其领导机构,雷新修当选为名誉理事长,王儒明当选为理事长,熊根水、王爱民、罗祯云、粟立民当选为副理事长,罗祯云兼任秘书长。

1996年8月9日,中国建筑装饰协会授予江西省装饰行业协会为"1995年度先进装饰协会",授予罗祯云为"1995年度先进装饰工作者"。

1996年12月28日,江西省装饰行业协会启用会标。会标由"江装"的拼音文字首位字母jz和飘扬的红旗组成。

1997年2月7日,江西省装饰行业协会和江西省建筑工程质量监督管理站联合开展全省首届装饰装修优良工程评选工作。

1997年7月7日~8日,协会组织部分装饰企业赴广州、深圳装饰界学习考察,听取了经验介绍,参观了两地的优良样板工程。考察人员在广州还出席了第八届建筑装饰材料中华博览会。

1997年10月,协会王儒明理事长率秘书处人员到利达、圳昌、康盛等一级装饰企业了解情况,并据以编发《情况反映》给有关主管部门。

1997年10月21日~24日,由国家建设部建筑展览馆与江西省装饰行业协会共同主办的"97江西首届全国建筑装饰材料与酒店、民居配套产品交流交易会"在江西省展览中心召开。

1997年12月,江西省建设厅授予江西省装饰行业协会为"先进社团",授予协会秘书处工作人员曾凡珩为"先进社团工作者"。

1998年1月22日，协会召开部分企业家庭装修定额问题研讨会，重点听取部分企业对家庭装修管理的意见，征集定额方案初稿，并在此基础上制订出家庭装修的指导价格，以逐步规范家庭装修市场。

1998年2月23日，江西省装饰行业协会与江西省律师事务所开展法律事务合作。该律所为协会常年法律顾问，还面向全省装饰企业提供法律咨询、法律援助等服务。

1998年2月28日，协会在南昌推行装修装饰企业在承接家庭居室装修竣工交付使用时，应以投保人名义向业主赠送一份与装修造价同额的家庭财产保险。

1998年6月19日，江西省建设厅批复同意协会与江西省装潢建材大市场有限责任公司联合成立南昌家庭装饰交易市场，并要求按规定到有关部门办理登记注册手续。市场建立后，要切实履行职责，提供优质服务，做到方便群众，维护消费者权益，不断推进家庭装修规范管理和质量提高。

1998年6月，协会会刊《江西建筑装饰》经江西省新闻出版局批准，办理了江西省内部资料性出版物"准印证"，准印证号为"赣内资字第1096号"。由江西省装饰行业协会和江西省建筑工程质量监督管理站联合开展的全省首届优良装饰工程评选活动，经过企业申报、协会初审、评委现场核验、集体讨论，从29个参评项目中，评定13个优良工程。

1998年11月12日，江西省装饰行业协会在庐山召开第三次会员代表大会。名誉理事长雷新修、理事长王儒明、副理事长熊根水、罗祯云、王爱民、粟立民都出席了会议。

1999年8月30日，江西省装饰行业协会在南昌召开了装饰行业形势报告会。会议邀请中国建筑装饰协会行业发展部主任黄白做当前装饰行业形势报告，主持人为协会副理事长兼秘书长罗祯云。

1999年12月22日，江西圳昌装饰工程有限公司经过努力通过"ISO9001"的贯标认证，实现了江西装饰业在ISO9000系列方面"零"的突破，成为我省建筑装饰界第一个获此殊荣的企业。

2000年3月15日～16日，江西省装饰行业协会联合康盛、圳昌、南方、金昌、美华、建工、利达七家大型装饰企业在南昌八一广场开展了"明明白白搞装修"的咨询、宣传服务活动。

2000年3月26日～28日，协会与省质监总站联合举办了装饰工程质量管理培训班。

2000年4月10日，由江西省装饰行业协会和江西省建筑工程质量监督管理总站联合开展的全省第二届优良装饰工程评选活动，经过企业申报、各地市联络处推荐、评委会实地检查、核查了相关资料，从33个项目中评定24个优良工程。

2000年4月10日，江西省装饰行业协会通报表彰了十六家装饰企业为"1998～1999年度先进装饰施工企业"，以及被省建设厅评为"江西省先进施工企业"的十一家装饰企业。

2000年5月9日～12日，江西省装饰行业协会、国际贸促会江西分会和江西商会在南昌共同举办了"第三届建筑装饰、化工建材博览会"。

2000年5月27日～6月8日，江西省装饰行业协会和省土木建筑学会创作委员会共同举办了"南昌建材杯"江西省首届家庭装修作品大奖赛。大赛评出一等奖1名，二等奖3名，三等奖6名，优秀奖10名。

2000年7月10日，江西省装饰行业协会召开理事长办公会。名誉理事长雷新修、理事长王儒明、副理事长熊根水、罗祯云、王爱民、粟立民都参加了会议。因副理事长兼秘书长罗祯云调任省造价管理站，为方便工作，会议通过章雪儿任代秘书长的决议。

2000年11月4日，江西省装饰行业协会在南昌召开了行业形势座谈会。会议邀请中国建筑装饰协会行业发展部黄白主任、熊翔编辑作了讲话，会议由代秘书长章雪儿主持。

2001年2月26日,《江南都市报》、江西省装饰行业协会和南昌红箭广告公司举办周年纪庆,庆祝三家共同主办的《装饰天地》专版创刊满一年。

2001年6月2日,由江西省装饰行业协会和江西省建筑工程质量监督管理总站联合开展的全省第三届优良装饰工程评选活动,经过企业申报、各地市推荐、评委会实地检查、核查了相关资料,从36个参评项目中评定25个优良工程。

2001年6月7日,中国建筑装饰协会授予江西省装饰行业协会为"1999~2000年度优秀建筑装饰协会"。

2001年9月7日,江西省装饰行业协会举办首次幕墙技术讲座,邀请中国建筑装饰协会铝制品委员会理事长兼秘书长彭政国作幕墙技术报告。

2001年10月19日~25日,由中国建筑装饰协会熊翔同志率领的第六专家复查组一行5人在南昌、赣州开展首届"全国建筑工程装饰奖"评选的复查工作。

2001年10月1日~11月4日,江西省装饰行业协会和省土木建筑学会创作委员会共同举办了江西省第二届"大成杯"家庭装修作品大奖赛。大赛评出一等奖4名,二等奖8名,三等奖12名,优秀奖6名,新人奖1名。

2001年12月5日,江西省4项工程荣获"2001年(第一届)全国建筑工程装饰奖"。

2002年1月9日,江西省装饰行业协会组织开展全省第四届优良装饰工程评选活动。

2002年4月25日,协会召开2002年第二次理事长办公会,会议由王儒明理事长主持。会上传达了中装协应对WTO的武汉会议和省民政厅关于社团年检、分支机构登记工作会的精神,研究布置当前工作。

2002年5月8日,江西省装饰行业协会开始组建全省装饰行业专家库。

2002年5月25日~26日,江西省装饰行业协会、省装饰装修管理站、省建设厅培训中心共同举办《建筑装饰装修工程质量验收规范》和《民用建筑工程室内环境污染控制规范》宣贯班。

2002年7月23日,由江西省装饰行业协会部署开展的全省第四届优良装饰工程评选活动,经过企业申报、各地市推荐、评委会实地检查、审阅工程资料,从32个参评项目中评定17个优良工程。

2002年12月26日,经过自下而上推荐和直接邀聘,协会公布了40名进入全省装饰行业专家库的人员名单。

2003年1月10日,江西省8项工程荣获"2002年全国建筑工程装饰奖"。

2003年6月6日,江西省装饰行业协会和省建筑工程装饰装修管理站联合开展2003年省建筑工程装饰奖的评选工作。

2003年6月29日,江西省装饰行业协会联合香港坚朗建材有限公司在南昌举办了"点支式玻璃幕墙技术讲座"。

2005年7月23日,江西省2家企业荣获"2004年度中国建筑装饰行业百强企业"。

2005年10月下旬,江西省装饰行业协会联合香港坚朗建材有限公司在南昌举办了幕墙节能技术专题讲座。

2005年12月21日~23日,江西省5项工程荣获"2005年全国建筑工程装饰奖",5人荣获"全国住宅装饰装修行业优秀企业家"。

2006年2月14日,江西省装饰行业协会在全省开展室内建筑师技术岗位能力考核认证工作。

2006年3月底,江西省装饰行业协会理事长王儒明率队深入全省各地市、县市对我省建筑装饰行业的管理部门、地方协会和企业进行调研。

2006年11月,江西省6项工程荣获"2006年全国建筑工程装饰奖",3家企业荣获"2005年度中国建筑幕墙行业50强企业",3家企业荣获"2006年全国建筑装饰行业信息化先进单位",4人荣获"2006年全国建筑装饰行业信息化先进个人"。

2006年11月15日,江西省装饰行业协会、江西省建筑工程装饰装修管理站、江西省建筑工程质量监督管理总站联合印发《江西省建筑装饰装修工程技术资料汇编》。

2006年11月16日,江西省装饰行业协会在江西饭店召开第四次会员代表大会。理事长王儒明、副理事长熊根水、罗祯云、王爱民、粟立民出席了会议,会议由章雪儿秘书长主持。大会通过了江西省装饰行业协会并入江西省建筑业协会,成为江西省建筑业协会装饰分会。

2006年11月17日,江西省建筑业协会在南昌召开第四次会员代表大会。大会任命了各分支机构领导,任命王安玉为江西省建筑业协会装饰分会会长。

2006年12月,装饰分会选举产生了8位副会长,分别为:粟立民、梁耀科、徐锦刚、汪红屏、张华、龚龙彪、林正香、孙建中。

2007年1月19日,装饰分会召开第一次会长会议。会上研究确定了分会的组织机构设置、职能、任期;民主选举了各组织机构的领导人;会议确定了会长会议机制,部署了当年的主要工作。

2007年6月,江西省8人荣获"2007年全国建筑装饰优秀项目经理"。

2007年8月3日,江西省2家企业荣获"2006年度中国建筑装饰百强企业"。

2007年11月,江西省6项工程荣获"2007年全国建筑工程装饰奖(公共建筑装饰类)"。

2007年12月,5项装饰工程荣获"2006年度江西省优质建设工程杜鹃花奖",25项装饰工程荣获"2006年度江西省优良工程奖"。

2008年1月25日,装饰分会在南昌召开第三次会长会议。省建设厅副巡视员、省建筑业协会会长吴昌平到会并讲话。

2008年1月31日,江西省建筑业协会装饰分会和南昌市装饰行业协会联合召开"2008年江西省骨干装饰企业如何继续做大做强座谈会"。会上中国建筑装饰协会副秘书长黄白作了"装饰企业如何继续做大做强"的主题报告。省建设厅领导吴昌平、章雪儿出席会议并讲话。

2008年6月,江西省17人荣获"2008年全国建筑装饰工程优秀项目经理"。

2008年8月15日,江西省4家企业荣获"2007年度中国建筑装饰百强企业"。

2008年9月,江西省3家企业荣获"2007年度中国建筑幕墙行业50强企业"。

2008年10月28日,江西省3家企业荣获"2008年(第三批)全国建筑装饰行业AAA级企业"。

2008年11月13日,江西省10项工程荣获"2008年全国建筑工程装饰奖",其中公共建筑装饰类6项,公共建筑装饰设计类1项,建筑幕墙类3项。

2008年12月,8项装饰工程荣获"2007年度江西省优质建设工程杜鹃花奖",15项装饰工程荣获"2007年度江西省优良工程奖"。

2009年2月25日,在装饰分会举办的江西省首届室内设计"十大新锐(人物/作品)"评选活动中,人物获奖20人,作品获奖专业组50人,学生组10人。

2009年5月15日,江西省16人荣获"2009年全国建筑装饰工程优秀项目经理"。

2009年8月17日,江西省5家企业荣获"2008年度中国建筑装饰百强企业"。

2009年9月8日,江西省3家企业荣获"2008年度中国建筑幕墙行业50强企业"。

2009年11月14日,江西省8项工程荣获"2009年全国建筑工程装饰奖",其中公共建筑装饰类6项,公共建筑装饰设计类1项,建筑幕墙类1项。

2009年10月26日~12月29日,装饰分会举办了"富得利地板杯"2009喜盈门家居设计大赛。大赛中44名设计师获奖,其中专业组36人,学生组8人。

2010年2月1日,装饰分会在南昌召开第七次会长会议。省住建厅副厅长吴昌平、建筑监管处副处长万根华到会并讲话。

2010年3月27日，由中国建筑装饰协会幕墙工程委员会主办、江西省建筑业协会装饰分会承办的"2010年全国建筑装饰协会幕墙委员会秘书长工作会议"在南昌召开。来自全国各省、市、自治区协会的40余位秘书长参加了会议。

2010年4月20日～8月20日，装饰分会举办了"江西省第二届装饰设计大赛"。大赛评出各类奖项44名，其中一等奖公装家装各1名，二等奖公装5名、家装4名，三等奖公装家装各5名，优秀作品奖公装9名，家装14名。

2010年5月14日，装饰分会在美华建筑装饰公司召开第八次会长会议。省住建厅副厅长吴昌平到会并讲话。会议同意汪红屏辞去副会长的请求，并增补了艾忠光为分会副会长兼学术发展部主任。

2010年5月21日，装饰分会在利达装饰公司举办了国优、省优申报工作专题讲座。

2010年5月28日，江西省2家企业荣获"2009年度全国科技创新成果奖"，10人荣获"2010年全国建筑装饰工程优秀项目经理"。

2010年11月16日，装饰分会在金昌装饰公司召开第九次会长会议。省住建厅副厅长吴昌平、建筑监管处处长喻家凯到会并讲话。

2010年12月26日，江西省2家企业荣获"2006-2010年全国建筑工程装饰奖明星企业"；10项工程荣获"2010年全国建筑工程装饰奖"，其中公共建筑装饰类8项，建筑幕墙类2项。

2011年4月19日，装饰分会在南昌召开第十次会长会议。因副会长粟立民逝世，会议增补粟弘磊为分会副会长兼信息服务部主任。

2011年5月27日～6月16日，装饰分会对全省部分装饰骨干企业2009、2010年度工程完成情况进行了一次摸底调查。

2011年7月28日～29日，装饰分会会长王安玉一行到萍乡市大智室内装饰工程有限公司进行调研。

2011年9月，江西省3家企业荣获"2010年度中国建筑幕墙行业50强企业"；15人荣获"2011年全国建筑装饰工程优秀项目经理"；11人荣获"全国建筑幕墙优秀项目经理、优秀设计师"。

2011年10月24日，江西省2家企业荣获"2010年度中国建筑装饰百强企业"。

2011年12月，江西省8项工程荣获"2011-2012年度第一批全国建筑工程装饰奖"，其中公共建筑装饰类5项，建筑幕墙类3项；1项工程荣获"全国建筑装饰行业科技示范工程"。

2012年1月，8项装饰工程荣获"2010年度江西省优质建设工程杜鹃花奖"，10项装饰工程荣获"2010年度江西省优良工程奖"。

2012年2月24日，装饰分会在江西建工装潢公司召开第十一次会长会议。省住建厅副巡视员喻家凯到会并讲话。会议同意梁耀科辞去副会长的请求，并增补李景涛任分会副会长兼工程技术部主任。

2012年8月份，江西省4家企业荣获"2011年度中国建筑幕墙行业50强企业"；15人荣获"2012年全国建筑装饰工程优秀项目经理"；13人荣获"全国建筑幕墙优秀项目经理、优秀幕墙设计师"。

2012年9月，江西省2家企业荣获"2011年度中国建筑装饰百强企业"；5人荣获"2011-2012年全国建筑装饰行业优秀企业家"。

2012年12月，江西省14项工程荣获"2011-2012年度第二批全国建筑工程装饰奖"，其中公共建筑装饰类10项，建筑幕墙类4项；3项工程荣获"全国建筑装饰行业科技示范工程"；2家企业荣获"全国建筑工程装饰奖明星企业"。

2013年1月13日，装饰分会在海南省琼海市召开企业省外发展现场交流会暨第十二次会长会议。会议通过了副会长艾忠光调整为张强、粟弘磊调整为曾敏的表决；增补了刘智、徐江信为分会副会长。

2013年1月份，16项装饰工程荣获"2011年度江西省优质建设工程杜鹃花奖"，17项装饰工程荣获"2011年度江西省优良工程奖"。

2013年4月1日，由中国建筑装饰协会幕墙工程委员会主办、江西省美华建筑装饰工程有限责任公司承办的第六届全国幕墙行业领军企业家沙龙在江西婺源召开。中国建筑装饰协会名誉会长马挺贵、江西省住建厅副厅长吴昌平出席。

2013年5月16日，装饰分会在三清山召开第十三次会长会议。会议通过了副会长李锦涛调整为梁耀科、徐玉保调整为尹长生的表决。

2013年5月25日，装饰分会和省土木建筑学会电气委员会在南昌联合举办江西省LED照明设计高峰论坛。

2013年10月，江西省4家企业荣获"2012年度中国建筑装饰百强企业"；4家企业荣获"2012年度中国建筑幕墙行业50强企业"；15人荣获"2013年全国建筑装饰行业优秀项目经理"；8人荣获"全国建筑幕墙优秀项目经理、优秀幕墙设计师"。

2013年11月，江西省15项工程荣获"2013-2014年度第一批全国建筑工程装饰奖"，其中公共建筑装饰类10项，建筑幕墙类5项；3项工程荣获"全国建筑装饰行业科技示范工程"；2家企业荣获"全国建筑装饰行业优秀科技创新型企业"。

2014年3月10日~11日，装饰分会在广州市召开第十四次会长工作会议。会议审议通过了协会工作报告，通报了行业协会筹建工作的进展情况。

2014年4月17日，天津市环境装饰和古建筑营造协会组织部分装饰企业来昌与我会及骨干装饰企业进行对口交流。

2014年6月10日~16日，装饰分会组织专家对江西省申报"全国建筑工程装饰奖"的16个项目进行初检。

2014年6月17日，江西省16人荣获"2014年全国建筑装饰行业优秀项目经理"；2项工程荣获"2014年全国建筑装饰行业科技示范工程"；8项成果荣获"2014年全国建筑装饰行业科技创新成果"。

2014年10月26日，装饰分会在安徽马鞍山市中装协绿色建筑装饰材料直供市场召开第十四次会长会议。省住建厅建管处万根华处长到会并讲话。

2014年11月3日，江西省4家企业荣获"2013年度中国建筑装饰行业百强企业"；4家企业荣获"2013年度中国建筑幕墙行业100强企业"；1家企业荣获"2013年度全国住宅装饰装修行业百强企业"；14家企业荣获"建筑装饰行业信用评价3A级企业"。

2014年11月28日，江西省14项工程荣获"2013-2014年度第二批全国建筑工程装饰奖"，其中公共建筑装饰类8项，公共建筑装饰设计类3项，建筑幕墙类3项。

2014年12月2日，江西省4家企业荣获"2013—2014年度全国建筑工程装饰奖明星企业"。

2014年12月11日~12日，在中国建筑装饰三十年纪念大会上，江西省1家企业荣获"中国装饰三十年专业化百强"，3人荣获"中国装饰三十年优秀协会工作者"，6人荣获"中国装饰三十年优秀企业家"。

2015年3月，中国建筑装饰协会会长李秉仁、副会长兼秘书长刘晓一等领导对江西省装饰企业进行调研。

2015年8月18日，江西省20人荣获"2015年全国建筑装饰行业优秀项目经理"；4项工程荣获"2015年全国建筑装饰行业科技示范工程"；6项成果荣获"2015年全国建筑装饰行业科技创新成果"。

2015年10月11日，由装饰分会主办、美华建设有限公司协办的华东六省一市建筑装饰行业协会秘书长交流会在江西上饶召开。

2015年10月20日，由江西省人民政府新闻办、江西省工商联主办的"2015江西民营企业100强"发布会在南昌市召开,我省3家装饰企业荣获"2015江西民营企业100强"。

2015年12月24日,江西省6家企业荣获"2014年度中国建筑装饰行业百强企业";4家企业荣获"2014年度中国建筑幕墙百强企业"。

2015年12月28日,江西省14项工程荣获"2015-2016年度第一批中国建筑工程装饰奖",其中公共建筑装饰类10项,公共建筑装饰设计类1项,建筑幕墙类3项。

2016年5月8日,江西省9人荣获"2015年度中国建筑幕墙优秀幕墙项目经理、优秀幕墙设计师"。

2017年2月8日,江西省1项工程荣获"2016年度中国建筑幕墙精品工程"。

2017年6月22日,江西省3人荣获"2015-2016年中国建筑工程装饰奖获奖工程项目设计师"。

2018年3月,因省住建厅干部管理要求,装饰分会副会长张华属于在职干部不宜担任协会工作,不再担任装饰分会工作。

2018年5月15日,江西省建筑业协会装饰分会会长王安玉因年龄超过任职规定,省住建厅建议协会免去其分会会长职务,停止工作并办好交接手续。

2018年11月,江西省5家企业荣获"2018年度(第二批)建筑装饰行业信用评价3A级企业"。

2018年12月,江西省12项工程荣获"2017-2018年度第二批中国建筑工程装饰奖",其中公共建筑装饰类8项,建筑幕墙类4项。

2019年6月,装饰分会组织专家对江西省申报"中国建筑工程装饰奖"的24个项目进行初检。根据初检结果,推荐了22个项目参加中国建筑装饰协会组织的专家复评。

2019年12月,江西省22项工程荣获"2019-2020年度第一批中国建筑工程装饰奖",其中公共建筑装饰类13项,公共建筑装饰设计类1项,建筑幕墙类8项。

2020年10月,江西省8人荣获"中国建筑工程装饰奖获奖工程项目经理";7人荣获"中国建筑幕墙优秀项目经理"。

2020年11月,江西省10家企业通过信用评价复评,6家企业完成信用评价重新申报,新增3家企业获得建筑装饰行业3A级企业。

2020年12月,江西省27项工程荣获"2019-2020年度第二批中国建筑工程装饰奖",其中公共建筑装饰类20项,公共建筑装饰设计类3项,建筑幕墙类4项。

2021年6月,装饰分会组织专家对江西省申报"中国建筑工程装饰奖"的项目进行初检。根据初检结果,推荐了30个项目参加中国建筑装饰协会组织的专家复评。

2021年9月18日,中国建筑装饰协会幕墙工程分会秘书长胡作家率众专家莅临南昌安义门窗小镇和相关企业进行调研。

2021年11月,江西省14家企业通过信用评价复评,3家企业重新申报信用评价,新增6家企业获评建筑装饰行业3A级企业。

2021年12月,江西省30项工程荣获"2021-2022年度第一批中国建筑工程装饰奖",其中公共建筑装饰类20项,公共建筑装饰设计类5项,建筑幕墙类5项。1项工程荣获"2021年度建筑装饰行业科技创新工程一等奖"。

2022年11月,江西省14家企业通过信用评价复评,5家企业重新申报信用评价。

2022年12月,江西省20项工程荣获"2021-2022年度第二批中国建筑工程装饰奖",其中公共建筑装饰类16项,公共建筑装饰设计类1项,建筑幕墙类3项。2项工程荣获"2022年度建筑装饰行业科技创新工程奖",1项一等奖,一项二等奖。

2023年6月,装饰分会组织专家对江西省申报"中国建筑工程装饰奖"的项目进行初检。根据初检结果,推荐了30个项目参加中国建筑装饰协会组织的专家复评。

2023年11月,江西省11家企业通过信用评价复评,7家企业重新申报信用评价,新增10家企业获得建筑装饰行业3A级企业。

2023年12月,江西省25项工程荣获"2023-2024年度第一批中国建筑工程装饰奖",其中公共建筑装饰类22项,建筑幕墙类3项。

广东装饰行业大事记

1979年，经广州市编委批准，广州市对外工程建设办公室家私绿化组成立，即广州珠江装修工程公司的前身，成立后即承接国内首家中外合作五星级宾馆——广州白天鹅宾馆室内装修施工工程。

1981年4月，中国海外建筑工程有限公司和深圳市规划设计管理局签订协议，合资成立我国第一家专业装饰公司——深圳市装饰公司，即今深圳海外装饰工程有限公司的前身。

1983年2月，白天鹅宾馆正式开业。白天鹅宾馆是我国第一家引进外资的星级酒店，也是国内最早引入室内设计理念的项目。

1983~1985年，早期建筑装饰公司成立。包括广东省二轻厅成立的广东省室内装饰陈设配套工业公司（广东省装饰有限公司前身）、深圳南利装饰公司、深圳市装饰工程工业总公司，首批中外合资的广东建雅室内工程设计有限公司（广东建雅建设工程有限公司前身）、粤港艺装饰公司，各大总承包单位相继成立了专业装修队伍等。

1984年，联合国援助铝合金门窗生产线在广州铝合金门窗厂（广州铝质装饰工程有限公司前身）正式投产。

1985年2月，广东省建筑企业协会成立，成为省内初创较早、发展历史较长的行业协会之一（1986年更名为广东省建筑业协会）。

1986年，中国装饰行业第一个地方性行业协会组织"深圳市装饰行业协会"成立。

1992~1996年，广东装饰行业迅速发展的一个时期，大规模登记注册成立建筑装饰公司，成功申请建筑装修装饰资质。部分装饰企业，特别是深圳装饰企业开始向外发展。

1994年，广州市建筑装饰协会创办协会会刊《广州装饰》，成为全国最早的协会内部刊物之一。

2001年，广东省13项装饰工程获中国建筑装饰协会组织的首届全国建筑工程装饰奖，数量位于全国前列。

2003年，中国建筑装饰协会首次公布中国建筑装饰行业百强企业名单（2002年度），广东省24家企业入围，约占全国四分之一。

2003年，作为深圳市国企改革6家第一批试点单位之一的深圳市建筑装饰（集团）有限公司进行国有股权转让签约。深圳民营装饰企业逐渐崛起并壮大。

2009年12月，经广东省建设厅同意和广东省民政厅批准，广东省建筑业协会成立广东省建筑业协会建筑装饰分会。建筑装饰分会的成立，健全了本省建筑装饰业的行业管理平台，搭建了建筑装饰企业与政府主管部门之间联系的桥梁。

2009年12月，深圳洪涛股份在深交所上市，广东第一家装饰企业上市，成功进入资本市场。

2012年6月，广东省建筑业协会立足行业发展大势，成立了与建筑装饰行业紧密相连的智能专业领域分支机构——智能建筑分会，由此拉开了行业发展的新帷幕。

2013年，广东建筑业装饰装修产值1188.02亿元，首次突破千亿元。

2015年1月，广东省建筑业协会建筑装饰分会组织开展行业工业化发展的调研，并形成《广东建筑装饰业的发展及其工业化思考》的调研报告。

2015年10月，广东省建筑业协会智能建筑分会承办2015年广东省智能楼宇管理师职业技能竞赛暨中国智能楼宇职业技能广东赛区选拔赛。

2016年11月，嵌瓷、营造、砖雕、陶塑、壁画、灰塑、木雕、彩画等9位首届"广东省传统建筑名匠"诞生。我协会积极配合广东省住房和城乡建设厅做好名匠认定工作，认定名匠对进一步培育和弘扬"工匠精神"、传承岭南传统建筑文化具有重要意义。

2017年8月，广东省建筑业协会成立广东省建筑业协会幕墙门窗分会。

2019年3月，我协会"发布全国首个《建筑幕墙用高性能硅酮结构密封胶（T/GDCIA 1-2018）》团体标准"被评为2018年度"广东省社会组织总会会员十件大事"，该标准由广东省建筑业协会幕墙门窗分会主导编写。

2019年5月，第十五届中国（深圳）国际文化产业博览交易会广田分会场在深圳市广田集团总部大厦盛大开幕，广田装配化1.0体系重磅发布，在华南地区掀起装配化装修热潮。

2020年1月，宝鹰股份在建筑装饰行业率先完成混合所有制改革，拉开深圳上市建筑装饰企业向混合所有制进行改制的序幕。

2022年，广东省建筑业协会建筑装饰分会及幕墙门窗分会组织完成《广东省建筑装饰专业领域企业高质量发展情况调研报告》《广东省建筑幕墙专业领域企业高质量发展情况调研报告》上报广东省住房和城乡建设厅。为行政主管部门制定推动我省建筑业专业领域企业向"专精特新"发展，做大做强和培育发展专业领域龙头骨干企业决策提供依据。

2022年1月，广东省建筑工程集团有限公司将所属广东省建筑装饰工程有限公司、广东建雅建设工程有限公司和广东省建筑装饰集团公司三家装饰企业整合重组成立广东省粤建装饰集团有限公司，打造华南装饰行业新标杆。

2022年6月，全国面积最大的装配式建筑工程——深圳长圳保障性住房竣工交付。该项目面积80万平米，采用了装配式隔墙、装配式墙面、集成卫生间/集成厨房等工艺。

2023年2月，广东省住房和城乡建设厅发布《建筑室内装配式装修技术规程》，为广东省内的装配式装修技术发展提供了指引。

2023年，广东建筑业装饰装修产值1734.97亿元，超越疫情前水平。同时，省外承接项目的产值5500.64亿元，创下历史新高。

2023年7月，中国建筑装饰协会会长王中奇、副秘书长兼综合部主任高俊一行在广东考察调研，走访广东部分装饰企业和代表性工程项目，并在广东省建筑业协会召开调研座谈会。

2023年12月24日，深圳广田集团历经两年成功完成重组，恢复正常经营，迅速回归一线装饰企业梯队。与此同时，新生代装饰企业如雨后春笋般涌现，展现了"前仆后继，生生不息"的行业活力。

广西建筑装饰行业大事记

20世纪80年代初期的广西，随着广西改革开放的发展，广西旅游业呈现出旺盛的发展需求，建筑装饰行业应运而生，并很快从建筑施工中脱离出来，成为一个独立的行业获得发展。1985年1月28日，由广西大型国有企业与香港企业合资的广西第一家装饰企业——桂港装饰工程有限公司的正式成立，开创了广西装饰行业的新发展。

1998年3月，《广西建筑装饰》（广西建筑装饰协会会刊）创刊，坚持传递行业信息，宣传国家和自治区有关政策法规及有关技术标准规范，是协会与政府、企业会员单位联系的主渠道。

1999年，根据《中华人民共和国建筑法》和建设部《建筑装饰装修管理规定》，受广西建设厅委托，广西建筑装饰协会起草了《广西壮族自治区家庭居室装饰装修管理暂行办法》，该办法于1999年6月22日，以桂建管字〔1999〕42号文正式颁布实施。

2000年，广西建筑装饰协会举办了首届广西建筑装饰博览会及广西建筑装饰设计大奖赛。截至2004年，协会共举办五届建筑装饰博览会，累计参展单位共586家，参观人数累计25万多人次。

2001年起，协会根据国家和自治区的有关规定，紧紧依靠和紧密协助自治区建设行政主管部门，每年均组织评选国家级及自治区级优秀企业、优秀企业经理、项目经理、设计师。每年均组织广西建筑装饰工程优质奖评选活动，每年均推荐优秀工程项目参评全国建筑工程装饰奖，通过评先评优工作，提高和增强了企业的质量意识和创优的积极性，极大地引导和推动了企业的技术进步和企业加强管理，树立了企业品牌，扩大了获奖项目和受奖企业、从业人员的社会声誉，对促进行业的健康发展起到了积极的作用。

2002年，根据建设部110号令《住宅室内装饰装修管理办法》，广西建筑装饰协会起草了《广西壮族自治区建设厅住宅室内装饰装修管理办法》，该办法于2002年8月26日以桂建管字〔2002〕49号文正式颁布实施。

2008年，广西建筑装饰协会在广西住建厅的部署下，在充分调研的基础上，依据国家有关法律法规，制定了《广西住宅装饰装修企业资格认证管理办法（试行）》和《广西建筑装饰协会住宅装饰装修工程投诉解决办法（试行）》，这两个办法都于2009年1月1日在广西正式发布实施。

2009年9月，举办广西建筑装饰行业首届专家研修班，同时建立了首届"广西建筑装饰协会专家库"，实现人才结构的调整和人才素质的优化，建立起一支受业内外尊重的权威专家队伍。

2009年9月，广西建筑装饰协会起草了《广西建筑装饰设计师管理办法》（试行）。通过申报考核认证的"广西建筑装饰设计师"将由广西住房和城乡建设厅颁布发证，证书在广西建设系统联网公示通用。

2009年12月，广西建筑装饰协会首次开展了广西家装标准化示范基地推介活动。

2018年12月，广西建筑装饰协会与广西住房城乡建设厅、广西市场监督管理局联合编制《广西家庭居室装饰装修施工合同》（示范文本）。

2019年3月，广西建筑装饰协会制订《广西建筑装饰行业诚信自律公约》，促进企业的诚信建设，增强社会公信力，规范行业行为。

2019年，经广西住房和城乡建设厅批准立项，广西建筑装饰协会负责主编的地方标准：《广西工程建设地方标准全装修住宅室内装饰装修工程质量验收标准》《全装修住宅室内装饰装修设计标准》正式发布实施。

2021年和2022年，广西建筑装饰协会举办了两届"广西建筑装饰行业建筑装饰行业职工职业技能大赛"，引导企业重视自有产业个人、技术工人培养，组建高素质工匠团队。

2021年，积极组织会员企业参与由广西住房和城乡建设厅、广西人力资源社会保障厅、广西总工会联合主办，广西建筑装饰协会协办的"全区住房城乡建设系统职工职业技能大赛（建筑业）"，并取得优异成绩。

2021年1月，广西建筑装饰协会与深圳市装饰行业协会在南宁共同举办"桂深装饰企业合作签约仪式"，促成桂深两地20家头部装饰企业开展合作共营共建，标志着桂深两地装饰行业资源整合、合作共赢的新起点。首创全国装饰行业两地协会推动，企业合作联营的模式。

2022年，广西建筑装饰协会受广西人社厅委托，开展工伤预防宣传培训工作，提高企业及从业职工安全生产、工伤保险、工伤预防等意识，降低工伤事故伤害和职业病的发生率，也是首次由人社厅委托住建系统的行业协会开展此项工作。

2022年11月，由住房城乡建设部、广西壮族自治区人民政府主办，住房城乡建设部计划财务与外事司、广西壮族自治区住房和城乡建设厅承办的"首届中国－东盟建筑业合作与发展论坛·2022中国－东盟建筑业暨高品质人居环境博览会"在南宁市成功举办。在全面推进共建共赢上取得新进展，结出了携手构建住房城乡建设事业新发展格局的丰硕成果。

2022年8月，广西建筑装饰协会编制第一部团体标准《全装修住宅室内装饰装修防水防潮工程技术规程》正式发布实施。

2023年9月，由住房城乡建设部、广西壮族自治区人民政府主办，住房城乡建设部计划财务与外事司、广西壮族自治区住房和城乡建设厅、中国建设报社承办的"第二届中国－东盟建筑业合作与发展论坛"在南宁市召开。

2024年1月，广西建筑装饰协会编制第二部团体标准《建筑装饰装修工程BIM建模与交付标准》正式发布实施。

2024年6月，经广西住房和城乡建设厅批准立项，广西建筑装饰协会负责主编的地方标准：《建筑装配式内装修工程技术标准》正在编制中。

重庆装饰行业大事记

1992年，在重庆市城乡建设委员会的指导下协会成立，第一届班子成员由建委领导兼任，全市相关企业作为会员单位，为行业未来的蓬勃发展迈出了坚实的第一步。

2003年，全国建筑工程装饰奖在重庆地区开始评选，至今涌现出不少重庆地标建筑。

2004年，重庆市建设委员会交办协会起草《住宅装饰装修管理办法》，并正式明确由我协会处理家装投诉，协会致力于推动家装市场、进一步规范行业。

2005年，第一届重庆市环境艺术设计大赛举行，现已举办了六届，大赛面向全社会广泛征稿，其中第二届大赛有服刑人员参与并获特别奖，协会为服刑人员重新融入社会提供帮助，这一举动受到市政府的高度肯定。

2005年，协会重点开展"放心家装"活动，随后制定《室内装饰装修标准》，在此基础上协会组织70多名专家，陆续制定了《成品住宅装修工程技术规程》《成品住宅装修工程设计技术导则》《成品住宅装修工程监理技术导则》《成品住宅装修工程施工技术导则》《成品住宅装修工程质量验收规范》等；同时还协助政府编撰《重庆建筑业》杂志月刊；协助市建委连续多年编撰《重庆建筑业年鉴》。

2007年，协会起草了《重庆市家庭居室装饰装修工程施工合同》规范性文本，并由重庆市工商行政管理局和重庆市建设委员会两大部门联合发布。

2008年起，协会连续多年与重庆市城乡建设委员会和四川美术学院、重庆大学等重庆高校联合举办优秀企业、获奖项目等展览。

2010年，经民政局批准成立了环境艺术设计专业委员会、建筑装饰工程专业委员会、住宅建筑装饰专业委员会、建筑装饰材料专业委员会、装饰节能技术专业委员会五大专委会。同年协会会刊《装饰界》创刊，大大增强了行业内积极正向交流。

2012年，受重庆市城乡建设委员会委托，协会组织专业人士对全市10年以上的幕墙工程展开拦网式检查，并形成报告。

2014年，协会与重庆市人社局合作组织技能大赛，人社部副部长亲临现场。

2015年，协会提出"产学研一体化"，并与四川美术学院、重庆大学等高校合作，协会本着将重点诚信的企业扶大扶强的准则，将行业发展推向更高层。

2016年，中共重庆市建筑装饰协会支部委员会成立，发挥其政治引领作用，推动协会高质量发展。

2017年，协会以"城市更新与发展"为主题举办学术高峰论坛，邀请了国家相关部门的领导和知名专家进行研讨，为行业企业今后发展指明方向。

2020年，中央部署推动成渝地区双城经济圈建设，协会积极响应，努力促成两地互通互认，促成成渝两地装饰装修行业高质量发展。

2020年，协会与重庆市建设技术发展中心共同编制了《重庆市室内装饰设计师职业能力标准》《绿色建筑全装修技术导则》；参编《建筑室内数字化装修技术标准》等。

2021年，协会被重庆市民政局评定为"中国社会组织评估等级5A级"资质。

2024年，受邀参加重庆市《养老设施建筑设计标准》编制工作。

甘肃省建筑装饰协会大事记

1987年10月，甘肃省建筑装饰协会正式成立，在兰州召开了协会第一次会员代表大会，选举徐友山为会长，协会办公地点在甘肃省建筑工程总公司木材加工厂。当时甘肃省仅有8家建筑装饰企业，均为协会会员单位。

1994年4月，在兰州召开了协会第二次会员代表大会，吸收会员单位89家。大会通过了《甘肃省建筑装饰协会章程》，选举出理事29人、常务理事17人和协会第二届领导班子，会长续墉、副会长屠锦敏、常务副会长赵健民、秘书长孙学龙。

1995年12月25日，举办"甘肃首届建筑装饰工程设计图片展"，首届装饰效果图作品评选，73家装饰企业参展，经评委评定，评出16个优秀参展企业和8个获奖作品。

1996年编印了《建筑装饰实用法规汇编》，至2004年，每年编印一册。

1998年5月，首次创办《装饰商情》刊物，每月二期，每期发行5000份；6月甘肃省建筑装饰协会与省勘察设计协会联合首次开展了"甘肃省建筑装饰工程优秀设计评选"活动，12个单位的23个项目参加了评选。从此，开始了一年一度的装饰工程优秀设计评选；同年10月首次举办了"98兰州全国建筑建材产品与设备展示交易会"，59家企业、70多种产品参展。

1999年8月，在甘肃省博物馆举办了"第二届全国建筑建材产品与设备展示交易会"114家企业86种产品参展。

2000年9月，举办了"第三届全国建筑建材产品与设备展示交易会"。

2001年8月，根据中国建筑装饰协会开展建筑工程装饰奖评选活动的安排，甘肃省开展了甘肃省建筑装饰工程奖评选活动，每年评选一次；同年11月甘肃省建筑装饰协会召开了第三届会员代表大会，当时全省取得资质等级的建筑装饰企业有190家，会员单位160家。

2002年1月，编印了《建筑装饰、建筑幕墙工程设计资质标准文件资料手册》；同年6月协会向省建筑市场管理办公室报送了加强住宅装饰管理工作的意见；7月协会向省建设厅建筑业管理处提出"关于调整建筑装饰装修工程专业承包企业资质等级标准的意见"。

2004年3月1日，甘肃省建设厅印发了由甘肃省建筑装饰协会起草、经厅办公会议讨论通过的《甘肃省建筑装饰工程奖评选办法》，原评选办法废止。此项奖项后改为装饰工程飞天奖；同年8月甘肃省建筑装饰协会召开了三届一次常务理事会，讨论通过了《甘肃省建筑装饰行业自律公约》。

2005年1月11日，甘肃省建筑装饰协会秘书处试办编印了《甘肃建筑装饰简讯》第一期，作为协会会刊，每月1期。

2006年1月17日，甘肃省建筑装饰协会召开了第四次会员代表大会。当时全省取得资质等级的建筑装饰企业315家，会员单位216家；选举新一届协会领导班子，张国杰任会长，郭淑华任常务副会长，刘武、王进喜、蔡培辉、苏如春、姚志农、王志宏、王智恒、石岩、吴红星任副会长，王保定任秘书长。

2008年，5·12汶川地震发生后，组织建筑装饰企业援建甘肃震区震后重建达31批次，捐款30余万元。

2012年4月，举办第四届甘肃国际建筑装饰材料博览会。

2017年1月12日，召开甘肃省建筑装饰协会第五届会员代表大会，选举王春好任会长，王志宏、王智恒、姚志农、石岩、张立天任副会长，李秀萍任秘书长。当年省内取得资质等级的建筑装饰企业超3000家。

2018年，协会与甘肃省住建厅脱钩。

2019年7月，邀请德国马格德堡职业教育中心的建筑内饰职业培训师、"德国工匠"代表人安德烈斯·派厄来甘为甘肃省建筑装饰员工授课。

2021年，甘肃省13家会员企业与北新建材公司签订了战略合作协议。同年4月28日，甘肃省建筑装饰设计专业委员会成立。

2021年10月，甘肃暴发新冠疫情，甘肃省多个建筑装饰企业积极响应政府号召，积极参与了防控场所的援建，主动参与抗疫防疫工作，以多种方式开展送温暖献爱心活动。

2022年9月25日，甘肃省建筑装饰协会召开第六届会员代表大会，选举了新一届协会领导班子。由王春好任会长，由王志宏、王智恒、姚志农、石岩、张立天、莫小凡、俞建民、范晔、葛兆强任副会长，李秀萍任秘书长，增选了监事会成员。

2023年，协会领导多次深入企业了解疫情对企业的影响，同时，我们还组织10家会员单位的负责人进行了座谈，相互交流可行的脱困经验。

深圳装饰行业大事记

1981年4月23日，中国海外建筑工程有限公司和深圳市规划设计管理局签订协议，合资成立我国第一家专业装饰公司"深圳市装饰公司"，即如今深圳海外装饰工程有限公司的前身。7月2日，广东省经济特区管理委员会发布"特管批〔1981〕26号"文件，正式批准深圳市装饰公司成立。

1983年，曾经是深圳市建筑装饰总公司[1997年改称为深圳市建筑装饰（集团）有限公司]辖属的深圳市装饰工程工业总公司成立了，注册资金人民币5000万元，为市属国有企业。

1984年，深圳中航幕墙工程有限公司在成立后仅仅用了3年时间，就从仅从事门窗生产发展到掌握幕墙技术，拿下了楼高20层的深圳电子大厦的门窗生产权，这是由国内公司承建的第一座建筑门窗项目，为国内幕墙技术的发展积累了经验。

1987年底，深圳特区的海外装饰、洪涛公司、美术装饰等一批企业，年工程产值均超过了500万元。深圳市建筑装饰（集团）有限公司的前身深圳市建筑装饰总承包公司注册成立。

1996年，深圳装饰企业走出深圳，开始向省外发展，许多企业在全国办了分公司，新成长的一批代表了国内装饰业较高水平的装饰公司涌现，例如洪涛、长城装饰、深装集团等，创造了上海大剧院、北京人民大会堂、中华世纪坛等重点精品项目。海外装饰、洪涛装饰等先后走出国门，开启了国际市场的探索。

2000年，深圳市装饰行业协会发出"关于试行《深圳市装饰设计费标准（草案）》《深圳市建筑幕墙设计收费标准（草案）》的通知"。设计费用标准在中国第一次由政府行为改变为国际惯例的行业社团行为。

2002年7月23日，深圳市装饰行业协会制定了《深圳市装饰行业工资协商协议书》并在全行业实行。这份协议的诞生不仅是我国建筑装饰行业，也是我国行业中第一个行业工资协商制度。

2003年，深圳市建筑装饰（集团）有限公司作为深圳市国企改革的第一批试点单位与其他5家企业完成了国有股权转让签字，由单一的国有企业经改制后成为完全意义上的股份制企业。开启了国有资产退出装饰行业，充分发挥民营企业发展活力的历史时期。

2004年，深圳市装饰行业协会公布《深圳装饰行业工程投标自律公约》。这是全国建筑装饰行业第一个关于装饰工程投标的行业自律公约。

2009年12月，深圳洪涛股份在深交所上市，拉开了深圳装饰企业逐鹿资本市场的序幕。之后，广田、瑞和两家企业先后迈上资本市场，获得首轮融资。

2009年，深圳装饰行业完成产值超过600亿元，其中产值超过10亿的企业达到23家。

2013年11月，经深装协主导，深圳市装饰行业首批客座教授在深圳职业技术学院完成授聘。

2016年10月，深圳技能大赛——首届深圳市建筑装饰职业技能竞赛正式启动。

2016年12月，深圳家装第一股——名雕股份在深交所上市。

2018年12月，全国建筑装饰业首个行业党委——深圳市装饰行业党委在深圳成立，深装协会长高刚担任书记，开启了以党建引领会建的重要探索。

2022年11月，深装协主办的首届C3未来建筑大会亮相深圳高交会，成为我国建筑装饰业第一个聚焦未来建造发展的行业盛会。

大连建筑装饰行业大事记

1984年，大连南山宾馆进行装修。此项装饰工程由大连建筑设计院设计，香港一家装饰公司承接了工程。

1984年末，大连开始出现当地注册的装饰企业，大连丽达、穗连、民乐三个装饰公司。

1985年，大装、雅美、南山、红旗、渤海等十几家公司相继出现。

1985年，大连雅美建筑装饰设计工程有限公司成立。之后，大连又相继成立了大连盛大建筑装饰有限公司、大连瑞安装饰工程有限公司、澳连建筑装饰工程有限公司、大连建雅装饰有限公司、大连国际建筑工程有限公司、大连劳伦斯装修工程有限公司等多家中外合资企业。据统计，1985年大连装饰工程产值达到了7000万元。

1987年7月，由中国建筑东北设计研究院与中建澳门有限公司合资组建"澳连建筑装饰工程有限公司"注册在大连，注册资金1660万元。

1987年12月，由大连雅美建筑装饰工程有限公司发起组建大连市建筑装饰协会，协会章程草案形成。

1988年1月16日，大连市建委召集协会第一次筹备会议。

1988年1月22日，大连市建筑装饰协会正式成立，在市科技馆召开成立大会。

1990年10月20日，协会举办首次装饰工程观摩会，对工程质量较好的友好影院、市图书馆、友好商场、博览中心、海湾宾馆、海员俱乐部、国际大酒店、文化俱乐部、东方之珠等工程进行了观摩。

1993年10月，协会经市民政局重新注册为民间独立法人社团。

1993年11月25日，召开第二届会员大会，修改了章程，总结前段工作，提出下步任务。选举产生了新的常务理事会。

1994年3月，协会成立"中国建筑装饰协会大连技术交流培训中心"，是我国装修装饰行业中最早成立的地方培训学校之一。

1995年，大连装饰行业年产值达到15亿元。企业1992年工商注册达到400余家，1993年猛增到千余家，经过资质审查取得资格有270家，始终保持着年度二位数以上的增长。

1999年6月8日，由协会草拟的大连市《家庭装饰工程质量验收标准》经市建委审批正式颁布下发。

1999年7月28日，协会组织召开大连第六届国际建筑装饰材料与酒店设备展览会。

2001年4月10日，首次开展评选"全国建筑工程装饰奖"活动。协会下发了开展评选工作的通知，组成了评选领导小组，对1997～1999年工程开展申报指导和评审、推荐工作。

2001年5月14日，协会受大连市建委勘察设计处委托与市勘察设计协会共同开展装饰设计单位资质初审工作。

2003年3月7日，中国建筑装饰协会名誉会长张恩树、会长马挺贵等领导来到协会视察指导。

2003年8月10日，由中国建筑装饰协会主办，大连市建筑装饰行业协会协办的"第二届全国电视家居设计大赛"在大连广电中心举行，中装协马挺贵会长、秘书长徐朋、大连市副市长宋增彬及行业三百余名代表出席了晚会。

2004年5月30日，协会主办的第十一届大连国际城市建设装饰材料及配套设备展览会暨第二届大连住宅产业交易博览会在星海会展中心举行。

2005年8月27日，中装协全国培训工作会在大连天富酒店召开，建委邹明达副主任到会讲话。

2006年4月1日，协会与大连信用研究会合作在全市行业开展信用评定工作。

2007年8月17日，协会推荐评委专家参与市建委招标处工程招标评审工作。

2007年9月16日，协会组织专家参与快轨3号线站房施工监理工作。

2008年，协会培训学校深入实施"阳光工程"，开展农民工免费职业技能培训，共培训农民工3000余人。

2009年11月，协会被中装协授予全国住宅装饰装修行业管理、促进、提高先进协会。

2009年，协会向市委、市政府呈送《关于简化税收程序，推动我市建筑装饰行业发展的调研报告》《关于我市建筑装饰行业属地征税问题的报告》，引起了政府职能部门的重视，并进行了相应的调整。

2010年12月24日，中装协在北京召开全国建筑工程装饰奖十年总结庆典暨2010年全国建筑工程装饰奖颁奖大会。我市10项获奖工程企业参与盛会，盛大装饰、南利装饰、红太装饰公司等企业荣获全国建筑装饰奖明星企业称号。

2011年10月，澳连荣获2010年度中国建筑装饰行业百强企业。

2012年1月，大连鑫诚装饰装修有限公司荣获美国LEED认证金奖。

2012年5月21日，大连国合建筑装饰工程有限公司组织承建"2010年重点城市项目"大连老虎滩市民广场及公园正门工程。

2012年8月，大连通信装修工程有限公司中标大连市体育中心体育场内装修工程施工（四标段），于2013年2月竣工。

2013年1月22日，协会隆重举行"大连市建筑装饰行业协会成立25周年庆典暨2012年建筑装饰行业工作总结表彰大会"。大会回顾、总结了协会与行业25年来走过的风雨历程，表彰了获得各种奖项的先进人物和优秀装饰设计和施工项目。

2014年4月，大连泰桑建筑装饰对外承包工程有限公司中标大连地铁2号线（二标段）5座车站主体和附属装修施工工程；大连鑫诚装饰装修有限公司中标大连地铁2号线（四标段）6座车站主体和附属装修施工工程。

2015年4月16日，协会与大连品尚茗居家装工厂店联手推出"家装保险重磅来袭，选择品尚家装，协会为您担保"系列主题活动。

2015年11月10日，协会举办2015年装饰各类人员工资指导价格研讨会。

2016年1月15日，大连大学美术学院泰桑实习基地挂牌。

2016年4月12日，"让设计走进生活"大连建筑装饰行业设计高峰论坛成功举办。

2017年1月12日，协会举办装饰装修行业BIM技术应用交流会，组织有关专家就BIM技术在装饰装修行业的综合应用和创新发展等议题与行业同仁进行深入交流和探讨。

2017年9月25日，大连鑫诚装饰装修有限公司主编的《银行网点装饰装修技术规程》编委会成立暨第一次编制工作会议召开。鑫诚装饰作为东三省唯一CBDA标准主编单位，填补了这一领域的空白。

2018年1月18日，大连建筑装饰行业三十周年纪念大会隆重举行。中国北方原创设计联盟成立，大连市建筑装饰行业消费维权工作站成立，会议举行了行业颁奖典礼、协会希望中学捐建仪式，表彰了行业30年来涌现的卓有成就的优秀企业、个人以及精品工程。

2019年3月15日，协会联合广播105.7《我爱我家》栏目播出"家装消费维权工作站"启动日特别节目。大连市消费者协会把大连市建筑装饰行业消费维权工作站设在协会。

2019年6月15日，协会培训学校首次参与政府购买服务培训项目投标，并成功中标"大连市退役军人培训机构采购项目"。

2019年7月3日，协会党支部书记、会长孙普带领骨干会员企业赴大连新机场沿岸商务区组织项目考察对接交流活动。

2020年1月30日，协会向全体会员单位发出倡议，号召行业内有余力的会员企业加入到公益捐赠队伍中，在非常时期贡献行业力量。

2020年4月26日，协会联手大连新机场商务区成立大连市产业化工匠实训基地。

2020年6月3日，大连市建筑装饰行业协会新办公室乔迁庆典隆重举行。

2021年1月28日，孙普会长被大连市营商环境建设局聘请为"大连市营商环境建设民营企业家监督员"。

2021年3月27日，大连建筑装饰行业春季专场招聘会举办。共100余家企业，14所高校应届毕业生2000余人参与了招聘活动。

2021年4月15日，协会承办大连市第十二届职业技能竞赛木工大赛。

2022年4月27日，协会与大连港医院《定点医疗合作战略协议》签约仪式在大连港医院举行。

2022年6月28日，根据辽宁省住建厅、大连市住建局会议精神，施工现场专业人员（八大员）新办和继续教育、技工新办正式启动。协会培训学校作为首批具有培训资格的机构正式开始招生工作。

2022年9月28日，"大连市建筑·装饰行业调研座谈会"在协会举行。会议形成《影响我市建筑装饰行业企业健康发展的问题说明建议》等多篇调研报告上报市住建局。

2023年7月20日，协会联合中国建筑第八工程局有限公司东北公司共同举办市重点工程项目观摩学习交流活动。

2023年9月21日~25日，"2023大连秋季房交会·家居消费节"在大连世界博览广场隆重举行，协会组织多家会员企业参展。

2023年10月7日，大连市建筑装饰行业协会获得了全国"四好"商会的荣誉，大连市只有三家商协会获此殊荣。

2023年12月19日，协会第七届会员大会圆满完成各项议程，胜利闭幕。大会审议通过了《第六届理事会工作报告》《第六届监事会工作报告》《第六届协会财务报告》；大会选举产生了第七届理事会、监事会成员，并对新章程及会费标准进行表决。七届一次理事扩大会议上，选举产生了第七届理事会会长、监事长、副会长、常务理事新一届理事会领导集体。孙普当选第七届理事会会长。大会对协会成立三十五周年评选活动中部分奖项的获奖单位和个人予以了表彰，大会举行了家装行业自律公约签约仪式。

2024年1月3日，大连市民政局组织召开"大连市社会组织高质量发展暨社会组织等级评估授牌大会"，协会再次荣获"5A级社会组织"。

2024年4月25日，协会举办2024年第一批建筑业企业资质延续经验分析会，会议对企业关心的资质延续问题进行了政策解析和申报指导。

2024年5月23日，辽宁省民政厅、市民政局有关领导莅临协会调研指导工作，并进行了座谈交流。

2024年6月12日，协会举办2024年建设领域职称评审要点讲座，开展"直通车"服务和预审专家遴选工作。

2024年6月24日，市人大环资城建委有关领导莅临协会调研指导工作。听取了协会关于行业企业发展遇到的问题及建议，了解行业发展新格局、新技术及协会相关工作的开展情况。

2024年6月26日，大连市住建局主办，大连市建筑装饰行业协会培训学校承办的"建筑施工企业主要负责人安全教育培训（第一期）"成功举办。

2024年8月19日，大连市住房和城乡建设局在协会举办"建设工程项目业绩信息补录及审核业务培训会"，明确了我市工程项目业绩录入和审核工作的具体要求。

后　记

"自古逢秋悲寂寥，我言秋日胜春朝。"经过春的播种，夏的耕耘，岁月之轮缓缓转到了秋季。秋，是充满喜庆的收获季，是光彩夺目的金黄色，是激越高亢的咏叹调！回望《大国装饰》从酝酿到框架、从框架到雏形、从雏形到蝶变，一如从美丽的春天走到了更加美好的秋天，令人回味无穷，感慨不已！

一、使命光荣，责任重大

今年是中国建筑装饰协会成立40周年。为了隆重纪念、热烈庆祝这一不惑之年轮，协会第九届领导集体在广泛征求会员意见的基础上，提出了"四个一"工程，即出一本书、拍一个视频、办一台晚会、办一个展览。在中奇会长的统筹部署下，出一本书的具体工作，由我牵头负责。自受命之日起，既深感使命光荣，又觉得责任重大，怎么编、怎么写等问题一直萦回在脑海里，以致常常不知茶饭之味。

二、欲立其形，先定其魂

人民群众是历史的创造者，人民群众亦应成为历史的讲述者。基于群众观点，2024年4月10日，我们发出了"关于编撰《中国建筑装饰协会成立40周年纪念特辑》及征集编委会成员的通知"（中装协〔2024〕31号文）。该《通知》对这本书提出了高标准、严要求的指导方针，要求突出协会和行业发展过程的史料性、知识性，突出写作风格的故事性、文学性，突出强大正能量的纪念性、传承性。简而言之，就是要讲好行业故事，树好行业形象。

三、争先恐后，担当责任

这本书是协会迈入不惑之龄的系统回顾与总结，也是我们行业进入新时代文化建设的又一个新的里程碑。令人非常感动的是，在《通知》发布第二天，上海市建筑装饰行业协会陈丽会长就率先打电话报名，申请主编席位。随后，浙江省建筑装饰行业协会贾华琴会长也申报主编。很快，苏州金螳螂建筑装饰股份有限公司等9家头部企业申报主编，浙江中南建设集团有限公司等5家头部企业申报副主编，武汉联想建筑装饰工程有限公司等15家享有盛名的企业申报编委。大家这种舍我其谁、勇于担当的精神，彰显了对行业深深的爱、对协会浓浓的情，更体现出了对行业文化建设的高度认可！

仅仅一个多月的时间，编委单位征集工作完成。6月16日，第一次编委会议在北京召开。会上讨论确定了本书的框架结构，包括编写大纲、主体内容、编写重点、编写原则、编写要求，并初步讨论了书名。会议结束后，开始在全行业征文。

8月16日，应四川省建筑业协会装饰分会张涛秘书长的诚挚邀请，在中建深圳装饰西南分公司和中铁成都规划设计院的支持下，第二次编委会议在成都成功召开。会议重新审视并确立了编撰工作的指导思想和基本原则，即坚持社会效益第一的指导思想，坚持质量第一的录用原则，基于此，大幅压缩了编写的体量。会上，张涛秘书长为编撰工作提出了很多建设性的意见建议，并积极开展征集和推荐优秀稿件工作。此次成都会议，张涛秘书长给我留下很深的印象，他把自己的经验和见解毫无保留地奉献给了大家，令人敬佩！

9月13日，编委会在北京召开了定稿会。

在整个编撰过程中，除了编委会成员各尽其责外，我们特邀的两位顾问也发挥了非常重要的作用，两位专家分别是《人民日报》原副总编、十三届全国政协委员、中宣部中国新闻文化促进会会长张首映和中央广播电视总台原戏曲音乐频道综合部主任李守进，两位在提升编撰质量、保障正确方向、注重学术性等方面提出了宝贵的意见建议，为本书的编撰作出了无可替代的贡献。

四、团结协作，能打敢拼

今年是协会第九届班子上任以来工作最紧张、最繁忙的一年。党中央部署的党纪学习教育从4月启动到7月底结束，学习频率和强度都很高。年初，协会又启动了办公房装修工程。5月份，又开启了迎接民政部社会组织等级评估工作。在这众多重大活动中，"四个一"工程只能在其间穿插进行，很多时候协会同仁都是牺牲自己的休息时间，加班加点。在前期筹备工作中，杨忠、王立艳、屈桂林三位同志做了大量工作，为编委会迅速组建做出了重要贡献。陈欣同志看到工作紧张，就主动请缨加入筹备工作组，分担大量工作。在后期审稿工作中，高俊、齐金杨、屈桂林做了很多文字工作，在整理协会大事记方面，高俊和杨忠二位同志利用十一节假日，整理完成数万字稿件。屈桂林同志承担起全书的汇总及与出版社的对接工作，不辞辛劳。协会各分支机构也是积极配合，各尽其责，各尽其能。其中，特别值得表扬的是幕墙工程分会、公装分会、绿色智慧建造分会、电气分会、消防与智能化分会，他们不仅做好了职责所系之事，还为组建编委会做出了贡献！几个月下来，虽有身心俱疲之感，但协会同仁们给我的感动常常鞭策我勇毅前行，协会同仁们的表现让我深深体会到，这是一个团结协作顾全大局的团队，是一个能打硬仗、敢打硬仗的团队，是一个有奉献精神、可敬可爱的团队！

五、三大篇章，三重献礼

根据"坚持社会效益第一"的指导思想和"坚持质量第一"的基本原则，编委会从600多篇来稿和约稿中，精选100多篇，按"协会纵横篇""风云人物篇""行业丰碑篇"三大篇章进行编排，每一篇章里又设若干小栏目、小版块，最后附中装协和部分地方协会大事记。内容上，不求大，不求全，而求精。通过严格的筛选和精心的编排，力争做出一本高水准的"当代装饰史记"，做出一本深受广大从业人员热捧的"珍藏本"！

今年喜逢新中国成立75周年。《大国装饰》这本书，小而言之是全体编委会成员给中装协成立40周年的献礼；中而言之，它还是中装协向全行业的一份献礼；大而言之，它更是我们装饰行业向新中国成立75周年捧上的一份厚重礼物！

中国建筑装饰协会成立40周年，它不仅是中装协的40年，也是行业发展的40年，是行业全体从业者共同的40年。编委会全体成员、行业广大优秀创作者，面对如此广博的精神宝库，从立意、构思、选题到创作、编撰，虽皆竭尽全力，但难免挂一漏万，有失偏颇或不当之处，在此，敬请读者批评指正。

作为本书的具体工作牵头负责人，面对案头即将付印的《大国装饰》，喜悦之余，首先要向编委会主任中奇会长对本人的信任和支持表示感谢！还要向全体编委会成员及其所在单位表示衷心的感谢！向为本书提供优秀稿件的创作者们以及非编委单位的各地方协会表示诚挚的谢意！

以铜为鉴，可正衣冠；以史为鉴，可知兴替；以人为鉴，可明得失。但愿本书出版后，能为广大读者起到镜鉴的作用，激励广大从业者击鼓催征、战胜困难、砥砺前行，从而助力协会和行业高质量发展，赋能全行业续写现代化建设新华章！

艾鹤鸣

2024年10月6日

文章索引

领导专访

018 // 张恩树：大行业协会的缔造者和建设者
022 // 马挺贵：中国建筑装饰行业是一个基业长青、资源永续的行业
030 // 李秉仁：科技提升装饰，创新驱动发展
035 // 刘晓一：把握发展方向，助力企业成长
041 // 王中奇：继往开来，引领建筑装饰行业高质量发展

专题报告

047 // 波澜壮阔四十年
——中国建筑装饰行业发展概述
073 // 中国建筑工程装饰奖的回顾总结和展望
077 // 努力营造良好信用环境，助力行业高质量发展
——建筑装饰行业信用体系建设工作
082 // 汇聚行业智慧，夯实技术基础，助力高质量发展
——中国建筑装饰协会标准工作发展回顾和展望
087 // 中国公共建筑装饰40年发展回顾与展望
093 // 守正创新，稳中求进，共建美好居住新时代
——中国家装行业四十年发展历程回顾
099 // 艰苦探索，锐意进取，创新发展，实干兴业
——中国建筑幕墙行业四十年的发展历程回顾
105 // 中国建筑装饰设计发展历程
108 // 我国绿色建造现状及发展趋势
112 // 建筑装饰行业智能建造发展概述
116 // 更高效、更环保、更智能
——建筑装饰行业信息化发展四十年发展回顾
124 // 聚焦照明设计，推动建筑电气行业高质量发展

地方协会

128 // 立足服务、加强引领，全面推动山西建筑装饰行业行稳致远
132 // 共济三十载，初心仍常在
——回望辽宁省装饰协会辉煌历程
137 // 奋力谱写吉林建筑装饰业高质量发展新篇章
139 // 新形势下行业协会的发展思考与实践
——上海市装饰装修行业协会
145 // 乘风破浪著华章，潮涌江海再启航
——江苏省装饰装修行业协会
150 // 绿色先行，创造价值
——推进浙江省建筑装饰业现代化高质量发展
154 // 不忘初心、砥砺前行，共创福建省建筑装饰行业新美好
158 // 坚持服务宗旨，当好桥梁纽带，全力推动山东建筑装饰行业高质量发展
162 // 以诚聚同业，用实泽荆楚
——湖北省建筑装饰协会成立三十周年巡礼
167 // 广东装饰成就业界荣光
170 // 广西建筑装饰协会工作回顾
172 // 重庆市建筑装饰行业蓬勃发展
174 // 发展中的陕西省建筑装饰协会
176 // 风雨四十载，奋楫再出发
——深圳市装饰行业协会
180 // 守正创新，凝心铸魂，勇毅前行
——武汉建筑装饰协会三十六年发展历程巡回
184 // 凝心聚力，突破创新，推动大连建筑装饰行业高质量发展

协会精英

190 // 不为繁华易匠心，不舍初心得始终
——记上海市装饰装修行业协会会长陈丽
196 // 高处着眼，实处着手，开创协会服务和行业发展新境界
——记江苏省装饰装修行业协会会长王有党
200 // 崇尚科学，创造价值
——为推进建筑装饰现代化发展而努力
204 // 凝心聚力谋发展，改革创新谱新篇
——记陕西省建筑装饰协会第四届理事会会长郑建钢
205 // 共生共荣，引领建筑装饰行业健康发展
——记大连市建筑装饰行业协会会长孙普

前辈寄语

210 // 装饰行业是发展潜力巨大的行业（毛家泉）
212 // 中装协四十年风雨铸辉煌（恽稚荣）
214 // 永葆初心，不忘使命，再创行业新辉煌（汪家玉）
216 // 中流砥柱引领行业发展，长风破浪再创明日辉煌（王治）
——写在中国建筑装饰协会成立40周年庆前夕
218 // 朱兴良寄语

219 // 丁欣欣寄语

风云人物

220 // 秉持诚信创基业，锐意创新绘宏图
——记浙江中南集团党委书记、董事局主席吴建荣

223 // 守正创新，做可持续发展的企业
——记深圳远鹏装饰集团有限公司创始人叶大岳

227 // 赓续奋斗精神，聚力创新发展
——记深圳市建筑装饰（集团）有限公司党委书记、董事长吴富贵

231 // 王利雄：做好一家企业，是责任也是情怀

236 // 李佳：与时代共舞，走出一条专属于上海建工装饰集团的特色发展之路

241 // 诚信铸造品牌，大爱回报社会
——记厦门金腾集团创始人卢彩金

243 // 艰苦奋斗谋发展，矢志不渝创新篇
——记天元集团总裁赵纪峰

248 // 四十载初心永续，逐梦行使命必达
——陶余桐与装饰行业并肩前行的精彩人生

253 // 筑梦前行，稳健策略展宏图
——记武汉联想建筑装饰工程有限公司陈刚

257 // 永不停歇的奋斗
——记沈阳远大企业集团董事长康宝华

261 // 卓尔不群，匠心筑艺
——记深圳市卓艺建设装饰工程股份有限公司董事长王建中

265 // 初心三十载，热爱正此时
——胡忠明的诗意幕墙人生

269 // 商业与公益并行的社会担当
——记深圳市博大建设集团有限公司董事长、深圳市博大公益基金会理事长张炳来

272 // 饰界无限，筑梦楚天
——记湖北建筑装饰企业家熊钢发

276 // 盛德日新
——张波和武汉建工华达的匠心筑梦之路

280 // 冠泰精鹰，时代弄潮儿
——记深圳市冠泰装饰集团有限公司董事长邵国富

284 // 匠心筑梦，智绘未来
——辛建林与中国装饰的创新篇章

289 // 争先向远，"建"证"饰"界新锐
——记中建三局装饰有限公司党委书记、总经理周涛

293 // 做新时代鲁班
——记方圆化集团有限公司董事长翟方化

296 // 深耕木业谋发展，不忘初心勇担当
——记丁鸿敏先生的创业发展之路

299 // 享受生活，享受设计

302 // 匠心筑设计，创新绘未来
——记浙江中南幕墙设计研究院院长梁曙光

305 // 诗筑空间，岁月为巢
——邹建的三十载设计哲思之旅

308 // 赓续红色血脉，续写精彩篇章
——记中铁成都规划设计院有限责任公司总经理蒲斌

312 // 初心扛起责任，匠心铸就品牌
——记四川锦程道集团创始人兼董事长李兵

315 // 挺膺担当励青春，奋楫笃行向未来
——记潍坊高新建设集团有限公司董事长李浩浩

319 // 匠心筑梦，共创辉煌
——记麦岛建设发展（集团）有限公司董事长王智恒

323 // 精工报国，匠心追梦
——记建筑装饰行业大国工匠、中建深装总工程师曹亚军

326 // 孔彬：我只是一个工匠

329 // 孔劲松：选择"装饰"，就是选择了一种美的生活方式

标杆企业

334 // 金螳螂：全球化建筑装饰企业集团致力于改善人居环境

337 // 从应运而生到全国第二，传统装饰企业卓越变革
——记上海建工装饰集团高质量发展创新之路

343 // 深装集团初心守望四季，昂首奋进争创百年品牌

348 // 蹄疾步稳，奋跃而上
——深圳市博大建设集团有限公司迈出高质量发展坚实步伐

352 // "蓝海红帆145+N工作法"，引领国有企业党建业务双发展

355 // 远鹏集团：履践致远，鹏志图南

358 // 与时俱进，守正创新，锻造核心竞争力
——记深圳市宝鹰建设集团股份有限公司

361 // 诚信立业，创新发展，自强不息，开创未来
——记浙江中南建设集团有限公司

364 // 中建东方装饰：装饰行业首家"全国文明单位"，续写"大堂之王"30年奋斗荣光

367 // 发展新质生产力，助推企业高质量发展
　　——中深装创新发展的探索与实践
371 // 四腾环境：四海升腾，与时代同行
374 // 冠泰装饰集团：稳健前进，永久弥坚
379 // 红色基因扎根沂蒙沃土，深耕齐鲁成就区域强企
　　——记山东天元装饰工程有限公司
382 // 精益领航，文化致远
　　——记华鼎建筑装饰工程有限公司
384 // 以一流担当创一流企业，矗立于津沽大地的装饰集团公司
　　——记天津华惠安信装饰工程有限公司
386 // 从优秀到卓越
　　——武汉建工华达的创新发展历程
389 // 引领行业创新，铸就企业标杆
　　——中国装饰股份有限公司的传承与探索
393 // 传承创新，打造行业顶尖的建筑专业化引领者
　　——记中建八局第二建设有限公司装饰公司
396 // 远大制造，服务全球
399 // 江河幕墙，缔造城市建筑传奇
404 // 勇攀高峰，筑梦凌云幕墙辉煌篇章
408 // 向"新"发力，兔宝宝品牌的发展与崛起
411 // 传匠心精神，做百年企业
　　——武汉武建装饰集团股份有限公司70周年记
414 // 奋楫扬帆再奋进，绘就发展新图景
　　——记河北建工建团装饰公司
416 // 中建三局装饰：闪耀争先旗帜，续写时代荣光
420 // 专注建筑科技创新，领航绿色建筑发展
　　——记沃尔德建筑装饰集团股份有限公司
422 // 雷士照明：科技引领创新发展
427 // 承达集团：承道以德载，济美以心达
429 // 森柏建设：医院精装样板企业
431 // 潜心谋发展，成长铸辉煌
　　——记四川新地平建筑设计咨询有限公司
433 // 坚持党建引领，加快科技创新，促进高质量发展
　　——记盛卓集团公司
436 // 砥砺奋进创佳绩，开拓创新谋发展
　　——记甘肃建投七建装饰公司

标志工程

441 // 国贸精神，历久弥新
　　——中建深装深圳国贸大厦项目
444 // 北京亚运村
445 // 北京世纪坛
446 // Bund18
450 // 百年奥运，百年远大
452 // 破茧成蝶，建造东京人文地标
455 // 巧夺天工展神韵，精雕细琢运匠心
458 // 远大制造，扬起莫斯科河畔的玻璃风帆
461 // 铸世博东方之冠，展凌云铁军之姿
464 // 品质守初心，匠心铸精品
466 // 冰岛水晶，璀璨生辉
471 // 现代SOHO都市，未来科技凌云
474 // 昆明洲际酒店：冠泰精品·大国匠心
477 // 天元出品，必属精品
　　——青岛邮轮母港客运中心
481 // 远大力量建造中国第一
　　——上海中心大厦
483 // 远大铝业，建"神州巨笔"书写深圳速度
　　——深圳平安金融中心
486 // 产业丰碑的铸就之路
　　——南宁国际会展中心施工纪实
489 // 超级工程中国尊的幕墙创新技术
492 // 中国尊：矗立于天际的商务与文化新地标
494 // 朝天扬帆，"横空"出世
　　——中建深装重庆来福士空中水晶连廊项目
497 // 如凤凰展翅，似如意祥云
　　——北京大兴国际机场全过程数字化装饰"新饰界"
501 // 世纪经典工程
　　——北京大兴国际机场
504 // 北京大兴国际机场航站楼核心区精装修工程
　　——C形柱及大吊顶装饰新技术研发与应用
510 // 深圳国际会展中心一期幕墙工程（五标段）施工纪实
513 // 融入自然的灵动建筑
　　——全国首家"森林剧场"九棵树未来艺术中心
516 // 亚洲基础设施投资银行总部永久办公场所幕墙工程（三标段）施工纪实
519 // 与时间赛跑
　　——武汉建工华达抢建火神山医院纪实
522 // 北京环球影城大酒店
　　——金螳螂倾力打造北京环球度假区
525 // 普陀山观音法界
　　——金螳螂以传世之心打造传世之作
528 // 博鳌亚洲论坛大酒店及主会场建设亮点
531 // 华西装饰匠心打造智慧养老社区
　　——记中国人寿天津空港经济区养老项目

535 // 助推西南最大航空枢纽建设，彰显装饰行业龙头企业风采
　　——博大建设集团成都天府国际机场项目建设纪实
538 // "一带一路"上的"天府之檐"
　　——"大国央企"匠造装饰行业超级工程
542 // 匠心"读"运"斧"有书，技术精者"器"自华
546 // 今古交融展土家瑰宝，匠心雕琢现建筑华章
　　——湖北恩施宣恩县中国土家泛博物馆（彭家寨）主游客中心幕墙工程纪实
549 // 创新驱动绿色发展，精工铸就国优品质
　　——空军军医大学西京医院住院二部大楼净化工程建设纪实
552 // 金螳螂：日赛谷丽思卡尔顿隐世酒店
555 // 粼起波澜，智元鎏金
　　——恒生金融云产品生产基地幕墙数字化技术与设计全生命周期的应用
558 // 天空之城，探索无限可能
　　——大疆全球总部大楼
560 // 世界"最强大脑"汇聚之所
　　——探索世界顶尖科学家论坛永久会址室内空间
563 // 金螳螂：柬埔寨暹粒吴哥国际机场
565 // 广州市太阳新天地购物中心改造项目总承包工程
567 // 如星云绽放，映科幻之光
　　——雨果奖颁奖大厅是如何装饰的？
570 // 中国首制大型邮轮有多牛
　　——提升服务商价值，助力我国自主邮轮设计建造标准体系建设
573 // 艺术与科技的交响曲
　　——阿里巴巴杭州全球总部
576 // 精工筑梦，地标天成
　　——新希望温州三江立体城7号地块幕墙工程的荣耀之路
580 // 凝结于时光深处的永恒记忆
　　——记喀什高台民居
583 // 光影共舞
　　——记深圳图书馆北馆×深圳美术馆新馆
586 // 以实力筑诚意
　　——苏州狮山悦榕庄、悦椿酒店室内设计施工解析
589 // 以科技为"桨"，博大建设集团助力福耀科技大学"扬帆启航"

技术革新

592 // 突破与创新，建筑装饰工程数智工业化建造技术发展之路
596 // 装配式，再现建造的优雅
600 // "创"无止境，"新"绘未来
605 // 绿色低碳，深装先行
　　——记深圳市建筑装饰（集团）有限公司碳排放研究
608 // 特异型幕墙技术的创新与发展
613 // 让安全标准成为员工生命的守护神
　　——国内首部装饰装修工程施工安全管理标准诞生记
616 // 中建三局装饰内装工业化的探索与实践
619 // 装配式＋BIM，实现转型升级
621 // 以"绿"为底，建造变"智"造
　　——装配式手术室的设计、施工与应用研究
624 // 异形现浇清水钢筋混凝土拱券施工技术
　　——四川省第四建筑有限公司大匠之门文化中心项目

大事记

630 // 中国建筑装饰协会大事记
675 // 北京建筑装饰行业大事记（1993~2024年）
678 // 辽宁装饰行业大事记
680 // 上海装饰行业大事记
684 // 江苏省装饰装修行业协会大事记
686 // 浙江省建筑装饰行业协会高质量发展大事记
688 // 江西省建筑业协会装饰分会大事记
696 // 广东装饰行业大事记
698 // 广西建筑装饰行业大事记
700 // 重庆装饰行业大事记
702 // 甘肃省建筑装饰协会大事记
704 // 深圳装饰行业大事记
706 // 大连建筑装饰行业大事记